Eisler · Kant-Lexikon

Rudolf Eisler

Kant-Lexikon

Nachschlagewerk zu Kants sämtlichen Schriften, Briefen und handschriftlichem Nachlaß

1994
Georg Olms Verlag
Hildesheim · Zürich · New York

4., unveränderter Nachdruck der Ausgabe Berlin 1930

Printed in The Netherlands
Gedruckt auf säurefreiem Papier
Herstellung: Offsetdrukkerij Kanters B. V., NL-Alblasserdam
ISBN 3-487-00164-0

Vorwort.

Das vorliegende „Kant-Lexikon" will sowohl dem Fachmann wie dem weiteren Kreise der Gebildeten dienen. Ersterem, indem es ihn, sofern er nicht selbst Kantforscher ist, auf so manches aufmerksam macht, was ihm vielleicht sonst, bei der Verteilung Kantscher Äußerungen auf so viele Schriften, entgehen könnte; letzterem dadurch, daß die Lektüre der Schriften Kants erleichtert wird, das Schwierige der einen Stelle durch andere ihm klarer werden kann, die Gedankengänge sich ihm schärfer herausheben, vieles, das den meisten sonst unbekannt bleibt, zur Kenntnis gelangt. Will und soll das Lexikon nicht das Studium der Werke Kants ersetzen, sondern vielmehr gerade zu einem solchen anregen, so kann es doch zur Ergänzung dieses Studiums, als Hilfsmittel für dasselbe dienen.

Das „Kant-Lexikon" ist natürlich weder systematische Darstellung der Kantschen Philosophie noch ein nach philologischen Prinzipien ausgearbeitetes Register zu Kants Schriften, welches alle Stellen, wo ein Terminus vorkommt, verzeichnet; ein solches Register enthält z. B. für die einzelnen Schriften die hier zitierte Kantausgabe, und ein vollständiges Gesamtregister ist als Abschluß der Akademie-Ausgabe in Vorbereitung. Doch hat der Herausgeber danach gestrebt, soviel philosophisch bedeutsame Stellen als möglich anzuführen. Bei jedem Stichwort ist auf andere verwiesen, unter welchen noch Einschlägiges sich findet; dadurch wird auch jeder Begriff zu dem Kreise jener Begriffe, dem er zunächst sich eingegliedert, in Beziehung gebracht, was dem Zusammenhange des Ganzen dienlich ist. Und wenn auch in erster Linie das Ziel angestrebt wurde, übersichtlich zu zeigen, wie Kant über die Probleme von den ersten bis zu den letzten Zeiten seiner philosophischen Arbeit gedacht hat, so wurde doch tunlichst auch darauf gesehen, nicht bloß herausgerissene, zusammenhanglose Definitionen und Bemerkungen Kants anzuführen, sondern innerlich zusammenhängende Gedankengänge über alle wichtigeren Themen. Gegenüber den zuweilen etwas subjektiv gehaltenen Kant-Darstellungen sollte die größte Objektivität und Treue dadurch bewahrt werden, daß Kant überall selbst zu Worte kommt. Doch erschien es nützlich, überall da, wo die Quintessenz der Kantschen Lehren nicht schon durch die Zusammenstellung von selbst erhellt, durch kurze, zusammenfassende und erläuternde Einleitungen bei größeren Artikeln die Übersichtlichkeit des Zusammenhanges zu fördern. Kurz, es kann demjenigen, der das Werk wirklich genauer prüft, nicht entgehen, daß es wesentlich mehr bietet als ein Sammelsurium von Stellen, aus denen der Leser nichts zu machen wüßte. Zum erstenmal wurde hier der recht mühevolle Versuch gemacht, ein auf Grund der Gesamtquellen — auch der Nachlaß und Briefwechsel wurde, soweit es der nicht zu überschreitende Umfang des Buches zuließ, berücksichtigt — bearbeitetes Kant-Lexikon zu bieten [1]).

[1]) Ältere K.-Wörterbücher: Chr. E. Schmid, Wörterbuch zum leichteren Gebrauch der Kantschen Schriften, Jena 1788; 4. A. 1798; Mellin, Enzyklop. Wörterbuch der krit. Philosophie, Züllichau u. Lpz. 1797—1803 (6 Bde.); G. Wegner, Kant-Lexikon. Berlin 1893.

Möge das „Kant-Lexikon“ als Nachschlage- wie als Lesebuch die Dienste erweisen, die man von ihm erwartet, und möge es viele dazu anregen, sich mit den Schriften Kants genauer vertraut zu machen und zu den Lehren Kants Stellung zu nehmen. Möge es dazu beitragen, Kant im deutschen Volke lebendig und als Triebkraft zur Weiterbildung des Denkens wirksam zu erhalten.

Wien, im Kriegsjahr 1916.

Dr. Rudolf Eisler.

Rudolf Eisler ist leider die Genugtuung und Freude nicht vergönnt gewesen, das Erscheinen seines „Kant-Lexikon“ mitzuerleben. Das Unternehmen der Kant-Gesellschaft und des Verlages E. S. Mittler & Sohn, die nachgelassene Handschrift nunmehr der Öffentlichkeit zu übergeben, wird einer Rechtfertigung nicht bedürfen. Als der Unterzeichnete mit der Besorgung der Herausgabe betraut wurde, konnte selbstverständlich nicht von Umarbeitung eines Werkes die Rede sein, das aus einer im Laufe eines überaus arbeitsreichen Lebens erworbenen ausgezeichneten Kennerschaft hervorgegangen ist. Dennoch durfte ich mich auch nicht mit bloßen redaktionellen Berichtigungen begnügen. Einzelne Lücken waren auszufüllen, eine Reihe von Artikeln, die nur als Zitatsammlungen vorlagen, zu organisieren, Neudrucke und Hinweise der inzwischen erschienenen Literatur zu benutzen. Dabei habe ich mich überall an den von Eisler vorgezeichneten Plan zu halten bemüht.

Meine besondere Sorge hatte der gleichmäßigen und möglichst praktischen Gestaltung der Zitierweise zu gelten. Die Hinweise auf die von Eisler benutzte, weit verbreitete Kant-Ausgabe in der „Philosophischen Bibliothek“ [1]) wurden beibehalten, und bei den Zitaten aus der Kritik der reinen Vernunft wurde außerdem die von Raymund Schmidt neu herausgegebene Kehrbachsche Ausgabe (Reclam), die als besonders wohlfeil in der Hand vieler Studierender sein dürfte, herangezogen. Im übrigen ist durch Angabe der Stelle bis zum letzten Unterabschnitt herab ein Nachschlagen der Zitate in den Werken ohne Rücksicht auf die benutzte Ausgabe ermöglicht. Dieses Verfahren ist nicht ohne Umständlichkeit, und es führt bei längeren ungegliederten Abschnitten nicht immer bis dicht an die gesuchte Stelle; aber es ist angesichts der Zahl der gangbaren Kant-Ausgaben der letzte Ausweg. Überdies wird es, abgesehen von der Möglichkeit des Nachschlagens, dem Kenner von Kants Schriften oft wichtig sein, zu ersehen, welchem Umkreis ein Zitat angehört, ob es der transzendentalen Ästhetik oder Analytik oder der Methodenlehre entnommen ist.

Nicht versäumen möchte ich, Herrn Professor Dr. Arthur Liebert für die große Freundlichkeit, mit der er meine Arbeit durch seinen Rat hilfsbereit unterstützt hat, meinen ergebensten Dank zu sagen.

Berlin 1929.

Dr. Helmut Kuhn.

---

[1]) I. Kant, Sämtliche Werke, in Verbindung mit O. Buck, P. Gedan, W. Kinkel, F. M. Schiele, Th. Valentiner u. a., herausgegeben von Karl Vorländer; bei F. Meiner, Leipzig (nach den neuesten Auflagen zitiert).

Erklärung der Abkürzungen.

Die Zitate sind mittels der nachstehend angegebenen Abkürzungen in folgender Weise bezeichnet:

Dem Titel des Werkes folgt die Bezeichnung der Stelle in ihm bis zur letzten Unterteilung hinab. Diese Angabe ist also unabhängig von der benutzten Kantausgabe. Z. B. Anthr. 1. T. § 29.

Wo sich das Zitat auf eine Anmerkung unter dem Text bezieht, werden die Anmerkungen innerhalb der bezeichneten letzten Unterteilung gezählt. Z. B. unter dem Schlagwort „Achtung": GMS 1. Abs. 2. Anm. Der 1. Abschnitt hat hier zwei Anmerkungen, unter der zweiten findet man die gesuchte Definition.

Die in Klammern beigefügten Zahlen — z. B. (II 220) — weisen auf Band und Seitenzahl der Ausgabe in der „Philosophischen Bibliothek" (Karl Vorländer u. a.) hin. Wo hier mehrere Abteilungen mit eigener Seitenzählung in einem Band vereinigt sind (Bd. V u. VII), ist die Ziffer der Abteilung der Seitenzahl vorangestellt. Z. B. (V 3, 27) [1]). Bei den Stellen aus der Kritik der reinen Vernunft wird außerdem noch auf die Seitenzahl der kürzlich bei Reclam erschienenen Neubearbeitung der Kehrbachschen Ausgabe von Raymund Schmidt (Rc) hingewiesen. Z. B. (I 337—Rc 404). Zur Ergänzung der in der Philosophischen Bibliothek gesammelten Schriften werden die von Pölitz, Starke und Menzer veröffentlichten Vorlesungen herangezogen (vgl. das Verzeichnis der Schriften Kants).

Der handschriftliche Nachlaß (N) wird nach der Ausgabe der Preußischen Akademie zitiert. Wo diese noch fragmentarische Sammlung nicht ausreicht, wird auf die Veröffentlichungen von R. Reicke verwiesen: das Opus postumum in Bd. XIX—XXI der Altpreußischen Monatshefte (Altpreuß. Mth.) und die Losen Blätter aus Kants Nachlaß 1889—1895 (Lose Bl.).

Abs.:	Abschnitt.	St.:	Stück.
Abt.:	Abteilung.	T.:	Teil.
Btr.:	Betrachtung.	Anmerk.:	Anmerkung (als Abschnitt im Text).
B.:	Buch.		
H.:	Hauptstück.	Anm.:	Anmerkung unter dem Text.

Die Hauptschriften.

KrV:		Kritik der reinen Vernunft. (2. Aufl.)
KrV 1. A.:		Kritik der reinen Vernunft. (1. Aufl.)
	tr. Ästh.:	transzendentale Ästhetik.
	tr. Log.:	„ Logik.
	tr. Anal.:	„ Analytik.
	tr. Dial.:	„ Dialektik.
	tr. Meth.:	„ Methodenlehre.
KpV:		Kritik der praktischen Vernunft.
KU:		Kritik der Urteilskraft.

---

[1]) Auch dort, wo die Ausgabe der Philos. Bibl. ohne numerierte Abteilungen mehrere Seitenzählungen in einem Bande vereinigt (z. B. II, IV), kann, da jedesmal der Titel des Werkes angegeben ist, ein Irrtum nicht entstehen.

Prol.:	Prolegomena zu einer jeden künftigen Metaphysik, die als Wissenschaft wird auftreten können.
GMS:	Grundlegung zur Metaphysik der Sitten.
MS:	Metaphysik der Sitten.
MSR:	Metaphysik der Sitten. Rechtslehre.
MST:	Metaphysik der Sitten. Tugendlehre.
Rel.:	Die Religion innerhalb der Grenzen der bloßen Vernunft.

Die übrigen Schriften in chronologischer Reihenfolge.

Th. des Himmels:	Allgemeine Naturgeschichte oder Theorie des Himmels.
N. diluc.:	Principiorum cognitionis metaphysicae nova dilucidatio.
Optim.:	Versuch einiger Betrachtungen über den Optimismus.
F. Spitzf.:	Die falsche Spitzfindigkeit der vier syllogistischen Figuren.
Beweisgr. Gottes:	Der einzig mögliche Beweisgrund zu einer Demonstration Gottes.
Neg. Größ.:	Versuch, den Begriff der negativen Größen in die Weltweisheit einzuführen.
Schön u. Erh.:	Beobachtungen über das Gefühl des Schönen und Erhabenen.
Nat. Theol.:	Untersuchung über die Deutlichkeit der Grundsätze der natürlichen Theologie und der Moral.
Träume:	Träume eines Geistersehers, erläutert durch Träume der Metaphysik.
Geg. i. Raume:	Von dem ersten Grunde des Unterschiedes der Gegenden im Raume.
Mund. sens.:	De mundi sensibilis atque intelligibilis forma et principiis.
G. i. weltbürg. Abs.:	Idee zu einer allgemeinen Geschichte in weltbürgerlicher Absicht.
W. i. Aufklär.?	Beantwortung der Frage: Was ist Aufklärung?
Anfangsgr. d. Naturw.:	Metaphysische Anfangsgründe der Naturwissenschaft.
Anf. d. Menschengesch.:	Mutmaßlicher Anfang der Menschengeschichte.
Was heißt: s. i. D. or.?:	Was heißt: sich im Denken orientieren?
Üb. e. Entdeck.:	Über eine Entdeckung, nach der alle neue Kritik der reinen Vernunft durch eine ältere entbehrlich gemacht werden soll.
Theodiz.:	Über das Mißlingen aller philosophischen Versuche in der Theodizee.
Fortschr. d. Metaph.:	Welches sind die wirklichen Fortschritte, die die Metaphysik seit Leibnizens und Wolfs Zeiten in Deutschland gemacht hat?
Theor. Prax.:	Über den Gemeinspruch: das mag in der Theorie richtig sein, taugt aber nicht für die Praxis.
Ende a. D.:	Das Ende aller Dinge.
Z. ew. Fried.:	Zum ewigen Frieden. Ein philosophischer Entwurf.
V. e. vorn. Ton:	Von einem neuerdings erhobenen vornehmen Ton in der Philosophie.
Fried. i. d. Ph.:	Verkündigung des nahen Abschlusses eines Traktats zum ewigen Frieden in der Philosophie.
Str. d. Fak.:	Der Streit der Fakultäten.
Anthr.:	Anthropologie in pragmatischer Absicht.
Log.:	Logik. Ein Handbuch zu Vorlesungen.

Die sonstigen hier nicht aufgeführten Schriften werden in unmißverständlicher Weise bezeichnet.

A.

Abartung. ,,Eine Tiergattung, die zugleich einen gemeinschaftlichen Stamm hat, enthält unter sich nicht verschiedene Arten (denn diese bedeuten eben die Verschiedenheiten der Abstammung); sondern ihre Abweichungen voneinander heißen Abartungen, wenn sie erblich sind", V. d. verschied. Rassen d. Menschen 1 (VIII 80). Vgl. Rasse.

Aberglaube. A. ist das Vorurteil, ,,sich die Natur Regeln, welche der Verstand ihr durch sein eigenes wesentliches Gesetz zum Grunde legt, als nicht unterworfen vorzustellen", KU § 40 (II 145), ,,der Hang, in das, was als nicht natürlicherweise zugehend vermeint wird, ein größeres Vertrauen zu setzen, als was sich nach Naturgesetzen erklären läßt", Str. d. Fak. 1. Abs. Friedensabschluß u. Beilegung 4. Anm. (V 4, 112). Der religiöse A. ist „der Wahn, durch religiöse Handlungen des Kultus etwas in Ansehung der Rechtfertigung vor Gott auszurichten", Rel. 4. St. 2. T. § 2 (IV 204); vgl. Was heißt: s. i. D. or? (V 2, 161). Vgl. Eine Vorlesung üb. Ethik ed. Menzer, S. 109 f. Vgl. Religion, Afterdienst, Abgötterei, Anthropomorphismus.

Abgötterei ist ,,diejenige Religion, welche sich das höchste Wesen mit Eigenschaften denkt, nach denen noch etwas anderes als Moralität die für sich taugliche Bedingung sein könne, seinem Willen in dem, was der Mensch zu tun vermag, gemäß zu sein". KU § 89, Anm. (II 332). Vgl. Religion, Aberglaube

Abhängigkeit s. Dependenz.

Absicht. Nur nach der Analogie wirklicher A. ist von einer ,,Absicht der Natur" zu reden. Die Urteilskraft faßt die Natur so auf, ,,als ob die Zweckmäßigkeit in ihr absichtlich sei", KU § 68 (II 247); vgl. § 75 (II 264). ,,Naturzweck" ist jene Verknüpfung von Ursache und Wirkung, bei welcher die Ursache, ,,auch ohne ihr dazu einen Verstand beizulegen, doch nach der Analogie mit einem solchen", als ,,gleichsam absichtlich" etwas hervorbringend, gedacht wird, MST § 7 (III 271). Auch in der Geschichte (s. d.) ist per analogiam von einer ,,Absicht" der Natur (bzw. der ,,Vorsehung") zu reden. Vgl. Zweck.

Absolut. Die absolute Wirklichkeit (das ,,Ding an sich") ist unerkennbar, wir erkennen nur die Beziehung derselben zum Subjekt und unsere empirische Erkenntnis bewegt sich in lauter Relationen (s. d.). Doch haben die apriorischen Grundsätze des Verstandes insofern absolute Gültigkeit, als sie für ein ,,Bewußtsein überhaupt", unabhängig von aller individuellen und spezifischen Subjektivität gelten. Ebenso hat das Sittengesetz absolute Geltung (für alle vernünftigen Wesen; s. Imperativ). Der ontologische ,,Relativismus" schließt also den logisch-transzendentalen und ethischen ,,Absolutismus" nicht aus; es gibt, innerhalb des erkennenden und wollend-wertenden Bewußtseins, absolute Wahrheiten oder Geltungen, ein immanent Unbedingtes. Nur das Unbedingte (s. d.) des realen Seins ist unerkennbar.

A. bedeutet zur Zeit Kants: 1. „an sich selbst", ,,innerlich"; 2. ,,in aller Beziehung (uneingeschränkt)". Beide Bedeutungen treffen manchmal zusammen. In der zweiten gebraucht das Wort ,,absolut" Kant. So wird die ,,absolute" Allgemeinheit und Notwendigkeit der Anschauungs- und Denkformen der bloß ,,komparativen" des nur Empirischen und Induktiven gegenübergestellt (s. A priori, Erfahrung). Die transzendentalen

Ideen (s. d.) gehen auf die absolute Totalität (s. d.) und endigen beim „schlechthin, d. i. in jeder Beziehung" Unbedingten (s. d.), KrV; tr. Dial. 1. B. 2. Abs. (I 337—Rc 404 f.). Der Umstand, daß in der Sinnenwelt nirgends ein absolut Erstes, keine absolute Totalität als gegeben vorgestellt werden kann, beweist, „daß das Absolute außer ihr müsse gedacht werden, und daß sie selbst nur in der Relation zu unseren Sinnen besteht", N 5968. Das durch sich selbst Notwendige, Absolute kann nur als übersinnlicher Grund der ganzen Erscheinungsreihe, nicht als Glied derselben gedacht werden. Vgl. Antinomien, Notwendigkeit, Gott, Raum, Bewegung, Anfang, Geltung.

Abstoßung s. Materie.

Abstrakt. In abstracto betrachten heißt so viel wie „durch Begriffe"; im Gegensatz dazu: in concreto so viel wie „in der einzelnen Anschauung", KrV tr. Meth. 1. H. 1. Abs. (I 615—Rc 761). Jeder Begriff ist abstrakt, nur sein „Gebrauch" ist abstrakt oder konkret, Log. § 16 (IV 108 f.). Abstrakte Begriffe sollten eigentlich „abstrahierende" heißen, ibid. § 6 (IV 103); vgl. Üb. e. Entdeck. 1. Abs. B 1. Anm. (V 3, 18). Der „Widerstreit zwischen dem sinnlichen und denkenden Vermögen" zeigt an, „daß die Seele die von dem Verstande empfangenen abstrakten Vorstellungen oft nicht in concreto auszuführen und in Anschauungen zu verwandeln vermag", Mund. sens. § 1 (V 2, 91 f.). Vgl. Abstraktion, Begriff.

Abstraktion. Es sollte heißen „von etwas abstrahieren", nicht aber „etwas abstrahieren". Ersteres meint, „daß man bei einem Begriffe auf anderes irgendwie mit ihm Verbundenes nicht acht habe". Daher abstrahiert der Verstandesbegriff vom Sinnlichen und wird nicht von ihm abstrahiert, Mund. sens. § 6 (V 2, 99). A. ist „eine Aufhebung gewisser klarer Vorstellungen, welche man gemeiniglich darum anstellt, damit dasjenige, was übrig ist, desto klarer vorgestellt werde". Die A. ist eine „negative Aufmerksamkeit", ein „wahrhaftes Tun und Handeln", Neg. Größ. 3. Abs. 1 (V 1, 97). „Man abstrahiert nicht einen Begriff als gemeinsames Merkmal, sondern man abstrahiert in dem Gebrauche eines Begriffes von der Verschiedenheit desjenigen, was unter ihm enthalten ist. Die Chemiker sind allein im Besitz, etwas zu abstrahieren, wenn sie eine Flüssigkeit von anderen Materien ausheben, um sie besonders zu haben; der Philosoph abstrahiert von demjenigen, worauf er in einem gewissen Gebrauche des Begriffes nicht Rücksicht nehmen will . . . Die Unterschiede von abstrakt und konkret gehen nur den Gebrauch der Begriffe, nicht die Begriffe selbst an", Üb. e. Entdeck. 1. Abs. B 1. Anm. (V 3, 18). Die A. ist ein Akt des Erkenntnisvermögens, „eine Vorstellung, deren ich mir bewußt bin, von der Verbindung mit anderen in einem Bewußtsein abzuhalten. — Man sagt daher nicht, etwas abstrahieren (absondern), sondern von etwas . .", Anthr. 1. T. § 3 (IV 17); vgl. Log. § 6 (IV 102 f.). Es gibt eine willkürliche und unwillkürliche „Attention" und A., N 164, 170, 172, 174. Vgl. Abstrakt, Begriff.

Achtung. Die A. ist ein „durch einen Vernunftbegriff selbstgewirktes Gefühl". A. bedeutet „das Bewußtsein der Unterordnung meines Willens unter einem Gesetze". A. ist die „unmittelbare Bestimmung des Willens durchs Gesetz und das Bewußtsein derselben". Sie ist „die Vorstellung von einem Werte, der meiner Selbstliebe Abbruch tut". Der Gegenstand der A. ist das Gesetz, das wir uns selbst und doch als an sich notwendig auferlegen; alle A. für eine Person ist eigentlich nur A. fürs Gesetz, von dem jene nur das Beispiel gibt. A. hat Analogie mit Furcht und Neigung, sofern wir einerseits dem Gesetze folgen müssen, anderseits selbst uns das Gesetz geben. In der A. besteht das sogenannte moralische „Interesse", GMS. 1. Abs. 2. Anm. (III 18 ff.). — Das Sittengesetz ist der „intellektuelle Grund" der A.; diese ist das einzige a priori erkennbare Gefühl, ein moralisches Gefühl (s. d.), das nicht „pathologisch" (sinnlich bedingt), sondern „praktisch" bewirkt ist. Die A. fürs Gesetz ist „die Sittlichkeit selbst, subjektiv als Triebfeder betrachtet", indem die reine praktische Vernunft selbst durch Druck auf die Selbstliebe dem Gesetze Ansehen verschafft. Das Gefühl der A. dient nicht zur Begründung oder zum Kriterium des Sittengesetzes selbst, sondern bloß „zur Triebfeder, um dieses in sich zur Maxime zu machen". A. ist kein Lust- oder Unlustgefühl, sondern ein Gefühl der „Hochschätzung", also eigentlich das moralische Gefühl, KpV. 1. T. 1. B. 3. H. (II 95 ff.). Die A. fürs Gesetz ist „das Bewußtsein einer freien Unterwerfung des Willens unter das Gesetz, doch als mit einem unvermeidlichen Zwange, der allen Neigungen, aber nur durch eigene Vernunft angetan wird, verbunden." „Moralität" (s. d.) kommt nur dem Handeln aus Achtung fürs Gesetz, aus Pflicht zu, ibid. (II 104 f.). Die Idee der Menschheitswürde und der Persönlichkeit (s. d.) erweckt A. und stellt uns die „Erhabenheit unserer Natur (ihrer Bestimmung nach)" vor Augen, ibid. (II 113). — A. ist „das Gefühl der Unangemessenheit unseres Vermögens zur Erreichung einer Idee, die für uns Gesetz ist", KU § 27 (II 102). — Das Gesetz zwingt dem Menschen A. für sein eigenes Wesen ab, MST Einl. XII d (III 245). Als „Glieder einer moralischen Welt" sind die Menschen einander A. schuldig. Die A. ist eine Maxime der „Einschränkung unserer Selbstschätzung durch die Würde der Menschheit in eines anderen Person". „Die Pflicht der A. meines Nächsten ist in der Maxime enthalten, keinen anderen Menschen bloß als Mittel zu meinen Zwecken abzuwürdigen . .", MST §§ 24 f. (III 304 f.). Vgl. Moralisches Gefühl, Interesse, Würde, Menschheit, Pflicht, Rigorismus.

Adel. Ein „angeerbter Adel, ein Rang, der vor dem Verdienste vorher geht und dieses auch mit keinem Grunde hoffen läßt", ist „ein Gedankending ohne alle Realität". „Denn wenn der Vorfahr Verdienste hatte, so konnte er dieses doch nicht auf seine Nachkommen vererben, sondern diese mußten es sich immer selbst erwerben; da die Natur es nicht so fügt, daß das Talent und der Wille, welche Verdienste um den Staat möglich machen, auch anarten. Weil nun von keinem Menschen angenommen werden kann, er werde seine Freiheit wegwerfen, so ist es unmöglich, daß der allgemeine Volkswille zu einem solchen grundlosen Prärogativ zusammenstimme, mithin kann der Souverän es auch nicht geltend machen." Der Staat hat aber provisorisch ein Recht, diese Würde dem Titel nach so lange fortdauern zu lassen, „bis selbst in der öffentlichen Meinung die Einteilung in Souverän, Adel und Volk der einzigen natürlichen in Souverän und Volk Platz gemacht haben wird", MSR 2. T. Allg. Anm. D (III 155 f.). Vgl. N 1235.

Adiaphora. „Es liegt . . . der Sittenlehre überhaupt viel daran, keine moralischen Mitteldinge, weder in Handlungen (adiaphora) noch in menschlichen Charakteren, solange es möglich ist, einzuräumen; weil bei einer solchen Doppelsinnigkeit alle Maximen Gefahr laufen, ihre Bestimmtheit und Festigkeit einzubüßen" („Rigorismus", s. d.). Zwischen einer bösen und guten Gesinnung gibt es „nichts Mittleres". „Eine moralisch-gleichgültige Handlung (adiaphoron morale) würde eine bloß aus Naturgesetzen erfolgende Handlung sein, die also aufs sittliche Gesetz, als Gesetz der Freiheit, in gar keiner Beziehung steht, indem sie kein Faktum ist und in Ansehung ihrer weder Gebot noch Verbot noch auch Erlaubnis (gesetzliche Befugnis) stattfindet oder nötig ist." Böse ist der Mensch nur durch ein Widerstreben gegen das Gesetz, indem er die Abweichung von demselben in seine Maxime aufnimmt, Rel. 1. St. Anmerk. (IV 20 ff.); vgl. 1. St. IV 1. Anm. (IV 41).

Affekt. „Affekte sind von Leidenschaften spezifisch unterschieden. Jene beziehen sich bloß auf das Gefühl; diese gehören dem Begehrungsvermögen an und sind Neigungen, welche alle Bestimmbarkeit der Willkür durch Grundsätze erschweren oder unmöglich machen. Jene sind stürmisch und unvorsätzlich, diese anhaltend und überlegt." Jeder A. ist „blind, entweder in der Wahl seines Zwecks, oder, wenn dieser auch durch Vernunft gegeben worden, in der Ausführung desselben; denn er ist diejenige Bewegung des Gemüts, welche es unvermögend macht, freie Überlegung der Grundsätze anzustellen, um sich darnach zu bestimmen. Also kann er auf keinerlei Weise ein Wohlgefallen der Vernunft verdienen", KU § 29 Allg. Anmerk. (II 119 f.). Der A. ist „das Gefühl einer Lust oder Unlust im gegenwärtigen Zustande, welches im Subjekt die Überlegung (die Vernunftvorstellung, ob man sich ihm überlassen oder weigern solle) nicht aufkommen läßt", Anthr.

l. T. § 73 (IV 183). „Der Affekt ist Überraschung durch Empfindung, wodurch die Fassung des Gemüts (animus sui compos) aufgehoben wird. Er ist also übereilt, d. i. er wächst geschwinde zu einem Grade des Gefühls, der die Überlegung unmöglich macht (ist unbesonnen)." „Wo viel Affekt ist, da ist gemeiniglich wenig Leidenschaft." Affekt ist wie ein Rausch, Leidenschaft wie ein Wahnsinn, ibid. § 74 (IV 184 f.). A., für sich allein betrachtet, ist stets unklug, „er macht sich selbst unfähig, seinen eigenen Zweck zu verfolgen", ibid. § 75 (IV 186). A.e sind krankhafte Zufälle. Sie zerfallen in „sthenische, aus Stärke, und asthenische, aus Schwäche." „Jene sind von der erregenden, dadurch aber oft auch erschöpfenden, diese von einer die Lebenskraft abspannenden, aber oft dadurch auch Erholung vorbereitenden Beschaffenheit", ibid. § 76 (IV 189); vgl. N 1025. Vgl. Leidenschaft, Apathie, Enthusiasmus.

Affektion. K. gebraucht für das Verhältnis des „Ding an sich" (s. d.) zum wahrnehmenden Subjekt den Ausdruck „affizieren". Hierbei wird das Ding an sich als Grund unserer Empfindungen gedacht, ohne daß aber die Kategorie der Kausalität (s. d.) hier einer Bestimmung, Erkenntnis des Ding an sich dient. Das Verhältnis desselben zum Subjekt wird nur nach Analogie (s. d.) einer Verursachung gedacht. Das Subjekt ist im Empfinden „affiziert", d. h. zunächst nur, es ist nicht selbst der Erzeuger seiner Empfindungen, es produziert sie nicht selbsttätig, sie sind vielmehr mit auf Rechnung eines an sich unbekannten Etwas zu setzen, mag dieses nun als Ursache gedacht (nicht erkannt!) oder nur nach Analogie einer solchen aufgefaßt werden (vgl. Kategorie). Das Subjekt als Erscheinung wird von den Dingen als Erscheinung (von den Körpern, der Materie) affiziert (im empirischen Sinne). Das Ich (s. d.) „affiziert" sich selbst, seinen „inneren Sinn" (s. d.).

Der Gegenstand wird uns (Menschen) nur dadurch gegeben, daß er „das Gemüt auf gewisse Weise affiziere." Die Fähigkeit (Rezeptivität), Vorstellungen durch solche Affektion zu bekommen, heißt Sinnlichkeit (s. d.). Wodurch sollte das Erkenntnisvermögen sonst zur Ausübung geweckt werden, wenn nicht „durch Gegenstände, die unsere Sinne rühren", KrV Einl. I (I 47—Rc 45). Die „Wirkung eines Gegenstandes auf die Vorstellungsfähigkeit, sofern wir von demselben affiziert werden", ist Empfindung, ibid. tr. Ästh. § 1 (I 75—Rc 92f.). Die Vorstellung eines Körpers (s. d.) enthält bloß die Erscheinungen von etwas und „die Art, wie wir dadurch affiziert werden", ibid. § 8 I (I 97—Rc 115). — Die Zeit (s. d.) ist „die Art, wie das Gemüt durch eigene Tätigkeit . . ., mithin durch sich selbst affiziert wird", ibid. § 8 II (I 101—Rc 120). „Wenn das Vermögen, sich bewußt zu werden, das, was im Gemüte liegt, aufsuchen (apprehendieren) soll, so muß es dasselbe affizieren und kann allein auf solche Art eine Anschauung seiner selbst hervorbringen", ibid. § 8 II (I 102—Rc 120 f.). — Wir schauen uns nur an, „wie wir innerlich affiziert werden", wobei wir uns „gegen uns selbst als leidend" verhalten, tr. Anal. § 24 (I 165—Rc 205). Wie wir die Objekte nur sofern erkennen, als wir „äußerlich affiziert" werden, so schauen wir uns selbst nur so an, „wie wir innerlich von uns selbst affiziert werden", ibid. § 24 (I 168—Rc 211). — Der Verstand übt in der transzendentalen Synthesis der Einbildungskraft (s. d.) „diejenige Handlung aufs passive Subjekt, dessen Vermögen er ist, aus, wovon wir mit Recht sagen, daß der innere Sinn dadurch affiziert werde." Der Verstand findet in dem inneren Sinn nicht schon eine Verbindung (Sukzession) vor, sondern „bringt sie hervor, indem er ihn affiziert", ibid. § 24 (I 166—Rc 209). Für die Affizierung des inneren Sinnes durch uns selbst bietet jeder Akt der Aufmerksamkeit ein Beispiel. „Der Verstand bestimmt darin jederzeit den inneren Sinn, der Verbindung, die er denkt, gemäß, zur inneren Anschauung, die dem Mannigfaltigen in der Synthesis des Verstandes korrespondiert. Wie sehr das Gemüt gemeiniglich hierdurch affiziert werde, wird ein jeder in sich wahrnehmen können", ibid. § 24 2. Anm. (I 168—Rc 211). — Das „Etwas, welches den äußeren Erscheinungen zum Grunde liegt", affiziert unseren Sinn so, daß er die Vorstellungen von Raum, Materie, Gestalt usw. bekommt (oder erzeugt), KrV 1. A. 2. B. 1. H., Krit. d. 2. Paralog. (I 736—Rc 437a f.). — Die Kräfte der Materie „affizieren" das Subjekt (d. h. hier:), den Menschen und seine Organe, weil dieser auch ein körperliches Wesen ist, Altpreuß. Mth. XIX 271. Diese bewegenden Kräfte sind nicht Dinge an sich selbst, sondern Phänomene „nach dem Verhältnisse, welches sie zum Subjekt haben, wie es unseren Sinn affiziert, oder wie wir unseren Sinn selbst affizieren", ibid. 272 f. (vgl. S. 284). „Die Objekte der Sinne, metaphysisch betrachtet, sind Erscheinungen; für die Physik aber sind es die Sachen an sich selbst, die den Sinn affizieren", ibid. 285. Vgl. Ding an sich, Innerer Sinn, Ich, Anschauung, Erscheinung.

Affektlosigkeit s. Apathie.

Affinität. „Der Grund der Möglichkeit der Assoziation des Mannigfaltigen, sofern er im Objekte liegt, heißt die Affinität des Mannigfaltigen", KrV 1. A. tr. Anal. 1. B. 2. H. 2. Abs. 4 (I 717—Rc 196). Begreiflich ist diese Affinität der Erscheinungen, „dadurch sie unter beständigen Gesetzen stehen und darunter gehören müssen", durch die Zugehörigkeit aller Erscheinungen (als Vorstellungen) zur transzendentalen Apperzeption (s. d.), deren Identität (s. d.) in die Synthesis des Mannigfaltigen der Erscheinungen hineinkommen muß, wodurch sie gesetzmäßig verknüpft werden. „Also stehen alle Erscheinungen in einer durchgängigen Verknüpfung nach notwendigen Gesetzen und mithin in einer transzendentalen Affinität, woraus die empirische die bloße Folge ist", ibid. (I 718—Rc 198). Die erstere liegt in dem „Grundsatze von der Einheit der Apperzeption in Ansehung aller Erkenntnisse, die mir angehören sollen." „Nach diesem müssen durchaus alle Erscheinungen so ins Gemüt kommen oder apprehendiert werden, daß sie zur Einheit der Apperzeption zusammenstimmen, welches ohne synthetische Einheit in ihrer Verknüpfung, die mithin auch objektiv notwendig ist, unmöglich sein würde." Die A. der Erscheinungen ist die Folge einer „Synthesis in der Einbildungskraft, die a priori auf Regeln gegründet ist", ibid. 3. Abs. (I 724—Rc 210f.). — „Ich verstehe unter der Verwandtschaft die Vereinigung aus der Abstammung des Mannigfaltigen von einem Grunde." Das Vermögen der Vorstellungsverbindung nach solcher Affinität ist eine der Arten des „sinnlichen Dichtungsvermögens" (der Einbildungskraft). „Es muß immer ein Thema sein sowohl beim stillen Denken als in Mitteilung der Gedanken, an welches das Mannigfaltige angereiht wird, mithin auch der Verstand dabei wirksam sein; aber das Spiel der Einbildungskraft folgt hier doch den Gesetzen der Sinnlichkeit, welche den Stoff dazu hergibt, dessen Assoziation ohne Bewußtsein der Regel doch derselben und hiermit dem Verstande gemäß, obgleich nicht als aus dem Verstande abgeleitet, verrichtet wird". Anthr. 1. T. § 31 C (IV 79 f.). Vgl. Assoziation, Art.

Affizieren s. Affektion.

Afterdienst. Afterdienst (cultus spurius) ist „die Überredung, jemand durch solche Handlungen zu dienen, die in der Tat diese seine Absicht rückgängig machen", Rel. 4. St. (IV 177); „eine solche vermeintliche Verehrung Gottes ..., wodurch dem wahren, von ihm selbst geforderten Dienste gerade entgegengehandelt wird", 4. St. 2. T. (IV 197). Vgl. Religion.

Aggregat. Erfahrung (s. d.) ist keine „bloß empirische Zusammensetzung der Wahrnehmungen", kein bloßes „Aggregat von Wahrnehmungen"; sie geht viel weiter, als diese reichen, indem sie empirischen Wahrnehmungen Allgemeingültigkeit gibt und dazu einer „reinen Verstandeseinheit bedarf, die a priori vorhergeht", Prol. § 26 (III 70). Den Gegensatz zum A. bildet das System (s. d.).

Ahnung. A. (praesensio) ist eine Aussicht in die Zukunft, sie „deutet gleichsam einen verborgenen Sinn für das an, was noch nicht gegenwärtig ist." Solche A. ist ein Hirngespinst, denn „wie kann man empfinden, was noch nicht ist?" A.n sind höchstens

„Urteile aus dunklen Begriffen", und „man kann die Begriffe, die dazu führen, entwickeln", Anthr. 1. T. § 35 (IV 93).

„Bisher hatte man nur von drei Stufen des Fürwahrhaltens, bis zum Verschwinden desselben in völlige Unwissenheit, gehört: dem Wissen, Glauben und Meinen. Jetzt wird eine neue angebracht, die gar nichts mit der Logik gemein hat, die gar kein Fortschritt des Verstandes, sondern Vorempfindung (praevisio sensitiva) dessen sein soll, was gar kein Gegenstand der Sinne ist: d. i. Ahnung des Übersinnlichen." „Daß hierin nur ein gewisser mystischer Takt, ein Übersprung (salto mortale) von Begriffen zum Undenkbaren, ein Vermögen der Ergreifung dessen, was kein Begriff erreicht, eine Erwartung von Geheimnissen oder vielmehr Hinhaltung mit solchen, eigentlich aber Verstimmung der Köpfe zur Schwärmerei liege, leuchtet von selbst ein. Denn A. ist dunkle Vorerwartung und enthält die Hoffnung eines Aufschlusses, der aber in Aufgaben der Vernunft nur durch Begriffe möglich ist, wenn also jene transzendent sind und zu einer eigenen Erkenntnis des Gegenstandes führen können, notwendig ein Surrogat derselben, übernatürliche Mitteilung (mystische Erleuchtung) verheißen muß; was dann der Tod aller Philosophie ist", V. e. vorn. Ton (V 4, 11 ff.).

Aktivität s. Spontaneität, Denken, Verstand, Vernunft, Wille, Freiheit, Autonomie, Kultur, Mensch, Praktisch.

Akzidenzen. A. sind die wechselnden Bestimmungen der Substanz (s. d.), welche bleibt, beharrt. „Bei allen Veränderungen in der Welt bleibt die Substanz, und nur die Akzidenzen wechseln." „Die Bestimmungen einer Substanz, die nichts anderes sind, als besondere Arten derselben zu existieren, heißen A. Sie sind jederzeit real, weil sie das Dasein der Substanz betreffen (Negationen sind nur Bestimmungen, die das Nichtsein von etwas an der Substanz ausdrücken), KrV tr. Anal. 2 B. 2. H. 3. Abs. 1. Analogie (I 221, 223—Rc 278 ff.). Alle realen Eigenschaften, durch die wir Körper erkennen, sind ‚lauter A.", Prol. § 46 (III 99).

Algorithmus s. Characteristica.

Allgegenwart s. Raum.

Allgemein. Es gibt „komparative" (relative) und „strenge" (absolute) Allgemeinheit. Erfahrung (s. d.) gibt ihren Urteilen nie „wahre oder strenge, sondern nur angenommene oder komparative A.heit (durch Induktion), so daß es eigentlich heißen muß: so viel wir bisher wahrgenommen haben, findet sich von dieser oder jener Regel keine Ausnahme." Diese „empirische" Allgemeinheit kommt den synthetischen Urteilen (s. d.) a posteriori zu (z. B. alle Körper sind schwer). Hingegen gelten synthetische Urteile a priori streng allgemein. Hier ist von vornherein „keine Ausnahme als möglich verstattet". Solche „unbeschränkte" A.heit (A.gültigkeit) ist ein Kennzeichen jeder Erkenntnis a priori (s. d.), KrV Einl. II (I 49—Rc 49, 51); vgl. 1. A. Einl. I (I 51—Rc 44). Die „rationale" oder „strikte" A.heit ist a priori erkennbar, Fortschr. d. Metaph. Beil. I 1. Abs. (V 3, 154). Die strenge A.heit der apriorischen Grundsätze (s. d.) ist eine Voraussetzung der Möglichkeit der Erfahrung und der reinen Mathematik und Naturwissenschaft. A.gültigkeit hat auch das Sittengesetz; der kategorische Imperativ (s. d.) fordert geradezu allgemeingültiges Wollen und Handeln. Den reinen Geschmacksurteilen (s. d.) eignet „Anspruch" auf (subjektive) A.heit. Vgl. Geltung, Induktion, Vernunft, Urteilskraft, A priori.

Allgemeine Urteile. „Der Quantität nach sind die Urteile entweder allgemeine oder besondere oder einzelne, je nachdem das Subjekt im Urteile entweder ganz von der Notion des Prädikates ein- oder ausgeschlossen oder davon zum Teil nur ein-, zum Teil ausgeschlossen ist. Im a.n U. wird die Sphäre eines Begriffes ganz innerhalb der Sphäre eines anderen beschlossen." „In Absicht auf die Allgemeinheit einer Erkenntnis findet ein realer Unterschied statt zwischen generalen und universalen

Sätzen, der aber freilich die Logik nichts angeht. Generale Sätze nämlich sind solche, die bloß etwas von dem Allgemeinen gewisser Gegenstände und folglich nicht hinreichende Bedingungen der Subsumtion enthalten, z. B. der Satz: man muß die Beweise gründlich machen; — universale Sätze sind die, welche von einem Gegenstande etwas allgemein behaupten." „Allgemeine Regeln sind entweder analytisch oder synthetisch allgemein. Jene abstrahieren von den Verschiedenheiten; diese attendieren auf die Unterschiede und bestimmen folglich doch auch in Ansehung ihrer. — Je einfacher ein Objekt gedacht wird, desto eher ist analytische Allgemeinheit zufolge eines Begriffes möglich", Log. § 21 (IV 111).

Allheit. A. (Totalität) ist „Vielheit, als Einheit betrachtet", eine Kategorie der „Quantität", KrV tr. Anal. § 11 (I 134—Rc 154). A. (Universitas) ist der „Inbegriff aller möglichen Prädikate", tr. Dial. 2. B. 3. H. 2. Abs. 1. Anm. (I 498—Rc 635). „Die A. als ein kollektiver Begriff läßt sich von Raum und Zeit nicht denken. Denn da ist die Vielheit nur sukzessive Addition und die completudo derselben niemals möglich. Dagegen wohl von einem Dinge, das durch reine Vernunftbegriffe gedacht wird: illimitatum", N 5892; vgl. Mund. sens. § 2 III (V 2, 94 f.). Vgl. Totalität, Unendlich, Bestimmung, Realität.

Als ob. Betreffs der Ideen (s. d.) der Vernunft und überhaupt bezüglich gewisser Begriffe, die nicht eine Erkenntnis erfahrbarer Gegenstände, wenigstens in rein theoretischer Hinsicht beinhalten, nimmt Kant öfter den Standpunkt der „Als Ob"-Betrachtung ein, den er sogar schließlich als den „höchsten" Standpunkt der Transzendentalphilosophie (s. d. gegen Schluß) bezeichnet. Wo es keine Erkenntnis gibt und wo unsere Begriffe nicht — wenigstens nicht in der Form, in der wir sie nur denken können — für die Wirklichkeit gelten, in dieser keinen entsprechenden Gegenstand haben, da ist es nicht nur möglich, sondern auch theoretisch oder praktisch förderlich und geboten, die Dinge so zu denken, aufzufassen, zu erforschen, „als ob" sie so wären oder so gegeben, bestimmt wären, wie die betr. Begriffe es meinen, also wenigstens nach Analogie (s. d.) der betr. Begriffsinhalte, denen aber ganz wohl etwas — wenn auch an sich Unerkennbares und seinem Eigenwesen nach von der Art, wie wir es auffassen, Verschiedenes — im Wirklichen entsprechen kann, so daß dann das „Als Ob" keineswegs immer nur reine, leere Fiktionen bezeichnen würde. Jedenfalls dient das „Als Ob" dazu, theoretisch-praktischen Werten ihren Einfluß auf das Handeln, ihre Geltung in praktischer Hinsicht zu sichern und die Anforderungen an unsere Pflichten zu steigern.

Die Ideen (s. d.) leiten uns an, uns so zu verhalten, „als ob ihre Gegenstände (Gott und Unsterblichkeit) . . . gegeben wären", Fried. i. d. Ph. 1. Abs. A (V 4, 33) —, „als ob" die Dinge von einer höchsten Intelligenz ihr Dasein hätten, „als ob" die Sinnenwelt einen einzigen obersten Grund außer ihr habe, KrV tr. Dial. Anh. V. d. Endabsicht. (I 568ff.—Rc 713 ff.). Die Bibel (s. d.) ist so aufzufassen, „a. o." sie eine göttliche Offenbarung wäre, Str. d. Fak. 1. Abs. Friedensabschluß u. Beilegung (V 111 f.). Eine böse Handlung muß so betrachtet werden, „a. o. der Mensch unmittelbar aus dem Stande der Unschuld in sie geraten wäre", Rel. 1. St. IV (IV 43); vgl. 3. St. VII (IV 139). Die Dinge an sich (s. d.) können wir per analogiam so denken, „a. o." sie Substanzen, Ursachen usw. wären, KrV tr. Dial.; V. d. Endabsicht . . (I 577ff.—Rc 723f.). Das Ding an sich ist nur ein „Gedankending", Altpreuß. Mth. XIX 573, 577 f.; XXI 549, 551 ff., 567, 585, 599 u. ö. Es ist ein richtiger Grundsatz des Empirismus, so fortzugehen, „a. o." es keine Grenze und keinen Anfang der Welt gebe, a. o. alles in der Welt durch unveränderliche Naturgesetze bestimmt sei, a. o. es keine von der Welt verschiedene Ursache gäbe, KrV tr. Dial. 2. B. 2. H. 3. Abs. (I 421ff.—Rc 551ff.). „Wir müssen über die Natur philosophieren, als wenn die Welt keinen Anfang habe, und über Gott, als wenn sie keine Sukzession habe", N 5545. Die Handlungen des Menschen sind frei, d. h. so anzusehen, „a. o. sie gar nicht in der Reihe der bestimmenden Gründe der Erscheinungen ständen, sondern a priori determiniert werden", N 5964. Der Mensch handelt so, „a. o. er frei wäre, und eo ipso ist er frei", Vorles. üb. d. philos. Religionslehre, S. 119 ff. An eine göttliche Macht moralisch-praktisch glauben heißt, so handeln, „a. o. eine solche Weltregierung wirklich wäre", V. e. vorn. Ton 4. Anm. (V 4, 13). Alle Verbindung in der Welt ist so anzusehen, „a. o." sie aus einer allgenügsamen notwendigen Ursache entspränge, KrV tr. Dial. 2. B. 3. H. 5. Abs. (I 531—Rc 671). Es ist so zu handeln, „a. o. ein Gott und andere Welt wäre", Lose Bl. G 3. Gott kann nur nach der Analogie (s. d.) Verstand und Wille zugeschrieben werden, KU § 90, 1 (II 337 f.); Rel. 2. St. 1. Abs. b. Anm. (IV 71). Der kategorische Imperativ (s. d.) gebietet, so zu handeln, „a. o." das vernünftige Wesen ein gesetzgebendes Glied im „Reich der Zwecke" wäre, GMS 2. Abs. (III 65). Wir müssen nach Maximen der Freiheit handeln, „a. o. sie Gesetze der Natur wären", ibid. 3. Abs. (III 94). Wir sollen es uns zur Maxime machen, so zu handeln, „a. o." wir durch dieselbe allgemein gesetzgebend wären, Lose Bl. E 5, „a. o." eine übernatürliche Gesetzgebung bestände, ibid. E 9. Betreffs des Rechts ist jeder Bürger so anzusehen, „a. o." er mit den anderen einen Vertrag geschlossen, mit einem „vereinigten Willen" zusammengestimmt habe, Theor. Prax. II. Folgerung (VI 95). Der soziale Vertrag (s. d.) ist kein historisches Faktum, sondern eine „Idee". Wir sollen so forschen, „a. o." die Reihe der Erscheinungen unendlich, ohne erstes und letztes Glied wäre, „a. o. die Reihe an sich unendlich wäre", aber wo die Vernunft als Grund betrachtet wird (in der Freiheit), a. o. sie (durch eine „intelligible Ursache") angefangen würde, KrV tr. Dial. 2. B. 3. H. 7. Abs.; V. d. Endabsicht d. Dial. (I 569, 578—Rc 714, 725). Wir müssen so handeln, a. o. die Idee (s. o.) der Unsterblichkeit Erkenntnis einer solchen wäre, als ob ein anderes Leben unabänderlich sei, Ende a. D. (VI 161); vgl. Lose Bl. F 5. Die Urteilskraft (s. d.) stellt durch den (regulativen) Zweckbegriff die Natur so vor, „a. o." ein (anschauender) Verstand (s. d.) den Grund der Einheit des Mannigfaltigen ihrer empirischen Gesetze enthalte, KU Einl. IV (II 16), als ob ein Verstand (nicht der unsrige) die besonderen Naturgesetze zum Behuf unserer Erkenntnis, um ein „System der Erfahrung nach besonderen Naturgesetzen möglich zu machen", gegeben hätte, ibid. (II 17). Es ist dies so, „a. o." es ein „glücklicher, unsere Absicht begünstigender Zufall" wäre, ibid. Einl. V. vgl. § 61 (II 20 f.; vgl. 221). Die Urteilskraft beurteilt Naturobjekte so, a. o. sie aus einer zwecksetzenden Idee abgeleitet wären, a. o. die Zweckmäßigkeit in der Natur absichtlich wäre, ohne daß wir wirklich eine nach Zwecken wirkende Ursache in ihr als existierend behaupten können, ibid. §§ 68, 75 (II 247, 263 ff.). Vgl. Fiktion.

Amphibolie, transzendentale. Wenn die transzendentale Überlegung (reflexio) fehlt, die das zweifache Verhältnis der Dinge zu unserer Erkenntniskraft, nämlich ihre Zugehörigkeit zur Sinnlichkeit oder zum Verstand, auseinanderhält, so verfällt das Denken einer Verwechselung: der transzendentalen A. „Die Begriffe können logisch verglichen werden, ohne sich darum zu bekümmern, wohin ihre Objekte gehören, ob als Noumena für den Verstand oder als Phänomena für die Sinnlichkeit. Wenn wir aber mit diesen Begriffen zu den Gegenständen gehen wollen, so ist zuvörderst transzendentale Überlegung nötig, für welche Erkenntniskraft sie Gegenstände sein wollen, ob für den reinen Verstand oder für die Sinnlichkeit. Ohne diese Überlegung mache ich einen sehr unsicheren Gebrauch von diesen Begriffen, und es entspringen vermeinte synthetische Grundsätze, welche die kritische Vernunft nicht anerkennen kann und die sich lediglich auf einer transzendentalen A., d. i. einer Verwechselung des reinen Verstandesobjekts mit der Erscheinung gründen", KrV tr. Log. 1. Abs. 2. B. Anh. u. Anmerk. (I 297f.—Rc 362); vgl. Topik, Reflexion.

Analogie. Übersinnliche (s. d.) Objekte können wir uns positiv nur nach der A. vom Erfahrbaren, zur Erscheinungswelt Gehörenden, näherbringen. Solche A.n sind aber keine Erkenntnisse von Dingen an sich. A. ist in der Mathematik die Gleichheit zweier Größenverhältnisse. „In der Philosophie aber ist die A. nicht die Gleichheit zweier quantitativen, sondern qualitativen Verhältnisse", KrV tr. Anal. 2. B. 3. H. 3. Abs. 3 (I 217—Rc 274f.). „A. (in qualitativer Bedeutung) ist die Identität des Verhältnisses zwischen Gründen und Folgen (Ursachen und Wirkungen), sofern sie ungeachtet der spezifischen Verschiedenheit der Dinge oder derjenigen Eigenschaften an sich, welche den Grund von ähnlichen Folgen enthalten (d. i. außer diesem Verhältnisse betrachtet), stattfindet", KU § 90 1. Anm. (II 337). „Man kann sich zwar von zwei ungleichartigen Dingen, eben in dem Punkte ihrer Ungleichartigkeit, eines derselben doch nach einer A. mit dem anderen denken; aber aus dem, worin sie ungleichartig sind, nicht von einem nach der A. auf das andere schließen, d. i. dieses Merkmal des spezifischen Unterschiedes auf das andere übertragen", ibid. § 90, 2 (II 337 f.). Vermittels der A. kann ich einen „Verhältnisbegriff von Dingen, die mir absolut unbekannt sind", geben. So kann ich das Verhältnis des Ding an sich zur Sinnenwelt analog dem Verhältnis zwischen Dingen dieser Welt (d. h. zwischen Erscheinungen) denken, Prol. § 58 Anm. (III 130); vgl. Affektion. Wir sprechen, aber nur nach der A., von einer „Absicht" (s. d.) der Natur, von „Naturzwecken" (s. Zweck). Ich kann die Kausalität der obersten Weltursache nach der A. eines Verstandes denken, aber nicht auf die Eigenschaften in demselben nach der A. schließen, „weil hier das Prinzip der Möglichkeit einer solchen Schlußart gerade mangelt, nämlich die paritas rationis, das höchste Wesen mit dem Menschen (in Ansehung ihrer beiderseitigen Kausalität) zu einer und derselben Gattung zu zählen", KU § 90 1. Anm. (II 338). Das Symbol (s. d.) einer Idee ist eine Vorstellung nach der A., d. h. „dem gleichen Verhältnisse zu gewissen Folgen, als dasjenige ist, welches dem Gegenstande an sich selbst zu seinen Folgen beigelegt wird, obgleich die Gegenstände selbst von ganz verschiedener Art sind". So kann man vom Übersinnlichen „zwar eigentlich keine theoretische Erkenntnis, aber doch eine Erkenntnis nach der A." haben, Fortschr. d. Metaph. 1. Abt. (V 3, 107). Wir machen uns das Übersinnliche, also auch das Göttliche durch A. mit Naturwesen („Schematismus der A.") faßlich, der symbolische Anthropomorphismus (s. d.) aber darf nicht ein wirklicher, dogmatischer Anthropomorphismus werden, Rel. 2. St. 1. Abs. b Anm. (IV 71).

In bezug auf die moralisch-praktische Realität (s. d.) des göttlichen Verstandes und Willens ist allein eine A. desselben mit dem des Menschen anzunehmen, „ungeachtet theoretisch betrachtet dazwischen gar keine A. stattfindet", V. e. vorn. Ton 5. Anm. (V 4, 17). Die A. schließt „von partikulärer Ähnlichkeit zweier Dinge auf totale, nach dem Prinzipe der Spezifikation: Dinge von einer Gattung, von denen man vieles Übereinstimmende kennt, stimmen auch in dem Übrigen überein, was wir in einigen dieser Gattung kennen, an anderen aber nicht wahrnehmen." „Vieles in einem (was auch in anderem ist), also auch das Übrige in demselben: A." Die A. ist nur eine logische „Präsumtion", kein Vernunftschluß, Log. § 84 Anmerk. 1—2 (IV 147). Vgl. Gott, Vorsehung, Zweck, Symbol.

Analogien der Erfahrung. Zu den dynamischen Grundsätzen (s. d.) a priori des Verstandes gehören die A. d. E. Das Prinzip derselben ist: „Erfahrung ist nur durch die Vorstellung einer notwendigen Verknüpfung der Wahrnehmungen möglich." Beweis: „Erfahrung ist ein empirisches Erkenntnis, d. i. ein Erkenntnis, das durch Wahrnehmungen ein Objekt bestimmt. Sie ist also eine Synthesis der Wahrnehmungen, die selbst nicht in der Wahrnehmung enthalten ist, sondern die synthetische Einheit des Mannigfaltigen derselben in einem Bewußtsein enthält, welche das Wesentliche einer Erkenntnis der Objekte der Sinne, d. i. der Erfahrung (nicht bloß der Anschauung oder Empfindung der Sinne) ausmacht. Nun kommen zwar in der Erfahrung die Wahrnehmungen nur zufälligerweise zueinander, so daß keine Notwendigkeit ihrer Verknüpfung aus den Wahrnehmungen selbst erhellt, noch erhellen kann. Da aber Erfahrung ein Erkenntnis der Objekte durch Wahrnehmungen ist, folglich das Verhältnis im Dasein des Mannigfaltigen, nicht wie es in der Zeit zusammengestellt wird, sondern wie es objektiv in der Zeit ist, in ihr vorgestellt werden soll, die Zeit selbst aber nicht wahrgenommen werden kann, so kann die Bestimmung der Existenz der Objekte in der Zeit nur durch ihre Verbindung in der Zeit überhaupt, mithin nur durch a priori verknüpfende Begriffe, geschehen. Da diese nun jederzeit zugleich Notwendigkeit bei sich führen, so ist Erfahrung nur durch eine Vorstellung der notwendigen Verknüpfung der Wahrnehmungen möglich", KrV tr. Anal. 2. B. 3, H. 3. Abs. 3 (I 214f.—Rc 271). „Alle Erscheinungen stehen ihrem Dasein nach a priori unter Regeln der Bestimmung ihres Verhältnisses untereinander in einer Zeit", ibid. 1. A. (I 214—Rc 271). Während in der Mathematik die A.n Formeln sind, welche die Gleichheit zweier Größenverhältnisse aussagen, bedeutet A. in der Philosophie die Gleichheit zweier qualitativen Verhältnisse, „wo ich aus drei gegebenen Gliedern nur das Verhältnis zu einem vierten, nicht aber dieses vierte Glied selbst erkennen und a priori geben kann, wohl aber eine Regel habe, es in der Erfahrung zu suchen, und ein Merkmal, es in derselben aufzufinden". Eine A. d. E. ist eine Regel, nach der „aus Wahrnehmungen Einheit der Erfahrung ... entspringen soll". Die A. d. E. gelten nicht „konstitutiv", sondern bloß „regulativ" (s. d.), sie sind Grundsätze des „empirischen", nicht des „transzendentalen" Verstandesgebrauchs. Sie bestimmen „nicht die Erscheinungen und die Synthesis ihrer empirischen Anschauung, sondern bloß das Dasein und ihr Verhältnis untereinander, in Ansehung dieses ihres Daseins", ibid. (I 216ff.—Rc 273ff.). Die drei A. — der Grundsatz der Beharrlichkeit der Substanz (s. d.), der Erzeugung oder Zeitfolge nach dem Gesetze der Kausalität (s. d.), des Zugleichseins nach dem Gesetze der Gemeinschaft oder Wechselwirkung (s. d.) — sind „Grundsätze der Bestimmung des Daseins der Erscheinungen in der Zeit, nach allen drei modis derselben, dem Verhältnisse zu der Zeit selbst als einer Größe (die Größe des Daseins, d. i. die Dauer), dem Verhältnisse in der Zeit, als einer Reihe (nach einander), endlich auch in ihr, als einem Inbegriff alles Daseins (zugleich)". Der Verstand bestimmt jeder Erscheinung ihre Stelle in der Zeit und für jede Zeit. Alle empirischen Zeitbestimmungen stehen unter „Regeln der allgemeinen Zeitbestimmung". Durch diese apriorischen Grundsätze wird „Natureinheit" dargestellt im „Zusammenhange aller Erscheinungen unter gewissen Exponenten", welche nichts anderes ausdrücken als „das Verhältnis der Zeit (sofern sie alles Dasein in sich begreift) zur Einheit der Apperzeption, die nur in der Synthesis nach Regeln stattfinden kann". Die A. d. E. sagen also: „Alle Erscheinungen liegen in einer Natur und müssen darin liegen, weil ohne diese Einheit a priori keine Einheit der Erfahrung, mithin auch keine Bestimmung der Gegenstände in derselben möglich wäre", ibid. C (I 246f.—Rc 307f.).

Die A. d. E. betreffen nicht die Erzeugung der Anschauungen, sondern „die Verknüpfung ihres Daseins in einer Erfahrung". Diese Verknüpfung ist nichts anderes als „die Bestimmung der Existenz in der Zeit nach notwendigen Gesetzen, unter denen sie allein objektiv gültig, mithin Erfahrung ist". „Diese allgemeinen Gesetze enthalten also die Notwendigkeit der Bestimmung des Daseins in der Zeit überhaupt (folglich nach einer Regel des Verstandes a priori), wenn die empirische Bestimmung in der relativen Zeit objektiv-gültig, mithin Erfahrung sein soll", Prol. § 26 (III 69f.). Vgl. Zeit, Schema, Erfahrung, Natur.

Analogien der Erscheinung. „Die A. d. E. wollen soviel sagen: würde ich nicht durch eine allgemeine Bedingung der Relation in der Zeit jedes Verhältnis derselben bestimmen, so würde ich keiner Erscheinung ihre Stelle anweisen." Das geschieht durch die Begriffe Substanz, Grund und Ganzes, Lose Bl. 16.

Analyse. Die A. hat einen zweifachen Sinn. Sie ist erstens „ein Rückgang von dem Bedingten zu der Bedingung, im anderen Sinne aber ein Rückgang von dem Ganzen zu seinen möglichen oder mittelbaren Teilen, d. h. zu den Teilen der Teile; sie ist deshalb keine Teilung, sondern eine Weiterteilung des gegebenen Zusammengesetzten", Mund. sens. § 1 1. Anm. (V 2, 90). Die A. setzt die Verbindung (Synthese, s. d.) immer schon voraus, „denn wo der Verstand vorher nichts verbunden hat, da kann er auch nichts auflösen, weil es nur durch ihn als verbunden der Vorstellungskraft hat gegeben werden können", KrV tr. Anal. § 15 (I 150—Rc 171). Vgl. Teil, Metaphysik, Analytische Methode.

Analytik. Die „A." ist der erste Teil der allgemeinen Logik (s. d.). Sie löst „das ganze formale Geschäft des Verstandes und der Vernunft in seine Elemente auf, und stellt sie als Prinzipien aller logischen Beurteilung unserer Erkenntnis dar". Sie ist der wenigstens negative Probierstein der Wahrheit (s. d.), KrV tr. Log. Einl. III (I 113—Rc 133). „Die A. entdeckt durch Zergliederung alle Handlungen der Vernunft, die wir beim Denken überhaupt ausüben. Sie ist also eine A. der Verstandes- und Vernunftform, und heißt auch mit Recht die Logik der Wahrheit, weil sie die notwendigen Regeln aller (formalen) Wahrheit erhält, ohne welche unsere Erkenntnis, unangesehen der Objekte, auch in sich selbst unwahr ist. Sie ist also auch weiter nichts als ein Kanon zur Dejudikation (der formalen Richtigkeit unserer Erkenntnis)." Sie ist der Teil der Logik, welche die „formalen Kriterien der Wahrheit" vorträgt, Log. Einl. II 1 (IV 18 f.).

Analytik der Grundsätze. Die „A. d. G." ist „ein Kanon für die Urteilskraft..., der sie lehrt, die Verstandesbegriffe, welche die Bedingung zu Regeln a priori enthalten, auf Erscheinungen anzuwenden", KrV tr. Anal. 2. B. vor d. Einl. (I 178—Rc 233). Vgl. Urteilskraft, Grundsätze.

Analytik der reinen praktischen Vernunft. Die A. der reinen theoretischen Vernunft geht von der Sinnlichkeit zu Begriffen über und endigt mit Grundsätzen. „Dagegen, weil praktische Vernunft es nicht mit Gegenständen, sie zu erkennen, sondern mit ihrem eigenen Vermögen, jene (der Erkenntnis derselben gemäß) wirklich zu machen, d. i. es mit einem Willen zu tun hat, welcher eine Kausalität ist, sofern Vernunft den Bestimmungsgrund derselben enthält, da sie folglich kein Objekt der Anschauung, sondern ... als praktische Vernunft nur ein Gesetz derselben anzugeben hat, so muß eine Kritik der A. derselben, sofern sie eine praktische Vernunft sein soll (welches die eigentliche Aufgabe ist), von der Möglichkeit praktischer Grundsätze a priori anfangen." Von da geht sie zu den Begriffen der Gegenstände einer praktischen Vernunft fort, um sie (die Begriffe des schlechthin Guten und Bösen) „jenen Grundsätzen gemäß allererst zu geben" und dann erst kommt es zur Erörterung der Rolle des moralischen Gefühls, d. h. des Verhältnisses der reinen praktischen Vernunft zur Sinnlichkeit. Die A. der praktischen Vernunft beginnt also mit der „Logik" und endigt mit der „Ästhetik" (s. d.) der reinen praktischen Vernunft, KpV 1. T. 1. B. 3. H. „Kritische Beleuchtung" (II 115 f.). Es gibt auch eine A. des Schönen, des Erhabenen, der teleologischen Urteilskraft.

Analytik, transzendentale. Die „t. A." ist der erste Teil der „transzendentalen Logik" (s. d.), nämlich jener, welcher „die Elemente der reinen Verstandeserkenntnis vorträgt, und die Prinzipien, ohne welche überall kein Gegenstand gedacht werden kann". Sie ist eine „Logik der Wahrheit". „Denn ihr kann keine Erkenntnis widersprechen, ohne daß sie zugleich allen Inhalt verlöre, d. i. alle Beziehung auf irgendein Objekt, mithin alle Wahrheit", KrV tr. Log. Einl. IV (I 115—Rc 135). Die tr. A. ist „die Zergliederung unseres gesamten Erkenntnisses a priori in die Elemente der reinen Verstandeserkenntnis. Es kommt hierbei auf folgende Stücke an: 1. Daß die Begriffe reine und nicht empirische Begriffe seien. 2. Daß sie nicht zur Anschauung und zur Sinnlichkeit, sondern zum Denken und Verstande gehören. 3. Daß sie Elementarbegriffe seien und von den abgeleiteten oder daraus zusammengesetzten wohl unterschieden werden. 4. Daß ihre Tafel vollständig sei und sie das ganze Feld des reinen Verstandes gänzlich ausfüllen." Diese Vollständigkeit ist nur möglich vermittels einer „Idee des Ganzen der Verstandeserkenntnis a priori" sowie durch ihren „Zusammenhang in einem System". Die tr. A. besteht aus zwei Büchern, der (transzendentalen) „Analytik der Begriffe" und der

„Analytik der Grundsätze", KrV Anfang der tr. Anal. (I 117—Rc 136f.). Die „A. der Begriffe" ist nicht die Analysis derselben als Zergliederung ihres Inhaltes zur Verdeutlichung derselben, sondern die „Zergliederung des Verstandesvermögens selbst, um die Möglichkeit der Begriffe a priori dadurch zu erforschen, daß wir sie im Verstande allein, als ihrem Geburtsorte, aufsuchen und dessen reinen Gebrauch überhaupt analysieren". „Wir werden also die reinen Begriffe bis zu ihren ersten Keimen und Anlagen im menschlichen Verstande verfolgen, in denen sie vorbereitet liegen, bis sie endlich bei Gelegenheit der Erfahrung entwickelt und durch eben denselben Verstand, von den ihnen anhängenden empirischen Bedingungen befreit, in ihrer Lauterkeit dargestellt werden", KrV tr. Anal. Anfang des 1. B. (I 118—Rc 137f.).

Analytisch. Über „analytische Einheit der Apperzeption" s. Apperzeption.

Analytische Methode. „A. Methode, sofern sie der synthetischen entgegengesetzt ist, ist ganz etwas anderes als ein Inbegriff analytischer Sätze; sie bedeutet nur, daß man von dem, was gesucht wird, als ob es gegeben sei, ausgeht und zu den Bedingungen aufsteigt, unter denen es allein möglich. In dieser Lehrart bedient man sich öfters lauter synthetischer Sätze, wie die mathematische Analysis davon ein Beispiel gibt, und sie könnte besser die regressive Lehrart zum Unterschiede von der synthetischen oder progressiven heißen", Prol. § 5 Anm. (III 27). — In den „Prolegomena" herrscht die analytische Methode, in der „Krit. d. reinen Vernunft" (s. d.) die synthetische.

Analytische (und synthetische) Urteile s. Urteile. „Analytische Sätze heißen solche, deren Gewißheit auf Identität der Begriffe (des Prädikates mit der Notion des Subjektes) beruht. — Sätze, deren Wahrheit sich nicht auf Identität der Begriffe gründet, müssen synthetische genannt werden." „Die synthetischen Sätze vermehren die Erkenntnis materialiter, die analytischen bloß formaliter. Jene enthalten Bestimmungen (determinationes), diese nur logische Prädikate." „Analytische Prinzipien sind nicht Axiome, denn sie sind diskursiv. Und synthetische Prinzipien sind auch nur dann Axiome, wenn sie intuitiv sind", Log. § 36 (IV 122). Vgl. Mathematik, Metaphysik.

Andacht. A. ist die „Stimmung des Gemüts zur Empfänglichkeit Gott ergebener Gesinnungen", Rel. 4. St. 2. T. § 1 (IV 198). „Andächtelei besteht in der Beflissenheit Gott zu verehren, dadurch daß man Worte und Ausdrücke der Unterwerfung und Ergebenheit darbietet, um sich durch solche Ehrenbezeugungen und Lobeserhebungen Gunst zu erwerben. . . . A. ist die mittelbare Beziehung des Herzens auf Gott, um dasselbe auszuüben und die Erkenntnis Gottes auf unseren Willen wirksam zu machen. Die A. ist also keine Handlung, sondern eine Methode, sich eine Fertigkeit in den Handlungen zu erwerben", Eine Vorlesung K.s üb. Ethik ed. Menzer S. 111. Vgl. Frömmigkeit.

Anfang. Wenn durch eine Handlung „etwas anfangen soll, mithin die Wirkung in der Zeitreihe, folglich in der Sinnenwelt anzutreffen sein soll (z. B. Anfang der Welt), da erhebt sich die Frage, ob die Kausalität der Ursache selbst auch anfangen müsse, oder ob die Ursache eine Wirkung anheben könne, ohne daß ihre Kausalität selbst anfängt. Im ersteren Falle ist der Begriff dieser Kausalität ein Begriff der Naturnotwendigkeit, im zweiten der Freiheit", Prol. § 53 Anm. (III 113). Freiheit (s. d.) ist, transzendental, „das Vermögen, eine Begebenheit von selbst anzufangen" (ibid.). Ein solcher „erster Anfang" (der zeitlos ist) ist mit einem „subalternen" oder „subordinierten" Anfang der Handlung in der Zeit, d. h. ihrem Bedingtsein durch andere ihr vorangehende Erscheinungen, vereinbar, ibid. § 53 (III 115f.). In der Reihe der zeitlichen Begebenheiten kommen wir zu keinem ersten Anfang. An dem ersten A. des Geschehens scheitert die Physik (Naturwissenschaft) bei ihren Erklärungen, KU § 81 (II 292). „Ein erster A. läßt sich nach Gesetzen der Sinnlichkeit nicht denken. Eine Folge ohne A. nicht nach Gesetzen der Vernunft", N 5544. „Ein A. in der Welt läßt sich denken, aber nicht ein A. der Welt", N. 4134;

vgl. aber N 4617. „Weil vor der Welt keine Zeit ist, so ist die Welt zu aller Zeit", N 4134. Vgl. Ewigkeit, Antinomie, Unendlichkeit, Ursprung, Erfahrung, Apriori.

Angeboren. Das Apriori (s. d.) ist nicht im Sinne des A.en zu verstehen. Die Verstandesbegriffe sind zwar in der „Natur des reinen Verstandes selbst" zu suchen, aber „nicht als angeborene Begriffe, sondern aus den dem Geiste eingepflanzten Gesetzen abstrahiert (indem man bei Gelegenheit der Erfahrung auf seine Tätigkeit achtet), folglich erworben", Mund. sens. § 8 (V 2, 100).

„Endlich erhebt sich gleichsam von selbst in jedem die Frage, ob beide Begriffe (Raum und Zeit) angeboren oder erworben seien. Das letztere scheint zwar durch die Beweisführung bereits widerlegt; allein auch das erstere darf nicht so ohne weiteres zugelassen werden, weil es der Philosophie der Faulen den Weg bahnt, die jede weitere Untersuchung durch Berufung auf eine erste Ursache für überflüssig erklärt. Indes sind beide Begriffe unzweifelhaft erworben, freilich nicht von der Empfindung der Gegenstände („von den Gegenständen der Sinne") abstrahiert (denn die Empfindung gibt nur den Stoff, nicht die Form der menschlichen Erkenntnis), sondern von der Tätigkeit der Seele selbst, welche nach ewigen Gesetzen ihre Empfindungen ordnet, als eine unwandelbare Grundform, die deshalb auf dem Wege der Anschauung zu erkennen ist. Denn die Empfindungen erwecken diese Tätigkeit des Geistes, aber sie beeinflussen nicht die Anschauung, und angeboren ist hier nur das Gesetz der Seele, nach dem sie das infolge der Gegenwart des Gegenstandes von ihr Empfundene in bestimmter Weise verbindet", ibid. § 15 Folgerung (V 2, 114f.).

„Es steckt etwas Großes und, wie mich dünkt, sehr Richtiges in dem Gedanken des Herrn von Leibniz: Die Seele befaßt das ganze Universum mit ihrer Vorstellungskraft, obgleich nur ein unendlich kleiner Teil dieser Vorstellungen klar ist. In der Tat müssen alle Arten von Begriffen nur auf der inneren Tätigkeit unseres Geistes als auf ihrem Grunde beruhen. Äußere Dinge können wohl die Bedingung enthalten, unter welcher sie sich auf eine oder andere Art hervortun, aber nicht die Kraft, sie wirklich hervorzubringen. Die Denkungskraft der Seele muß Realgründe zu ihnen allen enthalten, soviel ihrer natürlicherweise in ihr entspringen sollen, und die Erscheinungen der entstehenden und vergehenden Kenntnisse sind allem Ansehen nach nur der Einstimmung oder Entgegensetzung aller dieser Tätigkeit beizumessen", Neg. Größ. 3. Abs. 3 (V 1. 108).

Die Kritik der reinen Vernunft „erlaubt schlechterdings keine anerschaffenen oder angeborenen Vorstellungen, alle insgesamt, sie mögen zur Anschauung oder zu Verstandesbegriffen gehören, nimmt sie als erworben an. Es gibt aber auch eine ursprüngliche Erwerbung (wie die Lehrer des Naturrechts sich ausdrücken), folglich auch dessen, was vorher noch nicht existiert, mithin keiner Sache vor dieser Handlung angehört hat. Desgleichen ist, wie die Kritik behauptet, erstlich die Form der Dinge im Raum und der Zeit, zweitens die synthetische Einheit des Mannigfaltigen in Begriffen; denn keine von beiden nimmt unser Erkenntnisvermögen von den Objekten als in ihnen an sich selbst gegeben her, sondern bringt sie aus sich selbst a priori zustande. Es muß aber doch ein Grund dazu im Subjekte sein, der es möglich macht, daß die gedachten Vorstellungen so und nicht anders entstehen und noch dazu auf Objekte, die noch nicht gegeben sind, bezogen werden können, und dieser Grund wenigstens ist angeboren." Der „Grund der Möglichkeit der sinnlichen Anschauung" ist kein „Bild", sondern ist „die bloße eigentümliche Rezeptivität des Gemüts, wenn es von etwas (in der Empfindung) affiziert wird, seiner subjektiven Beschaffenheit gemäß eine Vorstellung zu bekommen. Dieser erste formale Grund z. B. der Möglichkeit einer Raumesanschauung ist allein angeboren, nicht die Raumvorstellung selbst. Denn es bedarf immer Eindrücke, um das Erkenntnisvermögen zuerst zu der Vorstellung eines Objekts (die jederzeit eine eigene Handlung ist) zu bestimmen. So entspringt die formale Anschauung, die man Raum nennt, als ursprünglich erworbene Vorstellung (der Form äußerer Gegenstände überhaupt), deren Grund gleichwohl (als bloße Rezeptivität) angeboren ist und deren Erwerbung lange vor dem bestimmten Begriffe von Dingen, die dieser Form gemäß sind, vorhergeht; die Erwerbung der letzteren ist acquisitio derivativa, indem sie schon allgemeine transzendentale Verstandesbegriffe voraussetzt, die ebensowohl nicht angeboren, sondern erworben sind, deren acquisitio aber, wie jene des Raumes, ebensowohl originaria ist und nichts A.es als die subjektiven Bedingungen der Spontaneität des Denkens (Gemäßheit mit der Einheit der Apperzeption) voraussetzt", Üb. e. Entdeck. 1. Abs. C (V 3, 43ff.). — Das Gute und Böse (s. d.) im Menschen ist bloß in dem Sinne angeboren, als es „vor allem in der Erfahrung gegebenen Gebrauche der Freiheit (in der frühesten Jugend bis zur Geburt zurück) zugrunde gelegt wird und so als mit der Geburt zugleich im Menschen vorhanden vorgestellt wird; nicht, daß die Geburt eben die Ursache davon sei", Rel. 1. St. Anfang (IV 20). Vgl. Anschauungsform, A priori, Raum, Präformation, Kategorie, Begriff.

Angenehm. Das A.e ist das, „was nur vermittelst der Empfindung aus bloß subjektiven Ursachen, die nur für dieses oder jenes seinen Sinn gelten, und nicht als Prinzip der Vernunft, das für jedermann gilt, auf den Willen Einfluß hat", GMS 2. Abs. (III 35).

A. ist „das, was den Sinnen in der Empfindung gefällt", wobei unter Empfindung eine „objektive Vorstellung der Sinne" zu verstehen ist, nicht ein Gefühl. Das Urteil über einen Gegenstand, wodurch man es für a. erklärt, drückt ein Interesse (s. d.) an demselben aus, da es „durch Empfindung eine Begierde nach dergleichen Gegenstande rege macht, mithin das Wohlgefallen nicht das bloße Urteil über ihn, sondern die Beziehung seiner Existenz auf meinen Zustand, sofern er durch ein solches Objekt affiziert wird, voraussetzt". Man sagt daher vom A.en nicht bloß: es gefällt, sondern es vergnügt. „Es ist nicht ein bloßer Beifall, den ich ihm widme, sondern Neigung wird dadurch erzeugt", ein Genießen findet hier statt, KU § 3 (II 42f.). A. heißt jemandem das, was ihn „vergnügt", ibid. § 5 (II 47). „In Ansehung des A.en bescheidet sich ein jeder, daß sein Urteil, welches er auf ein Privatgefühl gründet, und wodurch er von einem Gegenstande sagt, daß er ihm gefalle, sich auch bloß auf seine Person einschränke." „Ein jeder hat seinen eigenen Geschmack der (Sinne)." Doch gibt es bei der Beurteilung des A.en auch „Einhelligkeit" unter Menschen. „So sagt man von jemandem, der seine Gäste mit Annehmlichkeiten (des Genusses durch alle Sinne) so zu unterhalten weiß, daß es ihnen insgesamt gefällt: er habe Geschmack. Aber hier wird die Allgemeinheit nur komparativ genommen; und da gibt es nur generale (wie die empirischen alle sind), nicht universale Regeln, welche letztere das Geschmacksurteil über das Schöne sich unternimmt oder darauf Anspruch macht. Es ist ein Urteil in Beziehung auf die Geselligkeit, sofern sie auf empirischen Regeln beruht", ibid. § 7 (II 49ff.). „Das A.e ist, als Triebfeder der Begierden, durchgängig von einerlei Art, woher es auch kommen und wie spezifisch-verschieden auch die Vorstellung (des Sinnes und der Empfindung, objektiv betrachtet) sein mag. Daher kommt es bei der Beurteilung des Einflusses desselben auf das Gemüt nur auf die Menge der Reize (zugleich und nacheinander) und gleichsam nur auf die Masse der a.en Empfindung an; und diese läßt sich also durch nichts als die Quantität verständlich machen", ibid. § 29 Allg. Anmerk. (II 113); vgl. N 622. — Vgl. Gut, Neigung, Geschmack, Interesse.

Anlage. „Unter A.n eines Wesens verstehen wir sowohl die Bestandstücke, die dazu erforderlich sind, als auch die Formen ihrer Verbindung, um ein solches Wesen zu sein. Sie sind ursprünglich, wenn sie zu der Möglichkeit eines solchen Wesens notwendig gehören; zufällig aber, wenn das Wesen auch ohne dieselben an sich möglich wäre", Rel. 1. St. I 3 (IV 28). „Alle Naturanlagen eines Geschöpfes sind bestimmt, sich einmal vollständig und zweckmäßig auszuwickeln." „Am Menschen . . . sollten sich diejenigen Naturanlagen, die auf den Gebrauch seiner Vernunft abgezielt sind, nur in der Gattung, nicht aber im Individuum vollständig entwickeln." Diese Entwicklung ist nur in der Gesellschaft (s. d.) möglich, G. i. weltbürg. Abs. 1.—2. Satz (VI 6f.). Die Anlage des Menschen ist: 1. „technische" A., d. h. „mit Bewußtsein verbundene mechanische" A. zur

Handhabung der Sachen, 2. „pragmatische", d. h. die A., „andere Menschen zu seinen Absichten geschickt zu brauchen", 3. „moralische" A., „nach dem Freiheitsprinzip unter Gesetzen gegen sich und andere zu handeln", Anthr. 2. T. E (IV 276); vgl. Z. ew. Fried. 2. Abs. 2 Artikel (VI 132). Über „göttliche A.n" im Menschen, Theor. Prax. I (VI 84). Vgl. Mensch, Kultur, Präformation, Angeboren, Weltbürgerrecht.

Anmut. Gegenüber einer Bemerkung Schillers in der Thalia 1793, 3. Stück (Über A. und Würde), daß der Rigorismus (s. d.) eine karthäuserartige Gemütsstimmung im Gefolge habe, erklärt K.: „Ich gestehe gern, daß ich dem Pflichtbegriffe, gerade um seiner Würde willen, keine A. beigesellen kann. Denn er enthält unbedingte Nötigung, womit A. in geradem Widerspruch steht. Die Majestät des Gesetzes (gleich dem auf Sinai) flößt Ehrfurcht ein (nicht Scheu, welche zurückstößt, auch nicht Reiz, der zur Vertraulichkeit einladet), welche Achtung des Untergebenen gegen seinen Gebieter, in diesem Fall aber, da dieser in uns selbst liegt, ein Gefühl des Erhabenen unserer eigenen Bestimmung erweckt, was uns mehr hinreißt als alles Schöne. — Aber die Tugend, d. i. die fest gegründete Gesinnung, seine Pflicht genau zu erfüllen, ist in ihren Folgen auch wohltätig, mehr wie alles, was Natur oder Kunst in der Welt leisten mag; und das herrliche Bild der Menschheit, in dieser ihrer Gestalt aufgestellt, verstattet gar wohl die Begleitung der Grazien, die aber, wenn noch von Pflicht allein die Rede ist, sich in ehrerbietiger Entfernung halten. Wird aber auf die a.igen Folgen gesehen, welche die Tugend, wenn sie überall Eingang fände, in der Welt verbreiten würde, so zieht alsdann die moralisch-gerichtete Vernunft die Sinnlichkeit (durch die Einbildungskraft) mit ins Spiel. Nur nach bezwungenen Ungeheuern wird Herkules Musaget, vor welcher Arbeit jene guten Schwestern zurückbeben. Diese Begleiterinnen der Venus Urania sind Buhlschwestern im Gefolge der Venus Dione, sobald sie sich ins Geschäft der Pflichtbestimmung einmischen und die Triebfedern dazu hergeben wollen", Rel. 1. St. Anmerk. 2. Anm. (IV 22).

Annahme. Der problematische (s. d.) Satz formuliert nur ein Urteil, „wovon es möglich ist, daß jemand es annehme" (etwa nur auf einen Augenblick). Er drückt nur „logische Möglichkeit (die nicht objektiv ist)" aus, d. h. „eine freie Wahl, einen solchen Satz gelten zu lassen, eine bloß willkürliche Aufnehmung desselben in den Verstand", KrV tr. Anal. § 9, 4 (I 126—Rc 146). „Ich kann genugsamen Grund haben, etwas relativ anzunehmen (suppositio relativa), ohne doch befugt zu sein, es schlechthin anzunehmen (suppositio absoluta)." So z. B. können wir Gott (s. d.) in Beziehung auf die Welt (in der „Idee"), zur Gewinnung größter systematischer Einheit derselben, annehmen und per analogiam als „Ursache" des Weltganzen denken, ohne ihn als solchen erkennend bestimmen zu dürfen, da ja die Kategorien (s. d.) nur auf mögliche Erfahrungsobjekte anzuwenden sind, KrV tr. Dial. Anh. V. d. Endabsicht (I 572f.—Rc 717f.). „Das Urteil: Einige Körper sind einfach, mag immer widersprechend sein, es kann gleichwohl doch aufgestellt werden, um zu sehen, was daraus folgte, wenn es als Assertion, d. i. als Satz ausgesagt würde", Üb. e. Entdeck. 1. Abs. A Anm. (V 3, 11f.). In Ansehung des „praktischen Gebrauchs" hat die Vernunft ein Recht, „etwas anzunehmen, was sie auf keine Weise im Felde der bloßen Spekulation ohne hinzureichende Beweisgründe vorauszusetzen befugt wäre, weil alle solche Voraussetzungen der Vollkommenheit der Spekulation Abbruch tun, um welche sich aber das praktische Interesse gar nicht bekümmert", KrV tr. Meth. 1. H. 3. Abs. (I 646—Rc 795). Vgl. Fürwahrhalten, Postulat, Glaube, Hypothese, Urteil.

Anpassung s. Entwicklung, Nation, Rasse.

Anschauender Verstand s. Verstand (anschauender).

Anschaulich s. Intuitiv, Axiom, Mathematik, Anschauung, Sinnlich.

Anschauung. Alle Erkenntnis bedarf der sinnlichen A., der äußeren oder inneren. Ohne A. sind unsere Begriffe leer, sie sind rein formale Gedanken ohne Gegenstand. Das Denken liefert nur an der Hand von Anschauungsmaterial Erkenntnis, obzwar es „reine"

Begriffe (Kategorien) gibt, die unabhängig von sinnlicher A. im Verstande entspringen. Ohne Begriffe anderseits ist die A. „blind“, sie kann für sich allein keine Bestimmung und keinen inneren Zusammenhang gewähren; nur das Material zu einer Erkenntnis ist durch sie — für das Denken — gegeben. Da das „Ding an sich“ (s. d.) sich unserer A. entzieht, ist es, das „Übersinnliche“ (s. d.), unerkennbar. Von der sinnlichen ist die „reine“ A. (s. d.), von beiden die „intellektuelle“ A. (s. d.) zu unterscheiden. Unser Verstand vermag nichts aus sich anzuschauen, er ist kein anschauender, intuitiver (göttlicher) Verstand. Zwischen A. und reinem Denken vermittelt das transzendentale „Schema“ (s. d.). Die Einheit der A. beruht auf einer Synthese der „Apprehension“ (s. d.).

Von den Verstandesbegriffen (s. Verstand) gibt es (für den Menschen) keine Anschauung, nur „symbolische Erkenntnis“. „Alle unsere Anschauung ist nämlich an ein Prinzip der Form gebunden, unter der allein etwas unmittelbar oder als Einzelnes von dem Geiste geschaut und nicht bloß diskursiv durch allgemeine Begriffe gedacht werden kann. Dieses formale Prinzip unserer A. (Raum und Zeit) ist aber die Bedingung, unter der etwas Gegenstand unserer Sinne sein kann, und als eine Bedingung der sinnlichen Erkenntnis ist es deshalb kein Mittel zu einer intellektualen A. Außerdem wird aller Stoff unserer Erkenntnis nur von den Sinnen geliefert; das Gedankending als solches kann aber nicht durch Vorstellungen, die den Sinnen entlehnt sind, erfaßt werden; deshalb ist der Verstandesbegriff als solcher leer von allem Gegebenen der menschlichen A. Die A. unseres Geistes ist nämlich immer passiv und deshalb nur soweit möglich, als etwas unsere Sinne affizieren kann. Dagegen ist die göttliche A., welche das Prinzip der Gegenstände, nicht ihre Wirkung darstellt, da sie unabhängig ist, das Urbild (Archetypus) und deshalb eine vollkommen geistige (intellektuale)“, Mund. sens. § 10 (V 2, 102).

A. ist „die Vorstellung, die nur durch einen einzigen Gegenstand gegeben werden kann“, KrV tr. Ästh. § 4,4 (I 87—Rc 104); „eine Vorstellung, sowie sie unmittelbar von der Gegenwart des Gegenstandes abhängen würde“, Prol. § 8 (III 34). „Was Sie von Ihrer Definition der A.: sie sei eine durchgängig bestimmte Vorstellung in Ansehung eines gegebenen Mannigfaltigen, sagen, dagegen hätte ich nichts weiter zu erinnern als: daß die durchgängige Bestimmung hier objektiv und nicht als im Subjekt befindlich verstanden werden müsse (weil wir alle Bestimmungen des Gegenstandes einer empirischen A. unmöglich kennen können), da dann die Definition doch nicht mehr sagen würde als: sie ist die Vorstellung des einzelnen Gegebenen“, An J. S. Beck, 3. Juli 1792; vgl. Log. § 1 (IV 98). „Auf welche Art und durch welche Mittel sich auch immer eine Erkenntnis auf Gegenstände beziehen mag, so ist doch diejenige, wodurch sie sich auf dieselben unmittelbar bezieht, und worauf alles Denken als Mittel abzweckt, die A. Diese findet aber nur statt, sofern uns der Gegenstand gegeben wird; dieses aber ist wiederum, uns Menschen wenigstens, nur dadurch möglich, daß er das Gemüt auf gewisse Weise affiziere.“ Vermittels der Sinnlichkeit (s. d.) werden uns Gegenstände gegeben, und sie allein liefert uns A.en. Alles Denken (s. d.) aber „muß sich, es sei geradezu (directe) oder im Umschweife (indirecte), vermittels gewisser Merkmale, zuletzt auf A.en, mithin bei uns auf Sinnlichkeit beziehen, weil uns auf andere Weise kein Gegenstand gegeben werden kann“. Diejenige A., „welche sich auf den Gegenstand durch Empfindung bezieht“, ist „empirisch“. Die „reine Form der Sinnlichkeit“ ist „reine“ A., KrV tr. Ästh. § 1 (I 75f.—Rc 92f.). Alle unsere A. ist „nichts als die Vorstellung von Erscheinung“. Die Dinge, die wir anschauen, sind nicht das „an sich“, wofür wir sie anschauen. Wir erkennen eigentlich an ihnen nur „unsere Art der A.“ (d. h. der Sinnlichkeit), mögen unsere Vorstellungen noch so deutlich sein, KrV tr. Ästh. § 8 (I 95f.—Rc 113). „Alle A.en, als sinnlich, beruhen auf Affektionen“, KrV tr. Anal. 1. B. 1. H. 1. Abs. (I 120—Rc 139). „Alles, was uns als Gegenstand gegeben werden soll, muß uns in der A. gegeben werden. Alle unsere A. geschieht aber nur vermittelst der Sinne; der Verstand schaut nichts an, sondern reflektiert nur“, Prol. § 13 Anmerk. II (III 43). A. eines Gegenstandes ist eine unmittelbare und einzelne Vorstellung, durch die der Gegenstand „als zur Erkenntnis gegeben" wird, Fortschr. d. Metaph. 1. Abt. (V 3, 91). In der (durch Chr. Wolff gründlich bearbeiteten) dogmatischen Metaphysik war eine Ursache von Irrtümern die „Ermangelung aller A. a priori, welche man als Prinzip gar nicht kannte, die vielmehr Leibniz intellektuierte, d. i. in lauter verworrene Begriffe verwandelte". Leibniz „ließ nur eine Unterscheidung durch Begriffe zu und wollte keine von dieser spezifisch unterschiedenen Vorstellungsart, nämlich A., und zwar a priori, anerkennen, die er vielmehr in lauter Begriffe der Koëxistenz oder Sukzession auflösen zu müssen glaubte", ibid. 2. Abs. 1. Stadium (V 3, 109f.). Wäre die A. „intellektuell", so würden wir die Dinge so anschauen, wie sie an sich sind. Unsere A. ist aber „nur die Art, wie wir von einem an sich selbst uns ganz unbekannten Objekt affiziert werden", Üb. e. Entdeck. 1. Abs. C (V 3, 41); vgl. Sinnlichkeit. — A. und Begriff (s. d.) sind die Elemente aller unserer Erkenntnis, die sie nur vereinigt geben. „Gedanken ohne Inhalt sind leer, A.en ohne Begriffe sind blind." Unser Verstand für sich vermag nichts anzuschauen, er ist kein anschauender Verstand (s. d.); die Sinnlichkeit (s. d.) vermag nichts zu denken, KrV tr. Log. Einl. I (I 106 f.). Ohne daß einem Begriff die korrespondierende A. gegeben wird, gibt es für uns keine objektive Realität. Die Kritik behauptet, „daß, ohne einem Begriff die korrespondierende A. zu geben, seine objektive Realität niemals erhelle", Üb. e. Entdeck. 1. Abs. B (V 3, 26). „Die Frage war: ob wir von dem, welchem keine korrespondierende A. gegeben werden kann, eine Erkenntnis zu bekommen hoffen können. Das wurde von der Kritik in Ansehung dessen, was kein Gegenstand der Sinne sein kann, verneint; weil wir zu der objektiven Realität des Begriffs immer einer A. bedürfen, die unsrige aber, selbst die in der Mathematik gegebene, nur sinnlich ist", ibid. C (V 3, 32). Die Kritik kommt zu dem Ergebnis, „daß keinem Begriffe seine objektive Realität anders gesichert werden könne, als sofern er in einer korrespondierenden A. (die für uns jederzeit sinnlich ist) dargestellt werden kann", Üb. e. Entdeck., Einleit. (V 3, 5). — „Die unmittelbare Vorstellung des einzelnen ist die A." „Durch die A., die einem Begriffe gemäß ist, wird der Gegenstand gegeben; ohne dieselbe wird er bloß gedacht. Durch diese bloße A. ohne Begriff wird der Gegenstand zwar gegeben, aber nicht gedacht, durch den Begriff ohne korrespondierende A. wird er gedacht, aber keiner gegeben; in beiden Fällen wird also nicht erkannt", Fortschr. d. Metaph. Beilage I 2. Abs. (V 3, 156f.); vgl. Begriff. — Alle A.en, die man apriorischen Begriffen unterlegt, sind Schemata (s. d.) oder Symbole (s. d.). Ohne „Schemata" (s. d.), durch welche die Kategorien auf die A. angewandt werden, sind diese Verstandesbegriffe rein formal, bieten sie keine objektive Erkenntnis. Vgl. Denken, Wahrnehmung, Empfindung, Konstruktion, Exponibel, Demonstration, Axiom, Intuitiv.

Anschauung, formale, s. Anschauungsformen, Anschauung (reine).

Anschauung, innere. Wie der Raum die reine Form der äusseren A., so ist die Zeit (s. d.) die reine Form der inneren A. oder des „Anschauens unserer selbst und unseres inneren Zustandes", KrV tr. Ästh. § 6 b (I 89—Rc 106). Und entsprechend: wie das Ding für die äußere A., so ist auch für die i. A. unser Ich (s. d.) „nur als Erscheinung, nicht aber nach dem, was es an sich selbst ist", gegeben, ibid. tr. Anal. § 24 (I 168—Rc 211). — Das Ich in dem Satze: Ich bin ist — abgesehen von seiner Bedeutung als Subjekt des Bewußtseins — „Gegenstand der inneren A. (in der Zeit)", Prol. § 49 (III 104); vgl. intellektuelle A., Sinn, innerer.

Als innere A., der Einbildungskraft zugehörig, bezeichnet K. die „ästhetische Idee" (s. d.). Als solcher kann ihr „kein Begriff völlig adäquat sein", KU § 49 (II 168); vgl. ibid. § 57 Anmerk. I (II 202). Vgl. Einbildungskraft, Genie.

Anschauung, intellektuelle. Unsere A. ist sinnlich, passiv (auf der „Rezeptivität" der Sinnlichkeit beruhend), sie ist keine intellektuelle, vom Intellekt unmittelbar bewirkte, urbildliche A. Das Objekt einer (nicht gegebenen, aber denkbaren) intellektuellen A. ist als solches ein „Noumenon" (s. d.).

Die A. unseres Geistes ist „immer passiv und deshalb nur soweit möglich, als etwas unsere Sinne affizieren kann. Dagegen ist die göttliche A., welche das Prinzip der Gegenstände, nicht ihre Wirkung darstellt, da sie unabhängig ist, das Urbild (Archetypus) und deshalb eine vollkommen geistige (intellektuale)", Mund. sens. § 10 (V 2, 102).

Von einer „nichtsinnlichen", „intellektuellen" A., deren Gegenstände Noumena im positiven Sinne sind, haben wir keinen positiven Begriff, wir können sie nicht begreifen. Ein Verstand, der die Dinge „intuitiv in einer nichtsinnlichen Anschauung" (nicht „diskursiv" durch Kategorien) erkennt, ist für uns rein problematisch, KrV tr. Anal. 2. B. 3. H. (I 280ff.—Rc 343ff.).

„Wir könnten uns wohl eine unmittelbare (direkte) Vorstellungsart eines Gegenstandes denken, die nicht nach Sinnlichkeitsbedingungen, also durch den Verstand die Objekte anschaut. Aber von einer solchen haben wir keinen haltbaren Begriff; doch ist es nötig, sich einen solchen zu denken, um unserer Anschauungsform nicht alle Wesen, die Erkenntnisvermögen haben, zu unterwerfen. Denn es mag sein, daß einige Weltwesen unter anderer Form dieselben Gegenstände anschauen dürften; es kann auch sein, daß diese Form in allen Weltwesen, und zwar notwendig ebendieselbe sei, so sehen wir diese Notwendigkeit doch nicht ein, sowenig als die Möglichkeit eines höchsten Verstandes, der in seiner Erkenntnis von aller Sinnlichkeit und zugleich vom Bedürfnis, durch Begriffe zu erkennen, frei, die Gegenstände in der bloßen (intellektuellen) A. vollkommen erkennt", Fortschr. d. Metaph. 1. Abt. (V 3, 92).

Eine Philosophie, die sich auf eine vermeintliche intellektuelle A. stützt, welche nicht mit Begriffen und Methoden des Verstandes arbeitet, hält sich für „vornehm". „Der diskursive Verstand (s. d.) muß ... viele Arbeit zu der Auflösung und wiederum der Zusammensetzung seiner Begriffe nach Prinzipien verwenden und viele Stufen mühsam besteigen, um in der Erkenntnis Fortschritte zu tun, statt dessen eine intellektuelle A. den Gegenstand unmittelbar und auf einmal fassen und darstellen würde. — Wer sich also im Besitz der letzteren zu sein dünkt, wird auf den ersteren mit Verachtung herabsehen; und umgekehrt ist die Gemächlichkeit eines solchen Vernunftgebrauchs eine starke Verleitung, ein dergleichen Anschauungsvermögen dreist anzunehmen, imgleichen eine darauf gegründete Philosophie bestens zu empfehlen." Eine solche Philosophie, welche nicht arbeitet, hält sich ebendeshalb für vornehm, V. e. vorn. Ton (V 4, 3f.). — „Die Wirklichkeit der Freiheit können wir nicht aus der Erfahrung schließen. Aber wir haben doch nur einen Begriff von ihr durch unser intellektuelles inneres Anschauen (nicht den inneren Sinn) unserer Tätigkeit, welche durch motiva intellectualia bewegt werden kann". N 4336. Vgl. Gefühlsphilosophie, Verstand, anschauender, Zweckmäßigkeit.

Anschauung, reine. Reine A. ist die von Empfindung freie, nur die Form der Sinnlichkeit enthaltende A. (s. Anschauungsformen). Die reine A. entspringt aus der Gesetzlichkeit des anschauenden Bewußtseins selbst, sie ist allgemein-notwendig, ursprünglich, a priori, eine Bedingung der empirischen A., für deren Gegenstand daher alle Bestimmtheiten der reinen A. (die räumlich-zeitlichen Eigenschaften, die mathematischen Gesetzmäßigkeiten) auch gelten. Die reine A. geht aber nicht auf Dinge an sich, sondern auf die Form unseres Wahrnehmens der Dinge, auf die Form der Erscheinung. „Alle Dinge, die sich unseren Sinnen als Gegenstände darbieten, sind Erscheinungen; was aber, ohne die Sinne zu berühren, nur die besondere Form der Sinnlichkeit enthält, gehört zur reinen (d. h. einer von Empfindungen leeren, darum aber nicht verstandesmäßigen) A." „Die reine (menschliche) A. ist aber kein allgemeiner oder logischer Begriff, unter dem, sondern ein besonderer, in dem alles beliebige Sinnliche gedacht wird; deshalb enthält sie die Begriffe des Raumes und der Zeit." Die „ursprünglichen A.en" (Raum, Zeit; dazu die Zahl als vermittels dieser beiden verwirklichter Verstandesbegriff) sind die Gegenstände der reinen Mathematik (s. d.) als Geometrie und reine Mechanik, bzw. der Arithmetik. „Es gibt also eine Wissenschaft von den Sinnendingen, obgleich bei ihr, da es Erscheinungen sind, kein realer Verstandesgebrauch stattfindet, sondern nur ein logischer", Mund. sens. § 12 (V 2, 103).

Die reine A. ist kein (allgemeiner, diskursiver, höchstens ein eigenartiger Einzel-) Begriff (s. Anschauungsformen, Raum, Zeit). Sie geht den Objekten der Wahrnehmung voran. Wie ist das möglich? Nur so, weil sie „bloß im Subjekte, als die formale Beschaffenheit desselben, von Objekten affiziert zu werden", ihren Sitz hat, KrV tr. Ästh. § 3 (I 81f.—Rc 98f.).

„Wie ist es möglich, etwas a priori anzuschauen? A. ist eine Vorstellung, sowie sie unmittelbar von der Gegenwart des Gegenstandes abhängen würde. Daher scheint es unmöglich, a priori ursprünglich anzuschauen, weil die A. alsdann ohne einen weder vorher noch jetzt gegenwärtigen Gegenstand, worauf sie sich bezöge, stattfinden müßte und also nicht A. sein könnte", Prol. § 8 (III 34f.). „Müßte unsere A. von der Art sein, daß sie Dinge vorstellte, so wie sie an sich selbst sind, so würde gar keine A. a priori stattfinden, sondern sie wäre allemal empirisch. Denn was in dem Gegenstande an sich selbst enthalten sei, kann ich nur wissen, wenn er mir gegenwärtig und gegeben ist. Freilich ist es auch alsdann unbegreiflich, wie die Anschauung einer gegenwärtigen Sache mir diese sollte zu erkennen geben, wie sie an sich ist, da ihre Eigenschaften nicht in meine Vorstellungskraft hinüberwandern können." „Es ist also nur auf eine einzige Art möglich, daß meine A. vor der Wirklichkeit des Gegenstandes vorhergehe und als Erkenntnis a priori stattfinde, wenn sie nämlich nichts anderes enthält als die Form der Sinnlichkeit, die in meinem Subjekt vor allen wirklichen Eindrücken vorhergeht, dadurch ich von Gegenständen affiziert werde. Denn daß Gegenstände der Sinne dieser Form der Sinnlichkeit gemäß allein angeschaut werden können, kann ich a priori wissen. Hieraus folgt: daß Sätze, die bloß diese Form der sinnlichen A. betreffen, von Gegenständen der Sinne möglich und gültig sein werden; ingleichen umgekehrt, daß A.en, die a priori möglich sind, niemals andere Dinge als Gegenstände unserer Sinne betreffen können", ibid. § 9 (III 35f.). „Also ist es nur die Form der sinnlichen A., dadurch wir a priori Dinge anschauen können, wodurch wir aber auch die Objekte nur erkennen, wie sie uns (unseren Sinnen) erscheinen können, nicht, wie sie an sich sein mögen; und diese Voraussetzung ist schlechterdings notwendig, wenn synthetische Sätze a priori als möglich eingeräumt oder, im Falle sie wirklich angetroffen werden, ihre Möglichkeit begriffen und zum voraus bestimmt werden soll." Raum und Zeit sind diese reinen A.en, die den empirischen a priori zugrunde liegen und dadurch beweisen, daß sie „bloße Formen unserer Sinnlichkeit" sind, „die vor aller empirischen A., d. i. der Wahrnehmung wirklicher Gegenstände vorhergehen müssen, und denen gemäß Gegenstände a priori erkannt werden können, aber freilich nur, wie sie uns erscheinen", ibid. § 10 (III 36f.). Raum und Zeit sind „keine den Dingen an sich selbst, sondern nur bloße, ihrem Verhältnisse zur Sinnlichkeit anhängende Bestimmungen", ibid. § 11 (III 37).

Die „Erweiterung meiner Erkenntnis durch Erfahrung" beruht auf der „empirischen (Sinnen-) A.". „Nun begreife ich leicht . . ., daß, wenn eine Erweiterung der Erkenntnis über meinen Begriff a priori stattfinden soll, so werde, wie dort eine empirische A., so zu dem letzteren Behuf eine reine A. a priori erforderlich sein; nur bin ich verlegen, wo ich sie antreffen und wie ich mir die Möglichkeit derselben erklären soll. Jetzt werde ich durch die Kritik angewiesen, alles Empirische oder wirklich Empfindbare im Raum und der Zeit wegzulassen, mithin alle Dinge ihrer empirischen Vorstellung nach zu vernichten, und so finde ich, daß Raum und Zeit, gleich als einzelne Wesen, übrig bleiben, von denen die A. vor allen Begriffen von ihnen und der Dinge in ihnen vorhergeht, bei welcher Beschaffenheit dieser ursprünglichen Vorstellungsarten ich sie mir nimmermehr anders als bloße subjektive (aber positive) Formen meiner Sinnlichkeit (nicht bloß als Mangel der Deutlichkeit der Vorstellungen durch dieselbe), nicht als Formen der Dinge an sich selbst, also nur der Objekte aller sinnlichen A., mithin bloßer Erscheinungen, denken müsse", Üb. e. Entdeck. 2. Abs. (V 3, 65f.); vgl. Urteile, synthetische.

Soll es „synthetische Erkenntnisse a priori geben, so muß es auch Anschauungen sowohl als Begriffe a priori geben". „Eine A., die a priori möglich sein soll, kann nur die Form betreffen, unter welcher der Gegenstand angeschaut wird; denn das heißt etwas sich a priori vorstellen: sich vor der Wahrnehmung, d. i. dem empirischen Bewußtsein und unabhängig von demselben eine Vorstellung davon machen. Das Empirische aber in der Wahrnehmung, die Empfindung oder der Eindruck (impressio) ist die Materie der A., bei welcher also die A. nicht eine Vorstellung a priori sein würde. Eine solche nun, die bloß die Form betrifft, heißt eine A., die, wenn sie möglich sein soll, von der Erfahrung unabhängig sein muß." „Es ist aber nicht die Form des Objekts, wie es an sich beschaffen ist, sondern die des Subjekts, nämlich des Sinnes, welcher Art Vorstellung er fähig ist, welche die A. a priori möglich macht." Danach kann man „die Möglichkeit synthetischer Urteile a priori von seiten der A. gar wohl begreifen". „Denn man kann a priori wissen, wie und unter welcher Form die Gegenstände der Sinne werden angeschaut werden, nämlich so, wie es die subjektive Form der Sinnlichkeit, d. i. der Empfänglichkeit des Subjekts, für die A. jener Objekte mit sich bringt, und man müßte, um genau zu sprechen, eigentlich nicht sagen, daß von uns die Form des Objekts in der reinen A. vorgestellt werde, sondern daß es bloß formale und subjektive Bedingung der Sinnlichkeit sei, unter welcher wir gegebene Gegenstände a priori anschauen." Die Kritik der reinen Vernunft beweist an den Vorstellungen von Raum und Zeit, „daß sie solche reine A.en sind, als wir eben gefordert haben, um a priori aller unserer Erkenntnis der Dinge zugrunde zu liegen", Fortschr. d. Metaph. 1. Abt. am Anf. (V 3, 91ff.).

Plato schwebte schon auf eine dunkle Art die Frage vor: Wie sind synthetische Sätze a priori möglich? „Hätte er damals auf das raten können, was sich allererst späterhin vorgefunden hat: daß es allerdings A.en a priori, aber nicht des menschlichen Verstandes, sondern sinnliche (unter dem Namen des Raumes und der Zeit) gebe, daß daher alle Gegenstände der Sinne von uns bloß als Erscheinungen und selbst ihre Formen, die wir in der Mathematik a priori bestimmen können, nicht die der Dinge an sich selbst, sondern (subjektive) unserer Sinnlichkeit sind, die also für alle Gegenstände möglicher Erfahrung, aber auch nicht einen Schritt weiter gelten: so würde er die reine A. (deren er bedurfte, um sich die synthetische Erkenntnis a priori begreiflich zu machen) nicht im göttlichen Verstande und dessen Urbildern aller Wesen als selbständiger Objekte gesucht und so zur Schwärmerei die Fackel angesteckt haben", V. e. vorn. Ton, 1. Anm. (V 4, 6). Vgl. A priori, Anschauungsformen, Kategorie.

Anschauungsformen (Formen der Sinnlichkeit). Die „Form der A." ist das, worin sich die Empfindungen ordnen, sie ist nicht selbst Empfindung, sondern „reine" Anschauung (s. d.), Art und Weise der Verknüpfung, Ordnung des Gegebenen. Sie ist nicht ein Produkt der Empfindung oder der Erfahrung, stammt nicht von außen, sondern entspringt im Erkenntnissubjekt selbst, bei Gelegenheit der Sinneswahrnehmung. Die A. geht der Erfahrung voran, ist a priori (s. d.), d. h. sie ist unabhängig von der Erfahrung, bedingt vielmehr diese selbst, ohne aber etwa angeboren (s. d.) zu sein. Sie gehört der Sinnlichkeit an, erhält aber erst durch den Verstand ihre objektive Bestimmtheit. Obzwar insofern „subjektiv", als sie im erkennenden Subjekt wurzelt, hat sie Geltung für die Objekte als Erfahrungsgegenstände, als „Erscheinungen"; sie ist also „ideell" und zugleich von „empirischer Realität", da alles Objektive nur in der Form der Anschauung vorstellbar ist. Das „Ding an sich" ist nicht selbst räumlich-zeitlich, nur in Beziehung zum Erkenntnissubjekt, zur Erfahrung stellt es sich, aber allgemein und notwendig, als räumlich-zeitlich dar. Die „Subjektivität" der A. erklärt die Möglichkeit der apriorischen Grundsätze der Mathematik (s. d.). Der Raum (s. d.) ist die Form des äußeren Sinnes, die Zeit (s. d.) die des inneren Sinnes und mittelbar der Sinnlichkeit überhaupt. Ob diese Formen der Anschauung nur uns oder allen anderen Subjekten eigen sind, läßt sich nicht sagen. Eine „intellektuelle" Anschauung (s. d.) wäre von den Bedingungen unserer Anschauung frei, wie es auch das „Ding an sich“ ist. — Es ist zu zeigen, daß Raum und Zeit „keine aus der Vernunft entsprungenen und objektiven Ideen irgendeiner Verbindung, sondern Erscheinungen sind, und daß sie auf ein gemeinsames Prinzip einer allgemeinen Verbindung zwar hinweisen, es aber nicht erklären“, Mund. sens. § 2 II (V 2, 94). — „Ein Prinzip der Form der Sinnenwelt ist das, welches den Grund der allgemeinen Verknüpfung aller Dinge enthält, soweit sie Erscheinungen sind. Die Form der Verstandeswelt erkennt ein objektives Prinzip, d. h. eine Ursache an, derzufolge eine Verknüpfung der Dinge an sich besteht. Dagegen erkennt die Welt, soweit sie als Erscheinung, d. h. in Beziehung auf die Sinnlichkeit des menschlichen Geistes betrachtet wird, nur ein subjektives Prinzip der Form, d. h. ein bestimmtes geistiges Gesetz an, vermöge dessen alles, was Gegenstand der Sinne (durch deren Beschaffenheit) sein kann, notwendig zu demselben Ganzen zu gehören scheint. Welcher Art also auch immer das Prinzip der Form der sinnlichen Welt sein mag, so umfaßt es doch nur das Wirkliche, insofern es als in die Sinne fallend erachtet wird, also weder die unkörperlichen Substanzen, welche schon als solche durch ihre Definition von den äußeren Sinnen ganz ausgeschlossen sind, noch die Ursache der Welt, welche kein Gegenstand der Sinne sein kann, da durch sie der Geist erst besteht und in irgendeinem Sinne wirksam ist. Dieser formalen Prinzipien der Erscheinungswelt, mithin unbedingt ersten allumfassenden Formen und Bedingungen alles Sinnlichen in der menschlichen Erkenntnis, gibt es zwei: Zeit und Raum“, ibid. § 13 (V 2, 104). „Da haben wir also zwei Prinzipien der sinnlichen Erkenntnis, nicht allgemeine Begriffe, wie bei der Vernunfterkenntnis, sondern einzelne, aber gleichwohl reine Anschauungen; in denen nicht, wie die Gesetze des Verstandes es erfordern, die Teile, und zwar namentlich die einfachen, den Grund der Möglichkeit des Zusammengesetzten enthalten, sondern wo nach dem Muster der sinnlichen Anschauung das Unendliche den Grund jedes denkbaren und zuletzt einfachen Teiles oder vielmehr der Grenze enthält. Denn nur, wenn der unendliche Raum oder die unendliche Zeit gegeben ist, kann durch Beschränkung jedweder bestimmte Raum oder Zeit angegeben werden, und weder der Punkt noch der Augenblick kann für sich gedacht, sondern sie können nur an einem schon gegebenen Raum oder Zeit als deren Grenzen vorgestellt werden. Deshalb liegen alle ursprünglichen Beschaffenheiten dieser Begriffe außerhalb der Schranken der Vernunft und können darum in keiner Weise durch bloßes Denken entwickelt werden.“ „Endlich erhebt sich gleichsam von selbst in jedem die Frage, ob beide Begriffe angeboren oder erworben seien. Das letztere scheint zwar durch die Beweisführung bereits widerlegt; allein auch das erstere darf nicht so ohne weiteres zugelassen werden, weil es der Philosophie der Faulen den Weg bahnt, die jede weitere Untersuchung durch Berufung auf eine erste Ursache für überflüssig erklärt. Indes sind beide Begriffe unzweifelhaft erworben, freilich nicht von der Empfindung der Gegenstände der Sinne („von den Gegenständen der Sinne“) abstrahiert (denn die Empfindung gibt nur den Stoff, nicht die Form der menschlichen Erkenntnis), sondern von der Tätigkeit der Seele selbst, welche nach ewigen Gesetzen ihre Empfindungen ordnet, als eine unwandelbare Grundform, die deshalb auf dem Wege der Anschauung zu erkennen ist. Denn die Empfindungen erwecken diese Tätigkeit des Geistes, aber sie beeinflussen nicht die Anschauung, und angeboren ist hier nur das Gesetz der Seele, nach dem sie das infolge der Gegenwart des Gegenstandes von ihr Empfundene in bestimmter Weise verbindet“, ibid. § 15 Folgerung (V 2, 113ff.). „Wenn von einem beliebigen Verstandesbegriff etwas allgemein ausgesagt wird, was zu den Beziehungen von Raum und Zeit gehört: so darf es nicht objektiv ausgesagt werden und bezeichnet nur die Bedingung, ohne welche der gegebene Begriff nicht sinnlich erkennbar ist.“ Dies geht daraus hervor, „daß das Subjekt des Urteils, wenn es verstandesmäßig aufgefaßt wird, den Gegenstand betrifft, das Prädikat aber, weil es räumlich-zeitliche Bestimmungen enthält, nur zu den Bedingungen der sinnlichen Erkenntnis der Menschen gehört, welche nicht notwendig jeder Erkenntnis des nämlichen Gegenstandes anhängt und deshalb von dem gegebenen Verstandesbegriff nicht allgemein ausgesagt werden kann. Daß aber der Verstand diesem Fehler der Verwechslung so leicht verfällt, das kommt daher, daß er mit Hilfe einer anderen durchaus wahren Regel getäuscht wird. Denn wir nehmen mit Recht an: Was nicht durch eine Anschauung erkannt werden kann, ist überhaupt undenkbar und daher unmöglich. Weil wir aber eine andere Anschauung als eine solche gemäß der Form von Raum und Zeit trotz aller Geistesanstrengung nicht einmal erdichten können, so kommt es: daß wir jede an diese Gesetze nicht gebundene Anschauung überhaupt für unmöglich halten (wobei wir die reine, intellektuale und von den Gesetzen der Sinne befreite Anschauung, wie die göttliche ist, die Plato die Idee nennt, übergehen) und deshalb alles mögliche den sinnlichen Grundsätzen von Raum und Zeit unterwerfen, ibid. § 25 (V 2, 123f.) Zu den „Blendwerken der sinnlichen Erkenntnisse" gehört die Formel: „Die nämliche sinnliche Bedingung, unter der allein die Anschauung des Gegenstandes möglich ist, ist die Bedingung der Möglichkeit des Gegenstandes selbst", ibid. § 26, 1 (V 2, 124). — „Der erschlichene Grundsatz der ersten Klasse lautet: Was existiert, ist irgendwo und irgendwann. Mittels dieses verkehrten Grundsatzes aber werden alle Dinge, auch wenn sie nur durch den Verstand erkannt werden, den Bedingungen des Raumes und der Zeit in ihrem Dasein unterworfen. Deshalb werden über die Orte der unkörperlichen Substanzen (von denen es doch aus demselben Grunde keine sinnliche Anschauung und keine Vorstellung unter solcher Form gibt) in dem körperlichen Weltall, über den Sitz der Seele und anderes der Art leere Fragen aufgeworfen und, indem man das Sinnliche mit den Verstandesbegriffen, wie das Viereckige mit dem Runden, heillos vermengt, so trifft es sich meist, daß es aussieht, als ob der eine der Streitenden den Bock melkt und der andere das Sieb unterhält. Es ist aber die Gegenwart des Unkörperlichen in der körperlichen Welt eine virtuelle und keine örtliche (wenngleich sie uneigentlich so genannt wird); der Raum aber enthält die Bedingungen der möglichen wechselseitigen Wirksamkeiten nur für den Stoff; dagegen ist der menschlichen Erkenntnis das ganz entzogen, was für die unkörperlichen Substanzen die äußeren Verhältnisse der Kräfte sowohl untereinander als zu den Körpern bestimmt", ibid. § 27 (V 2, 125). „Raum und Zeit werden so vorgestellt, als ob sie alles den Sinnen irgendwie Vorkommende in sich faßten. Deshalb gibt es nach den Gesetzen des menschlichen Geistes keine Anschauung eines Seienden, das nicht in Raum und Zeit enthalten wäre. Mit diesem Vorurteil kann ein anderes verglichen werden, was eigentlich kein erschließender Satz, sondern ein Spiel der Einbildungskraft ist, das sich in einer allgemeinen Formel so ausdrücken ließe: In allem, was existiert, ist Raum und Zeit, d. h. jede Substanz ist ausgedehnt und in stetiger Veränderung begriffen. Obgleich Personen von plumperem Begriffsvermögen dieser Vorstellungsart fest anhängen, so sehen sie doch selbst leicht ein: daß dies nur zu den Bestrebungen der Einbildungskraft gehört, sich die Gestalten der Dinge vorzustellen, nicht zu den Bedingungen des Daseins", ibid. § 27 Anm. (V 2, 125).

Raum und Zeit und die Axiome derselben sind „in Betracht der empirischen Erkenntnisse und aller Gegenstände der Sinne sehr real und enthalten wirklich die Konditionen aller Erscheinungen und empirischer Urteile. Wenn aber etwas gar nicht als ein Gegenstand der Sinne, sondern durch einen allgemeinen und reinen Vernunftbegriff als ein Ding oder eine Substanz überhaupt etc. gedacht wird, so kommen sehr falsche Positionen heraus, wenn man sie den gedachten Grundbegriffen der Sinnlichkeit unterwerfen will", An Lambert, 2. Sept. 1770.

Die reine Form (s. d.) sinnlicher Anschauungen heißt auch selbst „reine Anschauung". Sie ist das, „worinnen sich die Empfindungen allein ordnen und in gewisse Form gestellt werden können", also nicht selbst Empfindung. Abstrahiert man von allem Empfindungsmäßigen und allem, was der Verstand von den körperlichen Objekten denkt, so bleiben Ausdehnung und Gestalt übrig. „Diese gehören zur reinen Anschauung, die a priori auch ohne einen wirklichen Gegenstand der Sinne oder Empfindung, als eine bloße Form der Sinnlichkeit im Gemüte stattfindet." Diese „reine Anschauung" ist das einzige, was uns die Sinnlichkeit „a priori liefern kann". Und zwar gibt es „zwei reine Formen sinnlicher Anschauung, als Prinzipien der Erkenntnis a priori", nämlich Raum und Zeit, KrV tr. Ästh. § 1 (I 76f.—Rc 93f.). „Zeit und Raum sind ... zwei Erkenntnisquellen, aus denen a priori verschiedene synthetische Erkenntnisse geschöpft werden können... Sie sind nämlich beide zusammengenommen reine Formen aller sinnlichen Anschauung und machen dadurch synthetische Sätze a priori möglich. Aber diese Erkenntnisquellen a priori bestimmen sich eben dadurch (daß sie bloß Bedingungen der Sinnlichkeit sind) ihre Grenzen, nämlich daß sie bloß auf Gegenstände gehen, sofern sie als Erscheinungen betrachtet werden, nicht aber Dinge an sich selbst darstellen. Jene allein sind das Feld ihrer Gültigkeit, woraus, wenn man hinausgeht, weiter kein objektiver Gebrauch derselben stattfindet. Diese Realität des Raumes und der Zeit läßt übrigens die Sicherheit der Erfahrungserkenntnis unangetastet; denn wir sind derselben ebenso gewiß, ob diese Formen den Dingen an sich selbst oder nur unserer Anschauung dieser Dinge notwendigerweise anhängen." Hingegen müssen die Anhänger der „absoluten" Realität von Raum und Zeit „mit den Prinzipien der Erfahrung selbst uneinig sein". Nehmen sie Raum und Zeit als an sich „subsistierend" an, so sind das „zwei ewige und unendliche, für sich bestehende Undinge", welche „da sind (ohne daß doch etwas Wirkliches ist), nur um alles Wirkliche in sich zu befassen". Nehmen sie aber Raum und Zeit als den Dingen „inhärierend", als aus der Erfahrung abstrahierte Verhältnisse der Dinge, so fällt die apriorische Gültigkeit und jedenfalls die apodiktische Gewißheit der mathematischen Grundsätze weg; von der Möglichkeit dieser letzteren kann dann kein Grund angegeben werden, ibid. § 7 (I 93f.—Rc 110ff.). Wenn wir unser Subjekt oder auch nur die „subjektive Beschaffenheit der Sinne" aufheben, so würden „alle Verhältnisse der Objekte in Raum und Zeit, ja selbst Raum und Zeit" verschwinden. Wie die Dinge an sich sind, wissen wir nicht. „Wir kennen nichts als unsere Art, sie wahrzunehmen, die uns eigentümlich ist, die auch nicht notwendig jedem Wesen, obzwar jedem Menschen zukommen muß. Mit dieser haben wir es lediglich zu tun. Raum und Zeit sind die reinen Formen derselben, Empfindung überhaupt die Materie. Jene können wir allein a priori, d. i. vor aller wirklichen Wahrnehmung erkennen, und sie heißt darum reine Anschauung; diese aber ist das in unserem Erkenntnis, was da macht, daß es Erkenntnis a posteriori, d. i. empirische Anschauung heißt. Jene hängen unserer Sinnlichkeit schlechthin notwendig an, welcher Art auch unsere Empfindungen sein mögen; diese können sehr verschieden sein", ibid. § 8 I (I 95f.—Rc 113f.). — „Wäre ... nicht der Raum (und so auch die Zeit) eine bloße Form eurer Anschauung, welche Bedingungen a priori enthält, unter denen allein Dinge für euch äußere Gegenstände sein können, die ohne diese subjektiven Bedingungen an sich nichts sind, so könntet ihr a priori ganz und gar nichts über äußere Objekte synthetisch ausmachen. Es ist also ungezweifelt gewiß und nicht bloß möglich oder auch wahrscheinlich, daß Raum und Zeit, als die notwendigen Bedingungen aller (äußeren und inneren) Erfahrung, bloß subjektive Bedingungen aller unserer Anschauung sind; im Verhältnis auf welche daher alle Gegenstände bloße Erscheinungen und nicht für sich in dieser Art gegebene Dinge sind", ibid. § 8 I (I 100—Rc 118f.). Es kann sein, daß alle endlichen denkenden Wesen dieselben A. haben; aber deshalb gehören sie doch zur Sinnlichkeit. — Durch Raum und Zeit sind synthetische Urteile (s. d.) a priori möglich; denn diese reinen Anschauungen enthalten dasjenige, was über den Begriff hinausgeht und doch mit ihm a priori verknüpft werden kann, ibid. § 8 IV (I 104f.—Rc 123). — Daß Raum und Zeit als Erkenntnisse a priori sich notwendig auf Gegenstände beziehen und eine synthetische Erkenntnis derselben unabhängig von aller Erfahrung möglich machen, ist leicht begreiflich. „Denn da nur vermittels solcher reinen Formen der Sinnlichkeit uns ein Gegenstand erscheinen, d. i. ein Objekt der empirischen Anschauung sein kann, so sind Raum und Zeit reine Anschauungen, welche die Bedingung der Möglichkeit der Gegenstände als Erscheinungen a priori enthalten. und die Synthesis in denselben hat objektive Gültigkeit", KrV tr. Anal. § 13 (I 142f.—Rc 162). In dieser Darlegung besteht die „transzendentale Deduktion" von Raum und Zeit.

Raum und Zeit sind nicht bloß Formen der sinnlichen Anschauung, sondern selbst (reine) Anschauungen, mit der Bestimmung der Einheit des Mannigfaltigen in ihnen. „Der Raum, als Gegenstand vorgestellt (wie man es wirklich in der Geometrie bedarf), enthält mehr als bloße Form der Anschauung, nämlich Zusammenfassung des Mannigfaltigen, nach der Form der Sinnlichkeit gegebenen, in eine anschauliche Vorstellung, so daß die Form der Anschauung bloß Mannigfaltiges, die formale Anschauung aber Einheit der Vorstellung gibt. Diese Einheit hatte ich in der Ästhetik bloß zur Sinnlichkeit gezählt, um nun zu bemerken, daß sie vor allem Begriffe vorhergehe, ob sie zwar eine Synthesis, die nicht den Sinnen angehört, durch welche aber alle Begriffe von Raum und Zeit zuerst möglich werden, voraussetzt", ibid. § 26 1. Anm. (I 171—Rc 217). — Raum und Zeit würden, obzwar apriorische Anschauungsformen, doch „ohne objektive Gültigkeit und ohne Sinn und Bedeutung sein, wenn ihr notwendiger Gebrauch an den Gegenständen der Erfahrung nicht gezeigt würde, ja ihre Vorstellung ist ein bloßes Schema, das sich immer auf die reproduktive Einbildungskraft bezieht, welche die Gegenstände der Erfahrung herbeiruft, ohne die sie keine Bedeutung haben würden." Obwohl wir vom Raume so vieles a priori erkennen, so würde doch diese Erkenntnis nur „die Beschäftigung mit einem bloßen Hirngespinst sein", wäre der Raum nicht die „Bedingung der Erscheinungen, welche den Stoff zur äußeren Erfahrung ausmachen", ibid. 2. B. 2. H. 2. Abs. (I 196f.—Rc 252f.).

Man muß einräumen, „daß Raum und Zeit bloße Gedankendinge und Wesen der Einbildungskraft sind, nicht welche durch die letztere gedichtet werden, sondern welche sie allen ihren Zusammensetzungen und Dichtungen zugrunde legen muß, weil sie die wesentliche Form unserer Sinnlichkeit und der Rezeptivität derer Anschauungen sind, dadurch uns überhaupt Gegenstände gegeben werden und deren allgemeine Bedingungen notwendig zugleich Bedingungen a priori der Möglichkeit aller Objekte der Sinne, als Erscheinungen, sein und mit diesen also übereinstimmen müssen", Üb. e. Entdeck. 1. Abs. B (V 3, 22). Es ist Eberhard völlig zuzugeben, daß die letzten objektiven Gründe von Raum und Zeit Dinge an sich sind. „Aber daß diese objektiven Gründe, nämlich die Dinge an sich, nicht im Raume und der Zeit zu suchen sind, sondern in demjenigen, was die Kritik das außer- oder übersinnliche Substrat derselben (Noumenon) nennt, das war meine Behauptung, von der Herr Eberhard das Gegenteil beweisen wollte", ibid. C (V 3, 27).

„Dieses ist nun die Theorie, daß Raum und Zeit nichts als subjektive Formen unserer sinnlichen Anschauung sind, und gar nicht den Objekten an sich zuständige Bestimmungen, daß aber gerade nur darum wir a priori diese unsere Anschauungen bestimmen können mit dem Bewußtsein der Notwendigkeit der Urteile in Bestimmung derselben, wie z. B. in der Geometrie. Bestimmen aber heißt synthetisch urteilen." „Diese Theorie kann die Lehre der Idealität des Raumes und der Zeit heißen, weil diese als etwas, was gar nicht den Sachen an sich selbst anhängt, vorgestellt werden: einer Lehre, die nicht etwa bloß Hypothese, um die Möglichkeit der synthetischen Erkenntnis a priori erklären zu können, sondern demonstrierte Wahrheit ist, weil es schlechterdings unmöglich ist, seine Erkenntnis über den gegebenen Begriff zu erweitern ohne irgendeine Anschauung, und wenn diese Erweiterung a priori geschehen soll, ohne eine Anschauung a priori unterzulegen, und eine Anschauung a priori gleichfalls unmöglich ist, ohne sie in der formalen Beschaffenheit des Subjekts, nicht in der des Objekts zu suchen, weil unter Voraussetzung der ersteren alle Gegenstände der Sinne jener gemäß in der Anschauung werden vorgestellt, also sie a priori und dieser Beschaffenheit nach als notwendig erkannt werden müssen, anstatt daß, wenn das letztere angenommen würde, die synthetischen Urteile a priori empirisch und zufällig sein würden, welches sich widerspricht." „Diese Idealität des Raumes und der Zeit ist gleichwohl zugleich eine Lehre der vollkommenen Realität derselben in Ansehung der Gegenstände der Sinne (der äußeren und der inneren) als Erscheinungen, d. i. als Anschauungen, sofern ihre Form von der subjektiven Beschaffenheit der Sinne abhängt, deren Erkenntnis, da sie auf Prinzipien a priori der reinen Anschauung gegründet ist, eine sichere und demonstrabele Wissenschaft zuläßt." Das Subjektive der Sinnesqualitäten hingegen enthält keine Daten zu Erkenntnissen a priori, Fortschr. d. Metaph. 1. Abt. (V 3, 93 f.).

Raum und Zeit als Formen der Sinnesobjekte führen in ihrer Bestimmung eine Vorstellung herbei, die „von dieser unzertrennlich" ist, nämlich die des „Zusammengesetzten". „Denn einen bestimmten Raum können wir uns nicht anders vorstellen, als indem wir ihn ziehen, d. i. einen Raum zu dem anderen hinzutun, und ebenso ist es mit der Zeit bewandt." „Nun ist die Vorstellung eines Zusammengesetzten als eines solchen nicht bloße Anschauung, sondern erfordert den Begriff einer Zusammensetzung, sofern er auf die Anschauung in Raum und Zeit angewandt wird", ibid. (V 3, 96 f.); vgl. Synthesis. Die Zusammensetzung, die wir „selbst machen müssen", gehört zur „Spontaneität des Verstandes, als Begriff a priori". „Raum und Zeit sind, subjektiv betrachtet, Formen der Sinnlichkeit, aber um von ihnen als Objekten der reinen Anschauung sich einen Begriff zu machen (ohne welchen wir gar nichts von ihnen sagen könnten), dazu wird a priori der Begriff eines Zusammengesetzten, mithin der Zusammensetzung (Synthesis) des Mannigfaltigen erfordert, mithin synthetische Einheit der Apperzeption in Verbindung dieses Mannigfaltigen, welche Einheit des Bewußtseins, nach Verschiedenheit der anschaulichen Vorstellungen der Gegenstände in Raum und Zeit, verschiedene Funktionen sie zu verbinden erfordert, welche Kategorien heißen und Verstandesbegriffe a priori sind", ibid. 1. Abt. Von dem Umfange . . . (V 3, 102).

„Die allgemeine Widerlegung des empirischen Ursprungs der Zeit und (des) Raumes ist, daß beide synthetische Sätze a priori geben, und daraus folgt auch die Idealität derselben als Anschauung", Lose Bl. D 9. „Raum und Zeit sind die Formen der Vorbildung in der Anschauung, und dienen, die Kategorien in concreto anzuwenden", N 5934. — „Raum und Zeit sind composita idealia, weder von Substanzen noch Akzidentien, sondern von Relationen, die vor Dingen hergehen", N 5885. „Raum und Zeit sind beide nichts als Zusammensetzungen sinnlicher Eindrücke. Diese Zusammensetzung geht ins Unendliche, ist aber niemals unendlich. Die Größe des Raumes setzt die Größe der Zeit voraus", N 5898. „Es ist keine absolute Zeit oder Raum. Die reine Anschauung bedeutet hier nicht etwas, was angeschaut wird, sondern die reine formale Bedingung, die vor der Erscheinung vorhergeht. Die absolute Zeit ist leere Anschauung", N 5377. Raum und Zeit verschaffen die „deutlichsten Erkenntnisse unter allen, nämlich die mathematischen", N 5876; vgl. N 40. „Daß Raum und Zeit Anschauungen ohne Dinge sind, bedeutet, daß sie keine objektive Vorstellungen, sondern subjektive sein müssen", N 5313. „Die Beharrung des Daseins aller Dinge in Einem ist die omnipraesentia: Raum; die Beharrung alles Daseins eines jeden Dinges in Einem ist die Erhaltung: Zeit", N 4074. „Raum und Zeit sind nicht Gegenstände der Wahrnehmung . . ., sondern der reinen Anschauung (a priori). Sie sind nicht Dinge an sich (entia per se), d. i. nicht etwas außer der Vorstellung Existierendes, sondern dem Subjekt als einem Akt desselben Angehöriges, wodurch dieses sich selbst setzt, d. i. sich selbst zum Gegenstande seiner Vorstellungen macht", Altpreuß. Mth. XIX 568 f. Sie sind nicht „Gegenstand der Anschauung", sondern „Anschauung selbst", ibid. 570; vgl. 574 ff., 615 ff. Raum und Zeit sind „grenzenlos (nicht unendlich)", ibid. 623. Es ist Ein Raum und Eine Zeit, ibid. 626; vgl. XXI 584 ff., 601 ff. Vgl. Kategorie, Schema, Anschauung (reine).

Antagonismus. „Das Mittel, dessen sich die Natur bedient, die Entwicklung aller ihrer (der Menschen) Anlagen zustande zu bringen, ist der Antagonism derselben in der Gesellschaft, sofern dieser doch am Ende die Ursache einer gesetzmäßigen Ordnung derselben wird. Ich verstehe hier unter dem Antagonism die ungesellige Geselligkeit der Menschen, d. i. den Hang derselben in Gesellschaft zu treten, der doch mit einem durchgängigen Widerstande, welcher diese Gesellschaft beständig zu trennen droht, verbunden ist“, G. i. weltbürg. Abs. 4. Satz (VI 8 f.). Vgl. Geschichte, Gesellschaft, Kultur.

Anthropologie. „Eine Lehre von der Kenntnis des Menschen, systematisch abgefaßt. A. kann es entweder in physiologischer oder in pragmatischer Hinsicht sein. — Die physiologische Menschenkenntnis geht auf die Erforschung dessen, was die Natur aus dem Menschen macht, die pragmatische auf das, was er als freihandelndes Wesen aus sich selber macht oder machen kann und soll“, Anthr. Vorr. (IV 3). Die A. lehrt uns „die Kenntnis des Menschen“. „Aus ihr macht man sich mit dem bekannt, was in dem Menschen pragmatisch ist und nicht spekulativ. Der Mensch wird da nicht physiologisch, so daß man die Quellen der Phänomene unterscheidet, sondern kosmologisch betrachtet“, Phys. Geographie Einl. § 2 (IX 8f.); vgl. Reflex. zur Anthr., N 158a—1524; ferner: die beiden durch Starke veröffentlichten Nachschriften von Vorlesungen über A. (s. das Verzeichnis der Schriften).

Anthropologie, moralische. „Das Gegenstück einer Metaphysik der Sitten, als das andere Glied der Einteilung der praktischen Philosophie überhaupt, würde die moralische A. sein, welche aber nur die subjektiven, hindernden sowohl als begünstigenden Bedingungen der Ausführung der Gesetze der ersteren in der menschlichen Natur, die Erzeugung, Ausbreitung und Stärkung moralischer Grundsätze (in der Erziehung, der Schul- und Volksbelehrung) und dergleichen andere sich auf die Erfahrung gründende Lehren und Vorschriften enthalten würde, und die nicht entbehrt werden kann, aber durchaus nicht vor jener vorausgeschickt oder mit ihr vermischt werden muß . . .“, MS Einl. II (III 18f.). Vgl. Ethik.

Anthropomorphismus. Ein gewisser „subtilerer“, per analogiam verfahrender (symbolischer) A. ist zulässig, dem gemäß wir Gott (s. d.) so denken, als ob er Verstand, Willen usw. hätte, KrV tr. Dial. Anh. (I 586ff.—Rc 733). Der dogmatische A. ist, als Quell des Aberglaubens, von den religiösen Begriffen abzuhalten, KpV 1. T. 2. B. 2. H. VII (II 173f.). Alle unsere Erkenntnis von Gott ist bloß „symbolisch“; wer sie mit den Eigenschaften Verstand, Wille usw. für „schematisch“ nimmt, gerät in den A., KU § 59 (II 213); vgl. § 88 (II 329). Der nicht bloß symbolische, sondern dogmatische A. ist von den nachteiligsten Folgen für die Religion, Rel. 2. St. 1. Abs. b. Anm. (IV 71); vgl. 3. St. Allg. Anmerk. (IV 163); 4. St. 2. T. § 1, § 3 (IV 197 u. 214); Anthr. 1. T. § 30 (IV 73); vgl. Eine Vorles. üb. Ethik ed. Menzer, S. 106. Vgl. Analogie, Religion, Verstand, Symbol.

Antinomie der reinen Vernunft. Eine A. ist ein Widerstreit zwischen zwei Sätzen, deren jeder als richtig, wahr, beweisbar erscheint. Die A.n der reinen Vernunft sind Widersprüche, in die sich die Vernunft selbst verwickelt, indem sie das Unbedingte (s. d.) zu denken bestrebt ist. Diese A.n bestehen aber nur so lange, als man dogmatisch spekuliert. Die Kritik hingegen zeigt, daß das Unbedingte, Absolute, Unendliche innerhalb der Erscheinungswelt, des Erfahrbaren nicht gegeben und nicht erreichbar ist, daß aber die Möglichkeit und Notwendigkeit besteht, bei keiner letzten Grenze stehen zu bleiben, sondern zu immer weiteren Setzungen möglicher Erfahrungen fortzuschreiten. Die empirische Wirklichkeit ist hiernach weder endlich noch unendlich, sondern besteht aus Reihen von Erscheinungen, die sich immer weiter — nach oben wie nach unten hin, im Raum wie in der Zeit und auch der ursächlichen Verknüpfung nach — fortsetzen, als fortsetzbar denken lassen. Thesis und Antithesis der beiden ersten („mathematischen“) A.n sind beide falsch. Satz und Gegensatz der beiden letzten („dynamischen“) A.n sind beide richtig, da in der Welt der Erscheinungen alles notwendig, determiniert ist, während dasselbe Wirkliche, als „Ding an sich“ betrachtet, Freiheit aufweisen kann, und da ferner kein Glied der Erscheinungsreihe ein Unbedingtes enthält, wobei aber die Erscheinungsreihe selbst in einem durch sich selbst Notwendigen, Absoluten seinen (zeitlosen) Grund haben kann. K. beseitigt die A.n durch seinen kritischen Idealismus, durch die Unterscheidung von Erscheinung und Ding an sich und den Hinweis darauf, daß die Bestandteile der Erscheinungswelt erst und nur in fortschreitender Verknüpfung, in progressiver (bzw. regressiver) Synthese gegeben, wirklich sind. Andererseits ist der kritische Idealismus (s. d.) selbst schon durch die A.n bedingt.

Die zweite Klasse der „dialektischen" Schlüsse geht auf die absolute Totalität (s. d.) der Reihe der Bedingungen zu einer gegebenen Erscheinung. Wir schließen daraus, daß wir von der unbedingten synthetischen Einheit der Reihe auf einer Seite einen sich widersprechenden Begriff haben, auf die Richtigkeit der entgegenstehenden Einheit, wovon wir aber auch keinen Begriff haben. „Den Zustand der Vernunft bei diesen dialektischen Schlüssen werde ich die Antinomie der reinen Vernunft nennen", KrV tr. Dial. 2. B. am Anf. (I 348—Rc 417). Es besteht hier „eine ganz natürliche Antithetik", „in welche die Vernunft von selbst, und zwar unvermeidlich gerät", tr. Dial. 2. B. 2. H. am Anf. (I 373f.—Rc 498f.). Ein „Widerstreit der Gesetze (Antinomie)" besteht in der Anwendung der Vernunft auf die objektive Synthesis der Erfahrungen, ibid. Die transzendentale „Antithetik" (s. d.) sucht und findet den Punkt des Mißverständnisses, sie zeigt, daß der Gegenstand des Widerstreites ein bloßes Blendwerk ist und daß sich Thesis und Antithesis, Behauptung und Gegenbehauptung in den A.n der reinen Vernunft miteinander durchaus vereinbaren lassen — auf dem Boden des Kritizismus, des kritischen Idealismus mit seiner Unterscheidung von Erscheinung und Ding an sich, tr. Dial. 2. B. 2. H. 2. Abs. (I 384ff.—Rc 509ff.). Die ganze A. der reinen Vernunft beruht auf dem dialektischen Argumente: „Wenn das Bedingte gegeben ist, so ist auch die ganze Reihe aller Bedingungen desselben gegeben: nun sind uns Gegenstände der Sinne als bedingt gegeben, folglich usw." Darauf beruhen die kosmologischen Ideen (s. d.), welche die absolute Totalität der Reihen der Bedingungen postulieren und eben dadurch die Vernunft in Widerstreit mit sich selbst versetzen, ibid. 7. Abs. (I 443—Rc 576). Vier A.n gibt es. 1. Antinomie. Thesis: „Die Welt hat einen Anfang in der Zeit, und ist dem Raum nach auch in Grenzen eingeschlossen." Antithesis: „Die Welt hat keinen Anfang und keine Grenzen im Raume, sondern ist sowohl in Ansehung der Zeit als des Raumes unendlich", ibid. 2. Abs. (I 388f.—Rc 514f.). 2. Antinomie. Thesis: „Eine jede zusammengesetzte Substanz in der Welt besteht aus einfachen Teilen, und es existiert überall nichts als das Einfache oder das, was aus diesem zusammengesetzt ist." Antithesis: „Kein zusammengesetztes Ding in der Welt besteht aus einfachen Teilen, und es existiert überall nichts Einfaches in derselben", ibid. (I 394f.—Rc 522f.). 3. Antinomie. Thesis: „Die Kausalität nach Gesetzen der Natur ist nicht die einzige, aus welcher die Erscheinungen der Welt insgesamt abgeleitet werden können. Es ist noch eine Kausalität durch Freiheit zur Erklärung derselben anzunehmen notwendig." Antithesis: „Es ist keine Freiheit, sondern alles in der Welt geschieht lediglich nach Gesetzen der Natur", ibid. (I 402f.—Rc 530f.). 4. Antinomie. Thesis: „Zu der Welt gehört etwas, das entweder als ihr Teil, oder ihre Ursache ein schlechthin notwendiges Wesen ist." Antithesis: „Es existiert überall kein schlechthin notwendiges Wesen, weder in der Welt, noch außer der Welt, als ihre Ursache", ibid. (I 410f.—Rc 538f.).

Das ist das ganze „dialektische Spiel der kosmologischen Ideen", denen kein ihnen kongruierender Gegenstand in einer möglichen Erfahrung gegeben werden kann. Es sind „vernünftelnde Behauptungen". Auf der Seite der Thesis der A.n besteht ein praktisches Interesse (der Moral und Religion), dem die Antithesis entgegen zu sein scheint. Auch ein spekulatives (theoretisches) Interesse der Vernunft äußert sich auf der Seite der Thesis; denn man kann a priori „die ganze Kette der Bedingungen fassen und die Ableitung des Bedingten begreifen, indem man vom Unbedingten anfängt". Drittens hat die Thesis auch den Vorzug der „Popularität"; die Begriffe des „absolut Ersten" sind dem gemeinen Verstande sehr bequem. Die Antithesis gewährt dem theoretischen Interesse der Vernunft Vorteile, die sehr anlockend sind. Der „Empirismus" der Antithesis läßt den Verstand ohne Ende dem Zusammenhang und den Gesetzen möglicher Erfahrungen nachgehen, im Gegensatz zum „Platonismus", der „identischen Erklärungen der Naturerscheinungen" nachgeht und darüber die „physische Nachforschung" verabsäumt. Dem gemeinen Verstande ist jener Empirismus nicht bequem, da er nicht gern ins Unendliche fortschreitet, sondern etwas haben will, womit er zuversichtlich anfangen kann, ibid. 3. Abs. (I 418ff.—Rc 548ff.).

Es zeigt sich, daß in allen A.n die „Weltidee" für den empirischen Regressus entweder zu groß oder auch zu klein ist. Die kosmologischen Ideen und die A.n haben einen „leeren" und „eingebildeten" Begriff von der Art, wie uns der Gegenstand dieser Ideen gegeben ist, zugrunde liegen. Den Schlüssel zur Auflösung des dialektischen Scheins gibt der transzendentale Idealismus. Diesem zufolge sind die Gegenstände der Erfahrung niemals an sich, sondern „nur in der Erfahrung", im Zusammenhang der Wahrnehmungen nach Gesetzen des empirischen Fortgangs von wirklichen zu möglichen Wahrnehmungen gegeben (s. Objekt). Sie sind insofern bloße „Erscheinungen" (s. d.) in Raum und Zeit, ibid. 6. Abs. (I 437ff.—Rc 571ff.). — Wenn das Bedingte gegeben ist, so ist uns eben dadurch ein Regressus in der Reihe aller Bedingungen zu denselben „aufgegeben". Wenn die Dinge, mit denen wir es im Erkennen zu tun haben, Erscheinungen sind, die als solche nur in (nicht vor) der Erkenntnis gegeben sind, so kann ich nicht sagen: wenn das Bedingte gegeben ist, so sind auch alle Bedingungen (als Erscheinungen) zu denselben gegeben; denn es folgt nicht, „daß, wenn das Bedingte (in der Erscheinung) gegeben ist, auch die Synthesis, die seine empirische Bedingung ausmacht, dadurch mitgegeben und vorausgesetzt sei", sondern diese findet erst im Regressus statt. Aber man kann sagen, daß ein Regressus zu den Bedingungen, d. h. „eine fortgesetzte empirische Synthesis" geboten oder aufgegeben sei. Es erhellt, „daß der Obersatz des kosmologischen Vernunftschlusses das Bedingte in transzendentaler Bedeutung einer reinen Kategorie, der Untersatz aber in empirischer Bedeutung eines auf bloße Erscheinungen angewandten Verstandesbegriffs nehme" (Sophisma figurae dictionis). Es sind daher sowohl die Thesis als die Antithesis der beiden ersten („mathematischen") A.n falsch. Die Welt „existiert weder als ein an sich unendliches, noch als ein an sich endliches Ganzes. Sie ist nur im empirischen Regressus der Reihe der Erscheinungen, und für sich selbst gar nicht anzutreffen" (vgl. Unendlich). Die Menge der Teile (s. d.) in einer gegebenen Erscheinung ist „an sich weder endlich, noch unendlich", weil die Teile erst „durch den Regressus der dekomponierenden Synthesis und in demselben" gegeben werden, welcher Regressus niemals absolut ganz gegeben ist. „Eben das gilt von der Reihe der übereinander geordneten Ursachen, oder der bedingten bis zur unbedingt notwendigen Existenz." „So wird demnach die A. der reinen Vernunft bei ihren kosmologischen Ideen gehoben, dadurch, daß gezeigt wird, sie sei bloß dialektisch und ein Widerstreit eines Scheins, der daher entspringt, daß man die Ideen der absoluten Totalität, welche nur als eine Bedingung der Dinge an sich selbst gilt, auf Erscheinungen angewandt hat, die nur in der Vorstellung und, wenn sie eine Reihe ausmachen, im sukzessiven Regressus, sonst aber gar nicht existieren." Aus den A.n ist dann noch umgekehrt die Idealität der Erscheinungen indirekt zu beweisen, ibid. 7. Abs. (I 444ff.—Rc 576ff.).

Der Grundsatz der Totalität (s. d.) bezieht sich also auf kein Maximum der Reihe der Bedingungen, sondern auf ein solches, das bloß im Regressus zu immer höheren Bedingungen aufgegeben ist. Dieser Grundsatz ist, kritisch aufgelöst, kein „Axiom, die Totalität im Objekt als wirklich zu denken", sondern ein „Problem für den Verstand, also für das Subjekt, um der Vollständigkeit in der Idee gemäß, den Regressus ... anzustellen und fortzusetzen". Er ist „nur eine Regel, welche in der Reihe der Bedingungen gegebener Erscheinungen einen Regressus gebietet, dem es niemals erlaubt ist, bei einem schlechthin Unbedingten stehen zu bleiben", aber kein „konstitutives" (s. d.), die Möglichkeit der Erfahrung bedingendes Prinzip. Er ist nur „ein Grundsatz der größtmöglichen Fortsetzung und Erweiterung der Erfahrung, nach welchem keine empirische Grenze für absolute Grenze gelten muß"; ein „regulatives" Prinzip, welches nicht sagt, was das Objekt ist, sondern wie der empirische Regressus anzustellen ist, um zu dem vollständigen Begriffe des Objekts zu gelangen, nur eine Regel der „regressiven Synthesis" im Fortgang zum Unbedingten, das niemals selbst erreicht wird, da es in keiner Erfahrung anzutreffen ist, ibid. 8. Abs. (I 451f.—Rc 584ff.). Ist das Ganze in empirischer Anschauung gegeben, so geht der Regressus ins Unendliche (in infinitum); ist nur ein Glied der Reihe gegeben, von welchem der Regressus zur absoluten Totalität fortgehen soll, so geht er in unbestimmte Weite (in indefinitum). In keinem der beiden Fälle wird aber die Reihe der Bedingungen als „unendlich im Objekt gegeben" angesehen. Sondern: „Wenn das Ganze empirisch gegeben worden, so ist es möglich, ins Unendliche in der Reihe seiner inneren Bedingungen zurückzugehen. Ist jenes aber nicht gegeben, sondern soll durch empirischen Regressus allererst gegeben werden, so kann ich nur sagen: es ist ins Unendliche möglich, zu noch höheren Bedingungen der Reihe fortzugehen", ibid. (I 455—Rc 589). Es gilt also der Satz, „daß im empirischen Regressus keine Erfahrung von einer absoluten Grenze, mithin von einer Bedingung als einer solchen, die empirisch schlechthin unbedingt sei, angetroffen werden könne. Der Grund davon aber ist, daß eine dergleichen Erfahrung eine Begrenzung der Erscheinungen durch Nichts oder das Leere, . . . in sich enthalten müßte, welches unmöglich ist." Jede Bedingung muß selbst wieder als empirisch bedingt angesehen werden, es muß stets nach einem höheren Gliede in der Reihe der Bedingungen gefragt werden, ibid. 9. Abs. I (I 458—Rc 591f.). Es ergibt sich hieraus 1. „Die Welt hat keinen ersten Anfang der Zeit und keine äußerste Grenze dem Raume nach." „Aller Anfang ist in der Zeit, und alle Grenze des Ausgedehnten im Raume. Raum und Zeit aber sind nur in der Sinnenwelt. Mithin sind nur Erscheinungen in der Welt bedingterweise, die Welt aber selbst weder bedingt noch auf unbedingte Art begrenzt", ibid. (I 460ff.—Rc 594ff.). 2. Der Raum (und der Körper) ist „ins Unendliche teilbar, ohne doch aus unendlich viel Teilen zu bestehen", ibid. 9. Abs. II (I 463—Rc 597). Während bei den „mathematischen" Ideen, Reihen und A.n nur gleichartige „sinnliche" Bedingungen in Frage kommen, d. h. die selbst Teile der Reihe sind, lassen die „dynamischen" Reihen sinnlicher Bedingungen noch eine ungleichartige, nichtsinnliche, „intelligible" Bedingung zu, die außer der Reihe liegt, also nicht selbst Erscheinung ist. Während in den beiden mathematischen A.n, dogmatisch aufgefaßt, Thesis und Antithesis falsch sind, können sie in den zwei dynamischen A.n beide wahr sein, nämlich die Thesis als von Dingen an sich gültig, die Antithesis von Erscheinungen, ibid. 9. Abs. II Schlußanmerk. (I 465ff.—Rc 599ff.). Der „intelligible Charakter" (s. d.) ist frei, der empirische determiniert (s. Freiheit); die Dinge der Sinnenwelt sind alle zufällig, haben nur eine empirisch bedingte Existenz, während der ganzen Reihe ein nichtempirisches, unbedingt notwendiges Wesen zugrunde liegt, ibid. 9. Abs. III (I 469ff.—Rc 603 ff.); vgl. Notwendigkeit.

Bei den ersten beiden A.n besteht die Falschheit darin, „daß, was sich widerspricht (nämlich Erscheinung als Sache an sich selbst), als vereinbar in einem Begriff vorgestellt wurde". In den dynamischen A.n wird das, was vereinbar ist, als widersprechend vorgestellt, Prol. § 53 (III 111). Die Widersprüche der A.n fallen weg, wenn man zeigt, daß das gänzlich Unbedingte unter Erscheinungen nicht statthat, nur bei Dingen an sich, ibid. Beil. III K. an Garve 21. Anm. (III 194).

„Wenn wir . . . in der aufsteigenden Reihe vom Bedingten zu den Bedingungen in einem Weltganzen fortschreiten, um zum Unbedingten zu gelangen, so finden sich folgende wahre oder bloß scheinbare Widersprüche der Vernunft mit ihr selbst in der theoretisch-dogmatischen Erkenntnis eines gegebenen Weltganzen hervor. Erstlich nach mathematischen Ideen der Zusammensetzung oder Teilung des Gleichartigen; zweitens nach den dynamischen der Gründung der Existenz des Bedingten auf die unbedingte Existenz. 1. In Ansehung der extensiven Größe der Welt in Messung derselben, d. i. der Hinzutuung der gleichartigen und gleichen Einheit als des Maßes, einen bestimmten Begriff von ihr zu bekommen, und zwar a) von ihrer Raumes- und b) von ihrer Zeitgröße, sofern beide gegeben sind, die letzte also die verflossene Zeit ihrer Dauer messen soll, von welchen beiden die Vernunft mit gleichem Grunde, daß sie unendlich und daß sie doch nicht unendlich, mithin endlich sei, behauptet. Der Beweis aber von beiden kann — welches merkwürdig ist! — nicht direkt, sondern nur apagogisch, d. i. durch Widerlegung des Gegenteils geführt werden." Satz und Gegensatz der ersten beiden A.n sind falsch, führen zu Widersprüchen. „Denn ist die Welt, sowie der Raum und die verflossene Zeit, die sie einnimmt, als unendliche Größe gegeben, so ist sie eine gegebene Größe, die niemals ganz gegeben werden kann, welches sich widerspricht. Besteht jeder Körper oder jede Zeit in der Veränderung des Zustandes der Dinge aus einfachen Teilen, so muß, weil Raum sowohl als Zeit ins Unendliche teilbar sind (welches die Mathematik beweiset), eine unendliche Menge gegeben sein, die doch ihrem Begriffe niemals ganz gegeben sein kann, welches sich gleichfalls widerspricht", Fortschr. d. Metaph. 2. Abs. 2. St. (V 3, 117f.).

Ebenso bestellt ist es mit der zweiten Klasse der Ideen. Die beiden letzten A.n sind die „dynamischen": 1. Es ist keine Freiheit, sondern alles geschieht nach Naturnotwendigkeit. — Einige Begebenheiten müssen durch Freiheit möglich sein. 2. In der Reihe der Ursachen ist nicht alles zufällig, es gibt ein schlechterdings notwendig existierendes Wesen. — Kein uns immer denkbares Wesen kann als schlechthin notwendige Ursache anderer Weltwesen gedacht werden, ibid. (V 3, 119).

Eine Ausflucht aus den A.n ist nur durch die Annahme möglich: „Die Gegenstände in Raum und Zeit, als Objekte möglicher Erfahrung, sind nicht als Dinge an sich selbst, sondern als bloße Erscheinungen anzusehen, deren Form auf der subjektiven Beschaffenheit unserer Art sie anzuschauen beruht." „Die A. der reinen Vernunft führt also unvermeidlich auf jene Beschränkung unserer Erkenntnis zurück und, was in der Analytik vorher a priori dogmatisch bewiesen worden war, wird hier in der Dialektik gleichsam durch ein Experiment der Vernunft, das sie an ihrem eigenen Vermögen anstellt, unwidersprechlich bestätigt. In Raum und Zeit ist das Unbedingte nicht anzutreffen, was die Vernunft bedarf, und es bleibt dieser nichts als das immerwährende Fortschreiten zu Bedingungen übrig, ohne Vollendung desselben zu hoffen." „Der Widerstreit dieser ... Sätze ist nicht bloß logisch, der analytischen Entgegensetzung (contradictorie oppositorum), d. i. ein bloßer Widerspruch; denn da würde, wenn einer derselben wahr ist, der andere falsch sein müssen und umgekehrt, z. B. die Welt ist dem Raum nach unendlich, verglichen mit dem Gegensatze: sie ist im Raume nicht unendlich; sondern ein transzendentaler der synthetischen Opposition (contrarie oppositorum), z. B. die Welt ist dem Raume nach endlich, welcher Satz mehr sagt, als zur logischen Entgegensetzung erfordert wird; denn er sagt nicht bloß, daß im Fortschreiten zu den Bedingungen das Unbedingte nicht angetroffen werde, sondern noch, daß diese Reihe der einander untergeordneten Bedingungen dennoch ganz ein absolutes Ganzes sei; welche zwei Sätze darum alle beide falsch sein können." Ferner „können Satz und Gegensatz auch weniger enthalten, als zur logischen Entgegensetzung erfordert wird und so beide wahr sein — wie in der Logik zwei einander bloß durch Verschiedenheit der Subjekte entgegengesetzte Urteile (judicia subcontraria) —, wie dieses mit der A. der dynamischen Grundsätze sich in der Tat so verhält, wenn nämlich das Subjekt der entgegengesetzten Urteile in beiden in verschiedener Bedeutung genommen wird" (als Erscheinung — als Ding an sich), ibid. (V 3, 120f.). Schließlich führt die A., welche „den skeptischen Stillstand der reinen Vernunft notwendig zu bewirken scheint", „vermittels der Kritik auf dogmatische Fortschritte derselben, wenn es sich nämlich hervortut, daß ein solches Noumenon als Sache an sich wirklich und selbst nach seinen Gesetzen, wenigstens in praktischer Absicht, erkennbar ist, ob es gleich übersinnlich ist". „Freiheit der Willkür ist dieses Übersinnliche, welches durch moralische Gesetze nicht allein als wirklich im Subjekt gegeben, sondern auch in praktischer Rücksicht in Ansehung des Objekts bestimmend ist, welches in theoretischer gar nicht erkennbar sein würde, welches denn der eigentliche Endzweck der Metaphysik ist", ibid. (V 3, 121).

Die A.n haben Kant aus dem „dogmatischen Schlummer" erweckt und zur Kritik der reinen Vernunft getrieben, „um den Skandal des scheinbaren Widerspruches der Vernunft mit ihr selbst zu heben", An Garve, 21. Sept. 1798; vgl. N 6418.

Antinomien der reinen praktischen Vernunft s. Gut (höchstes), Primat. Vgl. Politik.

Antinomie der teleologischen Urteilskraft. Die bestimmende Urteilskraft (s. d.) hat keine A., denn sie nennt nur die Bedingungen der sinnlichen Anschauung, unter welchen einem gegebenen Begriffe als Gesetze des Verstandes Realität (Anwendung) gegeben werden kann. Die reflektierende Urteilskraft hingegen „soll unter ein Gesetz subsumieren, welches noch nicht gegeben und also in der Tat nur ein Prinzip der Reflexion über Gegenstände ist, für die es uns objektiv gänzlich an einem Gesetze mangelt, oder an einem Begriffe vom Objekt, der zum Prinzip für vorkommende Fälle hinreichend wäre". Hier muß die Urteilskraft sich selbst zum Prinzip dienen; sie hat hier also ihre notwendigen Maximen, und zwischen diesen kann ein Widerstreit stattfinden, auf den sich eine „Dialektik" gründet, KU § 69 (II 248f.). Um in die besonderen Gesetze (s. d.) der Natur Einheit zu bringen und eine zusammenhängende Erfahrungserkenntnis zu gewinnen, geht die Urteilskraft von zwei Maximen aus, deren eine ihr der Verstand a priori an die Hand gibt, während die andere durch besondere Erfahrungen veranlaßt wird, welche die Vernunft ins Spiel bringen. Die erste Maxime ist der Satz: „Alle Erzeugung materieller Dinge und ihrer Formen muß als nach bloß mechanischen Gesetzen möglich beurteilt werden." Die zweite Maxime ist der Gegensatz: „Einige Produkte der materiellen Natur können nicht als nach bloß mechanischen Gesetzen möglich beurteilt werden (ihre Beurteilung erfordert ein ganz anderes Gesetz der Kausalität, nämlich das der Endursachen)." Diese „regulativen" Grundsätze der Forschung widersprechen als solche einander nicht. Eine A. entsteht erst, wenn sie in „konstitutive" Sätze der Möglichkeit der Objekte selbst sich verwandeln. Satz: „Alle Erzeugung materieller Dinge ist nach bloß mechanischen Gesetzen möglich." Gegensatz: „Einige Erzeugung derselben ist nach bloß mechanischen Gesetzen nicht möglich", ibid. § 70 (II 250f.); vgl. Zweckmäßigkeit. Der Anschein dieser A. beruht darauf, „daß man einen Grundsatz der reflektierenden Urteilskraft mit dem der bestimmenden, und die Autonomie der ersteren (die bloß subjektiv für unseren Vernunftgebrauch in Ansehung der besonderen Erfahrungsgesetze gilt) mit der Heteronomie der anderen, welche sich nach den von dem Verstande gegebenen (allgemeinen oder besonderen) Gesetzen richten muß, verwechselt", ibid. § 71 (II 253); vgl. N 3937, 4905, 5010, 4982.

Antinomien des Geschmacks s. Geschmacksurteil.

Antinomien aller Art. Die A.n aller Art: die der theoretischen und praktischen Vernunft und der Urteilskraft „nötigen, über das Sinnliche hinaus zu sehen und im Übersinnlichen den Vereinigungspunkt aller unserer Vermögen a priori zu suchen; weil kein anderer Ausweg übrigbleibt, die Vernunft mit sich selbst einstimmig zu machen", KU § 57 (II 200). Die A.n zwingen, „von der sonst sehr natürlichen Voraussetzung, die Gegenstände der Sinne für die Dinge an sich selbst zu halten, abzugehen, sie vielmehr bloß für Erscheinungen gelten zu lassen und ihnen ein intelligibles Substrat (etwas Übersinnliches, wovon der Begriff nur Idee ist und keine eigentliche Erkenntnis zuläßt) unterzulegen". Die A.n beruhen alle darauf, daß die Vernunft betreffs aller apriorischen Prinzipien (des Verstandes, der Vernunft, der Urteilskraft) zu dem gegebenen Bedingten unnachläßlich „das Unbedingte fordert, welches sich doch nie finden läßt, wenn man das Sinnliche als zu den Dingen an sich selbst gehörig betrachtet und ihm nicht vielmehr, als bloßer Erscheinung, etwas Übersinnliches (das intelligibele Substrat der Natur außer uns und in uns) als Sache an sich selbst unterlegt", ibid. Anmerk. II (II 203f.).

Antithetik der reinen Vernunft. „Wenn Thetik ein jeder Inbegriff dogmatischer Lehren ist, so verstehe ich unter A. nicht dogmatische Behauptungen des Gegenteils, sondern den Widerstreit der dem Scheine nach dogmatischen Erkenntnisse (thesin cum antithesi), ohne daß man einer vor der anderen einen vorzüglichen Anspruch auf Beifall beilegt. Die A. beschäftigt sich also gar nicht mit einseitigen Behauptungen, sondern betrachtet allgemeine Erkenntnisse der Vernunft nur nach dem Widerstreite derselben untereinander und den Ursachen derselben. Die transzendentale A. ist eine Untersuchung über die Antinomie der reinen Vernunft, die Ursachen und das Resultat derselben." Es ergeben sich hier drei Fragen: „1. Bei welchen Sätzen denn eigentlich die reine Vernunft einer Antinomie unausbleiblich unterworfen sei. 2. Auf welchen Ursachen diese Antinomie beruhe. 3. Ob und auf welche Art dennoch der Vernunft unter diesem Widerspruch ein Weg zur Gewißheit offen bleibe", KrV tr. Dial. 2. B. 2. H. 2. Abs. (I 384—Rc 509f.). Vgl. Antinomie, skeptische Methode.

Antizipationen der Wahrnehmung. Zu den obersten, und zwar „mathematischen" Grundsätzen (s. d.) des reinen Verstandes gehören die „A. der Wahrnehmung". Das „Prinzip" derselben ist: „In allen Erscheinungen hat das Reale, was ein Gegenstand der Empfindung ist, intensive Größe, d. i. einen Grad", KrV tr. Anal. 2. B. 2. H. 3. Abs. 2 (I 205—Rc 262); ibid. 1. A.: „Der Grundsatz, welcher alle Wahrnehmungen, als solche, antizipiert, heißt so: In allen Erscheinungen hat die Empfindung und das Reale, welches ihr an dem Gegenstande entspricht (realitas phaenomenon), eine intensive Größe, d. i. einen Grad"; (den „Beweis" dafür vgl. unter „Intensität"). — „A." ist „alle Erkenntnis, wodurch ich dasjenige, was zur empirischen Erkenntnis gehört, a priori erkennen und bestimmen kann" (die πρόληψις des Epikur). An den Erscheinungen ist das Empirische, die Empfindung selbst das, was nicht antizipiert werden kann. Die „reinen Bestimmungen im Raume und in der Zeit, sowohl in Ansehung der Gestalt als Größe", sind „A. der Erscheinungen", weil sie „dasjenige a priori vorstellen, was immer in der Erfahrung gegeben werden mag". Es gibt nun aber „an jeder Empfindung als Empfindung überhaupt (ohne daß eine besondere gegeben sein mag)" etwas, was sich a priori erkennen läßt und was im besonderen „A." genannt zu werden verdient, ibid. (I 206—Rc 263). Und dies ist die Eigenschaft der Empfindung, einen Grad, eine intensive Größe zu haben, die noch immer vermindert werden kann, so daß zwischen Realität (s. d.) und Negation ein stetiger Übergang „möglicher Realitäten" und „möglicher kleinerer Wahrnehmungen" zu denken ist. Alle Erscheinungen sind daher „kontinuierliche Größen", ibid. (I 208—Rc 265). Es kann daher aus der Erfahrung nie ein Beweis vom leeren Raume oder einer leeren Zeit gezogen werden, ibid. (I 211f.—Rc 267f.). Die Qualität der Empfindung ist empirisch und kann nicht antizipiert werden. Nur die Eigenschaft derselben, einen Grad zu haben, kann a priori erkannt werden. „Es ist merkwürdig, daß wir an Größen überhaupt a priori nur eine einzige Qualität, nämlich die Kontinuität, an aller Qualität aber (dem Realen der Erscheinung) nichts weiter a priori, als die intensive Quantität derselben, nämlich, daß sie einen Grad haben, erkennen können; alles Übrige bleibt der Erfahrung überlassen", ibid. (I 213—Rc 271); vgl. Prol. § 24 (III 66). Vgl. Intensität, Realität.

Anzahl s. Zahl. „Es ist gar keine größeste Zahl möglich... Der Begriff einer größten endlichen Zahl ist ein abstrakter Begriff der Vielheit schlechthin, welche endlich ist, zu welcher aber gleichwohl mehr hinzugedacht werden kann, ohne daß sie aufhört, endlich zu sein; in welcher also die Endlichkeit der Größe keine bestimmten, sondern nur allgemeine Schranken setzt, weswegen keiner von solchen Zahlen das Prädikat der größten zukommen kann; denn man mag eine bestimmte Menge gedenken wie man will, so kann diese eine jede endliche Zahl ohne Nachteil der Endlichkeit durch die Hinzutuung vermehren", Über den Optimismus (VI 7). Vgl. Unendlichkeit.

Anziehung, Anziehungskraft. Die Anziehung ist eine universale Eigenschaft der Materie (s. d.); sie ist „die allgemeine Beziehung, welche die Teile der Natur in einem Raume vereinigt". Sie ist die „ursprüngliche Bewegungsquelle, welche eher wie alle Bewegung ist. Sie bedarf keiner fremden Ursache, kann auch durch keine Hindernisse aufgehalten werden, „weil sie in das Innerste der Materie ohne einigen Stoß, selbst bei der allgemeinen Ruhe der Natur wirket", Th. d. Himmels, 2. T. 7. H. (VII 117). Die materiellen Teile von größerer Dichte und Anziehungskraft sammeln die minder dichten um sich. Der Anziehung wirkt entgegen die „Zurückstoßungskraft" (s. d.), durch Streit, Konflikt beider entsteht diejenige Bewegung, die gleichsam „ein dauerhaftes Leben der Natur" ist, ibid. 2. T. 1. H. (VII 60 ff.). Die Körper (und deren Elemente) würden durch die bloße abstoßende Kraft der Undurchdringlichkeit (s. d.) kein bestimmtes Volumen haben, „wenn ihnen nicht auch eine Kraft der Anziehung innewohnte, die mit jener zusammen die Grenze ihrer Ausdehnung bestimmte". Jedes Körperelement (s. Monade) muß „außer der Kraft der Undurchdringlichkeit noch eine anziehende Kraft haben", Physische Monadologie, Satz X (VII 356). — Wenn die allgemeine Wirkung und Gegenwirkung der Substanzen „durch den ganzen Umfang des Raumes, in welchem die Körper sich aufeinander beziehen, in ihrer äußerlichen Erscheinung als gegenseitige Annäherung sich zeigt, so heißt sie Anziehung. Da sie durch die bloße Mitgegenwart bewirkt wird, wirkt sie auf jede beliebigen Entfernungen und ist die Newtonsche Anziehungskraft oder allgemeine Gravitation. Sie wird daher wahrscheinlich durch dieselbe Verbindung der Substanzen bewirkt, durch welche man den Raum bestimmt, und scheint deshalb das ursprünglichste Naturgesetz zu sein, dem der Stoff unterworfen ist", N. diluc. Propos. 13 Usus (V 1, 49). „Anziehungskraft ist diejenige bewegende Kraft, wodurch eine Materie die Ursache der Annäherung anderer zu ihr sein kann (oder, welches einerlei ist, dadurch sie der Entfernung anderer von ihr widersteht)", Anfangsgr. d. Naturw. 2. H. Erklär. 2 (VII 230). Diese Kraft ist die zweite wesentliche Grundkraft der Materie (s. d.). Die Anziehung ist eine unmittelbare Wirkung der Materie auf andere Materie durch den „leeren" Raum, ibid. Lehrs. 7 (VII 249). Man kann diejenige Anziehung, die ohne Vermittelung der repulsiven Kräfte geschieht, die „wahre" Anziehung, diejenige, die durch Berührung (Stoß) erfolgt, die „scheinbare" nennen. Ohne anziehende Kräfte gäbe es keine Materie, ibid. Anmerk. 2 (VII 251 f.). „Die ursprüngliche Anziehungskraft, worauf selbst die Möglichkeit der Materie, als einer solchen beruht, erstreckt sich im Weltraum von jedem Teile derselben auf jeden andern unmittelbar ins Unendliche", ibid. Lehrs. 8 (VII 254). „Sich unmittelbar außer der Berührung anziehen, heißt, sich einander nach einem beständigen Gesetze nähern, ohne daß eine Kraft der Zurückstoßung dazu die Bedingung enthalte", ibid. Lehrs. 1 Anmerk. 1 (VII 251); vgl. N 20—82 (Reflexionen z. Physik u. Chemie); Atpreuß. Mth. XIX—XXI. Vgl. Kraft, Materie, Weltkörper, Äther.

Apagogisch s. Beweis.

Apathie. „Moralische A." ist nicht Fühllosigkeit, nicht Indifferenz, sondern besteht darin, daß die Gefühle und sinnlichen Eindrücke ihren Einfluß auf das moralische Gefühl dadurch verlieren, daß die Achtung fürs Gesetz über sie mächtiger wird. Es besteht eine „Pflicht der A.", d. h. ein Verbot, „von seinen Gefühlen und Neigungen sich nicht beherrschen zu lassen"; zur Tugend (s. d.) wird A. (als Stärke) notwendig vorausgesetzt, MST Einl. XVI—XVII (III 252 f.). Diese A. (Affektlosigkeit) eines „seinen unwandelbaren Grundsätzen nachdrücklich nachgehenden Gemüts" ist erhaben, edel, KU § 29 Allg. Anmerk. (II 126). „Das Prinzip der A.: daß nämlich der Weise niemals in Affekt, selbst nicht in dem des Mitleids mit den Übeln seines besten Freundes sein müsse, ist ein ganz richtiger und erhabener moralischer Grundsatz der stoischen Schule; denn der Affekt macht (mehr oder weniger) blind", Anthr. 1. T. § 75 (IV 186).

Apodiktisch sind Sätze, die „mit dem Bewußtsein ihrer Notwendigkeit verbunden" sind. Die Grundsätze der reinen Mathematik (s. d.) sind apodiktisch, KrV tr. Ästh. § 3 (I 81—Rc 98). Die a.en Sätze sind teils „erweislich", teils „unmittelbar gewiß" (vgl. Demonstration). Alle a.en Sätze zerfallen in „Dogmata" und „Mathemata", ibid. tr. Meth. 1. H. 1. Abs. 3 (I 616—Rc 762). Vgl. Dogma, Mathema, A priori, Imperativ, Vernunftgebrauch.

Apodiktische Urteile sind Urteile, in denen man das Bejahen oder Verneinen als notwendig ansieht. Man denkt sich hierbei den assertorischen Satz durch die Gesetze des Verstandes selbst bestimmt und daher als a priori etwas behauptend, so daß er logische Notwendigkeit hat, KrV tr. Anal. § 9,4 (I 126—Rc 145f.); vgl. Log. § 30 (IV 119).

A posteriori: im Nachhinein, durch die Sinne gegeben, KU § 58 (II 205); aus der Erfahrung geschöpft, Prol. § 5 (III 26). Erkenntnis a posteriori gibt bloß „zufällige", nicht streng notwendige und allgemeingültige Urteile, ibid. § 22 (III 63). Vgl. A priori, Empirisch, Erfahrung, Urteile (analyt. u. synthet.), Gegeben, Anschauung, Wahrnehmung.

Apperzeption ist das „Bewußtsein seiner selbst als die einfache Vorstellung des Ich", KrV tr. Ästh. § 8 II (I 102—Rc 120); vgl. Sinn, innerer. Von der empirischen ist die reine, transzendentale A. (s. d.) zu unterscheiden. Die A. ist „das Vermögen des Bewußtseins" und damit der „Klarheit der Vorstellungen", Anfangsgr. d. Naturw. 3. H. Lehrs. 2 Anmerk. (VII 290). Das „Bewußtsein seiner selbst (apperceptio)" kann in das der „Reflexion" und das der „Apprehension" eingeteilt werden. „Das erstere ist ein Bewußtsein des Verstandes, das zweite der innere Sinn; jenes die reine, dieses die empirische A. . . . In der Psychologie erforschen wir uns selbst nach unseren Vorstellungen des inneren Sinnes; in der Logik aber nach dem, was das intellektuelle Bewußtsein an die Hand gibt", Anthr. 1. T. § 4 2. Anm. (IV 21f.). — „A. ist die Wahrnehmung seiner selbst als eines denkenden Subjekts überhaupt." „Die A. ist das Bewußtsein des Denkens, d. i. der Vorstellungen, so wie sie im Gemüte gesetzt werden", Lose Bl. 7. „Die Bedingung aller A. ist die Einheit des denkenden Subjekts; daraus fließt die Verknüpfung des Mannigfaltigen nach einer Regel und in einem Ganzen, weil die Einheit der Funktion sowohl zur Subordination als Koordination zureichen muß", ibid. 8. „Wenn etwas apprehendiert wird, so wird es in die Funktion der A. aufgenommen. Ich bin, ich denke, Gedanken sind in mir. Dieses sind insgesamt Verhältnisse, welche zwar nicht Regeln der Erscheinung geben, aber machen, daß alle Erscheinung als unter Regeln enthalten vorgestellt werde. Das Ich macht das Substratum zu einer Regel überhaupt aus, und die Apprehension bezieht jede Erscheinung darauf", ibid. 10. Vgl. innerer Sinn, Apprehension, Wahrnehmung.

Apperzeption, transzendentale. Die transzendentale oder reine A. ist das rein formale, ursprüngliche, stets identische Selbstbewußtsein, das alles Vorstellen und alle Begriffe begleitende und bedingende Bewußtsein des „Ich denke", die Beziehung alles Vorstellbaren auf ein es befassendes, sich stets gleich bleibendes Bewußtsein (s. d.). Die „transzendentale Einheit" der A. (im Unterschiede von der empirisch-subjektiven, psychologischen Einheit der A.) ist objektiv; sie ist die Urbedingung aller Erkenntnis, aller Beziehung von Arten auf Objekte, aller Synthese (s. d.), von Daten zur Einheit objektiver Erkenntnis, alles einheitlichen Zusammenhanges in einer Erfahrung überhaupt, aller „Natur" (s. d.) und der allgemeinen Gesetze (s. d.) derselben. Aus dieser Einheit entspringen die Kategorien und die apriorischen Grundsätze der Erkenntnis; in ihnen selbst entfaltet sich diese Einheit. Soll etwas erfahrbar sein, muß es der Einheit der transzendentalen A. gemäß sein, es muß durch sie, durch diese „synthetische Einheit", als Einheitszusammenhang allgemeingültiger Art, d. h. als Erfahrungsgegenstand konstituiert, begründet werden. Da die Kategorien und Grundsätze der Erkenntnis die Grundformen synthetischer Verknüpfung durch die Einheit der A. sind, so müssen sie für alle Gegenstände möglicher Erfahrung gelten, die insgesamt auf die Einheit der A. (des „transzendentalen" Bewußtseins) bezogen sind. Das „Objekt" (s. d.) als solches setzt eine (wirkliche oder mögliche) Verknüpfung durch die A. voraus und nimmt notwendig und allgemein, a priori die Formen an, die sich aus der Synthese der A. ergeben, in dieser (dem „reinen Verstande") ihren Ursprung haben.

„Das Bewußtsein seiner selbst, nach den Bestimmungen unseres Zustandes bei der inneren Wahrnehmung, ist bloß empirisch, jederzeit wandelbar, es kann kein stehendes oder bleibendes Selbst in diesem Flusse innerer Erscheinungen geben, und wird gewöhnlich der innere Sinn genannt oder die empirische A. Das, was notwendig als numerisch identisch vorgestellt werden soll, kann nicht als ein solches durch empirische Data gedacht werden. Es muß eine Bedingung sein, die vor aller Erfahrung vorhergeht und diese selbst möglich macht, welche eine solche transzendentale Voraussetzung geltend machen soll." „Nun können keine Erkenntnisse in uns stattfinden, keine Verknüpfung und Einheit derselben untereinander, ohne diejenige Einheit des Bewußtseins, welche vor allen Datis der Anschauungen vorhergeht, und worauf in Beziehung alle Vorstellung von Gegenständen allein möglich ist. Dieses reine ursprüngliche, unwandelbare Bewußtsein will ich nun die transzendentale A. nennen." Die „numerische Einheit" dieser A. liegt allen Begriffen zugrunde. Diese „transzendentale Einheit der A." macht aus allen möglichen Erscheinungen, die immer in einer Erfahrung beisammen sein können, „einen Zusammenhang aller dieser Vorstellungen nach Gesetzen". Denn diese Einheit wäre nicht möglich, „wenn nicht das Gemüt in der Erkenntnis des Mannigfaltigen sich der Identität der Funktion bewußt werden könnte, wodurch sie dasselbe synthetisch in einer Erkenntnis verbindet. Also ist das ursprüngliche und notwendige Bewußtsein der Identität seiner selbst zugleich ein Bewußtsein einer ebenso notwendigen Einheit der Synthesis aller Erscheinungen nach Begriffen, d. i. nach Regeln, die sie nicht allein notwendig reproduzibel machen, sondern dadurch auch ihrer Anschauung einen Gegenstand bestimmen, d. i. den Begriff von Etwas, darin sie notwendig zusammenhängen; denn das Gemüt könnte sich unmöglich die Identität seiner selbst in der Mannigfaltigkeit seiner Vorstellungen, und zwar a priori, denken, wenn es nicht die Identität seiner Handlung vor Augen hätte, welche alle Synthesis der Apprehension (die empirisch ist) einer transzendentalen Einheit unterwirft und ihren Zusammenhang nach Regeln a priori zuerst möglich macht", KrV 1. A. tr. Anal. 1. B. 2. H. 2. Abs. 3 (I 713f.—Rc 186ff.); vgl. Objekt. — Die Möglichkeit der Kategorien (s. d.) beruht auf der Beziehung aller Erscheinungen auf diese A., „in welcher alles notwendig den Bedingungen der durchgängigen Einheit des Selbstbewußtseins gemäß sein, d. i. unter allgemeinen Funktionen der Synthesis stehen muß, nämlich der Synthesis nach Begriffen, als worin die A. allein ihre durchgängige und notwendige Identität a priori beweisen kann". „Alle möglichen Erscheinungen gehören, als Vorstellungen, zu dem ganzen möglichen Selbstbewußtsein. Von diesem aber, als einer transzendentalen Vorstellung, ist die numerische Identität unzertrennlich und a priori gewiß, weil nichts in die Erkenntnis kommen kann, ohne vermittelst dieser ursprünglichen A. Da nun diese Identität notwendig in die Synthesis alles Mannigfaltigen der Erscheinungen, sofern sie empirische Erkenntnis werden soll, hineinkommen muß, so sind die Erscheinungen Bedingungen a priori unterworfen, welchen ihre Synthesis (der A.) durchgängig gemäß sein muß." Die Erscheinungen stehen also in einer „transzendentalen Affinität" (in einer „durchgängigen Verknüpfung nach notwendigen Gesetzen"), wovon die „empirische" Affinität die Folge ist. Die Natur (s. d.) kann sich nach „unserem subjektiven Grunde der A. richten", weil sie selbst nur ein Inbegriff von Erscheinungen ist, als solche also von dem „Radikalvermögen" aller unserer Erkenntnis der A. abhängen kann, ibid. 2. Abs. 4 (I 716ff.—Rc 194ff.). Die reine A., d. h. „die durchgängige Identität seiner selbst bei allen möglichen Vorstellungen" liegt dem empirischen Bewußtsein und der Erfahrung a priori zugrunde. Die Verknüpfung der Vorstellungen hat in ihr ihren innersten Grund. „Alle Anschauungen sind für uns nichts und gehen uns nicht im mindesten etwas an, wenn sie nicht ins Bewußtsein aufgenommen werden können, sie mögen nun direkt oder indirekt darauf einfließen, und nur durch dieses allein ist Erkenntnis möglich. Wir sind uns a priori der durchgängigen Identität unserer selbst in Ansehung aller Vorstellungen, die zu unserem Erkenntnis jemals gehören können, bewußt als einer notwendigen Bedingung der Möglichkeit aller Vorstellungen (weil diese in mir doch nur dadurch etwas vorstellen, daß sie mit allem anderen zu einem Bewußtsein gehören, mithin darin wenigstens müssen verknüpft werden können). Dies Prinzip steht a priori fest, und kann das transzendentale Prinzip der Einheit alles Mannigfaltigen unserer Vorstellungen (mithin auch in der Anschauung) heißen. Nun ist die Einheit des Mannigfaltigen in einem Subjekt synthetisch; also gibt die reine A. ein Prinzipium der synthetischen Einheit des Mannigfaltigen in aller möglichen Anschauung an die Hand", ibid. 3. Abs. (I 719f.—Rc 200f.). Die bloße Vorstellung „Ich" (s. d.) ist in Beziehung auf alle anderen („deren kollektive Einheit sie möglich macht"), das „transzendentale Bewußtsein". Ob die Vorstellung „Ich" klar ist oder nicht, tut nichts zur Sache; die Möglichkeit der logischen Form aller Erkenntnis beruht auf dem Verhältnis zu dieser A. als einem „Vermögen", ibid. 1. Anm. (I 720f.—Rc 202f.). Die „Einheit der A. in Beziehung auf die Synthesis der Einbildungskraft" ist der Verstand (s. d.), ibid. 3. Abs. (I 721—Rc 204). Das „stehende und bleibende Ich (der reinen A.)" macht das „Correlatum" aller unserer Vorstellungen aus, sofern es bloß möglich ist, sich ihrer bewußt zu werden; alles Bewußtsein gehört zu einer „allbefassenden reinen A.". Diese macht die Funktion der Einbildungskraft (s. d.) erst „intellektuell", ibid. (I 724f.—Rc 212). Die Einheit der A. ist „der transzendentale Grund der notwendigen Gesetzmäßigkeit aller Erscheinungen in einer Erfahrung", ibid. (I 727—Rc 218); vgl. Gesetz.

„Das: Ich denke, muß alle meine Vorstellungen begleiten können; denn sonst würde etwas in mir vorgestellt werden, was gar nicht gedacht werden könnte, welches ebensoviel heißt als: die Vorstellung würde entweder unmöglich oder wenigstens für mich nichts sein." „Also hat alles Mannigfaltige der Anschauung eine notwendige Beziehung auf das: Ich denke, in demselben Subjekt, darin dieses Mannigfaltige angetroffen wird. Diese Vorstellung aber ist ein Aktus der Spontaneität, d. i. sie kann nicht als zur Sinnlichkeit gehörig angesehen werden. Ich nenne sie die reine A., um sie von der empirischen zu unterscheiden, oder auch die ursprüngliche A., weil sie dasjenige Selbstbewußtsein ist, was, indem es die Vorstellung Ich denke hervorbringt, die alle anderen muß begleiten können, und in allem Bewußtsein ein und dasselbe ist, von keiner weiter abgebildet werden kann."

Die Einheit der reinen (ursprünglichen) A. heißt die „transzendentale Einheit" derselben oder des (reinen) Selbstbewußtseins, weil sie eine Bedingung der Möglichkeit der Erkenntnis ist. „Denn die mannigfaltigen Vorstellungen, die in einer gewissen Anschauung gegeben werden, würden nicht insgesamt meine Vorstellungen sein, wenn sie nicht insgesamt zu einem Selbstbewußtsein gehörten, d. i. als meine Vorstellungen (ob ich mir ihrer gleich nicht als solcher bewußt bin) müssen sie doch der Bedingung notwendig gemäß sein, unter der sie allein in einem allgemeinen Selbstbewußtsein zusammenstehen können, weil sie sonst nicht durchgängig mir angehören würden." Diese „durchgängige Identität der A. eines in der Anschauung gegebenen Mannigfaltigen enthält eine Synthesis der Vorstellungen und ist nur durch das Bewußtsein dieser Synthesis möglich. Denn das empirische Bewußtsein, welches verschiedene Vorstellungen begleitet, ist an sich zerstreut und ohne Beziehung auf die Identität des Subjekts. Diese Beziehung geschieht also dadurch noch nicht, daß ich jede Vorstellung mit Bewußtsein begleite, sondern daß ich eine zu der anderen hinzusetze und mir der Synthesis derselben bewußt bin. Also nur dadurch, daß ich ein Mannigfaltiges gegebener Vorstellungen in einem Bewußtsein verbinden kann, ist es möglich, daß ich mir die Identität des Bewußtseins in diesen Vorstellungen selbst vorstelle, d. i. die analytische Einheit der A. ist nur unter der Voraussetzung irgendeiner synthetischen möglich", KrV tr. Anal.

§ 16 (I 151f.—Rc 173ff.). Die „synthetische Einheit der A." ist „der höchste Punkt, an dem man allen Verstandesgebrauch, selbst die ganze Logik, und, nach ihr, die Transzendental-Philosophie haften muß, ja dieses Vermögen ist der Verstand selbst", ibid. Anm. (I 152—Rc 177). Synthetische Einheit a priori ist der Grund der Identität der A. selbst. Der Verstand ist selbst nichts anderes als „das Vermögen, a priori zu verbinden und das Mannigfaltige gegebener Vorstellungen unter Einheit der A. zu bringen". Dieser „Grundsatz der notwendigen Einheit der A." ist der „oberste" in der ganzen menschlichen Erkenntnis. Er setzt als notwendig die Synthesis des in einer Anschauung gegebenen Mannigfaltigen; denn ohne sie kann jene durchgängige Identität des Selbstbewußtseins nicht gedacht werden. „Ich bin mir also des identischen Selbst bewußt, in Ansehung des Mannigfaltigen der mir in einer Anschauung gegebenen Vorstellungen, weil ich sie insgesamt meine Vorstellungen nenne, die eine ausmachen. Das ist aber so viel, als daß ich mir einer notwendigen Synthesis derselben a priori bewußt bin, welche die ursprüngliche synthetische Einheit der A. heißt, unter der alle mir gegebenen Vorstellungen stehen, aber unter die sie auch durch eine Synthesis gebracht werden müssen", ibid. § 16 (I 153—Rc 177f.). Der oberste Grundsatz der Möglichkeit aller Anschauung in Beziehung auf den Verstand, das „oberste Prinzip alles Verstandesgebrauchs", ist der „Grundsatz der synthetischen Einheit der A.": „daß alles Mannigfaltige der Anschauung unter Bedingungen der ursprünglich-synthetischen Einheit der A. stehe". „Verstand ist, allgemein zu reden, das Vermögen der Erkenntnisse. Diese bestehen in der bestimmten Beziehung gegebener Vorstellungen auf ein Objekt. Objekt aber ist das, in dessen Begriff das Mannigfaltige einer gegebenen Anschauung vereinigt ist. Nun erfordert aber alle Vereinigung der Vorstellungen Einheit des Bewußtseins in der Synthesis derselben. Folglich ist die Einheit des Bewußtseins dasjenige, was allein die Beziehung der Vorstellungen auf einen Gegenstand, mithin ihre objektive Gültigkeit, folglich, daß sie Erkenntnisse werden, ausmacht und worauf folglich selbst die Möglichkeit des Verstandes beruht." „Um ... irgend etwas im Raume zu erkennen, z. B. eine Linie, muß ich sie ziehen und also eine bestimmte Verbindung des gegebenen Mannigfaltigen synthetisch zustande bringen, so daß die Einheit dieser Handlung zugleich die Einheit des Bewußtseins (im Begriffe einer Linie) ist und dadurch allererst ein Objekt (ein bestimmter Raum) erkannt wird. Die synthetische Einheit des Bewußtseins ist also eine objektive Bedingung aller Erkenntnis, nicht deren ich bloß selbst bedarf, um ein Objekt zu erkennen, sondern unter der jede Anschauung stehen muß, um für mich Objekt zu werden, weil auf andere Art und ohne diese Synthesis das Mannigfaltige sich nicht in einem Bewußtsein vereinigen würde." Dieser Satz macht die synthetische Einheit zur Bedingung alles Denkens, denn er sagt, „daß alle meine Vorstellungen in irgendeiner gegebenen Anschauung unter der Bedingung stehen müssen, unter der ich sie allein als meine Vorstellungen zu dem identischen Selbst rechnen und also, als in einer A. synthetisch verbunden, durch den allgemeinen Ausdruck Ich denke zusammenfassen kann", ibid. § 17 (I 154f.—Rc 179ff.). „Die transzendentale Einheit der A. ist diejenige, durch welche alles in einer Anschauung gegebene Mannigfaltige in einen Begriff vom Objekt vereinigt wird. Sie heißt darum objektiv und muß von der subjektiven Einheit des Bewußtseins unterschieden werden, die eine Bestimmung des inneren Sinnes ist, dadurch jenes Mannigfaltige der Anschauung zu einer solchen Verbindung empirisch gegeben wird. Ob ich mir des Mannigfaltigen als zugleich oder nacheinander empirisch bewußt sein könne, kommt auf Umstände oder empirische Bedingungen an. Daher die empirische Einheit des Bewußtseins, durch Assoziation der Vorstellungen, selbst eine Erscheinung betrifft und ganz zufällig ist. Dagegen steht die reine Form der Anschauung in der Zeit, bloß als Anschauung überhaupt, die ein gegebenes Mannigfaltiges enthält, unter der ursprünglichen Einheit des Bewußtseins, lediglich durch die notwendige Beziehung des Mannigfaltigen der Anschauung zum Einen: Ich denke; also durch die reine Synthesis des Verstandes, welche a priori der empirischen zugrunde liegt. Jene

Einheit ist allein objektiv gültig“, sie ist notwendig und allgemein geltend, nicht verschieden bei jedem Subjekte, wie die „empirische Einheit der A.“ ist, ibid. § 18 (I 156f.—Rc 185f.). Die A. („Ich denke“) ist „das Schicksal aller Begriffe überhaupt, und mithin auch der transzendentalen“, ibid. tr. Dial. 2. B. 1. H. (I 349—Rc 418). Der Satz: „Ich denke“ enthält „die Form eines jeden Verstandesurteils überhaupt“ und begleitet alle Kategorien als ihr Vehikel (Ich denke die Substanz, die Ursache usw.), ibid. (I 354, 350—Rc 423, 420). Vgl. Einheit, Identität, Kategorie, Synthesis, Ich, Subjekt, Denken, Urteil, Verstand, Regel.

Apprehension: Erfassung, Zusammenfassung eines Mannigfaltigen in der Wahrnehmung. Die „Synthesis der A.“ ist „die Zusammensetzung des Mannigfaltigen in einer empirischen Anschauung“, wodurch Wahrnehmung derselben (als Erscheinung) möglich wird. Diese Synthesis muß den Anschauungsformen (Raum und Zeit) gemäß sein, weil sie selbst nur nach diesen Formen geschehen kann. Raum und Zeit sind aber selbst (reine) Anschauungen mit der Bestimmung der Einheit des Mannigfaltigen in ihnen. „Also ist selbst schon Einheit der Synthesis des Mannigfaltigen, außer oder in uns, mithin auch eine Verbindung, der alles, was im Raume oder der Zeit bestimmt vorgestellt werden soll, gemäß sein muß, a priori als Bedingung der Synthesis aller A. schon mit (nicht in) diesen Anschauungen zugleich gegeben. Diese synthetische Einheit aber kann keine andere sein, als die der Verbindung des Mannigfaltigen einer gegebenen Anschauung überhaupt in einem ursprünglichen Bewußtsein, den Kategorien gemäß, nur auf unsere sinnliche Anschauung angewandt.“ Die Kategorien (s. d.) sind also Bedingungen der Möglichkeit objektiver Wahrnehmung und damit der Erfahrung, KrV tr. Anal. § 26 (I 170—Rc 217f.). Es zeigt sich also, „daß die Synthesis der A., welche empirisch ist, der Synthesis der Apperzeption, welche intellektuell und gänzlich a priori in der Kategorie enthalten ist, notwendig gemäß sein müsse. Es ist eine und dieselbe Spontaneität, welche dort unter dem Namen der Einbildungskraft, hier des Verstandes, Verbindung in das Mannigfaltige der Anschauung hineinbringt“, ibid. 2. Anm. (I 172—Rc 219). Jede Anschauung „enthält ein Mannigfaltiges in sich, welches doch nicht als ein solches vorgestellt werden würde, wenn das Gemüt nicht die Zeit in der Folge der Eindrücke aufeinander unterschiede; denn als in einem Augenblick enthalten, kann jede Vorstellung niemals etwas anderes als absolute Einheit sein. Damit nun aus diesem Mannigfaltigen Einheit der Anschauung werde (wie etwa in der Vorstellung des Raumes), so ist erstlich das Durchlaufen der Mannigfaltigkeit und dann die Zusammennehmung desselben notwendig, welche Handlung ich die Synthesis der A. nenne, weil sie geradezu auf die Anschauung gerichtet ist, die zwar ein Mannigfaltiges darbietet, dieses aber als ein solches, und zwar in einer Vorstellung enthalten, niemals ohne eine dabei vorkommende Synthesis bewirken kann.“ „Diese Synthesis der A. muß nun auch a priori, d. i. in Ansehung der Vorstellungen, die nicht empirisch sind, ausgeübt werden. Denn ohne sie würden wir weder die Vorstellungen des Raumes noch der Zeit a priori haben können, da diese nur durch die Synthesis des Mannigfaltigen, welches die Sinnlichkeit in ihrer ursprünglichen Rezeptivität darbietet, erzeugt werden können Also haben wir eine reine Synthesis der A.“, KrV 1. A. tr. Anal. 1. B. 2. H. 2. Abs. 1 (I 708—Rc 174). Die Synthesis der A. ist der transzendentale Grund der Möglichkeit aller Erkenntnisse, ibid. 2. Abs. 2 (I 710—Rc 180). Die A. ist eine „unmittelbar an den Wahrnehmungen ausgeübte Handlung“ der „Einbildungskraft“ (s. d.), die ein „tätiges Vermögen der Synthesis“ ist. „Die Einbildungskraft soll nämlich das Mannigfaltige der Anschauung in ein Bild bringen; vorher muß sie also die Eindrücke in ihre Tätigkeit aufnehmen, d. i. apprehendieren“, ibid. 3. Abs. (I 722f.—Rc 206). Vgl. Reproduktion, Rekognition, Ästhetisch, Erhaben.

A priori bedeutet 1. (im älteren Sinne): aus bloßen Begriffen, vor der Erfahrung (aus der aber die Begriffe selbst stammen können), ohne Erfahrung bloß durch das Denken bestimmt; 2. im Sinne des kritischen Apriorismus: logisch (der Geltung nach, nicht zeitlich-psychologisch) der Erfahrung vorangehend, von ihr unabhängig, nicht auf ihr beruhend, nicht von ihr abstrahiert, nicht durch sie gegeben, nicht aus ihr stammend, sondern von ihr unabhängig gewonnen, gesetzt, gültig, sie selbst bedingend. Apriorische Erkenntniselemente (Anschauungsformen, Kategorien, Grundsätze) verraten sich als solche durch ihre strenge Notwendigkeit und Allgemeingültigkeit. Diese erklärt sich nur durch die Apriorität der betreffenden Erkenntniselemente, welche unaufhebbare Bedingungen und Voraussetzungen objektiver Erfahrung und der Erfahrungsgegenständlichkeit selbst sind (s. Deduktion). Im Apriorischen bekundet sich die Gesetzlichkeit des reinen, erkennenden (transzendentalen) Bewußtseins selbst, nur insoweit ist das Apriorische „subjektiv". Sonst gilt es aber gerade objektiv, ermöglicht es ja erst objektiven Erfahrungszusammenhang. Nur betreffs des „Ding an sich" (s. d.) gibt es — im Gegensatz zur dogmatischen Metaphysik — keine apriorische Erkenntnis. Die Erkenntnis der Erscheinungen beruht auf apriorischen Grundlagen und Grundsetzungen, so aber, daß die Anwendung der apriorischen Begriffe und Grundsätze im einzelnen an der Hand des Gegebenen, in stetem Bezug auf dieses und die zu machende Erfahrung erfolgt. Das A priori betrifft stets nur das Formale der Erkenntnis. Die Sinnlichkeit ist die Quelle apriorischer Formen der Anschauung, aus dem reinen Verstand entspringen die Kategorien, aus der Vernunft (im engeren Sinne) die transzendentalen Ideen. Die reine praktische Vernunft ist die Quelle des a priori gültigen Sittengesetzes (s. Imperativ), aus der Urteilskraft stammen die reinen Geschmacksurteile und der Zweckbegriff. Es gibt also ein logisch-erkenntnistheoretisches, ethisches, ästhetisches und teleologisches A priori.

Es könnte sein, daß unsere Erfahrungserkenntnis (s. d.) selbst außer dem, was wir durch Eindrücke empfangen, noch das enthält, „was unser eigenes Erkenntnisvermögen (durch sinnliche Eindrücke bloß veranlaßt) aus sich selbst hergibt". Es ist also die Frage: „ob es ein dergleichen von der Erfahrung und selbst von allen Eindrücken der Sinne unabhängiges Erkenntnis gebe. Man nennt solche Erkenntnisse a priori und unterscheidet sie von den empirischen, die ihre Quellen a posteriori, nämlich in der Erfahrung haben." Aber es handelt sich hier nicht um das A priori im herkömmlichen, weiteren Sinn. „Denn man pflegt wohl von mancher aus Erfahrungsquellen abgeleiteten Erkenntnis zu sagen, daß wir ihrer a priori fähig oder teilhaftig sind, weil wir sie nicht unmittelbar aus der Erfahrung, sondern aus einer allgemeinen Regel, die wir gleichwohl selbst doch aus der Erfahrung entlehnt haben, ableiten." „Wir werden also, im Verfolg, unter Erkenntnissen a priori nicht solche verstehen, die von dieser oder jener, sondern die schlechterdings von aller Erfahrung unabhängig stattfinden." „Von den Erkenntnissen a priori heißen aber diejenigen rein, denen gar nichts Empirisches beigemischt ist", KrV Einleit. I (I 47f.—Rc 45f.). „Wir sind im Besitze gewisser Erkenntnisse a priori, und selbst der gemeine Verstand ist niemals ohne solche." „Es kommt hier auf ein Merkmal an, woran wir sicher ein reines Erkenntnis von empirischen unterscheiden können. Erfahrung lehrt uns zwar, daß etwas so oder so beschaffen sei, aber nicht, daß es nicht anders sein könne. Findet sich also erstlich ein Satz, der zugleich mit seiner Notwendigkeit gedacht wird, so ist er ein Urteil a priori; ist er überdem auch von keinem abgeleitet, als der selbst wiederum als ein notwendiger Satz gültig ist, so ist er schlechterdings a priori. Zweitens: Erfahrung gibt niemals ihren Urteilen wahre oder strenge, sondern nur angenommene und komparative Allgemeinheit (durch Induktion), so daß es eigentlich heißen muß: soviel wir bisher wahrgenommen haben, findet sich von dieser oder jener Regel keine Ausnahme. Wird also ein Urteil in strenger Allgemeinheit gedacht, d. i. so, daß gar keine Ausnahme als möglich verstattet wird, so ist es nicht von der Erfahrung abgeleitet, sondern schlechterdings a priori gültig." Wo strenge Allgemeinheit (Allgemeingültigkeit) zu einem Urteile wesentlich gehört, „da zeigt diese auf einen besonderen Erkenntnisquell desselben, nämlich ein Vermögen des Erkenntnisses a priori. Notwendigkeit und strenge Allgemeinheit sind also sichere Kennzeichen einer Erkenntnis a priori, und gehören auch unzertrennlich zueinander." Aber jedes dieser Kriterien ist auch „für sich unfehlbar". Daß es notwendige und im strengsten Sinne allgemeine, mithin „reine Urteile a priori" in menschlicher Erkenntnis wirklich gibt, zeigt das Beispiel der Mathematik (s. d.) oder der Satz, daß alle Veränderung eine Ursache haben müsse, der nicht (wie Hume meint) von bloß subjektiv-psychologischer Notwendigkeit (auf Gewohnheit beruhend) sein kann. Auch könnte man die Unentbehrlichkeit „reiner Grundsätze a priori" zur „Möglichkeit der Erfahrung selbst, mithin a priori" dartun, denn Erfahrung selbst hätte ohne sie nicht ihre Gewißheit. Ferner gibt es auch Begriffe von apriorischem Ursprung. Abstrahiert man im Begriff des Körpers von allem Empirischen, so bleibt doch als nicht Wegzulassendes der Raum oder die Substanz. „Ihr müßt also, überführt durch die Notwendigkeit, womit sich dieser Begriff euch aufdrängt, gestehen, daß er in eurem Erkenntnisvermögen a priori seinen Sitz habe", ibid. II (I 48ff.—Rc 49ff.).

Die Vernunft ist begierig nach streng allgemeinen und notwendigen Erkenntnissen, wie die Erfahrung (s. d.) als solche sie nicht bietet. „Solche allgemeine Erkenntnisse nun, die zugleich den Charakter der inneren Notwendigkeit haben, müssen, von der Erfahrung unabhängig, für sich selbst klar und gewiß sein; man nennt sie daher Erkenntnisse a priori; da im Gegenteil das, was lediglich von der Erfahrung erborgt ist, wie man sich ausdrückt, nur a posteriori oder empirisch erkannt wird." „Nun zeigt es sich, welches überaus merkwürdig ist, daß selbst unter unsere Erfahrungen sich Erkenntnisse mengen, die ihren Ursprung a priori haben müssen und die vielleicht nur dazu dienen, um unseren Vorstellungen der Sinne Zusammenhang zu verschaffen. Denn, wenn man aus den ersteren auch alles wegschafft, was den Sinnen angehört, so bleiben dennoch gewisse ursprüngliche Begriffe und aus ihnen erzeugte Urteile übrig, die gänzlich a priori, unabhängig von der Erfahrung entstanden sein müssen, weil sie machen, daß man von den Gegenständen, die den Sinnen erscheinen, mehr sagen kann, wenigstens es sagen zu können glaubt, als bloße Erfahrung lehren würde, und daß Behauptungen wahre Allgemeinheit und strenge Notwendigkeit enthalten, dergleichen die bloß empirische Erkenntnis nicht liefern kann", KrV 1. A. Einl. (I 51—Rc 44f.). Sofern in einer Wissenschaft „Vernunft" sein soll, muß in ihr „etwas a priori erkannt werden". Es zeigt sich aber, daß wir „von den Dingen nur das a priori erkennen, was wir selbst in sie legen", was „das denkende Subjekt aus sich selbst hernimmt", KrV Vorr. z. 2. A. (I 23f., 25, 32—Rc 18f., 27). Nimmt man an, daß die Gegenstände sich nach unserer Erkenntnis richten, den Bedingungen dieser gemäß sein müssen, dann wird die Möglichkeit einer Erkenntnis a priori begreiflich (s. Kritik, Metaphysik, „Kopernikanische Revolution" in der Erkenntnis). Die Erfahrung (s. d.) selbst ist eine Erkenntnisart, welche Verstand erfordert, dessen Regel wir schon, ehe uns Gegenstände gegeben werden, mithin a priori voraussetzen müssen; diese Regel wird in „Begriffen" a priori ausgedrückt, nach denen sich alle Gegenstände der Erfahrung notwendig richten müssen, ibid. (I 28f.—Rc 23). — Die Elemente zu allen Erkenntnissen a priori müssen stets die „reinen Bedingungen einer möglichen Erfahrung und eines Gegenstandes derselben" enthalten; denn sonst würden sie, ohne Data, auch nicht einmal im Denken entstehen können, abgesehen davon, daß durch sie nichts gedacht würde, KrV 1. A. tr. Anal. 1. B. 2. H. 2. Abs. (I 706—Rc 170); vgl. Deduktion, Kategorie.

Apriori = „unabhängig von aller Erfahrung", Prol. § 36 (III 81); vgl. ibid. Anh. 1. Anm. (III 151). Vgl. Anschauung, reine Anschauungsformen.

„Genug, Erweiterung der Erkenntnis a priori, auch außer der Mathematik durch bloße Begriffe, und daß sie Wahrheit enthalte, beweiset sich durch die Übereinstimmung solcher Urteile und Grundsätze mit der Erfahrung", Fortschr. d. Metaph. Vorr. (V 3, 87). Da alle Erkenntnis (s. d.) Anschauung und Begriff einschließt, so muß es, wenn es synthetische Erkenntnisse a priori geben soll, auch Anschauungen und Begriffe a priori geben, deren objektive Realität durch den „notwendigen Gebrauch derselben zum Behuf der Möglichkeit der Erfahrung" zu beweisen ist, ibid. 1. Abt. Gesch. d. Transzendentalphilos. (V 3, 91). Was die Beschaffenheit von Erkenntnissen, Urteile a priori zu sein, betrifft, „so kündigt sich die von selbst durch das Bewußtsein ihrer Notwendigkeit an", ibid. 1. Abt. V. d. Umfange... (V 3, 99). Der größte Teil der apriorischen Erkenntniselemente „findet seine Anwendung in den Gegenständen möglicher Erfahrung". Diese apriorischen Prinzipien sind oft so unglücklich aus Gründen a priori bewiesen worden, „daß, wenn das unvermeidliche Verfahren des Verstandes nach derselben, so oft wir Erfahrung anstellen, und die kontinuierliche Bestätigung durch diese letztere nicht das Beste täte, es mit der Überzeugung von diesem Prinzip durch Vernunftbeweise nur schlecht würde ausgesehen haben", ibid. Beilag. I. Einl. (V 3, 146). Die Erkenntnis a priori kann, „obzwar a priori gegründet", doch für ihre Begriffe nur die „Gegenstände in der Erfahrung", finden. Die „Realität" der apriorischen Erkenntnisbestandteile, deren Gegenstände in der Erfahrung sich finden, anbelangend, „so kann die Erfahrung selbst zum Beweise ihrer Realität dienen", ohne daß sie von ihr abgeleitet sind. So z. B. braucht der Physiker den Satz der Erhaltung der Substanz „mit dem besten Erfolg in aller durch Erfahrung fortgehenden Naturbetrachtung, sicher, nie durch eine einzige widerlegt zu werden, nicht darum, weil ihn noch nie eine Erfahrung widerlegt hat, ob er ihn gleich so, wie er im Verstande a priori anzutreffen ist, auch nicht beweisen kann, sondern weil er ein diesem unentbehrlicher Leitfaden ist, um solche Erfahrung anzustellen", ibid. (V 3, 148f.). Die Sätze a priori, die sich auf die Erfahrung einschränken, stimmen nicht bloß wohl zusammen, sondern machen sogar „ein System der Naturerkenntnis a priori" aus. Hingegen kommen diejenigen Sätze a priori, welche die Erfahrungsgrenze überschreiten, teils unter sich, teils mit den auf die Naturerkenntnis gerichteten Sätzen in Widerspruch, ibid. (V 3, 151).

A priori läßt sich nichts synthetisch urteilen als über „die formale Bedingung einer möglichen (äußeren oder inneren) Erfahrung überhaupt". Spekulative Erkenntnis a priori reicht nicht weiter, als auf „Gegenstände einer uns möglichen Erfahrung", nur mit dem Vorbehalte, „daß dieses Feld möglicher Erfahrung nicht alle Dinge an sich selbst befasse, folglich allerdings noch andere Gegenstände übrig lasse, ja sogar als notwendig voraussetze, ohne daß es uns doch möglich wäre, von ihnen das mindeste bestimmt zu erkennen", An Mendelssohn, 16. August 1783.

Etwas a priori erkennen heißt, es „aus seiner bloßen Möglichkeit erkennen", Anfangsgr. d. Naturw. Vorr. (VII 193). Die Form der Vorstellung der Dinge als Objekte sinnlicher Anschauung liegt „im Subjekte und in der Rezeptivität desselben..., einer unmittelbaren Vorstellung gegebener Gegenstände empfänglich zu sein, welche Form nun a priori (auch bevor die Gegenstände gegeben sind) die Möglichkeit einer mannigfaltigen Erkenntnis der Bedingungen, unter denen allein den Sinnen Objekte vorkommen können, begreiflich macht", Üb. e. Entdeck. 1. Abs. C (V 3, 42f.). „Das Gelingen im Gebrauche der Prinzipien a priori ist die durchgängige Bestätigung derselben in ihrer Anwendung auf Erfahrung", ibid. 2. Abs. 1. Anm. (V 3, 50). Es ist zu bemerken, „daß ein Prädikat, welches durch einen Satz a priori einem Subjekte beigelegt wird, eben dadurch als dem letzteren notwendig angehörig (von den Begriffen desselben unabtrennlich) ausgesagt wird", ibid. 2. Abs. (V 3, 52). Ewige Wahrheiten (s. d.) „hängen nicht von der Erfahrung ab... und sind also auf gar keine Zeitbedingung beschränkt, d. i. sie sind a priori als Wahrheiten erkennbar, welches mit dem Satze: Sie sind als notwendige Wahrheiten erkennbar, ganz identisch ist", ibid. (V 3, 60).

„... ein Prinzip a priori; wie alle Sätze, deren Assertion zugleich Notwendigkeit bei sich führen, welche auch allein Vernunfturteile (zum Unterschiede der Verstandesurteile) abgeben", Üb. d. Buchmacherei 1. Brief (VI 210). Vernunfturteile (Erkenntnis a priori) sind Sätze, „die mit dem Bewußtsein ihrer inneren Notwendigkeit und absoluten Allgemeinheit (apodiktische) ausgesprochen, mithin nicht wiederum als von der Erfahrung abhängig anerkannt werden, die also an sich nicht so oder auch anders sein können", ibid. 2. Brief (VI 214).

„Wir könnten Dinge nicht a priori erkennen, läge nicht das Subjektive unserer Vorstellungskraft, mithin die Art, wie sie uns erscheinen, uns a priori zum Grunde als die

Bedingung, unter der allein sie uns so und nicht anders vorkommen können." „Wir können Dinge nach dem, was sie an sich sind (Noumena) und überhaupt a priori nur erkennen, sofern wir sie uns selber machen", Lose Bl. E 2. „In allem unsern Erkenntnis ist das, was wir ein Erkenntnis a priori nennen, nicht allein das edelste, weil es unabhängig von einschränkenden Erfahrungsbedingungen sich über mehr Objekte als dieses verbreitet, sondern auch als notwendiges Erkenntnis selbst den Erfahrungsurteilen, deren Möglichkeit es zugrunde liegt, diejenige Gültigkeit, die von subjektiven Bedingungen unabhängig ist, erteilt, dadurch sie eigentlich vom Objekt gelten und Erkenntnisse sind." Die Erkenntnis a priori ist „der Grund der Möglichkeit der Erfahrung oder wenigstens desjenigen, was die objektive Einheit im Urteilen ausmacht", ibid. G 13.

„Wir können a priori doch nichts erkennen als unser eigen Subjekt und die darin liegenden Bedingungen, einen Gegenstand, der uns gegeben werden mag, entweder anzuschauen oder zu denken", N 220. — A priori urteilen heißt „urteilen, ohne daß der Gegenstand gegeben sein darf", „zum voraus", N 443.

„Alle menschlichen Erkenntnisse lassen sich in zwei Hauptgattungen einteilen: 1. die, so aus den Sinnen entspringen und empirisch genannt werden; 2. die gar nicht durch die Sinne erworben werden, sondern ihren Grund in der beständigen Natur der denkenden Kraft der Seele haben, und können reine Vorstellungen genannt werden." Die reinen Begriffe gehen bloß auf die Form der Erkenntnisse. Die Materie der Erkenntnis kann nicht „gedichtet" werden, nur die Form, N 3957. „Einige Erkenntnisse sind secundum quid a priori, andere simpliciter, wo nichts Empirisches ist", N 5668. „Wir können uns nichts a priori vorstellen, als wovon wir selbst in unserer Vorstellungskraft die Gründe enthalten, entweder in der Sinnlichkeit oder dem Verstande: In diesem entweder, da der Verstand bloß die Einheit des Bewußtseins a priori bestimmt (theoretisch), oder wo die Vernunft bloß dem Verstande gemäß die Handlungen auf Objekte dirigiert (praktisch)", N 5935. „Alle unsere und anderer Wesen Handlungen sind nezessitiert, nur allein der Verstand (und der Wille, sofern er durch Verstand bestimmt werden kann) ist frei und eine reine Selbsttätigkeit, die durch nichts anderes als sich selbst bestimmt ist. Ohne diese ursprüngliche und unwandelbare Spontaneität würden wir nichts a priori erkennen; denn wir wären zu allem bestimmt, und unsere Gedanken selbst ständen unter empirischen Gesetzen. Das Vermögen, a priori zu denken und zu handeln, ist die einzige Bedingung der Möglichkeit des Ursprungs aller anderen Erscheinungen. Das Sollen würde auch gar keine Bedeutung haben", N 5441. „Erkenntnisse a priori müssen gar nicht auf bestimmte Dinge (weil diese noch nicht gegeben sind), sondern auf allgemeine Vorstellungen von Dingen überhaupt gehen und also auf Anschauungen (nicht Empfindungen; denn diese sind es, wodurch etwas Bestimmtes gegeben wird) oder auf Gedanken überhaupt", N 4636; vgl. Altpreuß. Mth. XIX—XXI. Vgl. Apperzeption (transzend.), Anschauungsformen, Idee, Transzendental, Verstand, Regel, Gesetz, Erfahrungsurteil, Angeboren, Axiom, Mathematik, Naturwissenschaft, Metaphysik, Ethik, Imperativ, Geschmacksurteil, Urteilskraft, Zweck.

A priori, synthetische Urteile, s. Urteile (analytische und synthetische).

Arbeit: eine „Beschäftigung, die für sich selbst unangenehm (beschwerlich) und nur durch ihre Wirkung (z. B. den Lohn) anlockend ist", KU § 43, 3 (II 156); vgl. Spiel.

Arbeitsteilung. „Alle Gewerbe, Handwerke und Künste haben durch die Verteilung der Arbeiten gewonnen, da nämlich nicht einer alles macht, sondern jeder sich auf gewisse Arbeit, die sich ihrer Behandlungsweise nach von anderen merklich unterscheidet, einschränkt, um sie in der größten Vollkommenheit und mit mehrerer Leichtigkeit leisten zu können", GMS Vorr. (III 4).

Archäologie der Natur: Die „Vorstellung des ehemaligen alten Zustandes der Erde", KU § 82 Anm. (II 296): vgl. § 80 (II 286). Vgl. Anthr. 2. T. E 1. Anm. (IV 277). Vgl. Entwicklung.

Archetypon: Urbild; Gegensatz: Ektypon: Abbild, Nachbild. Ein Archetyp ist z. B. die ästhetische Idee (s. d.), deren Ektyp die Gestalt ist, welche den Ausdruck der Idee ausmacht, KU § 51, 2 (II 178). Vgl. Anschauung, Natur, Verstand (anschauender = „intellectus Archetypus"), Zweck.

Architektonik. Die Vernunft ist „architektonisch" (s. System, Kategorien). — „A." ist „die Kunst der Systeme". „Weil die systematische Einheit dasjenige ist, was gemeine Erkenntnis allererst zur Wissenschaft, d. i. aus einem bloßen Aggregat derselben ein System macht, so ist A. die Lehre des Szientifischen in unserer Erkenntnis überhaupt." Die Einheit des Systems (s. d.), der Wissenschaft (s. d.) ist nicht „technische", sondern „architektonische" (innere, organische, artikulierte) Einheit. Die „A. der reinen Vernunft" ist die Systematik der Erkenntnisse aus reiner Vernunft, KrV tr. Meth. 3. H. (I 685ff.—Rc 840ff.); vgl. Erkenntnis, Philosophie, Mathematik, Metaphysik.

Die „A. der Wissenschaften" ist „ein System nach Ideen . . ., in welchem die Wissenschaften in Ansehung ihrer Verwandtschaft und systematischen Verbindung in einem Ganzen der die Menschheit interessierenden Erkenntnis betrachtet werden", Log. Einl. VI (IV 53).

Architektur s. Baukunst.

Arithmetik s. Mathematik, Zahl.

Art. Das logische Prinzip der A.en macht auf die Mannigfaltigkeiten und Verschiedenheit der Dinge innerhalb ihrer Gattungen (s. d.) aufmerksam. Das Gesetz der „Spezifikation" (s. d.) besagt, daß keine A. als die unterste angesehen werden darf, sondern als noch Unterarten unter sich enthaltend, die immer wieder aufzusuchen sind. Nach dem Prinzip der „Kontinuität" (s. d.) der Formen gibt es von jeder Art zur anderen einen stetigen Übergang, was „eine Art von Verwandtschaft der verschiedenen Zweige anzeigt, insofern sie insgesamt aus einem Stamme entsprossen sind", KrV tr. Dial. 2. B. 3. H. 7. Abs. Anhang (I 556ff.—Rc 700ff.). Es ist eine Maxime, „daß in der ganzen organischen Natur bei allen Veränderungen einzelner Geschöpfe die Species derselben sich unverändert erhalten (nach der Formel der Schulen: quaelibet natura est conservatrix sui)", Bestimmung des Begriffs einer Menschenrasse, 5 (VIII 117). Es besteht eine „Vorsorge der Natur für die Erhaltung der Art", Anthr. 2. T. E I (IV 277). „A." ist der niedere Begriff in Beziehung auf seinen höheren, der im Verhältnis zu ihm „Gattung" heißt. Die höchste Gattung ist die, welche keine A. ist; niedrigste A. heißt die, welche keine Gattung ist. Aber dem Gesetze der Stetigkeit zufolge kann es „weder eine niedrigste noch eine nächste A. geben", weil sich eine solche nicht bestimmen läßt. „Denn haben wir auch einen Begriff, den wir unmittelbar auf Individuen anwenden, so können in Ansehung derselben doch noch spezifische Unterschiede vorhanden sein, die wir entweder nicht bemerken oder die wir außer acht lassen. Nur komparativ für den Gebrauch gibt es niedrigste Begriffe, die gleichsam durch Konvention diese Bedeutung erhalten haben, sofern man übereingekommen ist, hierbei nicht tiefer zu gehen." „Es gibt ein Genus, das nicht mehr Spezies sein kann; aber es gibt keine Spezies, die nicht wieder sollte Genus sein können", Log. § 11 u. Anmerk. (IV 105 f.). Vgl. Gattung, Spezifikation, Gesetz, Entwicklung, Rasse, Urteilskraft, Zweck, Organismus.

Asketik, moralische. „Die Regeln der Übung in der Tugend (exercitiorum virtutis) gehen auf die zwei Gemütsstimmungen hinaus, wackeren und fröhlichen Gemüts (animus strenuus et hilaris) in Befolgung ihrer Pflichten zu sein." „Die Kultur der Tugend, d. i. die moralische A., hat in Ansehung des Prinzips der rüstigen, mutigen und wackeren Tugendübung den Wahlspruch der Stoiker: Gewöhne dich, die zufälligen Lebensübel zu ertragen und die ebenso überflüssigen Ergötzlichkeiten zu entbehren." „Es ist eine Art von Diätetik für den Menschen, sich moralisch gesund zu erhalten." Dazu kommt das „jederzeit fröhliche Herz in der Idee des tugendhaften Epikur". Die

„Mönchsasketik" hingegen dient nicht der Tugend. „Die ethische Gymnastik besteht also nur in der Bekämpfung der Naturtriebe, die das Maß erreicht, über sie bei vorkommenden, der Moralität Gefahr drohenden Fällen Meister werden zu können; mithin die wacker und im Bewußtsein seiner wiedererworbenen Freiheit fröhlich macht", MST § 53 (III 350 f.). Vgl. Apathie, Böse.

Assertorische Urteile sind Urteile, in denen das Bejahen oder Verneinen „als wirklich (wahr)" betrachtet wird. Sie zeigen an, daß ein Satz „mit dem Verstande nach dessen Gesetzen schon verbunden sei", KrV tr. Anal. § 9, 4. (I 126—Rc 145 f.). Die a. U. sind „mit dem Bewußtsein der Wirklichkeit . . . begleitet", Log. § 30 (IV 119); vgl. Modalität der Urteile, Satz, Imperativ.

Assoziation: die empirische Regel, nach welcher „Vorstellungen, die sich gefolgt oder begleitet haben, sich miteinander endlich vergesellschaften und dadurch in eine Verknüpfung setzen, nach welcher, auch ohne die Gegenwart des Gegenstandes, eine dieser Vorstellungen einen Übergang des Gemüts zu der anderen, nach einer beständigen Regel hervorbringt", KrV 1. A. tr. Anal. 1. B. 2. H. 2. Abs. 2 (I 708f.—Rc 176). Die A. hat in der „Affinität" (s. d.) der Erscheinungen den transzendentalen Grund ihrer Möglichkeit, ibid. 2. Abs. 4 (I 717f.—Rc 196). Die Erkenntnisquelle, welche die Erscheinungen in der A. und Reproduktion vorstellt, ist die (reproduktive) Einbildungskraft (s. d.). Die A. ist der subjektive und empirische Grund der „Reproduktion nach Regeln", und sie selbst hat in der Affinität der Erscheinungen ihren „objektiven Grund", der in der Einheit der Apperzeption (s. d.) liegt. Die A. regelt die Reproduktion in der Weise, daß ein „bestimmter Zusammenhang" der Vorstellungen statt eines „regellosen Haufens" entsteht. Würde nun diese „Einheit der A." (die Verbindung einer Vorstellung mit einer bestimmten anderen) nicht auch einen objektiven Grund haben, so daß es unmöglich wäre, Erscheinungen anders zu apprehendieren als unter der Bedingung einer möglichen synthetischen Einheit dieser Apprehension, so würde es etwas Zufälliges sein, daß sich Erscheinungen in einen Zusammenhang der menschlichen Erkenntnisse schickten. Denn es bliebe ganz unbestimmt, ob die Wahrnehmungen „assoziabel" wären. Wären sie es nicht, „so würde eine Menge Wahrnehmungen, und auch wohl eine ganze Sinnlichkeit möglich sein, in welcher viel empirisches Bewußtsein in meinem Gemüt anzutreffen wäre, aber getrennt, und ohne daß es zu einem Bewußtsein meiner selbst gehörte, welches aber unmöglich ist. Denn nur dadurch, daß ich alle Wahrnehmungen zu einem Bewußtsein (der ursprünglichen Apperzeption) zähle, kann ich bei allen Wahrnehmungen sagen, daß ich mir ihrer bewußt bin". ibid. 3. Abs. (I 723 f.—Rc 208 f.). Die reproduktive Einbildungskraft (s. d.) ist den Assoziationsgesetzen unterworfen, die produktive ist von ihnen frei, KU § 22 Allg. Anmerk. (II 82 f.); vgl. § 29 Allg. Anmerk. (II 116).

Als physiologisches Korrelat zur Vorstellungsverbindung kann das „Wasser der Gehirnhöhle" betrachtet werden, „das unmittelbare Seelenorgan", welches die in der Gehirnhöhle endigenden Nervenbündel „einerseits voneinander sondert, damit sich die Empfindungen durch dieselben nicht vermischen, andererseits eine durchgängige Gemeinschaft untereinander bewirkt", An Soemmering, 10. Aug. 1795, Beilage. — Das „beigesellende" Vermögen der Anschauung in der Zeit (imaginatio associativa) ist eine der Arten des „sinnlichen Dichtungsvermögens" (der Einbildungskraft), Anthr. 1. T. § 31 (IV 76). „Das Gesetz der A. ist: empirische Vorstellungen, die nacheinander oft folgten, bewirken eine Angewohnheit im Gemüt, wenn die eine erzeugt wird, die andere auch entstehen zu lassen. — Eine physiologische Erklärung hiervon zu fordern, ist vergeblich." — Es scheint zuweilen, „man habe gewisse Zwischenglieder in der Kette gar übersprungen, obgleich man sich ihrer nur nicht bewußt geworden ist", ibid. § 31 B (IV 78f.). Vgl. Reproduktion, Affinität, Apperzeption, Einbildungskraft.

Ästhetik s. Urteilskraft. Ä. ist „Kritik des Geschmacks", Nachr. von d. Einricht. s. Vorles. 1765/66 (V 3, 158). Die kritische Beurteilung des Schönen läßt sich nicht „unter

Vernunftprinzipien bringen", die Regeln derselben geben keine Wissenschaft; denn diese Regeln sind „bloß empirisch" und können nie zu bestimmten „Gesetzen a priori" dienen, wonach sich unser Geschmacksurteil richten müßte. Es ist besser, mit dem Worte „Ä." die Lehre von der sinnlichen Erkenntnis zu bezeichnen, KrV tr. Ästh. § 1 Anm. (I 76f.—Rc 94); die „Wissenschaft der Regeln der Sinnlichkeit überhaupt", ibid. tr. Log. Einl. I (I 107—Rc 126). Ä. ist „die Philosophie über die Sinnlichkeit entweder der Erkenntnis oder des Gefühls", N 4276; vgl. 5081.

Die Ä. ist Kritik der Geschmacksurteile (s. d.), die Theorie der Bedingungen ästhetischer Beurteilung, der allgemeinen, apriorisch-subjektiven Voraussetzungen derselben. Die kritische Untersuchung eines apriorischen Prinzips der Urteilskraft (s. d.) betreffs der „Beurteilungen, die man ästhetisch nennt", und die das Schöne und Erhabene der Natur und Kunst betreffen, ist das wichtigste Stück der Kritik der Urteilskraft. „Denn ob sie gleich für sich allein zum Erkenntnis der Dinge gar nichts beitragen, so gehören sie doch dem Erkenntnisvermögen allein an und beweisen eine unmittelbare Beziehung dieses Vermögens auf das Gefühl der Lust oder Unlust nach irgendeinem Prinzip a priori, ohne es mit dem, was Bestimmungsgrund des Begehrungsvermögens sein kann, zu vermengen. weil dieses seine Prinzipien a priori in Begriffen der Vernunft hat." Diese „Untersuchung des Geschmacksvermögens" erfolgt hier nicht zur Bildung und Kultur des Geschmacks, welche auch ohne solche Nachforschungen ihren Gang nehmen, sondern bloß in „transzendentaler Absicht", KU Vorr. (II 3f.).

Es gibt kein „objektives Prinzip" des Geschmacks (s. d.), d. h. einen Grundsatz, unter dessen Bedingung man den Begriff eines Gegenstandes subsumieren und dann durch einen Schluß herausbringen könnte, daß er schön sei. „Worüber aber Kritiker dennoch vernünfteln können und sollen, so daß es zur Berichtigung und Erweiterung unserer Geschmacksurteile gereiche, das ist nicht, den Bestimmungsgrund dieser Art ästhetischer Urteile in einer allgemeinen brauchbaren Formel darzulegen, welches unmöglich ist; sondern über die Erkenntnisvermögen und deren Geschäfte in diesen Urteilen Nachforschung zu tun und die wechselseitige subjektive Zweckmäßigkeit . . . in Beispielen auseinanderzusetzen. Also ist die Kritik des Geschmacks selbst nur subjektiv in Ansehung der Vorstellung, wodurch uns ein Objekt gegeben wird; nämlich sie ist die Kunst oder Wissenschaft, das wechselseitige Verhältnis des Verstandes und der Einbildungskraft zueinander in der gegebenen Vorstellung (ohne Beziehung auf vorhergehende Empfindung oder Begriff), mithin die Einhelligkeit oder Mißhelligkeit derselben unter Regeln zu bringen und sie in Ansehung ihrer Bedingungen zu bestimmen. Sie ist K u n s t, wenn sie dieses nur an Beispielen zeigt; sie ist W i s s e n s c h a f t, wenn sie die Möglichkeit einer solchen Beurteilung von der Natur dieser Vermögen als Erkenntnisvermögen überhaupt ableitet." Diese „transzendentale Kritik" soll „das subjektive Prinzip des Geschmacks als ein Prinzip a priori der Urteilskraft entwickeln und rechtfertigen. Die Kritik als Kunst sucht bloß die physiologischen (hier = psychologischen), mithin empirischen Regeln, nach denen der Geschmack wirklich verfährt (ohne über ihre Möglichkeit nachzudenken), auf die Beurteilung seiner Gegenstände anzuwenden, und kritisiert die Produkte der schönen Kunst, sowie j e n e das Vermögen selbst, sie zu beurteilen", KU § 34 (II 135f.); vgl. § 29 Allg. Anmerk. (II 125ff.). Es gibt keine „Wissenschaft des Schönen", nur „Kritik". Denn es läßt sich nicht wissenschaftlich, d. h. durch Beweisgründe ausmachen, ob etwas für schön zu halten sei oder nicht: „das Urteil über Schönheit würde also, wenn es zur Wissenschaft gehörte, kein Geschmacksurteil sein", ibid. § 44 (II 157).

„Ich habe mich damit begnügt, zu zeigen: daß ohne sittliches Gefühl es für uns nichts Schönes oder Erhabenes geben würde: daß sich ebendarauf der gleichsam gesetzmäßige Anspruch auf Beifall bei allem, was diesen Namen führen soll, gründe, und daß das Subjektive der Moralität in unserem Wesen, welches unter dem Namen des sittlichen Gefühls unerforschlich ist, dasjenige sei, worauf, mithin nicht auf objektive Vernunftbegriffe, dergleichen die Beurteilung nach moralischen Gesetzen erfordert, in Beziehung, urteilen zu können, Geschmack sei: der also keineswegs das Zufällige der Empfindung, sondern ein (obzwar nicht diskursives, sondern intuitives) Prinzip a priori zum Grunde hat", An Reichardt, 15. Oktober 1790. „Die ästhetische Vollkommenheit besteht in der Übereinstimmung der Erkenntnis mit dem Subjekte, und gründet sich auf die besondere Sinnlichkeit des Menschen. Es finden daher bei der ästhetischen Vollkommenheit keine objektiv- und allgemeingültigen Gesetze statt, in Beziehung auf welche sie sich a priori auf eine für alle denkenden Wesen überhaupt allgemeingeltende Weise beurteilen ließe. Sofern es indessen auch allgemeine Gesetze der Sinnlichkeit gibt, die, obgleich nicht objektiv und für alle denkenden Wesen überhaupt, doch subjektiv für die gesamte Menschheit Gültigkeit haben, läßt sich auch eine ästhetische Vollkommenheit denken, die den Grund eines subjektiv-allgemeinen Wohlgefallens enthält. Dieses ist die Schönheit — das, was den Sinnen in der Anschauung gefällt und eben darum der Gegenstand eines allgemeinen Wohlgefallens sein kann, weil die Gesetze der Anschauung allgemeine Gesetze der Sinnlichkeit sind." „Durch diese Übereinstimmung mit den allgemeinen Gesetzen der Sinnlichkeit unterscheidet sich der Art nach das eigentliche, selbständige Schöne, dessen Wesen in der bloßen Form besteht, von dem Angenehmen, das lediglich in der Empfindung durch Reiz oder Rührung gefällt und um deswillen auch nur der Grund eines bloßen Privat-Wohlgefallens sein kann." Das Reizende und das Rührende beziehen sich nur auf die „Materie der Sinnlichkeit". Die formale ästhetische Vollkommenheit besteht in der „Übereinstimmung einer Erkenntnis mit den Gesetzen der Anschauung", Log. Einl. V (IV 40 ff.). Home hat richtiger die Ä. „Kritik" genannt, „da sie keine Regeln a priori gibt, die das Urteil hinreichend bestimmen wie die Logik, sondern ihre Regeln a posteriori hernimmt und die empirischen Gesetze, nach denen wir das Unvollkommenere und Vollkommenere (Schöne) erkennen, nur durch die Vergleichung allgemeiner macht", ibid. Einl. I (IV 17). Vgl. Schönheit, Erhaben, Kunst, Gemeinsinn, Zweck.

Ästhetik, transzendentale. „Eine Wissenschaft von allen Prinzipien der Sinnlichkeit a priori nenne ich die transzendentale Ä." Sie bildet den ersten Teil der „transzendentalen Elementarlehre", deren zweiter Teil die transzendentale Logik (s. d.) ist. In der transzendentalen Ä. wird zuerst die Sinnlichkeit (s. d.) vom Verstande isoliert, sodann von der dabei bleibenden Anschauung (s. d.) alles Empirische (Empfindungsmäßige) abstrahiert, so daß die bloße „Form" (s. d.) der Erscheinungen übrig bleibt, die aus den zwei reinen Formen sinnlicher Anschauung sich zusammensetzt, KrV tr. Ästh. § 1 (I 76—Rc 94). — Die „transzendentale Sinnenlehre" gehört zur Transzendental-Philosophie (s. d.), weil die Sinnlichkeit „Vorstellungen a priori" enthält, welche die „Bedingung ausmachen, unter der uns Gegenstände gegeben werden", ibid. Einl. VII (I 71—Rc 90). Vgl. Anschauungsformen.

Ästhetik, transzendentale (der reinen praktischen Vernunft): Die Analytik (s. d.) der reinen theoretischen Vernunft geht von der sinnlichen Anschauung aus zu Begriffen der Gegenstände dieser Anschauung und endigt mit Grundsätzen. Die Kritik der praktischen Vernunft hingegen beginnt mit der Möglichkeit praktischer Grundsätze a priori, geht von diesen zu Begriffen der Gegenstände einer praktischen Vernunft und endigt beim moralischen Gefühle, d. h. beim Verhältnis der reinen praktischen Vernunft zur Sinnlichkeit. Die Analytik der praktischen Vernunft geht also von der Logik zur Ä. der reinen praktischen Vernunft. Während die theoretische „Ä." zwei Teile hat (Lehre vom Raum und von der Zeit), verstattet die Ä. der praktischen Vernunft keine weitere Einteilung, da hier die Sinnlichkeit nicht als Anschauungsfähigkeit, sondern bloß als Gefühl betrachtet wird, KpV 1. T. 1. B. 3. H. Krit Beleuchtung ... (II 115 f.).

Ästhetisch: 1. zur Sinnlichkeit (s. d.) gehörig, 2. auf das rein Subjektive in der Vorstellung, Anschauung eines Objekts bezüglich, nicht zur Erkenntnis derselben gehörend, insbesondere auf das die Anschauung begleitende „Gefühl" sich beziehend, das

„kein Erkenntnisstück" werden kann, wenn es auch „die Wirkung irgendeiner Erkenntnis" sein kann. Die Zweckmäßigkeit (s. d.), die der Erkenntnis eines Objekts vorausgeht und mit ihr unmittelbar verbunden wird, ist ein Subjektives, das nicht ein Erkenntnisstück werden kann. Die Vorstellung des Gegenstandes, die unmittelbar wegen der subjektiven Zweckmäßigkeit desselben mit einem Gefühl der Lust verbunden ist, ist eine „ä.e Vorstellung" der Zweckmäßigkeit.

„Was an der Vorstellung eines Objekts bloß subjektiv ist, d. i. ihre Beziehung auf das Subjekt, nicht auf den Gegenstand, ausmacht, ist die ä.e Beschaffenheit derselben; was aber an ihr zur Bestimmung des Gegenstandes (zum Erkenntnisse) dient oder gebraucht werden kann, ist ihre logische Gültigkeit. In dem Erkenntnisse eines Gegenstandes der Sinne kommen beide Beziehungen zusammen vor." Subjektiv ist die Anschauungsform (s. d.), die Empfindung (s. d.), rein objektiv aber das Gefühl (d. s.) der Lust und Unlust, das „gar kein Erkenntnisstück werden kann"; denn durch die Lust „erkenne ich nichts an dem Gegenstande der Vorstellung, obgleich sie wohl die Wirkung irgendeiner Erkenntnis sein kann". Die Zweckmäßigkeit eines Dinges, sofern sie in der Wahrnehmung vorgestellt wird, ist auch keine Beschaffenheit des Objekts selbst. „Die Zweckmäßigkeit also, die vor dem Erkenntnisse eines Objekts vorhergeht, ja sogar, ohne die Vorstellung desselben zu einem Erkenntnis brauchen zu wollen, gleichwohl mit ihr unmittelbar verbunden wird, ist das Subjektive derselben, was gar kein Erkenntnisstück werden kann. Also wird der Gegenstand alsdann nur darum zweckmäßig genannt, weil seine Vorstellung unmittelbar mit dem Gefühle der Lust verbunden ist; und diese Vorstellung selbst ist eine ä.e Vorstellung der Zweckmäßigkeit." „Wenn mit der bloßen Auffassung (apprehensio) der Form eines Gegenstandes der Anschauung, ohne Beziehung derselben auf einen Begriff zu einem bestimmten Erkenntnis, Lust verbunden ist, so wird die Vorstellung dadurch nicht auf das Objekt, sondern lediglich auf das Subjekt bezogen; und die Lust kann nichts anderes als die Angemessenheit desselben zu den Erkenntnisvermögen, die in der reflektierenden Urteilskraft im Spiel sind, und sofern sie darin sind, also bloß eine subjektive formale Zweckmäßigkeit des Objekts ausdrücken. Denn jene Auffassung der Formen in die Einbildungskraft kann niemals geschehen, ohne daß die reflektierende Urteilskraft, auch unabsichtlich, sie wenigstens mit ihrem Vermögen, Anschauungen auf Begriffe zu beziehen, vergliche. Wenn man in dieser Vergleichung die Einbildungskraft (als Vermögen der Anschauungen a priori) zum Verstande (als Vermögen der Begriffe) durch eine gegebene Vorstellung unabsichtlich in Einstimmung versetzt und dadurch ein Gefühl der Lust erweckt wird, so muß der Gegenstand alsdann als zweckmäßig für die reflektierende Urteilskraft angesehen werden. Ein solches Urteil ist ein ä.es Urteil über die Zweckmäßigkeit des Objekts, welches sich auf keinen vorhandenen Begriff vom Gegenstande gründet und keinen von ihm verschafft. Wessen Gegenstandes Form (nicht das Materielle seiner Vorstellung als Empfindung) in der bloßen Reflexion über dieselbe (ohne Absicht auf einen von ihm zu erwerbenden Begriff) als der Grund einer Lust an der Vorstellung eines solchen Objekts beurteilt wird, mit dessen Vorstellung wird diese Lust auch als notwendig verbunden geurteilt, folglich als nicht bloß für das Subjekt, welches diese Form auffaßt, sondern für jeden Urteilenden überhaupt. Der Gegenstand heißt alsdann schön; und das Vermögen, durch eine solche Lust (folglich auch allgemeingültig) zu urteilen, der Geschmack." Es ist allein „die Gesetzmäßigkeit im empirischen Gebrauche der Urteilskraft überhaupt (Einheit der Einbildungskraft mit dem Verstande) in dem Subjekte, mit der die Vorstellung des Objekts in der Reflexion, deren Bedingungen a priori allgemein gelten, zusammenstimmt", und diese „Zusammenstimmung des Gegenstandes mit dem Vermögen des Subjekts" bewirkt die Vorstellung einer Zweckmäßigkeit derselben im Verhältnis zum Erkenntnisvermögen des Subjekts, KU Einl. VII (II 26ff.).

„Gegebene Vorstellungen in einem Urteile können empirisch (mithin ä.) sein; das Urteil aber, das durch sie gefällt wird, ist logisch, wenn jene nur im Urteile auf das

Objekt bezogen werden. Umgekehrt aber, wenn die gegebenen Vorstellungen gar rational wären, würden aber in einem Urteile lediglich auf das Subjekt (sein Gefühl) bezogen, so ist es sofern jederzeit ä.", ibid. § 1 (II 40). „Ä.e Urteile können, ebensowohl als theoretische (logische), in empirische und reine eingeteilt werden. Die ersteren sind die, welche Annehmlichkeit oder Unannehmlichkeit, die zweiten die, welche Schönheit von einem Gegenstande oder von der Vorstellungsart desselben aussagen; jene sind Sinnenurteile (materiale ä.e Urteile), diese (als formale) allein eigentliche Geschmacksurteile", ibid. § 14 (II 62). Das ä.e Urteil gibt keine Erkenntnis (auch keine „verworrene") vom Objekt, sondern betrifft nur „die zweckmäßige Form in der Bestimmung der Vorstellungskräfte". Der Bestimmungsgrund dieser Art Urteile ist „kein Begriff, sondern das Gefühl (des inneren Sinnes) jener Einhelligkeit im Spiele der Gemütskräfte..., sofern sie nur empfunden werden kann", ibid. § 15 (II 68). Vgl. Geschmacksurteil, Schönheit, Deutlichkeit.

Äther. Der Ä. ist eine „alles durchfließende Materie". „Der Ä. ist durch die Attraktion aller Materie des Universums zusammengedrückt und ist die Gebärmutter aller Körper und der Grund alles Zusammenhanges." „Seine drückende Kraft kann nicht die Ursache der Schwere sein, weil das Drücken selbst allererst eine Ursache haben muß." Die Materie ist ein in verschiedene Grade „verdichteter Ä.". Alle Materien „bestehen aus Ä., der in verschiedenem Grade angezogen wird", Lose Bl. D 20; vgl. N 44, 50 ff. (Der Ä. ist „nicht eine besondere Art Materie, sondern alle Materien bestehen aus Ä.".) Vgl. De igne Propos. VIII (VII 264).

Der Ä. oder allgemeine „Wärmestoff" („Feuerstoff"), die „materia prima" liegt allen besonderen Stoffen zugrunde und ist die erste Ursache aller bewegenden Kräfte. Er ist flüssig, nicht elastisch, wägbar. Seine Wirklichkeit steht a priori fest, da er eine Bedingung der „Einheit des Ganzen möglicher Erfahrung" ist. Wenn bewiesen werden kann, daß die Einheit des Ganzen möglicher Erfahrung auf der Existenz eines allgemeinen „Wärmestoffes" beruht, so ist dessen Wirklichkeit a priori aus Bedingungen der Möglichkeit der Erfahrung zum Behuf der Möglichkeit derselben bewiesen, Altpreuß. Mth. XIX 76. Die Existenz einer „allverbreiteten, alldurchdringenden und allbewegenden Materie, welche den Weltraum erfüllt, muß als Gegenstand möglicher Erfahrung postuliert werden", ibid. XIX 77f. „Das Objekt einer allbefaßten Erfahrung enthält in sich alle subjektiv-bewegende, mithin sinnlich affizierende und Wahrnehmungen wirkende Kräfte der Materie, deren Gesamtheit Wärmestoff heißt als die Basis dieser allgemeinen Krafterregung, welche alle (physischen) Körper und hiermit auch das Subjekt selbst affiziert, und aus dessen synthetischem Bewußtsein, welches nicht empirisch sein darf, die formale Bedingungen dieser die Sinne bewegenden Kräfte in Anziehung und Abstoßung entwickelt werden", ibid. XIX 78 f. Dieser Stoff ist nicht als an sich existierend anzunehmen, sondern „subjektiv als die Basis der Vorstellung (für) das Ganze einer Erfahrung" und objektiv als „Prinzip der Vereinigung der bewegenden Kräfte der Materie". „Nicht als Hypothese für wahrgenommene Objekte, um ihre Phänomene zu erklären, sondern unmittelbar, um die Möglichkeit der Erfahrung selbst zu begründen, ist er durch die Vernunft gegeben", ibid. XIX 79. Der „Wärmestoff" ist eine „allverbreitete, alldurchdringende, innerlich in allen ihren Teilen gleichförmig bewegende und in dieser inneren Bewegung (agitatio) beharrlich begriffene Materie, welche ein den Weltraum als Elementarstoff einnehmendes (occupans) und zugleich erfüllendes (replens), absolutes, für sich bestehendes Ganze ausmacht, dessen Teile, in ihrem Platze ... kontinuierlich einander und andere Körper unablässig agitierend, das System in beständiger Bewegung erhalten und als äußeres Sinnenobjekt die bewegenden Kräfte enthalten". Negativ ist diese Materie „imponderabel, incoercibel, incohaesibel und inexhaustibel", ibid. XIX 123f. Der Begriff des Wärmestoffs enthält zugleich „als die Basis der primitiven Wirkungen der Materie im Raum das oberste Prinzip des Fortgangs der metaph. A. G. der N. W. (metaphysischen Anfangsgründe der Naturwissenschaft) zur Physik". Der Beweis von der Existenz dieses Stoffes wird nach dem Identitätsprinzip geführt. „Man zeigt nämlich, daß die Annehmung einer solchen Materie, welche den Grund der Möglichkeit der Erfahrung (enthält) . . . mit dem Begriffe des Ganzen derselben einerlei sei, indem bewiesen wird, daß jene notwendig zur Möglichkeit Einer Erfahrung zusammenstimme", ibid. XIX 26 f.

„Der Übergang von einem Objekt der Sinne zum andern kann nicht Erfahrung sein bei einem dazwischen liegenden Leeren, sondern beide können nur vermittels des dazwischen liegenden Objekts der Wahrnehmung, welches eine bewegende Kraft und reeller Stoff ist, untereinander in Einer Erfahrung verbunden sein." „Also liegt ein reeller Stoff (Wärmestoff) zum Grunde der Möglichkeit der bewegenden Kräfte und ihrer Verbindung zu einer Erfahrung." Dieser Stoff („der perzeptible Raum") macht den Raum zu einem Gegenstand möglicher Erfahrung; er wird postuliert, als Basis der Verknüpfung aller bewegenden Kräfte der Materie, ibid. XX 110 ff.; vgl. XXI 105 ff. „Der Weltstoff" durchdringt alle Körper, Räume; auf seinen ursprünglich bewegenden Kräften der Anziehung und Abstoßung beruht alle Figur und Textur als Körper, ibid. XXI 114. Er ist in einer „beständig oszillierenden Bewegung", ibid. XXI 121 ff., vgl. 130 ff. Er ist der allgemeine, dabei einzelne Gegenstand der einen allgemeinen, allbefassenden (äußeren) Erfahrung (ibid); er ist eine Voraussetzung zur Einheit äußerer Erfahrung, ibid. XXI 37 ff. Die absolute Einheit dieser Erfahrung ist zugleich die „Einheit des gesamten Stoffes", ibid. XXI 39 ff. Vgl. Materie, Welt.

Atom s. Monade, Teil, Einfach. Die Körper bestehen nicht aus A.en, sondern sind ins Unendliche teilbar; ein absolut leerer Raum besteht nicht. Die Materie ist nicht atomistisch, sondern dynamistisch aufzufassen. Das A. ist eine „bloße Idee", vgl. Altpreuß. Mth. XIX 585, 588, 611; XX 89, 114 f., 349, 445.

Attention. Aufmerksamkeit, Erfassung. „A.svermögen" ist die Fähigkeit des Aufmerkens, Anthr. 1. T. § 3 (IV 17).

Attraktion s. Anziehung.

Attribute, ästhetische. Ästhetische A. eines Gegenstandes sind „diejenigen Formen, welche nicht die Darstellung eines gegebenen Begriffs selber ausmachen, sondern nur, als Nebenvorstellungen der Einbildungskraft, die damit verknüpften Folgen und die Verwandtschaft desselben mit anderen ausdrücken". Sie stellen etwas vor, „was der Einbildungskraft Anlaß gibt, sich über eine Menge von verwandten Vorstellungen zu verbreiten, die mehr denken lassen, als man in einem durch Worte bestimmten Begriff ausdrücken kann", und geben eine ästhetische Idee (s. d.), KU § 49 (II 169).

Auffassung s. Apprehension, Ästhetisch.

Aufgabe s. Idee, Problem, Zweck, Pflicht, Vernunft.

Aufklärung. Die Freiheit in der Kritik (s. d.) der Vernunft ist dem Interesse derselben, dem theoretischen wie dem praktischen, nur dienlich. Die Vernunft muß daher in ihren Streitigkeiten sich selbst überlassen, nicht dem Zwange unterworfen werden. „Denn es ist sehr was Ungereimtes, von der Vernunft Aufklärung zu erwarten und ihr doch vorher vorzuschreiben, auf welche Seite sie notwendig ausfallen müsse." Vernunft wird schon von selbst durch Vernunft gebändigt; auch bedarf sie sehr des Streits, der die Kritik hervorruft, durch welche die Streithändel von selbst wegfallen, KrV tr. Meth. 1. H. 2. Abs. (I 624—Rc 771). A., „als ein großes Gut, welches das menschliche Geschlecht sogar von der selbstsüchtigen Vergrößerungsabsicht seiner Beherrscher ziehen muß, wenn sie nur ihren eigenen Vorteil verstehen. Diese Aufklärung aber, und mit ihr auch ein gewisser Herzensanteil, den der aufgeklärte Mensch am Guten, das er vollkommen begreift, zu nehmen nicht vermeiden kann, muß nach und nach bis zu den Thronen hinaufgehen und selbst auf ihre Regierungsgrundsätze Einfluß haben", G. i. weltbürg. Abs. 8. Satz

(VI 17). — „A. ist der Ausgang des Menschen aus seiner selbstverschuldeten Unmündigkeit. Unmündigkeit ist das Unvermögen, sich seines Verstandes ohne Leitung eines anderen zu bedienen. Selbstverschuldet ist diese Unmündigkeit, wenn die Ursache derselben nicht am Mangel des Verstandes, sondern der Entschließung und des Mutes liegt, sich seiner ohne Leitung eines anderen zu bedienen. Sapere ande! Habe Mut, dich deines eigenen Verstandes zu bedienen! ist also der Wahlspruch der A.“ „Faulheit und Feigheit sind die Ursachen, warum ein so großer Teil der Menschen, nachdem sie die Natur längst von fremder Leitung frei gesprochen (naturaliter majorennes), dennoch gern zeitlebens unmündig bleiben; und warum es anderen so leicht wird, sich zu deren Vormündern aufzuwerfen. Es ist so bequem, unmündig zu sein“, W. i. Aufklärung? (V 2, 135). Zur A. gehört nichts als die Freiheit, „von seiner Vernunft in allen Stücken öffentlichen Gebrauch zu machen“, und zwar als Schriftsteller und Gelehrter, nicht etwa als Beamter, der als solcher nicht räsonnieren darf, ibid. (V 2, 137ff.); vgl. Publizität. — „Selbstdenken heißt: den obersten Probierstein der Wahrheit in sich selbst (d. i. in seiner eigenen Vernunft) suchen; und die Maxime, jederzeit selbst zu denken, ist die Aufklärung“, Was heißt: s. i. D. or? letzte Anm. (V 2, 162f.). — „Aufgeklärt sein heißt: selbst denken, den obersten Probierstein der Wahrheit meines Urteils, den Grund des Fürwahrhaltens (denn ich muß es verantworten) in sich selbst suchen, d. i. in Grundsätzen“, N 6204.

Aufmerksamkeit. Aufmerken ist ein „Bestreben, sich seiner Vorstellungen bewußt zu werden“, Anthr. 1. T. § 3 (IV 17). Aufmerken („attendieren“) heißt, unmittelbar sich eine Vorstellung klarmachen“, N 172. Die A. ist eine Bedingung der Abstraktion (s. d.).

Aufrichtigkeit. „O A.! du Asträa, die du von der Erde zum Himmel entflohen bist, wie zieht man dich (die Grundlage des Gewissens, mithin aller inneren Religion) von da zu uns wieder herab? Ich kann es zwar einräumen, wiewohl es sehr zu bedauern ist, daß Offenherzigkeit (die ganze Wahrheit, die man weiß, zu sagen) in der menschlichen Natur nicht angetroffen wird. Aber A. (daß alles, was man sagt, mit Wahrhaftigkeit gesagt sei) muß man von jedem Menschen fordern können...“, Rel. 4. St. 2. T. § 4 3. Anm. (IV 222f.). Vgl. Wahrhaftigkeit.

Aufruhr s. Recht, Staat.

Augenblick ist das Einfache in der Zeit, kein Teil derselben; A.e sind „Grenzen, zwischen denen die Zeit liegt“, Mund. sens. § 14 (V 2, 105f.).

Ausdehnung. „Dasjenige ist ausgedehnt, was für sich (absolute) gesetzt einen Raum erfüllt, so wie ein jeder einzelne Körper, wenn ich gleich mir vorstelle, daß sonst außer ihm nichts wäre, einen Raum erfüllen würde. Allein betrachte ich ein schlechterdings einfaches Element, so ist, wenn es allein (ohne Verknüpfung mit anderen) gesetzt wird, unmöglich, daß in ihm vieles sich außerhalb einander befände und es absolute einen Raum einnehme. Daher kann es nicht ausgedehnt sein.“ Gleichwohl nimmt es in Verbindung mit anderen Elementen einen Raum ein (s. Undurchdringlichkeit), Nat. Theol. 2. Btr. (V 1, 131); vgl. Gedanken v. d. wahren Schätz. § 9 (VII 3, 23). Vgl. Raum, Materie.

Ausdruck s. Ideal (ästhetisches), Bildende Künste.

Außenwelt. Die A. ist ebenso real wie die Innenwelt, d. h. die äußeren, räumlich-zeitlichen Erscheinungen haben dieselbe „empirische Realität“ (s. d.) wie die seelischen Phänomene. Die A. ist die Erscheinung eines „Ding an sich“, und zwar ein für alle erkennenden Subjekte gleicher, gesetzlicher Zusammenhang von Raumdingen, der von den einzelnen erlebenden Subjekten als solchen unabhängig ist, wenn er auch nicht außerhalb möglicher Erfahrung besteht, sondern auf diese und auf das transzendentale Bewußtsein (s. d.) bezogen bleibt (vgl. Idealismus). Die innere Erfahrung ist von der äußeren abhängig; das empirisch-psychologische Ich (s. d.) mit seinen subjektiven Erlebnissen reiht sich dem Gesamtzusammenhang möglicher Erfahrung ein, innerhalb dessen die subjektiven Erlebnisse ihre Bestimmung durch Zuordnung zu den im Raume beharrenden Dingen erhalten. Alle Veränderung einer Substanz ist abhängig von ihrer Verbindung mit anderen. Da nun die inneren Veränderungen der Seele (die Vorstellungen, vermittels des „inneren Sinnes") aus ihrer Natur allein und ohne Verbindung mit anderen nicht entstehen können, „so müssen noch andere Dinge außerhalb der Seele vorhanden sein, mit denen sie in wechselseitiger Verbindung steht". Ferner muß der Wechsel der Vorstellungen der äußeren Bewegung entsprechend geschehen, N. diluc. Propos. XII Usus 1 (V 1, 44).

Der Idealismus (s. d.) „mag in Ansehung der wesentlichen Zwecke der Metaphysik für noch so unschuldig gehalten werden (das er in der Tat nicht ist), so bleibt es immer ein Skandal der Philosophie und allgemeinen Menschenvernunft, das Dasein der Dinge außer uns (von denen wir doch den ganzen Stoff zu Erkenntnissen selbst für unseren inneren Sinn her haben) bloß auf Glauben annehmen zu müssen, und, wenn es jemand einfällt, es zu bezweifeln, ihm keinen genugtuenden Beweis entgegenstellen zu können", KrV Vorr. z. 2. A. letzte Anm. (I 42—Rc 38). — Gegen den materialen Idealismus ist darzutun, „daß wir von äußeren Dingen auch Erfahrung und nicht bloß Einbildung haben", und zwar durch den Beweis, „daß selbst unsere innere ... Erfahrung nur unter Voraussetzung äußerer Erfahrung möglich sei", KrV tr. Anal. 2. B. 3. H. 4. Widerlegung des Idealismus (I 256—Rc 316). Lehrsatz: „Das bloße, aber empirisch bestimmte Bewußtsein meines eigenen Daseins beweist das Dasein der Gegenstände im Raum außer mir." Beweis: „Ich bin mir meines Daseins als in der Zeit bestimmt bewußt. Alle Zeitbestimmung setzt etwas Beharrliches in der Wahrnehmung voraus. Dieses Beharrliche aber kann nicht etwas in mir sein, weil eben mein Dasein in der Zeit durch dieses Beharrliche allererst bestimmt werden kann. Also ist die Wahrnehmung dieses Beharrlichen nur durch ein Ding außer mir und nicht durch die bloße Vorstellung eines Dinges außer mir möglich. Folglich ist die Bestimmung meines Daseins in der Zeit nur durch die Existenz wirklicher Dinge, die ich außer mir wahrnehme, möglich. Nun ist das Bewußtsein in der Zeit mit dem Bewußtsein der Möglichkeit dieser Zeitbestimmung notwendig verbunden. Also ist es auch mit der Existenz der Dinge außer mir, als Bedingung der Zeitbestimmung, notwendig verbunden; d. i. das Bewußtsein meines eigenen Daseins ist zugleich ein unmittelbares Bewußtsein des Daseins anderer Dinge außer mir", ibid. (I 256f.—Rc 317). Nicht innere, sondern äußere Erfahrung ist eigentlich „unmittelbar", denn nur vermittels ihrer ist die Bestimmung unserer eigenen Existenz in der Zeit, d. h. innere Erfahrung, möglich, ibid. Anmerk. 1 (I 258—Rc 317f.). — Daraus folgt aber nicht, daß „jede anschauliche Vorstellung äußerer Dinge zugleich die Existenz derselben einschließe"; denn jene kann gar wohl eine bloße Einbildungsvorstellung sein, die allerdings auf reproduzierte ehemalige äußere Wahrnehmung sich gründet. Ob diese und jene „vermeinte Erfahrung" nicht bloß Einbildung sei, muß durch Zusammenhaltung derselben mit den Kriterien aller wirklichen Erfahrung ermittelt werden, ibid. Anmerk. 3 (I 258—Rc 319f.). Die innere Erfahrung ist also gebunden an die äußere, welche allein ein Beharrliches, an dem ich die Veränderung messe, einschließt. Das „empirische Bewußtsein meines Daseins" ist mehr, als bloß „mir meiner Vorstellung bewußt zu sein"; es ist „nur durch Beziehung auf etwas, was mit meiner Existenz verbunden, außer mir ist, bestimmbar". Es ist also „Erfahrung und nicht Erdichtung, Sinn und nicht Einbildungskraft, welches das Äußere mit meinem inneren Sinn unzertrennlich verknüpft; denn der äußere Sinn ist schon an sich Beziehung der Anschauung auf etwas Wirkliches außer mir, und die Realität desselben ... beruht nur darauf, daß er mit der inneren Erfahrung selbst, als die Bedingung der Möglichkeit derselben unzertrennlich verbunden werde." Da „die innere Anschauung, in der mein Dasein allein bestimmt werden kann, sinnlich und an Zeitbedingung gebunden ist, diese Bestimmung aber, mithin die innere Erfahrung selbst, von etwas Beharrlichem, welches in mir nicht ist, folglich nur in etwas außer mir, wogegen ich mich in Relation betrachten muß, abhängt, so ist die Realität des äußeren Sinnes mit der des inneren, zur Möglichkeit einer Erfahrung überhaupt, notwendig verbunden, d. i. ich bin mir ebenso sicher bewußt, daß es Dinge außer mir gebe, die sich auf meinen Sinn beziehen, als ich mir bewußt bin, daß ich selbst in der Zeit bestimmt existiere. Welchen gegebenen Anschauungen nun aber wirklich Objekte außer mir korrespondieren", das muß „nach den Regeln, nach welchen Erfahrung überhaupt (selbst innere) von Einbildung unterschieden wird, in jedem besonderen Falle ausgemacht werden, wobei der Satz: daß es wirklich äußere Erfahrung gebe, immer zugrunde liegt." Zu bemerken ist noch: „die Vorstellung von etwas Beharrlichem (s. d.) ist nicht einerlei mit der „beharrlichen Vorstellung". Denn die Vorstellung kann sehr wechselnd sein und bezieht sich doch auf etwas Beharrliches, „welches also ein von allen meinen Vorstellungen unterschiedenes und äußeres Ding sein muß, dessen Existenz in der Bestimmung meines eigenen Daseins notwendig mit eingeschlossen wird und mit derselben nur eine einzige Erfahrung ausmacht, die nicht einmal innerlich stattfinden würde, wenn sie nicht (zum Teil) zugleich äußerlich wäre". Das „Wie?" läßt sich nicht weiter erklären, KrV Vorr. z. 2. A. letzte Anm. (I 43ff.—Rc 39f.).

Ich bin mir meiner Vorstellungen bewußt; „also existieren diese und ich selbst, der ich diese Vorstellungen habe. Nun sind aber äußere Gegenstände (die Körper) bloß Erscheinungen, mithin auch nichts anderes als eine Art meiner Vorstellungen, deren Gegenstände nur durch diese Vorstellungen etwas sind, von ihnen abgesondert aber nichts sind. Also existieren eben sowohl äußere Dinge, als ich selbst existiere, und zwar beide auf das unmittelbare Zeugnis meines Selbstbewußtseins, nur mit dem Unterschiede: daß die Vorstellung meiner Selbst, als des denkenden Subjekts, bloß auf den inneren, die Vorstellungen aber, welche ausgedehnte Wesen bezeichnen, auch auf den äußeren Sinn bezogen werden. Ich habe in Absicht auf die Wirklichkeit äußerer Gegenstände ebensowenig nötig zu schließen, als in Ansehung der Wirklichkeit des Gegenstandes meines inneren Sinnes (meiner Gedanken); denn sie sind beiderseitig nichts als Vorstellungen, deren unmittelbare Wahrnehmung (Bewußtsein) zugleich ein genugsamer Beweis ihrer Wirklichkeit ist", KrV 1. A. tr. Dial. 2. B. 1. H., Kritik des 4. Paralogismus (I 745—Rc 454f.); vgl. Idealismus. — Die Gegenstände im Raume, d. h. die „empirisch äußerlichen" Gegenstände, sind in der Wahrnehmung unmittelbar (nicht als deren Ursachen erschlossen) enthalten; als Erscheinungen in uns sind sie ebenso sicher existierend wie unser Ich. Unbekannt ist mir der „transzendentale Gegenstand" (s. Objekt), das „Ding an sich" als unerkennbarer „Grund" unserer äußeren und inneren Wahrnehmungen, um den es sich hier aber nicht handelt, ibid. (I 746f.—Rc 456f.). Raum und Zeit sind nur Anschauungsformen, nicht Bestimmungen der Dinge an sich; insofern sind sie also „subjektiv". In ihnen sind aber die Außendinge „wirklich" vorhanden (sie haben „empirische Realität"), sofern sie mit der Wahrnehmung nach empirischen Gesetzen zusammenhängen; sie sind dadurch scharf von Einbildung, Traum usw. unterschieden, können „durch keine Einbildungskraft gedichtet und hervorgebracht werden, ibid. (I 747f.—Rc 458f.). „Alle äußere Wahrnehmung also beweist unmittelbar etwas Wirkliches im Raume, oder ist vielmehr das Wirkliche selbst, und insofern ist also der empirische Realismus außer Zweifel, d. i. es korrespondiert unseren äußeren Anschauungen etwas Wirkliches im Raume. Freilich ist der Raum selbst, mit allen seinen Erscheinungen, als Vorstellungen nur in mir; aber in diesem Raume ist doch gleichwohl das Reale, oder der Stoff aller Gegenstände äußerer Anschauung wirklich und unabhängig von aller Erdichtung gegeben." Das „Reale äußerer Erscheinungen" ist also „wirklich nur in der Wahrnehmung und kann auf keine andere Weise wirklich sein". Im Raume ist nichts, als was in ihm vorgestellt wird, da er selbst nichts als Vorstellung ist, ibid. (I 748—Rc 460f.). Trügliche Vorstellungen, denen die Gegenstände nicht entsprechen, beruhen auf einem „Blendwerke der Einbildung"

(Traum) oder auf einem „Fehltritte der Urteilskraft" (Sinnestäuschung). Ohne Wahrnehmung würden aber selbst Erdichtung und Traum nicht möglich sein, ibid. (I 748f.—Rc 461).

„Daß unseren äußeren Wahrnehmungen etwas Wirkliches außer uns nicht bloß korrespondiere, sondern auch korrespondieren müsse, kann ... niemals als (aus der) Verknüpfung der Dinge an sich selbst, wohl aber zum Behuf der Erfahrung bewiesen werden. Dieses will so viel sagen: daß etwas auf empirische Art, mithin als Erscheinung im Raume außer uns sei, kann man gar wohl beweisen; denn mit anderen Gegenständen als denen, die zu einer möglichen Erfahrung gehören, haben wir es nicht zu tun, ebendarum, weil sie uns in keiner Erfahrung gegeben werden können und also für uns nichts sind. Empirisch außer mir ist das, was im Raume angeschaut wird; und da dieser samt allen Erscheinungen, die er enthält, zu den Vorstellungen gehört, deren Verknüpfung nach Erfahrungsgesetzen ebensowohl ihre objektive Wahrheit beweist als die Verknüpfung der Erscheinungen des inneren Sinnes die Wirklichkeit meiner Seele (als eines Gegenstandes des inneren Sinnes), so bin ich mir vermittels der äußeren Erfahrung ebensowohl der Wirklichkeit der Körper als äußerer Erscheinungen im Raume, wie vermittels der inneren Erfahrung des Daseins meiner Seele in der Zeit bewußt, die ich auch nur als einen Gegenstand des inneren Sinnes durch Erscheinungen, die einen inneren Zustand ausmachen, erkenne, und wovon mir das Wesen an sich selbst, das diesen Erscheinungen zugrunde liegt, unbekannt ist." Den idealistischen Zweifel heben wir auch im gemeinen Leben dadurch, „daß wir die Verknüpfung der Erscheinungen ... nach allgemeinen Gesetzen der Erfahrung untersuchen"; wir können, wenn die Vorstellung äußerer Dinge damit durchgehends übereinstimmt, nicht zweifeln, daß sie nicht wahrhafte Erfahrung ausmachen sollten. Es ist „eine ebenso sichere Erfahrung, daß Körper außer uns (im Raume) existieren, als daß ich selbst nach der Vorstellung des inneren Sinnes (in der Zeit) da bin; denn der Begriff: außer uns bedeutet nur die Existenz im Raume. Da aber das Ich in dem Satze: Ich bin, nicht bloß den „Gegenstand der inneren Anschauung (in der Zeit), sondern das Subjekt des Bewußtseins, sowie Körper nicht bloß „die äußere Anschauung (im Raume)", sondern auch „das Ding an sich selbst" bedeutet, was dieser Erscheinung zugrunde liegt, so kann die Frage, ob die Körper (als Erscheinungen des äußeren Sinnes) außer meinen Gedanken in der Natur als Körper existieren", ohne alles Bedenken verneint werden." Aber darin „verhält es sich gar nicht anders mit der Frage, ob ich selbst als Erscheinung des inneren Sinnes (Seele nach der empirischen Psychologie) außer meiner Vorstellungskraft in der Zeit existiere, denn diese muß ebensowohl verneint werden." „Der formale Idealismus ... hebt wirklich den materiellen oder Cartesianischen auf. Denn wenn der Raum nichts als eine Form meiner Sinnlichkeit ist, so ist er als Vorstellung in mir ebenso wirklich als ich selbst, und es kommt nur noch auf die empirische Wahrheit der Erscheinungen in demselben an. Ist das aber nicht, sondern der Raum und Erscheinungen in ihm sind etwas außer uns Existierendes, so können alle Kriterien der Erfahrung außer unserer Wahrnehmung niemals die Wirklichkeit dieser Gegenstände außer uns beweisen", Prol. § 49 (III 102ff.). „Wenn ich von Gegenständen in Zeit und Raum rede, so rede ich nicht von Dingen an sich selbst, darum weil ich von diesen nichts weiß, sondern nur von Dingen in der Erscheinung, d. i. von der Erfahrung als einer besonderen Erkenntnisart der Objekte, die dem Menschen allein vergönnt ist. Was ich nun im Raume oder in der Zeit denke, von dem muß ich nicht sagen, daß es an sich selbst, auch ohne diesen meinen Gedanken, im Raume und der Zeit sei; denn da würde ich mir selbst widersprechen, weil Raum und Zeit samt den Erscheinungen in ihnen nichts an sich selbst und außer meinen Vorstellungen Existierendes, sondern selbst nur Vorstellungsarten sind, und es offenbar widersprechend ist zu sagen, daß eine bloße Vorstellungsart auch außer unserer Vorstellung existiere. Die Gegenstände also der Sinne existieren nur in der Erfahrung; dagegen auch ohne dieselbe oder vor ihr ihnen eine eigene, für sich bestehende Existenz zu geben, heißt so viel als sich vorstellen, Erfahrung sei auch ohne Erfahrung oder vor derselben wirklich", Prol. § 52c (III 109f.).

„Die Anschauung eines Dinges als außer mir setzt das Bewußtsein einer Bestimmbarkeit meines Subjekts voraus, bei welchem ich nicht selbst bestimmend bin, die also nicht zur Spontaneität gehört, weil das Bestimmende nicht in mir ist. Und in der Tat kann ich mir keinen Raum als in mir denken.“ Durch den Raum aber bekommt die Vorstellung eines Objekts als außer mir zuerst Realität. Ich würde auch durch den Raum den „Begriff der Existenz von etwas außer mir“ bekommen, wenn nicht „der Begriff einer Relation, die zum commercio gehört und zwar als in der Wahrnehmung gegeben, zugrunde läge. Dieser Begriff aber ist der der bloßen Passivität in einem Zustande der Vorstellungen“. „Also ist die Möglichkeit, Dinge im Raum, in der Anschauung vorzustellen, auf dem Bewußtsein einer Bestimmung durch andere Dinge gegründet, welches nichts weiter als die ursprüngliche Passivität von mir bedeutet, bei der ich gar nicht tätig bin.“ — „Der Raum beweiset eine Vorstellung, die nicht aufs Subjekt als Gegenstand bezogen wird, denn sonst würde es die Zeitvorstellung sein. Daß sie nun darauf nicht, sondern unmittelbar auf etwas vom Subjekt Unterschiedenes als existierend bezogen wird, das ist das Bewußtsein des Objekts als Dinges außer mir.“ Der Raum ist die Form der Wahrnehmung des „Verhältnisses unseres Subjekts zu anderen Dingen“. „Denn wäre die Raumeswahrnehmung bloß auf uns selbst gegründet, ohne ein Objekt außer uns, so würde es wenigstens möglich sein, sich dieser Vorstellung als bloß im Verhältnisse zum Subjekt enthaltend bewußt zu werden. Da aber auf die letztere Art nur immer die Anschauung der Zeit herauskommt, so muß der Gegenstand, den wir uns als räumlich vorstellen, auf einer Vorstellung von etwas anderem als unserem Subjekte beruhen“, Lose Bl. D 11. Vgl. Idealismus, Objekt, Ding, Körper, Materie.

Äußeres s. Inneres.

Außer uns bedeutet zweierlei: 1. „im Raume“, zur äußeren (räumlichen) Erscheinung gehörig; 2. als Ding an sich selbst von uns unterschieden. Vorstellungen heißen „äußere“, weil sie dem äußeren Sinn, dessen Anschauungsform der Raum ist, angehören; dieser Sinn aber selbst ist eine „innere Vorstellungsart“, in welcher sich gewisse Wahrnehmungen mit einander verknüpfen, KrV 1. A. tr. Dial. 2. B. 1. H.; Kritik des 4. Paralogismus (I 746f., 750—Rc 456f., 464f.); vgl. Außenwelt, Idealismus, Objekt. — Das „Außer uns“ im räumlichen Sinne ist kein Sein außer dem Subjekt und dessen Anschauungsform; nur im Vergleich mit den Vorstellungen, die wir zum inneren Sinne zählen (und die bloß in der Zeit, zeitlich sind), nennen wir die übrigen Vorstellungen „äußere“. Auch diese gehören zum „denkenden Subjekte“, nur daß sie das Täuschende an sich haben, „daß, da sie Gegenstände im Raume darstellen, sie sich gleichsam von der Seele ablösen und außer ihr zu schweben scheinen“, ibid. Betr. üb. d. Summe der r. Seelenlehre (I 755—Rc 474). Vgl. Materie, Außenwelt.

Autokratie. Die „A.“ der reinen praktischen Vernunft ist deren Vermögen, den sittlichen Endzweck, das höchste Gut, unter allen Hindernissen der Natur doch noch hier im Erdenleben zu erreichen, Fortschr. d. Metaph. 2. Abt. 3. Stadium (V 3, 125). Die A. ist ein aus dem kategorischen Imperativ (s. d.) geschlossenes „Bewußtsein des Vermögens..., über seine dem Gesetz widerspenstigen Neigungen Meister zu werden“, MST Einl. II (III 223). Vgl. Autonomie.

Autonomie ist die Grundlage der Sittlichkeit (s. d.) und eine Bekundung der Freiheit (s. d.) des Menschen als Vernunftwesens. Das Prinzip der A. des Willens ist, daß der Mensch, indem er durch seine Pflicht an ein ihn moralisch nötigendes Gesetz gebunden ist, dabei doch „nur seiner eigenen und dennoch allgemeinen Gesetzgebung“ unterworfen ist und nur verbunden ist, seinem eigenen, aber „allgemein gesetzgebenden“ Willen gemäß zu handeln. A. des Willens ist die Beschaffenheit desselben, durch die er sich selbst ‚unabhängig von aller Beschaffenheit von Willensobjekten (der „Materie“ des Wollens), rein durch seine „Form“, ein Gesetz des Handelns ist. Das

Prinzip der A. ist der kategorische Imperativ (s. d.), „nicht anders zu wählen als so, daß die Maximen seiner Wahl in demselben Wollen zugleich als allgemeines Gesetz mit begriffen seien“, GMS 2. Abs. (III 58, 67f.). Wenn der Wille irgendwo anders als der „Tauglichkeit seiner Maximen zu seiner eigenen allgemeinen Gesetzgebung“ das Gesetz sucht, das ihn bestimmen soll (in einem äußeren Zweck, wie Glückseligkeit, Nutzen u. dgl.), so kommt „Heterogenie“ heraus, wobei das Objekt des Willens, nicht dieser selbst das Gesetz vorschreibt und wo nur etwas gesollt wird, weil etwas anderes gewollt wird („hypothetische“ Imperative). Bei der A. hingegen soll unbedingt so oder so gehandelt werden, ohne Rücksicht auf einen Zweck oder auf eine Neigung, rein aus der Gesetzlichkeit des Willens selber, ibid. Heteronomie des Willens (III 68f.). Der schlechterdings gute Wille enthält bloß die „Form des Willens überhaupt“, und zwar als A.; d. h. „die Tauglichkeit der Maxime eines jeden guten Willens, sich selbst zum allgemeinen Gesetze zu machen, ist selbst das alleinige Gesetz, das sich der Wille eines jeden vernünftigen Wesens selbst auferlegt, ohne irgendeine Triebfeder und Interesse derselben als Grund unterzulegen“, ibid. Einteil. aller Prinzipien. . (III 72f.). Der reine Wille ist sich also selbst Gesetz und Zielpunkt des Wollens. Die Freiheit des Willens ist positiv. A., d. h. die „Eigenschaft des Willens, sich selbst ein Gesetz zu sein“, GMS 3. Abs. Begriff d. Freiheit (III 74 f.). Als Sinnenwesen steht der Mensch unter Naturgesetzen (Heteronomie), als „Noumenon“, Vernunftwesen, das zur „intelligiblen Welt“ (s. d.), zum „Reich der Zwecke“ (s. d.) sich rechnet, steht er unter Gesetzen der Vernunft, vermittels deren er sich selbst in seinem Handeln bestimmt, ibid. Von d. Interesse . . (III 81f.). Weil die „Verstandeswelt“ den Grund der Sinnenwelt, mithin auch der Gesetze derselben enthält, also betreffs meines (zur Verstandeswelt gehörenden) Wollens unmittelbar gesetzgebend ist, „so werde ich mich als Intelligenz, obgleich anderseits wie ein zur Sinnenwelt gehöriges Wesen, dennoch dem Gesetze der ersteren, d. i. der Vernunft, die in der Idee der Freiheit das Gesetz derselben enthält, und also der A. des Willens unterworfen erkennen, folglich die Gesetze der Verstandeswelt für mich als Imperativen und die diesem Prinzip gemäßen Handlungen als Pflichten ansehen müssen“, ibid. Wie ist ein kategor. Imperativ möglich? (III 83). Die A. ist der Grund der Würde (s. d.) der Vernunftwesen und das echte Prinzip der Moral, GMS 2. Abs. (III 62, 66).

Die „A. des Willens“ ist das „alleinige Prinzip aller moralischen Gesetze und der ihnen gemäßen Pflichten; alle Heteronomie der Willkür gründet dagegen nicht allein gar keine Verbindlichkeit, sondern ist vielmehr dem Prinzip derselben und der Sittlichkeit des Willens entgegen. „In der Unabhängigkeit nämlich von aller Materie des Gesetzes (nämlich einem begehrten Objekte) und zugleich doch Bestimmung der Willkür durch die bloße allgemeine gesetzgebende Form, deren eine Maxime fähig sein muß, besteht das alleinige Prinzip der Sittlichkeit.“ „Jene Unabhängigkeit aber ist Freiheit im negativen, diese eigene Gesetzgebung aber der reinen und als solche praktischen Vernunft ist Freiheit im positiven Verstande. Also drückt das moralische Gesetz nichts anderes aus als die A. der reinen praktischen Vernunft, d. i. der Freiheit, und diese ist selbst die formale Bedingung aller Maximen, unter der sie allein mit dem obersten praktischen Gesetze zusammenstimmen können.“ Wenn daher „die Materie des Wollens . . . in das praktische Gesetz als Bedingung der Möglichkeit desselben hineinkommt, so wird daraus Heteronomie der Willkür, nämlich Abhängigkeit vom Naturgesetze, irgendeinem Antriebe oder Neigung zu folgen, und der Wille gibt sich nicht selbst das Gesetz, sondern nur die Vorschrift zur vernünftigen Befolgung pathologischer Gesetze“, KpV 1. T. 1. B. 1. H. § 8 Lehrs. IV (II 43). Die sinnliche Natur vernünftiger Wesen ist die Existenz derselben unter empirisch bedingten Gesetzen, mithin für die Vernunft Heteronomie. „Die übersinnliche Natur ebenderselben Wesen ist dagegen ihre Existenz nach Gesetzen, die von aller empirischen Bedingung unabhängig sind, mithin zur „A. der reinen Vernunft gehören.“ Diese Natur ist eine Natur unter der A. der reinen praktischen Vernunft; das Gesetz dieser A. ist das moralische Gesetz als „das Grundgesetz einer übersinnlichen Natur und einer reinen Verstandeswelt", ibid. 1. H. V. d. Deduktion d. Grundsätze... (II 57). Vgl. Gesetz, Sollen, Rigorismus, Urteilskraft, Pflicht, Christentum.

Autonomie der Urteilskraft. Die Allgemeingültigkeit der Geschmacksurteile (s. d.) beruht „gleichsam auf einer A. des über das Gefühl der Lust (an der gegebenen Vorstellung) arbeitenden Subjekts, d. i. auf seinem eigenen Geschmack", KU § 31 (II 130f.). — Es besteht eine A. der reflektierenden Urteilskraft (s. d.) für unseren subjektiven Vernunftgebrauch betreffs der besonderen Erfahrungsgesetze. Die bestimmende Urteilskraft hingegen, welche sich nach den vom Verstande gegebenen Gesetzen richten muß, zeigt Heteronomie, ibid. § 71 (II 253).

Autorität s. Aufklärung, Glaube, Kirche, Religion, Staatsverfassung, Bibel, Theologie.

Axiom s. Grundsätze. — A.e sind „synthetische Grundsätze a priori, sofern sie unmittelbar gewiß sind". A.e gibt es nur in der Mathematik (s. d.), nicht in der Philosophie; denn ein synthetischer Grundsatz bloß aus Begriffen kann nie unmittelbar gewiß sein. „Diskursive Grundsätze sind also ganz etwas anderes als intuitive, d. i. A.e. Jene erfordern jederzeit noch eine Deduktion, deren die letzteren ganz und gar entbehren können." Die A.e sind „evident", während aus Begriffen a priori (in diskursiven Erkenntnissen) nur „anschauende Gewißheit, d. i. Evidenz", entspringen kann. Der „Grundsatz" der „A.e der Anschauung" (s. d.) ist nicht selbst ein A., sondern dient nur dazu, „das Principium der Möglichkeit der A.e überhaupt anzugeben", und ist selbst nur „ein Grundsatz aus Begriffen". Die Philosophie hat keine A.e, sondern muß ihre (apriorischen) Grundsätze durch gründliche Deduktion „rechtfertigen", KrV tr. Meth. 1. H. 1. Abs. 2 V. d. A.en (I 613f.—Rc 759f.).

Axiome der Anschauung. Die „A. der Anschauung" gehören zu den „mathematischen" Grundsätzen (s. d.) des reinen Verstandes. Das „Prinzip" derselben ist: „Alle Anschauungen sind extensive Größen", KrV tr. Anal. 2. B. 2. H. 3. Abs. 1 (I 202—Rc 258). „Alle Erscheinungen sind ihrer Anschauung nach extensive Größen", ibid. 1. A.

Axiome, mathematische (s. Mathematik). „Die A. der Geometrie gründen sich auf die sukzessive Synthesis der produktiven Einbildungskraft in der Erzeugung der Gestalten." Sie betreffen nur Größen (quanta) als solche, nicht die Größe (quantitas), das Wie groß, KrV tr. Anal. 2. B. 2. H. 3. Abs. 1 (I 203—Rc 259). Vgl. Axiom, Grundsätze, Raum, Zeit, Urteile (synthetische).

B.

Bangigkeit ist „Furcht über einen unbestimmtes Übel drohenden Gegenstand", Anthr. 1. T. § 76 (IV 188).

Bathos (Niederung) der Erfahrung s. Erfahrung.

Baukunst. Die B., eine der bildenden (s. d.) Künste, ist „die Kunst, Begriffe von Dingen, die nur durch Kunst möglich sind, und deren Form nicht die Natur, sondern einen willkürlichen Zweck zum Bestimmungsgrunde hat, zu dieser Absicht, doch auch zugleich ästhetisch-zweckmäßig, darzustellen". Auch Hausgeräte können zur B. gezählt werden, „weil die Angemessenheit des Produkts zu einem gewissen Gebrauche das Wesentliche eines Bauwerks ausmacht", KU § 51, 2 (II 178).

Bedeutung s. Kategorie (die Kategorien haben „transzendentale B." d. h. sie sind apriorische Bedingungen der Erfahrung).

Bedingung. Innerhalb der Erscheinungswelt ist alles bedingt, das Unbedingte (s. d.) ist hier nicht zu finden (vgl. Antinomien); es ist eine „Idee" (s. d.), die uns zu immer weiterem Fortschreiten in der Erkenntnis antreibt. — In der Gesetzlichkeit des reinen („transzendentalen") Bewußtseins liegen a priori die B.en zur Möglichkeit der Erfahrung und zugleich der Gegenstände derselben.

„Raum und Zeit enthalten Verhältnisse des Bedingten zu seinen Bedingungen, z. B. die bestimmte Größe eines Raumes ist nur bedingt möglich, nämlich dadurch, daß ihn ein anderer Raum einschließt; ebenso eine bestimmte Zeit dadurch, daß sie als der Teil einer noch größeren Zeit vorgestellt wird, und so ist es mit allen gegebenen Dingen als Erscheinungen bewandt. Die Vernunft aber verlangt das Unbedingte und mit ihm die Totalität aller Bedingungen zu erkennen, denn sonst hört sie nicht auf zu fragen, gerade als ob noch nichts geantwortet wäre", Fortschr. d. Metaph. Beilage II (V 3, 158). Alles Bedingte ist zufällig (s. d.), und umgekehrt, ibid. (V 3, 162). Vgl. Unbedingt. Hypothetisch, Imperativ, Erfahrung, Transzendental, Kategorie, A priori.

Bedürfnis der Vernunft s. Glaube, Postulate, Idee.

Befugnis ist „die Möglichkeit einer Handlung, sofern man dadurch keinem Unrecht tut", Z. ew. Fried. 2. Abs. 1. Artikel 1. Anm. (VI 126).

Begehren s. Begehrungsvermögen, Begierde, Wille.

Begehrungsvermögen. Das B. ist „das Vermögen, durch seine Vorstellungen Ursache der Gegenstände dieser Vorstellungen zu sein", KpV Vorr. 4. Anm. (II 10). Mit dem Begehren oder Verabscheuen ist stets Lust oder Unlust verbunden, aber nicht immer umgekehrt. Auch geht die Lust oder Unlust an dem Begehrten nicht immer dem Begehrten als Ursache desselben voraus, sondern sie ist auch Wirkung desselben, MS Einl. I (III 11). Die Bestimmung des B.s, vor welcher die praktische Lust (s. Gefühl) als Ursache notwendig vorausgehen muß, ist „Begierde". Von dem Begehren selbst ist die „Konkupiszenz (das Gelüsten)" als „Anreiz zur Bestimmung desselben" zu unterscheiden. „Sie ist jederzeit eine sinnliche, aber noch zu keinem Akt des B.s gediehene Gemütsbestimmung", (III 13). Das B. nach Begriffen ist zum Teil „Willkür" (s. d.). Das aus der Vernunft bestimmte B. — auch als „oberes B." von dem „unteren" unterschieden — ist Wille (s. d.), N 1019—1034; vgl. Gefühl, Leben. Vgl. Wille.

Begierde. „Begierde (appetitio) ist die Selbstbestimmung der Kraft eines Subjekts durch die Vorstellung von etwas Künftigem als einer Wirkung derselben", Anthr. 1. T. § 73 (IV 183). „Alle B.n des Menschen sind entweder formal (Freiheit und Vermögen) oder material (auf ein Objekt bezogen), B.n des Wahnes oder des Genusses, oder endlich sie beziehen sich auf die bloße Fortdauer von beiden, als Elemente der Glückseligkeit." „B.n der ersteren Art sind Ehrsucht, Herrschsucht und Habsucht. Die der zweiten Genuß des Geschlechtes (Wollust), der Sache (Wohlleben) oder der Gesellschaft (Geschmack an Unterhaltung). B.n der dritten Art endlich sind Liebe zum Leben, zur Gesundheit, zur Gemächlichkeit (in der Zukunft Sorgenfreiheit)", Über Pädagogik, V. d. prakt. Erziehung (VIII 243 f.). Vgl. Begehrungsvermögen.

Begreifen. Nur „soviel sieht man vollständig ein, als man nach Begriffen selbst machen und zustande bringen kann", KU § 68 (II 248). Etwas begreifen (comprehendere) heißt „in dem Grade durch die Vernunft oder a priori erkennen, als zu unserer Absicht hinreichend ist". „Denn alles unser B. ist nur relativ, d. h. zu einer gewissen Absicht hinreichend, schlechthin begreifen wir gar nichts", Log. Einl. VIII (IV 72).

„Die Gegenstände, welche uns durch Erfahrung gegeben werden, sind uns in vielerlei Absicht unbegreiflich, und es können viele Fragen, auf die uns das Naturgesetz führt, wenn sie bis zu einer gewissen Höhe, aber immer diesen Gesetzen gemäß getrieben werden gar nicht aufgelöst werden, z. B. woher Materien einander anziehen. Allein, wenn wir die Natur ganz und gar verlassen oder im Fortgange ihrer Verknüpfung alle mögliche Erfahrung übersteigen, mithin uns in bloße Ideen vertiefen, alsdann können wir nicht sagen, daß uns der Gegenstand unbegreiflich sei und die Natur der Dinge uns unauflösliche Aufgaben vorlege; denn wir haben es alsdann gar nicht mit der Natur oder überhaupt mit gegebenen Objekten, sondern bloß mit Begriffen zu tun, die in unserer Vernunft lediglich ihren Ursprung haben, und mit bloßen Gedankenwesen, in Ansehung deren alle Aufgaben, die aus dem Begriffe derselben entspringen, müssen aufgelöst werden können, weil die Vernunft von ihrem eigenen Verfahren allerdings vollständige Rechenschaft geben kann und muß", Prol. § 56 (III 118 f.). „Es klingt also nur paradox und ist übrigens nicht befremdlich, zu sagen, in der Natur sei uns vieles unbegreiflich (z. B. das Zeugungsvermögen), wenn wir aber noch höher steigen und selbst über die Natur hinausgehen, so werde uns wieder alles begreiflich; denn wir verlassen alsdann ganz die Gegenstände, die uns gegeben werden können, und beschäftigen uns bloß mit Ideen, bei denen wir das Gesetz, welches die Vernunft durch sie dem Verstande zu seinem Gebrauch in der Erfahrung vorschreibt, gar wohl begreifen können, weil es ihr eigenes Produkt ist", ibid. Anm. (III 119). Vgl. Inneres, Verstehen, Übersinnlich, Freiheit, Praktisch, Vernunft, Imperativ.

Begriff. B.e sind Produkte des Verstandes (s. d.), Funktionen der Spontaneität (Selbsttätigkeit) desselben. Sie sind Einheiten, unter die verschiedene, zusammengehörende Vorstellungen untergeordnet werden, sie bestimmen die Regel dieser Zusammenfassung zur Einheit. Sie sind Elemente des Urteils (s. d.), Prädikate möglicher Urteile. Ohne Anschauung (s. d.) sind sie aber „leer", haben sie keinen Gegenstand; die Anschauung ohne B.e wiederum ist „blind", enthält nichts objektiv Bestimmtes, nur die Daten zu einer Bestimmung, die vom Denken ausgehen muß. Anschauung und B. zusammen ergeben erst eine objektive Erkenntnis. Von dem „empirischen" sind die „reinen" (apriorischen) B.e zu unterscheiden; letztere, die „reinen Verstandesbegriffe", enthalten nur die Form des Denkens eines Gegenstandes, die Bedingung zur Möglichkeit der Erfahrung (vgl. Kategorien); sie bedürfen zur Anwendung auf die Anschauung der „Schemata" (s. d.). Aus bloßen B.en läßt sich nichts über die Existenz (s. d.) von Dingen ausmachen (gegen den Ontologismus). Auch die reinen Verstandesbegriffe dienen nur zur Verarbeitung des Anschauungsmaterials zu objektiver Erfahrung und geben Erkenntnis nur von Erscheinungen, nicht von Dingen an sich (wie K. selbst früher glaubte), auch wenn sie noch so „deutlich" sind. Die „reinen Vernunftbegriffe" oder Ideen (s. d.) dienen nur zur Vollendung und Systematisierung der Erfahrungserkenntnis, verstatten keinen „transzendenten" Gebrauch, da sie sonst zu Antinomien führen. „Ich sage ...: daß ein deutlicher B. nur durch ein Urteil, ein vollständiger aber nicht anders als durch einen Vernunftschluß möglich sei. Es wird nämlich zu einem deutlichen B. erfordert, daß ich etwas als ein Merkmal eines Dinges klar erkenne; dieses aber ist ein Urteil." Aber dieses Urteil ist nicht der deutliche B. selber, sondern „die Handlung, wodurch er wirklich wird". Ein deutlicher B. ist ein solcher, der durch ein Urteil klar ist; ein vollständiger, der durch einen Vernunftschluß deutlich ist, F. Spitzf. § 6 (V 1, 67 f.).

Der B. ist die „Einheit des Bewußtseins verschiedener Vorstellungen", Str. d. Fak. 3. Abs. Beschluß (V 4, 162). Er ist das „Bewußtsein der Tätigkeit in Zusammenstellung des Mannigfaltigen der Vorstellung nach einer Regel der Einheit desselben", Anthr. 1. T. § 7 (IV 31). Der B. ist „eine allgemeine (repraesentatio per notas communes) oder reflektierte Vorstellung (repraesentatio discursiva)", Log. § 1 (IV 98). „Der B. ist der Anschauung entgegengesetzt; denn er ist eine allgemeine Vorstellung oder eine Vorstellung dessen, was mehreren Objekten gemein ist, also eine Vorstellung, sofern sie in verschiedenen enthalten sein kann." Nicht der B. selbst kann in allgemeine, besondere, einzelne B.e eingeteilt werden, „nur ihr Gebrauch", ibid. Anmerk. (IV 98). „An jedem B.e ist Materie und Form zu unterscheiden. — Die Materie der B.e ist der Gegenstand, die Form derselben die Allgemeinheit", ibid. § 2 (IV 99). „Der B. ist entweder ein empirischer oder ein reiner B. (vel empiricus vel intellectualis). — Ein reiner B. ist ein solcher, der nicht von der Erfahrung abgezogen ist, sondern auch dem Inhalte nach aus dem Verstande entspringt." Die Idee (s. d.) ist ein Vernunftb., deren Gegenstand in der Erfahrung nicht anzutreffen ist, ibid. § 3 (IV 99). „Der empirische B. entspringt aus den Sinnen durch Vergleichung der Gegenstände der Erfahrung und erhält durch den Verstand bloß die Form der Allgemeinheit. — Die Realität dieser B.e beruht auf der wirklichen Erfahrung, woraus sie, ihrem Inhalte nach, geschöpft sind." Ob es „reine Verstandesbegriffe" (conceptus puri) gibt, die „unabhängig von aller Erfahrung lediglich aus dem Verstande entspringen", muß die Metaphysik untersuchen, ibid. Anmerk. (IV 99). Alle B.e sind „der Materie nach" „entweder gegebene (conceptus dati) oder gemachte B.e (conceptus factitii). — Die ersteren sind entweder a priori oder a posteriori gegeben." „Alle empirisch oder a posteriori gegebenen B.e heißen Erfahrungsbegriffe, a priori gegebene Notionen." „Die Form eines B.es, als einer diskursiven Vorstellung, ist jederzeit gemacht", ibid. § 4 (IV 101). „Der Ursprung der B.e, der bloßen Form nach, beruht auf Reflexion und auf Abstraktion von dem Unterschiede der Dinge, die durch eine gewisse Vorstellung bezeichnet sind", ibid. § 5 (IV 101). — Die logischen Verstandesakte, durch welche B.e erzeugt werden, sind „1. die Komparation, d. i. die Vergleichung der Vorstellungen untereinander im Verhältnisse zur Einheit des Bewußtseins", „2. die Reflexion, d. i. die Überlegung, wie verschiedene Vorstellungen in einem Bewußtsein begriffen sein können" und „3. die Abstraktion oder die Absonderung alles übrigen, worin die gegebenen Vorstellungen sich unterscheiden", ibid. § 6 (IV 102). Die Abstraktion ist nur die negative, die Komparation und Reflexion die positive Bedingung der Begriffsbildung. „Denn durchs Abstrahieren wird kein B.; — die Abstraktion vollendet ihn nur und schließt ihn in seine bestimmten Grenzen ein", ibid. Anmerk. 3 (IV 103). — „Ein jeder B., als Teilbegriff, ist in der Vorstellung der Dinge enthalten; als Erkenntnisgrund, d. i. als Merkmal sind diese Dinge unter ihm enthalten. — In der ersteren Rücksicht hat jeder B. einen Inhalt; in der andern einen Umfang", ibid. § 7 (IV 104). Die „Allgemeinheit oder Allgemeingültigkeit" des B.es beruht „nicht darauf, daß der B. ein Teilbegriff, sondern daß er ein Erkenntnisgrund ist", ibid. Anmerk. (IV 104).

Ohne B. wird der Gegenstand zwar „gegeben" (s. d.), aber nicht „gedacht", ohne Anschauung (s. d.) wird gedacht, aber ist kein Gegenstand gegeben. Zu einer Erkenntnis (s. d.) ist nötig die „Darstellung (exhibitio) des Objekts" durch Beleg des B.s mit einer Anschauung (vgl. Konstruktion). Die „Möglichkeit" eines B.s (Gedankens) beruht auf dem Satze des Widerspruchs („logische" Möglichkeit), die des Gegenstandes des B.es („reale" Möglichkeit) und damit die „objektive Realität" des B.s beruht auf der „Darstellung" des dem B.e korrespondierenden Objekts, Fortschr. d. Metaph. Beilage I, 2. Abs. (V 3. 157).

„Der Unterschied zwischen der Verbindung der Vorstellungen in einem B. und der in einem Urteil, z. B. der schwarze Mensch und der Mensch ist schwarz (mit anderen Worten: der Mensch, der schwarz ist, und der Mensch ist schwarz), liegt meiner Meinung nach darin, daß im ersteren ein B. als bestimmt, im zweiten die Handlung meines Bestimmens dieses B.s gedacht wird. Daher haben Sie ganz recht, zu sagen, daß in dem zusammengesetzten Begriff die Einheit des Bewußtseins, als subjektiv gegeben, in der Zusammensetzung der B.e aber die Einheit des Bewußtseins, als objektiv gemacht, d. i. im ersteren der Mensch bloß als schwarz gedacht (problematisch vorgestellt), im zweiten als ein solcher erkannt werden soll", An J. S. Beck, 3. Juli 1792. „Viele B.e entspringen durch geheime und dunkle Schlüsse bei Gelegenheit der Erfahrungen und pflanzen sich nachher auf andere fort, ohne Bewußtsein der Erfahrung selbst oder des Schlusses, welcher den B. über dieselbe errichtet hat. Solche B.e kann man erschlichene nennen. Dergleichen sind viele, die zum Teil nichts als ein Wahn der Einbildung, zum Teil auch wahr sind, indem auch dunkle Schlüsse nicht immer irren", Träume 1. T. 1. H. 1. Anm. (V 2, 6).

Nur in Vereinigung mit (reiner oder empirischer) Anschauung (s. d.) geben B.e Erkenntnis (s. d.). B.e ohne ihnen korrespondierende Anschauung, „Gedanken ohne Inhalt" sind „leer“, „Anschauungen ohne B.e“ sind „blind“. „Daher ist es ebenso notwendig, seine B.e sinnlich zu machen (d. i. ihnen den Gegenstand in der Anschauung beizufügen), als seine Anschauungen sich verständlich zu machen (d. i. sie unter Begriffe zu bringen)“, KrV tr. Log. Einl. I (I 106 f.—Rc 125 f.). Es gibt „empirische“ und „reine B.e“. De „reine B.“ enthält nur „die Form des Denkens eines Gegenstandes überhaupt“, ibid. vgl. Kategorie. — Anschauungen beruhen auf „Affektionen“, B.e auf „Funktionen‘ d. h. auf einer „Einheit der Handlung, verschiedene Vorstellungen unter einer gemein schaftlichen zu ordnen“. „B.e gründen sich also auf der Spontaneität des Denkens“ Von diesen B.en kann nun der Verstand keinen anderen Gebrauch machen, als daß er „dadurch urteilt“. Da keine Vorstellung anders als durch Anschauung unmittelbar au einen Gegenstand geht, „so wird ein B. niemals auf einen Gegenstand unmittelbar, sondern auf irgendeine andere Vorstellung von demselben (sie sei Anschauung oder selbst schon B.) bezogen“. In jedem Urteil (s. d.) ist „ein B., der für viele gilt, und unter diesem Vielen auch eine gegebene Vorstellung begreift, welche letztere dann auf den Gegenstand unmittelbar bezogen wird“. B.e beziehen sich, als „Prädikate möglicher Urteile“, auf irgend eine Vorstellung von einem „noch unbestimmten Gegenstande“, KrV tr. Anal. 1. B. 1. H. 1. Abs. (I 120 f.—Rc 139 f.).

Die B.e sind „Vorstellungen, die zu möglichen Urteilen zubereitet sind, indem sie etwas überhaupt, was gegeben worden, als durch ein Prädikat erkennbar vorstellen“, N 5923. „Es gibt reine B.e der Anschauung, willkürliche der Erdichtung und allgemeine der Vernunft. Ein B., der nicht als ein Eindruck der Sinne kann angesehen werden, ist rein“, N 3965; vgl. 3974—3988, 3957. Vgl. Denken, Urteil, Verstand, Kategorie, Apriori, Dogmatisch, Philosophie, Metaphysik, Angeboren, Schema, Rekognition, Ich, Idee.

Begriff (Natur- und Freiheits-). Es gibt „zweierlei B.e, welche ebensoviel verschiedene Prinzipien der Möglichkeit ihrer Gegenstände zulassen: nämlich die Naturbegriffe und der Freiheitsbegriff“. Erstere (s. Kategorien) machen theoretische Erkenntnis nach Prinzipien a priori möglich, letzterer führt betreffs dieser nur ein „negatives Prinzip (der bloßen Entgegensetzung)“ bei sich, hingegen „für die Willensbestimmung erweiternde Grundsätze“. Die Einteilung der Philosophie in theoretische (Natur-) und praktische (Moral-) Philosophie beruht darauf, KU Einl. I (II 6). Naturbegriffe sind „sinnlich bedingt“, der Freiheitsbegriff hingegen macht durch formale Gesetze ein Übersinnliches kennbar, ibid. (II 9); vgl. Praktisch. — „B.e, sofern sie auf Gegenstände bezogen werden, unangesehen ob eine Erkenntnis derselben möglich sei oder nicht, haben ihr Feld, welches bloß nach dem Verhältnisse, das ihr Objekt zu unserem Erkenntnisvermögen überhaupt hat, bestimmt wird. — Der Teil dieses Feldes, worin für uns Erkenntnis möglich ist, ist ein Boden (territorium) für diese B.e und das dazu erforderliche Erkenntnisvermögen. Der Teil des Bodens, worauf diese gesetzgebend sind, ist das Gebiet (ditio) dieser Begriffe und der ihnen zustehenden Erkenntnisvermögen. Erfahrungsbegriffe haben also zwar ihren Boden in der Natur, als dem Inbegriffe aller Gegenstände der Sinne, aber kein Gebiet (sondern nur ihren Aufenthalt, domicilium): weil sie zwar gesetzlich erzeugt werden, aber nicht gesetzgebend sind, sondern die auf sie gegründeten Regeln empirisch, mithin zufällig sind.“ „Unser gesamtes Erkenntnisvermögen hat zwei Gebiete, das der Naturbegriffe und das des Freiheitsbegriffs; denn durch beide ist es a priori gesetzgebend.“ Der Boden der Philosophie aber ist immer der Inbegriff der Gegenstände aller möglichen Erfahrung (Erscheinungen). „Die Gesetzgebung durch Naturbegriffe geschieht durch den Verstand und ist theoretisch. Die Gesetzgebung durch den Freiheitsbegriff geschieht von der Vernunft und ist bloß praktisch“ (vgl. Gesetz). Es gibt ein „unbegrenztes, aber auch unzugängliches Feld“ für unser Erkenntnisvermögen, nämlich „das Feld des Übersinnlichen, worin wir keinen Boden für uns finden“, das wir mit Ideen (s. d.) besetzen müssen, denen wir aber nur „praktische Realität“ (s. d.) verschaffen können, ibid. Einl. II (II 9 ff.). Zwischen dem Gebiete des Naturbegriffs, als dem

Sinnlichen, und dem Gebiete des Freiheitsbegriffs, als dem Übersinnlichen, besteht eine „Kluft", so daß von dem ersteren zum anderen vermittelst des theoretischen Gebrauchs der Vernunft „kein Übergang" möglich ist, „gleich als ob es soviel verschiedene Welten wären, deren erste auf die zweite keinen Einfluß haben kann". Aber es soll doch diese auf jene einen Einfluß haben, „nämlich der Freiheitsbegriff soll den durch seine Gesetze aufgegebenen Zweck in der Sinnenwelt wirklich machen, und die Natur muß folglich auch so gedacht werden können, daß die Gesetzmäßigkeit ihrer Form wenigstens zur Möglichkeit der in ihr zu bewirkenden Zwecke nach Freiheitsgesetzen zusammenstimme". „Also muß es doch einen Grund der Einheit des Übersinnlichen, welches der Natur zum Grunde liegt, mit dem, was der Freiheitsbegriff praktisch enthält, geben, wovon der B., wenn er gleich weder theoretisch noch praktisch zu einem Erkenntnisse desselben gelangt, mithin kein eigentümliches Gebiet hat, dennoch den Übergang von der Denkungsart nach den Prinzipien der einen zu der nach Prinzipien der anderen möglich macht", ibid. (II 11 f.). Diesen Übergang ermöglicht die Urteilskraft (s. d.), welche ein eigenes apriorisches Prinzip hat (vgl. Zweck).

Beharrlichkeit. Beharrlich ist das, „was eine Zeit hindurch existiert, d. i. dauert", Anfangsgr. d. Naturw. 1. H. Erklär. 3 (VII 2, 211); vgl. Ruhe. „Die Vorstellung von etwas Beharrlichem im Dasein ist nicht einerlei mit der beharrlichen Vorstellung; denn diese kann sehr wandelbar und wechselnd sein, wie alle unsere und selbst die Vorstellungen der Materie, und bezieht sich doch auf etwas Beharrliches, welches also ein von allen meinen Vorstellungen unterschiedenes und äußeres Ding sein muß ..." Die Vorstellungen in mir „bedürfen, als solche, selbst ein von ihnen unterschiedenes Beharrliches, worauf in Beziehung der Wechsel derselben, mithin mein Dasein in der Zeit, darin sie wechseln, bestimmt werden könne". Darauf beruht die Darlegung der Realität der Außenwelt (s. d.), die Widerlegung des subjektiven Idealismus, KrV Vorr. z. 2. A. letzte Anm. (I 43 f.—Rc 38 ff.). Die B. ist ein „Attribut" der Substanz, denn sie ist „ein schlechterdings notwendiges Prädikat derselben, aber im Begriffe der Substanz selber nicht enthalten, kann also durch keine Analysis aus ihm (nach dem Satze des Widerspruchs) gezogen werden, und der Satz: Eine jede Substanz ist beharrlich, ist ein synthetischer Satz", Üb. e. Entdeck. 2. Abs. (V 3, 53).

Der Grundsatz der B. der Substanz (s. d.) gehört zu den „Analogien" (s. d.) der Erfahrung. Die Zeit (s. d.) ist die beharrliche Form der inneren Anschauung. „Die Zeit also, in der aller Wechsel der Erscheinungen gedacht werden soll, bleibt und wechselt nicht." Da sie aber nicht für sich allein wahrgenommen werden kann, so muß in den Gegenständen der Wahrnehmung das beharrliche Substrat anzutreffen sein, welches die Zeit überhaupt vorstellt. Dieses „Beharrliche, womit in Verhältnis alle Zeitverhältnisse der Erscheinungen allein bestimmt werden können", ist die Substanz in der Erscheinung, KrV tr. Anal. 2. B 2. H. 3. Abs. 1. Analogie (I 219 f.—Rc 276ff.). Ob etwas als erfahrbarer Gegenstand zugleich sei oder nacheinander folge, kann man nur bestimmen, wenn ihm „etwas zum Grunde liegt, was jederzeit ist, d. i. etwas Bleibendes und Beharrliches". Nur im Beharrlichen sind Zeitverhältnisse möglich. Die B. drückt die Zeit, als das beständige Korrelat alles Daseins der Erscheinungen, alles Wechsels aus, der ja die Zeit selbst nicht betrifft. Durch das Beharrliche allein bekommt das Dasein in der Zeit eine Größe, die man „Dauer" nennt, ibid. (I 220—Rc 277 f.). Die B. allein ist der Grund, warum wir auf die Erscheinung die Kategorie der Substanz anwenden, ibid. (I 221 f.—Rc 279 f.); vgl. Veränderung. Die B. ist somit „eine notwendige Bedingung, unter welcher allein Erscheinungen, als Dinge oder Gegenstände, in einer möglichen Erfahrung bestimmbar sind", ibid. (I 224—Rc 282)

Der gemeine Verstand, der gar wohl inne ward, daß ohne die Voraussetzung der B. der Substanzen „keine Vereinigung der Wahrnehmungen in einer Erfahrung möglich sei", ersetzte den Mangel an einem metaphysischen Beweis dieser B. durch ein „Postulat"; „denn aus der Erfahrung selbst konnte er diesen Grundsatz nimmermehr ziehen, teils weil sie die Materien (Substanzen) bei allen ihren Veränderungen und Auflösungen nicht so weit verfolgen kann, um den Stoff immer unvermindert anzutreffen, teils weil der Grundsatz Notwendigkeit enthält, die jederzeit das Zeichen eines Prinzips a priori ist". Dieses Gesetz der B. gilt nur für die Erfahrung, nicht von Dingen an sich, Prol. § 48 Anm. (III 102). Vgl. Veränderung, Außenwelt, Zeit.

Beispiel s. Imperativ, Sollen, Fortschritt, Sittlichkeit, Christentum.

Beobachtung. „Das Bemerken (animadvertere) ist noch nicht ein Beobachten (observare) seiner selbst. Das letztere ist eine methodische Zusammenstellung der an uns selbst gemachten Wahrnehmungen", Anthr. I. T. § 4 (IV 18).

Beraubung s. Negation.

Beredsamkeit s. Rhetorik.

Beschreibung s. Definition.

Besitz s. Eigentum, Boden.

Besondere, das, s. allgemeine Urteile, Anschauung.

Bestimmen. B. (determinare) ist „das Setzen eines Prädikats mit Ausschluß des Gegenteils", N. diluc. Propos. 4 (V 1, 11); vgl. Grund. B. heißt „synthetisch urteilen", Fortschr. d. Metaph. 1. Abt. Gesch. d. Transzendentalphilos. (V 3, 93). Erst durch die Einheitssynthese des Verstandes kommt in das Anschauliche die Bestimmtheit objektiver Erfahrung hinein, welche jeder Erscheinung ihre Stelle in einem allgemeingültigen Zusammenhange verleiht. Die bestimmten Räume und deren Inhalte haben die zusammensetzende, verknüpfende Funktion des Verstandes zur Voraussetzung. Vgl. Anschauungsformen, Raum, Konstruktion.

„Ein jeder Begriff ist in Ansehung dessen, was in ihm selbst nicht enthalten ist, unbestimmt und steht unter dem Grundsatze der Bestimmbarkeit: daß nur eines von jeden zweien einander kontradiktorisch-entgegengesetzten Prädikaten ihm zukommen könne, welcher auf dem Satze des Widerspruchs beruht und daher ein bloß logisches Prinzip ist." „Ein jedes Ding aber, seiner Möglichkeit nach, steht noch unter dem Grundsatze der durchgängigen Bestimmung, nach welchem ihm von allen möglichen Prädikaten der Dinge, sofern sie mit ihren Gegenteilen verglichen werden, eines zukommen muß." Ein jedes Ding wird hier so gedacht, „wie es von dem Anteil, den es an jener gesamten Möglichkeit hat, seine eigene Möglichkeit ableite", KrV tr. Dial 2. B. 3. H. 2. Abs. (I 497—Rc 634). „Die Bestimmbarkeit eines jeden Begriffs ist der **Allgemeinheit** (universalitas) des Grundsatzes der Ausschließung eines Mittleren zwischen zwei entgegengesetzten Prädikaten, die Bestimmung aber eines Dinges der **Allheit** (universitas) oder dem Inbegriffe aller möglichen Prädikate untergeordnet", ibid. 1. Anm. (I 498—Rc 634 f.). Der Satz: „Alles Existierende ist durchgängig bestimmt" bedeutet, daß jedem Dinge von allen möglichen Prädikaten immer eines zukomme. Das Ding wird mit dem „Inbegriff aller möglichen Prädikate" transzendental verglichen. Das heißt: „um ein Ding vollständig zu erkennen, muß man alles Mögliche erkennen und es dadurch, es sei bejahend oder verneinend, bestimmen". Diese Bestimmung gründet sich auf eine (regulative) Idee der Vernunft, ibid. 2. Abs. (I 498f.—Rc 635f.). Die Vernunft setzt, „um von einer unbedingten Totalität der durchgängigen Bestimmung die bedingte, d. i. die des Eingeschränkten abzuleiten", die Idee des „All der Realität", bzw. des realsten Wesens als „transzendentales Ideal" voraus, ibid. (I 501—Rc 638); vgl. Realität, Negation. — Ein Gegenstand der Sinne kann nur durchgängig bestimmt werden, „wenn er mit allen Prädikaten der Erscheinung verglichen und durch dieselben bejahend oder verneinend vorgestellt wird" (durch Einschränkung des in der „einigen allbefassenden Erfahrung" gegebenen Realen als Inbegriffs der Daten zu einer Erfahrung), ibid. (I 504—Rc 642); vgl. An J. S. Beck, 3. Juli 1792. Vgl. Synthese, Analogien, Urteilskraft, Grund, Kategorie, Kausalität, Objekt, Materie, Form.

Bestimmung. Seine B. erreicht der Mensch (s. d.) in der Geschichte (s. d.) nicht als Individuum, sondern als Gattung, und zwar nur durch eigene Tätigkeit. Die moralische B. ist der letzte Zweck des menschlichen Daseins und ist etwas Erhabenes. Vgl. KU § 42 (II 153) und Rel. 1. St. Allg. Anmerk. (IV 54ff.); vgl. Gesellschaft, Kultur, Erhaben, Endzweck, Vorsehung.

Beurteilung. Die Maxime der „B." ist verschieden von einer theoretischen „Behauptung". Etwas als zweckmäßig oder nach Analogie von Zwecktätigkeit u. dgl. beurteilen heißt noch nicht, wirkliche Absicht u. dgl. den Dingen zuschreiben, Rel. 2. St. 2. Abs. letzte Anm. (IV 101). Das Prinzip der B. gibt für sich keine Einsicht in die „Erzeugung" der Naturzwecke (Organismen), welche auf kausalmechanische Weise jedenfalls versucht werden muß, KU § 80 (II 285). Die teleologische „B." der Erscheinungen ist noch keine Erklärung oder Ableitung derselben, ibid. §§ 61, 66 (II 223 u. 239ff.). Vgl. Urteilskraft, Zweck, Ästhetik, Analogie.

Beurteilungsvermögen. Das „praktische B." hat vor dem theoretischen im gemeinen Menschenverstande viel voraus; es zeigt sich gerade dann am vorteilhaftesten, wenn der gemeine Verstand alles Empirische, d. h. alle sinnlichen Triebfedern von den praktischen Gesetzen ausschließt, GMS 1. Abs. (III 23).

Bewegung. Die B. ist eine allgemeine Eigenschaft der körperlichen Erscheinungen; sie ist selbst Erscheinung, nicht Eigenschaft des „Ding an sich" als solchen. Alle B.en sind relativ; eine absolute B. ist nicht gegeben (wohl aber eine „wahre"). Der B. liegen anziehende und abstoßende Kräfte zugrunde. Der Begriff der B. ist kein apriorischer Begriff, wenn auch der Raum (s. d.), auf den er sich bezieht, etwas Apriorisches (eine „reine Anschauung") ist; die B. als solche (abgesehen von dem, was sich im Raum bewegt) setzt eine Synthese seitens des Verstandes voraus.

Die B. ist „nur das äußerliche Phänomenon des Zustandes des Körpers, da er zwar nicht wirket, aber doch bemüht ist zu wirken". „Der Körper wird ... seine Kraft nicht auf einmal, sondern nach und nach anwenden", und zwar „immer in andern Substanzen", die eine andere Relation des Orts und der Lage haben; d. h. der Körper „verändert seinen Ort, indem er sukzessive wirket", Schätzung d. leb.. Kräfte §§ 3f. (VII 3, 17ff.). Es gibt zwei Hauptarten der B. „Die eine hat die Eigenschaft, daß sie sich in dem Körper, dem sie mitgeteilet worden, selber erhält und ins unendliche fortdauert, wenn kein Hindernis sich entgegen setzet. Die andere ist eine immerwährende Wirkung einer stets antreibenden Kraft, bei der nicht einmal ein Widerstand nötig ist, sie zu vernichten, sondern die nur auf der äußerlichen Kraft beruhet und eben so bald verschwindet, als diese aufhöret, sie zu erhalten." Die B. von der ersteren Art ist vom „toten Druck" nicht unterschieden; die von der zweiten Art „setzet eine Kraft voraus, die sich wie das Quadrat der Geschwindigkeit verhält", ibid. §§ 15—17 (VII 3, 29f.). Ein Körper kann auch durch die Wirkung einer ruhenden Materie eine wirkliche B. erhalten. Die „allerersten B.en" in diesem Weltgebäude sind nicht durch die Kraft einer bewegten Materie hervorgebracht worden, denn sonst würden sie nicht die ersten sein. „Ist nun die B. durch die Kraft einer an sich toten und unbewegten Materie in die Welt zu allererst hineingebracht worden, so wird sie sich auch durch dieselbe erhalten und, wo sie eingebüßet hat, wiederherstellen können", ibid. § 51 (VII 3, 71). Die B. ist „die Veränderung des Ortes". Der Ort eines Dinges wird erkannt durch die Lage, „durch die Stellung oder durch die äußere Beziehung desselben gegen andere". Ein Körper kann in bezug auf gewisse äußere Gegenstände ruhen, in Beziehung auf andere aber ist er bewegt. B. und Ruhe sind also relativ. „Unerachtet aller Ruhe ..., darin der Körper B in Ansehung der andern nächsten Gegenstände des Raumes sein mag, hat er dennoch eine wahrhafte B. in Ansehung eines jeden Körpers, der gegen ihn anrückt, und zwar eine B., die jenes seiner gleich ist." Die beiden Körper nähern sich einander, einer mit so viel Kraft als der andere. 1. „Ein jeder Körper, in Ansehung dessen sich ein anderer bewegt, ist auch selber in Ansehung jenes in B., und es ist also unmöglich, daß ein Körper gegen einen andern anlaufen sollte, der in absoluter Ruhe ist." 2. „Wirkung und Gegenwirkung ist in dem Stoße der Körper immer gleich", Neuer Lehrbegr. d. Beweg. u. Ruhe, Neue Begriffe . . . (VII 3, 398 ff.). „Die Ruhe ist als eine unendlich kleine B. anzusehen", ibid. V. d. Gesetze der Kontinuität Anm. (VII, 3, 405).

Die B. (welche Raum und Zeit vereinigt) setzt etwas „Empirisches" voraus, nämlich die „Wahrnehmung von etwas Beweglichem". „Im Raum, an sich selbst betrachtet, ist aber nichts Bewegliches; daher das Bewegliche etwas sein muß, was im Raum nur durch Erfahrung gefunden wird, mithin ein empirisches Datum", KrV tr. Ästh. § 7 (I 95—Rc 112 f.). „B. eines Objekts im Raume gehört nicht in eine reine Wissenschaft, folglich auch nicht in die Geometrie, weil, daß Etwas beweglich sei, nicht a priori, sondern nur durch Erfahrung erkannt werden kann. Aber Bewegung, als Beschreibung eines Raumes, ist ein reiner Aktus der sukzessiven Synthesis des Mannigfaltigen in der äußeren Anschauung überhaupt durch produktive Einbildungskraft, und gehört nicht allein zur Geometrie, sondern sogar zur Transzendentalphilosophie", KrV tr. Anal. § 24 1. Anm. (I 167—Rc 209). B. als Handlung des Subjekts, als „Synthesis des Mannigfaltigen im Raume, wenn wir von diesem abstrahieren und bloß auf die Handlung Acht haben, dadurch wir den inneren Sinn seiner Form gemäß bestimmen, bringt . . . den Begriff der Sukzession zuerst hervor", ibid. § 24 (I 167—Rc 209). Es ist zu beachten, daß die B. nicht die Wirkung des unbekannten Ding an sich, sondern bloß die Erscheinung des „Einflusses" dieser „unbekannten Ursache" auf unsere Sinne ist, daß sie also nicht selbst in uns Vorstellungen wirkt, sondern selbst „bloße Vorstellung" ist, KrV 1. A. tr. Dial. 2. B. 1. H. Betr. üb. d. Summe . . (I 756—Rc 476f.); vgl. Materie, Seele, Körper.

Alle B., die ein Gegenstand der Erfahrung ist, ist „bloß relativ" (im relativen Raum), der freilich ins Unendliche einen anderen relativen Raum (s. d.) voraussetzt, Anfangsgr. d. Naturw. 1. H. Erklär. 1. Anmerk. 2 (VII 2, 205f.). „B. eines Dinges ist die Veränderung der äußeren Verhältnisse desselben zu einem gegebenen Raum", ibid. Erklär. 2 (VII 2, 207). Es gibt B., die nicht Ortsveränderung ist (Achsendrehung), ibid. Anmerk. 1 (VII 2, 207). Die beiden Momente der B. sind Richtung und Geschwindigkeit, ibid. Anmerk. 3 (VII 2, 209f.). Ruhe ist nicht Mangel an B., sondern „beharrliche Gegenwart an demselben Orte". Der Begriff der Ruhe kann auch durch die „Vorstellung einer Bewegung mit unendlich kleiner Geschwindigkeit, eine endliche Zeit hindurchkonstruiert und angewandt werden", ibid. Erklär. 3 Anmerk. (VII 2, 213). — Den Begriff einer zusammengesetzten B. konstruieren, heißt „eine B., sofern sie aus zweien oder mehreren gegebenen in einem Beweglichen vereinigt entspringt, a priori in der Anschauung darstellen", ibid. Erklär. 4 (VII 2, 213). Jede B. kann nach Belieben als „B. des Körpers in einem ruhigen Raume, oder als Ruhe des Körpers und dagegen B. des Raumes in entgegengesetzter Richtung mit gleicher Geschwindigkeit angesehen werden", ibid. Grunds. 1 (VII 2, 214). Eine „absolute" B. (in Beziehung auf einen „absoluten Raum") ist nicht erfahrbar und „für uns also nichts". Wir sind nicht imstande, „in irgendeiner Erfahrung einen festen Punkt anzugeben, in Beziehung auf welchen, was B. und Ruhe absolut heißen sollte, bestimmt würde; denn alles, was uns auf die Art gegeben wird, ist materiell, also auch beweglich, und (da wir im Raume keine äußerste Grenze möglicher Erfahrung kennen) vielleicht auch wirklich bewegt, ohne daß wir diese B. woran wahrnehmen können", ibid. Anmerk. (VII 2, 214ff.). „Die Zusammensetzung der B. ist die Vorstellung der B. eines Punkts als einerlei mit zweien oder mehreren B.en desselben zusammen verbunden", ibid. Erklär. 5 (VII 2, 216). „Die Zusammensetzung zweier B.en eines und desselben Punkts kann nur dadurch gedacht werden, daß die eine derselben im absoluten Raume, statt der anderen aber eine, mit der gleichen Geschwindigkeit in entgegengesetzter Richtung geschehende Bewegung des relativen Raums, als mit derselben einerlei, vorgestellt wird", ibid. Lehrs. 1 (VII 2, 218). Die Lehre der Zusammensetzung der B.en ist zugleich die „reine Größenlehre" derselben, und zwar „nach allen drei Momenten, die der Raum an die Hand gibt, der Einheit der Linie und Richtung, der Vielheit der Richtungen in einer und derselben Linie, endlich der Allheit der Richtungen sowohl als der Linien, nach denen die B. geschehen mag, welches die Bestimmung aller möglichen B. als eines Quantum enthält, wiewohl die Quantität derselben (an einem beweglichen Punkte) bloß in der Geschwindigkeit besteht", ibid. Anmerk. 3 (VII 2, 225f.).

„Die B. ist, so wie alles, was durch Sinne vorgestellt wird, nur als Erscheinung gegeben. Damit ihre Vorstellung Erfahrung werde, dazu wird noch erfordert, daß etwas durch den Verstand gedacht werde, nämlich zu der Art, wie die Vorstellung dem Subjekte inhäriert, noch die Bestimmung eines Objekts durch dieselbe. Also wird das Bewegliche, als ein solches, ein Gegenstand der Erfahrung, wenn ein gewisses Objekt (hier also ein materielles Ding) in Ansehung des Prädikats der B. als bestimmt gedacht wird", ibid. 4. H. Erklär. Anmerk. (VII 2, 305). Die geradlinige B. einer Materie ist zum Unterschiede von der entgegengesetzten B. des Raumes „ein bloß mögliches Prädikat". Ohne Relation auf eine andere Materie, d. h. „als absolute B. gedacht", ist sie unmöglich. „Durch den Begriff der B., als Gegenstandes der Erfahrung, ist es an sich unbestimmt, mithin gleichgeltend, ob ein Körper im relativen Raume, oder dieser in Ansehung jenes als bewegt vorgestellt werde", ibid. Lehrs. 1 u. Beweis (VII 2, 306f.). Hingegen ist die Kreisbewegung (wie jede krummlinige) einer Materie zum Unterschiede von der entgegengesetzten B. des Raumes ein „wirkliches" Prädikat derselben; die entgegengesetzte B. eines relativen Raumes ist ein „bloßer Schein". Jeder Körper in der Kreisbewegung beweist durch seine B. eine bewegende Kraft, während die B. des Raumes keine bewegende Kraft hat, so daß nur die erstere B. eine „wirkliche" B. ist, ibid. Lehrs. 2 (VII 2, 308). — „In jeder B. eines Körpers, wodurch er in Ansehung eines anderen bewegend ist, ist eine entgegengesetzte gleiche B. des letzteren notwendig", ibid. Lehrs. 3 (VII 2, 310). Der absolute Raum (s. d.) ist nur „eine Idee, welche zur Regel dienen soll, alle B. in ihm bloß als relativ zu betrachten". Keine B. oder Ruhe kann als absolut gelten, nur als „bloß relativ gegeneinander, als alternativ-wechselseitig", ibid. Allgem. Anmerk. z. Phänomenol. (VII 2, 212f.). Es gibt keine absolute, aber eine „wahre" im Unterschied von der scheinbaren B., ibid. (VII 2, 314). „Absolute B. würde also nur diejenige sein, die einem Körper ohne ein Verhältnis auf irgendeine andere Materie zukäme. Eine solche wäre allein die geradlinige B. des Weltganzen, d. i. des Systems aller Materie" (VII 2, 316); vgl. Altpreuß. Mth. XIX—XXI; N 4648; vgl. 40, 63 u. a. (Reflex. z. Physik). Vgl. Kraft, Ruhe, Äther, Trägheit.

Bewegungslehre. Die Naturwissenschaft (s. d.) als Körperlehre ist durchgängig „reine oder angewandte B.". „Die metaphysischen Anfangsgründe der Naturwissenschaft sind also unter vier Hauptstücke zu bringen, deren erstes die Bewegung als ein reines Quantum, nach seiner Zusammensetzung, ohne alle Qualität des Beweglichen betrachtet und **Phoronomie** genannt werden kann, das zweite sie, als zur Qualität der Materie gehörig, unter dem Namen einer ursprünglich bewegenden Kraft in Erwägung zieht und daher **Dynamik** heißt, das dritte die Materie mit dieser Qualität durch ihre eigene Bewegung gegeneinander in Relation betrachtet und unter dem Namen **Mechanik** vorkommt, das vierte aber ihre Bewegung oder Ruhe bloß in Beziehung auf die Vorstellungsart oder Modalität, mithin als Erscheinung äußerer Sinne bestimmt und **Phänomenologie** genannt wird", Anfangsgr. d. Naturw. Vorr. (VII 2, 201).

Beweis. Der B. ist entweder direkt („ostensiv") oder indirekt („apagogisch"). „Der direkte oder ostentive B. ist in aller Art der Erkenntnis derjenige, welcher mit der Überzeugung von der Wahrheit zugleich Einsicht in die Quellen derselben verbindet; der apagogische dagegen kann zwar Gewißheit, aber nicht Begreiflichkeit der Wahrheit in Ansehung des Zusammenhanges mit den Gründen ihrer Möglichkeit hervorbringen. Daher sind die letzteren mehr eine Nothilfe, als ein Verfahren, welches allen Absichten der

Vernunft ein Genüge tut. Doch haben diese einen Vorzug der Evidenz vor den direkten B.en darin, daß der Widerspruch allemal mehr Klarheit in der Vorstellung bei sich führt, als die beste Verknüpfung, und sich dadurch dem Anschaulichen einer Demonstration mehr nähert." Der apagogische B. ist nur in den Wissenschaften erlaubt, „wo es unmöglich ist, das Subjektive unserer Vorstellungen dem Objektiven, nämlich der Erkenntnis desjenigen, was am Gegenstande ist, unterzuschieben". Sonst trägt es sich häufig zu, daß das Gegenteil eines Satzes entweder bloß den „subjektiven Bedingungen des Denkens" widerspricht, aber nicht dem Gegenstande, oder daß beide Sätze „nur unter einer subjektiven Bedingung, die fälschlich für objektiv gehalten wird, einander widersprechen und, da die Bedingung falsch ist, alle beide falsch sein können", wie das bei gewissen transzendentalen Grundsätzen der Vernunft (vgl. Antinomien, Dialektik) der Fall ist. „Die apagogische B.art ist auch das eigentliche Blendwerk, womit die Bewunderer der Gründlichkeit unserer dogmatischen Vernünftler jederzeit hingehalten werden". KrV tr. Meth. 1. H. 4. Abs. (I 655ff.—Rc 806ff.). Die B.e „transzendentaler und synthetischer Sätze" haben das Eigentümliche, daß die Vernunft bei ihnen vermittelst ihrer Begriffe „sich nicht geradezu an den Gegenstand wenden darf, sondern zuvor die objektive Gültigkeit der Begriffe und die Möglichkeit der Synthesis derselben a priori dartun muß". Die Richtschnur ist hier teils die reine Anschauung (Mathematik), teils die „mögliche Erfahrung" (Kategorien, Grundsätze des reinen Verstandes; s. d.), von der gezeigt wird, daß sie und ihr Objekt ohne das zu Beweisende (z. B. die Kategorie der Ursache) unmöglich wäre (vgl. Deduktion). Die auf den „Ideen" (s. d.) der reinen Vernunft beruhenden Grundsätze aber lassen sich nicht anders beweisen (rechtfertigen) als so, daß sie als regulative Prinzipien der systematischen Einheit (s. d.) des Verstandes und der Erfahrung dargetan werden; die anderen (dogmatischen) B.e sind dialektisch (vgl. Paralogismen, Dialektik, Schein, Antinomien). Die „Disziplin" der reinen Vernunft gibt drei Regeln für „transzendentale B.e". 1. Keine solchen B.e zu versuchen, ohne Rechtfertigung, woher man deren Grundlage nimmt. 2. Zu jedem transzendentalen Satze ist nur ein einziger B. zu finden, also Mißtrauen vor den vielen Beweisen der Dogmatiker! 3. Transzendentale B.e müssen stets direkt (ostensiv), nie apagogisch sein, ibid. (I 651ff.—Rc 800ff.). Vgl. Deduktion, Gottesbeweise.

„Die B.e, auf denen alle vermittelte oder mittelbare Gewißheit einer Erkenntnis beruht, sind entweder direkte oder indirekte, d. h. apagogische B.e — Wenn ich eine Wahrheit aus ihren Gründen beweise, so führe ich einen direkten B. für dieselbe; und wenn ich von der Falschheit des Gegenteils auf die Wahrheit eines Satzes schließe, einen apagogischen." „Ein Beweis, welcher der Grund mathematischer Gewißheit ist, heißt Demonstration, und der der Grund philosophischer Gewißheit ist, ein akroamatischer B. Die wesentlichen Stücke eines jeden B.es sind die Materie und die Form desselben, oder der Beweisgrund und die Konsequenz", Log. Einl. IX (IV 79).

Bewunderung. B. ist „eine Verwunderung, die beim Verlust der Neuigkeit nicht aufhört", KU § 29 Allgem. Anmerk. (II 120). Vgl. Verwunderung.

Bewußtsein. Das B. ist ein Wissen um unsere Vorstellungen. Das „empirische" B. ist wechselnd und subjektiv verschieden. Es tritt in den verschiedensten Graden auf bis zum Unbewußtsein. Das „reine" B. ist die transzendentale Apperzeption (s. d.). Es ist das ursprüngliche, unwandelbare, „transzendentale" B., das aller besonderen Erfahrung vorangeht, eine Bedingung dieser und des empirischen B.s ist. Denn alles, was meine Vorstellung werden soll, muß etwas sein, was von dem rein formalen B. „Ich denke" begleitet werden kann. Das reine B. ist der Einheitspunkt, auf den alles Vorstellbare, Erfahrbare als solches sich muß beziehen lassen, mag es auch vom empirischen B. unabhängig sein, wie das bei der Außenwelt, den Gegenständen der Erfahrung sicherlich der Fall ist. Das reine B. entfaltet sich in Grundbegriffen und Grundsätzen der Erkenntnis, in einem System a priori geltender Bedingungen der Erfahrung, die in ihm, dem reinen

B., ihre einheitliche Quelle haben. Von dem besonderen, subjektiv verschiedenen B. ist das von allen Besonderheiten freie „B. überhaupt" (s. d.) zu unterscheiden.

Das (empirisch-psychologische) B. hat stets einen „Grad, der immer noch ve- mindert werden kann", auch in den „dunklen" Vorstellungen. Es gibt „unendlich v.. Grade des B.s bis zum Verschwinden", KrV tr. Dial. 2. B. 1. H. Widerlegung des Mendelssohnschen Beweises 1. Anm. (I 360—Rc 446); vgl. Unbewußt.

„Weil Erfahrung empirische Erkenntnis ist, zur Erkenntnis aber (da es auf Urteilen beruht) Überlegung (reflexio), mithin B. der Tätigkeit in Zusammenstellung des Mannigfaltigen der Vorstellung nach einer Regel der Einheit desselben, d. i. Begriff und (vom Anschauen unterschiedenes) Denken überhaupt, erfordert wird: so wird das B. in das diskursive (welches als logisch, weil es die Regel gibt, vorangehen muß) und das intuitive B. eingeteilt werden; das erstere (die reine Apperzeption seiner Gemütshandlung) ist einfach." Der innere Sinn (s. d.) bedeutet ein „psychologisches (angewandtes)", die (reine) Apperzeption aber ein „logisches (reines) Bewußtsein", Anthr. 1. T. § 7 (IV 31f.). — Das B. ist „eine Vorstellung, daß eine andere Vorstellung in mir ist"; es ist die „allgemeine Bedingung aller Erkenntnis überhaupt", Log. Einl. V (IV 36).

Vom empirischen (d. h. Empfindung einschließenden) zum reinen B. ist eine „stufenartige Veränderung möglich", wobei die Empfindung ganz verschwindet und ein „bloß formales Bewußtsein (a priori)" des Mannigfaltigen in Raum und Zeit übrig bleibt, KrV tr. Anal. 2. B. 2. H. Antizipationen der Wahrn. Beweis (I 206—Rc 262). — Das reine, ursprüngliche, unwandelbare B., welches die Bedingung des „empirischen B.s", der Erfahrung und deren Objekte bedeutet, ist die transzendentale Apperzeption (s. d.). Alle Anschauungen und Vorstellungen sind für uns nichts, wenn sie nicht „ins B. aufgenommen" werden können. Wir stellen nur dadurch etwas vor, daß Vorstellungen mit allen anderen „zu einem B. gehören, mithin darin wenigstens müssen verknüpft werden können", KrV 1. A. tr. Anal. 1. B. 2. H. 3. Abs. (I 720—Rc 202). „Alle Vorstellungen haben eine notwendige Beziehung auf ein mögliches empirisches B.; denn hätten sie diese nicht und wäre es gänzlich unmöglich, sich ihrer bewußt zu werden, so würde das so viel sagen: sie existierten gar nicht. Alles empirische B. hat aber eine notwendige Beziehung auf ein transzendentales (vor aller besonderen Erfahrung vorhergehendes) B., nämlich das B. meiner selbst, als die ursprüngliche Apperzeption. Es ist also schlechthin notwendig, daß in meinem Erkenntnisse alles B. zu einem B. (meiner selbst) gehöre." „Der synthetische Satz, daß alles verschiedene empirische B. in einem einigen Selbstb. verbunden sein müsse, ist der schlechthin erste und synthetische Grundsatz unseres Denkens überhaupt. Es ist aber nicht außer Acht zu lassen, daß die bloße Vorstellung Ich in Beziehung auf alle anderen (deren kollektive Einheit sie möglich macht) das transzendentale B. sei. Diese Vorstellung mag nun klar (empirisches B.) oder dunkel sein, daran liegt hier nichts, ja nicht einmal an der Wirklichkeit desselben: sondern die Möglichkeit der logischen Form alles Erkenntnisses beruht notwendig auf dem Verhältnis zu dieser Apperzeption als einem Vermögen", ibid. 1. Anm. (I 720—Rc 202). Alles B. gehört zu einer „allbefassenden reinen Apperzeption", ibid. 3. Abs. (I 725—Rc 212). Ohne das „Verhältnis zu einem, wenigstens möglichen B." würde Erscheinung für uns niemals ein Gegenstand der Erkenntnis werden können und also für uns nichts sein, weil sie nur in der Erkenntnis existiert, ibid. (I 722—Rc 206). In der „Einheit des möglichen B.s" besteht die „Form aller Erkenntnis der Gegenstände", ibid. Summarische Vorstellung... (I 729—Rc 222).

„Das B., wenn ich eine Erfahrung anstelle, ist Vorstellung meines Daseins, sofern es empirisch bestimmt ist, d. h. in der Zeit." Das B. selbst aber ist an sich „nichts Empirisches". Wäre es empirisch, „so würde dieselbe Zeitbestimmung wiederum, als unter den Bedingungen der Zeitbestimmung meines Zustandes enthalten, müssen vorgestellt werden. Es müßte also noch eine andere Zeit gedacht werden, unter der (nicht in der) die Zeit, welche die formelle Bedingung meiner inneren Erfahrung ausmacht, enthalten wäre. Also gäbe es eine Zeit, in welcher und mit welcher zugleich eine gegebene Zeit verflösse, welches ungereimt ist. Das B. aber, eine Erfahrung anzustellen oder auch überhaupt zu denken, ist ein transzendentales B., nicht Erfahrung", Acht kleine Aufsätze 1: Ist es eine Erfahrung, daß wir denken? (VIII 164). Das transzendentale B. ist „das B.: Ich denke", und „geht aller Erfahrung vorher, indem es sie erst möglich macht". — „Geschehen Eindrücke auf meinen inneren Sinn, so setzt dies voraus, daß ich mich selbst affiziere (ob es gleich uns unerklärbar ist, wie dies zugeht), und so setzt also das empirische B. das transzendentale voraus", ibid. 3: Widerlegung des problematischen Idealismus (VIII 167). Zwischen einem B. und dem „völligen Unbewußtsein (psychologischer Dunkelheit)" gibt es immer noch kleinere Grade des B.s, „daher keine Wahrnehmung möglich ist, welche einen absoluten Mangel bewiese, z. B. keine psychologische Dunkelheit, die nicht als ein B. betrachtet werden könnte, welches nur von anderem, stärkerem überwogen wird", Prol. § 24 (III 65 f.).

„B. ist das Anschauen seiner selbst. Es wäre nicht B., wenn es Empfindung wäre. In ihm liegt alle Erkenntnis, wovon es auch sei. Wenn ich von allen Empfindungen abstrahiere, so setze ich das B. voraus. Es ist die logische Persönlichkeit, nicht die praktische", N 5049; vgl. 5927. Das B. ist „Einheit, in welcher allein die Verknüpfung aller Wahrnehmungen möglich, und wenn sie Erkenntnis des Objekts sein soll, a priori bestimmt sein muß", N 5934. Vgl. Klarheit, Wahrnehmung, Einheit, Synthese, Reproduktion, Rekognition, Apprehension, Apperzeption, Erfahrung, Ich, Subjekt, Idealismus, Unbewußt, Denken, Wahrnehmung.

Bewußtsein überhaupt ist das B. in seiner Allgemeinheit, abgesehen von aller individuell-subjektiven Besonderheit und Verschiedenheit gedacht. Etwas ist im „B. überhaupt" verknüpft bedeutet: es ist allgemeingültig, objektiv, für jedes B. gleich bestimmt, so, wie es das allen Subjekten gemeinsame erkennende B. in seiner formalen Gleichartigkeit und Gesetzlichkeit bedingt, fordert. Solche Verknüpfung liegt in den Erfahrungs-, im Unterschied von den bloßen Wahrnehmungsurteilen.

Im Urteil (s. d.) werden zwei Vorstellungen als „im Objekt" selbst verbunden gedacht, d. h. „ohne Unterschied des Zustandes des Subjekts", KrV tr. Anal. § 19 (I 158—Rc 189). Durch die logische Funktion der Urteile wird das Mannigfaltige gegebener Vorstellungen „unter eine Apperzeption überhaupt" gebracht, es wird „zu einem B. überhaupt" gebracht. Das geschieht auch durch die Kategorie (s. d.), die ja aus einer Urteilsfunktion hervorgeht, ibid. § 20 (I 159—Rc 191). Das Urteil ist seiner Geltung (s. d.) nach zwiefach: Wahrnehmungs- oder Erfahrungsurteil (s. d.), „erstlich, indem ich bloß die Wahrnehmungen vergleiche und in einem B. meines Zustandes, oder zweitens, da ich sie in einem Bewußtsein überhaupt verbinde". Das Erfahrungsurteil subsumiert eine Wahrnehmung unter einen reinen Verstandesbegriff (Kategorie) und verknüpft das „empirische B." der Anschauung in einem „B. überhaupt", wodurch das Urteil Allgemeingültigkeit erlangt, Prol. § 20 (III 57 f.). Urteile sind „bloß subjektiv, wenn Vorstellungen auf ein B. in einem Subjekt allein bezogen und in ihm vereinigt werden"; objektiv aber, „wenn sie in einem Bewußtsein überhaupt, d. i. darin notwendig vereinigt werden", ibid. § 22 (III 63). Die erkennenden Wesen haben Verstand, „unter dessen Gesetzen die Erscheinungen stehen, sofern ihr mögliches Bewußtsein zu einem allgemeingültigen B. stimmen muß", N 5608; vgl. 5927. Vgl. Apperzeption, Objekt.

Bezeichnungsvermögen (Facultas signatrix). „Das Vermögen der Erkenntnis des Gegenwärtigen als Mittel der Verknüpfung der Vorstellung des Vorhergesehenen mit der des Vergangenen ist das B.", Anthr. 1. T. § 38 (IV 98). Vgl. Zeichen, Symbol.

Bibel. Da niemand einer Schrift, die ihrem praktischen Inhalte nach lauter Göttliches enthält, die Möglichkeit abstreiten kann, sie könne betreffs ihres historischen Teiles wirklich als göttliche Offenbarung angesehen werden, und da „die Verbindung der Menschen zu einer Religion nicht füglich ohne ein heiliges Buch und einen auf dasselbe gegründeten

Kirchenglauben zustande gebracht und beharrlich gemacht werden kann", da endlich schwerlich jemand eine neue Offenbarung erwarten wird, so ist es „das Vernünftigste und Billigste", „dies Buch, was einmal da ist, fernerhin zur Grundlage des Kirchenunterrichts zu brauchen und seinen Wert nicht durch unnütze und mutwillige Angriffe zu schwächen, dabei aber auch keinem Menschen den Glauben daran als zur Seligkeit erforderlich aufzudringen." Es soll aber die heilige Geschichte, die nur der lebendigen Darstellung der „zur Heiligkeit hinstrebenden Tugend" gegeben ist, stets nur „als auf das Moralische abzweckend gelehrt und erklärt werden", Rel. 3. St. 2. Abt. (IV 152 f.); vgl. ibid. 4. Anm. (IV 156 f.). Die Moral darf nicht nach der B., sondern es muß die B. nach der Moral ausgelegt werden; die Offenbarung muß im Sinne der „allgemeinen praktischen Regeln einer reinen Vernunftreligion" gedeutet werden, ibid. 3. St. VI (IV 126 f.).

Die B. ist „das beste vorhandene zur Gründung und Erhaltung einer wahrhaftig seelenbessernden Landesreligion auf unabsehliche Zeiten taugliche Leitmittel der öffentlichen Religionsunterweisung", Str. d. Fak. Vorr. (V 4, 50). Die B. enthält neben dem rein moralisch-religiösen Gehalt auch das, was zum Geschichtsglauben gehört und „in Ansehung des Religionsglaubens als bloßes sinnliches Vehikel zwar ... zuträglich sein kann, aber nicht notwendig dazu gehört", ibid. 1. Abs. II, 1 (V 4, 78); vgl. II, 2 (V 4, 87). Die B. muß „nicht bloß nach Grundsätzen der Geschichtslehren (mit sich selbst zusammenzustimmen) theoretisch, sondern nach Vernunftbegriffen praktisch ausgelegt werden; denn daß eine Offenbarung göttlich sei, kann nie durch Kennzeichen, welche die Erfahrung an die Hand gibt, eingesehen werden. Ihr Charakter (wenigstens als conditio sine qua non) ist immer die Übereinstimmung mit dem, was die Vernunft für Gott anständig erklärt." Geschichte ist nicht befugt, sich selbst für göttliche Offenbarung auszugeben. Das Fürwahrhalten biblischer Lehren als solches hat weder moralischen Wert noch Unwert, ibid. II, 3 (V 4, 89 f.). Die Beglaubigung der B. kann nicht aus der Gottesgelahrtheit ihres Verfassers, sondern muß „aus der Wirkung ihres Inhalts auf die Moralität des Volkes" aus dem reinen Quell der allgemeinen Vernunftreligion geschöpft werden. „Die Beurkundung einer solchen Schrift als einer göttlichen kann von keiner Geschichtserzählung, sondern nur von der erprobten Kraft derselben, Religion in menschlichen Herzen zu gründen ..., abgeleitet werden." „Die B. enthält in sich selbst einen in praktischer Absicht hinreichenden Beglaubigungsgrund ihrer (moralischen) Göttlichkeit durch den Einfluß, den sie als Text einer systematischen Glaubenslehre von jeher, sowohl in katechetischem als homiletischem Vortrage, auf das Herz der Menschen ausgeübt hat, um sie als Organ nicht allein der allgemeinen und inneren Vernunftreligion, sondern auch als Vermächtnis (Neues Testament) einer statutarischen, auf unabsehliche Zeiten zum Leitfaden dienenden Glaubenslehre aufzubehalten: es mag ihr auch in theoretischer Rücksicht für Gelehrte, die ihren Ursprung theoretisch und historisch nachsuchen, und für die kritische Behandlung ihrer Geschichte an Beweistümern viel oder wenig abgehen. — Die Göttlichkeit ihres moralischen Inhalts entschädigt die Vernunft hinreichend wegen der Menschlichkeit der Geschichtserzählung ... und berechtigt dabei doch zu dem Satz: daß die Bibel, gleich als ob sie eine göttliche Offenbarung wäre, aufbewahrt, moralisch benutzt und der Religion als ihr Leitmittel untergelegt zu werden verdiene", ibid. 1. Abs. Friedens-Abschluß (V 4, 110 ff.).

Soll die biblische Auslegungskunst (Hermeneutik) als „authentisch" verstanden werden, so muß die Auslegung „dem Sinne des Verfassers buchstäblich (philologisch) angemessen" sein. Bei der „doktrinalen" Auslegung aber darf der Schriftstelle derjenige Sinn untergelegt werden, den sie „in moralisch-praktischer Absicht" annimmt. Die doktrinale Auslegung ist die „einzige evangelisch-biblische Methode" der Volksbelehrung in der allgemeinen Religion; betreffs der positiven Religion ist sie zugleich die authentische, d. h. „so will Gott seinen in der B. geoffenbarten Willen verstanden wissen". „Der Gott, der durch unsere eigene (moralisch-praktische) Vernunft spricht, ist ein untrüglicher, allgemein verständlicher Ausleger dieses seines Wortes." „Und so haben die Theologen der Fakultät die Pflicht auf sich, mithin auch die Befugnis, den B.glauben aufrecht zu erhalten; doch unbeschadet der Freiheit der Philosophen, ihn jederzeit der Kritik der Vernunft zu unterwerfen", ibid. (V 4, 113 ff.).

Bild s. Schema, Apprehension, Einbildungskraft, Malerei, Archetypon.

Bildende Künste. Die bildenden Künste sind Künste des „Ausdruckes für Ideen in der Sinnenanschauung". Sie machen Gestalten im Raume zum Ausdruck für Ideen (s. d.). Es besteht hier eine Analogie zur Sprachgebärde, weil „der Geist des Künstlers durch diese Gestalten von dem, was und wie er gedacht hat, einen körperlichen Ausdruck gibt und die Sache selbst gleichsam mimisch sprechen macht", KU § 51 (II 177). Die bildenden Künste gehen von bestimmten Ideen zu Empfindungen, ibid. § 53 (II 187). Sie zerfallen in: 1. Bildende Künste der Sinnenwahrheit (Plastik, Baukunst, Bildhauerkunst); 2. des Sinnenscheins (Malerei, Lustgärtnerei). Vgl. Baukunst, Bildhauerkunst, Malerei.

Bildhauerkunst. Die B. gehört mit der Baukunst zur „Plastik", die eine Kunst der „Sinnenwahrheit" ist und zu den bildenden Künsten zu zählen ist. Die B. ist die Kunst, „welche Begriffe von Dingen, so wie sie in der Natur existieren könnten, körperlich darstellt (doch als schöne Kunst mit Rücksicht auf ästhetische Zweckmäßigkeit)". Die Hauptabsicht ist hier „der bloße Ausdruck ästhetischer Ideen". Ein Bildwerk, das für sich selbst gefallen soll, ist „bloße Nachahmung der Natur", doch „mit Rücksicht auf ästhetische Ideen", wobei „die Sinnenwahrheit nicht so weit gehen darf, daß es aufhöre, als Kunst und Produkt der Willkür zu erscheinen", KU § 51 (II 178f.).

Bildung s. Kultur, Erziehung, Böse, Moralisierung.

Bildungskraft. Ein organisches Wesen erzeugt sich selbst sowohl der Gattung nach wie auch als Individuum. Letztere Erzeugungsart (Wachstum) ist „von jeder anderen Größenzunahme nach mechanischen Gesetzen gänzlich unterschieden". Es besteht hier eine „solche Originalität des Scheidungs- und Bildungsvermögens", daß alle Kunst davon unendlich weit entfernt bleibt, wenn sie organische Wesen herzustellen versucht. Zu den wundersamsten Eigenschaften organisierter Geschöpfe gehört die „Selbsthilfe der Natur" bei Verletzungen, „wo der Mangel eines Teils, der zur Erhaltung der benachbarten gehörte, von den übrigen ergänzt wird"; ferner die Tatsache der Mißgeburten oder Mißgestalten im Wachstum, „da gewisse Teile wegen vorkommender Mängel oder Hindernisse sich auf ganz neue Art formen, um das, was da ist, zu erhalten und ein anomalisches Geschöpf hervorzubringen", KU § 64 (II 234). Vgl. Organismus, Zweck.

Billigkeit. Die B. (aequitas) gehört zum Recht (s. d.) im weiteren Sinne; sie ist ein „Recht ohne Zwang", also nicht bloß etwas Ethisches. Bei diesem „Billigkeitsrecht" (der Vernunft) fehlt es nur „an den für den Richter erforderlichen Bedingungen, nach welchen dieser bestimmen könnte, wieviel oder auf welche Art dem Anspruche desselben genug getan werden könne", MSR Einl. Anh. I (III 39). B. ist „die Verbindlichkeit aus dem Rechte eines Anderen, insofern diese nicht mit der Befugnis verbunden ist, Andere zu zwingen", Vorles. üb. d. philos. Religionslehre S. 155. Vgl. Eine Vorles. K.s üb. Ethik ed. Menzer S. 269.

Billigung s. Gefühl.

Boden. „Ein jeder B. kann ursprünglich erworben werden, und der Grund der Möglichkeit dieser Erwerbung ist die ursprüngliche Gemeinschaft des B.s überhaupt." „Alle Menschen sind ursprünglich (d. i. vor allem rechtlichen Akt der Willkür) im rechtmäßigen Besitz des B.s, d. i. sie haben ein Recht, da zu sein, wohin sie die Natur oder der Zufall (ohne ihren Willen) gesetzt hat. Dieser Besitz (possessio), der vom Sitz (sedes) als einem willkürlichen, mithin erworbenen dauernden Besitz unterschieden ist, ist ein gemeinsamer Besitz, wegen der Einheit aller Plätze auf der Erdfläche als Kugelfläche:

weil, wenn sie eine unendliche Ebene wäre, die Menschen sich darauf so zerstreuen könnten, daß sie in gar keine Gemeinschaft miteinander kämen, diese also nicht eine notwendige Folge von ihrem Dasein auf Erden wäre. — Der Besitz aller Menschen auf Erden, der vor allem rechtlichen Akt derselben vorhergeht (von der Natur selbst konstituiert ist), ist ein ursprünglicher Gesamtbesitz (communio possessionis originaria), dessen Begriff nicht empirisch und von Zeitbedingungen abhängig ist, wie etwa der gedichtete, aber nie erweisliche eines uranfänglichen Gesamtbesitzes (communio primaeva), sondern ein praktischer Vernunftbegriff, der a priori das Prinzip enthält, nach welchem allein die Menschen den Platz auf Erden nach Rechtsgesetzen gebrauchen können." Der rechtliche Akt der Erwerbung des B.s ist „Bemächtigung" (occupatio), MSR §§ 13 f. (III 73 f.). Vgl. Geld.

Böse, das (Bösartigkeit, Bosheit). Im Gegensatz zu dem Übel, das sich auf unsere Sinnlichkeit und das Gefühl der Lust und Unlust bezieht, hat das B. (wie das Gute) „jederzeit eine Beziehung auf den Willen, sofern dieser durchs Vernunftgesetz bestimmt wird, sich etwas zu seinem Objekte zu machen", KpV 1. T. 1. B. 2. H. (II 78). Im Menschen besteht ein radikales B.s, ein in seiner Gattung wurzelnder Hang, von der Maxime der Sittlichkeit abzuweichen, obzwar er sich ihrer bewußt ist. — Der subjektive Grund des B.n im Menschen kann, wenn ihm dieses zugerechnet werden soll, kein bloßer „Naturtrieb", sondern nur eine „Maxime" sein, d. h. „eine Regel, die die Willkür sich selbst für den Gebrauch ihrer Freiheit macht". „Wenn wir also sagen: der Mensch ist von Natur gut, oder: er ist von Natur b., so bedeutet dieses nur soviel als: er enthält einen (uns unerforschlichen) ersten Grund der Annehmung guter oder der Annehmung böser (gesetzwidriger) Maximen, und zwar allgemein als Mensch, mithin so, daß er durch dieselbe zugleich den Charakter seiner Gattung ausdrückt." Das Gute und B. ist der Anlage nach „angeboren", aber nicht die Natur ist daran schuld, wenn der Mensch (als Gattung) b. ist, sondern der Mensch ist als Urheber des B.n selbst schuld. Bloß in dem Sinne heißt das B. (und Gute) „angeboren", als es „vor allem dem in der Erfahrung gegebenen Gebrauche der Freiheit (in der frühesten Jugend bis zur Geburt zurück) zum Grunde gelegt wird und so als mit der Geburt zugleich im Menschen vorhanden vorgestellt wird; nicht daß die Geburt eben die Ursache davon sei", Rel. 1. St. (IV 19f.). Der „erste subjektive Grund der Annehmung moralischer Maximen" ist, weil diese Annehmung „frei", nicht durch die Natur bedingt ist, unerforschlich, ibid. 3. Anm. (IV 20). Das B. liegt in einer „Widerstrebung" gegen das Gesetz, ibid. Anmerk. 1. Anm. (IV 21); der Aufnahme dieser Triebfeder und der Abweichung vom moralischen Gesetze in die Maxime des Menschen, ibid. Anmerk. (IV 23). „Die eine oder die andere Gesinnung als angeborene Beschaffenheit von Natur haben, bedeutet hier auch nicht, daß sie von dem Menschen, der sie hegt, gar nicht erworben, d. i. er nicht Urheber sei; sondern, daß sie nur nicht in der Zeit erworben sei (daß er eines oder das andere von Jugend auf sei immerdar. Die Gesinnung, d. i. der erste subjektive Grund der Annehmung der Maximen, kann nur eine einzige sein und geht allgemein auf den ganzen Gebrauch der Freiheit. Sie selbst aber muß auch durch freie Willkür angenommen worden sein, denn sonst könnte sie nicht zugerechnet werden. Von dieser Annehmung kann nicht wieder der subjektive Grund oder die Ursache erkannt werden. Weil wir also diese Gesinnung oder vielmehr ihren obersten Grund nicht von irgend einem ersten Zeit-Aktus der Willkür ableiten können, so nennen wir sie eine Beschaffenheit der Willkür, die ihr (ob sie gleich in der Tat in der Freiheit gegründet ist) von Natur zukommt", ibid. (IV 24). Der „Hang zum B." ist ein natürlicher Hang. Aus dem natürlichen Hange (s. d.) entspringt überhaupt Fähigkeit oder Unfähigkeit der Willkür, das moralische Gesetz in seine Maxime aufzunehmen oder nicht, das „gute oder b. Herz". „Man kann sich drei verschiedene Stufen desselben denken. Erstlich ist es die Schwäche des menschlichen Herzens in Befolgung genommener Maximen überhaupt oder die Gebrechlichkeit der menschlichen Natur; zweitens der Hang zur Vermischung unmoralischer Triebfedern mit den moralischen (selbst wenn es in guter

Absicht und unter Maximen des Guten geschähe), d. i. die Unlauterkeit; drittens der Hang zur Annehmung böser Maximen, d. i. die Bösartigkeit der menschlichen Natur oder des menschlichen Herzens." Diese Bösartigkeit oder „Verderbtheit (corruptio)" ist „der Hang der Willkür zu Maximen, die Triebfeder aus dem moralischen Gesetz, anderen (nicht moralischen) nachzusetzen". „Sie kann auch die Verkehrtheit (perversitas) des menschlichen Herzens heißen, weil sie die sittliche Ordnung in Ansehung der Triebfedern einer freien Willkür umkehrt und, obzwar damit noch immer gesetzlich gute (legale) Handlungen bestehen können, so wird doch die Denkungsart dadurch in ihrer Wurzel (was die moralische Gesinnung betrifft) verderbt und der Mensch darum als b. bezeichnet." Was nicht aus dem Glauben geschieht, daß das moralische Gesetz zur Triebfeder allein hinreicht, ist „Sünde" (der „Denkungsart nach"). „Denn wenn andere Triebfedern nötig sind, die Willkür zu gesetzmäßigen Handlungen zu bestimmen, als das Gesetz selbst (z. B. Ehrbegierde, Selbstliebe überhaupt, ja gar gutherziger Instinkt, dergleichen das Mitleid ist), so ist es bloß zufällig, daß diese mit dem Gesetze übereinstimmen; denn sie könnten ebensowohl zur Übertretung antreiben. Die Maxime, nach deren Güte aller moralische Wert der Person geschätzt werden muß, ist also doch gesetzwidrig, und der Mensch ist bei lauter guten Handlungen dennoch b." Ein Hang zum B.n kann nur dem „moralischen Vermögen" der Willkür anhaften. Sittlich (d. h. zurechnungsfähig) b. ist nur, „was unsere eigene Tat ist". Der Hang geht der Tat vorher; er selbst ist nur „Tat" im Sinne der freien Aufnahme der obersten Maxime in die Willkür („peccatum originarium"), und zugleich „der formale Grund aller gesetzwidrigen Tat" (des Lasters, „peccatum derivativum"). Die „erste Verschuldung" ist „intelligibele Tat, bloß durch Vernunft ohne alle Zeitbedingung erkennbar", während die Tat selbst „sensibel, empirisch, in der Zeit gegeben (factum phaenomenon)" ist, Rel. 1. St. II (IV 29 ff.). „Der Satz: der Mensch ist böse, kann nach dem Obigen nichts anderes sagen wollen als: er ist sich des moralischen Gesetzes bewußt und hat doch die (gelegentliche Abweichung von demselben in seine Maxime aufgenommen. Er ist von Natur b., heißt soviel als: dieses gilt von ihm in seiner Gattung betrachtet." Da der subjektive oberste Grund aller Maximen mit der Menschheit selbst „verwebt und darin gleichsam gewurzelt ist", so ist dieser natürliche Hang zum B. als selbstverschuldet „ein radikales, angeborenes (nichtsdestoweniger aber uns von uns selbst zugezogenes) B. in der menschlichen Natur", ibid. III (IV 32 f.). Der Grund des B.n liegt weder in der Sinnlichkeit und den Neigungen allein noch in einer „Verderbnis der moralisch-gesetzgebenden Vernunft". Der Mensch hat keine gleichsam „boshafte" Vernunft, keinen schlechthin bösen Willen, wie ihn ein teuflisches Wesen hätte; er tut auf das moralische Gesetz „nicht gleichsam rebellischerweise" Verzicht. Der Unterschied, ob der Mensch gut oder böse sei, kann „nicht in dem Unterschiede der Triebfedern, die er in seine Maxime aufnimmt (nicht in dieser ihrer Materie), sondern in der Unterordnung (der Form derselben) liegen: welche von beiden er zur Bedingung der anderen macht. Folglich ist der Mensch (auch der beste) nur dadurch böse, daß er die sittliche Ordnung der Triebfedern, in der Aufnehmung derselben in seine Maximen, umkehrt: das moralische Gesetz zwar neben dem der Selbstliebe in dieselbe aufnimmt; da er aber inne wird, daß eines neben dem anderen nicht bestehen kann, sondern eins dem anderen als seiner obersten Bedingung untergeordnet werden müsse, er die Triebfedern der Selbstliebe und ihre Neigungen zur Bedingung der Befolgung des moralischen Gesetzes macht, da das letztere vielmehr als die oberste Bedingung der Befriedigung der ersteren in die allgemeine Maxime der Willkür als alleinige Triebfeder aufgenommen werden sollte." „Dieses B. ist radikal, weil es den Grund aller Maximen verdirbt." Es ist nicht zu „vertilgen", aber zu „überwiegen". Die Bösartigkeit der menschlichen Natur ist nicht sowohl „Bosheit" als „Verkehrtheit" des Herzens, die mit einem im allgemeinen guten Willen zusammen bestehen kann; sie entspringt zunächst aus der Gebrechlichkeit der menschlichen Natur, zur Befolgung seiner genommenen Grundsätze nicht stark genug zu sein. Diese „angeborene"

Schuld (reatus) ist in ihren ersten zwei Stufen „unvorsätzlich“ (culpa), in der dritten aber „vorsätzliche Schuld“ (dolus) und hat zu ihrem Charakter eine „gewisse Tücke des menschlichen Herzens (dolus malus), sich wegen seiner eigenen guten oder bösen Gesinnungen selbst zu betrügen“. Der Ausspruch des Apostels: „Es ist hier kein Unterschied, sie sind allzumal Sünder“ ist richtig, ibid. (IV 36—41). Der Ursprung (s. d.) des Bösen ist nicht ein „Zeitursprung“, sondern ein (zeitloser) Vernunftursprung“; er kann nicht von einem vorhergehenden Zustande abgeleitet werden. „Von den freien Handlungen als solchen den Zeitursprung (gleich als von Naturwirkungen) zu suchen, ist also ein Widerspruch; mithin auch von der moralischen Beschaffenheit des Menschen, sofern sie als zufällig betrachtet wird, weil diese den Grund des Gebrauchs der Freiheit bedeutet, welcher (so wie der Bestimmungsgrund der freien Willkür überhaupt) lediglich in Vernunftvorstellungen gesucht werden muß.“ „Eine jede b. Handlung muß, wenn man den Vernunftursprung derselben sucht, so betrachtet werden, als ob der Mensch unmittelbar aus dem Stande der Unschuld in sie geraten wäre. Denn wie auch sein voriges Verhalten gewesen sein mag, und welcherlei auch die auf ihn einfließenden Naturursachen sein mögen, imgleichen ob sie in oder außer ihm anzutreffen seien: so ist seine Handlung doch frei und durch keine dieser Ursachen bestimmt, kann also und muß immer als ein ursprünglicher Gebrauch seiner Willkür beurteilt werden. Er sollte sie unterlassen haben, in welchen Zeitumständen und Verbindungen er auch immer gewesen sein mag; denn durch keine Ursache in der Welt kann er aufhören, ein frei handelndes Wesen zu sein.“ Ist jemand bis zu einer unmittelbar bevorstehenden freien Handlung noch so böse gewesen, „so ist es nicht allein seine Pflicht gewesen, besser zu sein, sondern es ist jetzt noch seine Pflicht, sich zu bessern; er muß es also auch können und ist, wenn er es nicht tut, der Zurechnung in dem Augenblicke der Handlung ebenso fähig und unterworfen, als ob er, mit der natürlichen Anlage zum Guten (die von der Freiheit unzertrennlich ist) begabt, aus dem Stande der Unschuld zum B.n übergeschritten wäre.“ Der Vernunftursprung des B.n selbst bleibt uns unerforschlich; wir wissen nicht, woher das moralische B. in uns zuerst gekommen sein könne, ibid. IV (IV 41—46). „Was der Mensch im moralischen Sinne ist oder werden soll, gut oder böse, dazu muß er sich selbst machen oder gemacht haben. Beides muß eine Wirkung seiner freien Willkür sein; denn sonst könnte es ihm nicht zugerechnet werden, folglich er weder moralisch gut noch böse sein.“ Bedarf es zur Besserung einer übernatürlichen Mitwirkung, so muß sich der Mensch doch „vorher würdig machen, sie zu empfangen“. Wie es möglich sei, daß ein natürlicherweise böser Mensch sich selbst zum guten Menschen mache, übersteigt alle unsere Begriffe. Da er aber besser werden soll, so muß es auch werden können. Vorausgesetzt muß nur werden, „daß ein Keim des Guten in seiner ganzen Reinigkeit übrig geblieben, nicht vertilgt oder verderbt werden konnte“, nämlich die Achtung fürs moralische Gesetz. Es bedarf nur der Widerherstellung der Reinheit der sittlichen Maxime, die Herstellung der rechten Ordnung der Maximen. Dazu ist eine „Herzensänderung“ nötig. Um ein moralisch guter (Gott wohlgefälliger) Mensch, d. h. „tugendhaft nach dem intelligiblen Charakter“ zu werden, genügt nicht eine allmähliche „Reform“, solange die Grundlage der Maximen unlauter bleibt, sondern „muß durch eine Revolution in der Gesinnung im Menschen (einen Übergang zur Maxime der Heiligkeit derselben) bewirkt werden; und er kann ein neuer Mensch nur durch eine Art von Wiedergeburt, gleich als durch eine neue Schöpfung (Ev. Joh. III, 5; verglichen mit 1. Mos. I, 2) und Änderung des Herzens werden“, ibid. Allg. Anmerk. (IV 47—51). Diese Revolution ist für die „Denkungsart“, die allmähliche Reform aber für die „Sinnesart“ des Menschen notwendig und möglich. „Das ist: wenn er den obersten Grund seiner Maximen, wodurch er ein böser Mensch war, durch eine einzige unwandelbare Entschließung umkehrt (und hiermit einen neuen Menschen anzieht), so ist er sofern, dem Prinzip und der Denkungsart nach, ein fürs Gute empfängliches Subjekt; aber nur in kontinuierlichem Wirken und Werden ein guter Mensch: d. i. er kann hoffen, daß er bei einer solchen Reinigkeit des Prinzips, welches er sich zur obersten Maxime seiner Willkür genommen hat, und der Festigkeit desselben, sich auf dem guten (obwohl schmalen) Wege eines beständigen Fortschreitens vom Schlechten zum Besseren befinde." „Hieraus folgt, daß die moralische Bildung des Menschen nicht von der Besserung der Sitten, sondern von der Umwandlung der Denkungsart und von der Gründung eines Charakters anfangen müsse", ibid. (IV 51 f.). Das Gefühl der Erhabenheit unserer sittlichen Bestimmung und der Heiligkeit der Pflicht (s. d.) wirkt dem Hang zum B.n entgegen, „um in der unbedingten Achtung fürs Gesetz, als der höchsten Bedingung aller zu nehmenden Maximen, die ursprüngliche sittliche Ordnung unter den Triebfedern und hiermit die Anlage zum Guten im menschlichen Herzen in ihrer Reinigkeit wiederherzustellen". „Der Satz vom angeborenen B.n ist in der moralischen Dogmatik von gar keinem Gebrauch; denn die Vorschriften derselben enthalten ebendieselben Pflichten und bleiben auch in derselben Kraft, ob ein angeborener Hang zur Übertretung in uns sei oder nicht. In der moralischen Asketik aber will dieser Satz mehr, aber doch nichts mehr sagen als: wir können in der sittlichen Ausbildung der anerschaffenen moralischen Anlage zum Guten nicht von einer uns natürlichen Unschuld den Anfang machen, sondern müssen von der Voraussetzung einer Bösartigkeit der Willkür in Annehmung ihrer Maximen der ursprünglichen sittlichen Anlage zuwider anheben und, weil der Hang dazu unvertilgbar ist, mit der unablässigen Gegenwirkung gegen denselben. Da dieses nun bloß auf eine ins Unendliche hinausgehende Fortschreitung vom Schlechten zum Besseren führt, so folgt: daß die Umwandlung der Gesinnung des bösen in die eines guten Menschen in der Veränderung des obersten inneren Grundes der Annehmung aller seiner Maximen dem sittlichen Gesetze gemäß zu setzen sei, sofern dieser neue Grund (das neue Herz) nun selbst unveränderlich ist", ibid. (IV 54 ff.).

Um ein moralisch guter Mensch zu werden, genügt es nicht, den Keim des Guten in uns sich ungehindert entwickeln zu lassen, sondern die positive Ursache des B.n in uns muß bekämpft werden, aber nicht, wie die Stoiker meinten, bloß die „Torheit", sondern die „Bosheit" des menschlichen Herzens, die „mit seelenverderbenden Grundsätzen die Gesinnung insgeheim untergräbt", Rel. 2. St. am Anf. (IV 62f.). B. sind nicht die Neigungen (s. d.) an sich, sondern „das eigentliche B. .. besteht darin, daß man jenen Neigungen, wenn sie zur Übertretung anreizen, nicht widerstehen will, und diese Gesinnung ist eigentlich der wahre Feind", ibid. 1. Anm. (IV 62). „Nur das Moralisch-Gesetzwidrige ist an sich selbst b., schlechterdings verwerflich und muß ausgerottet werden", ibid. (IV 63). Der Mensch soll der Idee der „Gott wohlgefälligen Menschheit" sich annähern (s. Christentum). Das kann, zeitlich, nur als „kontinuierlicher Fortschritt von mangelhaftem Guten zum Besseren ins Unendliche" gedacht werden, welcher Fortschritt von einem „Herzenskündiger" in seiner „intellektuellen Anschauung" als ein vollendetes Ganzes auch der Tat beurteilt werden kann, ibid. 1. Abs. c (IV, 73f.). Die Gesinnung vertritt hier die Stelle der Totalität der Reihe des Fortschreitens, ibid. 1. Anm. (IV 74). Der Mensch, der die Wirkung der guten Gesinnung auf seinen Lebenswandel bemerkt, kann hoffen, er werde darin immer mehr erstarken und fortschreiten, ibid. c (IV 75 f.). Der höchsten Gerechtigkeit in Sache der ursprünglichen Sündenschuld wird in dem Akte des Übergangs von der b.n zur guten Gesinnung selbst genüge getan. Das „Subjekt der Sünde" stirbt ab, um der Gerechtigkeit zu leben und der Mensch übernimmt nun alle Übel, die er früher nur als Strafe empfunden hätte, freudig, bloß um des Guten willen, auf sich, wodurch er vor Gott gerechtfertigt wird, dessen Gnade ihm zuteil wird, ibid. (IV 79ff.). Der Aufnahme echter sittlicher Grundsätze in die Gesinnung widerstrebt „nicht etwa die so oft beschuldete Sinnlichkeit, sondern eine gewisse selbstverschuldete Verkehrtheit, oder wie man diese Bösartigkeit noch sonst nennen will, Betrug (fausseté, Satanslist, wodurch das B. in die Welt gekommen)", Rel. 2. St. 2. Abs. (IV 94). Zur Überwindung des B.n und zur Befestigung der Herrschaft des Guten dient das Reich (s. d.) der Tugend, das „Reich Gottes auf Erden", ibid. 3. St. am Anf. (IV 105 ff.). Die „Vorsehung" verschafft dem Zwecke der Menschheit einen Ausgang, „welchem die Zwecke der Menschen, abgesondert betrachtet, gerade entgegenwirken".

„Denn eben die Entgegenwirkung der Neigungen, aus welchen das B. entspringt, untereinander, verschafft der Vernunft ein freies Spiel, sie insgesamt zu unterjochen und statt des B.n, was sich selbst zerstört, das Gute, welches, wenn es einmal da ist, sich fernerhin von selbst erhält, herrschend zu machen“, Theor. Prax. III (VI 112). „Das moralisch B. hat die von seiner Natur unabtrennbare Eigenschaft, daß es in seinen Absichten (vornehmlich in Verhältnis gegen andere Gleichgesinnte) sich selbst zuwider und zerstörend ist und so dem (moralischen) Prinzip des Guten, wenngleich durch langsame Fortschritte, Platz macht“, Z. ew. Fried. Anh. I (VI 161).

„In der irdischen Welt ist alles nur Fortschritt. So ist auch das Gute und die Glückseligkeit hier nicht Besitz, sondern nur Weg zur Vollkommenheit und Zufriedenheit. Das B. in der Welt kann man daher ansehen als die unvollständige Entwicklung des Keims zum Guten.“ Es ist „bloße Negation“ und besteht nur in der „Einschränkung des Guten“. Indem der Mensch viele zur Tierheit gehörende Instinkte hat, verleitet ihn die Stärke dieser, sich ihnen zu überlassen, und so entsteht das B., indem der Mensch in Torheiten verfällt, sowie er anfängt, seine Vernunft zu gebrauchen. „Ein besonderer Keim zum B.n läßt sich nicht denken.“ Das B. ist eine Nebenfolge des Guten, „indem der Mensch mit seinen eigenen Schranken, mit seinen tierischen Instinkten zu kämpfen hat.“ Wenn sich der Mensch ganz entwickelt hat, so hört das B. von selbst auf, Vorles. üb. d. philos. Religionslehre, S. 138ff. Der Mensch ist von Natur weder gut noch b.; „er wird dieses nur, wenn seine Vernunft sich bis zu den Begriffen der Pflicht und des Gesetzes erhebt.“ „Man kann indessen sagen, daß er ursprünglich Anreize zu allen Lastern in sich habe, denn er hat Neigungen und Instinkte, ob ihn gleich die Vernunft zum Gegenteile treibt“, Üb. Pädagogik, V. d. prakt. Erzieh. (VIII 244).

Seinem intelligiblen Charakter als angeborener Anlage nach ist der Mensch (von Natur) gut. „Da aber doch auch die Erfahrung zeigt: daß in ihm ein Hang zur tätigen Begehrung des Unerlaubten, ob er gleich weiß, daß es unerlaubt sei, d. i. zum B. n, sei, der sich so unausbleiblich und so früh regt, als der Mensch nur von seiner Freiheit Gebrauch zu machen anhebt, und darum als angeboren betrachtet werden kann: so ist der Mensch seinem sensiblen Charakter nach auch als (von Natur) b. zu beurteilen“, Anthr. 2. T. E III (IV 279); vgl. Mensch. — Von einem Menschen mit steifem, unbiegsamem Sinn „kann man nicht füglich sagen: die Bosheit dieses Menschen ist eine Charaktereigenschaft desselben; denn alsdann wäre sie teuflisch; der Mensch aber billigt das B. in sich nie, und so gibt es eigentlich keine Bosheit aus Grundsätzen, sondern nur aus Veranlassung derselben“, ibid. A III V. d. Eigenschaften... 3 (IV 237); vgl. Charakter.

Büchernachdruck. Der Verleger spricht zum Publikum durch den Drucker im Namen des Schriftstellers, wozu er also nur durch eine Vollmacht seitens des letzteren berechtigt ist. Eine solche Vollmacht hat der Nachdrucker nicht; daher begeht er an dem vom Autor bestellten Verleger „ein Verbrechen der Entwendung des Vorteils, den der letztere aus dem Gebrauch seines Rechts ziehen konnte und wollte“. Also ist der Büchernachdruck von Rechts wegen verboten, MSR § 31 II (III 106f.). Der Verlag ist die „Führung eines Geschäftes im Namen eines anderen“, des Verfassers. Das Recht des Verlegers gegen den Nachdrucker ist so zu deduzieren: „Wer ein Geschäft eines andern in dessen Namen und dennoch wider den Willen desselben treibt, ist gehalten, diesem oder seinem Bevollmächtigten allen Nutzen, der ihm daraus erwachsen möchte, abzutreten, und allen Schaden zu vergüten, der jenem oder diesem daraus entspringt“, V. d. Unrechtmäßigkeit des Büchernachdrucks (VI 190).

Bürgerliche Gesellschaft s. Gesellschaft, Staat.

C.

Chaos. Die Materie (s. d.) der Welt war ursprünglich in allgemeiner Zerstreuung ihrer Teile, in einem Ch., aus dem durch die Materie der vom Schöpfer eingepflanzten Kräfte und Gesetze sich allmählich Welten (s. d.) entwickeln, Th. d. Himmels Vorr. (VII 1, 12; vgl. VII 1, 15 u. 23f.). „Die Natur, die unmittelbar mit der Schöpfung grenzete, war so roh, so ungebildet als möglich. Allein auch in den wesentlichen Eigenschaften der Elemente, die das Ch. ausmachen, ist das Merkmal derjenigen Vollkommenheit zu spüren, die sie von ihrem Ursprunge her haben, indem ihr Wesen aus der ewigen Idee des göttlichen Verstandes eine Folge ist.“ Die Materie hat ein Streben, sich durch eine „natürliche Entwicklung“ zu einer vollkommeneren Verfassung zu bilden. Die Verschiedenheit der Elemente der Materie trägt zu der Regung der Natur und zur Bildung des Ch. am meisten bei, da durch sie „die Ruhe, die bei einer allgemeinen Gleichheit unter den zerstreuten Elementen herrschen würde, gehoben wird und das Ch. in den Punkten der stärker anziehenden Partikeln sich zu bilden anfängt“, ibid. 2. T. 1. H. (VII 1, 60); vgl. Körper, Zweck.

Characteristica universalis. Über die ars characteristica combinatoria des Leibniz: „Ich will nun zwar nicht leugnen, daß man, wenn man zu den unbedingt ersten Prinzipien gelangt ist, von der charakteristischen Kunst einigen Gebrauch machen darf, da man dann die einfachen Begriffe, folglich auch die einfachsten Ausdrücke wie Zeichen zu behandeln Gelegenheit hat; allein, wo eine zusammengesetzte Erkenntnis mit Hilfe dieser Zeichen ausgedrückt werden soll, da bleibt die ganze Schärfe des Geistes plötzlich gleichsam an einer Klippe hängen und gerät in unlösbare Schwierigkeiten.“ Die Zeichen der Charakteristik setzen schon die logischen Grundsätze voraus, N. diluc. Propos. 2 Scholion (V 1, 8f.). Die Verbindung der Mathematik mit der Philosophie könnte vielleicht „auf neue Eröffnungen für die Kritik und Ausmessung der reinen Vernunft kommen und dieser selbst neue Darstellungsmittel für ihre abstrakten Begriffe, selbst etwas der ars universalis characteristica combinatoria Leibnizens Ähnliches, verschaffen. Denn die Tafel der Kategorien sowohl als der Ideen, unter welchen die kosmologische etwas den unmöglichen Wurzeln Ähnliches an sich zeigen, sind doch abgezählt und in Ansehung alles möglichen Vernunftgebrauchs durch Begriffe so bestimmt, als die Mathematik es nur verlangen kann; um es wenigstens mit ihnen zu versuchen, wieviel sie, wo nicht Erweiterung, doch wenigstens Klarheit hineinbringen könne“, An J. S. Beck, 27. September 1791. — Das System der Kategorien (s. d.) macht alle Behandlung eines jeden Gegenstandes der reinen Vernunft selbst systematisch und gibt einen Leitfaden ab, „wie und durch welche Punkte der Untersuchung jede metaphysische Betrachtung, wenn sie vollständig werden soll, müsse geführt werden; denn es erschöpft alle Momente des Verstandes, unter welche jeder andere Begriff gebracht werden muß“. Hiernach und nach der Tafel der Grundsätze (s. d.) kann der Gegenstand eines reinen Verstandes- oder Vernunftbegriffs, sofern er philosophisch und nach Grundsätzen a priori erwogen werden soll, vollständig erkannt werden. Es entspringt aus der Ordnung der Grundbegriffe ein „bloß analytischer Teil der Metaphysik“, der „durch seine Bestimmtheit und Vollständigkeit nicht allein Nutzen, sondern vermöge des Systematischen in ihm noch überdem eine gewisse Schönheit enthalten würde“, Prol. § 39 u. Anm. (III 88f.).

Charakter. Ein C. ist die „praktische konsequente Denkungsart nach unveränderlichen Maximen“, KpV 2. T. (II 192). Der Mensch hat einen „physischen“, und er hat „moralischen“ C. Einen C. hat „der Mann von Grundsätzen, von dem man sicher weiß, wessen man sich nicht etwa von seinem Instinkt, sondern von seinem Willen zu versehen hat“. Im C. sind enthalten: Naturell (Naturanlage), Temperament (Sinnesart) und C. schlechthin (Denkungsart); letztere ist die moralische Anlage, welche anzeigt, was der Mensch aus sich selbst zu machen bereit ist, Anthr. 2. T. A (IV 226). Einen C. schlechthin haben, ist „die Eigenschaft des Willens, nach welcher das Subjekt sich selbst an bestimmte praktische Prinzipien bindet, die es sich durch seine eigene Vernunft unabänderlich vorgeschrieben hat“. Auch wenn diese Grundsätze falsch sein sollten, bleibt der C. immer „etwas Schätzbares und Seltenes“; der C. hat einen „inneren Wert“, ibid. A III (IV 235). „Selbst ein Mensch von bösem C. (wie Sylla), wenn er gleich durch die Gewalttätigkeit seiner festen Maximen Abscheu erregt, ist doch zugleich ein Gegenstand der Bewunderung.“ Jedoch: „Der steife, unbeugsame Sinn bei einem gefaßten Vorsatz (wie etwa an Karl XII.) ist zwar eine dem C. sehr günstige Naturanlage, aber noch nicht ein bestimmter C. Denn dazu werden Maximen erfordert, die aus der Vernunft und moralisch-praktischen Prinzipien hervorgehen“, ibid. V. d. Eigenschaften (IV 236 f.). Die Gründung eines C.s ist „absolute Einheit des inneren Prinzips des Lebenswandels überhaupt“, ibid. (IV 238). Es ist das Charakteristische der Menschengattung, sich einen C. überhaupt zu verschaffen, ibid. 2. T. E c (IV 284 f.). Der gute C. wird durch eine „Revolution“ der Denkungsart erworben (s. Böse). — Der C. besteht in der „Fertigkeit, nach Maximen zu handeln“, im „festen Vorsatze, etwas tun zu wollen“ und dann auch in der wirklichen Ausführung desselben, Üb. Pädagogik (VIII 232, 239). C. bedeutet, „daß die Person die Regel ihrer Handlungen aus sich selbst und der Würde der Menschheit entlehnt“, N 1179; vgl. 1155 bis 1234.

Bestimmtheit des Handelns durch den empirischen C. ist psychologische Freiheit. Die transzendentale Freiheit (s. d.) aber ist die dem Zusammenhange der Handlungen als Erscheinungen zugrundeliegende zeitlose Tat des „intelligiblen“ oder „transzendentalen“ C.s (vgl. Antinomien). Es muß eine jede wirkende Ursache einen „C.“ haben, d. i. „ein Gesetz ihrer Kausalität, ohne welches sie gar nicht Ursache sein würde“. An jedem Subjekt ist ein „empirischer“ und ein „intelligibler“ C. zu unterscheiden oder ein C. in der Erscheinung und ein C. des Ding an sich (vgl. Freiheit). Der empirische C. ist der, durch den die Handlungen eines Wesens als Erscheinungen mit anderen Erscheinungen nach beständigen Naturgesetzen im Zusammenhange stehen und von ihnen als ihren Bedingungen abgeleitet werden könnten. Durch seinen intelligiblen C. ist das Wesen zwar die Ursache jener Handlungen als Erscheinungen, er selbst aber steht unter keinen Bedingungen der Sinnlichkeit und ist selbst nicht Erscheinung. Unmittelbar erkennbar ist der transzendentale C. nicht, er wird nur als Grund des empirischen gedacht, wir haben von ihm nur einen „allgemeinen Begriff“ als von der „transzendentalen Ursache“ des empirischen C.s, durch den, als sein „sinnliches Zeichen“, seine „Erscheinung“, er angegeben wird. Durch seinen intelligiblen C. ist der Mensch frei, während alle seine Handlungen, als Gegenstände der Erfahrung, determiniert sind, ohne daß ein Widerspruch zwischen zeitloser Freiheit intelligibler Einflußnahme und zeitlich-kausaler Bedingtheit des Handelns besteht, KrV tr. Dial. 2. B. 2. H. 9. Abs. III Kausalität durch Freiheit (I 473 ff.—Rc 607 ff.); ibid. Erläuterung (I 478 f.—Rc 613 f.). Vgl. Mensch, Noumenon, Vernunft, Intelligible Welt, Rasse, Nation, Frau.

Charakterismen sind „Bezeichnungen der Begriffe durch begleitende sinnliche Zeichen, die gar nichts zu der Anschauung des Objekts Gehöriges enthalten, sondern nur jenen nach dem Gesetze der Assoziation der Einbildungskraft, mithin in subjektiver Absicht, zum Mittel der Reproduktion dienen“, KU § 59 (II 211 f.).

Charakteristik s. Charakter, Rasse, Nation, Frau.

Chemie. Da in der C. die Prinzipien empirisch, die Gesetze nur Erfahrungsgesetze sind, so führen sie „kein Bewußtsein der Notwendigkeit“ bei sich (sie sind „nicht apodiktisch gewiß“), und die C. ist mehr eine „systematische Kunst“ als eine (strenge) Wissenschaft. So lange die C. nicht mathematisch behandelt werden kann, indem sich ein „Gesetz der Annäherung oder Entfernung der Teile“ angeben läßt, kann sie zwar „Experimentallehre“, aber nicht eigentliche Wissenschaft sein, Anfangsgr. d. Naturw. Vorr. (VII 2, 190 ff.). Die Wirkung der Materien, „sofern sie auch in Ruhe durch eigene Kräfte wechselseitig die Verbindung ihrer Teile verändern", heißt „chemisch" (Auflösung, Scheidung). Die absolute Auflösung ist „chemische Durchdringung", bei welcher die Materien „ineinander, d. i. durch Intussuszeption" zusammen „einen der Summe ihrer Dichtigkeit gemäßen Raum einnehmen". Eine solche Auflösung enthält „eine vollendete Teilung ins Unendliche", „die in diesem Falle doch keinen Widerspruch in sich faßt, weil die Auflösung eine Zeit hindurch kontinuierlich, mithin gleichfalls durch eine unendliche Reihe Augenblicke mit Akzeleration geschieht, überdem durch die Teilung die Summe der Oberflächen der noch zu teilenden Materien wachsen, und da die auflösende Kraft kontinuierlich wirkt, die gänzliche Auflösung in einer anzugebenden Zeit vollendet werden kann", ibid. 2. H. Allgem. Anmerk. z. Dynamik (VII 2, 274f.); vgl. N 1—82 (Reflex. z. Physik u. Chemie). Vgl. Schöpferische Synthese, Physik.

Chiliasmus. Die Behauptung eines beständigen Fortganges des menschlichen Geschlechts zum Besseren in seiner moralischen Bestimmung, das Ziel des Fortschreitens im weiten Prospekt gesehen, heißt C., Str. d. Fak. 2. Abs. 3 (V 4, 126). Auch die Philosophie hat ihren C., aber einen solchen, zu dessen Herbeiführung ihre Idee selbst förderlich sein kann, G. i. weltbürg. Abs. 8. Satz (VI 16). Der philosophische C. hofft auf den Zustand eines ewigen, auf einen Völkerbund als Weltrepublik gegründeten Friedens, Rel. 1. St. III (IV 35). Vgl. Friede, Fortschritt.

Cholerisch s. Temperament. Vom Choleriker sagt man, „er ist hitzig, brennt schnell auf wie Strohfeuer, läßt sich durch Nachgeben des anderen bald besänftigen, zürnt alsdann, ohne zu hassen . . .". „Seine Tätigkeit ist rasch, aber nicht anhaltend." Seine herrschende Leidenschaft ist Ehrbegierde, Anthr. 2. T. A II c (IV 231).

Cogito ergo sum s. Ich, Idealismus.

Christentum. Das C. wird von K. symbolisch-ethisch aufgefaßt. „Ich unterscheide die Lehre Christi von der Nachricht, die wir von der Lehre Christi haben, und, um jene rein herauszubekommen, suche ich zuvörderst die moralische Lehre abgesondert von allen neutestamentischen Satzungen herauszuziehen." Wenn die „Lehre des guten Lebenswandels und der Reinigkeit der Gesinnungen im Glauben" einmal genug ausgebreitet ist, so daß sie sich in der Welt erhalten kann, „so muß das Gerüste wegfallen, wenn schon der Bau dasteht". Die Hauptsache ist der „moralische Glaube", d. h. „das unbedingte Zutrauen auf die göttliche Hülfe, in Ansehung alles Guten, was, bei unsern redlichsten Bemühungen, doch nicht in unserer Gewalt ist". Dann bedarf es nicht der Kulthandlungen, in welchen stets der „Religionswahn" bestanden hat, An Lavater, 28. April 1775. „Das Wesentlichste und Vortrefflichste von der Lehre Christi ist ebendieses: daß er die Summe aller Religion darin setzte, rechtschaffen zu sein aus allen Kräften im Glauben, d. i. einem unbedingten Zutrauen, daß Gott alsdann das übrige, Gute, was nicht in unserer Gewalt ist, ergänzen werde", An Lavater, nach d. 28. April 1775. Das Evangelium ist der unvergängliche „Leitfaden wahrer Weisheit, mit welchem nicht allein eine ihre Spekulation vollendende Vernunft zusammentrifft, sondern daher sie auch ein neues Licht in Ansehung dessen bekömmt, was, wenn sie gleich ihr ganzes Feld durchmessen hat, ihr noch immer dunkel bleibt, und wovon sie doch Belehrung bedarf", An Jung-Stilling, nach d. 1. März 1789.

Die christliche Moral gibt einen Begriff des höchsten Gutes (des „Reichs Gottes"), der der strengen Forderung der Vernunft Genüge tut. Das moralische Gesetz ist heilig (unnachsichtlich) und fordert Heiligkeit (s. d.) der Sitten, obgleich alle moralische Vollkommenheit des Menschen immer nur Tugend, d. h. gesetzmäßige Gesinnung aus Achtung fürs Gesetz, folglich Bewußtsein eines steten Hanges zur Übertretung, wenigstens Unlauterkeit, also „eine mit Demut verbundene Selbstschätzung" ist. Der Wert einer dem moralischen Gesetze völlig angemessenen Gesinnung ist unendlich. Das moralische Gesetz für sich verheißt noch keine Glückseligkeit. „Die christliche Sittenlehre ergänzt nun diesen Mangel . . . durch die Darstellung der Welt, darin vernünftige Wesen sich dem sittlichen Gesetze von ganzer Seele weihen, als eines Reichs Gottes, in welchem Natur und Sitten in eine jeder von beiden für sich selbst fremden Harmonie durch einen heiligen Urheber kommen, der das abgeleitete höchste Gut möglich macht. Die Heiligkeit der Sitten wird ihnen in diesem Leben schon zur Richtschnur angewiesen, das dieser proportionierte Wohl aber, die Seligkeit, nur als in einer Ewigkeit erreichbar vorgestellt." Die christliche Moral ist aber „nicht theologisch (mithin Heteronomie), sondern Autonomie", weil sie die eigentliche Triebfeder zur Befolgung des Moralgesetzes in die Vorstellung der Pflicht allein setzt, KrV 1. T. 2. B. 2. H. V (II 162 ff.).

„Das, was allein eine Welt zum Gegenstande des göttlichen Ratschlusses und zum Zwecke der Schöpfung machen kann, ist die Menschheit (das vernünftige Weltwesen überhaupt) in ihrer moralischen ganzen Vollkommenheit, wovon als oberster Bedingung die Glückseligkeit die unmittelbare Folge in dem Willen des höchsten Wesens ist. — Dieser allein Gott wohlgefällige Mensch ‚ist in ihm von Ewigkeit her'; die Idee desselben geht von seinem Wesen aus, er ist sofern kein erschaffenes Ding, sondern sein eingeborener Sohn; ‚das Wort (das Werde!), durch welches alle anderen Dinge sind und ohne das nichts existiert, was gemacht ist' (denn um seinet-, d. i. des vernünftigen Wesens in der Welt willen, so wie es seiner moralischen Bestimmung nach gedacht werden kann, ist alles gemacht)." „Zu diesem Ideal der moralischen Vollkommenheit, d. i. dem Urbilde der sittlichen Gesinnung in ihrer ganzen Lauterkeit, uns zu erheben, ist nun allgemeine Menschenpflicht, wozu uns auch diese Idee selbst, welche von der Vernunft uns zur Nachstrebung vorgelegt wird, Kraft geben kann. Eben darum aber, weil wir von ihr nicht die Urheber sind, sondern sie in dem Menschen Platz genommen hat, ohne daß wir begreifen, wie die menschliche Natur für sie auch nur habe empfänglich sein können, kann man besser sagen: daß jenes Urbild vom Himmel zu uns herabgekommen sei, daß es die Menschheit angenommen habe." „Das Ideal der Gott wohlgefälligen Menschheit ... können wir uns nun nicht anders denken als unter der Idee eines Menschen, der nicht allein alle Menschenpflicht selbst auszuüben, zugleich auch durch Lehre und Beispiel das Gute in größtmöglichem Umfange um sich auszubreiten, sondern auch, obgleich durch die größten Anlockungen versucht, dennoch alle Leiden bis zum schmählichsten Tode um des Weltbesten willen und selbst für seine Feinde zu übernehmen bereitwillig wäre." „Im praktischen Glauben an diesen Sohn Gottes (sofern er vorgestellt wird, als habe er die menschliche Natur angenommen) kann nun der Mensch hoffen, Gott wohlgefällig (dadurch auch selig) zu werden", Rel. 2. St. 1. Abs. a (II 76f.). „Diese Idee hat ihre Realität in praktischer Beziehung vollständig in sich selbst; denn sie liegt in unserer moralisch gesetzgebenden Vernunft. Wir sollen ihr gemäß sein, und wir müssen es daher auch können." Wer hier noch Wunder (s. d.) verlangt, bekennt seinen „moralischen Unglauben". Die geschichtliche Erfahrung zeigt uns das Auftreten eines göttlich gesinnten Menschen, der „gleichsam vom Himmel auf die Erde herabgekommen" und durch Lehre, Lebenswandel und Leiden das Beispiel eines Gott wohlgefälligen Menschen gegeben hat. Wir haben nicht Ursache, „in ihm etwas anderes als einen natürlich gezeugten Menschen anzunehmen", obwohl dadurch nicht verneint wird, daß er nicht auch ein übernatürlich erzeugter Mensch sein könne, welche Vorstellung aber eher schädlich als heilsam ist; denn ein göttlich gesinnter Mensch kann eher zur Nachahmung anregen als ein über alle menschliche Gebrechlichkeit erhabenes Wesen. Doch konnte dieser „göttlich gesinnte, aber ganz eigentlich menschliche Lehrer" von sich mit Wahrheit so reden, „als ob das Ideal des Guten in ihm leibhaftig (in Lehre und Wandel) dargestellt würde", nämlich durch seine Gesinnung, die er anderen sichtbar macht. „Eine solche Gesinnung, mit allen um des Weltbesten willen übernommenen Leiden in dem Ideale der Menschheit gedacht, ist nun für alle Menschen zu allen Zeiten und in allen Welten vor der obersten Gerechtigkeit vollgültig, wenn der Mensch die seinige derselben, wie er es tun soll, ähnlich macht", ibid. b (IV 68ff.). Eine solche Annäherung ist nur als „ein kontinuierlicher Fortschritt von mangelhaftem Guten zum Besseren ins Unendliche" zu denken (s. Böse); diesen Fortschritt können wir wegen der Gesinnung des Menschen (die „übersinnlich“ ist) von einem göttlichen „Herzenskündiger in seiner reinen intellektuellen Anschauung als ein vollendetes Ganzes, auch der Tat (dem Lebenswandel) nach beurteilt“ denken, ibid. c (IV 73f.). Das bedeutet, „daß die Gesinnung, welche die Stelle der Totalität der ins Unendliche fortgesetzten Annäherung vertritt, nur den von dem Dasein eines Wesens in der Zeit überhaupt unzertrennlichen Mangel, nie ganz vollständig das zu sein, was man zu werden im Begriffe ist, ersetze“, ibid. c 1. Anm. (IV 74). Christus befreite durch sein Beispiel die an ihn glaubenden Menschen von der (geistigen) Herrschaft des Bösen und gab ihnen die moralische Freiheit. Das heißt, „daß es schlechterdings kein Heil für die Menschen gebe als in innigster Aufnehmung echter sittlicher Grundsätze in ihre Gesinnung“, ibid. 2. St. 2. Abs. (IV 88ff.).

Im reinen C. ist die Idee der ethischen Religion (s. d.) am meisten verwirklicht. Das C. bewirkte, „als eine völlige Verlassung des Judentums, worin es entsprang, auf einem ganz neuen Prinzip gegründet“, eine „gänzliche Revolution in Glaubenslehren“. Es entsprang aus dem „nicht mehr altväterlichen und unvermengten, bloß auf eigene politische Verfassung ... gestellten, sondern aus dem schon durch allmählich darin öffentlich gewordene moralische Lehren mit einem Religionsglauben vermischten“ Judentum, das durch griechische Weisheit beeinflußt war, „plötzlich, obzwar nicht unvorbereitet“, als Religion des guten Lebenswandels und der reinen Gesinnung mit Hintansetzung des äußeren Kultus, des „Fronglaubens“, zugunsten des „moralischen, seelenbessernden“ Religionsglaubens. In der Folge entartete freilich das C. zu einem „despotisch gebietenden Kirchenglauben“, wobei Statuten und Observanzen, die höchstens als Mittel zum Zweck dienen sollen, Eigenwert bekamen (vgl. Kirche). Die Sendung zum reinen moralischen Glauben, zur Verwirklichung der Idee des Reiches (s. d.) Gottes oder der Tugend auf Erden, ist aber im C. sichtbar. Der Keim des wahren Religionsglaubens darin braucht sich nur immer mehr weiter zu entwickeln, „um davon eine kontinuierliche Annäherung zu derjenigen alle Menschen auf immer vereinigenden Kirche zu erwarten, die die sichtbare Vorstellung (das Schema) eines unsichtbaren Reiches Gottes auf Erden ausmacht“, ibid. 3. St. 2. Abt. (IV 147—152). Der Gehalt an Vernunftreligion im C. ist der Hinweis darauf, „daß nicht die Beobachtung äußerer bürgerlicher oder statutarischer Kirchenpflichten, sondern nur die reine moralische Herzensgesinnung den Menschen Gott wohlgefällig machen könne“, daß „Heiligkeit“ des Strebens Ziel ist, „daß der natürliche, aber böse Hang des menschlichen Herzens ganz umgekehrt werden solle“, die fröhliche Gemütsstimmung in Befolgung seiner Pflicht; die Forderung: „Tue deine Pflicht aus keiner anderen Triebfeder als der unmittelbaren Wertschätzung derselben, d. i. liebe Gott (den Gesetzgeber aller Pflichten) über alles“, und: „Liebe einen jeden als dich selbst, d. i. befördere ihr Wohl aus unmittelbarem, nicht von eigennützigen Triebfedern abgeleitetem Wohlwollen“ („Vorschriften der Heiligkeit“, „nicht bloß Tugendgesetze“); Belohnung in einer künftigen Welt für die uneigennützig wollenden Menschen usw., ibid. 4. St. 1. T. 1. Abs. (IV 185 ff.). Der christliche Glaube ist teils als reiner Vernunftglaube („frei angenommener“ Glaube, „fides elicita“), teils als „gebotener Glaube“ („fides imperata“) zu betrachten. Der Kirchenglaube ist kein freier; er ist ein „gehorchender“ Glaube („fides servilis“), wenn mit unbedingtem Glauben an geoffenbarte Sätze angefangen wird. Der „wahre Dienst der Kirche“ unter der Herrschaft des guten Prinzipes ist der, daß „die allgemeine Menschenvernunft in einer natürlichen Religion in der christlichen Glaubenslehre für das oberste gebietende Prinzip anerkannt und gelehrt, die Offenbarungslehre aber ... als bloßes, aber höchst schätzbares Mittel, um der ersteren Faßlichkeit selbst für die Unwissenden, Ausbreitung und Beharrlichkeit zu geben, geliebt und kultiviert werden“. Der „Afterdienst“ (s. d.) hingegen ist die Umkehrung dieser Ordnung, indem man das bloße Mittel zum Zweck macht, ibid. 2. Abs. (IV 191 f.). Den statutarischen Glauben für wesentlich zum Dienste Gottes zu halten, ist „Religionswahn“, ibid. 4. St. 2. T. am Anf. (IV 196).

Das C. hat, „außer der größten Achtung, welche die Heiligkeit seiner Gesetze unwiderstehlich einflößt, noch etwas Liebenswürdiges in sich“. „Das C. hat zur Absicht,

Liebe zu dem Geschäft der Beobachtung seiner Pflicht überhaupt zu befördern, und bringt sie auch hervor; weil der Stifter desselben nicht in der Qualität eines Befehlshabers, der seinen Gehorsam fordernden Willen, sondern in der eines Menschenfreundes redet, der seinen Mitmenschen ihren eigenen wohlverstandenen Willen (d. i. wonach sie von selbst freiwillig handeln würden, wenn sie sich selbst gehörig prüften) ans Herz legt." „Es ist also die liberale Denkungsart — gleichweit entfernt vom Sklavensinn und von Bandenlosigkeit —, wovon das C. für seine Lehre Effekt erwartet, durch die es die Herzen der Menschen für sich zu gewinnen vermag, deren Verstand schon durch die Vorstellung des Gesetzes ihrer Pflicht erleuchtet ist. Das Gefühl der Freiheit in der Wahl des Endzwecks ist das, was ihnen die Gesetzgebung liebenswürdig macht." Daß jemand etwas gern tue, läßt sich nicht gebieten. Sollte das C. einmal aufhören, liebenswürdig zu sein, indem es „statt seines sanften Geistes, mit gebieterischer Auktorität bewaffnet würde", so müßte „eine Abneigung und Widergesetzlichkeit gegen dasselbe die herrschende Denkart der Menschen werden" (Regiment des „Antichrist" als das verkehrte Ende aller Dinge in moralischer Hinsicht), Ende a. D. (VI 169 ff.); vgl. Liebe.

Die Auslegung des C.s (der christlichen Offenbarung) „nach den Grundsätzen des reinen Vernunftglaubens" ist keine „Abwürdigung" desselben, sondern vielmehr eine „Anerkennung ihres moralisch fruchtbaren Gehalts . . ., der durch die vermeinte innere vorzügliche Wichtigkeit bloß theoretischer Glaubenssätze verunstaltet werden würde". Die Bibel ist „das beste vorhandene, zu Gründung und Erhaltung einer wahrhaftig moralischen Landesreligion auf unabsehbare Zeiten taugliche Leitmittel der öffentlichen Religionsunterweisung". Ihr heiliger praktischer Inhalt kann „das Innere und Wesentliche der Religion" immer erhalten und „das manche Zeit hindurch, wie in den dunklen Jahrhunderten des Pfaffentums, entartete C." in seiner Reinheit immer wiederherstellen, Str. d. Fak. Vorr. (V 4, 46f. u. 50); vgl. Entwurf zu einer Antwort auf den Brief König Friedrich Wilhelms II. v. 1. Okt. 1794. Denn die . . . Zusammenstimmung desselben mit dem reinsten moralischen Vernunftglauben ist die beste und dauerhafteste Lobrede desselben", ibid. (V 4, 51). Von den verschiedenen Formen der sinnlichen Vorstellungsart des göttlichen Willens, um ihm Einfluß auf die Gemüter zu verschaffen (s. Religion), ist das C., soviel wir wissen, die „schicklichste Form". Es besteht in der Bibel aus zwei ungleichartigen Stücken, „dem einen, welches den Kanon, dem anderen, was das Organon oder Vehikel der Religion enthält, wovon der erste der reine Religionsglaube (ohne Statuten auf bloße Vernunft gegründet), der andere der Kirchenglaube, der ganz auf Statuten beruht, genannt werden kann, die einer Offenbarung bedurften, wenn sie für heilige Lehre und Lebensvorschriften gelten sollten", ibid. 1. Abs. II Anh. I Materie d. Streits (V 4, 78).

Aus der Dreieinigkeitslehre (s. d.) nach dem Buchstaben genommen „läßt sich schlechterdings nichts fürs Praktische machen, wenn man sie gleich zu verstehen glaubte, noch weniger aber, wenn man inne wird, daß sie gar alle unsere Begriffe übersteigt". Anders, wenn man diese Lehre moralisch interpretiert. Ebenso steht es mit der Lehre der Menschwerdung der einen Person der Gottheit Der Gottmensch ist vorzustellen als „die in Gott von Ewigkeit liegende Idee der Menschheit in ihrer ganzen ihm wohlgefälligen moralischen Vollkommenheit". Die Auferstehung Christi läßt sich so auffassen, „daß wir Ursache haben zu glauben, Christus lebe noch und unser Glaube sei eitel, wenn selbst ein so vollkommener Mensch nicht nach dem (leiblichen) Tode leben sollte", ibid. II Philos. Grundsätze . . I (V 4, 80ff.).

Der hierarchische Katholizismus muß als „Symbol des rationalen" angesehen werden, der „die Idee eines Reichs Gottes auf Erden" ist, Lose Bl. G 3. Vgl. Bibel, Dreieinigkeit, Gnade, Genugtuung, Kirche, Glaube, Pietismus, Liebe, Religion.

D.

Dankbarkeit. D. ist „die Verehrung einer Person wegen einer uns erwiesenen Wohltat". Sie ist eine „Tugendpflicht", nicht bloß eine Klugheitsmaxime. Sie ist eine „heilige" Pflicht, d. h. eine solche, deren Verletzung, als „skandalöses Beispiel", die moralische Triebfeder zum Wohltun im Grundsatze selbst vernichten kann. Die Dankbarkeit geht auch auf die Vorfahren, MST I 2. T. 1. H. 1. Abs. B (III 311f.).

Darstellung. „Wenn der Begriff von einem Gegenstande gegeben ist, so besteht das Geschäft der Urteilskraft im Gebrauche desselben zum Erkenntnis in der D. (exhibitio), d. i. darin, dem Begriffe eine korrespondierende Anschauung zur Seite zu stellen: es sei, daß dieses durch unsere eigene Einbildungskraft geschehe, wie in der Kunst, wenn wir einen vorhergefaßten Begriff von einem Gegenstande, der für uns Zweck ist, realisieren, oder durch die Natur, in der Technik derselben (wie bei organisierten Körpern), wenn wir ihr unseren Begriff vom Zweck zur Beurteilung ihres Produkts unterlegen, in welchem Falle nicht bloß Zweckmäßigkeit der Natur in der Form des Dinges, sondern dieses ihr Produkt als Naturzweck vorgestellt wird", KU Einl. VIII (II 30). Die „D." (exhibitio) des Objekts eines Begriffs besteht in der Aufweisung der ihm korrespondierenden Anschauung. Wenn diese eine Anschauung a priori ist, so heißt die D. „Konstruktion" (s. d.) des Begriffs, Fortschr. d. Metaph. Beilage I 2. Abs. (V 3, 157). Vgl. Konstruktion, Demonstrieren.

Darwinismus s. Entwicklung.

Dasein s. Existenz, Sein, Wirklichkeit, Natur, Grundsätze, Schema, Notwendigkeit.

Dauer. „Durch das Beharrliche allein bekommt das Dasein in verschiedenen Teilen der Zeitreihe nacheinander eine Größe, die man Dauer nennt. Denn in der bloßen Folge allein ist das Dasein immer verschwindend und anhebend, und hat niemals die mindeste Größe", KrV tr. Anal. 2. B. 2. H. 3. Abs. 1. Analogie (I 220—Rc 278). Vgl. Substanz, Zeit, Unsterblichkeit, Ewigkeit, Analogien der Erfahrung, Beharrlichkeit.

Deduktion. Ableitung des Besonderen aus einem Allgemeinen, einem Gesetz, insbesondere (kritisch): logische Darlegung der Rechtmäßigkeit des Anspruchs von Urteilen, der Geltungsberechtigung von Begriffen, Urteilen und Schlüssen, Legitimation von Erkenntnissen und Erkenntnisgrundlagen als solchen im Hinblick auf ihren theoretischen Wert, auf ihre Leistung.

Deduktion der Geschmacksurteile. Der Anspruch des ästhetischen Urteils auf allgemeine Gültigkeit bedarf einer D., d. i. „Legitimation seiner Anmaßung", KU § 30 (II 128). „Die Obliegenheit einer D., d. i. der Gewährleistung der Rechtmäßigkeit einer Art Urteile tritt nur ein, wenn das Urteil Anspruch auf Notwendigkeit macht." Das ist auch der Fall, wenn es „subjektive Allgemeinheit, d. i. jedermanns Beistimmung fordert", nämlich bei den reinen ästhetischen oder Geschmacksurteilen, ibid. § 31 (II 129). Vgl. Geschmacksurteil.

Deduktion der praktischen Grundsätze. Es bedarf keiner Erklärung, wie die Objekte des Begehrungsvermögens möglich sind, sondern nur, „wie Vernunft die Maxime des Willens bestimmen könne", ob sie als reine Vernunft praktisch und ein Gesetz einer möglichen (übersinnlichen) Naturordnung sein kann (vgl. Natur). Statt der Anschauung legt die Kritik den reinen praktischen Gesetzen den Begriff ihres Daseins in der intelligiblen Welt, nämlich der Freiheit (s. d.) zugrunde, welche nicht weiter erklärbar ist, aber die Gesetzgebung der Vernunft begründet. Das moralische Gesetz (s. d.) ist „gleichsam als ein Faktum der reinen Vernunft, dessen wir uns a priori bewußt sind, und welches apodiktisch gewiß ist, gegeben". Die objektive Realität desselben kann also durch keine D. bewiesen werden, sie steht aber für sich selbst fest. Das Gesetz dient selbst zum Prinzip der D. des „unerforschlichen Vermögens" der Freiheit und damit der Möglichkeit einer übersinnlichen Natur. Diese Art von „Kreditiv des moralischen Gesetzes" als „Prinzip der D. der Freiheit" reicht zur Ergänzung der theoretischen Vernunft völlig hin. Denn das moralische Gesetz beweist seine Realität dadurch, daß es der bloß negativ gedachten Kausalität der Freiheit eine „positive Bestimmung" hinzufügt und so der Vernunft und deren „Ideen" (s. d.) zuerst „objektive, obgleich nur praktische Realität" zu geben vermag, indem sie „ihren transzendenten Gebrauch in einen immanenten (im Felde der Erfahrung durch Ideen selbst wirkende Ursache zu sein)" verwandelt, KpV 1. T. 1. B. 1. H. I (II 55 ff.). Vgl. Kausalität, Imperativ.

Deduktion der reinen Verstandesbegriffe. Die D. der reinen Verstandesbegriffe (Kategorien) hat zwei Seiten. „Die eine bezieht sich auf die Gegenstände des reinen Verstandes, und soll die objektive Gültigkeit seiner Begriffe a priori dartun und begreiflich machen; eben darum ist sie auch wesentlich zu meinen Zwecken gehörig. Die andere geht darauf aus, den reinen Verstand selbst, nach seiner Möglichkeit und den Erkenntniskräften, auf denen er selbst beruht, mithin ihn in subjektiver Beziehung zu betrachten und, obgleich diese Erörterung in Ansehung meines Hauptzwecks von großer Wichtigkeit ist, so gehört sie doch nicht wesentlich zu demselben; weil die Hauptfrage immer bleibt, was und wieviel kann Verstand und Vernunft, frei von aller Erfahrung, erkennen, und nicht, wie ist das Vermögen zu denken selbst möglich? Da das letztere gleichsam eine Aufsuchung der Ursache zu einer gegebenen Wirkung ist, und insofern etwas einer Hypothese Ähnliches an sich hat (ob es gleich . . . sich in der Tat nicht so verhält), so scheint es, als sei hier der Fall, da ich mir die Erlaubnis nehme, zu meinen, und dem Leser also auch freistehen müsse, anders zu meinen. In Betracht dessen muß ich dem Leser mit der Erinnerung zuvorkommen: daß, im Fall meine subjektive D. nicht die ganze Überzeugung, die ich erwarte, bei ihm gewirkt hätte, doch die objektive, um die es mir hier vornehmlich zu tun ist, ihre ganze Stärke bekomme", KrV Vorr. z. 1. A. (I 18f.—Rc 11).

Deduktion, metaphysische. In der metaphysischen D. der Kategorien (s. d.) wird „der Ursprung der Kategorien a priori überhaupt durch ihre völlige Zusammentreffung mit den allgemeinen logischen Funktionen des Denkens dargetan", KrV tr. Anal. § 26 (I 170—Rc 215).

Deduktion, psychologische. „Wir können von unseren Vorstellungen eine psychologische D. versuchen, da wir sie als Wirkungen betrachten, die ihre Ursache im Gemüte in Verbindung mit anderen Dingen haben, oder auch eine transzendentale, da, wenn wir Gründe haben, anzunehmen, sie seien nicht empirischen Ursprungs, wir bloß die Gründe der Möglichkeit aufsuchen, wie sie a priori doch objektive Realität haben", An J. W. A. Kosmann, September 1789.

Deduktion, transzendentale. Die Rechtslehrer verstehen unter „D." den Beweis der Befugnis oder des Rechtes (des quid iuris) im Unterschiede von dem Beweis der Tatsache (des quid facti). Empirische Begriffe bedürfen keiner D., d. h. keiner besonderen Rechtfertigung ihres Gebrauchs, „weil wir jederzeit die Erfahrung bei der Hand haben, ihre objektive Realität zu beweisen". Nun gibt es aber auch Begriffe, die zum „reinen Gebrauch a priori (völlig unabhängig von aller Erfahrung)" bestimmt sind. Daß es solche Begriffe (und Grundsätze) gibt, zeigt das Faktum der reinen Mathematik und Naturwissenschaft. Diese apriorischen Begriffe (Kategorien, s. d.) bedürfen nun einer D. „Ich nenne daher die Erklärung der Art, wie sich Begriffe a priori auf Gegenstände beziehen können, die transzendentale D. derselben und unterscheide sie von der empirischen D., welche die Art anzeigt, wie ein Begriff durch Erfahrung und Reflexion über dieselbe erworben worden, und daher nicht die Rechtmäßigkeit, sondern das Faktum betrifft, wodurch der Besitz entsprungen." Die Begriffe Raum und Zeit sind a priori und gelten doch für Objekte der Erfahrung, weil nur vermittelst dieser reinen Anschauungsformen uns ein Gegenstand erscheinen, d. h. ein Objekt der empirischen Anschauung sein kann, weil also diese Formen die „Bedingung der Möglichkeit der Gegenstände als Erscheinungen" a priori enthalten. Damit ist ihre transzendentale D. gegeben. Die D. der Kategorien (s. d.) besteht in dem Nachweis, daß durch die Kategorien allein Erfahrung (der Form des Denkens nach) möglich ist. Sie beziehen sich notwendig und a priori auf Gegenstände der Erfahrung, weil nur vermittelst ihrer irgend ein Gegenstand der Erfahrung gedacht werden kann. Sie sind „Bedingungen a priori der Möglichkeit der Erfahrungen" und darum notwendig und allgemeingültig, „subjektive Bedingungen des Denkens" und doch von „objektiver Gültigkeit", KrV tr. Anal. §§ 13f. (I 138ff.—Rc 158 ff.). Die Kritik der reinen Vernunft (s. d.) ist eine Untersuchung „der Elemente unserer Erkenntnis a priori und des Grundes ihrer Gültigkeit in Ansehung der Objekte vor aller Erfahrung, mithin der D. ihrer objektiven Realität", Üb. e. Entdeck. am Anf. (V 3, 5). Vgl. Kategorie, Grundsätze, Anschauungsformen, Transzendental, Idee.

Definition. „Definieren" soll eigentlich nur soviel bedeuten, als „den ausführlichen Begriff eines Dinges innerhalb seiner Grenzen ursprünglich darstellen". „Ausführlichkeit" bedeutet die „Klarheit und Zulänglichkeit der Merkmale"; „Grenzen" bedeutet die Präzision, daß nicht mehr Merkmale sind, als zum ausführlichen Begriffe gehören; „ursprünglich" bedeutet, daß diese Grenzbestimmung nicht abgeleitet sei und also noch eines Beweises bedürfe. Hiernach können „empirische" Begriffe nicht definiert, sondern nur „expliziert" werden; denn es ist nie sicher, ob man unter dem Worte, das denselben Gegenstand bezeichnet, nicht einmal mehr, das andere Mal weniger Merkmale desselben denkt (z. B. im Begriffe des Goldes). Ferner können auch „a priori gegebene" Begriffe (z. B. Substanz, Recht) nicht definiert, nur „exponiert" werden; denn die „Ausführlichkeit" der Zergliederung solcher Begriffe ist immer zweifelhaft und kann nur durch Beispiele „vermutlich", nie „apodiktisch" gewiß gemacht werden. Definierbar sind „willkürlich gedachte" Begriffe, bei denen wir doch wissen müssen, was wir haben denken wollen; nur haben wir dadurch nicht einen wahren Gegenstand definiert; denn ein solcher ist durch den Begriff (z. B. einer „Schiffsuhr") noch nicht gegeben, und die Erklärung eines solchen Begriffs heißt besser eine „Deklaration" (unseres „Projekts"). Eigentlich definierbar sind nur die mathematischen Begriffe, die „eine willkürliche Synthesis enthalten, welche a priori konstruiert werden kann". Denn den Gegenstand, den diese Begriffe denken, stellt die Mathematik auch a priori in der Anschauung dar und dieser Gegenstand kann nicht mehr enthalten als der Begriff, weil der Begriff von dem Gegenstande erst durch die D. selbst gegeben wird (vgl. Mathematik). Philosophische „D.en" sind hingegen nur „Expositionen" gegebener Begriffe (durch Zergliederung derselben) und sollen nicht an der Spitze der Untersuchungen stehen. Mathematische D.en können niemals irren, aber es kann ihnen an Präzision fehlen. Die Philosophie hingegen „wimmelt von fehlerhaften D.en"; aber auch mangelhafte D.en, d. h. Annäherungen zu D.en, können „sehr nützlich gebraucht werden". „In der Mathematik gehört die D. ad esse, in der Philosophie ad melius esse. Es ist schön, aber oft sehr schwer, dazu zu gelangen. Noch suchen die Juristen eine D. zu ihrem Begriffe vom Recht", KrV tr. Meth. 1. H. 1. Abs. 1 u. Anm.n (I 610—Rc 755). — Die Realdefinition ist nicht jene, „welche nicht bloß dem Namen einer Sache andere und verständlichere Wörter unterlegt", sondern jene, welche „ein klares Merkmal, daran der Gegenstand (definitum) jederzeit sicher erkannt werden kann und den erklärten Begriff zur Anwendung brauchbar macht, in sich enthält". Sie ist also jene Erklärung, „welche nicht bloß einen Begriff, sondern zugleich die objektive Realität desselben deutlich macht", KrV tr. Anal. 2. B. 3. H. 1. Anm. (I 275—Rc 337).

Eine D. ist „ein zureichend deutlicher und abgemessener Begriff". Sie ist allein als ein „logisch vollkommener Begriff" anzusehen, denn sie vereinigt Deutlichkeit und Vollständigkeit sowie Präzision in der Deutlichkeit, Log. § 99 (IV 153). Alle D.en sind analytisch oder synthetisch, d. h. D.en eines „gegebenen“ oder eines „gemachten“ Begriffes, ibid. § 100 (IV 153). „Die gegebenen Begriffe einer analytischen D. sind entweder a priori oder a posteriori gegeben; so wie die gemachten Begriffe einer synthetischen D. entweder a priori oder a posteriori gemacht sind“, ibid. § 101 (IV 153). „Die Synthesis der gemachten Begriffe, aus welcher die synthetischen D.en entspringen, ist entweder die der Exposition (der Erscheinungen) oder die der Konstruktion. — Die letztere ist die Synthesis willkürlich gemachter, die erstere die Synthesis empirisch, d. h. aus gegebenen Erscheinungen, als der Materie derselben, gemachter Begriffe.“ Willkürlich gemachte Begriffe sind die mathematischen, ibid. § 102 (IV 153 f.). „Da die Synthesis der empirischen Begriffe nicht willkürlich, sondern empirisch ist und als solche niemals vollständig sein kann (weil man in der Erfahrung immer noch mehr Merkmale des Begriffes entdecken kann), so können empirische Begriffe auch nicht definiert werden.“ „Synthetisch lassen sich also nur willkürliche Begriffe definieren“, ibid. § 103 (IV 154). Annäherungen zur D. gewisser Begriffe sind die Erörterungen (expositiones) und Beschreibungen (descriptiones). „Das Exponieren eines Begriffes besteht in der aneinanderhängenden (sukzessiven) Vorstellung seiner Merkmale, so weit dieselben durch Analyse gefunden sind.“ Die Beschreibung ist „die Exposition eines Begriffes, sofern sie nicht präzis ist“. Exponieren läßt sich ein Begriff (analytisch) oder die Erfahrung (synthetisch). „Die Exposition findet also nur bei gegebenen Begriffen statt, die dadurch deutlich gemacht werden; sie unterscheidet sich dadurch von der Deklaration, die eine deutliche Vorstellung gemachter Begriffe ist“, ibid. § 105 (IV 155 f.). „Unter bloßen Namen-Erklärungen oder Nominal-D.en sind diejenigen zu verstehen, welche die Bedeutung enthalten, die man willkürlich einem gewissen Namen hat geben wollen, und die daher nur das logische Wesen ihres Gegenstandes bezeichnen oder bloß zur Unterscheidung desselben von anderen Objekten dienen. — Sach-Erklärungen oder Real-D.en hingegen sind solche, die zur Erkenntnis des Objektes, seinen inneren Bestimmungen nach, zureichen, indem sie die Möglichkeit des Gegenstandes aus inneren Merkmalen darlegen.“ „Erfahrungsgegenstände erlauben bloß Nominal-Erklärungen. — Logische Nominal-D.en gegebener Verstandesbegriffe sind von einem Attribut hergenommen, Real-D.en hingegen aus dem Wesen der Sache, dem ersten Grunde der Möglichkeit. Die letzteren enthalten also das, was jederzeit der Sache zukommt — das Realwesen derselben.“ Die D. eines willkürlichen (z. B. mathematischen) Begriffes ist immer real. „Genetisch“ ist eine D., „wenn sie einen Begriff gibt, durch welchen der Gegenstand a priori in concreto kann dargestellt werden“ (alle mathematischen D.en), ibid. § 106 (IV 156 f.). Vgl. Mathematik, Philosophie, Metaphysik, Gewißheit, Kategorie.

Deist. Wer bloß eine „transzendentale“ Theologie (s. d.), d. h. durch reine Vernunft, vermittelst lauter „transzendentaler Begriffe“ (Urwesen, allerrealstes Wesen) einräumt, ist ein „D.“. Er gibt nur zu, daß „wir das Dasein eines Urwesens durch bloße Vernunft erkennen können, wovon aber unser Begriff bloß transzendental sei, nämlich nur als von einem Wesen, das alle Realität hat, die man aber nicht näher bestimmen kann“. Der D. stellt sich unter dem Urwesen „bloß eine Weltursache“ vor, im Unterschiede vom „Theisten“ (s. d.). Er glaubt einen Gott, der Theist aber einen „lebendigen Gott“. KrV tr. Dial. 2. B. 3. H. 7. Abs. (I 540—Rc 681).

Deklaration s. Definition.

Demokratie. D. ist die Staatsverfassung (s. d.), bei der „alle zusammen, welche die bürgerliche Gesellschaft ausmachen, die Herrschergewalt besitzen“. Sie ist ein „Despotism“, „weil sie eine exekutive Gewalt gründet, da alle über und allenfalls auch wider Einen (der also nicht miteinstimmt), mithin alle, die doch nicht alle sind, beschließen; welches ein Widerspruch des allgemeinen Willens mit sich selbst und mit der Freiheit ist“. Alle Regierungsform nämlich, die „nicht repräsentativ“ ist, ist eine Unform, weil der

Gesetzgeber nicht in einer Person zugleich Vollstrecker seines Willens sein kann. Bei der demokratischen Verfassung ist eine repräsentative Regierungsart unmöglich, „weil alles da Herr sein will", Z. ew. Fried. 2. Abs. 1. Artikel (VI 128f.); vgl. Staatsverfassung.

Demonstration. „D." kann nur „ein apodiktischer Beweis, sofern er intuitiv ist", heißen. Nur die Mathematik (s. d.) enthält D.en, „weil sie nicht aus Begriffen, sondern der Konstruktion derselben, d. i. der Anschauung, die den Begriffen entsprechend a priori gegeben werden kann, ihre Erkenntnis ableitet", KrV tr. Meth. 1. H. 1. Abs. 3 (I 614f.—Rc 760f.); vgl. Beweis.

Demonstrieren heißt, einen Begriff in der Anschauung darstellen. Verstandesbegriffe sind demonstrabel, Vernunftbegriffe nicht (s. Idee), KU § 57 Anmerk. I (II 201f.). Vgl. Darstellung, Hypothese, Symbol, Beweis.

Demut. „Das Bewußtsein und Gefühl der Geringfügigkeit seines moralischen Werts in Vergleichung mit dem Gesetz ist die D. (humilitas moralis)." Hingegen ist D. in Vergleichung mit anderen Menschen oder endlichen Wesen keine Pflicht. Mit der wahren Demut ist zugleich Erhebung, Selbstschätzung der eigenen inneren Würde (als sittliches Wesen) verbunden, MST § 11 (III 286f.). Was unserem Eigendünkel in unserem eigenen Urteil Abbruch tat, das demütigt uns. Das moralische Gesetz demütigt zunächst, erhebt dann aber auch, KpV 1. T. 1. B. 3. H. (II 96). Es fordert „eine mit D. verbundene Selbstschätzung", ibid. 2. B. 2. H. V (II 164). „Selbst die D., als unnachsichtliche Beurteilung seiner Mängel, die sonst beim Bewußtsein guter Gesinnungen leicht mit der Gebrechlichkeit der menschlichen Natur bemäntelt werden könnten, ist eine erhabene Gemütsstimmung, sich willkürlich dem Schmerze der Selbstverweise zu unterwerfen, um die Ursache dazu nach und nach zu vertilgen", KU § 28 (II 110); vgl. Achtung, Erhaben. Knechtische D. zu äußern, ist nicht wahrhaft religiös (gegen den Pietismus, s. d.).

Denken. Das D. ist eine aktive Funktion des Verstandes. Es ist Verknüpfung zur Einheit in Urteilen und Begriffen, auch in Schlüssen, begriffliche Bestimmung eines Gegebenen. Ohne Anschauung (s. d.) aus sich allein kann das D. keine Erkenntnis materialer Art erzeugen, ist aber die Quelle aller Erkenntnis (s. d.). „Reines" Denken ist der Inbegriff der apriorischen Denkbestimmungen, welche aber nur das Formale der Objekte betreffen (s. Kategorie). D. reicht weiter als Erkennen, kann aber nur in Bezug auf Erscheinungen, Gegenstände möglicher Erfahrung Erkenntnis verschaffen. Das reine D. liegt der Erfahrung (s. d.) selbst schon zugrunde, erzeugt Erfahrung der Form nach, während jede Sondererkenntnis nur an der Hand des Erfahrungsmaterials, in fortschreitender denkender Bestimmung von Anschauungsdaten erfolgt. Anschauung ohne Gedanken ist „leer". Gedanken ohne Anschauungen sind „blind" (vgl. Begriff). Mit den Gesetzen des „D.s überhaupt" hat es die (formale) Logik (s. d.) zu tun; die „transzendentale Logik" hat das „reine" D. zum Objekt, welches sich in den Kategorien und Grundsätzen entfaltet. Das reine D. enthält die grundlegenden Voraussetzungen der Erfahrung und ihrer Objekte, es stellt an der Hand des Anschauungsmaterials (vermittels des „Schematismus", s. d.) allgemeingültige Zusammenhänge her, deren formale Struktur es in synthetischen Urteilen a priori (s. Urteile) formuliert. Alles Erfahrbare muß als solches (nicht als „Ding an sich") der Gesetzgebung des reinen D.s, durch die erst „Natur" (s. d.) möglich ist, gemäß sein. „Das D. (die Vernünftigkeit) ist ein Vermögen des Subjekts, wodurch es das, was seiner Beschaffenheit wegen nicht von seinen Sinnen erfaßt werden kann, sich vorzustellen vermag", Mund. sens. § 3 (V 2, 96). Vgl. Intelligibel, Verstand.

Das D. ist eine „Funktion" des Verstandes (s. d.), beruht auf der „Spontaneität" desselben, die sich in der Erzeugung von Begriffen und Urteilen äußert. Aber aus sich allein ist das D. noch nicht Erkenntnis, sondern nur in Verbindung mit der Anschauung, durch die ihm ein (Material zu einem) Gegenstand „gegeben" wird, und auf die schließlich alles D. als Mittel abzielt", auf die es sich bezieht, KrV tr. Ästh. § 1 (I 75—Rc 92f.). Das

D. ist „die Handlung, gegebene Anschauung auf einen Gegenstand zu beziehen", ibid. tr. Anal. 2. B. 3. H. (I 279—Rc 342); es „ist zwar an sich kein Produkt der Sinne und so fern durch sie auch nicht eingeschränkt, aber darum nicht sofort von eigenem und reinem Gebrauche, ohne Beitritt der Sinnlichkeit, weil es alsdann ohne Objekt ist", ibid. V. d. Amphibolie Anmerk. (I 310—Rc 376). Durch bloßes D. läßt sich keine Existenz (s. d.) von Dingen feststellen (gegen den Ontologismus). Dinge an sich kann ich nicht erkennen, aber ich kann ihr Verhalten nach Analogie (s. d.) des Verhältnisses von Erscheinungen zueinander denken und so das Übersinnliche symbolisch mir nahebringen. Vgl. Sinnlichkeit, Verstand, Noumenon, Objekt.

D. heißt „Vorstellungen in einem Bewußtsein vereinigen". „Diese Vereinigung entsteht entweder bloß relativ aufs Subjekt und ist zufällig und subjektiv, oder sie findet schlechthin statt und ist notwendig oder objektiv. Die Vereinigung der Vorstellungen in einem Bewußtsein ist das Urteil. Also ist D. soviel als Urteilen oder Vorstellungen auf Urteile überhaupt beziehen", Prol. § 22 (III 62f.); vgl. Urteil. „Etwas sich durch Begriffe d. i. im allgemeinen vorstellen, heißt d e n k e n, und das Vermögen zu denken: der Verstand", Fortschr. d. Metaph. Beilage I 2. Abs. (V 3, 156). Das D. ist „ein Festhalten eines Begriffes (der Einheit des Bewußtseins verbundener Vorstellungen)", Str. d. Fak. 3. Abs. Beschluß (V 4, 162); ein „Vorstellen durch Merkmale" Log. Einl. VIII (IV 64); es ist „die Erkenntnis durch Begriffe" (cognitio discursiva), ibid. § 1 (IV 98).

Das „e m p i r i s c h e" D. ist „Auflösen und Zusammensetzen gegebener Sinnenvorstellungen", An Sömmering 10. Aug. 1795.

Das „r e i n e" D., dessen besondere Handlungen und Regeln die Transzendentalphilosophie vorträgt, ist jenes, „wodurch Gegenstände völlig a priori erkannt werden", GMS Vorr. (III 7). „Das reine D. (a priori), aber in Beziehung auf Erfahrungen, d. i. auf Objekte der Sinne, enthält Grundsätze, welche den Ursprung aller Erfahrungen d. i. desjenigen, was zu den Erfahrungen durchgängig bestimmt ist, enthält", Lose Bl. 12.

Mit dem „D. ü b e r h a u p t", seiner Form, seinen Handlungen und Regeln beschäftigt sich die Logik, GMS Vorr. (III 7); vgl. KrV Vorr. z. 2. A. (I 32—Rc 27).

Ein Gedanke a priori ist nicht Erfahrung, z. B. der Gedanke a priori eines Quadrates. Erfahrung ist der Gedanke dieses Quadrates, „wenn ich eine s c h o n g e z e i c h n e t e Figur in der Wahrnehmung auffasse und die Zusammenfassung des Mannigfaltigen derselben vermittelst der Einbildungskraft unter dem Begriffe eines Quadrates denke. In der Erfahrung und durch dieselbe werde ich vermittelst der Sinne b e l e h r t; allein wenn ich ein Objekt der Sinne mir bloß willkürlich denke, so werde ich von demselben nicht belehrt und hänge bei meiner Vorstellung in nichts vom Objekte ab, sondern bin gänzlich Urheber derselben." „Aber auch das Bewußtsein, einen solchen Gedanken zu haben, ist keine Erfahrung; eben darum, weil der Gedanke keine Erfahrung, Bewußtsein aber an sich nichts Empirisches ist. Gleichwohl aber bringt dieser Gedanke einen Gegenstand der Erfahrung hervor oder eine Bestimmung des Gemüts, die beobachtet werden kann, sofern es nämlich durch das Denkungsvermögen affiziert wird; ich kann daher sagen: Ich habe erfahren, was dazu gehört, um eine Figur von vier gleichen Seiten und rechten Winkeln so in Gedanken zu fassen, daß ich davon die Eigenschaften demonstrieren kann. Dies ist das empirische Bewußtsein der Bestimmung meines Zustandes in der Zeit durch das D.; das D. selbst, ob es gleich auch in der Zeit geschieht, nimmt auf die Zeit gar nicht Rücksicht, wenn die Eigenschaften einer Figur gedacht werden. Aber Erfahrung ist, ohne Zeitbestimmung damit zu verbinden, unmöglich, weil ich dabei passiv bin und mich nach der formalen Bedingung des inneren Sinnes affiziert fühle", Acht Kleine Aufsätze 1. Ist es eine Erfahrung, daß wir denken? (VIII 163). Vgl. Apperzeption, Orientieren, Erfahrungsurteil, Ontologisches Argument, Ding an sich.

Denkfreiheit. Die D. bedeutet: 1. den Gegensatz zum bürgerlichen Zwang; sie ist „das einzige Kleinod, das uns bei allen bürgerlichen Lasten noch übrig bleibt, und wodurch allein wider alle Übel dieses Zustandes noch Rat geschaffen werden kann"; 2. den Gegensatz zum Gewissenszwang, der ohne alle äußere Gewalt in Sachen der Religion durch Bevormundung und durch vorgeschriebene Glaubensformeln „alle Prüfung der Vernunft durch frühen Eindruck auf die Gemüter“ verbannen will; 3. „die Unterwerfung der Vernunft unter keine andere Gesetze, als die sie sich selbst gibt“, im Gegensatz zum „gesetzlosen Gebrauch der Vernunft“, der zur Schwärmerei (s. d.) und zum Aberglauben führt, Was heißt: s. i. D. or.? (V 2, 160f.). Vgl. Aufklärung, Publizität, Recht, Staat.

Denkgesetze. „Unbedingt oberste Prinzipien aller Wahrheiten“ gibt es zwei; „eines für die bejahenden Wahrheiten, nämlich den Satz: Alles, was ist, das ist; das andere für die verneinenden, nämlich den Satz: Alles, was nicht ist, das ist nicht. Diese beiden werden zusammen das Prinzip der Identität genannt“, N. diluc. Propos. 2 (V 1, 6); vgl. Identität, Widerspruch, Grund. Mit den Gesetzen des „Denkens überhaupt“ hat es die formale Logik (s. d.) zu tun; die „transzendentale“ Logik befaßt sich mit den Gesetzen des der Erfahrungserkenntnis selbst zugrundeliegenden „reinen Denkens“ (s. d.), mit den Grundsätzen (s. d.), welche die Voraussetzungen objektiver Erfahrung und ihrer Gegenstände sind. Das Denken (der reine Verstand) ist „gesetzgebend“, die Einheit und Gesetzmäßigkeit der „Natur“ (s. d.) als Erscheinungszusammenhang gründet sich auf die apriorischen Formen des reinen Denkens. Vgl. Wahrheit, A priori.

Denkökonomie. Zu den Grundsätzen der „Übereinstimmung“ mit dem Gebrauch des Verstandes nach der ihm leichten und bequemen Beurteilungsweise gehört ein Satz, der die dem philosophischen Geist so naheliegende „Vorliebe für die Einheit“ zum Ausdruck bringt: „daß die Prinzipien nicht in größerer Zahl anzunehmen seien, als es die dringende Notwendigkeit erfordert“. Dieser Einheit stimmen wir bei, „nicht weil wir die ursächliche Einheit in der Welt, sei es durch Vernunft oder durch Erfahrung, einsähen, sondern wir suchen nach ihr infolge eines Antriebs des Verstandes, der nur soweit in der Erklärung der Erscheinungen vorangekommen zu sein meint, als er von ein und demselben Prinzip zu möglichst vielen Folgen herabzusteigen vermocht hat“, Mund. sens. § 30 (V 2, 130f.). Die systematische Einheit (s. d.), welche die Vernunft in die Verstandeserkenntnis zu bringen sucht, stellt einen Zusammenhang der Erscheinungen selbst her; sie ist also nicht bloß „subjektivnotwendig“, logisch. Die „Ersparung der Prinzipien“ ist nicht bloß „ein ökonomischer Grundsatz der Vernunft, sondern ein inneres Gesetz der Natur“, nicht „ein bloß ökonomischer Handgriff der Vernunft, um sich so viel als möglich Mühe zu ersparen“, KrV tr. Dial. 2. B. 3. H. 7. Abs. Anh. (I 554, 556— Rc 697, 699). Die Maxime von der „Ersparung entbehrlicher Prinzipien“ („principia praeter necessitatem non sunt multiplicanda“) gebietet u. a., „eher alles im Mutmaßen aus gegebenen Erscheinungen zu wagen, als zu deren Behuf besondere erste Naturkräfte oder anerschaffene Anlagen anzunehmen“, Bestimm. d. Begr. einer Menschenrasse (VIII 117). Vgl. Einheit, Vernunft (im engeren Sinne), Sparsamkeit.

Denkungsart. Der „intelligible“ Charakter des Menschen ist als Quelle von Handlungen die „D.“, der „empirische“ Charakter die „Sinnesart“, KrV tr. Dial. 2. B. 2. H. 9. Abs. Erläuterung (I 482—Rc 617). Die D. besteht in „Maximen, dem Intellektuellen und den Vernunftideen über die Sinnlichkeit Obermacht zu verschaffen“, KU § 29 Allg. Anmerk. (II 122). Die moralische D. „enthält ein Gebot und bringt ein Bedürfnis hervor, da hingegen der sittliche Geschmack mit den Gegenständen des Wohlgefallens nur spielt“, ibid. § 5 (II 47f.); vgl. § 42 (II 151). Angewöhnung oder Abgewöhnung ist ein „Mechanismus der Sinnesart statt eines Prinzips der D.“, MST § 52 (III 344). Durch eine „Revolution“ der D. wird der Mensch gut (s. Böse). Vgl. Naturell, Fortschritt, Charakter.

Determination, logische. „Durch fortgesetzte logische Abstraktion entstehen immer höhere; so wie dagegen durch fortgesetzte logische D. immer niedrigere Begriffe. — Die größte mögliche Abstraktion gibt den höchsten oder abstraktesten Begriff, — den, von dem sich keine Bestimmung weiter wegdenken läßt. Die höchste vollendete D. würde einen durchgängig bestimmten Begriff (conceptum omnimodo determinatum), d. i.

einen solchen geben, zu dem sich keine weitere Bestimmung mehr hinzudenken ließe." „Da nur einzelne Dinge oder Individuen durchgängig bestimmt sind, so kann es auch nur durchgängig bestimmte Erkenntnisse als Anschauungen, nicht aber als Begriffe, geben; in Ansehung der letzteren kann die logische Bestimmung nie als vollendet angesehen werden", Log. § 15 (IV 108). Vgl. Bestimmen.

Determinismus ist der Satz der „Bestimmung der Willkür durch innere hinreichende Gründe", Rel. 1. St. Allg. Anmerk. 3. Anm. (IV 54). Freiheit, Motiv.

Deutlichkeit. Es gibt eine „diskursive (logische) D., durch Begriffe, dann aber auch eine intuitive (ästhetische) D., durch Anschauungen, d. i. Beispiele oder andere Erläuterungen in concreto", KrV Vorr. z. 1. A. (I 19—Rc 12). Es gibt „eine D. in der Anschauung, also auch der Vorstellung des einzelnen, nicht bloß der Dinge im allgemeinen, welche ästhetisch genannt werden kann, die von der logischen, durch Begriffe, ganz unterschieden ist", Üb. e. Entdeck. 1. Abs. C 4. Anm. (V 3, 38). Eine noch so deutliche Sinnlichkeit (s. d.) kann auch nur Erscheinungen (s. d.) erfassen, nicht Dinge an sich, ibid. C (V 3, 41).

„Sind wir uns der ganzen Vorstellung bewußt, nicht aber des Mannigfaltigen, das in ihr enthalten ist, so ist die Vorstellung undeutlich." D. ist „eine Wirkung der Ordnung, und Undeutlichkeit eine Wirkung der Verwirrung", aber es ist nicht jede undeutliche Erkenntnis verworren. „Denn bei Erkenntnissen, in denen kein Mannigfaltiges vorhanden ist, findet keine Ordnung, aber auch keine Verwirrung statt." Alle einfachen Vorstellungen werden nie deutlich. Bei den zusammengesetzten Vorstellungen „rührt die Undeutlichkeit oft nicht her von Verwirrung, sondern von Schwäche des Bewußtseins". Die D. ist eine „sinnliche" oder „intellektuelle" („D. in Begriffen" oder „Verstandesdeutlichkeit"); letztere entsteht durch Analyse der Begriffe in deren Merkmale, Log. Einl. V (IV 37f.). Die D. der Erkenntnis ist „ein höherer Grad der Klarheit". Sie besteht in der „Klarheit der Merkmale". Die „logische" D. beruht auf der objektiven, die „ästhetische" auf der subjektiven Klarheit der Merkmale; jene ist eine Klarheit durch Begriffe, diese eine Klarheit durch Anschauung, bestehend in einer „bloßen Lebhaftigkeit und Verständlichkeit". Die „extensive Größe der D., sofern sie nicht abundant ist", heißt Präzision. Die Aufgabe der Logik ist es, „klare Begriffe deutlich zu machen", und zwar durch Analyse. Aber nicht alle D. beruht auf der Analysis eines gegebenen Begriffes. „Diejenige Art der D., die nicht durch Analysis, sondern durch Synthesis der Merkmale entspringt, ist die synthetische D. Und es ist also ein wesentlicher Unterschied zwischen den beiden Sätzen: einen deutlichen Begriff machen und: einen Begriff deutlich machen". „Denn wenn ich einen deutlichen Begriff mache, so fange ich von den Teilen an und gehe von diesen zum Ganzen fort. Es sind hier noch keine Merkmale vorhanden; ich erhalte dieselben erst durch die Synthesis. Aus diesem synthetischen Verfahren geht also die synthetische D. hervor, welche meinen Begriff durch das, was über denselben in der (reinen oder empirischen) Anschauung als Merkmal hinzukommt, dem Inhalte nach wirklich erweitert. — Dieses synthetischen Verfahrens in Deutlichmachung der Begriffe bedient sich der Mathematiker und auch der Naturphilosoph. Denn alle D. der eigentlich mathematischen sowie alle Erfahrungserkenntnis beruht auf einer solchen Erweiterung derselben durch Synthesis der Merkmale." „Wenn ich aber einen Begriff deutlich mache, so wächst durch diese bloße Zergliederung meine Erkenntnis ganz und gar nicht dem Inhalte nach." „Zur Synthesis gehört die Deutlichmachung der Objekte, zur Analysis die Deutlichmachung der Begriffe. Hier geht das Ganze den Teilen, dort gehen die Teile dem Ganzen vorher. — Der Philosoph macht nur gegebene Begriffe deutlich. — Zuweilen verfährt man synthetisch, auch wenn der Begriff, den man auf diese Art deutlich machen will, schon gegeben ist. Dieses findet oft statt bei Erfahrungssätzen, wofern man mit den in einem gegebenen Begriffe schon gedachten Merkmalen noch nicht zufrieden ist", Log. Einl. VIII (IV 68ff.). Vgl. Sinnlichkeit, Gewißheit.

Dialektik, transzendentale. Benutzt der Intellekt apriorische Begriffe und Grundsätze, deren Gebrauch insgesamt auf Anschauung (mögliche Erfahrung) eingeschränkt ist, über alle Grenzen der Erfahrung hinausgehend zur Bestimmung der Objekte überhaupt als Dinge an sich, die doch durch keinerlei Anschauung gegeben sind, so ist dieser Gebrauch des Verstandes „dialektisch". D. als „Kritik des dialektischen Scheins" ist der zweite Teil der allgemeinen Logik (s. d.). Zu einer „Logik des Scheins" wird sie, wenn man die (formale) Logik, die bloß ein „Kanon" zur Beurteilung der formalen Wahrheit (Richtigkeit) von Urteilen ist, zu einem „Organon" macht, d. h. zur Quelle materialer Erkenntnisse, zum „Blendwerk objektiver Behauptungen". Eine solche D. ist eine „sophistische Kunst", KrV tr. Log. Einl. III (I 113f.—Rc 134f.). Der zweite Teil der transzendentalen Logik heißt „transzendentale D.", „nicht als eine Kunst, dergleichen Schein dogmatisch zu erregen (eine leider sehr gangbare Kunst mannigfaltiger metaphysischer Gaukelwerke), sondern als eine Kritik des Verstandes und der Vernunft in Ansehung ihres hyperphysischen Gebrauchs, um den falschen Schein ihrer grundlosen Anmaßungen aufzudecken, und ihre Ansprüche auf Erfindung und Erweiterung, die sie bloß durch transzendentale Grundsätze zu erreichen vermeint, zur bloßen Beurteilung und Verwahrung des reinen Verstandes vor sophistischem Blendwerke herabzusetzen", ibid. IV (I 115f.—Rc 135f.). — Die D. hat es mit dem „transzendentalen Schein" (s. d.) zu tun. Sie hat „den Schein transzendenter Urteile" aufzudecken, zu verhüten, daß er nicht betrüge, aber sie kann ihn nicht beseitigen. Sie zeigt, daß die Ideen (s. d.) und Grundsätze der Vernunft zu Widersprüchen (Antinomien, Paralogismen) führen, wenn sie als „transzendent", die Erfahrung übersteigend und auf übersinnliche Objekte gehend gebraucht werden, anstatt sie „immanent", als Regulation (s. d.) für die Anwendung des Verstandes im systematischen Zusammenhange der Erfahrungen zu gebrauchen, ibid. tr. Dial. Einl. I (I 314 ff.—Rc 380 ff.). — Die tr. D. hat zwei Hauptstücke (Bücher): 1. Von den transzendenten Begriffen der reinen Vernunft (Ideen); 2. von den transzendenten und dialektischen Vernunftschlüssen (Paralogismen, Antinomien, Ideal der reinen Vernunft).—Es gibt nur drei Fälle des „dialektischen Gebrauchs der Vernunft: „1. Die Synthesis der Bedingungen eines Gedankens überhaupt", „2. die Synthesis der Bedingungen des empirischen Denkens", „3. Die Synthesis der Bedingungen des reinen Denkens." „In allen diesen drei Fällen beschäftigt sich die Vernunft bloß mit der absoluten Totalität dieser Synthesis, d. i. mit derjenigen Bedingung, die selbst unbedingt ist." Auf dieser Einteilung gründet sich der „dreifache transzendentale Schein", der zu drei „scheinbaren Wissenschaften aus reiner Vernunft", der transzendentalen Psychologie, Kosmologie und Theologie, die Idee an die Hand gibt, KrV 1. A. tr. Dial. 2. B. 1. H. Betrachtung . . (I 762f.—Rc 489f.). Die D. als „Logik des Scheines" (Sophistik) muß wegfallen; statt dessen ist eine „Kritik dieses Scheines" in die Logik einzuführen, „welche die Merkmale und Regeln enthielte, wonach wir erkennen könnten, daß etwas mit den formalen Kriterien der Wahrheit nicht übereinstimmt, ob es gleich mit denselben übereinzustimmen scheint". Eine solche D. ist nützlich als „Kathartikon" des Verstandes. Log. Einl. II (IV 18 f.). Vgl. N 4929, 4952, 4985 u. ö. Vgl. Antinomien, Antithetik, Schein, Unbedingt, Unendlich, Freiheit, Widersprüche der Vernunft.

Dialektik (transzendentale), der reinen praktischen Vernunft. Die natürliche D. der praktischen Vernunft ist der Hang, wider die strengen Gesetze der Pflicht „zu vernünfteln und ihre Gültigkeit, wenigstens ihre Reinigkeit und Strenge, in Zweifel zu ziehen und sie womöglich unseren Wünschen und Neigungen angemessener zu machen, d. i. sie im Grunde zu verderben und um ihre ganze Würde zu bringen". Diese D. nötigt zu einer Kritik der praktischen Vernunft, GMS 1. Abs. (III 24 f.). Die reine Vernunft hat jederzeit ihre D., „denn sie verlangt die absolute Totalität der Bedingungen zu einem gegebenen Bedingten, und diese kann schlechterdings nur in Dingen an sich selbst angetroffen werden". Aus der Anwendung dieser Vernunftidee auf Erscheinungen, als wären sie Sachen an sich, entspringt ein Schein, der durch den Widerstreit der Vernunft mit sich selbst in der Anwendung der Idee des Unbedingten auf Erscheinungen sich verrät.

Dies führt zur Kritk des reinen Vernunftvermögens. Das gilt auch von der Vernunft in ihrem praktischen Gebrauche. „Sie sucht als reine praktische Vernunft zu dem Praktisch-Bedingten (was auf Neigungen und Naturbedürfnis beruht) ebenfalls das Unbedingte, und zwar nicht als Bestimmungsgrund des Willens, sondern, wenn dieser auch (im moralischen Gesetze) gegeben worden, die unbedingte Totalität des Gegenstandes der reinen praktischen Vernunft unter dem Namen des höchsten Guts", KpV 1. T. 2. B. 1. H. (II 138 f.). Vgl. Gut.

Dialektik, transzendentale, der Urteilskraft. „Eine Urteilskraft, die dialektisch sein soll, muß zuvörderst vernünftelnd sein, d. i. die Urteile derselben müssen auf Allgemeinheit, und zwar a priori, Anspruch machen; denn in solcher Urteile Entgegensetzung besteht die D. Daher ist die Unvereinbarkeit ästhetischer Sinnesurteile (über das Angenehme und Unangenehme) nicht dialektisch. Auch der Widerstreit der Geschmacksurteile, sofern sich ein jeder bloß auf seinen eigenen Geschmack beruft, macht keine D. des Geschmacks aus; weil niemand sein Urteil zur allgemeinen Regel zu machen gedenkt. Es bleibt also kein Begriff von einer D. übrig, welcher den Geschmack angeben könnte, als der einer D. der Kritik des Geschmackes (nicht des Geschmacks selbst) in Ansehung ihrer Prinzipien: da nämlich über den Grund der Möglichkeit der Geschmacksurteile überhaupt einander widerstreitende Begriffe natürlicher- und unvermeidlicherweise auftreten. Transzendentale Kritik des Geschmacks wird also nur sofern einen Teil enthalten, der den Namen einer D. der ästhetischen Urteilskraft führen kann, wenn sich eine Antinomie der Prinzipien dieses Vermögens findet, welche die Gesetzmäßigkeit desselben, mithin auch seine innere Möglichkeit zweifelhaft macht", KU § 55 (II 194 f.); vgl. Geschmack.

Diätetik. „Moralisch-praktische Philosophie" gibt zugleich eine Universalmedizin ab, welche aber nur die „D." betrifft, d. h. sie „wirkt nur negativ, als Kunst, Krankheiten abzuhalten". Die oberste diätetische Aufgabe ist in dem Thema enthalten: „Von der Macht des Gemüts des Menschen, über seine krankhaften Gefühle durch den bloßen festen Vorsatz Meister zu sein". Die D. darf nicht auf „Gemächlichkeit" berechnet werden, „denn diese Schonung seiner Kräfte und Gefühle ist Verzärtelung, d. i. sie hat Schwäche und Kraftlosigkeit zur Folge, und ein allmähliches Erlöschen der Lebenskraft aus Mangel der Übung, sowie eine Erschöpfung derselben durch zu häufigen und starken Gebrauch derselben". „Der Stoizismus, als Prinzip der D. (sustine et abstine), gehört also nicht bloß zur praktischen Philosophie als Tugendlehre, sondern auch zu ihr als Heilkunde. — Diese ist alsdann philosophisch, wenn bloß die Macht der Vernunft im Menschen, über seine sinnlichen Gefühle durch einen sich selbst gegebenen Grundsatz Meister zu sein, die Lebensweise bestimmt". Str. d. Fak. 3. Abs. V. d. Macht d. Gemüts . . (V 4, 144 ff.).

Dichtkunst. Der Dichter wagt es, „Vernunftideen von unsichtbaren Wesen . . . zu versinnlichen" oder auch Empirisches „über die Schranken der Erfahrung hinaus, vermittelst seiner Einbildungskraft, die dem Vernunft-Vorspiele in Erreichung eines Größten nacheifert, in einer Vollständigkeit sinnlich zu machen, für die sich in der Natur kein Beispiel findet". In der D. kann sich das Vermögen ästhetischer Ideen „in seinem ganzen Maße" zeigen, KU § 49 (II 168 f.). Die D. verdankt fast gänzlich dem Genie (s. d.) ihren Ursprung und nimmt den obersten Rang unter den Künsten ein. „Sie erweitert das Gemüt dadurch, daß sie die Einbildungskraft in Freiheit setzt und innerhalb der Schranken eines gegebenen Begriffs unter der unbegrenzten Mannigfaltigkeit möglicher damit zusammenstimmender Formen diejenige darbietet, welche die Darstellung desselben mit einer Gedankenfülle verknüpft, der kein Sprachausdruck völlig adäquat ist, und sich also ästhetisch zu Ideen erhebt. Sie stärkt das Gemüt, indem sie es sein freies, selbsttätiges und von der Naturbestimmung unabhängiges Vermögen fühlen läßt, die Natur, als Erscheinung, nach Ansichten zu betrachten und zu beurteilen, die sie nicht von selbst, weder für den Sinn noch den Verstand, in der Erfahrung darbietet, und sie also zum Behuf und gleichsam zum Schema des Übersinnlichen zu gebrauchen. Sie spielt mit dem Schein, den sie nach Belieben bewirkt, ohne doch dadurch zu betrügen; denn sie erklärt ihre Beschäftigung selbst für bloßes Spiel, welches gleichwohl vom Verstande und zu dessen Geschäfte zweckmäßig gebraucht werden kann." „In der D. geht alles ehrlich und aufrichtig zu. Sie erklärt sich, ein bloßes unterhaltendes Spiel mit der Einbildungskraft, und zwar der Form nach einstimmig mit Verstandesgesetzen treiben zu wollen, und verlangt nicht, den Verstand durch sinnliche Darstellung zu überschleichen und zu verstricken", ibid. § 53 (II 183 f.). „Der Dichter kündigt bloß ein unterhaltendes Spiel mit Ideen an, und es kommt doch soviel für den Verstand heraus, als ob er bloß dessen Geschäft zu treiben die Absicht gehabt hätte." Die D. ist die Kunst, „ein freies Spiel der Einbildungskraft als ein Geschäft des Verstandes auszuführen", ibid. § 51 (II 176f.). Die D., als Abart der „Poesie", ist „ein Spiel der Sinnlichkeit, durch den Verstand geordnet". Die „Neuigkeit der Darstellung" eines Begriffs ist eine Hauptforderung der schönen Kunst an den Dichter. Die Poesie überragt alle übrigen Künste, Anthr. 1. T. § 71 B u. Anm. (IV 177f.).

Dichtungsvermögen, sinnliches (Fähigkeit der Vorstellungsverbindung durch die Einbildungskraft): 1. das „bildende" D. der Anschauung im Raum, 2. das „beigesellende" D. der Anschauung in der Zeit, 3. das D. der Verwandtschaft aus der Affinität (s. d.) der Vorstellungen, Anthr. 1. T. § 31 (IV 76).; vgl. N 312—396. Vgl. Einbildungskraft, Fiktion.

Dictum de omni et nullo. „Das Dictum de omni, der oberste Grund aller bejahenden Vernunftschlüsse, lautet also: Was von einem Begriff allgemein bejaht wird, wird auch von einem jeden bejaht, der unter ihm enthalten ist. Der Beweisgrund hiervon ist klar. Derjenige Begriff, unter welchem andere enthalten sind, ist allemal als ein Merkmal von diesen abgesondert worden; was nun diesem Begriff zukommt, das ist ein Merkmal eines Merkmals, mithin auch ein Merkmal der Sachen selbst, von denen er ist abgesondert worden, d. i. er kommt den niedrigen zu, die unter ihm enthalten sind." Analog verhält es sich mit dem „Dictum de nullo", F. Spitzf. § 2 (V 1, 57f.).

Didaktik, ethische, ist ein Teil der ethischen Methodenlehre, die Methode theoretischer Übung in der Moral, MST Einl. XIX (IV 258); vgl. §§ 49—52 (IV 341ff.).

Dimension s. Raum, Mathematik.

Ding. Unter den D.en der Außenwelt (s. d.) versteht K. weder bloße Komplexe subjektiver Erlebnisse noch an sich existierende Dinge, sondern „Erscheinungen" (s. d.), d. h. kategorial bestimmte Zusammenhänge möglicher Erfahrungsinhalte, denen „an sich" etwas Unerkennbares zugrunde liegt. Die gesetzlich verknüpften Zusammenhänge von räumlich-zeitlich-kausalen Relationen, in welchen sich die empirisch-realen D.e darstellen, sind objektiv, allgemeingültig, von den einzelnen Subjekten unabhängig, für alle die gleichen, in diesem Sinne also transsubjektiv, wenn sie auch nicht jenseits möglicher Erfahrung, nicht absolut „transzendent" (s. d.) sind, sondern von den Bestimmungen des reinen (transzendentalen) Bewußtseins abhängen. Sie sind ebenso wirklich wie die erlebenden Subjekte, gehören der diesen gemeinsamen Außenwelt (s. d.) an (s. Objekt).

Die Kritik unterscheidet die D.e als „Gegenstände der Erfahrung" von den „D.en an sich selbst", so wie sie unabhängig von ihrer Erfahrbarkeit sind, KrV Vorr. z. 2. A. (I 35—Rc 30). Die „D.e überhaupt" sind die D.e „ohne Rücksicht auf die Art zu nehmen, wie wir sie anschauen mögen", ibid. tr. Anal. 2. B. 3. H. (I 277—Rc 341) u. ö. Der einzige Begriff, der den „empirischen Gehalt", die „Materie" der Erscheinungen a priori vorstellt, ist der „Begriff des D.es überhaupt". Die „synthetische Erkenntnis von demselben a priori" kann nur die „Regel der Synthesis desjenigen, was die Wahrnehmung a posteriori geben mag, niemals aber die Anschauung des realen Gegenstandes a priori liefern, weil diese notwendig empirisch sein muß". „Synthetische Sätze, die auf D.e überhaupt, deren Anschauung sich a priori gar nicht geben läßt, gehen, sind transzendental." „Sie enthalten bloß die Regel, nach der eine gewisse synthetische Einheit desjenigen, was nicht a priori anschaulich vorgestellt werden kann (der Wahrnehmungen), empirisch gesucht werden soll." Nur vermittelst der, nach jenen synthetischen Grundsätzen möglichen, Erfahrung können sie ihre Begriffe a priori darstellen, ibid. tr. Meth. 1. H. 1. Abs. (I 605—Rc 750); vgl. Objekt. Die D.e als Erscheinungen — die aber im Raum und in der Zeit wirklich, nicht bloß scheinbar sind, eine feste Stelle im Zusammenhang der Erfahrung einnehmen, „empirische Realität" besitzen — bestehen aus lauter Verhältnissen", ibid. tr. Anal. 2. B. Anmerk. 2, Amphibolie (I 308—Rc 374). Vgl. Relation, Körper, Gedankending, Objekt.

Ding an sich. Unter „D. a. s." versteht K. die Wirklichkeit, wie sie unabhängig von aller Erfahrungsmöglichkeit, für sich selbst besteht, die absolute Realität. Wir erkennen das Wirkliche nur in den Formen der Anschauung (Raum und Zeit) und des Denkens (Kategorien); diese Formen hat die Wirklichkeit nur in Beziehung auf das erfahrende Bewußtsein, nur als Gegenstand eines solchen, nicht an sich selbst. Während K. erst wenigstens die Kategorien (Kausalität, Substantialität usw.) auf das D. a. s. anwendet, schränkt er später deren Gültigkeit auf die Erscheinungswelt ein und erklärt das D. a. s. für unerkennbar; es ist bloß denkbar, als bloßer „Grenzbegriff", als etwas, das wir als Grund der Erscheinungen und deren Bestimmtheiten setzen, annehmen müssen, ohne es positiv, seinem Wesen nach bestimmen zu können. Zuweilen erscheint das D. a. s. gar nur als reines Denkgebilde, als reiner, von allen sinnlichen Bestimmungen losgelöst gedachter Dinggedanke (Schwanken zwischen mehr realistischer und rein idealistischer Fassung des Begriffs „D. a. s."), ja als Fiktion (s. Als Ob). Jedenfalls will K. sagen, daß die Art und Weise, wie sich das Wirkliche sinnlich-kategorial uns darstellt, das Wesen desselben nicht erschöpft; das „D. a. s." bedeutet die Idee einer nicht raumzeitlich-kausalgesetzlichen, sondern übersinnlichen (s. d.), intelligiblen (s. d.) Seinsweise (eventuell als Inhalt einer intellektuellen Anschauung oder eines anschauenden Verstandes, als „Noumenon" im positiven Sinne). Kausalität, Existenz usw. im Sinne der schematisierten Kategorien kommt dem D. a. s. nicht zu; es ist nicht Objekt der Erkenntnis, sondern eine Grundlage zur Begreiflichkeit der Objekte und Subjekte, der physischen und psychischen Erscheinungen, des „Gegebenen" jeder Art. Von der praktischen Vernunft, vom sittlichen Willen, kurz von dem, was in uns zeitlos gültig und gesetzgebend für das Handeln ist, findet K. den einzigen Weg zu einer, wenn schon nicht Erkenntnis so doch mehr positiven Auffassung des D. a. s. (s. Vernunft, Freiheit, Mensch). Es ist klar, „daß die sinnlichen Vorstellungen die Dinge geben, wie sie erscheinen, die Verstandesbegriffe aber so, wie sie sind", Mund. sens. § 4 (V 2, 97); vgl. Kategorie. — Die Dinge an sich bestimmt K. vor der „Kritik d. r. Vernunft" als spirituelle Einheiten, Monaden (s. d.); auch noch später (so besonders in den „Vorles. über Metaphysik") tritt der monadologische Charakter des absoluten Dingbegriffs zutage.

Die Begriffe und Grundsätze, die wir a priori annehmen, richtet man so ein, „daß dieselben Gegenstände einerseits als Gegenstände der Sinne und des Verstandes für die Erfahrung, andererseits aber doch als Gegenstände, die man bloß denkt, allenfalls für die isolierte und über Erfahrungsgrenze hinausstrebende Vernunft, mithin von zwei verschiedenen Seiten betrachtet werden können". „Findet es sich nun, daß, wenn man die Dinge aus jenem doppelten Gesichtspunkte betrachtet, Einstimmung mit dem Prinzip der reinen Vernunft stattfinde, bei einerlei Gesichtspunkte aber ein unvermeidlicher Widerstreit der Vernunft mit sich selbst entspringe, so entscheidet das Experiment für die Richtigkeit jener Unterscheidung", KrV Vorr. z. 2. A. 2. Anm. (I 29—Rc 24). Von keinem Gegenstande als Dinge an sich selbst, sondern nur als „Objekt der sinnlichen Anschauung" (Erscheinung) gibt es Erkenntnis. Doch ist zu beachten, „daß wir eben dieselben Gegenstände auch als Dinge an sich selbst, wenngleich nicht erkennen, doch wenigstens müssen denken können. Denn sonst würde der ungereimte Satz daraus folgen, daß Erscheinung ohne etwas wäre, was da erscheint", ibid. (I 34—Rc 29). Der Begriff „D. a. s." ist etwas Denkbares, ein „möglicher Gedanke". Die Realität dieses Begriffes muß aber nicht theoretisch darlegbar sein können; was dazu gehört, kann auch in praktischen Erkenntnisquellen (s. Übersinnlich) liegen, ibid. 5. Anm. (I 34—Rc 29). Die Kritik lehrt, das Objekt in „zweierlei Bedeutung" zu nehmen, „nämlich als Erscheinung oder als D. a. s. selbst", ibid. (I 35—Rc 30). Nichts, was im Raume angeschaut wird, ist eine „Sache an sich". Das „Korrelat" der „äußeren Gegenstände", das „D. a. s. selbst", ist unerkennbar, es wird auch in der Erfahrung niemals nach ihm gefragt, KrV tr. Ästh. § 3 (I 85—Rc 103). Es zeigt sich, „daß die Dinge, die wir anschauen, nicht das an sich selbst sind, wofür wir sie anschauen, noch ihre Verhältnisse so an sich selbst beschaffen sind, als sie uns erscheinen". Wie die Gegenstände an sich und abgesondert von aller „Rezeptivität unserer Sinnlichkeit" sein mögen, wissen wir nicht. Auch die deutlichste Anschauung kann der Beschaffenheit der Dinge an sich nicht näher kommen. Das „transzendentale Objekt" bleibt uns gänzlich unbekannt, wir erkennen nur die Dinge als Erscheinungen (s. d.), als Objekte möglicher Erfahrung, ibid. § 8 (I 95ff.—Rc 113ff.). Die „Sache an sich selbst" im bloß „empirischen" (physischen) Sinne ist nicht das D. a. s. als das von aller Erfahrung unabhängig Seiende, sondern nur das, „was in der allgemeinen Erfahrung, unter allen verschiedenen Lagen zu den Sinnen, doch in der Anschauung so und nicht anders bestimmt ist", ibid. (I 98—Rc 116). Das gedachte „Objekt einer nicht-sinnlichen Anschauung" kann man zwar „durch alle die Prädikate vorstellen, die schon in der Voraussetzung liegen, daß ihm nichts zur sinnlichen Anschauung Gehöriges zukomme: also daß es nicht ausgedehnt oder im Raume sei, daß die Dauer desselben keine Zeit sei, daß in ihm keine Veränderung (Folge der Bestimmungen in der Zeit) angetroffen werde usw. Allein das ist doch kein eigentliches Erkenntnis, wenn ich bloß anzeige, wie die Anschauung des Objekts nicht sei, ohne sagen zu können, was in ihr denn enthalten sei." Auf ein solches Objekt ist keine einzige Kategorie (s. d.) anwendbar, ibid. tr. Anal. § 23 (I 163—Rc 199f.). Auf das „transzendentale Ding", das „transzendentale Objekt" (s. d.) der „Idee" lassen sich die Kategorien (s. d.) nicht anwenden (z. B. auf Gott). Aber wir können per analogiam diese Gegenstände so denken, als ob sie Substanzen, Ursachen usw. wären. Wir denken uns ein „Etwas, wovon wir, was es an sich selbst sei, gar keinen Begriff haben, aber wovon wir uns doch ein Verhältnis zu dem Inbegriffe der Erscheinungen denken, das demjenigen analogisch ist, welches die Erscheinungen untereinander haben", ibid. tr. Dial. 2. B. 3. H. Anh. V. d. Endabsicht. . . (I 570ff.—Rc 716ff.). „Was die Dinge an sich sein mögen, weiß ich nicht, und brauche es auch nicht zu wissen, weil mir doch niemals ein Ding anders als in der Erscheinung vorkommen kann." Die „nichtsinnliche Ursache" der Erscheinungen ist unfaßbar. Erscheinungen sind die einzigen Dinge, „an denen unsere Erkenntnis objektive Realität haben kann, nämlich wo den Begriffen Anschauung entspricht", ibid. tr. Anal. Anh. Anmerk. z. Amphibolie (I 302 ff.—Rc 367 ff.). Das D. a. s. bzw. das „transzendentale Objekt" (die „Ursache der Erscheinung)" kann weder als Größe noch als Realität noch als Substanz usw. gedacht werden, „weil diese Begriffe immer sinnliche Formen erfordern, in denen sie einen Gegenstand bestimmen". Es ist völlig unbekannt, „ob es in uns oder auch außer uns anzutreffen sei", ibid. (I 310f.—Rc 376f.). „Das den Erscheinungen zum Grunde liegende transzendentale Objekt und mit demselben der Grund, warum unsere Sinnlichkeit diese vielmehr als andere oberste Bedingungen habe, sind und bleiben für uns unerforschlich, obzwar die Sache selbst übrigens gegeben, aber nur nicht eingesehen ist", ibid. tr. Dial. 2. B. 3. H. 5. Abs. (I 527—Rc 667).

Die Gegenstände der sinnlichen Anschauung sind nicht Dinge, wie sie an sich selbst sind, sondern Erscheinungen, „deren Möglichkeit auf dem Verhältnisse gewisser an sich unbekannten Dinge zu etwas anderem, nämlich unserer Sinnlichkeit, beruht", Prol. § 13 (III 40). „Es sind uns Dinge als außer uns befindliche Gegenstände unserer Sinne gegeben; allein von dem, was sie an sich selbst sein mögen, wissen wir nichts, sondern kennen nur ihre Erscheinungen, d. i. die Vorstellungen, die sie in uns wirken, indem sie unsere Sinne affizieren", ibid. Anmerk. II (III 43). Wenn wir „die Gegenstände der Sinne, wie billig, als bloße Erscheinungen ansehen, so gestehen wir hierdurch doch zugleich, daß ihnen ein D. a. s. selbst zugrunde liege, ob wir dasselbe gleich nicht, wie es an sich beschaffen sei, sondern nur seine Erscheinung, d. i. die Art, wie unsere Sinne von diesem unbekannten Etwas affiziert werden, kennen. Der Verstand also, eben dadurch, daß er Erscheinungen annimmt, gesteht auch das Dasein von Dingen an sich selbst zu, und sofern können wir sagen, daß die Vorstellung solcher Wesen, die den Erscheinungen zugrunde liegen, mithin bloßer Verstandeswesen nicht allein zulässig, sondern auch unvermeidlich sei", ibid. § 32 (III 75f.). Es ist unmöglich, ein D. a. s. nach seiner Beschaffenheit zu bestimmen, da die Anschauungsformen und Kategorien keinen anderen Gebrauch haben können, als bloße Erfahrung möglich zu machen; die reinen Kategorien aber bestimmen kein Objekt und haben keine Bedeutung. Es würde aber „eine noch größere Ungereimtheit sein, wenn wir gar keine Dinge an sich selbst einräumen oder unsere Erfahrung für die einzig mögliche Erkenntnisart der Dinge, mithin unsere Anschauung in Raum und Zeit für die allein mögliche Anschauung, unseren diskursiven Verstand aber für das Urbild von jedem möglichen Verstande ausgeben wollten, mithin Prinzipien der Möglichkeit der Erfahrung für allgemeine Bedingungen der Dinge an sich selbst wollten gehalten wissen", ibid. § 57 (III 121). „Es ist wahr: wir können über alle mögliche Erfahrung hinaus von dem, was Dinge an sich selbst sein mögen, keinen bestimmten Begriff geben. Wir sind aber dennoch nicht frei vor der Nachfrage nach diesen, uns gänzlich derselben zu enthalten; denn Erfahrung tat der Vernunft niemals völlig Genüge." Die Grenzen (s. d.) unserer Erfahrung lassen einen Raum für die Erkenntnis der Dinge an sich selbst, obgleich unsere Vernunft von ihnen niemals bestimmte Begriffe haben kann und nur auf Erscheinungen eingeschränkt ist, ibid. (III 122f.). Es fragt sich: Wie verhält sich unsere Vernunft bei der „Verknüpfung dessen, was wir kennen, mit dem, was wir nicht kennen und auch niemals kennen werden?" „Wir sollen uns denn also ein immaterielles Wesen, eine Verstandeswelt und ein höchstes aller Wesen (lauter Noumena) denken, weil die Vernunft nur in diesen als Dingen an sich selbst Vollendung und Befriedigung antrifft, die sie in der Ableitung der Erscheinungen aus ihren gleichartigen Gründen niemals hoffen kann, und weil diese sich wirklich auf etwas von ihnen Unterschiedenes (mithin gänzlich Ungleichartiges) beziehen, indem Erscheinungen doch jederzeit eine Sache an sich selbst voraussetzen und also darauf Anzeige tun, man mag sie nun näher erkennen oder nicht." „Da wir nun aber diese Verstandeswesen nach dem, was sie an sich selbst sein mögen, d. i. bestimmt, niemals erkennen können, gleichwohl aber solche im Verhältnis auf die Sinnenwelt dennoch annehmen und durch die Vernunft damit verknüpfen müssen, so werden wir doch wenigstens diese Verknüpfung vermittelst solcher Begriffe denken können, die ihr Verhältnis zur Sinnenwelt ausdrücken", ibid. (III 126 f.); vgl. Gott, Analogie. Die Grenze des erlaubten Vernunftgebrauchs „gehört ebensowohl zum Felde der Erfahrung als dem der Gedankenwesen". „Wir halten uns aber auf dieser Grenze, wenn wir unser Urteil bloß auf das Verhältnis einschränken, welches die Welt zu einem Wesen haben mag, dessen Begriff selbst außer aller Erkenntnis liegt, deren wir innerhalb der Welt fähig sind", ibid. (III 129).

Alle „Erkenntnis a priori" reicht nicht weiter als auf „Gegenstände einer uns möglichen Erfahrung", „nur mit dem Vorbehalte, daß dieses Feld möglicher Erfahrung nicht alle Dinge an sich selbst befasse, folglich allerdings noch andere Gegenstände übriglasse, ja sogar als notwendig voraussetze, ohne daß es uns doch möglich wäre, von ihnen das mindeste bestimmt zu erkennen", An Mendelssohn, 16. August 1783. Die Dinge der Natur erkennen wir durch lauter (phänomenale) Verhältnisse, Beziehungen, also nur äußerlich. Die Frage ist berechtigt, „was denn das Ding, das in allen diesen Verhältnissen das Subjekt ist, an sich selbst sei?" Nur wenn wir Wirkungen eines Dinges kennten, die

Eigenschaften eines Dinges an sich selbst sein können, dürften wir nicht weiter fragen, was das Ding noch außer diesen Eigenschaften an sich sei; denn es wäre eben das, was durch jene Eigenschaften gegeben ist. Gibt es nun Eigenschaften und Kräfte, die (und durch sie Dinge an sich) man von bloßen Erscheinungen (physischen und psychischen) unterscheiden kann? Ja. „Besinnt Euch nur, wie Ihr den Begriff von Gott, als höchster Intelligenz, zustande bringt. Ihr denkt Euch in ihm lauter wahre Realität, d. i. etwas, das nicht bloß ... den Negationen entgegengesetzt wird, sondern auch und vornehmlich den Realitäten in der Erscheinung (realitas phaenomenon), dergleichen alle sind, die uns durch Sinne gegeben werden müssen und eben darum realitas apparens ... genannt werden. Nun vermindert alle diese Realitäten (Verstand, Wille, Seligkeit, Macht usw.) dem Grade nach, so bleiben sie doch der Art (Qualität) nach immer dieselben; so habt Ihr Eigenschaften der Dinge an sich selbst, die Ihr auch auf andere Dinge außer Gott anwenden könnt. Keine anderen könnt Ihr Euch denken, und alles Übrige ist nur Realität in der Erscheinung." „Es scheint zwar befremdlich, daß wir unsere Begriffe von Dingen an sich selbst nur dadurch gehörig bestimmen können, daß wir alle Realität zuerst auf den Begriff von Gott reduzieren, und so, wie er darin stattfindet, allererst auch auf andere Dinge als Dinge an sich anwenden sollen. Allein jenes ist lediglich das Scheidungsmittel alles Sinnlichen und der Erscheinung von dem, was durch den Verstand, als zu Sachen an sich selbst gehörig, betrachtet werden kann." Die Frage, was denn die Objekte als Dinge an sich sein mögen, ist also keineswegs sinnlos, Bemerkungen zu L. H. Jakobs Prüfung der Mendelssohnschen Morgenstunden (VI 130).

Alle Vorstellungen, „die uns ohne unsere Willkür kommen (wie die der Sinne)", geben uns die Gegenstände nur so zu erkennen, wie sie uns „affizieren", d. h. als Erscheinungen. Hinter diesen Erscheinungen muß man aber „noch etwas anderes, was nicht Erscheinung ist, nämlich die Dinge an sich, einräumen und annehmen", obgleich wir sie als solche nie erkennen können. Das führt zur Unterscheidung der „sinnlichen" und „intellektuellen" (s. d.) Welt, welchen beiden auch der Mensch, je nach dem „Standpunkt" der Betrachtung, zugehört, GMS 3. Abs. V. d. Interesse ... (III 79 ff.); vgl. Freiheit, Noumenon, Intelligibel. Man muß beachten, „daß hinter den Erscheinungen doch die Sachen an sich selbst (obzwar verborgen) zugrunde liegen müssen, von deren Wirkungsgesetzen man nicht verlangen kann, daß sie mit denen einerlei sein sollten, unter denen die Erscheinungen stehen", ibid. V. d. äußersten Grenze .. (III 90). Eberhard erklärt (namentlich gegen Kant): „Wir mögen wählen, welches wir wollen — so kommen wir auf Dinge an sich." Darauf Kant: „Nun ist ja das eben die beständige Behauptung der Kritik; nur daß sie diesen Grund des Stoffes sinnlicher Vorstellungen nicht selbst wiederum in Dinge als Gegenstände der Sinne, sondern in etwas Übersinnliches setzt, was jenen zugrunde liegt und wovon wir keine Erkenntnis haben können. Sie sagt: die Gegenstände, als Dinge an sich, geben den Stoff zu empirischen Anschauungen (sie enthalten den Grund, das Vorstellungsvermögen seiner Sinnlichkeit gemäß zu bestimmen), aber sie sind nicht der Stoff derselben", Üb. e. Entdeck. 1. Abs. C (V 3, 36).

„Man soll eigentlich nicht sagen, Gott hat die Erscheinungen erschaffen, sondern: Dinge, die wir nicht kennen, denen aber eine Sinnlichkeit in uns korrespondierend angeordnet. Die Dinge an sich können wir uns nur als denkende Wesen vorstellen; denn sonst haben wir keine Bestimmungen, die von der Erscheinung unterschieden wären", N 5981. „Es ist eine notwendige Hypothesis des theoretischen und praktischen Gebrauchs der Vernunft im Ganzen unserer Erkenntnis, folglich in Beziehung auf alle Zwecke und eine intelligible Welt, anzunehmen, daß eine intelligible Welt der sensiblen zugrunde liege, wovon die Seele als Intelligenz das subjektive Urbild, eine ursprüngliche Intelligenz aber die Ursache sei; d. i. so wie das Noumenon in uns zu den Erscheinungen, so verhalte sich die oberste Intelligenz in Ansehung des mundus intelligibilis. Denn die Seele enthält wirklich die Bedingung aller möglichen Erscheinungen in sich, und in ihr könnten alle, wenn nur zu Anfang die Data gegeben wären, a priori bestimmt werden", N 5109.

„Wenn wir unter den Dingen der Welt auch nach Vernunft tätige antreffen, so sind diese selbst sofern nicht Erscheinungen; denn Vernunft als Ursache ist kein Objekt der Erscheinung, auch dadurch nicht bestimmt, folglich sofern frei vom Mechanism der Natur; aber doch, was die Erscheinung ihrer Wirkungen betrifft, wirksam nach dem Mechanism der Natur", N 5975.

Das D. a. s. ist „ein Gedankending (ens rationis)" „der Verknüpfung des mannigfaltigen Ganzen zur Einheit, zu welcher sich das Subjekt selbst konstituiert". „Der Gegenstand an sich = x ist das Sinnenobjekt an sich selbst, aber nicht als ein anderes Objekt, sondern eine andere Vorstellungsart", Altpreuß. Mth. XIX 573. „Das D. a. s. ist nicht ein anderes Objekt, sondern eine andere Art, sich selbst zum Objekt zu machen, nicht obiectum noumenon, sondern der Akt des Verstandes, der das Objekt der Sinnenanschauung zum bloßen Phänomen macht, ist das intelligible Objekt" (ibid.). Das D. a. s. ist „bloß Gedankending" (S. 577 f.). Der Gegenstand an sich = x ist „nicht ein besonderes außer meiner Vorstellung existierendes Objekt", sondern nur die Idee der Abstraktion vom Sinnlichen; es ist „notwendig denkbar", aber nicht ein wirkliches Ding, XXI 549. Das D. a. s. ist ein „Gedankenwesen" (S. 552), „ein Begriff der absoluten Position", „bloß eine Idee" (S. 551 ff.). Es ist „nicht ein außer der Vorstellung gegebener Gegenstand", sondern bloß die Position eines Gedankendinges, welches dem Objekt korrespondierend gedacht wird (S. 555), „kein existierendes Wesen", sondern „bloß ein Prinzip" (S. 557). Es dient nur, „um das Objekt der Anschauung als Erscheinung zum Gegensatz vorzustellen", steht nur „wie eine Ziffer" da (S. 559 f.). Es bedeutet nur den „negativen Standpunkt", aus welchem der Gegenstand der Anschauung betrachtet wird, es ist ein „reiner Verhältnisbegriff" (S. 564), eine „besondere Beziehung" (S. 566), eine „Vernunftvorstellung", „das durch den Verstand gedachte Objekt in der Erscheinung" (S. 567 f.). Das Noumenon ist „nicht ein besonderes Ding, sondern ein Akt des Verstandes = x", „der außer dem Verstande gar nichts als bloß ein Objekt überhaupt ist und nur im Subjekt selbst ist" (S. 599). Der Unterschied zwischen Erscheinung und D. a. s. ist „nicht ein Unterschied der Objekte", sondern nur ein „szientifischer (idealer) für das Subjekt", aus einem verschiedenen „Gesichtspunkt" (S. 567, 585). Vgl. Erscheinung, Übersinnlich, Noumenon, Idee, Transzendent, Objekt, Affektion, Erkenntnis, Inneres, Wesen, Natur, Materie, Seele, Mensch, Charakter, Freiheit, Ich, Analogie, Außenwelt, Körper, Gott, Vernunft, Intelligible Welt, Intelligibel, Antinomie, Idealismus, Kritizismus.

Ding an sich, empirisches. „Wenn wir ... sagen: die Sinne stellen uns die Gegenstände vor, wie sie erscheinen, der Verstand aber, wie sie sind, so ist das letztere nicht in transzendentaler, sondern bloß empirischer Bedeutung zu nehmen, nämlich wie sie als Gegenstände der Erfahrung im durchgängigen Zusammenhange der Erscheinungen müssen vorgestellt werden, und nicht nach dem, was sie außer der Beziehung auf mögliche Erfahrung und folglich auf Sinne überhaupt, mithin als Gegenstände des reinen Verstandes sein mögen. Denn dieses wird uns immer unbekannt bleiben, sogar, daß es auch unbekannt bleibt, ob eine solche transzendentale (außerordentliche) Erkenntnis überall möglich sei, zum wenigsten als eine solche, die unter unseren gewöhnlichen Kategorien steht. Verstand und Sinnlichkeit können bei uns nur in Verbindung Gegenstände bestimmen", KrV tr. Anal. 2. B. 3. H. (I 288f.—Rc 352f.). Vgl. Inneres, Physik.

Disjunktive Urteile. Das disjunktive Urteil enthält „ein Verhältnis zweier oder mehrerer Sätze gegeneinander, aber nicht der Abfolge, sondern der logischen Entgegensetzung, sofern die Sphäre des einen die des anderen ausschließt, aber doch zugleich der Gemeinschaft, insofern sie zusammen die Sphäre der eigentlichen Erkenntnis ausfüllen, also ein Verhältnis der Teile der Sphäre eines Erkenntnisses, da die Sphäre eines jeden Teils ein Ergänzungsstück der Sphäre des andern zu dem ganzen Inbegriff der eingeteilten Erkenntnis ist". Diese Gemeinschaft der Erkenntnis besteht darin, „daß sie sich wechselseitig einander ausschließen, aber dadurch doch im Ganzen die wahre Erkenntnis bestimmen, indem sie zusammengenommen den ganzen Inhalt einer einzigen gegebenen Erkenntnis ausmachen", KrV tr. Anal. 1. B. 1. H. 2. Abs. (I 125—Rc 145). Beide Sätze im disjunktiven Urteil sind für sich problematische Urteile, ibid. (I 126—Rc 145). „Ein Urteil ist disjunktiv, wenn die Teile der Sphäre eines gegebenen Begriffes einander in dem Ganzen oder zu einem Ganzen als Ergänzungen (complementa) bestimmen." Die Form dieser Urteile besteht in der Disjunktion, „d. h. in der Bestimmung des Verhältnisses der verschiedenen Urteile, als sich wechselseitig einander ausschließender und einander ergänzender Glieder der ganzen Sphäre der eingeteilten Erkenntnis". „Alle disjunktiven Urteile stellen also verschiedene Urteile als in der Gemeinschaft einer Sphäre vor und bringen jedes Urteil nur durch die Einschränkung des anderen in Ansehung der ganzen Sphäre hervor", Log. §§ 27 f. (IV 116 f.). Vgl. Idee, Gemeinschaft, Wechselwirkung.

Disjunktive Schlüsse haben als Major ein disjunktives Urteil (s. d.), KrV tr. Dial. Einl. II B (I 322—Rc 389); vgl. Log. § 77 (IV 143).

Diskursiv. „Die Erkenntnis durch Begriffe heißt diskursiv, die in der Anschauung intuitiv; in der Tat wird zu einer Erkenntnis beides miteinander verbunden erfordert, sie wird aber von dem benannt, worauf als den Bestimmungsgrund desselben ich jedesmal vorzüglich attendiere", Fortschr. d. Metaph. Beilag. I 2. Abs. (V 3, 156). Der Verstand ist ein „diskursives Vorstellungsvermögen oder ein solches, was durch ein Merkmal, das mehreren Dingen gemein ist (von deren Unterschiede ich also im Denken abstrahieren muß), mithin nicht ohne Beschränkung des Subjektes möglich ist", V.e. vorn. Ton 5. Anm. (V 4, 16). „Die menschliche Erkenntnis ist von seiten des Verstandes diskursiv; d. h. sie geschieht durch Vorstellungen, die das, was mehreren Dingen gemein ist, zum Erkenntnisgrunde machen, mithin durch Merkmale als solche", Log. Einl. VIII (IV 64). Die Erkenntnis eines jeden, wenigstens des menschlichen Verstandes ist „eine Erkenntnis durch Begriffe, nicht intuitiv sondern diskursiv", KrV tr. Anal. 1. B. 1. H. 1. Abs. (I 120—Rc 139). Die „spezifische Natur unseres Verstandes" besteht darin, „alles diskursiv, d. i. durch Begriffe, mithin auch durch lauter Prädikate zu denken . . .", Prol. § 46 (III 99). Vgl. Verstand (anschauender), Denken, Anschauung (intellektuelle), Zweck, Raum, Zeit.

Disposition s. Anlage.

Distributiv ist die Einheit der Verstandeserkenntnis, im Gegensatz zu der kollektiven Einheit, die von der Vernunft geschaffen wird, KrV tr. Dial. 2. B. 3. H. 2. Abs. (I 505—Rc 642); vgl. Anh. zur tr. Dial. (I 549—Rc 691). Vgl. Idee, Vernunft, System.

Disziplin. Die D. oder „Kultur der Zucht" „besteht in der Befreiung des Willens von dem Despotism der Begierden", KU § 83 (II 301). Die D. der Neigungen darf nicht übertrieben, sie muß mit Frohsinn verbunden sein, MST §§ 29, 53 (III 308, 352). Vgl. Kultur.

Disziplin der reinen Vernunft. „Man nennt den Zwang, wodurch der beständige Hang, von gewissen Regeln abzuweichen, eingeschränkt und endlich vertilgt wird, die Disziplin." Nicht bloß das Temperament, das Talent usw. bedarf einer Disziplin, auch die Vernunft („der es eigentlich obliegt, allen anderen Bestrebungen ihre Disziplin vorzuschreiben"). Durch diese Disziplin muß die (spekulative) Vernunft vor dem leichtsinnigen Spiel mit Einbildungen statt Begriffen und mit Worten statt Sachen bewahrt werden. Nicht in ihrem „empirischen", nur in ihrem versuchten „transzendentalen Gebrauche" bedarf die Vernunft „einer Disziplin, die ihren Hang zur Erweiterung über die engen Grenzen möglicher Erfahrung bändige und sie von Ausschweifung und Irrtum abhalte". Die ganze Kritik (s. d.) oder Philosophie der reinen Vernunft hat es bloß mit diesem negativen Nutzen zu tun. „Einzelnen Verirrungen kann durch Zensur, und den Ursachen derselben durch Kritik abgeholfen werden. Wo aber, wie in der reinen Vernunft, ein ganzes System von Täuschungen und Blendwerken angetroffen wird, die unter sich wohl verbunden und unter gemeinschaftlichen Prinzipien vereinigt sind, da scheint eine ganz eigene, und zwar negative Gesetzgebung erforderlich zu sein, welche unter dem Namen einer Disziplin aus der Natur der Vernunft und der Gegenstände ihres reinen Gebrauchs gleichsam ein System der Vorsicht und Selbstprüfung errichte, vor welchem kein falscher vernünftelnder Schein bestehen kann, sondern sich sofort, unerachtet aller Gründe seiner Beschönigung, verraten muß." Diese Disziplin geht (in der Methodenlehre) nicht auf den Inhalt, sondern auf die „Methode" (s. d.) der Erkenntnis aus reiner Vernunft, KrV tr. Meth. 1. H. (I 597 f.—Rc 741 ff.).

Dogma. Ein „Dogma" (als Unterart apodiktischer Sätze) ist „ein direktsynthetischer Satz aus Begriffen". Nur Urteile „aus Begriffen", nicht die „aus der Konstruktion der Begriffe" (s. Mathematik) können „dogmatisch" heißen. Im spekulativen Gebrauche der reinen Vernunft gibt es dem Inhalte nach keine Dogmen (Dogmata, „Lehrsprüche"). Die Grundsätze (s. d.) der reinen Vernunft sind keine Dogmen, sondern sind beweisbar durch die Möglichkeit der Erfahrung, welche diese Grundsätze bedingen. Die Methode der Philosophie soll nicht eine „dogmatische", aber eine „systematische" sein, KrV tr. Meth. 1. H. 1. Abs. 3. (I 616 f.—Rc 762 ff.).

Dogmatik, ethische, ist ein Teil der ethischen Elementarlehre, MST Einl. XIX (III 258).

Dogmatisch: 1. entschieden, aus einem Prinzip streng beweisend; 2. ohne Kritik behauptend, ohne Erkenntniskritik etwas aufstellend. Dogmatisch ist die „entschiedene" im Unterschiede von der „zetetischen" (forschenden) Lehrart, Nachr. von d. Einricht. s. Vorles. 1765—66 (VI 153). D. heißt: „aus sicheren Prinzipien a priori strenge beweisend", wie es die Kritik der reinen Vernunft als strenge Wissenschaft tun muß, ohne deshalb dem „Dogmatismus" (s. d.) zu huldigen, KrV Vorr. z. 2. A. (I 40—Rc 35 f.). Innerhalb der Erfahrung kann die Vernunft „dogmatisch" verfahren, indem sie der Natur Gesetze (s. d.) vorschreibt, Fortschr. d. Metaph. 1. Abt. Von dem Umfange ... (V 3, 100). Eine „theoretisch-dogmatische" (transzendente) Metaphysik (s. d.) ist unmöglich, wohl aber vermag man zu „praktisch-dogmatischen" Bestimmungen des Übersinnlichen zu gelangen. „Wir verfahren mit einem Begriffe (wenn er gleich empirisch bedingt sein sollte) dogmatisch, wenn wir ihn als unter einem anderen Begriffe des Objekts, der ein Prinzip der Vernunft ausmacht, enthalten betrachten und ihn diesem gemäß bestimmen. Wir verfahren aber mit ihm bloß kritisch, wenn wir ihn nur in Beziehung auf unser Erkenntnisvermögen, mithin auf die subjektiven Bedingungen, ihn zu denken, betrachten, ohne es zu unternehmen, über sein Objekt etwas zu entscheiden", KU § 74 (II 260). „Der dogmatische Einwurf ist, der wider einen Satz, der kritische, der wider den Beweis eines Satzes gerichtet ist", KrV 1. A. tr. Dial. 2. B. 1. H. Betrachtung über die Summe ... (I 757—Rc 478). Vgl. Zweckmäßigkeit, Beweis, Idealismus, Spekulation, Dogma.

„Es gibt Begriffe, welche für die Vernunft problematisch, andere, die dogmatisch sind", N 3998. Vgl. Dogmatismus.

Dogmatismus. Der „D. der Metaphysik, d. i. das Vorurteil, in ihr ohne Kritik der reinen Vernunft fortzukommen", ist „die wahre Quelle alles der Moralität widerstreitenden Unglaubens, der jederzeit gar sehr dogmatisch ist". Die Kritik (s. d.) der reinen Vernunft wendet sich gegen das leere metaphysische „Vernünfteln"; ferner ist sie ein Bollwerk gegen alle Einwürfe wider Sittlichkeit und Religion. Die „arroganten Ansprüche der Schulen", die sich gegenüber der Menge einer höheren Einsicht rühmen, werden durch die Kritik herabgesetzt, KrV Vorr. z. 2. A. (I 37 ff.—Rc 32 ff.). Die Kritik ist aber nicht dem „dogmatischen Verfahren der Vernunft" entgegengesetzt, denn diese muß jederzeit „dogmatisch, d. i. aus sicheren Prinzipien a priori strenge beweisend sein", sondern nur dem „Dogmatismus, d. i. der Anmaßung, mit einer reinen Erkenntnis aus Begriffen (der philosophischen), nach Prinzipien, so wie sie die Vernunft längst im Gebrauche hat, ohne Erkundigung der Art und des Rechts, wodurch sie dazu gelangt ist, allein fortzukommen. D. ist also das dogmatische Verfahren der reinen Vernunft, ohne vorangehende Kritik ihres eigenen Vermögens". Im künftigen System der Metaphysik (s. d.) müssen wir aber „der strengen Methode des berühmten Wolf, des größten unter allen dogmatischen Philosophen, folgen", nämlich was die Gründlichkeit betrifft. Denn die Philosophie muß Wissenschaft sein, man darf nicht „Arbeit in Spiel, Gewißheit in Meinung und Philosophie in Philodoxie" verwandeln, ibid. (I 40 f.—Rc 35 ff.).

Mendelssohn dachte wohl nicht daran, „daß das Dogmatisieren mit der reinen Vernunft im Felde des Übersinnlichen der gerade Weg zur philosophischen Schwärmerei sei, und daß nur Kritik ebendesselben Vernunftvermögens diesem Übel gründlich abhelfen könne", Was heißt: s. i. D. or.? 3. Anm. (V 2, 153). „Unter dem Dogmatismus der Metaphysik versteht diese . . . das allgemeine Zutrauen zu ihren Prinzipien ohne vorhergehende Kritik des Vernunftvermögens selbst bloß um ihres Gelingens willen", Üb. e. Entdeck. 2. Abs. (V 3, 49). Weil die apriorischen Grundsätze der Möglichkeit der Erfahrung, „wenn die Kritik sie nicht vorher als solche wohl gesichert hat, leicht für Grundsätze, welche weiter als bloß für Gegenstände der Erfahrung gelten, gehalten werden, so entspringt ein D. in Ansehung des Übersinnlichen", ibid. 1. Anm. (V 3, 40). Der D. ist „ein blindes Vertrauen . . . auf das Vermögen der Vernunft, ohne Kritik sich a priori durch bloße Begriffe zu erweitern, bloß um des scheinbaren Gelingens derselben", Log. Einl. X (IV 93). „Ich fand allmählich, daß viele von den Sätzen, die wir als objektiv ansehen, in der Tat subjektiv seien, d. i. die conditiones enthalten, unter denen wir allein den Gegenstand einsehen und begreifen. Allein dadurch wurde ich zwar vorsichtig, aber nicht unterrichtet. Denn da es doch wirklich Erkenntnisse a priori gibt, die nicht lediglich analytisch sind, sondern unsere Erkenntnis erweitern, so fehlete mir eine unter Regeln gebrachte Kritik der reinen Vernunft, vor allem aber ein Kanon derselben; denn ich glaubte noch immer die Methode zu finden, die dogmatische Erkenntnis durch reine Vernunft zu erweitern. Hierzu bedurfte ich nun der Einsicht, wie überhaupt eine Erkenntnis a priori möglich sei", N 5116. Vgl. Kritizismus, Idee, Erscheinung, Ding an sich, Paralogismen, Dialektik, Antinomie.

Dogmen s. Religion, Glaube, Christentum, Bibel, Theologie.

Doktrin s. Urteilskraft.

Dreieinigkeit. „Es liegt uns nicht sowohl daran, zu wissen, was Gott an sich selbst (seine Natur) sei, sondern was er für uns als moralisches Wesen sei; wiewohl wir zum Behuf dieser Beziehung die göttliche Naturbeschaffenheit so denken und annehmen müssen, als es zu diesem Verhältnisse in der ganzen zur Ausführung seines Willens erforderlichen Vollkommenheit nötig ist . . ." „Diesem Bedürfnisse der praktischen Vernunft gemäß ist nun der allgemeine wahre Religionsglaube der Glaube an Gott, 1. als den allmächtigen Schöpfer Himmels und der Erden, d. i. moralisch als heiligen Gesetzgeber, 2. an ihn, den Erhalter des menschlichen Geschlechts, als gütigen Regierer und moralischen Versorger desselben, 3. an ihn, den Verwalter seiner eigenen heiligen Gesetze, d. i. als gerechten Richter." „Dieser Glaube enthält eigentlich kein Geheimnis, weil er lediglich das moralische Verhalten Gottes zum menschlichen Geschlechte ausdrückt; auch bietet er sich aller menschlichen Vernunft von selbst dar und wird daher in der Religion der meisten gesitteten Völker angetroffen. Er liegt in dem Begriffe eines Volkes als eines gemeinen Wesens, worin eine solche dreifache obere Gewalt (pouvoir) jederzeit gedacht werden muß, nur daß dieses hier als ethisch vorgestellt wird." Die „Weltregierung" wird nach der Analogie einer Volksregierung gedacht. Der tiefere Sinn dieser Anschauung ist: „Gott will in einer dreifachen spezifisch verschiedenen moralischen Qualität gedient sein, für welche die Benennung der verschiedenen (nicht physischen, sondern moralischen) Persönlichkeit eines und desselben Wesens kein unschicklicher Ausdruck ist". Dieser Glaube ist als „Vorstellung einer praktischen Idee" unanfechtbar; als Lehre aber von dem, „was Gott an sich selbst sei", wäre er ein unbegreifliches Geheimnis und ein Bekenntnis zu einem „den Menschen ganz unverständlichen und, wenn sie es zu verstehen meinen, anthropomorphistischen Symbol eines Kirchenglaubens", Rel. 3. St. Allg. Anmerk. (IV 161 ff.). Das höchste Ziel moralischer Vollkommenheit endlicher Gesetze ist „die Liebe des Gesetzes". Dieser Idee gemäß ist Gott die Liebe; „in ihm kann man den Liebenden (mit der Liebe des moralischen Wohlgefallens an Menschen, sofern sie seinem heiligen Gesetze adäquat sind), den Vater; ferner in ihm, sofern er sich in seiner alles erhaltenden Idee, den von ihm selbst gezeugten und geliebten Urbilde der Menschheit darstellt, seinen Sohn; endlich auch, sofern er dieses Wohlgefallen auf die Bedingungen der Übereinstimmung der Menschen mit der Bedingung jener Liebe des Wohlgefallens einschränkt und dadurch als auf Weisheit gegründete Liebe beweist, den heiligen Geist verehren; eigentlich aber nicht in so vielfacher Persönlichkeit anrufen (denn das würde eine Verschiedenheit der Wesen andeuten, er ist aber immer nur ein einiger Gegenstand), wohl aber im Namen des von ihm selbst über alles verehrten, geliebten Gegenstandes, mit dem es Wunsch und zugleich Pflicht ist, in moralischer Vereinigung zu stehen", ibid. (IV 169 f.). Der heilige Geist, „durch welchen die Liebe Gottes als Seligmachers (eigentlich unsere dieser gemäße Gegenliebe) mit der Gottesfurcht vor ihm als Gesetzgeber, d. i. das Bedingte mit der Bedingung vereinigt wird, welcher also ‚als von beiden ausgehend' vorgestellt werden kann", ist zugleich „der eigentliche Richter der Menschen (vor ihrem Gewissen)", ibid. 6. Anm. (IV 169). —„Aus der Dreieinigkeitslehre, nach den Buchstaben genommen, läßt sich schlechterdings nichts fürs Praktische machen, wenn man sie gleich zu verstehen glaubte, noch weniger aber, wenn man inne wird, daß sie gar alle unsere Begriffe übersteigt." Aus der Mehrheit göttlicher Personen folgt theoretisch nichts für den Lebenswandel; nur, wenn in die Lehre ein moralischer Sinn gelegt wird, erhält der Glaube Beziehung auf unsere moralische Bestimmung, Str. d. Fak. 1. Abs. II. Anh. II Philos. Grundsätze . . . (V 4, 80); vgl. Gott, Christentum.

Druck. Der D. ist „nicht eine unendlich kleine Bewegung, sondern der Anfang der Bewegung als eine Ursache derselben", ein Moment, welches lebendige Kraft erzeugt, nicht aber ein Teil dieser, N 57; vgl. Gedanken v. d. wahren Schätzung d. lebend. Kräfte, §§ 15 f. (VII 29 f.); vgl. §§ 90 f. Ein ruhender Körper übt einen „toten Druck" aus, der von der lebendigen Kraft ganz unterschieden ist, ibid. § 132 (VII 183). Vgl. Kraft.

Dualismus. Im Gegensatz zum (empirischen) „Idealismus" (s. d.) ist der „Dualismus" „die Behauptung einer möglichen Gewißheit von Gegenständen äußerer Sinne", KrV 1. A. tr. Dial. 2. B. 1. H. 4. Paralogismus (I 742—Rc 449). Der „transzendentale" Idealist kann ein „empirischer Realist", also ein „Dualist" sein, d. h. „die Existenz der Materie einräumen", ibid. (I 744—Rc 453).

Der Dualismus von Materie und Geist (Seele, denkendes Wesen) gilt nur „im empirischen Verstande", d. h.: „in dem Zusammenhange der Erfahrung ist wirklich Materie, als Substanz in der Erscheinung, dem äußeren Sinne, so wie das denkende Ich, gleichfalls als Substanz in der Erscheinung, vor dem inneren Sinne gegeben, und nach den Regeln, welche diese Kategorie in den Zusammenhang unserer äußeren sowohl als inneren Wahrnehmungen zu einer Erfahrung hineinbringt, müssen auch beiderseits Erscheinungen unter sich verknüpft werden". Im „transzendentalen Verstande" aber hat der Dualismus keine Geltung, ebensowenig wie der Pneumatismus (Spiritualismus) und Materialismus, „indem man alsdann die Bestimmung seiner Begriffe verfehlte, und die Verschiedenheit der Vorstellungsart von Gegenständen, die uns nach dem, was sie an sich sind, unbekannt bleiben, für eine Verschiedenheit dieser Dinge selbst hält. Ich, durch den inneren Sinn in der Zeit vorgestellt, und Gegenstände im Raume außer mir sind zwar spezifisch ganz unterschiedene Erscheinungen, aber dadurch werden sie nicht als verschiedene Dinge gedacht. Das transzendentale Objekt, welches den äußeren Erscheinungen, imgleichen das, was der inneren Anschauung zum Grunde liegt, ist weder Materie noch ein denkend Wesen an sich selbst, sondern ein uns unbekannter Grund der Erscheinungen, die den empirischen Begriff von der ersten sowohl als zweiten Art an die Hand geben." Materie und Seele sind keine Dinge an sich, sondern nur „die Erscheinung eines Dinges überhaupt", ibid. (I 750 f.—Rc 465 ff.); vgl. Identitätstheorie.

Betreffs der künftigen Ewigkeit gibt es zwei Systeme: „eines, das der Unitarier, derselben, welche allen Menschen (durch mehr oder weniger lange Büßungen gereinigt) die ewige Seligkeit; das andere, das der Dualisten, welche einigen Auserwählten die Seligkeit, allen Übrigen aber die ewige Verdammnis zusprechen". Der Dualismus (aber nur unter einem guten Urwesen) in rein „praktischer Absicht" hat für jeden Menschen, wie er sich selbst (nicht andere) zu richten hat, einen überwiegenden Grund, Ende a. D. (VI 159 f.).

Duell. „Dem Duell durch die Finger zu sehen, ist ein vom Staatsoberhaupt nicht wohl überdachtes schreckliches Prinzip; denn es gibt auch Nichtswürdige, die ihr Leben aufs Spiel setzen, um etwas zu gelten, und die, für die Erhaltung des Staats etwas mit ihrer eigenen Gefahr zu tun, gar nicht gemeint sind", Anthr. § 77 (IV 194); vgl. MSR 1. Abs. Allg. Anmerk. E I (III 164 f.) vgl. N 1084.

Dummheit. D. ist „Mangel an Urteilskraft". Einem solchen Gebrechen ist nicht abzuhelfen, KrV tr. Anal. 2. B. Einl. Anm. (I 179—Rc 234). D. ist „Mangel an Urteilskraft ohne Witz". Anthr. § 46 (IV 117). Vgl. N 506—523.

Dynamik s. Bewegungslehre, Kraft.

Dynamisch s. Grundsätze, Kategorie, Materie, Erhaben.

Dynamismus. Die Materie (s. d.) hat ihr Wesen in dem Zusammenwirken zweier Grundkräfte. Die Verschiedenheit der Dichte der Materie beruht auf der „Verschiedenheit in der Verbindung der ursprünglichen Kräfte der Zurückstoßung und Anziehung". Die „dynamische Naturphilosophie" erklärt die spezifische Verschiedenheit der Materie „aus Materien, nicht als Maschinen, d. i. bloßen Werkzeugen äußerer bewegenden Kräfte, sondern ihnen ursprünglich eigenen bewegenden Kräften der Anziehung und Zurückstoßung", Anfangsgr. d. Naturw. 2. H. Allg. Anmerk. 4. (VII 277 f.). Die Materie erfüllt den Raum (s. d.) nicht durch absolute Undurchdringlichkeit, sondern „durch repulsive Kraft, die ihren Grad hat, der in verschiedenen Materien verschieden sein kann". ibid. (VII 279). Vgl. Kraft.

E.

Edel ist im eigentlichen Sinne ein seinen Grundsätzen nachdrücklich nachgehendes Gemüt; im übertragenen Sinne heißen „edel" auch Sachen, wenn sie Bewunderung erregen, wenn Ideen in ihrer Darstellung unabsichtlich zum ästhetischen Wohlgefallen zusammenstimmen, KU § 29 Allg. Anmerk. (II 120). Vgl. Apathie, Erhaben.

Edukt. Die biologische „Evolutionstheorie" (s. d.) betrachtet jedes von seinesgleichen gezeugte organische Wesen als entfaltet, als „E.", Entfaltung (nicht „Produkt") desselben, KU § 81 (II 290).

Egoismus. „Der Egoism kann dreierlei Anmaßungen enthalten: die des Verstandes, des Geschmacks und des praktischen Interesses, d. i. er kann logisch oder ästhetisch oder praktisch sein." „Der logische Egoist hält es für unnötig, sein Urteil auch am Verstande anderer zu prüfen; gleich als ob er dieses Probiersteins (criterium veritatis externum) gar nicht bedürfe" (vgl. Wahrheit). „Der ästhetische Egoist ist derjenige, dem sein eigener Geschmack schon genügt." „Endlich ist der moralische Egoist der, welcher alle Zwecke auf sich selbst einschränkt, der keinen Nutzen worin sieht, als in dem, was ihm nützt, auch wohl als Eudämonist bloß im Nutzen und der eigenen Glückseligkeit, nicht in der Pflichtvorstellung den obersten Bestimmungsgrund seines Willens setzt." „Dem Egoism kann nur der Pluralism entgegengesetzt werden, d. i. die Denkungsart: sich nicht als die ganze

Welt in seinem Selbst befassend, sondern als einen bloßen Weltbürger zu betrachten und zu verhalten", Anthr. § 2 (IV 13 ff.). E. ist der „Hang, sich selbst genug zu sein", Lose Bl. D 13, vgl. N 1472. Alle eudämonistische Moral läuft auf E. hinaus (vgl. Glückseligkeit). Doch gibt es auch Pflichten (s. d.) gegen sich selbst; es besteht die Forderung der Erhaltung und Förderung der Menschlichkeit, Persönlichkeit nicht bloß in anderen, sondern auch in uns. Vgl. Selbstsucht, Kultur, Gesellschaft.

Ehe. Die E. ist die „Verbindung zweier Personen verschiedenen Geschlechts zum lebenswierigen wechselseitigen Besitz ihrer Geschlechtseigenschaften". Die eine Person kann sich hier (im Geschlechtsgenuß) nur unter der Bedingung zur Sache machen, daß die andere sich ihr ebenfalls als solche gibt; denn nur so gewinnt sie wieder ihre Persönlichkeit. Das Verhältnis der Verehlichten ist ein Verhältnis der Gleichheit des Besitzes sowohl der Personen als der Güter, MSR §§ 24—26 (III 91 ff.); vgl. Anh. 2—3 (III 190 ff.). In der E. liegt ein „auf dingliche Art persönliches Recht" vor. Vgl. Frau.

Ehrsucht. E. ist die Leidenschaft und Schwäche der Menschen, wegen der man auf sie durch ihre Meinung Einfluß haben kann. „Sie ist nicht Ehrliebe, eine Hochschätzung, die der Mensch von anderen wegen seines inneren (moralischen) Wertes erwarten darf, sondern Bestreben nach Ehrenruf, wo es am Schein genug ist", Anthr. 1. T. § 85 (IV 211); vgl. über „Ehre" Lose Bl. E 70, N 1370 f., 1084, vgl. Kultur.

Eid. „Das Erpressungsmittel der Wahrhaftigkeit in äußeren Aussagen" ist der E., dessen Notwendigkeit infolge der Lügenhaftigkeit der Menschen besteht, so traurig es ist, daß man seiner bedarf. — Ein „innerer" E. kann (als „Versuch, ob das Fürwahrhalten auch die Probe einer inneren eidlichen Abhörung des Bekenntnisses aushalte") dazu gebraucht werden, „die Vermessenheit dreister, zuletzt auch wohl äußerlich gewaltsamer Behauptungen, wo nicht abzuhalten, doch wenigstens stutzig zu machen". Nach dieser „inneren Eidesdelation" würde man sich also etwa selbst fragen: getrauest du dir wohl, bei allem, was dir teuer und heilig ist, dich für die Wahrheit eines Glaubenssatzes (etwa an Gott) zu verbürgen? Bei einer solchen Zumutung wird das Gewissen zur Wahrhaftigkeit (s. d.) aufgerüttelt, Theodiz. Schlußanmerk. 1. Anm. (VI 150 f.).

„Juro: i. e. per Deum testem affirmo. Dadurch weiß ich nicht, daß Gott sei schlechthin. Ich nehme es auf mein Gewissen, wenn ich unwahr spreche, ein Lügner zu heißen", Altpreuss. Mth. XXI 414. „Bei Gott schwören, ohne sein Dasein einzuräumen, bedeutet nichts weiter als gewissenhafte Beteuerung", ibid. 416.

Eigendünkel. E. ist die Selbstsucht des Wohlgefallens an sich selbst, „eine unbillige Anmaßung, die man auf das Verdienst macht", E. Vorles. üb. Ethik ed. Menzer S. 168. Die reine praktische Vernunft schlägt den Eigendünkel nieder, „indem alle Ansprüche der Selbstschätzung, die vor der Übereinstimmung mit dem sittlichen Gesetze vorhergehen, nichtig und ohne alle Befugnis sind, indem eben die Gewißheit einer Gesinnung, die mit diesem Gesetze übereinstimmt, die erste Bedingung alles Wertes der Person ist . . . und alle Anmaßung vor derselben falsch und gesetzwidrig ist". E. ist die Selbstliebe, welche sich „gesetzgebend und zum unbedingten praktischen Prinzip macht". Das moralische Gesetz tut unserem E. Abbruch, es demütigt uns zunächst, KpV 1. B. 3. H. (II 95 f.; vgl. 100, 107 ff., 111). Vgl. Achtung, Demut.

Eigenschaft s. Merkmal, Qualität, Erscheinung, Ding an sich.

Eigentum. Das „rechtlich Meine (meum iuris)" ist „dasjenige, womit ich so verbunden bin, daß der Gebrauch, den ein anderer ohne meine Einwilligung von ihm machen möchte, mich lädieren würde. Die subjektive Bedingung der Möglichkeit des Gebrauchs überhaupt ist der Besitz." „Etwas Äußeres aber würde nur dann das Meine sein, wenn ich annehmen darf, es sei möglich, daß ich durch den Gebrauch, den ein anderer von einer Sache macht, in deren Besitz ich doch nicht bin, gleichwohl doch lädiert werden könne. — Also widerspricht es sich selbst, etwas Äußeres als das Seine zu haben, wenn der Begriff des Besitzes nicht einer verschiedenen Bedeutung, nämlich des sinnlichen und des intelligibelen Besitzes, fähig wäre, und unter dem einen der physische, unter dem anderen ein bloß rechtlicher Besitz ebendesselben Gegenstandes verstanden werden könnte", MSR § 1 (III 51). Ein „rechtliches Postulat der praktischen Vernunft" lautet: „Es ist möglich, einen jeden äußeren Gegenstand meiner Willkür als das Meine zu haben; d. i.: eine Maxime, nach welcher, wenn sie Gesetz würde, ein Gegenstand der Willkür an sich (objektiv) herrenlos (res nullius) werden müßte, ist rechtswidrig", ibid. § 2 (III 52). „Der äußeren Gegenstände meiner Willkür können nur drei sein: 1. eine (körperliche) Sache außer mir, 2. die Willkür eines anderen zu einer bestimmten Tat (praestatio), 3. der Zustand eines anderen im Verhältnis auf mich", ibid. § 4 (III 54). Der Nominaldefinition nach ist das äußere Meine „dasjenige außer mir, an dessen mir beliebigem Gebrauch mich zu hindern, Läsion (Abbruch an meiner Freiheit, die mit der Freiheit von jedermann nach einem allgemeinem Gesetze zusammen bestehen kann) sein würde". Die Sachdefinition lautet: „Das äußere Meine ist dasjenige, in dessen Gebrauch mich zu stören, Läsion sein würde, ob ich gleich nicht im Besitz desselben (nicht Inhaber des Gegenstandes) bin." Der „empirische" Besitz (Inhabung) ist nur „Besitz in der Erscheinung (possessio phaenomenon)", ibid. § 5 (III 55 f.). Der Rechtssatz a priori betreffs des empirischen Besitzes ist analytisch; betreffs des intelligiblen (rechtlichen) Besitzes ist er synthetisch, ibid. § 6 (III 57). Die Möglichkeit eines solchen Besitzes (seine Deduktion) gründet sich auf das rechtliche Postulat, „daß es Rechtspflicht sei, gegen andere so zu handeln, daß das Äußere (Brauchbare) auch das Seine von irgend jemandem werden könne", ibid. (III 60). „Etwas Äußeres als das Seine zu haben, ist nur in einem rechtlichen Zustande, unter einer öffentlich-gesetzgebenden Gewalt, d. i. im bürgerlichen Zustande möglich", ibid. § 8 (III 64). Im Naturzustande kann nur ein „provisorisches" äußeres Mein und Dein statthaben. Dieser physische Besitz hat die rechtliche Präsumtion für sich, „ihn durch Vereinigung mit dem Willen aller in einer öffentlichen Gesetzgebung zu einem rechtlichen zu machen" und gilt in dieser Erwartung komparativ für einen rechtlichen, ibid. § 9 (III 65 f.); vgl. Ruhe. Durch die bürgerliche Verfassung wird jedem das Seine nur gesichert, nicht erst ausgemacht und bestimmt, ibid. Ich „erwerbe" etwas, wenn ich mache, daß etwas mein werde. „Ursprünglich mein" ist dasjenige, was auch ohne einen rechtlichen Akt mein ist. Nichts Ursprüngliches ist mein, aber es kann ursprünglich erworben sein. Das Prinzip der äußeren Erwerbung ist: „Was ich (nach dem Gesetze der äußeren Freiheit) in meine Gewalt bringe, und wovon als Objekt meiner Willkür Gebrauch zu machen ich (nach dem Postulat der praktischen Vernunft) das Vermögen habe, endlich, was ich (gemäß der Idee eines möglichen vereinigten Willens) will, es solle mein sein: das ist mein", ibid. § 10 (III 68 f.). „Die erste Erwerbung einer Sache kann keine andere als die des Bodens sein", ibid. § 12 (III 72 f.); vgl. Boden. „Der äußere Gegenstand, welcher der Substanz nach das Seine von jemandem ist, ist dessen E. (dominium), welchem alle Rechte in dieser Sache (wie Akzidenzen der Substanz) inhärieren, über welche also der Eigentümer (dominus) nach Belieben verfügen kann." Nur eine körperliche Sache kann E. sein, nicht ein Mensch, „weil er der Menschheit in seiner eigenen Person verantwortlich ist", ibid. § 17 (III 83).

Einbildung s. Einbildungskraft. E. ist „Anschauung auch ohne Gegenwart des Gegenstandes". „E. äußerer Gegenstände für Wahrnehmung zu halten (zu träumen), ist zwar möglich, aber nur unter Voraussetzung eines äußeren Sinnes, d. i. daß sich unsere äußere Anschauung auf wirklich außer uns befindliche Objekte beziehe, weil sonst alle diese Anschauungen, als im Grunde bloß innerlich, die Form und Dimension der Zeit und nicht die des Raumes haben würden, und diese Form nicht gedacht, sondern angeschauet, d. i. unmittelbar auf ein Objekt bezogen wird, wenn wir gleich nicht wissen, was dieses an sich sei, sondern nur, wie es uns erscheine. Wäre dies nicht, so würden wir auch keine E.en haben, denn diese sind nur der Form nach reproduzierte Sinnenanschauungen äußerer Gegenstände, die zwar Dichtungen sein können, aber nicht in Ansehung dessen, daß sie gar nicht äußere Gegenstände haben", Lose Bl. B 7; vgl. Idealismus, Außenwelt.

Einbildungskraft. E. ist nicht bloß Phantasie, sondern, im weiteren Sinne, die Fähigkeit, Vorstellungen auch ohne Gegenwart des Objekts zu haben. Die „reproduktive" E. verbindet die Vorstellungen nach Assoziationsgesetzen. Die „produktive" E. verbindet sie nach Regeln des Verstandes, den reinen Begriffen desselben (Kategorien) gemäß, wobei die „Synthesis" der E. schon eine Wirkung des Verstandes auf die Sinnlichkeit (zu der die E. als solche gehört) ist. Die produktive E. ist eine der subjektiven Erkenntnisquellen. Die „reine", „transzendentale" Synthesis der E. ist eine Bedingung der Möglichkeit der Erfahrung, der Möglichkeit aller Zusammensetzung des Mannigfaltigen in einer Erkenntnis. Die „transzendentale Einheit" der Synthesis der E. ist eine reine Form aller Erkenntnis. Die E. liegt schon der Wahrnehmung der Objekte zugrunde (vgl. Apprehension). Die reine E. bringt das Mannigfaltige der Anschauung mit dem Verstande in Verbindung, sie vermittelt zwischen Verstand und Sinnlichkeit (s. Schematismus).

Die Synthesis (s. d.) des Mannigfaltigen der Anschauung ist zunächst „die bloße Wirkung der E., einer blinden, obgleich unentbehrlichen Funktion der Seele, ohne die wir überall gar keine Erkenntnis haben würden, der wir uns aber selten nur einmal bewußt sind", KrV tr. Anal. § 10 (I 128—Rc 148). E. ist „das Vermögen, einen Gegenstand auch ohne dessen Gegenwart in der Anschauung vorzustellen. Da nun alle unsere Anschauung sinnlich ist, so gehört die E., der subjektiven Bedingung wegen, unter der sie allein den Verstandesbegriffen eine korrespondierende Anschauung geben kann, zur Sinnlichkeit; sofern aber doch ihre Synthesis eine Ausübung der Spontaneität ist, welche bestimmend und nicht, wie der Sinn, bloß bestimmbar ist, mithin a priori den Sinn seiner Form nach der Einheit der Apperzeption gemäß bestimmen kann, so ist die E. sofern ein Vermögen, die Sinnlichkeit a priori zu bestimmen, und ihre Synthesis der Anschauungen, den Kategorien gemäß, muß die transzendentale Synthesis der E. sein, welches eine Wirkung des Verstandes auf die Sinnlichkeit und die erste Anwendung desselben . . . auf Gegenstände der uns möglichen Anschauung ist". Sofern die E. Spontaneität ist, heißt sie „produktive E.", im Unterschiede von der „reproduktiven", deren Synthesis nicht apriorischen Verstandesgesetzen, sondern nur „empirischen Gesetzen, nämlich denen der Assoziation" unterworfen ist und rein psychologische, nicht transzendentale Bedeutung hat, ibid. § 24 (I 164f.—Rc 203ff.). Ein Produkt der „reinen E. a priori" ist das „Schema" (s. d.), welches der Kategorie Bedeutung gibt. Die E. ist eine der subjektiven Erkenntnisquellen, die alle entweder „empirisch, nämlich in der Anwendung auf gegebene Erscheinungen", betrachtet werden können, oder auch als „Elemente oder Grundlagen a priori, welche selbst diesen empirischen Gebrauch möglich machen", KrV 1. A. tr. Anal. 1. B. 2. H. 3. Abs. (I 719—Rc 200). Sie stellt die Erscheinungen empirisch in der Assoziation (s. d.) und Reproduktion vor. Es besteht eine Synthesis der Reproduktion (s. d.) in der Einbildung, eine „auf Prinzipien a priori" gegründete „reine", „transzendentale" „Synthesis der E.". Diese liegt der Möglichkeit der Erfahrung zugrunde. Diese Synthesis gehört zu den „transzendentalen Handlungen des Gemüts". Das Vermögen dazu ist das „transzendentale Vermögen der E.", ibid. 2. Abs. V. d. Synthesis der Reproduktion in der Einbildung (I 708 ff.—Rc 176 ff.). Die „reproduktive" Synthesis der E. beruht auf Bedingungen der Erfahrung, die „produktive" findet a priori statt. Die letztere, die „reine Synthesis der E." ist eine Bedingung a priori der „Möglichkeit aller Zusammensetzung des Mannigfaltigen in einer Erkenntnis". Diese Synthesis ist „transzendental", wenn sie bloß auf die Verbindung des Mannigfaltigen a priori geht; die Einheit dieser Synthesis ist transzendental, „wenn sie in Beziehung auf die ursprüngliche Einheit der Apperzeption als a priori notwendig vorgestellt wird". „Da diese letztere nun der Möglichkeit aller Erkenntnisse zum Grunde liegt, so ist die transzendentale Einheit der Synthesis der E. die reine Form aller möglichen Erkenntnis, durch welche mithin alle Gegenstände möglicher Erfahrung a priori vorgestellt werden müssen." Die

Einheit der Apperzeption in Beziehung auf die Synthesis der E. ist der Verstand (s. d.), und eben dieselbe Einheit, beziehungsweise auf die transzendentale Synthesis der E., ist der „reine Verstand", dessen Erzeugnisse, die Kategorien (s. d.), die „notwendige Einheit der reinen Synthesis der E., in Ansehung aller möglichen Erscheinungen" enthalten. Die E. ist „ein notwendiges Ingredienz der Wahrnehmung selbst". Zur Erzeugung von „Bildern" der Gegenstände gehört eben eine „Funktion der Synthesis" der Eindrücke. „Es ist also in uns ein tätiges Vermögen der Synthesis dieses Mannigfaltigen, welches wir E. nennen." Ihre unmittelbar an den Wahrnehmungen ausgeübte Handlung ist die „Apprehension" (s. d.), mit der sich die Synthesis der Reproduktion (s. d.) und Rekognition (s. d.) verbinden. Die E. als Vermögen einer Synthesis a priori heißt „produktive E.". Sofern sie nur die „notwendige Einheit in der Synthesis" der Erscheinungen zu ihrer Absicht hat, heißt diese die „transzendentale Funktion der E.". Nur vermittelst dieser ist die Affinität (s. d.) der Erscheinungen, mit ihr die Assoziation, die Reproduktion nach Gesetzen, folglich die Erfahrung selbst möglich, „weil ohne sie gar keine Begriffe von Gegenständen in eine Erfahrung zusammenfließen würden". Die Apperzeption (s. d.) erst macht die (an sich „sinnliche") Funktion der E. „intellektuell". Vermittelst der reinen E. bringen wir das „Mannigfaltige der Anschauung" mit der Bedingung der „notwendigen Einheit der reinen Apperzeption" in Verbindung. „Beide äußersten Enden, nämlich Sinnlichkeit und Verstand, müssen vermittelst dieser transzendentalen Funktion der E. notwendig zusammenhängen, weil jene sonst zwar Erscheinungen, aber keine Gegenstände eines empirischen Erkenntnisses, mithin keine Erfahrung geben würden", ibid. 3. Abs. (I 721 ff.—Rc 204 ff.).

„Die E. (facultas imaginandi), als ein Vermögen der Anschauungen auch ohne Gegenwart des Gegenstandes, ist entweder produktiv, d. i. ein Vermögen der ursprünglichen Darstellung des letzteren (exhibitio originaria), welche also vor der Erfahrung vorhergeht; oder reproduktiv, der abgeleiteten (exhibitio derivativa), welche eine vorher gehabte empirische Anschauung ins Gemüt zurückbringt. Reine Raumes- und Zeitanschauungen gehören zur ersteren Darstellung; alle übrigen setzen empirische Anschauung voraus, welche, wenn sie mit dem Begriffe vom Gegenstande verbunden und also empirische Erkenntnis wird, Erfahrung heißt. Die E., sofern sie auch unwillkürlich Einbildungen hervorbringt, heißt Phantasie. Der, welcher diese für (innere oder äußere) Erfahrungen zu halten gewohnt ist, ist ein Phantast." Die E. ist also „entweder dichtend (produktiv) oder bloß zurückrufend (reproduktiv). Die produktive aber ist dennoch darum eben nicht schöpferisch, nämlich nicht vermögend, eine Sinnenvorstellung, die vorher unserem Sinnesvermögen nie gegeben war, hervorzubringen, sondern man kann den Stoff zu derselben immer nachweisen." — Die E. unterlegt dem Verstande Stoff, um den Begriffen desselben Inhalt zur Erkenntnis zu verschaffen, Anthr. 1. T. § 28 (IV 66 ff.). — „Wir spielen oft und gern mit der E.; aber die E. (als Phantasie) spielt ebenso oft und bisweilen sehr ungelegen auch mit uns", ibid. § 31 (IV 77).

„Die produktive E. ist 1. empirisch in der Apprehension, 2. rein, aber sinnlich in Ansehung eines Gegenstandes der reinen sinnlichen Anschauung, 3. transzendental in Ansehung eines Gegenstandes überhaupt; die erstere setzt die zweite voraus und die zweite die dritte." „Die reine Synthesis der E. ist der Grund der Möglichkeit der empirischen in der Apprehension, also auch der Wahrnehmung. Sie ist a priori möglich und bringt nichts als Gestalten hervor. Die transzendentale Synthesis der E. geht bloß auf die Einheit der Apperzeption in der Synthesis des Mannigfaltigen überhaupt durch die E. Dadurch wird ein Begriff vom Gegenstande überhaupt gedacht nach den verschiedenen Arten der transzendentalen Synthesis. Die Synthesis selbst geschieht in der Zeit." Die Erscheinungen können in der Apperzeption nur vermittelst der Synthesis der Apprehension, d.i. der E., angetroffen werden, welche mit der „absoluten Einheit der Apperzeption" stimmen muß. Die Kategorien sind „Vorstellungen von Etwas (Erscheinung) überhaupt, sofern es durch transzendentale Synthesis der E. vorgestellt wird; also stehen alle Erscheinungen als Elemente möglicher Erkenntnis (Erfahrung) unter den Kategorien". Das Mannigfaltige kann „nicht durchgängig zu einer Apperzeption gehören als vermittelst einer durchgängigen Synthesis der E. und den Funktionen derselben in einem Bewußtsein. Diese transzendentale Einheit in der Synthesis der E. also ist eine Einheit a priori. unter welcher alle Erscheinungen stehen müssen", Lose Bl. B 12; vgl. N 228, 312—351. Vgl. Einheit, Schematismus, Assoziation, Apprehension, Synthese.

Im Geschmacksurteil wird die E. als „produktiv und selbsttätig (als Urheberin willkürlicher Formen möglicher Anschauungen)" betrachtet. Bei der Auffassung eines gegebenen schönen Gegenstandes der Sinne ist sie zwar an eine bestimmte Form derselben gebunden, aber so. daß diese Form „eine Zusammensetzung des Mannigfaltigen enthält, wie sie die E., wenn sie sich selbst frei überlassen wäre, in Einstimmung mit der Verstandesgesetzmäßigkeit überhaupt entwerfen würde". Es besteht im Ästhetischen „eine Gesetzmäßigkeit ohne Gesetz, und eine subjektive Übereinstimmung der E. zum Verstande ohne eine objektive", KU § 22 Allg. Anmerk. (II 82 f.). Der Geschmack ist ein Beurteilungsvermögen eines Gegenstandes „in Beziehung auf die freie Gesetzmäßigkeit der E.", ibid.; vgl. Geschmacksurteil. Die ästhetische (s. d.) Zweckmäßigkeit besteht in dem harmonischen Zusammenspiel von E. und Verstand. Die ästhetischen Ideen (s. d.) sind „Vorstellungen der E.". Vgl. innere Anschauung, ästhetisches Ideal, Spiel, Erhaben, Dichtungsvermögen, Harmonisch.

Einerleiheit. „E." und „Verschiedenheit" sind „Reflexionsbegriffe" (s. d.). „Wenn uns ein Gegenstand mehrmalen, jedesmal aber mit eben denselben inneren Bestimmungen (qualitas et quantitas) dargestellt wird, so ist derselbe, wenn er als Gegenstand des reinen Verstandes gilt, immer eben derselbe, und nicht viele, sondern nur Ein Ding (numerica identitas); ist er aber Erscheinung, so kommt es auf die Vergleichung der Begriffe gar nicht an, sondern so sehr auch in Ansehung derselben alles einerlei sein mag, ist doch die Verschiedenheit der Örter dieser Erscheinung zu gleicher Zeit ein genugsamer Grund der numerischen Verschiedenheit des Gegenstandes (der Sinne) selbst." Denn ein Teil des Raumes ist außer einem anderen Raumteile und schon dadurch von ihm verschieden; diese Verschiedenheit gilt auch von allem, was in den verschiedenen Stellen des Raumes zugleich ist (gegen Leibniz' „Identitas indiscernibilium" s. Identität), KrV tr. Anal. 2. B. V. d. Amphibolie 1 (I 293—Rc 357 f.). — Die Einerlei- und Verschiedenheit nehmen wir eigentlich nicht wahr, sondern bemerken sie nur bei der Vergleichung, N 461.

Einfach. Das absolut E.e ist in der Welt der Erscheinungen nicht anzutreffen, die Teilbarkeit (s. d.) geht hier immer weiter (vgl. Antinomien). Die Einheit (rein formale E.heit) der Apperzeption, des logischen Ich (s. d.) ist nicht mit der E.heit einer substantiellen Seele (s. d.) zu verwechseln (vgl. Paralogismen).

Das E.e ist ein Teil, der kein Ganzes ist, das, „was nach Aufhebung aller Verbindung übrig bleibt". Aufgehoben wird die Zusammensetzung nur durch Zurückgehen vom gegebenen Ganzen zu allen seinen möglichen Teilen, d. h. durch Zergliederung. Vollständig kann diese Zergliederung in einer endlichen Zeit nicht sein. Der Fortschritt ins Unendliche ist nur nach Gesetzen des Verstandes, nicht nach denen der anschaulichen Erkenntnis vollziehbar, Mund. sens. § 1 (V 2, 89 ff.), vgl. Monade.

In der Welt der Erscheinungen existiert nichts absolut E.es, das in keiner (äußeren oder inneren) Erfahrung dargetan werden kann, sondern eine bloße „Idee" ist. Der mathematische Punkt ist zwar e., aber er ist kein wirklicher Teil des Raumes, sondern nur eine Grenze. Raum und Zeit bestehen nicht aus e.en Teilen, wenn sie auch ins Unendliche teilbar sind. Kein Teil des Raumes ist e., KrV tr. Dial. 2. B. 2. H. 2. Abs. 2. Widerstreit (I 397 ff.—Rc 523 ff.). Es ist zu beachten, „daß das E.e in der Abstraktion vom E.en im Objekt ganz unterschieden ist". Absolute E.heit ist kein Begriff, der unmittelbar auf eine Wahrnehmung bezogen werden kann. Die E.heit des Ich (s. d.) als logisches Subjekt ist etwas anderes als das Ich als — nicht gegebene und nicht zu erweisende — Seele. Der

Körper — bloß betreffs seiner bewegenden Kraft gedacht — kann nicht deshalb als einfache Substanz gedacht werden, „weil seine Vorstellung von aller Größe des Rauminhalts abstrahiert und also einfach ist", KrV tr. Meth. 1. H. 4. Abs. (I 651 f.—Rc 801 f.). „Wenn ich ein Ding einfach in der Erscheinung nenne, so verstehe ich darunter, daß die Anschauung desselben zwar ein Teil der Erscheinung sei, selbst aber nicht geteilt werden könne usw. Ist aber etwas nur für einfach im Begriffe und nicht in der Erscheinung erkannt, so habe ich dadurch wirklich gar keine Erkenntnis von dem Gegenstande, sondern nur von meinem Begriffe, den ich mir von Etwas überhaupt mache, das keiner eigentlichen Anschauung fähig ist. Ich sage nur, daß ich etwas ganz einfach denke, weil ich wirklich nichts weiter, als bloß, daß es Etwas sei, zu sagen weiß." Die bloße Apperzeption: Ich (s. d.) ist einfach nur im Begriffe, KrV 1. A. tr. Dial. 2. B. 1. H. Betrachtung üb. d. Summe.. (I 764 f.—Rc 492 f.).

Gegen Eberhard ist zu betonen, daß es keine e.en Elemente von Raum und Zeit geben kann, schon „nach dem bloßen Grundsatze der Geometrie: daß durch zwei gegebene Punkte nicht mehr als eine gerade Linie gehen könne", woraus auch die Unmöglichkeit einfacher Zeitteile folgt, „wenn man die Bewegung eines Punktes in einer Linie zum Grunde legt". Es ist ferner sicher, „daß ein jedes Ding im Raume, eine jede Veränderung in der Zeit, sobald sie einen Teil des Raumes oder der Zeit einnehmen, gerade in soviel Dinge und in soviel Veränderungen geteilt werden, als in die der Raum oder die Zeit, welche sie einnehmen, geteilt werden", Üb. e. Entdeck. 1. Abs. B. (V 3, 21 f.). Das E.e ist kein Teil des Sinnlichen (Anschaulichen), kann auch nicht, da es völlig „unbildlich" ist, als solcher vom Verstand gedacht werden, ibid. (V 3, 23 ff.). „Das E.e also, in der Zeitfolge wie im Raum, ist schlechterdings unmöglich", ibid. (V 3, 22). Die Kritik zeigt, „daß es in der Körperwelt, als dem Inbegriffe aller Gegenstände äußerer Sinne, zwar allerwärts zusammengesetzte Dinge gebe, das E.e aber in ihr gar nicht angetroffen werde. Zugleich aber beweiset sie, daß die Vernunft, wenn sie sich ein Zusammengesetztes aus Substanzen, als Ding an sich (ohne es auf die besondere Beschaffenheit unserer Sinne zu beziehen) denkt, es schlechterdings als aus einfachen Substanzen bestehend denken müsse. Nach demjenigen, was die Anschauung der Gegenstände im Raume notwendig bei sich führt, kann und soll die Vernunft kein E.es denken, welches in ihnen wäre; woraus folgt: daß, wenn unsere Sinne auch ins Unendliche geschärft würden, es doch für sie gänzlich unmöglich bleiben müßte, dem E.en auch nur näher zu kommen, viel weniger endlich darauf zu stoßen; weil es in ihnen gar nicht angetroffen wird", ibid. C (V 3, 29). „Ein Objekt sich als einfach vorstellen, ist ein bloß negativer Begriff, der der Vernunft unvermeidlich ist, weil er allein das Unbedingte zu allem Zusammengesetzten (als einem Dinge, nicht der bloßen Form) enthält, dessen Möglichkeit jederzeit bedingt ist." „Wenn ich nun sage: das, was der Möglichkeit des Zusammengesetzten zum Grunde liegt, was also allein als nicht zusammengesetzt gedacht werden kann, ist das Noumen (denn im Sinnlichen ist es nicht zu finden), so sage ich damit nicht: es liege dem Körper als Erscheinung ein Aggregat von so viel einfachen Wesen als reinen Verstandeswesen zum Grunde, sondern: ob das Übersinnliche, was jener Erscheinung als Substrat unterliegt, als Ding an sich auch zusammengesetzt oder einfach sei, davon kann niemand im mindesten etwas wissen", ibid. C 1. Anm. (V 3, 29). In der Erscheinung als solcher ist alles „selbst wiederum Erscheinung, soweit der Verstand sie immer in ihre Teile auflösen und die Wirklichkeit der Teile, zu deren klarer Wahrnehmung die Sinne nicht mehr zulangen, beweisen mag". Diese Teile werden also nie zu Dingen an sich, ibid. C (V 3, 30). Es bleibt ungewiß, „ob, wenn man dem E.en alle die Eigenschaften nimmt, wodurch es ein Teil der Materie sein kann, überhaupt irgend etwas übrig bleibe, was ein mögliches Ding heißen könne", ibid. (V 3, 34). Vgl. Teil, Antinomie, Monade, Atom, Substanz, Seele, Paralogismus, Unendlichkeit.

Einfalt. „E. (kunstlose Zweckmäßigkeit) ist gleichsam der Stil der Natur im Erhabenen, und so auch der Sittlichkeit, welche eine zweite (übersinnliche) Natur ist, wovon wir nur die Gesetze kennen, ohne das übersinnliche Vermögen in uns selbst, was den Grund dieser Gesetzgebung enthält, durch Anschauen erreichen zu können", KU § 29 Allg. Anmerk. (II 123). E. ist Mangel einer schon zur Regel gewordenen Verstellungskunst, Anthr. 1. T. § 4 (IV 19).

Einfluß. Ein physischer E. (influxus physicus) kann zwischen den Substanzen als solchen nicht stattfinden, da keine Substanz das Vermögen hat, durch das, was ihr innerlich zukommt, andere von ihr verschiedene Substanzen zu bestimmen; dies geschieht vielmehr nur kraft der Verbindung, mit der die Substanzen in der Vorstellung des unendlichen Wesens vereint sind, N. diluc. 13. Propos. Usus. — Das Prinzip der Wechselwirkung (s. d.) zwischen den Substanzen folgt nicht aus ihrem bloßen Dasein, sondern bedarf noch eines besonderen Grundes, der göttlichen Substanz, welche den physischen E. ermöglicht, indem sie alle Substanzen erhält, Mund. sens. § 17 (V 2, 116 f.).

Die Theorien über die Gemeinschaft zwischen Körper und Seele, unter denen sich (neben der Lehre von der vorher bestimmten Harmonie und der übernatürlichen Assistenz) auch die Lehre vom physischen E. findet, haben eine Subreption als Grundlage. „Eine solche vorgegebene Gemeinschaft zwischen zwei Arten von Substanzen, der denkenden und der ausgedehnten, legt einen groben Dualismus zum Grunde und macht die letzteren, die doch nichts als bloße Vorstellungen des denkenden Subjekts sind, zu Dingen, die für sich bestehen", KrV 1. A. tr. Dial. 2. B. 1. H. Betracht. üb. e. Summe . . (I 758 ff.—Rc 480 ff.). Vgl. Affektion, Ursache, Seele.

Einheit. E. im quantitativen Sinne ist eine der Kategorien (s. d.). Von der „empirischen E." des Bewußtseins, d. h. der E., zu welcher die Erlebnisse des Subjekts jeweilig zusammengehen, ist die ursprüngliche, „transzendentale E." der Apperzeption (s. d.) zu unterscheiden, d. h. die rein formale E. des „Ich denke", die eine Urbedingung und Voraussetzung alles Erkennens und aller Erfahrung ist. Diese E. ist „synthetisch" und bedingt den einheitlichen Zusammenhang der Vorstellungen, macht aus diesen einen nach Regeln gesetzmäßig verknüpften Erfahrungszusammenhang. Eine Bedingung aller Erfahrung ist die „E. der Synthesis", die Verknüpfung des Erfahrungsmaterials durch ein Einheitsprinzip, nach apriorisch-einheitlichen Gesichtspunkten. Der oberste Grundsatz der Erfahrung ist die Verknüpfung zu allgemeingültiger, objektiver E., und die Kategorien (s. d.) und Grundsätze (s. d.) sind die Formen dieser Einheitsverknüpfung. Erfahrungsobjekt ist nur, was durch die E. des „reinen Bewußtseins", der „transzendentalen Apperzeption" verbunden ist oder verbunden werden kann; dieser E. entspringt, durch Synthese (s. d.), das Einheitsgefüge, als welches sich das Objekt (s. d.) der Erfahrung darstellt. Die „E. der Erfahrung" ist nichts Gegebenes, sondern ein Erzeugnis des reinen Verstandes. Die Vernunft (im engeren Sinne) bringt wiederum E. in die Produkte des Verstandes, stellt unter den Verstandeseinheiten eine umfassende, „systematische Einheit" her. Die Funktion des (reinen) Denkens und Erkennens besteht geradezu in der Verknüpfung von Daten zur objektiven Einheit, und das Erkenntnisobjekt als solches ist ein Niederschlag solcher Einheitssynthese, die nicht subjektiv ist, sondern in einem „Bewußtsein überhaupt" (s. d.), also als für alle Subjekte gültig, statthat. Auch die Urteilskraft (s. d.) hat ein Prinzip der E. in sich (s. Zweck).

Die E. in der Verbindung der Substanzen ist eine Folge der Abhängigkeit aller von einem (göttlichen) Wesen, Mund. sens. § 20 (V 2, 117); vgl. Wechselwirkung. Die E. des Begriffs ist eine „qualitative E." (s.d.). Alle Urteile (s. d.) sind „Funktionen der E. unter unseren Vorstellungen, da nämlich statt einer unmittelbaren Vorstellung eine höhere, die diese und mehrere unter sich begreift, zur Erkenntnis des Gegenstandes gebraucht und viele mögliche Erkenntnisse dadurch in einer zusammengezogen werden", KrV tr. Anal. 1. B. 1. H. 1. Abs. V. d. logischen Verstandesgebrauche . . . (I 121—Rc 140); vgl. Funktion. Die „E. der Anschauung" (s. Anschauung) schon ist durch eine Synthesis des Bewußtseins bedingt (s. Apprehension). Die reine Synthesis (s. d.) ist jene Synthesis, die „auf einem Grunde der synthetischen E. a priori beruht". So ist das Zählen eine Synthesis nach Begriffen, weil sie „nach einem gemeinschaftlichen Grunde der E." geschieht (z. B. der Dekadik); unter diesem Begriff wird die „E. in der Synthesis des Mannigfaltigen" notwendig. Die Kategorien (s. d.) sind die Begriffe, welche der reinen Synthesis „E. geben und lediglich in der Vorstellung dieser notwendigen synthetischen E. bestehen". „Dieselbe Funktion, welche den verschiedenen Vorstellungen in einem Urteile E. gibt, die gibt auch der bloßen Synthesis verschiedener Vorstellungen in einer Anschauung E., welche, allgemein ausgedrückt, der reine Verstandesbegriff heißt. Derselbe Verstand also, und zwar durch eben dieselben Handlungen, wodurch er in Begriffen, vermittelst der analytischen E., die logische Form eines Urteils zustande brachte, bringt auch, vermittelst der synthetischen E. des Mannigfaltigen in der Anschauung überhaupt, in seine Vorstellungen einen transzendentalen Inhalt", KrV tr. Anal. § 10 (I 128—Rc 148 f.). Verbindung (s. Synthese) ist „Vorstellung der synthetischen E. des Mannigfaltigen. Die Vorstellung dieser E. kann also nicht aus der Verbindung entstehen, sie macht vielmehr dadurch, daß sie zur Vorstellung des Mannigfaltigen hinzukommt, den Begriff der Verbindung allererst möglich". Diese E., die „a priori vor allen Begriffen der Verbindung vorhergeht", ist nicht die Kategorie der E.; „denn alle Kategorien gründen sich auf logische Funktionen in Urteilen; in diesen aber ist schon Verbindung, mithin E. gegebener Begriffe gedacht. Die Kategorie setzt also schon Verbindung voraus". „Also müssen wir diese E. (als qualitative, § 12) noch höher suchen, nämlich in demjenigen, was selbst den Grund der E. verschiedener Begriffe in Urteilen, mithin der Möglichkeit des Verstandes, sogar in seinem logischen Gebrauche, enthält", ibid. § 15 (I 150—Rc 171 f.). Die synthetische E. der Apperzeption ist die Voraussetzung der analytischen E. derselben und der empirischen E. des Bewußtseins (s. d.). Sie ist die Bedingung der „E. der Erfahrung" (s. d.).

Die Vernunft (s. d.) bringt das vom Verstand verarbeitete Material „unter die höchste E. des Denkens". Während der Verstand ein „Vermögen der E. der Erscheinungen vermittelst der Regeln" ist, ist die Vernunft das Vermögen der „E. der Verstandesregeln unter Prinzipien". Diese „Vernunfteinheit" ist von ganz anderer Art als die vom Verstande geleistete E., KrV tr. Dial. Einl. II A (I 318 ff.—Rc 385 ff.). Die Vernunft sucht im Schließen die Mannigfaltigkeit der Verstandeserkenntnis auf die „kleinste Zahl der Prinzipien" zu bringen und dadurch die „höchste E." derselben zu bewirken, ibid. B (I 322—Rc 389). „Vernunfteinheit ist also nicht E. einer möglichen Erfahrung." Diese E. wird durch den Fortgang zum „Unbedingten" (s. d.) zu bewirken gesucht, ibid. C (I 324 f.—Rc 390 ff.). Die Vernunft sucht „die synthetische E., welche in der Kategorie gedacht wird", bis zum „Schlechthinunbedingten" hinauszuführen, bis zur „Vernunfteinheit der Erscheinungen", im Unterschiede von der „Verstandeseinheit". Diese E. geht darauf aus, „alte Verstandeshandlungen in Ansehung eines jeden Gegenstandes in ein absolutes Ganzes zusammen zu fassen", ibid. tr. Dial. 1. B. 2. Abs. (I 338—Rc 406); vgl. systematische E.

Alle Erscheinungen müssen so ins Gemüt kommen oder apprehendiert werden, „daß sie zur E. der Apperzeption zusammenstimmen, welches ohne synthetische E. in ihrer Verknüpfung, die mithin auch objektiv notwendig ist, unmöglich sein würde", KrV 1. A. tr. Anal. 1. B. 2. H. 3. Abs. (I 719 ff.—Rc 200 ff.); vgl. Apperzeption.

„Wie groß etwas sei, läßt sich nur relativisch erkennen. Absolute E. gibt es nicht, außer ens realissimum. Also ist die E. nicht immer das, was etliche Mal wiederholt die Größe ausmacht; denn ens realissimum ist E., kann aber nicht wiederholentlich gesetzt werden", N 5729. „Nur die omnitudo ist absolute E. und individuum rationale", N 5779. „Etwas kann ... entweder bloß gesetzt oder wiederholentlich (iterative) gesetzt werden, um die Vorstellung des Objekts zustande zu bringen. Im letzteren Falle ist es Vielheit, im ersteren Eines. Alle Vielheit ist also gleichartig und die wiederholte Setzung ist Hinzutuung." Das, woraus etwas zusammengesetzt, heißt E. und ist komparativ einfach, d. h. aus der gleichen E. nicht zusammengesetzt, N 5726. „Objektive E. des Bewußtseins" ist „allgemeingültige Verknüpfung der Wahrnehmungen", d. h. Erfahrung, N 5932; vgl. Kategorie. „Alle Vorstellungen müssen im Verhältnis zu einem Bewußtsein, und also als der E. des Bewußtseins allgemein unterworfen vorgestellt werden", wenn wir uns auch dieses Verhältnisses nicht immer bewußt sind, N 5708. „Die objektive E. des Bewußtseins des Mannigfaltigen der Vorstellungen ist die Verknüpfung desselben, entweder mit einem und demselben Begriffe, z. B. Alle Menschen (mit einem Worte: eine allgemeingültige Verbindung [der Begriffe] in einem Bewußtsein), und dann heißt die E. logisch; oder diese logische E. des Bewußtseins wird in dem Begriffe eines Dinges als bestimmt angesehen und macht seinen Begriff aus: das ist die synthetische oder transzendentale E. des Bewußtseins. Dort wird die E. vorgestellt, die bloß das Verhältnis der Begriffe betrifft; hier diejenige, die selbst einen Begriff vom Dinge ausmacht durch die Vereinigung seines Mannigfaltigen in einem Bewußtsein: z. B. viele Dinge sind außer einander, und anderseits: der Raum ist Eines, was Vieles außer einander begreift. Jenes ist die Quantität des Begriffes eines Urteils, dieses der Begriff eines Dinges als quanti", N 5930. Die Form eines jeden Urteils (s. d.) besteht in der objektiven E. des Bewußtseins der gegebenen Begriffe, „d. i. in dem Bewußtsein, daß diese zueinander gehören müssen, und dadurch ein Objekt bezeichnen, in dessen (vollständiger) Vorstellung sie jederzeit zusammen angetroffen werden". „Es ist aber diese Notwendigkeit der Verknüpfung nicht eine Vorstellung empirischen Ursprungs, sondern setzt eine Regel voraus, die a priori gegeben sein muß, d. i. E. des Bewußtseins, die a priori stattfindet. Diese E. des Bewußtseins ist in den Momenten des Verstandes beim Urteilen enthalten, und nur das ist Objekt, worauf in Beziehung E. des Bewußtseins der mannigfaltigen Vorstellungen a priori gedacht wird", N 5923. Vgl. Apperzeption, Vielheit, System, Subjekt, Seele, Einfach, Welt, Analogien der Erfahrung, Synthese, Natur, Gesetz, Zahl.

Einheit des Bewußtseins. Daß die Seele (s. d.) nicht eins ist mit dem Körper, steht fest, „weil die E. des Bewußtseins, die in jeder Erkenntnis (mithin auch in der seiner selbst) notwendig angetroffen werden muß, es unmöglich macht, daß Vorstellungen, unter viele Subjekte verteilt, E. des Gedankens ausmachen sollten", Fortschr. d. Metaph. 2. Abt. III Vermeinter Fortschr. i. d. Psychologie . . . (V 3, 141). Wegen der E. des Bewußtseins kann dem Menschen „nur eine Seele" beigelegt werden, Fried. i. d. Ph. 1. Abs. A. V. d. physischen Ursachen . . . (V 4, 30); vgl. Apperzeption.

Einheit der Erfahrung s. Erfahrung, Apperzeption, Gesetz, Natur. Die Erfahrung hat ihre Einheit nur von der „synthetischen E.", „welche der Verstand der Synthesis der Einbildungskraft in Beziehung auf die Apperzeption ursprünglich und von selbst erteilt und auf welche die Erscheinungen, als data zu einem möglichen Erkenntnisse, schon a priori in Beziehung und Einstimmung stehen müssen", KrV tr. Anal. 2. B. 3. H. (I 271—Rc 333).

Einheit der Natur s. systematische Einheit, Natur, Zweck.

Einheit der Zwecke. Die „E. aller möglichen Zwecke" ist eine „praktische Idee" (s. Weisheit). Vgl. Zweck, Endzweck, System.

Einheit, kollektive, s. systematische Einheit, Idee, Zweck, Bewußtsein.

Einheit, moralisch-systematische. Die praktischen Prinzipien (s. d.) der Vernunft sind Prinzipien der Möglichkeit der (geschichtlichen) Erfahrung, in welcher Handlungen, die geschehen sollen, müssen geschehen können. Es muß so „eine besondere Art von systematischer E., nämlich die moralische" möglich sein, KrV tr. Meth. 2. H. 2. Abs. (I 668—Rc 820 f.); vgl. Moralische Welt.

Einheit, qualitative. In jeder Erkenntnis eines Objektes ist „E. des Begriffes, welche man q. E. nennen kann, sofern darunter nur die E. der Zusammenfassung des Mannigfaltigen der Erkenntnisse gedacht wird, wie etwa die E. des Thema in einem Schauspiel, einer Rede, einer Fabel", KrV tr. Anal. § 12 (I 136—Rc 156).

Einheit, synthetische, s. Einheit, Apperzeption.

Einheit, systematische. Mit ihren Ideen (s. d.) hat die Vernunft „nur eine s. E. im Sinne, welcher sie die empirischmögliche zu nähern sucht, ohne sie jemals völlig zu erreichen“, KrV tr. Dial. 2. B. 3. H. 1. Abs. (I 494—Rc 631); vgl. Ideal, Notwendig. Die Vernunft (s. d.) vereinigt das Mannigfaltige der Begriffe durch Ideen, „indem sie eine gewisse kollektive E. zum Ziele der Verstandeshandlungen setzt, welche sonst nur mit der distributiven Einheit beschäftigt sind“. Diese E. ist ein Punkt, in dem die Verstandesbegriffe zusammenlaufen, nicht aber von ihm (der ein „focus imaginarius“ ist) als einem vermeintlichen überempirischen Gegenstande ausgehen, ibid. Anh. zur tr. Dial. (I 549 f.—Rc 690 f.). Diese Vernunfteinheit setzt die „Form eines Ganzen der Erkenntnis“ voraus, welche jedem Teile seine Stelle und sein Verhältnis zu den übrigen a priori bestimmt. Das Ziel der Vernunft ist „das Systematische der Erkenntnis“, d. h. „der Zusammenhang derselben aus einem Prinzip“. Sie postuliert „vollständige E. der Verstandeserkenntnis, wodurch diese nicht bloß ein zufälliges Aggregat, sondern ein nach notwendigen Gesetzen zusammenhängendes System wird“, ibid. (I 550—Rc 692 f.). Diese E. ist (als bloße Idee) „lediglich nur projektierte E.“, die den Verstandesgebrauch leitet und zusammenhängend machen soll. Sie ist zunächst ein „logisches“ Prinzip, das dazu dient, der Verschiedenheit der Verstandesregeln „Einhelligkeit unter einem Prinzip (systematisch) und dadurch Zusammenhang zu verschaffen, so weit als es sich tun läßt“. Die s. E. ist „subjektiv — und logisch — notwendig“, als „Methode“ (z. B. bei der Zurückführung der Naturkräfte auf eine Grundkraft, als eine hypothetische E. der Systematisierung), ibid. (I 552 f.—Rc 694 f.). Aber es kann hier überall nicht bloß ein „ökonomischer Grundsatz der Vernunft“ vorliegen. Das logische Prinzip der Vernunfteinheit setzt ein „transzendentales“ als „inneres Gesetz der Natur“ voraus. In der Natur der Dinge selbst muß Stoff zur Vernunfteinheit liegen, wie man dies oft vorausgesetzt hat (so in dem Satze: „entia praeter necessitatem non esse multiplicanda“). Die Zurückführung der Arten von Dingen, Kräften usw. auf Vernunfteinheit (einzige Gattung, gemeinschaftliches Prinzip) ist kein „bloß ökonomischer Handgriff der Vernunft, um sich so viel als möglich Mühe zu ersparen“. Die Vernunfteinheit ist vielmehr eine Idee, „nach welcher jedermann voraussetzt, diese Vernunfteinheit sei der Natur selbst angemessen, und daß die Vernunft hier nicht bettle, sondern gebiete, obgleich ohne die Grenzen dieser E. bestimmen zu können“. Es muß in den Erscheinungen trotz ihrer Mannigfaltigkeit eine gewisse „Gleichartigkeit“ vorausgesetzt werden, ohne welche das logische Gesetz der Gattungen (s. d.), ja kein Verstand und keine Erfahrung möglich wäre, ibid. (I 554 ff.—Rc 697 ff.). Die „Prinzipien der s. E.“ sind: 1. das „Prinzip der Gleichartigkeit des Mannigfaltigen unter höheren Gattungen“; 2. der „Grundsatz der Varietät des Gleichartigen unter niederen Arten“; 3. das „Gesetz der Affinität aller Begriffe“, welches „einen kontinuierlichen Übergang von einer jeden Art zu jeder anderen durch stufenartiges Wachstum der Verschiedenheit gebietet“. — Es sind das die Prinzipien der Homogenität (s. d.), der Spezifikation (s. d.) und der Kontinuität (s. d.) der Formen; das letztere entspringt aus der Vereinigung der beiden ersten Prinzipien, ibid. (I 559—Rc 702). Es gibt hiernach keine ursprünglichen und erste Gattungen, sondern alle sind Abteilungen einer obersten Gattung, es gibt keine letzten Arten (s. d.), sondern es sind immer noch Zwischenarten möglich, alle Arten grenzen stetig aneinander an. „Das erste Gesetz also verhütet die Ausschweifung in die Mannigfaltigkeit verschiedener ursprünglichen Gattungen und empfiehlt die Gleichartigkeit; das zweite schränkt dagegen diese Neigung zur Einhelligkeit wiederum ein und gebietet Unterscheidung der Unterarten, bevor man sich mit seinem allgemeinen Begriffe zu den Individuen wende. Das dritte vereinigt jene beiden, indem es bei der höchsten Mannigfaltigkeit dennoch die Gleichartigkeit durch den stufenartigen Übergang von einer Spezies zur anderen vorschreibt, welches eine Art von Verwandtschaft der verschiedenen Zweige anzeigt, insofern sie insgesamt aus einem Stamme entsprossen sind“, ibid. (I 560 f.—Rc 704). Die Kontinuität der Arten ist nicht bloß ein logisches, sondern zugleich ein „transzendentales Gesetz“ der Natur; die Verwandtschaft der Glieder der Natur wird „an sich selbst für vernunftmäßig und der Natur angemessen" beurteilt. Diese Prinzipien sind nicht bloß „Handgriffe der Methode", ibid. (I 561—Rc 705). Sie sind Prinzipien der Herstellung von Zusammenhang und E. in der Natur selbst. Mannigfaltigkeit, Verwandtschaft, E. sind Ideen, welche den Verstandesgebrauch für die Erfahrung regeln. Sie haben „objektive, aber unbestimmte Gültigkeit", dienen zur „Regel möglicher Erfahrung" und werden als „heuristische Grundsätze" mit gutem Glücke gebraucht. Sie haben „objektive Realität", aber nicht um etwas an den Gegenständen der Erfahrung zu „bestimmen", sondern nur „um das Verfahren anzuzeigen, nach welchem der empirische und bestimmte Erfahrungsgebrauch des Verstandes mit sich selbst durchgängig zusammenstimmend werden kann, dadurch daß er mit dem Prinzip der durchgängigen E., so viel als möglich, in Zusammenhang gebracht und davon abgeleitet wird", ibid. (I 563 ff.—Rc 707 ff.). Diese Prinzipien beruhen auf einem „Vernunftinteresse" und sind besser als „Maximen" zu bezeichnen, von denen die einen diese, die anderen Forscher jene bevorzugen, ibid. (I 565—Rc 709). „Prinzipien" der reinen Vernunft können in keiner Weise konstitutiv sein, weil ihnen kein korrespondierendes Schema der Sinnlichkeit gegeben werden kann und sie also keinen Gegenstand in concreto haben können. Die Vernunfteinheit ist „unbestimmt" bezüglich „der Bedingungen, unter denen, und des Grades, wie weit der Verstand seine Begriffe systematisch verbinden soll". Sie hat kein Schema in der Anschauung, aber doch ein „Analogon" eines solchen, nämlich „die Idee des Maximum der Abteilung und der Vereinigung der Verstandeserkenntnis in einem Prinzip". „Denn das Größeste und Absolutvollständige läßt sich bestimmt denken." Die Idee der Vernunft ist das Analogon eines Schema der Sinnlichkeit („Schema der Vernunft"), dessen Anwendung aber nicht eine Erkenntnis des Gegenstandes selbst ist, sondern nur „eine Regel oder Prinzip der systematischen E. alles Verstandesgebrauchs", die dann indirekt auch von dem Gegenstande der Erfahrung gilt. Diese Regel ist, als auf dem „Interesse der Vernunft" beruhend, eine „Maxime" der spekulativen Vernunft, ibid. (I 563 f.—Rc 708 f.). Die E. des Vernunftbegriffs ist die E. des „Zusammenhanges in einem Prinzip", die „E. des Systems", welche dem empirischen Verstandesgebrauch „systematischen Zusammenhang" gibt; dieser bewährt die Richtigkeit des Verstandesgebrauchs und dessen Ausbreitung. So ist das Prinzip dieser E. auch „objektiv", aber „nicht als konstitutives Prinzip, um etwas in Ansehung seines direkten Gegenstandes zu bestimmen, sondern um, als bloß regulativer Grundsatz und Maxime, den empirischen Gebrauch der Vernunft durch Eröffnung neuer Wege, die der Verstand nicht kennt, ins Unendliche (Unbestimmte) zu befördern und zu befestigen, ohne dabei jemals den Gesetzen des empirischen Gebrauchs im mindesten zuwider zu sein". Erfahrung selbst gibt nie ein Beispiel vollkommener systematischer E., daher muß die Vernunft ihrer Idee zugleich einen Gegenstand („Vernunftwesen", „ens rationis ratiocinatae") geben, um alle Verknüpfung der Sinnendinge so anzusehen, als ob sie in diesem Gegenstande ihren Grund hätten, ibid. V. d. Endabsicht der natürl. Dial. (I 575—Rc 721). Vgl. Als ob.

Die Natureinheit nach besonderen, empirischen Gesetzen (s. d.) und die Möglichkeit der E. der Erfahrung in bezug auf jene beurteilen wir als für unseren Verstand zufällig. Da aber ohne eine solche E. „kein durchgängiger Zusammenhang empirischer Erkenntnisse zu einem Ganzen der Erfahrung" stattfinden würde, so muß die Urteilskraft es „als Prinzip a priori annehmen, daß das für die menschliche Einsicht Zufällige in den besonderen (empirischen) Naturgesetzen dennoch eine für uns zwar nicht zu ergründende, aber doch denkbare gesetzliche E. in der Verbindung ihres Mannigfaltigen zu einer an sich möglichen Erfahrung enthalte". Wir müssen eine solche „systematische E." annehmen, ohne sie einsehen und beweisen zu können, KU Einl. V (II 20 f.).

Einstimmung. „E." und „Widerstreit" sind „Reflexionsbegriffe" (s. d.). „Wenn Realität nur durch den reinen Verstand vorgestellt wird (realitas noumenon), so läßt sich zwischen den Realitäten kein Widerstreit denken, d. i. ein solches Verhältnis, da sie in einem

Subjekt verbunden einander ihre Folgen aufheben und 3 —3 = 0 sei. Dagegen kann das Reale in der Erscheinung (realitas phaenomenon) untereinander allerdings im Widerstreit sein und vereint in demselben Subjekt eines die Folge des anderen ganz oder zum Teil vernichten" (wie zwei bewegende, einander entgegengesetzte Kräfte), KrV tr. Anal. Anh. V. d. Amphibolie (I 294—Rc 358); vgl. Gegensatz, Wahrheit.

Einteilung. „Ein jeder Begriff enthält ein Mannigfaltiges unter sich, insofern es übereinstimmt, aber auch, insofern es verschieden ist. — Die Bestimmung eines Begriffes in Ansehung alles Möglichen, was unter ihm enthalten ist, sofern es einander entgegengesetzt, d. i. voneinander unterschieden ist, heißt die logische E. des Begriffes", Log. § 110 (IV 159). Daß die E.en in der reinen Philosophie fast immer dreiteilig ausfallen, liegt in der Natur der Sache. „Soll eine E. a priori geschehen, so wird sie entweder analytisch sein, nach dem Satze des Widerspruches; und da ist sie jederzeit zweiteilig (quodlibet ens est ant A aut non A). Oder sie ist synthetisch; und wenn sie in diesem Falle aus Begriffen a priori... soll geführt werden, so muß nach demjenigen, was zu der synthetischen Einheit überhaupt erforderlich ist, nämlich 1. Bedingung, 2. ein Bedingtes, 3. der Begriff, der aus der Vereinigung des Bedingten mit seiner Bedingung entspringt, die E. notwendig Trichotomie sein", KU Einl. IX 2. Anm. (II 35).

Einzelurteile s. Allgemeine Urteile. „Die Logiker sagen mit Recht, daß man beim Gebrauch der Urteile in Vernunftschlüssen die einzelnen Urteile gleich den allgemeinen behandeln könne. Denn eben darum, weil sie gar keinen Umfang haben, kann das Prädikat derselben nicht bloß auf einiges dessen, was unter dem Begriff des Subjekts enthalten ist, gezogen, von einigem aber ausgenommen werden. Es gilt also von jenem Begriffe ohne Ausnahme, gleich als wenn derselbe ein gemeingültiger Begriff wäre, der einen Umfang hätte, von dessen ganzer Bedeutung das Prädikat gelte. Vergleichen wir dagegen ein einzelnes Urteil mit einem gemeingültigen, bloß als Erkenntnis, der Größe nach, so verhält es sich zu diesem wie Einheit zur Unendlichkeit, und ist also an sich selbst davon wesentlich unterschieden. Also, wenn ich ein einzelnes Urteil (judicium singulare) nicht bloß nach seiner inneren Gültigkeit, sondern auch als Erkenntnis überhaupt, nach der Größe, die es in Vergleichung mit anderen Erkenntnissen hat, schätze, so ist es allerdings von gemeingültigen Urteilen (judicia communia) unterschieden." Es gebührt ihnen also eine eigene Stelle in der Tafel der Urteile (s. d.) zu transzendentalem Zwecke, KrV tr. Anal. § 9 (I 123 —Rc 142). Im einzelnen Urteile „wird ein Begriff, der gar keine Sphäre hat, mithin bloß als Teil unter die Sphäre eines anderen beschlossen". „Die einzelnen Urteile sind der logischen Form nach im Gebrauch den allgemeinen gleich zu schätzen; denn bei beiden gilt das Prädikat vom Subjekt ohne Ausnahme", Log. § 21 (IV 111).

Einwurf. „Alle Einwürfe können in dogmatische, kritische und skeptische eingeteilt werden." „Der dogmatische E. ist, der wider einen Satz, der kritische, der wider den Beweis eines Satzes gerichtet ist. Der erstere bedarf einer Einsicht in die Beschaffenheit der Natur des Gegenstandes, um das Gegenteil von demjenigen behaupten zu können, was der Satz von diesem Gegenstande vorgibt; er ist daher selbst dogmatisch . . . Der kritische Einwurf . . . bedarf gar nicht den Gegenstand besser zu kennen oder sich einer besseren Kenntnis desselben anzumaßen: er zeigt nur, daß die Behauptung grundlos, nicht, daß sie unrichtig sei." Der skeptische E. stellt Satz und Gegensatz wechselweise als Dogma und dessen E. einander gegenüber und ist auf zwei Seiten dem Scheine nach dogmatisch, „um alles Urteil über den Gegenstand gänzlich zu vernichten", wozu er eine Einsicht in den Gegenstand vorgeben muß. Der kritische E. stürzt die Theorie (als nichtige und eingebildete Einsicht in den Gegenstand), indem er ihr die „angemaßte Grundlage entzieht, ohne sonst etwas über die Beschaffenheit des Gegenstandes ausmachen zu wollen", KrV 1 A. tr. Dial. 2. B. 1. H. Betrachtung üb. d. Summe... (I 757—Rc 478 f.).

Elementarbegriffe. Begriffe von den reinen (nichts Empirisches enthaltenden) Elementen der menschlichen Erkenntnis. Raum und Zeit sind die „reinen E. der Sinnlichkeit"; die Kategorien (s. d.) sind die reinen E. des Verstandes, Prol. § 39 (III 86); vgl. Anh. Vorschlag zu einer Untersuchung... (III 162).

Elementarerkenntnisse. Der Verstand hat „E., die ihm vor aller Erfahrung beiwohnen, aber dennoch in der Erfahrung immer ihre Anwendung haben müssen", Prol. § 35 (III 79). Vgl. A priori.

Elementarlehre (bestehend aus Analytik und Dialektik): der erste Teil der Kritik (s. d.) der reinen Vernunft (auch der praktischen Vernunft).

Elementarlogik s. Logik.

Ekel. E. ist 1. „ein Anreiz, sich des Genossenen durch den kürzesten Weg des Speisekanals zu entledigen", eine „Vitalempfindung", 2. der Instinkt der Natur, einen aufgedrungenen, nicht gedeihlichen Geistesgenuß loszuwerden, Anthr. 1. T. § 21 (IV 52). Vgl. Häßlich.

Ektypon s. Archetypon, Ideal der reinen Vernunft.

Ektypus. Der menschliche Verstand ist intellectus ectypus im Gegensatz zu dem göttlichen intellectus archetypus, s. Archetypon, Anschauung, Verstand, Zweck.

Eleutheronomie ist das „Freiheitsprinzip der inneren Gesetzgebung", das als ethischer Grundsatz aufgestellt werden muß, MST Vorr. (III 215); vgl. Über die Buchmacherei 1. Brief Anm. (VI 211). Vgl. Glückseligkeit, Euthanasie.

Emanation s. Gott.

Empfindelei. Es gibt „mutige" und „zärtliche" Rührungen. „Die letzteren, wenn sie bis zum Affekt steigen, taugen gar nichts; der Hang dazu heißt die E.", KU § 29 Allg. Anmerk. (II 120); vgl. Empfindlichkeit.

Empfindlichkeit (und **Empfindsamkeit**). „Die Empfindungsfähigkeit aus Stärke (sensibilitas sthenica) kann man zarte Empfindsamkeit, die aus Schwäche des Subjekts, dem Eindringen der Sinneneinflüsse ins Bewußtsein nicht hinreichend widerstehen zu können, d. i. wider Willen darauf zu attendieren, zärtliche Empfindlichkeit (sensibilitas asthenica) nennen", Anthr. 1. T. § 21 (IV 53). „Empfindsamkeit" ist „ein Vermögen und eine Stärke, den Zustand sowohl der Lust oder Unlust zuzulassen oder auch vom Gemüt abzuhalten". Dagegen ist „Empfindelei" „eine Schwäche, durch Teilnehmung an anderer ihrem Zustande, die gleichsam auf dem Organ des Empfindelnden nach Belieben spielen können, sich auch wider Willen affizieren zu lassen", ibid. § 62 (IV 161).

Empfindung. Die E., die meist (— nicht immer —) vom „Gefühl" (s. d.) unterschieden wird, ist die „Materie" der Anschauung. Sie beruht auf der „Affektion" der Sinnlichkeit (s. d.) durch die Dinge, ist die subjektive Reaktion der „Rezeptivität" des Bewußtseins in bezug auf das die E. Auslösende, die „Wirkung eines Gegenstandes auf die Vorstellungsfähigkeit, sofern wir von demselben affiziert werden", KrV tr. Ästh. § 1 (I 75—Rc 93); eine Perzeption, die sich „lediglich auf das Subjekt als die Modifikation seines Zustandes bezieht", ibid. tr. Dial. 1. B. 1. Abs. (I 333—Rc 401). Trotzdem wird sie „zum Erkenntnis der Objekte außer uns gebraucht". Sie drückt „ebensowohl das bloß Subjektive unserer Vorstellungen der Dinge außer uns aus, aber eigentlich das Materielle (Reale) derselben (wodurch etwas Existierendes gegeben wird)", KU Einl. VII (II 26). Sie bezeichnet „das Reale der Anschauungen"; E.n machen „die eigentliche Qualität der empirischen Vorstellungen (Erscheinungen)" aus, Prol. § 24 (III 65 f.). Die „E. überhaupt" ist die „Materie", der „Stoff" der Erscheinung, KrV tr. Ästh. § 8 (I 96—Rc 113); vgl. Form. Sie ist zwar ein Datum zu einer Erkenntnis, aber kein Abbild oder Nachbild von Eigenschaften der Dinge an sich.

Das Reale der E. (als Materie zu einem Objekt) ist „bloß subjektive Vorstellung, von der man sich nur bewußt werden kann, daß das Subjekt affiziert sei, und die man auf ein Objekt überhaupt bezieht". An sich ist die E. „keine objektive Vorstellung". Die „Apprehension vermittelst der E." erfüllt nur einen Augenblick; die E. hat also, da sie ohne „sukzessive Synthesis" zustandekommt, keine extensive Größe. Aber sie ist einer Verringerung fähig, so daß sie abnehmen und so allmählich verschwinden kann. „Daher ist zwischen Realität in der Erscheinung und Negation ein kontinuierlicher Zusammenhang vieler möglicher Zwischenempfindungen, deren Unterschied voneinander immer kleiner ist als der Unterschied zwischen der gegebenen und dem Zero, oder der gänzlichen Negation." Wir wissen a priori von aller E., daß sie einen Grad, Intensität (s. d.), „intensive Größe" hat, ebenso die als ihre und anderer Erscheinungen aufgefaßte Realität, KrV tr. Anal. 2. B. 2. H. 3. Abs. 2 Beweis (I 206 f.—Rc 262 f.). Die Qualität der E. selbst ist „bloß empirisch"; nur die „intensive Quantität" derselben (als Eigenschaft jeder E.) kann „antizipiert", a priori erkannt werden, ibid. (I 213 f.—Rc 270 f.). Vgl. Vorles. über Metaphys., S. 29 ff., N 619 f. — Es gibt „Organempfindungen" (Sinnesempfindungen) und „Vitalempfindungen", Anthr. 1. T. § 16 (IV 47); vgl. Sinne. Die E. ist „Sinnenvorstellung (empirische Anschauung)" im Unterschiede vom Begriff und von der reinen Anschauung, ibid. § 8 Anm. (IV 34). „Sensation" ist „eine Vorstellung durch den Sinn, deren man sich als einer solchen bewußt ist" und wenn die E. „zugleich Aufmerksamkeit auf den Zustand des Subjekts erregt", ibid. § 15 (IV 47). Tast-, Gesichts- und Gehörsempfindungen sind „mehr objektiv als subjektiv", d. h. „sie tragen als empirische Anschauung mehr zur Erkenntnis des äußeren Gegenstandes bei, als sie das Bewußtsein des affizierten Organs rege machen", ibid. § 16 (IV 47 f.). Vgl. Sinn, Wahrnehmung, Empirisch, Rein, Subjektiv, Grad, Intensität, Form, Antizipationen, Gefühl, Ästhetisch.

Empfindungsqualitäten. Die Qualitäten der Empfindung, die wir als Eigenschaften der Dinge ansehen (Farben, Töne, Geschmäcke, Gerüche usw.), sind „subjektiv" (s. d.) im engeren Sinne, d. h. abhängig von der Besonderheit der Erkenntnissubjekte, so daß sie sogar bei verschiedenen Menschen verschieden sein können. Sie lassen daher kein Objekt erkennen und eignen sich nicht zur Quelle synthetischer Urteile a priori, im Gegensatz zu den Anschauungsformen Raum und Zeit, KrV tr. Ästh. § 3 (I 84 f.—Rc 102). „Der Wohlgeschmack eines Weines gehört nicht zu den objektiven Bestimmungen des Weines, mithin eines Objektes sogar als Erscheinung betrachtet, sondern zu der besonderen Beschaffenheit des Sinnes an dem Subjekte, was ihn genießt. Die Farben sind nicht Beschaffenheiten der Körper, deren Anschauung sie anhängen, sondern auch nur Modifikationen des Sinnes des Gesichts, welches vom Lichte auf gewisse Weise affiziert wird. Dagegen gehört der Raum als Bedingung äußerer Objekte notwendigerweise zur Erscheinung oder Anschauung derselben. Geschmack und Farben sind gar nicht notwendige Bedingungen, unter welchen die Gegenstände allein für uns Objekte der Sinne werden können. Sie sind nur als zufällig beigefügte Wirkungen der besonderen Organisation mit der Erscheinung verbunden. Daher sind sie auch keine Vorstellungen a priori, sondern auf Empfindung, der Wohlgeschmack aber sogar auf Gefühl (der Lust und Unlust) als einer Wirkung der Empfindung gegründet. Auch kann niemand a priori weder eine Vorstellung einer Farbe noch irgendeines Geschmacks haben", KrV 1. A. ibid. Das Subjektive des Sinnesmaterials, der Empfindung, bleibt (im Unterschiede von dem Subjektiven der Anschauungsformen) „bloß subjektiv" und legt „keine Erkenntnis des Objekts, mithin keine für jedermann gültige Vorstellung" dar; denn die Empfindungen enthalten nicht wie Raum und Zeit „Data zu Erkenntnissen a priori", Fortschr. d. Metaph. 1. Abt. Gesch. d. Transzendentalphilosophie ... (V 3, 94).

Empirisch: 1. Aus der Erfahrung (s. d.), durch Erfahrung gewonnen, 2. auf die Erfahrung sich beziehend (nicht auf das Unerfahrbare; so z. B. die „empirische" Realität im Unterschiede von der „absoluten"). Die Empfindung (s. d.) ist das „E.e" an den Erscheinungen, KrV tr. Anal. 2. B. 2. H. 3. Abs. Beweis (I 207—Rc 263); „dasjenige, wodurch ein Gegenstand seinem Dasein nach als gegeben vorgestellt wird", Fortschr. d. Metaph. 1. Abt. Von d. Umfange . . . (V 3, 102 f.). E.e Erkenntnisse sind jene, die „ihre Quellen a posteriori, nämlich in der Erfahrung haben", die nur „durch Erfahrung" möglich sind, KrV Einl. I (I 48—Rc 47); vgl. Urteile, anal. u. synthetische. E.es Erkenntnis ist Erkenntnis, die „durch Wahrnehmungen ein Objekt bestimmt", ibid. tr. Anal. 2. B. 2. H. 3. Abs. 3 (I 214—Rc 271). Vgl. A posteriori, Apperzeption, Erfahrung, Erfahrungsurteil, Anschauung, Realität, Bewußtsein, Gebrauch, Einheit, Immanent, Transzendent, Apperzeption, Ich, Gesetz, Zweck.

Empirismus. Der „E." als Erklärung der Tatsachen in der Welt aus immer weiteren empirischen Tatsachen, ohne Berufung auf intelligible, außer der Reihe möglicher Erfahrung, phänomenaler Bedingungen liegende „Anfänge" steht im Gegensatz zum „Platonismus", der „idealistischen" Erklärungen der Naturerscheinungen nachgeht. Wird der E. dogmatisch wie der Platonismus, indem er „dreist verneint, was über der Sphäre seiner anschauenden Erkenntnisse ist", so ist er unberechtigt und ist dem praktisch-sittlichen Interesse der Vernunft entgegen. Berechtigt und fruchtbar ist er aber als theoretische Forschungsmaxime und Abwehr alles Scheinwissens der metaphysischen Spekulation. Jedenfalls ist es ein richtiger Grundsatz, den wohl auch der „Epikureismus" im Auge hatte — in der Erklärung so fortzugehen, „als ob" es keine Grenze oder keinen Anfang der Welt gebe, als ob alles in der Welt durch unveränderliche Naturgesetze bestimmt sei, als ob keine von der Welt unterschiedene Ursache gebraucht werde, KrV tr. Dial. 2. B. 2. H. 3. Abs. (I 421 f., 424 f.—Rc 551 f., 555 f.). Vgl. Kritizismus, Zweck.

Empiristen. Betreffs des Ursprungs der reinen Vernunfterkenntnisse betrachten die „E." (so Aristoteles) die Erfahrung als deren Quelle. — Wenig konsequent war Locke, „der, nachdem er alle Begriffe und Grundsätze von der Erfahrung abgeleitet hatte, so weit im Gebrauche derselben geht, daß er behauptet: man könne das Dasein Gottes und die Unsterblichkeit der Seele (obzwar beide Gegenstände ganz außer den Grenzen möglicher Erfahrung liegen) ebenso evident beweisen als irgendeinen mathematischen Lehrsatz", KrV tr. Meth. 4. H. (I 701—Rc 857 f.).

Endursachen s. Zweck.

Endzweck. „Wesentliche" Zwecke sind noch nicht die „höchsten" Zwecke, deren, „bei vollkommener systematischer Einheit der Vernunft", nur ein einziger sein kann. Die wesentlichen Zwecke sind entweder der „E." oder „subalterne" Zwecke, die zu jenem als Mittel notwendig gehören. Der E. ist „die ganze Bestimmung des Menschen", von der die Moral (Ethik) handelt, KrV tr. Meth. 3. H. (I 691—Rc 846).

Der Zweck der Existenz eines Wesens ist „E.", wenn er in ihm selbst liegt. In der Natur als solcher findet sich kein Wesen, welches auf den Vorzug, E. der Schöpfung zu sein, Anspruch machen könnte. Man kann sogar a priori beweisen, „daß dasjenige, was etwa noch für die Natur letzter Zweck sein könnte, nach allen erdenklichen Bestimmungen und Eigenschaften, womit man es ausrüsten möchte, doch als Naturding niemals ein E. sein könne". Als letzten Zweck der Schöpfung auf Erden müssen wir den Menschen beurteilen, „weil er das einzige Wesen auf derselben ist, welches sich einen Begriff von Zwecken und aus einem Aggregat von zweckmäßig gebildeten Dingen durch seine Vernunft ein System der Zwecke machen kann", KU § 82 (II 294 f.). Was im Menschen selbst durch die Natur befördert werden soll, ist entweder ein Zweck, der durch die Natur selbst befriedigt werden kann, nämlich Glückseligkeit (s. d.), oder es ist „die Tauglichkeit und Geschicklichkeit zu allerlei Zwecken, wozu die Natur (äußerlich und innerlich) von ihm gebraucht werden könne", d. h. Kultur (s. d.). Diese ist der letzte Zweck des Menschen in der Natur, ibid. (II 300). E. ist „derjenige Zweck, der keines anderen als Bedingung seiner Möglichkeit bedarf". Nehmen wir die Zweckverbindung in der Welt für real und für sie eine absichtlich wirkende Ursache an, so müssen wir nach dem objektiven Grunde fragen, der diese Ursache, diesen „produktiven Verstand" zu einer solchen Wirkung bestimmt haben könne, und dieser Grund ist der E., der unbedingt, d. h. „in der Ordnung der Zwecke von keiner anderweitigen Bedingung als bloß seiner Idee abhängig" ist. „Nun haben wir nur eine einzige Art Wesen in der Welt, dessen Kausalität teleologisch, d. i. auf Zwecke gerichtet und doch zugleich so beschaffen ist, daß das Gesetz, nach welchem sie sich Zwecke zu bestimmen haben, von ihnen selbst als unbedingt und von Naturbedingungen unabhängig, an sich aber als notwendig vorgestellt wird. Das Wesen dieser Art ist der Mensch, aber als Noumenon betrachtet; das einzige Naturwesen, an welchem wir doch ein übersinnliches Vermögen (die Freiheit) und sogar das Gesetz der Kausalität sammt dem Objekte derselben, welches es sich als höchsten Zweck vorsetzen kann (das höchste Gut in der Welt), von seiten seiner eigenen Beschaffenheit erkennen können." „Von dem Menschen nun (und so jedem vernünftigen Wesen in der Welt) als einem moralischen Wesen kann nicht weiter gefragt werden: wozu (quem in finem) er existiere. Sein Dasein hat den höchsten Zweck selbst in sich, dem, soviel er vermag, er die ganze Natur unterwerfen kann, wenigstens welchem zuwider er sich keinem Einflusse der Natur unterworfen halten darf. — Wenn nun Dinge der Welt, als ihrer Existenz nach abhängige Wesen, einer nach Zwecken handelnden obersten Ursache bedürfen, so ist der Mensch der Schöpfung E.; denn ohne diesen wäre die Stelle der einander untergeordneten Zwecke nicht vollständig gegründet, und nur im Menschen, aber auch in diesem nur als Subjekte der Moralität, ist die unbedingte Gesetzgebung in Ansehung der Zwecke anzutreffen, welche ihn also allein fähig macht, ein E. zu sein, dem die ganze Natur teleologisch untergeordnet ist", ibid. § 84 (II 303 ff.). Glückseligkeit (s. d.) ist nicht einmal ein Zweck der Natur, mögen Menschen sie auch zu ihrem letzten subjektiven Zwecke machen. „Moralität und eine ihr untergeordnete Kausalität nach Zwecken" ist durch Naturursachen unmöglich; das Prinzip ihrer Bestimmung zum Handeln ist übersinnlich und ihr Subjekt dadurch zum E. der Schöpfung qualifiziert, ibid. 2. Anm. (II 305). Ohne den Menschen würde die ganze Schöpfung „eine bloße Wüste, umsonst und ohne E." sein. Was ihn zu einem solchen macht, ihm einen „absoluten Wert" gibt, besteht in seinem guten Willen, in seiner sittlichen Gesinnung, ibid. § 86 (II 312 f.). E. kann nur „der Mensch (ein jedes vernünftige Weltwesen) unter moralischen Gesetzen sein". „Die moralischen Gesetze ... sind von der eigentümlichen Beschaffenheit, daß sie etwas als Zweck ohne Bedingung, mithin gerade so, wie der Begriff eines E.s es bedarf, für die Vernunft vorschreiben." Die „Existenz einer solchen Vernunft, die in der Zweckbeziehung ihr selbst das oberste Gesetz sein kann", kann allein als E. vom Dasein einer Welt gedacht werden, § 87 (II 320 f.). Die praktische Vernunft gibt diesen E. an und bestimmt diesen Begriff näher. Wir haben einen moralischen Grund, uns an einer Welt einen E. der Schöpfung zu denken, ibid. § 88 (II 325 ff.). Vgl. Ethikotheologie, höchstes Gut. „Obzwar nun ... die physisch-theologischen Lehren (von Naturzwecken) niemals dogmatisch sein, noch weniger den Begriff von einem E., d. i. dem Unbedingten in der Reihe der Zwecke an die Hand geben können: so bleibt doch der Begriff der Freiheit, sowie er als sinnlich unbedingte Kausalität selbst in der Kosmologie vorkommt, zwar skeptisch angefochten, aber doch unwiderlegt, und mit ihm auch der Begriff von einem E., ja dieser gilt in moralisch-praktischer Rücksicht als unumgänglich, ob ihm gleich seine objektive Realität, wie überhaupt alle Zweckmäßigkeit gegebener oder gedachter Gegenstände, nicht theoretisch-dogmatisch gesichert werden kann." „Dieser E. der reinen praktischen Vernunft ist das höchste Gut, sofern er in der Welt möglich ist, welches aber nicht bloß in dem, was Natur verschaffen kann, nämlich der Glückseligkeit (die größeste Summe der Lust), sondern was das höchste Erfordernis, nämlich die Bedingung ist, unter der allein die Vernunft sie den vernünftigen Weltwesen zuerkennen kann, nämlich zugleich im sittlichgesetzmäßigsten Verhalten derselben zu suchen ist." „Dieser Gegenstand der Vernunft ist übersinnlich; zu ihm als E. fortzuschreiten, ist Pflicht", Fortschr. d. Metaph. 2. Abt. 3. Stadium (V 3, 124). Vgl. Ethikotheologie, Bestimmung, Persönlichkeit, Menschheit, Wert.

Energie s. Kraft.

Ens realissimum s. Gott.

Entgegensetzung s. Gegensatz.

Enthusiasmus bedeutet den „Zustand des Gemüts, da dasselbe durch irgendeinen Grundsatz über den geziemenden Grad erhitzt worden", Schön u. Erh. 4. Abs. 7. Anm. (VIII 53). Ohne E. ist niemals in der Welt etwas Großes ausgerichtet worden, Krankheiten des Kopfes (VIII 72). „Die Idee des Guten mit Affekt heißt der Enthusiasm." Wie jeder Affekt ist dieser Gemütszustand blind, er kann also der Vernunft nicht wohlgefallen. Ästhetisch aber ist er erhaben, „weil er eine Anspannung der Kräfte durch Ideen ist, welche dem Gemüte einen Schwung geben, der weit mächtiger und dauernder wirkt als der Antrieb durch Sinnenvorstellungen", KU § 29 Allg. Anmerk. (II 119 f.).

Entstehen (und Vergehen) s. Veränderung.

Entwicklung. Es besteht eine Verwandtschaft aller Arten von Wesen und ein Aufstieg von niederen zu höheren Formen. Der Weisheit Gottes ist es am meisten gemäß, daß die zweckmäßigsten Gebilde der Welt (die Himmelskörper) sich den der Materie eingepflanzten Gesetzen durch eine ungezwungene Folge (durch die eigenen Kräfte, nach mechanischen Gesetzen) „herausentwickeln", Th. des Himmels 2. T. 7. H. (VII 119); vgl. Welt. Die Materie hat ursprünglich „eine Bestrebung, sich durch eine natürliche E. zu einer vollkommeneren Verfassung zu bilden", wozu am meisten die Verschiedenheit der materiellen Elemente an Dichte und Anziehungskraft beiträgt, die eine dauernde Ruhe nicht aufkommen läßt, ibid. 1. H. (VII 60). Vgl. Schöpfung. Es ist anzunehmen, „daß die Welt eine mechanische E. aus den allgemeinen Naturgesetzen zum Ursprunge ihrer Verfassung erkenne", ibid. 8. H. (VII 148). „Vielleicht ist unsere Erde tausend oder mehr Jahre vorhanden gewesen, ehe sie sich in Verfassung befunden hat, Menschen, Tiere und Gewächse unterhalten zu können", ibid. 3. T. (VII 169).

„Die in der Natur eines organischen Körpers (Gewächses oder Tieres) liegenden Gründe einer bestimmten Auswickelung heißen, wenn diese Auswickelung besondere Teile betrifft, Keime; betrifft sie aber nur die Größe oder das Verhältnis der Teile untereinander, so nenne ich sie natürliche Anlagen. In den Vögeln von derselben Art, die doch in verschiedenen Klimaten leben sollen, liegen Keime zur Auswickelung einer neuen Schicht Federn, wenn sie im kalten Klima leben, die aber zurückgehalten werden, wenn sie sich im gemäßigten aufhalten sollen. Weil in einem kalten Lande das Weizenkorn mehr gegen feuchte Kälte geschützt werden muß als in einem trockenen oder warmen, so liegt in ihm eine vorher bestimmte Fähigkeit oder natürliche Anlage, nach und nach eine dickere Haut hervorzubringen. Diese Fürsorge der Natur, ihr Geschöpf durch versteckte innere Vorkehrungen auf allerlei künftige Umstände auszurüsten, damit es sich erhalte und der Verschiedenheit des Klimas oder des Bodens angemessen sei, ist bewunderungswürdig und bringt bei der Wanderung und Verpflanzung der Tiere und Gewächse, dem Scheine nach, neue Arten hervor, welche nichts anderes als Abartungen und Rassen von derselben Gattung sind, deren Keime und natürliche Anlagen sich nur gelegentlich in langen Zeitläuften auf verschiedene Weise entwickelt haben." Eine „Naturgeschichte", an der es uns noch fast gänzlich fehlt, „würde uns die Veränderung der Erdgestalt, imgleichen die der Erdgeschöpfe (Pflanzen und Tiere), die sie durch natürliche Wanderungen erlitten haben, und ihre daraus entsprungenen Abartungen von dem Urbilde der Stammgattung lehren. Sie würde vermutlich eine große Menge scheinbar verschiedener Arten zu Rassen ebenderselben Gattung zurückführen und das jetzt so weitläufige Schulsystem der Naturbeschreibung in ein physisches System für den Verstand verwandeln." „Der Zufall oder allgemeine mechanische Gesetze können solche Zusammenfassungen nicht hervorbringen. Daher müssen wir dergleichen gelegentliche Auswickelungen als vorgebildet ansehen." Äußere Dinge können nur „Gelegenheitsursachen" von demjenigen sein, was notwendig anerbt und nachartet. „Luft, Sonne und Nahrung können einen tierischen Körper in seinem Wachstume modifizieren, aber diese Veränderung nicht zugleich mit einer zeugenden Kraft versehen, die vermögend wäre, sich selbst auch ohne diese Ursache wieder hervorzubringen; sondern, was sich fortpflanzen soll, muß in der Zeugungskraft schon vorher gelegen haben, als vorherbestimmt zu einer gelegentlichen Auswickelung, den Umständen gemäß, darein das Geschöpf geraten kann, und in welchen es sich beständig erhalten soll." „Krankheiten sind bisweilen erblich. Aber diese bedürfen keiner Organisation, sondern nur eines Ferments schädlicher Säfte, die sich durch Ansteckung fortpflanzen. Sie arten auch nicht notwendig an." Der Mensch war „für alle Klimaten und für jede Beschaffenheit des Bodens bestimmt", und so mußten in ihm die verschiedensten Keime und Anlagen zur E. bereitliegen, V. d. verschied. Rassen 3 (VIII 85 ff.); vgl. Rasse. Man muß „eine Geschichte der Natur wagen, welche eine abgesonderte Wissenschaft ist, die wohl nach und nach von Meinungen zu Einsichten fortrücken könnte", ibid. 4 (VIII 95). „Die Kleinheit der Unterschiede, wenn man die Gattungen ihrer Ähnlichkeit nach aneinanderpaßt, ist bei so großer Mannigfaltigkeit eine notwendige Folge eben dieser Mannigfaltigkeit. Nur eine Verwandtschaft unter ihnen, die entweder eine Gattung aus der anderen, und alle aus einer einzigen Originalgattung, oder etwa aus einem einzigen erzeugenden Mutterschoße entsprungen wären, würde auf Ideen führen, die aber so ungeheuer sind, daß die Vernunft vor ihnen zurückbebt", Rezension von Herders Ideen 1. T. Beilage (VI 33).

Die Idee einer Urzeugung der Lebewesen und einer E. derselben bis zum Menschen herauf (Bonnet, G. Forster) „würden zwar nicht machen, daß der Naturforscher davor, als vor einem Ungeheuer zurückbebte (denn es ist ein Spiel, womit sich wohl mancher irgend einmal unterhalten hat, das er aber, weil damit nichts ausgerichtet wird, wieder aufgab); er würde aber doch davon durch die Betrachtung zurückgescheucht werden, daß er sich hierdurch unvermerkt von dem fruchtbaren Boden der Naturforschung in die Wüste der Metaphysik verirre. Zudem kenne ich noch eine eben nicht unmännliche Furcht, nämlich vor allem zurückzubeben, was die Vernunft von ihren ersten Grundsätzen abspannt, und ihr es erlaubt macht, in grenzenlosen Einbildungen herumzuschweifen", Gebrauch teleolog. Prinzipien (VIII 154 f.).

„Es ist rühmlich, vermittelst einer komparativen Anatomie die große Schöpfung organisierter Naturen durchzugehen, um zu sehen, ob sich daran nicht etwas einem System Ähnliches, und zwar dem Erzeugungsprinzip nach, vorfinde; ohne daß wir nötig haben, beim bloßen Beurteilungsprinzip (welches für die Einsicht ihrer Erzeugung keinen Aufschluß gibt) stehen zu bleiben und mutlos allen Anspruch auf Natureinsicht in diesem Felde aufzugeben. Die Übereinkunft so vieler Tiergattungen in einem gewissen gemeinsamen Schema ... läßt einen obgleich schwachen Strahl von Hoffnung in das Gemüt fallen, daß hier wohl etwas mit dem Prinzip des Mechanismus der Natur, ohne welches es überhaupt keine Naturwissenschaft geben kann, auszurichten sein möchte. Diese Analogie der Formen, sofern sie bei aller Verschiedenheit einem gemeinschaftlichen Urbilde gemäß erzeugt zu sein scheinen, verstärkt die Vermutung einer wirklichen Verwandtschaft derselben in der Erzeugung von einer gemeinschaftlichen Urmutter, durch die stufenartige Annäherung einer Tiergattung zur anderen, von derjenigen an, in welcher das Prinzip der Zwecke am meisten bewährt zu sein scheint, nämlich dem Menschen, bis zum Polyp, von diesem sogar bis zu Moosen und Flechten, und endlich zu dei niedrigsten uns merklichen Stufe der Natur, zur rohen Materie; aus welcher und ihren Kräften, nach mechanischen Gesetzen (gleich denen, wonach sie in Kristallerzeugungen wirkt), die ganze Technik der Natur, die uns in organisierten Wesen so unbegreiflich ist, daß wir uns dazu ein anderes Prinzip zu denken genötigt glauben, abzustammen scheint." „Hier steht es nun dem Archäologen der Natur frei, aus den übriggebliebenen Spuren ihrer ältesten Revolutionen, nach allem ihm bekannten oder gemutmaßten Mechanism derselben, jene große Familie von Geschöpfen ... entspringen zu lassen. Er kann den Mutterschoß der Erde, die eben aus ihrem chaotischen

Zustande herausging (gleichsam als ein großes Tier), anfänglich Geschöpfe von minder zweckmäßiger Form, diese wiederum andere, welche angemessener ihrem Zeugungsplatze und ihrem Verhältnisse untereinander sich ausbildeten, gebären lassen; bis diese Gebärmutter selbst, erstarrt, sich verknöchert, ihre Geburten auf bestimmte, fernerhin nicht ausartende Spezies eingeschränkt hätte, und die Mannigfaltigkeit so bliebe, wie sie am Ende der Operation jener fruchtbaren Bildungskraft ausgefallen war. — Allein er muß gleichwohl zu dem Ende dieser allgemeinen Mutter eine auf alle diese Geschöpfe zweckmäßig gestellte Organisation beilegen, widrigenfalls die Zweckform der Produkte des Tier- und Pflanzenreichs ihrer Möglichkeit nach gar nicht zu denken ist. Alsdann aber hat er den Erklärungsgrund nur weiter aufgeschoben und kann sich nicht anmaßen, die Erzeugung jener zwei Reiche von der Bedingung der Endursachen unabhängig gemacht zu haben." „Eine Hypothese von solcher Art kann man ein gewagtes Abenteuer der Vernunft nennen; und es mögen wenige, selbst von den scharfsinnigsten Naturforschern, sein, denen es nicht bisweilen durch den Kopf gegangen wäre. Denn ungereimt ist es eben nicht wie die generatio aequivoca, worunter man die Erzeugung eines organisierten Wesens durch die Mechanik der rohen unorganisierten Materie versteht. Sie wäre immer noch generatio univoca in der allgemeinsten Bedeutung des Wortes, sofern nur etwas Organisches aus einem anderen Organischen, obzwar unter dieser Art Wesen spezifisch von ihm unterschiedenen, erzeugt würde; z. B. wenn gewisse Wassertiere sich nach und nach zu Sumpftieren, und aus diesen nach einigen Zeugungen zu Landtieren ausbildeten. A priori, im Urteile der bloßen Vernunft, widerstreitet sich das nicht. Allein die Erfahrung zeigt davon kein Beispiel..." — „Selbst was die Veränderung betrifft, welcher gewisse Individuen der organisierten Gattungen zufälligerweise unterworfen werden, wenn man findet, daß ihr so abgeänderter Charakter erblich und in die Zeugungskraft aufgenommen wird, so kann sie nicht füglich anders denn als gelegentliche E. einer in der Spezies ursprünglich vorhandenen zweckmäßigen Anlage zur Selbsterhaltung der Art beurteilt werden: weil das Zeugen seinesgleichen, bei der durchgängigen inneren Zweckmäßigkeit eines organisierten Wesens, mit der Bedingung, nichts in die Zeugungskraft aufzunehmen, was nicht auch in einem solchen System von Zwecken zu einer der unentwickelten ursprünglichen Anlagen gehört, so nahe verbunden ist", KU § 80 (II 285). Bezüglich des teleologischen Prinzips der Erzeugung der Organismen kann man den „Okkasionalismus" und „Prästabilismus" unterscheiden. Nach letzterem hat die oberste Weltursache in die ersten Produkte nur die „Anlage" gebracht, „vermittelst deren ein organisches Wesen seinesgleichen hervorbringt und die Spezies sich selbst beständig erhält". Der Prästabilismus betrachtet jeden Organismus entweder als „Edukt" oder „Produkt" seinesgleichen. „Das System der Zeugungen als bloßer Edukte heißt das der individuellen Präformation, oder auch der Evolutionstheorie; das der Zeugungen als Produkte wird das System der Epigenesis genannt. Dieses letztere kann auch System der generischen Präformation genannt werden, weil das produktive Vermögen der Zeugenden doch nach den inneren zweckmäßigen Anlagen, die ihrem Stamme zuteil wurden, also die spezifische Form virtualiter präformiert war. Diesem gemäß würde man die entgegenstehende Theorie der individuellen Präformation auch besser Involutionstheorie (oder die der Einschachtelung) nennen können." Die Theorie der Epigenesis hat empirische und rationale Vorzüge vor der ersteren, indem sie „mit dem kleinstmöglichen Aufwande des Übernatürlichen alles Folgende vom ersten Anfange an der Natur überläßt". In dieser Theorie hat am meisten Blumenbach geleistet. „Von organisierter Materie hebt er alle physische Erklärungsart dieser Bildungen an. Denn daß rohe Materie sich nach mechanischen Gesetzen ursprünglich selbst gebildet habe, daß aus der Natur des Leblosen Leben habe entspringen und Materie in die Form einer sich selbst erhaltenden Zweckmäßigkeit sich von selbst habe fügen können, erklärt er mit Recht für vernunftwidrig; läßt aber zugleich dem Naturmechanism unter diesem uns unerforschlichen Prinzip einer ursprünglichen Organisation einen unbestimmbaren, zugleich doch auch unverkennbaren Anteil, wozu das Vermögen der Materie (zum Unterschiede von der ihr allgemein beiwohnenden, bloß mechanischen Bildungskraft) von ihm in einem organisierten Körper ein (gleichsam unter der höheren Leitung und Anweisung der ersteren stehender) Bildungstrieb genannt wird", ibid. § 81 (II 290 ff.).

„Man kann mit dem Ritter Linné für die Archäologie der Natur die Hypothese annehmen: daß aus dem allgemeinen Meer, welches die ganze Erde bedeckte, zuerst eine Insel unter dem Äquator als ein Berg hervorgekommen, auf welchem alle klimatische Stufen der Wärme von der des heißen am niedrigen Ufer desselben bis zur arktischen Kälte auf seinem Gipfel samt den ihnen angemessenen Pflanzen und Tieren nach und nach entstanden", Anthr. 2. T. E. 1. Anm. (IV 277). Zu fragen ist, ob nicht noch eine Epoche kommen dürfte, „da ein Orang-Utang oder ein Schimpanse die Organe, die zum Gehen, zum Befühlen der Gegenstände und zum Sprechen dienen, sich zum Gliederbau eines Menschen ausbildete, deren Innerstes ein Organ für den Gebrauch des Verstandes enthielte und durch gesellschaftliche Kultur sich allmählich entwickelte", ibid. 2. Anm. (IV 283). „Es ist aus der Verschiedenheit der Kost, der Luft und der Erziehung zu erklären, warum einige Hühner ganz weiß werden, und wenn man unter den vielen Küchlein, die von denselben Eltern geboren werden, nur die aussucht, die weiß sind, und sie zusammentut, bekommt man endlich eine weiße Rasse, die nicht leicht anders ausschlägt. Arten nicht die englischen und auf trockenem Boden erzogenen arabischen oder spanischen Pferde so aus, daß sie endlich Füllen von ganz anderem Gewächse erzeugen?", Phys. Geographie 2. T. 1. Abs. § 3 (IX 195). Die „Ausartungen" der Tiere hängen ab vom Klima. Luft, Speise usw., ibid. § 4 (IX 199). Vgl. Organismus, Präformation, Anlage, Weltkörper, Zweck.

Entwicklung, geschichtliche, s. Geschichte, Fortschritt, Kultur, Moralisierung.

Epigenesis s. Entwicklung, Präformation, Kategorie.

Episyllogismus. Eine Reihe von Vernunftschlüssen läßt sich ins Unbestimmte fortsetzen: absteigend auf Seite des Bedingten durch Episyllogismen, aufsteigend auf Seite der Bedingungen durch Prosyllogismen. Beim Fortgang durch Prosyllogismen gelangt man zu einer Erkenntnis nur, wenn „alle Glieder der Reihe auf der Seite der Bedingungen gegeben sind" (Totalität in der Reihe der Prämissen). Hingegen wird beim Schließen per episyllogismos „nur eine werdende und nicht schon ganz vorausgesetzte oder gegebene Reihe, mithin nur ein potentialer Fortgang" gedacht, KrV tr. Dial. 1. B. 2. Abs. (I 341—Rc 409 f.). Vgl. Idee, Unbedingt.

Erbauung ist die „moralische Folge aus der Andacht auf das Subjekt", welche „einen neuen Menschen als einen Tempel Gottes erbaut", Rel. 4. St. Allg. Anmerk. 3. Anm. (IV 232 f.).

Erbsünde. Die unschicklichste Art, sich den Ursprung des moralisch Bösen im Menschen vorzustellen, ist die, „es sich als durch Anerbung von den ersten Eltern auf uns gekommen vorzustellen; denn man kann vom Moralisch-Bösen eben das sagen, was der Dichter vom Guten sagt: — genus et proavos et quae non fecimus ipsi, vix ea nostra puto", Rel. 1. St. IV (IV 42); vgl. Böse.

Erdbeben. Der Erdboden ist hohl, und seine Wölbungen laufen fast in einem Zusammenhange fort. Die Richtung der Höhlen ist den Gebirgen und den großen Flüssen parallel, und in dieser Richtung besonders breiten sich die Erderschütterungen aus, Von d. Ursachen d. Erderschütt. (VII 280 f.). Der Hauptstrich der E. geht in der Richtung der höchsten Gebirge fort, ibid. (VII 282 f.). Die E. entstehen durch brennende Massen in der Erde, deren entzündende Dämpfe sich auszubreiten trachten, den Boden erschüttern und bei der Öffnung der Vulkane ausbrechen, ibid. (VII 283 ff.); vgl. Geschichte u. Naturbeschreib. d. merkwürdigsten Vorfälle des Erdbebens von 1755 (VII 291 ff.); Betrachtung der seit einiger Zeit wahrgenommenen Erderschütterungen (VII 331 ff.).

Erde. Eine genauere Kenntnis der Beschaffenheit der E. als der Grundlage aller organischen Erzeugung gibt auf keine anderen als „ganz unabsichtlich wirkende, ja eher verwüstende als Erzeugung, Ordnung und Zwecke begünstigende Ursachen" Anzeige. „Land und Meer enthalten nicht allein Denkmäler von alten mächtigen Verwüstungen, die sie und alle Geschöpfe auf und in demselben betroffen haben, in sich; sondern ihr ganzes Bauwerk, die Erdlager des einen und die Grenzen des anderen, haben gänzlich das Ansehen des Produktes wilder allgewaltiger Kräfte einer im chaotischen Zustande arbeitenden Natur." So zweckmäßig auch jetzt die Gliederung der E. ist, so ist sie doch bloß die Wirkung teils feuriger, teils wässeriger Eruptionen oder auch Empörungen des Ozeans. Der Erdboden gibt „auf keinen anderen als einen gänzlich unabsichtlichen Mechanism seiner Erzeugung" Anzeige, KU § 82 (II 296 f.). Vgl. Unters. d. Frage, ob die E. in ihrer Umdrehung um die Achse ... einige Veränderungen ... erlitten habe (VII 217), (Verzögerung durch Ebbe und Flut); Die Frage, ob die Erde veralte (VII 227 ff.). Vgl. Welt, Körper, Organismus.

Erdichtung s. Fiktion.

Erfahrung. E. bedeutet: 1. die Wahrnehmung und das durch sie Gegebene, auch das von Wahrnehmungen Abstrahierte oder aus ihnen durch Induktion Gewonnene. Solche E. hat nur komparative, nicht strenge Allgemeinheit (s. d.) und Notwendigkeit, sie ist wandelbar, aber ein unentbehrliches Fundament der Erkenntnis. Diese stammt aber nicht bloß aus der E., sondern enthält Faktoren, die von ihr unabhängig, a priori (s. d.) gelten und im Subjekte selbst ihre Quelle haben. Diese apriorischen Faktoren, die Anschauungsformen, Kategorien und transzendentalen Grundsätze (s. d.) sind Bedingungen der 2. Erfahrung im engeren Sinne, des allgemeingültigen Zusammenhanges von Daten zu einer E. und des Prozesses der Verknüpfung solcher Daten zu objektiver Einheit. Die E. in diesem Sinne besteht also aus etwas rein Empirischem und etwas Apriorischem; sie ist selbst schon ein Erzeugnis des Intellekts, des Verstandes, und setzt etwas als gültig voraus, was sich zwar in ihr konstant bewährt, aber nicht auf Wahrnehmung und Induktion sich stützt. Alle Erkenntnis ist erfahrende, in E.en fortschreitende Erkenntnis, aber die E. überhaupt ist nicht gegeben, sondern Verarbeitung eines sinnlich Gegebenen durch apriorische Erkenntnisformen. Die Erkenntnis ist, soweit sie nicht rein formal ist, auf E. bezogen; was prinzipiell nicht erfahrbar ist, ist auch unerkennbar (nicht undenkbar). Die E. stimmt mit den Objekten überein, entspricht ihnen, weil die Bedingungen der Möglichkeit der E. zugleich die Bedingungen der Möglichkeit der Erfahrungsobjekte sind. Ebendieselben Funktionen und Voraussetzungen, welche objektive E. ermöglichen, konstituieren, ermöglichen auch jene Einheitssynthesen, in welchen sich die Objekte der E. darstellen. Das Erfahrbare ist nichts, was von außen her in das Bewußtsein aufgenommen wird; es ist zwar Erscheinung eines „Ding an sich", aber dieses selbst ist unerkennbar, ist nicht Gegenstand der E., sondern das, was diesem zugrunde liegt. Innerhalb möglicher E. kann die Erkenntnis unbegrenzt fortschreiten, auf feste, unwandelbare Grundsätze der Erfahrungserzeugung sich stützend. Das Apriorische der Erkenntnis dient zu nichts anderem als dem Ziele der E. selbst, es geht auch beständig in sie ein. Die äußere E. ist ebenso unmittelbar und hat ebensolche Realität wie die innere (s. d.); vgl. Idealismus.

„In dem Sinnlichen aber und den Erscheinungen heißt das, was dem logischen Gebrauche des Verstandes vorhergeht, das Erscheinende, dagegen die reflektierte Erkenntnis, welche aus der mittelst des Verstandes erfolgenden Vergleichung mehrerer Erscheinungen hervorgeht, heißt E. Der Weg von dem Erscheinen zur E. führt daher nur durch die Reflexion gemäß dem logischen Gebrauche des Verstandes. Die allgemeinen Begriffe der E. werden empirische genannt und ihre Gegenstände Erscheinungen; die Gesetze aber sowohl der E. als überhaupt aller sinnlichen Erkenntnis heißen die Gesetze der Erscheinungen", Mund. sens. § 5 (V 2, 98 f.). E. selbst ist eine „Erkenntnisart", „die Verstand erfordert, dessen Regel ich in mir, noch ehe mir Gegenstände gegeben werden, mithin a priori voraussetzen muß". Die Gegenstände der E. (als Erscheinungen) müssen sich nach den apriorischen „Formen“ der Anschauung und des Denkens richten, KrV Vorr. z. 2. A. (I 29—Rc 23 f.); vgl. Erkenntnis, Metaphysik. „Daß alle unsere Erkenntnis mit der E. anfange, daran ist gar kein Zweifel; denn wodurch sollte das Erkenntnisvermögen sonst zur Ausübung erweckt werden, geschähe es nicht durch Gegenstände, die unsere Sinne rühren und teils von selbst Vorstellungen bewirken, teils unsere Verstandestätigkeit in Bewegung bringen, diese zu vergleichen, sie zu verknüpfen oder zu trennen, und so den rohen Stoff sinnlicher Eindrücke zu einer Erkenntnis der Gegenstände zu verarbeiten, die E. heißt? Der Zeit nach geht also keine Erkenntnis in uns vor der E. vorher, und mit dieser fängt alle an.“ „Wenn aber gleich alle unsere Erkenntnis mit der E. anhebt, so entspringt sie darum doch nicht eben alle aus der E. Denn es könnte wohl sein, daß selbst unsere Erfahrungserkenntnis ein Zusammengesetztes aus dem sei, was wir durch Eindrücke empfangen, und dem, was unser eigenes Erkenntnisvermögen (durch sinnliche Eindrücke bloß veranlaßt) aus sich selbst hergibt, welchen Zusatz wir von jenem Grundstoffe nicht eher unterscheiden, als bis lange Übung uns darauf aufmerksam und zur Absonderung desselben geschickt gemacht hat“, KrV Einl. I (I 47—Rc 45). E. „lehrt uns zwar, daß etwas so ist oder so beschaffen sei, aber nicht, daß es nicht anders sein könne“. „E. gibt niemals ihren Urteilen wahre oder strenge, sondern nur angenommene und komparative Allgemeinheit (durch Induktion), so daß es eigentlich heißen muß: so viel wir bisher wahrgenommen haben, findet sich von dieser oder jener Regel keine Ausnahme“, ibid. Einl. II (I 49—Rc 49). Zur „Möglichkeit der E. selbst“ bedarf es aber „reiner Grundsätze a priori“. „Denn wo wollte selbst die E. ihre Gewißheit hernehmen, wenn alle Regeln, nach denen sie fortgeht, immer wieder empirisch, mithin zufällig wären“, ibid. (I 50—Rc 51). Die E. ist „eine synthetische Verbindung der Anschauungen“, ibid. IV (I 57—Rc 63). Alle E. enthält außer der Anschauung der Sinne, wodurch etwas gegeben wird, noch einen „Begriff von einem Gegenstande, der in der Anschauung gegeben wird oder erscheint“. Demnach liegen „Begriffe von Gegenständen überhaupt, als Bedingungen a priori“, aller Erfahrungserkenntnis zugrunde, und die objektive Gültigkeit der Kategorien beruht also darauf, daß durch sie allein E. möglich ist. „Denn alsdann beziehen sie sich notwendigerweise und a priori auf Gegenstände der E., weil nur vermittelst ihrer überhaupt irgendein Gegenstand der E. gedacht werden kann.“ Sie sind „Bedingungen a priori der Möglichkeit der E.en“, geben den „objektiven Grund der Möglichkeit der E.“ ab. Was Hume sich nicht einfallen ließ, ist: daß der Verstand „durch diese Begriffe selbst Urheber der E., worin seine Gegenstände angetroffen werden, sein könne“, ibid. tr. Anal. § 14 (I 146 f.—Rc 167). E. ist nur möglich durch die Synthesis der Apprehension (s. d.), d. h. „die Zusammensetzung des Mannigfaltigen in einer empirischen Anschauung“. Da diese der Einheit der transzendentalen Apperzeption (s. d.) und den Kategorien (s. d.) gemäß sein muß, so sind die letzteren „Bedingungen der Möglichkeit der E.“ und gelten also „a priori von allen Gegenständen der E.“, ibid. § 26 (I 170 ff.—Rc 217 f.). „Wir können uns keinen Gegenstand denken, ohne durch Kategorien; wir können keinen gedachten Gegenstand erkennen, ohne durch Anschauungen, die jenen Begriffen entsprechen. Nun sind alle unsere Anschauungen sinnlich, und diese Erkenntnis, sofern der Gegenstand derselben gegeben ist, ist empirisch. Empirische Erkenntnis aber ist E. Folglich ist uns keine Erkenntnis a priori möglich, als lediglich von Gegenständen möglicher E.“ Die E. selbst ist bedingt durch die Kategorien (s. d.) und die apriorischen Grundsätze, welche die obersten, allgemeinsten Gesetze (s. d.) für alles Erfahrbare setzen, ibid. tr. Anal. § 27 (I 174 ff.—Rc 225 ff.). „In dem Ganzen aller möglichen E. liegen . . . alle unsere Erkenntnisse“, ibid. tr. Anal. 2. B. 1. H. (I 189—Rc 244). Die „Möglichkeit der E.“ ist das, was allen unseren Begriffen und Erkenntnissen a priori „objektive Realität“ (s. d.) gibt. E. beruht auf der „synthetischen Einheit der Erscheinungen“, d. h. auf einer „Synthesis nach Begriffen vom Gegenstande der Erscheinungen überhaupt, ohne welche sie nicht einmal Erkenntnis, sondern eine Rhapsodie von Wahrnehmungen sein würde, die sich in keinem Kontext nach Regeln eines durchgängig verknüpften (möglichen) Bewußtseins, mithin auch nicht zur transzendentalen und notwendigen Einheit der Apperzeption zusammen schicken würden". „Die E. hat also Prinzipien ihrer Form a priori zum Grunde liegen, nämlich allgemeine Regeln der Einheit in der Synthesis der Erscheinungen, deren objektive Realität, als notwendige Bedingungen, jederzeit in der E., ja sogar ihrer Möglichkeit gewiesen werden kann." E., als „empirische Synthesis", ist die einzige Erkenntnisart, welcher aller anderen Synthesis Realität gibt; so hat die Erkenntnis (Synthesis) a priori nur dadurch „Wahrheit", d. h. „Einstimmung mit dem Objekt", daß sie „nichts weiter enthält, als was zur synthetischen Einheit der E. überhaupt notwendig ist". Die Möglichkeit „synthetischer Urteile a priori" (vgl. Grundsätze) liegt darin: „die Bedingungen der Möglichkeit der E. überhaupt sind zugleich Bedingungen der Möglichkeit der Gegenstände der E., und haben darum objektive Gültigkeit in einem synthetischen Urteile a priori". Die Bedingungen der möglichen E. selbst aber sind: „die formalen Bedingungen der Anschauung a priori" (Anschauungsformen), „die Synthesis der Einbildungskraft" und „die notwendige Einheit derselben in einer transzendentalen Apperzeption", ibid. tr. Anal. 2. B. 2. H. 2. Abs. (I 196 ff.—Rc 252 ff.). E. selbst ist nur möglich durch oberste „transzendentale", „ursprüngliche" Gesetze (s. d.). Es sind „Regeln der synthetischen Einheit a priori", vermittelst deren wir die E. „antizipieren" können, ibid. 3. Abs. 3. 3. Analogie (I 247 f.—Rc 307 ff.). Alles, was der reine Verstand (s. d.) aus sich selbst schöpft, das hat er nur zum „Erfahrungsgebrauch", ibid. 2. B. 3. H. (I 271—Rc 333). Alle seine Begriffe und Grundsätze a priori beziehen sich zuletzt auf „empirische Anschauungen, d. i. auf data zur möglichen E.", ibid. (I 273—Rc 335).

„E. ist ohne Zweifel das erste Produkt, welches unser Verstand hervorbringt, indem er den rohen Stoff sinnlicher Empfindungen bearbeitet. Sie ist eben dadurch die erste Belehrung und im Fortgange so unerschöpflich an neuem Unterricht, daß das zusammengekettete Leben aller künftigen Zeugungen an neuen Kenntnissen, die auf diesem Boden gesammelt werden können, niemals Mangel haben wird. Gleichwohl ist sie bei weitem nicht das einzige Feld, darin sich unser Verstand einschränken läßt. Sie sagt uns zwar, was da sei, aber nicht, daß es notwendigerweise so und nicht anders sein müsse. Eben darum gibt sie uns auch keine wahre Allgemeinheit, und die Vernunft, welche nach dieser Art von Erkenntnissen so begierig ist, wird durch sie mehr gereizt als befriedigt." Selbst unter unsere E.en mengen sich Erkenntnisse, die ihren Ursprung a priori (s. d.) haben müssen, KrV 1. A. Einl. (I 51—Rc 44). Die „Bedingungen der Möglichkeit aller E." sind enthalten in drei „ursprünglichen Quellen (Fähigkeiten oder Vermögen der Seele)": Sinn, Einbildungskraft und Apperzeption. „Darauf gründet sich 1. die Synopsis des Mannigfaltigen a priori durch den Sinn; 2. die Synthesis dieses Mannigfaltigen durch die Einbildungskraft; endlich 3. die Einheit dieser Synthesis durch ursprüngliche Apperzeption. Alle diese Vermögen haben außer dem empirischen Gebrauche noch einen transzendentalen, der lediglich auf die Form geht und a priori möglich ist", ibid. tr. Anal. § 14 (I 147—Rc 167). „Es ist nur eine E., in welcher alle Wahrnehmungen als im durchgängigen und gesetzmäßigen Zusammenhange vorgestellt werden ... Wenn man von verschiedenen E.en spricht, so sind es nur so viel Wahrnehmungen, sofern solche zu einer und derselben allgemeinen E. gehören. Die durchgängige und synthetische Einheit der Wahrnehmungen macht nämlich gerade die Form der Erfahrung aus, und sie ist nichts anderes als die synthetische Einheit der Erscheinungen nach Begriffen." „Die Bedingungen a priori einer möglichen E. überhaupt sind zugleich Bedingungen der Möglichkeit der Gegenstände der E.", ibid. tr. Anal. 1. B. 2. H. 2 Abs. 4 (I 715 f.—Rc 192 f.). Ohne die Einheit des Bewußtseins, welche durch die Kategorien sich in der Mannigfaltigkeit der Wahrnehmungen manifestiert, würden die Wahrnehmungen „zu keiner E. gehören, folglich ohne Objekt, und nichts als ein blindes Spiel der Vorstellungen, d. i. weniger als ein Traum sein", ibid. (I 717 —Rc 194); vgl. Apperzeption, Einheit, Synthese. Die „wirkliche E." besteht aus der Apprehension (s. d.), Assoziation (Reproduktion, s. d.) und Rekognition (s. d.). Sie enthält „Begriffe, welche die formale Einheit der E. und mit ihr alle objektive Gültigkeit (Wahrheit) der empirischen Erkenntnis möglich machen". Es sind dies die Kategorien, ibid. 3. Abs. (I 725—Rc 214). Der reine Verstand (s. d.) ist, vermittelst der Kategorien, „ein formales und synthetisches Prinzipium aller E.en". Er gibt die Gesetze für die Synthesis der (produktiven) Einbildungskraft (s. d.), welche, die Wahrnehmungen verknüpfend, E. aus ihnen macht, ibid. (I 721 ff.—Rc 204 ff.). Der Verstand ist die „Gesetzgebung für die Natur", der „Quell der Gesetze der Natur". Die Natur, als Gegenstand der Erkenntnis in einer E., ist nur in der Einheit der Apperzeption, im Verstande möglich. „Alle Erscheinungen liegen also als mögliche E.en ebenso a priori im Verstande und erhalten ihre formale Möglichkeit von ihm, wie sie als bloße Anschauungen in der Sinnlichkeit liegen und durch dieselbe der Form nach allein möglich sind", ibid. (I 727—Rc 218).

E. ist „eine kontinuierliche Zusammenfügung (Synthesis) der Wahrnehmungen", Prol. § 5 (III 26). E. lehrt uns zwar, „was da sei, und wie es sei, niemals aber, daß es notwendigerweise so und nicht anders sein müsse", ibid. § 14 (III 51). Hier bedeutet E. den Wahrnehmungsbestandteil eines Erfahrungsurteils (s. d.), nicht dieses selbst, welches einen apriorischen Faktor (Kategorie) enthält. E. ist ein „Produkt der Sinne und des Verstandes", es liegt ihr ein Urteil zugrunde, durch welches eine gegebene Anschauung einem reinen Verstandesbegriff (einer Kategorie) subsumiert wird. Dadurch erhält das Urteil Allgemeingültigkeit (Verknüpfung in einem „Bewußtsein überhaupt") und objektive Geltung, ibid. § 20 (III 57 ff.). Die Möglichkeit der E. beruht auf den Kategorien und Grundsätzen des reinen Verstandes. E. ist objektiv gültige empirische Erkenntnis, ibid. § 21 (III 60). „E. besteht aus Anschauungen, die der Sinnlichkeit angehören, und aus Urteilen, die lediglich ein Geschäft des Verstandes sind", ibid. § 21 a (III 62). „Wenn ich sage: E. lehrt mir etwas, so meine ich jederzeit nur die Wahrnehmung, die in ihr liegt . . ., und also ist der Erfahrungssatz sofern allemal zufällig." Die Notwendigkeit der Verknüpfung im Erfahrungsurteil aber „lerne ich nicht durch E., sondern umgekehrt, E. wird allererst durch diesen Zusatz des Verstandesbegriffes . . . zur Wahrnehmung erzeugt", ibid. § 22 Anm. (III 63 f.). „E. besteht in der synthetischen Verknüpfung der Erscheinungen (Wahrnehmungen) in einem Bewußtsein, sofern dieselbe notwendig ist", ibid. § 22 (III 63). Die Grundsätze (s. d.) möglicher E. sind zugleich allgemeine Gesetze (s. d.) der Natur, welche a priori erkannt werden können, ibid. § 23 (III 64); vgl. § 26 (III 68).

E. ist nicht „eine bloß empirische Zusammensetzung der Wahrnehmungen". Sie geht viel weiter, als diese reichen, indem sie „empirischen Urteilen Allgemeingültigkeit gibt und dazu einer reinen Verstandeseinheit bedarf, die a priori vorhergeht", ibid. § 26 (III 70). E. ist das „Produkt des Verstandes aus Materialien der Sinnlichkeit", ibid. § 34 (III 77). Indem der Verstand alle Erscheinungen „unter seine eigenen Gesetze faßt", bringt er allererst E. (ihrer Form nach) a priori zustande, ibid. § 38 (III 84 f.). „Jede einzelne E. ist nur ein Teil von der ganzen Sphäre ihres Gebietes; das absolute Ganze aller möglichen E. ist aber selbst keine E. und dennoch ein notwendiges Problem für die Vernunft", ibid. § 40 (III 82); vgl. Idee, Totalität. — Es würde Ungereimtheit sein, „wenn wir von irgendeinem Gegenstande mehr zu erkennen hofften, als zur möglichen Erfahrung desselben gehört, oder auch von irgendeinem Dinge, wovon wir annehmen, es sei nicht ein Gegenstand möglicher E., nur auf die mindeste Erkenntnis Anspruch machten, es nach seiner Beschaffenheit, wie es an sich selbst ist, zu bestimmen", ibid. § 57 (III 120 f.); vgl. Ding an sich. Der Grundsatz des kritischen Idealismus (s. d.) ist: „Alle Erkenntnis von Dingen aus bloßem reinen Verstande oder reiner Vernunft ist nichts als lauter Schein, und nur in der E. ist Wahrheit", ibid. Anh. Probe eines Urteils (III 151). „Mein Platz ist das fruchtbare Bathos der E.", ibid. 1. Anm. (III 151); vgl. Transzendental. E. ist „nach allgemeinen Gesetzen zusammenhängende Erkenntnis der Gegenstände der Sinne", GMS 3. Abs. V. d. äußersten Grenze . . . (III 85). Im Verstande liegt a priori die Aufgabe, „aus gegebenen Wahrnehmungen einer allenfalls unendliche Mannigfaltigkeit empirischer Gesetze enthaltenden Natur eine zusammenhängende E. zu machen". Der Verstand bedarf außer den allgemeinen Naturgesetzen noch einer gewissen „Ordnung" der Natur in deren „besonderen

Regeln", die ihm nur empirisch bekannt werden können. Ohne diese Regeln würde „kein Fortgang von der allgemeinen Analogie einer möglichen E. überhaupt zur besonderen" stattfinden, KU, Einl. V (II 21 ff.); s. Gesetz. „Der vernünftige Gebrauch der E. hat auch seine Grenzen. Diese kann zwar lehren, daß etwas so oder so beschaffen sei, niemals aber, daß es gar nicht anders sein könne; auch kann keine Analogie diese unermeßliche Kluft zwischen dem Zufälligen und Notwendigen ausfüllen". Rezension von Herders Ideen 2. T. (VI 36).

„Die Erkenntnis der Gegenstände der Sinne als solcher, d. i. durch empirische Vorstellungen, deren man sich bewußt ist (durch verbundene Wahrnehmungen), ist E." „Weil nun alle theoretische Erkenntnis mit der E. zusammenstimmen muß, so wird dieses nur auf eine oder die andere Art möglich, nämlich daß entweder die E. der Grund unserer Erkenntnis oder die Erkenntnis der Grund der E. ist. Gibt es also eine synthetische Erkenntnis a priori, so ist kein anderer Ausweg als: sie muß Bedingungen a priori der Möglichkeit der E. überhaupt enthalten. Alsdann aber enthält sie auch die Bedingungen der Möglichkeit der Gegenstände der E. überhaupt; denn nur durch E. können sie für uns erkennbare Gegenstände sein. Die Prinzipien a priori aber, nach denen allein E. möglich ist, sind die Formen der Gegenstände, Raum und Zeit, und die Kategorien, welche die synthetische Einheit des Bewußtseins a priori enthalten, sofern unter sie empirische Vorstellungen subsumiert werden können." Das „Synthetische der Erkenntnis", welches das „Wesentliche der E." ausmacht, ist apriorisch (s. Synthesis). Zum „Empirischen", zur „Materie der E.", muß noch die „Form" hinzukommen, d. h. die „synthetische Einheit der Apperzeption derselben im Verstande", um E. als empirische Erkenntnis hervorzubringen, wozu „Grundsätze a priori nach bloßen Verstandesbegriffen" notwendig sind, „welche ihre Realität durch die sinnliche Anschauung beweisen und in Verbindung mit dieser, nach der a priori gegebenen Form derselben, E. möglich machen, welche eine ganz gewisse Erkenntnis a posteriori ist". Wir machen E. aus Wahrnehmungen und „der Form der Anschauung in ihnen nach Grundsätzen durch die Kategorien", Fortschr. d. Metaph. 1. Abt. V. d. Umfange ... (V 3, 100 ff.). Die apriorischen Erkenntniselemente können, „obzwar a priori gegründet", doch nur ihre Gegenstände „in der E. finden". Die E. selbst dient zum Beweis ihrer „Realität" in der Weise, daß man sie in aller Forschung „mit dem besten Erfolg" braucht, weil sie ein dem Verstande „unentbehrlicher Leitfaden" sind, E. anzustellen, ibid. Beilage I Einl. (V 3, 148 f.). — „Eine empirische Vorstellung, deren ich mir bewußt bin, ist W a h r n e h m u n g; das, was ich zu der Vorstellung der Einbildungskraft vermittelst der Auffassung und Zusammenfassung (comprehensio aesthetica) des Mannigfaltigen der Wahrnehmung denke, ist die e m p i r i s c h e E r k e n n t n i s des Objekts, und das Urteil, welches eine empirische Erkenntnis ausdrückt, ist E." Ist es eine E., daß wir denken? (VIII 163). Innere E. ist, ohne Zeitbestimmung mit ihr zu verknüpfen, unmöglich, „weil ich dabei passiv bin und mich nach der formalen Bedingung des inneren Sinnes affiziert fühle", ibid. (VIII 163 f.); vgl. Denken. Das „Bewußtsein, eine E. anzustellen", ist nicht E., sondern ein „transzendentales Bewußtsein", ibid.; vgl. Bewußtsein.

„E.en" sind Urteile, „die durch Versuch und Erfolg kontinuierlich bewährt werden", Anthr. 1. T. § 6 (IV 29). Alle E. („empirische Erkenntnis"), die innere wie die äußere, ist „nur Erkenntnis der Gegenstände, wie sie uns e r s c h e i n e n, nicht wie sie (für sich allein betrachtet) s i n d", ibid. Anmerk. (IV 30). Der Verstand macht aus den Sinneswahrnehmungen erst dadurch E., daß er sie „unter einer Regel des Denkens verbindet (O r d n u n g in das Mannigfaltige hineinbringt)", ibid. § 9 (IV 34). „Das Erkenntnis eines Gegenstandes in der Erscheinung (d. i. a l s Phänomens) ist E. Also ist Erscheinung diejenige Vorstellung, wodurch ein Gegenstand der Sinne g e g e b e n wird, ... Erfahrung aber oder das empirische E r k e n n t n i s diejenige, wodurch er zugleich als ein solcher g e d a c h t wird. — Also ist E. die Handlung (der Vorstellungskraft), wodurch Erscheinungen unter den Begriff von einem Gegenstande derselben gebracht werden, und E.en werden g e m a c h t dadurch, daß Beobachtungen (absichtliche Wahrnehmungen) a n g e s t e l l t und über die Vereinigung derselben unter einem Begriffe nachgedacht (reflektiert) wird. — Wir erwerben und erweitern unser Erkenntnis durch E., indem wir dem Verstande Erscheinungen (äußere oder auch des inneren Sinnes) als den Stoff unterlegen", ibid. Ergänz. aus der Handschr. (IV 294 f.) Damit die Wahrnehmung „innere E." wird, „muß das Gesetz bekannt sein, welches die Form der Verbindung in einem Bewußtsein des Objekts bestimmt". „Der Mensch kann sich selbst innerlich nicht beobachten, wenn er nicht durch eine Regel geleitet wird, unter der allein die Wahrnehmung verbunden sein müsse, wenn sie ihm eine E. liefern soll", ibid. (IV 296).

„E. ist eine verstandene Wahrnehmung. Wir verstehen sie aber, wenn wir sie unter Titel des Verstandes uns vorstellen. E. ist eine Spezifikation der Verstandesbegriffe durch gegebene Erscheinungen." „E.en sind also nur dadurch möglich, daß vorausgesetzt wird, alle Erscheinungen gehören unter Verstandestitel", Lose Bl. 13. Keine E. kann ohne Regel (s. d.) stattfinden. Der Satz des zureichenden Grundes ist ein „principium der Regel der E., nämlich solche anzustellen", ibid. 14. „E. ist Erkenntnis der Gegenstände, die den Sinnen gegenwärtig ist", ibid. B 7. „Zuerst gehört zu aller E. Vorstellung der Sinne, zweitens Bewußtsein." E. enthält „empirische Vorstellung, aber zugleich als Erkenntnis der Gegenstände der Sinne". Alle Erkenntnis, also auch die der E., besteht aus Urteilen. „Also ist E. nur durch Urteile möglich, in denen Wahrnehmungen zwar die empirischen Materialien ausmachen, die Beziehung derselben aber auf ein Objekt und Erkenntnis desselben durch Wahrnehmungen nicht vom empirischen Bewußtsein allein abhängen kann", N 5923. „E. ist Erkenntnis a posteriori, d. i. dessen, was Objekt der Empfindung ist (a posteriori). Empfindungen geben gar keine Erkenntnis; also muß etwas über sie (a priori) hinzukommen, wenn E. möglich werden soll. Über die Vorstellung a posteriori kann nur die a priori aus Begriffen hinzukommen, und diese kann nur die Verknüpfung (Synthesis) sein, sofern sie a priori bestimmt ist." „Der allgemeine (formale) Grundsatz möglicher E. ist also: Alle Erscheinungen sind in Ansehung ihrer Verknüpfung a priori bestimmbar gemäß der Einheit des Bewußtseins in allen Urteilen überhaupt, d. i. sie stehen unter Kategorien." „Alle E.en als mögliche Wahrnehmungen stehen a priori unter Verstandesbegriffen, durch die sie allein empirische Erkenntnis, d. i. Vorstellung der Objekte (a posteriori) werden können". N 5934; vgl. 5926.

Es gibt nur „eine E.", und wenn wir von „E.en" sprechen, so bedeutet das „nur die distributive Einheit mannigfaltiger Wahrnehmungen, nicht die kollektive ihres Objekts selbst in seiner durchgängigen Bestimmung, Altpreuß. Mth. XIX 75; vgl. 77 f. So wie es nur einen Raum und nur eine Zeit gibt, „so gibt es auch nur einen Gegenstand möglicher äußerer E.", „denn alle sogenannte E.en sind immer nur als Teile einer E. vermöge des allverbreiteten unbeschränkten Wärmestoffes, welcher alle Weltkörper, in einem System verbunden, in Gemeinschaft der Wechselwirkung versetzt", ibid. 79 Anm. „E.en" sind nur Wahrnehmungen. Die E. ist keine „Stoppelung der Wahrnehmungen", sondern geht systematisch aus dem Verstande hervor. „Das Objekt einer allbefassenden E. ist zugleich ein Einzelnes (individuum). Das Formale der Einheit möglicher E. ist nun das, was a priori zu geben gefordert wird", ibid. 124 f.; vgl. Äther. „E. ist das Erkenntnis eines in einem System verbundenen Ganzen der Wahrnehmungen", ibid. 125. „E. ist absolute Einheit des Bewußtseins der Wirklichkeit eines Sinnenobjekts, und es gibt nur Eine E.", ibid. 257 Anm. E. ist „absolute synthetische Einheit der Wahrnehmungen". „Ein System empirischer Erkenntnisse ist selbst nicht empirisch", ibid. 274. „E. ist Wahrnehmung, welche die Gültigkeit zu einem allgemeinen Gesetze enthält, die also immer dieselbe Phänomene unter denselben Bedingungen zur Folge hat; mithin wovon das Formale Notwendigkeit der Synthesis in seinem Begriffe bei sich führt", ibid. 470. „E. ist Wahrnehmung in ihrer durchgängigen Bestimmung erkannt (oder gedacht, daß man Grund habe, anzunehmen, sie werde sich in allen Fällen so beweisen)", ibid. 478 Anm. „Ich kann nicht sagen: ich habe diese oder jene E., sondern ich mache sie mir, und dieses System der Wahrnehmungen gilt für jedermann", ibid. 622. „E. ist absolute Einheit und Vollständigkeit der Wahrnehmung nicht in einem unbestimmtenAggregat, sondern in einem System", ibid. 629. Ein E.ssatz erfordert „durchgängige Bestimmung", ibid. vgl. XX, 136 ff. Vgl. Empirisch, Außenwelt, Idee, Einheit.

Erfahrung, Analogien der, s. Analogien.

Erfahrung, innere. „Innere" E. ist die E. der seelischen Vorgänge als Erscheinungen in der Zeit (s. Sinn, innerer; Anschauung, innere). Sie ist „ein unmittelbares augenscheinliches Bewußtsein", Nat. Theol. 2. Btr. (V 1, 130). Innere E. setzt die äußere E. voraus. Gegen den materialen Idealismus (s. d.) ist darzutun, daß unsere innere E., d. h. Bestimmung unserer Existenz in der Zeit, ohne die äußere E. nicht möglich ist, welche letztere nur eigentlich „unmittelbar" ist (vgl. Außenwelt), KrV tr. Anal. 2. B. 2. H. 3. Abs. 4. Widerlegung des Idealismus (I 256 — Rc 317). Ich bin mir „meines Daseins in der Zeit . . . durch innere E. bewußt", das ist „mehr, als bloß mir meiner Vorstellung bewußt zu sein, doch aber einerlei mit dem empirischen Bewußtsein meines Daseins". Dieses Bewußtsein ist verbunden mit dem „Bewußtsein eines Verhältnisses zu etwas außer mir". Die innere E. ist abhängig „von etwas Beharrlichem, welches in mir nicht ist". Die E. würde also nicht einmal innerlich stattfinden, wenn sie nicht (zum Teil) zugleich äußerlich wäre, KrV Vorr. z. 2. A. 6. Anm. (I 43 — Rc 39). „Innere E. überhaupt" („innere Wahrnehmung überhaupt") ist nicht „empirische Erkenntnis", sondern „Erkenntnis des Empirischen überhaupt", ibid. tr. Dial. 2. B. 1. H. (I 350 — Rc 419 f.). „Innere E." allein ist es, wodurch wir uns selbst kennen. Fortschr. d. Metaph. 2. Abt. Fortschr. i. d. Psychologie (V 3, 142). Doch kann der Mensch die Erkenntnis seiner selbst nach derjenigen Beschaffenheit, „was er an sich selbst ist", durch keine innere E. erwerben. Sie ist einzig im Bewußtsein der Freiheit gegeben, Anthr. Ergänzungen aus d. Handschr. (IV 296). Vgl. Sinn (innerer), Ich, Außenwelt, Idealismus.

Erfahrungsbegriff. Die Verstandesbegriffe (Kategorien) können „in concreto dargestellt werden, wenn man sie auf Erfahrungen anwendet"; denn an ihnen haben sie eigentlich den Stoff zum „E.e", der „nichts als ein Verstandesbegriff in concreto" ist, KrV tr. Dial. 2. B. 3. H. 1. Abs. (I 494—Rc 630 f.); vgl. Feld, Kategorie, Verstand.

Erfahrung, übernatürliche. Eine E., von der man sich nicht einmal, „daß sie in der Tat E. sei", versichern kann, „weil sie (als übernatürlich) auf keine Regel der Natur unseres Verstandes zurückgeführt und dadurch bewährt werden kann", ist „eine Ausdeutung gewisser Empfindungen, von denen man nicht weiß, was man aus ihnen machen soll, ob sie als zur Erkenntnis gehörig einen wirklichen Gegenstand haben oder bloße Träumereien sein mögen", Str. d. Fak. 1. Abs. Allg. Anmerk. (V 4, 103).

Erfahrungsurteil. „E.e, als solche, sind insgesamt synthetisch", KrV Einl. IV (I 56—Rc 61). Die Synthese stützt sich hier auf die vollständige Erfahrung von dem Gegenstande, den ich durch einen Begriff A denke, welcher nur einen Teil dieser Erfahrung ausmacht (z. B. alle Körper sind schwer), KrV 1. A. ibid. (I 57—Rc 62); vgl. Urteile, analytische. E.e sind stets „synthetisch" (s. Urteile). „Denn es wäre ungereimt, ein analytisches Urteil auf Erfahrung zu gründen, da ich doch aus meinem Begriffe gar nicht hinausgehen darf, um das Urteil abzufassen und also kein Zeugnis der Erfahrung dazu nötig habe", Prol. § 2 (III 16). Obgleich alle E.e „empirisch" sind, d. i. „ihren Grund in der unmittelbaren Wahrnehmung der Sinne haben", sind nicht umgekehrt alle „empirischen Urteile" darum „E.e", sondern über das Empirische und überhaupt über das der sinnlichen Anschauung Gegebene müssen noch besondere Begriffe hinzukommen, „die ihren Ursprung gänzlich a priori im reinen Verstande haben, unter die jede Wahrnehmung allererst subsumiert und dann vermittelst derselben in Erfahrung kann verwandelt werden". „Empirische Urteile, sofern sie objektive Gültigkeit haben, sind E.e; die aber, so nur subjektiv gültig sind, nenne ich bloße Wahrnehmungsurteile." Die letzteren bedürfen nur der „logischen Verknüpfung der Wahrnehmung in einem denkenden Subjekt". Die ersteren aber erfordern noch „besondere, im Verstande ursprünglich erzeugte Begriffe, welche es eben machen, daß das E. objektiv gültig ist". „Alle unsere Urteile sind zuerst bloße Wahrnehmungsurteile; sie gelten bloß für uns, d. i. für unser Subjekt, und nur hintennach geben wir ihnen eine neue Beziehung, nämlich auf ein Objekt, und wollen, daß es auch für uns jederzeit und ebenso für jedermann gültig sein solle; denn wenn ein Urteil mit einem Gegenstande übereinstimmt, so müssen alle Urteile über denselben Gegenstand auch untereinander übereinstimmen, und so bedeutet die objektive Gültigkeit des E.s nichts anderes als die notwendige Allgemeingültigkeit desselben", ibid. § 18 (III 54 f.). Wir erkennen das Objekt „durch die allgemeingültige und notwendige Verknüpfung der gegebenen Wahrnehmungen". „Das Objekt bleibt an sich selbst immer unbekannt; wenn aber durch den Verstandesbegriff die Verknüpfung der Vorstellungen, die unserer Sinnlichkeit von ihm gegeben sind, als allgemeingültig bestimmt wird, so wird der Gegenstand durch dieses Verhältnis bestimmt und das Urteil ist objektiv." Daß das Zimmer warm, der Zucker süß, der Wermut widrig sei, sind „bloß subjektiv gültige Urteile". Sie gelten nicht vom Objekt, sondern nur in (wechselnder) Beziehung auf das Subjekt. Was aber die Erfahrung mich unter gewissen Umständen lehrt, „muß sie mich jederzeit und auch jedermann lehren, und die Gültigkeit derselben schränkt sich nicht auf das Subjekt oder seinen damaligen Zustand ein. Daher spreche ich alle dergleichen Urteile als objektiv gültige aus; als z. B., wenn ich sage: die Luft ist elastisch, so ist dieses Urteil zunächst nur ein Wahrnehmungsurteil, ich beziehe zwei Empfindungen in meinen Sinnen nur aufeinander. Will ich, es soll E. heißen, so verlange ich, daß diese Verknüpfung unter einer Bedingung stehe, welche sie allgemeingültig macht. Ich will also, daß ich jederzeit und auch jedermann dieselbe Wahrnehmung unter denselben Umständen notwendig verbinden müsse", ibid. § 19 (III 55 ff.). „Wir werden . . . Erfahrung überhaupt zergliedern müssen, um zu sehen, was in diesem Produkt der Sinne und des Verstandes enthalten, und wie das E. selbst möglich sei." Es gehören zur Erfahrung (s. d.) Wahrnehmung und Urteil. „Dieses Urteilen kann nun zwiefach sein: erstlich, indem ich bloß die Wahrnehmungen ausgleiche und in einem Bewußtsein meines Zustandes, oder zweitens, da ich sie in einem Bewußtsein überhaupt verbinde. Das erstere Urteil ist bloß ein Wahrnehmungsurteil und hat sofern nur subjektive Gültigkeit; es ist bloß Verknüpfung der Wahrnehmungen in meinem Gemütszustande, ohne Beziehung auf den Gegenstand." „Es geht also noch ein ganz anderes Urteil voraus, ehe aus Wahrnehmung Erfahrung werden kann. Die gegebene Anschauung muß unter einem Begriffe subsumiert werden, der die Form des Urteilens überhaupt in Ansehung der Anschauung bestimmt, das empirische Bewußtsein der letzteren in einem Bewußtsein überhaupt verknüpft und dadurch den empirischen Urteilen Allgemeingültigkeit verschafft; dergleichen Begriff ist ein reiner Verstandesbegriff a priori, welcher nichts tut, als bloß einer Anschauung die Art überhaupt zu bestimmen, wie sie zu Urteilen dienen kann", ibid. § 20 (III 57 f.). Z. B. die Luft gehört unter den Begriff der Ursache, welche das Urteil über dieselbe betreffs der Ausdehnung als hypothetisch bestimmt; oder das Urteil: „Die Sonne erwärmt den Stein" enthält außer der Wahrnehmung noch den Begriff der Ursache, „der mit dem Begriff des Sonnenscheins den der Wärme notwendig verknüpft", während der Satz: „Wenn die Sonne den Stein bescheint" ein Wahrnehmungsurteil ist, also nicht, wie das vorangehende E., Notwendigkeit und objektive Gültigkeit hat, ibid. 1. Anm. (III 58). Alle synthetischen Urteile (s. d.), welche objektiv gelten, enthalten einen reinen Verstandesbegriff (z. B. die mathematischen Grundsätze den Begriff der Größe), ibid. § 20 (III 59 f.). „Diejenigen Urteile, die der Verstand lediglich aus sinnlichen Anschauungen macht, sind noch bei weitem nicht E.e. Denn in jenem Fall würde das Urteil nur die Wahrnehmungen verknüpfen, sowie sie in der sinnlichen Anschauung gegeben sind; in dem letzteren Falle aber sollen die Urteile sagen, was Erfahrung überhaupt . . . enthält." Zur sinnlichen Anschauung und „logischen Verknüpfung" derselben kommt hier noch etwas hinzu, „was das synthetische Urteil als notwendig und hierdurch als allgemeingültig bestimmt; und dieses kann nichts anderes sein als derjenige Begriff, der die Anschauung in Ansehung einer Form des Urteils vielmehr als der anderen als an sich bestimmt vorstellt, d. i. ein Begriff von derjenigen synthetischen Einheit der Anschauungen, die nur durch eine gegebene logische Funktion der Urteile vorgestellt werden kann", ibid. § 21 a (III 62). „Ein Wahrnehmungsurteil ist bloß subjektiv, — ein objektives Urteil aus Wahrnehmungen ist ein Erfahrungsurteil", Log. § 40 (IV 124). „Unmittelbare E.e nach Verhältnissen von Raum und Zeit müssen von reflektierten nach Vernunftverhältnissen unterschieden werden", N 3956; vgl. Erfahrung, Bewußtsein überhaupt, Objektiv.

Erfindung. „Etwas erfinden ist ganz was anderes als etwas entdecken. Denn die Sache, welche man entdeckt, wird als vorher schon existierend angenommen, nur daß sie noch nicht bekannt war", „was man aber erfindet ..., war vor dem Künstler, der es machte, noch gar nicht bekannt". „Das Talent zum Erfinden" heißt das Genie, Anthr. 1. T. § 57 (IV 145 f.). Vgl. Logik, Characteristica, Genie.

Erhaben. „Das E.e rührt; das Schöne reizt." Das E.e ist verschiedener Art. „Das Gefühl desselben ist bisweilen mit einigem Grausen, oder auch Schwermut, in einigen Fällen bloß mit ruhiger Bewunderung, und in noch anderen mit einer über einen erhabenen Plan verbreiteten Schönheit begleitet. Das erstere will ich das Schreckhafterhabene, das zweite das Edle, und das dritte das Prächtige nennen." „Das E.e muß jederzeit groß, das Schöne kann auch klein sein. Das E.e muß einfältig, das Schöne kann geputzt und geziert sein", Schön u. Erh. 1. Abs. (VIII 7). „E.e Eigenschaften flößen Hochachtung, schöne aber Liebe ein", ibid. 2. Abs. (VIII 9). „Die Empfindungen des E.en spannen die Kräfte der Seele stärker an und ermüden daher eher", ibid. 1. Anm. (VIII 9). „Bezwingung seiner Leidenschaften durch Grundsätze ist erhaben." „In moralischen Eigenschaften ist wahre Tugend allein erhaben", ibid. 2. Abs. (VIII 13 f.). Ein Gefühl für das E.e hat besonders der Melancholiker, ibid. (VIII 19).

Wie das Schöne gefällt das E.e „für sich selbst" und es setzt wie dieses nur ein „Reflexionsurteil" voraus; das Wohlgefallen haftet auch hier an keinem bestimmten Begriffe. Während aber das Schöne der Natur die in der Begrenzung bestehende Form des Gegenstandes betrifft, ist das E.e auch an einem „formlosen" Gegenstande zu finden, sofern „Unbegrenztheit an ihm oder durch dessen Veranlassung vorgestellt und doch Totalität derselben hinzugedacht wird: so daß das Schöne für die Darstellung eines unbestimmten Verstandesbegriffes, das E.e aber eines dergleichen Vernunftbegriffes genommen zu werden scheint. Also ist das Wohlgefallen dort mit der Vorstellung der Qualität, hier aber der Quantität verbunden." Das Gefühl des E.en ist ferner eine Lust, welche „nur indirekt entspringt, nämlich so, daß sie durch das Gefühl einer augenblicklichen Hemmung der Lebenskräfte und darauf sogleich folgenden desto stärkeren Ergießung derselben erzeugt wird, mithin als Rührung kein Spiel, sondern Ernst in der Beschäftigung der Einbildungskraft zu sein scheint. Daher es auch mit Reizen unvereinbar ist; und indem das Gemüt von dem Gegenstande nicht bloß angezogen, sondern wechselweise auch immer wieder abgestoßen wird, das Wohlgefallen am E.en nicht sowohl positive Lust, als vielmehr Bewunderung oder Achtung enthält, d. i. negative Lust genannt zu werden verdient." Was das Gefühl des E.en erregt, erscheint „der Form nach zwar zweckwidrig für unsere Urteilskraft, unangemessen unserem Darstellungsvermögen und gleichsam gewalttätig für die Einbildungskraft", wird aber gleichwohl nur als um so erhabener beurteilt. Es ist unrichtig, einen Gegenstand der Natur erhaben zu nennen. „Wir können nicht mehr sagen, als daß der Gegenstand zur Darstellung einer E.heit tauglich sei, die im Gemüte angetroffen werden kann; denn das eigentliche E.e kann in keiner sinnlichen Form enthalten sein, sondern trifft nur Ideen der Vernunft, welche, obgleich keine ihnen angemessene Darstellung möglich ist, eben durch diese Unangemessenheit, welche sich sinnlich darstellt, rege gemacht und ins Gemüt gerufen werden." Durch die Anschauung z. B. des stürmischen Meeres, dessen Anblick an sich „gräßlich" ist, wird das Gemüt zu einem Gefühl gestimmt, welches selbst erhaben ist, „indem das Gemüt die Sinnlichkeit zu verlassen und sich mit Ideen, die höhere Zweckmäßigkeit enthalten, zu beschäftigen angereizt wird". Das E.e zeigt nichts Zweckmäßiges in der Natur selbst an, sondern nur eine solche „in dem möglichen Gebrauche ihrer Anschauungen, um eine von der Natur ganz unabhängige Zweckmäßigkeit in uns selbst fühlbar zu machen". „Zum Schönen der Natur müssen wir einen Grund außer uns suchen, zum E.en aber bloß in uns und der Denkungsart, die in die Vorstellung der ersteren E.heit hineinbringt", KU § 23 (II 87 ff.). Das Gefühl des Schönen erhält das Gemüt in „ruhiger" Kontemplation, das des E.en aber in einer „Bewegung", welche „subjektiv zweckmäßig" ist. Wird sie durch die Einbildungskraft auf das Erkenntnisvermögen bezogen, so wird die Zweckmäßigkeit der gegebenen Vorstellung dem Objekte als eine „mathematische" Stimmung der Einbildungskraft beigelegt, als „dynamische" Stimmung aber, wenn jene Zweckmäßigkeit auf das Begehrungsvermögen bezogen wird, ibid. § 24 (II 90 f.).

Die Namenerklärung des E.en ist: „E. nennen wir das, was schlechthin groß ist", was „über alle Vergleichung groß ist". Der Maßstab der ästhetischen Größenbeurteilung ist ein subjektiver und doch auf allgemeine Beistimmung Anspruch machender. Die bloße Größe des Gegenstandes erregt ein Wohlgefallen, das allgemein mitteilbar ist, und zwar ein Wohlgefallen nicht am Objekt, sondern an der „Erweiterung der Einbildungskraft", die als subjektiv zweckmäßig empfunden wird. E. ist „das, mit welchem in Vergleichung alles andere klein ist". In der Natur ist alles Große, je nach der Vergleichung, klein, alles Kleine groß, es findet sich nichts E. in den Sinnendingen. „Aber eben darum, daß in unserer Einbildungskraft ein Bestreben zum Fortschritte ins Unendliche, in unserer Vernunft aber ein Anspruch auf absolute Totalität als auf eine reelle Idee liegt, ist selbst jene Unangemessenheit unseres Vermögens der Größenschätzung der Dinge der Sinnenwelt für diese Idee die Erweckung des Gefühls eines übersinnlichen Vermögens in uns; und der Gebrauch, den die Urteilskraft von gewissen Gegenständen zum Behuf des letzteren (Gefühls) natürlicherweise macht, nicht aber der Gegenstand der Sinne ist schlechthin groß, gegen ihn aber jeder andere Gebrauch klein. Mithin ist die Geistesstimmung durch eine gewisse, die reflektierende Urteilskraft beschäftigende Vorstellung, nicht aber das Objekt erhaben zu nennen", ibid. § 25 (II 91 ff.). Alle Schätzung von Größen (s. d.) in der Natur ist zuletzt ästhetisch, d. h. subjektiv bestimmt und unmittelbar in der Anschauung stattfindend. Es gibt für die ästhetische Größenschätzung ein Größtes; wird dieses als absolutes Maß, über das dem beurteilenden Subjekt kein größeres möglich ist, beurteilt, so führt es die Idee des E.en bei sich. Je größer etwas ist, desto schwerer wird dessen „Zusammenfassung" in der Einbildungskraft, die bald zu ihrem „Maximum" gelangt, nämlich zum „ästhetisch-größten Grundmaße der Größenschätzung". Hier besteht ein Gefühl der Unangemessenheit der Einbildungskraft für die Ideen eines Ganzen, um sie darzustellen, „worin die Einbildungskraft ihr Maximum erreicht und bei der Bestrebung, es zu erweitern, in sich selbst zurücksinkt, dadurch aber in ein rührendes Wohlgefallen versetzt wird", ibid. § 26 (II 95 ff.). Die Vernunft fordert zu allen gegebenen Größen „Totalität, mithin Zusammenfassung in eine Anschauung". Das Unendliche aber ist schlechthin groß; mit ihm verglichen ist alles klein. Es als ein Ganzes auch nur denken zu können, zeigt ein allen Maßstab der Sinne übersteigendes „übersinnliches Vermögen" in uns an. „E. ist also die Natur in derjenigen ihrer Erscheinungen, deren Anschauung die Idee ihrer Unendlichkeit bei sich führt. Dieses letztere kann nun nicht anders geschehen als durch die Unangemessenheit selbst der größten Bestrebung unserer Einbildungskraft in der Größenschätzung eines Gegenstandes." In der ästhetischen Größenschätzung führt die Größe eines Naturobjektes, an welcher die Einbildungskraft ihr ganzes Vermögen der Zusammenfassung fruchtlos verwendet, den Begriff der Natur auf ein „übersinnliches Substrat (welches ihr und zugleich unserem Vermögen zu denken zum Grunde liegt)", welches über allen Maßstab der Sinne groß ist und die Gemütsstimmung in Schätzung des Gegenstandes als erhaben beurteilen läßt. Die Einbildungskraft stimmt hier mit der Vernunft und deren Ideen überein, ibid. (II 98 ff.). Das Gefühl des E.en ist Achtung für unsere eigene Bestimmung (s. d.), für die „Überlegenheit der Vernunftbestimmung unserer Erkenntnisvermögen über das größte Vermögen der Sinnlichkeit". „Das Gefühl des E.en ist also ein Gefühl der Unlust, aus der Unangemessenheit der Einbildungskraft in der ästhetischen Größenschätzung zu der Schätzung durch die Vernunft, und eine dabei zugleich erweckte Lust, aus der Übereinstimmung eben dieses Urteils der Unangemessenheit des größten sinnlichen Vermögens mit Vernunftideen, sofern die Bestrebung zu denselben doch für uns Gesetz ist. Es ist nämlich für uns Gesetz (der Vernunft) und gehört zu unserer Bestimmung, alles, was die Natur als Gegenstand der Sinne für uns Großes enthält, in Vergleichung mit Ideen der Vernunft für klein zu schätzen; und was das Gefühl dieser übersinnlichen Bestimmung in uns rege macht, stimmt zu jenem Gesetze zusammen." Es ist subjektiv zweckmäßig, mithin Lust, jeden Maßstab der Sinnlichkeit den Ideen der Vernunft unangemessen zu finden. Die Bewegung des Gemütes gleicht hier einem „schnellwechselnden Abstoßen und Anziehen ebendesselben Objekts". Einbildungskraft und Vernunft bringen durch ihren Widerstreit (Kontrast) Zweckmäßigkeit der Gemütskräfte hervor, nämlich ein Gefühl, daß wir reine selbständige Vernunft haben, ibid. § 27 (II 102 ff.). Die Begrenztheit unserer Einbildungskraft weckt das Bewußtsein der Unbegrenztheit unserer Vernunft mit deren Ideen des absoluten Ganzen, ein Bewußtsein unserer „Überlegenheit über die Natur selbst in ihrer Unermeßlichkeit", ibid. (II 104 f.). So steht es mit dem „Mathematisch-E.en".

Das E.e ist „dynamisch", wenn die Einbildungskraft auf das Begehrungsvermögen bezogen und die Zweckmäßigkeit der gegebenen Vorstellung als „dynamische Stimmung" der Einbildungskraft dem Objekte beigelegt wird, ibid. § 24 (II 91). Dynamisch-erhaben ist „die Natur, im ästhetischen Urteile als Macht, die über uns keine Gewalt hat, betrachtet". Sie wird hier als „Furcht erregend" vorgestellt, als „furchtbar", ohne daß man sich vor ihr fürchtet, weil man sich eben „in Sicherheit" befindet. E. sind ragende Felsen, Gewitter, Vulkane, der empörte Ozean u. dgl., „weil sie die Seelenstärke über ihr gewöhnliches Mittelmaß erhöhen und ein Vermögen zu widerstehen von ganz anderer Art in uns entdecken lassen, welches uns Mut macht, uns mit der scheinbaren Allgewalt der Natur messen zu können". Unsere physische Ohnmacht fühlend, werden wir uns unserer Kraft als vernünftig-sittliche Wesen bewußt, unsere Kraft (die nicht Natur ist) wird erweckt. Die Natur heißt hier erhaben, „weil sie die Einbildungskraft zur Darstellung derjenigen Fälle erhebt, in welchen das Gemüt die eigene E.heit seiner Bestimmung, selbst über die Natur, sich fühlbar machen kann", ibid. § 28 (II 105 ff.).

Die Einstimmigkeit der Urteile über das E.e setzt eine gewisse „Kultur" nicht bloß der ästhetischen Urteilskraft, sondern auch der ihr zugrunde liegenden Erkenntnisvermögen voraus, eine Empfänglichkeit des Gemüts für (sittliche) Ideen, eine gewisse Ausbildung des moralischen Gefühls im Menschen, ibid. § 29 (II 110 ff.). — Das E.e besteht in der „Relation, worin das Sinnliche in der Vorstellung der Natur für einen möglichen übersinnlichen Gebrauch desselben als tauglich beurteilt wird". — „E. ist das, was durch seinen Widerstand gegen das Interesse der Sinne unmittelbar gefällt." Das E.e bereitet uns vor, etwas „wider unser (sinnliches) Interesse hochzuschätzen", insbesondere das Sittengesetz, welches selbst ein Gefühl des E.en erweckt. — Das E.e ist „ein Gegenstand (der Natur), dessen Vorstellung das Gemüt bestimmt, sich die Unerreichbarkeit der Natur als Darstellung von Ideen zu denken". Die Vernunft bringt die obzwar vergebliche Bestrebung des Gemüts hervor, die Vorstellung der Sinne den Ideen angemessen zu machen. Diese Bestrebung und das Gefühl der Unerreichbarkeit der Idee durch die Einbildungskraft nötigt uns, subjektiv die Natur selbst in ihrer Totalität als Darstellung von etwas Übersinnlichem zu denken, ohne diese Darstellung objektiv zustande bringen zu können; denn das Unbedingte ist in der Sinnenwelt nicht zu finden, und die sinnlich gegebene Natur muß daher als „bloße Darstellung einer Natur an sich (welche die Vernunft in der Idee hat)" betrachtet werden, ibid. Allgem. Anmerk. (II 113 ff.). Das Wohlgefallen am E.en der Natur ist nur „negativ" (II 116), es ist eine „Lust der vernünftelnden Kontemplation", ibid. § 39 (II 142 f.).

„Das E.e (sublime) ist die ehrfurchterregende Großheit (magnitudo reverenda) dem Umfange oder dem Grade nach, zu dem die Annäherung (um ihm mit seinen Kräften angemessen zu sein) einladend, die Furcht aber, in der Vergleichung mit demselben in seiner eigenen Schätzung zu verschwinden, zugleich abschreckend ist ..., wobei, wenn man selbst in Sicherheit ist, Sammlung seiner Kräfte, um die Erscheinung zu fassen, und dabei Besorgnis, ihre Größe nicht erreichen zu können, Verwunderung (ein angenehmes Gefühl durch kontinuierliche Überwindung des Schmerzens) erregt wird." „Das E.e ist zwar das Gegengewicht, aber nicht das Widerspiel vom Schönen: weil die Bestrebung und der Versuch, sich zu der Fassung (apprehensio) des Gegenstandes zu erheben, dem Subjekt ein Gefühl seiner eigenen Größe und Kraft erweckt; aber die Gedankenvorstellung desselben in der Beschreibung oder Darstellung kann und muß immer schön sein." Das E.e ist nicht für den Geschmack (s. d.), sondern für das „Gefühl der Rührung", Anthr. § 68 (IV 172); vgl. Pflicht, Bestimmung.

Erhaltung. „Die Menge der unbedingten Realität in der Welt verändert sich auf natürlichem Wege nicht, weder durch Zu- noch durch Abnahme." Es ist „die Summe der Kräfte in der Wirkung gleich den Kräften der Ursache". Dieses Gesetz gilt auch für die Kräfte der Geister und deren dauernden Fortschritt zu höheren Vollkommenheiten. Indem der „Stoff aller Vorstellungen, der aus der Verbindung mit dem Universum herrührt", derselbe bleibt, ändert sich die Form der Klarheit der Erkenntnis, die immer größer wird, N. diluc. Propos. 10 (V 1, 36 ff.). „In allen natürlichen Veränderungen der Welt wird die Summe des Positiven, insofern sie dadurch geschätzt wird, daß einstimmige (nicht entgegengesetzte) Positionen addiert und real entgegengesetzt voneinander abgezogen werden, weder vermehrt noch vermindert." Es kann niemals eine positive Veränderung in der Welt geschehen, „deren Folge nicht im Ganzen in einer wirklichen oder potentialen Entgegensetzung, die sich aufhebt, bestehe". In der Mechanik stellt sich dies als Konstanz der Quantität der Bewegung dar, auf welcher das Gesetz der Trägheit beruht. Im Seelischen zeigt sich ebenfalls eine Konstanz des Positiven, denn „in je höherem Grade eine gewisse Idee klar oder deutlich gemacht wird, desto mehr werden die übrigen verdunkelt und ihre Klarheit verringert", Neg. Größ. 3. Abs. 2, 1. Satz (V 1, 102 ff.). „Alle Realgründe des Universums, wenn man diejenigen summiert, welche einstimmig sind, und die voneinander abzieht, die einander entgegengesetzt sind, geben ein Fazit, das dem Zero gleich ist." „Das Ganze der Welt ist an sich selbst nichts, außer insofern es durch den Willen eines anderen etwas ist", ibid. 2. Satz (V 1, 105). Vgl. Materie, Entwicklung.

Erinnerung. „Das Vermögen, sich vorsätzlich das Vergangene zu vergegenwärtigen, ist das Erinnerungsvermögen und das Vermögen, sich etwas als zukünftig vorzustellen, das Vorhersehungsvermögen. Beide gründen sich, sofern sie sinnlich sind, auf die Assoziation der Vorstellungen des vergangenen und künftigen Zustandes des Subjekts mit dem gegenwärtigen, und obgleich nicht selbst Wahrnehmungen, dienen sie zur Verknüpfung der Wahrnehmungen in der Zeit, das, was nicht mehr ist, mit dem, was noch nicht ist, durch das, was gegenwärtig ist, in einer zusammenhängenden Erfahrung zu verknüpfen. Sie heißen Erinnerungs- und Divinationsvermögen der Respizienz und Prospizienz", Anthr. § 34 (IV 86 f.). Vgl. Gedächtnis. — Das Vorhersehungsvermögen (praevisio) ist die „Bedingung aller möglichen Praxis". „Alles Begehren enthält ein (zweifelhaftes oder gewisses) Voraussehen dessen, was durch diese möglich ist. Das Zurücksehen aufs Vergangene (Erinnern) geschieht nur in der Absicht, um das Voraussehen des Künftigen dadurch möglich zu machen: indem wir im Standpunkte der Gegenwart überhaupt um uns sehen, um etwas zu beschließen oder worauf gefaßt zu sein." Das empirische Voraussehen ist die „Erwartung ähnlicher Fälle", ibid. § 35 (IV 91 f.); vgl. Erwartung, Reproduktion.

Erkenntnis. E. ist bestimmte Beziehung von Vorstellungsdaten auf Objekte, Herstellung einheitlicher Zusammenhänge solcher Daten, nicht passive Abspiegelung von fertig gegebenen Realitäten. Die E. ist denkende Verarbeitung des Anschauungsmaterials nach apriorischen Prinzipien, Anwendung dieser Prinzipien auf das sinnlich Gegebene, Unterordnung desselben unter die Formen des erkennenden Bewußtseins, Eingliederung des so Geformten in einen einheitlichen, systematischen Zusammenhang. Die E. enthält apriorische Faktoren, ist ein Werk des Intellekts, aber bleibt immer nur auf mögliche Erfahrung (s. d.) bezogen, vollzieht sich nur — soweit sie nicht rein formal ist — im Prozeß der Erzeugung der Erfahrung und des Fortschritts zu immer neuen Erfahrungen. Die Wirklichkeit ist erkennbar, soweit sie erfahrbar ist, als „Erscheinung" (s. d.), und zwar deshalb erkennbar, weil das, was die Gegenstände der E. konstituiert, zugleich auch die Bedingung der E. ist: die E. und ihr Objekt haben eine und dieselbe Grundlage der Erzeugung. Das „Ding an sich" ist unerkennbar, es ist nur zu denken, als Grund der Erscheinungen, als Annahme zur Begreiflichkeit des Gegebenseins der Erfahrungsdaten. E. reicht nur so weit, als mögliche (eigene und fremde) Erfahrung reicht, aber innerhalb der Erfahrungswirklichkeit, der erscheinenden Welt ist die E. unbegrenzt, kann sie auch in das „Innere" der (empirischen) Dinge dringen. Einerseits also Unmöglichkeit transzendent-metaphysischer E. (gegen den Dogmatismus), anderseits sichere, fest begründete E. empirisch-wissenschaftlicher und formaler Art (gegen den Skeptizismus), ergänzt durch einen „Vernunftglauben". Wir erkennen das Wirkliche so, wie es sich uns in den Formen der Anschauung und des Denkens allgemein und notwendig darstellt, als objektive Erscheinung (Kritizismus).

Der „natürliche Fortschritt der menschlichen E." ist der, „daß sich zuerst der Verstand ausbildet, indem er durch Erfahrung zu anschauenden Urteilen und durch diese zu Begriffen gelangt, daß darauf diese Begriffe in Verhältnis mit ihren Gründen und Folgen durch Vernunft und endlich in einem wohlgeordneten Ganzen vermittelst der Wissenschaft erkannt werden", Nachr. v. d. Einricht. s. Vorles. 1765—1766 (V 1, 151). Zur sinnlichen E. gehört ein „Stoff", der in der Empfindung besteht, und eine „Form" (s. d.), nämlich Raum und Zeit. Der Gegenstand der sinnlichen E. heißt „Phaenomenon", der der intellektuellen „Noumenon". Die sinnliche E. gibt die Dinge, „wie sie erscheinen", die intellektuelle, „wie sie sind", Mund. sens. §§ 3 ff. (V 2, 96 ff.). „Wenn es gestattet wäre, den Fuß ein wenig über die Grenzen der apodiktischen Gewißheit, die der Metaphysik geziemt, zu setzen, so wäre es der Mühe wert, einiges zu untersuchen, was nicht allein die Gesetze der sinnlichen Anschauung, sondern auch die Ursachen betrifft, die nur durch den Verstand erkannt werden können. Der menschliche Geist wird nämlich von den äußeren Dingen nur soweit affiziert, und die Welt steht seinem Anblick nur soweit unbegrenzt offen, als er selbst mit allen anderen Dingen von derselben Kraft eines Einzigen erhalten wird. Deshalb nimmt er das Äußere nur durch die Gegenwart der nämlichen gemeinsam erhaltenden Ursache wahr" (vgl. Raum). „Indes scheint es ratsamer, sich an der Küste der bei der Mittelmäßigkeit unseres Geistes uns erreichbaren Erkenntnisse zu halten, als sich auf die hohe See derartiger mystischer Erforschungen hinauszuwagen, wie Malebranche es tat, dessen Ansicht von der hier vorgetragenen nicht weit abliegt: daß wir nämlich alles in Gott schauten", ibid. § 22 Anmerk. (V 2, 119 f.). Die Metaphysik hat zu verhüten, „daß die der sinnlichen E. eigentümlichen Prinzipien ihre Grenzen überschreiten und die Verstandeserkenntnisse affizieren". Wird ein sinnlicher Prädikatsbegriff mit einem sinnlichen Subjektbegriff verbunden, so passen beide zueinander. „Wird es (das sinnliche Prädikat) aber mit einem Verstandesbegriff verbunden, so wird ein solches Urteil nur nach subjektiven Gesetzen gültig sein und kann deshalb von dem Verstandesbegriff selbst nicht ausgesagt und als ein objektives behauptet werden: sondern nur als die Bedingung, ohne welche eine sinnliche E. des gegebenen Begriffes nicht stattfindet", ibid. § 24 (V 2, 122). „Dieses Kennzeichen ist leicht und fruchtbar anzuwenden bei der Unterscheidung der Grundsätze, welche nur

Gesetze der sinnlichen E. aussprechen, von solchen, die außerdem etwas von den Gegenständen selbst aussagen. Denn, wenn das Prädikat ein Verstandesbegriff ist, so bezeichnet die Beziehung auf das Subjekt des Urteils, mag es auch noch so sinnlich vorgestellt sein, immer ein Merkmal, welches dem Gegenstande selbst zukommt. Ist aber das Prädikat ein sinnlicher Begriff, so wird es, weil die Gesetze der sinnlichen E. nicht die Bedingungen der Möglichkeit der Gegenstände selbst sind, von dem verstandsmäßig gedachten Subjekt des Urteils nicht gelten und deshalb nicht objektiv ausgesagt werden. So kann in dem allgemein gebräuchlichen Satze: Alles, was existiert, ist irgendwo, das Prädikat, weil es Bedingungen der sinnlichen E. betrifft, von dem Subjekt des Urteils, nämlich von jedem beliebigen Seienden nicht allgemein ausgesagt werden; also ist eine Formel, die dies objektiv behauptet, falsch. Wird aber der Satz umgekehrt, so daß das Prädikat ein Verstandesbegriff wird, so wird sie sich als durchaus wahr herausstellen, z. B.: alles, was irgendwo ist, existiert", ibid. Anmerk. (V 2, 122 f.). „Alle Blendwerke aber der sinnlichen E. unter der Gestalt von Verstandesbegriffen, aus denen die erschlichenen Axiome hervorgehen, lassen sich auf drei Arten zurückführen", deren allgemeine Formeln hier folgen:

1. „Die nämliche sinnliche Bedingung, unter der allein die Anschauung des Gegenstandes möglich ist, ist die Bedingung der Möglichkeit des Gegenstandes selbst."

2. „Die nämliche sinnliche Bedingung, unter der allein Gegebenes miteinander verglichen werden kann, um einen Verstandesbegriff von dem Gegenstande zu bilden, ist auch die Bedingung der Möglichkeit des Gegenstandes selbst."

3. „Die nämliche sinnliche Bedingung, unter der die Unterordnung irgendeines vorkommenden Gegenstandes unter einen gegebenen Verstandesbegriff allein möglich ist, ist auch die Bedingung der Möglichkeit des Gegenstandes selbst", ibid. § 26 (V 2, 124).

„Bisher nahm man an, alle unsere E. müsse sich nach den Gegenständen richten; aber alle Versuche, über sie a priori etwas durch Begriffe auszumachen, wodurch unsere E. erweitert würde, gingen unter dieser Voraussetzung zunichte. Man versuche es daher einmal, ob wir nicht in den Aufgaben der Metaphysik damit besser fortkommen, daß wir annehmen, die Gegenstände müssen sich nach unserer E. richten, welches so schon besser mit der verlangten Möglichkeit einer E. derselben a priori zusammenstimmt, die über Gegenstände, ehe sie uns gegeben werden, etwas festsetzen soll. Es ist hiermit ebenso als mit den ersten Gedanken des Kopernikus bewandt, der, nachdem es mit der Erklärung der Himmelsbewegungen nicht gut fort wollte, wenn er annahm, das ganze Sternenheer drehe sich um den Zuschauer, versuchte, ob es nicht besser gelingen möchte, wenn er den Zuschauer sich drehen, und dagegen die Sterne in Ruhe ließ", KrV Vorr. z. 2. A. (I 28—Rc 22 f.).

Alle E. „fängt an" („hebt an") mit der Erfahrung (s. d.). Aber sie „entspringt" nicht alle aus der Erfahrung, sondern selbst unsere Erfahrungserkenntnis setzt sich zusammen aus dem, was wir durch Eindrücke empfangen und dem, was „unser eigenes Erkenntnisvermögen (durch sinnliche Eindrücke bloß veranlaßt) aus sich selbst hergibt". Erkenntnisse sind entweder „empirisch", wenn sie „ihre Quellen a posteriori, nämlich in der Erfahrung haben", „durch Erfahrung möglich" sind, oder „a priori" (s. d.), wenn sie von aller Erfahrung schlechterdings unabhängig sind. „Rein" sind jene apriorischen Erkenntnisse, „denen gar nichts Empirisches beigemischt ist", KrV Einl. I (I 47 f.—Rc 45 f.). „Unsere E. entspringt aus zwei Grundquellen des Gemüts, deren die erste ist, die Vorstellungen zu empfangen (die Rezeptivität der Eindrücke), die zweite das Vermögen, durch diese Vorstellungen einen Gegenstand zu erkennen (Spontaneität der Begriffe); durch die erstere wird uns ein Gegenstand gegeben, durch die zweite wird dieser im Verhältnis auf jene Vorstellung (als bloße Bestimmung des Gemüts) gedacht. Anschauung und Begriffe machen also die Elemente aller unserer E. aus, so daß weder Begriffe, ohne ihnen auf einige Art korrespondierende Anschauung, noch Anschauung ohne Begriffe eine E. abgeben können." „Der Verstand vermag nichts anzuschauen und die Sinne nichts zu denken. Nur daraus, daß sie sich vereinigen, kann E. entspringen", ibid. tr. Log. Einl. I (I 106 f.—Rc 125 f.). Aus dem Mannigfaltigen der Anschauung macht erst der Verstand durch die Synthesis (s. d.) desselben E. Die Synthesis — die an sich zunächst von der „Einbildungskraft" (s. d.) ausgeht — „sammelt" die Elemente zu Erkenntnissen, die aber erst eigentlich dadurch zustandekommen, daß der Verstand diese Synthesis „auf Begriffe" bringt. Erst die Begriffe, welche der „reinen Synthesis" die (synthetische) Einheit geben, die Kategorien (s. d.), erzeugen die wirkliche E., ibid. tr. Anal. § 10 (I 128 f.—Rc 148 f.). Erkenntnisse bestehen in der „bestimmten Beziehung gegebener Vorstellungen auf ein Objekt". Die transzendentale Einheit der Apperzeption (s. d.) ist die Grundbedingung der Möglichkeit von Erkenntnissen, der objektiven Gültigkeit der Vorstellungen, ibid. § 17 (I 154—Rc 181); vgl. Verstand. „Sich einen Gegenstand denken und einen Gegenstand erkennen, ist also nicht einerlei. Zum Erkenntnisse gehören nämlich zwei Stücke: erstlich der Begriff, dadurch überhaupt ein Gegenstand gedacht wird (die Kategorie), und zweitens die Anschauung, dadurch er gegeben wird; denn könnte dem Begriffe eine korrespondierende Anschauung gar nicht gegeben werden, so wäre er ein Gedanke der Form nach, aber ohne allen Gegenstand, und durch ihn gar keine E. von irgendeinem Dinge möglich; weil es, soviel ich wüßte, nichts gäbe noch geben könnte, worauf mein Gedanke angewandt werden könne", ibid. § 22 (I 161—Rc 195); vgl. Kategorie. Das Erkennen dessen, was wir uns denken, das „Bestimmen des Objekts", bedarf der Anschauung, ibid. § 27 Anm. (I 175—Rc 225). „Alle unsere E. hebt von den Sinnen an, geht von da zum Verstande und endigt bei der Vernunft, über welche nichts Höheres in uns angetroffen wird, den Stoff der Anschauung zu bearbeiten und unter die höchste Einheit des Denkens zu bringen", ibid. tr. Dial. Einl. II A (I 318—Rc 384 f.). E. ist „ein Ganzes verglichener und verknüpfter Vorstellungen". Die Rezeptivität (s. d.) kann nur im Vereine mit der Spontaneität (s. d.) Erkenntnisse möglich machen. Jede E. enthält eine dreifache „Synthesis" (s. d.): die Synthesis der Apprehension (s. d.), der Reproduktion (s. d.) und der Rekognition (s. d.). — Da alle unsere Vorstellungen „als Modifikationen des Gemüts" zum „inneren Sinn" (s. d.) gehören, so sind als solche alle unsere Erkenntnisse der formalen Bedingung des inneren Sinnes, der Zeit, unterworfen, in welcher sie insgesamt „geordnet, verknüpft und in Verhältnisse gebracht" werden müssen, KrV 1. A. tr. Anal. 1. B. 2. H. 2. Abs. (I 707 f.—Rc 172 f.). Alle spekulative E. ist auf Erscheinungen (s. d.), auf „Gegenstände der Erfahrung" eingeschränkt, KrV Vorr. z. 2. A. (I 34—Rc 29). Dinge an sich lassen sich nicht (theoretisch) erkennen, wohl aber denken. „Einen Gegenstand erkennen, dazu wird erfordert, daß ich seine Möglichkeit (es sei nach dem Zeugnis der Erfahrung aus seiner Wirklichkeit oder a priori durch Vernunft) beweisen könne. Aber denken kann ich, was ich will, wenn ich mir nur nicht selbst widerspreche, d. i. wenn mein Begriff nur ein möglicher Gedanke ist, ob ich zwar dafür nicht stehen kann, ob im Inbegriffe aller Möglichkeiten diesem auch ein Objekt korrespondiere oder nicht. Um einem solchen Begriffe aber objektive Gültigkeit (reale Möglichkeit, denn die erstere war bloß die logische) beizulegen, dazu wird etwas mehr erfordert. Dieses Mehrere aber braucht eben nicht in theoretischen Erkenntnisquellen gesucht zu werden, es kann auch in praktischen liegen", ibid. Anm.

Die Hauptsache in der E.theorie ist die Kritik (s. d.) der reinen Vernunft, die „Deduktion" (s. d.) der apriorischen Begriffe und Grundsätze, d. h. die Rechtfertigung ihres Gebrauchs durch Darlegung derselben als Bedingungen objektiver Erfahrung und der Objekte der Erfahrung als solcher (vgl. Kategorie). Doch ist auch das genetische Verfahren in der E.lehre nicht ohne Wert. „Indessen kann man von diesen Begriffen, wie von aller E., wo nicht das Prinzipium ihrer Möglichkeit, doch die Gelegenheitsursachen ihrer Erzeugung in der Erfahrung aufsuchen, wo alsdann die Eindrücke der Sinne den ersten Anlaß geben, die ganze E.kraft in Ansehung ihrer zu eröffnen, und Erfahrung zustande zu bringen, die zwei sehr ungleichartige Elemente enthält, nämlich eine Materie zur E. aus den Sinnen und eine gewisse Form, sie zu ordnen, aus dem inneren Quell des reinen Anschauens und Denkens, die, bei Gelegenheit der ersteren, zuerst in Ausübung gebracht werden und Begriffe hervorbringen. Ein solches Nachspüren der ersten Bestrebungen unserer E.kraft, um von einzelnen Wahrnehmungen zu allgemeinen Begriffen zu steigen, hat ohne Zweifel seinen großen Nutzen, und man hat es dem berühmten Locke zu verdanken, daß er dazu zuerst den Weg eröffnet hat. Allein eine Deduktion der reinen Begriffe a priori kommt dadurch niemals zustande, denn sie liegt ganz und gar nicht auf diesem Wege, weil in Ansehung ihres künftigen Gebrauchs, der von der Erfahrung gänzlich unabhängig sein soll, sie einen ganz anderen Geburtsbrief, als den der Abstammung von Erfahrungen, müssen aufzuzeigen haben. Diese versuchte physiologische Ableitung, die eigentlich gar nicht Deduktion heißen kann, weil sie eine quaestionem facti betrifft, will ich daher die Erklärung des Besitzes einer reinen E. nennen", KrV tr. Anal. § 13 (I 139 f.— Rc 159 f.). Vgl. Kritik, Deduktion, Metaphysik. Transzendental, Transzendentalphilosophie.

Erkennbare Dinge (Objekte der E.) sind: Sachen der Meinung (s. d.), Tatsachen (s. d.) und Glaubenssachen (s. d.). Es werden hier die Begriffe nicht mit den Objekten, sondern bloß mit unseren E.vermögen und dem Gebrauche, den diese von der gegebenen Vorstellung machen können, zusammengehalten; „die Frage, ob etwas ein erkennbares Wesen sei oder nicht, ist keine Frage, die die Möglichkeit der Dinge selbst, sondern unsere E. derselben angeht". Gegenstände bloßer Ideen (s. d.) der Vernunft sind gar nicht erkennbare Dinge, KU § 91 (II 340 f.).

„E. aber ist die Vorstellung eines gegebenen Objektes als eines solchen durch Begriffe; sie ist empirisch, wenn das Objekt in der Vorstellung der Sinne ..., E. a priori, wenn das Objekt zwar, aber nicht in der Sinnenvorstellung (die also doch nichtsdestoweniger immer sinnlich sein kann) gegeben ist." Um aus Anschauung und Begriff E. zu machen, bedarf es einer Handlung, „das Mannigfaltige in der Anschauung Gegebene der synthetischen Einheit des Bewußtseins, die der Begriff ausdrückt, gemäß zusammenzusetzen". Ohne alle Anschauung werden Objekte (s. d.) nicht erkannt, aber doch (durch die Kategorien) gedacht, An J. S. Beck, 20. Januar 1792. — „E. ist ein Urteil, aus welchem ein Begriff hervorgeht, der objektive Realität hat, d. i. dem ein korrespondierender Gegenstand in der Erfahrung gegeben werden kann." E. schließt immer Anschauung und Begriff ein. Soll es „synthetische E.se a priori" geben, so muß es auch Anschauungen und Begriffe a priori geben, Fortschr. d. Metaph. 1. Abs. Gesch. d. Transzendentalphilos. (V 3, 90 f.). „Damit eine Vorstellung E. sei (ich verstehe aber hier immer eine theoretische), dazu gehört Begriff und Anschauung von einem Gegenstande in derselben Vorstellung verbunden, so daß der erstere, sowie er die letztere unter sich enthält, vorgestellt wird." Theoretische E. gibt es nur von Gegenständen der Sinne, denn alle E., deren der Mensch fähig ist, ist sinnlich, setzt sich aus Anschauung (s. d.) und Kategorie (s. d.) zusammen (vgl. Schema). Innerhalb des Umfanges sinnlicher Objekte aber kann die Vernunft „dogmatisch verfahren durch Gesetze, die sie der Natur als Inbegriff der Gegenstände der Sinne a priori vorschreibt". „Die E. der Gegenstände der Sinne als solcher, d. i. durch empirische Vorstellungen, deren man sich bewußt ist (durch verbundene Wahrnehmungen), ist Erfahrung. Demnach übersteigt unsere theoretische E. niemals das Feld der Erfahrung. Weil nun alle theoretische E. mit der Erfahrung zusammenstimmen muß, so wird dieses nur auf eine oder die andere Art möglich, nämlich daß entweder die Erfahrung der Grund unserer E. oder die E. der Grund der Erfahrung ist. Gibt es also eine synthetische E. a priori, so ist kein anderer Ausweg als: sie muß Bedingungen a priori der Möglichkeit der Erfahrung überhaupt enthalten. Alsdann aber enthält sie auch die Bedingungen der Möglichkeit der Gegenstände der Erfahrung überhaupt: denn nur durch Erfahrung können sie für uns erkennbare Gegenstände sein. Die Prinzipien a priori, nach denen allein Erfahrung möglich ist, sind die Formen der Gegenstände, Raum und Zeit, und die Kategorien, welche die synthetische Einheit des Bewußtseins a priori enthalten, sofern unter sie empirische Vorstellungen subsumiert werden können", ibid. 1. Abs. Von dem Umfange ... (V 3, 99 ff.). — Die (menschliche) E. besteht aus Begriff und Anschauung. „Die E. durch

Begriffe heißt diskursiv, die in der Anschauung intuitiv; in der Tat wird zu einer E. beides miteinander verbunden erfordert, sie wird aber von dem benannt, worauf als den Bestimmungsgrund desselben ich jedesmal vorzüglich attendiere." Ohne „Darstellung des Objekts", d. h. ohne den Begriff durch (empirische oder reine) Anschauung (s. d.) zu belegen, gibt es keine E., ibid. 1. Beilage 2. Abs. (V 3, 156 f.). — Die Kritik kommt zu dem Ergebnis, daß „über die Grenze der Sinnlichkeit, folglich auch der möglichen Erfahrung hinaus es schlechterdings keine E., d. i. keine Begriffe, von denen man sicher ist, daß sie nicht leer sind, geben könne", Üb. e. Entdeck. (V 3, 5).

„Vernunfterkenntnisse werden den historischen E.en entgegengesetzt. Jene sind E.se aus Prinzipien (ex principiis), diese E.se aus Daten (ex datis)." Nach ihrem „objektiven Ursprunge", „d. i. nach den Quellen, woraus eine E. allein möglich ist", sind alle E.se entweder „rational" oder „empirisch". Nach ihrem „subjektiven Ursprung", „d. i. nach der Art, wie eine E. von den Menschen kann erworben werden", sind die E.se entweder „rational" oder „historisch". „Es kann also objektiv etwas eine Vernunfterkenntnis sein, was subjektiv doch nur historisch ist." Die Vernunfterkenntnisse sind a priori. Es gibt zwei Arten apriorischer E.: Mathematik und Philosophie, Log. Einl. III (IV 24 f.). „Alle unsere E. hat eine zwiefache Beziehung: erstlich eine Beziehung auf das Objekt, zweitens eine Beziehung auf das Subjekt. In der ersteren Rücksicht bezieht sie sich auf Vorstellung, in der letzteren auf das Bewußtsein, die allgemeine Bedingung aller E. überhaupt." „In jeder E. muß unterschieden werden Materie, d. i. der Gegenstand, und Form, d. i. die Art, wie wir den Gegenstand erkennen." Die Verschiedenheit der Form der E. beruht auf dem Bewußtsein. „Bin ich mir der Vorstellung bewußt, so ist sie klar; bin ich mir derselben nicht bewußt, dunkel." Die E. kann klar (s. d.) oder dunkel, deutlich (s. d.) oder undeutlich sein. Ferner ist sie „intuitiv" (anschaulich) oder „diskursiv" (begrifflich). Die „ästhetische Vollkommenheit" der E. besteht in deren „Übereinstimmung mit dem Subjekte" und gründet sich auf die „besondere Sinnlichkeit des Menschen". Die „logische Vollkommenheit" der E. beruht auf deren „Übereinstimmung mit dem Objekte, also auf allgemeingültigen Gesetzen" und läßt sich mithin auch nach „Normen a priori" beurteilen. Eine E. ist vollkommen „1. der Quantität nach, wenn sie allgemein ist; 2. der Qualität nach, wenn sie deutlich ist; 3. der Relation nach, wenn sie wahr ist; und endlich 4. der Modalität nach, wenn sie gewiß ist". „Genau" ist die E., „wenn sie ihrem Objekte angemessen ist, oder wenn in Ansehung ihres Objektes nicht der mindeste Irrtum stattfindet"; „subtil", „wenn man darin dasjenige entdeckt, was anderer Aufmerksamkeit zu entgehen pflegt". Die menschliche E. ist von seiten des Verstandes diskursiv, d. h. sie erfolgt durch Merkmale (s. d.). „Wir erkennen also Dinge nur durch Merkmale; und das heißt eben Erkennen, welches von Kennen herkommt", ibid. Einl. V—VII (IV 36 ff.). Der Wert und die Wichtigkeit einer E. beruht auf den Folgen derselben, auf dem Gebrauch, der sich von ihr machen läßt. Eine E. ohne wichtige Folgen ist eine „Grübelei", ibid. VI (IV 54). Ihrem „objektiven Gehalt" nach gibt es sieben Grade der E.: Vorstellen, Wahrnehmen, Kennen, Erkennen (im engeren Sinne, d. h. „mit Bewußtsein etwas kennen", kommt den Tieren nicht zu), Verstehen, Einsehen, Begreifen, ibid. VIII (IV 71 f.). „Alle E.se, das heißt: alle mit Bewußtsein auf ein Objekt bezogenen Vorstellungen sind entweder Anschauungen oder Begriffe", Log. § 1 (IV 98). „Was ... die Quellen und den Ursprung unserer E.se anlangt, so schöpfen wir diese letzteren insgesamt entweder aus der reinen Vernunft oder aus der Erfahrung, die weiterhin selbst die Vernunft instruiert." „Die reinen Vernunfterkenntnisse gibt uns unsere Vernunft; Erfahrungserkenntnisse aber bekommen wir durch die Sinne." „Sowie wir indessen einen doppelten Sinn haben, einen äußeren und einen inneren, so können wir denn auch nach beiden die Welt als Inbegriff aller Erfahrungserkenntnisse betrachten. Die Welt als Gegenstand des äußeren Sinnes ist Natur, als Gegenstand des inneren Sinnes aber Seele oder der Mensch." „Die Erfahrungen der Natur und des Menschen machen zusammen die Welterkenntnisse aus", Phys. Geographie, Einl. § 2 (IX 7). „Von der

Sinnen fangen sich unsere E.se an. Sie geben uns die Materie, der die Vernunft nur eine schickliche Form erteilt", ibid. § 3 (IX 10). Vgl. Erfahrung, Denken, A priori, Idee, Übersinnlich, Erscheinung, Ding an sich, Inneres, Kritik.

Erkenntnis, apriorische, s. A priori. Sofern in den Wissenschaften Vernunft sein soll, „so muß darin etwas a priori erkannt werden, und ihre E. kann auf zweierlei Art auf ihren Gegenstand bezogen werden, entweder diesen und seinen Begriff (der anderweitig gegeben werden muß) bloß zu bestimmen oder ihn auch wirklich zu machen. Die erste ist theoretische, die andere praktische E. der Vernunft. Von beiden muß der reine Teil, soviel oder sowenig er auch enthalten mag, nämlich derjenige, darin Vernunft gänzlich a priori ihr Objekt bestimmt, vorher allein vorgetragen werden, und dasjenige, was aus anderen Quellen kommt, damit nicht vermengt werden." „Mathematik und Physik sind die beiden theoretischen E.se der Vernunft, welche ihre Objekte a priori bestimmen sollen, die erstere ganz rein, die zweite wenigstens zum Teil rein . . .", KrV Vorr. z. 2. A. (I 23 f.—Rc 18).

Die Möglichkeit einer E. a priori ergibt sich, wenn man annimmt, „die Gegenstände müssen sich nach unserer E. richten". Die Erfahrung (s. d.) selbst, in welcher uns allein Gegenstände gegeben sind, ist „eine E.art . . ., die Verstand erfordert, dessen Regel ich in mir, noch ehe mir Gegenstände gegeben werden, mithin a priori voraussetzen muß, welche in Begriffen a priori ausgedrückt wird, nach denen sich also alle Gegenstände der Erfahrung notwendig richten und mit ihnen übereinstimmen müssen". Es ergibt sich, daß wir „von den Dingen nur das a priori erkennen, was wir selbst in sie legen", ibid. (I 28 f.—Rc 22 f.); vgl. über die „Kopernikanische Revolution" in der E. den Artikel „Metaphysik".

Erkenntnisquellen. „Es sind drei subjektive E., worauf die Möglichkeit einer Erfahrung überhaupt und Erkenntnis der Gegenstände derselben beruht: Sinn, Einbildungskraft und Apperzeption . . . Der Sinn stellt die Erscheinungen empirisch in der Wahrnehmung vor, die Einbildungskraft in der Assoziation (und Reproduktion), die Apperzeption in dem empirischen Bewußtsein der Identität dieser reproduktiven Vorstellungen mit den Erscheinungen, dadurch sie gegeben waren, mithin in der Rekognition", KrV 1. A. tr. Anal. 1. B. 2. H. 3. Abs. (I 719—Rc 200). — Außer Verstand und Sinnen haben wir keine anderen E., KrV tr. Dial. Einl. I (I 315—Rc 381).

Erkenntnistrieb. „Die Vernunft fühlt nicht; sie sieht ihren Mangel ein und wirkt durch den E. das Gefühl des Bedürfnisses." Was heißt: s. i. D. or.? 4. Anm. (V 2, 155).

Erkenntnisvermögen. „Unser gesamtes E. hat zwei Gebiete, das der Naturbegriffe und das des Freiheitsbegriffs; denn durch beide ist es a priori gesetzgebend." Zwischen dem Verstande und der Vernunft steht als (oberes) E. die Urteilskraft (s. d.). „Für das E. ist allein der Verstand gesetzgebend, wenn jenes . . . als Vermögen eines theoretischen Erkenntnisses auf die Natur bezogen wird, in Ansehung deren allein (als Erscheinung) es uns möglich ist, durch Naturbegriffe a priori, welche eigentlich reine Verstandesbegriffe sind, Gesetze zu geben", KU Einl. II—III (II 10 ff.). Die Urteilskraft faßt die Natur als unserm E. angemessen auf; vgl. Zweck, Gesetz, Ästhetisch, Geschmacksurteil.

Es gibt ein „niederes" E. (Sinnlichkeit, bestehend aus Sinn und Einbildungskraft) und „obere" E. Es ist anzunehmen, „daß die obere Erkenntniskraft schlechthin nur auf dem Vermögen zu urteilen beruhe". Die Tiere haben ein solches Vermögen nicht, sie urteilen nicht und haben daher keine deutlichen Begriffe, F. Spitzf. § 6 (V 1, 68 f.). Die „oberen E." sind: Verstand, Urteilskraft und Vernunft. Aus ihnen entspringen beziehungsweise Begriffe, Urteile, Schlüsse, KrV tr. Anal. 2. B. am Anfang (I 177—Rc 232); vgl. Anthr. 1. T. § 40 (IV 107); N 399 ff. Unsere ganze „Erkenntniskraft" hat „zwei Stämme": Sinnlichkeit (s. d.) und „Vernunft" (s. d.) als das „obere E.". — Von allem Inhalte abstrahiert, ist die Erkenntnis entweder „historisch" (s. d.) oder „rational", „cognitio ex datis" oder „ex principiis". — Die nicht „empirische", sondern „Vernunfterkenntnis" (s. d.) ist entweder „philosophisch" („aus Begriffen") oder „mathematisch" (aus der Konstruktion der Begriffe) (vgl. Mathematik, Philosophie, Metaphysik, Psychologie, Theologie). „Rational" sind nur die „aus Prinzipien", aus „allgemeinen Quellen der Vernunft" objektiv und subjektiv geschöpften Erkenntnisse, KrV tr. Meth. 3. H. (I 688f.— Rc 843 f.); vgl. Historisch.

Erklärung. Nach Newtonschen Prinzipien „erklärt" man die verwickelten Naturbegebenheiten, „wenn man deutlich zeigt, wie sie unter diesen wohlerwiesenen Regeln enthalten seien", Nat. Theol. 2. Btr. (V 1, 130). „Die Erscheinungen verlangen nur erklärt zu werden, so weit ihre Erklärungsbedingungen in der Wahrnehmung gegeben sind", KrV tr. Dial. 2. B. 2. H. 4. Abs. (I 433—Rc 565). „Zur E. gegebener Erscheinungen können keine anderen Dinge und Erklärungsgründe, als die, so nach schon bekannten Gesetzen der Erscheinungen mit den gegebenen in Verknüpfung gesetzt werden, angeführt werden", ibid. tr. Meth. 1. H. 3. Abs. (I 643—Rc 792). Wir können „nichts erklären, als was wir auf Gesetze zurückführen können, deren Gegenstand in irgendeiner möglichen Erfahrung gegeben werden kann", GMS 3. Abs. V. d. äußersten Grenze . . . (III 89); vgl. Freiheit, Vernunft, Imperativ, Beurteilung, Urteilskraft, Zweck.

Erklärung der Begriffe. Die „Erklärungen" von Begriffen zerfallen in: Exposition, Explikation, Deklaration und Definition(s. d.), KrV tr. Meth. 1. H. 1. Abs. (I 612—Rc 757).

Erlaubt. E. (d. h. „moralisch möglich") ist „eine Handlung (licitum), die der Verbindlichkeit nicht entgegen ist". Diese „Freiheit, die durch keinen entgegengesetzten Imperativ eingeschränkt wird, heißt die Befugnis". „Eine Handlung, die weder geboten noch verboten ist, ist bloß erlaubt, weil es in Ansehung ihrer gar kein die Freiheit (Befugnis) einschränkendes Gesetz und also auch keine Pflicht gibt. Eine solche Handlung heißt sittlich-gleichgültig" (s. Adiaphora). Ob es eines besonderen „Erlaubnisgesetzes" bedarf, ist die Frage, MS Einl. IV (III 25 f.). Das E.e und Unerlaubte (praktisch-objektiv Mögliche und Unmögliche) gehört zu den praktischen Kategorien (s. d.) der Modalität. Das E.e ist, im engeren Sinne, dasjenige, „was mit einer bloß möglichen praktischen Vorschrift in Einstimmung oder Widerstreit ist", KpV Vorr. 5. Anm. (II 13). „Ob es außer dem Gebot (leges praeceptivae) und Verbot (leges prohibitivae) noch Erlaubnisgesetze (leges permissivae) der reinen Vernunft geben könne, ist bisher nicht ohne Grund bezweifelt worden. Denn Gesetze überhaupt enthalten einen Grund objektiver-praktischer Notwendigkeit, Erlaubnis aber einen der praktischen Zufälligkeit gewisser Handlungen; mithin würde ein Erlaubnisgesetz Nötigung zu einer Handlung zu dem, wozu jemand nicht genötigt werden kann, enthalten, welches, wenn das Objekt des Gesetzes in beiderlei Beziehung einerlei Bedeutung hätte, ein Widerspruch sein würde". Z. ew. Fried. 2. Anm. (VI 123). Vgl. Urteile (analyt.).

Erörterung. „Ich verstehe . . . unter E. (expositio) die deutliche (wenngleich nicht ausführliche) Vorstellung dessen, was zu einem Begriffe gehört; metaphysisch aber ist die E., wenn sie dasjenige enthält, was den Begriff, als a priori gegeben, darstellt", KrV tr. Ästhet. § 2 (I 78—Rc 95 f.). „Ich verstehe unter einer transzendentalen E. die Erklärung eines Begriffs als eines Prinzips, woraus die Möglichkeit anderer synthetischer Erkenntnisse a priori eingesehen werden kann. Zu dieser Absicht wird erfordert, 1. daß wirklich dergleichen Erkenntnisse aus dem gegebenen Begriffe herfließen, 2. daß diese Erkenntnisse nur unter der Voraussetzung einer gegebenen Erklärungsart dieses Begriffs möglich sind", ibid. § 3 (I 81—Rc 98). Vgl. Geschmacksurteil, Exposition.

Erscheinung ist nicht Schein (s. d.), sondern hat Realität, wenn auch nicht die absolute Realität des „Ding an sich" (s. d.), sondern „empirische" Realität. E. ist die Wirklichkeit in Beziehung auf die Sinnlichkeit und den Verstand, die Art und Weise, wie sich das Wirkliche in den Formen der Anschauung (Raum und Zeit) und des Verstandes

(Kategorien) darstellt, und zwar allgemein für alle erkennenden Subjekte. Die objektive E. ist also weder etwas von allem Bewußtsein völlig Unabhängiges, noch eine bloße Summe subjektiver Erlebnisse, sondern der Gegenstand möglicher Erfahrung, der in für alle Subjekte gleichen, einheitlich-gesetzmäßigen Zusammenhängen besteht. Die Phänomene sind kategorial bestimmte Glieder möglicher Erfahrung; ihnen werden gedanklich die Noumena (s. d.) gegenübergestellt, welche letztere K. erst für erkennbar, später aber als unerkennbare Dinge an sich betrachtet, da nicht nur die Sinneswahrnehmung, sondern auch die verstandesmäßige Erkenntnis die Dinge nur so erfassen kann, wie sie sich in den Formen des erkennenden Bewußtseins darstellen. Die E. enthält etwas Materiales (die Empfindung), was auf Rechnung des Ding an sich zu setzen ist, und etwas Formales, was aus der Funktion des Subjekts selbst entspringt. Alles raum-zeitlich, kausal-mechanisch Bestimmte ist als solches nur E., würde unabhängig von aller Wahrnehmbarkeit und kategorialen Bestimmung nicht so sein, wie es sich darstellt. Was der E. an sich zugrundeliegt, das Ding an sich, ist von seiner E. total verschieden. Sowohl die Körper (s. d.) als solche als auch das empirische, psychologische Ich (s. d.) sind E.en, weil beides durch die Form der Anschauung und des Verstandes bedingt ist. Das Wesen der Dinge als E.en läßt sich immer genauer erkennen, aber auch die eingehendste und vollständigste Erkenntnis der Eigenschaften und Beziehungen der Erfahrungsgegenstände führt über den Bereich der E. nicht hinaus; wir bedürfen auch dessen, theoretisch, nicht.

Der Gegenstand der Sinnlichkeit (s. d.) ist das Sinnliche; er hieß in den Schulen der Alten das „Phaenomenon". Die sinnlichen Vorstellungen geben die Dinge, „wie sie erscheinen", die Verstandesbegriffe aber, „wie sie sind", Mund. sens. §§ 3 f. (V 2, 96 f.). „In dem Sinnlichen aber und den E.en heißt das, was dem logischen Gebrauche des Verstandes vorhergeht, das Erscheinende, dagegen die reflektierte Erkenntnis, welche aus der mittels des Verstandes erfolgenden Vergleichung mehrerer E.en hervorgeht, heißt Erfahrung. Der Weg von dem Erscheinen zur Erfahrung führt daher nur durch die Reflexion gemäß dem logischen Gebrauche des Verstandes. Die allgemeinen Begriffe der Erfahrung werden empirische genannt und ihre Gegenstände E.en; die Gesetze aber sowohl der Erfahrung als überhaupt aller sinnlichen Erkenntnis heißen die Gesetze der E.en", ibid. § 5 (V 2, 98 f.); vgl. § 13 (V 2, 104).

E. ist etwas als „Objekt der sinnlichen Anschauung", KrV Vorr. z. 2. A. (I 34—Rc 29); der „unbestimmte Gegenstand einer empirischen Anschauung", ibid. tr. Ästh. § 1 (I 75—Rc 93). Der „transzendentale Begriff der E.en im Raume" besagt, „daß überhaupt nichts, was im Raume angeschaut wird, eine Sache an sich, noch daß der Raum eine Form der Dinge sei, die ihnen etwa an sich selbst eigen wäre, sondern daß uns die Gegenstände an sich gar nicht bekannt sind, und was wir äußere Gegenstände nennen, nichts anderes als bloße Vorstellungen unserer Sinnlichkeit sind, deren Form der Raum ist, deren wahres Korrelatum aber, d. i. das Ding an sich selbst, dadurch gar nicht erkannt wird, noch erkannt werden kann, nach welchem aber auch in der Erfahrung niemals gefragt wird", ibid. § 3 (I 85—Rc 103). Unsere Anschauung ist „nichts als die Vorstellung von E.en". Auch das, was allen Subjekten gleich sich darstellt, ist nur E., also auch das „in der allgemeinen Erfahrung, unter allen verschiedenen Lagen zu den Sinnen" als objektiv wirkliche Eigenschaft, als wirklicher Gegenstand in Raum und Zeit Wahrnehmbare, ibid. § 8 I (I 95 ff.—Rc 113 ff.). Doch ist „E." scharf von allem „Schein" (s. d.) zu unterscheiden. „Wenn ich sage: im Raum und in der Zeit stellt die Anschauung, sowohl der äußeren Objekte, als auch die Selbstanschauung des Gemüts, beides vor, so wie es unsere Sinne affiziert, d. i. wie es erscheint, so will das nicht sagen, daß diese Gegenstände ein bloßer Schein wären. Denn in der E. werden jederzeit die Objekte, ja selbst die Beschaffenheiten, die wir ihnen beilegen, als etwas wirklich Gegebenes angesehen, nur daß, so fern diese Beschaffenheit nur von der Anschauungsart des Subjekts in der Relation des gegebenen Gegenstandes zu ihm abhängt, dieser Gegenstand als E. von ihm selber als Objekt an sich unterschieden wird. So sage ich nicht, die Körper scheinen bloß außer mir zu sein, oder meine Seele scheint nur in meinem Selbstbewußtsein gegeben zu sein, wenn ich behaupte, daß die Qualität des Raumes und der Zeit, welcher als Bedingung ihres Daseins gemäß ich beide setze, in meiner Anschauungsart und nicht in diesen Objekten an sich liege", ibid. § 8 III (I 102f.—Rc 121). „Die Prädikate der E. können dem Objekte selbst beigelegt werden, in Verhältnis auf unseren Sinn, z. B. der Rose die rote Farbe oder der Geruch; aber der Schein kann niemals als Prädikat dem Gegenstande beigelegt werden, eben darum, weil er, was diesem nur im Verhältnis auf die Sinne oder überhaupt aufs Subjekt zukommt, dem Objekt für sich beilegt, z. B. die zwei Henkel, die man anfänglich dem Saturn beilegte. Was gar nicht am Objekte an sich selbst, jederzeit aber im Verhältnisse desselben zum Subjekt anzutreffen und von der Vorstellung des ersteren unzertrennlich ist, ist E., und so werden die Prädikate des Raumes und der Zeit mit Recht den Gegenständen der Sinne als solchen beigelegt, und hierin ist kein Schein", ibid. Anm. (I 103—Rc 121). E.en sind „bloße Vorstellungen, die nach empirischen Gesetzen zusammenhängen". Sie müssen „Gründe haben, die nicht E. sind", eine „intelligible Ursache", ibid. tr. Dial. 2. B. 2. H. 9. Abs. III (I 472—Rc 606); vgl. 6. Abs. (I 438 ff.—Rc 570 ff.). Erkenntnis ist möglich von keinem Gegenstand als Ding an sich (s. d.), sondern „nur sofern er Objekt der sinnlichen Anschauung ist, d. i. als E.". Freilich kann es keine E. „ohne etwas, das da erscheint", geben, ibid. Vorr. z. 2. A. (I 34 f.—Rc 29). E.en, sofern sie durch Kategorien bestimmt sind, sind „phaenomena" (vgl. Noumenon), „Gegenstände möglicher Erfahrung", die für alle Subjekte die gleichen sind und in ihrem einheitlichen Zusammenhange die (äußere und innere) Natur (s. d.) bilden. Das der E. zugrunde liegende „Übersinnliche" (s. d.) ist theoretisch nicht erkennbar.

Die Möglichkeit der E.en (sinnlichen Anschauungen) beruht „auf dem Verhältnisse gewisser an sich unbekannten Dinge an sich zu etwas anderem, nämlich unserer Sinnlichkeit", Prol. § (III 40). Die E.en sind „Vorstellungen der Sinnlichkeit", die Vorstellungen, welche die Dinge „in uns wirken, indem sie unsere Sinne affizieren", ibid. Anmerk. II (III 43). E. ist die Art, wie unsere Sinne von dem „unbekannten Etwas" affiziert werden, ibid. § 32 (III 76). Die Idealität von Raum und Zeit schließt ein die vollkommene Realität derselben betreffs der Gegenstände der Sinne als Erscheinungen, „d. i. als Anschauungen, sofern ihre Form von der subjektiven Beschaffenheit der Dinge abhängt". „Ferner ist noch anzumerken, daß E., im transzendentalen Sinn genommen, da man von Dingen sagt: sie sind E.en (Phaenomena), ein Begriff von ganz anderer Bedeutung ist, als wenn ich sage: dieses Ding erscheint mir so oder so, welches die physische E. anzeigen soll und Apparenz oder Schein genannt werden kann. Denn in der Sprache der Erfahrung sind diese Gegenstände der Sinne, weil ich sie nur mit anderen Gegenständen der Sinne vergleichen kann, z. B. der Himmel mit allen seinen Sternen, ob er zwar bloße E. ist, wie Dinge an sich selbst gedacht; und wenn von diesem gesagt wird, er hat den Anschein von einem Gewölbe, so bedeutet hier der Schein das Subjektive in der Vorstellung eines Dinges, was eine Ursache sein kann, es in einem Urteil fälschlich für objektiv zu halten." „Und so ist der Satz, daß alle Vorstellungen der Sinne uns nur die Gegenstände als E.en zu erkennen geben, ganz und gar nicht mit dem Urteile einerlei, sie enthielten nur den Schein von Gegenständen, wie es der Idealist behaupten würde", Fortschr. d. Metaph. 1. Abt. Geschichte der Transzendentalphilosophie (V 93f.). Vgl. Üb. e. Entdeck. 2. Abs. (V 3, 76).

„1. Die E. in metaphysischer Bedeutung, wie der Sinn affiziert wird. 2. Die in physischer Bedeutung, wie das Subjekt selbst den Sinn durch bewegende Kräfte affiziert jener Form gemäß", Altpreuß. Mth. XIX 289. „Die E. der E.en — wie nämlich das Subjekt mittelbar affiziert wird, wie das Subjekt sich selbst zum Objekt macht (sich seiner selbst als bestimmbar in der Anschauung bewußt ist) — ist metaphysisch", ibid. XIX 290. E.en „können allein a priori gegeben werden, und E. von E.en gedacht sind die Objekte der Sinne". „E. ist die subjektive Modifikation der Wirkung, welche ein Sinnengegenstand auf das Subjekt tut. Die Kraft des Subjekts, jenen Gegenstand zu modifizieren, ist die Sache selbst (metaphysisch betrachtet zwar auch immer E., physisch aber als Substanz, die immer dieselbe bleibt)", ibid. XIX 292. „Die reine Anschauung des Mannigfaltigen im Raume enthält die Form des Gegenstandes in der E. a priori vom ersten Range, d. i. direkt. Die Zusammensetzung der Wahrnehmungen (E. im Subjekt zum Behuf der Erfahrung) ist wiederum E. des so affizierten Subjektes, wie es sich selbst vorstellt, vom zweiten Range, und ist E. von der E. der Wahrnehmungen in Einem Bewußtsein, d. i. E. des sich selbst affizierenden Subjekts, mithin indirekt. Das Subjektive der Verknüpfung der Darstellungen in dem Subjekt nach Prinzipien des Bewußtseins zu einem Erkenntnis dieser Phänomene — im Bewußtsein der synthetischen Einheit der Erfahrung — ist die mittelbare E.", ibid. XIX 436. — Auch „das empirische Bewußtsein der Vernunftvorstellungen oder auch der Kategorien und des Denkens überhaupt" „gehört immer noch zur E., weil es Begebenheit ist", und es bleibt „nichts Intellektuelles als das Ich — praktisch aber die Freiheit samt ihrem Gesetze als Erkenntnis", N 6319. Vgl. Ding an sich, Ich, Sinn (innerer), Charakter, Mensch, Körper, Materie, Bewegung, Antinomien, Anschauungsformen, Objekt.

Erwartung. „Der dritte Schritt der Vernunft, nachdem sie sich in die ersten unmittelbar empfundenen Bedürfnisse gemischt hatte, war die überlegte E. des Künftigen. Dieses Vermögen, nicht bloß den gegenwärtigen Lebensaugenblick zu genießen, sondern die kommende, oft sehr entfernte Zeit sich gegenwärtig zu machen, ist das entscheidendste Kennzeichen des menschlichen Vorzuges, um seiner Bestimmung gemäß sich zu entfernten Zwecken vorzubereiten, — aber auch zugleich der unversiegendste Quell von Sorgen und Bekümmernissen, die die ungewisse Zukunft erregt, und welcher alle Tiere überhoben sind", Anf. d. Menschengesch. (VI 53f.). — „Das empirische Voraussehen ist die E. ähnlicher Fälle (exspectatio casuum similium) und bedarf keiner Vernunftkunde von Ursachen und Wirkungen, sondern nur der Erinnerung beobachteter Begebenheiten, wie sie gemeiniglich aufeinander folgen, und wiederholte Erfahrungen bringen darin eine Fertigkeit hervor", Anthr. 1. T. § 35 (IV 92); vgl. Erinnerung, Ahnung, Kausalität.

Erweiterungsurteile s. Urteile (synthetische).

Erwerbung s. Eigentum, Boden, Recht.

Erzeugung s. Organismus, Entwicklung, Zweck, Denken, Feld, Kategorie, Kritik der reinen Vernunft, Mathematik. — Das Prinzip der teleologischen Beurteilung (s. d.) gibt noch keine Einsicht in die E. der Naturzwecke (Organismen); letztere muß wenigstens in kausal-mechanischer Weise versucht werden, KU § 80 (II 285).

Erziehung. „Der Mensch ist das einzige Geschöpf, das erzogen werden muß. Unter der E. nämlich verstehen wir die Wartung (Verpflegung, Unterhaltung), Disziplin (Zucht) und Unterweisung nebst der Bildung." „Disziplin oder Zucht ändert die Tierheit in die Menschheit um. Ein Tier ist schon alles durch seinen Instinkt; eine fremde Vernunft hat bereits alles für dasselbe besorgt. Der Mensch aber braucht eigene Vernunft. Er hat keinen Instinkt und muß sich selbst den Plan seines Verhaltens machen. Weil er aber nicht sogleich imstande ist, dieses zu tun, sondern roh auf die Welt kommt, so müssen es andere für ihn tun." „Die Menschengattung soll die ganze Naturanlage der Menschheit durch ihre eigene Bemühung nach und nach von selbst herausbringen. Eine Generation erzieht die andere." „Disziplin verhütet, daß der Mensch nicht durch seine tierischen Antriebe von seiner Bestimmung, der Menschheit, abweiche." „Zucht ist also bloß negativ, nämlich die Handlung, wodurch man dem Menschen die Wildheit benimmt, Unterweisung hingegen ist der positive Teil der E." „Wildheit ist die Unabhängigkeit von Gesetzen. Disziplin unterwirft den Menschen den Gesetzen der Menschheit und fängt an, ihm den Zwang der Gesetze fühlen zu lassen. Dieses aber muß früh geschehen." „Bildung begreift unter sich Zucht und Unterweisung", Über Pädagogik, Einl. (VIII 193f.).

„Der Mensch kann nur Mensch werden durch E. Er ist nichts, als was die E. aus ihm macht." „Vielleicht, daß die E. immer besser werden, und daß jede folgende Generation einen Schritt näher tun wird zur Vervollkommnung der Menschheit; denn hinter der

Edukation steckt das große Geheimnis der Vollkommenheit der menschlichen Natur.“ Die Idee einer E., „die alle Naturanlagen im Menschen entwickelt, ist allerdings wahrhaft“, ibid. (VIII 195f.). „Es liegen viele Keime in der Menschheit, und nun ist es unsere Sache, die Naturanlagen proportionierlich zu entwickeln und die Menschheit aus ihren Keimen zu entfalten und zu machen, daß der Mensch seine Bestimmung erreiche. Die Tiere erfüllen diese von selbst und ohne daß sie sie kennen. Der Mensch muß erst suchen, sie zu erreichen; dieses kann aber nicht geschehen, wenn er nicht einmal einen Begriff von seiner Bestimmung hat. Bei dem Individuo ist die Erreichung der Bestimmung auch gänzlich unmöglich.“ „Nicht einzelne Menschen, sondern die Menschengattung soll dahin gelangen.“ „Die Vorsehung hat gewollt, daß der Mensch das Gute aus sich selbst herausbringen soll.“ „Sich selbst besser machen, sich selbst kultivieren, und, wenn er böse ist, Moralität bei sich hervorbringen, das soll der Mensch“, ibid. (VIII 197 f.). „Der Mechanismus der Erziehungskunst muß in Wissenschaft verwandelt werden.“ Die Pädagogik muß „judiziös“, ein Studium werden, ibid. (VIII 199). Ein Grundprinzip der Pädagogik ist: „Kinder sollen nicht dem gegenwärtigen, sondern dem zukünftig möglich bessern Zustande des menschlichen Geschlechts, d. i. der Idee der Menschheit und deren ganzer Bestimmung angemessen erzogen werden.“ Daher sollte auch die Einrichtung der Schulen „von dem Urteile der aufgeklärtesten Kenner abhängen“. „Alle Kultur fängt von dem Privatmanne an und breitet von daher sich aus“, ibid. (VIII 199ff.). „Bei der E. muß der Mensch also 1. diszipliniert werden. Disziplinieren heißt, suchen zu verhüten, daß die Tierheit nicht der Menschheit, in dem einzelnen sowohl als gesellschaftlichen Menschen zum Schaden gereiche. Disziplin ist also bloß Bezähmung der Wildheit.“ „2. Muß der Mensch kultiviert werden. Kultur begreift unter sich die Belehrung und die Unterweisung. Sie ist die Verschaffung der Geschicklichkeit“ (zu beliebigen Zwecken). „3. Muß man darauf sehen, daß der Mensch auch klug werde, in die menschliche Gesellschaft passe, daß er beliebt sei und Einfluß habe. Hierzu gehört eine gewisse Art von Kultur, die man Zivilisierung nennt.“ „4. Muß man auf die Moralisierung sehen. Der Mensch soll nicht bloß zu allerlei Zwecken geschickt sein, sondern auch die Gesinnung bekommen, daß er nur lauter gute Zwecke erwähle. Gute Zwecke sind diejenigen, die notwendigerweise von jedermann gebilligt werden, und die auch zu gleicher Zeit jedermanns Zwecke sein können“, ibid. (VIII 701 f.). Die Moralisierung darf nicht dem Prediger überlassen und die Moral nicht auf Verbote Gottes gegründet werden, sondern die Tugend muß lernen, das Gute um seiner selbst willen zu werten und auszuüben. Man kann die Menschen nicht glücklich machen, wenn man sie nicht sittlich und weise macht, ibid. (VIII 202f.). „Eines der größesten Probleme der E. ist, wie man die Unterwerfung unter den gesetzlichen Zwang mit der Fähigkeit, sich seiner Freiheit zu bedienen, vereinigen könne. Denn Zwang ist nötig“, ibid. (VIII 206). „Die Pädagogik oder E.slehre ist entweder physisch oder praktisch. Die physische E. ist diejenige, die der Mensch mit den Tieren gemein hat, oder die Verpflegung. Die praktische oder moralische ist diejenige, durch die der Mensch soll gebildet werden, damit er wie ein freihandelndes Wesen leben könne ... Sie ist E. zur Persönlichkeit, E. eines freihandelnden Wesens, das sich selbst erhalten und in der Gesellschaft ein Glied ausmachen, für sich selbst aber einen inneren Wert haben kann.“ Die praktische E. besteht also „1. aus der scholastisch-mechanischen Bildung, in Ansehung der Geschicklichkeit; ist also didaktisch (Informator), 2. aus der pragmatischen, in Ansehung der Klugheit (Hofmeister), 3. aus der moralischen, in Ansehung der Sittlichkeit.“ „Der scholastischen Bildung oder der Unterweisung bedarf der Mensch, um zur Erreichung aller seiner Zwecke geschickt zu werden. Sie gibt ihm einen Wert in Ansehung seiner selbst als Individuum. Durch die Bildung zur Klugheit aber wird er zum Bürger gebildet; da bekommt er einen öffentlichen Wert. Da lernt er sowohl die bürgerliche Gesellschaft zu seiner Absicht lenken, als sich auch in die bürgerliche Gesellschaft schicken. Durch die moralische Bildung endlich bekommt er einen Wert in Ansehung des ganzen menschlichen Geschlechts.“

Die moralische Bildung muß (implizite) schon bei der physischen E. beobachtet werden, ibid. Abhandl. (VIII 207 f.). Die physische E. muß möglichst naturgemäß sein; Abhärtung ist notwendig, alles muß vermieden werden, was den Menschen verweichlicht, verzärtelt, ungeschickt, zum Sklaven seiner Gewohnheiten, schwächlich, innerlich unfrei und dabei etwa unfügsam macht. Es müssen alle körperlichen und geistigen Kräfte geübt werden; eine Kultur der Sinne und der Seele ist notwendig; Wissen und Können müssen verbunden werden, ibid. V. d. phys. Erziehung (VIII 208 ff.). Das Kind soll Spiele (s. d.) ausüben, aber auch arbeiten lernen. Gedächtnis und Verstand müssen zusammen kultiviert werden, ebenso Gefühl- und Willenskräfte, ibid. (VIII 217 ff.). „Der Wille der Kinder muß... nicht gebrochen, sondern nur in der Art gelenkt werden, daß er den natürlichen Hindernissen nachgebe. Im Anfange muß das Kind freilich blindlings gehorchen." „Kinder werden verzogen, wenn man ihren Willen erfüllt, und ganz falsch erzogen, wenn man ihren Willen und ihren Wünschen gerade entgegen handelt", ibid. (VIII 230 f.). Die moralische Kultur muß sich gründen „auf Maximen, nicht auf Disziplin. Diese verhindert die Unarten, jene bildet die Denkungsart. Man muß dahin sehen, daß das Kind sich gewöhne, nach Maximen, und nicht nach gewissen Triebfedern zu handeln", ibid. (VIII 232); vgl. Anthr. 2. T. E, c (IV 282 f.), N 1473. Vgl. Mensch, Geschichte, Kultur, Frau, Katechismus (moralischer), Fortschritt.

Ethik. Die E. als Moralphilosophie (als „reine Moral") im Unterschiede von der empirischen Moralwissenschaft („moralische Anthropologie") ist eine (apriorische) Vernunftwissenschaft. Sie gehört zur „Transzendentalphilosophie", insofern sie die Voraussetzungen und Quellen des Sittlichen kritisch untersucht. Sie forscht nach dem Prinzip, das allen sittlichen Normen und Handlungen zugrunde liegt, sie bestimmt die „Form" des Sittlichen, das, was Sittlichkeit überhaupt konstituiert, was in allen (historisch sich entfaltenden) moralischen Tatsachen das Kriterium wahrer Sittlichkeit (s. d.) bildet. Sie stellt den obersten Maßstab für das sittliche Sollen auf, begründet dieses einheitlich und formuliert das Prinzip des Sollens, aus dem sie sodann die Pflichten und Tugenden ableitet. Die E. ist formalistisch, aber bezieht sich dabei auf die Zwecke des Handelns, wenn auch das sittliche Prinzip selbst aus der Form des reinen Willens, unter Abstraktion von allem Stoffe des Willens, gewonnen wird. Die E. ist nicht empirisch, gibt aber die Grundlegung für die moralische Erfahrung, macht diese begreiflich und einheitlich-systematisch. „Die ersten Gründe der Moral sind nach ihrer gegenwärtigen Beschaffenheit noch nicht aller erforderlichen Evidenz fähig", Nat. Theol. 4. Btr. § 2 (V 1, 143). Vgl. Sollen. — Die „moralische Weltweisheit" nimmt noch eher wie die Metaphysik den Schein der Wissenschaft und Gründlichkeit an, weil „die Unterscheidung des Guten und Bösen in den Handlungen und das Urteil über die sittliche Rechtmäßigkeit geradezu und ohne den Umschweif der Beweise von dem menschlichen Herzen durch dasjenige, was man Sentiment nennt, leicht und richtig erkannt werden kann". Die Versuche von Shaftesbury, Hutcheson und Hume, „welche, obzwar unvollendet und mangelhaft, gleichwohl noch am weitesten in der Aufsuchung der ersten Gründe aller Sittlichkeit gelangt sind", sind präziser zu gestalten und zu ergänzen. Es wird erst dasjenige historisch und philosophisch erwogen, „was geschieht", „ehe ich anzeige, was geschehen soll", Nachricht v. d. Einrichtung seiner Vorles. 1765—1766 (V 1, 158). „Die Moralphilosophie kann..., soweit sie die ersten Grundsätze der Beurteilung bietet, nur durch den reinen Verstand erkannt werden und gehört selbst zur reinen Philosophie; und wer ihre Merkmale in dem Gefühl der Lust oder Unlust sucht, wird mit vollstem Rechte getadelt", Mund. sens. § 9 (V 2, 101).

Die E. („Moral") ist eine Wissenschaft, „die da lehrt, nicht wie wir glücklich, sondern der Glückseligkeit würdig werden sollen", Theor. Prax. I (VI 73). Die „reine Moral" enthält bloß „die notwendigen sittlichen Gesetze eines freien Willens überhaupt". Wie die reine Logik zur angewandten Logik, so verhält sich die reine Moral zu der „eigentlichen Tugendlehre, welche diese Gesetze unter den Hindernissen der Gefühle, Neigungen und

Leidenschaften, denen die Menschen mehr oder weniger unterworfen sind, erwägt, und welche niemals eine wahre und demonstrierte Wissenschaft abgeben kann, weil sie ebensowohl als jene angewandte Logik empirische und psychologische Prinzipien bedarf", KrV tr. Log. Einl. I (I 109—Rc 129). — Die „Moral" (oder „Moralphilosophie" oder „Philosophie der Sitten") hat es mit dem Endzweck, der ganzen Bestimmung des Menschen zu tun. Ihr Gegenstand ist „das, was da sein soll". Die „Metaphysik der Sitten" enthält „die Prinzipien, welche das Tun und Lassen a priori bestimmen und notwendig machen". Sie ist die „reine Moral", in welcher „keine Anthropologie (keine empirische Bedingung)" zugrunde gelegt wird, ibid. tr. Meth. 3. H. (I 691f.—Rc 846 ff.).

Die „E." („Sittenlehre") ist die Wissenschaft von den Gesetzen der Freiheit, d. h. von den Gesetzen, nach denen alles geschehen soll. Insofern die Bedingungen erwogen werden, unter denen dies öfters nicht geschieht, hat die Ethik einen empirischen Teil, der „praktische Anthropologie" heißen kann. Die E. als „reine Philosophie" (d. h. ihrem rationalen Teile nach), die eigentliche „Moral", ist (apriorische) „Metaphysik der Sitten", die der praktischen Anthropologie als Grundlage vorausgeht, daher (als „reine Moralphilosophie") von allem Empirischen, zur Anthropologie Gehörenden völlig gesäubert sein muß. Die moralischen Gesetze müssen „absolute Notwendigkeit" haben, nicht bloß für Menschen, sondern für alle vernünftigen Wesen gelten. Es ergibt sich, daß „der Grund der Verbindlichkeit hier nicht in der Natur des Menschen oder den Umständen in der Welt, darin er gesetzt ist, gesucht werden müsse, sondern a priori lediglich in Begriffen der reinen Vernunft". Die reine Moralphilosophie entlehnt also nichts aus der Anthropologie, sondern gibt dem Menschen als vernünftigem Wesen „Gesetze a priori, die freilich noch durch Erfahrung geschärfte Urteilskraft erfordern, um teils zu unterscheiden, in welchen Fällen sie ihre Anwendung haben, teils ihnen Eingang in den Willen des Menschen und Nachdruck zur Ausübung zu verschaffen". „Eine Metaphysik der Sitten ist also unentbehrlich notwendig, nicht bloß aus einem Bewegungsgrunde der Spekulation, um die Quelle der a priori in unserer Vernunft liegenden praktischen Grundsätze zu erforschen, sondern weil die Sitten selber allerlei Verderbnis unterworfen bleiben, solange jener Leitfaden und oberste Norm ihrer richtigen Beurteilung fehlt." Die Metaphysik der Sitten soll „die Idee und die Prinzipien eines möglichen reinen Willens untersuchen". Sie geht nur auf die moralischen Beweggründe, d. h. jene, welche „völlig a priori bloß durch Vernunft vorgestellt" werden. Die Grundlegung zur Metaphysik der Sitten ist nur „die Aufsuchung und Festsetzung des obersten Prinzips der Moralität", GMS Vorr. (III 3 ff.). Man kann die „reine Philosophie der Sitten (Metaphysik)" von der „angewandten (nämlich auf die menschliche Natur)" unterscheiden. Man sieht dann, „daß die sittlichen Prinzipien nicht auf die Eigenheiten der menschlichen Natur gegründet, sondern für sich a priori bestehend sein müssen, aus solchen aber, wie für jede vernünftige Natur, also auch für die menschliche praktische Regeln müssen abgeleitet werden können", ibid. 2. Abs. 1. Anm. (III 31). Es ist theoretisch und praktisch richtig, die ethischen Begriffe und Gesetze „aus reiner Vernunft zu schöpfen und unvermengt vorzutragen", sowie den Umfang der praktischen Vernunfterkenntnis, das „ganze Vermögen der reinen praktischen Vernunft" zu bestimmen. Die moralischen Gesetze sind „schon aus dem allgemeinen Begriffe eines vernünftigen Wesens überhaupt abzuleiten". Nur zu ihrer Anwendung auf Menschen bedarf die Moral der Anthropologie, ibid. 2. Abs. (III 32 f.).

Die Sittengesetze gelten nur, „sofern sie als a priori gegründet notwendig eingesehen werden können", als Gesetze; die Begriffe und Urteile über uns selbst und unser Tun und Lassen sind nicht moralischer Art, wenn sie auf Erfahrung beruhen. Die Lehren der Sittlichkeit können daher nicht Glückseligkeitsregeln sein; sie gebieten für jedermann, „bloß weil und sofern er frei ist und praktische Vernunft hat". „Die Belehrung in ihren Gesetzen ist nicht aus der Beobachtung seiner selbst und der Tierheit in ihm, nicht aus der Wahrnehmung des Weltlaufs geschöpft: von dem, was geschieht und wie gehandelt wird . . ., sondern die Vernunft gebietet, wie gehandelt werden soll, wenngleich noch kein Beispiel davon angetroffen würde; auch nimmt sie keine Rücksicht auf den Vorteil, der uns dadurch erwachsen kann, und den freilich nur die Erfahrung lehren könnte." Die praktische (s. d.) Philosophie setzt eine (apriorische) Metaphysik (s. d.) der Sitten voraus, die von Anthropologie (s. d.) unabhängig, aber auf sie anwendbar ist, MS Einl. II (III 16 ff.). Die Gesetzgebung, „welche eine Handlung zur Pflicht und diese Pflicht zugleich zur Triebfeder macht", ist „ethisch", während jene, welche eine andere Triebfeder zuläßt, „juridisch" ist; darauf beruht der Unterschied von „Moralität" (s. d.) und „Legalität", von Tugendlehre (E. im engeren Sinne) und Rechtslehre. Alle Pflichten (s. d.) als solche gehören zur E., aber ihre Gesetzgebung ist nicht allemal in der E. enthalten. Die E. lehrt nur, daß, wenn die Triebfeder, welche etwa die juridische Gesetzgebung mit einer Pflicht verbindet, nämlich der äußere Zwang, auch weggelassen wird, die Idee der Pflicht allein schon zur Triebfeder hinreichend sei. „Die ethische Gesetzgebung (die Pflichten mögen allenfalls auch äußere sein) ist diejenige, welche nicht äußerlich sein kann; die juridische ist, welche auch äußerlich sein kann." Die E. hat ihre besonderen Pflichten (z. B. die gegen sich selbst), aber auch Pflichten mit dem Rechte. doch nicht „die Art der Verpflichtung", gemein. „Denn Handlungen bloß darum, weil es Pflichten sind, ausüben und den Grundsatz der Pflicht selbst, woher sie auch komme, zur hinreichenden Triebfeder der Willkür zu machen, ist das Eigentümliche der ethischen Gesetzgebung. So gibt es also zwar viele direkt-ethische Pflichten, aber die innere Gesetzgebung macht auch die übrigen alle und insgesamt zu indirekt-ethischen", ibid. Einl. IV (III 21 ff.). Die Moral als „System der Pflichten überhaupt" gliedert sich in: 1. Elementarlehre (Rechts-, Tugendpflichten), 2. Methodenlehre (Didaktik, Asketik) MSR Einl. Einteilung der MS III (III 48). „E." bedeutete einst die „Sittenlehre (philosophia moralis)" überhaupt, welche man auch die Lehre von den Pflichten benannte. Später hat man diesen Namen dem Teil der Sittenlehre gegeben, der von den nicht unter äußeren Gesetzen stehenden Pflichten handelt und den man nun als „Tugendlehre" bezeichnet. Das „System der allgemeinen Pflichtenlehre" gliedert sich in das der „Rechtslehre (ius)" und der „Tugendlehre (ethica)", MST Einl. am Anfang (III 217). Die Rechtslehre hat es bloß mit der formalen Bedingung der äußeren Freiheit zu tun. „Die E. dagegen gibt noch eine Materie (einen Gegenstand der freien Willkür), einen Zweck der reinen Vernunft, der zugleich als objektiv-notwendiger Zweck, d. i. für den Menschen als Pflicht vorgestellt wird, an die Hand." Es handelt sich um einen den Neigungen entgegengesetzten „moralischen Zweck" a priori, der „an sich selbst Pflicht" ist. Die E. kann daher auch als „das System der Zwecke der reinen praktischen Vernunft" definiert werden, ibid. Einl. I (III 219 f.), vgl. Zweck. „Man kann sich das Verhältnis des Zwecks zur Pflicht auf zweierlei Art denken: entweder von dem Zwecke ausgehend, die Maxime der pflichtmäßigen Handlungen, oder umgekehrt, von dieser anhebend, den Zweck ausfindig zu machen, der zugleich Pflicht ist. — Die Rechtslehre geht auf dem ersten Wege. Es wird jedermanns freier Willkür überlassen, welchen Zweck er sich für seine Handlung setzen wolle. Die Maxime derselben aber ist a priori bestimmt: daß nämlich die Freiheit des Handelnden mit jedes anderen Freiheit nach einem allgemeinen Gesetz zusammen bestehen könne." „Die E. aber nimmt einen entgegengesetzten Weg. Sie kann nicht von den Zwecken ausgehen, die der Mensch sich setzen mag, und danach über seine zu nehmenden Maximen, d. i. über seine Pflicht verfügen." „Also wird in der E. der Pflichtbegriff auf Zwecke leiten, und die Maximen in Ansehung der Zwecke, die wir uns setzen sollen, nach moralischen Grundsätzen begründen müssen", ibid. Einl. II (III 221 f.). „Die E. gibt nicht Gesetze für die Handlungen (denn das tut das Jus), sondern nur für die Maximen der Handlungen." Den Begriff des Zwecks, der zugleich Pflicht ist, begründet ein Gesetz für die Maximen der Handlungen, indem der subjektive Zweck dem objektiven untergeordnet wird, ibid. Einl. VI (III 229 f.). Die Philosophie ist in ihrem praktischen Teil genötigt, zu einer „Metaphysik (der Sitten), als einem Inbegriff bloß formaler Prinzipien des Freiheitsbegriffes", zurückzugehen, „ehe noch vom Zweck der Handlungen (der Materie des Wollens) die Frage ist", Fried. i. d. Ph. 2. Abs. (V 4, 38). Vgl. Imperativ, Rigorismus, Glückseligkeit, Autonomie, Ethikotheologie, Moral, Vollkommenheit.

Ethik u. Religion. Die Moral, „sofern sie auf dem Begriffe des Menschen als eines freien, eben darum aber auch sich selbst durch seine Vernunft an unbedingte Gesetze bindenden Wesens gegründet ist, bedarf weder der Idee eines anderen Wesens über ihm, um seine Pflicht zu erkennen, noch einer anderen Triebfeder als des Gesetzes selbst, um sie zu beobachten". „Sie bedarf also zum Behuf ihrer selbst (sowohl objektiv, was das Wollen, als subjektiv, was das Können betrifft) keineswegs der Religion, sondern vermöge der reinen praktischen Vernunft ist sie sich selbst genug." Sie bedarf keines Zweckes, sondern kann und soll, wenn es auf Pflicht ankommt, von allen Zwecken abstrahieren. Aber sie kann auf einen solchen Zweck eine notwendige Beziehung haben, als notwendige Folgen der sittlichen Maximen. Dieser Zweck geht also erst aus der Moral hervor; „denn es kann der Vernunft doch unmöglich gleichgültig sein, wie die Beantwortung der Frage ausfallen möge: was denn aus diesem unserem Rechthandeln herauskomme". Die Moral führt so zur Idee des höchsten Gutes (s. d.) in der Welt, „zu dessen Möglichkeit wir ein höheres, moralisches, heiligstes und allvermögendes Wesen annehmen müssen, das allein beide Elemente desselben vereinigen kann". „Moral also führt unumgänglich zur Religion, wodurch sie sich zur Idee eines machthabenden moralischen Gesetzgebers außer dem Menschen erweitert, in dessen Willen dasjenige Endzweck (der Weltschöpfung) ist, was zugleich der Endzweck des Menschen sein kann und soll", Rel. Vorr. z. 1. A. (IV 1 ff.). Wenn die strengste Beobachtung der moralischen Gesetze als Ursache der Herbeiführung des höchsten Guts (als Zwecks) gedacht werden soll, „so muß, weil das Menschenvermögen dazu nicht hinreicht, die Glückseligkeit in der Welt einstimmig mit der Würdigkeit, glücklich zu sein, zu bewirken, ein allvermögendes moralisches Wesen als Weltherrscher angenommen werden, unter dessen Vorsorge dieses geschieht, d. i. die Moral führt unausbleiblich zur Religion", ibid. 2. Anm. (IV 6); vgl. Ethikotheologie.

Ethikotheologie. Eine Moraltheologie oder E. ist der Versuch, „aus dem moralischen Zwecke vernünftiger Wesen in der Natur (der a priori erkannt werden kann)" auf die oberste Ursache der Natur und ihre Eigenschaften zu schließen, KU § 85 (II 306). Da wir den Menschen (als moralisches Wesen) als Endzweck (s. d.) der Schöpfung ansehen müssen, so haben wir einen Grund, die Welt als ein „System" von Endursachen anzusehen, und ein Prinzip, die Natur und Eigenschaften des „obersten Grundes im Reiche der Zwecke" zu bestimmen. Das Urwesen denken wir hiernach „nicht bloß als Intelligenz und gesetzgebend für die Natur, sondern auch als gesetzgebendes Oberhaupt in einem moralischen Reiche der Zwecke", als allwissend, damit ihm das Innerste der Gesinnungen nicht verborgen sei, als allmächtig, damit es die ganze Natur dem höchsten Zwecke angemessen machen kann, als allgütig und zugleich gerecht, usw. So ergänzt die „moralische Teleologie" den Mangel der physischen und gründet allererst eine Theologie, ibid. § 86 (II 312 ff.). Nach bloß theoretischen Prinzipien des Vernunftgebrauches kann ein für unsere theologische Beurteilung der Natur zureichender Gottesbegriff nicht herausgebracht werden, ibid. § 85 (II 310). Wir müssen „eine moralische Weltursache (einen Welturheber) annehmen, um uns gemäß dem moralischen Gesetze einen Endzweck vorzusetzen, und, soweit als das letztere notwendig ist, soweit (d. i. in demselben Grade und aus demselben Grunde) ist auch das erstere notwendig anzunehmen: nämlich es sei ein Gott", ibid. § 87 (II 322). „Dieses moralische Argument soll keinen objektiv-gültigen Beweis vom Dasein Gottes an die Hand geben, nicht dem Zweifelgläubigen beweisen, daß ein Gott sei; sondern daß, wenn er moralisch konsequent denken will, er die Annehmung dieses Satzes unter die Maximen seiner praktischen Vernunft aufnehmen müsse." Es ist „ein subjektiv, für moralische Wesen hinreichendes Argument", ibid. 2. Anm. (II 322). Nach der Beschaffenheit unseres Vernunftvermögens können wir uns die Möglichkeit einer auf das moralische Gesetz und dessen Objekt bezogenen Zweckmäßigkeit ohne einen Welturheber und Regierer, der zugleich moralischer Gesetzgeber ist, nicht begreiflich machen. „Die Wirklichkeit eines höchsten moralisch-gesetzgebenden Urhebers ist also bloß für den praktischen Gebrauch unserer Vernunft hinreichend dargetan, ohne in Ansehung des Daseins desselben etwas theoretisch zu bestimmen", ibid. § 88 (II 327 f.). Eine E. ist möglich, „denn die Moral kann zwar mit ihrer Regel, aber nicht mit der Endabsicht, welche ebendieselbe auferlegt, ohne Theologie bestehen, ohne die Vernunft in Ansehung der letzteren im Bloßen zu lassen". Aber eine „theologische Ethik" (der reinen Vernunft) ist unmöglich, „weil Gesetze, die nicht die Vernunft ursprünglich selbst gibt, und deren Befolgung sie als reines praktisches Vermögen auch bewirkt, nicht moralisch sein können" ibid. Allgem. Anmerk. zur Teleologie (II 361). Vgl. Gott, Theologie, Glaube.

Ethisch: zur inneren Gesetzgebung der praktischen Vernunft gehörend; im Unterschiede vom bloß „Juridischen". „E." ist die Gesetzgebung, die „eine Handlung zur Pflicht und diese Pflicht zugleich zur Triebfeder macht". „Juridisch" ist sie, wenn noch eine andere Triebfeder zugelassen wird, MS Einl. III (III 21 ff.). Vgl. Ethik, Moralität, Pflicht, Reich der Tugend („ethisches Gemeinwesen"), Kirche.

Etwas s. Nichts, Gegensatz, Realität.

Eudämonismus s. Glückseligkeit, Rigorismus, Neigung, Formalismus, Pflicht, Fortschritt.

Euthanasie (sanfter Tod). Die E. der Moral ist die Aufstellung der Eudämonie statt der „Eleutheronomie" (des Freiheitsprinzips) als Grundsatz der Moral, MST Vorr. (III 215). Vgl. Judentum.

Die E. der reinen Vernunft ist der „Schlummer einer eingebildeten Überzeugung", KrV tr. Dial. 2. B. 2. H. am Anfang (I 273 f.—Rc 498).

Evangelium s. Bibel, Christentum.

Evidenz. E. ist „anschauende Gewißheit". Aus Begriffen a priori (s. d.), in „diskursiven" Erkenntnissen, kann nie E. entspringen, so sehr die Urteile hier auch apodiktisch gewiß sind. E. ist nur in „intuitiven" Grundsätzen (Axiomen, s. d.) und Beweisen (s. Demonstration), also nur in der Mathematik, KrV. tr. Meth. 1. H. 1. Abs. (I 614 f.—Rc 760 f.). „Die mathematische Gewißheit heißt auch E., weil eine intuitive Erkenntnis klarer ist als eine diskursive", Log. Einl. IX (IV 78). Vgl. Beweis.

Evolutionstheorie oder „System der individuellen Präformation" ist das System der „Zeugungen als bloßer Edukte". Es ist besser als „Involutionstheorie" zu bezeichnen (Einschachtelungstheorie). Gegensatz: Epigenesis, KU § 81 (II 290 f.). Vgl. Entwicklung, Präformation.

Ewiger Friede s. Friede.

Ewigkeit s. Zeit, Antinomien. „E." ist (als „Ende aller Zeit") nicht eine ins Unendliche fortgehende Zeit, sondern „eine mit der Zeit ganz unvergleichbare Größe (duratio noumenon)", von der wir uns freilich einen bloß negativen Begriff machen können. „Indem wir nun den Übergang aus der Zeit in die E. (diese Idee mag, theoretisch, als Erkenntniserweiterung betrachtet, objektive Realität haben oder nicht), sowie ihn sich die Vernunft in moralischer Rücksicht selbst macht, verfolgen, stoßen wir auf das Ende aller Dinge als Zeitwesen und Gegenstände möglicher Erfahrung; welches Ende aber in der moralischen Ordnung der Zwecke zugleich den Anfang einer Fortdauer eben dieser als übersinnlicher, folglich nicht unter Zeitbedingungen stehender Wesen ist, die also (und deren Zustand) keiner anderen als moralischer Bestimmung ihrer Beschaffenheit fähig sein wird". Ende a. D. (VI 157 f.). Die E. ist ein „uneingeschränktes Dasein" eines Dinges. Weil „vor der Welt keine Zeit ist", so ist die Welt „zu aller Zeit". Ein Anfang (s. d.) in der Welt läßt sich denken, aber nicht ein Anfang der Welt, N 4134; vgl. Vorles. über Metaphys., S. 226 ff.; Vorles. über d. philos. Religionslehre, S. 82 ff. Vgl. Schöpfung, Unendlichkeit, Gott, Unsterblichkeit.

Exemplarisch: mustergebend, E. ist das Genie (s. d.). Die Geschmacksurteile haben e. Notwendigkeit, d. h. „eine Notwendigkeit der Beistimmung aller zu einem Urteil, das wie ein Beispiel einer allgemeinen Regel, die man nicht angeben kann, angesehen wird", KU § 18 (II 78). Der ästhetische Gemeinsinn (s. d.) hat e. Gültigkeit, ibid. § 22 (II 81).

Exhibition s. Darstellung. E. ist die „Handlung der Einbildungskraft, einem Begriff eine Anschauung zu geben", ist es e. Erfahrung, daß wir denken? Anmerk. (VIII 164). Vgl. Komprehension.

Existenz. Das Dasein ist kein „Prädikat", keine „Determination" von irgendeinem Dinge. Das wirkliche Ding enthält kein Prädikat mehr als das mögliche. Das Dasein ist nur ein Prädikat des Gedankens von dem Dinge; es bedeutet, daß dieser Gedanke (z. B. eines bestimmten Tieres) ein „Erfahrungsbegriff", d. h. die Vorstellung eines existierenden Dinges ist, dem die in diesem Begriff gedachten Prädikate zukommen. „Nicht: regelmäßige Sechsecke existieren in der Natur, sondern gewissen Dingen in der Natur . . . kommen die Prädikate zu, die in einem Sechsecke beisammen gedacht werden", Beweisgrund Gottes 1. Abt. 1. Btr. 1. (VI 21 f.). Das Dasein ist die „absolute Position" eines Dinges. „Der Begriff der Position oder Setzung ist völlig einfach und mit dem vom Sein überhaupt einerlei. Nun kann etwas als bloß beziehungsweise gesetzt, oder besser bloß die Beziehung (respectus logicus) von etwas als einem Merkmal zu einem Dinge gedacht werden, und dann ist das Sein, das ist die Position dieser Beziehung, nichts als der Verbindungsbegriff in einem Urteile. Wird nicht bloß diese Beziehung, sondern die Sache an und für sich selbst betrachtet, so ist dieses Sein soviel als Dasein", ibid. 2. (VI 22 f.). In einem wirklichen Dinge ist nicht mehr gesetzt als in einem möglichen, aber durch die Wirklichkeit ist mehr gesetzt; denn, wenn das Ding existiert (nicht bloß möglich ist), so ist es samt seinen Bestimmungen absolut gesetzt (also nicht bloß die Bestimmungen in Beziehung zum Dinge, hypothetisch), ibid. 3 (VI 24 f.). Die innere Möglichkeit der Dinge setzt ein Dasein voraus. Denn ohne ein solches ist nichts gegeben, „kein Materiale zu irgend etwas Denklichem", und alle Möglichkeit fällt dann weg. Daß eine Möglichkeit sei und doch gar nichts Wirkliches, ist ein Widerspruch. Es ist also schlechterdings unmöglich, daß gar nichts existiere. „Alle Möglichkeit ist in irgend etwas Wirklichem gegeben, entweder in demselben als eine Bestimmung, oder durch dasselbe als eine Folge", ibid. 2. Betr. 2—4 (VI 28 ff.). Es existiert ein schlechthin notwendiges Wesen. Dieses ist Gott (vgl. Ontologisch). Dasein ist keine „über den Begriff eines Dinges zu diesem hinzugesetzte Bestimmung", sondern „bloß die Setzung des Dinges mit allen seinen Bestimmungen, wodurch dieser Begriff also gar nicht erweitert wird", Fortschr. d. Metaph. Auflös. der Aufgabe 1. Transzend. Theolog. (V 3, 135). „In dem bloßen Begriffe eines Dinges kann gar kein Charakter seines Daseins angetroffen werden." Dieses Dasein hat nur mit der Frage zu tun, „ob ein solches Ding uns gegeben sei, so daß die Wahrnehmung desselben vor dem Begriffe allenfalls vorhergehen könne". „Wo also Wahrnehmung und deren Fortgang nach empirischen Gesetzen hinreicht, dahin reicht auch unsere Erkenntnis vom Dasein der Dinge. Fangen wir nicht von Erfahrung an, oder gehen wir nicht nach Gesetzen des empirischen Zusammenhanges der Erscheinungen fort, so machen wir uns vergeblich Staat, das Dasein irgendeines Dinges erraten oder erforschen zu wollen". KrV. tr. Anal. 2. B. 2. H. 3. Abs. 4. (I 254 f.—Rc 314 f.).

„Was an sich selbst gesetzt ist, existiert", N 4396. „Alles, was existiert, ist durchgängig determiniert; aber diese durchgängige Determination macht nicht den Begriff der Existenz aus, sondern daß ein Ding absolut und nicht bloß in Verhältnis auf seinen Begriff gesetzt ist." „Ich erkenne die E. durch Erfahrung; aber nicht die durchgängige Determination: dies geschieht durch Vernunft", N 5710. „Die E. kann kein Prädikat sein, denn sonst würde ein Ding als existierend nur durch ein Urteil und vermittelst des Verstandes erkannt werden. So aber erkennen wir das Dasein der Dinge durch Empfindung", N 3761. Das Dasein kann aus Begriffen nicht objektiv bewiesen werden, N 5255. „E. ist nicht Bestimmung des Dinges, sondern des Verstandes durch das Objekt", N 5716. „Das Dasein kann zwar ein logisches, aber niemals ein reales Prädikat eines Dinges sein", N 4017. Daß etwas „existiere", „kann nur vermittelst der Erfahrung erkannt werden, und von dem, was nicht Gegenstand der Erfahrung ist, nur, sofern es nach der Analogie der Erfahrung vorgestellt wird, gedacht werden", N 6413; vgl. 5231. 5772. Vgl. Sein, Wirklichkeit, Idealismus.

Experiment s. Naturwissenschaft, Freiheit, Publizität, Schwärmerei.

Experiment der Vernunft. Die dem Naturforscher nachgeahmte Methode der Kritik besteht darin, „die Elemente der reinen Vernunft in dem zu suchen, was sich durch ein E. bestätigen oder widerlegen läßt". Man richtet die Begriffe und Grundsätze der Vernunft so ein, daß die Dinge aus einem „doppelten Gesichtspunkte" (als Dinge an sich und als Erscheinungen) betrachtet werden, und wenn dann „Einstimmung mit dem Prinzip der reinen Vernunft" stattfindet, so „entscheidet das E. für die Richtigkeit jener Unterscheidung". Dieses E. der reinen Vernunft hat Ähnlichkeit mit dem synthetischen Verfahren der Chemiker, KrV Vorr. z. 2. A. 2. u. 3. Anm. (I 29,31—Rc 24ff.). Vgl. Amphibolie, Antinomie.

Exponible Sätze. „Urteile, in denen eine Bejahung und Verneinung zugleich, aber versteckterweise, enthalten ist, so daß die Bejahung zwar deutlich, die Verneinung aber versteckt geschieht, sind exponible Sätze" (z. B. wenige Menschen sind gelehrt). Diese Sätze sind lediglich von „Bedingungen der Sprache" abhängig, nach welchen man zwei Urteile auf einmal kurz ausdrücken kann; sie gehören also nicht in die Logik, Log. § 31 (IV 120).

Exponieren. Eine Vorstellung der Einbildungskraft „exponieren" heißt, sie auf Begriffe bringen. Ästhetische Ideen (s. d.) sind „inexponible" Vorstellungen, KU § 57 Anmerk. I (II 202). Vgl. Anschauung, innere.

Exposition s. Erörterung. Die „Exposition der Erscheinungen" ist „die Bestimmung des Grundes, worauf der Zusammenhang der Empfindungen in denselben beruht", Lose Bl. 7. Vgl. Definition.

Extensiv s. Größe.

F.

Faktum. Das F., wodurch der Besitz eines Begriffes entsprungen ist, im Gegensatz zur Rechtmäßigkeit des Begriffes s. Deduktion, transzendentale.

Faktum der reinen praktischen Vernunft. Das rein formale Sittengesetz (s. Imperativ) ist a priori gültig. Das Bewußtsein dieses Grundgesetzes kann man ein „F. der Vernunft" nennen, weil man es nicht aus vorhergehenden Daten der Vernunft herausvernünfteln kann, sondern weil es „sich für sich selbst uns aufdrängt als synthetischer Satz a priori". Das Sittengesetz ist kein empirisches, sondern das einzige F. der reinen Vernunft, die sich dadurch als „ursprünglich gesetzgebend (sic volo, sic iubeo)" ankündigt. Dieses F. ist „unleugbar" in der Vernunft ursprünglich gegründet, KpV 1. T. 1. B. 1. H. § 7 Anmerk. (II 40 f.). Durch dieses F. bewährt sich reine Vernunft praktisch. Das F. ist mit dem Bewußtsein der Freiheit (s. d.) des Willens unzertrennlich verbunden, ibid. 1. H. I. V. d. Deduktion der Grundsätze . . . (II 55). Das moralische Gesetz ist „gleichsam als ein F. der reinen Vernunft, dessen wir a priori bewußt sind, und welches apodiktisch gewiß ist, gegeben, gesetzt, daß man auch in der Erfahrung kein Beispiel, da es genau befolgt wäre, auftreiben könnte", ibid. (II 61 f.); vgl. 3. H. Krit. Beleuchtung (II 134 f.). Vgl. Freiheit, Geschichte, Vorsehung, Kritik, Vernunft.

Falsch s. Irrtum, Wahrheit.

Fatalismus. Die Kritik (s. d.) der theologischen Idee befreit die Vernunft vom F. blinder Naturnotwendigkeit und führt auf den Begriff einer „Ursache durch Freiheit, mithin einer obersten Intelligenz", und zwar deshalb, weil „alle Naturnotwendigkeit in der Sinnenwelt jederzeit bedingt ist, indem sie immer Abhängigkeit der Dinge von anderen voraussetzt und die unbedingte Notwendigkeit nur in der Einheit einer von der Sinnenwelt unterschiedenen Ursache gesucht werden muß, die Kausalität derselben aber wiederum, wenn sie bloß Natur wäre, niemals das Dasein des Zufälligen als seine Folge begreiflich machen könnte", Prol. § 60 (III 137). Der F., der alles menschliche Tun und Lassen in Marionettenspiel verwandelt, hebt den Begriff von Verbindlichkeit gänzlich auf, Rezension von Schulz's Versuch einer Anleitung zur Sittenlehre (VI 184). Vgl. Notwendig, Zweckmäßigkeit, Freiheit, Schicksal.

Faule Vernunft. „F. V." (ignava ratio) kann man jeden Grundsatz nennen, „welcher macht, daß man seine Naturuntersuchung, wo es auch sei, für schlechthin vollendet ansieht, und die Vernunft sich also zur Ruhe begibt, als ob sie ihr Geschäft völlig ausgerichtet habe". Man begeht diesen Fehler, wenn man die transzendentalen „Ideen" (s. d.) „konstitutiv" statt bloß „regulativ" (s. d.) gebraucht, KrV Anh. zur tr. Dial. Von d. Endabsicht... (I 581 f.—Rc 727 f.). Sich in der Wissenschaft statt auf natürliche Ursachen gleich im einzelnen auf Gott berufen, ist Sache der faulen V., ebenso die Vernachlässigung der kausal-mechanischen Erklärung durch eine Teleologie am unrechten Platze (s. Zweck), ibid. vgl. tr. Meth. 1. H. 3. Abs. (I 643—Rc 792).

Faulheit ist „der Hang zur Ruhe ohne vorhergehende Arbeit", Anthr. 1. T. § 87 (IV 216). Vgl. Aufklärung, Trägheit.

Feigheit s. Furcht, Aufklärung, Mut.

Feld. „Begriffe, sofern sie auf Gegenstände bezogen werden.., haben ihr F., welches bloß nach dem Verhältnisse, das ihr Objekt zu unserem Erkenntnisvermögen überhaupt hat, bestimmt wird". „Der Teil dieses F.es, worin für uns Erkenntnis möglich ist, ist ein Boden (territorium) für diese Begriffe und das dazu erforderliche Erkenntnisvermögen. Der Teil des Bodens, worauf diese gesetzgebend sind, ist das Gebiet (ditio) dieser Begriffe und der ihnen zustehenden Erkenntnisvermögen." Erfahrungsbegriffe (s. d.) haben zwar „ihren Boden in der Natur, als dem Inbegriff aller Gegenstände der Sinne, aber kein Gebiet (sondern nur ihren Aufenthalt, domicilium): weil sie zwar gesetzlich erzeugt werden, aber nicht gesetzgebend sind". Unser Erkenntnisvermögen hat „zwei Gebiete", das der Naturbegriffe und das des Freiheitsbegriffes (s. Begriffe), denn durch beide ist es a priori gesetzgebend, KU Einl. II. (II 9 f.). Vgl. Ding an sich, Kategorie, Kritik.

Fertigkeit. „Die Leichtigkeit etwas zu tun (promptitudo) muß mit der F. in solchen Handlungen (habitus) nicht verwechselt werden. Die erstere bedeutet einen gewissen Grad des mechanischen Vermögens: ‚ich kann, wenn ich will,' und bezeichnet subjektive Möglichkeit; die zweite, die subjektiv-praktische Notwendigkeit, d. i. Gewohnheit, mithin einen gewissen Grad des Willens, der durch den oft wiederholten Gebrauch seines Vermögens erworben wird: ‚ich will, weil es die Pflicht gebietet' ", Anthr. 1.T. § 12 (IV 37 f.); vgl. Tugend. „F. (habitus) ist eine Leichtigkeit zu handeln und eine subjektive Vollkommenheit der Willkür." Nicht jede solche Leichtigkeit ist eine freie F. Die Tugend (s. d.) ist nicht eine F. im Handeln, sondern eine F., sich durch die Vorstellung des Gesetzes im Handeln zu bestimmen; hier ist die F. eine Beschaffenheit nicht der Willkür, sondern des Willens, MST Einl. XV Anmerk. (III 251).

Fetischismus. Die Beobachtung statutarischer Gesetze als vermeintlicher Mittel, Gott wohlgefällig zu werden, verwandelt den Dienst Gottes in ein bloßes „Fetischmachen", Rel. 4. St. 2. T. § 3 (IV 207 ff.). Vgl. Religion, Aberglaube, Afterdienst.

Fiktion. Die Ideen (s. d.) der Vernunft sind „heuristische F.en", d. h. sie sind bloß „problematisch gedacht", um „regulative Prinzipien des systematischen Verstandesgebrauchs im Felde der Erfahrung" zu gründen; davon abgesehen, sind sie für uns „bloße

Gedankendinge" und von Annahmen oder Hypothesen (s. d.) zu unterscheiden, KrV tr. Meth. 1. H. 3. Abs. (I 642—Rc 791). So ist z. B. das Weltsystem, als absolutes Ganze vorgestellt, zwar kein Unding (nonsens), aber nur ein „Gedankending" (ens rationis), Altpreuß. Mth. XIX 475. Der Begriff eines organischen Körpers ist eine „bloße Idee", eine F., ibid. XX 96. Wir müssen uns aber praktisch so verhalten, „als ob" Gott (s. d.), Freiheit (s. d.), Unsterblichkeit (s. d.) usw. objektive Realitäten wären. Vgl. Als ob, Eid.

Die Metaphysik im Sinne der Transzendentalphilosophie ist „keiner Erfahrungswissenschaft hinderlich durch intellektuale fictiones", N 4464. Vgl. Vorles. üb. die Metaphys., S. 41 f. („entia ficta imaginaria"). 141 ff., („facultas fingendi").

Finalnexus s. Zweck, Kausalreihe.

Föderalismus s. Friede, Völkerrecht, Weltbürgerrecht.

Folge s. Grund. Das „Prinzip der F.": „Alles, was ist, hat auch seine F.", oder „Nichts ist ohne ein Begründetes", N. diluc. Propos. XI (V 1, 39). Vgl. Sukzession, Kausalität.

Form, formal. Erkenntniskritisch ist F., die Art und Weise der Verarbeitung eines Gegebenen durch das erkennende Bewußtsein, die Art und Weise des Anschauens und Denkens im Unterschiede von dem, was zur Anschauung und zum Gedachtsein gebracht werden kann. Die F.en der Erfahrung sind nicht, wie die Empfindungen — die „Materie" derselben — gegeben, sondern sind auf Rechnung des Subjekts zu setzen. Sie sind nicht Fachwerke, nicht angeborene Ideen, sondern Verknüpfungsweisen von Erfahrungsdaten, die nur und erst an der Hand dieser sich verwirklichen. Die F.en sind Arten, Weisen und Prinzipien der Ordnung des Erfahrungsmaterials und damit auch Ordnungsweisen der Gegenstände der Erfahrung, der Erscheinungen (s. d.). Die F.en der Sinnlichkeit, der Anschauung sind Raum und Zeit (s. Anschauungsformen), die des Verstandes die Kategorien (s. d.), die der Vernunft die Ideen (s. d.). Die beiden ersten F.en sind Bedingungen der Erfahrung, die apriorischen Faktoren derselben; sie selbst wurzeln in der Einheit der „transzendentalen Apperzeption" (s. d.). Auch die praktische Vernunft hat ihre „F.", ihre eigene Art der Ordnung, Regelung, Gesetzgebung (s. Imperativ); auf die „F." des (reinen) Willens kommt es im Sittlichen (s. d.) allein an, nicht auf die „Materie" derselben, auf besondere Zwecke. Ebenso ist im Ästhetischen, Schönen die „F." das Wesentliche (s. Geschmacksurteil, Schönheit). — Die allgemeine Logik (s. d.) betrachtet die F. des Denkens überhaupt unter Absehung von allem Inhalt.

Der sinnlichen Vorstellung wohnt zunächst etwas inne, „was man den Stoff nennen könnte, nämlich die Empfindung, außerdem jedoch etwas, was man die F. nennen kann, nämlich die Gestalt des Sinnlichen, welche verrät, inwieweit das Mannigfaltige, was die Sinne affiziert, durch eine Art Naturgesetz der Seele zusammengeordnet wird. Sowie ferner die Empfindung, welche den Stoff der sinnlichen Vorstellung abgibt, zwar die Gegenwart von etwas Sinnlichem beweist, ihrer Beschaffenheit nach aber von der Natur des Subjekts abhängt, insoweit es durch den Gegenstand bestimmbar ist: so beweist auch die F. der nämlichen Vorstellung jedenfalls eine Beziehung oder ein Verhältnis des Empfundenen; aber sie ist eigentlich nicht ein Umriß oder eine Art Gestalt des Gegenstandes, sondern nur ein gewissermaßen der Seele eingepflanztes Gesetz, die aus der Gegenwart des Gegenstandes entsprungenen Empfindungen in ihrem Interesse zu ordnen. Denn durch ihre F. oder Gestalt erregen die Gegenstände die Sinne nicht; damit daher das Mannigfaltige des Gegenstandes, welches den Sinn affiziert, zu irgendwelchem Ganzen einer Vorstellung sich verbinde, bedarf es eines inneren Prinzips des Geistes, wodurch jenes Mannigfaltige nach festen und angeborenen Gesetzen eine gewisse Gestalt annimmt", Mund. sens. § 4 (V 2, 97).

Unsere Erfahrungserkenntnis selbst ist ein Zusammengesetztes aus dem, „was wir durch Eindrücke empfangen", und dem, „was unser eigenes Erkenntnisvermögen (durch sinnliche Eindrücke bloß veranlaßt) aus sich selbst hergibt, welchen Zusatz wir von jenem

Grundstoffe nicht eher unterscheiden, als bis lange Übung uns darauf aufmerksam und zur Absonderung desselben geschickt gemacht hat", KrV Einl. I (I 47—Rc 45). „In der Erscheinung nenne ich das, was der Empfindung korrespondiert, die Materie derselben, dasjenige aber, welches macht, daß das Mannigfaltige der Erscheinung in gewissen Verhältnissen geordnet werden kann [1. A.: geordnet, angeschaut wird], nenne ich die F. der Erscheinung. Da das, worinnen sich die Empfindungen allein ordnen, und in gewisse F. gestellt werden können, nicht selbst wiederum Empfindung sein kann, so ist uns zwar die Materie aller Erscheinung nur a posteriori gegeben, die F. derselben aber muß zu ihnen insgesamt im Gemüte a priori bereit liegen, und daher abgesondert von aller Empfindung können betrachtet werden." Die „reine F. der Sinnlichkeit" heißt auch selbst „reine Anschauung" (= Anschauungsform, s. d.). Wir erhalten diese F. durch „Isolierung" 1. der Sinnlichkeit vom Verstand, 2. der reinen Anschauung von aller Empfindung, ibid. tr. Ästh. § 1 (I 76 f.—Rc 93 f.). In der Erfahrung sind „zwei Stücke": „die F. der Anschauung (Raum und Zeit), die völlig a priori erkannt und bestimmt werden kann, und die Materie (das Physische), oder der Gehalt, welcher ein Etwas bedeutet, das im Raume und der Zeit angetroffen wird, mithin ein Dasein enthält und der Empfindung korrespondiert". Betreffs dieser „Materie" der Erfahrung „können wir nichts a priori haben, als unbestimmte Begriffe der Synthesis möglicher Empfindungen, so fern sie zur Einheit der Apperzeption (in einer möglichen Erfahrung) gehören". Betreffs der „F." der Anschauung hingegen „können wir unsere Begriffe in der Anschauung a priori bestimmen, indem wir uns im Raum und der Zeit die Gegenstände selbst durch gleichförmige Synthesis schaffen, indem wir sie bloß als Quanta betrachten", KrV Meth. 1. H. 1. Abs. (I 606 f.—Rc 752). Die „intellektuelle F." der Erkenntnis ist das Gesetz der synthetischen Einheit in den Kategorien, KrV 1. A. tr. Anal. 1. B. 2. H. 3. Abs. Summarische Vorstellung ... (I 728 f.—Rc 220 f.). — Der transzendentale Idealismus (s. d.) bisweilen auch „formaler Idealismus" genannt, KrV tr. Dial. 2. B. 2. H. 6. Abs. Anm. (I 439—Rc 570).

„F." und „Materie" sind „Reflexionsbegriffe" (s. d.). Sie werden aller anderen Reflexion zugrunde gelegt, „so sehr sind sie mit jedem Gebrauch des Verstandes unzertrennlich verbunden". „Materie" (im allgemeinen) bedeutet „das Bestimmbare überhaupt", „F." „dessen Bestimmung". „Der Verstand nämlich verlangt zuerst, daß etwas gegeben sei (wenigstens im Begriffe), um es auf gewisse Art bestimmen zu können." Im Begriffe des reinen Verstandes geht daher die Materie der F. vor. Sind es aber nur sinnliche Anschauungen, in denen wir alle Gegenstände lediglich als Erscheinungen bestimmen, so geht die „F. der Anschauung" vor aller Materie (den Empfindungen), also auch vor allen Daten der Erfahrung vorher und macht diese „allererst möglich". Diese F. ist „ursprünglich", „für sich allein gegeben", ibid. tr. Anal. Anh. 4. Von der Amphibolie (I 295 f.—Rc 359 f.). „In jedem Urteile kann man die gegebenen Begriffe logische Materie (zum Urteile), das Verhältnis derselben (vermittelst der Kopula) die F. des Urteils nennen. In jedem Wesen sind die Bestandstücke desselben (essentialia) die Materie; die Art, wie sie in einem Dinge verknüpft sind, die wesentliche F.", ibid. (I 295—Rc 359). Vgl. Urteil. „Forma dat esse rei. Denn das Wesentliche der Sache kann nur durch Vernunft erkannt werden; nun aber muß alle Materie der Erkenntnis durch Sinne gegeben sein; also ist das Wesen der Sachen, sofern sie durch Vernunft erkannt werden, die F.", N 3850; vgl. 3852. Diese F. dependiert von der Tätigkeit des Bewußtseins, N 3851. — Der Begriff der F. gehört zu den „Reflexionsbegriffen" (s. d.).

Das „Formale in unserer Erkenntnis" ist das „hauptsächlichste Geschäft der Philosophie". „In der F. besteht das Wesen der Sache (forma dat esse rei, hieß es bei den Scholastikern), sofern dieses durch Vernunft erkannt werden soll. Ist diese Sache ein Gegenstand der Sinne, so ist es die F. der Dinge in der Anschauung (als Erscheinungen), und selbst die reine Mathematik ist nichts anderes als eine Formenlehre der reinen Anschauung; sowie die Metaphysik als reine Philosophie ihre Erkenntnis zuoberst auf Denkformen gründet, unter welche nachher jedes Objekt (Materie der Erkenntnis) subsumiert werden mag. Auf diesen F.en beruht die Möglichkeit aller synthetischen Erkenntnis a priori, welche wir zu haben doch nicht in Abrede ziehen können. — Den Übergang aber zum Übersinnlichen, wozu uns die Vernunft unwiderstehlich treibt, und den sie nur in moralisch-praktischer Rücksicht tun kann, bewirkt sie auch allein durch solche (praktische) Gesetze, welche nicht die Materie der freien Handlung (ihren Zweck), sondern nur ihre F., die Tauglichkeit ihrer Maximen zur Allgemeinheit einer Gesetzgebung überhaupt, zum Prinzip machen. In beiden Feldern (des Theoretischen und Praktischen) ist es nicht eine plan- oder gar fabrikenmäßig (zum Behuf des Staats) eingerichtete willkürliche Formgebung, sondern eine vor aller das gegebene Objekt handhabende Manufaktur, ja ohne einen Gedanken daran vorhergehende fleißige und sorgsame Arbeit des Subjekts, sein eigenes (der Vernunft) Vermögen aufzunehmen und zu würdigen", V. e. vorn. Ton (V 4, 21 f.).

Die F. des reinen Wollens ist dessen Allgemeinheit, Allgemeingültigkeit, GMS 2. Abs. (III 63); Tauglichkeit zu einem allgemeinen Gesetze, ibid. (III 72); zu einer allgemeinen Gesetzgebung, KpV 1. T. 1. B. 2. H. (II 85). Das Prinzip der Allgemeingültigkeit der Maximen als Gesetze ist die „F. einer reinen praktischen Vernunft", GMS 3. Abs. Von d. äußersten Grenze... (III 92). Die „bloße F. des Gesetzes" wird nur von der Vernunft vorgestellt; ihre Vorstellung ist das alleinige Motiv (s. d.) sittlichen Wollens, KpV 1. T. 1. B. 1. H. § 4 (II 34 f.). Das Prinzip der Sittlichkeit besteht in der „Unabhängigkeit ... von aller Materie des Gesetzes (nämlich einem begehrten Objekte) und zugleich doch Bestimmung der Willkür durch die bloße allgemeine gesetzgebende F., deren eine Maxime fähig sein muß", ibid. § 8 (II 43 ff.). Vgl. MST Einl. IX (III 237). „Die Triebfeder, welche der Mensch vorher haben kann, ehe ihm ein Ziel (Zweck) vorgesteckt wird, kann doch offenbar nichts anderes sein als das Gesetz selbst, durch die Achtung, die es (unbestimmt, welche Zwecke man haben und durch dessen Befolgung erreichen mag) einflößt. Denn das Gesetz in Ansehung des Formalen der Willkür ist ja das einzige, was übrig bleibt, wenn ich die Materie der Willkür (das Ziel ...) aus dem Spiel gelassen habe", Theor. Prax. I (VI 77). — Vgl. Anschauungsformen, Kategorie, Idee, Idealismus, Erfahrung, A priori, Apperzeption, Synthese, Wille (reiner), Imperativ, Ethik, Recht, Sittlichkeit, Autonomie, Geschmacksurteil, Schönheit, Erhaben, Gestalt, Zweck.

Formel. F.n „sind Regeln, deren Ausdruck zum Muster der Nachahmung dient". Log. Einl. IX (IV 85).

Ein Rezensent meint, daß in der „Kritik der praktischen Vernunft" kein neues Prinzip der Moralität, sondern nur eine „neue Formel" aufgestellt worden sei. „Wer wollte aber auch einen neuen Grundsatz aller Sittlichkeit einführen und diese gleichsam zuerst erfinden?, gleich als ob vor ihm die Welt in dem, was Pflicht sei, unwissend oder im durchgängigen Irrtume gewesen wäre. Wer aber weiß, was dem Mathematiker eine Formel bedeutet, die das, was zu tun sei, um eine Aufgabe zu befolgen, ganz genau bestimmt und nicht verfehlen läßt, wird eine F., welche dieses in Ansehung aller Pflicht überhaupt tat, nicht für etwas Unbedeutendes und Entbehrliches halten", KrV Vorr. 3. Anm. (II 9). Vgl. Imperativ.

Fortschritt. „Die Bestimmung des menschlichen Geschlechts im ganzen ist unaufhörliches Fortschreiten, und die Vollendung derselben ist eine bloße, aber in aller Absicht sehr nützliche Idee von dem Ziele, worauf wir der Absicht der Vorsehung gemäß unsere Bestrebungen zu richten haben", Rezension von Herders „Ideen" 2. T. (VI 46). „Daß die Welt im ganzen immer zum Besseren fortschreite, dies anzunehmen berechtigt keine Theorie, aber wohl die reine praktische Vernunft, welche nach einer solchen Hypothese zu handeln dogmatisch gebietet", Fortschr. d. Metaph. Auflösung der Aufgabe. II. Fortschr. d. Theologie (V 3, 139 f.). „Ich werde also annehmen dürfen: daß, da das menschliche Geschlecht im Fortrücken in Ansehung der Kultur, als dem Naturzwecke desselben, ist, es auch im Fortschreiten zum Besseren in Ansehung des moralischen Zwecks seines Daseins begriffen sei, und daß dieses zwar bisweilen unterbrochen, aber nie abgebrochen sein werde." „Denn daß dasjenige, was bisher noch nicht gelungen ist, darum auch nie gelingen werde, berechtigt nicht einmal, eine pragmatische oder technische Absicht (wie z. B. die der Luftfahrten mit aerostatischen Bällen) aufzugeben; noch weniger aber eine moralische, welche, wenn ihre Bewirkung nur nicht demonstrativ-unmöglich ist, Pflicht wird. Überdem lassen sich manche Beweise geben, daß das menschliche Geschlecht im ganzen wirklich in unserem Zeitalter in Vergleichung mit allen vorigen ansehnlich selbst zum moralisch Besseren fortgerückt sei (kurzdauernde Hemmungen können nichts dagegen beweisen); und daß das Geschrei von der unaufhaltsam zunehmenden Verunartung desselben gerade daher kommt, daß, wenn es auf einer höheren Stufe der Moralität steht, es noch weiter vor sich sieht, und sein Urteil über das, was man ist, in Vergleichung mit dem, was man sein sollte, mithin unser Selbsttadel immer desto strenger wird, je mehr Stufen der Sittlichkeit wir im ganzen des uns bekannt gewordenen Weltlaufs schon erstiegen haben." „Fragen wir nun: durch welche Mittel dieser immerwährende F. zum Besseren dürfte erhalten und auch wohl beschleunigt werden, so sieht man bald, daß dieser ins unermeßlich Weite gehende Erfolg nicht sowohl davon abhängen werde, was wir tun (z. B. von der Erziehung, die wir der jüngeren Welt geben) und nach welcher Methode wir verfahren sollen, um es zu bewirken; sondern von dem, was die menschliche Natur in und mit uns tun wird, um uns in ein Gleis zu nötigen, in welches wir uns selbst nicht leicht fügen würden." Denn von ihr, oder vielmehr (weil höchste Weisheit zu Vollendung dieses Zwecks erfordert wird) von der Vorsehung allein können wir einen Erfolg erwarten, der aufs Ganze und von da auf die Teile geht, da im Gegenteil die Menschen mit ihren Entwürfen nur von den Teilen ausgehen, wohl gar nur bei ihnen stehenbleiben, und aufs Ganze als ein solches, welches für sie zu groß ist, zwar ihre Ideen, aber nicht ihren Einfluß erstrecken können: vornehmlich da sie, in ihren Entwürfen einander widerwärtig, sich aus eigenem freien Vorsatz schwerlich dazu vereinigen würden", Theor. Prax. III (VI 108 ff.).

„Der Fälle, die eine Vorhersagung enthalten können, sind drei. Das menschliche Geschlecht ist entweder im kontinuierlichen Rückgange zum Ärgeren, oder im beständigen Fortgange zum Besseren in seiner moralischen Bestimmung, oder im ewigen Stillstande auf der jetzigen Stufe seines sittlichen Wertes unter den Gliedern der Schöpfung . . ." „Die erste Behauptung kann man den moralischen Terrorismus, die zweite den Eudämonismus (der, das Ziel des Fortschreitens im weiten Prospekt gesehen, auch Chiliasmus genannt werden würde), die dritte aber den Abderitismus nennen . . ." a) „Der Verfall ins Ärgere kann im menschlichen Geschlechte nicht beständig fortwährend sein; denn bei einem gewissen Grade desselben würde es sich selbst aufreiben." b) „Daß die Masse des unserer Natur angearteten Guten und Bösen in der Anlage immer dieselbe bleibe und in demselben Individuum weder vermehrt noch vermindert werden könne, mag immer eingeräumt werden — und wie sollte sich auch dieses Quantum des Guten in der Anlage vermehren lassen, da es durch die Freiheit des Subjekts geschehen müßte, wozu dieses aber wiederum eines größeren Fonds des Guten bedürfen würde, als es einmal hat? — Die Wirkungen können das Vermögen der wirkenden Ursache nicht übersteigen; und so kann das Quantum des mit dem Bösen im Menschen vermischten Guten ein gewisses Maß des letzteren nicht überschreiten, über welches er sich emporarbeiten und so auch immer zum noch Besseren fortschreiten könnte. Der Eudämonismus mit seinen sanguinischen Hoffnungen scheint also unhaltbar zu sein und zugunsten einer weissagenden Menschengeschichte, in Ansehung des immerwährenden weiteren Fortschreitens auf der Bahn des Guten, wenig zu versprechen." Der Abderitismus der Geschichte „möchte wohl die Mehrheit der Stimmen auf ihrer Seite haben". „Geschäftige Torheit ist der Charakter unserer Gattung. In die Bahn des Guten schnell einzutreten, aber darauf nicht zu beharren, sondern, um ja nicht an einen einzigen Zweck gebunden zu sein, wenn es auch nur der Abwechslung wegen geschähe, den Plan des F.s umzukehren, zu bauen, um niederreißen zu können und sich selbst die hoffnungslose Bemühung aufzulegen, den Stein des Sisyphus bergan zu wälzen, um ihn wieder zurückrollen zu lassen." Das Gute und Böse würde hiernach durch Vorwärts- und Rückwärtsgehen so abwechseln, „daß das ganze Spiel des Verkehrs unserer Gattung mit sich selbst auf diesem Glob als ein bloßes Possenspiel angesehen werden müßte, was ihr keinen größeren Wert in den Augen der Vernunft verschaffen kann, als den die anderen Tiergeschlechter haben, die dieses Spiel mit weniger Kosten und ohne Verstandesaufwand treiben“. Durch Erfahrung ist die Aufgabe des Fortschreitens nicht aufzulösen, denn aus der Vergangenheit läßt sich nicht ohne weiteres auf die Zukunft schließen. „Denn wir haben es mit freihandelnden Wesen zu tun, denen sich zwar vorher diktieren läßt, was sie tun sollen, aber nicht vorhersagen läßt, was sie tun werden, und die aus dem Gefühl der Übel, die sie sich selbst zufügten, wenn es recht böse wird, eine verstärkte Triebfeder zu nehmen wissen, es nun doch besser zu machen, als es vor jenem Zustande war.“ Um direkt und gewiß hier vorherzusagen, müßten wir den „Standpunkt der Vorsehung“ einnehmen können, was unmöglich ist. Die menschliche Weisheit bedarf zur Erkenntnis den „Zusammenhang nach Naturgesetzen“, muß aber betreffs der künftigen freien Handlungen dieser Leitung oder Hinweisung entbehren. Es muß irgendeine „Erfahrung“ im Menschengeschlechte geben, „die als Begebenheit auf eine Beschaffenheit und ein Vermögen desselben hinweist, Ursache von dem Fortrücken desselben zum Besseren und (da dieses die Tat eines mit Freiheit begabten Wesens sein soll) Urheber desselben zu sein; aus einer gegebenen Ursache aber läßt sich eine Begebenheit als Wirkung vorhersagen, wenn sich die Umstände ereignen, welche dazu mitwirkend sind. Daß diese letzteren sich aber irgendeinmal ereignen müssen, kann, wie beim Kalkül der Wahrscheinlichkeit im Spiel, wohl im allgemeinen vorhergesagt, aber nicht bestimmt werden, ob es sich in meinem Leben zutragen und ich die Erfahrung davon haben werde, die jene Vorhersagung bestätigte. — Also muß eine Begebenheit nachgesucht werden, welche auf das Dasein einer solchen Ursache und auch auf den Akt ihrer Kausalität im Menschengeschlechte unbestimmt in Ansehung der Zeit hinweise, und die auf das Fortschreiten zum Besseren, als unausbleibliche Folge, schließen ließe, welcher Schluß dann auch auf die Geschichte der vergangenen Zeit (daß es immer im Fortschritt gewesen sei) ausgedehnt werden könnte, doch so, daß jene Begebenheit nicht selbst als Ursache des letzteren, sondern nur als hindeutend, als Geschichtszeichen (signum rememorativum, demonstrativum, prognosticum) angesehen werden müsse und so die Tendenz des menschlichen Geschlechts im ganzen, d. i. nicht nach den Individuen betrachtet (denn das würde eine nicht zu beendigende Aufzählung und Berechnung abgeben), sondern wie es in Völkerschaften und Staaten geteilt auf Erden angetroffen wird, beweisen könnte“, Str. d. Fak. 2. Abs. 3—5 (V 4, 126—130). — Es gibt nun tatsächlich eine Begebenheit, „welche die moralische Tendenz des Menschengeschlechts beweiset“, nämlich die „Denkungsart“ der Zuschauer der französischen Revolution. Diese Denkungsart beweist eine allgemeine und doch uneigennützige Teilnahme, einen moralischen Charakter wenigstens in der Anlage, „der das Fortschreiten zum Besseren nicht allein hoffen läßt, sondern selbst schon ein solches ist, soweit das Vermögen desselben für jetzt zureicht“. Der Enthusiasmus für diese Revolution (s. d.) kann nur eine „moralische Anlage im Menschengeschlecht“ zur Ursache haben. „Diese moralische einfließende Ursache ist zwiefach: erstens die des Rechts, daß ein Volk von anderen Mächten nicht gehindert werden müsse, sich eine bürgerliche Verfassung zu geben, wie sie ihm selbst gut zu sein dünkt; zweitens die des Zwecks (der zugleich Pflicht ist), daß diejenige Verfassung eines Volkes allein an sich rechtlich und moralisch gut sei, welche ihrer Natur nach so beschaffen ist, den Angriffskrieg nach Grundsätzen zu meiden, welche keine andere als die republikanische Verfassung, wenigstens der Idee nach, sein kann, mithin in die Bedingung einzutreten, wodurch der Krieg (der Quell aller Übel und Verderbnis der Sitten) abgehalten und so dem Menschengeschlechte bei aller seiner Gebrechlichkeit der F. zum Besseren negativ gesichert wird, im Fortschreiten wenigstens nicht gestört zu werden“, ibid. 6. (V 4, 131 ff.); vgl. Staatsverfassung, Krieg. „Nun behaupte ich, dem Menschengeschlechte nach den Aspekten und Vorzeichen unserer Tage die Erreichung dieses Zweckes und hiermit zugleich das von da an nicht mehr gänzlich rückgängig werdende Fortschreiten desselben zum Besseren auch ohne Sehergeist vorhersagen zu können. Denn ein solches Phänomen in der Menschengeschichte vergißt sich nicht mehr..." Diese Begebenheit ist auch zu groß, „zu sehr mit dem Interesse der Menschheit verwebt und ihrem Einflusse nach auf die Welt in allen ihren Teilen zu ausgebreitet, als daß sie nicht den Völkern bei irgendeiner Veranlassung günstiger Umstände in Erinnerung gebracht und zu Wiederholung neuer Versuche dieser Art erweckt werden sollte..." Es ist also anzunehmen, „daß das menschliche Geschlecht im Fortschreiten zum Besseren immer gewesen sei und so fernerhin fortgehen werde", ibid. 7. (V 4, 134 f.). Der Ertrag des Fortschritts wird sein „nicht ein immer wachsendes Quantum der Moralität in der Gesinnung, sondern Vermehrung der Produkte ihrer Legalität in pflichtmäßigen Handlungen, durch welche Triebfeder sie auch veranlaßt sein mögen". Dieser F. wird nicht nur die Mitglieder eines Staates betreffen, sondern auch die Völker im äußeren Verhältnis zueinander. Erfolgen wird der F. nicht durch die Erziehung der Jugend („von unten hinauf"), sondern „von oben herab", von der Staatsmacht aus, wozu gehöre, „daß der Staat sich von Zeit zu Zeit auch selbst reformiere und, statt Revolution Evolution versuchend, zum Besseren beständig fortschreite", ibid. 9—10 (V 4, 139 ff.); vgl. Böse, Unsterblichkeit, Geschichte, Kultur.

Frau. Die F. gehört (als Typus) zum „schönen", der Mann (der Idee nach) zum „edlen" Geschlecht. Das Gefühl für das Schöne überwiegt bei der F., das des Erhabenen beim Manne, worauf die Erziehung zu achten hat. Die F. hat ebenso Verstand wie der Mann; es ist nur ein „schöner Verstand", der des Mannes soll ein „tiefer Verstand" sein. „Mühsames Lernen oder peinliches Grübeln, wenn es gleich ein Frauenzimmer darin hoch bringen sollte, vertilgen die Vorzüge, die ihrem Geschlecht eigentümlich sind." Das ernste Studium der Wissenschaften ist für die F. insofern nicht geeignet, es würde ihre Reize schwächen. Die Tugend der F. ist eine „schöne Tugend", die des Mannes eine „edle Tugend". Die F. vermeidet das Böse, „nicht weil es unrecht, sondern weil es häßlich ist", und tugendhafte Handlungen bedeuten bei ihr solche, die „sittlich schön" sind. „Nichts von Sollen, nichts von Müssen, nichts von Schuldigkeit." Die F. ist der Grundsätze nicht fähig, die übrigens auch beim Manne sehr selten sind, Schön u. Erh. 3. Abs. (VIII 28 ff.). — Der den Mann bezaubernde äußere Habitus der F. ist im Grunde auf den Sexualtrieb („Geschlechtertrieb") hin eingerichtet. „Die Natur verfolgt ihre große Absicht, und alle Feinigkeiten, die sich hinzugesellen, sie mögen nun so weit davon abzustehen scheinen, wie sie wollen, sind nur Verbrämungen und entlehnen ihren Reiz doch am Ende aus ebenderselben Quelle", ibid. (VIII 36 f.). — Es kann vielleicht richtig sein, was Buffon vermutet, „daß diejenige Gestalt, die den ersten Eindruck macht, zu der Zeit, wenn dieser Trieb noch neu ist und sich zu entwickeln anfängt, das Urbild bleibe, worauf in der künftigen Zeit alle weiblichen Bildungen mehr oder weniger einschlagen müssen, welche die phantastische Sehnsucht rege machen können, dadurch eine ziemlich grobe Neigung unter den verschiedenen Gegenständen eines Geschlechts zu wählen genötigt wird", ibid. (VIII 38). — Die F. hat ein vorzügliches Gefühl für das Schöne, sofern es ihr selbst zukommt, aber für das Edle, sofern es am männlichen Geschlechte angetroffen wird; umgekehrt (und dabei analog) verhält es sich beim Manne. Die Zwecke der Natur gehen darauf, „den Mann durch die Geschlechterneigung noch mehr zu veredeln und das Frauenzimmer durch ebendieselbe noch mehr zu verschönern" (VIII 42 f.). — „In dem ehelichen Leben soll das vereinigte Paar gleichsam eine moralische Person ausmachen, welche durch den Verstand des Mannes und den Geschmack der F.en belebt und regiert wird." Ein „Vorzugsstreit" ist hier „läppisch", ibid. (VIII 43 f.). Im Fortgange der Kultur mußte ein Teil dem anderen „auf heterogene Art" überlegen sein, „der Mann dem Weibe durch sein körperliches Vermögen und seinen Mut, das Weib aber dem Manne durch ihre Naturgaben, sich der Neigung des Mannes zu ihr zu bemeistern; dahingegen im noch unzivilisierten Zustande die Überlegenheit bloß auf der Seite des Mannes ist". Die Kultur bringt die weiblichen Eigentümlichkeiten nicht erst hervor, sie veranlaßt nur ihre Entwicklung. Gerade die „Schwächen" der F. sind die Mittel, „die Männlichkeit zu lenken". Die F. stützt sich auf das „Recht des Schwächeren", vom Manne gegen Männer geschützt zu werden. Das Weib dient 1. der „Erhaltung der Art", 2. der „Kultur der Gesellschaft und Verfeinerung derselben", Anthr. 2. T. B. (IV 250 ff.); vgl. Ehe.

Freigeisterei s. Glaube.

Frei. F. 1. in praktischem Sinn s. Freiheit; 2. (gänzlich verschieden hiervon) im ästhetischen Sinn, auf das „Spiel" der Erkenntnisvermögen oder der Empfindungen angewandt s. Spiel, Freiheit der Einbildungskraft, Geschmacksurteil.

Freiheit der Einbildungskraft. Die „F. d. E. (also der Sinnlichkeit unseres Vermögens) wird in der Beurteilung des Schönen mit der Gesetzmäßigkeit des Verstandes als einstimmig vorgestellt (im moralischen Urteile wird die F. des Willens als Zusammenstimmung des letzteren mit sich selbst nach allgemeinen Vernunftgesetzen gedacht)", KU § 59 (II 214). Die F. der Einbildungskraft besteht darin, „daß die Einbildungskraft ohne Begriff schematisiert", ibid. § 35 (II 137); vgl. § 40 (II 147). Vgl. Einbildungskraft, Geschmacksurteil, Spiel.

Freiheit des Willens. Die F. ist: 1. empirisch-psychologische F., d. h. Unabhängigkeit der Willensakte von äußeren Faktoren, Bestimmtsein vielmehr durch Vorstellungen und Gefühle. Diese F. ist identisch mit innerer Determination, psychologisch-kausaler Notwendigkeit; 2. sittliche F., Unabhängigkeit von Trieben, Begierden, Bestimmtheit des Wollens rein durch die praktische Vernunft, das Bewußtsein des Sittengesetzes, die sittliche Idee (s. Autonomie); 3. diese F. ist eine positive Form der transzendentalen F., welche, rein negativ, das Freisein von Unterordnung unter das Kausalgesetz, den Mechanismus äußerer und innerer Natur, bedeutet. F. und Determination sind in denselben Wesen miteinander vereinbar (s. Antinomie). Ebendasselbe Wesen, das in seinen Handlungen als Erscheinung determiniert ist, kann als Noumenon (s. d.), als „intelligibler Ckarakter", frei, den zeitlich-kausalen Bedingungen entzogen sein. F. haben die Wesen von einem anderen Standpunkt aus, sofern in ihnen das den zeitlich-kausal verknüpften Erscheinungen zeitlos zugrundeliegende „Ding an sich", sich betätigt oder zur Geltung kommt (wie in den Ideen der praktischen Vernunft, im Sittengesetz). Positiv frei sein heißt, sein Wollen unter die Gesetzgebung des „Intelligiblen", Übersinnlichen in uns stellen, sich von dessen über den zeitlich-kausalen Ablauf der Erscheinungen erhabenen, aber in ihm selbst sich verwirklichenden Forderungen leiten lassen. Das Sollen weist auf das Können (s. d.) hin, das Sittengesetz läßt uns unsere F. erkennen. F. ist nicht Gesetzlosigkeit, nur F. von der Naturgesetzlichkeit; es gibt eben auch Freiheitsgesetze.

Alle Handlungen sind bestimmt, haben ihre Gründe, aber die freien Handlungen werden „durch die dem Willen beigebrachten Beweggründe des Verstandes hervorgelockt, während dagegen bei den vernunftlosen oder physisch-mechanischen Handlungen alles durch äußere Anreize und Antriebe ohne jede freie Neigung der Willkür notwendig herbeigeführt wird." Nur die „Neigung des Wohlgefallens an den den Vorstellungen sich darbietenden Reizen" bestimmt die „Macht zur Ausführung der Handlung". „Je mehr die menschliche Natur an dieses Gesetz gebunden ist, desto größerer F. erfreut sie sich." Wenn die Gründe, welche den Willen bestimmen, nicht ins Bewußtsein treten, dann „geht die Sache von dem oberen Seelenvermögen auf das niedere über, und durch das Übergewicht der dunklen Vorstellungen nach der einen oder anderen Seite hin . . . wird die Seele nach einer bestimmten Seite gelenkt". „Frei handeln ist: seinem Begehren entsprechend, und zwar mit Bewußtsein, handeln. Und das ist durch das Gesetz des bestimmenden Grundes nicht ausgeschlossen." In der Welt ist alles schließlich durch Gott bestimmt, aber das hindert nicht, daß die freien Handlungen doch, als gewollte, den Wesen selbst entspringen und ihnen zuzurechnen sind, weil sie sie eben wollten, an ihnen Lust hatten, N. diluc. Propos. 9 Confutatio (V 1, 26 ff.). Auch die Kräfte frei handelnder Wesen sind „in der Verknüpfung mit dem Übrigen des

Universums nicht ganz allen Gesetzen entzogen", sondern immer „Gründen" (wenn auch nicht „nötigenden") unterworfen, die „nach den Regeln der Willkür" die Ausübung gewiß machen. „Die Erfahrung stimmt auch mit dieser Abhängigkeit sogar der freiesten Handlungen von einer großen natürlichen Regel überein. Denn so zufällig wie auch immer die Entschließung zum Heiraten sein mag, so findet man doch in ebendemselben Lande, daß das Verhältnis der Ehen zu der Zahl der Lebenden ziemlich beständig sei, wenn man große Zahlen nimmt . .", Beweisgr. Gottes 2. Abt. 4. Btr. 1 (VI 65 f.).

Der „Wille in der Erscheinung (den sichtbaren Handlungen)" ist „dem Naturgesetze notwendig gemäß und sofern nicht frei". Als Ding an sich aber ist er jenem Gesetze nicht unterworfen und „mithin als frei gedacht", ohne Widerspruch. Obgleich ich die „F. als Eigenschaft eines Wesens, dem ich Wirkungen in der Sinnenwelt zuschreibe", nicht erkennen kann, so kann ich mir doch „die F. denken, d. i. die Vorstellung davon enthält wenigstens keinen Widerspruch in sich". Die Moral setzt notwendig F. (im strengsten Sinne) voraus, „indem sie praktische in unserer Vernunft liegende ursprüngliche Grundsätze als Data derselben a priori anführt, die ohne Voraussetzung der F. schlechterdings unmöglich wären". Die Kritik zeigt nun, daß sich diese F., wenn auch nicht erkennen, doch ohne Widerspruch denken läßt, und tritt so dem Determinismus (Mechanismus) entgegen, KrV Vorr. z. 2. A. (I 35 f.—Rc 30 f.). Die „unbedingte Kausalität der Ursache in der Erscheinung" ist „F." im Unterschiede von der bedingten Kausalität der „Naturursache", KrV tr. Dial. 2. B. 2. H. 1. Abs. (I 383—Rc 507). F. in „transzendentaler" Bedeutung ist eine „besondere Art von Kausalität", nach welcher die Begebenheiten erfolgen, „ein Vermögen, einen Zustand, mithin auch eine Reihe von Folgen derselben schlechthin anzufangen", so daß „nichts vorhergeht, wodurch diese geschehende Handlung nach beständigen Gesetzen bestimmt sei". Es besteht hier ein (nicht zeitlich, sondern nur) „dynamisch erster Anfang" der Handlung, ibid. 2. Abs. 3. Widerstreit Antithesis, Beweis (I 405—Rc 533). Wie ein solches Vermögen möglich sei, ist nicht mehr und nicht weniger unbegreiflich als wie überhaupt durch ein bestimmtes Dasein ein anderes kausal gesetzt ist. Die „neue Reihe" des Geschehens, welche durch die Kausalität der F. anfängt, schließt sich zwar der Zeit nach an frühere Vorgänge an, ist aber „nicht eine bloße Fortsetzung" derselben, sondern „die bestimmenden Naturursachen hören oberhalb derselben in Ansehung dieses Ereignisses ganz auf, die zwar auf jene folgt, aber daraus nicht erfolgt", ibid. 1. Anmerk. z. Thesis (I 406, 408—Rc 536). Würde eine solche F. in der Natur als Sinnenwelt bestehen, so würde Natur unmöglich sein, weil die Gesetze dieser immer durch die Einflüsse freier Ursachen abgeändert werden könnten; alles würde „verwirrt und unzusammenhängend", ibid. 1. Anmerk. z. Antithesis (I 409—Rc 537, 539). Die Antinomie (s. d.) zwischen F. und Naturbestimmtheit ist nur auf dem Boden des kritischen Idealismus zu lösen. — F. ist (kosmologisch-transzendental) „das Vermögen, einen Zustand von selbst anzufangen, dessen Kausalität also nicht nach dem Naturgesetze wiederum unter einer anderen Ursache steht, welche sie der Zeit nach bestimmte". Diese F. ist eine transzendentale „Idee" (s. d.), deren Gegenstand in keiner Erfahrung gegeben werden kann, welche letztere durchgängig durch die Kausalität (s. d.) bedingt ist. — Auf dieser Idee der F. gründet sich der „praktische" (sittliche) Freiheitsbegriff, die „Unabhängigkeit der Willkür von der Nötigung durch Antriebe der Sinnlichkeit". Sind Erscheinungen Dinge an sich selbst, so ist F. nicht zu retten, denn dann ist alles naturgesetzlich bestimmt, und es gibt nichts anderes, was das Handeln leiten kann, als Naturnotwendigkeit. Sind aber die Naturgeschehnisse Erscheinungen, so müssen sie selbst „Gründe haben, die nicht Erscheinungen sind". Eine solche „intelligible Ursache" wird nicht durch Erscheinungen bestimmt, obzwar „ihre Wirkungen erscheinen und so durch andere Erscheinungen bestimmt werden können". „Die Wirkung kann also in Ansehung ihrer intelligiblen Ursache als frei, und doch zugleich in Ansehung der Erscheinungen als Erfolg aus denselben nach der Notwendigkeit der Natur angesehen werden", ibid. 9. Abs. III (I 469 ff.—Rc 603 ff.). Die Kausalität (s. d.) der Wesen läßt sich „auf zwei Seiten" betrachten, „als intelligibel nach ihrer Handlung, als eines Dinges an sich selbst, und als sensibel, nach den Wirkungen derselben, als einer Erscheinung in der Sinnenwelt". „Wir würden uns demnach von dem Vermögen eines solchen Subjekts einen empirischen, imgleichen auch einen intellektuellen Begriff seiner Kausalität machen, welche bei einer und derselben Wirkung zusammen stattfinden." Jede wirkende Ursache hat ihren „Charakter", d. h. „ein Gesetz ihrer Kausalität, ohne welches sie gar nicht Ursache sein würde". An einem Subjekte der Sinnenwelt ist nun zu unterscheiden: 1. der „empirische Charakter", wodurch seine Handlungen naturgesetzlich bestimmt, streng notwendig, determiniert sind; 2. der „intelligible Charakter", dadurch das Subjekt „zwar die Ursache jener Handlungen als Erscheinungen ist", der aber selbst nicht Erscheinung, nicht kausal bedingt, also frei ist. Nach seinem intelligiblen Charakter steht das Subjekt „unter keinen Zeitbedingungen". „In ihm würde keine Handlung entstehen oder vergehen, mithin würde es auch nicht dem Gesetze aller Zeitbestimmung, alles Veränderlichen unterworfen sein: daß alles, was geschieht, in den Erscheinungen (des vorigen Zustandes) seine Ursache antreffe." Dieser Charakter ist ein „transzendentaler Gegenstand", er ist das Ding an sich des empirischen Charakters. Als „Noumenon" (s. d.) ist das Subjekt frei, obzwar seine Handlungen als Erscheinungen sich vollkommen nach Naturgesetzen kausal erklären lassen müssen, ibid. Möglichkeit der Kausalität dch. Freiheit (I 473 ff.—Rc 607 ff.). Innerhalb der Zeit, der Reihe der Erscheinungen ist, ausnahmslos, jedes Geschehen die Wirkung einer Ursache, die auf weiter zurückliegende Ursachen (Vorgänge) hinweist. Aber diese empirische Kausalität selbst kann in einer nichtempirischen, intelligiblen Kausalität ihren Grund haben. Das Subjekt als „causa phaenomenon" ist die Erscheinung des „transzendentalen Subjekts", und dieses kann frei, der nicht kausal bedingte Grund von kausal zu verknüpfenden Erscheinungen sein. Der Mensch ist nicht bloß Erscheinung der Sinne, sondern erfaßt sich auch selbst durch „bloße Apperzeption" als denkend-wollendes, mit Spontaneität begabtes Wesen, dessen geistiges „Vermögen" nicht sinnlich ist. Insbesondere ist die „Vernunft" des Menschen von allen „empirischbedingten Kräften" unterschieden, da sie ihre Gegenstände bloß nach Ideen bestimmt. Und diese Vernunft hat „Kausalität". Das „Sollen" (s. d.) gebietet Handlungen, deren „Grund" ein „bloßer Begriff", nicht eine sinnliche Erscheinung ist. Die Vernunft gibt hier nicht der Sinnlichkeit nach, folgt nicht der Ordnung der Erscheinungen, sondern sie „macht sich mit völliger Spontaneität eine eigene Ordnung nach Ideen". Der Mensch hat einen empirischen Charakter, d. h. „eine gewisse Kausalität seiner Vernunft, sofern diese an ihren Wirkungen in der Erscheinung eine Regel zeigt". Aus diesem Charakter und den mitwirkenden Ursachen folgen alle Handlungen des Menschen naturgesetzlich, so daß wir alle mit Gewißheit voraussagen könnten, wenn wir sein Wollen bis auf den Grund erforschen könnten. Wenn wir aber dieselben Handlungen „in praktischer Absicht" (normativ) beurteilen, so beziehen wir sie auf „Gründe der Vernunft", nach denen sie geschehen sollen, bisweilen auch wirklich geschehen. Vernunft, wenn sie eine (nicht der Zeit unterworfene) Kausalität ausübt, ist „ein Vermögen, durch welches die sinnliche Bedingung einer empirischen Reihe von Wirkungen zuerst anfängt". Im intelligiblen Charakter ist „kein Vorher oder Nachher". Jede Handlung ist der Zeit nach die Wirkung empirischer Ursachen, abgesehen davon aber zugleich die „unmittelbare Wirkung des intelligiblen Charakters der reinen Vernunft, welche mithin frei handelt". Die Zurechnung stützt sich auf diese Macht und Zeitlosigkeit (Unveränderlichkeit) der Vernunft. Warum aber die Vernunft die Erscheinungen durch ihre Kausalität nicht anders bestimmt, warum der intelligible Charakter gerade diesen empirischen Charakter gibt, das ist nicht zu beantworten. Es ist zu beachten, daß hier (noch) nicht die Wirklichkeit oder auch nur Möglichkeit der F. bewiesen werden sollte, was aus Begriffen niemals angängig ist. Es wird nur gezeigt, daß die Antinomie zwischen Natur und F. auf einem bloßen Scheine beruht und daß Natur der Kausalität aus F. wenigstens nicht widerstreitet, ibid. Erläuterung der kosmolog. Idee ... (I 476—487—Rc 610—623). Vgl. Zurechnung. — Wo die Vernunft als bestimmende Ursache betrachtet wird, bei praktischen Prinzipien (in der F.), schreibt die transzendentale Idee (s. d.) uns vor, die Reihe der Zustände (Handlungen) so anzusehen, „als ob sie schlechthin (durch eine intelligible Ursache) angefangen würde", ibid. tr. Dial. Anh. Von d. Endabsicht... (I 578—Rc 724). Im Gegensatz zu der tierischen Willkür heißt „freie Willkür" die von sinnlichen Antrieben unabhängige, durch „Bewegursachen" der Vernunft bestimmte Willkür. In dieser besteht die „praktische" F., die durch Erfahrung bewiesen werden kann. „Denn nicht bloß das, was reizt, d. i. die Sinne unmittelbar affiziert, bestimmt die menschliche Willkür, sondern wir haben ein Vermögen, durch Vorstellungen von dem, was selbst auf entferntere Art nützlich oder schädlich ist, die Eindrücke auf unser sinnliches Begehrungsvermögen zu überwinden; diese Überlegungen aber von dem, was in Ansehung unseres ganzen Zustandes begehrungswert, d. i. gut und nützlich ist, beruhen auf der Vernunft." „Diese gibt daher auch Gesetze, welche Imperative, d. i. objektive Gesetze der F. sind und welche sagen, was geschehen soll, ob es gleich vielleicht nicht geschieht, und sich darin von Naturgesetzen, die nur von dem handeln, was geschieht, unterscheiden; weshalb sie auch praktische Gesetze genannt werden." Ob aber die Vernunft selbst hierbei nicht „durch anderweitige Einflüsse bestimmt" oder ob sie absolut (transzendental) frei ist, kommt im Praktischen nicht in Betracht, ibid. tr. Meth. 2. H. 1. Abs. (I 664—Rc 816).

Bezieht sich Naturnotwendigkeit bloß auf Erscheinungen, F. bloß auf Dinge an sich selbst, so sind „beide Arten von Kausalität" miteinander vereinbar. In der Erscheinung ist die Wirkung stets eine Begebenheit in der Zeit, aber auch die Ursache, welche also „angefangen" haben muß zu handeln, weil sonst die Wirkung immer gewesen wäre. „Also muß unter Erscheinungen die Bestimmung der Ursache zum Wirken auch entstanden und mithin ebensowohl als ihre Wirkung eine Begebenheit sein, die wiederum ihre Ursache haben muß usw., und folglich Naturnotwendigkeit die Bedingung sein, nach welcher die wirkenden Ursachen bestimmt werden. Soll dagegen F. eine Eigenschaft gewisser Ursachen der Erscheinungen sein, so muß sie, respektive auf die letzteren als Begebenheiten, ein Vermögen sein, sie von selbst (sponte) anzufangen, d. i. ohne daß die Kausalität der Ursache selbst anfangen dürfte und daher keines anderen, ihren Anfang bestimmenden Grundes benötigt wäre." Die Ursache müßte dann aber nicht als Erscheinung, sondern als Ding an sich selbst angenommen werden. Die Kausalität der Vernunft ist F., sofern objektive Gründe (Ideen) das Wollen (zeitlos) bestimmen, unabhängig vom Naturgesetz, aus eigener Gesetzgebung. Das praktische Gesetz setzt uns in der Idee gänzlich außerhalb der Naturkette, Prol. § 53 (III 111 ff.).

Der Fatalismus (s. d.) verwandelt alles menschliche Tun und Lassen in ein „bloßes Marionettenspiel" und hebt so den Begriff der Verbindlichkeit gänzlich auf; es ist zu bemerken, „daß dagegen das Sollen oder der Imperativ, der das praktische Gesetz vom Naturgesetz unterscheidet, uns auch in der Idee gänzlich außerhalb der Naturkette setze, indem er, ohne unseren Willen als frei zu denken, unmöglich und ungereimt ist, vielmehr uns alsdann nichts übrigbleibt, als abzuwarten und zu beobachten, was Gott vermittelst der Naturursachen in uns für Entschließungen wirken werde, nicht aber, was wir von selbst als Urheber tun können und sollen; woraus dann die gröbste Schwärmerei entspringen muß, die allen Einfluß der gesunden Vernunft aufhebt". „Der praktische Begriff der F. hat ... mit dem spekulativen, der den Metaphysikern gänzlich überlassen bleibt, gar nichts zu tun. Denn woher mir ursprünglich der Zustand, in welchem ich jetzt handeln soll, gekommen sei, kann mir ganz gleichgültig sein; ich frage nur, was ich nun zu tun habe, und da ist die F. eine notwendige praktische Voraussetzung und eine Idee, unter der ich allein Gebote der Vernunft als gültig ansehen kann." Selbst der Fatalist muß „jederzeit so handeln, als ob er frei wäre, und diese Idee bringt auch wirklich die damit einstimmige Tat hervor und kann sie auch allein hervorbringen". Ohne die „F. zu denken" gibt es keine Vernunft, ohne „F. des Willens im Handeln" keine Sitten, Rezension von Schulz's Versuch e. Anleit. zur Sittenlehre (VI 184 ff.).

„Der Wille ist eine Art von Kausalität lebender Wesen, sofern sie vernünftig sind, und F. würde diejenige Eigenschaft dieser Kausalität sein, da sie unabhängig von fremden, sie bestimmenden Ursachen wirkend sein kann; sowie Naturnotwendigkeit die Eigenschaft der Kausalität aller vernunftlosen Wesen, durch den Einfluß fremder Ursachen zur Tätigkeit bestimmt zu werden.“ Die F. ist aber nicht „gesetzlos“, sondern muß „eine Kausalität nach unwandelbaren Gesetzen, aber von besonderer Art“ sein, denn sonst wäre ein freier Wille ein Unding. Die F. des Willens ist Autonomie, d. h. „die Eigenschaft des Willens, sich selbst ein Gesetz zu sein“, d. h. die Fähigkeit, nach keiner anderen Maxime zu handeln, als die sich selbst auch als ein allgemeines Gesetz zum Gegenstande haben kann. „Also ist ein freier Wille und ein Wille unter sittlichen Gesetzen einerlei“, GMS 3. Abs. Begriff der Freiheit (III 74 f.). „Es ist nicht genug, daß wir unserm Willen, es sei aus welchem Grunde, F. zuschreiben, wenn wir nicht ebendieselbe auch allen vernünftigen Wesen beizulegen hinreichenden Grund haben.“ Denn Sittlichkeit muß für alle vernünftigen Wesen gelten und setzt F. voraus. „Ich sage nun: ein jedes Wesen, das nicht anders als unter der Idee der F. handeln kann, ist ebendarum in praktischer Rücksicht wirklich frei, d. i. es gelten für dasselbe alle Gesetze, die mit der F. unzertrennlich verbunden sind, ebenso als ob sein Wille, auch an sich selbst und in der theoretischen Philosophie gültig, für frei erklärt würde.“ Die F. in theoretischer Hinsicht braucht hier also nicht bewiesen zu werden. Jedem vernünftigen, wollenden Wesen müssen wir „die Idee der F. leihen“, denn wir schreiben ihm „eine Vernunft, die praktisch ist, d. i. Kausalität in Ansehung ihrer Objekte hat“, zu. Eine solche Vernunft „muß sich selbst als Urheberin ihrer Prinzipien ansehen, unabhängig von fremden Einflüssen“, folglich muß sie als frei angesehen werden, ibid. Freiheit als Eigenschaft des Willens (III 75 ff.). F. muß also als Eigenschaft des Willens aller vernünftigen Wesen „vorausgesetzt“ werden. Aus dieser Voraussetzung fließt das Bewußtsein eines Gesetzes, so zu handeln, „daß die subjektiven Grundsätze der Handlungen, d. i. Maximen, jederzeit so genommen werden müssen, daß sie auch objektiv, d. i. allgemein als Grundsätze gelten, mithin zu unserer eigenen allgemeinen Gesetzgebung dienen können“. „Warum aber soll ich mich denn diesem Prinzip unterwerfen, und zwar als vernünftiges Wesen überhaupt, mithin auch dadurch alle anderen mit Vernunft begabten Wesen? Ich will einräumen, daß mich hierzu kein Interesse treibt, denn das würde keinen kategorischen Imperativ geben; aber ich muß doch hiervon notwendig ein Interesse nehmen und einsehen, wie das zugeht; denn dieses Sollen ist eigentlich ein Wollen, das unter der Bedingung für jedes vernünftige Wesen gilt, wenn die Vernunft bei ihm ohne Hindernisse praktisch wäre.“ „Wohcr das moralische Gesetz verbinde“, ist die Frage. Es scheint hier ein unabweisbarer „Zirkel“ vorzuliegen. „Wir nehmen uns in der Ordnung der wirkenden Ursachen als frei an, um uns in der Ordnung der Zwecke unter sittlichen Gesetzen zu denken, und wir denken uns nachher als diesen Gesetzen unterworfen, weil wir uns die F. des Willens beigelegt haben“, denn F. und Autonomie sind „Wechselbegriffe“, die einander nicht erklären können. „Eine Auskunft bleibt uns aber noch übrig, nämlich zu suchen: ob wir, wenn wir uns durch F. als a priori wirkende Ursachen denken, nicht einen anderen Standpunkt einnehmen, als wenn wir uns selbst nach unseren Handlungen als Wirkungen, die wir vor unseren Augen sehen, uns vorstellen.“ Wie die Dinge, so erfaßt der Mensch auch sich selbst einerseits als zur „Sinnenwelt“ gehörige „Erscheinung“, anderseits denkt er sich als ein zur „intellektuellen Welt“ gehörendes „Ding an sich“ (s. d.). Ein vernünftiges (der Ideen fähiges, mit „Spontaneität“ begabtes) Wesen muß sich selbst als Intelligenz, als zur Verstandeswelt gehörig, ansehen; es hat also „zwei Standpunkte“ der Selbstbetrachtung: „einmal, sofern es zur Sinnenwelt gehört, unter Naturgesetzen (Heteronomie), zweitens als zur intelligibelen Welt gehörig, unter Gesetzen, die von der Natur unabhängig, nicht empirisch, sondern bloß in der Vernunft gegründet sind“. „Als ein vernünftiges, mithin zur intelligibelen Welt gehöriges Wesen kann der Mensch die Kausalität seines eigenen Willens niemals anders als unter der Idee der F. denken; denn Unabhängigkeit von den bestimmenden Ursachen der Sinnenwelt (dergleichen die Vernunft jederzeit sich selbst beilegen muß) ist F. Mit der Idee der F. ist nun der Begriff der Autonomie unzertrennlich verbunden, mit diesem aber das allgemeine Prinzip der Sittlichkeit, welches in der Idee allen Handlungen vernünftiger Wesen ebenso zum Grunde liegt, als das Naturgesetz allen Erscheinungen." Es liegt also kein Zirkel vor. „Denn jetzt sehen wir, daß, wenn wir uns als frei denken, so versetzen wir uns als Glieder in die Verstandeswelt und erkennen die Autonomie des Willens samt ihrer Folge, der Moralität; denken wir uns aber als verpflichtet, so betrachten wir uns als zur Sinnenwelt und doch zugleich als zur Verstandeswelt gehörig", ibid. Von d. Interesse . . . (III 77—82); vgl. Imperativ. „Alle Menschen denken sich dem Willen nach als frei. Daher kommen alle Urteile über Handlungen als solche, die hätten geschehen sollen, ob sie gleich nicht geschehen sind." F. ist kein Erfahrungsbegriff, sondern „nur eine Idee der Vernunft, deren objektive Realität an sich zweifelhaft ist", während Natur ein Verstandesbegriff ist, der seine Realität an Beispielen der Erfahrung beweisen muß. In spekulativer Absicht ist der „Weg der Naturnotwendigkeit viel gebahnter und brauchbarer", in praktischer aber ist „der Fußsteig der F. der einzige, auf welchem es möglich ist, von seiner Vernunft bei unserem Tun und Lassen Gebrauch zu machen", so daß sie nicht „wegzuvernünfteln" ist. Es kann also kein wahrer Widerspruch zwischen F. und Naturnotwendigkeit bestehen, die „Dialektik" der Vernunft ist nur eine scheinbare. Der Mensch setzt sich als Intelligenz und Wille in „eine andere Ordnung der Dinge und in ein Verhältnis zu bestimmenden Gründen von ganz anderer Art". Die Kausalität liegt hier im Menschen als Intelligenz und in den Gesetzen der Wirkungen „nach Prinzipien einer intelligibelen Welt, von der er wohl nichts weiter weiß, als darin lediglich die Vernunft, und zwar reine, von Sinnlichkeit unabhängige Vernunft das Gesetz gebe". Der Begriff einer Verstandeswelt ist aber „nur ein Standpunkt, den die Vernunft sich genötigt sieht, außer den Erscheinungen zu nehmen, um sich selbst als praktisch zu denken", als Intelligenz, mithin als „vernünftige und durch Vernunft tätige, d. i. frei wirkende Ursache". Wie aber diese F. selbst möglich ist, läßt sich nicht weiter erklären. „Denn wir können nichts erklären, als was wir auf Gesetze zurückführen können, deren Gegenstand in irgendeiner möglichen Erfahrung gegeben werden kann", was mit der Freiheit, die ja eine bloße „Idee" ist, nicht der Fall ist. Nur verteidigen läßt sich die F., die eine praktisch notwendige Voraussetzung und als Eigenschaft des Wesens an sich durchaus denkbar, wenn auch nicht erkennbar ist, ibid. Von d. äußersten Grenze . . . (III 85—90).

Mit dem praktischen Vermögen der Vernunft steht auch die transzendentale F. fest, deren objektive Realität für die theoretische Vernunft nur problematisch ist. Die F. „offenbart sich durchs moralische Gesetz". Sie ist „die einzige unter allen Ideen der spekulativen Vernunft, wovon wir die Möglichkeit a priori wissen, ohne sie doch einzusehen, weil sie die Bedingung des moralischen Gesetzes ist, welches wir wissen", KpV Vorr. (II 3 f.). Praktische Vernunft verschafft einem „übersinnlichen Gegenstande der Kategorie der Kausalität" (d. h. der F.), Realität, obzwar nur „zum praktischen Gebrauche", ibid. (II 6 f.). Möglich ist die Vereinigung der Kausalität als F. mit ihr als Naturmechanismus in demselben Subjekte nur dadurch, daß dieses in Beziehung auf das erstere als „Wesen an sich selbst" (Noumenon) im „reinen" Bewußtsein, in Beziehung auf das zweite aber als „Erscheinung" im „empirischen" Bewußtsein vorgestellt wird, ibid. 1. Anm. (II 7). F. ist (negativ) Unabhängigkeit vom „Naturgesetz der Erscheinungen, nämlich dem Gesetze der Kausalität. Ein freier Wille ist (positiv) der, „dem die bloße gesetzgebende Form der Maxime allein zum Gesetze dienen kann", ibid. § 5 (II 37). „F. und unbedingtes praktisches Gesetz weisen also wechselweise aufeinander zurück", ibid. § 6 (II 37). Der F. können wir uns weder unmittelbar bewußt werden, weil ihr erster Begriff negativ ist, noch auf sie aus der Erfahrung schließen, denn diese gibt uns nur das Gesetz der Erscheinungen, also den „Mechanismus der Natur", zu erkennen. „Also ist es das moralische Gesetz, dessen wir uns unmittelbar bewußt werden (sobald wir uns Maximen des Willens entwerfen), welches sich uns zuerst darbietet und, indem die Vernunft jenes als einen durch keine sinnliche Bedingung zu überwiegenden, ja davon gänzlich unabhängigen Bestimmungsgrund darstellt, gerade auf den Begriff der F. führt." Sittlichkeit entdeckt uns zuerst den Begriff der F., sie drängt uns diesen Begriff auf. Der sittlich Wollende urteilt, „daß er etwas kann, darum, weil er sich bewußt ist, daß er es soll, und erkennt in sich die F., die ihm sonst ohne das moralische Gesetz unbekannt geblieben wäre", ibid. (II 38 f.). — F. ist, positiv, die eigene Gesetzgebung der reinen praktischen Vernunft, Autonomie (s. d.), ibid. § 8, Lehrs. IV (II 43). Das moralische Gesetz ist das Prinzip der „Deduktion" (s. d.) der F., ibid. 1. B. 1. H. I. Von d. Deduktion.. (II 62); vgl. Kausalität, Natur. — Die Vernunft gibt sich selbst ein „Gesetz der F.", welches ihre Kausalität (s. d.) bestimmt, ibid. 1. B. 2. H. (II 85); vgl. Kategorien der F. Diese F. ist „Unabhängigkeit des Willens von jedem anderen außer allein dem moralischen Gesetze", ibid. 3. H. (II 121). Sie ist nicht eine „psychologische" Eigenschaft, sondern ein „transzendentales" Prädikat der Kausalität eines Wesens, sofern dieses nicht als in der Zeit bestimmbare Erscheinung, sondern als „Noumenon", unabhängig von Zeitbestimmungen, gedacht wird, also als „Ding an sich". Die bloß „psychologische F.", die auf „psychologischer Kausalität" (Bestimmung durch innere Ursachen, Vorstellungen) beruht, ist immer noch eine notwendige Verkettung von Erscheinungen in der Zeit („Mechanismus"); sie ist im Grunde „nichts besser als die F. eines Bratenwenders.., der auch, wenn er einmal aufgezogen worden, von selbst seine Bewegungen verrichtet", ibid. (II 121 ff.). Die Naturnotwendigkeit hängt bloß den Bestimmungen desjenigen Dinges an, das unter Zeitbedingungen steht, d. h. des „Subjekts als Erscheinung". Die Bestimmungsgründe einer jeden Handlung desselben liegen in demjenigen, „was zur vergangenen Zeit gehört und nicht mehr in seiner Gewalt ist (wozu auch seine schon begangenen Taten und der ihm dadurch bestimmbare Charakter in seinen eigenen Augen, als Phänomens, gezählt werden müssen). Aber ebendasselbe Subjekt, das sich andererseits auch seiner als Dinges an sich selbst bewußt ist, betrachtet auch sein Dasein, sofern es nicht unter Zeitbedingungen steht, sich selbst aber nur als bestimmbar durch Gesetze, die es sich durch Vernunft selbst gibt, und in diesem seinem Dasein ist ihm nichts vorhergehend vor seiner Willensbestimmung, sondern jede Handlung..., selbst die ganze Reihenfolge seiner Existenz als Sinnenwesen, ist im Bewußtsein seiner intelligibelen Existenz nichts als Folge, niemals aber als Bestimmungsgrund seiner Kausalität als Noumens, anzusehen". In dieser Beziehung kann jedes vernünftige Wesen von einer jeden gesetzwidrigen Handlung sagen, daß es sie hätte unterlassen können; „denn sie mit allem Vergangenen, das sie bestimmt, gehört zu einem einzigen Phänomen seines Charakters, den er sich selbst verschafft, und nach welchem er sich, als einer von aller Sinnlichkeit unabhängigen Ursache, die Kausalität jener Erscheinungen selbst zurechnet", ibid. (II 125 f.). Die Vernunft kennt betreffs des Gesetzes unserer intelligiblen Existenz „keinen Zeitunterschied" und fragt nur, ob mir die Begebenheit als Tat zugehört. Könnte man auch eines Menschen Verhalten wie eine Mondfinsternis ausrechnen, so bliebe der Mensch dennoch zugleich frei, denn diese ganze Kette von Erscheinungen hängt von der „Spontaneität des Subjekts als Dinges an sich selbst" ab, wie dies eine (uns versagte) intellektuelle Anschauung zeigen würde. Die sittliche Zurechnung setzt eine „freie Kausalität" voraus, „welche von der frühen Jugend an ihren Charakter in ihren Erscheinungen (den Handlungen) ausdrückt". Diese haben einen „Naturzusammenhang", der aber „nicht die arge Beschaffenheit des Willens notwendig macht, sondern vielmehr die Folge der freiwillig angenommenen bösen und unwandelbaren Grundsätze ist", ibid. (II 127 f.). Die Idee einer sinnlich unbedingten Kausalität erhält durch den „Grundsatz der Sittlichkeit" ihre objektive Realität; die in theoretischer Hinsicht transzendente Idee eines Intelligiblen wird hier in praktischer Rücksicht immanent, ibid. (II 134 f.). Die Idee der F. ist „a priori durch die Vernunft gegeben", KU § 31 (II 130). Die Vernunft setzt „unbedingte Kausalität", d. h. F., voraus, indem sie sich ihres moralischen Gebots bewußt ist. F. ist „Vernunftkausalität", ibid. § 76 (II 269), ein „übersinnliches Vermögen", ibid. § 84 (II 304); vgl. § 91 (II 347 ff.).

„Was man sich auch in metaphysischer Absicht für einen Begriff von der F. des Willens machen mag: so sind doch die Erscheinungen desselben, die menschlichen Handlungen, ebensowohl als jede andere Naturbegebenheit, nach allgemeinen Naturgesetzen bestimmt“, G. i. weltbürg. Abs. (VI 5). „Etwas, was über die Spekulation hinauskommt, aber doch nur in ihr, der Vernunft, selbst liegt und was wir zwar (mit dem Namen der F., einem übersinnlichen Vermögen der Kausalität in uns) zu benennen, aber nicht zu begreifen wissen, ist das notwendige Ergänzungsstück derselben“, An Jacobi, 30. August 1789. Die (transzendentale) F. als „Kausalität eines Weltwesens überhaupt“ wird in der Kritik der reinen Vernunft nur als widerspruchslos dargetan. „Nun wird durchs moralische Gesetz jene transzendentale Idee realisiert und an dem Willen, einer Eigenschaft des vernünftigen Wesens (des Menschen), gegeben, weil das moralische Gesetz keine Bestimmungsgründe aus der Natur (dem Inbegriffe der Gegenstände der Sinne) zuläßt, und der Begriff der F., als Kausalität, wird bejahend erkannt . . .“, An Kiesewetter, 20. April 1790. Die F. des Willens ist das „Übersinnliche in uns“. Sie ist ein „Noumenon“, das theoretisch unerkennbar ist, aber „in praktischer Absicht“ bestimmend ist. „F. der Willkür ist dieses Übersinnliche, welches durch moralische Gesetze nicht allein als wirklich im Subjekt gegeben, sondern auch in praktischer Rücksicht in Ansehung des Objekts bestimmend ist, welches in theoretischer gar nicht erkennbar sein würde“, Fortschr. d. Metaph. 2. Abt. 2. Stadium (V 3, 121 f.); vgl. 2. Stadium (V 3, 125). Der subjektive Grund des Gebrauchs der F. muß selbst ein „Aktus der F.“ sein, da sonst der Gebrauch oder Mißbrauch der Willkür dem Menschen nicht zugerechnet werden kann, Rel. 1. St. (IV 19); vgl. Böse. Die F. der Willkür ist solcher Art, „daß sie durch keine Triebfeder zu einer Handlung bestimmt werden kann, als nur sofern der Mensch sie in seine Maxime aufgenommen hat“, ibid. Anmerk. (IV 22 f.). Freie Handlungen als solche haben keinen „Zeitursprung“, sondern einen (zeitlosen) „Vernunftursprung“, ibid. IV (IV 42). Die „innere Idee der F., die durch das unerschütterliche moralische Gesetz als sichere Grundlage daliegt“, V. e. vorn. Ton (V 4, 20). Es gibt etwas in der menschlichen Vernunft, „was uns durch keine Erfahrung bekannt werden kann und doch seine Realität und Wahrheit in Wirkungen beweist, die in der Erfahrung dargestellt, also auch (und zwar nach einem Prinzip a priori) schlechterdings können geboten werden. Dieses ist der Begriff der F., und das von dieser abstammende Gesetz des kategorischen, d. i. schlechthin gebietenden Imperativs“, Fried. i. d. Ph. 1. Abs. A. Von d. Vereinbarkeit . . (V 4, 32 f.).

Die F. der Willkür ist die „Unabhängigkeit (von) ihrer Bestimmung durch sinnliche Antriebe; dies ist der negative Begriff derselben. Der positive ist: das Vermögen der reinen Vernunft, für sich selbst praktisch zu sein. Dieses ist aber nicht anders möglich als durch die Unterwerfung der Maxime einer jeden Handlung unter die Bedingung der Tauglichkeit der ersteren zum allgemeinen Gesetze. Denn als reine Vernunft auf die Willkür unangesehen dieses ihres Objekts angewandt, kann sie, als Vermögen der Prinzipien (und hier praktischer Prinzipien, mithin als gesetzgebendes Vermögen), da ihr die Materie des Gesetzes abgeht, nichts mehr als die Form der Tauglichkeit der Maxime der Willkür zum allgemeinen Gesetze selbst zum obersten Gesetze und Bestimmungsgrunde der Willkür machen und, da die Maximen des Menschen aus jenen objektiven nicht von selbst übereinstimmen, dieses Gesetz nur schlechthin als Imperativ des Verbots oder Gebots vorschreiben“, MS Einl. I (III 14 f.). „Der Begriff der F. ist ein reiner Vernunftbegriff, der ebendarum für die theoretische Philosophie transzendent, d. i. ein solcher ist, dem kein angemessenes Beispiel in irgendeiner möglichen Erfahrung gegeben werden kann, welcher also keinen Gegenstand einer uns möglichen theoretischen Erkenntnis ausmacht und schlechterdings nicht für ein konstitutives, sondern lediglich als regulatives, und zwar nur bloß negatives Prinzip der spekulativen Vernunft gelten kann, im praktischen Gebrauche derselben aber seine Realität durch praktische Grundsätze beweist, die als Gesetze eine Kausalität der reinen Vernunft, unabhängig von allen empirischen Bedingungen (dem Sinnlichen überhaupt) die Willkür bestimmen, und einen reinen Willen in uns beweisen, in welchem die sittlichen

Begriffe und Gesetze ihren Ursprung haben", ibid. Einl. IV (IV, 23). „Der Wille, der auf nichts anderes als bloß aufs Gesetz geht, kann weder frei noch unfrei genannt werden, weil er nicht auf Handlungen, sondern unmittelbar auf die Gesetzgebung für die Maxime der Handlungen (also die praktische Vernunft selbst) geht, daher auch schlechterdings notwendig und selbst keiner Nötigung fähig ist. Nur die Willkür also kann frei genannt werden." „Die F. der Willkür aber kann nicht durch das Vermögen der Wahl, für oder wider das Gesetz zu handeln (libertas indifferentiae), definiert werden, wie es wohl einige versucht haben, obzwar die Willkür als Phänomen davon in der Erfahrung häufige Beispiele gibt. Denn die F. (sowie sie uns durchs moralische Gesetz allererst kundbar wird) kennen wir nur als negative Eigenschaft in uns, nämlich durch keine sinnlichen Bestimmungsgründe zum Handeln genötigt zu werden. Als Noumen aber, d. i. nach dem Vermögen des Menschen bloß als Intelligenz betrachtet, wie sie in Ansehung der sinnlichen Willkür nötigend ist, mithin ihrer positiven Beschaffenheit nach können wir sie theoretisch gar nicht darstellen." „Die F. in Beziehung auf die innere Gesetzgebung der Vernunft ist eigentlich allein ein Vermögen; die Möglichkeit, von dieser abzuweichen, ein Unvermögen", ibid. (IV 29 ff.).

„Ich bin frei, aber nur vom Zwange der Sinnlichkeit, kann aber nicht zugleich von einschränkenden Gesetzen der Vernunft frei sein; denn eben darum, weil ich von jenem frei bin, muß ich unter diesen stehen ...", Lose Bl. 6; vgl. Sittlichkeit. „Das, was in der Erscheinung eines vernünftigen Wesens nur relativ anfängt, und der Zeit nach etwas anderes voraussetzt, was sein Dasein nach einer Regel bestimmt, hat in diesem als Intelligenz seinen Grund in dem, was nicht anfängt, und der Zeit nach keinem vorhergehenden Zustande subordiniert ist. Darin besteht die F. eines vernünftigen Wesens als Ursache durch seine Vernunft; denn das ist ein Vermögen, sich selbst a priori zu bestimmen", N 5413. „Die transzendentale F. ist die notwendige Hypothesis aller Regeln, mithin alles Gebrauchs des Verstandes. Man soll so und so denken usw. Folglich muß diese Handlung frei sein, d. i. nicht von selbst schon (subjektiv) bestimmt sein, sondern nur objektiven Grund der Bestimmung haben." Diese F. ist „die Eigenschaft der Wesen, bei denen das Bewußtsein einer Regel der Grund ihrer Handlungen ist", N 4904. „Die F. ist eigentlich ein Vermögen, alle willkürlichen Handlungen den Bewegungsgründen der Vernunft zu unterordnen", N 3865. „Darin besteht nicht die F., daß das Gegenteil uns hätte belieben können, sondern nur, daß unser Belieben nicht passiv genötigt war", N 4226. „Zwischen Natur und Zufall gibt's ein Drittes, nämlich F.". „Alle Erscheinungen sind in der Natur, aber die Ursache der Erscheinungen ist nicht in der Erscheinung enthalten, also auch nicht (in der) Natur. Unser Verstand ist eine solche Ursache der Handlungen der Willkür, die zwar als Erscheinungen Natur sind, aber als ein Ganzes der Erscheinungen unter F. stehen", N 5369. „Die Idee einer undeterminierten F. kann gar nicht nach Gesetzen unseres Verstandes gedacht werden; sie ist darum aber nicht falsch", N 3988. — Bewegungen können ... nicht von selbst, auch durch nichts, was nicht selbst vorher bewegt war, anfangen, und die F. ist nicht in den Phänomenen anzutreffen, N 5997. „F. ist eigentlich nur die Selbsttätigkeit, deren man sich bewußt ist", N 4220; vgl. 5440. „In der Sinnenwelt ist nichts begreiflich, als was durch vorhergehende Gründe nezessitiert ist. Die Handlungen der freien Willkür sind Phaenomena; aber ihre Verknüpfung mit einem selbsttätigen Subjekt und mit dem Vermögen der Vernunft sind intellektual; demnach kann die Bestimmung der freien Willkür den legibus sensitivis nicht submittiert werden", N 4225. Frei ist das intellektualen Motiven entspringende Handeln, N 4334. „Die Wirklichkeit der F. können wir nicht aus der Erfahrung schließen. Aber wir haben doch nur einen Begriff von ihr durch unser intellektuelles inneres Anschauen (nicht den inneren Sinn) unserer Tätigkeit, welche durch motiva intellectualia bewegt werden kann, und wodurch praktische Gesetze und Regeln des guten Willens selbst in Ansehung unserer möglich sind. Also ist die F. eine notwendige praktische Voraussetzung", N 4336. „Der Wille des Menschen ist frei, bedeutet soviel als: Die Vernunft hat ein Vermögen über den Willen und die anderen

Vermögen und Neigungen", N 4333. „Das Vermögen, die Motive des Wollens schlechthin selbst hervorzubringen, ist die F.", N 5438. Freie Handlungen geschehen nach einer Regel, sind also vernunftmäßig, N 4783. „Es steht alles unter einer Regel, entweder der Notwendigkeit oder F.", N 5375. F. ist „die Kausalität des Dinges als Dinges an sich selbst", N 5608. Sie ist positiv, „Autonomie durch Vernunft", N 6076; vgl. 6077. Wir können sie nicht theoretisch, nur als eine „notwendige praktische Hypothesis", beweisen, N 4724. „Die reine F. handelt nach Gesetzen innerlich bestimmender Gründe, aber sie fallen nicht in die Sinne", N 5618. „Wir erklären begangene freie Handlungen nach Gesetzen der Natur des Menschen, aber wir erkennen sie nicht dadurch als bestimmt; sonst würden wir sie nicht als zufällig ansehen, und verlangen, daß sie hätten anders geschehen sollen und müssen." Wir wissen von der Gewalt der Vernunft, daß sie durch keine Phaenomena bestimmt und nezessitiert, sondern frei ist, und beurteilen die Handlung „bloß nach rationalen Gesetzen (bei der Imputation)", N 5611. Die Handlungen des Menschen sind frei, „d. i. auch anzusehen, als ob sie gar nicht in der Reihe der bestimmenden Gründe der Erscheinungen ständen, sondern a priori determiniert werden". „F. ist ein Vermögen, sich a priori zum Handeln zu determinieren, nicht durch empirische Ursachen", N 5964. „Der Mensch handelt nach der Idee von einer F., als ob er frei wäre, und eo ipso ist er frei", Vorles. über die philos. Religionslehre, S. 121, vgl. S. 101, 119 ff. Vgl. Postulate, Autonomie, Imperativ, Antinomien, Notwendigkeit, Sollen, Können, Intelligible Welt, Mensch, Wille, Kategorien.

Freiheit, innere. Zur inneren F. werden zwei Stücke erfordert: „seiner selbst in einem gegebenen Fall Meister (animus sui compos) und über sich selbst Herr zu sein (imperium in semetipsum), d. i. seine Affekten zu zähmen und seine Leidenschaften zu beherrschen", MST Einl. XV Anmerk. (III 251); vgl. Apathie, Tugend.

Freiheit, politische (rechtliche). Rechtliche F. ist „die Befugnis, keinen äußeren Gesetzen zu gehorchen, als zu denen ich meine Beistimmung habe geben können", Z. ew. Fried. 2. Abs. 1. Artikel 1. Anm. (VI 126).

Das Prinzip der politischen F. ist: „Niemand kann mich zwingen, auf seine Art (wie er sich das Wohlsein anderer Menschen denkt) glücklich zu sein, sondern ein jeder darf seine Glückseligkeit auf dem Wege suchen, welcher ihm selbst gut dünkt, wenn er nur der F. anderer, einem ähnlichen Zwecke nachzustreben, die mit der F. von jedermann nach einem möglichen allgemeinen Gesetze zusammen bestehen kann (d. i. diesem Rechte des anderen), nicht Abbruch tut", Theor. Prax. II (VI 87 f.). Die politische F. „besteht darin, daß jeder seine Wohlfahrt nach seinen Begriffen suchen kann und auch nicht einmal als Mittel zum Zweck seiner eigenen Glückseligkeit von anderen und nach derer ihren Begriffen gebraucht werden kann, sondern bloß nach dem seinigen", Lose Bl. C 15; vgl. Recht, Staatsverfassung, Denkfreiheit, Fortschritt, Publizität, Aufklärung.

Freiheitsbegriffe s. Begriffe.

Freiheitsgesetze s. Gesetz, Freiheit.

Freiwilligkeit (spontaneitas) „ist eine Handlung, die aus einem inneren Prinzip hervorgeht; sie heißt Freiheit, wenn sie sich der Vorstellung des Besten entsprechend bestimmt", N. diluc. Propos. 9 Refutatio (V 1, 28).

Freude. „Das Gefühl, welches das Subjekt antreibt, in dem Zustande, darin es ist, zu bleiben, ist angenehm; das aber, was antreibt, ihn zu verlassen, unangenehm. Mit Bewußtsein verbunden, heißt das erstere Vergnügen (voluptas), das zweite Mißvergnügen (taedium). Als Affekt heißt jenes F., dieses Traurigkeit", Anthr. 1. T. § 76 (IV 187 f.). Es gibt auch eine „bittere" F. (s. Gefühl).

Freundschaft. Eine innigste Vereinigung von Liebe und Achtung besteht in der F. Diese ist, in ihrer Vollkommenheit, „die Vereinigung zweier Personen durch gleiche wechselseitige Liebe und Achtung". Sie ist „ein Ideal der Teilnehmung und Mitteilung an dem Wohl eines jeden dieser durch den moralisch guten Willen Vereinigten". F. unter Menschen ist Pflicht, MST § 46 (III 329 f.). „Moralische" (im Unterschied von der „ästhetischen") F. ist „das völlige Vertrauen zweier Personen in wechselseitiger Eröffnung ihrer geheimen Urteile und Empfindungen, soweit sie mit beiderseitiger Achtung gegeneinander bestehen kann", ibid. § 47 (III 333). Vgl. Eine Vorles. üb. Ethik ed. Menzer S. 254 ff.

Friede, ewiger. Der Zustand einer Regelung des Verhältnisses zwischen den Staaten rein durch Rechtsprinzipien, die dem Kriege (s. d.) ein Ende machen, ist ein Ideal, das schließlich in der Geschichte sich auch verwirklichen könnte, so unausführbar es erscheint. „Präliminarartikel zum ewigen F.n unter den Staaten": 1. „Es soll kein F.nsschluß für einen solchen gelten, der mit dem geheimen Vorbehalt des Stoffs zu einem künftigen Kriege gemacht worden." 2. „Es soll kein für sich bestehender Staat (klein oder groß, das gilt hier gleichviel) von einem anderen Staate durch Erbung, Tausch, Kauf oder Schenkung erworben werden können." 3. „Stehende Heere (miles perpetuus) sollen mit der Zeit ganz aufhören." „Denn sie bedrohen andere Staaten unaufhörlich mit Krieg durch die Bereitschaft, immer dazu gerüstet zu erscheinen; reizen diese an, sich einander in Menge der Gerüsteten, die keine Grenzen kennt, zu übertreffen, und indem durch die darauf verwandten Kosten der F. endlich noch drückender wird als ein kurzer Krieg, so sind sie selbst Ursache von Angriffskriegen, um diese Last loszuwerden." 4. „Es sollen keine Staatsschulden in Beziehung auf äußere Staatshändel gemacht werden." 5. „Kein Staat soll sich in die Verfassung und Regierung eines anderen Staats gewalttätig einmischen." 6. „Es soll sich kein Staat im Kriege mit einem andern solche Feindseligkeiten erlauben, welche das wechselseitige Zutrauen in künftigen F.n unmöglich machen müssen." „Der F.nszustand unter Menschen, die nebeneinander leben, ist kein Naturzustand (status naturalis), der vielmehr ein Zustand des Krieges ist, d. i. wenngleich nicht immer ein Ausbruch der Feindseligkeiten, doch immerwährende Bedrohung mit denselben. Er muß also gestiftet werden." „Definitivartikel zum ewigen F.n": 1. „Die bürgerliche Verfassung in jedem Staate soll republikanisch sein." 2. „Das Völkerrecht soll auf einem Föderalism freier Staaten gegründet sein." 3. „Das Weltbürgerrecht soll auf Bedingungen der allgemeinen Hospitalität eingeschränkt sein." „Geheimer Artikel zum ewigen F.n.": „Die Maximen der Philosophen über die Bedingungen der Möglichkeit des öffentlichen F.ns sollen von den zum Kriege gerüsteten Staaten zu Rate gezogen werden", Z. ew. Fried. (VI 118 ff.). Da die Vernunft „vom Throne der höchsten moralisch gesetzgebenden Gewalt herab den Krieg (s. d.) als Rechtsgang schlechterdings verdammt, den F.nszustand dagegen zur unmittelbaren Pflicht macht, welcher doch, ohne einen Vertrag der Völker unter sich, nicht gestiftet oder gesichert werden kann", „so muß es einen Bund von besonderer Art geben, den man den F.nsbund (foedus pacificum) nennen kann, der vom F.nsvertrag (pactum pacis) darin unterschieden sein würde, daß dieser bloß einen Krieg, jener aber alle Kriege auf immer zu endigen suchte. Dieser Bund geht auf keinen Erwerb irgendeiner Macht des Staats, sondern lediglich auf Erhaltung und Sicherung der Freiheit eines Staats für sich selbst und zugleich anderer verbündeter Staaten, ohne daß diese doch sich deshalb (wie Menschen im Naturzustande) öffentlichen Gesetzen, und einem Zwange unter denselben unterwerfen dürfen", ibid. 2. Abs. 2. Artikel (VI 133). Was den ewigen F.n garantiert, ist die aus dem Naturlauf sichtbarliche Zweckmäßigkeit, „durch die Zwietracht der Menschen Eintracht selbst wider Wollen emporkommen zu lassen." „Wenn es Pflicht, wenn zugleich gegründete Hoffnung da ist, den Zustand eines öffentlichen Rechts, obgleich nur in einer ins Unendliche fortschreitenden Annäherung wirklich zu machen, so ist der ewige F., der auf die bisher fälschlich so genannten F.nsschlüsse (eigentlich Waffenstillstände) folgt, keine leere Idee, sondern eine Aufgabe, die, nach und nach aufgelöst, ihrem Ziele (weil die Zeiten, in denen gleiche Fortschritte geschehen, hoffentlich immer kürzer werden) beständig näher kommt", ibid. Anh. II (VI 169). Der wechselseitige Eigennutz der Völker vereinigt sie. „Es ist der Handelsgeist, der mit dem Kriege nicht zusammen bestehen kann, und der früher oder später sich jedes Volks bemächtigt. Weil nämlich unter allen der Staatsmacht untergeordneten Mächten (Mitteln) die Geldmacht wohl die zuverlässigste sein möchte, so sehen sich Staaten ... gedrungen, den edlen F.n zu befördern und, wo auch immer in der Welt Krieg auszubrechen droht, ihn durch Vermittelungen abzuwehren, gleich als ob sie deshalb im beständigen Bündnisse ständen." „Auf die Art garantiert die Natur durch den Mechanism in den menschlichen Neigungen selbst den ewigen F.n; freilich mit einer Sicherheit, die nicht hinreichend ist, die Zukunft desselben (theoretisch) zu weissagen, aber doch in praktischer Absicht zulangt und es zur Pflicht macht, zu diesem (nicht bloß chimärischen) Zwecke hinzuarbeiten", ibid. 2. Abs. 1. Zusatz (VI 148).

Der ewige F., „das letzte Ziel des ganzen Völkerrechts", ist eine „unausführbare Idee", aber man kann sich ihm annähern. „Man kann einen solchen Verein einiger Staaten, um den F.n zu erhalten, den permanenten Staatenkongreß nennen, zu welchem sich zu gesellen jedem benachbarten unbenommen bleibt; dergleichen ... in der ersten Hälfte dieses Jahrhunderts in der Versammlung der Generalstaaten im Haag noch stattfand; wo die Minister der meisten europäischen Höfe und selbst die kleinsten Republiken ihre Beschwerden über die Befehdungen, die einem von dem anderen widerfahren waren, anbrachten und so sich ganz Europa als einen einzigen föderierten Staat dachten, den sie in jener ihren öffentlichen Streitigkeiten gleichsam als Schiedsrichter annahmen." So allein kann „die Idee eines zu errichtenden öffentlichen Rechts der Völker, ihre Streitigkeiten auf zivile Art, gleichsam durch einen Prozeß, nicht auf barbarische (nach Art der Wilden), nämlich durch Krieg zu entscheiden, realisiert werden", MSR § 61 (III 180 f.). — Diese Vernunftidee einer friedlichen Gemeinschaft aller Völker auf Erden ist ein rechtliches Prinzip, das eines „Weltbürgerrechts", ibid. § 62 (III 182 f.). — Die moralisch-praktische Vernunft spricht ihr Veto aus: „Es soll kein Krieg sein." Also ist nicht die Frage, ob der ewige F. ein Ding oder Unding sei, „sondern wir müssen so handeln, als ob das Ding sei, was vielleicht nicht ist, auf Begründung desselben und diejenige Konstitution, die uns dazu die tauglichste scheint (vielleicht den Republikanismus aller Staaten samt und sonders) hinwirken, um ihn herbeizuführen und dem heillosen Kriegführen, worauf als den Hauptzweck bisher alle Staaten ohne Ausnahme ihre inneren Anstalten gerichtet haben, ein Ende zu machen". Durch „allmähliche Reform" kann uns diese Verfassung in kontinuierlicher Annäherung zum höchsten politischen Gut, zum ewigen F.n, hinleiten, ibid. Beschluß (III 185 f.); vgl. Lose Bl. F 8. Vgl. Völkerrecht, Staatsverfassung.

Friede, philosophischer. Der „ewige F. in der Philosophie" wird in Aussicht gestellt durch die kritische Philosophie (s. Kritizismus), welche dartut, daß über das Übersinnliche sich theoretisch weder pro noch contra etwas ausmachen läßt, zugleich aber, daß die Ideen (s. d.) der Vernunft eine „moralisch-praktische Realität" haben, nämlich „uns so zu verhalten, als ob ihre Gegenstände (Gott und Unsterblichkeit) ... gegeben wären". „Diese Philosophie, welche ein immer (gegen die, welche verkehrterweise Erscheinungen mit Sachen an sich selbst verwechseln) bewaffneter, eben dadurch auch die Vernunft unaufhörlich begleitender Zustand ist, eröffnet die Aussicht zu einem ewigen F.n unter den Philosophen, durch die Ohnmacht der theoretischen Beweise des Gegenteils einerseits und durch die Stärke der praktischen Gründe der Annehmung ihrer Prinzipien andererseits", Fried. i. d. Ph. 1. Abs. A (V 4, 33).

Frömmigkeit besteht „nicht in der Selbstpeinigung des reuigen Sünders (welche sehr zweideutig ist und gemeiniglich nur innerer Vorwurf ist, wider die Klugheitsregel verstoßen zu haben), sondern im „festen Vorsatz, es künftig besser zu machen ..., der, durch den guten Fortgang angefeuert, eine fröhliche Gemütsstimmung bewirken muß, ohne welche man nie gewiß ist, das Gute auch lieb gewonnen, d. i. es in seine Maxime aufgenommen zu haben", Rel. 1. St. 5. Anm. (IV 23). F. im schlechten Sinne ist der „Grundsatz des leidenden Verhaltens in Ansehung der durch eine Kraft von oben zu erwartenden Gottseligkeit", ibid. 4. St. 2. T. § 3 4. Anm. (IV 216); eine passive Verehrung des göttlichen Gesetzes (im Gegensatz zur Tugend als der „Anwendung eigener Kräfte" zur Beobachtung der Pflicht), ibid. Allg. Anmerk. (IV 236); vgl. Religion, Andacht, Fetischismus.

Funktion. „F." (des Verstandes) ist „die Einheit der Handlung, verschiedene Vorstellungen unter einer gemeinschaftlichen zu ordnen". Die Begriffe (s. d.) beruhen auf solchen F.en. Die F.en des Verstandes findet man insgesamt, wenn man die „F.en der Einheit in den Urteilen" vollständig darstellt, KrV tr. Anal. 1. B. 1. H. 1. Abs. (I 120—Rc 139 f.). „Logische" und „reale" F.en sind zu unterscheiden, durch welche die Erscheinungen eine Stelle in einer Ordnung erhalten, N 4631, 4635; vgl. Urteil, Verstand, Denken, Begriff, Kategorie.

Furcht ist Abscheu vor Gefahr. Feigheit ist „ehrlose Verzagtheit". Erschrockenheit ist ein mehr physisch bedingter Zustand, Anthr. 1. T. § 77 (IV 189 f.). Das Erhabene (s. d.) kann furchtbar sein, aber F. darf nicht empfunden werden, wenn das Gefühl des Erhabenen auftreten soll, KU § 28 (II 105 ff.); vgl. Religion (Ehrfurcht, nicht Furcht vor Gott).

Fürwahrhalten. Das F. ist „eine Begebenheit in unserem Verstande, die auf objektiven Gründen beruhen mag, aber auch subjektive Ursachen im Gemüte dessen, der da urteilt, erfordert. Wenn es für jedermann gültig ist, sofern er nur Vernunft hat, so ist der Grund desselben objektiv hinreichend, und das F. heißt alsdann Überzeugung. Hat es nur in der besonderen Beschaffenheit des Subjekts seinen Grund, so wird es Überredung genannt". Die Drei „Stufen" des F.s sind: Meinen, Glauben und Wissen, KrV tr. Meth. 2. H. 3. Abs. (I 677 ff.—Rc 830 ff.). „Wahrheit ist objektive Eigenschaft der Erkenntnis; das Urteil, wodurch etwas als wahr vorgestellt wird — die Beziehung auf einen Verstand und also auf ein besonderes Subjekt — ist subjektiv das F." „Das F. ist überhaupt von zweifacher Art: ein gewisses oder ein ungewisses. Das gewisse F. oder die Gewißheit ist mit dem Bewußtsein der Notwendigkeit verbunden; das ungewisse dagegen oder die Ungewißheit mit dem Bewußtsein der Zufälligkeit oder der Möglichkeit des Gegenteiles. — Das letztere ist hinwiederum entweder sowohl subjektiv als objektiv unzureichend; oder zwar objektiv unzureichend, aber subjektiv zureichend. Jenes heißt Meinung, dieses muß Glaube genannt werden." Die drei Arten (Modi) des F.s sind: Meinen, Glauben, Wissen, Log. Einl. IX (IV 72 f.). „Man pflegt sich oft der Ausdrücke zu bedienen: seinem Urteil beipflichten; sein Urteil zurückhalten, aufschieben oder aufgeben. — Diese und ähnliche Redensarten scheinen anzudeuten, daß in unserem Urteilen etwas Willkürliches sei, indem wir etwas für wahr halten, weil wir es für wahr halten wollen. Es fragt sich demnach hier: ob das Wollen einen Einfluß auf unsere Urteile habe?" „Unmittelbar hat der Wille keinen Einfluß auf das F.; dies wäre auch sehr ungereimt. Wenn es heißt: wir glauben gern, was wir wünschen, so bedeutet dies nur unsere gutartigen Wünsche, z. B. die des Vaters von seinen Kindern... Der Wille kann aber nicht wider überzeugende Beweise von Wahrheiten streiten, die seinen Wünschen und Neigungen zuwider sind." „Sofern aber der Wille den Verstand entweder zur Nachforschung einer Wahrheit antreibt oder davon abhält, muß man ihm einen Einfluß auf den Gebrauch des Verstandes und mithin auch mittelbar auf die Überzeugung selbst zugestehen, da diese so sehr von dem Gebrauche des Verstandes abhängt." „Was aber insbesondere die Aufschiebung oder Zurückhaltung unseres Urteiles betrifft, so besteht dieselbe in dem Vorsatze, ein bloß vorläufiges Urteil nicht zu einem bestimmenden werden zu lassen." Das vorläufige Urteilen (s. Annahme) ist „ein mit Bewußtsein bloß problematisches Urteilen". Diese Urteile sind unentbehrlich. „Denn sie dienen dazu, den Verstand bei seinen Nachforschungen zu leiten und ihm hierzu verschiedene Mittel an die Hand zu geben." „Wenn wir über einen Gegenstand meditieren, müssen wir immer schon vorläufig urteilen und die Erkenntnis gleichsam schon wittern.

die uns durch die Meditation zuteil werden wird. Und wenn man auf Erfindungen oder Entdeckungen ausgeht, muß man sich immer einen vorläufigen Plan machen; sonst gehen die Gedanken bloß aufs Ungefähr. — Man kann sich daher unter vorläufigen Urteilen Maxime denken zur Untersuchung einer Sache. Auch Antizipationen könnte man sie nennen, weil man sein Urteil von einer Sache schon antizipiert, noch ehe man das bestimmende hat. — Derartige Urteile haben also ihren guten Nutzen, und es ließen sich sogar Regeln darüber geben, wie wir vorläufig über ein Objekt urteilen sollen", ibid. (IV 81 ff.). Vgl. Wahrheit, Gewißheit, Evidenz, Überzeugung, Glaube, Meinung, Wissen, Hypothese, Wahrscheinlichkeit, Annahme.

G.

Ganzes s. Totalität. Dadurch, „daß man mehreres zusammenfaßt, erreicht man zwar ohne Mühe ein G. der Vorstellung, darum aber nicht die Vorstellung eines Ganzen". Es muß eine Verknüpfung der Substanzen geben, welche die wesentliche Form der Welt bildet, die daher ein reales G. ist, Mund. sens. § 2 II (V 2, 93). Die Gesamtheit (universitas) ist die „unbedingte Allheit der zusammengehörigen Teile", wo „alles, was sich wechselseitig untereinander als zusammengehörige Teile auf irgend ein beliebiges G. bezieht, als verbunden gesetzt" angenommen wird. Diese absolute Totalität „bildet ein Kreuz für den Philosophen". „Denn es läßt sich schwer begreifen, wie die niemals endende Reihe der einander in Ewigkeit folgenden Zustände des Weltalls in ein überhaupt allen Wechsel in sich befassendes Ganze gebracht werden können." Man muß aber festhalten, „daß sowohl die gleichzeitige wie die nachfolgende Zusammenordnung von Mehreren (da es sich auf die Begriffe der Zeit stützt) nicht zu dem Verstandesbegriff des Ganzen gehört, sondern nur zu den Bedingungen der sinnlichen Anschauung; und daß sie deshalb, mögen sie auch sinnlich nicht vorstellbar sein, doch nicht aufhören, Verstandesbegriffe zu sein. Zu dem letzteren aber genügt: daß, auf welche Weise auch immer, Nebengeordnetes gegeben sei, und alles als zu einem gehörig gedacht werde", ibid. III (V 2, 94 ff.). Zu einem Dinge als Naturzweck gehört, daß die Teile „nur durch ihre Beziehung auf das Ganze möglich", durch die Idee des Ganzen bestimmt sind, KU § 65 (II 235 ff.); s. Zweck, Organismus. — Ein intuitiver Verstand (s. d.) geht von der „Anschauung eines Ganzen als eines solchen" (vom „Synthetisch-Allgemeinen") zum Besonderen, zu den Teilen, ibid. § 77 (II 273 ff.). Die Vernunft enthält die Idee eines „absolut-Ganzen", ibid. § 27 (II 102 ff.). s. Erhaben. Das „Naturganze als System" beurteilen wir teleologisch, ibid. §§ 75, 77 (II 263, 275). — Das Ganze der Erfahrung (s. d.) ist nicht selbst eine Erfahrung.

„Ein G. ist entweder (ein G.) der Ableitung oder Zusammensetzung. Das letztere ist dasjenige, in welchem eines in einem gewissen Zustande nicht ist, ohne daß ein anderes in einem ähnlichen auch sei. Es macht also Vieles eine reale Einheit aus, z. B. wenn ein Teil eines Körpers nicht bewegt werden kann, ohne daß der andere mitbewegt wird. Es kommt hierbei alles bei Substanzen auf die wechselseitigen Einflüsse der Veränderung [an]." „Die Zusammensetzung ist die zufällige Einheit des Vielen. Daher ist nicht ein jedes Ganze zusammengesetzt, z. B. der Raum, weil die Einheit hier vor der Vielheit vorhergeht, oder die Vielheit die Einheit, um darin gedacht zu werden, voraussetzt. Diese Einheit besteht in der Verknüpfung entweder mit einem dritten oder untereinander. Diese Zusammensetzung ist entweder ideal oder real; das erste durch Zusammennehmung, das zweite durch Verknüpfung", N 5299; vgl. 4047. Vgl. Größe, Teil, System, Gesetz, Antinomie, Welt, Organismus, Zweck.

Gattung s. Art, Rasse, Fortschritt, Mensch, Zweck, Gesetz. Das „logische Prinzip der G.en" setzt ein „transzendentales" Gesetz voraus, wenn es auf Natur angewandt werden soll. Es wird nach demselben „in dem Mannigfaltigen einer möglichen Erfahrung notwendig Gleichartigkeit vorausgesetzt (ob wir gleich ihren Grad a priori nicht bestimmen können)". Es ist dies das Prinzip (die „Maxime") der „Homogenität" (s. d.) der Formen, demgemäß man zu immer höheren, endlich zu einer höchsten G. gelangt und alle G.en „nur Abteilungen einer einzigen obersten und allgemeinen G." sind, KrV tr. Dial. Anh. Von d. regulativen Gebrauch... (I 556, 559 f.—Rc 699 f., 702 f.). Die „Einheit der G.en" ist nichts als die „Einheit der zeugenden Kraft, welche für eine gewisse Mannigfaltigkeit von Tieren durchgängig geltend ist". Die Buffonsche Regel, daß Tiere, die miteinander fruchtbare Jungen erzeugen, wie verschieden sie auch an Gestalt sein mögen, zu einer und derselben physischen Gattung gehören, ist eigentlich nur die Definition der „Naturgattung" der Tiere im Unterschiede von den „Schulgattungen" derselben. „Die Schuleinteilung gehet auf Klassen, welche nach Ähnlichkeiten, die Natureinteilung aber auf Stämme, welche die Tiere nach Verwandtschaften in Ansehung der Erzeugung einteilt. Jene verschafft ein Schulsystem für das Gedächtnis, diese ein Natursystem für den Verstand; die erstere hat nur zur Absicht, die Geschöpfe unter Titel, die zweite aber, sie unter Gesetze zu bringen." Die Menschen gehören alle zu derselben Naturgattung, Über die verschiedenen Rassen d. Menschen 1. (VIII 79).

Gebet. „Das Beten, als ein innerer förmlicher Gottesdienst und darum als Gnadenmittel gedacht, ist ein abergläubischer Wahn (ein Fetischmachen); denn es ist ein bloß erklärtes Wünschen gegen ein Wesen, das keiner Erklärung der inneren Gesinnung des Wünschenden bedarf, wodurch also nichts getan und also keine von den Pflichten, die uns als Gebote Gottes obliegen, ausgeübt, mithin Gott wirklich nicht gedacht wird. Ein herzlicher Wunsch, Gott in allem unserem Tun und Lassen wohlgefällig zu sein, d. i. die alle unsere Handlungen begleitende Gesinnung, sie, als ob sie im Dienste Gottes geschehen, zu betreiben, ist der Geist des G.s, der ‚ohne Unterlaß' in uns stattfinden kann und soll. Diesen Wunsch aber (es sei auch nur innerlich) in Worte und Formeln einzukleiden, kann höchstens nur den Wert eines Mittels zu wiederholter Belebung jener Gesinnung in uns selbst bei sich führen, unmittelbar aber keine Beziehung aufs göttliche Wohlgefallen haben, ebendarum auch nicht für jedermann Pflicht sein", Rel. 4. St. Allg. Anmerk. (IV 228 f.). Das rechte G. wirkt vermittelst der Idee von Gott auf den Menschen, wenn auch der Mensch „sich nicht anmaßt, selbst das Dasein Gottes als völlig gewiß beteuern zu können", ibid. 2. Anm. (IV 228). Das reine G. ist nur „ein innerlich vor einem Herzenskündiger deklarierter Wunsch", MST § 15 (III 294). — „Dem G. andere als natürliche Folgen beizulegen, ist töricht und bedarf keiner ausführlichen Widerlegung." Bei dem G.e ist auch „Heuchelei", denn der Mensch stellt sich hierbei die Gottheit als etwas sinnlich Wahrnehmbares vor, da sie doch nur ein Prinzip ist, das uns die Vernunft anzunehmen zwingt. Wer schon große Fortschritte im Guten gemacht hat, hört auf zu beten, denn Redlichkeit gehört zu seinen ersten Maximen. „In den öffentlichen Vorträgen an das Volk kann und muß das G. beibehalten werden, weil es wirklich rhetorisch von großer Wirkung sein und einen großen Eindruck machen kann, und man überdies in den Vorträgen an das Volk zu ihrer Sinnlichkeit sprechen und sich zu ihnen soviel wie möglich herablassen muß", Acht kleine Aufsätze: Vom Gebet (VIII 169 f.).

Gebiet s. Feld.

Gebrauch. Der „G." eines Erkenntnisbestandteiles ist „transzendental", wenn er von Gegenständen überhaupt und nicht bloß von Gegenständen der Sinne (bzw. möglicher Erfahrung) ausgesagt wird, KrV tr. Log. Einl. II (I 111—Rc 130 f.); vgl. Dialektik. Die Bedingung des („empirischen", „immanenten") G.s der reinen Erkenntnis ist, „daß uns Gegenstände in der Anschauung gegeben seien, worauf jene angewandt werden könne", ibid. IV (I 115—Rc 135). Der „transzendentale G." eines Begriffs in einem der Grundsätze (s. d.) ist, „daß er auf Dinge überhaupt und an sich selbst" bezogen wird, der „empirische" G., daß er „bloß auf Erscheinungen, d. i. Gegenstände einer möglichen Erfahrung" bezogen wird. Nur der letztere G. kann stattfinden, denn Begriffe ohne Anschauung, auf die sie sich beziehen lassen, sind leer, ohne Sinn und Bedeutung, daher ohne objektive Realität, KrV tr. Anal. 2. B. 3. H. (I 272 f.—Rc 334 f.). Der reine Begriff bleibt immer a priori erzeugt (er hat transzendentale „Bedeutung"), aber der G. desselben (und des apriorischen Grundsatzes) kann nur in der Erfahrung gesucht werden, deren Möglichkeit jener (der Form nach) a priori enthält, ibid. (I 273 f.—Rc 336). Der „Vernunftg." (s. d.) ist ein „logischer" oder „transzendentaler", letzterer ein „apodiktischer" oder „problematischer". Es gibt ferner einen theoretischen und praktischen Vernunftg. Wird von den Ideen (s. d.) und Grundsätzen der reinen Vernunft ein „transzendenter" (die Erfahrungsmöglichkeit übersteigender) statt des allein berechtigten „immanenten" G.s gemacht, so entstehen dialektische Widersprüche (s. Dialektik, Antinomie). Vgl. Immanent, Transzendent, Transzendental, Kategorie, Schema, Reflexionsbegriffe, Erfahrung, A priori, Grundsätze.

Gedächtnis. „Das G. ist von der bloß reproduktiven Einbildungskraft darin unterschieden, daß es die vormalige Vorstellung willkürlich zu reproduzieren vermögend, das Gemüt also nicht ein bloßes Spiel von jener ist." „Etwas bald ins G. fassen, sich leicht worauf besinnen und es lange behalten, sind die formalen Vollkommenheiten des Gedächtnisses. Diese Eigenschaften sind aber selten beisammen." „Methodisch etwas ins G. fassen (memoriae mandare) heißt memorieren." „Dieses Memorieren kann mechanisch oder ingeniös oder auch judiziös sein." Das zweite ist „eine Methode, gewisse Vorstellungen durch Assoziation mit Nebenvorstellungen, die an sich (für den Verstand) gar keine Verwandtschaft miteinander haben, z. B. Laute einer Sprache mit gänzlich ungleichartigen Bildern, die jenen korrespondieren sollen, dem G. einzuprägen". Das dritte ist das einer Tafel der Einteilung eines Systems (Topik). Eine „G.kunst" (ars mnemonica) gibt es nicht, Anthr. 1. T. § 34 (IV 87 ff.). Das G. ist „die Phantasie mit Bewußtsein", „die Macht der Willkür über beliebige Einbildungen". Es ist „darin von der Imagination unterschieden, daß bei dieser die Bilder in einem natürlichen Zusammenhange fließen, in jenem aber nach Willkür aufgeweckt werden, folglich mit Bewußtsein", N 373. Vgl. Erinnerung, Reproduktion, Assoziation.

Gedanke s. Denken, Begriff, Gegenstand.

Gedankending. K. bezeichnet vielfach die Ideen (s. d.) und ebenso das Ding an sich (s. d.) als G.e oder Gedankenwesen. Vgl. Fiktion, Als ob, Leer, Nichts, Intelligibel.

Geduld ist „eine weibliche Tugend: weil sie nicht Kraft zum Widerstande aufbietet, sondern das Leiden (Dulden) durch Gewohnheit unmerklich zu machen hofft", Anthr. 1. T. § 77 (IV 191).

Gefühl. Das G. ist rein subjektiv, bezieht sich nicht auf das Objekt, ist kein „Erkenntnisstück", sondern drückt den Zustand des Subjektes aus. Das G. spielt in der Ästhetik (s. d.) eine Rolle, ist aber nicht die Quelle der Sittlichkeit, für die, als „moralisches Gefühl" (s. d.), nur das G. der Achtung (s. d.), als einziges an Vernunftinhalte sich knüpfendes, a priori bestimmbares G., in Betracht kommt. Das G. ist von der Empfindung (s. d.) der Sinne zu unterscheiden.

„Man hat es ... in unseren Tagen allererst einzusehen angefangen, daß das Vermögen, das Wahre vorzustellen, die Erkenntnis, dasjenige aber, das Gute zu empfinden, das G. sei, und daß beide ja nicht miteinander müssen verwechselt werden", Nat. Theol. 4. Btr. § 2 (V 1, 145). — „Die verschiedenen Empfindungen des Vergnügens oder des Verdrusses beruhen nicht so sehr auf der Beschaffenheit der äußeren Dinge, die sie erregen, als auf dem jeden Menschen eigenen G.e, dadurch mit Lust oder Unlust gerührt zu werden", Schön. u. Erh. 1. Abs. (VIII 5). — G.e (der Lust und Unlust) gehören zu den „empirischen Erkenntnisquellen". Sie sind „empirischen Ursprungs", KrV Einl. VII (I 71—Rc 89). — Lust ist „die Vorstellung der Übereinstimmung des Gegenstandes oder der Handlung mit den subjektiven Bedingungen des Lebens", d. h. mit dem Begehrungsvermögen (s. d.), KpV Vorr. 4. Anm. (II 11). Das Gefühl der Lust und Unlust ist das „Mittelglied" zwischen dem Erkenntnis- und Begehrungsvermögen, KU Vorr. (II 2). Das G. ist dasjenige Subjektive (s. d.) an einer Vorstellung, „was gar kein Erkenntnisstück werden kann". Durch dasselbe erkenne ich nichts an dem Gegenstande der Vorstellung, obgleich es wohl die Wirkung einer Erkenntnis sein kann. Ästhetische (s. d.) Zweckmäßigkeit hat ein Gegenstand, wenn seine Vorstellung unmittelbar mit einer Lust verbunden ist, ibid. Einl. VII (II 26 f.). Die Urteilskraft (s. d.) enthält die konstitutiven Prinzipien a priori des G.s der Lust und Unlust, ibid. Einl. IX (II 35). Alle Beziehung der Vorstellungen, selbst die der Empfindungen, kann objektiv sein, nur nicht die auf das G., „wodurch gar nichts im Objekte bezeichnet wird, sondern in der das Subjekt, wie es durch die Vorstellung affiziert wird, sich selbst fühlt", ibid. § 1 (II 39 f.). Lust ist „das Bewußtsein der Kausalität einer Vorstellung in Absicht auf den Zustand des Subjekts, es in demselben zu erhalten". Unlust ist „diejenige Vorstellung..., die, den Zustand der Vorstellungen zu ihrem eigenen Gegenteile zu bestimmen (sie abzuhalten oder wegzuschaffen), den Grund enthält", ibid. § 10 (II 58 f.). „Vergnügen (die Ursache desselben mag immerhin auch in Ideen liegen) scheint jederzeit in einem G. der Beförderung des gesamten Lebens des Menschen, mithin auch des körperlichen Wohlbefindens, d. i. der Gesundheit zu bestehen." Das intellektuelle und praktische „Wohlgefallen" gehört nicht zum Vergnügen; dieses kann mißfallen, wie anderseits ein Schmerz gefallen kann. „Das Wohlgefallen oder Mißfallen beruht hier auf der Vernunft und ist mit der Billigung oder Mißbilligung einerlei; Vergnügen und Schmerz aber können nur auf dem G. oder der Aussicht auf ein ... mögliches Wohl- oder Übelbefinden beruhen", ibid. § 54 Anmerk. (II 188); vgl. Spiel. Man kann es dem Epikur wohl einräumen, daß alles Vergnügen „animalische", d. h. körperliche Empfindung sei, „ohne dadurch dem geistigen G. der Achtung für moralische Ideen, welches kein Vergnügen ist, sondern eine Selbstschätzung (der Menschheit in uns), die uns über das Bedürfnis derselben erhebt, ja selbst nicht einmal dem minder edeln des Geschmacks im mindesten Abbruch zu tun", ibid. (II 193). „Es ist auch nicht zu leugnen, daß alle Vorstellungen in uns, sie mögen objektiv bloß sinnlich oder ganz intellektuell sein, doch subjektiv mit Vergnügen oder Schmerz, so unmerklich beides auch sein mag — verbunden werden können (weil sie insgesamt das G. des Lebens affizieren und keine derselben, sofern als sie Modifikation des Subjekts ist, indifferent sein kann); sogar daß, wie Epikur behauptete, immer Vergnügen und Schmerz zuletzt doch körperlich sei, es mag nun von der Einbildung oder gar von Verstandesvorstellungen anfangen, weil das Leben ohne G. des körperlichen Organs bloß Bewußtsein seiner Existenz, aber kein G. des Wohl- oder Übelbefindens, d. i. der Beförderung oder Hemmung der Lebenskräfte sei, weil das Gemüt für sich allein ganz Leben (das Lebensprinzip selbst) ist, und Hindernisse oder Beförderungen außer demselben und doch im Menschen selbst, mithin in der Verbindung mit seinem Körper gesucht werden müssen", KU § 29 Allgem. Anmerk. (II 126). A priori kann ich mit keiner Vorstellung ein bestimmtes G. verbinden, außer wo ein den Willen bestimmendes Prinzip a priori in der Vernunft zum Grunde liegt, beim moralischen G. der Achtung, ibid. § 37 (II 139). — Das „Subjektive der Vorstellung", welches gar kein Erkenntnisstück werden kann und nichts zur Erkenntnis des Objekts Brauchbares enthält, heißt, als „Empfänglichkeit" der Vorstellung, G., „welches die Wirkung der Vorstellung (diese mag sinnlich oder intellektuell sein) aufs Subjekt enthält und zur Sinnlichkeit gehört, obgleich die Vorstellung selbst zum Verstande oder der Vernunft gehören mag", MS Einl. 1. Anm. (III 12). Mit dem Begehren (s. d.) ist stets Lust oder Unlust, deren Empfänglichkeit man G. nennt, verbunden, aber nicht immer umgekehrt. Das G. kann auch Wirkung des Begehrens sein. „Man kann die Lust, welche mit dem Begehren (des Gegenstandes, dessen Vorstellung das G. so affiziert) notwendig verbunden ist, praktische Lust nennen, sie mag nun Ursache oder Wirkung vom Begehren sein. Dagegen würde man die Lust, die mit dem Begehren des Gegenstandes nicht notwendig verbunden ist, die also im Grunde nicht eine Lust an der Existenz des Objekts der Vorstellung ist, sondern bloß an der Vorstellung allein haftet, bloß kontemplative Lust oder untätiges Wohlgefallen nennen können. Das G. der letzteren Art von Lust nennen wir Geschmack." Die auf das Begehren folgende Lust ist „intellektuelle Lust", ibid. Einl. I (III 11 ff.); vgl. Interesse, Neigung.

Das G. der Lust und Unlust ist „die Empfänglichkeit des Subjekts, durch gewisse Vorstellungen zur Erhaltung oder Abwehrung des Zustandes dieser Vorstellungen bestimmt zu werden", Anthr. 1. T. § 15 (IV 47). Einteilung der G.e: „1. die sinnliche, 2. die intellektuelle Lust. Die erstere entweder A. durch den Sinn (das Vergnügen), oder B. durch die Einbildungskraft (der Geschmack); die zweite (nämlich intellektuelle) entweder a) durch darstellbare Begriffe oder b) durch Ideen, — und so wird auch das Gegenteil, die Unlust, vorgestellt", ibid. 2. B. Einl. (IV 153). „Vergnügen ist eine Lust durch den Sinn, und was diesen belustigt, ist angenehm. Schmerz ist die Unlust durch den Sinn, und was jenen hervorbringt, ist unangenehm." Vergnügen und Schmerz sind einander nicht bloß kontradiktorisch, sondern konträr (als „Widerspiel") entgegengesetzt, ibid. § 60 (IV 153 f.). „Man kann diese G.e auch durch die Wirkung erklären, die die Empfindung unseres Zustandes auf das Gemüt macht. Was unmittelbar (durch den Sinn) mich antreibt, meinen Zustand zu verlassen (aus ihm herauszugehen): ist mir unangenehm — es schmerzt mich; was ebenso mich antreibt, ihn zu erhalten (in ihm zu bleiben): ist mir angenehm, es vergnügt mich." Das „Bewußtsein des Verlassens des gegenwärtigen Zustandes", nicht „der Prospekt des Eintretens in einen künftigen", erweckt in uns die „Empfindung des Vergnügens", welches also die „Aufhebung eines Schmerzes und etwas Negatives" ist. „Vergnügen ist das G. der Beförderung, Schmerz das eines Hindernisses des Lebens". Leben ist ein „kontinuierliches Spiel des Antagonismus von beiden". „Also muß vor jedem Vergnügen der Schmerz vorhergehen; der Schmerz ist immer das erste." „Auch kann kein Vergnügen unmittelbar auf das andere folgen; sondern zwischen einem und dem anderen muß sich der Schmerz einfinden." „Der Schmerz ist der Stachel der Tätigkeit, und in dieser fühlen wir allererst unser Leben; ohne diesen würde Leblosigkeit eintreten", ibid. (IV 154 f.). „Sein Leben fühlen, sich vergnügen, ist also nichts anderes als: sich kontinuierlich getrieben fühlen, aus dem gegenwärtigen Zustande herauszugehen (der also ein ebensooft wiederkommender Schmerz sein muß", ibid. § 61 (IV 157); vgl. Langeweile. Wir urteilen auch über Vergnügen und Schmerz durch ein „höheres Wohlgefallen oder Mißfallen an uns selbst (nämlich das moralische): ob wir uns demselben weigern oder überlassen sollen". „1. Der Gegenstand kann angenehm sein, aber das Vergnügen an demselben mißfallen. Daher der Ausdruck von einer bitteren Freude." „2. Der Gegenstand kann unangenehm sein; aber der Schmerz über ihn gefällt. Daher der Ausdruck süßer Schmerz", ibid. § 64 (IV 163 f.). vgl. N 536 ff. Der Irrtum, „der, wenn man ihn einschleichen ließe, alle Moral vertilgen und nichts als die Glückseligkeits-Maxime, die eigentlich gar kein objektives Prinzip haben kann (weil sie nach Verschiedenheit der Subjekte verschieden ist), übrig lassen würde: dieser Irrtum, sage ich, kann nur durch folgenden Probierstein der G.e sicher ans Licht gestellt werden. Diejenige Lust (oder Unlust), die notwendig vor dem Gesetz vorhergehen muß, damit die Tat geschehe, ist pathologisch; diejenige aber, vor welcher, damit dies geschehe, das Gesetz notwendig vorhergehen muß, ist moralisch. Jene hat empirische Prinzipien (die Materie der Willkür), diese ein reines Prinzip a priori zum Grunde (bei dem es lediglich auf die Form der Willensbestimmung ankommt)." Die Lust muß, um sittlich zu sein, die Folge des Gesetzesgehorsams, nicht (als Aussicht auf künftige Glückseligkeit) die Ursache einer Handlung sein. V. e. vorn. Ton 2. Anm. (V 4, 11). Vgl. Neigung, Rigorismus, Motiv, Geschmacksurteil, Urteilskraft, Praktisch, Affekt, Glückseligkeit, Leidenschaft, Achtung, Subjektiv, Diätetik.

Gefühlsphilosophie. Die auf intellektueller Anschauung (s. d.) beruhende Philosophie dünkt sich vornehm. „Mit Wissenschaften, welche Arbeit erfordern, als Mathematik, Naturwissenschaft, alte Geschichte, Sprachkunde usw., selbst mit der Philosophie, fosern sie sich auf methodische Entwicklung und systematische Zusammenstellung der

Begriffe einzulassen genötigt ist, kann mancher wohl auf pedantische Art stolz tun; aber keinem anderen als dem Philosophen der Anschauung, der nicht durch die herkulische Arbeit der Selbsterkenntnis sich von unten hinauf, sondern sie überfliegend durch eine ihm nichts kostende Apotheose von oben herab demonstriert, kann es einfallen, vornehm zu tun; weil er da aus eigenem Ansehen spricht und keinem deshalb Rede zu stehen verbunden ist", V. e. vorn. Ton (V 4, 4 f.). „Das Prinzip, durch Einfluß eines höheren Gefühls philosophieren zu wollen, ist unter allen am meisten für den vornehmen Ton gemacht; denn wer will mir mein Gefühl streiten? Kann ich nun noch glaubhaft machen, daß dieses Gefühl nicht bloß subjektiv in mir sei, sondern einem jeden angesonnen werden könne, mithin auch als objektiv und als Erkenntnisstück, also nicht etwa als Begriff vernünftelt, sondern als Anschauung (Auffassung des Gegenstandes selbst) gelte: so bin ich im großen Vorteil über alle die, welche sich allererst rechtfertigen müssen, um sich der Wahrheit ihrer Behauptungen berühmen zu dürfen. Ich kann daher in dem Tone eines Gebieters sprechen, der der Beschwerde überhoben ist, den Titel seines Besitzes zu beweisen (beati possidentes)", ibid. (V 4, 9 f.).

Gegeben. Anschauung (s. d.) findet nur statt, „sofern uns der Gegenstand g. wird"; dies ist, für uns Menschen wenigstens, „nur dadurch möglich, daß er das Gemüt auf gewisse Weise affiziere". Die Fähigkeit, Vorstellungen durch solche Affektion (s. d.) zu bekommen, heißt Sinnlichkeit (s. d.). „Vermittelst der Sinnlichkeit also werden uns Gegenstände g., und sie allein liefert uns Anschauungen; durch den Verstand aber werden sie gedacht, und von ihm entspringen Begriffe", KrV tr. Ästh. § 1 (I 75—Rc 92). „Ohne Sinnlichkeit würde uns kein Gegenstand g., und ohne Verstand keiner gedacht werden", ibid. tr. Log. Einl. I (I 107—Rc 126). „Einen Gegenstand geben, wenn dieses nicht wiederum nur mittelbar gemeint sein soll, sondern unmittelbar in der Anschauung darstellen, ist nichts anderes, als dessen Vorstellung auf Erfahrung (es sei wirkliche oder doch mögliche) beziehen", ibid. tr. Anal. 2. B. 2. H. 2. Abs. (I 196—Rc 252). Es kann „der Gegenstand einem Begriffe nicht anders g. werden, als in der Anschauung", ibid. 3. H. (I 273—Rc 335). „Durch die Anschauung, die einem Begriffe gemäß ist, wird der Gegenstand g.; ohne dieselbe wird er bloß gedacht." Die Vereinigung von beidem erst ergibt Erkenntnis, Fortschr. d. Metaph. 1. Beilage 2. Abs. (V 3, 156 f.). Vgl. Kategorie, Begriff, Darstellung, Erfahrung.

Gegend. Die Lagen der Teile des Raumes setzen die „G." voraus, nach welcher sie in Verhältnissen zueinander geordnet sind. Die G. besteht also nicht in der Beziehung eines Dinges im Raume auf das andere (Lage), sondern im Verhältnis des Systems der Lagen zum absoluten Weltraum oder zu einer Einheit, von der jede Ausdehnung wie ein Teil erscheint. Den Begriff von Gegenden nehmen wir vom Verhältnis der Raumdimensionen zu unserem Körper (rechts, links — vorn, hinten); durch ihn unterscheiden wir sonst völlig gleiche Raumteile, V. Grunde des Unterschiedes der Gegenden i. Raume (V 2, 79 ff.); vgl. Raum.

Gegensatz. „Realrepugnanz" besteht, „wenn etwas, als ein Grund, die Folge von etwas anderem durch eine reale Entgegensetzung vernichtigt". Sie ist von dem logischen Widerspruch zu unterscheiden, schließt einen solchen nicht ein. In dem „allerrealsten" Wesen (Gott) kann keine Realrepugnanz seiner eigenen Bestimmungen sein, „weil die Folge davon eine Beraubung oder Mangel sein würde, welches seiner höchsten Realität widerspricht". Da nun, wenn alle Realitäten in ihm als Bestimmungen lägen, ein solcher Widerstreit entstehen müßte, so können sie nicht in ihm als Prädikate, sondern nur durch ihn als Bestimmungen oder Folgen gegeben sein, Beweisgr. Gottes 1. Abt. 3. Btr. 6 (VI 37). — „Einander entgegengesetzt ist: wovon eines dasjenige aufhebt, was durch das andere gesetzt ist. Diese Entgegensetzung ist zwiefach: entweder logisch durch den Widerspruch, oder real, d. i. ohne Widerspruch." „Die erste Opposition, nämlich die logische, ist diejenige, worauf man bis daher einzig und allein sein Augenmerk gerichtet hat. Sie besteht darin, daß von ebendemselben Dinge etwas zugleich bejaht und verneint wird. Die Folge dieser logischen Verknüpfung ist gar nichts (nihil negativum irrepraesentabile), wie der Satz des Widerspruchs es aussagt." „Die zweite Opposition, nämlich die reale, ist diejenige, da zwei Prädikate eines Dinges entgegengesetzt sind, aber nicht durch den Satz des Widerspruchs. Es hebt hier auch eins dasjenige auf, was durch das andere gesetzt ist; allein die Folge ist Etwas (cogitabile). Bewegkraft eines Körpers nach einer Gegend, und eine gleiche Bestrebung ebendesselben in entgegengesetzter Richtung widersprechen einander nicht und sind als Prädikate in einem Körper zugleich möglich. Die Folge davon ist die Ruhe, welche Etwas (repraesentabile) ist. Es ist dieses gleichwohl eine wahre Entgegensetzung. Denn was durch die eine Tendenz, wenn sie allein wäre, gesetzt wird, wird durch die andere aufgehoben, und beide Tendenzen sind wahrhafte Prädikate eines und ebendesselben Dinges, die ihm zugleich zukommen. Die Folge davon ist auch nichts, aber in einem anderen Verstande wie beim Widerspruch (nihil privativum, repraesentabile). Wir wollen dieses Nichts künftighin Zero = 0 nennen, und es ist dessen Bedeutung mit der von einer Verneinung (negatio), Mangel, Abwesenheit, die sonst bei Weltweisen im Gebrauch sind, einerlei", Neg. Größ. 1. Abs. (V 1, 77 f.). „Bei der logischen Repugnanz wird nur auf diejenige Beziehung gesehen, dadurch die Prädikate eines Dinges einander und ihre Folgen durch den Widerspruch aufheben. Welches von beiden wahrhaftig bejahend (realitas), und welches wahrhaft verneinend (negatio) sei, darauf hat man hierbei gar nicht acht" (z. B. finster — nicht finster). Bei der Realrepugnanz aber sind beide Prädikate A und B bejahend; „nur da von jedem besonders die Folgen a und b sein würden, so ist durch beide zusammen in einem Subjekt nicht eins, auch nicht das andere; also ist die Folge Zero", ibid. (V 1, 78). Die Verbindung von + und — in der Mathematik ist eine Realrepugnanz und ergibt die negativen (s. d.) Größen. Zwei Regeln: 1. „Die Realrepugnanz findet nur statt, insofern zwei Dinge als positive Gründe eins die Folge des anderen aufhebt. Es sei Bewegkraft ein positiver Grund: so kann ein realer Widerstreit nur stattfinden, insofern eine andere Bewegkraft mit ihr in Verknüpfung sich gegenseitig die Folge aufheben." In jeder Realentgegensetzung müssen „die Prädikate alle beide positiv sein, doch so, daß in der Verknüpfung sich die Folgen in demselben Subjekte gegenseitig aufheben" (V 1, 82). 2. „allenthalben, wo ein positiver Grund ist und die Folge ist gleichwohl Zero, da ist eine Realentgegensetzung, d. i. dieser Grund ist mit einem anderen positiven Grunde in Verknüpfung, welcher die Negation des ersteren ist". „Dieses will im allgemeinen Verstande soviel sagen: daß die Aufhebung der Folge eines positiven Grundes jederzeit auch einen positiven Grund erheische", ibid. (V 1, 84). Die reale Opposition zerfällt in die „wirkliche" Entgegensetzung (oppositio actualis) von Bestimmungen an ein und demselben Dinge und die „mögliche" Entgegensetzung (oppositio potentialis) von Bestimmungen an verschiedenen Dingen, ibid. 3. Abs. 2. (V 1, 100 f.). Vgl. Widerspruch, Antinomie, Antagonismus (Gesellschaft).

Gegenstand s. Objekt, Ding. „Das Denken, subjektiv als Vorstellung betrachtet, ehe es analysiert wird, hat jederzeit ein Objekt, allein wenn sich das Denken widerspricht, so ist der Gedanke und darum das Objekt nichts, und beides wird weggestrichen. Wo der Gedanke bleibt, da ist das Objekt nach der analysi problematisch", N 5726. „Alle Urteile haben ein logisches Objekt, Etwas im logischen Verstande, es mag möglich sein oder unmöglich sein, = A", N 4372.

Gegenstand der reinen praktischen Vernunft. „Unter einem Begriffe eines Gegenstandes der praktischen Vernunft verstehe ich die Vorstellung eines Objekts als einer möglichen Wirkung durch Freiheit. Ein Gegenstand der praktischen Erkenntnis als einer solchen zu sein, bedeutet also nur die Beziehung des Willens auf die Handlung, dadurch er oder sein Gegenteil wirklich gemacht würde, und die Beurteilung, ob etwas ein Gegenstand der reinen praktischen Vernunft sei oder nicht, ist nur die Unterscheidung der Möglichkeit oder Unmöglichkeit, diejenige Handlung zu wollen, wodurch, wenn wir das Vermögen dazu hätten (worüber die Erfahrung urteilen muß), ein gewisses Objekt wirklich werden würde." Kann das Gesetz a priori als der Bestimmungsgrund der Handlung, mithin diese als durch reine praktische Vernunft bestimmt betrachtet werden, „so ist das Urteil, ob etwas ein Gegenstand der reinen praktischen Vernunft sei oder nicht, von der Vergleichung mit unserem physischen Vermögen ganz unabhängig, und die Frage ist nur, ob wir eine Handlung, die auf die Existenz eines Objekts gerichtet ist, wollen dürfen, wenn dieses in unserer Gewalt wäre". Es muß hier also die „moralische Möglichkeit" der Handlung vorangehen. Die alleinigen Objekte einer praktischen Vernunft sind die vom Guten (s. d.) und Bösen (s. d.), d. h. der notwendige Gegenstand des Begehrungs- und des Verabscheuungsvermögens. KpV 1. T. 1. B. 2. H. (II 75 ff.). Vgl. Objekt.

Geist. „Ihr werdet ... den Begriff eines G.es nur beibehalten können, wenn ihr euch Wesen denkt, die sogar in einem von Materie erfüllten Raume gegenwärtig sein können: Wesen also, welche die Eigenschaft der Undurchdringlichkeit nicht an sich haben, und deren so viele als man auch will, vereinigt, niemals ein solides Ganze ausmachen. Einfache Wesen von dieser Art werden immaterielle Wesen und, wenn sie Vernunft haben, G.er genannt werden. Einfache Substanzen aber, deren Zusammensetzung ein undurchdringliches und ausgedehntes Ganze gibt, werden materielle Einheiten, ihr Ganzes aber Materie heißen." Aber: „Von der Erklärung, was der Begriff eines G.es enthalte, ist der Schritt noch ungemein weit zu dem Satze, daß solche Naturen wirklich, ja auch nur möglich seien." „Meine Seele wird also eine einfache Substanz sein. Aber es bleibt ... noch immer unausgemacht, ob sie von der Art derjenigen sei, die in dem Raume vereinigt ein ausgedehntes und undurchdringliches Ganze geben und also materiell, oder ob sie immateriell und folglich ein G. sei, ja sogar, ob eine solche Art Wesen als diejenige, so man geistige nennt, nur möglich sei", Träume 1. T. 1. H. (V 2, 7 f.). Nur der Begriff von der geistigen Natur des „unendlichen G.es" ist leicht, „weil er lediglich negativ ist und darin besteht, daß man die Eigenschaften der Materie an ihm verneint, die einer unendlichen und schlechterdings notwendigen Substanz widerstreiten. Dagegen bei einer geistigen Substanz, die mit der Materie in Vereinigung sein soll, wie z. E. der menschlichen Seele, äußert sich die Schwierigkeit, daß ich eine wechselseitige Verknüpfung derselben mit körperlichen Wesen zu einem Ganzen denken und dennoch die einzige bekannte Art der Verbindung, welche unter materiellen Wesen stattfindet. aufheben soll", ibid. 2. Anm. (V 2, 8). „Man kann ... die Möglichkeit immaterieller Wesen annehmen ohne Besorgnis, widerlegt zu werden, wiewohl auch ohne Hoffnung, diese Möglichkeit durch Vernunftgründe beweisen zu können. Solche geistige Naturen würden im Raume gegenwärtig sein, so daß derselbe demungeachtet für körperliche Wesen immer durchdringlich bliebe, weil ihre Gegenwart wohl eine Wirksamkeit im Raume, aber nicht dessen Erfüllung, d. i. einen Widerstand als den Grund der Solidität enthielte", ibid. 1. T. 2. H. (V 2, 10). „Ich gestehe, daß ich sehr geneigt bin, das Dasein immaterieller Wesen in der Welt zu behaupten und meine Seele selbst in die Klasse dieser Wesen zu versetzen. Alsdann aber wie geheimnisvoll wird nicht die Gemeinschaft zwischen einem G. und einem Körper!", ibid. (V 2, 15). — Die vorgeblichen G.ererscheinungen lassen sich als Phantasmen (s. d.) erklären, und überhaupt ist die ganze G.erlehre (Pneumatologie) ein „Traum" der Metaphysik (s. d.), von Hoffnungen eingegeben, aber keiner Erkenntnis zu vergleichen. Unter „G." versteht man „ein Wesen, was auch ohne Körper sich seiner und seiner Vorstellungen bewußt sein kann", Fortschr. d. Metaph. 2. Abt. 3. Fortschr. i. d. Psychologie (V 3, 141). Ob die Seele (s. d.) ein G. ist oder nicht, ist theoretisch unerkennbar (vgl. Unsterblichkeit). „Vermittelst der Vernunft ist der Seele des Menschen ein G. (mens, νοῦς) beigegeben, damit er nicht ein bloß dem Mechanismus der Natur und ihren technisch-praktischen, sondern auch ein der Spontaneität der Freiheit und ihren moralisch-praktischen Gesetzen angemessenes Leben führe", Fried. i. d. Ph. 1. Abs. B. (V 4, 34).

„Geist, in ästhetischer Bedeutung, heißt das belebende Prinzip im Gemüte. Dasjenige aber, wodurch dieses Prinzip die Seele belebt, der Stoff, den es dazu anwendet, ist das, was die Gemütskräfte zweckmäßig in Schwung versetzt, d. i. in ein solches Spiel, welches sich von selbst erhält und selbst die Kräfte dazu stärkt." Dieses Prinzip selbst ist „das

Vermögen der Darstellung ästhetischer Ideen", KU § 49 (II 167); vgl. Idee, Genie. Was man „G." nennt, ist das Talent, ästhetische Ideen zum „Ausdruck" zu bringen und allgemein mitteilbar zu machen, der Ausdruck mag nun in Sprache oder Malerei oder Plastik bestehen; dies erfordert ein „Vermögen, das schnell vorübergehende Spiel der Einbildungskraft aufzufassen und in einen Begriff ... zu vereinigen, der sich ohne Zwang der Regeln mitteilen läßt", ibid. (II 172). „G. ist das belebende Prinzip im Menschen", Anthr. 1. T. § 57 (IV 147). „Man nennt das durch Ideen belebende Prinzip des Gemüts G." G. ist „das produktive Vermögen der Vernunft", für die Form der Verbindung des Mannigfaltigen ein Muster a priori der Einbildungskraft unterzulegen, ibid. § 71 (IV 176). G. ist „Originalität des Gedanken", ibid. § 71 B (IV 178); vgl. Genie.

„G. ist eine reine Intelligenz", d. h. eine von aller Gemeinschaft mit Körpern abgesonderte Intelligenz, N 4728. Das „geistige" Leben ist die Persönlichkeit, N 4237. Vgl. Intelligibel, Monade, Gott, Pneumatologie, Vernunft, Verstand, Noumenon.

Geist, göttlicher, s. Gott, Christentum, Religion.

Geisteskräfte. „G. sind diejenigen, deren Ausübung nur durch die Vernunft möglich ist. Sie sind sofern schöpferisch, als ihr Gebrauch nicht aus Erfahrung geschöpft, sondern a priori aus Prinzipien abgeleitet wird", MST § 19 (IV 299). Vgl. Seelenvermögen.

Geisteskrankheiten s. Psychosen.

Geistig s. Geist, Seele, Psychisch, Intelligibel, Übersinnlich, Noumenon.

Geld. G. ist (nach Achenwall), der Nominaldefinition nach, „eine Sache, deren Gebrauch nur dadurch möglich ist, daß man sie veräußert". Das G. ist ein „bloßes Mittel des Handels, was an sich keinen Wert hat"; es ist also keine Ware, sondern „repräsentiert" alle Ware. Der „Wert" des Geldes ist nur indirekt, es ist ein Mittel von höchster „Brauchbarkeit". G. ist „das allgemeine Mittel, den Fleiß der Menschen gegeneinander zu verkehren", so daß der „Nationalreichtum" nur „die Summe des Fleißes" ist, mit dem Menschen sich untereinander lohnen und welcher „durch das im Volk umlaufende G. repräsentiert wird". Der intellektuelle Begriff, dem der empirische des Geldes untergelegt ist, ist der von einer „Sache, die, im Umlauf des Besitzes begriffen (permutatio publica), den Preis aller anderen Dinge (Waren) bestimmt". „Preis" ist „das öffentliche Urteil über den Wert (valor) einer Sache" im Verhältnis auf die Menge des G.es, MST § 31 I. (III 102 ff.).

Gelehrsamkeit ist „nur ein Inbegriff historischer Wissenschaften", KpV 2. B. 2. H. VII Anm. (II 175).

Gelehrter s. Aufklärung.

Geltung (gelten, Gültigkeit). „Objektive Gültigkeit" ist Gültigkeit (z. B. der Raum- und Zeitform) für alle (gleichartigen) Subjekte und für alles Gegenständliche, sofern es Erscheinung, Gegenstand möglicher Erfahrung ist, als welcher es zur Sinnlichkeit und zum Verstande des Subjekts in Beziehung steht. „Absolute" Gültigkeit hätte etwas, wenn es für die Dinge an sich gelten, Prädikate dieser selbst bezeichnen würde, KrV tr. Ästh. § 3 (I 83f.—Rc 100 f.). Das Apriorische (s. d.) der Erkenntnis gilt streng allgemein, während das bloß aus der Erfahrung und durch Induktion Gewonnene nur „komparative" Allgemeinheit (s. d.) hat. Alle objektive Wahrheit (s. d.) gilt unabhängig von der besonderen Subjektivität der Erkennenden, ist zwar auf die Gesetzlichkeit des reinen (transzendentalen) Bewußtseins bezogen, aber nicht vom empirisch-psychologischen Ich abhängig, sondern bedingt dieses selbst schon logisch. Das Sittengesetz gilt für vernünftige Wesen überhaupt (s. Ethik).

„Die Bedingungen der Möglichkeit der Erfahrung überhaupt sind zugleich Bedingungen der Möglichkeit der Gegenstände der Erfahrung, und haben darum objektive Gültigkeit in einem synthetischen Urteile a priori", ibid. tr. Anal. 2. B. 2. H.

2. Abs. (I 197 f.—Rc 254); vgl. Deduktion, Kategorie. Wahrnehmungsurteile „gelten bloß für uns, d. i. für unser Subjekt", während Erfahrungsurteile (s. d.) auf ein Objekt sich beziehen und „für uns jederzeit und ebenso für jedermann" gültig sind. Die „objektive Gültigkeit" dieser Urteile bedeutet nichts anderes als die „notwendige Allgemeingültigkeit" derselben. Umgekehrt führt die Allgemeingültigkeit eines Urteils zur Annahme seiner Objektivität, „denn es wäre kein Grund, warum anderer Urteile notwendig mit dem meinigen übereinstimmen müßten, wenn es nicht die Einheit des Gegenstandes wäre, auf den sie sich alle beziehen, mit dem sie übereinstimmen und daher auch alle untereinander zusammenstimmen müssen", Prol. § 18 (III 55). „Es sind daher objektive Gültigkeit und notwendige Allgemeingültigkeit (für jedermann) Wechselbegriffe, und ob wir gleich das Objekt an sich nicht kennen, so ist doch, wenn wir ein Urteil als gemeingültig und mithin notwendig ansehen, eben darunter die objektive Gültigkeit verstanden", ibid. § 19 (III 55). Das Wahrnehmungsurteil hat nur „subjektive Gültigkeit; es ist bloß Verknüpfung der Wahrnehmungen in meinem Gemütszustande, ohne Beziehung auf den Gegenstand", während das Erfahrungsurteil die Wahrnehmungen in einem „Bewußtsein überhaupt" (s. d.) verknüpft, ibid. § 20 (III 57). Die Ideen (s. d.) erhalten ihre Geltung in „praktischer Absicht" durch die praktische Vernunft (vgl. Praktisch, Realität). Vgl. Objekt, Objektiv, Erfahrungsurteil, A priori, Transzendental, Bewußtsein (überhaupt), Erkenntnis, Kritik, Mathematik, Vernunft (praktische), Sollen, Imperativ, Geschmacksurteil, Als Ob, Exemplarisch.

Gemeinschaft (Wechselwirkung zwischen dem Handelnden und Leidenden) ist die dritte Kategorie (s. d.) der Relation (s. d.), den disjunktiven (s. d.) Urteilen entsprechend (s. Wechselwirkung). In allen disjunktiven (s. d.) Urteilen wird die Sphäre als ein Ganzes in Teile geteilt vorgestellt, die einander koordiniert sind. Eine ähnliche Verknüpfung wird in einem Ganzen der Dinge gedacht, wo eines dem andern wechselseitig als Ursache in Ansehung der Bestimmung des anderen beigeordnet wird, KrV tr. Anal. § 11 (I 134 f.—Rc 154 f.). Vgl. Gesellschaft, Weltbürgerrecht, Reich der Tugend, Himmel.

Gemeinsinn. G. (sensus communis) ist eigentlich „die Idee eines gemeinschaftlichen Sinnes", d. i. eines Beurteilungsvermögens . . ., welches in seiner Reflexion auf die Vorstellungsart jedes anderen in Gedanken (a priori) Rücksicht nimmt, um gleichsam an die gesamte Menschenvernunft sein Urteil zu halten und dadurch der Illusion zu entgehen, die aus subjektiven Privatbedingungen, welche leicht für objektiv gehalten werden könnten, auf das Urteil nachteiligen Einfluß haben würde. Dieses geschieht nun dadurch, daß man sein Urteil an anderer nicht sowohl wirkliche, als vielmehr bloß mögliche Urteile hält und sich in die Stelle jedes anderen versetzt, indem man bloß von den Beschränkungen, die unserer eigenen Beurteilung zufälligerweise anhängen, abstrahiert; welches wiederum dadurch bewirkt wird, daß man das, was in dem Vorstellungszustande Materie, d. i. Empfindung, ist, soviel wie möglich wegläßt und lediglich auf die formalen Eigentümlichkeiten seiner Vorstellung oder seines Vorstellungszustandes acht hat", KU § 40 (II 144 f.); vgl. Geschmacksurteil, Geschmack. Man reflektiert hier „aus einem allgemeinen Standpunkte", indem man sich „in den Standpunkt anderer versetzt", ibid. (II 146). Vgl. Geschmacksurteil.

Gemüt. „Unter G. versteht man nur das die gegebenen Vorstellungen zusammensetzende und die Einheit der empirischen Apprehension bewirkende Vermögen (animus)", Üb. d. Organ. d. Seele. An Sömmering 10. August 1795 1. Anm. (VIII 178). „G." im Sinne von Bewußtsein (s. d.) an vielen Stellen der „Kritik der reinen Vernunft". Das G. (animus) des Menschen ist der „Inbegriff aller Vorstellungen, die in demselben Platz haben". Es hat einen „Umfang" (sphaera), der die drei „Grundstücke": Erkenntnisvermögen, Gefühl der Lust und Unlust und Begehrungsvermögen befaßt, deren jedes in zwei Abteilungen, das Feld der „Sinnlichkeit" und der „Intellektualität", zerfällt („dem der sinnlichen oder intellektuellen Erkenntnis, Lust oder Unlust, und des Begehrens oder Verabscheuens"), Anthr. Ergänz. aus der Handschrift (IV 296). Vgl. Naturell, Herz.

Generell s. Glückseligkeit.

Genie. „G. ist das Talent (Naturgabe), welches der Kunst die Regel gibt. Da das Talent, als angeborenes produktives Vermögen des Künstlers, selbst zur Natur gehört, so könnte man sich auch so ausdrücken: G. ist die angeborene Gemütsanlage (ingenium), durch welche die Natur der Kunst die Regel gibt." „Man sieht daraus, daß G. 1. ein Talent sei, dasjenige, wozu sich keine bestimmte Regel geben läßt, hervorzubringen: nicht Geschicklichkeitsanlage zu dem, was nach irgendeiner Regel gelernt werden kann; folglich, daß Originalität seine erste Eigenschaft sein müsse; 2. daß, da es auch originalen Unsinn geben kann, seine Produkte zugleich Muster, d. i. exemplarisch sein müssen; mithin, selbst nicht durch Nachahmung entsprungen, anderen doch dazu. d. i. zum Richtmaße oder Regel der Beurteilung dienen müssen; 3. daß es, wie es sein Produkt zustande bringe, selbst nicht beschreiben oder wissenschaftlich anzeigen könne, sondern daß es als Natur die Regel gebe... ; 4. daß die Natur durch das G. nicht der Wissenschaft, sondern der Kunst die Regel vorschreibe", KU § 46 (II 160 f.). Der große Mann der Wissenschaft ist vom G. spezifisch verschieden, denn ihre Leistungen lassen sich erlernen, ibid. § 47 (II 161 f.). Das G. ist spezifisch ein „Talent zur schönen Kunst", ibid. § 48 (II 164); vgl. Schönheit. „Kunstwerke" zeigen zuweilen G. ohne Geschmack oder aber Geschmack ohne G., ibid. (II 167). Das G. besteht in dem „glücklichen Verhältnisse", „zu einem gegebenen Begriffe Ideen aufzufinden, und anderseits zu diesen den Ausdruck zu treffen, durch den die dadurch bewirkte subjektive Gemütsstimmung, als Begleitung eines Begriffs, anderen mitgeteilt werden kann" (vgl. Geist) G. ist „die musterhafte Originalität der Naturgabe eines Subjekts im freien Gebrauche seiner Erkenntnisvermögen". Das Produkt eines G.s ist ein Beispiel nicht der Nachahmung, sondern der „Nachfolge für ein anderes G., welches dadurch zum Gefühl seiner eigenen Originalität aufgeweckt wird". Das G. bringt durch sein Beispiel für andere gute Köpfe eine „Schule" hervor, d. h. „eine methodische Unterweisung nach Regeln, soweit man sie aus jenen Geistesprodukten und ihrer Eigentümlichkeit hat ziehen können", ibid. § 49 (II 172 f.). Der Geschmack ist die Disziplin oder Zucht des G.s, ibid. § 50 (II 174). Das G. ist „das Vermögen ästhetischer Ideen", ibid. § 57 Anmerk. I (II 202).

„Die Originalität (nicht nachgeahmte Produktion) der Einbildungskraft, wenn sie zu Begriffen zusammenstimmt, heißt G.", Anthr. 1. T. § 30 (IV 73). G. ist die „Originalität im Denken", ibid. § 54 (IV 140), die „Originalität des Erkenntnisvermögens", ibid. § 57 (IV 145); das „Talent zum Erfinden", die „musterhafte Originalität" des Talents eines Menschen, des seine Werke „ursprünglich" hervorbringenden Künstlers. „Das eigentliche Feld für das G. ist das der Einbildungskraft: weil diese schöpferisch ist und weniger als andere Vermögen unter dem Zwange der Regeln steht, dadurch aber der Originalität desto fähiger ist." G. ist „eigentümlicher Geist". „G." (genius) weist auf die Unsichtbarkeit des Prinzips hin, dessen Eingebung gleichsam man folgt. „Die Gemütskräfte aber müssen hierbei vermittelst der Einbildungskraft harmonisch bewegt werden, weil sie sonst nicht beleben, sondern sich einander stören würden, und das muß durch die Natur des Subjekts geschehen: weshalb man G. auch das Talent nennen kann, ‚durch welches die Natur der Kunst die Regel gibt' ", ibid. (IV 146 f.). G. ist „die Originalität in Erzeugung der Produkte des Erkenntnisvermögens; das Vermögen, unabhängig von einem anderen Muster und selbst doch musterhaft zu denken und zu handeln", Anthr. Ergänz. aus der Handschrift (IV 302). „Ein begeistertes G. ist jederzeit undankbar, hochmütig, unbändig und hohnsprechend. Aber so wie das Gackern einer Henne ertragen werden muß, weil sie doch mit Wehen uns ein Ei legt, wie darum trächtige Hausfrauen gemeiniglich den Ohren viel Plage machen, weil sie sich die Beschwerlichkeit machen müssen, ein Kind zu gebären, so ist das von der plastischen Natur geschwängerte G. auch gebieterisch, hochmütig und trotzig, weil es unter beschwerlichen Verzückungen der Einbildungskraft, unter großer Gefahr der gesunden Vernunft uns ein Kind gebäret, was lieblich anzuschauen, aber, weil es ätherischen Ursprungs ist, sich augenblicklich in Äther auflöset, nachdem man ihm die Hülle der mystischen Sprache abgezogen hat", N 936. „Das G. ist ein Gestörter, den ein anderer erstlich auslegen muß", N 940. Vgl. Idee, Kunst, Geist, Dichtkunst.

Genugtuung. Betreffs der religiösen „G." (Versöhnung mit Gott) besteht eine Antinomie, indem einerseits hierin der moralische Glaube (an die Bedingtheit der G. durch den gebesserten Lebenswandel) dem Kirchenglauben (an das höhere Verdienst des für die Sünden der Menschheit büßenden Erlösers) vorhergehen muß, anderseits der Glaube an ein nicht-menschliches Verdienst, durch das der Mensch mit Gott versöhnt wird, vor aller Bestrebung zum Guten vorhergehen muß, da der von Natur verderbte Mensch sonst nicht an seine sittliche Neugeburt glauben kann. In Wahrheit sind aber hier nicht zwei an sich verschiedene Prinzipien, sondern nur eine und dieselbe praktische Idee, einmal, sofern sie das „Urbild der Gott wohlgefälligen Menschheit (den Sohn Gottes)" als in Gott befindlich und von ihm ausgehend, dann, sofern sie es als in uns befindlich vorstellt, beidemal aber, sofern sie es als Richtmaß unseres Lebenswandels vorstellt. So ist die Antinomie nur scheinbar. Man muß „mit allen Kräften der heiligen Gesinnung eines Gott wohlgefälligen Lebenswandels nachstreben, um glauben zu können, daß die (uns schon durch die Vernunft versicherte) Liebe desselben zur Menschheit, sofern sie seinem Willen nach allem ihrem Vermögen nachstrebt, in Rücksicht auf die redliche Gesinnung den Mangel der Tat, auf welche Art es auch sei, ergänzen werde", Rel. 3. St. VII (IV 134 ff.).

Genuß. Der Mensch gibt „nur durch das, was er tut, ohne Rücksicht auf G.", seinem Dasein einen absoluten Wert. „Eine Verbindlichkeit zum Genießen ist eine offenbare Ungereimtheit. Eben das muß also auch eine vorgegebene Verbindlichkeit zu allen Handlungen sein, die zu ihrem Ziele bloß das Genießen haben: dieses mag nun so geistig ausgedacht (oder verbrämt) sein, wie es wolle, und wenn es auch ein mystischer, sogenannter himmlischer G. wäre", KU § 4 Anm. (II 45). Das Angenehme (s. d.) bereitet G., während das Schöne gefällt. Annehmlichkeit ist G.; die Lust am Angenehmen ist die „Lust des Genusses", ibid. § 4 (II 43 ff.). Vgl. Leben, Glückseligkeit.

Geographie. „Diese Disziplin wird ... eine physische, moralische und politische G. sein, worin zuerst die Merkwürdigkeiten der Natur durch ihre drei Reiche angezeigt werden ..." „Die zweite Abteilung betrachtet den Menschen nach der Mannigfaltigkeit seiner natürlichen Eigenschaften und dem Unterschiede desjenigen, was an ihm moralisch ist, auf der ganzen Erde." „Zuletzt wird dasjenige, was als eine Folge aus der Wechselwirkung beider vorher erzählten Kräfte angesehen werden kann, nämlich der Zustand der Staaten und Völkerschaften auf der Erde erwogen ...", Nachricht von der Einrichtung seiner Vorlesungen 1765—1768 (V 1, 159 f.). „Die Kenntnis der Natur verdanken wir der physischen G. oder Erdbeschreibung." Sie ist der „erste Teil der Welterkenntnis" und sehr nützlich, Phys. Geographie Einl. § 2 (IX 8). Die G. „betrifft Erscheinungen, die sich in Ansehung des Raumes zu gleicher Zeit ereignen". „Die Geschichte desjenigen, was zu verschiedenen Zeiten geschieht und welches die eigentliche Historie ist, ist nichts anderes als eine kontinuierliche G.", ibid. § 4 (IX 12 f.). G. ist eine Naturbeschreibung der ganzen Erde, ibid. (IX 15); die physische G. ist „ein allgemeiner Abriß der Natur". Die G. zerfällt in die mathematische G., moralische G. (Lehre von den „Sitten und Charakteren der Menschen nach den verschiedenen Gegenden"), politische (Einfluß des Milieu auf die Gesetze), merkantilische, theologische (Einfluß des Milieu auf die Religion) G., ibid. § 5 (IX 15 f.); vgl. Entwurf und Ankündigung eines Collegii der physischen G. (VII 381 ff.); vgl. N 83 ff.

Geometrie s. Mathematik, Raum, Größe.

Gerechtigkeit. „Was nach äußeren Gesetzen recht ist, heißt gerecht (iustum), was es nicht ist, ungerecht (iniustum)", MS Einl. IV (III 27). „Wenn unter Naturrecht nur das nicht-statutarische, mithin lediglich das a priori durch jedes Menschen Vernunft erkennbare Recht verstanden wird, so wird nicht bloß die zwischen Personen in ihrem wechselseitigen Verkehr untereinander geltende G. (iustitia commutativa), sondern auch die austeilende (iustitia distributiva), sowie sie nach ihrem Gesetze a priori erkannt werden kann, daß sie ihren Spruch (sententia) fällen müsse, gleichfalls zum Naturrecht gehören." „Die moralische Person, welche der G. vorsteht, ist der Gerichtshof (forum) und, im Zustande ihrer Amtsführung, das Gericht (iudicium)", MSR § 36 (III 116). „Der rechtliche Zustand ist dasjenige Verhältnis der Menschen untereinander, welches die Bedingungen enthält, unter denen allein jeder seines Rechts teilhaftig werden kann, und das formale Prinzip der Möglichkeit desselben, nach der Idee eines allgemein gesetzgebenden Willens betrachtet, heißt die öffentliche G., welche, in Beziehung entweder auf die Möglichkeit oder Wirklichkeit oder Notwendigkeit des Besitzes der Gegenstände (als der Materie der Willkür) nach Gesetzen, in die beschützende (iustitia tutatrix), die wechselseitig erwerbende (iustitia commutativa) und die austeilende G. (iustitia distributiva) eingeteilt werden kann. — Das Gesetz sagt hierbei erstens bloß, welches Verhalten innerlich der Form nach recht ist (lex iusti); zweitens, was als Materie noch auch äußerlich gesetzfähig ist, d. i. dessen Besitzstand rechtlich ist (lex iuridica); drittens, was und wovon der Ausspruch vor einem Gerichtshofe in einem besonderen Falle unter dem gegebenen Gesetze diesem gemäß, d. i. Rechtens ist (lex iustitiae)", ibid. § 41 (III 127). „Aus dem Privatrecht im natürlichen Zustande geht nun das Postulat des öffentlichen Rechts hervor: du sollst, im Verhältnisse eines unvermeidlichen Nebeneinanderseins mit allen anderen, aus jenem heraus in einen rechtlichen Zustand, d. i. den einer austeilenden G. übergehen", ibid. § 42 (III 128). Zwischen dem, was bloß „formaliter" und dem, was auch „materialiter" unrecht ist, muß unterschieden werden, ibid. § 42 Anm. (III 129). „Aus dem Gefühle der Gleichheit entspringt die Idee der G. sowohl der Genötigten als der Nötigenden. Jene ist die Schuldigkeit gegen andere, diese die empfundene Schuldigkeit anderer gegen mich. Damit diese ein Richtmaß im Verstande haben, so können wir uns in Gedanken an die Stelle anderer setzen, und damit es nicht an Triebfedern hierzu ermangele, so werden wir durch Sympathie von dem Unglücke und der Gefahr anderer wie durch unser eigenes bewegt." „Niemals empört etwas mehr, als Ungerechtigkeit; alle anderen Übel, die wir ausstehen, sind nichts dagegen", Bruchstücke aus d. Nachlaß (VIII 269). Vgl. Billigkeit, Gnade, Recht.

Gesamtwille s. Staat, Wille (allgemeiner).

Geschichte. Die menschliche G. weist eine Entwicklung von niederen zu höheren Kulturformen, einen Fortschritt (s. d.) auf. Sie hat natürliche und psychische Faktoren, Bedürfnisse, Bestrebungen, Ideen spielen in ihr eine Rolle und führen in kausalen Zusammenhängen zu zweckvollen Gestaltungen, zum Teil ohne, ja gegen die Intentionen der Menschen. Das ideale Ziel der G. ist die Erreichung einer vollkommenen, universalen rechtlichen Verfassung, die durch die Idee des ewigen Friedens (s. d.) gefördert wird und eine Grundlage aller Kultur (s. d.) bildet. In der G. erreicht der Mensch (als Gattung) im sozialen Leben (s. Gesellschaft) seine Bestimmung, die Entfaltung aller seiner Anlagen (s. d.).

„Im Fortgange einer G. Mutmaßungen einzustreuen, um Lücken in den Nachrichten auszufüllen, ist wohl erlaubt: weil das Vorhergehende als entfernte Ursache und das Nachfolgende als Wirkung eine ziemlich sichere Leitung zur Entdeckung der Mittelursachen abgeben kann, um den Übergang begreiflich zu machen. Allein eine G. ganz und gar aus Mutmaßungen entstehen zu lassen, scheint nicht viel besser, als den Entwurf zu einem Roman zu machen ... Gleichwohl kann das, was im Fortgange der G. menschlicher Handlungen nicht gewagt werden darf, doch wohl über den ersten Anfang derselben, sofern ihn die Natur macht, durch Mutmaßungen versucht werden. Denn dieser darf nicht erdichtet, sondern kann von der Erfahrung hergenommen werden, wenn man voraussetzt, daß diese im ersten Anfange nicht besser oder schlechter gewesen, als wir sie jetzt antreffen: eine Voraussetzung, die der Analogie der Natur gemäß ist und nichts Gewagtes bei sich führt", Anf. d. Menschengesch. (VI 49).

„Einzelne Menschen und selbst ganze Völker denken wenig daran, daß, indem sie, ein jedes nach seinem Sinne und einer oft wider den anderen, ihre eigene Absicht verfolgen, sie unbemerkt an der Naturabsicht, die ihnen selbst unbekannt ist, als an einem Leitfaden fortgehen und an derselben Beförderung arbeiten, an welcher, selbst wenn sie ihnen bekannt würde, ihnen doch wenig gelegen sein würde." „Es ist hier keine Auskunft für den Philosophen, als daß, da er bei Menschen und ihrem Spiele im großen gar keine vernünftige eigene Absicht voraussetzen kann, er versuche, ob er nicht eine Naturabsicht in diesem widersinnigen Gange menschlicher Dinge entdecken könne; aus welcher von Geschöpfen, die ohne eigenen Plan verfahren, dennoch eine G. nach einem bestimmten Plane der Natur möglich sei", G. i. weltbürg. Abs. (VI 5 f.).

1. „Alle Naturanlagen eines Geschöpfes sind bestimmt, sich einmal vollständig und zweckmäßig auszuwickeln." — 2. „Am Menschen (als dem einzigen vernünftigen Geschöpf auf Erden) sollten sich diejenigen Naturanlagen, die auf den Gebrauch seiner Vernunft abgezielt sind, nur in der Gattung, nicht aber im Individuum vollständig entwickeln." — 3. „Die Natur hat gewollt, daß der Mensch alles, was über die mechanische Anordnung seines tierischen Daseins geht, gänzlich aus sich selbst herausbringe und keiner anderen Glückseligkeit oder Vollkommenheit teilhaftig werde, als die er sich selbst, frei von Instinkt, durch eigene Vernunft verschafft hat." — 4. „Das Mittel, dessen sich die Natur bedient, die Entwicklung aller ihrer Anlagen zustande zu bringen, ist der Antagonism derselben in der Gesellschaft, sofern dieser doch am Ende die Ursache einer gesetzmäßigen Ordnung derselben wird. Ich verstehe hier unter dem Antagonism die ungesellige Geselligkeit der Menschen, d. i. den Hang derselben, in Gesellschaft zu treten, der doch mit einem durchgängigen Widerstande, welcher diese Gesellschaft beständig zu trennen droht, verbunden ist." „Dieser Widerstand ist es nun, welcher alle Kräfte des Menschen erweckt... Da geschehen nun die ersten wahren Schritte aus der Rohigkeit zur Kultur, die eigentlich in dem gesellschaftlichen Wert des Menschen besteht." — 5. „Das größte Problem für die Menschengattung, zu dessen Auflösung die Natur ihn zwingt, ist die Erreichung einer allgemein das Recht verwaltenden bürgerlichen Gesellschaft. Da nur in der Gesellschaft, und zwar derjenigen, die die größte Freiheit, mithin einen durchgängigen Antagonism ihrer Glieder, und doch die genaueste Bestimmung und Sicherung der Grenzen dieser Freiheit hat, damit sie mit der Freiheit anderer bestehen könne, da nur in ihr die höchste Absicht der Natur, nämlich die Entwicklung aller ihrer Anlagen, in der Menschheit erreicht werden kann, die Natur auch will, daß sie diesen, so wie alle Zwecke ihrer Bestimmung sich selbst verschaffen solle: so muß eine Gesellschaft, in welcher Freiheit unter äußeren Gesetzen im größtmöglichen Grade mit unwiderstehlicher Gewalt verbunden angetroffen wird, d. i. eine vollkommen gerechte bürgerliche Verfassung die höchste Aufgabe der Natur für die Menschengattung sein; weil die Natur nur vermittelst der Auflösung und Vollziehung derselben ihre übrigen Absichten mit unserer Gattung erreichen kann." „Alle Kultur und Kunst, welche die Menschheit ziert, die schönste gesellschaftliche Ordnung, sind Früchte der Ungeselligkeit, die durch sich selbst genötigt wird, sich zu disziplinieren und so durch abgedrungene Kunst die Keime der Natur vollständig zu entwickeln." — 6. „Dieses Problem ist zugleich das schwerste und das, welches von der Menschengattung am spätesten aufgelöst wird. Die Schwierigkeit ... ist diese: der Mensch ist ein Tier, das, wenn es unter anderen seiner Gattung lebt, einen Herrn nötig hat. Denn er mißbraucht gewiß seine Freiheit in Ansehung anderer seinesgleichen; und ob er gleich als vernünftiges Geschöpf ein Gesetz wünscht, welches der Freiheit aller Schranken setze, so verleitet ihn doch seine selbstsüchtige tierische Neigung, wo er darf,

sich selbst auszunehmen. Er bedarf also einen Herrn, der ihm den eigenen Willen breche und ihn nötige, einem allgemeingültigen Willen, dabei jeder frei sein kann, zu gehorchen. Wo nimmt er aber diesen Herrn her? Nirgend anders als aus der Menschengattung. Aber dieser ist ebensowohl ein Tier, das einen Herrn nötig hat." „Das höchste Oberhaupt soll aber gerecht für sich selbst und doch ein Mensch sein. Diese Aufgabe ist daher die schwerste unter allen; ja ihre vollkommene Auflösung ist unmöglich: aus so krummem Holze, als woraus der Mensch gemacht ist, kann nichts ganz Gerades gezimmert werden. Nur die Annäherung zu dieser Idee ist uns von der Natur auferlegt." — 7. „Das Problem der Errichtung einer vollkommenen bürgerlichen Verfassung ist von dem Problem eines gesetzmäßigen äußeren Staatenverhältnisses abhängig und kann ohne das letztere nicht aufgelöst werden." „Die Natur hat ... die Unvertragsamkeit der Menschen, selbst der großen Gesellschaften und Staatskörper dieser Art Geschöpfe, wieder zu einem Mittel gebraucht, um in dem unvermeidlichen Antagonism derselben einen Zustand der Ruhe und Sicherheit auszufinden; d. i. sie treibt durch die Kriege, durch die überspannte und niemals nachlassende Zurüstung zu denselben, durch die Not, die dadurch endlich ein jeder Staat, selbst mitten im Frieden, innerlich fühlen muß, zu anfänglich unvollkommenen Versuchen, endlich aber nach vielen Verwüstungen, Umkippungen und selbst durchgängiger innerer Erschöpfung ihrer Kräfte zu dem, was ihnen die Vernunft auch ohne soviel traurige Erfahrung hätte sagen können, nämlich: aus dem gesetzlosen Zustande der Wilden hinauszugehen und in einen Völkerbund zu treten, wo jeder, auch der kleinste, Staat seine Sicherheit und Rechte nicht von eigener Macht oder eigener rechtlicher Beurteilung, sondern allein von diesem großen Völkerbunde (Foedus Amphictyonum), von einer vereinigten Macht und von der Entscheidung nach Gesetzen des vereinigten Willens erwarten könnte." — 8. „Man kann die G. der Menschengattung im großen als die Vollziehung eines verborgenen Plans der Natur ansehen, um eine innerlich- und zu diesem Zwecke auch äußerlich-vollkommene Staatsverfassung zustande zu bringen, als den einzigen Zustand, in welchem sie alle ihre Anlagen in der Menschheit völlig entwickeln kann." — 9. „Ein philosophischer Versuch, die allgemeine Weltgeschichte nach einem Plane der Natur, der auf die vollkommene bürgerliche Vereinigung in der Menschengattung abziele, zu bearbeiten, muß als möglich und selbst für diese Naturabsicht beförderlich angesehen werden", G. i. weltbürg. Abs. (VI 6—18). „Daß ich mit dieser Idee einer Weltgeschichte. die gewissermaßen einen Leitfaden a priori hat, die Bearbeitung der eigentlichen, bloß empirisch abgefaßten Historie verdrängen wollte, wäre Mißdeutung meiner Absicht; es ist nur ein Gedanke von dem, was ein philosophischer Kopf (der übrigens sehr geschichtskundig sein müßte) noch aus einem andern Standpunkte versuchen könnte", ibid. (VI 20).

Wie kann man in der G. prophezeien bzw. wie ist „eine G. a priori möglich"? „Antwort: Wenn der Wahrsager die Begebenheiten selber macht und veranstaltet, die er zum voraus verkündigt", Str. d. Fak. 2. Abs. 2 (V 4, 125).

„Alles, was sich erhalten soll, muß eine Gemeinschaft der Richtung haben, und verschiedene Zwecke müssen nach einer Idee zusammenhängen, welche, wenn sie gleich nicht intendiert ist, doch den Ausgang ihrer widerstreitenden Bestrebungen ausmacht, in welchem sie alle vereinigt werden können. Die Einheit der G. aus einer solchen Idee macht aus ihr ein System." Die Idee des Rechts leitet die geschichtliche Entwicklung, N 1420. Vgl. Staatsverfassung, Völkerrecht, Krieg, Friede, Kultur, Mensch, Fortschritt, Glaube, Religion, Christentum, Historisch.

Geschmack. Der G. ist das Vermögen, durch eine mit der Vorstellung der Form eines Gegenstandes, ohne Beziehung auf einen Begriff, unmittelbar verbundene Lust allgemeingültig zu urteilen, KU Einl. VI (II 27); vgl. Ästhetisch. G. (im engeren Sinne) ist „das Vermögen der Beurteilung des Schönen", ibid. § 1 Anm. (II 39). Der Qualität nach ist G. „das Beurteilungsvermögen eines Gegenstandes oder einer Vorstellungsart durch ein Wohlgefallen oder Mißfallen ohne alles Interesse. Der Gegenstand eines solchen Wohlgefallens heißt schön", ibid. § 5 (II 48). Der Sinnengeschmack, in bezug auf das Angenehme (s. d.), ist subjektiv verschieden. Hingegen ist der G. für das Schöne (s. d.) von subjektiver Allgemeinheit; das Geschmacksurteil (s. d.) macht „auf jedermanns Beistimmung rechtmäßigen Anspruch", es gibt hier „universale" Regeln, ibid. § 7 (II 50 f.). „Es kann keine objektive Geschmacksregel, welche durch Begriffe bestimmt, was schön sei, geben." „Die allgemeine Mitteilbarkeit der Empfindung (des Wohlgefallens oder Mißfallens) . . . ist das empirische, wiewohl schwache und kaum zur Vermutung zureichende Kriterium der Abstammung eines so durch Beispiele bewährten G.s von dem tief verborgenen, allen Menschen gemeinschaftlichen Grunde der Einhelligkeit in Beurteilung der Formen, unter denen ihnen Gegenstände gegeben werden." Der G. kann nicht durch Nachahmung erworben werden, er muß ein „selbsteigenes Vermögen" sein. Das „höchste Muster, das Urbild" des G.s ist eine Idee, das „Ideal des Schönen", das wir in uns durch unsere Einbildungskraft hervorbringen, ibid. § 17 (II 72 f.); vgl. Schönheit. Der G. ist „ein Beurteilungsvermögen eines Gegenstandes in Beziehung auf die freie Gesetzmäßigkeit der Einbildungskraft", ibid. § 22 Allgem. Anmerk. (II 82). „Es ist kein objektives Prinzip des G.s möglich." „Unter einem Prinzip des G.s würde man einen Grundsatz verstehen, unter dessen Bedingung man den Begriff eines Gegenstandes subsumieren und alsdann durch einen Schluß herausbringen könnte, daß er schön sei. Das ist aber schlechterdings unmöglich. Denn ich muß unmittelbar an der Vorstellung desselben die Lust empfinden, und sie kann mir durch keine Beweisgründe angeschwatzt werden." Die Kritik des G.s ist nur möglich als „die Kunst oder Wissenschaft, das wechselseitige Verhältnis des Verstandes und der Einbildungskraft zueinander in der gegebenen Vorstellung . . . unter Regeln zu bringen und sie in Ansehung ihrer Bedingungen zu bestimmen", ibid. § 34 (II 135 f.); vgl. Ästhetik. — Der G. ist aber doch ein „sensus communis" (s. Gemeinsinn) als ein „gemeinschaftlicher Sinn". Er ist „das Beurteilungsvermögen desjenigen, was unser Gefühl an einer gegebenen Vorstellung ohne Vermittlung eines Begriffs allgemein mitteilbar macht". Er ist „das Vermögen, die Mitteilbarkeit der Gefühle, welche mit gegebener Vorstellung (ohne Vermittlung eines Begriffs) verbunden sind, a priori zu beurteilen". Das Gefühl im Geschmacksurteile wird jedermann „gleichsam als Pflicht" zugemutet, ibid. § 40 (II 146 f.). — Die wahre „Propädeutik" des G.s ist „die Entwicklung sittlicher Ideen und die Kultur des moralischen Gefühls", „da, nur, wenn mit diesem die Sinnlichkeit in Einstimmung gebracht wird, der echte G. eine bestimmte unveränderliche Form annehmen kann", ibid. § 60 (II 217).

G. im ästhetischen Sinne beruht auf dem „Gefühl für das Schöne", dem Gefühl „der teils sinnlichen, teils intellektuellen Lust in der reflektierten Anschauung", Anthr. 1. T. vor § 67 (IV 167). G. ist „ein sinnliches Beurteilungsvermögen . . ., nicht bloß nach der Sinnesempfindung für mich selbst, sondern auch nach einer gewissen Regel zu wählen, die als für jedermann geltend vorgestellt wird". Diese Regel kann empirisch, nur komparativ allgemein sein. „Aber es gibt auch einen Wohlgeschmack, dessen Regel a priori begründet sein muß, weil sie Notwendigkeit, folglich auch Gültigkeit für jedermann ankündigt, wie die Vorstellung eines Gegenstandes in Beziehung auf das Gefühl der Lust oder Unlust zu beurteilen sei (wo also die Vernunft insgeheim mit im Spiel ist, ob man zwar das Urteil derselben nicht aus Vernunftprinzipien ableiten und es danach beweisen kann); und diesen G. könnte man den vernünftelnden zum Unterschiede vom empirischen als dem Sinnengeschmack (jenen gustus reflectens, diesen reflexus) nennen", ibid. § 67 (IV 167 f.). „Im G. (der Auswahl) aber, d. i. in der ästhetischen Urteilskraft, ist es nicht unmittelbar die Empfindung (das Materiale der Vorstellung des Gegenstandes), sondern wie es die freie (produktive) Einbildungskraft durch Dichtung zusammenpaart, d. i. die Form, was das Wohlgefallen an demselben hervorbringt: denn nur die Form ist es, was des Anspruchs auf eine allgemeine Regel für das Gefühl der Lust fähig ist. Von der Sinnenempfindung, die nach Verschiedenheit der Sinnesfähigkeit der Subjekte sehr verschieden sein kann, darf man eine solche allgemeine Regel nicht erwarten. — Man kann also den G. so erklären: ‚G. ist das Vermögen der ästhetischen Urteilskraft, allgemeingültig zu wählen‘." „Er ist also ein Vermögen der gesellschaftlichen Beurteilung äußerer Gegenstände in der Einbildungskraft." „Hier fühlt das Gemüt seine Freiheit im Spiele der Einbildungen (also der Sinnlichkeit); denn die Sozialität mit anderen Menschen setzt Freiheit voraus — und dieses Gefühl ist Lust. — Aber die Allgemeingültigkeit dieser Lust für jedermann, durch welche die Wahl mit G. (des Schönen) sich von der Wahl durch bloße Sinnenempfindung (des bloß subjektiv Gefallenden), d. i. des Angenehmen, unterscheidet, führt den Begriff eines Gesetzes bei sich; denn nur nach diesem kann die Gültigkeit des Wohlgefallens für den Beurteilenden allgemein sein. Das Vermögen der Vorstellung des Allgemeinen aber ist der Verstand. Also ist das Geschmacksurteil sowohl ein ästhetisches als ein Verstandesurteil, aber in beider Vereinigung (mithin das letztere nicht als rein) gedacht." „Die Beurteilung eines Gegenstandes durch G. ist ein Urteil über die Einstimmung oder den Widerstreit im Spiele der Einbildungskraft und der Gesetzmäßigkeit des Verstandes und geht also nur die Form (diese Vereinbarung der Sinnenvorstellungen) ästhetisch zu beurteilen, nicht Produkte, in welchen jene wahrgenommen wird, hervorzubringen an." Der G. geht „nicht die Materie (die Sinnenlust) an, welche vielmehr, vornehmlich wenn das Gefühl derselben (der Reiz) stark ist, das Geschmacksurteil überschreit. — Der G. ist also nur ein Vermögen, diese Einhelligkeit oder Mißhelligkeit im Zusammensein der Vorstellungen ästhetisch zu beurteilen", ibid. § 67 (IV 168 ff.). Der G. „(gleichsam als formaler Sinn) geht auf Mitteilung seines Gefühls der Lust oder Unlust an andern und enthält eine Empfänglichkeit, durch diese Mitteilung selbst mit Lust affiziert, ein Wohlgefallen (complacentia) daran gemeinschaftlich mit anderen (gesellschaftlich) zu empfinden". Es besteht hier „ein Wohlgefallen an der Übereinstimmung der Lust des Subjekts mit dem Gefühl jedes anderen nach einem allgemeinen Gesetz, welches aus der allgemeinen Gesetzgebung des Fühlenden, mithin aus der Vernunft entspringen muß: d. i. die Wahl nach diesem Wohlgefallen steht der Form nach unter dem Prinzip der Pflicht. Also hat der ideale G. eine Tendenz zur äußeren Beförderung der Moralität". Man könnte so den G. „Moralität in der äußeren Erscheinung" nennen. Der G. enthält so „eine Tendenz zur äußeren Beförderung der Moralität", ibid. § 69 (IV 173). G. ist „ein bloßes regulatives Beurteilungsvermögen der Form in der Verbindung des Mannigfaltigen in der Einbildungskraft". Der „Geist" (s. d.) schafft Ideen, der (Kunst-) G. beschränkt sie auf „die den Gesetzen der produktiven Einbildungskraft angemessene Form", ibid. § 71 B (IV 176). G. „ist das Vermögen, für das Spiel der Einbildungskraft allgemeingültig zu wählen". „Für sich allein wird keiner seine Wahl der Form wegen einschränken." G. ist „entweder der Unterscheidungs- oder Wohlgeschmack. — Der erste gehört bloß zur Sinnenanschauung als Vorstellungsvermögen, der zweite zu derselben als Gefühl der Lust und Unlust". G. ist „das Vermögen, das freie Spiel der Einbildungskraft mit der Gesetzmäßigkeit des Verstandes zu vereinigen", „das Vermögen der ästhetischen Urteilskraft, allgemeingültig zu wählen", Anthr. Ergänz. aus d. Handschrift (IV 304). — G. ist die Lust „an der Beförderung des Lebens im Spiel der Erkenntniskräfte überhaupt", G. ist „die Wahl des allgemein Gefälligen nach Gesetzen der Sinnlichkeit". Er geht „vornehmlich auf die sinnliche Form; denn in Ansehung derer gibt es Gesetze, die für alle gelten", N 627; vgl. 647 f. Vgl. Geschmacksurteil.

G. (im weiteren Sinne) ist „das Urteil über das, was allgemein den Sinnen gefällt, die Vollkommenheit oder Unvollkommenheit desjenigen, was unsere Sinne rührt. Man wird aus der Abweichung des G.s der Menschen sehen, daß ungemein viel bei uns auf Vorurteilen beruhe", Phys. Geographie 2. T. 1. Abs. § 7 (IX 202). Vgl. Gemeinsinn, Spiel, Urteilskraft. Schönheit, Erhaben.

Geschmacksurteil. Die G.e sind die ästhetischen Urteile. Sie beziehen sich auf das Schöne (s. d.) und Erhabene (s. d.) und die besonderen Arten des ästhetisch Gefallenden. „Rein" sind sie, sofern sie, unter Abstraktion vom sinnlich Angenehmen, von Reizen und

Rührungen, auf etwas Formales gehen. Dieses besteht in der Übereinstimmung von Einbildungskraft und Verstand in deren Zusammenspiel, wie es durch die ästhetische Anschauung ausgelöst wird. Es handelt sich hier um eine als solche unmittelbar, ohne Anwendung eines Zweckbegriffs, beurteilte und gefühlte subjektive Zweckmäßigkeit (des Spieles der Seelenkräfte), die aber allgemein mitteilbar ist, so daß die reinen G.e Anspruch auf (subjektive) Allgemeinheit erheben. Die (apriorische) Gesetzlichkeit der Urteilskraft (s. d.) kommt in den reinen G.en zur Geltung; das Schöne und Erhabene ist durch diese Gesetzlichkeit bedingt, hat in ihr seine („transzendentale") Grundlage.

Das „G." ist ein Urteil über die Form eines vorgestellten Gegenstandes als den Grund einer Lust an der Vorstellung eines solchen Objekts (s. Ästhetisch). Mit dieser Vorstellung wird die Lust „als notwendig verbunden" geurteilt, folglich als nicht bloß für das auffassende Subjekt, sondern für „jeden Urteilenden überhaupt" verbunden. Das G. macht Anspruch, „für jedermann zu gelten"; es wird hier ein Gefühl der Lust „jedermann zugemutet". Der Urteilende macht „mit Recht Anspruch auf jedermanns Beistimmung", „weil der Grund zu dieser Lust in der allgemeinen, obzwar subjektiven Bedingung der reflektierenden Urteile, nämlich der zweckmäßigen Übereinstimmung eines Gegenstandes ... mit dem Verhältnis der Erkenntnisvermögen unter sich ... (der Einbildungskraft und des Verstandes), angetroffen wird". Man kann zwar a priori nicht bestimmen, welcher Gegenstand dem Geschmacke gemäß sein werde, aber man ist sich bewußt, daß die Lust, die hier in Frage steht, bloß auf den allgemeinen und subjektiven Bedingungen der Übereinstimmung der Reflexion mit der Erkenntnis der Objekte, für welche die Form des Objekts zweckmäßig ist, beruht, KU Einl. VII (II 27 ff.). „Um zu unterscheiden, ob etwas schön sei oder nicht, beziehen wir die Vorstellung nicht durch den Verstand auf das Objekt zum Erkenntnisse, sondern durch die Einbildungskraft (vielleicht mit dem Verstande verbunden) auf das Subjekt und das Gefühl der Lust oder Unlust desselben. Das G. ist also kein Erkenntnisurteil, mithin nicht logisch, sondern ästhetisch, worunter man dasjenige versteht, dessen Bestimmungsgrund nicht anders als subjektiv sein kann", KU § 1 (II 39). Wenn man etwas als schön beurteilt, so hat man kein Interesse (s. d.) an der Existenz des Gegenstandes, dessen Begehren hier nicht in Frage kommt. „Man will nur wissen: ob diese bloße Vorstellung des Gegenstandes in mir mit Wohlgefallen begleitet sei, so gleichgültig ich auch immer in Ansehung der Existenz des Gegenstandes dieser Vorstellung sein mag." Das Wohlgefallen im G.e ist „rein", „uninteressiert", ibid. § 2 (II 40f.). Das G. ist (der „Qualität" nach) „bloß kontemplativ, d. i. ein Urteil, welches, indifferent in Ansehung des Daseins eines Gegenstandes, nur seine Beschaffenheit mit dem Gefühl der Lust und Unlust zusammenhält", ibid. § 5 (II 46). Der „Quantität" nach hat das G. „Anspruch auf subjektive Allgemeinheit". Da es nicht auf Neigung oder Interesse des Subjekts beruht, so hängt es von keinen „Privatbedingungen" als Gründen des Wohlgefallens am Schönen (s. d.) ab, und man kann die Gültigkeit des Urteils für jedermann voraussetzen, ohne diese Allgemeinheit auf Begriffe zu stützen, ibid. § 6 (II 48 f.). Durch das G. über das Schöne sinnt man das Wohlgefallen an einem Gegenstande jedermann an, ohne sich doch auf einen Begriff zu stützen. Diese Allgemeinheit des „Reflexionsgeschmacks" ist nicht logisch, sondern ästhetisch, d. h. sie enthält nicht eine objektive, sondern eine subjektive Qualität des Urteils, d. h. „Gemeingültigkeit" als Gültigkeit der Beziehung einer Vorstellung auf das Gefühl der Lust und Unlust für jedes Subjekt („subjektive Allgemeingültigkeit" im Unterschiede von der „objektiven", logischen). Eine „Regel", nach der jemand genötigt werden sollte, etwas für schön anzuerkennen, gibt es nicht, man will das Objekt selbst anschauen und hierbei „glaubt man eine allgemeine Stimme für sich zu haben, und macht Anspruch auf den Beitritt von jedermann". Das G. selbst „postuliert" nicht jedermanns Einstimmung, „es sinnt nur jedermann diese Einstimmung an". „Die allgemeine Stimme ist also nur eine Idee", auf die man sein Urteil bezieht, ob man nun ein richtiges oder unrichtiges G. fällt, ibid. § 8 (II 51 ff.). Im G. geht das Lustgefühl nicht der Beurteilung des Gegenstandes vorher, denn eine solche Lust könnte, als bloße Annehmlichkeit der Sinnesempfindung, nur Privatgültigkeit haben, weil sie von der Vorstellung, durch die der Gegenstand gegeben ist, unmittelbar abhinge. „Also ist es die allgemeine Mitteilungsfähigkeit des Gemütszustandes in der gegebenen Vorstellung, welche, als subjektive Bedingung des G.s, demselben zum Grunde liegen und die Lust an dem Gegenstande zur Folge haben muß. Es kann aber nichts allgemein mitgeteilt werden als Erkenntnis und Vorstellung, sofern sie zum Erkenntnis gehört. Denn sofern ist die letztere nur allein objektiv und hat nur dadurch einen allgemeinen Beziehungspunkt, womit die Vorstellungskraft aller zusammenzustimmen genötigt wird." Was sich so mitteilen läßt, ist der Gemütszustand in dem „freien Spiele" der Erkenntnisvermögen der Einbildungskraft und des Verstandes, sofern sie untereinander zusammenstimmen, „indem wir uns bewußt sind, daß dieses zum Erkenntnis überhaupt schickliche subjektive Verhältnis ebensowohl für jedermann gelten und folglich allgemein mitteilbar sein müsse". Diese „bloß subjektive (ästhetische) Beurteilung des Gegenstandes oder der Vorstellung, wodurch er gegeben wird, geht nun vor der Lust an demselben vorher und ist der Grund dieser Lust an der Harmonie der Erkenntnisvermögen; auf jener Allgemeinheit aber der subjektiven Bedingungen der Beurteilung der Gegenstände gründet sich allein diese allgemeine subjektive Gültigkeit des Wohlgefallens, welches wir mit der Vorstellung des Gegenstandes, den wir schön nennen, verbinden". Die subjektive Einheit des Verhältnisses von Einbildungskraft und Verstand macht sich nur durch Empfindung (nicht begrifflich) kenntlich. „Die Belebung beider Vermögen (der Einbildungskraft und des Verstandes) zu bestimmter, aber doch vermittelst des Anlasses der gegebenen Vorstellung einhelliger Tätigkeit, derjenigen nämlich, die zu einem Erkenntnis überhaupt gehört, ist die Empfindung, deren allgemeine Mitteilbarkeit das G. postuliert." Das Bewußtsein jenes Verhältnisses liegt in der Empfindung der Wirkung, „die im erleichterten Spiele beider durch wechselseitige Zusammenstimmung belebten Gemütskräfte... besteht". „Eine Vorstellung, die als einzeln und ohne Vergleichung mit anderen dennoch eine Zusammenstimmung zu den Bedingungen der Allgemeinheit hat, welche das Geschäft des Verstandes überhaupt ausmacht, bringt die Erkenntnisvermögen in die proportionierte Stimmung, die wir zu allem Erkenntnisse fordern, und daher auch für jedermann, der durch Verstand und Sinne in Verbindung zu urteilen bestimmt ist (für jeden Menschen), gültig halten", ibid. § 9 (II 55 ff.). Das G. hat „nichts als die Form der Zweckmäßigkeit eines Gegenstandes (oder der Vorstellungsart desselben) zum Grunde". Dem G. kann weder ein „subjektiver" (mit einem Interesse verbundener) noch ein „objektiver" Zweck (Begriff des Guten) zugrunde liegen, weil es ein ästhetisches Urteil ist, welches „bloß das Verhältnis der Vorstellungskräfte zueinander" betrifft; mit diesem Verhältnis ist ein Lustgefühl verbunden. „Also kann nichts anderes als die subjektive Zweckmäßigkeit in der Vorstellung eines Gegenstandes, ohne allen (weder objektiven noch subjektiven) Zweck, folglich die bloße Form der Zweckmäßigkeit in der Vorstellung, wodurch uns ein Gegenstand gegeben wird, sofern wir uns ihrer bewußt sind, das Wohlgefallen, welches wir, ohne Begriff, als allgemein mitteilbar beurteilen, mithin den Bestimmungsgrund des G.s ausmachen", ibid. § 11 (II 59 f.). „Das G. beruht auf Gründen a priori." Gefühl und Vorstellung sind nur durch Erfahrung als verbunden erkennbar, aber „der Gemütszustand eines irgend wodurch bestimmten Willens ist an sich schon ein Gefühl der Lust und mit ihm identisch, folgt also nicht als Wirkung daraus". Das ist so im moralischen Urteil, ähnlich auch im ästhetischen, nur daß die Lust hier bloß „kontemplativ" ist. „Das Bewußtsein der bloß formalen Zweckmäßigkeit im Spiele der Erkenntniskräfte des Subjekts, bei einer Vorstellung, wodurch ein Gegenstand gegeben wird, ist die Lust selbst." Diese Lust ist nicht praktisch, hat aber doch „Kausalität in sich", nämlich „den Zustand der Vorstellung selbst und die Beschäftigung der Erkenntniskräfte ohne weitere Absicht zu erhalten". „Wir weilen bei der Betrachtung des Schönen, weil diese Betrachtung sich selbst stärkt und reproduziert", ibid. § 12 (II 60 f.). „Das reine G. ist von Reiz und Rührung unabhängig." „Alles Interesse verdirbt das G. und nimmt ihm seine Unparteilichkeit", es kann dann nicht auf Allgemeingültigkeit Anspruch machen.

„Der Geschmack ist jederzeit noch barbarisch, wo er die Beimischung der Reize und Rührungen zum Wohlgefallen bedarf, ja wohl gar diese zum Maßstabe seines Beifalls macht." „Ein G., auf welches Reiz und Rührung keinen Einfluß haben (ob sie sich gleich mit dem Wohlgefallen am Schönen verbinden lassen), welches also bloß die Zweckmäßigkeit der Form zum Bestimmungsgrunde hat, ist ein reines G.", ibid. § 13 (II 61 f.). G.e (eigentliche) sind „reine" („formale") ästhetische Urteile und sind selbst „rein", sofern „kein bloß empirisches Wohlgefallen dem Bestimmungsgrunde desselben beigemischt wird". Bloße Empfindungen (Farben, Töne) sind als solche nicht schön, nur „angenehm". Als schön können sie auch nur gelten, sofern sie „rein" sind, und dies betrifft schon ihre Form; denn die Qualität der Empfindung ist schwerlich als von jedermann gleich beurteilbar anzunehmen. (Vgl. Malerei, Musik.) Freilich: „Nimmt man mit Eulern an, daß die Farben gleichzeitig aufeinander folgende Schläge (pulsus) des Äthers so wie Töne der im Schalle erschütterten Luft sind, und, was das Vornehmste ist, das Gemüt nicht bloß durch den Sinn die Wirkung davon auf die Belebung des Organs, sondern auch durch die Reflexion das regelmäßige Spiel der Eindrücke (mithin die Form in der Verbindung verschiedener Vorstellungen) wahrnehme, woran ich doch gar nicht [oder „gar sehr"?] zweifle, so würden Farbe und Ton nicht bloße Empfindungen, sondern schon formale Bestimmung der Einheit eines Mannigfaltigen derselben sein und alsdann auch für sich zu Schönheiten gezählt werden können". „Das Reine aber in einer einfachen Empfindungsart bedeutet, daß die Gleichförmigkeit derselben durch keine fremdartige Empfindung gestört und unterbrochen wird, und gehört bloß zur Form." Daher werden alle einfachen Farben, sofern sie rein sind, für schön gehalten, die gemischten aber nicht. „Reize" können noch neben der Schönheit das Gemüt, außer dem „trockenen Wohlgefallen" am Schönen, „interessieren", aber nicht die Schönheit erhöhen, hingegen dem G. Abbruch tun. „In der Malerei, Bildhauerkunst, ja in allen bildenden Künsten..., ist die Zeichnung das Wesentliche." Die Farben „gehören zum Reiz", sie werden allein durch die schöne Form veredelt, tragen nichts zur Schönheit bei. Zeichnung und Komposition machen den eigentlichen Gegenstand des reinen G.s aus, als „Spiel der Gestalten (im Raume)" oder „Spiel der Empfindungen (in der Zeit)". „Rührung, eine Empfindung, wo Annehmlichkeit nur vermittelst augenblicklicher Hemmung und darauf erfolgender stärkerer Ergießung der Lebenskraft gewirkt wird, gehört gar nicht zur Schönheit", ibid. § 14 (II 67 ff.). — Nicht rein ist ferner das G., durch das ein Gegenstand unter der Bedingung eines bestimmten Begriffs für schön erklärt wird, also bloß „anhängende", nicht „freie" Schönheit hat. Rein ist das G. nur in der Beurteilung einer freien Schönheit, die keinen Begriff von dem, was der Gegenstand sein soll, voraussetzt, also nicht einen Begriff des Guten oder der Vernunft, ibid. § 16 (II 69 ff.). Die Notwendigkeit des G.s ist weder eine „theoretische objektive Notwendigkeit" noch eine „praktische", sondern eine „exemplarische", d. h. „eine Notwendigkeit der Beistimmung aller zu einem Urteil, was wie ein Beispiel einer allgemeinen Regel, die man nicht angeben kann, angesehen wird", ibid. § 18 (II 78 f.). Die subjektive Notwendigkeit des G.s ist nur ein bedingtes Sollen, d. h. „man wirbt um jedes anderen Beistimmung, weil man dazu einen Grund hat, der allen gemein ist; auf welche Beistimmung man auch rechnen könnte, wenn man nur immer sicher wäre, daß der Fall unter jenem Grunde als Regel des Beifalls richtig subsumiert wäre", ibid. § 19 (II 79). Die Bedingung der Notwendigkeit, das Prinzip des G.s ist ein „Gemeinsinn" (s. d.), der nach Gefühl urteilt und die „Wirkung aus dem freien Spiel unserer Erkenntniskräfte" ist, ibid. § 20 (II 79 f.). Die Mitteilbarkeit der zweckmäßigen Stimmung der Erkenntniskräfte und das Gefühl derselben setzt einen solchen Gemeinsinn voraus, ibid § 21 (II 80 f.). Unter der Voraussetzung dieses Gemeinsinnes wird die subjektive Notwendigkeit des G.s als objektiv vorgestellt. Der Gemeinsinn sagt nicht, „daß jedermann mit unserem Urteil übereinstimmen werde, sondern damit zusammenstimmen solle". Er ist also „eine bloße idealische Norm, unter deren Voraussetzung man ein Urteil, welches mit ihr zusammenstimmte, und das in demselben ausgedrückte Wohlgefallen an einem Objekt für jedermann mit Recht zur Regel machen könnte;

weil zwar das Prinzip nur subjektiv, dennoch aber für subjektiv-allgemein (eine jedermann notwendige Idee) angenommen, was die Einhelligkeit verschiedener Urteilenden betrifft, gleich einem objektiven, allgemeine Beistimmung fordern könnte, wenn man nur sicher wäre, darunter richtig subsumiert zu haben". „Diese unbestimmte Norm eines Gemeinsinns wird von uns wirklich vorausgesetzt; das beweist unsere Anmaßung, G.e zu fällen", ibid. § 22 (II 81 f.). Mag auch die „empirische Exposition" der ästhetischen Urteile den Anfang machen, so ist doch eine „transzendentale Erörterung" derselben möglich und zur „Kritik des Geschmacks" gehörig, die das apriorische Prinzip der G.e betrifft, ibid. § 29 Allg. Anmerk. (II 127). Es bedarf einer „Deduktion" (s. d.), einer Legitimation des Anspruchs dieser Urteile (über das Schöne), einer „Gewährleistung der Rechtmäßigkeit" derselben, ibid. §§ 30—31 (II 128 ff.). Die erste Eigentümlichkeit des G.s ist: „Das G. bestimmt seinen Gegenstand in Ansehung des Wohlgefallens (als Schönheit) mit einem Anspruche auf jedermanns Beistimmung, als ob es objektiv wäre", ibid. § 32 (II 131 ff.). Die zweite Eigentümlichkeit ist die: „Das G. ist gar nicht durch Beweisgründe bestimmbar, gleich als ob es bloß subjektiv wäre", ibid. § 33 (II 133 ff.). Ein „objektives Prinzip" des Geschmacks ist nicht möglich. „Unter einem Prinzip des Geschmacks würde man einen Grundsatz verstehen, unter dessen Bedingung man den Begriff eines Gegenstandes subsumieren und alsdann durch einen Schluß herausbringen könnte, daß er schön sei. Das ist aber schlechterdings unmöglich. Denn ich muß unmittelbar an der Vorstellung desselben die Lust empfinden, und sie kann mir durch keine Beweisgründe angeschwatzt werden", ibid. § 34 (II 135); vgl. Ästhetik. Das Prinzip des Geschmacks ist das subjektive Prinzip der Urteilskraft überhaupt, die subjektive formale Bedingung derselben, nämlich die Zusammenstimmung von Einbildungskraft und Verstand, ibid. § 35 (II 136 f.). Mit einer Wahrnehmung kann unmittelbar ein Gefühl der Lust und Wohlgefallen verbunden werden, welches die Vorstellung des Objekts begleitet und derselben statt Prädikats dient. Einem solchen ästhetischen Urteil muß etwas als Prinzip a priori zugrunde liegen, und dieses Prinzip bedarf einer „Deduktion" seiner (subjektiven) Allgemeinheit und Notwendigkeit. Sie gibt die Antwort auf die Frage: wie sind G.e — eine Art der synthetischen Urteile a priori — möglich, d. h.: „wie ist ein Urteil möglich, das bloß aus dem eigenen Gefühl der Lust an einem Gegenstande, unabhängig von dessen Begriffe, diese Lust als der Vorstellung desselben Objekts in jedem anderen Subjekt anhängig a priori, d. i. ohne fremde Beistimmung abwarten zu dürfen, beurteilte?" ibid. § 36 (II 138 f.). Im G. wird aber nicht die Lust, sondern die Allgemeinheit derselben als für jedermann gültig vorgestellt, ibid. § 37 (II 139 f.). Die „Deduktion der G.e" lautet nun: „Wenn eingeräumt wird, daß in einem reinen G.e das Wohlgefallen an dem Gegenstande mit der bloßen Beurteilung seiner Form verbunden sei, so ist es nichts anderes als die subjektive Zweckmäßigkeit derselben für die Urteilskraft, welche wir mit der Vorstellung des Gegenstandes im Gemüte verbunden empfinden. Da nun die Urteilskraft in Ansehung der formalen Regeln der Beurteilung, ohne alle Materie (weder Sinnenempfindung noch Begriff), nur auf die subjektiven Bedingungen des Gebrauchs der Urteilskraft überhaupt (die weder auf die besondere Sinnesart noch einen besonderen Verstandesbegriff eingerichtet ist) gerichtet sein kann; folglich auf dasjenige Subjektive, welches man in allen Menschen (als zum möglichen Erkenntnisse überhaupt erforderlich) voraussetzen kann: so muß die Übereinstimmung einer Vorstellung mit diesen Bedingungen der Urteilskraft als für jedermann gültig a priori angenommen werden können. D. i. die Lust oder subjektive Zweckmäßigkeit der Vorstellung für das Verhältnis der Erkenntnisvermögen in der Beurteilung eines sinnlichen Gegenstandes überhaupt wird jedermann mit Recht angesonnen werden können", ibid. § 38 (II 140). Man muß einräumen: 1. daß bei allen Menschen die subjektiven Bedingungen des ästhetischen Urteilens einerlei sind, „weil sich sonst Menschen ihre Vorstellungen und selbst das Erkenntnis nicht mitteilen könnten", 2. das Urteil habe bloß auf diese formale Bedingung Rücksicht genommen und sei rein, ibid. Anm. (II 140 f.). Das G. ist kein Erkenntnisurteil; es „behauptet nur, daß wir berechtigt sind, dieselben subjektiven Bedingungen der Urteilskraft allgemein bei jedem Menschen vorauszusetzen, die wir in uns antreffen; und nur noch, daß wir unter diese Bedingungen das gegebene Objekt richtig subsumiert haben", ibid. Anmerk. (II 141). Das G. hat kein Interesse zum Bestimmungsgrunde, aber es kann ein solches mit ihm verbunden werden, und zwar immer nur indirekt, sei es etwas Empirisches oder Intellektuelles, ibid. § 41 (II 147 ff.); vgl. Schönheit.

Betreffs des Geschmacks zeigt sich folgende „Antinomie" (vgl. Dialektik): „1. Thesis. Das G. gründet sich nicht auf Begriffen; denn sonst ließe sich darüber disputieren (durch Beweise entscheiden). 2. Antithesis. Das G. gründet sich auf Begriffen; denn sonst ließe sich, ungeachtet der Verschiedenheit desselben, darüber auch nicht einmal streiten (auf die notwendige Einstimmung anderer mit diesem Urteile Anspruch machen)", ibid. § 57 (II 196 f.). Die Auflösung dieser Antinomie besteht darin, daß man zeigt, der Begriff, worauf man das Objekt in dieser Art von Urteilen bezieht, werde in beiden Maximen der ästhetischen Urteilskraft in zweierlei Sinn genommen. Das G. bezieht sich zwar auf einen Begriff, aber einen solchen, „der sich gar nicht durch Anschauung bestimmen, durch den sich nichts erkennen, mithin auch kein Beweis für das G. führen läßt". „Ein dergleichen Begriff aber ist der bloße reine Vernunftbegriff von dem Übersinnlichen, das dem Gegenstande (und auch dem urteilenden Subjekte) als Sinnenobjekt, mithin als Erscheinung, zum Grunde liegt." · Aller Widerspruch fällt weg, wenn man sagt: „das G. gründet sich auf einem Begriffe (eines Grundes überhaupt von der subjektiven Zweckmäßigkeit der Natur für die Urteilskraft), aus dem aber nichts in Ansehung des Objekts erkannt und bewiesen werden kann, weil es an sich unbestimmbar und zum Erkenntnis untauglich ist; es bekommt aber durch ebendenselben doch zugleich Gültigkeit für jedermann . . ., weil der Bestimmungsgrund desselben vielleicht im Begriffe von demjenigen liegt, was als das übersinnliche Substrat der Menschheit angesehen werden kann". „In der Thesis sollte es daher heißen: das G. gründet sich nicht auf bestimmten Begriffen; in der Antithesis aber: das G. gründet sich doch auf einem, obzwar unbestimmten Begriffe (nämlich vom übersinnlichen Substrat der Erscheinungen); und alsdann wäre zwischen ihnen kein Widerstreit", ibid. § 57 (II 197 ff.).

„Man kann zuvörderst das Prinzip des Geschmacks entweder darin setzen, daß dieser jederzeit nach empirischen Bestimmungsgründen und also nach solchen, die nur a posteriori durch Sinne gegeben werden, oder man kann einräumen, daß er aus einem Grunde a priori urteile. Das erstere wäre der Empirism der Kritik des Geschmacks, das zweite der Rationalism desselben. Nach dem ersten wäre das Objekt unseres Wohlgefallens nicht vom Angenehmen, nach dem zweiten, wenn das Urteil auf bestimmten Begriffen beruhte, nicht vom Guten unterschieden." Aber es gibt „Gründe des Wohlgefallens a priori", die mit dem Prinzip des Rationalismus vereinbar sind, obgleich sie nicht in bestimmte Begriffe gefaßt werden können. — Der Rationalismus des Geschmacksprinzips ist „entweder der des Realism der Zweckmäßigkeit oder des Idealism derselben." Der Unterschied beider kann nur darin bestehen, daß entweder die subjektive (ästhetische) Zweckmäßigkeit „als wirklicher (absichtlicher) Zweck der Natur (oder der Kunst), mit unserer Urteilskraft übereinzustimmen, oder im zweiten Falle nur als eine, ohne Zweck, von selbst und zufälligerweise sich hervortuende zweckmäßige Übereinstimmung zu dem Bedürfnis der Urteilskraft, in Ansehung der Natur und ihrer nach besonderen Gesetzen erzeugten Formen, angenommen werde". Das Prinzip der Idealität der Zweckmäßigkeit im Schönen der Natur legen wir im ästhetischen Urteile stets zugrunde, indem wir das Richtmaß der Schönheit a priori in uns selbst suchen und die ästhetische Urteilskraft hier selbst gesetzgebend ist, was bei Annahme des Realismus nicht möglich wäre. „So wie die Idealität der Gegenstände der Sinne als Erscheinungen die einzige Art ist, die Möglichkeit zu erklären, daß ihre Formen a priori bestimmt werden können, so ist auch der Idealism der Zweckmäßigkeit in Beurteilung des Schönen der Natur und der Kunst die einzige Voraussetzung, unter der allein die Kritik die Möglichkeit eines G.s, welches a priori Gültigkeit für jedermann fordert . . ., erklären kann", ibid. § 58 (II 205 ff.). Vgl. Geschmack, Gemeinsinn, Ästhetik, Schönheit, Erhaben, Spiel.

Gesellschaft. Der Mensch hat „eine Neigung, sich zu vergesellschaften: weil er in einem solchen Zustande sich mehr als Mensch, d. i. die Entwicklung seiner Naturanlagen, fühlt. Er hat aber auch einen großen Hang, sich zu vereinzelnen (isolieren): weil er in sich zugleich die ungesellige Eigenschaft antrifft, alles bloß nach seinem Sinne richten zu wollen, und daher allerwärts Widerstand erwartet, so wie er von sich selbst weiß, daß er seinerseits zum Widerstand gegen andere geneigt ist. Dieser Widerstand ist es nun, welcher alle Kräfte des Menschen erweckt, ihn dahin bringt, seinen Hang zur Faulheit zu überwinden und, getrieben durch Ehrsucht, Herrschsucht oder Habsucht, sich einen Rang unter seinen Mitgenossen zu verschaffen, die er nicht wohl leiden, von denen er aber auch nicht lassen kann. Da geschehen nun die ersten wahren Schritte aus der Rohigkeit zur Kultur, die eigentlich in dem gesellschaftlichen Wert des Menschen besteht", G. i. weltbürg. Abs. 4. Satz (IV 9). Der Mensch hat einen natürlichen Hang zur Geselligkeit, KU § 9 (II 56); einen „Trieb zur G.", § 41 (II 148); einen „Trieb zur gesetzlichen Geselligkeit, wodurch ein Volk ein dauerndes gemeines Wesen ausmacht", § 60 (II 216). „Der Mensch ist ein für die G. bestimmtes (obzwar doch auch ungeselliges) Wesen", MST § 47 (IV 333).

Die praktische Vernunft gibt dem Menschen auf, in eine Gemeinschaft mit den anderen Menschen (als Vernunftwesen) zu treten (s. Reich der Tugend); der Mensch versetzt sich durch sein sittliches Wollen und Handeln in ein „Reich der Zwecke" (s. d.), verbindet sich mit seinesgleichen zu einem ideal-sozialen System frei wollender, autonomer, als Selbstzwecke (nicht bloß als Mittel) geltender, aus eigener Vernunft gesetzgebender Persönlichkeiten.

Es ist eine Eigenschaft der menschlichen Natur, „ohne Zwang und Beherrschung von seines Gleichen nicht nebeneinander bestehen zu können. Sie müssen als Tiere diszipliniert und durch Befehle regiert werden. Der Geist der Gemeinschaft ist der, durch den sie allein ihrer Freiheit sich bedienen können", N 1227. „Es ist eine besondere Neigung der Menschen zur Vereinigung in eine G., nicht immer der Einigkeit ihrer Gesinnungen wegen, sondern um einen vereinten Willen, dessen Kraft stärker ist, hervorzubringen, und aus einer Liebe zum System, d. i. einem Ganzen nach Gesetzen. Aber es ist auch, wenn die Sozietät groß wird, ein Hang zu Spaltungen da und zu Sekten, damit kleinere, darin sich die socii mehr übersehen können und die Vereinigung inniglicher sei [entstehen]. Da ist denn nicht sowohl die Kraft, als vielmehr die Ordnung und Zusammenhang der Bewegungsgrund. Daher Spaltung großer Staaten, esprit de corps", N 1434. „Wenn die Menschen anfangs nicht gesellschaftlich gelebt haben, so konnten sie keine Sprache besitzen", N 1387. Vgl. Geschichte, Staat, Geschmack.

Gesetz. G.e sind objektive Regeln, einheitliche, allgemeingültige Verknüpfungen. Die besonderen Naturgesetze lassen sich nur an der Hand der Erfahrung auffinden, aber nur so, daß sie durch Anwendung fundamentaler, apriorischer G.e des reinen Verstandes auf das Gegebene zur Formulierung gelangen. Die transzendentalen Grundsätze (s. d.) des Verstandes sind die Bedingungen der Erfahrung überhaupt und der Möglichkeit, empirische Gesetze zu erkennen; insofern ist der Verstand der G.geber der Natur, d. h. er ist das Prinzip der Herstellung einheitlicher, gesetzmäßiger Erscheinungszusammenhänge, deren Inbegriff die „Natur" bildet. Weil diese „Natur" selbst schon durch die Faktoren der Erkenntnis bedingt ist, gehorcht sie der G.gebung des Verstandes, von der nur das „Ding an sich" frei ist. Betreffs der besonderen Naturgesetze kann Unsicherheit und Wandel der Ansichten bestehen, daß aber sich überall und stets in der Natur G.e finden lassen, gilt a priori und absolut gewiß, da der Verstand keine Objekte erkennen kann, ohne gesetzgebend zu sein, und da ohne solche G.gebung die Objekte (s. d.) der Erfahrung selbst gar nicht gedacht werden können. Die Einheit der „Apperzeption" (s. d.) ist die Quelle aller G.gebung des Verstandes. Auch die praktische Vernunft ist gesetzgebend, und zwar rechtlich wie sittlich; ihre Gesetze sind „Freiheitsgesetze" (s. Freiheit). Das Sittengesetz bezieht sich auf die Form des Wollens, es fordert die Eignung desselben zu einer allgemeinen Gesetzgebung (s. Imperativ). Auf den einheitlichen Zusammenhang der besonderen, empirischen Gesetze derNatur geht die reflektierende Urteilskraft (s. d.), deren Prinzip die Idee des Zweckes (s. d.) ist.

Die Natur und die „ewigen G.e", welche den Substanzen zu ihrer Wechselwirkung „vorgeschrieben" sind, sind „kein selbständiges und ohne Gott notwendiges Prinzipium". Diese unwandelbaren Gesetze sind den Dingen durch Gott „eingepflanzt", Th. d. Himmels 2. T. 8. H. (VII 145 ff.); vgl. Harmonie, Weltkörper.

Die Kategorien (s. d.) sind Begriffe, welche den Erscheinungen und der Natur als dem Inbegriffe dieser in Raum und Zeit „G.e a priori vorschreiben". Die Natur muß sich nach diesen G.en richten, muß „mit den Verstande und seiner Form a priori, d. i. seinem Vermögen, das Mannigfaltige überhaupt zu verbinden", übereinstimmen. Denn „G.e existieren ebensowenig in den Erscheinungen, sondern nur relativ auf das Subjekt, dem die Erscheinungen inhärieren, sofern es Verstand hat, als Erscheinungen nicht an sich existieren, sondern nur relativ auf dasselbe Wesen, sofern es Sinne hat. Dingen an sich selbst würde ihre Gesetzmäßigkeit notwendig, auch außer einem Verstande, der sie erkennt, zukommen. Allein Erscheinungen sind nur Vorstellungen von Dingen, die nach dem, was sie an sich sein mögen, unerkannt da sind. Als bloße Vorstellungen aber stehen sie unter gar keinem G.e der Verknüpfung, als demjenigen, welches das verknüpfende Vermögen vorschreibt. Nun ist das, was das Mannigfaltige der sinnlichen Anschauung verknüpft, Einbildungskraft, die vom Verstande der Einheit ihrer intellektuellen Synthesis, und von der Sinnlichkeit der Mannigfaltigkeit der Apprehension nach abhängt. Da nun von der Synthesis der Apprehension alle mögliche Wahrnehmung, sie selbst aber, diese empirische Synthesis, von der transzendentalen, mithin den Kategorien abhängt, so müssen alle möglichen Wahrnehmungen, mithin auch alles, was zum empirischen Bewußtsein immer gelangen kann, d. i. alle Erscheinungen der Natur, ihrer Verbindung nach, unter den Kategorien stehen, von welchen die Natur (bloß als Natur überhaupt betrachtet), als dem ursprünglichen Grunde ihrer notwendigen Gesetzmäßigkeit (als natura formaliter spectata), abhängt." „Auf mehr G.e aber als die, auf denen eine Natur überhaupt, als Gesetzmäßigkeit der Erscheinungen in Raum und Zeit, beruht, reicht auch das reine Verstandesvermögen nicht zu, durch bloße Kategorien den Erscheinungen a priori G.e vorzuschreiben. Besondere G.e, weil sie empirisch bestimmte Erscheinungen betreffen, können davon nicht vollständig abgeleitet werden, ob sie gleich alle insgesamt unter jenen stehen. Es muß Erfahrung dazu kommen, um die letzteren überhaupt kennenzulernen; von Erfahrung aber überhaupt und dem, was als ein Gegenstand derselben erkannt werden kann, geben allein jene G.e a priori die Belehrung", KrV tr. Anal. § 26 (I 173 f.—Rc 221 ff.). Der reine Verstand ist der Quell der Grundsätze (s. d.), „nach welchen alles (was uns nur als Gegenstand vorkommen kann) notwendig unter Regeln steht, weil ohne solche den Erscheinungen niemals Erkenntnis eines ihnen korrespondierenden Gegenstandes zukommen könnte. Selbst Naturgesetze, wenn sie als Grundsätze des empirischen Verstandesgebrauchs betrachtet werden, führen zugleich einen Ausdruck der Notwendigkeit, mithin wenigstens die Vermutung einer Bestimmung aus Gründen, die a priori und vor aller Erfahrung gültig sind, bei sich. Aber ohne Unterschied stehen alle G.e der Natur unter höheren Grundsätzen des Verstandes, indem sie diese nur auf besondere Fälle der Erscheinung anwenden. Diese allein geben also den Begriff, der die Bedingung und gleichsam den Exponenten zu einer Regel überhaupt enthält; Erfahrung aber gibt den Fall, der unter der Regel steht", ibid. tr. Anal. 2. B. 2. H. 3. Abs. (I 198—Rc 254 f.). Oberste G.e a priori sind es, welche allererst eine Natur (s. d.) möglich machen. Die „empirischen G.e" können nur vermittelst der Erfahrung, aber nur „zufolge jener ursprünglichen G.e, nach welchen selbst Erfahrung allererst möglich wird", stattfinden und gefunden werden, also unter der Voraussetzung von

„transzendentalen Naturgesetzen", die eben in den apriorischen Grundsätzen des reinen Verstandes enthalten sind, ibid. 3. Analogie (I 247—Rc 307).

Die „Ordnung und Regelmäßigkeit" der Erscheinungen, die wir „Natur" nennen, bringen wir selbst in sie hinein. Der Verstand, das „Vermögen der Regeln", ist stets geschäftig, „die Erscheinungen in der Absicht durchzuspähen, um an ihnen irgend eine Regel aufzufinden". Regeln aber, „so fern sie objektiv sind (mithin der Erkenntnis des Gegenstandes notwendig anhängen)", heißen „G.e". „Ob wir gleich durch Erfahrung viel G.e lernen, so sind diese doch nur besondere Bestimmungen noch höherer G.e, unter denen die höchsten (unter welchen die anderen alle stehen) a priori aus dem Verstande selbst herkommen und nicht von der Erfahrung entlehnt sind, sondern vielmehr den Erscheinungen ihre Gesetzmäßigkeit verschaffen und eben dadurch Erfahrung möglich machen müssen. Es ist also der Verstand nicht bloß ein Vermögen, durch Vergleichung der Erscheinungen sich Regeln zu machen; er ist selbst die Gesetzgebung für die Natur, d. i. ohne Verstand würde es überall nicht Natur, d. i. synthetische Einheit des Mannigfaltigen der Erscheinungen nach Regeln geben." Da die Erscheinungen als Erkenntnisgegenstand nur in der Einheit der Apperzeption (s. d.) möglich sind, so ist diese (als Verstand) „der transzendentale Grund der notwendigen Gesetzmäßigkeit aller Erscheinungen in einer Erfahrung". Der Verstand ist der „Quell der G.e der Natur". Zwar können „empirische G.e als solche ihren Ursprung keineswegs vom reinen Verstande herleiten, so wenig als die unermeßliche Mannigfaltigkeit der Erscheinungen aus der reinen Form der sinnlichen Anschauung hinlänglich begriffen werden kann. Aber alle empirischen G.e sind nur besondere Bestimmungen der reinen G.e des Verstandes, unter welchen und nach deren Norm jene allererst möglich sind und die Erscheinungen eine gesetzliche Form annehmen...", KrV 1. A. tr. Anal. 1. B. 2. H. 3. Abs. (I 726 f.—Rc 216 ff.).

Es gibt „allgemeine Naturgesetze, die völlig a priori bestehen", das Kausalitäts-, das Substanzprinzip, u. a., Prol. § 15 (III 51). Die Gesetzmäßigkeit aller Gegenstände der Erfahrung ist das Formale der „Natur" (s. d.). Es fragt sich nun: „Wie ist die notwendige Gesetzmäßigkeit der Dinge als Gegenstände der Erfahrung, oder: wie ist die notwendige Gesetzmäßigkeit der Erfahrung selbst in Ansehung aller ihrer Gegenstände überhaupt a priori zu erkennen möglich?" Die „subjektiven G.e, unter denen allein eine Erfahrungserkenntnis von Dingen möglich ist, gelten auch von diesen Dingen als Gegenständen einer möglichen Erfahrung... Es ist gänzlich einerlei, ob ich sage: ohne das G., daß, wenn eine Begebenheit wahrgenommen wird, sie jederzeit auf etwas, was vorhergeht, bezogen werde, worauf sie nach einer allgemeinen Regel folgt, kann niemals ein Wahrnehmungsurteil für Erfahrung gelten; oder ob ich mich so ausdrücke: alles, wovon die Erfahrung lehrt, daß es geschieht, muß eine Ursache haben", ibid. § 17 (III 52 f.). Es handelt sich hier bloß um die „allgemeinen und a priori gegebenen Bedingungen" der Möglichkeit der Erfahrung, um daraus „die Natur als den ganzen Gegenstand aller möglichen Erfahrung" zu bestimmen. „Ich denke, man werde mich verstehen: daß ich hier nicht die Regeln der Beobachtung einer Natur, die schon gegeben ist, verstehe, die setzen schon Erfahrung voraus; also nicht, wie wir (durch Erfahrung) der Natur die G.e ablernen können, denn diese wären alsdann nicht G.e a priori und gäben keine reine Naturwissenschaft; sondern, wie die Bedingungen a priori von der Möglichkeit der Erfahrung zugleich die Quellen sind, aus denen alle allgemeinen Naturgesetze hergeleitet werden müssen", ibid. (III 54); vgl. Erfahrungsurteil. „Es sind viele G.e der Natur, die wir nur vermittelst der Erfahrung wissen können, aber die Gesetzmäßigkeit in Verknüpfung der Erscheinungen, d. i. die Natur überhaupt können wir durch keine Erfahrung kennenlernen, weil Erfahrung selbst solcher G.e bedarf, die ihrer Möglichkeit a priori zum Grunde liegen." „Die Möglichkeit der Erfahrung überhaupt ist also zugleich das allgemeine G. der Natur, und die Grundsätze der ersteren sind selbst die G.e der letzteren. Denn wir kennen Natur nicht anders als den Inbegriff der Erscheinungen, d. i. der Vorstellungen in uns, und können daher das G. ihrer Verknüpfung nirgend anders als von den Grundsätzen der Verknüpfung derselben in uns, d. i. den Bedingungen der notwendigen Vereinigung in einem Bewußtsein, welche die Möglichkeit der Erfahrung ausmacht, hernehmen." Der Satz, daß allgemeine Naturgesetze a priori erkannt werden können, führt von selbst auf den Satz, „daß die oberste Gesetzgebung der Natur in uns selbst, d. i. in unserem Verstande liegen müsse, und daß wir die allgemeinen G.e derselben nicht von der Natur vermittelst der Erfahrung, sondern umgekehrt die Natur, ihrer allgemeinen Gesetzmäßigkeit nach, bloß aus den in unserer Sinnlichkeit und dem Verstande liegenden Bedingungen der Möglichkeit der Erfahrung suchen müssen; denn wie wäre es sonst möglich, diese G.e, da sie nicht etwa Regeln der analytischen Erkenntnis, sondern wahrhafte synthetische Erweiterungen derselben sind, a priori zu kennen?", ibid. § 36 (III 80 f.). „Wir müssen aber empirische G.e der Natur, die jederzeit besondere Wahrnehmungen voraussetzen, von den reinen oder allgemeinen Naturgesetzen, welche, ohne daß besondere Wahrnehmungen zum Grunde liegen, bloß die Bedingungen ihrer notwendigen Vereinigung in einer Erfahrung enthalten, unterscheiden. und in Ansehung der letzteren ist Natur und mögliche Erfahrung ganz und gar einerlei; und da in dieser die Gesetzmäßigkeit auf der notwendigen Verknüpfung der Erscheinungen in einer Erfahrung ..., mithin auf den ursprünglichen G.en des Verstandes beruht, so klingt es zwar anfangs befremdlich, ist aber nichtsdestoweniger gewiß, wenn ich in Ansehung der letzteren sage: der Verstand schöpft seine G.e (a priori) nicht aus der Natur, sondern schreibt sie dieser vor", ibid. (III 82). Der Verstand ist so der Ursprung der allgemeinen Ordnung (s. d.) der Natur, „indem er alle Erscheinungen unter seine eigenen G.e faßt und dadurch allererst Erfahrung (ihrer Form nach) a priori zustande bringt", ibid. § 38 (III 84 f.).

Unser Erkenntnisvermögen ist „gesetzgebend" durch „Naturbegriffe" und den „Freiheitsbegriff". „Die Gesetzgebung durch Naturbegriffe geschieht durch den Verstand und ist theoretisch. Die Gesetzgebung durch den Freiheitsbegriff geschieht von der Vernunft und ist bloß praktisch. Nur allein im Praktischen kann die Vernunft gesetzgebend sein; in Ansehung des theoretischen Erkenntnisses (der Natur) kann sie nur (als gesetzkundig vermittelst des Verstandes) aus gegebenen G.en durch Schlüsse Folgerungen ziehen, die doch immer nur bei der Natur stehen bleiben. Umgekehrt aber, wo Regeln praktisch sind, ist die Vernunft nicht darum sofort gesetzgebend, weil jene auch technisch-praktisch sein können." „Verstand und Vernunft haben also zwei verschiedene Gesetzgebungen auf einem und demselben Boden der Erfahrung, ohne daß eine der anderen Eintrag tun darf. Denn so wenig der Naturbegriff auf die Gesetzgebung durch den Freiheitsbegriff Einfluß hat, ebensowenig stört dieser die Gesetzgebung der Natur." Die Möglichkeit des Zusammenbestehens beider Gesetzgebungen in demselben Subjekt beweist die Kritik der reinen Vernunft. Diese zwei „Gebiete", „die sich zwar nicht in ihrer Gesetzgebung, aber doch in ihren Wirkungen in der Sinnenwelt unaufhörlich einschränken", machen nicht ein Gebiet aus, weil „der Naturbegriff zwar seine Gegenstände in der Anschauung, aber nicht als Dinge an sich selbst, sondern als bloße Erscheinungen, der Freiheitsbegriff dagegen in seinem Objekte zwar ein Ding an sich selbst, aber nicht in der Anschauung vorstellig machen, mithin keiner von beiden ein theoretisches Erkenntnis von seinem Objekte (und selbst dem denkenden Subjekte) als Dinge an sich verschaffen kann, welches das Übersinnliche sein würde". Zwischen beiden Gebieten besteht eine „Kluft", und die Vernunft gewährt (theoretisch) keinen „Übergang" von einem zum anderen. Ein solcher muß aber doch möglich sein, denn die Welt der Freiheit soll auf die sinnliche einen Einfluß haben. Die Natur muß also „so gedacht werden können, daß die Gesetzmäßigkeit ihrer Form wenigstens zur Möglichkeit der in ihr zu bewirkenden Zwecke nach Freiheitsgesetzen zusammenstimme". Es muß also einen „Grund der Einheit des Übersinnlichen, welches der Natur zum Grunde liegt, mit dem, was der Freiheitsbegriff praktisch enthält", geben, KU Einl. II (II 10 f.). Die Urteilskraft (s. d.) enthält ein Prinzip a priori und bewirkt dadurch einen „Übergang vom reinen Erkenntnisvermögen, d. i. vom Gebiete der Naturbegriffe, zum Gebiete des Freiheitsbegriffs", ibid. Einl. III (III 15); vgl. Zweck.

Es gibt in der Natur eine Mannigfaltigkeit besonderer (empirischer) G.e, die durch die allgemeinen G.e des Verstandes unbestimmt gelassen und daher für unseren Verstand „zufällig“ sind, die aber doch, als G.e, „aus einem, wenngleich uns unbekannten, Prinzip der Einheit des Mannigfaltigen als notwendig angesehen werden müssen“. Die Urteilskraft gibt sich nun selbst ein „transzendentales Prinzip“ als G., und dieses Prinzip ist kein anderes, als daß die besonderen empirischen G.e in Ansehung dessen, was in ihnen durch jene allgemeinen G.e unbestimmt gelassen ist, „nach einer solchen Einheit betrachtet werden müssen, als ob gleichfalls ein Verstand (wenngleich nicht der unsrige) sie zum Behuf unserer Erkenntnisvermögen, um ein System der Erfahrung nach besonderen Naturgesetzen möglich zu machen, gegeben hätte“. Das Prinzip der Urteilskraft betreffs der Form der Dinge der Natur unter empirischen G.en ist die Zweckmäßigkeit der Natur in ihrer Mannigfaltigkeit, d. h. „die Natur wird durch diesen Begriff so vorgestellt, als ob ein Verstand den Grund der Einheit des Mannigfaltigen ihrer empirischen G.e enthalte“, ibid. IV (II 15 ff.). Die allgemeinen G.e, ohne welche „Natur überhaupt (als Gegenstand der Sinne)“ nicht gedacht werden kann, „beruhen auf den Kategorien, angewandt auf die formalen Bedingungen aller uns möglichen Anschauung, sofern sie gleichfalls a priori gegeben ist“. Unter diesen G.en ist die Urteilskraft „bestimmend“, denn sie hat nichts zu tun, als „unter gegebenen G.en zu subsumieren“. „Z. B. der Verstand sagt: alle Veränderung hat ihre Ursache (allgemeines Naturgesetz); die transzendentale Urteilskraft hat nun nichts weiter zu tun. als die Bedingung der Subsumtion unter dem vorgelegten Verstandesbegriff a priori anzugeben; und das ist die Sukzession der Bestimmungen eines und desselben Dinges. Für die Natur nun überhaupt (als Gegenstand möglicher Erfahrung) wird jenes G. als schlechterdings notwendig erkannt.“ Es können nun „spezifisch-verschiedene Naturen“ auf unendlich mannigfache Weise Ursache sein, je nach einem notwendigen, aber für uns zufälligen, empirischen (a priori nicht erkennbaren) G.e. Da aber der durchgängige „Zusammenhang empirischer Erkenntnisse zu einem Ganzen der Erfahrung“ eine Einheit erfordert, „so muß die Urteilskraft für ihren eigenen Gebrauch es als Prinzip a priori annehmen, daß das für die menschliche Einsicht Zufällige in den besonderen (empirischen) Naturgesetzen dennoch eine für uns zwar nicht zu ergründende, aber doch denkbare gesetzliche Einheit in der Verbindung ihres Mannigfaltigen zu einer an sich möglichen Erfahrung enthalte“. Da diese „gesetzliche Einheit einer Verbindung“ als Zweckmäßigkeit der Natur vorgestellt wird, so muß die Urteilskraft die Natur „nach einem Prinzip der Zweckmäßigkeit für unser Erkenntnisvermögen“ denken. Dieser transzendentale Begriff einer Zweckmäßigkeit der Natur ist nur ein „subjektives Prinzip (Maxime) der Urteilskraft“, daher wir auch, „gleich als ob es ein glücklicher, unsere Absicht begünstigender Zufall wäre“, erfreut sind, wenn wir eine solche systematische Einheit unter bloß empirischen G.en antreffen, ibid. V (II 19 ff.). Es besteht eben die „Aufgabe, aus gegebenen Wahrnehmungen einer allenfalls unendliche Mannigfaltigkeit empirischer G.e enthaltenden Natur eine zusammenhängende Erfahrung zu machen, welche Aufgabe a priori in unserem Verstande liegt“. Der Verstand bedarf außer der allgemeinen Naturgesetze „noch einer gewissen Ordnung der Natur, in den besonderen Regeln derselben, die ihm nur empirisch bekannt werden können, und die in Ansehung seiner zufällig sind“. „Diese Regeln, ohne welche kein Fortgang von der allgemeinen Analogie einer möglichen Erfahrung überhaupt zur besonderen stattfinden würde, muß er sich als G.e (d. i. als notwendig) denken; weil sie sonst keine Naturordnung ausmachen würden.“ Um diesen empirischen G.en nachzugehen, muß er „ein Prinzip a priori, daß nämlich nach ihnen eine erkennbare Ordnung der Natur möglich sei“, aller Reflexion über dieselbe zugrunde legen. Dieses Prinzip kommt in folgenden Sätzen zum Ausdruck: „daß es in ihr eine für uns faßliche Unterordnung von Gattungen und Arten gebe; daß jene sich einander wiederum nach einem gemeinschaftlichen Prinzip nähern, damit ein Übergang von einer zu der anderen und dadurch zu einer höheren Gattung möglich sei; daß, da für die spezifische Verschiedenheit der Naturwirkungen ebensoviel verschiedene Arten der Kausalität annehmen zu müssen, unserem Verstande anfänglich unvermeidlich scheint, sie dennoch unter einer geringen Zahl von Prinzipien stehen mögen, mit deren Aufsuchung wir uns zu beschäftigen haben usw.“ „Diese Zusammenstimmung der Natur zu unserem Erkenntnisvermögen wird von der Urteilskraft, zum Behuf ihrer Reflexion über dieselbe nach ihren empirischen Gesetzen, a priori vorausgesetzt“, sie wird der Natur als „transzendentale Zweckmäßigkeit“ beigelegt, aber nur in Beziehung auf das Erkenntnisvermögen des Subjekts und dessen Gebrauch. Denn es läßt sich wohl denken, daß die spezifische Verschiedenheit der empirischen Naturgesetze so groß sein könnte, „daß es für unseren Verstand unmöglich wäre, in ihr eine faßliche Ordnung zu entdecken“. „Die Urteilskraft hat also auch ein Prinzip a priori für die Möglichkeit der Natur, aber nur in subjektiver Rücksicht, in sich, wodurch sie nicht der Natur (als Autonomie), sondern ihr selbst (als Heautonomie) für die Reflexion über jene ein G. vorschreibt, welches man das G. der Spezifikation der Natur in Ansehung ihrer empirischen G.e nennen könnte.“ Nach diesem G. muß man den empirischen G.en nachspüren, „weil wir nur so weit, als jenes stattfindet, mit dem Gebrauche unseres Verstandes in der Erfahrung fortkommen und Erkenntnis erwerben können“, ibid. V (II 21 ff.).

Warum Verstand und Sinnlichkeit als „sonst völlig heterogene Erkenntnisquellen“ zu der Möglichkeit einer „Erfahrungserkenntnis überhaupt“, namentlich aber zu der „Möglichkeit einer Erfahrung von der Natur, unter ihren mannigfaltigen besonderen und bloß empirischen G.en, von denen uns der Verstand a priori nichts lehrt“, so gut immer zusammenstimmen, „als wenn die Natur für unsere Fassungskraft absichtlich eingerichtet wäre“, das kann niemand erklären. Leibniz’ „vorherbestimmte Harmonie“ zeigt nur an, daß wir uns eine gewisse, ursprünglich in die Schöpfung gelegte Zweckmäßigkeit zu denken haben, „aber nicht als Vorherbestimmung außereinander befindlicher Dinge, sondern nur der Gemütskräfte in uns, der Sinnlichkeit und des Verstandes, nach jeder ihrer eigentümlichen Beschaffenheit füreinander, sowie die Kritik lehrt, daß sie zur Erkenntnis der Dinge a priori im Gemüte gegeneinander im Verhältnis stehen müssen“, Üb. e. Entdeck. 2. Abs. (V 3, 77). Vgl. Regel, Kausalität, Freiheit, Vernunft.

Gesetze, praktische. Es gibt „Naturgesetze“, die nur von dem handeln, „was geschieht“, und „praktische“ oder (objektive) „G.e der Freiheit“, welche sagen, „was geschehen soll“, ob es gleich vielleicht nie geschieht, KrV tr. Meth. 2. H. 1. Abs. (I 664 —Rc 816). Diese G.e gibt die Vernunft in praktischer Freiheit (s. d.) . Zu ihnen gehören die „moralischen G.e“, die von den „technisch-praktischen“ G.en zu unterscheiden sind (s. unten). „Ein jedes Ding der Natur wirkt nach G.en. Nur ein vernünftiges Wesen hat das Vermögen, nach der Vorstellung der G.e, d. i. nach Prinzipien zu handeln, oder einen Willen“, GMS 2. Abs. (III 34). Der Mensch ist ein freies, ebendarum aber auch sich selbst durch seine Vernunft an „unbedingte G.e“ bindendes Wesen, Rel. Vorr. z. 1. A. (IV 1). Das „Vermögen der Vernunft, durch die bloße Idee eines G.es über alle entgegenstrebenden Triebfedern Meister zu werden“, ist „schlechterdings unerklärlich“, Rel. 2. St. Von dem Kampf . . (IV 64). Wie es möglich sei, „daß die bloße Idee einer Gesetzmäßigkeit überhaupt eine mächtigere Triebfeder für dieselbe sein könne als alle nur erdenklichen, die von Vorteilen hergenommen werden, das kann weder durch Vernunft eingesehen noch durch Beispiele der Erfahrung belegt werden, weil, was das erste betrifft, das G. unbedingt gebietet, und das zweite anlangend, wenn es auch nie einen Menschen gegeben hätte, der diesem G. unbedingten Gehorsam geleistet hätte, die objektive Notwendigkeit, ein solcher zu sein, doch unvermindert und für sich selbst einleuchtet“, ibid. 2. St. 1. Abs. b. (IV 68). „Maxime ist das subjektive Prinzip des Wollens; das objektive Prinzip (d. i. dasjenige, was allen vernünftigen Wesen auch subjektiv zum praktischen Prinzip dienen würde, wenn Vernunft volle Gewalt über das Begehrungsvermögen hätte) ist das praktische G.“, GMS 1. Abs. 1. Anm. (III 19). Die „Notwendigkeit einer Handlung aus Achtung fürs Gesetz“ ist die Pflicht (s. d.). Das moralische Gesetz ist das für jedes vernünftige Wesen gültige objektive Prinzip, der „Grundsatz, nach dem es handeln soll, d. i. ein Imperativ“, ibid. 2. Abs. 6. Anm. (III 44).

Praktische Grundsätze (s. d.) sind praktische G.e, wenn sie als „objektiv, d. i. für den Willen jedes vernünftigen Wesens gültig", erkannt werden. Es gibt solche G.e, wenn reine Vernunft einen praktisch, d. h. zur Willensbestimmung hinreichenden Grund in sich enthalten könne, KpV 1. T. 1. B. 1. H. § 1 (II 23). G.e müssen den „Willen als Willen" (abgesehen von dessen Wirkungen) hinreichend bestimmen, mithin kategorisch sein. unbedingte Notwendigkeit ausdrücken. Zur Gesetzgebung der Vernunft wird erfordert, „daß sie bloß sich selbst vorauszusetzen bedürfe, weil die Regel nur alsdann objektiv und allgemein gültig ist, wenn sie ohne zufällige subjektive Bedingungen gilt, die ein vernünftiges Wesen von dem anderen unterscheiden", ibid. Anmerk. (II 25). „Die Vernunft bestimmt in einem praktischen G.e unmittelbar den Willen, nicht vermittelst eines dazwischenkommenden Gefühls der Lust und Unlust, selbst nicht an diesem G.e, und nur, daß sie als reine Vernunft praktisch sein kann, macht es ihr möglich, gesetzgebend zu sein", ibid. § 3 Anmerk. II (II 31). „Alle praktischen Prinzipien, die ein Objekt (Materie) des Begehrungsvermögens als Bestimmungsgrund des Willens voraussetzen, sind insgesamt empirisch und können keine praktischen G.e abgeben", ibid. § 2 (II 26); vgl. Glückseligkeit. „Wenn ein vernünftiges Wesen sich seine Maximen als praktische allgemeine G.e denken soll, so kann es sich dieselben nur als solche Prinzipien denken, die nicht der Materie, sondern bloß der Form nach den Bestimmungsgrund des Willens enthalten." Die bloße Form der Maximen, nach der sich diese „zur allgemeinen Gesetzgebung schicken", macht sie allein zum praktischen G.e, ibid. § 4 (II 34). Eine Maxime, die als G. „sich selbst vernichten würde", eignet sich nicht zur allgemeinen Gesetzgebung (z. B. daß jedermann ein Depositum ableugnen dürfe, dessen Niederlegung ihm niemand beweisen kann; denn es würde dann gar kein Depositum geben), ibid. Anmerk. (II 35). „Da die bloße Form des G.es lediglich von der Vernunft vorgestellt werden kann und mithin kein Gegenstand der Sinne ist, folglich auch nicht unter die Erscheinungen gehört, so ist die Vorstellung derselben als Bestimmungsgrund des Willens von allen Bestimmungsgründen der Begebenheiten in der Natur nach dem G.e der Kausalität unterschieden, weil bei diesen die bestimmenden Gründe selbst Erscheinungen sein müssen." Ein so bestimmter Wille ist unabhängig von dem G.e der Kausalität der Erscheinungen, also frei im strengsten Sinne. Ein freier Wille ist ein solcher, „dem die bloße gesetzgebende Form der Maxime allein zum G.e dienen kann", ibid. § 5 (II 36 f.). „Freiheit und unbedingtes praktisches G. weisen also wechselsweise aufeinander zurück", ibid. § 6 (II 37 f.); vgl. Freiheit. Das „Grundgesetz der reinen praktischen Vernunft" ist: „Handle so, daß die Maxime deines Willens jederzeit zugleich als Prinzip einer allgemeinen Gesetzgebung gelten könne", ibid. § 7 (II 39); vgl. Imperativ. Im Gegensatz zu den praktischen Regeln „unter einer problematischen Bedingung des Willens" (z. B. die Postulate der Geometrie) sagt die Regel hier: „man solle schlechthin auf gewisse Weise verfahren". „Die praktische Regel ist also unbedingt, mithin als kategorisch praktischer Satz a priori vorgestellt, wodurch der Wille schlechterdings und unmittelbar (durch die praktische Regel selbst, die also hier G. ist), objektiv bestimmt wird. Denn reine, an sich praktische Vernunft ist hier unmittelbar gesetzgebend. Der Wille wird als unabhängig von empirischen Bedingungen, mithin als reiner Wille, durch die bloße Form des G.es als bestimmt gedacht und dieser Bestimmungsgrund als die oberste Bedingung aller Maximen angesehen." „Man kann das Bewußtsein dieses Grundgesetzes ein Faktum der Vernunft nennen, weil man es nicht aus vorhergehenden Datis der Vernunft, z. B. dem Bewußtsein der Freiheit (denn dieses ist uns nicht vorher gegeben) herausvernünfteln kann, sondern weil es sich für sich selbst uns aufdringt als synthetischer Satz a priori, der auf keiner, weder reinen noch empirischen. Anschauung gegründet ist." „Reine Vernunft ist für sich allein praktisch und gibt (dem Menschen) ein allgemeines G., welches wir das Sittengesetz nennen." Ihr Prinzip erklärt die Vernunft zugleich zu einem G.e für alle vernünftigen, wollenden Wesen, welches für die endlichen unter diesen ein Imperativ (s. d.), mit „intellektuellem Zwang", „moralischer Nötigung", ist, ibid. § 7 (II 40 ff.); vgl. Heiligkeit. Zum praktischen G.e darf nie eine praktische Vorschrift gezählt werden, die eine materiale, mithin empirische Bedingung bei sich führt; dies ergäbe Heteronomie statt Autonomie (s. d.). „Denn das G. des reinen Willens, der frei ist, setzt diesen in eine ganz andere Sphäre als die empirische, und die Notwendigkeit, die es ausdrückt, da sie keine Naturnotwendigkeit sein soll, kann also bloß in formalen Bedingungen der Möglichkeit eines G.es überhaupt bestehen", ibid. § 8 Anmerk. I (II 44). Das moralische G. ist das G. der Autonomie der reinen praktischen Vernunft, das G. der „übersinnlichen Natur" (s. d.), der intelligiblen (s. d.) Welt, der die Menschen als Noumena (s. d.) angehören, einer Welt, von der wir nur dieses G. erkennen, ibid. § 8 Von d. Deduktion.. (II 55 ff.).

„Zu aller Gesetzgebung (sie mag nun innere oder äußere Handlungen, und diese entweder a priori durch bloße Vernunft oder durch die Willkür eines anderen vorschreiben) gehören zwei Stücke: erstlich ein G., welches die Handlung, die geschehen soll, objektiv als notwendig vorstellt, d. i. welches die Handlung zur Pflicht macht; zweitens eine Triebfeder, welche den Bestimmungsgrund der Willkür zu dieser Handlung subjektiv mit der Vorstellung des G.es verknüpft; mithin ist das zweite Stück dieses: daß das G. die Pflicht zur Triebfeder macht. Durch das erstere wird die Handlung als Pflicht vorgestellt, welches eine bloße theoretische Erkenntnis der möglichen Bestimmung der Willkür, d. i. praktischer Regeln, ist; durch das zweite wird die Verbindlichkeit, so zu handeln, mit einem Bestimmungsgrunde der Willkür überhaupt im Subjekte verbunden." Betreffs der Triebfedern ist die Gesetzgebung „ethisch" oder „juridisch", MS Einl. III (III 20). „Der Grundsatz, welcher gewisse Handlungen zur Pflicht macht, ist ein praktisches G." Die verbindenden G.e, für die eine äußere Gesetzgebung möglich ist, heißen „äußere G.e". „Unter diesen sind diejenigen, zu denen die Verbindlichkeit auch ohne äußere Gesetzgebung a priori durch die Vernunft erkannt werden kann, zwar äußere, aber natürliche G.e; diejenigen dagegen, die ohne wirkliche äußere Gesetzgebung gar nicht verbinden, also ohne die letztere nicht G.e sein würden, heißen positive G.e. Es kann also eine äußere Gesetzgebung gedacht werden, die lauter positive G.e enthielte; alsdann aber müßte doch ein natürliches G. vorausgehen, welches die Autorität des Gesetzgebers (d. i. die Befugnis, durch seine bloße Willkür andere zu verbinden) begründet", ibid. Einl. IV (III 28). „G. (ein moralisch-praktisches) ist ein Satz, der einen kategorischen Imperativ (Gebot) enthält. Der Gebietende (imperans) durch ein Gesetz ist der Gesetzgeber (legislator). Er ist Urheber (auctor) der Verbindlichkeit nach dem G.e, aber nicht immer Urheber des G.es. Im letzteren Falle würde das Gesetz positiv (zufällig) und willkürlich sein. Das G., was uns a priori und unbedingt durch unsere eigene Vernunft verbindet, kann auch als aus dem Willen eines höchsten Gesetzgebers, d. i. eines solchen, der lauter Rechte und keine Pflichten hat (mithin dem göttlichen Willen), hervorgehend ausgedrückt werden, welches aber nur die Idee von einem moralischen Wesen bedeutet, dessen Wille für alle G. ist, ohne ihn doch als Urheber desselben zu denken", ibid. (III 31). Die Brücke zwischen der Gesetzgebung des Verstandes und der der Vernunft schlägt die Urteilskraft (s. Gesetz). Vgl. Autonomie, Pflicht, Imperativ, Sollen, Sittlichkeit, Freiheit, Reich der Zwecke, Recht, Publizität, Erlaubt.

Gesichtspunkt (zweifacher) s. Ding an sich, Experiment der reinen Vernunft (Unterscheidung der Gegenstände als Dinge an sich und als Erscheinungen).

Gesinnung. Wahre Sittlichkeit (s. d.) ist nicht nach dem Erfolg zu bemessen, sondern nach der Güte des Willens (s. Moralität). Der Wert der Tugenden besteht nicht in nützlichen Wirkungen, sondern „in den G.en, d. i. in den Maximen des Willens, die sich auf diese Art in Handlungen zu offenbaren bereit sind, obgleich auch der Erfolg sie nicht begünstigte", GMS 2. Abs. (III 61). In G.en, nicht bloß in Handlungen besteht der hohe Wert, den sich die Menschheit durch sie verschaffen kann und soll, KpV 1. T. 1. B. 2. H. (II 92). — Der subjektive Effekt des moralischen Gesetzes (s. d.) ist, die ihm angemessene und durch dasselbe auch notwendige G., das praktisch mögliche höchste Gut zu befördern", ibid. 2. B. 2. H. VIII (II 182). Die G. ist „der erste subjektive

Grund der Annehmung der Maximen". Sie muß „durch freie Willkür angenommen" worden sein, denn sonst könnte sie nicht zugerechnet werden. Diese G. oder ihr oberster Grund ist nicht weiter aus einem „ersten Zeit-Aktus der Willkür" ableitbar, sie ist „eine Beschaffenheit der Willkür, die ihr (ob sie gleich in der Tat in der Freiheit gegründet ist) von Natur zukommt", Rel. 1. St. Anmerk. (IV 24). Vgl. Tugend, Rigorismus, Pflicht, Wille (guter), Gut, Achtung, Motiv, Denkungsart, Böse, Glauben, Christentum, Lauterkeit.

Gestalt. Alle Form der Gegenstände der Sinne ist entweder G. oder Spiel. Es gibt ein „Spiel der G.en" und ein „Spiel der Empfindungen", KU § 14 (II 65). Vgl. Bildende Künste, Ideal (ästhetisches), Größe, Einbildungskraft.

Wenn ich von der Vorstellung eines Körpers abziehe, was der Verstand davon denkt (wie Substanz, Kraft, Teilbarkeit usw.), ferner was zur Empfindung gehört, so bleiben mir Ausdehnung und G. übrig als zur reinen Anschauung (s. d.) gehörig, KrV tr. Ästh. § 1 (I 76—Rc 93).

Gewissen. Das G. ist „ein Bewußtsein, das für sich selbst Pflicht ist". Ein keines Beweises bedürftiger Grundsatz ist: „man soll nichts auf die Gefahr wagen, daß es unrecht sei (quod dubitas, ne feceris! Plin.)". „Das Bewußtsein also, daß eine Handlung, die ich unternehmen will, recht sei, ist unbedingte Pflicht. Ob eine Handlung überhaupt recht oder unrecht sei, darüber urteilt der Verstand, nicht das G. Es ist auch nicht schlechthin notwendig, von allen möglichen Handlungen zu wissen, ob sie recht oder unrecht sind. Aber von der, die ich unternehmen will, muß ich nicht allein urteilen und meinen, sondern auch gewiß sein, daß sie nicht unrecht sei, und diese Forderung ist ein Postulat des G.s, welchem der Probabilismus, d. i. der Grundsatz entgegengesetzt ist, daß die bloße Meinung, eine Handlung könne wohl recht sein, schon hinreichend sei, sie zu unternehmen." Das G. ist „die sich selbst richtende moralische Urteilskraft". „Das G. richtet nicht die Handlungen als Kasus, die unter dem Gesetz stehen; denn das tut die Vernunft, sofern sie subjektiv-praktisch ist (daher die casus conscientiae und die Kasuistik als eine Art von Dialektik des Gewissens); sondern hier richtet die Vernunft sich selbst, ob sie auch wirklich jene Beurteilung der Handlungen mit aller Behutsamkeit (ob sie recht oder unrecht sind) übernommen habe, und stellt den Menschen wider oder für sich selbst zum Zeugen auf, daß dieses geschehen oder nicht geschehen sei", Rel. 4. St. 2. T. § 4 (IV 217 f.). Das G. ist nichts Erwerbliches, und es gibt keine Pflicht, sich ein solches anzuschaffen; jeder Mensch hat es ursprünglich in sich. Denn das G. ist „die dem Menschen in jedem Fall eines Gesetzes seine Pflicht zum Lossprechen oder Verurteilen vorhaltende praktische Vernunft". Wenn man sagt: dieser Mensch hat „kein G.", so meint man damit: der kehrt sich nicht an den Ausspruch desselben. Ein „irrendes" G. ist ein Unding; nur „in dem objektiven Urteile, ob etwas Pflicht sei oder nicht", kann man irren. Ist jemand sich bewußt, nach G. gehandelt zu haben, so liegt ihm nur noch ob, seinen Verstand über das, was Pflicht ist oder nicht, aufzuklären; wenn es aber zur Tat kommt, gekommen ist, so spricht das G. unwillkürlich und unvermeidlich. Die Pflicht ist hier nur, „sein G. zu kultivieren", die Aufmerksamkeit auf die „Stimme des inneren Richters" zu schärfen und alle Mittel anzuwenden ... um ihm Gehör zu verschaffen, MST Einl. XII b (III 242 f.). Die innere Zurechnung einer Tat als eines unter dem Gesetz stehenden Falles gehört zur Urteilskraft, welche rechtskräftig urteilt, worauf dann der Schluß der Vernunft (die Sentenz), die Verurteilung oder Lossprechung folgt — alles vor dem Gerichtshof als moralischer Person. „Das Bewußtsein eines inneren Gerichtshofes im Menschen" ist das G. „Jeder Mensch hat G. und findet sich durch einen inneren Richter beobachtet, bedroht und überhaupt im Respekt (mit Furcht verbundener Achtung) gehalten, und diese über die Gesetze in ihm wachende Gewalt ist nicht etwas, was er sich selbst (willkürlich) macht, sondern es ist seinem Wesen einverleibt." Diese „ursprüngliche intellektuelle und ... moralische Anlage" wird vom Menschen auf eine andere, „wirkliche oder bloß idealische“ Person (auf den homo noumenon) bezogen, ibid. § 13 (III 289 f.). Im G. äußert sich eine „zweifache Persönlichkeit“, ein „doppeltes Selbst“, ibid. Anm. (III 290). Die „idealische Person“, welche die Vernunft sich selbst schafft, der „autorisierte Gewissensrichter“ muß ein „Herzenskündiger“ und „allverpflichtend“ sein; das G. wird als „subjektives Prinzip einer vor Gott seiner Taten wegen zu leistenden Verantwortung“ gedacht. Der Mensch nimmt hier nicht ein solches göttliches Wesen als wirklich an, sondern ist nur verpflichtet, der Idee eines solchen angemessen zu handeln; er erhält so, „nach der Analogie mit einem Gesetzgeber aller vernünftigen Weltwesen“, eine bloße Leitung, die G.haftigkeit (religio) „als Verantwortlichkeit von einem von uns selbst unterschiedenen, aber uns doch innigst gegenwärtigen heiligen Wesen (der moralisch-gesetzgebenden Vernunft) sich vorzustellen, und dessen Willen den Regeln der Gerechtigkeit zu unterwerfen“, ibid. (III 291 f.). „Das Gesetz in uns heißt G. Das G. ist eigentlich die Applikation unserer Handlungen auf dieses Gesetz. Die Vorwürfe desselben werden ohne Effekt sein, wenn man es sich nicht als den Repräsentanten Gottes denkt, der seinen erhabenen Stuhl über uns, aber auch in uns einen Richterstuhl aufgeschlagen hat“, Über Pädagogik, Von d. prakt. Erziehung (VIII 247). Vgl. Imperativ, Person, Sollen.

Gewissenhaftigkeit s. Gewissen. — Die „formale“ G. besteht in der Sorgfalt, „kein Fürwahrhalten vorzugeben, dessen man sich nicht bewußt ist“, die „materiale“ in der „Behutsamkeit, nichts auf die Gefahr, daß es unrecht sei, zu wagen“. Ein „irrendes Gewissen“ ist ein Unding; man könnte dann nie sicher sein, recht gehandelt zu haben. „Ich kann zwar in dem Urteile irren, in welchem ich glaube recht zu haben; denn das gehört dem Verstande zu, der allein (wahr oder falsch) objektiv urteilt; aber in dem Bewußtsein: ob ich in der Tat glaube recht zu haben (oder es bloß vorgebe), kann ich schlechterdings nicht irren, weil dieses Urteil oder vielmehr dieser Satz bloß sagt, daß ich den Gegenstand so beurteile“, Theodiz. (VI 150). Vgl. Wahrhaftigkeit, Eid.

Gewißheit. „Man ist gewiß, insofern man erkennt, daß es unmöglich sei, daß eine Erkenntnis falsch sei. Der Grad dieser G., wenn er objektive genommen wird, kommt auf das Zureichende in den Merkmalen von der Notwendigkeit einer Wahrheit an; insofern er aber subjektive betrachtet wird, so ist er insofern größer, als die Erkenntnis dieser Notwendigkeit mehr Anschauung hat. In beider Betrachtung ist die mathematische G. von anderer Art als die philosophische.“ Die Mathematik (s. d.), welche zu ihren Begriffen synthetisch gelangt, weiß sicher: „was sie sich in ihrem Objekte durch die Definition nicht hat vorstellen wollen, das ist darin auch nicht enthalten“. Die Metaphysik (s. d.) hingegen ist in ihren Erklärungen weit unsicherer, denn die Begriffe sind hier „gegeben“. „Bemerkt man nun ein oder das andere Merkmal nicht, was gleichwohl zu seiner hinreichenden Unterscheidung gehört, und urteilt, daß zu dem ausführlichen Begriffe kein solches Merkmal fehle, so wird die Definition falsch und trüglich.“ Ferner kann man, da die Zeichen der Mathematik „sinnliche Erkenntnismittel“ sind, sicher sein, daß man keinen Begriff außer acht gelassen, usw. Die Worte als die Zeichen der philosophischen Erkenntnis hingegen helfen nur zur Erinnerung der bezeichneten Begriffe; ihre Bedeutung muß man jederzeit vor Augen haben. Unmerklich entgeht uns ein Merkmal des Begriffes. und es werden dann verschiedene Dinge für einerlei gehalten, Nat. Theol. 3. Btr. § 1 (V 1, 135 f.). Die metaphysische G. ist die jeder anderen philosophischen Erkenntnis und eine solche, die „zur Überzeugung hinreicht“, ibid. § 2 (V 1, 137 f.). Die G. der „ersten Grundwahrheiten“ ist „von keiner anderen Art als in jeder anderen vernünftigen Erkenntnis außer der Mathematik“, ibid. § 3 (V 1, 138 f.). Die obersten und allgemeinen Grundsätze der G. sind der Satz der Identität und der des Widerspruchs. Die unerweislichen „materialen Grundsätze“ der Philosophie (z. B. ein Körper ist zusammengesetzt) stehen unmittelbar unter den formalen ersten Grundsätzen, ibid. § 3 (V 1, 139 f.).

Die subjektiv zureichende Zulänglichkeit des Fürwahrhaltens heißt „Überzeugung" (s. d.), für mich selbst, die objektive „G." (für jedermann), KrV tr. Meth. 2. H. 3. Abs. (I 679—Rc 832). Die „ästhetische" G. „beruht auf dem, was dem Zeugnisse der Sinne zufolge notwendig ist, d. i. was durch Empfindung und Erfahrung bestätigt wird", Log. Einl. V (IV 43). „Das gewisse Fürwahrhalten oder die G. ist mit dem Bewußtsein der Notwendigkeit verbunden." Was ich weiß (im Gegensatz zum Meinen und Glauben) ist „apodiktisch gewiß", d. i. „allgemein und objektiv notwendig (für alle geltend)", ibid. IX (IV 73). Apodiktische G. kommt nur apriorischen (s. d.) Urteilen, nicht dem zu, was bloß aus der Erfahrung (s. d.) und Induktion stammt (vgl. Allgemein). Der Glaube (s. d.) hat seine eigene (subjektive) G., die ebenso stark sein kann wie die G. des Wissens

„Die Ungewißheit ist entweder eine Ungewißheit der Sachen oder der Einsicht. Ob gleich die Gegenstände der Erkenntnis an sich selbst dasjenige gewiß sind, was sie sind, so kann man doch diesen Sachen die Ungewißheit beilegen, insoferne aus demjenigen, was man an ihnen erkennt und was also gegeben ist, von dem übrigen, welches man sucht, nichts festgesetzt wird, man mag diese Data noch so vollkommen erkennen, wie man immer will." Die „objektivische" Ungewißheit findet sich in jeder Erkenntnis, welche eingeschränkt ist. Die Ungewißheit besteht in der Möglichkeit, zu irren, d. h. ein falsches Urteil zu fällen. Die Gründe dazu sind negativ oder positiv; entweder fehlen Gründe zu einem gewissen wahren Urteile oder es sind positive Gründe nicht der Beschaffenheit der Sachen gemäß. Ist das Bewußtsein der objektiven Ungewißheit vorhanden, so ist, bei allem Triebe, ein Urteil zu fällen, der Irrtum unmöglich. Man kann nicht sagen, daß eine G. größer sei als die andere; die Art derselben betrifft nicht die G., sondern die Klarheit. Alle Ungewißheit ist eine Möglichkeit, zu irren. Diese hat entweder eine „potentiale" oder „aktuale" Bedingung. „Die erste wird so verstanden, daß man irren könnte, wenn man urteilen wollte, die zweite, daß es auch aus wirklichen Gründen eine bedingte Möglichkeit gibt, zu urteilen, wo es gleichwohl möglich ist, zu irren. Die potentiale Möglichkeit, zu irren, beruht auf der Beschaffenheit der Sachen, da nämlich aus dem, was man von ihnen erkennt, nicht bestimmt ist, was ihnen zukomme oder nicht; die aktuale Bedingung der Ungewißheit ist der Grund, zu urteilen, worin doch eine potentiale Ungewißheit steckt. Dieser Grund zu urteilen steckt in der scheinbaren Ähnlichkeit des Verfahrens bei einer falschen Erkenntnis mit der bei einer wahren", Lose Bl. 5; vgl. N 2422 ff. Vgl. Apodiktisch, Fürwahrhalten, Überzeugung, Evidenz, Wahrscheinlichkeit, Kritik der reinen Vernunft, Apriori, Erkenntnis, Metaphysik, Mathematik, Kritizismus, Glaube.

Gewohnheit. G. ist bloß subjektive Notwendigkeit, Prol. Vorr. (III 4); vgl. §§ 5, 27 (III 29, 71). Sie statt der objektiven Notwendigkeit, die nur in apriorischen Urteilen stattfindet, unterschieben (wie dies Hume beim Kausalitätsbegriff tut), heißt der Vernunft das Vermögen absprechen, über den Gegenstand zu urteilen, KpV Vorr. (II 15); vgl. 1. T. 1. B. 1. H. II (II 66 f.). Das „Gewohntwerden" (consuetudo) beruht darauf, daß „Empfindungen von eben derselben Art durch ihre lange Dauer ohne Abwechslung die Aufmerksamkeit von den Sinnen abziehen". Die „Angewohntheit" (assuetudo) ist „eine physische innere Nötigung, nach derselben Weise ferner zu verfahren, wie man bis dahin verfahren hat", Anthr. 1. T. § 12 (IV 40). Vgl. Kausalität, Katechismus (moralischer).

Glaube. Es gibt vom Übersinnlichen (s. d.) kein theoretisches Wissen. Aber es ist nicht nur möglich, an Gott und Unsterblichkeit zu glauben, sondern die praktisch-sittliche Vernunft fordert geradezu die Annahme dieser übersinnlichen, nicht erfahrbaren Dinge (s. Postulate), als Ergänzung des Wissens und für eine befriedigende Darlegung des Verhältnisses zwischen Sittlichkeit und Glückseligkeit. Der „Vernunftglaube" ist ebenso sicher wie eine Erkenntnis, er schöpft seine Überzeugung aus der moralischen Gesinnung, die zwar als selbständig nicht auf einem (religiösen) G.n beruht, aber einen solchen notwendig zeitigt. Zwischen Wissen und G.n kann kein Widerspruch oder Konflikt bestehen, da das Gebiet des Wissens die Welt des Erfahrbaren, der Erscheinungen ist, während der G. sich auf etwas richtet, was jenseits aller Erfahrung und der Formen derselben liegt, dessen Annahme aber ein „Bedürfnis" der Vernunft ist. Gerade durch Einschränkung der theoretischen Erkenntnis auf Erscheinungen wird eine Erweiterung der Vernunft zum Behuf des praktischen Gebrauchs möglich. „Ich mußte ... das Wissen aufheben, um zum G.n Platz zu bekommen", KrV Vorr. z. 2. A. (I 37—Rc 32).

Es scheint „der menschlichen Natur und der Reinigkeit der Sitten gemäßer zu sein, die Erwartung der künftigen Welt auf die Empfindungen einer wohlgearteten Seele, als umgekehrt ihr Wohlverhalten auf die Hoffnung der anderen Welt zu gründen. So ist auch der moralische G. bewandt, dessen Einfalt mancher Spitzfindigkeit des Vernünftelns überhoben sein kann, und welcher einzig und allein dem Menschen in jeglichem Zustande angemessen ist, indem er ihn ohne Umschweife zu seinen wahren Zwecken führt", Träume 2. T. 3. H. (V 2, 69). Das „Bedürfnis der Vernunft" führt zum „Vernunftglauben". „Ein jeder G., selbst der historische, muß zwar vernünftig sein (denn der letzte Probierstein der Wahrheit ist immer die Vernunft), allein ein Vernunftglaube ist der, welcher sich auf keine andere Data gründet als die, so in der reinen Vernunft enthalten sind. Aller G. ist nun ein subjektiv zureichendes, objektiv aber mit Bewußtsein unzureichendes Fürwahrhalten; also wird er dem Wissen entgegengesetzt." Das Meinen kann zu einem Wissen werden, so auch der historische G., nie aber der reine Vernunftglaube, „weil der Grund des Fürwahrhaltens hier bloß subjektiv, nämlich ein notwendiges Bedürfnis der Vernunft ist (und, solange wir Menschen sind, immer bleiben wird), das Dasein eines höchsten Wesens nur vorauszusetzen, nicht zu demonstrieren". Was heißt: s. i. D. or? (V 2, 156 f.). Das Bedürfnis der Vernunft in ihrem theoretischen Gebrauche ist eine reine „Vernunfthypothese", d. h. eine Meinung, die aus subjektiven Gründen zum Fürwahrhalten zureichend ist. Der Vernunftglaube auf praktischer Grundlage aber ist ein „Postulat" (s. d.) der Vernunft, ibid. (V 2, 157). „Zur Festigkeit des G.ns gehört das Bewußtsein seiner Unveränderlichkeit. Nun kann ich völlig gewiß sein, daß mir niemand den Satz: Es ist ein Gott, werde widerlegen können; denn wo will er diese Einsicht hernehmen?" ibid. Anm. (V 2, 157). „Die Maxime der Unabhängigkeit der Vernunft von ihrem eigenen Bedürfnis (Verzichtung auf Vernunftglauben) heißt nun Unglaube." Dieser „Vernunftunglaube" ist „ein mißlicher Zustand des menschlichen Gemüts, der den moralischen Gesetzen zuerst alle Kraft der Triebfedern auf das Herz, mit der Zeit sogar ihnen selbst alle Autorität benimmt und die Denkungsart veranlaßt, die man Freigeisterei nennt, d. i. den Grundsatz, gar keine Pflicht mehr zu erkennen", ibid. (V 2, 162).

Ist das Fürwahrhalten „nur subjektiv zureichend und wird zugleich für objektiv unzureichend gehalten", so heißt es G.n „Es kann aber überall bloß in praktischer Beziehung das theoretisch unzureichende Fürwahrhalten G.n genannt werden. Diese praktische Absicht ist nun entweder die der Geschicklichkeit oder der Sittlichkeit, die erste zu beliebigen und zufälligen, die zweite aber zu schlechthin notwendigen Zwecken." Ist die Voraussetzung eines Zweckes und das Fürwahrhalten gewisser Bedingungen der Erreichung desselben subjektiv und nur „komparativ zureichend", so ist der G. ein „zufälliger" oder „pragmatischer" G., der verschiedene Grade haben kann. Geht dieser G. auf theoretische Urteile (als Analogie von praktischen), so ist es ein „doktrinaler" G. (z. B. an die Bewohner anderer Welten), der sehr stark sein kann. Zu diesem G.n gehört die Lehre vom Dasein Gottes, als Voraussetzung einer Ordnung der Dinge nach Zwecken durch eine höchste Intelligenz, eine Voraussetzung, die zur Forschung in der Natur eine Leitung gibt und deren „Brauchbarkeit" so oft durch den Ausgang der Versuche bestätigt wird; ähnlich steht es mit dem G.n an die Unsterblichkeit. „Der Ausdruck des G.ns ist in solchen Fällen ein Ausdruck der Bescheidenheit in objektiver Absicht, aber doch zugleich der Festigkeit des Zutrauens in subjektiver." Objektiv ist dieser G. weniger als eine Hypothese (s. d.). „Das Wort G.n aber geht nur auf die Leitung, die mir eine Idee gibt, und den subjektiven Einfluß auf die Beförderung meiner Vernunfthandlungen, die mich an demselben festhält, ob ich gleich von ihr nicht imstande bin, in spekulativer Absicht Rechenschaft zu geben." Freilich hat der doktrinale G. „etwas Wankendes" in sich, durch die Spekulation verlieren wir ihn oft, um dann allerdings immer wieder zu ihm zurückzukehren, KrV tr. Meth. 2. H. 3. Abs. (I 679—682—Rc 832—836). Anders steht es mit dem „moralischen" G.n. Hier ist der Zweck (die Sittlichkeit) schlechterdings notwendig, und es ist „nach aller meiner Einsicht" nur eine einzige Bedingung möglich, unter welcher dieser Zweck mit allen Zwecken zusammenhängt und dadurch „praktische Gültigkeit" habe, nämlich, daß ein Gott und eine künftige Welt sei; auch weiß ich ganz gewiß, daß niemand andere Bedingungen dieser Einheit der Zwecke kennt. So werde ich „unausbleiblich ein Dasein Gottes und ein künftiges Leben glauben", und bin sicher, „daß diesen G.n nichts wankend machen könne, weil dadurch meine sittlichen Grundsätze selbst umgestürzt würden, denen ich nicht entsagen kann, ohne in meinen eigenen Augen verabscheuungswürdig zu sein". Diese Überzeugung ist „nicht logische, sondern moralische Gewißheit, und da sie auf subjektiven Gründen (der moralischen Gesinnung) beruht, so muß ich nicht einmal sagen: es ist moralisch gewiß, daß ein Gott sei usw., sondern: ich bin moralisch gewiß usw. Das heißt: der G. an einen Gott und eine andere Welt ist mit meiner moralischen Gesinnung so verwebt, daß, so wenig ich Gefahr laufe, die letztere einzubüßen, ebensowenig besorge ich, daß mir der erste jemals entrissen werden könne." Es ist dies ein „Vernunftglaube". Es gibt auch einen „negativen" G.n, aus bloßer Furcht vor einem göttlichen Dasein und einem zukünftigen Leben und dem Nichtwissen, daß kein solches Dasein und Leben besteht. Ein solcher G. bewirkt nur das Analogon der Moralität, indem er den Ausbruch der bösen Gesinnung mächtig zurückhalten kann, ibid. (I 682 ff.—Rc 836 ff.). Das menschliche Gemüt nimmt aber ein „natürliches Interesse an der Moralität". „Befestigt und vergrößert dieses Interesse, und ihr werdet die Vernunft sehr gelehrig und selbst aufgeklärter finden, um mit dem praktischen auch das spekulative Interesse zu vereinigen. Sorget ihr aber nicht dafür, daß ihr vorher, wenigstens auf dem halben Wege, gute Menschen macht, so werdet ihr auch niemals aus ihnen aufrichtiggläubige Menschen machen!" ibid. Anm. (I 684—Rc 838).

Das (auf Pflicht gegründete) Bedürfnis der reinen praktischen Vernunft führt zu Postulaten, zu welchen das Postulat des Daseins Gottes gehört, das eine Voraussetzung der Möglichkeit des höchsten Guts (s. d.) ist. Dieses notwendige Bedürfnis läßt den Rechtschaffenen sagen: „ich will, daß ein Gott, daß mein Dasein in dieser Welt auch außer der Naturverknüpfung noch ein Dasein in einer reinen Verstandeswelt, endlich auch, daß meine Dauer endlos sei, ich beharre darauf und lasse mir diesen G.n nicht nehmen; denn dieses ist das einzige, wo mein Interesse, weil ich von demselben nichts nachlassen darf, mein Urteil unvermeidlich bestimmt, ohne auf Vernünfteleien zu achten, so wenig ich auch darauf zu antworten oder ihnen scheinbarere entgegenzustellen imstande sein möchte", KpV 1. T. 2. B. 2. H. VIII (II 180 ff.). „Es ist Pflicht, das höchste Gut nach unserem größten Vermögen wirklich zu machen; daher muß es doch auch möglich sein: mithin ist es für jedes vernünftige Wesen in der Welt auch unvermeidlich, dasjenige vorauszusetzen, was zu dessen objektiver Möglichkeit notwendig ist. Die Voraussetzung ist so notwendig als das moralische Gesetz, in Beziehung auf welches sie auch nur gültig ist", ibid. 2. Anm. (II 183). Dieser reine praktische Vernunftglaube ist aber „nicht geboten, sondern als freiwillig zur moralischen (gebotenen) Absicht zuträgliche, überdem noch mit dem theoretischen Bedürfnisse der Vernunft einstimmige Bestimmung unseres Urteils ... selbst aus der moralischen Gesinnung entsprungen", ibid. (II 185 f.). Daß wir keine eigentliche Erkenntnis Gottes haben, ist zweckmäßig; denn statt des Streits, den jetzt die moralische Gesinnung mit den Neigungen zu führen hat, in welchem allmählich die moralische Stärke der Seele zu erwerben ist, würden „Gott und Ewigkeit mit ihrer furchtbaren Majestät" uns unablässig vor Augen liegen, und es würde dann das Gute meist aus Furcht, nur weniges aus Hoffnung, gar nichts aus Pflicht geschehen. Dann würde ein moralischer Wert der Handlungen, „worauf doch allein der Wert der Person und selbst der der Welt in den Augen der höchsten Weisheit ankommt", gar nicht existieren. Es zeigt sich hier wie sonst, „daß die unerforschliche Weisheit, durch die wir existieren, nicht minder verehrungswürdig ist in dem, was sie uns versagte, als in dem, was sie uns zuteil werden ließ", ibid. IX (II 186 ff.).

„Gegenstände, die in Beziehung auf den pflichtmäßigen Gebrauch der reinen praktischen Vernunft (es sei als Folgen oder als Gründe) a priori gedacht werden müssen, aber für den theoretischen Gebrauch derselben überschwenglich sind, sind bloße Glaubenssachen." Sie beruhen auf einem freien Fürwahrhalten und sind nur als solche mit der Moralität des Subjekts vereinbar. Es sind dies das höchste Gut, das Dasein Gottes und die Unsterblichkeit als Gegenstände der reinen Vernunft in praktischer Absicht. Dieser G. ist ein moralischer G., der die Spekulation nicht erweitert; „Postulate" (s. d.) der praktischen Vernunft sind hier gegeben, „Annahmen" in praktischer Beziehung für den „moralischen Gebrauch" unserer Vernunft. „G. (als habitus, nicht als actus) ist die moralische Denkungsart der Vernunft im Fürwahrhalten desjenigen, was für das theoretische Erkenntnis unzugänglich ist. Er ist also der beharrliche Grundsatz des Gemüts, das, was zur Möglichkeit des höchsten moralischen Endzwecks als Bedingung vorauszusetzen notwendig ist, wegen der Verbindlichkeit zu demselben als wahr anzunehmen; obzwar die Möglichkeit desselben, jedoch ebensowohl auch die Unmöglichkeit, von uns nicht eingesehen werden kann. Der G. (schlechthin so genannt) ist ein Vertrauen zu der Erreichung einer Absicht, deren Beförderung Pflicht, die Möglichkeit der Ausführung derselben aber für uns nicht einzusehen ist (folglich auch nicht die der einzigen für uns denkbaren Bedingungen)." Der G. ist „ein Vertrauen auf die Verheißung des moralischen Gesetzes; aber nicht als eine solche, die in demselben enthalten ist, sondern die ich hineinlege, und zwar aus moralisch hinreichendem Grunde". Der moralische G. ist „ein freies Fürwahrhalten . . . dessen, was wir zum Behuf einer Absicht nach Gesetzen der Freiheit annehmen". Ungläubig ist, wer den Vernunftideen, weil es ihnen an theoretischer Begründung ihrer Realität fehlt, darum alle Gültigkeit abspricht, KU § 91 (II 342 ff.).

Der „reine Religionsglaube" ist ein „bloßer Vernunftglaube", „der sich jedermann zur Überzeugung mitteilen läßt". Ein bloß auf Fakta gegründeter „historischer G." hingegen kann seinen Einfluß nicht weiter ausbreiten, „als soweit die Nachrichten in Beziehung auf das Vermögen, ihre Glaubwürdigkeit zu beurteilen, nach Zeit- und Ortsumständen hingelangen können". Alle Offenbarung ist ein historischer, nicht ein reiner Vernunftglaube. Eine Form des historischen G.ns ist der „Kirchenglaube", der auf das geht, wie Gott in einer Kirche (s. d.) verehrt sein wolle, also auf eine statutarische, uns nur durch Offenbarung kund werdende Gesetzgebung (vgl. Religion). Der Kirchenglaube ist nur durch die Schrift aufzubewahren, und diese muß nach moralischen Grundsätzen ausgelegt werden, Rel. 3. St. 1. Abt. V (IV 117—122). Es gibt keine andere Norm des Kirchenglaubens als die Schrift und keinen anderen Ausleger desselben als „reine Vernunftreligion und Schriftgelehrsamkeit" ibid. VI (IV 131). „Der allmähliche Übergang des Kirchenglaubens zur Alleinherrschaft des reinen Religionsglaubens ist die Annäherung des Reiches Gottes" (vgl. Kirche). Damit ist der „seligmachende G." verbunden, d. h. der G. jedes „einzelnen, der die moralische Empfänglichkeit (Würdigkeit) mit sich führt, ewig glückselig zu sein". Dieser G. enthält „zwei Bedingungen seiner Hoffnung der Seligkeit", nämlich den G.n an eine „Genugtuung (Bezahlung für seine Schuld, Erlösung, Versöhnung mit Gott)", und den G.n, „in einem ferner zu führenden guten Lebenswandel Gott wohlgefällig werden zu können", ibid. VII (IV 132 ff.). Im Unterschiede von „Kirchenglauben", der auf „Statuten" beruht, ist der „Religionsglaube" derjenige, „der auf inneren Gesetzen beruht, die sich aus jedes Menschen eigener Vernunft entwickeln lassen", Str. d. Fak. 1. Abs. II. Anh. einer Erläuterung . . I. (V 4, 77).

Vom Übersinnlichen (s. d.) gibt es keine theoretisch-dogmatische Erkenntnis, auch keine Wahrscheinlichkeitserkenntnis, sondern nur eine „praktisch-dogmatische" Erkenntnis, die vom Meinen sowohl als vom Wissen unterschieden ist. „Die Bedeutung dieses, vom Meinen und Wissen unterschiedenen, als eines auf Beurteilung in theoretischer Absicht gegründeten Fürwahrhaltens, kann nun in den Ausdruck G.n gelegt werden, worunter eine Annehmung, Voraussetzung (Hypothesis) verstanden wird, die nur darum notwendig ist, weil eine objektive praktische Regel des Verhaltens als notwendig zum Grunde liegt, bei der wir die Möglichkeit der Ausführung und des daraus hervorgehenden Objektes an sich zwar nicht theoretisch einsehen, aber doch die einzige Art der Zusammenstimmung derselben zum Endzweck subjektiv erkennen." Ein solcher G. ist das Fürwahrhalten eines theoretischen Satzes, z. B. „es ist ein Gott", durch praktische Vernunft (s. Gott). Der G. hat „an sich einen moralischen Wert, weil er ein freies Annehmen enthält", weil er ein „freies Fürwahrhalten" ist (vgl. Als ob, Realität). Der G. der Vernunft ist eine vernunftmäßige Annahme zu praktisch-sittlichem Zwecke, Fortschr. d. Metaph. 2. Abt. Auflösung der Aufgabe I (V 3, 128 ff.). Es gibt keinen „theoretischen G.n an das Übersinnliche". „In praktischer (moralisch-praktischer) Bedeutung aber ist ein G. an das Übersinnliche nicht allein möglich, sondern er ist sogar mit dieser unzertrennlich verbunden", V. e. vorn. Ton 4. Anm. (V 4, 13).

„Das G.n oder das Fürwahrhalten aus einem Grunde, der zwar objektiv unzureichend, aber subjektiv zureichend ist, bezieht sich auf Gegenstände, in Ansehung deren man nicht allein nichts wissen, sondern auch nichts meinen, ja auch nicht einmal Wahrscheinlichkeit vorwenden, sondern bloß gewiß sein kann, daß es nicht widersprechend ist, sich dergleichen Gegenstände so zu denken, wie man sie sich denkt. Das übrige hierbei ist ein freies Fürwahrhalten, welches nur in praktischer a priori gegebener Absicht nötig ist, — also ein Fürwahrhalten dessen, was ich aus moralischen Gründen annahm, und zwar so, daß ich gewiß bin, das Gegenteil könne nie bewiesen werden." Das G.n ist „kein besonderer Erkenntnisquell", es vertritt nur die Stelle einer Erkenntnis, ohne selbst Erkenntnis zu sein, Log. Einl. IX (IV 74 ff.). Der Vernunftglaube ist „bloß eine Voraussetzung der Vernunft in subjektiver, aber absolut notwendiger praktischer Absicht". Der G. an die Erreichbarkeit des höchsten Gutes wird vorausgesetzt, ibid. 1. Anm. (IV 75 f.). Beim G.n kommt es nicht auf objektive Gründe, sondern auf das moralische Interesse des Subjektes an. Der praktische „moralische Vernunftglaube" ist allein ein eigentlicher G.; er kann sich nie zum Wissen erheben. Der „sogenannte historische G." ist eine Art des theoretischen oder logischen Fürwahrhaltens und kann selbst ein Wissen sein, ibid. 2. Anm. (IV 80).

„Das Prinzip der Selbsterhaltung der Vernunft ist das Fundament des Vernunftglaubens, in welchem das Fürwahrhalten eben den Grad hat als beim Wissen, aber von anderer Art ist, indem es nicht von der Erkenntnis der Gründe im Objekt, sondern von dem wahren Bedürfnis des Subjekts in Ansehung des theoretischen sowohl als praktischen Gebrauchs der Vernunft hergenommen ist. Es bleibt immer G.n, niemals wird's Wissen und ist auch als das erstere für Geschöpfe am zweckmäßigsten. — Das Wissen blähet auf (wenn es Wahn ist), aber das Wissen bis zu den Grenzen desselben (Sokrates) macht demütig", N 2446; vgl. 2447 ff., 2770 f. Vgl. Religion, Christentum, Bibel, Annahme, Postulate, Theologie, Überzeugung, Fürwahrhalten, Kritik, Übersinnlich, Glaubenssätze.

Glaubenssätze. Unter G.n versteht man „nicht, was geglaubt werden soll (denn das Glauben verstattet keinen Imperativ), sondern das, was in praktischer (moralischer) Absicht anzunehmen möglich und zweckmäßig, obgleich nicht eben erweislich ist, mithin nur geglaubt werden kann". Den Kern der Religion (s. d.) bildet nur der „moralische, die Seele durch Vernunft bessernde und erhebende Glaube". Der Kirchenglaube, der veränderlich ist und „einer allmählichen Reinigung bis zur Konsequenz mit dem letzteren fähig bleiben muß", darf nicht selbst zum Glaubensartikel gemacht, „obzwar doch auch in Kirchen nicht öffentlich angegriffen oder auch mit trockenem Fuß übergegangen" werden,

„weil er unter der Gewahrsame der Regierung steht, die für öffentliche Eintracht und Frieden Sorge trägt, indessen daß es des Lehrers Sache ist, davor zu warnen, ihm nicht eine für sich bestehende Heiligkeit beizulegen, sondern ohne Verzug zu dem dadurch eingeleiteten Religionsglauben überzugehen“, Str. d. Fak. 1. Abs. II. Anh. einer Erläuterung.. II. (V 4, 84 f.). „G., welche zugleich als göttliche Gebote gedacht werden sollen, sind nun entweder bloß statutarisch, mithin für uns zufällig und Offenbarungslehren, oder moralisch, mithin mit dem Bewußtsein ihrer Notwendigkeit verbunden und a priori erkennbar, d. i. Vernunftlehren des Glaubens. Der Inbegriff der ersteren Lehren macht den Kirchen-, der anderen aber den reinen Religionsglauben aus.“ Der „reine Religionsglaube“ allein hat „Anspruch auf Allgemeingültigkeit (catholicismus rationalis)“. Jeder Kirchenglaube, „sofern er bloß statutarische Glaubenslehren für wesentliche Religionslehren ausgibt“, hat „eine gewisse Beimischung von Heidentum; denn dieses besteht darin, das Äußerliche (Außerwesentliche) der Religion für wesentlich auszugeben“. Die kirchliche Autorität, nach einem rein äußerlichen Glauben selig zu sprechen, ist „Pfaffentum“, ibid. Allg. Anmerk. (V 4, 93 f.) vgl. Christentum, Bibel.

Gleichheit s. Identität.

Gleichheit (politisch-rechtliche). Über die Ungleichheit des „allgemeinen Menschenrechts“ klagt Rousseau „mit vieler Wahrheit“, „die aber von der Kultur nicht abzusondern ist, solange sie gleichsam planlos fortgeht..., und zu welcher die Natur den Menschen gewiß nicht bestimmt hatte; da sie ihm Freiheit gab und Vernunft, diese Freiheit durch nichts als ihre eigene allgemeine und zwar äußere Gesetzmäßigkeit, welche das bürgerliche Recht heißt, einzuschränken“, Anf. d. Menschengesch. 2. Anm. (VI 58). — Die Ungleichheit unter Menschen, „diese reiche Quelle so vieles Bösen, aber auch alles Guten“, ibid. Beschluß d. Gesch. (VI 60). — Die „durchgängige G. der Menschen in einem Staat, als Untertanen desselben, besteht aber ganz wohl mit der größten Ungleichheit, der Menge und den Graden ihres Besitztums nach, es sei an körperlicher oder Geistesüberlegenheit über andere, oder an Glücksgütern außer ihnen, und an Rechten überhaupt (deren es viele geben kann) respektiv auf andere“. „Aber dem Rechte nach... sind sie dennoch als Untertanen alle einander gleich.“ „Aus dieser Idee der G. der Menschen im gemeinen Wesen als Untertanen geht nun auch die Formel hervor: Jedes Glied desselben muß zu jeder Stufe eines Standes in demselben (die einem Untertan zukommen kann) gelangen dürfen, wozu ihn sein Talent, sein Fleiß und sein Glück hinbringen können; und es dürfen ihm seine Mituntertanen durch ein erbliches Prärogativ (als Privilegiaten für einen gewissen Stand) nicht im Wege stehen, um ihn und seine Nachkommen unter demselben ewig niederzuhalten“ (vgl. Adel). Das Prinzip der G. ist: „Ein jedes Glied des gemeinen Wesens hat gegen jedes andere Zwangsrechte, wovon nur das Oberhaupt desselben ausgenommen ist (darum weil er von jenem kein Glied, sondern der Schöpfer oder Erhalter desselben ist); welcher allein die Befugnis hat, zu zwingen, ohne selbst einem Zwangsgesetze unterworfen zu sein“, Theor. Prax. II (VI 88 ff.). „In dem Punkte der Gesetzgebung selbst sind alle, die unter schon vorhandenen öffentlichen Gesetzen frei und gleich sind, doch nicht, was das Recht betrifft, diese Gesetze zu geben, alle für gleich zu achten“, ibid. (VI 92). — „Bürgerliche G., keinen Obern im Volk in Ansehung seiner zu erkennen als nur einen solchen, den er ebenso rechtlich zu verbinden das moralische Vermögen hat, als dieser ihn verbinden kann“ ist das Attribut des Staatsbürgers, MSR § 46 (III 136 f.).

Bei der Bestrafung (s. Strafe) ist das Prinzip und Richtmaß der öffentlichen Gerechtigkeit das Prinzip der G. „Also: was für unverschuldetes Übel du einem anderen im Volke zufügst, das tust du dir selbst an“, ibid. 2. T. 1. Abs. Allg. Anmerk. E I (III 159).

Gleichzeitigkeit s. Zeit. Was einander nicht folgt, ist deshalb noch nicht gleichzeitig. G. ist die Verbindung von allem in demselben Zeitpunkte, Mund. sens. § 14 Anm. (V 2, 107).

Glückseligkeit. G. (Eudämonie) ist nicht das sittliche Motiv und nicht das Kriterium des Sittlichen, da sie nicht zum Prinzip einer Gesetzgebung taugt. Der sittliche Wille muß unabhängig von eudämonischen Zwecken und Triebfedern bestimmt werden, wenn auch die Förderung (fremder) G. mit zu den Pflichten (s. d.) gehört. Das menschliche Leben, auch das geschichtliche, ist nicht auf G. als höchstes Ziel eingestellt, wenn auch von Natur aus jeder nach G. strebt. Die Verbindung zwischen der Sittlichkeit und der G., deren würdig zu sein die Hauptsache ist, stellt die Religion her (s. Postulate). G. ist nicht das vollständige Gut (s. d.); nur die der Sittlichkeit entsprechende, ihr proportionierte G. bildet einen Bestandteil des höchsten Gutes. Da Unlust und Lust reale Gegensätze sind, die einander modifizieren, so ist die Summe der G. des menschlichen Lebens dementsprechend zu schätzen, „nur daß diese Aufgabe für Menschen unauflöslich ist, weil nur gleichartige Empfindungen können in Summen gezogen werden, das Gefühl aber in dem sehr verwickelten Zustande des Lebens nach der Mannigfaltigkeit der Rührungen sehr verschieden erscheint", Neg. Größ. 2. Abs. 2. (V 1, 87 f.). „Der Begriff der G. ist nicht ein solcher, den der Mensch etwa von seinen Instinkten abstrahiert und so aus der Tierheit in ihm selbst hernimmt, sondern ist eine bloße Idee eines Zustandes, welcher er den letzteren unter bloß empirischen Bedingungen (welches unmöglich ist) adäquat machen will. Er entwirft sie sich selbst, und zwar auf so verschiedene Art durch seinen mit der Einbildungskraft und den Sinnen verwickelten Verstand, er ändert sogar diesen so oft, daß die Natur, wenn sie auch seiner Willkür gänzlich unterworfen wäre, doch schlechterdings kein bestimmtes allgemeines und festes Gesetz annehmen könnte, um mit diesem schwankenden Begriff und so mit dem Zweck, den jeder sich willkürlicherweise vorsetzt, übereinzustimmen. Aber selbst, wenn wir entweder diesen auf das wahrhafte Naturbedürfnis, worin unsere Gattung durchgängig mit sich übereinstimmt, herabsetzen, oder anderseits die Geschicklichkeit, sich eingebildete Zwecke zu verschaffen, noch so hoch steigern wollten: so würde doch, was der Mensch unter G. versteht, und was in der Tat sein eigener letzter Naturzweck (nicht Zweck der Freiheit) ist, von ihm nie erreicht werden; denn seine Natur ist nicht von der Art, irgendwo im Besitze und Genusse aufzuhören und befriedigt zu werden." Der Mensch ist so wenig ein Liebling der Natur, daß, wenn sein Zweck auf die G. unserer Gattung gestellt wäre, dieser Zweck auf Erden nie erreicht werden würde. Der Mensch ist zwar, als Wesen, das sich selbst Zwecke setzt, „Herr der Natur" und letzter Zweck derselben, aber immer nur bedingt, nämlich sofern er es versteht und den Willen hat, der Natur und sich selbst „eine solche Zweckbeziehung zu geben, die unabhängig von der Natur sich selbst genug, mithin Endzweck sein könne, der aber in der Natur gar nicht gesucht werden muß." G. ist „der Inbegriff aller durch die Natur und außer und in dem Menschen möglichen Zwecke desselben"; sie ist die „Materie aller seiner Zwecke auf Erden, die, wenn er sie zu seinem ganzen Zwecke macht, ihn unfähig macht, seiner eigenen Existenz einen Endzweck zu setzen und dazu zusammenzustimmen", KU § 83 (II 298 ff.); vgl. Kultur, Endzweck. G. ist nicht Zweck der Natur, mögen auch Menschen sie zu ihrem letzten subjektiven Zweck machen. Sie ist nur „bedingter Zweck" und nur eine „Folge" nach Maßgabe der Übereinstimmung mit dem (moralischen) Endzweck, ibid. § 84 Anm. (II 305 f.).

„Die Natur hat gewollt, daß der Mensch alles, was über die mechanische Anordnung seines tierischen Daseins geht, gänzlich aus sich selbst herausbringe und keiner anderen G. oder Vollkommenheit teilhaftig werde, als die er sich selbst, frei von Instinkt, durch eigene Vernunft verschafft hat." „Es scheint . . . der Natur darum gar nicht zu tun gewesen zu sein, daß er wohl lebe; sondern daß er sich so weit hervorarbeite, um sich, durch sein Verhalten, des Lebens und des Wohlbefindens würdig zu machen", G. i. weltbürg. Abs. 3. Satz (VI 7 f.). „In allen Epochen der Menschheit, sowie auch zu derselben Zeit in allen Ständen, findet eine G. statt, die gerade den Begriffen und der Gewohnheit des Geschöpfes an die Umstände, darin es geboren und erwachsen ist, angemessen ist", Rezension von Herders „Ideen" 2. T. (VI 45).

„G. ist die Befriedigung aller unserer Neigungen (sowohl extensive, der Mannigfaltigkeit derselben, als intensive, dem Grade, und auch protensive, der Dauer nach).“ Das „praktische Gesetz aus dem Bewegungsgrunde der G.“ ist ein „pragmatisches“ Gesetz, eine „Klugheitsregel“, während das „moralische“ Gesetz (Sittengesetz) ein solches ist, „das zum Bewegungsgrunde nichts anderes hat, als die Würdigkeit glücklich zu sein“, KrV tr. Meth. 2. H. 2. Abs. (I 667 f.—Rc 819 f.). Auf die Frage: was soll ich tun? lautet die Antwort: „Tue das, wodurch du würdig wirst, glücklich zu sein.“ Auf die Frage: was darf ich hoffen? ist zu antworten: es ist notwendig anzunehmen, „daß jedermann die G. in demselben Maße zu hoffen Ursache habe, als er sich derselben in seinem Verhalten würdig gemacht hat.“ Es ist also das System der Sittlichkeit mit dem der G., aber „nur in der Idee der reinen Vernunft“, unzertrennlich verbunden. Für die Wirklichkeit ist diese Verknüpfung aber nur zu erhoffen, „wenn eine höchste Vernunft, die nach moralischen Gesetzen gebietet, zugleich als Ursache der Natur zum Grunde gelegt wird.“ Die Idee einer solchen Ursache ist das „Ideal des höchsten Gutes“. Die Verknüpfung von Sittlichkeit und ihr angemessener G. ist nur möglich „in der intelligiblen Welt, unter einem weisen Urheber und Regierer“. So ist die Vernunft genötigt, Gott und Unsterblichkeit anzunehmen, um mit den moralischen Gesetzen die ihnen a priori angemessenen Folgen zu verknüpfen, deren Ausbleiben sie zu „leeren Hirngespinsten“ machen würde, ibid. (I 669 ff.—Rc 821 ff.). G. ist für unsere Vernunft nicht das „vollständige“ Gut (s. d.). Das höchste Gut besteht in der G. „in dem genauen Ebenmaße mit der Sittlichkeit der vernünftigen Wesen, dadurch sie derselben würdig sind“, ibid. (I 672 f.—Rc 825 f.).

G. ist nicht der eigentliche Zweck der Natur. Die Vernunft ist nicht als ein Mittel zu ihrer Erlangung bestimmt, die durch einen „Instinkt“ viel besser gesichert worden wäre, GMS 1. Abs. (III 12 f.); vgl. Wille, guter. G. ist aber doch ein Zweck, den man bei allen vernünftigen Wesen als wirklich voraussetzen kann, als einen naturnotwendigen Zweck des Handelns. Der hypothetische Imperativ (s. d.), der „die praktische Notwendigkeit der Handlung als Mittel zur Beförderung der G.“ ausdrückt, ist daher assertorisch, ibid. 2. Abs. (III 37). Der Begriff der G. ist „ein so unbestimmter Begriff“, „daß, obgleich jeder Mensch zu dieser zu gelangen wünscht, er doch niemals bestimmt und mit sich selbst einstimmig sagen kann, was er eigentlich wünsche und wolle. Die Ursache davon ist: daß alle Elemente, die zum Begriff der G. gehören, insgesamt empirisch sind, d. i. aus der Erfahrung müssen entlehnt werden, daß gleichwohl zur Idee der G. ein absolutes Ganze, ein Maximum des Wohlbefindens in meinem gegenwärtigen und jedem zukünftigen Zustande erforderlich ist. Nun ist's unmöglich, daß das einsehendste und zugleich allervermögendste, aber doch endliche Wesen sich einen bestimmten Begriff von dem mache, was es hier eigentlich wolle.“ Um zu wissen, was uns wahrhaft glücklich machen kann, gehörte Allwissenheit. Die „Imperative der Klugheit“ gebieten eigentlich nicht, sondern sind „Anratungen“. G. ist eben „nicht ein Ideal der Vernunft, sondern der Einbildungskraft“, ibid. (III 40 f.).

Von den empirisch-heteronomen ethischen Prinzipien ist das Prinzip der eigenen G. „am meisten verwerflich, nicht bloß deswegen, weil es falsch ist, und die Erfahrung dem Vorgehen, als ob das Wohlbefinden sich jederzeit nach dem Wohlverhalten richte, widerspricht; auch nicht bloß, weil es gar nichts zur Gründung der Sittlichkeit beiträgt...: sondern weil es der Sittlichkeit Triebfedern unterlegt, die sie eher untergraben und ihre ganze Erhabenheit vernichten, indem sie die Bewegursachen zur Tugend mit denen zum Laster in eine Klasse stellen“, ibid. 2. Abs. Einteilung aller möglichen Prinzipien (III 69).

G. ist „das Bewußtsein eines vernünftigen Wesens von der Annehmlichkeit des Lebens, die ununterbrochen sein ganzes Dasein begleitet“, KpV 1. T. 1. B. 1. H. § 3 (II 27). „Glücklich zu sein, ist notwendig das Verlangen jedes vernünftigen, aber endlichen Wesens und also ein unvermeidlicher Bestimmungsgrund seines Begehrungsvermögens.“ G. ist aber ein nur empirisch erkennbarer Bestimmungsgrund (vgl. Grundsätze, praktische). „Worin nämlich jeder seine G. zu setzen habe, kommt auf jedes sein besonderes Gefühl der Lust und Unlust an..., und ein subjektiv notwendiges Gesetz (als Naturgesetz) ist also objektiv ein gar sehr zufälliges praktisches Prinzip, das in verschiedenen Subjekten sehr verschieden sein kann und muß, mithin niemals ein Gesetz abgeben kann." Das Gefühl der Lust und Unlust kann niemals als allgemein auf dieselben Gegenstände gerichtet angenommen werden, ibid. § 3 Anmerk. II (II 31 ff.). Alle materialen Grundsätze (s. d.) des Handelns gehören unter das allgemeine Prinzip der Selbstliebe oder eigenen G., ibid. § 3 (II 27 ff.). Gäbe es auch Einstimmung bezüglich der Objekte des Gefühls, so könnte das Prinzip der Selbstliebe dennoch kein praktisches Gesetz abgeben, denn diese Einhelligkeit wäre nur zufällig. „Der Bestimmungsgrund wäre immer doch nur subjektiv gültig und bloß empirisch und hätte diejenige Notwendigkeit nicht, die in einem jeden Gesetze gedacht wird, nämlich die objektive aus Gründen a priori", ibid. § 3 Anmerk. II (II 33). – Fremde G. kann das Objekt des Willens eines vernünftigen Wesens sein, aber nicht der Bestimmungsgrund der Maxime. Meine eigene G. kann nur dann Gesetz werden, wenn ich die der anderen mit einschließe. „Also entspringt das Gesetz, anderer G. zu befördern, nicht von der Voraussetzung, daß dieses ein Objekt für jedes seine Willkür sei, sondern bloß daraus, daß die Form der Allgemeinheit, die die Vernunft als Bedingung bedarf, einer Maxime der Selbstliebe die objektive Gültigkeit eines Gesetzes zu geben, der Bestimmungsgrund des Willens wird." Die „gesetzgebende Form" schränkt meine auf Neigung gegründete Maxime ein, „um ihr die Allgemeinheit eines Gesetzes zu verschaffen und sie so der reinen praktischen Vernunft angemessen zu machen", ibid. § 8 Anmerk. I (II 44 f.). Das Prinzip der G. „kan zwar Maximen, aber niemals solche abgeben, die zu Gesetzen des Willens tauglich wären, selbst wenn man sich die allgemeine G. zum Objekt machte." Es kann hier nur „generelle", nicht „universelle" Regeln geben. Die Maxime der Klugheit „rät bloß an", das Gesetz der Sittlichkeit „gebietet". Was Pflicht ist, kann jeder leicht einsehen; was aber wahren dauerhaften Vorteil bringt, ist „in undurchdringliches Dunkel eingehüllt und erfordert viel Klugheit". Die „Grenzen der Sittlichkeit und der Selbstliebe" sind deutlich und scharf; ein „anderes Richtmaß des Urteils" besteht in beiden, auch ist die Strafwürdigkeit nicht mit dem Glückseligkeitsprinzip vereinbar, ibid. § 8 Anmerk. II (II 47 ff.). Die Ansprüche auf G. brauchen nicht aufgegeben zu werden, man darf nur, sobald von Pflicht die Rede ist, darauf gar nicht Rücksicht nehmen. „Es kann sogar in gewissem Betracht Pflicht sein, für seine G. zu sorgen; teils weil sie (wozu Geschicklichkeit, Gesundheit, Reichtum gehört) Mittel zur Erfüllung seiner Pflicht enthält, teils weil der Mangel derselben (z. B. Armut) Versuchungen enthält, seine Pflicht zu übertreten. Nur seine G. zu befördern, kann unmittelbar niemals Pflicht, noch weniger ein Prinzip aller Pflicht sein", ibid. 3. H. Kritische Beleuchtung . . (II 120). Moral ist nicht die „Lehre, wie wir uns glücklich machen, sondern wie wir der G. würdig werden sollen." Die Moral hat es lediglich mit der „Vernunftbedingung", nicht mit einem Erwerbmittel der G. zu tun. Die Religion (s. d.) gibt uns die Hoffnung, der G. einst in dem Maße unserer Würdigkeit teilhaftig zu werden. Die G. ist nicht der letzte Zweck Gottes in der Schöpfung der Welt, sondern das höchste Gut (s. d.) ist dieser Zweck (gleichsam die „Ehre Gottes"), ibid. 2. B. 2. H. V (II 166 f.). — Es wird seitens der Moral dem Menschen nicht angesonnen, „er solle, wenn es auf Pflichtbefolgung ankommt, seinem natürlichen Zwecke, der G., entsagen; denn das kann er nicht, so wie kein endliches vernünftiges Wesen überhaupt; sondern er müsse, wenn das Gebot der Pflicht eintritt, gänzlich von dieser Rücksicht abstrahieren, er müsse sie durchaus nicht zur Bedingung der Befolgung des ihm durch die Vernunft vorgeschriebenen Gesetzes machen; ja sogar, soviel ihm möglich ist, sich bewußt zu werden suchen, daß sich keine von jener hergeleitete Triebfeder in die Pflichtbestimmung unbemerkt mit einmische; welches dadurch bewirkt wird, daß man die Pflicht lieber mit Aufopferungen verbunden vorstellt, welche ihre Beobachtung (die Tugend) kostet, als mit den Vorteilen, die sie uns einbringt: um das Pflichtgebot in seinem ganzen, unbedingten Gehorsam fordernden, sich selbst genugsamen und keines andern Einflusses bedürftigen Ansehen sich vorstellig zu machen." „Die Würdigkeit glücklich zu sein ist diejenige, auf dem selbsteigenen Willen des Subjektes beruhende Qualität einer Person, in

Gemäßheit mit welcher eine allgemeine (der Natur sowohl als dem freien Willen) gesetzgebende Vernunft zu allen Zwecken dieser Person zusammenstimmen würde. Sie ist also von der Geschicklichkeit, sich ein Glück zu erwerben, gänzlich unterschieden", Theor. Prax. I (VI 74 ff.). G. — „die nie anders als bloß bedingterweise, sofern man ihrer würdig ist, von der Vernunft als Gut anerkannt wird", ibid. (VI 78). „G. enthält alles (und auch nichts mehr als), was uns die Natur verschaffen; Tugend aber das, was niemand als der Mensch selbst sich geben oder nehmen kann", ibid. 5. Anm. (VI 79).

Eine Handlung muß „zuvor an sich selbst nach dem moralischen Gesetze abgewogen werden, ehe sie auf die G. anderer gerichtet wird. Diese ihre Beförderung ist also nur bedingterweise Pflicht und kann nicht zum obersten Prinzip moralischer Maximen dienen", Rel. Vorr. zur 1. A., 1. Anm. (IV 2). G. „ist unserer Natur nach für uns, als von Gegenständen der Sinnlichkeit abhängige Wesen, das erste und das, was wir unbedingt begehren. Ebendieselbe ist unserer Natur nach (wenn man überhaupt das, was uns angeboren ist, so nennen will), als mit Vernunft und Freiheit begabter Wesen, bei weitem nicht das erste, noch auch unbedingt ein Gegenstand unserer Maximen; sondern dieses ist die Würdigkeit, glücklich zu sein, d. i. die Übereinstimmung aller unserer Maximen mit dem moralischen Gesetze. Daß diese nun objektiv die Bedingung sei, unter welcher der Wunsch der ersteren allein mit der gesetzgebenden Vernunft zusammenstimmen kann, darin besteht alle sittliche Vorschrift, und in der Gesinnung, auch nur so bedingt zu wünschen, die sittliche Denkungsart", Rel. 1. St. Allg. Anmerk. 2. Anm. (IV 50).

„Wenn die Sittenlehre nichts als Glückseligkeitslehre wäre, so würde es ungereimt sein, zum Behufe derselben sich nach Prinzipien a priori umzusehen. Denn so scheinbar es auch immer lauten mag, daß die Vernunft noch vor der Erfahrung einsehen könne, durch welche Mittel man zum dauerhaften Genusse wahrer Freuden des Lebens gelangen könne: so ist doch alles, was man darüber a priori lehrt, entweder tautologisch oder ganz grundlos angenommen. Nur die Erfahrung kann lehren, was uns Freude bringe. Die natürlichen Triebe ... können allein und einem jeden nur auf seine besondere Art zu erkennen geben, worin er jene Freuden zu setzen, ebendieselbe kann ihm auch die Mittel lehren, wodurch er sie zu suchen habe. Alles scheinbare Vernünfteln a priori ist hier im Grunde nichts als durch Induktion zur Allgemeinheit erhobene Erfahrung", MS Einl. II (III 16 f.). Der Eudämonist meint, die moralische Glückseligkeit, die Seelenruhe und Zufriedenheit aus dem sittlichen Handeln sei der eigentliche Beweggrund dieses Handelns. „Nicht der Begriff der Pflicht bestimme unmittelbar seinen Willen, sondern nur vermittelst der im Prospekt gesehenen G. werde er bewogen, seine Pflicht zu tun. — Nun ist aber klar, daß, weil er sich diesen Tugendlohn nur von dem Bewußtsein, seine Pflicht getan zu haben, versprechen kann, das letztgenannte doch vorangehen müsse; d. i. er muß sich verbunden finden, seine Pflicht zu tun, ehe er noch und ohne daß er daran denkt, daß G. die Folge der Pflichtbeobachtung sein werde. Er dreht sich also mit seiner Ätiologie im Zirkel herum. Er kann nämlich nur hoffen, glücklich (oder innerlich selig) zu sein, wenn er sich seiner Pflichtbeobachtung bewußt ist; er kann aber zur Beobachtung seiner Pflicht nur bewogen werden, wenn er voraussieht, daß er sich dadurch glücklich machen werde. — Aber es ist in dieser Vernünftelei auch ein Widerspruch. Denn einerseits soll er seine Pflicht beobachten, ohne erst zu fragen, welche Wirkung dieses auf seine G. haben werde, mithin aus einem moralischen Grunde; anderseits aber kann er doch nur etwas für seine Pflicht anerkennen, wenn er auf G. rechnen kann, die ihm dadurch erwachsen wird, mithin nach pathologischem Prinzip, welches gerade das Gegenteil des vorigen ist." Die Lust, welche vor der Befolgung des Gesetzes hergehen muß, ist „pathologisch"; diejenige aber, vor welcher das Gesetz hergehen muß, damit sie empfunden werde, ist in der sittlichen Ordnung. „Wenn dieser Unterschied nicht beobachtet wird, wenn Eudämonie (das Glückseligkeitsprinzip) statt der Eleutheronomie (des Freiheitsprinzips der inneren Gesetzgebung) zum Grundsatze aufgestellt wird, so ist die Folge davon Euthanasie (der sanfte Tod) aller Moral", MST Vorr. (II 214 f.). „Fremde G." ist ein Zweck (s. d.), der zugleich Pflicht ist. Eigene G. ist ein Zweck, den zwar alle Menschen haben, der aber nie als Pflicht gelten kann. „Was ein jeder unvermeidlich schon von selbst will, das gehört nicht unter den Begriff von Pflicht; denn diese ist eine Nötigung zu einem ungern genommenen Zweck. Es widerstreitet sich also zu sagen: man sei verpflichtet, seine eigene G. mit allen Kräften zu befördern", MST Einl. IV (III 225 f.). „G., d. i. Zufriedenheit mit seinem Zustande, sofern man der Fortdauer derselben gewiß ist, sich zu wünschen und zu suchen, ist der menschlichen Natur unvermeidlich; ebendarum aber auch nicht ein Zweck, der zugleich Pflicht ist." Nur indirekt ist es Pflicht, z. B. eigene Armut abzuwehren, weil diese (und dgl.) eine Versuchung zu Lastern ist, ibid. Einl. V B (III 228). Daß das Wohltun Pflicht sei, ergibt sich daraus: „daß, weil unsere Selbstliebe von dem Bedürfnis, von anderen auch geliebt (in Notfällen geholfen) zu werden, nicht getrennt werden kann, wir also uns zum Zweck für andere machen, und diese Maxime niemals anders als bloß durch ihre Qualifikation zu einem allgemeinen Gesetz, folglich durch einen Willen, andere auch für uns zu Zwecken zu machen, verbinden kann, fremde G. ein Zweck sei, der zugleich Pflicht ist". Negative Pflicht ist auch die Beförderung des moralischen Wohlseins anderer, ibid. VIII, 2. (III 235 f.). „G. ist das Losungswort aller Welt; aber sie findet sich nirgend in der Natur, die der G. und der Zufriedenheit mit seinem Zustande nie empfänglich ist. Nur die Würdigkeit, glücklich zu sein, ist das, was der Mensch erringen kann. In dem, was er tut, nicht in dem, was er genießt oder leidet, d. i. in dem von seiner Natur unabhängigen Selbst, was ihm kein Schicksal verschafft, kann er Zufriedenheit in seine Seele bringen", Bruchstücke aus d. Nachlaß (VIII 294). „Die Existenz eines bloß glückseligen Wesens hat wohl für dies Wesen, aber nicht für einen bloßen Zuschauer einigen Wert. Die Existenz eines bloß sittlichen Wesens ohne G. hat zwar für einen Zuschauer den größten Wert, aber für das Subjekt selbst nicht. Der Wert der Existenz aber muß objektiv sowohl als subjektiv bestimmt und gewiß sein", N 6280.

„Die Materie der G. ist sinnlich, die Form derselben aber ist intellektuell: diese ist nun nicht anders möglich als Freiheit unter Gesetzen a priori ihrer Einstimmung mit sich selbst, und diese zwar nicht, um G. wirklich zu machen, sondern zur Möglichkeit der Idee derselben. Denn die G. besteht eben im Wohlbefinden, sofern es nicht äußerlich zufällig ist, auch nicht empirisch abhängend, sondern auf unserer eigenen Wahl beruht", G. ist „nicht die größte Summe des Vergnügens, sondern die Lust aus dem Bewußtsein seiner Selbstmacht, zufrieden zu sein". „Die Funktion der Einheit a priori aller Elemente der G. ist die notwendige Bedingung der Möglichkeit und das Wesen derselben. Die Einheit a priori aber ist die Freiheit unter allgemeinen Gesetzen der Willkür, d. i. Moralität. Das macht die G. als solche möglich und hängt nicht von ihr als dem Zwecke ab und ist selbst die ursprüngliche Form der G., bei welcher man der Annehmlichkeiten gar wohl entbehren und dagegen viel Übel des Lebens ohne Verminderung der Zufriedenheit, ja selbst zur Erhebung derselben, übernehmen kann." Der innere Wert der Tugend ist, daß sie „Selbstzufriedenheit" bei sich führt, als Bedingung der G., beruhend auf der Freiheit nach „Gesetzen einer durchgängigen Zusammenstimmung mit sich selbst", welche den Wert und die Würde der Person ausmacht. Die G. ist „nicht etwas Empfundenes, sondern Gedachtes". „Es ist auch nicht ein Gedanke, der aus der Erfahrung genommen werden kann, sondern der sie allererst möglich macht. Nicht zwar, als ob man die G. nach allen ihren Elementen kennen müsse, sondern die Bedingung a priori, unter der man allein der G. fähig sein kann." „Das Gute des Lebens oder die G., entweder wie sie erscheint oder wie sie ist. Das letztere wird durch moralische Kategorien vorgestellt, die aber nicht auf besondere Gegenstände, sondern die des Lebens und der Welt gehen, aber um die Einheit derselben in einer einzigen möglichen empirischen G. festzusetzen. An sich selbst stellen sie nicht etwas Gutes vor, sondern bloß die Form der Freiheit, die empirische Data zum wahren und selbständigen Guten zu nützen." „Moralität ist die Idee der Freiheit als eines Prinzips der G. (regulatives Prinzip der G. a priori). Daher müssen die Gesetze der Freiheit unabhängig von der Absicht auf eigene G. gleichwohl die formale Bedingung derselben a priori enthalten", Lose Bl. 6. „Man kann nicht glücklich sein, ohne nach seinem Begriffe von G., man kann nicht elend sein, ohne nach dem Begriffe, den man sich vom Elende macht, d. i. G. und Elend sind nicht empfunden, sondern auf bloßer Reflexion beruhende Zustände", ibid. D 24; vgl. Vorles. über d. philos. Religionslehre, S. 156 ff. Vgl. Gut, Sittlichkeit, Motiv, Neigung, Pflicht, Zweck, Rigorismus, Glaube, Gott, Unsterblichkeit, Postulate, Leben (menschliches), Genuß.

Gnade. Gnadenwirkungen, Wunder, Geheimnisse, Gnadenmittel sind gleichsam „Parerga der Religion innerhalb der Grenzen der reinen Vernunft; sie gehören nicht innerhalb derselben, aber stoßen doch an sie an. Die Vernunft im Bewußtsein ihres Unvermögens, ihrem moralischen Bedürfnis ein Genüge zu tun, dehnt sich bis zu überschwenglichen Ideen aus, die jenen Mangel ergänzen könnten, ohne sie doch als einen erweiterten Besitz sich zuzueignen. Sie bestreitet nicht die Möglichkeit oder Wirklichkeit der Gegenstände derselben, aber sie kann sie nur nicht in ihre Maximen zu denken und zu handeln aufnehmen", Rel. 1. St. Allg. Anmerk. 4. Anm. (IV 57). — G. ist „der Ratschluß .. eines Oberen zu Erteilung eines Guten, wozu der Untergeordnete nichts weiter als die (moralische) Empfänglichkeit hat", ibid. 2. St. 1. Abs. c, 5. Anm. (IV 84). „Was Gutes der Mensch nach Freiheitsgesetzen für sich selbst tun kann, in Vergleichung mit dem Vermögen, welches ihm durch übernatürliche Beihilfe möglich ist, kann man Natur zum Unterschied von der G. nennen." „Der Begriff eines übernatürlichen Beitritts zu unserem moralischen, obzwar mangelhaften Vermögen... ist transzendent und eine bloße Idee, von deren Realität uns keine Erfahrung versichern kann. — Aber selbst als Idee in bloß praktischer Absicht sie anzunehmen, ist sehr gewagt und mit der Vernunft schwerlich vereinbar; weil, was uns als sittliches gutes Verhalten zugerechnet werden soll, nicht durch fremden Einfluß, sondern nur durch den bestmöglichen Gebrauch unserer eigenen Kräfte geschehen müßte", ibid. 4. St. Allg. Anmerk. (IV 223 f.). „Wenn unter Natur das im Menschen herrschende Prinzip der Beförderung seiner Glückseligkeit, unter G. aber die in uns liegende unbegreifliche moralische Anlage, d.i. das Prinzip der reinen Sittlichkeit verstanden wird, so sind Natur und G. nicht allein voneinander unterschieden, sondern auch oft gegeneinander in Widerstreit. Wird aber unter Natur (in praktischer Bedeutung) das Vermögen, aus eigenen Kräften überhaupt gewisse Zwecke auszurichten, verstanden, so ist G. nichts anderes als Natur des Menschen, sofern er durch sein eigenes inneres, aber übersinnliches Prinzip (die Vorstellung seiner Pflicht) zu Handlungen bestimmt wird, welches, weil wir uns es erklären wollen, gleichwohl aber weiter keinen Grund davon wissen, von uns als von der Gottheit in uns gewirkter Antrieb zum Guten, dazu wir die Anlage in uns nicht selbst gegründet haben, mithin als G. vorgestellt wird. — Die Sünde nämlich (die Bösartigkeit in der menschlichen Natur) hat das Strafgesetz (gleich als für Knechte) notwendig gemacht, die G. aber (d. i. die durch den Glauben an die ursprüngliche Anlage zum Guten in uns und die durch das Beispiel der Gott wohlgefälligen Menschheit an dem Sohne Gottes lebendig werdende Hoffnung der Entwicklung dieses Guten) kann und soll in uns (als Freien) noch mächtiger werden, wenn wir sie nur in uns wirken, d. h. die Gesinnungen eines jenem heiligen Beispiel ähnlichen Lebenswandels tätig werden lassen" Str. d. Fak. 1. Abs. II. Anh. einer Erläuterung II (V 4, 85 f.).; vgl. Lose Bl. G 2. Vgl. Christentum, Reich der Gnade.

Gott. Der Begriff G. ist eine „Idee", das „Ideal" der Vernunft. Wie alle Gegenstände von Ideen ist G. unerkennbar. Für die theoretische Vernunft ist „G." nicht ein der Erklärung der Erscheinungen dienendes Prinzip, sondern ein „regulativer" Begriff, um höchste Einheit in die Erfahrung hineinzubringen, indem alle Verbindung in der Welt so angesehen wird, als ob sie aus einem durch sich selbst notwendigen Prinzip entspränge. Dieses „Als Ob" (s. d.) kommt in der Kantschen Gotteslehre öfter vor; schließlich bezeichnet K. „G." als etwas nur als Idee, in der Vernunft selbst sich Bekundendes, „Existenz" (mindestens im kategorialen Sinne) kommt ihm nicht zu, was aber doch ein übersinnliches ideales Sein G.es nicht ausschließt. Wir können G. nicht erkennen, aber wohl ihn, nach

Analogie (s. d.) unseres Geistes, mittelst eines symbolischen Anthropomorphismus (s. d.) als wissendes und wollendes Wesen denken, um ihn uns näherzubringen. G. ist aber vor allem ein Postulat (s. d.) der praktisch-sittlichen Vernunft, ein Gegenstand des Glaubens (s. d.). Die ethische Weltanschauung bedarf zu ihrer Vollendung (nicht als Grundlage) der Idee G.es im Sinne eines moralischen Theismus. Die Realität (Geltung) des Gottesbegriffs in moralisch-praktischer Absicht jedenfalls steht fest; die Idee G.es dient zum Abschluß der Ethik und unserer Weltanschauung, sie läßt uns das Gebiet der Natur und das der Freiheit, des Natur- und Sittengesetzes auf eine ihre Verbindung begründende höchste Einheit und einen Grund dieser Einheit beziehen und ist das höchste in uns lebendige Ideal für unser Streben.

G. ist ein Wesen, das „alles in sich faßt, was man nur zu gedenken vermag". „G. ist allgenugsam. Was da ist, es sei möglich oder wirklich, das ist nur etwas, insofern es durch ihn gegeben ist. Eine menschliche Sprache kann den Unendlichen so zu sich selbst reden lassen: Ich bin von Ewigkeit zu Ewigkeit, außer mir ist nichts, ohne insoferne es durch mich etwas ist", Beweisgr. Gottes 2. Abt. 8. Btr. (VI 111 f.). „Allgenügsamkeit" ist ein viel richtigerer Ausdruck für die Vollkommenheit G.es als der des „Unendlichen", der eigentlich doch mathematische Bedeutung hat, ibid. (VI 115). Der für die Religion taugliche Begriff („denn zum Behuf der Naturerklärung, mithin in spekulativer Absicht, brauchen wir ihn nicht") muß ein Begriff von ihm als einem moralischen Wesen sein. Seine Eigenschaften sind insofern: Heiligkeit, Güte, Gerechtigkeit (alle als Bestimmungen der höchsten Weisheit), Theodiz. (VI 136 f.). Die Allgegenwart G.es ist klar, indem man einsieht, „daß dasjenige Wesen, von welchem alles andere abhängt, indem es selbst unabhängig ist, durch seine Gegenwart zwar allen anderen der Welt den Ort bestimmen werde, sich selber aber keinen Ort unter ihnen, indem es alsdann mit zur Welt gehören würde. G. ist also eigentlich an keinem Orte, aber er ist allen Dingen gegenwärtig in allen Orten, wo die Dinge sind". Analog steht es mit der Allwissenheit G.es. „Ebenso sehe ich ein, daß, indem die aufeinander folgenden Dinge der Welt unter seiner Gewalt sind, er dadurch sich nicht selbst einen Zeitpunkt in dieser Reihe bestimme, mithin daß in Ansehung seiner nichts vergangen oder künftig ist. Wenn ich also sage: G. sieht das Künftige vorher, so heißt dieses nicht so viel: G. sieht dasjenige, was in Ansehung seiner künftig ist, sondern: was gewissen Dingen der Welt künftig ist, d. i. auf einen Zustand derselben folgt. Hieraus ist zu erkennen, daß die Erkenntnis des Künftigen, Vergangenen und Gegenwärtigen in Ansehung der Handlung des göttlichen Verstandes gar nicht verschieden sei, sondern daß er sie alle als wirkliche Dinge des Universums erkenne", Nat. Theol. 4. Btr. § 1 (V 1, 142). „Sobald man nun zu dem Begriffe eines höchsten und außerweltlichen Wesens gelangt ist, läßt sich nicht sagen, wie sehr man von diesen den Verstand umflatternden Schattenbildern zum Besten gehalten wird. Man denkt sich die Gegenwart G.es als eine örtliche und schließt G. in die Welt ein, als wäre er in dem unendlichen Raum zugleich mit enthalten; dabei sucht man diese seine Schranke wieder durch den Begriff einer gleichsam vorzugsweisen Örtlichkeit, d. h. einer unendlichen, auszugleichen. Allein es ist unbedingt unmöglich, an mehreren Orten zugleich zu sein, weil verschiedene Orte außereinander sind, mithin das an mehreren Orten Befindliche außerhalb seiner selbst sein müßte und sich selbst von außen gegenwärtig, was einen Widerspruch enthält. In bezug auf die Zeit aber verwickelt man sich in ein unentwirrbares Labyrinth, seitdem man sie nicht bloß von den Gesetzen der sinnlichen Erkenntnis losgelöst, sondern über die Grenzen der Welt hinaus auf das außerweltliche Wesen selbst, als Bedingung seines Daseins, übertragen hat. So quält man seinen Verstand mit ungereimten Fragen, z. B. warum G. die Welt nicht viele Jahrhunderte früher geschaffen habe. Man meint leicht einzusehen, wie G. das Gegenwärtige, d. h. das Wirkliche der Zeit, in der er ist, anschaue; aber man hält es für schwer faßbar, wie G. das Künftige, d. h. das Wirkliche der Zeit, in der er noch nicht ist, voraussehen könne. (Als wenn das Dasein eines notwendigen Wesens alle Momente einer eingebildeten Zeit allmählich durchliefe und, nachdem es einen Teil seiner Dauer schon erschöpft habe, voraussähe, welche Ewigkeit es noch mit den gleichzeitigen Ereignissen der Welt zugleich durchleben werde). Wenn man den Begriff der Zeit richtig erfaßt hat, so verschwindet dies alles wie ein Rauch", Mund. sens. § 27 (V 2, 125 f.).

Das Ideal (s. d.) des höchsten Wesens ist (theoretisch) „nichts anderes als ein regulatives Prinzip der Vernunft, alle Verbindung in der Welt so anzusehen, als ob sie aus einer allgenügsamen notwendigen Ursache entspränge", nicht die „Behauptung einer an sich notwendigen Existenz", KrV tr. Dial. 2. B. 3. H. 5. Abs. (I 531—Rc 671). Vgl. Kosmologischer, Physikotheologischer Gottesbeweis. Für den bloß „spekulativen Gebrauch der Vernunft" bleibt das höchste Wesen „ein bloßes, aber doch fehlerfreies Ideal, ein Begriff, welcher die ganze menschliche Erkenntnis schließt und krönt, dessen objektive Realität auf diesem Wege zwar nicht bewiesen, aber auch nicht widerlegt werden kann", ibid. 7. Abs. (I 547—Rc 689). Die (theoretische) Vernunft gibt nicht einmal die objektive Gültigkeit des Gottesbegriffs, sondern nur die Idee von etwas, „worauf alle empirische Realität ihre höchste und notwendige Einheit gründet, und welches wir uns nicht anders als nach der Analogie einer wirklichen Substanz, welche nach Vernunftgesetzen die Ursache aller Dinge sei, denken können; wofern wir es ja unternehmen, es überall als einen besonderen Gegenstand zu denken und nicht lieber, mit der bloßen Idee des regulativen Prinzips der Vernunft zufrieden, die Vollendung aller Bedingungen des Denkens, als überschwenglich für den menschlichen Verstand, bei Seite setzen wollen; welches aber mit der Absicht einer vollkommenen systematischen Einheit in unserem Erkenntnis, der wenigstens die Vernunft keine Schranken setzt, nicht zusammen bestehen kann". Wenn ich ein göttliches Wesen annehme, so habe ich zwar weder von der Möglichkeit seiner höchsten Vollkommenheit noch der Notwendigkeit seines Daseins den mindesten Begriff, kann aber doch „allen Fragen, die das Zufällige betreffen, ein Genüge tun". Wir können uns nach der Analogie der Realitäten in der Welt, der Substanzen, der Kausalität und der Notwendigkeit ein Wesen denken, das alles dieses in der höchsten Vollkommenheit besitzt, als „selbständige Vernunft, was durch Ideen der größten Harmonie und Einheit Ursache vom Weltganzen ist", „lediglich um unter dem Schutze eines solchen Urgrundes systematische Einheit des Mannigfaltigen im Weltganzen und, vermittelst desselben den größtmöglichen empirischen Vernunftgebrauch möglich zu machen, indem ich alle Verbindungen so ansehe, als ob sie Anordnungen einer höchsten Vernunft wären, von der die unsrige ein schwaches Nachbild ist". „Ich denke mir nur die Relation eines mir an sich ganz unbekannten Wesens zur größten systematischen Einheit des Weltganzen, lediglich um es zum Schema des regulativen Prinzips des größtmöglichen Gebrauchs meiner Vernunft zu machen." Seiner Wirklichkeit nach können wir dieses Wesen durch die Kategorien (s. d.), die nur in der Sinnenwelt Anwendung finden, nicht erkennen; was es an sich sei, bleibt ganz unbestimmt, ibid. Anh. z. tr. Dial., Von d. Endabsicht.. (I 571 ff.—Rc 716 ff.). Wir haben keinen Grund, das göttliche Wesen „schlechthin anzunehmen" („an sich zu supponieren"); nur in Beziehung auf die Welt ist diese Annahme berechtigt, als Idee, die der Vernunft nur nützen, nie schaden kann, wenn sie eben nur regulativ gebraucht wird (vgl. Zweck). Wir sind berechtigt, „die Weltursache in der Idee" nach einem „subtileren Anthropomorphismus", ohne welchen sich gar nichts von ihr denken ließe, also als denkendes, wollendes usw. Wesen zu denken, welches unendliche Vollkommenheit besitzt. „Was dieser Urgrund der Welteinheit an sich selbst sei, hat dadurch nicht gedacht werden sollen, sondern wie wir ihn, oder vielmehr seine Idee, relativ auf den systematischen Gebrauch der Vernunft in Ansehung der Dinge der Welt, brauchen sollen", ibid. (I 579 ff.—Rc 725 ff.). Das Ideal des höchsten Guts (s. d.) ist die Idee einer höchsten „Intelligenz, in welcher der moralisch vollkommenste Wille, mit der höchsten Seligkeit verbunden, die Ursache aller Glückseligkeit in der Welt ist, sofern sie mit der Sittlichkeit (als der Würdigkeit glücklich zu sein) in genauem Verhältnis steht". Diese höchste Vernunft denken wir zugleich als „Ursache der Natur" und als Grund der „moralischen Welt“ (s. d.), die wir uns als eine Folge unseres Verhaltens in der Sinnenwelt, als eine für uns künftige Welt denken. G. und ein künftiges Leben sind also zwei von den sittlichen Verbindlichkeiten nicht zu trennende Voraussetzungen, KrV tr. Meth. 2. H. 2. Abs. (I 670 f.—Rc 821). „Ohne also einen G. und eine für uns jetzt nicht sichtbare, aber gehoffte Welt sind die herrlichen Ideen der Sittlichkeit zwar Gegenstände des Beifalls und der Bewunderung, aber nicht Triebfedern des Vorsatzes und der Ausübung, weil sie nicht den ganzen Zweck, der einem jeden vernünftigen Wesen natürlich und durch eben dieselbe reine Vernunft a priori bestimmt und notwendig ist, erfüllen.“ Die Moraltheologie (s. d.) führt auf den „Begriff eines einigen, allervollkommensten und vernünftigen Urwesens“. Wenn wir „aus dem Gesichtspunkte der sittlichen Einheit, als einem notwendigen Weltgesetze, die Ursache erwägen, die diesem allein den angemessenen Effekt, mithin auch für uns verbindende Kraft geben kann, so muß es ein einiger oberster Wille sein, der alle diese Gesetze in sich befaßt. Denn wie wollten wir unter verschiedenen Willen vollkommene Einheit der Zwecke finden? Dieser Wille muß allgewaltig sein, damit die ganze Natur und deren Beziehung auf Sittlichkeit in der Welt ihm unterworfen sei; allwissend, damit er das Innerste der Gesinnungen und deren moralischen Wert erkenne; allgegenwärtig, damit er unmittelbar allem Bedürfnisse, welches das höchste Weltbeste erfordert, nahe sei; ewig, damit in keiner Zeit diese Übereinstimmung der Natur und Freiheit ermangle, usw.“. Richtig ist ein solcher Gottesbegriff, der „mit den moralischen Vernunftprinzipien vollkommen zusammenstimmt“, ibid. (I 672 ff.—Rc 824 ff.). Aber die Vernunft darf nicht von diesem „Begriffe eines einigen Urwesens als des höchsten Guts“ ausgehen und die moralischen Gesetze selbst, die zu ihm führten, aus ihm ableiten. Vom göttlichen Willen hätten wir ja keinen Begriff, wenn wir ihn nicht diesen Gesetzen gemäß dächten. Es sind also Handlungen nicht darum für verbindlich zu halten, weil sie Gebote Gottes sind, sondern sie sind, umgekehrt, „darum als göttliche Gebote anzusehen, weil wir dazu innerlich verbindlich sind“. Die Moraltheologie ist also nur von „immanentem Gebrauche“, nämlich „unsere Bestimmung in der Welt zu erfüllen, indem wir in das System aller Zwecke passen“, ibid. (I 676 f.—Rc 829 f.).

Wir können G. (als ein Verstandeswesen, Noumenon) nicht nach dem erkennen, was er an sich ist, können ihn aber doch im Verhältnis zur Sinnenwelt annehmen und durch die Vernunft damit verknüpfen. Der deistische Begriff ist „ein ganz reiner Vernunftbegriff, welcher aber nur ein Ding, das alle Realität enthält, vorstellt, ohne deren eine einzige bestimmen zu können“. Denn von Verstand und Willen z. B., die man G. beilegt, haben wir nur menschliche Begriffe, Prol. § 58 (III 126 ff.). Humes Einwürfe gegen den Deismus sind schwach und treffen niemals mehr als die Beweise; aber betreffs des Theismus, der durch eine nähere Bestimmung unseres transzendenten Begriffs vom höchsten Wesen zustande kommen soll, sind sie sehr stark. Seine gefährlichen Argumente beziehen sich auf den dogmatischen Anthropomorphismus. Wir vermeiden diesen nun, indem wir „unser Urteil bloß auf das Verhältnis einschränken, welches die Welt zu einem Wesen haben mag, dessen Begriff selbst außer aller Erkenntnis liegt, deren wir innerhalb der Welt fähig sind“. „Denn alsdann eignen wir dem höchsten Wesen keine von den Eigenschaften an sich selbst zu, durch die wir uns Gegenstände der Erfahrung denken, und vermeiden dadurch den dogmatischen Anthropomorphismus; wir legen sie aber dennoch dem Verhältnis desselben zur Welt bei und erlauben uns einen symbolischen Anthropomorphismus, der in der Tat nur die Sprache und nicht das Objekt selbst angeht.“ „Wenn ich sage: wir sind genötigt, die Welt so anzusehen, als ob sie das Werk eines höchsten Verstandes und Willens sei, so sage ich wirklich nichts mehr als: wie sich verhält eine Uhr, ein Schiff, ein Regiment zum Künstler, Baumeister, Befehlshaber, so die Sinnenwelt (oder alles das, was die Grundlage dieses Inbegriffs von Erscheinungen ausmacht) zu dem Unbekannten, das ich also hierdurch zwar nicht nach dem, was es an sich selbst ist, aber doch nach dem, was es für mich ist, nämlich in Ansehung der Welt, davon ich ein Teil bin, erkenne“, ibid. (III 129 f.). Eine solche Erkenntnis ist die nach der Analogie (s. d.), durch die wir G.

„respektiv auf die Welt und mithin auf uns", also nicht „absolut" bestimmen. Räumt man nun (wie auch bei Hume) den deistischen Begriff des Urwesens als eine „notwendige Hypothese" ein, so kann uns nichts hindern, „von diesem Wesen eine Kausalität durch Vernunft in Ansehung der Welt zu prädizieren und so zum Theismus überzuschreiten, ohne eben genötigt zu sein, ihm diese Vernunft an ihm selbst als eine ihm anklebende Eigenschaft beizulegen". Dem höchsten Wesen wird hier „nur nach der Analogie" Vernunft beigelegt, d. h. „sofern dieser Ausdruck nur das Verhältnis anzeigt, was die uns unbekannte oberste Ursache zur Welt hat, um darin alles im höchsten Grade vernunftmäßig zu bestimmen". Wir denken uns die Welt so, „als ob sie von einer höchsten Vernunft ihrem Dasein und inneren Bestimmung nach abstamme," ibid. (III 130 ff.). Die „Natur der obersten Ursache" bleibt mir hierbei unbekannt; „ich vergleiche nur ihre mir bekannte Wirkung (die Weltordnung) und deren Vernunftmäßigkeit mit den mir bekannten Wirkungen menschlicher Vernunft und nenne daher jene eine Vernunft, ohne darum ebendasselbe, was ich vom Menschen unter diesem Ausdruck verstehe, oder sonst etwas mir Bekanntes ihr als ihre Eigenschaft beizulegen", ibid. § 58 2. Anm. (III 133); vgl. Theologie.

Es besteht ein subjektives „Bedürfnis der Vernunft", einen G. als Grund der Existenz und Zweckmäßigkeit der Welt anzunehmen, ohne daß hier eine — stets unmögliche — Erkenntnis des Übersinnlichen vorliegt. „Denn nicht allein, daß unsere Vernunft schon ein Bedürfnis fühlt, den Begriff des Uneingeschränkten dem Begriffe alles Eingeschränkten, mithin aller anderen Dinge zum Grunde zu legen; so geht dieses Bedürfnis auch auf die Voraussetzung des Daseins desselben, ohne welche sie sich von der Zufälligkeit der Existenz der Dinge in der Welt, am wenigsten aber von der Zweckmäßigkeit und Ordnung, die man in so bewunderungswürdigem Grade (im kleinen, weil es uns nahe ist, noch mehr wie im großen) allenthalben antrifft, gar keinen befriedigenden Grund angeben kann. Ohne einen verständigen Urheber anzunehmen, läßt sich, ohne in lauter Ungereimtheiten zu verfallen, wenigstens kein verständlicher Grund davon angeben; und ob wir gleich die Unmöglichkeit einer solchen Zweckmäßigkeit ohne eine erste verständige Ursache nicht beweisen können (denn alsdann hätten wir hinreichende objektive Gründe dieser Behauptung und bedürften es nicht, uns auf den subjektiven zu berufen), so bleibt bei diesem Mangel der Einsicht doch ein genügsamer subjektiver Grund der Annehmung derselben darin, daß die Vernunft es bedarf, etwas, was ihr verständlich ist, vorauszusetzen, um diese gegebene Erscheinung daraus zu erklären, da alles, womit sie sonst nur einen Begriff verbinden kann, diesem Bedürfnisse nicht abhilft." Dieses Bedürfnis hat die Vernunft in ihrem theoretischen Gebrauch, d. h. „wir müssen die Existenz G.es annehmen, wenn wir über die ersten Ursachen alles Zufälligen, vornehmlich in der Ordnung der wirklich in der Welt gelegten Zwecke, urteilen wollen. Weit wichtiger ist das Bedürfnis der Vernunft in ihrem praktischen Gebrauche, weil es unbedingt ist und wir die Existenz G.es vorauszusetzen nicht bloß alsdann genötigt werden, wenn wir urteilen wollen, sondern weil wir urteilen müssen. Denn der reine praktische Gebrauch der Vernunft besteht in der Vorschrift der moralischen Gesetze. Sie führen aber alle auf die Idee des höchsten Gutes, was in der Welt möglich ist, sofern es allein durch Freiheit möglich ist: die Sittlichkeit; von der anderen Seite auch auf das, was nicht bloß auf menschliche Freiheit, sondern auch auf die Natur ankommt, nämlich auf die größte Glückseligkeit, sofern sie in Proportion der ersten ausgeteilt ist. Nun bedarf die Vernunft ein solches abhängiges höchstes Gut und zum Behuf desselben eine oberste Intelligenz als höchstes unabhängiges Gut anzunehmen; zwar nicht, um davon das verbindende Ansehen der moralischen Gesetze oder die Triebfeder zu ihrer Beobachtung abzuleiten (denn sie würden keinen moralischen Wert haben, wenn ihr Bewegungsgrund von etwas anderem als von dem Gesetz allein, das für sich apodiktisch gewiß ist, abgeleitet würde); sondern nur, um dem Begriffe vom höchsten Gut objektive Realität zu geben, d. i. zu verhindern, daß es zusamt der ganzen Sittlichkeit nicht bloß für ein bloßes Ideal gehalten werde, wenn dasjenige nirgends existierte, dessen Idee die Moralität unzertrennlich begleitet". Was heißt:

s. i. D. or.? (V 2, 152 ff.). Das moralische Gesetz führt zur Möglichkeit der der Sittlichkeit angemessenen Glückseligkeit als des zweiten Elements des höchsten Guts „uneigennützig" aus bloßer „unparteiischer" Vernunft auf die Voraussetzung, das Postulat des Daseins einer dieser Wirkung adäquaten Ursache, der Existenz G.es als Grund der „genauen Übereinstimmung der Glückseligkeit mit der Sittlichkeit", der Natur mit der Sittlichkeit. Das höchste Gut in der Welt ist nur möglich, „sofern eine oberste Ursache der Natur angenommen wird, die eine der moralischen Gesinnung gemäße Kausalität hat". Ein solches Wesen, das durch Verstand und Willen die Ursache (der Urheber) der Natur ist, ist G., dessen Existenz das „höchste ursprüngliche Gut" ist. Da es unsere Pflicht ist, das höchste Gut zu befördern und wir notwendig die Möglichkeit desselben voraussetzen müssen, so ist es „moralisch notwendig, das Dasein G.es anzunehmen", denn das höchste Gut findet nur unter der Bedingung des Daseins G.es statt. Diese moralische Notwendigkeit ist nicht objektiv, nicht selbst Pflicht, sondern „subjektiv, d. i. Bedürfnis". Auch wird das Dasein G.es nicht als Grund der Verbindlichkeit angenommen, die auf der Autonomie (s. d.) der Vernunft selbst beruht. Das Dasein G.es, welches für die theoretische Vernunft eine „Hypothese" ist, ist für die praktische Vernunft ein reiner „Vernunftglaube". Das moralische Gesetz führt so durch den Begriff des höchsten Guts zur Religion (s. d.), d. h. zur Erkenntnis aller Pflichten als göttlicher Gebote, KpV 1. T. 2. B. 2. H. V (II 158 ff.). Die Prädikate G.es sind weder durch Versinnlichung einer reinen Vernunftidee (Anthropomorphismus) noch durch überschwengliche Erkenntnis übersinnlicher Gegenstände gewonnen; „denn diese Prädikate sind keine anderen als Verstand und Wille, und zwar so im Verhältnisse gegeneinander betrachtet, als sie im moralischen Gesetze gedacht werden müssen, also nur, soweit von ihnen ein reiner praktischer Gebrauch gemacht wird. Von allem übrigen, was diesen Begriffen psychologisch anhängt, d. i. sofern wir diese unsere Vermögen in ihrer Ausübung empirisch beobachten, ... wird alsdann abstrahiert; und so bleibt von den Begriffen, durch die wir uns ein reines Verstandeswesen denken, nichts mehr übrig, als gerade zur Möglichkeit erforderlich ist, sich ein moralisch Gesetz zu denken, mithin zwar eine Erkenntnis G.es aber nur in praktischer Beziehung", ibid. VII (II 174 f.). Der Begriff G.es gehört nicht zur „Physik" (und Metaphysik), sondern zur Moral; er kann nicht zur Erklärung von Naturphänomenen dienen, und man kann theoretisch die Existenz G.es nicht sicher erschließen. Wir müßten allwissend sein, um zu sagen, daß die Welt nur durch einen G. möglich war. In ihrem praktischen Gebrauche aber führt die Vernunft zur Annahme und sogar zu einem genau bestimmten Begriff des göttlichen Urwesens. Gemäß dem moralischen Grundsatze muß G. „allwissend sein, um mein Verhalten bis zum Innersten meiner Gesinnung in allen möglichen Fällen und in alle Zukunft zu erkennen; allmächtig, um ihm die angemessenen Folgen zu erteilen; ebenso allgegenwärtig, ewig usw.", ibid. (II 176 ff.).

Ich kann nach der Analogie G.es Kausalität als die eines obersten Verstandes denken, ihm aber nicht eine solche als Erkenntnisbestimmung beilegen, G. also dadurch nicht seinem Wesen nach bestimmen, KU Anh. Allg. Anmerk. zur Teleologie (II 360 f.). Von G., wie vom Übersinnlichen (s. d.) überhaupt, kann man „zwar eigentlich keine theoretische Erkenntnis, aber doch eine Erkenntnis nach der Analogie, und zwar die der Vernunft zu denken notwendig ist, haben", Fortschr. d. Metaph. 1. Abt. Von der Art, .. (V 3, 107). G. ist das „Übersinnliche über uns", „das allgenugsame Prinzip des höchsten Gutes über uns, was als moralischer Welturheber unser Unvermögen auch in Ansehung der materialen Bedingung dieses Endzweckes, einer die Sittlichkeit angemessenen Glückseligkeit in der Welt, ergänzt", ibid. 2. Abt. 3. Stadium (V 3, 125). Der Satz: „Es ist ein G.", ist theoretisch-dogmatisch nicht beweisbar. G. ist Gegenstand eines Glaubens, einer als vernunftmäßig darzustellenden und in praktisch-sittlicher Absicht notwendigen und dienlichen Annahme, ibid. Auflösung der Aufgabe 1 (V 2, 131 f.). Die Theologie ist nur möglich als Erkenntnis G.es „nur nach der Analogie des Begriffes von demselben mit dem eines verständigen Wesens, als eines von der Welt wesentlich unterschiedenen Urgrundes aller Dinge". Diese

Idee G.es hat praktische Realität, „wozu die bloße Möglichkeit, sich ein solches Wesen zu denken, hinreichend und zugleich ein Überschritt zu diesem Übersinnlichen, eine Erkenntnis desselben aber nur in praktisch-dogmatischer Rücksicht möglich wird“, ibid. Überschritt der Metaphysik (V 3, 137).

„Der Satz: es ist ein G., mithin es ist ein höchstes Gut in der Welt, wenn er (als Glaubenssatz) bloß aus der Moral hervorgehen soll, ist ein synthetischer a priori.“ Dieser Satz ergibt sich daraus, daß der Mensch durch seine Natur auch auf Zweck und Erfolg des Handelns zu sehen nicht umhin kann, obzwar das Sittengesetz selbst ohne Rücksicht auf allen Zweck gebietet (vgl. Ethik). Durch die Erweiterung des moralischen Gesetzes wird der moralische Endzweck der Vernunft zum Motiv, und es ergibt sich der Satz: „mache das höchste in der Welt mögliche Gut zu deinem Endzweck“. „Wenn nun aber die strengste Beobachtung der moralischen Gesetze als Ursache der Herbeiführung des höchsten Guts (als Zwecks) gedacht werden soll, so muß, weil das Menschenvermögen dazu nicht hinreicht, die Glückseligkeit in der Welt einstimmig mit der Würdigkeit, glücklich zu sein, zu bewirken, ein allvermögendes moralisches Wesen als Weltherrscher angenommen werden, unter dessen Vorsorge dieses geschieht, d. i. die Moral führt unausbleiblich zur Religion“, Rel. Vorr. z. 1. A. 2. Anm. (IV 4 ff.). Zur Möglichkeit des höchsten Gutes (s. d.) müssen wir „ein höheres, moralisches, heiligstes und allvermögendes Wesen“ annehmen. Diese Idee des höchsten Gutes selbst ist „nicht leer“, denn sie dient unserem „natürlichen Bedürfnisse, zu allem unseren Tun und Lassen im ganzen genommen irgend einen Endzweck, der von der Natur gerechtfertigt werden kann, zu denken“, ibid. (IV 3). G. muß als oberster Gesetzgeber des ethischen Gemeinwesens, des Reiches (s. d.) der Tugend, als „moralischer Weltherrscher“ gedacht werden; er muß als solcher ein „Herzenskündiger“ sein, „um auch das Innerste der Gesinnungen eines jeden zu durchschauen und, wie es in jedem gemeinen Wesen sein muß, jedem, was seine Taten wert sind, zukommen zu lassen“, Rel. 3. St. 1. Abt. III (IV 113). „Weil der Mensch die mit der reinen moralischen Gesinnung unzertrennlich verbundene Idee des höchsten Gutes . . . nicht selbst realisieren kann, gleichwohl aber darauf hinzuwirken in sich Pflicht antrifft; so findet er sich zum Glauben an die Mitwirkung oder Veranstaltung eines moralischen Weltherrschers hingezogen, wodurch dieser Zweck allein möglich ist.“ „Diese Idee eines moralischen Weltherrschers ist eine Aufgabe für unsere praktische Vernunft. Es liegt uns nicht sowohl daran zu wissen, was Gott an sich selbst (seine Natur) sei, sondern was er für uns als moralisches Wesen sei; wiewohl wir zum Behuf dieser Beziehung die göttliche Naturbeschaffenheit so denken und annehmen müssen, als es zu diesem Verhältnisse in der ganzen zur Ausführung seines Willens erforderlichen Vollkommenheit nötig ist (z. B. als eines unveränderlichen, allwissenden, allmächtigen usw. Wesens) und ohne diese Beziehung nichts an ihm erkennen können.“ „Diesem Bedürfnisse der praktischen Vernunft gemäß ist nun der wahre allgemeine Religionsglaube der Glaube an G., 1. als den allmächtigen Schöpfer Himmels und der Erden, d. i. moralisch als heiligen Gesetzgeber, 2. an ihn, den Erhalter des menschlichen Geschlechts, als gütigen Regierer und moralischen Versorger desselben, 3. an ihn, den Verwalter seiner eigenen heiligen Gesetze, d. i. als gerechten Richter“. Diese „dreifache Qualität des moralischen Oberhaupts des menschlichen Geschlechts“ kann in einem und demselben Wesen vereinigt gedacht werden. Dieser Glaube muß von „schädlichen Anthropomorphismen“ gereinigt werden, ibid. 3. St. Allg. Anmerk. (IV 161 ff.). „G. will in einer dreifachen spezifisch verschiedenen moralischen Qualität gedient sein, für welche die Benennung der verschiedenen (nicht physischen, sondern moralischen) Persönlichkeit eines und desselben Wesens kein unschicklicher Ausdruck ist“, ibid. (IV 164 ff.); vgl. Dreieinigkeit.

An die Macht eines Weltherrschers zu glauben, heißt, sie annehmen, um nach dem sittlichen Ideal „so zu handeln, als ob eine solche Weltregierung wirklich wäre“. Er ist in dem „kategorischen Imperativ der der Materie nach praktischen Vernunft, welcher zum Menschen sagt: Ich will, daß deine Handlungen zum Endzweck aller Dinge zusammenstimmen“, „schon die Voraussetzung eines gesetzgebenden Willens, der alle Gewalt enthält (des göttlichen), zugleich gedacht und bedarf es nicht, besonders aufgedrungen zu werden“, V. e. vorn. Ton 4. Anm. (V 4, 13). Wir können G. keinen diskursiven Verstand zuschreiben noch einen Willen, bei welchem seine Zufriedenheit vom Dasein der Dinge außer ihm abhängt, denn das wäre Einschränkung. Der Begriff eines anschauenden Verstandes (s. d.) und eines Willens anderer Art aber ist ein „leerer“ oder ein „anthropomorphistischer“ Begriff, der alle Religion in „Idololatrie“ verwandelt. „Mache ich mir aber vom ens realissimum den Begriff als Grund aller Realität, so sage ich: G. ist das Wesen, welches den Grund alles dessen in der Welt enthält, wozu wir Menschen einen Verstand anzunehmen nötig haben (z. B. alles Zweckmäßigen in derselben); er ist das Wesen, von welchem das Dasein aller Weltwesen seinen Ursprung hat, nicht aus der Notwendigkeit seiner Natur (per emanationem), sondern nach einem Verhältnisse, wozu wir Menschen einen freien Willen annehmen müssen, um uns die Möglichkeit desselben verständlich zu machen. Hier kann uns nun, was die Natur des höchsten Wesens (objektiv) sei, ganz unerforschlich und ganz außer der Sphäre aller uns möglichen theoretischen Erkenntnis gesetzt sein, und doch (subjektiv) diesen Begriffen Realität in praktischer Rücksicht (auf den Lebenswandel) übrig bleiben; in Beziehung auf welche auch allein eine Analogie des göttlichen Verstandes und Willens mit dem des Menschen und dessen praktischer Vernunft angenommen werden kann, ungeachtet theoretisch betrachtet dazwischen gar keine Analogie stattfindet. Aus dem moralischen Gesetz, welches uns unsere eigene Vernunft mit Autorität vorschreibt, nicht aus der Theorie der Natur der Dinge an sich selbst, geht nun der Begriff von G. hervor, welchen uns selbst zu machen die praktische reine Vernunft nötigt“. Die „Theophanie“ macht aus der Platonischen Idee ein Idol, „wogegen die Theologie, die von Begriffen unserer eigenen Vernunft ausgeht, ein Ideal aufstellt, welches uns Anbetung abzwingt, da es selbst aus den heiligsten, von der Theologie unabhängigen Pflichten entspringt“, ibid. 5. Anm. (V 4, 16 ff.)

„Die Ideen von G. und Zukunft bekommen durch moralische Gründe nicht objektiv theoretische, sondern bloß praktische Realität, so zu handeln, als ob eine andere Welt wäre“, Lose Bl. F 5. „1. Das Wesen G.es (weil es lauter Notwendigkeit enthalten muß, indem es gänzlich a priori erkannt werden muß, selbst seiner Existenz nach) ist ein Produkt unserer bloß reinen Vernunft. 2. Seine Natur ist uns ganz unerforschlich. Wir können nur unsern praktischen Begriffen der Vernunft gemäß eine Idee von ihm als einem relativ und an sich selbst höchsten Wesen machen. 3. Der göttliche Wille. Unsere moralisch-notwendigen Zwecke zugleich als seine Zwecke zu denken“, ibid. G 19. „Praktische Idee als regulativ Prinzip, so zu handeln, als ob ein G. und andere Welt wäre“, ibid. G 3; vgl. N 4242 ff., 6282 ff.

„Alles, was uns ... die spekulative Vernunft von der Existenz eines G.es lehren kann, bestehet darin, daß sie uns zeiget, wie solches von uns notwendig hypothesieret werden muß, nicht aber, daß sie uns dasselbe apodiktisch gewiß demonstrieren könne“. „Aber auch jenes ist schon viel Glück für uns, indem dadurch alle Hindernisse aus dem Wege geräumt werden, das Dasein eines Wesens aller Wesen anzunehmen, ja, wenn wir uns noch auf anderweitige Art davon sollten überzeugen können, es fest und unerschütterlich zu glauben, denn das höchste Wesen bleibt ... ein fehlerfreies Ideal, ein Begriff, welcher die ganze menschliche Erkenntnis schließt und krönet“, Vorles. über die philos. Religionslehre, S. 71 f. „G. wird als eine Person gedacht, d. h. als ein Wesen, welches Rechte hat“. Aus „der Idee, die wir uns von G. selbst denken“, kann zwar nicht die Existenz eines solchen Wesens, aber doch gleich als eines solchen Wesens gefolgert werden, Altpreuß. Mth. XXI 325. G. ist „keine außer mir befindliche Substanz“, sondern „bloß ein moralisches Verhältnis in mir“, ibid. XXI 414. Nach der „pragmatisch-moralischen“ Betrachtungsweise wird G. (als „idealische Person“) in praktischer Rücksicht postuliert, er ist die Idee eines moralischen Wesens, welches als ein solches richtend, allgemein ist. Dieses ist „nicht ein hypothetisches Ding“, sondern „die reine praktische Vernunft selbst“, ibid. XXI 613 ff.

Das Ideal einer Substanz, „welches wir uns selbst schaffen", ibid. XXI 620. G. ist, aber nur in der Idee, „in uns", „in der moralisch-praktischen Vernunft ..., aber nicht als ein Wesen außer dem Menschen", XXI. 311, 324, 328, 332 ff., 575, 606 ff. „G. ist nicht eine Substanz, sondern die personifizierte Idee des Rechts und Wohlwollens", XXI 608. G. ist „nicht Substanz außer meinen Gedanken", XXI 326 u. ö.; „nicht ein Wesen außer mir, sondern bloß ein Gedanke in mir", XXI. 412; vgl. 417, 573. Er ist die Idee „einer sich selbst zu einem Gedankendinge konstituierenden Vernunft", XXI. 330, vgl. 368, 378 ff. G., Freiheit und Allheit sind „nur Gedankenwesen, subjektive Produkte der eigenen Menschenvernunft, die das Subjekt auf sich selbst bezieht", XXI. 374, 416 f. Der Begriff von G. gehört zu den „Dichtungen, die zwar an sich gegründet, aber nicht real, sondern immer nur ideal sind", XXI. 390, 414. G. ist eine bloße Vernunftidee, „aber von der größten inneren und äußeren praktischen Realität", XXI 410. Vgl. Glaube, Religion, Postulate, Ethikotheologie, Eid, Als Ob.

Gottesbeweise. Da das einfache Dasein der Substanzen „für den wechselseitigen Verkehr und die Beziehungen der Bestimmungen ganz unzureichend ist, mithin diese äußere Verbindung auf eine gemeinsame Ursache aller hinführt, in welcher deren Dasein beziehungsweise vorgebildet ist, und da ohne diese Gemeinsamkeit des Prinzips der allgemeine Zusammenhang nicht denkbar ist, so ergibt sich daraus das augenscheinlichste Zeugnis für eine höchste Ursache aller Dinge, d. h. für Gott, und zwar einen einzigen", N. diluc. Propos. 13 Usus (V 1, 48 f.). Es sind nur zwei Beweise vom Dasein Gottes möglich: der „ontologische" (s. d.) in der Form, daß die innere Möglichkeit aller Dinge als etwas angesehen wird, was irgend ein Dasein voraussetzt, und der „kosmologische" in der Form des physikotheologischen (s. d.) Beweises. Zu betonnen ist aber schließlich: „Es ist durchaus nötig, daß man sich vom Dasein Gottes überzeuge; es ist aber nicht ebenso nötig, daß man es demonstriere", Beweisgr. Gottes, 3. Abt. 4 f. (VI 121 ff.).

Später erklärt K. alle theoretischen G. für nicht stichhaltig. Doch hat die Idee „Gott" (s. d.) volle Gültigkeit in praktisch-sittlicher Hinsicht, als Forderung der praktischen Vernunft (s. Postulate), als Gegenstand des moralischen Glaubens (s. d.). Es sind nur drei Beweisarten vom Dasein Gottes aus spekulativer Vernunft denkbar. Entweder sie gehen von der bestimmten Erfahrung und der dadurch erkannten besonderen Beschaffenheit unserer Sinnenwelt aus und steigen von ihr nach Gesetzen der Kausalität bis zur höchsten Ursache außer der Welt hinauf (physikotheologischer Beweis, s. d.). Oder sie legen nur unbestimmte Erfahrung, d. h. irgend ein Dasein empirisch zugrunde (kosmologischer Beweis, s. d.). Oder endlich sie abstrahieren von aller Erfahrung und schließen gänzlich a priori aus bloßen Begriffen auf das Dasein einer höchsten Ursache (ontologischer Beweis, s. d.). Alle diese Beweise sind nicht stichhaltig, KrV tr. Dial. 2. B. 3. H. 3.—7. Abs. (I 510ff. —Rc 647 ff.); vgl. Realität, Ideal. Alle Versuche eines bloß spekulativen Gebrauchs der Vernunft betreffs der (philosophischen) Theologie (s. d.) sind „gänzlich fruchtlos und ihrer inneren Beschaffenheit nach null und nichtig", ibid. 7. Abs. (I 543—Rc 685). Vgl. KU Allgem. Anmerk. zur Teleologie (II 349 ff.); vgl. N 5488, 5494, 5484, 6287 ff. Vgl. Gott, Physikotheologie, Ethikotheologie, Glaube, Postulate, Idee.

Gottesreich s. Reich.

Gottseligkeit enthält Furcht Gottes und Liebe Gottes aus Wohlgefallen am Gesetze. Sie ist nicht ein Surrogat der Tugend, sondern deren Vollendung, um mit der Hoffnung des endlichen Gelingens aller unserer guten Zwecke gekrönt werden zu können. Die Tugendlehre muß der Gottseligkeitslehre vorangehen, Rel. 4. St. 2. T. § 3 (IV 213 ff.).

Grad. Die Empfindung (s. d.) wird nicht geradezu unter den Begriff der Größe subsumiert, „weil Empfindung keine Anschauung ist, die Raum oder Zeit enthielte, ob sie gleich den ihr korrespondierenden Gegenstand in beide setzt", „allein es ist zwischen Realität (Empfindungsvorstellung) und der Null, d. i. dem gänzlich Leeren der Anschauung in der Zeit, doch ein Unterschied, der eine Größe hat". So kann der Verstand sogar Empfindungen, welche die eigentliche Qualität der empirischen Vorstellungen ausmachen, antizipieren, „vermittelst des Grundsatzes, daß sie alle insgesamt, mithin das Reale aller Erscheinung G.e habe, welches die zweite Anwendung der Mathematik (mathesis intensorum) auf Naturwissenschaft ist", Prol. § 24 (III 65 f.). „G.e sind also Größen, aber nicht in der Anschauung, sondern der bloßen Empfindung nach oder auch die Größe des Grundes einer Anschauung, und können nur durch das Verhältnis von 1 zu 0, d. i. dadurch, daß eine jede derselben durch unendliche Zwischengrade bis zum Verschwinden, oder von der Null durch unendliche Momente des Zuwachses bis zu einer bestimmten Empfindung in einer gewissen Zeit erwachsen kann, als Größen geschätzt werden." (Quantitas qualitatis est gradus. Die Größe der Qualität ist der G.), ibid. § 26 Anm. (III 69) Vgl. Intensität, Bewußtsein, Realität.

Gram ist „die versinkende Traurigkeit, die durch keine Hoffnung gelindert wird", Anthr. 1. T. § 76 (IV 188).

Grenzbegriff. Der Begriff des „Noumenon" (s. d.) ist bloß ein „G.", um die Anmaßung der Sinnlichkeit einzuschränken, KrV tr. Anal. 2. B. 3. H. (I 286 f.—Rc 350). „Der Vollendungsbegriff ist das letzte in der Vermehrung und entspringt aus dem Begriff A l l e s, sowohl in der synthesi als analysi. Der G. ist das, was übrig bleibt in der Verminderung der conditionum: z. B. ein Grund, der keine Folge ist; das absolut Notwendige; das absolut (ungeachtet aller Bedingungen) Zufällige, d. i. die Freiheit", N 4522. Vgl. Vorles. üb. Metaphysik S. 80 f.

Grenze. G. ist bei einer stetigen Größe das, was den Grund der Schranken enthält, Mund. sensibil. § 15 (V 2, 111). Das Unendliche enthält den Grund der G., welche durch Beschränkung des unendlichen Raumes und der unendlichen Zeit entsteht, ibid. Folgerung (V 1, 113 f.). Das Einfache (s. d.) in Raum und Zeit ist kein „Teil", sondern „G.".

In der Mathematik und Naturwissenschaft erkennt die menschliche Vernunft „zwar Schranken, aber keine Grenzen, d. i. zwar, daß etwas außer ihr liege, wohin sie niemals gelangen kann, aber nicht, daß sie selbst in ihrem inneren Fortgange irgendwo vollendet sein werde". Die mathematisch-naturwissenschaftliche Erkenntnis „geht ins Unendliche", aber sie hat doch Schranken, da sie nur auf Erscheinungen geht und das Metaphysische und Moralische „ganz außerhalb ihrer Sphäre" liegt. Metaphysik aber führt uns auf „G.n des reinen Vernunftgebrauchs" und zeigt uns auch „die Art, solche zu bestimmen", worin ihr eigentlicher Zweck liegt. Schranken sind bloße Negationen, G.n aber zugleich „etwas Positives", und dieses besteht hier in den Noumena (s. d.), den Dingen an sich (s. d.), die wir als außerhalb unserer Erfahrung liegend noch annehmen müssen, ohne sie freilich erkennen zu können. Wir können sie im Verhältnis zur Sinnenwelt annehmen und denken. Wir halten uns auf dieser G., „wenn wir unser Urteil bloß auf das Verhältnis einschränken, welches die Welt zu einem Wesen haben mag, dessen Begriff selbst außer aller Erkenntnis liegt, deren wir innerhalb der Welt fähig sind", Prol. § 57 (III 123 ff.); vgl. Gott, Analogie. Erfahrung begrenzt sich nicht selbst, sie gelangt von einem Bedingten immer nur auf ein anderes Bedingte. „Das, was sie begrenzen soll, muß gänzlich außer ihr liegen, und dieses ist das Feld der reinen Verstandeswesen." Dieses Feld ist „für uns ein leerer Raum, sofern es auf die B e s t i m m u n g der Natur dieser Verstandeswesen ankommt". Da aber eine G. selbst etwas Positives ist, so ist es doch „eine wirkliche positive Erkenntnis, deren die Vernunft bloß dadurch teilhaftig wird, daß sie sich bis zu dieser G. erweitert". Die „Begrenzung des Erfahrungsfeldes durch etwas, was ihr sonst unbekannt ist", ist eine Erkenntnis, die sich auf das Verhältnis dieses Unbekannten zu dem, was innerhalb der Erfahrung liegt, einschränkt, ibid. § 59 (III 133 f.); vgl. Theologie.

Die „Grenze der Erscheinung" gehört noch mit zu der Erscheinung, aber das Ding, „was die G. macht", liegt außer ihr, N 4958. — Die Ideen (s. d.) der Vernunft fordern, nichts innerhalb der Welt möglicher Erfahrung als absolute G. anzusehen, sondern immer weiter im Denken und Forschen zu gehen. Vgl. Grenzbegriff, Kritik d. r. V., Antinomie, Ding an sich, Idee, Unbedingt, Unendlichkeit, Vernunft.

Größe. Die Möglichkeit der Dinge als G.n und also die objektive Realität der Kategori e der G. kann „nur in der äußeren Anschauung . . . dargelegt und vermittelst ihrer allein hernach auch auf den inneren Sinn angewandt werden", KrV tr. Dial. 2. B. 2. H. 3. Abs. (I 269—Rc 331). G. ist „die Bestimmung eines Dinges . . ., dadurch, wie vielmal Eines in ihm gesetzt ist, gedacht werden kann". Dieses „Wievielmal" gründet sich auf die „sukzessive Wiederholung, mithin auf die Zeit und die Synthesis (des Gleichartigen) in derselben", ibid. 3. H. (I 274—Rc 337 f.). Der Verstand subsumiert alle Anschauungen in Raum und Zeit unter dem Begriff der G., wodurch Mathematik auf Erfahrung angewendet wird. Die Erscheinungen stehen als bloße Anschauungen, welche einen Teil von Raum und Zeit einnehmen, unter dem Begriff der G., „welcher das Mannigfaltige derselben a priori nach Regeln synthetisch vereinigt", Prol. §§ 24, 26 (III 65, 68).

„Großsein" (magnitudo) und „eine G. sein" (quantitas) sind ganz verschiedene Begriffe. „Schlechthin" groß ist, „was über alle Vergleichung groß ist" (s. Erhaben). „Daß etwas eine G. (quantum) sei, läßt sich aus dem Dinge selbst, ohne alle Vergleichung mit anderem, erkennen; wenn nämlich Vielheit des Gleichartigen zusammen Eines ausmacht. Wie groß es aber sei, erfordert jederzeit etwas anderes, welches auch G. ist, zu seinem Maße. Weil es aber in der Beurteilung der G. nicht bloß auf die Vielheit (Zahl), sondern auch auf die G. der Einheit (des Maßes) ankommt, und die G. dieser letzteren immer wiederum etwas anderes als Maß bedarf, womit sie verglichen werden könne, so sehen wir, daß alle Größenbestimmungen der Erscheinungen schlechterdings keinen absoluten Begriff von einer G., sondern allemal nur einen Vergleichungsbegriff liefern könne." — Das Urteil, daß etwas „schlechtweg" groß sei, hat einen bloß subjektiven, aber auf allgemeine Beistimmung Anspruch machenden Maßstab der Beurteilung, der entweder empirisch oder a priori gegeben ist. Die bloße G. eines Gegenstandes erregt ein allgemein mitteilbares Wohlgefallen, KU § 25 (II 91 ff.). „Die Größenschätzung durch Zahlbegriffe (oder deren Zeichen in der Algebra) ist mathematisch, die aber in der bloßen Anschauung (nach dem Augenmaße) ist ästhetisch. Nun können wir zwar bestimmte Begriffe davon, wie groß etwas sei, nur durch Zahlen (allenfalls Annäherungen durch ins Unendliche fortgehende Zahlenreihen) bekommen, deren Einheit das Maß ist; und sofern ist alle logische Größenschätzung mathematisch. Allein da die G. des Maßes doch als bekannt angenommen werden muß, so würden, wenn diese nun wiederum nur durch Zahlen, deren Einheit ein anderes Maß sein müßte, mithin mathematisch geschätzt werden sollte, wir niemals ein erstes oder Grundmaß, mithin auch keinen bestimmten Begriff von einer gegebenen G. haben können. Also muß die Schätzung der G. des Grundmaßes bloß darin bestehen, daß man sie in einer Anschauung unmittelbar fassen und durch Einbildungskraft zur Darstellung der Zahlbegriffe brauchen kann: d. i. alle Größenschätzung der Gegenstände der Natur ist zuletzt ästhetisch (d. i. subjektiv und nicht objektiv bestimmt)." „Anschaulich ein Quantum in die Einbildungskraft aufzunehmen, um es zum Maße oder als Einheit zur Größenschätzung durch Zahlen brauchen zu können, dazu gehören zwei Handlungen dieses Vermögens: Auffassung (apprehensio) und Zusammenfassung (comprehensio aesthetica)", ibid. § 26 (II 94 f.).

„Wie groß etwas sei, läßt sich nur relativisch erkennen", N 5729 (vgl. Einheit). „Da das Maß der G. selbst G. ist, so kann alle G. nur relativ bestimmt werden, und ist bei phrenomenis auch nur ein Begriff von der Art, wie Vorstellungen durch gemeinschaftliche Einheit zusammengesetzt werden können. Es gibt keinen Begriff der absoluten G., als wo das All durch den Begriff des Dinges schon bestimmt ist; nur die metaphysische Vollkommenheit ist absolute G.", N 5850; vgl. 5726. Vgl. Grad, Intensität, Axiome der Anschauung, Mathematik, Quantität, Unendlich, Erhaben.

Größe, extensive. Zu den obersten (apriorischen), und zwar „mathematischen" Grundsätzen (s. d.) des reinen Verstandes gehören die „Axiome der Anschauung". Das „Prinzip" derselben ist: „alle Anschauungen sind e. G.n", KrV tr. Anal. 2. B. 2. H. 3. Abs. 1 (I 202—Rc 258). „Alle Erscheinungen sind ihrer Anschauung nach e. G.n", ibid. 1. A. Beweis: „Alle Erscheinungen enthalten, der Form nach, eine Anschauung in Raum und Zeit, welche ihnen insgesamt a priori zum Grunde liegt. Sie können also nicht anders apprehendiert, d. i. ins empirische Bewußtsein aufgenommen werden, als durch die Synthesis des Mannigfaltigen, wodurch die Vorstellungen eines bestimmten Raumes oder Zeit erzeugt werden, d. i. durch die Zusammensetzung des Gleichartigen und das Bewußtsein der synthetischen Einheit dieses Mannigfaltigen (Gleichartigen). Nun ist das Bewußtsein des mannigfaltigen Gleichartigen in der Anschauung überhaupt, sofern dadurch die Vorstellung eines Objekts zuerst möglich wird, der Begriff einer G. (quanti). Also ist selbst die Wahrnehmung eines Objekts, als Erscheinung, nur durch dieselbe synthetische Einheit des Mannigfaltigen der gegebenen sinnlichen Anschauung möglich, wodurch die Einheit der Zusammensetzung des mannigfaltigen Gleichartigen im Begriffe einer G. gedacht wird, d. i. die Erscheinungen sind insgesamt G.n, und zwar extensive G. n, weil sie als Anschauungen im Raume oder der Zeit durch dieselbe Synthesis vorgestellt werden müssen, als wodurch Raum und Zeit überhaupt bestimmt werden." Eine e. G. ist „diejenige, in welcher die Vorstellung der Teile die Vorstellung des Ganzen möglich macht (und also notwendig vor dieser vorhergeht). Ich kann mir keine Linie, so klein sie auch sei, vorstellen, ohne sie in Gedanken zu ziehen, d. i. von einem Punkte alle Teile nach und nach zu erzeugen und dadurch allererst diese Anschauung zu verzeichnen. Ebenso ist es auch mit jeder, auch der kleinsten Zeit bewandt. Ich denke mir darin nur den sukzessiven Fortgang von einem Augenblick zum andern, wo durch alle Zeitteile und deren Hinzutun endlich eine bestimmte Zeitgröße erzeugt wird. Da die bloße Anschauung an allen Erscheinungen entweder der Raum oder die Zeit ist, so ist jede Erscheinung als Anschauung eine extensive G., indem sie nur durch sukzessive Synthesis (von Teil zu Teil) in der Apprehension erkannt werden kann. Alle Erscheinungen werden demnach schon als Aggregate (Menge vorher gegebener Teile) angeschaut, welches eben nicht der Fall bei jeder Art G.n, sondern nur derer ist, die von uns extensiv als solche vorgestellt und apprehendiert werden", ibid. (I 202 f.—Rc 258 f.). Auf diese „sukzessive Synthesis der produktiven Einbildungskraft in der Erzeugung der Gestalten" gründet sich die Mathematik der Ausdehnung (Geometrie) mit ihren Axiomen, welche nur „Größen" (quanta) als solche betreffen. Betreffs der „Größe" (quantitas, Wie groß?) gibt es keine Axiome, obgleich verschiedene synthetische und unmittelbar gewisse Sätze (indemonstrabilia), ibid; vgl. Mathematik.

Größe, stetige. „Die Eigenschaft der G.n, nach welcher an ihnen kein Teil der kleinstmögliche (kein Teil einfach) ist, heißt die Kontinuität derselben. Raum und Zeit sind quanta continua, weil kein Teil derselben gegeben werden kann, ohne ihn zwischen Grenzen (Punkten und Augenblicken) auszuschließen, mithin nur so, daß dieser Teil selbst wiederum ein Raum oder eine Zeit ist. Der Raum besteht also nur aus Räumen, die Zeit aus Zeiten. Punkte und Augenblicke sind nur Grenzen, d. i. bloße Stellen ihrer Einschränkung." „Dergleichen G.n kann man auch fließende nennen, weil die Synthesis (der produktiven Einbildungskraft) in ihrer Erzeugung ein Fortgang in der Zeit ist, deren Kontinuität man besonders durch den Ausdruck des Fließens (Verfließens) zu bezeichnen pflegt." „Alle Erscheinungen überhaupt sind demnach kontinuierliche G., sowohl ihrer Anschauung nach als extensive, oder der bloßen Wahrnehmung (Empfindung und mithin Realität) nach als intensive G.n". „Wenn die Synthesis des Mannigfaltigen der Erscheinung unterbrochen ist, so ist dieses ein Aggregat von vielen Erscheinungen (und nicht eigentlich Erscheinung als ein Quantum)." Die Realität in Raum und Zeit hat nirgends eine Lücke, sie ist stetig; es kann ein leerer Raum, eine leere Zeit nicht zu beweisen sein, KrV tr. Anal. 2. B. 2. H. 3. Abs. 2 (I 208 ff.—Rc 265 f.).

Grund. „Bestimmen ist das Setzen eines Prädikats mit Ausschluß des Gegenteils." „Was ein Subjekt in Beziehung auf ein Prädikat bestimmt, heißt der G. Man unterscheidet den G., welcher im voraus, von dem, welcher nur folgeweise bestimmt. Im voraus bestimmend ist der, dessen Begriff dem zu Bestimmenden vorhergeht, d. h. ohne dessen Voraussetzung das Bestimmende nicht einzusehen ist." Dazu gehört auch der „identische" G., „wo der Begriff des Subjekts wegen seiner völligen Identität mit dem Prädikat dieses bestimmt" (z. B. ein Dreieck hat drei Seiten). „Folgeweise bestimmend ist der G., welcher nicht gesetzt werden würde, wenn nicht schon von anderswoher der Begriff gesetzt wäre, der von ihm bestimmt wird. Den ersten G. kann man auch den G. des Warum oder den G. des Seins oder Werdens nennen, den letzteren den G. des Was oder des Erkennens", N. diluc. Propos. 4 u. Anm. (V 1, 11 f.). Der G. macht das Unbestimmte zum Bestimmten. „Und da ja alle Wahrheit aus der Bestimmung eines Subjekts durch ein Prädikat hervorgeht, so ist der bestimmende G. nicht bloß das Kennzeichen der Wahrheit, sondern auch deren Quelle, ohne die man zwar sehr viel Mögliches, aber gar nichts Wahres finden kann." Der Ausdruck „zureichender G." ist zweideutig, da es nicht sogleich ersichtlich ist, wieweit er zureicht. „Bestimmen aber ist ein Setzen, welches jedes Gegenteil ausschließt, und bezeichnet so das, was sicherlich zureicht, um die Sache so und nicht anders aufzufassen", ibid. (V 1, 12 ff.), „Nichts ist wahr ohne bestimmenden G." In jedem Satz ist etwas enthalten, „was durch die Ausschließung des entgegengesetzten Prädikats die Wahrheit des Satzes bestimmt", ibid. Propos. 5 (V 1, 14 f.). „Es ist ungereimt, daß etwas den G. seines Daseins in sich selbst haben solle." „Alles nämlich, was den G. des Daseins einer Sache in sich enthält, ist dessen Ursache; nimmt man also an, daß etwas den G. seines eigenen Daseins in sich habe, so wäre es die Ursache seiner selbst; allein der Begriff der Ursache existiert naturgemäß vor dem Begriffe des Verursachten und dieses nach jener; deshalb wäre die Sache zugleich vor und nach ihr selbst, was widersinnig ist", ibid. Propos. 6 (V 1, 15 f.). „Kein zufälliges Ding kann eines G.es entbehren, welcher voraufgehend sein Dasein bestimmt." Das einzige unbedingt Notwendige ist von diesem Gesetze befreit, ibid. Propos. 8 (V 1, 18 f.). Folgerungen aus dem Prinzip des bestimmenden G.es: „1. In dem Begründeten ist nichts, was nicht in dem G.e gewesen ist." „2. Von Dingen, die nichts gemein haben, kann das eine nicht der G. des anderen sein." „3. In dem Begründeten ist nichts weiteres als in dem G.e", ibid. Propos. 10 (V 1, 36).

„G. ist (im allgemeinen) das, wodurch etwas anderes (Verschiedenes) bestimmt gesetzt wird." Er muß also immer etwas anderes als die Folge sein. Die Folge ist auch „etwas, wodurch, wenn ich es setze, ich zugleich etwas anderes als gesetzt denken muß, nämlich sie gehört immer zu irgend etwas als einem G.e". Aber nur irgendein, nicht ein bestimmter G. ist hier gesetzt. Die Verschiedenheit von G. und Folge ist entweder „bloß logisch (in der Vorstellungsart) oder real, dem Objekte selbst". Der Realgrund ist entweder der „formale (der Anschauung der Objekte)", oder der „materiale (der Existenz der Dinge)", welch letzterer macht, daß „das, was ihn enthält", „Ursache" heißt, An Reinhold, 12. Mai 1789. „Ein jeder Satz muß einen G. haben, ist das logische (formale) Prinzip der Erkenntnis, welches dem Satze des Widerspruchs nicht beigesellt, sondern untergeordnet ist. Ein jedes Ding muß seinen G. haben, ist das transzendentale (materielle) Prinzip, welches kein Mensch aus dem Satze des Widerspruchs (und überhaupt aus bloßen Begriffen, ohne Beziehung auf sinnliche Anschauung) jemals bewiesen hat, noch beweisen wird. Es ist ja offenbar genug und in der Kritik unzähligemal gesagt worden, daß ein transzendentales Prinzip über die Objekte und ihre Möglichkeit etwas a priori bestimmen müsse, mithin nicht, wie die logischen Prinzipien tun (indem sie von allem, was die Möglichkeit des Objekts betrifft, gänzlich abstrahieren), bloß die formalen Bedingungen der Urteile betreffe, Üb. e. Entdeck. 1. Abs. A. (V 3, 11 f.). Das allgemein logische Prinzip der Sätze lautet: „ein jeder Satz muß gegründet (nicht ein bloß mögliches Urteil) sein, welches aus dem Satze des Widerspruchs folgt, weil jener sonst kein Satz sein würde", ibid. A, 1. Anm. (V 3, 12). Das transzendentale Prinzip des zureichenden G.es hingegen ist nicht als gültig darzutun, ohne auf Gegenstände der Sinne eingeschränkt zu werden (s. Kausalität). Der formale Begriff des G.es aber hat bloß logische Bedeutung und befaßt nicht die „Realgründe" unter sich, ibid. (V 3, 13). „Der Satz: Alle Dinge haben ihren G., oder mit anderen Worten: Alles existiert nur als Folge, d. i. abhängig seiner Bestimmung nach, von etwas anderem, gilt ohne Ausnahme von allen Dingen als Erscheinungen im Raume und Zeit, aber keineswegs von Dingen an sich selbst." Der Satz des zureichenden G.es kann nicht als „Brücke" zur Erkenntnis des Übersinnlichen dienen. „Denn am jenseitigen Ufer kann man mit keinen Materialien der Sinnesvorstellung bauen", ibid. C u. 3. Anm. (V 3, 33 f.).

Die „Regel, etwas der Zeitfolge nach zu bestimmen", ist: „daß in dem, was vorhergeht, die Bedingung anzutreffen sei, unter welcher die Begebenheit jederzeit (d. i. notwendiger Weise) folgt". Also ist der Satz vom zureichenden G.e „der G. möglicher Erfahrung, nämlich der objektiven Erkenntnis der Erscheinungen, in Ansehung des Verhältnisses derselben in Reihenfolge der Zeit", KrV tr. Anal. 2. B. 2. H. 3. Abs. 2. Analogie (I 235—Rc 293 f.); vgl. Kausalität. Über den Satz vom zureichenden G.e als Beispiel eines synthetischen Satzes, vgl. Prol. § 4 (III 23).

Der Satz des zureichenden G.es gehört zu den formalen oder logischen Kriterien der Wahrheit. Auf ihm beruht die (logische) Wirklichkeit einer Erkenntnis, „daß sie begründet sei, Stoff zu assertorischen Urteilen", Log. Einl. VII (IV 58).

„Alles in der Welt hat einen G., heißt ebenso viel als: es kann a priori erkannt werden und steht unter einer Regel der Ordnung." „Erster synthetischer Satz a priori: Alles hat einen Erkenntnisgrund", N 5193. Daß „alles in einer Reihe gleichsam sei, und zwar, wo ein jedes nach einer allgemeinen Regel der Ordnung mit einem antecedens verbunden ist", das ist der G., N 5207. „Der Begriff des G.es (der Folge) enthält nicht allein, daß etwas, was da ist, mit etwas anderem begleitet sei, sondern überdem, daß diese Beziehung allgemein und notwendig sei." Der Begriff „G." ist subjektiv, nicht objektiv, denn alle Realgründe zeigen wohl eine beständige Begleitung, aber keine Allgemeinheit der Verknüpfung, N 3972. „Das principium rationis, imgleichen das principium rationati ist eine Regel der gesunden Vernunft, wird also auf die Gegenstände der Erfahrung restringiert. Die Grenzen der Sinnenwelt sind also auch die Grenzen ihres Gebrauchs", N 4012. „Daß alles Zufällige, oder was entsteht, seinen G. habe, fließt daraus, weil ohne prius keine Kontinuität der phaenomenorum, und ohne Regel keine Identität derselben sein würde", N 6379. Das principium rationis ist „eine notwendige Hypothesis der gesunden Vernunft, gilt also nur in der Welt und ist auch der Grundsatz des Gebrauchs derselben in ihr", N 4011. „Das, wodurch etwas anderes bestimmt gesetzt wird, ist G.; durch die Folge wird ein G. unbestimmt gesetzt", N 5195. Vgl. Sollen, Kausalität, Ding an sich, Freiheit, Vernunft, Erfahrung, Wahrheit, Kritik d. rein. Vern., Transzendental, Apriori.

Grundsatz. „Unmittelbar gewisse Urteile a priori können Grundsätze heißen, sofern andere Urteile aus ihnen erwiesen, sie selbst aber keinem anderen subordiniert werden können. Sie werden um deswillen auch Prinzipien (Anfänge) genannt", Log. § 34 (IV 121). „Grundsätze sind entweder intuitive oder diskursive. — Die ersteren können in der Anschauung dargestellt werden und heißen Axiome (axiomata); die letzteren lassen sich nur durch Begriffe ausdrücken und können Akroame (acroamata) genannt werden", ibid. § 35 (IV 121). „Analytische Prinzipien sind nicht Axiome, denn sie sind diskursiv. Und synthetische Prinzipien sind auch nur dann Axiome, wenn sie intuitiv sind", ibid. § 36 (IV 122). Vgl. Prinzip, Axiom, Grundsätze des reinen Verstandes.

Grundsätze der Übereinstimmung. Es gibt G., die der Verstand für objektiv bewiesen hält, „während sie doch bloß durch ihre Übereinstimmung mit dem freien und ausgedehnten Gebrauch des Verstandes" sich uns empfehlen, also auf „subjektiven Gründen" beruhen, d. h. „auf Bedingungen, deren Gebrauch ihm (dem Verstande) bei seinem Scharfsinn leicht und bequem scheint". Es sind dies „Regeln der Beurteilung, denen wir uns gern fügen, und an denen wir wie an Axiomen festhalten", „Grundsätze der Übereinstimmung bloß deswegen, weil, wenn wir von ihnen abgingen, unserem Verstande beinahe kein Urteil über einen gegebenen Gegenstand gestattet wäre". Dazu gehören der Grundsatz der Ordnung der Natur und das Prinzip möglichster Einfachheit der anzunehmenden Prinzipien, Mund. sens. § 30 (V 2, 130 f.).

Grundsätze des reinen Verstandes. In den G.n d. r. V. kommen die Kategorien (s. d.) zur Anwendung. Die G. sind die apriorischen Voraussetzungen wissenschaftlicher Erfahrung, sie sind „synthetische Urteile a priori" (s. d.), haben strenge Notwendigkeit und Allgemeingültigkeit, ihnen muß alles Erfahrbare entsprechen, unter ihrer Leitung nur werden einheitliche Zusammenhänge der Erscheinungen und besondere Naturgesetze erkannt. Sie sind die obersten Gesetze der „Natur", machen eine solche erst möglich. Durch sie erhalten die Erscheinungen ihre feste Stelle im Zusammenhange der Erfahrung, die das Objektive, Wirkliche, empirisch Reale von allem Schein und bloß Subjektivem unterscheidet; sie regeln auch den Fortgang der Erfahrung, geben diesem die Richtung. Die Form der Erfahrung und der Objekte derselben wird in ihnen antizipiert, prinzipiell vorausbestimmt; sie bestimmen, was als objektive, wahre Erfahrung (nicht bloß subjektives Erlebnis) anzusehen ist.

Der „oberste Grundsatz der Möglichkeit aller Anschauung in Beziehung auf die Sinnlichkeit" ist, „daß alles Mannigfaltige derselben unter den formalen Bedingungen des Raums und der Zeit stehe". Der oberste Grundsatz der Möglichkeit aller Anschauung in Beziehung auf den Verstand ist der „Grundsatz der synthetischen Einheit der Apperzeption" (das „oberste Prinzip alles Verstandesgebrauchs"); ist, „daß alles Mannigfaltige der Anschauung unter Bedingungen der ursprünglich synthetischen Einheit der Apperzeption stehe", KrV tr. Anal. § 17 (I 154—Rc 179 f.); vgl. Apperzeption. „Grundsätze a priori" heißen so, „weil sie die Gründe anderer Urteile in sich enthalten", und „weil sie selbst nicht in höheren und allgemeineren Erkenntnissen gegründet sind". Aber das überhebt sie nicht eines Beweises. „Denn obgleich dieser nicht weiter objektiv geführt werden könnte, sondern vielmehr aller Erkenntnis seines Objekts zum Grunde liegt, so hindert dies doch nicht, daß nicht ein Beweis aus den subjektiven Quellen der Möglichkeit einer Erkenntnis des Gegenstandes überhaupt zu schaffen möglich, ja auch nötig wäre, weil der Satz sonst gleichwohl den größten Verdacht einer bloß erschlichenen Behauptung auf sich haben würde." Die G. d. r. V. sind systematisch darzulegen unter Leitung der Kategorientafel. Denn die Kategorien (s. d.) sind es, „deren Beziehung auf mögliche Erfahrung alle reine Verstandeserkenntnis a priori ausmachen muß, und deren Verhältnis zur Sinnlichkeit überhaupt um deswillen alle transzendentalen Grundsätze des Verstandesgebrauchs vollständig und in einem System darlegen wird". Nicht hierher gehören die Prinzipien der transzendentalen Ästhetik (s. d.), ebenso nicht die mathematischen Grundsätze; doch wird die Möglichkeit derselben, weil sie synthetische Urteile a priori sind, hier berücksichtigt, nur um sie „a priori begreiflich zu machen und zu deduzieren". In Betracht kommen der „Grundsatz analytischer Urteile" und besonders die „synthetischen Grundsätze" des reinen Verstandes, KrV tr. Anal. 2. B. 2. H. am Anfang (I 190 f.—Rc. 246). Der „oberste Grundsatz aller analytischen Urteile" ist der Satz des Widerspruchs (s. d.) als ein negatives Kriterium der Wahrheit (s. d.), das bei analytischen Urteilen aber positiv wird, ibid. 1. Abs. (I 192 f.—Rc 248 f.). Unseren synthetischen Urteilen a priori gibt nur die „Möglichkeit der Erfahrung" objektive Realität. Die Erfahrung selbst beruht auf allgemeinen Regeln der Einheit, in der Synthesis der Erscheinungen, und die apriorisch-synthetische Erkenntnis hat nur dadurch Wahrheit (objektive Geltung), daß sie eben „nichts weiter enthält, als was zur synthetischen Einheit der Erfahrung überhaupt notwendig ist". So ist das „oberste Prinzipium aller synthetischen Urteile", der „oberste Grundsatz" derselben, der Satz: „ein jeder Gegenstand steht unter den notwendigen Bedingungen der synthetischen Einheit des Mannigfaltigen der Anschauung in einer möglichen Erfahrung".

Es ist zu beachten: „die Bedingungen der Möglichkeit der Erfahrung überhaupt sind zugleich Bedingungen der Möglichkeit der Gegenstände der Erfahrung, und haben darum objektive Gültigkeit in einem synthetischen Urteile a priori", ibid. 2. Abs. (I 197f.—Rc 253f.).

Der Verstand ist der „Quell der Grundsätze, nach welchen alles (was uns nur als Gegenstand vorkommen kann) notwendig unter Regeln steht, weil ohne solche den Erscheinungen niemals Erkenntnis eines ihnen korrespondierenden Gegenstandes zukommen könnte". Alle Gesetze (s. d.) der Natur stehen „unter höheren Grundsätzen des Verstandes, indem sie diese nur auf besondere Fälle der Erscheinung anwenden". „Diese allein geben also den Begriff, der die Bedingung und gleichsam den Exponenten zu einer Regel überhaupt enthält; Erfahrung aber gibt den Fall, der unter der Regel steht." Zu den G. d. r. V. gehören die der Mathematik (s. d.) nicht, wohl aber jene apriorischen Grundsätze, worauf sich die Möglichkeit und objektive Gültigkeit der mathematischen Grundsätze a priori gründet, deren „Prinzipien" sie also sind, ibid. 3. Abs. (I 198f.—Rc 254 f.). Zu unterscheiden sind „mathematische" und „dynamische" Grundsätze, aber nur in Betracht ihrer Anwendung, nicht ihres Inhalts. In der Anwendung der Kategorien auf mögliche Erfahrung ist nämlich der Gebrauch ihrer Synthesis entweder „mathematisch" oder „dynamisch", denn „sie geht teils bloß auf die Anschauung, teils auf das Dasein einer Erscheinung überhaupt". „Die Bedingungen a priori der Anschauung sind aber in Ansehung einer möglichen Erfahrung durchaus notwendig, die des Daseins der Objekte einer möglichen empirischen Anschauung an sich nur zufällig. Daher werden die Grundsätze des mathematischen Gebrauchs unbedingt notwendig, d. i. apodiktisch, lauten, die aber des dynamischen Gebrauchs werden zwar auch den Charakter einer Notwendigkeit a priori, aber nur unter der Bedingung des empirischen Denkens in einer Erfahrung, mithin nur mittelbar und indirekt bei sich führen, folglich diejenige unmittelbare Evidenz nicht enthalten (obzwar ihrer auf Erfahrung allgemein bezogenen Gewißheit unbeschadet), die jenen eigen ist." Die Tafel der Kategorien gibt uns die natürliche Anweisung zur Tafel der Grundsätze, weil diese nur „Regeln des objektiven Gebrauchs" der ersteren sind. Die zwei ersten Arten von Grundsätzen sind „mathematisch" und von „intuitiver", die beiden letzten „dynamisch" und von „diskursiver" Gewißheit. 1. Axiome der Anschauung (s. d.). 2. Antizipationen der Wahrnehmung (s. d.). 3. Analogien der Erfahrung (s. d.). 4. Postulate des empirischen Denkens überhaupt, ibid. (I 299f.—Rc 255f.). Die „mathematischen" Grundsätze heißen so, weil sie „die Mathematik auf Erscheinungen anzuwenden" berechtigen. Sie sind „konstitutiv" (s. d.), während die „dynamischen" Grundsätze nur „regulativ" (s. d.) sind, ibid. 3. Abs. 3 (I 216f.—Rc 273f.). Die G. d. r. V. enthalten „gleichsam nur das reine Schema zur möglichen Erfahrung". Sie sind nicht allein a priori wahr, sondern sogar „der Quell aller Wahrheit", dadurch, daß sie den Grund der Möglichkeit der Erfahrung enthalten. Der Verstand kann von ihnen nur „empirischen Gebrauch" machen, ibid. 3. H. (I 271f.—Rc 333f.). Die Grundsätze sind nur „Prinzipien der Exposition der Erscheinungen" (I 278—Rc 341).

„Synthetische Sätze, die auf Dinge überhaupt, deren Anschauung sich a priori gar nicht geben läßt, gehen, sind transzendental. Demnach lassen sich transzendentale Sätze niemals durch Konstruktion der Begriffe, sondern nur nach Begriffen a priori geben. Sie enthalten bloß die Regel, nach der eine gewisse synthetische Einheit desjenigen, was nicht a priori anschaulich vorgestellt werden kann (der Wahrnehmungen), empirisch gesucht werden soll." Sie können ihre Begriffe nur a posteriori darstellen, „vermittelst der Erfahrung, die nach jenen synthetischen Grundsätzen allererst möglich wird". Ein transzendentaler Satz ist „ein synthetisches Vernunfterkenntnis nach bloßen Begriffen, und mithin diskursiv, indem dadurch alle synthetische Einheit der empirischen Erkenntnis allererst möglich, keine Anschauung aber dadurch a priori gegeben wird". Denn aus einer Kategorie allein kann, „weil die Synthesis nicht a priori zu der Anschauung, die ihm korrespondiert, hinausgehen kann", „kein bestimmter synthetischer Satz, sondern nur ein

Grundsatz der Synthesis möglicher empirischer Anschauungen entspringen", KrV tr. Meth. 1. H. 1. Abs. (I 605f.—Rc 750f.). Wir gehen z. B. mit der Kategorie der Ursache zwar aus dem empirischen Begriffe von einer Begebenheit heraus, „aber nicht zu der Anschauung, die den Begriff der Ursache in concreto darstellt, sondern zu den Zeitbedingungen überhaupt, die in der Erfahrung dem Begriffe der Ursache gemäß gefunden werden möchten", ibid. 1. Anm. (I 606—Rc 751). „Der synthetische Satz, daß alles verschiedene empirische Bewußtsein in einem einigen Selbstbewußtsein verbunden sein müsse, ist der schlechthin erste und synthetische Grundsatz unseres Denkens überhaupt", KrV 1. A. tr. Anal. 1. B. 2. H. 3. Abs. 1. Anm. (I 720—Rc 202 f.); vgl. Bewußtsein, Apperzeption. Nach diesem Grundsatz müssen alle Erscheinungen „so ins Gemüt kommen oder apprehendiert werden, daß sie zur Einheit der Apperzeption zusammenstimmen, welches ohne synthetische Einheit in ihrer Verknüpfung, die mithin auch objektiv notwendig ist, unmöglich sein würde", ibid. (I 722—Rc 208).

Die „Grundsätze a priori der Möglichkeit aller Erfahrung als einer objektiv gültigen empirischen Erkenntnis" sind Sätze, welche alle Wahrnehmung (gemäß gewissen allgemeinen Bedingungen der Anschauungen) unter die reinen Verstandesbegriffe subsumieren, Prol. § 21 (III 60). Urteile, „sofern sie bloß als die Bedingung der Vereinigung gegebener Vorstellungen in einem Bewußtsein betrachtet werden", sind „Regeln". Diese Regeln, „sofern sie die Vereinigung als notwendig vorstellen", sind „Regeln a priori", und „sofern keine über sie sind, von denen sie abgeleitet werden", „Grundsätze". „Da nun in Ansehung der Möglichkeit aller Erfahrung, wenn man an ihr bloß die Form des Denkens betrachtet, keine Bedingungen der Erfahrungsurteile über diejenigen sind, welche die Erscheinungen nach der verschiedenen Form ihrer Anschauung unter reine Verstandesbegriffe bringen, die das empirische Urteil objektiv-gültig machen, so sind diese die Grundsätze a priori möglicher Erfahrung." Die „Grundsätze möglicher Erfahrung" sind nun zugleich „allgemeine Gesetze der Natur, welche a priori erkannt werden können". Diese Grundsätze bilden ein „physiologisches, d. i. ein Natursystem", „welches vor aller empirischen Naturerkenntnis vorhergeht, diese zuerst möglich macht und daher die eigentliche allgemeine und reine Naturwissenschaft genannt werden kann", ibid. § 23 (III 64 f.). Diese Grundsätze sind auf die Bedingung eingeschränkt, „daß sie nur die Bedingungen möglicher Erfahrung überhaupt enthalten, sofern sie Gesetzen a priori unterworfen ist". Nicht die Dinge an sich lassen sich als Größen, Substanzen, Ursachen usw. beweisen, sondern die Dinge stehen nur als „Gegenstände der Erfahrung" a priori unter diesen Bedingungen. Hieraus folgt, „daß die gedachten Grundsätze auch nicht geradezu auf Erscheinungen und ihr Verhältnis, sondern auf die Möglichkeit der Erfahrung, wovon Erscheinungen nur die Materie, nicht aber die Form ausmachen, d. i. auf objektiv- und allgemeingültige synthetische Sätze, worin sich eben Erfahrungsurteile von bloßen Wahrnehmungsurteilen unterscheiden, bezogen werden". Dies geschieht dadurch, „daß die Erscheinungen als bloße Anschauungen, welche einen Teil von Raum und Zeit einnehmen, unter dem Begriff der Größe stehen, welcher das Mannigfaltige derselben a priori nach Regeln synthetisch vereinigt; daß, sofern die Wahrnehmung außer der Anschauung auch Empfindung enthält, zwischen welcher und der Null, d. i. dem völligen Verschwinden derselben, jederzeit ein Übergang durch Verringerung stattfindet, das Reale der Erscheinungen einen Grad haben müsse, sofern sie (sc. die Empfindung) nämlich selbst keinen Teil von Raum oder Zeit einnimmt, aber doch der Übergang zu ihr von der leeren Zeit oder Raum nur in der Zeit möglich ist", ibid. § 26 (III 67 ff.); vgl. Grad. Die „dynamischen" Grundsätze sind die „eigentlichen Naturgesetze"; ihnen gemäß müssen Erscheinungen als Substanzen, als Ursachen oder Wirkungen, und als in Wechselwirkung stehend bestimmt werden. Endlich gehört zu den „physiologischen" Grundsätzen „die Erkenntnis der Übereinstimmung und Verknüpfung: nicht sowohl der Erscheinungen untereinander in der Erfahrung, als vielmehr ihr Verhältnis zur Erfahrung überhaupt", ibid. § 25 (III 66 f.). Die aus der Beziehung der Kategorien auf die Sinnenwelt entspringenden Grundsätze dienen unserem „Verstande nur zum

Erfahrungsgebrauch", sie sind nur „Prinzipien möglicher Erfahrung" und können nie auf Dinge an sich selbst, immer nur auf Erscheinungen bezogen werden, ibid. § 30 (III 73 f.).

Nicht zu verwechseln sind logische Sätze, „die bloß die Form des Denkens (ohne irgendeinen Gegenstand in Betrachtung zu ziehen) betreffen, mit transzendentalen (welche die Art, wie der Verstand jene ganz rein und ohne eine andere Quelle als sich selbst zu bedürfen, zur Erkenntnis der Dinge a priori braucht)", Üb. e. Entdeck. 1. Abs. C (V 3, 34 f.). „Grundsätze des Verstandes sind Regeln a priori, welche die Bedingungen der synthetischen Einheit möglicher Erfahrung enthalten", N 5600. — „Die transzendentalen Grundsätze zeigen die Kategorien an, unter denen die Schemata der Sinnlichkeit stehen", N 5933. „Alle G. d. r. V. gehen auf die Sinnlichkeit und zeigen die Bedingungen an, unter denen die Vorstellung der Sinnlichkeit unter eine Kategorie gehört. Sie bestimmen also die Regel der Urteile überhaupt in Ansehung der Erscheinungen und sind Prinzipien möglicher Erfahrung; denn ohne die Kategorien könnten unsere Vorstellungen sich nicht auf Objekte beziehen, weil sie allein das Denken überhaupt in Beziehung auf Etwas überhaupt bestimmen", N 5932. Hauptregel ist, „daß alle Grundsätze überhaupt nur von empirischem Gebrauch sind, mithin die Vernunft ganz und gar nur Regeln des Gebrauchs in Ansehung der Erfahrungen habe", N 4869. Vgl. Regel, Gesetz, Natur, Kategorie, Axiome, Antizipationen, Analogien, Postulate (des empirischen Denkens), Gebrauch, Transzendent, Dialektik.

Grundsätze, praktische. „P. G." sind „Sätze, welche eine allgemeine Bestimmung des Willens enthalten, die mehrere praktische Regeln unter sich hat. Sie sind subjektiv oder Maximen, wenn die Bedingung nur als für den Willen des Subjekts gültig von ihm angesehen wird; objektiv aber oder praktische Gesetze, wenn jene als objektiv, d. i. für den Willen jedes vernünftigen Wesens gültig erkannt wird". „Wenn man annimmt, daß reine Vernunft einen praktisch, d. i. zur Willensbestimmung hinreichenden Grund in sich enthalten könne, so gibt es praktische Gesetze; wo aber nicht, so werden alle p. G. bloße Maximen sein", KpV 1. T. 1. B. 1. H. § 1 (II 23).

„Alle praktischen Prinzipien, die ein Objekt (Materie) des Begehrungsvermögens als Bestimmungsgrund des Willens voraussetzen, sind insgesamt empirisch und können keine praktischen Gesetze abgeben." „Materie" des Begehrungsvermögens ist ein Gegenstand, dessen Wirklichkeit begehrt wird. „Wenn die Begierde nach diesem Gegenstande nun vor der praktischen Regel vorhergeht und die Bedingung ist, sie sich zum Prinzip zu machen, so sage ich (erstlich): dieses Prinzip ist alsdann jederzeit empirisch. Denn der Bestimmungsgrund der Willkür ist alsdann die Vorstellung eines Objekts und dasjenige Verhältnis derselben zum Subjekt, wodurch das Begehrungsvermögen zur Wirklichmachung desselben bestimmt wird. Ein solches Verhältnis aber zum Subjekt heißt die Lust an der Wirklichkeit eines Gegenstandes." Von keiner Vorstellung eines Gegenstandes kann aber a priori erkannt werden, ob sie mit Lust oder Unlust verbunden sein werde. „Da nun (zweitens) ein Prinzip, das sich nur auf die subjektive Bedingung der Empfänglichkeit einer Lust oder Unlust (die jederzeit nur empirisch erkannt und nicht für alle vernünftigen Wesen in gleicher Art gültig sein kann) gründet, zwar wohl für das Subjekt, das sie besitzt, zu ihrer Maxime, aber auch für diese selbst (weil es ihm an objektiver Notwendigkeit, die a priori erkannt werden muß, mangelt), nicht zum Gesetze dienen kann, so kann ein solches Prinzip niemals ein praktisches Gesetz abgeben", ibid. § 2 (II 26f.). Alle „materialen praktischen Prinzipien" sind als solche „insgesamt von einer und derselben Art und gehören unter das allgemeine Prinzip der Selbstliebe oder eigenen Glückseligkeit". Die Lust aus der Vorstellung der Existenz einer Sache als Motiv gehört dem Sinne, nicht dem Verstande an. „Sie ist also nur sofern praktisch, als die Empfindung der Annehmlichkeit, die das Subjekt von der Wirklichkeit des Gegenstandes erwartet, das Begehrungsvermögen bestimmt." Das Bewußtsein von der Annehmlichkeit des Lebens ist aber die Glückseligkeit (s. d.) und das Prinzip, diese zum Motiv zu machen, das „Prinzip der Selbstliebe", ibid. § 3 Lehrs. II (II 27). „Alle materialen praktischen Regeln setzen den Bestimmungsgrund des Willens im unteren Begehrungsvermögen, und gäbe es gar keine bloß formalen Gesetze desselben, die den Willen hinreichend bestimmten, so würde auch kein oberes Begehrungsvermögen eingeräumt werden können", ibid. Folgerung (II 27 f.). Ob das Gefühl der Lust von Vorstellungen der Sinne, des Verstandes, der Vernunft ausgeht, ist hier einerlei (immer ergibt das einen Eudämonismus). Die reine Vernunft muß „ohne Voraussetzung irgendeines Gefühls" den Willen bestimmen, „für sich allein praktisch sein", „durch die bloße Form der praktischen Regel den Willen bestimmen", ohne im Dienste von Neigungen zu stehen. „Die Vernunft bestimmt in einem praktischen Gesetze unmittelbar den Willen, nicht vermittelst eines dazwischenkommenden Gefühls der Lust und Unlust, selbst nicht an diesem Gesetze, und nur, daß sie als reine Vernunft praktisch sein kann, macht es ihr möglich, gesetzgebend zu sein", ibid. Anmerk. I (II 29 ff.). Vgl. Gesetz, Imperativ. Sollen, Sittlichkeit, Autonomie, Pflicht, Vernunft.

Gültigkeit s. Geltung.

Gunst ist das einzige freie Wohlgefallen. Das Schöne (s. d.) erweckt Gunst, KU § 5 47).

Gut. Das relativ (zu etwas) G.e ist das Nützliche. Für die Ethik kommt nur in Betracht das unbedingt G.e (s. Sittlichkeit). Dieses besteht nicht in irgendeinem Erfolg oder Zweck des Handelns, nicht in der Glückseligkeit (s. d.), Vervollkommnung u. dgl., überhaupt in keiner „Materie" des Wollens. Absolut gut und wertvoll ist nur der „gute Wille" (s. d.) selbst, der Wille zur Pflicht um dieser selbst willen, das Wollen aus reiner sittlicher Gesetzlichkeit (vgl. Rigorismus). Was gut und böse (s. d.) ist, setzt die praktische Vernunft selbst, als ein für alle Vernunftwesen unbedingt Gültiges. Sittlich gut ist nur, wer aus moralischer Gesinnung, aus dem Willen zu dem, was die sittliche Vernunft fordert, handelt, ohne Rücksicht auf andere Motive, auf Neigungen. „Gleichwie es ... unzergliederliche Begriffe des Wahren ... gibt, also gibt es auch ein unauflösliches Gefühl des G.en (dieses wird niemals in einem Dinge schlechthin, sondern immer beziehungsweise auf ein empfindendes Wesen angetroffen)." Hinsichtlich der einfachen Empfindungen des G.en, die man durch Analyse des „zusammengesetzten und verworrenen Begriff des G.en" erhält, ist das Urteil „dieses ist gut" „völlig unerweislich". „Es ist eine unmittelbare Häßlichkeit in der Handlung, die dem Willen desjenigen, von dem unser Dasein und alles G.e herkommt, widerstreitet. Diese Häßlichkeit ist klar, wenn gleich nicht auf die Nachteile gesehen wird, die als Folgen ein solches Verfahren begleiten können", Nat. Theol. 4. Btr. § 2 (V 1, 145 f.).

„G." ist „praktisch notwendig". „Praktisch gut" ist, „was vermittelst der Vorstellungen der Vernunft, mithin nicht aus subjektiven Ursachen, sondern objektiv, d. i. aus Gründen, die für jedes vernünftige Wesen als ein solches gültig sind, den Willen bestimmt", GMS 2. Abs. (III 35). Unbedingt gut ist in der Welt nur „gute Wille" (s. d.), und dieser ist rein durch seine „Form", nicht durch einen Zweck, gut. Er ist gut, sofern er ein allgemeingültiger Wille sein kann. (Vgl. Imperativ.)

„G. ist das, was vermittelst der Vernunft, durch den bloßen Begriff, gefällt. Wir nennen einiges wozu gut (das Nützliche), was nur als Mittel gefällt; ein anderes aber an sich gut, was für sich selbst gefällt. In beiden ist immer der Begriff eines Zwecks, mithin das Verhältnis der Vernunft zum (wenigstens möglichen) Wollen, folglich ein Wohlgefallen am Dasein eines Objekts oder einer Handlung, d. i. irgendein Interesse enthalten." „Um etwas gut zu finden, muß ich jederzeit wissen, was der Gegenstand für ein Ding sein solle, d. i. einen Begriff von demselben haben", KU § 4 (II 43 f.). Das G.e ist stets mit einem Interesse (s. d.) an einem Gegenstande verbunden, auch „das schlechterdings und in aller Absicht G.e, nämlich das moralische, welches das höchste Interesse bei sich führt", ibid. (II 46). Das G.e ist das Objekt des Wollens und führt ein „reines praktisches Wohlgefallen" bei sich. G. ist, „was geschätzt, gebilligt, d. i. worin ... ein objektiver Wert gesetzt wird". „Das G.e gibt es für jedes vernünftige Wesen überhaupt", ibid. § 5 (II 46 f.).

„Zweideutigkeit des Worts das Gute: da dieses entweder, als an sich und unbedingt gut, im Gegensatz mit dem an sich Bösen; oder, als immer nur bedingterweise gut, mit dem schlechteren oder besseren G.en verglichen wird, da der Zustand der Wahl des letzteren nur ein komparativ-besserer Zustand, an sich selbst aber doch böse sein kann. — Die Maxime einer unbedingten, auf gar keine zum Grunde gelegte Zwecke Rücksicht nehmenden Beobachtung eines kategorisch gebietenden Gesetzes der freien Willkür (d. i. der Pflicht) ist von der Maxime, dem als Motiv zu einer gewissen Handlungsweise uns von der Natur selbst untergelegten Zweck (der im allgemeinen Glückseligkeit heißt) nachzugehen, wesentlich, d. i. der Art nach unterschieden." „Ein Zustand, in Verknüpfung mit einem gewissen gegebenen Zweck zu sein, den ich jedem anderen von derselben Art vorziehe, ist ein komparativ besserer Zustand, nämlich im Felde der Glückseligkeit (die nie anders als bloß bedingterweise, sofern man ihrer würdig ist, von der Vernunft als G. anerkannt wird). Derjenige Zustand aber, da ich im Falle der Kollision gewisser meiner Zwecke mit dem moralischen Gesetze der Pflicht diese vorzuziehen mir bewußt bin, ist nicht bloß ein besserer, sondern der allein an sich gute Zustand: ein G.es aus einem ganz anderen Felde, wo auf Zwecke, die sich mir anbieten mögen (mithin auf ihre Summe, die Glückseligkeit) gar nicht Rücksicht genommen wird, und wo nicht die Materie der Willkür (ein ihr zum Grunde gelegtes Objekt), sondern die bloße Form der allgemeinen Gesetzmäßigkeit ihrer Maxime den Bestimmungsgrund derselben ausmacht", Theor. Prax. I (VI 77 f.).

Das G.e und Böse sind die einzigen „Objekte" (s. d.) der praktischen Vernunft. Das „G.e" ist ein notwendiger Gegenstand des Begehrungs-, das „Böse" ein solcher des Verabscheuungsvermögens, beides nach einem Prinzip der Vernunft. Wäre das G.e das Lustvolle, so könnte es nur durch Erfahrung bestimmt werden und wäre einerlei mit dem Angenehmen oder dem Nützlichen (s. d.) nicht etwas für sich selbst G.es. Der Begriff des G.en muß daher „von einem vorhergehenden praktischen Gesetze abgeleitet werden". Das G.e ist nicht identisch mit dem „Wohl", das nur auf das Gefühl der Lust sich bezieht, während das G.e stets „eine Beziehung auf den Willen, sofern dieser durchs Vernunftgesetz bestimmt wird, sich etwas zu seinem Objekte zu machen". „Das G.e oder Böse wird also eigentlich auf Handlungen, nicht auf den Empfindungszustand der Person bezogen und sollte etwas schlechthin (und in aller Absicht und ohne weitere Bedingung) gut oder böse sein oder dafür gehalten werden, so würde es nur die Handlungsart, die Maxime des Willens und mithin die handelnde Person selbst, als guter oder böser Mensch, nicht aber eine Sache sein, die so genannt werden könnte." Was wir „gut" nennen sollen, „muß in jedes vernünftigen Menschen Urteil ein Gegenstand des Begehrungsvermögens sein, und das Böse in den Augen von jedermann ein Gegenstand des Abscheues; mithin bedarf es außer dem Sinne zu dieser Beurteilung noch Vernunft". Der Mensch hat die Vernunft nicht bloß für seine „Tierheit", für die Beschaffung der Mittel im Dienste der Glückseligkeit, sondern noch „zu einem höheren Beruf, nämlich auch das, was an sich gut oder böse ist, und worüber reine, sinnlich gar nicht interessierte Vernunft nur allein urteilen kann, nicht allein mit in Überlegung zu nehmen, sondern diese Beurteilung von jener gänzlich zu unterscheiden und sie zur obersten Bedingung der letzteren zu machen". Wenn das praktische Gesetz unmittelbar den Willen bestimmt, so ist die ihm gemäße Handlung „an sich selbst gut"; „ein Wille, dessen Maxime jederzeit diesem Gesetze gemäß ist, ist schlechterdings, in aller Absicht gut und die oberste Bedingung alles Guten". Das Mittel zu einem Wohlfahrtszweck ist immer nur relativ gut. Der Begriff des G.en und Bösen geht also nicht (als Grundlage) dem moralischen Gesetze vorher, sondern muß „nach demselben und durch dasselbe" bestimmt werden, wenn es praktische Gesetze a priori geben soll. Nur ein formales Gesetz kann aber a priori ein Bestimmungsgrund der praktischen Vernunft sein, nicht ein Objekt (eine Materie) des Wollens, KpV 1. T. 1. B. 2. H. (II 76—84).

Die ursprünglichen Anlagen zum G.en in der menschlichen Natur sind: „1. Die Anlage für die Tierheit des Menschen als eines lebenden." Diese Anlagen machen zusammen die physische und bloß mechanische Selbstliebe aus, und zwar a) zur Erhaltung seiner selbst; b) zur Fortpflanzung seiner Art und Erhaltung derselben; c) „zur Gemeinschaft mit anderen Menschen" („Trieb zur Gesellschaft"). „2. Für die Menschheit desselben als eines lebenden und zugleich vernünftigen." Diese Anlagen bilden die physische, aber vergleichende Selbstliebe (mittelst der Vernunft), d. h. sich nur in Vergleichung mit anderen als glücklich oder unglücklich zu beurteilen. „3. Für seine Persönlichkeit als eines vernünftigen und zugleich der Zurechnung fähigen Wesens." Es ist dies „die Empfänglichkeit der Achtung für das moralische Gesetz als einer für sich hinreichenden Triebfeder der Willkür". Alle diese Anlagen sind „ursprünglich", Rel. 1. St. I. (IV 25 ff.); vgl. Laster. Es muß vorausgesetzt werden, daß „ein Keim des G.en" in seiner ganzen Reinheit auch im bösen Menschen übrig geblieben ist, der „nicht vertilgt oder verderbt werden" konnte. Das „ursprünglich G.e" ist „die Heiligkeit der Maximen in Befolgung seiner Pflicht". Der Mensch, der diese Reinheit der Gesinnung in seine Maxime aufnimmt, ist nicht selbst heilig, aber auf dem Wege, im unendlichen Fortschreiten dazu, ibid. 1. St. Allg. Anmerk. (IV 48 ff.). Vgl. Böse, Wert, Sollen, Fortschritt, Sittlichkeit, Moralität, Gesinnung, Pflicht, Christentum.

Guter Wille. „Es ist überall nichts in der Welt, ja überhaupt auch außer derselben zu denken möglich, was ohne Einschränkung für gut könnte gehalten werden, als allein ein guter Wille." Eigenschaften wie: Mäßigung in Affekten und Leidenschaften, Selbstbeherrschung u. a. sind zwar in vieler Hinsicht gut, aber nicht ohne Einschränkung; „denn ohne Grundsätze eines guten Willens können sie höchst böse werden". „Der gute Wille ist nicht durch das, was er bewirkt oder ausrichtet, nicht durch seine Tauglichkeit zu Erreichung irgendeines vorgesetzten Zweckes, sondern allein durch das Wollen, d. i. an sich gut und, für sich selbst betrachtet, ohne Vergleich weit höher zu schätzen als alles, was durch ihn zugunsten irgendeiner Neigung, ja, wenn man will, der Summe aller Neigungen, nur immer zustande gebracht werden könnte. Wenngleich durch eine besondere Ungunst des Schicksals, oder durch kärgliche Ausstattung einer stiefmütterlichen Natur es diesem Willen gänzlich an Vermögen fehlte, seine Absicht durchzusetzen; wenn bei seiner größten Bestrebung dennoch nichts von ihm ausgerichtet würde, und nur der gute Wille (freilich nicht etwa als ein bloßer Wunsch, sondern als die Aufbietung aller Mittel, soweit sie in unserer Gewalt sind) übrig bliebe: so würde er wie ein Juwel doch für sich selbst glänzen als etwas, das seinen vollen Wert in sich selbst hat. Die Nützlichkeit oder Fruchtlosigkeit kann diesem Werte weder etwas zusetzen noch abnehmen." Es liegt in der „Idee von dem absoluten Werte des bloßen Willens, ohne einigen Nutzen bei Schätzung desselben in Anschlag zu bringen" etwas Befremdliches. Wäre aber die Vernunft für die Glückseligkeit als Zweck bestimmt, dann hätte die Natur ihre Veranstaltung damit sehr schlecht getroffen, denn die Wahl der Zwecke und Mittel wäre dann weit besser dem Instinkte überlassen worden. Die Vernunft muß also zu einem viel würdigeren Zwecke bestimmt sein. „Denn da die Vernunft dazu nicht tauglich genug ist, um den Willen in Ansehung der Gegenstände derselben und der Befriedigung aller unserer Bedürfnisse (die sie zum Teil selbst vervielfältigt) sicher zu leiten, als zu welchem Zwecke ein eingepflanzter Naturinstinkt viel gewisser geführt haben würde, gleichwohl aber uns Vernunft als praktisches Vermögen, d. i. als ein solches, das Einfluß auf den Willen haben soll, dennoch zugeteilt ist: so muß die wahre Bestimmung derselben sein, einen nicht etwa in anderer Absicht als Mittel, sondern an sich selbst guten Willen hervorzubringen, wozu schlechterdings Vernunft nötig war, wo anders die Natur überall in Austeilung ihrer Anlagen zweckmäßig zu Werke gegangen ist." „Dieser Wille darf also nicht das einzige und das ganze, aber er muß doch das höchste Gut und zu allem übrigen, selbst allem Verlangen nach Glückseligkeit, die Bedingung sein"; die „Gründung eines guten Willens" ist ein Zweck, den nur die Vernunft bestimmt und dessen Erfüllung eine eigene „Zufriedenheit" gewährt. Der Begriff der Pflicht (s. d.) enthält den Begriff eines „an sich selbst hochzuschätzenden und ohne weitere Absicht guten Willens, sowie er schon dem natürlichen gesunden Verstande beiwohnt", GMS 1. Abs. (III 10—14). „Der Wille ist schlechterdings gut, der nicht böse sein, mithin dessen Maxime, wenn sie zu einem allgemeinen Gesetze gemacht wird, sich selbst niemals widerstreiten kann", ibid. 2. Abs. (III 63); vgl. Imperativ, Gut. „Der Wille, dessen Maximen notwendig mit den Gesetzen der Autonomie zusammenstimmen, ist ein heiliger, schlechterdings guter Wille." Der gute Wille ist in der Idee der „eigentliche Gegenstand der Achtung", ibid. (III 66 f.); vgl. Autonomie. Ein schlechterdings guter Wille ist derjenige, „dessen Maxime jederzeit sich selbst, als allgemeines Gesetz betrachtet, in sich enthalten kann", ibid. 3. Abs. Begriff der Freiheit (III 75).

Gut, höchstes. Glückseligkeit (s. d.) allein ist für unsere Vernunft „bei weitem nicht das vollständige Gut". Ebenso ist Sittlichkeit (s. d.) allein und mit ihr die Würdigkeit, glücklich zu sein, „noch lange nicht das vollständige Gut". „Um dieses zu vollenden, muß der, so sich als der Glückseligkeit nicht unwert verhalten hatte, hoffen können, ihrer teilhaftig zu werden. Selbst die von aller Privatabsicht freie Vernunft, wenn sie, ohne dabei ein eigenes Interesse in Betracht zu ziehen, sich an die Stelle eines Wesens setzte, das alle Glückseligkeit anderen auszuteilen hätte, kann nicht anders urteilen; denn in der praktischen Idee sind beide Stücke wesentlich verbunden..." „Glückseligkeit also, in dem genauen Ebenmaße mit der Sittlichkeit der vernünftigen Wesen, dadurch sie derselben würdig sind, macht allein das höchste Gut einer Welt aus, darein wir uns nach den Vorschriften der reinen, aber praktischen Vernunft durchaus versetzen müssen, und welche freilich nur eine intelligible Welt ist, da die Sinnenwelt uns von der Natur der Dinge dergleichen systematische Einheit der Zwecke nicht verheißt, deren Realität auch auf nichts anderes gegründet werden kann als auf die Voraussetzung eines höchsten ursprünglichen Guts..." Das „abgeleitete" höchste Gut führt auf das Ideal eines solchen ursprünglichen höchsten Guts, auf die Idee Gottes (s. d.) als einer nach moralischen Gesetzen gebietenden und waltenden Intelligenz. Das „Ideal des höchsten Guts" ist „die Idee einer solchen Intelligenz, in welcher der moralisch vollkommenste Wille, mit der höchsten Seligkeit verbunden, die Ursache aller Glückseligkeit in der Welt ist, sofern sie mit der Sittlichkeit (als der Würdigkeit glücklich zu sein) in genauem Verhältnisse steht", KrV tr. Meth. 2. H. 2. Abs. (I 670 ff.—Rc 823 ff.).

Das höchste Gut ist der „ganze Gegenstand einer reinen praktischen Vernunft, d. i. eines reinen Willens", aber nicht der „Bestimmungsgrund" desselben, als welcher bloß das moralische Gesetz gelten kann, KpV 1. T. 2. B. 1. H. (II 141). „Der Begriff des Höchsten enthält schon eine Zweideutigkeit ... Das Höchste kann das Oberste (supremum) oder auch das Vollendete (consummatum) bedeuten. Das erstere ist diejenige Bedingung, die selbst unbedingt, d. i. keiner anderen untergeordnet ist (originarium); das zweite dasjenige Ganze, das kein Teil eines noch größeren Ganzen von derselben Art ist er[illegible] Daß Tugend (als [illegible] Würdigkeit, glücklich zu sein) die oberste Bedingung alles dessen, was uns nur wünsch[illegible]wert scheinen mag, mithin auch aller unserer Bewerbung um Glückseligkeit, mithin das oberste Gut sei, ist in der Analytik bewiesen worden. Darum ist sie aber noch nicht das ganze und vollendete Gut ...; denn um das zu sein, wird auch Glückseligkeit dazu erfordert." „Denn der Glückseligkeit bedürftig, ihrer auch würdig, dennoch aber derselben nicht teilhaftig zu sein, kann mit dem vollkommenen Wollen eines vernünftigen Wesens, welches zugleich alle Gewalt hätte, wenn wir uns auch nur ein solches zum Versuche denken, gar nicht zusammen bestehen." „Sofern nun Tugend und Glückseligkeit zusammen den Besitz des höchsten Guts in einer Person, hierbei aber auch Glückseligkeit, ganz genau in Proportion der Sittlichkeit (als Wert der Person und deren Würdigkeit, glücklich zu sein) ausgeteilt, das höchste Gut einer möglichen Welt ausmachen: so bedeutet dieses das Ganze, das vollendete Gute, worin doch Tugend immer als Bedingung das oberste Gut ist, weil es weiter keine Bedingung über sich hat..." „Wie ist das höchste Gut möglich?" „Es ist a priori (moralisch) notwendig, das höchste Gut durch Freiheit des Willens hervorzubringen; es muß also auch die Bedingung der Möglichkeit desselben lediglich auf Erkenntnisgründen a priori beruhen", ibid. 2. H. (II 145). Im Begriffe des höchsten Gutes werden Tugend und Glückseligkeit als „notwendig verbunden" gedacht, und zwar „synthetisch", als Verknüpfung von Ursache und Wirkung. „Es muß also entweder die Begierde nach Glückseligkeit die Bewegursache zu Maximen der Tugend, oder die Maxime der Tugend muß die wirkende Ursache der Glückseligkeit sein. Das erste ist schlechterdings unmöglich; weil ... Maximen, die den Bestimmungsgrund des Willens in dem Verlangen nach seiner Glückseligkeit setzen, gar nicht moralisch sind und keine Tugend gründen können. Das zweite ist aber auch unmöglich, weil alle praktische Verknüpfung der Ursachen und der Wirkungen in der Welt, als Erfolg der Willensbestimmung, sich nicht nach moralischen Gesinnungen des Willens, sondern der Kenntnis der Naturgesetze und dem physischen Vermögen, sie zu seinen Absichten zu gebrauchen, richtet, folglich keine notwendige und zum höchsten Gut zureichende Verknüpfung der Glückseligkeit mit der Tugend in der Welt durch die pünktlichste Beobachtung der moralischen Gesetze erwartet werden kann", ibid. 2. H. I. (II 145 f.). Diese „Antinomie der praktischen Vernunft" ist (wie die der theoretischen) durch die Unterscheidung von Erscheinung und Ding an sich (Noumenon) zu beheben. „Der erste von den zwei Sätzen ... ist schlechterdings falsch; der zweite aber, daß Tugendgesinnung notwendig Glückseligkeit hervorbringe, ist nicht schlechterdings, sondern nur, sofern sie als die Form der Kausalität in der Sinnenwelt betrachtet wird, und mithin, wenn ich das Dasein in derselben für die einzige Art der Existenz des vernünftigen Wesens annehme, also nur bedingterweise falsch." „Da ich aber nicht allein befugt bin, mein Dasein auch als Noumenon in einer Verstandeswelt zu denken, sondern sogar am moralischen Gesetze einen rein intellektuellen Bestimmungsgrund meiner Kausalität (in der Sinnenwelt) habe, so ist es nicht unmöglich, daß die Sittlichkeit der Gesinnung einen wo nicht unmittelbaren, so doch mittelbaren (vermittels eines intelligiblen Urhebers der Natur), und zwar notwendigen Zusammenhang als Ursache mit der Glückseligkeit als Wirkung in der Sinnenwelt habe ..." Also ist das höchste Gut, der notwendige höchste Zweck eines moralisch bestimmten Willens, ein wahres Objekt der praktischen Vernunft, ibid. II (II 146 ff.). In diesem ist die völlige Angemessenheit der Gesinnungen zum moralischen Gesetze die oberste Bedingung des höchsten Gutes, d. h. Heiligkeit (s. d.). Diese kann von einem endlichen Wesen nur in einem ins Unendliche gehenden Progreß erreicht werden, und dies zwingt zur Annahme der Unsterblichkeit (s. d.). Ebenso erfordert die Harmonie zwischen Sittlichkeit und Glückseligkeit die Annahme Gottes (s. d.), kurz, der Begriff des höchsten Gutes führt zu „Postulaten" (s. d.) der reinen praktischen Vernunft, ibid. IV—VI (II 156 ff.).

Der „Endzweck der reinen praktischen Vernunft" ist „das höchste Gut, sofern es in der Welt möglich ist, welches aber nicht bloß in dem, was Natur verschaffen kann, nämlich der Glückseligkeit (die größeste Summe der Lust), sondern was das höchste Erfordernis, nämlich die Bedingung ist, unter der allein die Vernunft sie den vernünftigen Weltwesen zuerkennen kann, nämlich zugleich im sittlich-gesetzmäßigsten Verhalten derselben zu suchen ist", Fortschr. d. Metaph. 2. Abt. 3. Stadium (V 3, 124). Die Möglichkeit des in der Welt zu befördernden höchsten Gutes wird ergänzt „durch die Ideen von Gott, Unsterblichkeit und das von der Sittlichkeit selbst diktierte Vertrauen zum Gelingen dieser Absicht". So wird diesem Begriffe des höchsten Gutes „objektive, aber praktische Realität" verschafft, ibid. Auflösung der Aufgabe I. (V 3, 131). Der Begriff der Pflicht hat keinen besonderen Zweck zur Grundlage, sondern setzt selbst dem Willen einen anderen Zweck, nämlich „auf das höchste in der Welt mögliche Gut (die im Weltganzen mit der reinsten Sittlichkeit auch verbundene allgemeine, jener gemäße Glückseligkeit) nach allem Vermögen hinzuwirken: welches, da es zwar von einer, aber nicht von beiden Seiten zusammengenommen, in unserer Gewalt ist, der Vernunft den Glauben an einen moralischen Weltherrscher und an ein künftiges Leben in praktischer Absicht abnötigt. Nicht als ob nur unter der Voraussetzung beider der allgemeine Pflichtbegriff allererst ‚Halt und Festigkeit‘, d. i. einen sicheren Grund und die erforderliche Stärke einer Triebfeder, sondern damit er nur an jenem Ideal der reinen Vernunft auch ein Objekt bekomme.“ — „Das Bedürfnis, ein höchstes, auch durch unsere Mitwirkung mögliches Gut in der Welt als den Endzweck aller Dinge anzunehmen, ist nicht ein Bedürfnis aus Mangel an moralischen Triebfedern, sondern an äußeren Verhältnissen, in denen allein diesen Triebfedern gemäß ein Objekt als Zweck an sich selbst (als moralischer Endzweck) hervorgebracht werden kann.“ „Beim Menschen ist daher die Triebfeder, welche in der Idee des höchsten durch seine Mitwirkung in der Welt möglichen Guts liegt, auch nicht die eigene dabei beabsichtigte Glückseligkeit, sondern nur diese Idee als Zweck an sich selbst, mithin ihre Verfolgung als Pflicht. Denn sie enthält nicht Aussicht in Glückseligkeit schlechthin, sondern nur einer Proportion zwischen ihr und der Würdigkeit des Subjekts, welches es auch sei. Eine Willensbestimmung aber, die sich selbst und ihre Absicht, zu einem solchen Ganzen zu gehören, auf diese Bedingung einschränkt, ist nicht eigennützig.“ „Bei der Frage vom Prinzip der Moral kann also die Lehre vom höchsten Gut ... ganz übergangen und beiseite gesetzt werden“, Theor. Prax. I u. 3. Anm. (VI 74—76). Vgl. Unsterblichkeit, Gott, Postulate, Glückseligkeit, Endzweck.

Gut, physisches und moralisches. „Die beiden Arten des G.es, das physische und moralische, können nicht zusammengemischt werden; denn so würden sie sich neutralisieren und zum Zweck der wahren Glückseligkeit gar nicht hinwirken; sondern Neigung zum Wohlleben und Tugend im Kampfe miteinander, und Einschränkung des Prinzips der ersteren durch das der letzteren machen zusammenstoßend den ganzen Zweck des wohlgearteten, einem Teil nach sinnlichen, dem anderen aber moralisch intellektuellen Menschen aus.“ „Die Denkungsart der Vereinigung des Wohllebens mit der Tugend im Umgange ist die Humanität“, Anthr. 1. T. § 88 (IV 217 f.). Vgl. Sittlichkeit, Wille.

H.

Handlung. „H.“ bedeutet auch die (innere) H. des Verstandes, den logischen „Akt“ („Aktus“) des Denkens (vgl. Funktion, Urteil, Synthese), KrV tr. Anal. 1. B. 1. H. 1. Abs. (I 120 f.—Rc 139 f.) u. ö. Vgl. Substanz, Funktion, Denken, Prädikabilien, Tat, Wille, Freiheit, Böse, Imperativ.

Hang. „Unter einem H.e (propensio) verstehe ich den subjektiven Grund der Möglichkeit einer Neigung (habituellen Begierde, concupiscentia), sofern sie für die Menschheit überhaupt zufällig ist. Er unterscheidet sich darin von einer Anlage, daß er zwar angeboren sein kann, aber doch nicht als solcher vorgestellt werden darf, sondern auch (wenn er gut ist) als erworben oder (wenn er böse ist) als von dem Menschen selbst sich zugezogen gedacht werden kann.“ „H. ist eigentlich nur die Prädisposition zum Begehren eines Genusses, der, wenn das Subjekt die Erfahrung davon gemacht haben wird, Neigung dazu hervorbringt“, Rel. 1. St. II (IV 28 f.); vgl. Böse. „Aller H. ist entweder physisch, d. i. er gehört zur Willkür des Menschen als Naturwesens; oder er ist moralisch, d. i. zur Willkür desselben als moralischen Wesens gehörig.“ Unter dem Begriff eines H.es versteht man „einen subjektiven Bestimmungsgrund der Willkür, der vor jeder Tat vorhergeht, mithin selbst noch nicht Tat ist“, ibid. (IV 31). „Die subjektive Möglichkeit der Entstehung einer gewissen Begierde, die vor der Vorstellung ihres Gegenstandes vorhergeht, ist der H. (propensio)“, Anthr. 1. T. § 80 (IV 202). Vgl. Neigung, Böse.

Harmonie. Die Dinge stehen miteinander in H., weil ihre Eigenschaften und Gesetze im göttlichen Geist ihre gemeinsame Quelle haben, „dessen weise Idee sie in durchgängigen Beziehungen entworfen, und ihnen diejenige Fähigkeit eingefplanzet hat, dadurch sie lauter Schönheit, lauter Ordnung, in dem ihnen selbst gelassenen Zustande ihrer Wirksamkeit hervorbringen", Th. des Himmels 2. T. 8. H. (VII 145 f.). Die Dinge haben „wesentliche Verwandtschaften", durch die sie einander zweckmäßig unterstützen, indem die Naturen der Dinge „in dem Felde der ewigen Wahrheiten schon untereinander, sozusagen, ein System ausmachen, in welchem eine auf die andere beziehend ist". Die „ewige H." bezieht alle Glieder der Natur aufeinander, ibid. 3. T. (VII 182 f.). Gegen die prästabilierte H. ist einzuwenden, daß (s. Veränderung) die menschliche Seele, wenn sie aus der Verbindung mit den äußeren Dingen losgelöst wird, völlig unfähig ist, ihren inneren Zustand zu verändern, N. diluc. Propos. 12 Usus (V 1, 44 f.). „Da ein gegenseitiger Verkehr aller in demselben Raume befindlichen Substanzen besteht, so wird daraus die gegenseitige Abhängigkeit in den Bestimmungen und die allgemeine Wirksamkeit der Geister auf die Körper und der Körper auf die Geister verständlich." Da die Substanzen einander nur vermöge der Verbindung bestimmen, mit der sie in der Vorstellung des unendlichen Wesens (Gottes) vereint sind, so beziehen sich alle Bestimmungen und Veränderungen an jeder immer auf Äußeres. Der sogen. „physische Einfluß" (s. d.) ist aber ausgeschlossen, und es besteht eine „allgemeine H. der Dinge". „Allein daraus geht nicht jene im voraus bestimmte des Leibniz hervor, welche eigentlich eine Übereinstimmung und nicht eine gegenseitige Abhängigkeit der Substanzen einführt, denn Gott bedient sich zur Bewirkung der Übereinstimmung der Substanzen nicht jener künstlichen Mittel, welche nach einer Reihe zusammenstimmender Gründe passend hergerichtet sind; und ferner ist Gottes Einfluß nicht immer ein besonderer, d. h. es wird hier nicht die Einwirkung der Substanzen durch die gelegentlichen Ursachen Malebranches angenommen; denn dieselbe individuelle Tätigkeit, welche die Substanzen zum Dasein bringt und darin erhält, bewirkt auch ihre gegenseitige und allgemeine Abhängigkeit, so daß es für das göttliche Handeln nicht nötig ist, sich nach den Umständen bald so, bald anders bestimmen zu lassen", ibid. Propos. 13 Usus (V 1, 50 f.). Vgl. Reflexionsbegriffe, Präformation, Wechselwirkung, Einfluß.

Harmonisch. Das Geschmacksurteil (s. d.) und die mit ihm verbundene ästhetische Lust (s. d.) sind begründet auf einer „h.en (subjektiv-zweckmäßigen) Beschäftigung" von Einbildungskraft (s. d.) und Verstand, einer „Proportion dieser Erkenntnisvermögen", auf ihrem h.en Spiel, KU § 39 (II 143); vgl. Erste Einl. zur KU VIII (Ausgabe E. Cassirer-Buek V 204). Vgl. Spiel, Urteilskraft, Zweck.

Häßlich. Die schöne Kunst zeigt darin ihre Vorzüglichkeit, „daß sie Dinge, die in der Natur häßlich oder mißfällig sein würden, schön beschreibt". Nur eine Art Häßlichkeit kann nicht künstlerisch dargestellt werden, das Ekelhafte. Ferner hat die Bildhauerkunst, „weil an ihren Produkten die Kunst mit der Natur beinahe verwechselt wird", die unmittelbare Vorstellung häßlicher Gegenstände von ihren Bildungen ausgeschlossen, KU § 48 (II 165 f.). Häßlichkeit „soll man keinem Gesichte vorrücken, wenn es nur in seinen Zügen nicht den Ausdruck eines durch Laster verdorbenen Gemüts oder auch einen natürlichen, aber unglücklichen Hang dazu verrät", Anthr. 2. T. A. III Physiognomik A (IV 243 f.).

Heautonomie s. Gesetz, Urteilskraft, Autonomie.

Heer. Stehende H.e sollen mit der Zeit aufhören, denn sie bedrohen andere Staaten unaufhörlich mit Krieg; durch die Bereitschaft dazu reizen sie zu Angriffskriegen. „Ganz anders ist es mit der freiwilligen periodisch vorgenommenen Übung der Staatsbürger in Waffen bewandt", Z. ew. Fried. 1. Abs. 3 (VI 119 f.). Vgl. Friede.

Heiligkeit. Ein „heiliger", schlechterdings guter Wille ist der Wille, „dessen Maximen notwendig mit den Gesetzen der Autonomie zusammenstimmen", GMS 2. Abs. (III 66). Ein solcher Wille bedarf keiner Gebote, keiner Imperative, ibid. (III 35). Die „Menschheit" (s. d.) in unserer Person ist heilig, KpV 1. T. 2. B. 2. H. V (II 168). H. ist die „völlige Angemessenheit des Willens ... zum moralischen Gesetze". Sie ist eine Vollkommenheit, deren kein vernünftiges Wesen der Sinnenwelt in einem Zeitpunkt seines Daseins fähig ist. Da sie aber „gefordert“ wird, so kann sie nur in einem ins Unendliche gehenden Progreß erreicht werden, und dies führt zum Postulat der Unsterblichkeit (s. d.), ibid. IV (II 156 ff.). H. ist das Ziel, nach dem die Menschen streben sollen; die Nächstenliebe des Christentums (s. d.) gehört zu den Vorschriften der H., Rel. 4. St. 1. T. 1. Abs. (IV 186 f.). Das Sittengesetz selbst ist heilig, ibid. 2. T. § 3, 4. Anm. (IV 216). Das „ursprünglich Gute“ ist die H. der Maximen in Befolgung seiner Pflicht, ibid. 1. St. Allg. Anmerk. (IV 50 ff.); vgl. Böse. Ein „heiliger“ Wille wäre ein solcher, „der keiner dem moralischen Gesetze widerstreitenden Maximen fähig wäre“. Diese H. des Willens ist „eine praktische Idee, welche notwendig zum Urbilde dienen muß, welchem sich ins Unendliche zu nähern das einzige ist, was allen endlichen vernünftigen Wesen zusteht, und welche das reine Sittengesetz, das darum selbst heilig heißt, ihnen beständig und richtig vor Augen hält, von welchem ins Unendliche gehenden Progressus seiner Maximen und Unwandelbarkeit derselben zum beständigen Fortschreiten sicher zu sein: d. i. Tugend, das Höchste ist, was endliche praktische Vernunft bewirken kann, die selbst wiederum wenigstens als natürlich erworbenes Vermögen nie vollendet sein kann...“, KpV 1. T. 1. B. 1. H. § 7 (II 42 f.). Das moralische Gesetz ist für den Willen eines allervollkommensten Wesens ein „Gesetz der H.“, für den Willen endlicher Wesen ein „Gesetz der Pflicht“, ibid. 3. H. (II 106). Vgl. Liebe, Pflicht, Menschheit, Gott.

Herz. Das „gute oder böse H.“ ist „die aus dem natürlichen Hange entspringende Fähigkeit oder Unfähigkeit der Willkür, das moralische Gesetz in seine Maxime aufzunehmen oder nicht“. Es gibt drei Stufen desselben: die Gebrechlichkeit, Unlauterkeit und Bösartigkeit der menschlichen Natur, Rel. 1. St. II (IV 29); vgl. Böse. Das Temperament der Tugend (s. d.) ist ein „fröhliches H.“. „Der Mensch hat ein gut Gemüt, bedeutet: er ist nicht störrisch, sondern nachgebend; er wird zwar aufgebracht, aber leicht besänftigt und hegt keinen Groll (ist negativ gut). — Dagegen, um von ihm sagen zu können: ‚Er hat ein gut Herz‘, ob dieses zwar auch zur Sinnesart gehört, will schon mehr sagen. Es ist ein Antrieb zum Praktisch-Guten, wenn es gleich nicht nach Grundsätzen verübt wird“, Anthr. 2. T. A. I (IV 227). Vgl. Naturell, Gesinnung, Gott (als „Herzenskündiger“), Reich der Tugend, Christentum.

Heteronomie s. Autonomie.

Heuchelei. Die „bloß als Mittel zu Erwerbung der Gunst eines anderen (wer es auch sei) ausgesonnene Herabsetzung seines eigenen moralischen Werts“ (H. und Schmeichelei) ist falsche, erlogene Demut, entwürdigt die Persönlichkeit, MST § 11 (III 287). Vgl. Religion, Pietismus, Demut.

Heuristisch s. Fiktion, Regulativ, Idee, Erfindung, Zweck.

Himmel. Der H. ist, als Vernunftidee, der „Sitz der Seligkeit“, die „Gemeinschaft mit allem Guten“, das „Reich des Lichtes“, Rel. 3. St. 2. Abt. 1. Anm. (IV 148); vgl. 2. St. 2. Abs. (IV 88 ff.). „Es ist eine Eigentümlichkeit der christlichen Moral: das Sittlich-Gute vom Sittlich-Bösen nicht wie den H. von der Erde, sondern wie den H. von der Hölle unterschieden vorzustellen; eine Vorstellung, die zwar bildlich und als solche empörend, nichtsdestoweniger aber ihrem Sinn nach philosophisch richtig ist. — Sie dient nämlich dazu zu verhüten: daß das Gute und Böse, das Reich des Lichtes und das Reich der Finsternis, nicht als aneinander angrenzend und durch allmähliche Stufen (der größeren und minderen Helligkeit) sich ineinander verlierend gedacht, sondern durch eine unermeßliche Kluft voneinander getrennt vorgestellt werde“, ibid. 2. St. V. d. Kampf des guten Prinzips .. 3. Anm. (IV 64). Vgl. Intelligible Welt.

Himmel über mir (und moralisches Gesetz in mir). „Zwei Dinge erfüllen das Gemüt mit immer neuer und zunehmender Bewunderung und Ehrfurcht, je öfter und anhaltender sich das Nachdenken damit beschäftigt: der bestirnte Himmel über mir und das moralische Gesetz in mir." Beide verknüpfe ich mit dem Bewußtsein meiner Existenz. „Das erste fängt von dem Platze an, den ich in der äußeren Sinnenwelt einnehme, und erweitert die Verknüpfung, darin ich stehe, ins unabsehlich Große mit Welten über Welten und Systemen von Systemen, überdem noch in grenzenlose Zeiten ihrer periodischen Bewegung, deren Anfang und Fortdauer. Das zweite fängt von meinem unsichtbaren Selbst, meiner Persönlichkeit an und stellt mich in einer Welt dar, die wahre Unendlichkeit hat, aber nur dem Verstande spürbar ist, und mit welcher (dadurch aber auch zugleich mit allen jenen sichtbaren Welten) ich mich nicht wie dort in bloß zufälliger, sondern allgemeiner und notwendiger Verknüpfung erkenne. Der erstere Anblick einer zahllosen Weltenmenge vernichtet gleichsam meine Wichtigkeit als eines tierischen Geschöpfs, das die Materie, daraus es ward, dem Planeten (einem bloßen Punkt im Weltall) wieder zurückgeben muß, nachdem es eine kurze Zeit (man weiß nicht wie) mit Lebenskraft versehen gewesen. Der zweite erhebt dagegen meinen Wert als einer Intelligenz unendlich durch meine Persönlichkeit, in welcher das moralische Gesetz mir ein von der Tierheit und selbst von der ganzen Sinnenwelt unabhängiges Leben offenbart", KpV Beschluß (II 205.).

Historisch. Die „historische" Erkenntnis ist „cognitio ex datis". „Eine Erkenntnis mag ursprünglich gegeben sein, woher sie wolle, so ist sie doch bei dem, der sie besitzt, h., wenn er nur in dem Grade und so viel erkennt, als ihm anderwärts gegeben worden . . ." (z. B. die Kenntnis eines erlernten philosophischen Systems). Diese Erkenntnis entspringt nicht aus der Vernunft; obgleich sie, objektiv, eine Vernunfterkenntnis war, ist sie, subjektiv, bloß h., KrV tr. Meth. 3. H. (I 688f.—Rc 843f.). Vgl. Geschichte, Gelehrsamkeit, Glaube, Religion.

Hochmut ist eine verfehlte, ihrem eigenen Zweck entgegenhandelnde Ehrbegierde, Anthr. 1. T § 85 (IV 212).

Hoffnung s. Glückseligkeit. Vgl. Anthr. 1. T. § 76 (IV 188).

Hölle ist, der Vernunftidee nach, das „Reich der Finsternis", das Böse, durch eine unermeßliche Kluft vom „Himmel" (s. d.) getrennt, Rel. 2. St. V. d. Kampf des guten Prinzips . . 3. Anm. (IV 64). Besser als der Glaube an Höllenstrafen ist die Unterweisung des Menschen, „aus seinem bisherigen sittlichen Zustande sich einen Begriff vom künftigen zu machen und darauf als die natürlich vorherzusehenden Folgen desselben selbst zu schließen", ibid. 2. St. 1. Abs. 3. Anm. (IV 77).

Homogenität. Das „Prinzip der H." der Formen ist ein „Prinzip der Gleichartigkeit des Mannigfaltigen unter höheren Gattungen". Von verschiedenen Gattungen (s. d.) ist zu den höheren und schließlich zur höchsten Gattung (hypothetisch) vorzudringen. Es gibt hiernach nicht „verschiedene ursprüngliche und erste Gattungen, die gleichsam isoliert und voneinander durch einen leeren Zwischenraum getrennt wären, sondern alle mannigfaltigen Gattungen sind nur Abteilungen einer einzigen obersten und allgemeinen Gattung". Es ist das eins der Prinzipien der systematischen Einheit (s. d.) des Verstandesgebrauchs, eine „regulative Maxime" der Vernunft, KrV Anh. z. tr. Dial. V. d. regulativen Gebrauch . . (I 559 f.—Rc 702 f.). Vgl. Einheit.

Humanität. H. bedeutet einerseits „das allgemeine Teilnehmungsgefühl", andererseits „das Vermögen, sich innigst und allgemein mitteilen zu können". Beide Eigenschaften zusammen machen „die der Menschheit angemessene Geselligkeit . . . wodurch sie sich von der tierischen Eingeschränktheit unterscheidet", KU § 60 (II 216). — H. ist „die Denkungsart der Vereinigung des Wohllebens mit der Tugend im Umgange", Anthr. 1. T. § 88 (IV 218). „Einen Teil der Philologie machen die Humaniera aus, worunter man die Kenntnis der Alten versteht, welche die Vereinigung der Wissenschaft mit **Geschmack** befördert, die Rauhigkeit abschleift und die Kommunikabilität und Urbanität, worin H. besteht, befördert", Log. Einl. VI (IV 50). „H. ist wechselseitiges Wohlwollen mit gegenseitiger Achtung verbunden", Lose Bl. E 21. Ästhetische H. ist Urbanität, Geschliffenheit; moralische H. ist „der Sinn für das Gute in Gemeinschaft mit anderen überhaupt", ibid. E 37. Vgl. Menschheit, Imperativ, Kultur, Liebe, Mitleid.

Hylozoismus. Die Möglichkeit einer lebenden Materie, „deren Begriff einen Widerspruch enthält, weil Leblosigkeit, inertia, den wesentlichen Charakter derselben ausmacht", läßt sich nicht einmal denken. Man begeht einen Zirkel, wenn man „die Zweckmäßigkeit der Natur an organisierten Wesen aus dem Leben der Materie ableiten will", KU § 73 (II 258 f.). Das Leben (s. d.) ist keine Eigenschaft der Materie als solcher; der H. ist der Tod aller Naturphilosophie (vgl. Technik, Organismus, Zweck).

Hyperphysik. „H." ist „eine Theorie von der **Natur** des Übersinnlichen". Eine solche ist nicht möglich, V. e. vorn. Ton 4. Anm. (V 4, 16). Vgl. Dialektik, Gebrauch. Hyperphysische Erklärungen sind gegen die Bestimmung der Vernunft, Prol. § 58 (III 132). Vgl. Metaphysik, Hypothese (transzendentale).

Hypothese. Metaphysische „Erdichtungen" haben nicht einmal den Wert naturwissenschaftlicher H.n, „bei welchen man keine Grundkräfte ersinnt, sondern diejenigen, welche man durch Erfahrung schon kennt, nur auf eine den Erscheinungen angemessene Art verbindet, und deren Möglichkeit sich also jederzeit muß können beweisen lassen". Bei den metaphysischen H.n hingegen werden „neue Fundamentalverhältnise von Ursache und Wirkung" angenommen, „in welchen man niemals den mindesten Begriff ihrer Möglichkeit haben kann, und also nur schöpferisch oder chimärisch, wie man es nennen will, dichtet". „Die Begreiflichkeit verschiedener wahren oder angeblichen Erscheinungen aus dergleichen angenommenen Grundideen dient diesen zu gar keinem Vorteile. Denn man kann leicht von allem Grund angeben, wenn man berechtigt ist, Tätigkeiten und Wirkungsgesetze zu ersinnen, wie man will", Träume 2. T. 3. H. (V 2, 67).

Das Kriterium einer H. ist „die Verständlichkeit des angenommenen **Erklärungsgrundes** oder dessen **Einheit** (ohne Hilfshypothese), die **Wahrheit** (Übereinstimmung unter sich selbst und mit der Erfahrung der daraus abzuleitenden Folgen), und endlich die **Vollständigkeit** des Erklärungsgrundes zu ihnen, die auf nichts mehr noch weniger zurückweisen, als in der H. angenommen worden. und das, was a priori synthetisch gedacht war, a posteriori analytisch wieder liefern und dazu zusammenstimmen", KrV tr. Anal. § 12 (I 137—Rc 157). Ist die **Möglichkeit** des Gegenstandes gewiß, dann ist es erlaubt, „wegen der Wirklichkeit desselben zur Meinung seine Zuflucht zu nehmen, die aber, um nicht grundlos zu sein, mit dem, was wirklich gegeben und folglich gewiß ist, als Erklärungsgrund in Verknüpfung gebracht werden muß und alsdann **Hypothese** heißt". Erforderlich ist auch die „Zulänglichkeit" der H., „um daraus a priori die Folgen, welche gegeben sind, zu bestimmen". „Hilfeleistende" H.n geben leicht den Verdacht einer bloßen Erdichtung, weil jede derselben an sich dieselbe Rechtfertigung bedarf, ibid. tr. Meth. 1. H. 3. Abs. (I 641, 644—Rc 790, 793 f.). „Eine H. ist ein Fürwahrhalten des Urteiles von der Wahrheit eines Grundes um der Zulänglichkeit der Folgen willen, oder kürzer: das Fürwahrhalten einer Voraussetzung als Grund." „Alles Fürwahrhalten in H.n gründet sich demnach darauf, daß die Voraussetzung, als Grund, hinreichend ist, andere Erkenntnisse, als Folgen, daraus zu erklären. Denn wir schließen hier von der Wahrheit der Folge auf die Wahrheit des Grundes." Da wir aber nie alle möglichen Folgen bestimmen können, die zur apodiktischen Gewißheit des Grundes notwendig wären, so müssen H.n immer H.n bleiben, d. h. „Voraussetzungen, zu deren völliger Gewißheit wir nie gelangen können". „Dessenungeachtet kann die Wahrscheinlichkeit einer H. doch wachsen und zu einem **Analogon** der Gewißheit sich erheben, wenn nämlich alle Folgen, **die uns bis jetzt vorgekommen sind**, aus dem vorausgesetzten Grunde sich erklären lassen. Denn in einem solchen Falle ist kein Grund da, warum wir nicht annehmen sollten, daß sich daraus alle möglichen Folgen werden erklären lassen.

Wir ergeben uns also in diesem Falle der H., als wäre sie völlig gewiß, obgleich sie es nur durch Induktion ist." In jeder H. muß apodiktisch gewiß sein 1. die Möglichkeit der Voraussetzung selbst, 2. die Konsequenz („aus dem angenommenen Grunde müssen die Folgen richtig herfließen, sonst wird aus der H. eine bloße Chimäre"), 3. die Einheit (ohne Hilfshypothesen). „Es gibt Wissenschaften, die keine H.n erlauben, wie z. B. die Mathematik und Metaphysik. Aber in der Naturlehre sind sie nützlich und unentbehrlich", Log. Einl. X (IV 94 f.). Vgl. Wahrscheinlichkeit, Annahme, Glaube, Metaphysik, Idee Als ob.

Hypothesen, transzendentale. Über Gegenstände, die jenseits möglicher Erfahrung liegen (intelligible Objekte), lassen sich — in theoretischer Hinsicht — keine erlaubten H.n aufstellen, zu deren Rechtfertigung immer erst die Gewißheit der Möglichkeit des Gegenstandes selbst gehört. Es ist also der Vernunft nicht erlaubt, sich neue ursprüngliche Kräfte zu erdenken (z. B. einen anschauenden Verstand) u. dgl. Solche Begriffe würden zwar „ohne Widerspruch, dennoch auch ohne Gegenstand", also „leere Hirngespinste" sein. Die „Ideen" (s. d.), kritisch bestimmt, enthalten keine theoretischen (spekulativen) Annahmen, sondern lassen uns nur Objekte in gewisser Weise denken (z. B. die Seele als einfache Substanz), nur um eine vollständige Einheit als Prinzip unserer Beurteilung der Erscheinungen zugrunde zu legen. Zur Erklärung gegebener Erscheinungen können nur andere Natur-Erscheinungen benutzt werden. „Eine transzendentale H., bei der eine bloße Idee der Vernunft zur Erklärung der Naturdinge gebraucht würde, würde daher keine Erklärung sein, indem das, was man aus bekannten empirischen Prinzipien nicht hinreichend versteht, durch etwas erklärt werden würde, davon man gar nichts versteht." So z. B. muß man Ordnung und Zweckmäßigkeit in der Natur wiederum „aus Naturgründen und nach Naturgesetzen" erklären, und hier sind „selbst die wildesten Hypothesen, wenn sie nur physisch sind", erträglicher als eine „hyperphysische", d. h. die Berufung auf einen ad hoc vorausgesetzten Urheber. Durch solche transzendentale H.n schneidet man den ganzen Fortgang des Vernunftgebrauchs ab, KrV tr. Meth. 1. H. 3. Abs. (I 641 ff.—Rc 790 ff.). Zulässig sind solche H.n nicht im „dogmatischen", nur im „polemischen Gebrauch", d. h. nicht als ernst zu nehmende positive Annahmen, sondern als Möglichkeiten, die man den „Scheineinsichten" der Gegner als mindestens gleichberechtigt entgegensetzt, zur Abwehr der Anmaßungen dieser, also nur als „Kriegswaffen", um das Recht der praktischen Interessen der Vernunft zu verteidigen (vgl. Postulat) — auch gegen den Gegner in uns selbst. Solch eine H. ist nur ein „zur Gegenwehr ausgedachter Begriff", den man verläßt, sobald man damit den dogmatischen Eigendünkel des Gegners abgefertigt hat. Diese H. sind also „keine Privatmeinungen", können aber doch „nicht füglich (selbst zur inneren Beruhigung) gegen sich regende Skrupel entbehrt" werden. „In dieser Qualität aber muß man sie erhalten und ja sorgfältig verhüten, daß sie nicht als an sich selbst beglaubigt und von einiger absoluter Gültigkeit auftreten und die Vernunft unter Erdichtungen und Blendwerken ersäufen", ibid. (I 645 ff.—Rc 795 ff.). Vgl. Metaphysik.

Hypothetisch s. Hypothese, Bedingung, Kausalität, Imperativ, Idee.

Hypothetischer Schluß. „Ein h. S. ist ein solcher, der zum Major einen hypothetischen Satz hat. Er besteht also aus zwei Sätzen." Daher, und da er keinen Mittelbegriff hat, ist er eigentlich kein Vernunftschluß, sondern ein unmittelbarer Schluß, Log. § 75 (IV 142). Vgl. Unbedingt.

Hypothetisches Urteil. „Der hypothetische Satz: wenn eine vollkommene Gerechtigkeit da ist, so wird der beharrlich Böse bestraft, enthält eigentlich das Verhältnis zweier Sätze: Es ist eine vollkommene Gerechtigkeit da, und der beharrlich Böse wird bestraft. Ob beide dieser Sätze an sich wahr seien, bleibt hier unausgemacht. Es ist nur die Konsequenz, die durch dieses Urteil gedacht wird." Beide Sätze im h.n U. sind für sich problematische Urteile, KrV tr. Anal. § 9 (I 124 ff.—Rc 144 ff.). „In dem bedingten Satze: Wenn ein Körper einfach ist, so ist er unveränderlich, ist ein Verhältnis zweier Urteile, deren keines ein Satz ist, sondern nur die Konsequenz des letzteren (des consequens) aus dem ersteren (antecedens) macht den Satz aus", Üb. e. Entdeck. 1. Abs. A Anm. (V 3, 11). „Die Materie der h.n U. besteht aus zwei Urteilen, die miteinander als Grund und Folge verknüpft sind." Die Vorstellung der Art von Verknüpfung des Vorder- und des Nachsatzes zur Einheit des Bewußtseins ist die „Konsequenz", welche die Form des h.n U.s ausmacht und der Kopula des kategorischen Urteils entspricht. Ein hypothetischer Satz behauptet etwas, „nur unter einer problematisch ausgedrückten Bedingung", Log. § 25 (IV 115). Vgl. Bedingung, Kausalität.

Hypotypose. „Die Realität unserer Begriffe darzutun, werden immer Anschauungen erfordert. Sind es empirische Begriffe, so heißen die letzteren Beispiele. Sind jene reine Verstandesbegriffe, so werden die letzteren Schemate genannt." „Alle H. (Darstellung subiectio sub adspectum) als Versinnlichung ist zwiefach: entweder schematisch, da einem Begriffe, den der Verstand faßt, die korrespondierende Anschauung a priori gegeben wird; oder symbolisch, da einem Begriffe, den nur die Vernunft denken, und dem keine sinnliche Anschauung angemessen sein kann, eine solche untergelegt wird, mit welcher das Verfahren der Urteilskraft demjenigen, was sie im Schematisieren beobachtet, bloß analogisch ist, d. i. mit ihm bloß der Regel dieses Verfahrens, nicht der Anschauung selbst, mithin bloß der Form der Reflexion, nicht dem Inhalte nach übereinkommt", KU § 59 (II 211); vgl. Symbol.

I. J.

Ich. Das I. ist als Gegenstand des „inneren Sinnes" (s. d.), als empirisches I., ebenso Erscheinung wie das Außending. Das I. wird nicht in seinem Sein an sich erkannt. Auch das „reine I." als „Subjekt" (s. d.) ist nicht Ding an sich, wenn es auch nicht Erscheinung ist. Es ist eben überhaupt kein Ding, keine einfache Substanz oder Kraft, sondern bedeutet die logische, transzendentale (Erkenntnis bedingende) Einheit des Bewußtseins, der Apperzeption (s. d.), ein „reines" Bewußtsein (s. d.), das alles Vorstellen begleitet oder doch muß begleiten können, den Einheitspunkt des Bewußtseins, auf den sich alles Vorstellen beziehen läßt; es ist rein formal, ist nicht einmal ein Begriff (mit bestimmtem Inhalte), sondern das „Vehikel aller Begriffe", der Grund des Denkens, die oberste Voraussetzung desselben. Das menschliche I. ist nicht bloß Erscheinung, sondern auch ein „Noumenon" (s. d.), etwas Übersinnliches, dessen Manifestation die freie, sittliche Gesetzgebung ist (vgl. Mensch). Die Außenwelt (s. d.) ist nicht vom empirischen, einzelnen, gewordenen, psychologisch sich entwickelnden I. abhängig, sondern hat dieselbe „empirische Realität" wie dieses, ist nicht in, sondern außer ihm, ja bedingt dessen bestimmtes Dasein in der Zeit, indem die innere Erfahrung schon die äußere voraussetzt (s. Idealismus). Empirisches I. sowohl als Außenwelt sind als solche Erscheinungen, deren Form von der Gesetzlichkeit des reinen (transzendentalen) Bewußtseins (nicht im kausalen Sinne) abhängig ist, d. h. sie haben diese Gesetzlichkeit zur Voraussetzung, Grundlage.

Das „I. denke", die reine Apperzeption (s. d.), „muß alle meine Vorstellungen begleiten können", denn sonst wären sie nicht meine Vorstellungen. Daher hat alles Mannigfaltige der Anschauung eine „notwendige Beziehung auf das: I. denke". Allen Vorstellungen liegt also zugrunde die reine Apperzeption als dasjenige „ursprüngliche Selbstbewußtsein", das alle anderen Vorstellungen muß begleiten können. Die Einheit desselben, die „transzendentale Einheit des Selbstbewußtseins" ist eine Bedingung der Möglichkeit der Erkenntnis. „Denn die mannigfachen Vorstellungen, die in einer gewissen Anschauung gegeben werden, würden nicht insgesamt meine Vorstellungen sein, wenn sie nicht insgesamt zu einem Selbstbewußtsein gehörten." Die Identität (s. d.) des (reinen) Selbstbewußtseins manifestiert sich in der Synthesis (s. d.) des in der Anschauung Gegebenen zur Einheit des Bewußtseins. Ich bin mir des „identischen Selbst" bewußt, weil ich die mir gegebenen Vorstellungen als „meine" Vorstellungen zu einer Einheit zusammenfasse, KrV tr. Anal. § 16 (I 151 ff.—Rc 173 ff.). Das „I." selbst ist eine einfache Vorstellung. Wie „das I., der ich denke", von dem „I., das sich selbst anschaut", unterschieden und doch mit ihm als „dasselbe Subjekt einerlei" sei, „wie ich also sagen könne: Ich, als Intelligenz und denkendes Subjekt, erkenne mich selbst als gedachtes Objekt, sofern ich mir noch über das in der Anschauung gegeben bin", das hat nicht mehr und nicht weniger Schwierigkeiten, als wie ich mir überhaupt ein Objekt der Anschauung sein kann. Wir schauen uns (in der Zeitform) so an, „wie wir innerlich von uns selbst affiziert werden", ibid. § 24 (I 167 f.—Rc 209 ff.). „Dagegen bin ich mir meiner selbst in der transzendentalen Synthesis des Mannigfaltigen der Vorstellungen überhaupt, mithin in der synthetischen ursprünglichen Einheit der Apperzeption bewußt, nicht wie ich mir erscheine, noch wie ich an mir selbst bin, sondern nur daß ich bin. Diese Vorstellung ist ein Denken, nicht ein Anschauen." Mein eigenes Dasein ist also nicht Erscheinung, aber „die Bestimmung meines Daseins" kann nur der Form des inneren Sinnes gemäß sein, und „ich habe demnach keine Erkenntnis von mir, wie ich bin, sondern bloß wie ich mir selbst erscheine". „Das Bewußtsein seiner selbst ist also noch lange nicht ein Erkenntnis seiner selbst." Eine solche Erkenntnis bedarf der Anschauung, und da diese nur in der Zeitform des inneren Sinnes erfolgt, so erkenne ich mich nur als Erscheinung, ibid. § 25 (I 168 f.—Rc 211 ff.). Das „I. denke" „drückt den Aktus aus, mein Dasein zu bestimmen". „Das Dasein ist dadurch also schon gegeben, aber die Art, wie ich es bestimmen, d. i. das Mannigfaltige, zu demselben gehörige in mir setzen solle, ist dadurch noch nicht gegeben. Dazu gehört Selbstanschauung, die eine a priori gegebene Form, d. i. die Zeit, zum Grunde liegen hat, welche sinnlich und zur Rezeptivität des Bestimmbaren gehörig ist." Doch macht die Spontaneität (s. d.) meines denkenden I., daß ich mich „Intelligenz" nenne, ibid. Anm. (I 169—Rc 213). — Die Vorstellung „I. bin", die „das Bewußtsein ausdrückt, welches alles Denken begleiten kann", ist das, „was unmittelbar die Existenz eines Subjekts in sich schließt", aber noch keine „Erkenntnis" desselben, also auch noch nicht innere „Erfahrung". Zu dieser gehört „außer dem Gedanken von etwas Existierendem noch Anschauung, und hier innere, in Ansehung deren, d. i. der Zeit, das Subjekt bestimmt werden muß". Dazu ist aber auch äußere Erfahrung erforderlich (vgl. Außenwelt), ibid. tr. Anal. 2. B. 2. H. 3. Abs. Widerlegung des Idealismus, Beweis Anmerk. I (I 257—Rc 317 f.). Das „I. denke" ist „das Vehikel aller Begriffe überhaupt". Es drückt die „Wahrnehmung seiner selbst" aus. Diese „innere Wahrnehmung" ist „nichts weiter als die bloße Apperzeption: I. denke, welche sogar alle transzendentalen Begriffe möglich macht, in welchen es heißt: Ich denke die Substanz, die Ursache usw." Innere Erfahrung oder Wahrnehmung überhaupt ist nicht „empirische Erkenntnis", sondern „Erkenntnis des Empirischen überhaupt", ibid. tr. Dial. 2. B. 1. H. (I 349 f.—Rc 418 f.). — Das „I." ist eine „einfache", „für sich selbst an Inhalt gänzlich leere Vorstellung", die nicht einmal ein „Begriff" ist, sondern „ein bloßes Bewußtsein, das alle Begriffe begleitet". „Durch dieses I. oder Er oder Es (das Ding), welches denkt, wird nun nichts weiter als ein transzendentales Subjekt der Gedanken vorgestellt = x, welches nur durch die Gedanken, die seine Prädikate sind, erkannt wird und wovon wir, abgesondert, niemals den mindesten Begriff haben können, um welches wir uns daher in einem beständigen Zirkel herumdrehen, indem wir uns seiner Vorstellung jederzeit schon bedienen müssen, um irgend etwas von ihm zu urteilen." Das Bewußtsein ist an sich nicht eine Vorstellung, die ein besonderes Objekt unterscheidet, sondern eine „Form" derselben überhaupt, sofern sie Erkenntnis genannt werden soll, ibid. (I 352 f.—Rc 421 f.). Ich erkenne mich selbst nicht dadurch, daß ich mir meiner als denkend bewußt bin, sondern indem ich mir „der Anschauung meiner selbst als in Ansehung der Funktion des Denkens bewußt bin". Nicht das Bewußtsein des „bestimmenden", sondern nur das des „bestimmbaren" Selbst, d. h. meiner inneren

Anschauung, ist das Objekt der Selbsterkenntnis. Das denkende I., das „I. der Apperzeption" denkt sich notwendig als einheitliches, identisches Subjekt, ist aber nicht mit einer einfachen Seelensubstanz zu verwechseln, ibid. (I 355 ff.—Rc 427ff.); vgl. Paralogismen, Subjekt. — „Das Ich denke ist . . . ein empirischer Satz und hält den Satz, Ich existiere, in sich. Ich kann aber nicht sagen: alles, was denkt, existiert; denn da würde die Eigenschaft des Denkens alle Wesen, die sie besitzen, zu notwendigen Wesen machen. Daher kann meine Existenz auch nicht aus dem Satze, Ich denke, als gefolgert angesehen werden, wie Cartesius dafür hielt . . ., sondern ist mit ihm identisch." Die „Existenz" ist hier noch keine „Kategorie", ibid. Widerlegung des Mendelsohnschen Beweises 3. Anm. (I 365—Rc 464 f.). Die „innere und sinnliche Anschauung unseres Gemüts", dessen Bestimmung durch die Sukzession verschiedener Zustände in der Zeit vorgestellt wird, ist „nicht das eigentliche Selbst, so wie es an sich existiert, oder das transzendentale Subjekt", sondern „nur eine Erscheinung, die der Sinnlichkeit dieses uns unbekannten Wesens gegeben werden", ibid. tr. Dial. 2. B. 2. H. 6. Abs. (I 440—Rc 571 f.).

Das I. ist in allem unseren Denken „das Subjekt, dem Gedanken nur als Bestimmungen inhärieren, und dieses I. kann nicht als die Bestimmung eines anderen Dinges gebraucht werden". Insofern muß das I. sich als „Substanz" ansehen, aber nur als eine „Substanz in der Idee", nicht „in der Realität", wozu die (in der inneren Erfahrung fehlende) Beharrlichkeit gehörte. Der erste der Paralogismen (s. d.) der rationalen Psychologie gibt „das beständige logische Subjekt des Denkens" für die Erkenntnis des „realen Subjekts der Inhärenz" aus, von dem wir nichts wissen, „weil das Bewußtsein das einzige ist, was alle Vorstellungen zu Gedanken macht, und worin mithin alle unsere Wahrnehmungen als dem transzendentalen Subjekte müssen angetroffen werden, und wir außer dieser logischen Bedeutung des I. keine Kenntnis von dem Subjekte an sich selbst haben, was diesem, so wie allen Gedanken als Substratum zum Grunde liegt", KrV 1. A. tr. Dial. 2. B. 1. H. 1. Paralogismus (I 729 ff.—Rc 424 ff.). — Der zweite Paralogismus der Psychologie schließt aus der Einfachheit desjenigen, dessen Handlung niemals als die Konkurrenz vieler handelnder Dinge angesehen werden kann, auf die Einfachheit (s. d.) einer Seelensubstanz. Richtig ist daran nur, „daß viele Vorstellungen in der absoluten Einheit des denkenden Subjekts enthalten sein müssen, um einen Gedanken auszumachen". Dieser Satz ist weder aus Begriffen noch aus der Erfahrung zu beweisen, sondern beruht auf dem formalen Satz der Apperzeption: „I. denke." Dieser Satz ist keine Erfahrung, sondern „die Form der Apperzeption, die jeder Erfahrung anhängt und ihr vorgeht, gleichwohl aber nur immer in Ansehung einer möglichen Erkenntnis überhaupt als bloß subjektive Bedingung derselben angesehen werden muß, die wir mit Unrecht zur Bedingung der Möglichkeit einer Erkenntnis der Gegenstände, nämlich zu einem Begriffe vom denkenden Wesen überhaupt machen, weil wir dieses uns nicht vorstellen können, ohne uns selbst mit der Formel unseres Bewußtseins an die Stelle jedes anderen intelligenten Wesens zu setzen". Die Einfachheit meiner selbst (als Seele) wird nicht wirklich aus dem Satze: Ich denke, geschlossen, sondern liegt schon in jedem Gedanken selbst. „Der Satz: I. bin einfach, muß als ein unmittelbarer Ausdruck der Apperzeption angesehen werden, so wie der vermeintliche cartesianische Schluß: cogito, ergo sum, in der Tat tautologisch ist, indem das cogito (sum cogitans) die Wirklichkeit unmittelbar aussagt. I. bin einfach, bedeutet aber nichts mehr, als daß diese Vorstellung: Ich, nicht die mindeste Mannigfaltigkeit in sich fasse und daß sie absolute (obzwar bloß logische) Einheit sei." Das „Etwas überhaupt", das denkt, das „transzendentale Subjekt", kennen wir nicht. Es ist ein Etwas, dessen Vorstellung einfach sein muß, weil man gar nichts an ihm bestimmt. „Die Einfachheit aber der Vorstellung von einem Subjekt ist darum nicht eine Erkenntnis von der Einfachheit des Subjekts selbst; denn von dessen Eigenschaften wird gänzlich abstrahiert, wenn es lediglich durch den an Inhalt gänzlich leeren Ausdruck I. . . . bezeichnet wird." Ich kann sagen: ich bin eine einfache Substanz, aber diese reine Kategorie wird hier ohne Anschauung gebraucht und lehrt uns nichts Objektives, ibid. 2. Paralogismus (I 731 ff.—Rc 428 ff.). Die logische Identität (s. d.) des I. ist nicht numerische Identität der Person. — Das I. ist weder Anschauung noch Begriff von einem Gegenstande, sondern „die bloße Form des Bewußtseins, welches beiderlei Vorstellungen begleiten und sie dadurch zu Erkenntnissen erheben kann, sofern nämlich dazu noch irgend etwas anderes in der Anschauung gegeben wird, welches zu einer Vorstellung von einem Gegenstande Stoff darreicht", ibid. Betrachtung üb. d. Summe (I 752 f.—Rc 469 f.). Daß das „Wesen, welches in uns denkt", sich durch reine Kategorien zu erkennen vermeint, rührt daher: „Die Apperzeption ist selbst der Grund der Möglichkeit der Kategorien, welche ihrerseits nichts anderes vorstellen, als die Synthesis des Mannigfaltigen der Anschauung, sofern dasselbe in der Apperzeption Einheit hat. Daher ist das Selbstbewußtsein überhaupt die Vorstellung desjenigen, was die Bedingung aller Einheit und doch selbst unbedingt ist. Man kann daher von dem denkenden I. (Seele), das sich als Substanz, einfach, numerisch identisch in aller Zeit, und das Korrelatum alles Daseins, aus welchem alles andere Dasein geschlossen werden muß, vorstellt, sagen: daß es nicht sowohl sich selbst durch die Kategorien, sondern die Kategorien und durch sie alle Gegenstände in der absoluten Einheit der Apperzeption, mithin durch sich selbst erkennt. Nun ist zwar sehr einleuchtend, daß ich dasjenige, was ich voraussetzen muß, um überhaupt ein Objekt zu erkennen, nicht selbst als Objekt erkennen könne, und daß das bestimmende Selbst (das Denken) von dem bestimmbaren Selbst (dem denkenden Subjekt) wie Erkenntnis vom Gegenstande unterschieden sei. Gleichwohl ist nichts natürlicher und verführerischer als der Schein, die Einheit in der Synthesis der Gedanken für eine wahrgenommene Einheit im Subjekte dieser Gedanken zu halten. Man könnte ihn die Subreption des hypostasierten Bewußtseins (apperceptionis substantiatae) nennen", ibid. (I 766—Rc 493 f.).

Es scheint, als ob wir in dem Bewußtsein unserer selbst (dem denkenden Subjekt) das „Substantiale", das letzte Subjekt (s. d.) einer Substanz haben, denn „alle Prädikate des inneren Sinnes beziehen sich auf das I. als Subjekt, und dieses kann nicht weiter als Prädikat irgendeines anderen Subjektes gedacht werden". „Also scheint hier die Vollständigkeit in der Beziehung der gegebenen Begriffe als Prädikate auf ein Subjekt nicht bloß Idee, sondern der Gegenstand, nämlich das absolute Subjekt selbst, in der Erfahrung gegeben zu sein. Allein diese Erwartung wird vereitelt. Denn das I. ist gar kein Begriff, sondern nur Bezeichnung des Gegenstandes des inneren Sinnes, sofern wir es durch kein Prädikat weiter erkennen; mithin kann es zwar an sich kein Prädikat von einem anderen Dinge sein, aber ebensowenig auch ein bestimmter Begriff eines absoluten Subjekts, sondern nur, wie in allen anderen Fällen, die Beziehung der inneren Erscheinungen auf das unbekannte Subjekt derselben", Prol. § 46 (III 100). „Wäre die Vorstellung der Apperzeption, das Ich, ein Begriff, wodurch irgend etwas gedacht würde, so würde es auch als Prädikat von anderen Dingen gebraucht werden können oder solche Prädikate in sich enthalten. Nun ist es nichts mehr als Gefühl eines Daseins ohne den mindesten Begriff und nur Vorstellung desjenigen, worauf alles Denken in Beziehung (relatione accidentis) steht", ibid. Anm. Als empirisches I. existiere ich zwar „wirklich in der Zeit", aber nicht „außer meiner Vorstellungskraft in der Zeit", ibid. § 49 (III 103 f.). „Das I., das allgemeine Korrelat der Apperzeption und selbst bloß ein Gedanke, bezeichnet, als ein bloßes Vorwort, ein Ding von unbestimmter Bedeutung, nämlich das Subjekt aller Prädikate, ohne irgendeine Bedingung, die diese Vorstellung des Subjekts von dem eines Etwas überhaupt unterschiede, also Substanz, von der man, was sie sei, durch diesen Ausdruck keinen Begriff hat." Aus dem Gedanken I., der gar „kein Begriff", sondern nur „innere Wahrnehmung" ist, kann nicht die Beharrlichkeit der Seele gefolgert werden, Anfangsgr. d. Naturw. 3. H. Lehrs. 2 Anmerk. (VII 291).

Es gibt ein „doppeltes I." zu unterscheiden, nämlich das „der inneren sinnlichen Anschauung" und das „des denkenden Subjekts". Unser innerer Sinn wird „von uns selbst" affiziert und nimmt so unser I. als Erscheinung wahr. „Ich bin mir meiner selbst bewußt", ist ein Gedanke, der schon ein „zweifaches I." enthält, „das I. als Subjekt und das I. als

Objekt". „Wie es möglich sei, daß ich, der ich denke, mir selber ein Gegenstand (der Anschauung) sein und so mich von mir selbst unterscheiden könne, ist schlechterdings unmöglich zu erklären, obwohl es ein unbezweifeltes Faktum ist; es zeigt aber ein über alle Sinnenanschauung so weit erhabenes Vermögen an, daß es, als der Grund der Möglichkeit eines Verstandes, die gänzliche Absonderung von allem Vieh, dem wir das Vermögen, zu sich selbst I. zu sagen, nicht Ursache haben beizulegen, zur Folge hat, und in eine Unendlichkeit von selbstgemachten Vorstellungen und Begriffen hinaussieht." Es wird dadurch aber „nicht eine doppelte Persönlichkeit" gemeint, sondern nur „I., der ich denke und anschaue, ist die Person, das I. aber des Objekts, was von mir angeschaut wird, ist gleich anderen Gegenständen außer mir die Sache". „Von dem I. in der ersteren Bedeutung (dem Subjekt der Apperzeption), dem logischen I., als Vorstellung a priori, ist schlechterdings nichts weiter zu erkennen möglich, was es für ein Wesen und von welcher Naturbeschaffenheit es sei; es ist gleichsam wie das Substantiale, was übrig bleibt, wenn ich alle Akzidenzen, die ihm inhärieren, weggelassen habe, das aber schlechterdings gar nicht weiter erkannt werden kann, weil die Akzidenzen gerade das waren, woran ich seine Natur erkennen konnte." „Das I. aber in der zweiten Bedeutung (als Subjekt der Perzeption), das psychologische I. als empirisches Bewußtsein, ist mannigfacher Erkenntnis fähig, worunter die Form der inneren Anschauung, die Zeit, diejenige ist, welche a priori allen Wahrnehmungen und deren Verbindung zum Grunde liegt, deren Auffassung (apprehensio) der Art, wie das Subjekt dadurch affiziert wird, d. i. der Zeitbedingung gemäß ist, indem das sinnliche I. vom intellektuellen I. zur Aufnahme desselben ins Bewußtsein bestimmt wird", Fortschr. d. Metaph. 1. Abh. Gesch. d. Transzendentalphilosophie (V 3, 93 ff.).

„Daß der Mensch in seiner Vorstellung das I. haben kann, erhebt ihn unendlich über alle andere auf Erden lebenden Wesen" (vgl. Person). Er hat ein I., auch wenn er es noch nicht sprechen kann, wenn er noch kein Wort für die „Ichheit" hat. Das Kind beginnt erst ziemlich spät sich als I. zu bezeichnen, während es vorher von sich in der dritten Person spricht. „Vorher fühlte es bloß sich selbst, jetzt denkt es sich selbst", Anthr. 1. T. § 1 (IV 11). Zu unterscheiden ist: „1. das I. als Subjekt des Denkens (in der Logik), welches die reine Apperzeption bedeutet (das bloß reflektierende I.), und von welchem gar nichts weiter zu sagen, sondern das eine ganz einfache Vorstellung ist; 2. das I. als das Objekt der Wahrnehmung, mithin des inneren Sinnes, was eine Mannigfaltigkeit von Bestimmungen enthält, die eine innere Erfahrung möglich machen." Nur der „Vorstellungsart", nicht dem Inhalt nach ist das I. zweifach, ibid § 4, 2. Anm. (IV 22). „Das I. der Reflexion hält kein Mannigfaltiges in sich und ist in allen Urteilen immer ein und dasselbe. weil es bloß dies Förmliche des Bewußtseins, dagegen die innere Erfahrung das Materielle desselben und ein Mannigfaltiges der empirischen inneren Anschauung, das I. der Apprehension (folglich eine empirische Apperzeption), enthält." „I. als denkendes Wesen bin zwar mit Mir als Sinnenwesen ein und dasselbe Subjekt; aber als Objekt der inneren empirischen Anschauung, d. i. sofern ich innerlich von Empfindungen in der Zeit, sowie sie zugleich oder nacheinander sind, affiziert werde, erkenne ich mich doch nur, wie ich mir selbst erscheine, nicht als Ding an sich selbst." Die Zeit ist die „subjektive Bedingung", „wie nach der Beschaffenheit der menschlichen Seele uns innere Empfindungen gegeben werden", ibid. § 7 (IV 31 f.). Das I. der Apperzeption ist „gar keine Bestimmung irgendeines Objekts, sondern ein Verstandesakt des bestimmenden Subjekts überhaupt". Das I. des inneren Sinnes hingegen ist „nicht das Subjekt des Urteils, sondern ein Objekt", ein Inbegriff von Gegenständen der inneren Wahrnehmung, Anthr. Ergänz. aus der Handschrift (IV 295).

Die empirische Anschauung der Seele ist nur die sinnliche Form der Art, wie ihr eigenes Subjekt „durch die Apprehension des Mannigfaltigen einer gegebenen Anschauung affiziert wird". Zu unterscheiden ist: 1. „das transzendentale Bewußtsein meines Daseins überhaupt", 2. „meines Daseins in der Zeit" (empirisches Bewußtsein meiner selbst), 3. „Erkenntnis meiner selbst als in der Zeit bestimmten Wesens" (empirische Erkenntnis), N 6313 (vgl.

Zeit). „Das auffassende I. (der Apprehension), welches der Mensch mit den Tieren gemein hat, und das denkende I. (der Apperzeption), welches ihn von allen anderen Tieren unterscheidet und sich selbst zum Gegenstande seiner Vorstellungen macht und sich der Verknüpfung seiner Vorstellungen bewußt ist. — Das letztere läßt sich nicht weiter erklären. Es ist Spontaneität des Vorstellungsvermögens, woraus mit jenem verbunden Erkenntnisvermögen entspringt", Lose Bl. E 21. „Zweifaches I., sofern ich leidend oder tätig bin, tierisch oder menschlich. Daher regiere ich mich selbst, tadle und streite mit mir selbst", N 278.

„Der erste Akt des Erkenntnisses ist das Verbum: Ich bin, das Selbstbewußtsein, da I. Subjekt mir selbst Objekt bin." Ich setze mich selbst einerseits als Ding an sich, anderseits als Gegenstand der Anschauung „und zwar entweder objektiv als Erscheinung, oder als mich selbst a priori zu einem Dinge konstituierend d. i. als Sache an sich selbst". „Das Bewußtsein seiner selbst (apperceptio) ist ein Akt, wodurch das Subjekt sich überhaupt zum Objekte macht", Altpreuss. Mth. XIX 571 f., vgl. 577 f. Der Satz: Ich bin mir selbst ein Gegenstand der Anschauung und des Denkens ist ein synthetischer Satz a priori und der Grundsatz der Transzendentalphilosophie, ibid. XIX 627; vgl. XX 580 f., Vorles. über Metaphys. S. 130 ff., 200 ff. Vgl. Selbstbewußtsein, Person, Subjekt, Mensch, Noumenon, Sinn (innerer), Seele.

Ideal. „Das größte an Vollkommenheit nennt man heute das Ideal, Plato die Idee." Die Vollkommenheit im „theoretischen" Sinne ist das höchste Wesen, Gott. „Gott aber stellt, während er als I. der Vollkommenheit das Prinzip des Erkennens ist, als wirklich daseiend zugleich das Prinzip des Werdens aller Vollkommenheit überhaupt dar", Mund. sens. § 9 (V 2, 101). Das „I." ist „die Idee nicht bloß in concreto, sondern in individuo, d. i. als ein einzelnes, durch die Idee allein bestimmbares oder gar bestimmtes Ding". Dieses Ideal entspricht der Platonischen „Idee" (als einzelner Gegenstand des göttlichen Intellekts, als das Vollkommenste jeder Art und als Urgrund aller Nachbilder in der Erscheinung). „Ohne uns aber so weit zu versteigen, müssen wir gestehen, daß die menschliche Vernunft nicht allein Ideen, sondern auch I.e enthalte, die zwar nicht wie die platonischen, schöpferische, aber doch praktische Kraft (als regulative Prinzipien) haben und der Möglichkeit der Vollkommenheit gewisser Handlungen zum Grunde liegen." So sind die moralischen Begriffe „Tugend", „Weisheit" in ihrer ganzen Reinheit „Ideen". Aber „der Weise" (des Stoikers) ist ein I., d. h. ein Mensch, der bloß in Gedanken existiert, aber mit der Idee der Weisheit völlig kongruiert. „So wie die Idee die Regel gibt, so dient das I. in solchem Falle zum Urbilde der durchgängigen Bestimmung des Nachbildes, und wir haben kein anderes Richtmaß unserer Handlungen, als das Verhalten dieses göttlichen Menschen in uns, womit wir uns vergleichen, beurteilen, und dadurch uns bessern, obgleich es niemals erreichen können." „Diese I.e, ob man ihnen gleich nicht objektive Realität (Existenz) zugestehen möchte, sind doch um deswillen nicht für Hirngespinste anzusehen, sondern geben ein unentbehrliches Richtmaß der Vernunft ab, die des Begriffs von dem, was in seiner Art ganz vollständig ist, bedarf, um danach den Grad und die Mängel des Unvollständigen zu schätzen und abzumessen", KrV tr. Dial. 2. B. 3. H. 1. Abs. (I 494 ff.—Rc 631 f.). „Idee bedeutet eigentlich ein Vernunftbegriff, und I. die Vorstellung eines einzelnen als einer Idee adäquaten Wesens", KU § 17 (II 73).

Ideal, ästhetisches. Das Urbild des Geschmacks (s. d.) ist das „Ideal des Schönen". Es beruht auf der „unbestimmten Idee der Vernunft von einem Maximum", kann aber nicht durch Begriffe, sondern nur in einzelner Darstellung vorgestellt werden und ist daher bloß ein „I. der Einbildungskraft", KU § 17 (II 72 f.). Die Schönheit (s. d.), zu welcher ein I. gesucht werden soll, ist keine „vage", sondern „durch einen Begriff von objektiver Zweckmäßigkeit fixierte Schönheit", gehört also „keinem Objekte eines ganz reinen, sondern zum Teil intellektuierten Geschmacksurteils" an, bei dem also eine Vernunftidee eine Rolle spielt. Eines I.s der Schönheit fähig ist nur das, was den Zweck seiner Existenz in sich selbst hat: der Mensch, der sich seine Zwecke durch Vernunft selbst bestimmen kann. Von der ästhetischen „Normalidee", „welche eine einzelne Anschauung (der Einbildungskraft) ist, die das Richtmaß seiner Beurteilung als eines zu einer besonderen Tierspezies gehörigen Dinges vorstellt", ist zu unterscheiden die „Vernunftidee", „welche die Zwecke der Menschheit, sofern sie nicht sinnlich vorgestellt werden können, zum Prinzip der Beurteilung seiner Gestalt macht, durch welche, als ihre Wirkung in der Erscheinung, sich jene offenbaren". Die Normalidee — ein Durchschnittsbild der Einbildungskraft — „ist nicht aus von der Erfahrung hergenommenen Proportionen, als bestimmten Regeln, abgeleitet; sondern nach ihr werden allererst Regeln der Beurteilung möglich". „Sie ist das zwischen allen einzelnen, auf mancherlei Weise verschiedenen Anschauungen der Individuen schwebende Bild für die ganze Gattung, welches die Natur zum Urbilde ihrer Erzeugungen in derselben Spezies unterlegte, aber in keinem einzelnen völlig erreicht zu haben scheint. Sie ist keineswegs das ganze Urbild der Schönheit in dieser Gattung, sondern nur die Form, welche die unnachläßliche Bedingung aller Schönheit ausmacht, mithin bloß die Richtigkeit in Darstellung der Gattung." „Sie kann eben darum auch nichts Spezifisch-Charakteristisches enthalten; denn sonst wäre sie nicht Normalidee für die Gattung." „Von der Normalidee des Schönen ist doch noch das Ideal desselben unterschieden, welches man lediglich an der menschlichen Gestalt... erwarten darf. An dieser nun besteht das I. in dem Ausdruck des Sittlichen, ohne welches der Gegenstand nicht allgemein und dazu positiv ... gefallen würde. Der sichtbare Ausdruck sittlicher Ideen, die den Menschen innerlich beherrschen, kann zwar nur aus der Erfahrung genommen werden; aber ihre Verbindung mit allem dem, was unsere Vernunft mit dem Sittlich-Guten in der Idee der höchsten Zweckmäßigkeit verknüpft, die Seelengüte oder Reinigkeit oder Stärke oder Ruhe usw. in körperlicher Äußerung (als Wirkung des Inneren) gleichsam sichtbar zu machen: dazu gehören reine Ideen der Vernunft und große Macht der Einbildungskraft in demjenigen vereinigt, welcher sie nur beurteilen, viel mehr noch, wer sie darstellen will", ibid. (II 73 ff.).

Das „I. der Vernunft" (s. d.) beruht auf bestimmten Begriffen. Hingegen kann von den „Geschöpfen der Einbildungskraft" niemand einen verständlichen Begriff geben. Es sind gleichsam „Monogramme", die „mehr eine im Mittel verschiedener Erfahrungen gleichsam schwebende Zeichnung, als ein bestimmtes Bild ausmachen". Diese (in den Köpfen der Künstler lebendige) „I.e der Sinnlichkeit" sind „das nicht erreichbare Muster möglicher empirischer Anschauungen", sie geben aber „keine der Erklärung und Prüfung fähige Regel", KrV tr. Dial. 2. B. 3. H. 1. Abs. (I 496—Rc 633).

Ideal der reinen Vernunft. Das I. der reinen Vernunft ist „das Urbild (Prototypon) aller Dinge, welche insgesamt, als mangelhafte Kopien (ectypa), den Stoff zu ihrer Möglichkeit daher nehmen, und indem sie demselben mehr oder weniger nahe kommen, dennoch jederzeit unendlich daran fehlen, es zu erreichen", KrV tr. Dial. 2. B. 3. H. 2. Abs. (I 501 f.—Rc 639). Es wird veranlaßt durch „die absolute Totalität in der Synthesis der Bedingungen aller möglichen Dinge überhaupt" und ist von dem „Weltbegriff" (s. Idee) „gänzlich unterschieden.., ob es gleich darauf in Beziehung steht", ibid. 2. H. am Anfang (I 374—Rc 499). Dieses einzige (transzendentale) I. der Vernunft ist die Idee des „allerrealsten Wesens" (s. Realität), der Gegenstand der transzendentalen Theologie, Gott (s. d.). Das I. der reinen Vernunft kann nicht „unerforschlich" heißen, „weil es weiter keine Beglaubigung seiner Realität aufzuweisen hat als die Bedürfnis der Vernunft, vermittelst desselben alle synthetische Einheit zu vollenden". Es ist nicht einmal als denkbarer Gegenstand gegeben, sondern muß „als bloße Idee, in der Natur der Vernunft seinen Sitz und seine Auflösung finden und also erforscht werden können", ibid. 3. H. 5. Abs. (I 527 f. —Rc 667). Das I. des höchsten Wesens ist nur „ein regulatives Prinzip der Vernunft, alle Verbindung in der Welt so anzusehen, als ob sie aus einer allgenugsamen notwendigen Ursache entsprängen, um darauf die Regel einer systematischen und nach allgemeinen

Gesetzen notwendigen Einheit in der Erklärung derselben zu gründen", nicht aber ist es die „Behauptung einer an sich notwendigen Existenz", zu der es oft „hypostasiert" wird ibid. Erklärung des dialektischen Scheins . . (I 531—Rc 671); vgl. Notwendig, Kosmologischer Gottesbeweis.

Ideal der Sinnlichkeit s. Ideal, ästhetisches.

Ideal des höchsten Gutes s. Gut, höchstes.

Idealismus s. Gut, höchstes. Der kritische oder transzendentale I. unterscheidet sich vom Realismus dadurch, daß er die Gegenstände der äußeren und inneren Wahrnehmung als solche nicht als Dinge an sich, sondern als Erscheinungen (s. d.) bestimmt, d. h. ihnen eine Existenz nur als Glieder eines möglichen Erfahrungszusammenhanges und im Bedingtsein durch die Formen der anschaulich-verstandesmäßigen Erkenntnis zuschreibt. Vom subjektiv-psychologischen I. unterscheidet er sich durch zweierlei: 1. die Annahme eines vom Erkennen unabhängigen „Ding an sich" als Grund des Gegebenseins sinnlicher Daten zu einer Erfahrung; 2. die Betonung der „empirischen Realität" der Dinge als Erscheinungen, d. h. die für alle erkennenden Subjekte gültige Notwendigkeit, Gesetzlichkeit ihres Daseins und ihrer Verbindungen, im Unterschiede von den subjektiv-wechselnden Erlebnissen und Vorstellungsverbindungen. Wenn auch die Welt der Erscheinungen ein „Bewußtsein überhaupt" und das logische, „reine" Subjekt des Erkennens voraussetzt, so ist sie doch vom subjektiv-psychologischen, jeweiligen Bewußtsein unabhängig, welches vielmehr umgekehrt sich nach der Gesetzlichkeit des Erfahrungszusammenhanges und der in diesem gegebenen Objekte (s. d.) richten muß. Die Wirklichkeit ist so von Schein, Traum, Illusion u. dgl. scharf, in methodischer Bestimmtheit, unterschieden; das empirisch-psychologische Subjekt ist nicht der Erzeuger der Erscheinungswelt, sondern nimmt selbst in dieser eine Stelle ein, ist selbst schon durch die Formen des transzendentalen Bewußtseins logisch bedingt (s. Ich). Der kritische I. stützt sich zum Teil auf die „Antinomien" (s. d.) der reinen Vernunft, dient aber auch selbst zu deren Beseitigung wie auch zur Darlegung der Möglichkeit apriorischer Erkenntnis und der Übereinstimmung der Erkenntnis mit der Wirklichkeit, die ja beide gemeinsame Konstituenten, Voraussetzungen haben (vgl. Deduktion). Gibt man dem „Ding an sich" eine rein idealistische Deutung (zu der manche Äußerung Kants zu berechtigen scheint, ohne daß man ihn aber einer endgültigen Preisgabe des Restes von Realismus im engeren Sinne bezichtigen kann), dann bleibt doch wenigstens der empirische Realismus eine Seite oder ein Element des krit. I., der also kein „Subjektivismus" ist. Der Kantsche I. betont ferner die praktische Geltung der Ideen (s. d.) der Vernunft, welche nicht bloß eine die Erkenntnis regulierende, auf höchste, systematische Einheit (s. d.) richtende Bedeutung haben, sondern unser Wollen und Handeln regeln, indem sie in unsere Zwecke Einheit bringen (vgl. Vernunft, praktische; Realität).

Der „materiale I." ist „die Theorie, welche das Dasein der Gegenstände im Raum außer uns entweder bloß für zweifelhaft und unerweislich, oder für falsch und unmöglich erklärt". Der erstere ist der „problematische" I. des Cartesius, der nur die empirische Behauptung: Ich bin, für ungezweifelt erklärt; der zweite ist der „dogmatische" I. des Berkeley, „der den Raum, mit allen den Dingen, welchen er als unabtrennliche Bedingung anhängt, für etwas, was an sich selbst unmöglich sei, und darum auch die Dinge im Raum für bloße Einbildung erklärt". Gegen den materialen I. ist darzutun, „daß wir von äußeren Dingen auch Erfahrung und nicht bloß Einbildung haben". Das wird bewiesen, indem man zeigt, „daß selbst unsere innere, dem Cartesius unbezweifelte Erfahrung nur unter Voraussetzung äußerer Erfahrung möglich sei", KrV tr. Anal. 2. B. 2. H. 3. Abs. 4. Widerlegung des I. (I 255 f.—Rc 316); vgl. Außenwelt. Die Lehre von der „Idealität äußerer Erscheinungen", d. h. hier von der „Ungewißheit" derselben, ist „I.". Er schließt so: „Dasjenige, auf dessen Dasein nur als einer Ursache zu gegebenen Wahrnehmungen geschlossen werden kann, hat eine nur zweifelhafte

Existenz." „Nun sind alle äußeren Erscheinungen von der Art, daß ihr Dasein nicht unmittelbar wahrgenommen, sondern au $\mathfrak{J}$sie als die Ursache gegebener Wahrnehmungen allein geschlossen werden kann." „Also ist das Dasein aller Gegenstände äußerer Sinne zweifelhaft." Dies ist der vierte der „Paralogismen" (s. d.) der reinen Vernunft. „Idealist" ist also nicht derjenige, der das Dasein äußerer Gegenstände der Sinne leugnet, sondern der „nur nicht einräumt, daß es durch unmittelbare Wahrnehmung erkannt werde, daraus aber schließt, daß wir ihrer Wirklichkeit durch alle mögliche Erfahrung niemals völlig gewiß werden können", KrV 1. A. tr. Dial. 2. B. 1. H. 4. Paralogismus (I 742—Rc 449 ff.).

Es gibt einen „empirischen" und einen „transzendentalen" I. Letzterer ist der Lehrbegriff, nach welchem wir alle Erscheinungen (s. d.) „als bloße Vorstellungen und nicht als Dinge an sich selbst" ansehen, und wonach „Zeit und Raum nur sinnliche Formen unserer Anschauung, nicht aber für sich gegebene Bestimmungen oder Bedingungen der Objekte als Dinge an sich selbst sind". Diesem I. ist entgegengesetzt der „transzendentale Realismus", der Zeit und Raum als etwas an sich Gegebenes ansieht und die äußeren Erscheinungen (wenn man ihre Wirklichkeit einräumt) als „Dinge an sich selbst" betrachtet. Er spielt zuweilen nachher auch den empirischen Idealisten, der die als an sich existierend angenommenen Gegenstände der Sinne für ungewiß ausgibt. „Der transzendentale Idealist kann hingegen ein empirischer Realist, mithin, wie man ihn nennt, ein Dualist sein, d. i. die Existenz der Materie einräumen, ohne aus dem bloßen Selbstbewußtsein hinauszugehen, und etwas mehr als die Gewißheit der Vorstellungen in mir, mithin das Cogito, ergo sum, anzunehmen. Denn weil er diese Materie und sogar deren innere Möglichkeit bloß für Erscheinung gelten läßt, die von unserer Sinnlichkeit abgetrennt nichts ist, so ist sie bei ihm nur eine Art Vorstellungen (Anschauung), welche äußerlich heißen, nicht als ob sie sich auf an sich selbst äußere Gegenstände bezögen, sondern weil sie Wahrnehmungen auf den Raum beziehen, in welchem alles außereinander, er selbst, der Raum, aber in uns ist." „Für diesen transzendentalen I. haben wir uns schon im Anfange erklärt." Das Zeugnis unseres bloßen Selbstbewußtseins beweist das Dasein der Materie (der Körper, der Außenwelt). „Denn ich bin mir doch meiner Vorstellungen bewußt; also existieren diese und ich selbst, der ich diese Vorstellungen habe. Nun sind aber äußere Gegenstände (die Körper) bloß Erscheinungen, mithin auch nichts anderes als eine Art meiner Vorstellungen, deren Gegenstände nur durch diese Vorstellungen etwas sind, von ihnen abgesondert aber nichts sind. Also existieren ebensowohl äußere Dinge, als ich Selbst existiere..." „Ich habe in Absicht auf die Wirklichkeit äußerer Gegenstände ebensowenig nötig zu schließen, als in Ansehung der Wirklichkeit des Gegenstandes meines inneren Sinnes (meiner Gedanken), denn sie sind beiderseitig nichts als Vorstellungen, deren unmittelbare Wahrnehmung (Bewußtsein) zugleich ein genugsamer Beweis ihrer Wirklichkeit ist." „Also ist der transzendentale Idealist ein empirischer Realist und gesteht der Materie als Erscheinung eine Wirklichkeit zu, die nicht geschlossen werden darf, sondern unmittelbar wahrgenommen wird." Die äußeren Dinge (als solche) sind nicht „selbständige Wesen", deren Existenz problematisch ist, sondern „Erscheinungen, d. i. Vorstellungen in uns". Das Etwas, das die „Ursache" unserer äußeren Anschauungen ist, der „transzendentale Gegenstand", ist unbekannt; er ist nicht eins mit dem „empirischen Gegenstand", welcher ein „äußerer" (Körper, Materie) ist, sofern er im Raume vorgestellt wird, und ein „innerer Gegenstand", sofern er in der Zeit allein ist. Der empirisch äußere Gegenstand (im Raume) kann „durch keine Einbildungskraft gedichtet und hervorgebracht werden", sondern ist in der äußeren Wahrnehmung wirklich gegeben und „korrespondiert" insofern unseren äußeren Anschauungen. Im einzelnen ist das „wirklich" (s. d.), „was mit einer Wahrnehmung nach empirischen Gesetzen zusammenhängt", wodurch es von Einbildung, Traum u. dgl. scharf unterschieden ist, ibid. (I 744 ff.—Rc 452 ff.). Der „dogmatische" Idealist ist jener, der das Dasein der Materie leugnet, der „skeptische" jener, der sie bezweifelt, ibid.

Gemäß dem transzendentalen („formalen") I. sind „alle Gegenstände einer uns möglichen Erfahrung" (d. h. „alles, was im Raume oder der Zeit angeschaut wird") nichts als „Erscheinungen", d. h. „Vorstellungen", „die so, wie sie vorgestellt werden, als ausgedehnte Wesen oder Reihen von Veränderungen, außer unseren Gedanken keine an sich gegründete Existenz haben". Der „Realist in transzendentaler Bedeutung" hingegen macht aus diesen „Modifikationen unserer Sinnlichkeit" „an sich subsistierende Dinge und daher bloße Vorstellungen zu Sachen an sich selbst". Der „empirische I." wiederum betrachtet den Raum als wirklich, leugnet aber „das Dasein der ausgedehnten Wesen in demselben" oder findet es wenigstens zweifelhaft, so daß zwischen Traum und Wahrheit kein genugsam erweislicher Unterschied besteht. „Unser transzendentaler I. erlaubt es dagegen, daß die Gegenstände äußerer Anschauung, ebenso wie sie im Raume angeschaut werden, auch wirklich sind, und in der Zeit alle Veränderungen, so wie sie der innere Sinn vorstellt. Denn da der Raum schon eine Form derjenigen Anschauung ist, die wir die äußere nennen, und ohne Gegenstände in demselben es gar keine empirische Vorstellung geben würde, so können und müssen wir darin ausgedehnte Wesen als wirklich annehmen, und ebenso ist es auch mit der Zeit." Raum und Zeit selbst aber samt dem Inhalt derselben sind „nichts als Vorstellungen" und können nicht „außer unserem Gemüt" existieren. „In dem Raume aber und der Zeit ist die empirische Wahrheit der Erscheinungen genugsam gesichert und von der Verwandtschaft mit dem Traume hinreichend unterschieden, wenn beide nach empirischen Gesetzen in einer Erfahrung richtig und durchgängig zusammenhängen." Die Gegenstände der Erfahrung sind nicht an sich selbst gegeben, sie existieren nicht außer der Erfahrung; in der wirklichen Wahrnehmung sind sie gegeben oder aber in „möglichen Wahrnehmungen", zu denen man „im Fortgange der Erfahrung" unter bestimmten Bedingungen gelangen könnte und müßte. In diesem Sinne nur existieren Dinge (als Erscheinungen) schon vor ihrer (wirklichen) Wahrnehmung; außerdem noch, insofern sie im Ding an sich (transzendentalen Objekt, s. d.) gegründet sind. Für uns sind sie nur wirklich, sofern wir uns denken, daß eine „regressive Reihe möglicher Wahrnehmungen" am Leitfaden der Kausalität nach empirischen Gesetzen zu ihnen führt. Der Gedanke des Inbegriffs aller existierenden Gegenstände in aller Zeit und in allen Räumen ist nur „der Gedanke von einer möglichen Erfahrung in ihrer absoluten Vollständigkeit". Daß man sagt, die Gegenstände existieren „vor aller meiner Erfahrung", bedeutet nur, „daß sie in dem Teile der Erfahrung, zu welchem ich, von der Wahrnehmung anhebend, allererst fortschreiten muß, anzutreffen sind". „Die Ursache der empirischen Bedingungen dieses Fortschritts, mithin auf welche Glieder, oder auch, wie weit ich auf dergleichen im Regressus treffen könne, ist transzendental und mir daher notwendig unbekannt", KrV tr. Dial. 2. B. 2. H. 6. Abs. (I 438 ff.—Rc 570 ff.); vgl. Objekt, Ding, Erscheinung. Der transzendentale I. ist der Schlüssel zur Auflösung der kosmologischen Dialektik, der Antinomien (s. d.). Umgekehrt läßt sich aus diesem Antinomien die Idealität der Erscheinungen indirekt beweisen, durch folgendes Dilemma: „Wenn die Welt ein an sich existierendes Ganzes ist, so ist sie entweder endlich oder unendlich. Nun ist das Erstere sowohl als das Zweite falsch ... Also ist es auch falsch, daß die Welt (der Inbegriff aller Erscheinungen) ein an sich existierendes Ganzes sei. Woraus denn folgt, daß Erscheinungen überhaupt außer unseren Vorstellungen nichts sind, welches wir eben durch die transzendentale Idealität derselben sagen wollten", ibid. 7. Abs. (I 449f.—Rc 583).

„Der I. besteht in der Behauptung, daß es keine anderen als denkende Wesen gebe; die übrigen Dinge, die wir in der Anschauung wahrzunehmen glauben, wären nur Vorstellungen in den denkenden Wesen, denen in der Tat kein außerhalb diesen befindlicher Gegenstand korrespondierte. Ich dagegen sage: Es sind uns Dinge als außer uns befindliche Gegenstände unserer Sinne gegeben, allein von dem, was sie an sich selbst sein mögen, wissen wir nichts, sondern kennen nur ihre Erscheinungen, d. i. die Vorstellungen, die sie in uns wirken, indem sie unsere Sinne affizieren. Demnach gestehe ich allerdings, daß es außer uns Körper gebe, d. i. Dinge, die, obzwar nach dem, was sie an sich selbst sein mögen, uns gänzlich unbekannt, wir durch die Vorstellungen kennen, welche ihr Einfluß auf unsere Sinnlichkeit uns verschafft, und denen wir die Benennung eines Körpers geben, welches Wort also bloß die Erscheinung jenes uns unbekannten, aber nichtsdestoweniger wirklichen Gegenstandes bedeutet. Kann man dieses wohl I. nennen? Es ist ja gerade das Gegenteil davon." Wenn auch alle Qualitäten samt der Ausdehnung und Materialität bloß zu den Erscheinungen gehören, so wird dadurch doch nicht „die Existenz des Dinges, was erscheint" aufgehoben, Prol. § 13 Anmerk. II (III 43 f.). Der „transzendentale I." betrifft „nicht die Existenz der Sachen", sondern bloß die „sinnliche Vorstellung der Sachen, dazu Raum und Zeit zuoberst gehören". Besser aber heißt dieser I. der „kritische" I., ibid. § 13 Anmerk. III (III 49). „Der Satz aller echten Idealisten, von der eleatischen Schule an bis zum Bischof Berkeley ist in dieser Formel enthalten: ‚alle Erkenntnis durch Sinne und Erfahrung ist nichts als lauter Schein, und nur in den Ideen des reinen Verstandes und Vernunft ist Wahrheit'." „Der Grundsatz, der meinen I. durchgängig regiert und bestimmt, ist dagegen: ‚Alle Erkenntnis von Dingen aus bloßem reinen Verstande oder reiner Vernunft ist nichts als lauter Schein, und nur in der Erfahrung ist Wahrheit'." Bei Berkeley kann die Erfahrung keine Kriterien der Wahrheit haben, weil von ihm den Erscheinungen derselben nichts a priori zugrunde gelegt wird, während im „kritischen" („formalen") I. „Raum und Zeit (in Verbindung mit den reinen Verstandesbegriffen) a priori aller möglichen Erfahrung ihr Gesetz vorschreiben, welches zugleich das sichere Kriterium abgibt, in ihr Wahrheit von Schein zu unterscheiden". „Der eigentliche I. hat jederzeit eine schwärmerische Absicht und kann auch keine andere haben; der meinige aber ist lediglich dazu, um die Möglichkeit unserer Erkenntnis a priori von Gegenständen der Erfahrung zu begreifen, welches ein Problem ist, das bisher noch nicht aufgelöst, ja nicht einmal aufgeworfen worden. Dadurch fällt nun der ganze schwärmerische I., der immer (wie auch schon aus dem Plato zu ersehen) aus unseren Erkenntnissen a priori (selbst denen der Geometrie) auf eine andere (nämlich intellektuelle) Anschauung als die der Sinne schloß, weil man sich gar nicht einfallen ließ, daß Sinne auch a priori anschauen sollten." „Mein sogenannter (eigentlich kritischer) I. ist also von ganz eigentümlicher Art, nämlich so, daß er den gewöhnlichen umstürzt, daß durch ihn alle Erkenntnis a priori, selbst die der Geometrie, zuerst objektive Realität bekommt, welche ohne diese meine bewiesene Idealität des Raumes und der Zeit selbst von den eifrigsten Realisten gar nicht behauptet werden könnte", Prol. Anh. Probe eines Urteils . . u. 2. Anm. (III 151 ff.); vgl. Beilage I (III 171). Es ist der Satz (des transzendentalen, kritischen, formalen I.): „daß alle Vorstellungen der Sinne uns nur die Gegenstände als Erscheinungen zu erkennen geben", „ganz und gar nicht mit dem Urteile einerlei, sie enthielten nur den Schein von Gegenständen, wie es der Idealist behaupten würde", Fortschr. d. Metaph. 1. Abt. Gesch. d. Transzendentalphilosophie (V 3, 94).

Der („reale") I. kann „1. dadurch widerlegt werden, daß man zeigt, es müsse die Vorstellung äußerer Dinge nicht in der Einbildungskraft liegen, sondern in einem äußeren Sinne, weil die Form der Vorstellung in der Zeit, ohne die im Raume mit dazu zu nehmen, kein empirisches Bewußtsein seines eigenen Daseins in der Zeit, mithin keine innere Erfahrung möglich machen würde"; „2. dadurch, daß die Materie der Vorstellungen im Raume ohne einen äußeren Sinn unmöglich im Gemüte stattfinden würde. Denn die Einbildungskraft kann nur dadurch, daß sie den äußeren Sinn (in dem Inneren des Organs desselben) affiziert, eine Vorstellung vom Äußeren verschaffen, und es würde kein Stoff zu äußeren Vorstellungen in der Einbildung sein, wäre nicht ein äußerer Sinn da." „3. Weil die Einbildungskraft und ihr Produkt selbst nur Gegenstand des inneren Sinnes ist, so kann das empirische Bewußtsein (apprehensio) dieses Zustandes nur Sukzession enthalten. Aber diese kann selbst nicht anders als durch das Beharrliche, womit jenes Sukzessive zugleich ist, vorgestellt werden. Dieses Beharrliche, mit welchem das Sukzessive zugleich ist, d. i. der Raum, kann nun nicht wiederum Vorstellung der bloßen Einbildungskraft, sondern muß Vorstellung des Sinnes sein, weil sonst jenes Bleibende gar nicht in der Sinnlichkeit sein würde", N 6313 vgl. 6314 ff., 5653. „Mein scheinbarer Idealism ist die Einschränkung der sinnlichen Anschauung auf bloße Erfahrung und Verhütung, daß wir nicht mit ihnen über die Grenze derselben zu Dingen an sich selbst ausschweifen." „Der Idealist räumt ein, daß wirklich Ausdehnung und Körper außer uns sein könnten, aber nicht wirklich seien, also bloß ein Traum in uns. Wir behaupten, daß diese lauter Vorstellungen und nur in uns sein können, aber ihre Gegenstände gleichwohl außer uns sein mögen, aber wir von dem, was sie an sich seien, nichts wissen", N 5642. „Ob wir wohl Dinge als zugleich existierend denken könnten, wenn sie bloß das, was in uns und in unserem Gemüt ist, repräsentierten. Die Gedanken in mir sind nicht zugleich", N 6345. „Der theoretische I.: daß es keine äußere Welt gebe; der praktische: daß unsere Glückseligkeit davon nicht abhänge; der logische: indem man die sensitive (Erkenntnis) für unvollkommen hält und bloß allgemeine Spekulation liebt. Der ästhetische I. würde der sein, der nicht eine schönere Welt als die wirkliche schildert, sondern das Gemüt disponiert, die Welt zu verschönern", N 230. „I. der Erscheinungen: Wir sind zum Teil Schöpfer derselben aus dem Standpunkte, den wir annehmen, Dichter", N 254. „Der I. des Geschmacks besteht darin, daß die Originale ideal sind, und nicht gegebene Modelle", N 233. „Der praktische I. (nicht des Hirngespinsts, sondern der Vernunft, I. der Weisheit): daß die Welt nur dasjenige sei, wozu wir sie machen, daß sie in einem fröhlichen Gemüte heitere, und einem trübsinnigen düstere Aussichten gebe." „Daß wir in uns selbst die Gründe eines glückseligen Zustandes sehen müssen. Epikur und Aristipp", N 234. Die transzendentale Philosophie ist „ein Idealism, der nämlich das Subjekt sich selbst konstituiert", Altpreuß. Mth. XXI 374; „das formale System der Ideen, dadurch das Subjekt sich selbst zum Objekt macht", ibid. XXI 373 (vgl. XXI 368); „die Selbstschöpfung (Autokratie) der Ideen zum einem vollständigen System der Gegenstände der reinen Vernunft", ibid. Der transzendentale I. ist der „Schlüssel zur Eröffnung aller Geheimnisse des ganzen Weltsystems", ibid. XXI 339. Vgl. Außenwelt, Erscheinung, Objekt, Ding an sich, Ich, Kritizismus, Transzendentalphilosophie, Antinomie.

Idealität s. Idealismus, Anschauungsformen, Mathematik, Realität. Die „I." der Anschauungsformen und Kategorien bedeutet deren Abhängigkeit von der Gesetzlichkeit des erkennenden Bewußtseins; sie schließt die „empirische Realität", die Geltung für alle Gegenstände der Erfahrung ein, ist nicht Subjektivität (s. d.) im symbolischen Sinne.

„Die Realität des Freiheitsbegriffs ... zieht unvermeidlicherweise die Lehre von der I. der Gegenstände als Objekte der Anschauung im Raume und der Zeit nach sich. Denn wären diese Anschauungen nicht bloß subjektive Formen der Sinnlichkeit, sondern der Gegenstände an sich, so würde der praktische Gebrauch derselben, d. i. die Handlungen würden schlechterdings nur von dem Mechanism der Natur abhängen und Freiheit samt ihrer Folge, der Moralität, wäre vernichtet." Der transzendentale Begriff der Freiheit (s. d.) hat durch den kategorischen Imperativ unbezweifelte Realität, N 6343. Vgl. Subjektiv, Realität.

Idee, ästhetische. Eine ästhetische I. ist „diejenige Vorstellung der Einbildungskraft, die viel zu denken veranlaßt, ohne daß ihr doch irgendein bestimmter Gedanke, d. i. Begriff, adäquat sein kann, die folglich keine Sprache völlig erreicht und verständlich machen kann". Sie ist das Gegenstück von einer Vernunftidee, „welche umgekehrt ein Begriff ist, dem keine Anschauung (Vorstellung der Einbildungskraft) adäquat sein kann". „Die Einbildungskraft (als produktives Erkenntnisvermögen) ist nämlich sehr mächtig in Schaffung gleichsam einer anderen Natur aus dem Stoffe, den ihr die wirkliche gibt. Wir unterhalten uns mit ihr, wo uns die Erfahrung zu alltäglich vorkommt; bilden diese auch woh um, zwar noch immer nach analogischen Gesetzen, aber doch auch nach Prinzipien, die höher hinauf in der Vernunft liegen (und die uns ebensowohl natürlich sind, als die, nach welchen der Verstand die empirische Natur auffaßt); wobei wir unsere Freiheit vom Gesetze der Assoziation (welches dem empirischen Gebrauche jenes Vermögens anhängt) fühlen, so daß uns nach demselben von der Natur zwar Stoff geliehen, dieser aber von uns zu etwas anderem, nämlich dem, was die Natur übertrifft, verarbeitet werden kann.“ Derartige Vorstellungen der Einbildungskraft kann man I.n nennen, einmal „weil sie zu etwas über die Erfahrungsgrenze hinaus Liegendem wenigstens streben und so einer Darstellung der Vernunftbegriffe (der intellektuellen I.n) nahe zu kommen suchen“; ferner „weil ihnen als inneren Anschauungen kein Begriff völlig adäquat sein kann“. „Wenn nun einem Begriffe eine Vorstellung der Einbildungskraft untergelegt wird, die zu seiner Darstellung gehört, aber für sich allein soviel zu denken veranlaßt, als sich niemals in einem bestimmten Begriff zusammenfassen läßt, mithin den Begriff selbst auf unbegrenzte Art ästhetisch erweitert, so ist die Einbildungskraft hierbei schöpferisch und bringt das Vermögen intellektueller I.n (die Vernunft) in Bewegung, mehr nämlich bei Veranlassung einer Vorstellung zu denken. . ., als in ihr aufgefaßt und deutlich gemacht werden kann.“ Diejenigen Formen, „welche nicht die Darstellung eines gegebenen Begriffes selber ausmachen, sondern nur, als Nebenvorstellungen der Einbildungskraft, die damit verknüpften Folgen und die Verwandtschaft desselben mit anderen ausdrücken“, d. h. die „ästhetischen Attribute“, geben eine ästhetische I., welche dem Gemüt „die Aussicht in ein unabsehliches Feld verwandter Vorstellungen eröffnet“. Die ästhetische I. ist „eine, einem gegebenen Begriff beigesellte Vorstellung der Einbildungskraft, welche mit einer solchen Mannigfaltigkeit von Teilvorstellungen in dem freien Gebrauche derselben verbunden ist, daß für sie kein Ausdruck, der einen bestimmten Begriff bezeichnet, gefunden werden kann, die also zu einem Begriffe viel Unnennbares hinzudenken läßt, dessen Gefühl die Erkenntnisvermögen belebt und mit der Sprache, als bloßen Buchstaben, Geist verbindet“, KU § 49 (II 168 ff.). Schönheit (s. d.) ist der „Ausdruck ästhetischer I.n“, ibid. § 51 (II 175). „Eine ästhetische I. kann keine Erkenntnis werden, weil sie eine Anschauung (der Einbildungskraft) ist, der niemals ein Begriff adäquat gefunden werden kann.“ Sie ist „eine inexponible Vorstellung der Einbildungskraft“, d. h. eine Vorstellung, die sich nicht auf Begriffe bringen läßt, ibid. § 57 Anmerk. I (II 201). Vgl. Genie.

Idee, Platonische. Bei Plato sind die I.n „Urbilder der Dinge selbst“, die aus der höchsten Vernunft entspringen und dann der menschlichen zuteil werden. Die I. als Muster für die praktisch-sittlichen Begriffe und den Wert oder Unwert von Handlungen und Dingen ist ein glänzendes Verdienst Platos. Nach solchen I.n, nach einem „Maximum“ als Urbild muß alle wahre Gesetzgebung eingerichtet werden; die „pöbelhafte Berufung auf vorgeblich widerstreitende Erfahrung“ ist nicht zulässig, denn es ist höchst verwerflich, die Gesetze über das, was ich tun soll, von demjenigen herzunehmen, was getan wird. Im Sittlichen machen die I.n die Erfahrung (des Guten) erst möglich. Die Vernunft hat im Praktischen „wahrhafte Kausalität“, indem I.n „wirkende Ursachen“ der Handlungen werden, KrV tr. Dial. 1. B. 1. Abs. (I 328 ff.—Rc 396 ff.). Plato dehnte den Begriff der I. auch auf spekulative Erkenntnisse aus, sogar auf die der Mathematik. In der „mystischen Deduktion“ dieser I.n oder den „Übertreibungen, dadurch er sie gleichsam hypostasierte“, kann man ihm nicht folgen; „wiewohl die hohe Sprache, deren er sich in diesem Felde bediente, einer milderen und der Natur der Dinge angemessenen Auslegung ganz wohl fähig ist“, ibid. Anm. (I 329—Rc 397). Vgl. Ideal.

Idee, transzendentale. Der Verstand ist der Quell der Erfahrung (ihrer Form nach) durch die Kategorien und transzendentalen Grundsätze, die Vernunft (im engeren Sinne) die Quelle von „I.n“, reinen Vernunftbegriffen. Diese erscheinen, vermöge einer eigenartigen „Dialektik“ (s. d.) als Begriffe von erkennbaren Gegenständen. Das Unbedingte (s. d.), die Totalität der Bedingungen Umfassende, auf das die I.n sich beziehen, scheint ein Gegenstand der Erkenntnis zu sein. Aber die Antinomien (s. d.) der Vernunft zeigen, daß die I.n keine Begriffe von Objekten sein können. In ihrem die Erfahrung überschreitenden, transzendenten Gebrauche erweisen sich die I.n als widerspruchsvoll, illusorisch.

Faßt man sie aber nicht als „konstitutive", sondern „regulative" Begriffe auf, d. h. als oberste Gesichtspunkte der Verarbeitung, Systematisierung des schon verstandesmäßig bestimmten Erfahrungsmaterials, als Regeln für den nach allen Seiten fortschreitenden Erkenntnisprozeß, dann haben die I.en höchsten Wert, sind sie wissenschaftlich und philosophisch fruchtbar, und wären sie auch nur „heuristische Fiktionen", denen an Realität nichts entspräche. Die I.n gehen vom Gesichtspunkt des Ganzen, der Totalität, des Unbedingten aus und lenken die Forschung nach diesem hin, um dadurch darzutun, daß keine erreichte Grenze der Analyse und Synthese als letzte, nicht weiter überschreitbare betrachtet werden darf. Das absolute Ganze der Erfahrung ist nicht gegeben, aber es ist dem Denken aufgegeben, sich in der Richtung zu ihm zu bewegen, ohne daß ein Abschluß wirklich möglich ist. Es muß aber so gedacht und geforscht werden, als ob ein Unbedingtes als Ausgangs- oder Endpunkt des Erkennens (bzw. des Handelns) gegeben wäre. Die I.n erst ermöglichen systematischen Erfahrungszusammenhang, wenn auch nicht Erfahrung überhaupt.

Es gibt „reine Vernunftbegriffe", „die niemals in irgendeiner nur möglichen Erfahrung gegeben werden", deren objektive Realität also durch keine Erfahrung bestätigt werden kann. Sie gehen auf „die Vollständigkeit, d. i. die kollektive Einheit der ganzen möglichen Erfahrung und dadurch über jede gegebene Erfahrung hinaus", werden also „transzendent". „Sowie also der Verstand der Kategorien zur Erfahrung bedurfte, so enthält die Vernunft in sich den Grund zu I.n, worunter ich notwendige Begriffe verstehe, deren Gegenstand gleichwohl in keiner Erfahrung gegeben werden **kann**. Die letzteren sind ebensowohl in der Natur der Vernunft als die ersteren in der Natur des Verstandes gelegen", Prol. § 40 (III 91 f.). Eine „Selbsterkenntnis der reinen Vernunft in ihrem transzendenten (überschwenglichen) Gebrauch" ist das einzige Mittel gegen die Verirrungen der Vernunft, wenn diese ihre Bestimmung mißdeutet und „dasjenige transzendenter Weise aufs Objekt an sich selbst bezieht, was nur ihr eigenes Subjekt und die Leitung desselben in allem immanenten Gebrauche angeht", ibid. § 40 (III 93). Da der Ursprung der Kategorien in den vier logischen Funktionen aller Urteile des Verstandes liegt, so war es ganz natürlich, den Ursprung der I.n in den drei Funktionen der Vernunftschlüsse zu suchen. Die auf diese gegründeten I.n enthalten „erstlich die I. des vollständigen Subjekts (Substantiale), zweitens die I. der vollständigen Reihe der Bedingungen, drittens die Bestimmung aller Begriffe in der I. eines vollständigen Inbegriffs des Möglichen", ibid. § 43 (III 94 f.).

Die I.n sind „für unser theoretisches Erkenntnisvermögen überschwenglich", dabei aber doch nicht etwa unnütz oder entbehrlich, sondern dienen als „regulative Prinzipien", um „teils die besorglichen Anmaßungen des Verstandes, als ob er (indem er a priori die Bedingungen der Möglichkeit aller Dinge, die er erkennen kann, anzugeben vermag) dadurch auch die Möglichkeit aller Dinge überhaupt in diesen Grenzen beschlossen habe, zurückzuhalten, teils um ihn selbst in der Betrachtung der Natur nach einem Prinzip der Vollständigkeit, wiewohl er sie nie erreichen kann, zu leiten und dadurch die Endabsicht alles Erkenntnisses zu befördern", KU Vorr. (II 1 f.). „I.n in der allgemeinsten Bedeutung sind nach einem gewissen (subjektiven oder objektiven) Prinzip auf einen Gegenstand bezogene Vorstellungen, sofern sie doch nie eine Erkenntnis desselben werden können. Sie sind entweder nach einem bloß subjektiven Prinzip der Übereinstimmung der Erkenntnisvermögen untereinander (der Einbildungskraft und des Verstandes) auf eine Anschauung bezogen und heißen alsdann **ästhetische**, oder nach einem objektiven Prinzip auf einen Begriff bezogen, können aber doch nie eine Erkenntnis des Gegenstandes abgeben und heißen **Vernunftideen**." Eine ästhetische I. (s. d.) ist eine inexponible Vorstellung, die Vernunftidee ist ein „indemonstrabeler" Begriff der Vernunft, d. h. er kann durch keine empirische Anschauung belegt werden, KU § 57 Anmerk. I (II 200 f.).

Freiheit (s. d.) ist die einzige unter den I.n, wovon wir (als Bedingung des moralischen Gesetzes) die Möglichkeit a priori wissen. „Die I.n von **Gott** und **Unsterblichkeit** sind aber nicht Bedingungen des moralischen Gesetzes, sondern nur Bedingungen des notwendigen Objekts eines durch dieses Gesetz bestimmten Willens, d. i. des bloß praktischen Gebrauchs unserer reinen Vernunft; also können wir von jenen I.n auch, ich will nicht bloß sagen nicht die Wirklichkeit, sondern auch nicht einmal die Möglichkeit zu erkennen und einzusehen behaupten. Gleichwohl aber sind sie die Bedingungen der Anwendung des moralisch bestimmten Willens auf sein ihm a priori gegebenes Objekt (das höchste Gut). Folglich kann und muß ihre Möglichkeit in dieser praktischen Beziehung angenommen werden, ohne sie doch theoretisch zu erkennen und einzusehen. Für die letztere Forderung ist in praktischer Absicht genug, daß sie keine innere Unmöglichkeit (Widerspruch) enthalten. Hier ist nun ein in Vergleichung mit der spekulativen Vernunft bloß subjektiver Grund des Fürwahrhaltens, der doch einer ebenso reinen, aber praktischen Vernunft objektiv gültig ist, dadurch den I.n von Gott und Unsterblichkeit vermittels des Begriffs der Freiheit objektive Realität und Befugnis, ja subjektive Notwendigkeit (Bedürfnis der reinen Vernunft) sie anzunehmen verschafft wird... Und dieses Bedürfnis ist nicht etwa ein hypothetisches einer beliebigen Absicht der Spekulation..., sondern ein gesetzliches, etwas anzunehmen, ohne welches nicht geschehen kann, was man sich zur Absicht seines Tuns und Lassens unnachläßlich setzen soll", KpV Vorr. (II 4 f.). Die praktische Vernunft verschafft durch ihre Postulate (s. d.) den I.n von Gott (s. d.), Unsterblichkeit (s. d.), Freiheit (s. d.) objektive Realität, sie sichert dieselbe; weil die praktische Vernunft ihrer bedarf, wird die theoretische Vernunft, der gegenüber jene den Primat (s. d.) besitzt, genötigt, sie vorauszusetzen, ohne aber durch synthetische Sätze die Beschaffenheit der übersinnlichen Objekte dieser I.n näher bestimmen zu können, wenn sie diese Objekte auch durch ihre Kategorien (s. d.) zu „denken" vermag, ibid. 1. T. 2. B. 2. H. VII (II 171 ff.).

Die Realität (s. d.) der I.n ist nicht theoretisch, sondern nur „praktisch" (s. d.). Freiheit, Gott, Unsterblichkeit sind „in praktischer Absicht selbstgemachte I.n". Die I.n haben „objektive, aber nur in praktischer Rücksicht gültige Realität", Fortschr. d. Metaph. Auflösung d. Aufgabe III (V 3, 142 ff.); vgl. 2. Abs. 3. Stadium (V 3, 125 ff.). Vgl. Übersinnlich, Metaphysik. — Die „I.n" schafft sich die Vernunft selbst. Sie sind aber, „obzwar für das spekulative Erkenntnis überschwenglich", „nicht in aller Beziehung leer", sondern werden „in praktischer Absicht uns von der gesetzgebenden Vernunft selbst an die Hand gegeben", „nicht etwa um über ihre Gegenstände, was sie an sich und ihrer Natur nach sind, nachzugrübeln, sondern wie wir sie zum Behuf der moralischen, auf den Endzweck aller Dinge gerichteten Grundsätze zu denken haben (wodurch sie, die sonst gänzlich leer wären, objektive praktische Realität bekommen", Ende a. D. Anmerk. (VI 163). — Durch den kategorischen Imperativ (das Sittengesetz) „bekommen I.n, die für die bloß spekulative Vernunft völlig leer sein würden, ob wir gleich durch diese zu ihnen als Erkenntnisgründen unseres Endzwecks unvermeidlich hingewiesen werden, eine obzwar nur moralisch-praktische Realität: nämlich uns so zu verhalten, als ob ihre Gegenstände (Gott und Unsterblichkeit), die man also in jener (praktischen) Rücksicht postulieren darf, gegeben wären", Fried. i. d. Ph. 1. Abs. A. Von der Vereinbarkeit... (V 4, 33). — „I.n sind Vernunftbegriffe, denen kein Gegenstand in der Erfahrung adäquat gegeben werden kann. Sie sind weder Anschauungen (wie die von Raum und Zeit), noch Gefühle (wie die Glückseligkeitslehre sie sucht), welche beide zur Sinnlichkeit gehören; sondern Begriffe von einer Vollkommenheit, der man sich zwar immer nähern, sie aber nie vollständig erreichen kann", Anthr. 1. T. § 43 (IV 111). — „Eine I. ist nichts anderes als der Begriff von einer Vollkommenheit, die sich in der Erfahrung noch nicht vorfindet." „Erst muß unsere I. nur richtig sein, und dann ist sie bei allen Hindernissen, die ihrer Ausführung noch im Wege stehen, gar nicht unmöglich", Über Pädagogik (VIII 196).

Die reine Vernunft (im Unterschiede vom Verstande) ist eine Quelle eigener apriorischer Begriffe, „Vernunftbegriffe". Diese wollen sich nicht innerhalb der Erfahrung beschränken lassen, sondern gehen aufs Unbedingte (s. d.), über jede gegebene Erfahrung hinaus. Es sind „transzendentale I.n", KrV tr. Dial. 1. B. am Anfang (I 326 f.—Rc 393 ff.). Die I.

ist „ein Begriff aus Notionen, der die Möglichkeit der Erfahrung überschreitet", ibid. 1. Abs. (I 333—Rc 401). Wie die „Form der Urteile", „in einen Begriff von der Synthesis der Anschauungen verwandelt", die Kategorien (s. d.) hervorbringt, so enthält die „Form der Vernunftschlüsse, wenn man sie auf die synthetische Einheit der Anschauungen nach Maßgebung der Kategorien anwendet", den Ursprung der transzendentalen I.n, die „den Verstandesgebrauch im Ganzen der gesamten Erfahrung nach Prinzipien bestimmen", ibid. 2. Abs. (I 334—Rc 402). Die transzendentale I. ist ein Begriff „von der Totalität der Bedingungen zu einem gegebenen Bedingten". Sie ist der „Begriff des Unbedingten, sofern er einen Grund der Synthesis des Bedingten enthält". „Soviel Arten des Verhältnisses es nun gibt, die der Verstand vermittels der Kategorien sich vorstellt, so vielerlei reine Vernunftbegriffe wird es auch geben, und es wird also erstlich ein Unbedingtes der kategorischen Synthesis in einem Subjekt, zweitens der hypothetischen Synthesis der Glieder einer Reihe, drittens der disjunktiven Synthesis der Teile in einem System zu suchen sein." „Es gibt nämlich ebensoviel Arten von Vernunftschlüssen, deren jede durch Prosyllogismen zum Unbedingten fortschreitet, die eine zum Subjekt, welches selbst nicht mehr Prädikat ist, die andere zur Voraussetzung, die nichts weiter voraussetzt, und die dritte zu einem Aggregat der Glieder der Einteilung, zu welchem nichts weiter erforderlich ist, um die Einteilung eines Begriffs zu vollenden." „Daher sind die reinen Vernunftbegriffe von der Totalität in der Synthesis der Bedingungen wenigstens als Aufgaben, um die Einheit des Verstandes wo möglich bis zum Unbedingten fortzusetzen, notwendig und in der Natur der menschlichen Vernunft gegründet, es mag auch übrigens diesen transzendentalen Begriffen an einem ihnen angemessenen Gebrauch in concreto fehlen, und sie mithin keinen anderen Nutzen haben, als den Verstand in die Richtung zu bringen, darin sein Gebrauch, indem er aufs äußerste erweitert, zugleich mit sich selbst durchgehends einstimmig gemacht wird", ibid. (I 335 ff.—Rc 403 ff.). Die I. geht jederzeit „auf die absolute Totalität in der Synthesis der Bedingungen" und endigt nur bei dem „schlechthin, d. i. in jeder Beziehung Unbedingten". Die Vernunft geht auf höchste Einheit (s. d.) im Verstandesgebrauche, um „alle Verstandeshandlungen in Ansehung eines jeden Gegenstandes in ein absolutes Ganzes zusammenzufassen". Daher ist der objektive Gebrauch der I.n „transzendent". Die I. ist ein notwendiger Vernunftbegriff, „dem kein kongruierender Gegenstand in den Sinnen gegeben werden kann". Die I.n „betrachten alles Erfahrungserkenntnis als bestimmt durch eine absolute Totalität der Bedingungen". „Sie sind nicht willkürlich erdichtet, sondern durch die Natur der Vernunft selbst aufgegeben, und beziehen sich daher notwendigerweise auf den ganzen Verstandesgebrauch. Sie sind endlich transzendent und übersteigen die Grenze aller Erfahrung, in welcher also niemals ein Gegenstand vorkommen kann, der der transzendentalen I. adäquat wäre." Als „Begriff eines Maximum" kann die I. in concreto nie gegeben werden (daher „nur" eine I., deren Gegenstand stets ein „Problem" ohne Auflösung bleibt). — Nur die „Idee der praktischen Vernunft" kann stets „wirklich, obzwar nur zum Teil, in concreto gegeben werden", ja ist die „unentbehrliche Bedingung" jedes praktischen Vernunftgebrauchs. Sie ist also „jederzeit höchst fruchtbar". „In ihr hat die reine Vernunft sogar Kausalität, das wirklich hervorzubringen, was ihr Begriff enthält." — Die I.n sind weder überflüssig noch nichtig. „Denn wenn schon dadurch kein Objekt bestimmt werden kann, so können sie doch im Grunde und unbemerkt dem Verstande zum Kanon seines ausgebreiteten und einhelligen Gebrauchs dienen, dadurch er zwar keinen Gegenstand mehr erkennt, als er nach seinen Begriffen erkennen würde, aber doch in dieser Erkenntnis besser und weiter geleitet wird. Zu geschweigen, daß sie vielleicht von den Naturbegriffen zu den praktischen einen Übergang möglich machen und den moralischen I.n selbst auf solche Art Haltung und Zusammenhang mit den spekulativen Erkenntnissen der Vernunft verschaffen können", ibid. (I 337 ff.—Rc 406 ff.). — Die I.n haben es mit der „unbedingten synthetischen Einheit aller Bedingungen überhaupt" zu tun. Sie lassen sich unter „drei Klassen" bringen, welche enthalten: 1. die absolute (unbedingte) Einheit des denkenden

Subjekts (Gegenstand der transzendentalen Seelenlehre, der rationalen Psychologie); 2. die absolute Einheit der Reihe der Bedingungen der Erscheinung (Gegenstand der transzendentalen Kosmologie, Weltwissenschaft); 3. die absolute Einheit der Bedingung aller Gegenstände des Denkens überhaupt (Gegenstand der transzendentalen Theologie). Die I.en dienen „nur zum Aufsteigen in der Reihe der Bedingungen bis zum Unbedingten d. i. zu den Prinzipien". In Ansehung des „Hinabgehens zum Bedingten" gibt es keinen transzendentalen, nur einen logischen Gebrauch der Vernunft. „Denn zur Möglichkeit des Bedingten wird zwar die Totalität seiner Bedingungen, aber nicht seiner Folgen vorausgesetzt." Von den I.n ist keine „objektive Deduktion" möglich, da sie keine Beziehung auf irgendein Objekt haben. Doch ist eine „subjektive Ableitung" der I.n „aus der Natur unserer Vernunft" möglich. Unter den I.n besteht „ein gewisser Zusammenhang und Einheit". Die reine Vernunft bringt vermittelst ihrer alle ihre Erkenntnisse in ein System. Es besteht ein „natürlicher Fortschritt" von der Erkenntnis seiner selbst (der Seele) zur Welterkenntnis und von dieser zum Urwesen, ibid. 3. Abs. (I 343 ff.—Rc 412 ff.). Von dem Gegenstande einer I. hat man keinen eigentlichen „Begriff", keinen Verstandesbegriff. Oder besser: man hat von ihm keine „Kenntnis", obzwar einen „problematischen Begriff". Die „transzendentale (subjektive) Realität" der reinen Vernunftbegriffe beruht darauf, „daß wir durch einen notwendigen Vernunftschluß auf solche I.n gebracht werden" (ibid.). Auf den I.n beruhen die „dialektischen Vernunftschlüsse", ibid. tr. Dial. 2. B. am Anfang (I 347—Rc 416). Vgl. Schluß, Paralogismen, Antinomie, Ideal der reinen Vernunft. — Die Vernunft erzeugt „eigentlich gar keinen Begriff", sondern macht nur den Verstandesbegriff von den unvermeidlichen Einschränkungen einer möglichen Erfahrung frei, indem sie zu einem gegebenen Bedingten auf der Seite der Bedingungen absolute Totalität fordert und dadurch „die Kategorie zur transzendentalen I." macht. Die I.n sind eigentlich nur „bis zum Unbedingten erweiterte Kategorien". Und zwar taugen dazu nur jene Kategorien, in welchen die Synthesis eine „Reihe" ausmacht, eine Reihe der einander untergeordneten Bedingungen zu einem Bedingten, ibid. 2. H. 1. Abs. (I 375 f.—Rc 499 f.); vgl. kosmologische I.n, Antinomie. — Die I.n sind „kosmologisch", so lange wir mit unseren Vernunftbegriffen bloß die „Totalität der Bedingungen in der Sinnenwelt" zum Gegenstande haben. „Transzendent" werden sie, sobald wir das Unbedingte in demjenigen erblicken, „was ganz außerhalb der Sinnenwelt, mithin aller möglichen Erfahrung ist". Sie dienen dann nicht bloß „zur Vollendung des empirischen Vernunftgebrauchs", sondern machen sich selbst (intelligible) Gegenstände, die unerkennbar bleiben, ibid. 9. Abs. Schlußanmerk. (I 492 f.—Rc 628 ff.). — Die transzendentalen I.n erzeugen keine „konstitutiven", eigene Objekte zum Inhalt habenden Grundsätze, sondern nur „regulative" Prinzipien, welche einen Regressus in der Reihe der Bedingungen gegebener Erscheinungen gebieten. Diese Regel stellt die „Aufgabe", niemals in dieser Reihe bei einem schlechthin Unbedingten stehen zu bleiben, nichts in ihr als Letztes, als Grenze anzusehen, sondern nach immer weiteren Bedingungen zu suchen. Diese Regel ist „ein Grundsatz der größtmöglichen Fortsetzung und Erweiterung der Erfahrung". Sie sagt nicht, was das Objekt ist, sondern ist eine Regel der „regressiven Synthese", zum Fortgang ins Unendliche (s. d.) oder ins Unbestimmte (Indefinite), ohne daß je die Reihe der Bedingungen als „unendlich im Objekt gegeben" zu denken ist, ibid. 8. Abs. (I 451 ff.—Rc 584 ff.).

„I.n ... sind noch weiter von der objektiven Realität entfernt als Kategorien; denn es kann keine Erscheinung gefunden werden, an der sie sich in concreto vorstellen ließen. Sie enthalten eine gewisse Vollständigkeit, zu welcher keine mögliche empirische Erkenntnis zulangt, und die Vernunft hat dabei nur eine systematische Einheit im Sinne, welcher sie die empirisch-mögliche Einheit zu nähern sucht, ohne sie jemals völlig zu erreichen", ibid. tr. Dial. 2. B. 3. H. 1. Abs. (I 494—Rc 630f.). Da alles, was in der Natur unserer Kräfte gegründet ist, zweckmäßig und mit dem richtigen Gebrauche derselben einstimmig sein muß, wenn wir nur die eigentliche Richtung derselben ausfindig machen können, so haben auch die transzendentalen I.n ihren „guten und folglich immanenten Gebrauch",

„obgleich, wenn ihre Bedeutung verkannt und sie für Begriffe von wirklichen Dingen genommen werden, sie transzendent in der Anwendung und eben darum trüglich sein können". „Denn nicht die I. an sich selbst, sondern bloß ihr Gebrauch kann entweder in Ansehung der gesamten möglichen Erfahrung überfliegend (transzendent) oder einheimisch (immanent) sein, je nachdem man sie entweder geradezu auf einen ihr vermeintlich entsprechenden Gegenstand, oder nur auf den Verstandesgebrauch überhaupt, in Ansehung der Gegenstände, mit welchen er zu tun hat, richtet." Die Vernunft schafft keine Begriffe von Objekten, sondern „ordnet sie nur" und gibt ihnen größtmögliche Einheit („kollektive Einheit"). Die I.n sind nie von „konstitutivem Gebrauch", der sie zu „vernünftelnden" („dialektischen") Begriffen machen würde; sie haben vielmehr einen „vortrefflichen und unentbehrlich notwendigen Gebrauch, nämlich den Verstand zu einem gewissen Ziele zu richten, in Aussicht auf welches die Richtungslinien aller seiner Regeln in einen Punkt zusammenlaufen, der, ob er zwar nur eine I. (focus imaginarius), d. i. ein Punkt ist, aus welchem die Verstandesbegriffe wirklich nicht ausgehen, indem er ganz außerhalb den Grenzen möglicher Erfahrung liegt, dennoch dazu dient, ihnen die größte Einheit neben der größten Ausbreitung zu verschaffen". Eine Illusion ist der Schein, „als wenn diese Richtungslinien von einem Gegenstande selbst, der außer dem Felde empirischmöglicher Erkenntnis läge, ausgeschlossen wären", ibid. Anh. z. tr. Dial. Von d. regulativen Gebrauch... (I 548 ff.—Rc 690 ff.). Die I.n haben kein „Schema" (s. d.) der Anschauung, aber ein „Analogon" eines solchen. Dieses „Schema der Vernunft" ist die I. des „Maximum", deren Anwendung auf die Erfahrung eine Regel systematischer Einheit (s. d.) ergibt, ibid. (I 564 f.—Rc 708). Die I.n sind nicht an sich selbst dialektisch, nur in ihrem „Mißbrauch". Denn sie sind uns „durch die Natur unserer Vernunft aufgegeben", und die Vernunft, dieser „oberste Gerichtshof aller Rechte und Ansprüche unserer Spekulation", kann nicht selbst ursprüngliche Täuschungen und Blendwerke enthalten, auch nicht Widersprüche. Die „transzendentale Deduktion" der I.n besteht in der Legitimation derselben als „regulativer Prinzipien der systematischen Einheit des Mannigfaltigen der empirischen Erkenntnis überhaupt". Der „Gegenstand in der I." ist nur ein Schema zur Gewinnung solcher Einheit. Der Begriff einer höchsten Intelligenz z. B. ist nicht der Begriff eines gegebenen Gegenstandes, sondern die Regel, die Dinge der Welt so zu betrachten, „als ob sie von einer höchsten Intelligenz ihr Dasein hätten". „Auf solche Weise ist die I. eigentlich nur ein heuristischer und nicht ostensiver Begriff und zeigt an, nicht wie ein Gegenstand beschaffen ist, sondern wie wir unter der Leitung desselben die Beschaffenheit und Verknüpfung der Gegenstände der Erfahrung überhaupt suchen sollen." Die psychologischen I.n geben die Regel, alle Bewußtseinszustände so zu verknüpfen, als ob das Gemüt eine einfache, beharrende, identische Substanz wäre; die kosmologischen I.n leiten uns an, die Bedingungen der Naturerscheinungen so zu verfolgen, als ob die Untersuchung unendlich und ohne ein erstes und oberstes Glied sei (ohne deshalb die bloß „intelligiblen ersten Gründe" der Erscheinungen zu leugnen); die theologische I. gebietet, alles zur möglichen Erfahrung Gehörige so zu betrachten, als ob sie eine durchweg abhängige und innerhalb der Sinnenwelt bedingte Einheit ausmache, zugleich aber so, als ob die Sinnenwelt selbst einen einzigen obersten Grund außer ihr habe, eine gleichsam selbständige, schöpferische Vernunft. Es hindert uns nichts — außer den Antinomien (s. d.) der kosmologischen I.n —, diese I.n „auch als objektiv und hypostatisch anzunehmen". Ihre objektive Realität läßt sich nicht bestreiten. Aber diese bloße Annahme genügt nicht, um aus „Gedankenwesen" („idealischen Wesen") wirkliche Dinge zu machen. Sie können (theoretisch) nur als „Analoga von wirklichen Dingen" gebraucht werden, indem wir uns ein Etwas denken, „wovon wir, was es an sich selbst sei, gar keinen Begriff haben, aber wovon wir uns doch ein Verhältnis zu dem Inbegriffe der Erscheinungen denken, das demjenigen analogisch ist, welches die Erscheinungen untereinander haben". Durch die Annahme „idealischer Wesen" erweitern wir nur die „empirische Einheit" der Erfahrung durch die „systematische Einheit", zu der uns die I. das „Schema" gibt, ibid. Von d. Endabsicht... (I 567 ff.—Rc 711 ff.). Die I.n haben „keinen Gegenstand in irgendeiner Erfahrung, aber bezeichnen darum doch nicht gedichtete und zugleich dabei für möglich angenommene Gegenstände“. „Sie sind bloß problematisch gedacht, um in Beziehung auf sie (als heuristische Fiktionen) regulative Prinzipien des systematischen Verstandesgebrauchs im Felde der Erfahrung zu gründen. Geht man davon ab, so sind es bloße Gedankendinge, deren Möglichkeit nicht erweislich ist, und die daher auch nicht der Erklärung wirklicher Erscheinungen durch eine Hypothese zum Grunde gelegt werden können.“ Rein intelligible Wesen oder Eigenschaften lassen sich mit keiner gegründeten Befugnis der Vernunft als Meinung annehmen, obzwar sie sich auch nicht dogmatisch ableugnen kann. Eine „transzendentale Hypothese“ (s. d.), bei der die bloße I. zur Erklärung von Naturdingen gebraucht würde, wäre gar keine Erklärung, ibid. tr. Meth. 1. H. 3. Abs. (I 642 f.—Rc 791 f.).

Die I.n dienen dazu, „durch Vernunft, in Ansehung der Erfahrung und des Gebrauchs der Regeln derselben in der größten Vollkommenheit, den Verstand zu leiten oder auch zu zeigen, daß nicht alle möglichen Dinge Gegenstände der Erfahrung seien, und daß die Prinzipien der Möglichkeit der letzteren nicht von Dingen an sich selbst, auch nicht von Objekten der Erfahrung, als Dingen an sich selbst gelten“. „Die I. enthält das Urbild des Gebrauchs des Verstandes, z. B. die I. vom Weltganzen, welche notwendig sein muß, nicht als konstitutives Prinzip zum empirischen Verstandesgebrauche, sondern nur als regulatives Prinzip zum Behuf des durchgängigen Zusammenhanges unseres empirischen Verstandesgebrauchs. Sie ist also als ein notwendiger Grundbegriff anzusehen, um die Verstandeshandlungen der Subordination entweder objektiv zu vollenden oder als unbegrenzt anzusehen, — Auch läßt sich die I. nicht durch Zusammensetzung erhalten; denn das Ganze ist hier eher als der Teil. Indessen gibt es doch I.n, zu denen eine Annäherung stattfindet. Dieses ist der Fall mit den mathematischen oder den I.n der mathematischen Erzeugung eines Ganzen, die sich wesentlich von den dynamischen unterscheiden, welche allen konkreten Begriffen gänzlich heterogen sind, weil das Ganze nicht der Größe (wie bei den mathematischen), sondern der Art nach von den konkreten Begriffen verschieden ist.“ „Man kann keiner theoretischen I. objektive Realität verschaffen oder dieselbe beweisen, als nur der I. von der Freiheit; und zwar weil diese die Bedingung des moralischen Gesetzes ist, dessen Realität ein Axiom ist. — Die Realität der I. von Gott kann nur durch diese und also nur in praktischer Absicht, d. i. so zu handeln, als ob ein Gott sei — also nur für diese Absicht bewiesen werden“, Log. § 3 Anmerk. 2 (IV 99 f.).

I.n „sind wirkliche Begriffe, deren Bestimmung aber es notwendig macht, das Objekt durch Prädikate zu denken, deren Beispiel in gar keiner Erfahrung gegeben werden kann. In diesen wird wirklich etwas gedacht, nur dadurch gar nichts erkannt“, Lose Bl. C 5. „Wir ziehen aus allen Gegenständen von einerlei Art endlich ein Urbild“, N 323. „Weltbegriffe“ sind Begriffe der „unbedingten Totalität der Synthesis“, N 5601. „Die I. ist die Einheit der Erkenntnis, daraus das Mannigfaltige entweder der Erkenntnis oder des Gegenstandes möglich wird“, N 4347. „Die I. ist einzig (individuum), selbständig und ewig. Das ist das Göttliche unserer Seele, daß sie der Idee fähig ist. Die Sinne geben nur Nachbilder oder gar Apparenzen“, N 5247. „I. ist die Vorstellung des Ganzen, insofern sie notwendig vor der Bestimmung der Teile vorhergeht. Sie kann niemals empirisch vorgestellt werden, weil in der Erfahrung man von den Teilen durch sukzessive Synthesis zum Ganzen geht. Sie ist das Urbild der Dinge, weil gewisse Gegenstände nur durch eine I. möglich sind. Transzendentale I.n sind die, wo das (absolute) Ganze überhaupt die Teile im Aggregat oder [der] Reihe bestimmt“, N 5248. „Transzendentale I.n sind Begriffe aus Prinzipien der Spekulation, nicht der Intellektion der Erscheinung, also über die absolute Totalität in der Synthesis der Erscheinungen“, N 5074. Sie dienen dazu, zu zeigen, „daß, was gar kein Gegenstand möglicher Erfahrung ist, darum kein Unding sei, und daß die Erfahrung sich selbst und der Vernunft nicht zureichend sei, sondern immer weiter, und also von sich abweise“, N 5938. „Durch die kosmologischen I.n wollen wir das absolute Ganze der

Reihe der Bedingungen in den Erscheinungen erkennen. Durch die psychologischen die absolute Beschaffenheit eines Gegenstandes der Erfahrung (nicht in Relation auf Dinge) als Dinges an sich selbst. Durch die theologische das Dasein der Dinge aus bloßen Begriffen (ohne alle Erfahrung), d. i. wir machen uns eine I., die zugleich das Dasein a priori unzertrennlich bei sich führe", N 5939. I.n sind „a priori durch reine Vernunft geschaffene Bilder (Anschauungen)", Altpreuß. Mth. XXI 349. Vgl. Dialektik, Antionomie, Kosmologisch, Ideal, Unendlich, Totalität, Unbedingt, Als ob, Fiktion.

Identische Urteile. I. U. „tragen nichts zur Deutlichkeit des Begriffs bei, wozu doch alles Urteilen abzwecken muß, und heißen daher leer". Analytische Urteile „gründen sich zwar auf die Identität und können darin aufgelöst werden, aber sie sind nicht identisch", Fortschr. d. Metaph. Beilage I, Abhandlung (V 3, 153).

Identität. Die I. des reinen Bewußtseins ist eine Urbedingung der Möglichkeit der Erkenntnis und Erfahrung. Diese I. ist nur durch eine Synthese (s. d.) möglich. Nur dadurch, „daß ich ein Mannigfaltiges gegebener Vorstellungen in einem Bewußtsein verbinden kann, ist es möglich, daß ich mir die I. des Bewußtseins in diesen Vorstellungen selbst vorstelle". Nur durch die Möglichkeit solcher Synthesis der Apperzeption (s. d.) nenne ich die Vorstellungen meine Vorstellungen. „Synthetische Einheit des Mannigfaltigen der Anschauungen, als a priori gegeben, ist also der Grund der I. der Apperzeption selbst, die a priori allem meinem bestimmten Denken vorhergeht." Ohne diese Synthesis kann die „durchgängige I. des Selbstbewußtseins" nicht gedacht werden, KrV tr. Anal. § 16 (I 152 f.—Rc 175 f.). Die Einheit (s. d.) des Bewußtseins wäre unmöglich, „wenn nicht das Gemüt in der Erkenntnis des Mannigfaltigen sich der I. der Funktion bewußt werden könnte, wodurch sie dasselbe synthetisch in einer Erkenntnis verbindet". Das ursprüngliche und notwendige „Bewußtsein der I. seiner selbst" ist zugleich „ein Bewußtsein einer eben so notwendigen Einheit der Synthesis aller Erscheinungen nach Begriffen, d. i. nach Regeln, die sie nicht allein notwendig reproduzibel machen, sondern dadurch auch ihrer Anschauung einen Gegenstand bestimmen, d. i. den Begriff von etwas, darin sie notwendig zusammenhängen; denn das Gemüt könnte sich unmöglich die I. seiner selbst in der Mannigfaltigkeit seiner Vorstellungen, und zwar a priori, denken, wenn es nicht die I. seiner Handlung vor Augen hätte, welche alle Synthesis der Apprehension (die empirisch ist) einer transzendentalen Einheit unterwirft", KrV. 1. A. tr. Anal. 1. B. 2. H. 2. Abs. 3 (I 714—Rc 188 f.). Die „numerische I." des reinen Selbstbewußtseins ist a priori gewiß, weil nichts ohne sie in die Erkenntnis kommen kann. Da diese I. „notwendig in die Synthesis alles Mannigfaltigen der Erscheinungen, sofern sie empirische Erkenntnis werden soll, hineinkommen muß, so sind die Erscheinungen Bedingungen a priori unterworfen, welchen ihre Synthesis (der Apprehension) durchgängig gemäß sein muß", ibid. 2. Abs 4 (I 718—Rc 196 f.). Der Satz von der „I. meiner selbst bei allem Mannigfaltigen, dessen ich mir bewußt bin", ist ein analytischer Satz. Aber diese „I. des Subjekts, deren ich mir in allen seinen Vorstellungen bewußt werden kann", betrifft nicht die Anschauung desselben als Objekt, kann also auch nicht die „I. der Person" bedeuten, nicht die I. einer beharrlichen Seelensubstanz, KrV tr. Dial. 2. B. 1. H. (I 356—Rc 429 f.).

„Wenn ich die numerische I. eines äußeren Gegenstandes durch Erfahrung erkennen will, so werde ich auf das Beharrliche derjenigen Erscheinung, worauf als Subjekt sich alles Übrige als Bestimmung bezieht, acht haben und die I. von jenem in der Zeit, da dieses wechselt, bemerken". Das Ich (s. d.) ist sich der numerischen I. seiner selbst in verschiedenen Zeiten bewußt, und sofern „Person" (s. d.). Ich beziehe alle meine sukzessiven Bestimmungen aufs „numerisch identische Selbst in aller Zeit" Dies sagt aber nicht mehr als: „in der ganzen Zeit, darin ich mir meiner bewußt bin, bin ich mir dieser Zeit, als zur Einheit meines Selbst gehörig, bewußt, und es ist einerlei, ob ich sage: diese ganze Zeit ist in mir als individueller Einheit, oder: ich bin mit numerischer I. in aller dieser Zeit befindlich". Diese I. der Person ist nicht erschlossen, sondern ein „identischer Satz". Als Gegenstand äußerer Anschauung aber bin ich „in der Zeit", ist also die Zeit nicht (wie bei der Apperzeption) „in mir". Der äußere Beobachter wird also aus dem „Ich, welches alle Vorstellungen zu aller Zeit in meinem Bewußtsein, und zwar mit völliger I., begleitet", noch nicht auf die objektive Beharrlichkeit meiner selbst schließen. „Denn da alsdann die Zeit, in welche der Beobachter mich setzt, nicht diejenige ist, die in meiner eigenen, sondern die in seiner Sinnlichkeit angetroffen wird, so ist die I., die mit meinem Bewußtsein notwendig verbunden ist, nicht darum mit dem seinigen, d. i. mit der äußeren Anschauung meines Subjekts verbunden." „Es ist also die I. des Bewußtseins meiner selbst in verschiedenen Zeiten nur eine formale Bedingung meiner Gedanken und ihres Zusammenhanges, beweist aber gar nicht die numerische I. meines Subjekts, in welchem, unerachtet der logischen I. des Ich, doch ein solcher Wechsel vorgegangen sein kann, der es nicht erlaubt, die I. desselben beizubehalten, obzwar ihm immer noch das gleichlautende Ich zuzuteilen, welches in jedem anderen Zustande, selbst der Umwandlung des Subjekts, doch immer den Gedanken des vorhergehenden Subjekts aufbehalten und so auch dem folgenden überliefern könnte" (durch Einflößung der Vorstellungen einer Substanz an andere, deren letzte sich der Zustände der ihr vorhergehenden als ihrer eigenen bewußt sein würde — analog der Übertragung der Bewegung einer elastischen Kugel an andere). Wir können nicht ausmachen, ob das Ich, das als identisches Selbst nur ein Gedanke ist, „nicht ebensowohl fließe als die übrigen Gedanken, die dadurch aneinander gekettet werden". Aus der „I. des Ich in dem Bewußtsein aller Zeit" folgt nicht die „I. der Person", also auch nicht die Substantialität der Seele (s. d.). Nur zum „praktischen Gebrauche" ist der Begriff der identischen Persönlichkeit nötig und hinreichend, KrV 1. A. tr. Dial. 2. B. 1. H. 3. Paralogismus (I 739 ff.—Rc 442ff.). — „Die I. der Person betrifft das intelligible Subjekt bei aller Verschiedenheit des empirischen Bewußtseins", N 6319. Vgl. Ich, Person, Apperzeption, Einheit, Seele, Kausalität.

Identität des Nicht-zu-Unterscheidenden. Der Satz: „Keins von den Dingen der ganzen Welt ist einem anderen in allen Stücken ähnlich" (Satz des Nicht-zu-Unterscheidenden), gilt nicht allgemein. Zwei Dinge, die in ihren (inneren und äußeren) Merkmalen übereinstimmen, aber einen verschiedenen Ort einnehmen, sind nicht identisch, N. diluc. Propos. 11 (V 1, 40). „Nach bloßen Verstandesbegriffen ist, zwei Dinge außer einander zu denken, die doch in Ansehung aller inneren Bestimmungen (der Quantität und Qualität) ganz einerlei wären, ein Widerspruch; es ist immer nur ein und dasselbe Ding zweimal gedacht (numerisch Eines)." „Dies ist Leibnizens Satz des Nichtzuunterscheidenden, dem er keine geringe Wichtigkeit beilegt, der aber doch stark wider die Vernunft verstößt, weil nicht zu begreifen ist, warum ein Tropfen Wasser an einem Orte hindern sollte, daß nicht an einem andern ein ebendergleichen Tropfen angetroffen würde. Aber dieser Anstoß beweist sofort, daß Dinge im Raum nicht bloß durch Verstandesbegriffe als Dinge an sich, sondern auch ihrer sinnlichen Anschauung nach als Erscheinungen vorgestellt werden müssen, um erkannt zu werden, und daß der Raum nicht eine Beschaffenheit oder Verhältnis der Dinge an sich selbst sei, wie Leibniz annahm, und daß reine Verstandesbegriffe für sich allein keine Erkenntnis abgeben", Fortschr. d. Metaph. 1. Abs. Von d. Trüglichkeit . . . (V 3, 108). Wir können zwei rein verstandesmäßig gleiche Dinge doch durch die Örter im Raume unterscheiden, ibid. 2. Abs. 1. Stadium (V 3, 109 f.). Leibniz hat fälschlich den Satz des Nicht-zu-Unterscheidenden, „der bloß von Begriffen der Dinge überhaupt gilt", auch auf die Gegenstände der Sinne ausgedehnt, KrV tr. Anal. Anh. Anmerk. z. Amphibolie (I 299—Rc 363 f.). Vgl. Reflexionsbegriffe.

Identität (Satz der). Das oberste Wahrheitsprinzip: „Alles, was ist, das ist" und „Alles, was nicht ist, das ist nicht". „Wenn das Subjekt, an sich oder in Beziehung betrachtet, das setzt, was den Begriff des Prädikats enthält, oder das ausschließt, was durch den Begriff des Prädikats ausgeschlossen wird, so kommt das Prädikat jenem Subjekte zu." Oder: „Allemal, wenn zwischen den Begriffen des Subjekts und des Prädikats I. angetroffen wird, ist der Satz wahr." Auch der indirekten Beweisführung liegt der Identitätssatz zugrunde. 1. „Alles, dessen Gegenteil falsch ist, ist wahr, d. h. wessen Gegenteil verneint wird, das ist zu bejahen"; 2. „alles, dessen Gegenteil wahr ist, ist falsch". Oder: 1. „Alles, was nicht nicht ist, das ist", 2. „alles, was nicht ist, das ist nicht", N. diluc. Propos. 2 (V 1, 6 f.). Dem Prinzip der I. gebührt der Vorzug vor dem Prinzip des Widerspruchs, ibid. Propos. 3 (V 1, 9 f.). „Der Satz .., der das Wesen einer jeden Bejahung ausdrückt und mithin die oberste Formel aller bejahenden Urteile enthält, heißt: Einem jeden Subjekte kommt ein Prädikat zu, welches ihm identisch ist. Dieses ist der Satz der I.", Nat. Theol. 3. Btr. § 3 (V 1, 139); vgl. Log. Einl. VII (IV 58). Vgl. Urteil (analytisches).

Identitätstheorie. Eine (nicht zu erlaubende, aber mögliche) Hypothese ist die Annahme, daß „dasjenige Etwas, welches den äußeren Erscheinungen zum Grunde liegt, was unseren Sinn so affiziert, daß er die Vorstellungen von Raum, Materie, Gestalt usw. bekommt, dieses Etwas als Noumenon (oder besser als transzendentaler Gegenstand) betrachtet" zugleich das Subjekt der Gedanken sei, das also an sich nicht ausgedehnt usw. ist, sondern die „Prädikate des inneren Sinnes" (Vorstellungen usw.) besitzt. Materie (Körper) ist nur die Erscheinung eines unbekannten „Substratum". Ich kann von diesem annehmen, daß es „an sich einfach" sei, obgleich es „in uns die Anschauung des Ausgedehnten und mithin Zusammengesetzten" hervorbringt, „daß also der Substanz, der in Ansehung unseres äußeren Sinnes Ausdehnung zukommt, an sich selbst Gedanken beiwohnen, die durch ihren eigenen inneren Sinn mit Bewußtsein vorgestellt werden können". „Auf solche Weise würde eben dasselbe, was in einer Beziehung körperlich heißt, in einer anderen zugleich ein denkend Wesen sein, dessen Gedanken wir zwar nicht, aber doch die Zeichen derselben in der Erscheinung, anschauen können. Dadurch würde der Ausdruck wegfallen, daß nur Seelen (als besondere Arten von Substanzen) denken; es würde vielmehr wie gewöhnlich heißen, daß Menschen denken, d. i. eben dasselbe, was als äußere Erscheinung ausgedehnt ist, innerlich (an sich selbst) ein Subjekt sei, was nicht zusammengesetzt, sondern einfach ist und denkt", KrV 1. A. tr. Dial. 2. B. 1. H. Kritik des 2. Paralogismus (I 736 f.—Rc 437 ff.). Das „transzendentale Objekt", das der Materie und der Seele zugrundeliegt, ist „weder Materie noch ein denkend Wesen an sich selbst", ibid. Kritik des 4. Paralogismus (I 751—Rc 466); vgl. Dualismus, Seele.

Idol ist eine anthropomorphistisch, nicht bloß moralisch vorgestellte Gottheit, KU § 89 Anm. (II 332), vgl. Rel. 4. St. 2. T. § 3 (IV 217). **Idololatrie** ist „ein abergläubischer Wahn, dem höchsten Wesen sich durch andere Mittel als durch eine moralische Gesinnung wohlgefällig machen zu können", KU § 89 (II 332). Vgl. Abgötterei, Aberglaube, Anthropomorphismus.

Jesus s. Christentum.

Illusion. „I." ist dasjenige dem Verstande durch Sinnesvorstellungen gemachte „Blendwerk", welches bleibt, „ob man gleich weiß, daß der vermeinte Gegenstand nicht wirklich ist". „Dieses Spiel des Gemüts mit dem Sinnenschein ist sehr angenehm und unterhaltend" (Beispiel: die I. in der Malerei), Anthr. 1. T. § 13 (IV 41). — Über die I.en der reinen Vernunft vgl. Dialektik, Schein.

Imaginär: nur in der Einbildung, erdichtet, nicht real („entia ficta imaginaria", Vorles. über Metaphys., S. 41 f.). Vgl. Fiktion.

Immanent s. Transzendent. I. (darin, d. h. innerhalb möglicher Erfahrung, bleibend) ist jeder Begriff, jede Erkenntnis, die nicht über die Grenzen der Erfahrung hinausgehen. Der „Gebrauch" (s. d.) der Kategorien und Grundsätze (s. d.) des reinen Verstandes ist ein immanenter, da sich deren Anwendung „ganz und gar in den Schranken möglicher Erfahrung hält", KrV tr. Dial. Einl. I (I 316—Rc 382). Der richtige, zweckmäßige Gebrauch der „Ideen" (s. d.) ist ein immanenter, auf die systematische Einheit der Verstandeserkenntnis von Gegenständen möglicher Erfahrung gehender, ibid. Anh. z. tr. Dial. Von d. regulativen Gebrauch ... (I 356—Rc 690). Dialektisch gebraucht aber sind die Ideen transzendente, die Erfahrung überfliegende Begriffe. „Der Gebrauch der Verstandesbegriffe war immanent, der Ideen als Begriffe von Objekten ist transzendent; aber als regulative Prinzipien der Vollendung und dabei zugleich der Schrankenbestimmung unserer Erkenntnis sind sie kritisch-immanent", N 5602. Vgl. Gott, Gebrauch, Grundsätze, Idee (transzendentale).

Immateriell s. Geist, Seele.

Imperativ. Ein I. ist ein normatives Urteil, ein Satz, der ein Sollen (s. d.), eine praktische Notwendigkeit ausspricht. In den „hypothetischen" I.en handelt es sich um ein bedingtes Sollen, im Hinblick auf einen Zweck, zu dessen Erreichung etwas als Mittel vorgeschrieben wird. Der „kategorische" I. drückt ein unbedingtes Sollen, eine absolute Forderung (Norm) der Vernunft aus, ohne Rücksicht auf einen Zweck, eine „Materie" des Willens. Das Sittengesetz wird in einem solchen I. formuliert, welcher Allgemeingültigkeit des Wollens, Eignung der Maxime desselben zu einer allgemeinen Gesetzgebung fordert. Es folgt daraus auch die Forderung, die Menschheit in jedem nie bloß als Mittel, sondern auch als Zweck zu behandeln (d. h. als Persönlichkeit, als vernünftiges Wesen; vgl. Sittlichkeit). Der kategorische I. entspringt der Autonomie (s. d.) der praktischen Vernunft und weist auf die Freiheit (s. d.) des („intelligiblen") Menschen hin. Die Allgemeingültigkeit der Willensmaxime schließt nicht eine Rücksicht auf die Besonderheit der (äußeren und inneren) Umstände des Handelns aus, ist rein formal.

Die Bestimmung eines nicht „heiligen", d. h. nicht völlig der Vernunft gemäßen Willens nach objektiven Gesetzen ist „Nötigung". Die Vorstellung eines für einen Willen nötigenden objektiven Prinzips ist ein „Gebot" (der Vernunft) und die „Formel des Gebots" heißt „I.". Alle I.e werden durch ein Sollen ausgedrückt und zeigen dadurch eine Nötigung an. Sie sagen, daß etwas „zu tun oder zu unterlassen gut sein würde", sind „Formeln", um „das Verhältnis objektiver Gesetze des Wollens überhaupt zu der subjektiven Unvollkommenheit des Willens dieses oder jenes vernünftigen Wesens, z. B. des menschlichen Willens" auszudrücken, GMS 2. Abs. (III 34 f.). „Alle I.en nun gebieten entweder hypothetisch oder kategorisch. Jene stellen die praktische Notwendigkeit einer möglichen Handlung als Mittel zu etwas anderem, was man will (oder doch möglich ist, daß man es wolle), zu gelangen vor. Der kategorische I. würde der sein, welcher eine Handlung als für sich selbst, ohne Beziehung auf einen anderen Zweck, als objektiv-notwendig vorstellte." „Wenn ... die Handlung bloß wozu anders als Mittel gut sein würde, so ist der I. hypothetisch; wird sie als an sich gut vorgestellt, mithin als notwendig in einem an sich der Vernunft gemäßen Willen, als Prinzip desselben, so ist er kategorisch." Der I. sagt, „welche durch mich mögliche Handlung gut wäre". „Der hypothetische I. sagt also nur, daß die Handlung zu irgendeiner möglichen oder wirklichen Absicht gut sei. Im ersteren Falle ist er ein problematisch-, im zweiten assertorisch-praktisches Prinzip. Der kategorische I., der die Handlung ohne Beziehung auf irgendeine Absicht, d. i. auch ohne irgendeinen anderen Zweck, für sich als objektiv notwendig erklärt, gilt als ein apodiktisch-praktisches Prinzip." „Alle Wissenschaften haben irgendeinen praktischen Teil, der aus Aufgaben besteht, daß irgendein Zweck für uns möglich sei, und aus I.en, wie er erreicht werden könne. Diese können daher überhaupt I.en der Geschicklichkeit heißen. Ob der Zweck vernünftig und gut sei, davon ist hier gar nicht die Frage, sondern nur was man tun müsse, um ihn zu erreichen" (z. B. Vorschriften für den Arzt). Das sind problematische Prinzipien. Hingegen ist „der hypothetische I., der die praktische Notwendigkeit der Handlung als Mittel zur Beförderung der Glückseligkeit vorstellt", assertorisch. „Man darf ihn nicht bloß als notwendig zu einer ungewissen, bloß möglichen Absicht vortragen, sondern zu einer Absicht, die man sicher und a priori bei jedem Menschen voraussetzen kann, weil sie zu seinem Wesen gehört." Dieser I. ist, als eine „Vorschrift der Klugheit", ebenfalls hypothetisch. „Endlich gibt es einen I., der, ohne irgendeine andere durch ein gewisses Verhalten zu erreichende Absicht als Bedingung zum Grunde zu legen, dieses Verhalten unmittelbar gebietet. Dieser I. ist kategorisch. Er betrifft nicht die Materie der Handlung und das, was aus ihr erfolgen soll, sondern die Form und das Prinzip, woraus sie selbst folgt, und das Wesentlich-Gute derselben besteht in der Gesinnung, der Erfolg mag sein, welcher er wolle. Dieser I. mag der der Sittlichkeit heißen", ibid. (III 36 ff.). Die I.e sind: ad 1. „Regeln der Geschicklichkeit", ad 2. „Ratschläge der Klugheit", ad 3. „Gebote (Gesetze) der Sittlichkeit". Die ersten sind „technisch" (zur Kunst gehörig), die zweiten „pragmatisch" (zur Wohlfahrt gehörig), die dritten „moralisch" (zu den Sitten gehörig). Nur der kategorische I. ist durch keine Bedingung eingeschränkt und ist als „absolut-, obgleich praktisch - notwendig", ein eigentliches „Gebot", ein Gesetz, dem man „gehorchen", d. h. auch wider die Neigung Folge leisten muß, ibid. (III 38 f.).

Wie sind diese I.e möglich, d. h. wie ist „die Nötigung des Willens, die der I. in der Aufgabe ausdrückt", zu denken? Die I.e der Geschicklichkeit erklären sich leicht; denn wer den Zweck will, muß (vernünftigerweise wenigstens) die dazu unentbehrlichen, erreichbaren Mittel wollen. „Dieser Satz ist, was das Wollen betrifft, analytisch; denn in dem Wollen eines Objekts als meiner Wirkung wird schon meine Kausalität als handelnder Ursache, d. i. der Gebrauch der Mittel gedacht, und der I. zieht den Begriff notwendiger Handlungen zu diesem Zwecke schon aus dem Begriff eines Wollens dieses Zwecks heraus (die Mittel selbst zu einer vorgesetzten Absicht zu bestimmen, dazu gehören allerdings synthetische Sätze, die aber nicht den Grund betreffen, den Aktus des Willens, sondern das Objekt wirklich zu machen)", ibid. (III 39 f.). Würden die Mittel zur Glückseligkeit (s. d.) sich sicher angeben lassen, dann würde es mit den I.en der Klugheit ebenso stehen; da jenes aber nicht möglich ist, so sind sie eher „Anratungen" als Gebote. Ob es einen kategorischen I. in Wirklichkeit gibt, ist durch kein Beispiel (empirisch) auszumachen. Die Möglichkeit desselben ist a priori zu untersuchen. Er ist praktisches „Gesetz", nicht bloß ein „Prinzip" des Willens; er ist ferner ein „synthetisch-praktischer Satz a priori", d. h. „ich verknüpfe mit dem Willen, ohne vorausgesetzte Bedingung aus irgendeiner Neigung, die Tat a priori, mithin notwendig (obgleich nur objektiv, d. i. unter der Idee einer Vernunft, die über alle subjektiven Bewegursachen völlige Gewalt hätte)", ibid. u. 6. Anm. (III 41 f.). Der bloße Begriff eines kategorischen I.s gibt auch die „Formel" an die Hand, die den Satz enthält, der allein ein kategorischer I. sein kann. „Wenn ich mir einen hypothetischen I. überhaupt denke, so weiß ich nicht zum voraus, was er enthalten werde: bis mir die Bedingung gegeben ist. Denke ich mir aber einen kategorischen I., so weiß ich sofort, was er enthalte. Denn da der I. außer dem Gesetze nur die Notwendigkeit der Maxime enthält, diesem Gesetze gemäß zu sein, das Gesetz aber keine Bedingung enthält, auf die es eingeschränkt war, so bleibt nichts als die Allgemeinheit eines Gesetzes überhaupt übrig, welchem die Maxime der Handlung gemäß sein soll, und welche Gemäßheit allein der I. eigentlich als notwendig vorstellt." „Der kategorische I. ist also ein einziger, und zwar dieser: handle nur nach derjenigen Maxime, durch die du zugleich wollen kannst, daß sie ein allgemeines Gesetz werde." „Weil die Allgemeinheit des Gesetzes, wonach Wirkungen geschehen, dasjenige ausmacht, was eigentlich Natur im allgemeinsten Verstande (der Form nach), d. i. das Dasein der Dinge, heißt, sofern es nach allgemeinen Gesetzen bestimmt ist, so könnte der allgemeine I. der Pflicht auch so lauten: handle so, als ob die Maxime deiner Handlung durch deinen Willen zum allgemeinen Naturgesetze werden sollte", ibid. (III 43 f.). Ich soll bei meinem Handeln nie anders verfahren als so, „daß ich auch wollen könne, meine Maxime solle ein allgemeines Gesetz werden", ibid. 1. Abs. (III 20). Ich muß mich fragen: „Kannst du auch wollen, daß deine Maxime ein allgemeines Gesetz werde?" Wo nicht, so ist sie verwerflich, „weil sie nicht als Prinzip in eine mögliche allgemeine Gesetzgebung passen kann", ibid. (III 22). Aus diesem I. folgen alle I.e der Pflicht (s. d.). Die Maxime des

Wollens muß „mit sich selbst zusammenstimmen können" und sie muß als ein allgemeines Gesetz gewollt werden können. „Man muß wollen können, daß eine Maxime unserer Handlung ein allgemeines Gesetz werde: dies ist der Kanon der moralischen Beurteilung derselben überhaupt. Einige Handlungen sind so beschaffen, daß ihre Maxime ohne Widerspruch nicht einmal als allgemeines Naturgesetz gedacht werden kann; weit gefehlt, daß man noch wollen könne, es sollte ein solches werden. Bei anderen ist zwar jene innere Unmöglichkeit nicht anzutreffen, aber es ist doch unmöglich zu wollen, daß ihre Maxime zur Allgemeinheit eines Naturgesetzes erhoben werde, weil ein solcher Wille sich selbst widersprechen würde. Man sieht leicht, daß die erstere der strengen oder engeren (unnachlaßlichen) Pflicht, die zweite nur der weiteren (verdienstlichen) Pflicht widerstreite." Jede Übertretung einer Pflicht zeigt in der Tat, daß wir nicht wollen, es solle unsere (pflichtwidrige) Maxime ein allgemeines Gesetz werden, sondern das Gegenteil derselben soll ein solches bleiben, nur erlauben wir uns, zum Vorteil unserer Neigung eine Ausnahme davon zu machen, ibid. 2. Abs. (III 47 ff.).

Ist es ein notwendiges Gesetz für alle vernünftigen Wesen, ihre Handlungen jederzeit „nach solchen Maximen zu beurteilen, von denen sie selbst wollen können, daß sie zu allgemeinen Gesetzen dienen sollen", so muß dieses Gesetz völlig a priori schon mit dem Begriffe des Willens eines vernünftigen Wesens überhaupt verbunden sein, ibid. (III 51). Gäbe es nun „etwas, dessen Dasein an sich selbst einen absoluten Wert hat, was, als Zweck an sich selbst, ein Grund bestimmter Gesetze sein könnte, so würde in ihm, und nur in ihm allein der Grund eines möglichen kategorischen I.s, d. i. praktischen Gesetzes, liegen". „Nun sage ich: der Mensch und überhaupt jedes vernünftige Wesen existiert als Zweck an sich selbst, nicht bloß als Mittel zum beliebigen Gebrauche für diesen oder jenen Willen, sondern muß in allen seinen sowohl auf sich selbst als auch auf andere vernünftige Wesen gerichteten Handlungen jederzeit zugleich als Zweck betrachtet werden." Vernünftige Wesen, Personen haben als Zwecke an sich (objektive Zwecke) einen absoluten Wert (s. d.). Der kategorische I. muß nun „aus der Vorstellung dessen, was notwendig für jedermann Zweck ist, weil es Zweck an sich selbst ist", ein objektives Prinzip des Willens ausmachen. „Der Grund dieses Prinzips ist: die vernünftige Natur existiert als Zweck an sich selbst." „So stellt sich notwendig der Mensch sein eigenes Dasein vor; sofern ist es also ein subjektives Prinzip menschlicher Handlungen. So stellt sich aber auch jedes andere vernünftige Wesen sein Dasein zufolge ebendesselben Vernunftgrundes, der auch für mich gilt, vor; also ist es zugleich ein objektives Prinzip, woraus als einem obersten praktischen Grunde alle Gesetze des Willens müssen abgeleitet werden können. Der praktische I. wird also folgendermaßen sein: Handle so, daß du die Menschheit, sowohl in deiner Person als in der Person eines jeden anderen, jederzeit zugleich als Zweck, niemals bloß als Mittel brauchst", ibid. (III 52 ff.). In allen Pflichten handelt es sich darum, die Menschheit in uns oder anderen nicht nur nicht zu verletzen, zu vernachlässigen, ihr Abbruch zu tun, sie herabzuwürdigen, sondern auch sie (und die menschlichen Zwecke) möglichst zu fördern. So sind in der Menschheit „Anlagen zu größerer Vollkommenheit"; „diese zu vernachlässigen, würde allenfalls wohl mit der Erhaltung der Menschheit als Zwecks an sich selbst, aber nicht der Beförderung dieses Zwecks bestehen können". Oder es würde die Menschheit auch bestehen können, wenn niemand zu des anderen Glückseligkeit beitrüge; „allein es ist dieses doch nur eine negative und nicht positive Übereinstimmung zur Menschheit als Zweck an sich selbst, wenn jedermann auch nicht die Zwecke anderer, soviel an ihm ist, zu befördern trachtete. Denn das Subjekt, welches Zweck an sich selbst ist, dessen Zwecke müssen, wenn jene Vorstellung bei mir alle Wirkung tun soll, auch soviel möglich meine Zwecke sein", ibid. (III 55 ff.). „Man denke ja nicht, daß hier das triviale quod tibi non vis fieri usw. zur Richtschnur oder Prinzip dienen könne. Denn es ist, obzwar mit verschiedenen Einschränkungen, nur aus jenem abgeleitet; es kann kein allgemeines Gesetz sein, denn es enthält nicht den Grund der Pflichten gegen sich selbst, nicht der Liebespflichten gegen andere..., endlich nicht der schuldigen Pflichten gegeneinander; denn der Verbrecher würde aus diesem Grunde gegen seine strafenden Richter argumentieren usw.", ibid. 11. Anm. (III 55). Das Prinzip der Menschheit (s. d.) und jeder vernünftigen Natur überhaupt als Zwecks an sich selbst, welches „die oberste einschränkende Bedingung der Handlungen eines jeden Menschen" ist, ist nicht aus der Erfahrung entlehnt. Die Menschheit ist darin nicht als von selbst gesetzter Zweck gedacht, sondern muß, als objektiver Zweck, der „als Gesetz die oberste einschränkende Bedingung aller subjektiven Zwecke ausmachen soll", aus reiner Vernunft entspringen. „Es liegt nämlich der Grund aller praktischen Gesetzgebung objektiv in der Regel und der Form der Allgemeinheit, die sie ein Gesetz (allenfalls Naturgesetz) zu sein fähig macht (nach dem ersten Prinzip), subjektiv aber im Zwecke; das Subjekt aller Zwecke aber ist jedes vernünftige Wesen, als Zweck an sich selbst (nach dem zweiten Prinzip); hieraus folgt nun das dritte praktische Prinzip des Willens, als oberste Bedingung der Zusammenstimmung desselben mit der allgemeinen praktischen Vernunft, die Idee des Willens jedes vernünftigen Wesens als eines allgemein gesetzgebenden Willens." „Alle Maximen werden nach diesem Prinzip verworfen, die mit der eigenen allgemeinen Gesetzgebung des Willens nicht zusammen bestehen können. Der Wille wird also nicht lediglich dem Gesetze unterworfen, sondern so unterworfen, daß er auch als selbstgesetzgebend und eben um deswillen allererst dem Gesetze (davon er selbst sich als Urheber betrachten kann) unterworfen angesehen werden muß", ibid. (III 55 f.). Ein Wille, der selbst gesetzgebend ist, kann nicht von einem Interesse abhängen und muß daher unbedingt sein. Nur ein solcher unbedingter I. eignet sich zum moralischen Gebote; das ist das Prinzip der Autonomie (s. d.) des Willens im Gegensatz zu dem der „Heteronomie", ibid. (III 57 f.).

Der Begriff eines jeden vernünftigen Wesens, das sich durch alle Maximen seines Willens als allgemein gesetzgebend betrachten muß, führt zu dem Begriff des (idealen) „Reichs der Zwecke" (s. d.), d. h. dem Begriff einer systematischen Verknüpfung vernünftiger Wesen durch gemeinschaftliche objektive Gesetze. „Das vernünftige Wesen muß sich jederzeit als gesetzgebend in einem durch Freiheit des Willens möglichen Reiche der Zwecke betrachten." „Moralität besteht also in der Beziehung aller Handlungen auf die Gesetzgebung, dadurch allein ein Reich der Zwecke möglich ist. Diese Gesetzgebung muß aber in jedem vernünftigen Wesen selbst angetroffen werden und aus seinem Willen entspringen können, dessen Prinzip also ist: keine Handlung nach einer anderen Maxime zu tun als so, daß es auch mit ihr bestehen könne, daß sie ein allgemeines Gesetz sei, und also nur so, daß der Wille durch seine Maxime sich selbst zugleich als allgemein gesetzgebend betrachten könne." Die praktische Notwendigkeit, nach diesem Prinzip zu handeln, ist die jedem Gliede des Reichs der Zwecke in gleichem Maße zukommende Pflicht. Diese beruht „bloß auf dem Verhältnisse vernünftiger Wesen zueinander, in welchem der Wille eines vernünftigen Wesens jederzeit zugleich als gesetzgebend betrachtet werden muß, weil es sie sonst nicht als Zweck an sich selbst denken könnte". Die Vernunft verfährt so rein „aus der Idee der Würde eines vernünftigen Wesens, das keinem Gesetze gehorcht als dem, das es zugleich selbst gibt", ibid. (III 59 f.). Alle drei Arten des kategorischen I.s sind nur verschiedene „Formeln ebendesselben Gesetzes". Ihre Verschiedenheit ist eher „subjektiv- als objektiv-praktisch". Alle Maximen haben nämlich „1. eine Form, welche in der Allgemeinheit besteht, und da ist die Formel des sittlichen I.s so ausgedrückt: daß die Maximen so müssen gewählt werden, als ob sie wie allgemeine Naturgesetze gelten sollten"; „2. eine Materie, nämlich einen Zweck, und da sagt die Formel: daß das vernünftige Wesen als Zweck seiner Natur nach, mithin als Zweck an sich selbst, jeder Maxime zur einschränkenden Bedingung aller bloß relativen und willkürlichen Zwecke dienen müsse"; „3. eine vollständige Bestimmung aller Maximen durch jene Formel, nämlich: daß alle Maximen aus eigener Gesetzgebung zu einem möglichen Reiche der Zwecke, als einem Reiche der Natur, zusammenstimmen sollen". „Der Fortgang geschieht hier wie durch die Kategorien der

Einheit der Form des Willens (der Allgemeinheit desselben), der Vielheit der Materie (der Objekte, d. i. der Zwecke) und der Allheit oder Totalität des Systems derselben" Zu der sittlichen „Beurteilung" eignet sich aber am besten die allgemeine Formel; „handle nach der Maxime, die sich selbst zugleich zum allgemeinen Gesetze machen kann". Die anderen Formeln dienen mehr, um dem Gesetze „Eingang" zu verschaffen, ibid. (III 62f.). Die Formel eines schlechterdings guten Willens (s. d.) ist also: „handle nach Maximen, die sich selbst zugleich als allgemeine Naturgesetze zum Gegenstand haben können". Oder: „handle in Beziehung auf ein jedes vernünftige Wesen (auf dich selbst und andere) so, daß es in deiner Maxime zugleich als Zweck an sich selbst gelte". Dies ist einerlei mit dem Grundsatze: „handle nach einer Maxime, die ihre eigene allgemeine Gültigkeit für jedes vernünftige Wesen zugleich in sich enthält". „Denn daß ich meine Maxime im Gebrauche der Mittel zu jedem Zwecke auf die Bedingung ihrer Allgemeingültigkeit als eines Gesetzes für jedes Subjekt einschränken soll, sagt ebensoviel als: das Subjekt der Zwecke, d. i. das vernünftige Wesen selbst, muß niemals bloß als Mittel, sondern als oberste einschränkende Bedingung im Gebrauche aller Mittel, d. i. jederzeit zugleich als Zweck, allen Maximen der Handlungen zum Grunde gelegt werden", ibid. (III 63 f.). Jedes vernünftige Wesen muß so handeln, „als ob" es durch seine Maximen jederzeit ein „gesetzgebendes Glied" im allgemeinen Reiche (s. d.) der Zwecke wäre, ibid. (III 65); als ein solches Glied hat der Mensch „Würde" (s. d.).

Die Vernunft gebietet so zu handeln, „daß das Prinzip der Handlungen der wesentlichen Beschaffenheit einer Vernunftursache, d. i. der Bedingung der Allgemeingültigkeit der Maxime als eines Gesetzes gemäß sei", ibid. 3. Abs. Von der äußersten Grenze . . (III 88). Wie und warum uns die Allgemeinheit der Maxime als Gesetzes, mithin die Sittlichkeit interessiere, ist uns Menschen ganz unmöglich zu erklären. Jedenfalls hat es nicht Gültigkeit, weil es uns interessiert, sondern es interessiert uns, „weil es für uns als Menschen gilt, da es aus unserem Willen als Intelligenz, mithin aus unserem eigentlichen Selbst entsprungen ist; was aber zur bloßen Erscheinung gehört, wird von der Vernunft notwendig der Beschaffenheit der Sache an sich selbst untergeordnet". Wie reine Vernunft für sich allein praktisch sein könne, ist unbegreiflich, ebenso wie Freiheit als Kausalität eines Willens möglich ist, ibid. (III 91 f.). — Ein unbedingtes praktisches Gesetz kann, wie alles Unbedingte (s. d.), seiner absoluten Notwendigkeit nach nicht begreiflich gemacht werden. „Und so begreifen wir zwar nicht die praktische unbedingte Notwendigkeit des moralischen I.s, wir begreifen aber doch seine Unbegreiflichkeit; welches alles ist, was billigermaßen von einer Philosophie, die bis zur Grenze der menschlichen Vernunft in Prinzipien strebt, gefordert werden kann", ibid. Schlußanmerk. (III 94 f.). Der I. geht aus von der „besseren Person" in uns, von uns selbst als „Noumenon", als Glied der „intelligiblen Welt" (s. d.), ibid. 3. Abs. Wie ist ein kategorischer I. möglich? (III 82 ff.).

„Die praktische Regel ist jederzeit ein Produkt der Vernunft, weil sie Handlung als Mittel zur Wirkung als Absicht vorschreibt. Diese Regel ist aber für ein Wesen, bei dem Vernunft nicht ganz allein Bestimmungsgrund des Willens ist, ein I., d. i. eine Regel, die durch ein Sollen, welches die objektive Nötigung der Handlung ausdrückt, bezeichnet wird und bedeutet, daß, wenn die Vernunft den Willen gänzlich bestimmte, die Handlung unausbleiblich nach dieser Regel geschehen würde. Die I.en gelten also objektiv und sind von Maximen, als subjektiven Grundsätzen, gänzlich unterschieden. Jene bestimmen aber entweder die Bedingungen der Kausalität des vernünftigen Wesens als wirkender Ursache bloß in Ansehung der Wirkung und Zulänglichkeit zu derselben, oder sie bestimmen nur den Willen, er mag zur Wirkung hinreichend sein oder nicht. Die ersteren würden hypothetische I.en sein und bloße Vorschriften der Geschicklichkeit enthalten; die zweiten würden dagegen kategorisch und allein praktische Gesetze sein." Nur kategorische I.e sind Gesetze (s. d.), KpV 1. T. 1. B. 1. H. § 1 (II 24 f.). Das „Grundgesetz der reinen praktischen Vernunft" lautet: „Handle so, daß die Maxime deines Willens jederzeit zugleich als Prinzip einer allgemeinen Gesetzgebung gelten könne", ibid. § 7 (II 39). „Um die praktische Philosophie mit sich selbst einig zu machen, ist nötig, zuvörderst die Frage zu entscheiden; ob in Aufgaben der praktischen Vernunft vom materialen Prinzip derselben, dem Zweck (als Gegenstand der Willkür), der Anfang gemacht werden müsse, oder vom formalen, d. i. demjenigen (bloß auf Freiheit im äußeren Verhältnis gestellten), darnach es heißt: Handle so, daß du wollen kannst, deine Maxime solle ein allgemeines Gesetz werden (der Zweck mag sein, welcher er wolle)." Dieses Prinzip hat „unbedingte Notwendigkeit", das erstere nur bedingte, Z. ew. Fried. Anh. I (VI 158). Die formalen Prinzipien des Freiheitsbegriffs gehen der Erörterung des Zwecks der Handlungen (d. h. der Materie des Willens) voraus. Der kategorische I.: „Handle nach einer Maxime, nach der du zugleich wollen kannst, sie solle ein allgemeines Gesetz werden", kann „zum Probierstein aller Befugnis dienen". „Es ist aber offenbar, daß hier nicht von einem Prinzip des Gebrauchs der Mittel zu einem gewissen Zweck (denn alsdann wäre es ein pragmatisches, nicht ein moralisches Prinzip) die Rede sei; daß nicht, wenn die Maxime meines Willens, zum allgemeinen Gesetz gemacht, der Maxime des Willens eines anderen, sondern wenn sie sich selbst widerspricht (welches ich aus dem bloßen Begriffe a priori, ohne alle Erfahrungsverhältnisse, z. B. ‚ob Gütergleichheit oder ob Eigentum in meine Maxime aufgenommen werde?' nach dem Satz des Widerspruchs beurteilen kann), dieses ein unfehlbares Kennzeichen der moralischen Unmöglichkeit der Handlung sei", Fried. i. d. Ph. 2. Abs. (V 4, 38 f.). Der kategorische I. der „der Materie nach praktischen Vernunft" sagt zum Menschen: „Ich will, daß deine Handlungen zum Endzweck aller Dinge zusammenstimmen", V. e. vorn. Ton 3. Anm. (V 4, 13).

Der I. ist „eine praktische Regel, wodurch die an sich zufällige Handlung notwendig gemacht wird". Er stellt also das Subjekt als ein solches vor, das „zur Übereinstimmung mit dieser Regel genötigt (nezessitiert) werden muß". „Der kategorische (unbedingte) I. ist derjenige, welcher nicht etwa mittelbar durch die Vorstellung eines Zwecks, der durch die Handlung erreicht werden könne, sondern der sie durch die bloße Vorstellung dieser Handlung selbst (ihrer Form), also unmittelbar als objektiv-notwendig denkt und notwendig macht; dergleichen I.en keine andere praktische Lehre als allein die, welche Verbindlichkeit vorschreibt (die der Sitten), zum Beispiele aufstellen kann. Alle anderen I.en sind technisch und insgesamt bedingt. Der Grund der Möglichkeit kategorischer I.en liegt aber darin: daß sie sich auf keine andere Bestimmung der Willkür (wodurch ihr eine Absicht unterlegt werden kann) als lediglich auf die Freiheit derselben beziehen." „Der kategorische I., indem er eine Verbindlichkeit in Ansehung gewisser Handlungen aussagt, ist ein moralisch-praktisches Gesetz. Weil aber Verbindlichkeit nicht bloß praktische Notwendigkeit..., sondern auch Nötigung enthält, so ist der gedachte I. entweder ein Gebot- oder Verbotgesetz, nachdem die Begehung oder Unterlassung als Pflicht vorgestellt wird", MS Einl. IV (III 24 ff.). Vgl. Erlaubt.

„Der kategorische I., der überhaupt nur aussagt, was Verbindlichkeit sei, ist: Handle nach einer Maxime, welche zugleich als ein allgemeines Gesetz gelten kann!" Dieses Gesetz macht die Freiheit als Eigenschaft der Willkür kund. Jede Maxime, die sich nicht zu einem allgemeinen Gesetz qualifiziert, ist der Moral zuwider, ibid. (III 28 f.). „Unter einem I. überhaupt ist jeder Satz zu verstehen, der eine möglich freie Handlung aussagt, wodurch ein gewisser Zweck wirklich gemacht werden soll", Log. Einl. Anh. (IV 96). Der moralische I. kann „als die Stimme Gottes angesehen werden", Altpreuß. Mth. XXI, 577. „Alle Menschenpflichten als göttliche Gebote vorzuschreiben, liegt schon in jedem kategorischen I." „Der kategorische I. ist Ausspruch eines Vernunftprinzipes über sich selbst als Person (dictamen rationis practicae)", ibid. XXI 614. Vgl. Gesetze (praktische), Freiheit, Pflicht, Rigorismus, Sittlichkeit, Grundsätze, Vernunft (praktische), Wille.

Imperativ, theoretischer. „Sich seiner eigenen Vernunft bedienen, will nichts weiter sagen, als bei allem dem, was man annehmen soll, sich selbst fragen: ob man es wohl tunlich finde, den Grund, warum man etwas annimmt, oder auch die Regel, die aus dem, was man annimmt, folgt, zum allgemeinen Grundsatze seines Vernunftgebrauches zu machen. Diese Probe kann ein jeder mit sich selbst anstellen; und er wird Aberglauben und Schwärmerei bei dieser Prüfung alsbald verschwinden sehen, wenn er gleich bei weitem die Kenntnisse nicht hat, beide aus objektiven Gründen zu widerlegen. Denn er bedient sich bloß der Maxime der Selbsterhaltung der Vernunft", Was heißt: s. i. D. or.? letzte Anm. (V 2, 163).

Indifferentisten s. Rigorismus.

Individuum s. Geschichte, Gesellschaft, Mensch, Person.

Induktion. I. gibt nur komparative Allgemeinheit (s. d.), keine strenge Allgemeingültigkeit und Notwendigkeit (s. Erfahrung). „Die Urteilskraft, indem sie vom Besonderen zum Allgemeinen fortschreitet, um aus der Erfahrung, mithin nicht a priori (empirisch) allgemeine Urteile zu ziehen, schließt entweder von vielen auf alle Dinge einer Art, oder von vielen Bestimmungen und Eigenschaften, worin Dinge von einerlei Art zusammenstimmen, auf die übrigen, sofern sie zu demselben Prinzipe gehören. — Die erstere Schlußart heißt der Schluß durch I.; — die andere der Schluß nach der Analogie." „Die I. schließt also vom Besonderen aufs Allgemeine (a particulari ad universale) nach dem Prinzipe der Allgemeinmachung: was vielen Dingen einer Gattung zukommt, das kommt auch den übrigen zu." Die I. „erweitert das empirisch Gegebene vom Besonderen aufs Allgemeine". „Eines in vielen, also in allen: I." Die I. ist kein Vernunftschluß, sondern (wie die Analogie) nur eine logische „Präsumtion" oder ein empirischer Schluß; man bekommt durch sie „wohl generale, aber nicht universale Sätze", nur „empirische Gewißheit", Log. § 64 (IV 146ff.) Vgl. Regel, Gesetz.

Inexponibel s. Exponibel.

Influxus physicus s. Einfluß.

Inhärenz. Unter den Kategorien (s. d.) der Relation (s. d.) ist die erste die Kategorie der I. und Subsistenz (substantia et accidens). Wenn man den Akzidenzen (s. d.) als einem Realen an der Substanz (s. d.) „ein besonderes Dasein beilegt (z. B. der Bewegung, als einem Akzidenz der Materie), so nennt man dieses Dasein die I , zum Unterschiede vom Dasein der Substanz, das man Subsistenz nennt", KrV tr. Anal. 2. B. 2. H. 3. Abs. 1. Analogie (I 223—Rc 280f.).

Inneres (und Äußeres). „I." und „Äußeres" sind „Reflexionsbegriffe" (s. d.). „An einem Gegenstande des reinen Verstandes ist nur dasjenige innerlich, welches gar keine Beziehung (dem Dasein nach) auf irgend etwas von ihm Verschiedenes hat. Dagegen sind die inneren Bestimmungen einer substantia phaenomenon im Raume nichts als Verhältnisse, und sie selbst ganz und gar ein Inbegriff von lauter Relationen. Die Substanz im Raume kennen wir nur durch Kräfte, die in demselben wirksam sind." Als Objekt des reinen Verstandes muß jede Substanz dagegen „innere Bestimmungen" haben, und diese denkt man (Leibniz besonders) sich als denen des inneren Sinnes analog (psychisch), so daß man dann „Monaden" denkt, KrV tr. Anal. 2. B. Anh. Von d. Amphibolie (I 294f.—Rc 358f.). Wir haben nichts schlechthin, sondern lauter „Komparativ-Innerliches", das selbst wiederum aus „äußeren Verhältnissen" besteht. Das absolut Innerliche der Materie ist „eine bloße Grille". Das Ding an sich kennen wir nicht und brauchen es nicht zu kennen, da uns ein Ding niemals anders als in der Erscheinung vorkommen kann. Das (relativ) Innere der Dinge aber können wir erkennen. „Ins Innere der Natur dringt Beobachtung und Zergliederung der Erscheinungen, und man kann nicht wissen, wie weit dieses mit der Zeit gehen werde", ibid. Anmerk. z. Amphibolie (I 302f.—Rc 368).

Instinkt. Die Menschen verfahren „in ihren Bestrebungen nicht bloß instinktmäßig wie Tiere". Die Vernunft im Menschen ist ein Vermögen, „die Regeln und Absichten des Gebrauchs aller seiner Kräfte weit über den Naturinstinkt zu erweitern". Sie „wirkt aber selbst nicht instinktmäßig". Der Mensch sollte „nicht durch I. geleitet oder durch anerschaffene Kenntnis versorgt und unterrichtet sein; er sollte vielmehr alles aus sich selbst herausbringen", G. i. weltbürg. Abs. am Anfang u. 1.—3. Satz (VI 5 ff.). „Der I., diese Stimme Gottes, der alle Tiere gehorchen, mußte den Neuling anfänglich allein leiten." „Solange der unerfahrene Mensch diesem Rufe der Natur gehorchte, so befand er sich gut dabei", Anf. d. Menschengesch. (VI 51). Die Natur „hat gewiß nicht I.e und Vermögen in lebende Geschöpfe gelegt, damit sie solche bekämpfen und unterdrücken sollten", ibid. 2. Anm. (VI 57). Der I. ist ein „gefühltes Bedürfnis..., etwas zu tun oder zu genießen, wovon man noch keinen Begriff hat (wie der Kunsttrieb bei Tieren oder der Trieb zum Geschlecht)", Rel. 1. St. II. Anm. (IV 28 f.). „I." ist „die innere Nötigung des Begehrungsvermögens" zur Besitznehmung des Gegenstandes desselben, ehe man ihn noch kennt, Anthr. 1. T. § 80 (IV 202). Vgl. Geschichte, Erziehung.

Intellekt s. Verstand, Denken. — Intellectus archetypus (urbildlicher, anschauender Intellekt) s. Verstand (anschauender), Zweck, Gott.

Intellektualphilosophen. Die „I." (so besonders Plato) lehrten: „in den Sinnen ist nichts als Schein, nur der Verstand erkennt das Wahre". Die Verstandesbegriffe haben nach ihnen („mystische") Realität. Die wahren Gegenstände sind bloß „intelligibel", es gibt eine „Anschauung" durch den Verstand, der hierin nicht sinnlich, nur „verwirrt" ist, KrV tr. Meth. 4. H. (I 700f.—Rc 857).

Intellektuell. Man darf nicht von einer „i.en Welt" sprechen, denn i. (bzw. sensitiv) sind nur Erkenntnisse. Der Gegenstand einer i.en Anschauung (s. d.) heißt „intelligibel" (bzw. sensibel), KrV tr. Anal. 2. B. 3. H. 3. Anm. (I 287f.—Rc 351). Vgl. Noumenon, Intelligibel, Verstand, Synthese, Erkenntnis.

Intelligenz: vernünftiges Wesen, „ein Wesen, das der Handlungen nach der Vorstellung von Gesetzen fähig ist", KpV 1. T. 2. B. 2. H. V (II 160). Vgl. Ich, Mensch, Intelligible Welt.

Intelligibel. „Was ... nichts anderes als durch das Denken Erfaßbares enthält, das gehört zu dem I.en." Es heißt auch das Gedachte (Noumenon). Die auf es gerichtete Erkenntnis heißt intellektuell (verstandes-, vernunftmäßig); sie betrifft die Gegenstände, „wie sie sind", Mund. sens. §§ 3 ff. (V 2, 96 ff.); s. Verstand, Kategorie. „Ich nenne dasjenige an einem Gegenstande der Sinne, was selbst nicht Erscheinung ist, i.", KrV tr. Dial. 2. B. 2. H. 9. Abs. III Kausalität durch Freiheit (I 473—Rc 607). Das I.e ist nicht beweisbar, nicht erkennbar, nicht einmal (theoretisch) seiner „Möglichkeit" nach. Es ist nicht „zur Erklärung der Erscheinungen" zu gebrauchen, aber es darf „nicht für unmöglich" erklärt werden; es dient zur Einschränkung des bloß empirischen Verstandesgebrauchs, ibid. 9. Abs. IV (I 490—Rc 626 f.). „Intellektuell" sind „die Erkenntnisse durch den Verstand, und dergleichen gehen auch auf unsere Sinnenwelt", „i." aber heißen „Gegenstände, sofern sie bloß durch den Verstand vorgestellt werden können und auf die keine unserer sinnlichen Anschauungen gehen kann". „Da aber doch jedem Gegenstande irgendeine mögliche Anschauung entsprechen muß, so würde man sich einen Verstand denken müssen, der unmittelbar Dinge anschaute; von einem solchen aber haben wir nicht den mindesten Begriff, mithin auch nicht von den Verstandeswesen, auf die er gehen soll", Prol. § 34 Anm. (III 78). Vgl. Freiheit, Charakter, Kausalität, Mensch, Ding an sich, Kategorie.

Intelligible Welt. Die Welt als Erscheinung, als Gegenstand möglicher Erfahrung, d. h. so, wie sie sich in den Formen kategorial bestimmter Anschauung darstellt, enthält auch den Menschen (s. d.) als Erscheinung. Derselbe Mensch aber, darauf weist das Sittengesetz hin, gehört auch, als „Noumenon" (s. d.), als Wesen mit einer gesetzgebenden Vernunft, der i. W. an. Diese ist kein Erkenntnisgegenstand, braucht auch nicht als eine andere Art der „Existenz" angesehen zu werden, wenn sie auch eine metaphysische Auffassung zuläßt. Jedenfalls und zunächst ist die i. W. eine Idee von praktischer Realität, d. h. diese Idee hat praktische Folgen. Wir müssen so wollen, daß wir uns durch die Art unseres Wollens als zu einer übersinnlichen Sphäre, einem „Reich der Zwecke" (s. d.) gehörig setzen und betrachten, einem Zusammenhang, welchem wir und die anderen Menschen oder Vernunftwesen angehören, einer moralischen Welt, deren Gesetze auf die Sinnenwelt Einfluß haben. Wir sollen so wollen und handeln, als ob uns eine i. W. als Erkenntnisobjekt gegeben wäre, und wir sollen die Idee eines solchen Systems vernünftig wollender, freier, autonomer Wesen durch unser Tun verwirklichen. Die i. W. ist — wie alles Ideal-Übersinnliche — Grund und zugleich Ziel, und ihr Sein ist, wenn auch nicht Existenz im Sinne der Dinghaftigkeit und Erfahrbarkeit, doch nicht geringwertiger, sondern eher von höherer Dignität, von zeitloser, übersubjektiver Geltung.

Es lassen sich immaterielle Substanzen denken, die in ihrer Vereinigung „ein großes Ganze ausmachen mögen, welches man die immaterielle Welt (mundus intelligibilis) nennen kann". Ihre Teile stehen in Gemeinschaft „auch ohne Vermittlung körperlicher Dinge". Sie bilden „eine unermeßliche, aber unbekannte Stufenfolge von Wesen und tätigen Naturen, durch welche der tote Stoff der Körperwelt allein belebt wird". Aber die Berufung auf immaterielle Prinzipien als Erklärung ist „eine Zuflucht der faulen Philosophie" und möglichst zu vermeiden, „damit diejenigen Gründe der Welterscheinungen, welche auf den Bewegungsgesetzen der bloßen Materie beruhen, und welche auch einzig und allein der Begreiflichkeit fähig sind, in ihrem ganzen Umfange erkannt werden". Nach der völlig unerweislichen, wenn auch denkbaren Hypothese der Gemeinschaft immaterieller Substanzen würde die menschliche Seele schon in diesem Leben als „verknüpft mit zwei Welten zugleich" angesehen werden, „von welchen sie, sofern sie zur persönlichen Einheit mit einem Körper verbunden ist, die materielle allein klar empfindet, dagegen als ein Glied der Geisterwelt die reinen Einflüsse immaterieller Naturen empfängt und erteilt, so daß, sobald jene Verbindung aufgehört hat, die Gemeinschaft, darin sie jederzeit mit geistigen Naturen steht, allein übrig bleibt und sich ihrem Bewußtsein zum klaren Anschauen eröffnen müßte", Träume 1. T. 2. H. (V 2, 18 ff.). Hiernach würde der „Himmel" (s. d.) eigentlich die Geisterwelt sein oder der „selige Teil derselben", ibid. 1. Anm. (V 2, 21).

Die „Sinnenwelt" kann nach der Verschiedenheit der Sinnlichkeit in den „Weltbeschauern" sehr verschieden sein, während die ihr zugrunde liegende „intelligible" oder „Verstandeswelt" „immer dieselbe bleibt". Der Mensch (s. d.) muß sich selbst ebenfalls „in Absicht auf die bloße Wahrnehmung und Empfänglichkeit der Empfindungen zur Sinnenwelt, in Ansehung dessen aber, was in ihm reine Tätigkeit sein mag (dessen, was gar nicht durch Affizierung der Sinne, sondern unmittelbar zum Bewußtsein gelangt), sich zur intellektuellen Welt zählen", die er doch nicht weiter kennt. Der Mensch findet in sich wirklich „ein Vermögen, dadurch er sich von allen anderen Dingen, ja von sich selbst, sofern er durch Gegenstände affiziert wird, unterscheidet", und das ist die Vernunft (s. d.) als „reine Selbsttätigkeit". Ein vernünftiges Wesen muß sich selbst als „Intelligenz" zur i. W. rechnen, als deren Glied es „Autonomie" (s. d.) und Freiheit (s. d.) hat, d. h. sich unter der Idee der Freiheit denken muß, wodurch es praktisch frei ist. Es gibt „zwei Standpunkte" der Betrachtung; nach dem einen gehört der Mensch zur Sinnenwelt und ist er determiniert. Nach dem anderen gehört er zur Verstandeswelt; als Glied derselben gibt er sich als einem Sinnenwesen das sittliche Gesetz (s. Imperativ), dem er frei gehorcht, GMS 3. Abs. Von d. Interesse... (III 80 ff.). „Dadurch, daß die praktische Vernunft sich in eine Verstandeswelt hineindenkt, überschreitet sie gar nicht ihre Grenzen, wohl aber, wenn sie sich hineinschauen, hineinempfinden wollte." „Der Begriff einer Verstandeswelt ist also nur ein Standpunkt, den die Vernunft sich genötigt sieht, außer den Erscheinungen zu nehmen, um sich selbst als praktisch zu denken." Dieser Gedanke führt „die Idee einer anderen Ordnung und Gesetzgebung" herbei und macht den Begriff eines Ganzen vernünftiger Wesen als Dinge an sich selbst notwendig. Wie reine Vernunft praktisch sein könne, läßt sich nicht erklären, ibid. Von d. äußersten Grenze... (III 88 f.); vgl. Freiheit. Von der i. n W. haben wir nur eine „Idee", aber nicht die mindeste „Kenntnis". „Sie bedeutet nur ein Etwas, was da übrig bleibt, wenn ich alles, was zur Sinnenwelt gehört, von den Bestimmungsgründen meines Willens ausgeschlossen habe, bloß um das Prinzip der Bewegursachen aus dem Felde der Sinnlichkeit einzuschränken, dadurch daß ich es begrenze, und zeige, daß es nicht alles in allem in sich fasse, sondern daß außer ihm noch mehr sei; dieses Mehrere aber kenne ich nicht weiter." Wie die Idee einer i. n W. eine Triebfeder zum Handeln sein kann, ist unbegreiflich (vgl. Imperativ). Die Idee einer reinen Verstandeswelt als eines „Ganzen aller Intelligenzen", wozu wir selbst als vernünftige Wesen gehören, bleibt aber immer „eine brauchbare und erlaubte Idee zum Behufe eines vernünftigen Glaubens, wenngleich alles Wissen an der Grenze derselben ein Ende hat, um durch das herrliche Ideal eines allgemeinen Reichs der Zwecke an sich selbst (vernünftiger Wesen), zu welchem wir nur alsdann als Glieder gehören können, wenn wir uns nach Maximen der Freiheit, als ob sie Gesetze der Natur wären, sorgfältig verhalten, ein lebhaftes Interesse an dem moralischen Gesetze in uns zu bewirken", ibid. (III 93 f.). Durch die den Willen frei bestimmende reine praktische Vernunft denken wir uns als Noumena, als „Wesen an sich selbst" in einer „intelligiblen Ordnung" der Dinge, „dynamischen Gesetzen" gemäß. Die „übersinnliche Natur" (s. d.) ist „eine Natur unter der Autonomie der reinen praktischen Vernunft". Das moralische Gesetz ist „das Grundgesetz einer übersinnlichen Natur und einer reinen Verstandeswelt", deren Idee uns bestimmt, KpV 1. T. 1. B. 1. H. § 8 I Von d. Deduktion... (II 55 ff.).

„Mundus intelligibilis est monadatum, non secundum formam intuitus externi, sed interni repraesentabile", N 5397. „Die i. W. ist: deren Begriff für jede Welt gilt; folglich enthält sie nicht physische Gesetze, sondern objektive und moralische." „Der Intellektualbegriff der Welt ist also der Begriff der Vollkommenheit. Die Verstandeswelt ist also die moralische, und die Gesetze derselben gelten für jede Welt als objektive Gesetze der Vollkommenheit", N 4254; vgl. 5103. „Diese Verstandeswelt liegt schon jetzt der Sinnenwelt zugrunde und ist das wahre Selbständige", N 5086. Als Gegenstand der Anschauung ist sie eine „bloße unbestimmte Idee", aber als Gegenstand des praktischen Verhaltens unserer Intelligenz zu anderen Intelligenzen und zu Gott ist sie ein „wahrer Begriff und bestimmte Idee: civitas Dei", N 4349. Vgl. Persönlichkeit, Noumenon, Ding an sich, Mensch, Reich der Zwecke, Charakter, Moralische Welt.

Intelligibler Charakter s. Charakter, Freiheit.

Intension s. Kraft.

Intensität. Das Prinzip der „Antizipationen" (s. d.) der Wahrnehmung ist: „In allen Erscheinungen hat das Reale, was ein Gegenstand der Empfindung ist, intensive Größe, d. i. einen Grad." Beweis: „Wahrnehmung ist das empirische Bewußtsein, d. i. ein solches, in welchem zugleich Empfindung ist." Erscheinungen enthalten außer der Anschauung noch die „Materien zu irgendeinem Objekte überhaupt", d. h. das „Reale der Empfindung, also bloß subjektive Vorstellung, von der man sich nur bewußt werden kann, daß das Subjekt affiziert sei, und die man auf ein Objekt überhaupt bezieht". „Nun ist vom empirischen Bewußtsein zum reinen eine stufenartige Veränderung möglich, da das Reale desselben ganz verschwindet und ein bloß formales Bewußtsein (a priori) des Mannigfaltigen in Raum und Zeit übrig bleibt; also auch eine Synthesis der Größenerzeugung einer Empfindung, von ihrem Anfange, der reinen Anschauung = 0 an, bis zu einer beliebigen Größe derselben." „Da nun Empfindung an sich gar keine objektive Vorstellung ist, ... so wird ihr zwar keine extensive, aber doch eine Größe (und zwar durch die Apprehension derselben, in welcher das empirische Bewußtsein in einer gewissen Zeit von nichts = 0 zu ihrem gegebenen Maße erwachsen kann), also eine intensive Größe zukommen, welcher korrespondierend allen Objekten der Wahrnehmung, sofern diese Empfindung enthält, intensive Größe, d. i. ein Grad des Einflusses auf den Sinn, beigelegt werden muß." Die Empfindung ist stets einer Verringerung fähig, so daß sie abnehmen und so allmählich verschwinden kann. „Daher ist zwischen Realität in der Erscheinung und Negation ein kontinuierlicher Zusammenhang vieler möglichen Zwischenempfindungen, deren Unterschied voneinander immer kleiner ist als der Unterschied zwischen der gegebenen und dem Zero oder der gänzlichen Negation." „Das ist: das Reale in der Erscheinung hat jederzeit eine Größe, welche aber nicht in der Apprehension angetroffen wird, indem diese vermittels der bloßen Empfindung in einem Augenblicke und nicht durch sukzessive Synthesis vieler Empfindungen geschieht, und also nicht von den Teilen zum Ganzen geht; es hat also zwar eine Größe, aber keine extensive." „Intensive Größe" ist jene Größe, „die nur als Einheit apprehendiert wird und in welcher die Vielheit nur durch Annäherung zur Negation = 0 vorgestellt werden kann". Der Grad der Realität als Ursache ist ein „Moment". Raum und Zeit und alle Erscheinungen in ihnen sind „kontinuierliche Größen" (s. Stetigkeit). Da jede Realität in der Wahrnehmung einen Grad hat, zwischen dem und der Negation eine unendliche Stufenfolge immer minderer Grade stattfindet, so ist keine Wahrnehmung (und Erfahrung) möglich, die einen gänzlichen Mangel alles Realen in der Erscheinung, also einen leeren Raum, eine leere Zeit beweisen könnte. — An der Empfindung (Qualität) können wir nichts weiter a priori erkennen, als die „intensive Quantität" derselben, d. h. daß sie einen Grad hat, KrV. tr. Anal. 2. B. 2. H. 3. Abs. 2 (I 205 ff.—Rc 262 ff.). Vgl. Grad, Empfindung, Realität.

Intensiv s. Intensität. „Alle Eigenschaften der Dinge haben einen Grad, das Ding selbst aber (Substanz) nicht." „Alle intensive Größe muß doch zuletzt auf extensive gebracht werden", N 5590. Vgl. Größe, Intensität, Grad, Empfindung.

Interesse. Die „Abhängigkeit eines zufällig bestimmten Willens . . . von Prinzipien der Vernunft" heißt ein I. Ein solches kommt nur einem abhängigen (also nicht dem göttlichen) Willen zu. „Aber auch der menschliche Wille kann woran ein I. nehmen, ohne darum aus I. zu handeln." „Das erste bedeutet das praktische I. an der Handlung, das zweite das pathologische I. am Gegenstande der Handlung. Das erste zeigt nur Abhängigkeit des Willens von Prinzipien der Vernunft an sich selbst, das zweite von den Prinzipien derselben zum Behuf der Neigung an, der nämlich die Vernunft nur die praktische Regel angibt, wie dem Bedürfnisse der Neigung abgeholfen werde. Im ersten Falle interessiert mich die Handlung, im zweiten der Gegenstand der Handlung (sofern er mir angenehm ist)." Bei einer Handlung aus Pflicht muß „nicht auf das I. am Gegenstande, sondern bloß an der Handlung selbst und ihrem Prinzip in der Vernunft (dem Gesetz)" gesehen werden, GMS 2. Abs. 2. Anm. (III 35). „I. ist das, wodurch Vernunft praktisch, d. i. eine den Willen bestimmende Ursache wird." „Ein unmittelbares I. nimmt die Vernunft nur alsdann an der Handlung, wenn die Allgemeingültigkeit der Maxime derselben ein genugsamer Bestimmungsgrund des Willens ist." Ein solches I. ist allein „rein". „Wenn sie aber den Willen nur vermittelst eines anderen Objekts des Begehrens oder unter Voraussetzung eines besonderen Gefühls des Subjekts bestimmen kann, so nimmt die Vernunft nur ein mittelbares I. an der Handlung, und da Vernunft für sich allein weder Objekte des Willens noch ein besonderes ihm zum Grunde liegendes Gefühl ohne Erfahrung ausfindig machen kann, so würde das letztere I. nur empirisch und kein reines Vernunftinteresse sein." „Das logische I. der Vernunft (ihre Einsichten zu befördern) ist niemals unmittelbar, sondern setzt Absichten ihres Gebrauchs voraus", ibid. 3. Abs. Von d. äußersten Grenze . . Anm. (III 90). Alles moralische sogenannte „I." besteht lediglich in der Achtung fürs Gesetz, ibid. 1. Abs. 2. Anm. (III 20). Zur Pflicht treibt uns nicht ein I., aber wir müssen an ihr notwendig ein I. nehmen, ibid. 3. Abs. Von d. I. . . . (III 77). Dieses I. an moralischen Gesetzen ist nicht weiter erklärbar; es ist nicht a priori begreiflich zu machen, „wie ein bloßer Gedanke, der selbst nichts Sinnliches in sich enthält, eine Empfindung der Lust oder Unlust hervorbringe“. Es ist nicht zu erklären, „warum uns die Allgemeinheit der Maxime als Gesetzes, mithin die Sittlichkeit interessiere“. „Soviel ist nur gewiß: daß es nicht darum für uns Gültigkeit hat, weil es interessiert..., sondern daß es interessiert, weil es für uns als Menschen gilt, da es aus unserem Willen als Intelligenz, mithin aus unserem eigentlichen Selbst entsprungen ist“, ibid. 3. Abs. Von d. äußersten Grenze.. (III 91); vgl. Imperativ.

„Aus dem Begriffe einer Triebfeder entspringt der eines I., welches niemals einem Wesen, als was Vernunft hat, beigelegt wird und eine Triebfeder des Willens bedeutet, sofern sie durch Vernunft vorgestellt wird.“ „Da das Gesetz selbst in einem moralisch guten Willen die Triebfeder sein muß, so ist das moralische I. ein reines sinnenfreies I. der bloßen praktischen Vernunft.“ Die Fähigkeit, ein solches I. am Gesetze zu nehmen, ist das moralische Gefühl, KpV 1. T. 1. B. 3. H. (II 102 ff.); vgl. Achtung. „Einem jeden Vermögen des Gemüts kann man ein I. beilegen, d. i. ein Prinzip, welches die Bedingung enthält, unter welcher allein die Ausübung desselben befördert wird.“ „Die Vernunft, als das Vermögen der Prinzipien, bestimmt das I. aller Gemütskräfte, das ihrige aber sich selbst. Das I. ihres spekulativen Gebrauchs besteht in der Erkenntnis des Objekts bis zu den höchsten Prinzipien a priori, das des praktischen Gebrauchs in der Bestimmung des Willens in Ansehung des letzten und vollständigen Zwecks“, ibid. 2. B. 2. H. III. (II 153); vgl. Primat, Vernunft.

„I. wird das Wohlgefallen genannt, das wir mit der Vorstellung der Existenz eines Gegenstandes verbinden. Ein solches hat daher immer zugleich Beziehung auf das Begehrungsvermögen, entweder als Bestimmungsgrund desselben, oder doch als mit dem Bestimmungsgrunde desselben notwendig zusammenhängend.“ Das Geschmacksurteil (s. d.) über das Schöne (s. d.) beruht auf einem „reinen uninteressierten Wohlgefallen“ an der bloßen Vorstellung des Gegenstandes, dessen Existenz gleichgültig ist. Ein Urteil über einen Gegenstand des Wohlgefallens kann „ganz uninteressiert, aber doch sehr interessant“ sein, d. h. „es gründet sich auf keinem I., aber es bringt ein I. hervor“, wie dies bei allen moralischen Urteilen der Fall ist. Das Geschmacksurteil aber begründet an sich auch gar kein I.; nur in der Gesellschaft wird es interessant, Geschmack zu haben, KU § 2 u. Anm. (II 40 f.). Das Wohlgefallen am Angenehmen (s. d.) und am Guten (s. d.) ist mit I. verbunden, ibid. §§ 3—4 (II 42 ff.). Das moralische Gute führt das höchste I. bei sich. Das Gute ist Objekt des Willens; „etwas aber wollen und an dem Dasein desselben ein Wohlgefallen haben, d. i. daran ein I. nehmen, ist identisch“, ibid. § 4 (II 46). Die „Verbindung der Lust mit dem Begehrungsvermögen, sofern diese Verknüpfung durch den Verstand nach einer allgemeinen Regel (allenfalls auch nur für das Subjekt) gültig zu sein geurteilt wird“, heißt I. Geht die Lust dem Begehren voran, so ist sie ein „I. der Neigung“, folgt sie auf das Begehren, so ist sie „intellektuelle Lust“ und das I. ist ein „Vernunftinteresse“, MS Einl. I (III 13). Vgl. Moral, Gefühl, Gut, Angenehm, Schönheit, Vernunft (praktische), Primat, Einheit.

Interesse der Vernunft. „Alles I. meiner Vernunft (das spekulative sowohl als das praktische) vereinigt sich in folgenden drei Fragen: 1. Was kann ich wissen? 2. Was soll ich tun? 3. Was darf ich hoffen?“, KrV tr. Meth. 2. H. 2. Abs. (I 666—Rc 818). — Bei dem Widerstreit der Vernunft zeigt sich auf der Seite des Dogmatismus sowohl ein praktisches I. wie auch ein spekulatives I. der Vernunft (s. Idee, Dialektik, Antinomie), KrV tr. Dial. 2. B. 2. H. 3. Abs. (I 421 ff.—Rc 551 ff.).

Intuitiv s. Verstand (anschauender), Anschauung. Die „intuitive Vorstellungsart“ ist entweder „schematisch“ oder „symbolisch“. Beide sind Hypotyposen (s. d.), Darstellungen, KU § 59 (II 211). Das menschliche Denken (s. d.) ist nicht „intuitiv“, sondern „diskursiv“ (s. d.). Vgl. Axiom, Mathematik.

Irrational. „I.e Begriffe (conceptus surdi) sind von Ideen zu unterscheiden; sind nämlich solche Verstandesbegriffe, denen man doch alles entzieht, was zum Beispiel und Anwendung in concreto erforderlich ist, die also keine Bedeutung haben können, ob sie zwar ohne Widerspruch sind" (z. B. Gott ist ewig, d. i. sein Dasein hat eine Größe, aber nicht in der Zeit; nun können wir uns aber keine Dauer als in der Zeit denken), N 6434. „Begriffe irrationaler Verhältnisse sind solche, die durch keine Annäherung erschöpft werden können; transzendent sind sie aber, wenn in diesem Verhältnis ein Objekt keinen Maßstab hat", N 6435.

Irrtum. „Irrtümer entspringen nicht allein daher, weil man gewisse Dinge nicht weiß, sondern weil man sich zu urteilen unternimmt, ob man gleich noch nicht alles weiß, was dazu erfordert wird." „Daher ist es möglich, den Irrtümern zu entgehen, wenn man gewisse und deutliche Erkenntnisse aufsucht, ohne gleichwohl sich der Definitionen so leicht anzumaßen", Nat. Theol. 3. Btr. § 2 (V 1, 137). „Man irrt nicht deswegen, weil der Verstand die Begriffe regellos verknüpft, sondern weil man dasjenige Merkmal, was man in einem Dinge nicht wahrnimmt, auch von ihm verneint und urteilt, daß dasjenige nicht sei, wessen man sich in einem Dinge nicht bewußt ist", ibid. § 1 (V 1, 135). I. und Wahrheit sind nur im Urteil. Die Sinne irren nicht, weil sie nicht urteilen; in einer Erkenntnis, die mit den Verstandesgesetzen durchgängig zusammenstimmt, ist kein I. Der I. wird „durch den unbemerkten Einfluß der Sinnlichkeit auf den Verstand" bewirkt, „wodurch es geschieht, daß die subjektiven Gründe des Urteils mit den objektiven zusammenfließen und diese von ihrer Bestimmung abweichend machen". Das irrige Urteil ist also „die Diagonale zwischen zwei Kräften", KrV tr. Dial. Einl. I (I 314 f.—Rc 380 ff.); vgl. Schein.

„Das Gegenteil von der Wahrheit ist die Falschheit, welche, sofern sie für Wahrheit gehalten wird, I. heißt. — Ein irriges Urteil — denn der I. sowohl als Wahrheit ist nur im Urteile — ist also ein solches, welches den Schein der Wahrheit mit der Wahrheit selbst verwechselt." „Wie Wahrheit möglich sei: — das ist leicht einzusehen, da hier der Verstand nach seinen wesentlichen Gesetzen handelt. Wie aber I. in formaler Bedeutung des Wortes, d. h. wie die verstandeswidrige Form des Denkens möglich sei: das ist schwer zu begreifen, so wie es überhaupt nicht zu begreifen ist, wie irgendeine Kraft von ihren eigenen wesentlichen Gesetzen abweichen solle." „Im Verstande selbst und dessen wesentlichen Gesetzen können wir also den Grund der Irrtümer nicht suchen, so wenig als in den Schranken des Verstandes, in denen zwar die Ursache der Unwissenheit, keineswegs aber des I.es liegt. Hätten wir nun keine andere Erkenntniskraft als den Verstand, so würden wir nie irren. Allein es liegt, außer dem Verstande, noch eine andere unentbehrliche Erkenntnisquelle in uns. Das ist die Sinnlichkeit, die uns den Stoff zum Denken gibt und dabei nach anderen Gesetzen wirkt als der Verstand. — Aus der Sinnlichkeit, an und für sich selbst betrachtet, kann aber der I. auch nicht entspringen, weil die Sinne gar nicht urteilen." „Der Entstehungsgrund alles I.es wird daher einzig und allein in dem unvermerkten Einflusse der Sinnlichkeit auf den Verstand, oder genauer zu reden, auf das Urteil gesucht werden müssen. Dieser Einfluß nämlich macht, daß wir im Urteilen bloß subjektive Gründe für objektive halten und folglich den bloßen Schein der Wahrheit mit der Wahrheit selbst verwechseln. Denn darin besteht eben das Wesen des Scheins, der um deswillen als ein Grund anzusehen ist, eine falsche Erkenntnis für wahr zu halten." „Was den I. möglich macht, ist also der Schein, nach welchem im Urteile das bloß Subjektive mit dem Objektiven verwechselt wird." Urheber der Irrtümer ist der Verstand nur aus Mangel an erforderlicher Aufmerksamkeit auf den Einfluß der Sinnlichkeit. Zum I. „verleitet uns unser eigener Hang zu urteilen und zu entscheiden, auch da, wo wir wegen unserer Begrenztheit zu urteilen und zu entscheiden nicht vermögend sind". „Aller I., in welchen der menschliche Verstand geraten kann, ist aber nur partial, und in jedem irrigen Urteile muß immer etwas Wahres liegen. Denn ein totaler I. wäre ein gänzlicher Widerstreit wider die Gesetze des Verstandes und der Vernunft." Um Irrtümer zu vermeiden, muß man die „Quelle derselben, den Schein" zu entdecken und zu erklären suchen. Der gemeine Menschenverstand ist „auch an sich ein Probierstein, um die Fehler des künstlichen Verstandesgebrauches zu entdecken". „Allgemeine Regeln und Bedingungen der Vermeidung des I.s sind 1. selbst zu denken, 2. sich an die Stelle eines anderen zu denken, und 3. jederzeit mit sich selbst einstimmig zu denken", Log. Einl. VII (IV 58 ff.). „Der I. entspringt 1. aus der Begierde zum Erkenntnisse. 2. Aus dem Mangel der nötigen Grundbegriffe. 3. Aus der Unterlassung der Aufmerksamkeit", N 2242. „Wir können uns nur des I.s bewußt werden durch unsern Verstand, und wir können also nur irren, indem der Verstand seinen eignen Regeln entgegen handelt. Dieses aber ist unmöglich." Wie der gesetzmäßig fallende Körper nur durch äußeren Widerstand abgelenkt werden kann, „so verknüpfen sich mit den Urteilen des Verstandes andere Tätigkeiten der Seele als der Reiz, Einbildung usw. und man irret, indem man sich dieser vermischten Wirkung als eines Verstandesurteils bewußt wird", N 2244. „Wenn wir eine reine Vernunft und reinen Verstand hätten, so würden wir niemals irren; und wenn wir einen reinen Willen hätten (ohne Neigung), so würden wir nicht sündigen", N 2246. Vgl. Schein, Dialektik, Wahrheit, Sinnestäuschung, Sinn.

Judentum. Die Anhänger der jüdischen Religion waren keiner anderen Gesetze fähig als solcher, „welche teils lästige Zeremonien und Gebräuche auferlegten, teils zwar sittliche, aber nur solche, wobei ein äußerer Zwang stattfand, also nur bürgerliche waren, wobei das Innere der moralischen Gesinnung gar nicht in Betrachtung kam", Rel. 2. St 2. Abs. (IV 89). „Der jüdische Glaube ist seiner ursprünglichen Einrichtung nach ein Inbegriff bloß statutarischer Gesetze, auf welchem eine Staatsverfassung gegründet war; denn welche moralische Zusätze entweder damals schon oder auch in der Folge ihm angehängt worden sind, die sind schlechterdings nicht zum J. als einem solchen gehörig. Das letztere ist eigentlich gar keine Religion, sondern bloß Vereinigung einer Menge Menschen, die, da sie zu einem besonderen Stamm gehörten, sich zu einem gemeinen Wesen unter bloß politischen Gesetzen, mithin nicht zu einer Kirche formten; vielmehr sollte es ein bloß weltlicher Staat sein..." Alle Gebote in dieser Theokratie sind „von der Art, daß auch eine politische Verfassung darauf halten und sie als Zwangsgesetze auferlegen kann, weil sie bloß äußere Handlungen betreffen". Alle Belohnung und Bestrafung ist nur auf diese Welt bezogen. „Da nun ohne Glauben an ein künftiges Leben gar keine Religion gedacht werden kann, so enthält das J. als ein solches, in seiner Reinigkeit genommen, gar keinen Religionsglauben." „Ob nun gleich auch nicht zu zweifeln ist, daß die Juden sich nicht in der Folge, ein jeder für sich selbst, einen gewissen Religionsglauben werden gemacht haben, so hat jener doch nie ein zur Gesetzgebung des J.s gehöriges Stück ausgemacht", ibid. 3. St. 2. Abt. (IV 144 ff.). „Aufgeklärte Katholiken und Protestanten werden .. einander als Glaubensbrüder ansehen können, ohne sich doch zu vermengen, beide in der Erwartung (und Bearbeitung zu diesem Zweck): daß die Zeit unter Begünstigung der Regierung nach und nach die Förmlichkeiten des Glaubens ... der Würde ihres Zweckes, nämlich der Religion selbst, näher bringen werde. — Selbst in Ansehung der Juden ist dieses, ohne die Träumerei einer allgemeinen Judenbekehrung (zum Christentum als einem messianischen Glauben) möglich, wenn unter ihnen, wie jetzt geschieht, geläuterte Religionsbegriffe erwachen und das Kleid des nunmehr zu nichts dienenden, vielmehr alle wahre Religionsgesinnung verdrängenden alten Kultus abwerfen." „Die Euthanasie des J.s ist die reine moralische Religion mit Verlassung aller alten Satzungslehren, deren einige doch im Christentum (als messianischem Glauben) noch zurück behalten bleiben müssen; welcher Sektenunterschied endlich doch auch verschwinden muß und so das, was man als den Beschluß des großen Dramas des Religionswechsels auf Erden nennt (die Wiederbringung aller Dinge), wenigstens im Geiste herbeiführt, da nur ein Hirt und eine Herde stattfindet", Str. d. Fak. 1. Abs. Allg. Anmerk. Von Religionssekten (V 4, 96ff.). — Über das J. als „Nation von lauter Kaufleuten" vgl. Anthr. 1. T. § 46 (IV 119 ff.). Vgl. Christentum, Bibel, Religion.

K.

Kanon. Verstand und Urteilskraft haben ihren „K. des objektiv gültigen, mithin wahren Gebrauchs in der transzendentalen Logik und gehören also in ihren analytischen Teil". Hingegen nicht die Vernunft; sofern sie a priori über die Grenzen der Erfahrung hinausgeht, ist sie dialektisch, KrV tr. Anal. 2. B. am Anfang (I 178—Rc 233); vgl. Analytik der Grundsätze.

Kanon der moralischen Beurteilung. Er lautet: „Man muß wollen können, daß eine Maxime unserer Handlung ein allgemeines Gesetz werde", GMS 2. Abs. (III 47); vgl. Imperativ.

Kanon der reinen Vernunft. Der „größte und vielleicht einzige Nutzen aller Philosophie der reinen Vernunft" ist wohl nur „negativ", „da sie nämlich nicht, als Organon, zur Erweiterung, sondern, als Disziplin, zur Grenzbestimmung dient, und anstatt Wahrheit zu entdecken, nur das stille Verdienst hat, Irrtümer zu verhüten". „Indessen muß es doch irgendwo einen Quell von positiven Erkenntnissen geben, welche in das Gebiet der reinen Vernunft gehören und die vielleicht nur durch Mißverstand zu Irrtümern Anlaß geben, in der Tat aber das Ziel der Beeiferung der Vernunft ausmachen." Die Vernunft, welche Gegenstände ahnt, die ein großes Interesse für sie haben, betritt zuerst den zu keinem Ziele führenden Weg der „Spekulation". Der richtige Gebrauch der reinen Vernunft ist aber nicht der spekulative, sondern der „praktische Vernunftgebrauch". Da unter einem „K." der „Inbegriff der Grundsätze a priori des richtigen Gebrauchs gewisser Erkenntnisvermögen überhaupt" zu verstehen ist, so betrifft der „K. der reinen Vernunft diesen praktischen Vernunftgebrauch", KrV tr. Meth. 2. H. am Anfang (I 659 f.—Rc 810 f.). Der K. der reinen Vernunft bezieht sich auf die in praktisch-sittlicher Hinsicht zu beantwortenden Fragen nach Gott (s. d.) und Unsterblichkeit (s. d.). Vgl. Ideen, Probleme.

Kasualität. Hervorbringung der Zweckmäßigkeit durch Zufall (z. B. nach Epikur). Dieses System ist „offenbar ungereimt", KU § 72 (II 255); vgl. Zweckmäßigkeit.

Kasuistik, ethische. „Die Ethik ... führt wegen des Spielraums, den sie ihren unvollkommenen Pflichten verstattet, unvermeidlich zu Fragen, welche die Urteilskraft auffordern auszumachen, wie eine Maxime in besonderen Fällen anzuwenden sei, und zwar so, daß diese wiederum eine (untergeordnete) Maxime an die Hand gebe (wo immer wiederum nach einem Prinzip der Anwendung dieser auf vorkommende Fälle gefragt werden kann); und so gerät sie in eine K., von welcher die Rechtslehre nichts weiß." „Die K. ist also weder eine Wissenschaft noch ein Teil derselben; denn das wäre Dogmatik und ist nicht sowohl Lehre, wie etwas gefunden, sondern Übung, wie die Wahrheit solle gesucht werden", MST Einl. XVIII (III 256). In der Einteilung der Ethik gehört die K. mit der Dogmatik zur Elementarlehre, ibid. XIX (III 258). Vgl. Pflicht, Gewissen.

Katechismus, moralischer. Der moralische K. als „Grundlehre der Tugendpflichten" kann seinem Inhalte nach aus der gemeinen Menschenvernunft entwickelt werden, und zwar durch „methodische Auslockung" der Antworten des Lehrlings. „Das erste und notwendigste doktrinale Instrument der Tugendlehre für den noch rohen Zögling ist ein moralischer K. Dieser muß vor dem Religionskatechismus hergehen und kann nicht bloß als Einschiebsel in die Religionslehre mit verwebt, sondern muß abgesondert, als ein für sich bestehendes Ganze, vorgetragen werden", MST § 51 (III 343). Das gute Exempel soll dem Lehrling „nicht als Muster, sondern zum Beweise der Tunlichkeit des Pflichtmäßigen dienen". „Also nicht die Vergleichung mit irgendeinem anderen Menschen (wie er ist), sondern mit der Idee (der Menschheit), wie er sein soll, also mit dem Gesetz, muß dem Lehrer das nie fehlende Richtmaß seiner Erziehung an die Hand geben", ibid. § 52 (III 345).

Kategorie. Der reine Verstand ist die Quelle von Grundbegriffen der Erkenntnis, der „reinen Verstandesbegriffe" oder K.n. Diese findet Kant durch Reflexion auf die Grundformen des Denkens, des Urteils, d. h. der Verknüpfung von Vorstellungen zur Einheit der „Apperzeption" (s.d.). Die K.n sind die fundamentalen Formen der Synthese von Daten zur Einheit objektiver Erfahrung, apriorische Bedingungen, Konstituenten der Erfahrung, die daher für alle mögliche Erfahrung notwendig gelten. Nur durch ihre Anwendung ist Erfahrung selbst möglich, und diese Begriffe stimmen mit den Formen der Objekte überein, weil die letzteren selbst, die Gegenstände der Erfahrung, die Phänomene, nichts anderes sind als kategorial bestimmte, verknüpfte Erfahrungsdaten oder einheitlich-gesetzliche Zusammenhänge solcher. Welche K.n und wie sie im Einzelnen angewendet werden müssen, ist auch vom Inhalt der Erfahrung, den anschaulich gegebenen Daten abhängig, aber die K.n selbst und deren Geltung ist unabhängig von der Erfahrung, liegt dieser schon selbst zugrunde. Ohne ihre Verbindung mit der Anschauung und ohne die transzendentalen „Schemate" (s. d.), die ihre Anwendung auf die Anschauung ermöglichen, sind die K.n rein logisch-formale Funktionen ohne Inhalt, gewähren sie keine Erkenntnis. Auf das „Ding an sich" lassen sich die K.n nicht, oder höchstens nur per analogiam, anwenden; nur die Phänomene lassen sich als Substanzen, Kräfte, Ursachen usw. erkennen; von Dingen an sich kann man Kausalität usw. nur in deren Beziehung auf das erkennende Subjekt oder aber nur in einem überempirischen Sinne, ohne positiven Erkenntnisgehalt, aussagen. (Z. B. als „Kausalität" der Vernunft oder des „Noumenon", die zwar gedacht, aber nicht erkannt, nicht begriffen wird.) Die K.n, die Kant früher (auch noch 1770) auf Dinge an sich anwendet, dienen nur zur Herstellung einheitlicher Zusammenhänge objektiver Art, zur Möglichkeit, von dem Ablauf subjektiver Erlebnisse allgemeingültige, von diesem Ablauf unabhängige, nach festen Regeln bestimmte Objekte und Relationen zu erstellen und zu finden, indem durch sie die Daten der äußeren und inneren Wahrnehmung auf für alle Subjekte gemeinsame Einheiten bezogen werden. Es kann etwas nur dadurch Gegenstand der Erfahrung werden, daß es kategorial bestimmt wird. Die K. entspringt a priori im „Subjekt", und hat dennoch empirisch-objektive Bedeutung, bewährt sich nur in der Erfahrung, als Grundlage, Voraussetzung, Faktor derselben (kritizistisch-transzendentale Theorie der K.n gegenüber der empiristischen einerseits, der rationalistischen und der Lehre von den angeborenen Ideen andererseits).

Die „Verstandesbegriffe" sind nicht angeboren (s. d.), sondern „erworben", „aus den dem Geiste eingepflanzten Gesetzen abstrahiert (indem man bei Gelegenheit der Erfahrung auf seine Tätigkeit achtet)". Zu ihnen gehören: Möglichkeit, Dasein, Notwendigkeit, Substanz, Ursache usw.; da sie „niemals als Teile in irgendeine sinnliche Vorstellung eintreten, ließen sie sich in keiner Weise aus ihr abstrahieren", Mund. sens. § 8 (V 2, 100). Die Verstandesbegriffe sind nicht anschaulich, nur „symbolisch", § 10 (V 2, 102). Sie gehen auf die „intelligiblen" Dinge, auf Dinge, wie sie an sich, unabhängig von unserer Sinnlichkeit, existieren, während die Formen der letzteren (Raum und Zeit) subjektiv sind.

Die reinen Verstandesbegriffe müssen „nicht von den Empfindungen der Sinne abstrahiert sein, noch die Empfänglichkeit der Vorstellungen durch Sinne ausdrücken, sondern in der Natur der Seele zwar ihre Quellen haben, aber doch weder insofern sie vom Objekt gewirkt werden, noch das Objekt selbst hervorbringen. Ich hatte mich in der Dissertation damit begnügt, die Natur der Intellektualvorstellungen bloß negativ auszudrücken: daß sie nämlich nicht Modifikationen der Seele durch den Gegenstand wären. Wie aber denn sonst eine Vorstellung, die sich auf einen Gegenstand bezieht, ohne von ihm auf einige Weise affiziert zu sein, möglich, überging ich mit Stillschweigen. Ich hatte gesagt: die sinnlichen Vorstellungen stellen die Dinge vor, wie sie erscheinen, die intellektualen, wie sie sind. Wodurch aber werden uns denn diese Dinge gegeben, wenn sie es nicht durch die Art werden, womit sie uns affizieren; und wenn solche intellektuale Vorstellungen auf unserer innern Tätigkeit beruhen, woher kommt die Übereinstimmung, die sie mit Gegenständen haben sollen, die doch dadurch nicht etwa hervorgebracht werden, und die Axiomata der reinen Vernunft über diese Gegenstände, woher stimmen sie mit diesen überein, ohne daß diese Übereinstimmung von der Erfahrung hat dürfen Hilfe entlehnen." Wie soll mein Verstand „gänzlich a priori" sich selbst Begriffe von Dingen bilden, mit denen notwendig die Sachen einstimmen sollen? Ich brachte bei dieser Untersuchung der „Quellen der intellektualen Erkenntnis" „alle Begriffe der gänzlich reinen Vernunft" in eine „gewisse Zahl von Kategorien", aber nicht „aufs bloße Ungefähr wie Aristoteles", sondern „so, wie sie sich selbst durch einige wenige Grundgesetze des Verstandes von selbst in Klassen einteilen", An M. Herz, 21. Februar 1772.

Es gibt nicht bloß Anschauungen a priori (Raum und Zeit), sondern auch „Begriffe a priori", „reine" Begriffe, „reine Verstandesbegriffe". Diese müssen „im Verstande allein, als ihrem Geburtsorte" aufgesucht werden. „Wir werden also die reinen Begriffe bis zu ihren ersten Keimen und Anlagen im menschlichen Verstande verfolgen, in denen sie vorbereitet liegen, bis sie endlich bei Gelegenheit der Erfahrung entwickelt und durch eben denselben Verstand, von den ihnen anhängenden empirischen Bedingungen befreit, in ihrer Lauterkeit dargestellt werden", KrV tr. Anal. 1. B. am Anfang (I 118—Rc 137 f.). Diese Begriffe sind „nach einem Prinzip aufzusuchen; weil sie aus dem Verstande, als absoluter Einheit, rein und unvermischt entspringen und daher nach einem Begriffe oder Idee unter sich zusammenhängen müssen". „Ein solcher Zusammenhang aber gibt eine Regel an die Hand, nach welcher jedem reinen Verstandesbegriff seine Stelle und allen insgesamt ihre Vollständigkeit a priori bestimmt werden kann, welches alles sonst vom Belieben, oder vom Zufall abhängen würde", ibid. 1. H. am Anfang (I 119—Rc 138 f.). Die reine Synthesis (s. d.) des Mannigfaltigen von Raum und Zeit ergibt, wenn allgemein gedacht (als solche fixiert), den „reinen Verstandesbegriff". „Dieselbe Funktion, welche den verschiedenen Vorstellungen in einem Urteile Einheit gibt, die gibt auch der bloßen Synthesis verschiedener Vorstellungen in einer Anschauung Einheit, welche, allgemein ausgedrückt, der reine Verstandesbegriff heißt." Der Verstand bringt „vermittelst der synthetischen Einheit des Mannigfaltigen in der Anschauung überhaupt" in seine Vorstellungen einen „transzendentalen Inhalt"; deswegen heißen die K.n „reine Verstandesbegriffe", die „a priori auf Objekte gehen". Es entspringen „gerade so viel reine Verstandesbegriffe, welche a priori auf Gegenstände der Anschauung überhaupt gehen, als es ... logische Funktionen in allen möglichen Urteilen gab"; denn „der Verstand ist durch gedachte Funktionen völlig erschöpft und sein Vermögen dadurch gänzlich ausgemessen". Nach dem Aristoteles nennen wir diese Begriffe „K.n". Tafel derselben: „1. Der Quantität: Einheit, Vielheit, Allheit. 2. Der Qualität: Realität, Negation, Limitation. 3. Der Relation: Inhärenz und Subsistenz (substantia et accidens). Kausalität und Dependenz (Ursache und Wirkung). Gemeinschaft (Wechselwirkung zwischen dem Handelnden und Leidenden). 4. Der Modalität: Möglichkeit — Unmöglichkeit, Dasein — Nichtsein, Notwendigkeit — Zufälligkeit." Dies ist das Verzeichnis aller ursprünglich „reinen Begriffe der Synthesis, die der Verstand a priori in sich enthält und um deren willen er auch nur ein reiner Verstand ist; indem er durch sie allein etwas bei dem Mannigfaltigen der Anschauung verstehen, d. i. ein Objekt derselben denken kann". „Diese Einteilung ist systematisch aus einem gemeinschaftlichen Prinzip, nämlich dem Vermögen zu urteilen, (welches ebensoviel ist, als das Vermögen zu denken) erzeugt", während bei Aristoteles die K.n „rhapsodistisch" ohne Prinzip aufgerafft sind, ibid. 1. H. 3. Abs. (I 129 ff.—Rc 149 ff.). Die K.n (Prädikamente) sind die wahren „Stammbegriffe" des reinen Verstandes, die auch ihre ebenso reinen „abgeleiteten" Begriffe haben (s. Prädikabilien). — Über diese „Tafel der K.n" lassen sich „artige Betrachtungen" anstellen. Diese Tafel dient dazu, „den Plan zum Ganzen einer Wissenschaft, sofern sie auf Begriffen a priori beruht, vollständig zu entwerfen, und sie mathematisch nach bestimmten Prinzipien abzuteilen“. Die erste Bemerkung ist die, „daß sich diese Tafel, welche vier Klassen von Verstandesbegriffen enthält, zuerst in zwei Abteilungen zerfällen lasse, deren erstere auf Gegenstände der Anschauung (der reinen sowohl als empirischen), die zweite aber auf die Existenz dieser Gegenstände (entweder in Beziehung aufeinander oder auf den Verstand) gerichtet sind“. „Die erste Klasse würde ich die der mathematischen, die zweite der dynamischen K.n nennen.“ Nur in der zweiten Klasse haben die Begriffe Korrelate. Die zweite Bemerkung ist die, „daß allerwärts eine gleiche Zahl der K.n jeder Klasse, nämlich drei sind, welches ebensowohl zum Nachdenken auffordert, da sonst alle Einteilung a priori durch Begriffe Dichotomie sein muß“. „Dazu kommt aber noch, daß die dritte K. allenthalben aus der Verbindung der zweiten mit der ersten ihrer Klasse entspringt.“ „So ist die Allheit (Totalität) nichts anderes als die Vielheit als Einheit betrachtet, die Einschränkung nichts anderes als Realität mit Negation verbunden, die Gemeinschaft ist die Kausalität einer Substanz in Bestimmung der anderen wechselseitig, endlich die Notwendigkeit nichts anderes als die Existenz, die durch die Möglichkeit selbst gegeben ist.“ „Man denke aber ja nicht, daß darum die dritte K. ein bloß abgeleiteter und kein Stammbegriff des reinen Verstandes sei. Denn die Verbindung der ersten und zweiten, um den dritten Begriff hervorzubringen, erfordert einen besonderen Aktus des Verstandes“, ibid. § 11 (I 133 f.—Rc 153 f.).

Die „transzendentale Deduktion“ (s. d.) der Kategorien besteht in der Rechtfertigung ihres Gebrauchs, in der Erklärung der Möglichkeit ihrer apriorischen Beziehung auf die Objekte der Erfahrung. Ohne die Funktionen des Verstandes können uns Gegenstände in der Anschauung sich darstellen, Erscheinungen in der Anschauung gegeben werden; die K.n sind also nicht (wie Raum und Zeit) Bedingungen dieses Gegebenseins. Wie können nun „subjektive Bedingungen des Denkens“ objektive Gültigkeit haben, d. h. Bedingungen der Möglichkeit aller Erkenntnis der Gegenstände abgeben, wie können diese den „Bedingungen, deren der Verstand zur synthetischen Einheit des Denkens bedarf“, gemäß sein? „Denn es könnten wohl allenfalls Erscheinungen so beschaffen sein, daß der Verstand sie den Bedingungen seiner Einheit gar nicht gemäß fände.“ „Erscheinungen würden nichtsdestoweniger unserer Anschauung Gegenstände darbieten, denn die Anschauung bedarf der Funktionen des Denkens auf keine Weise“, ibid. § 13 (I 138 ff.—Rc 158 ff.). Es sind „nur zwei Fälle möglich, unter denen synthetische Vorstellungen und ihre Gegenstände zusammentreffen, sich aufeinander notwendigerweise beziehen und gleichsam einander begegnen können. Entweder wenn der Gegenstand die Vorstellung oder diese den Gegenstand allein möglich macht. Ist das erstere, so ist diese Beziehung nur empirisch, und die Vorstellung ist niemals a priori möglich. Und dies ist der Fall mit Erscheinungen in Ansehung dessen, was an ihnen zur Empfindung gehört. Ist aber das zweite, weil Vorstellung an sich selbst . . . ihren Gegenstand dem Dasein nach nicht hervorbringt, so ist doch die Vorstellung in Ansehung des Gegenstandes alsdann a priori bestimmend, wenn durch sie allein es möglich ist, etwas als einen Gegenstand zu erkennen.“ Zunächst stimmen nun die Erscheinungen alle mit der Anschauung überein, „weil sie nur durch dieselbe erscheinen, d. i. empirisch angeschaut und gegeben werden können“. „Nun fragt es sich, ob nicht auch Begriffe a priori vorausgehen, als Bedingungen, unter denen allein etwas, wenn gleich nicht angeschaut, dennoch als Gegenstand überhaupt gedacht wird; denn alsdann ist alle empirische Erkenntnis der Gegenstände solchen Begriffen notwendigerweise gemäß, weil ohne deren Voraussetzung nichts als Objekt der Erfahrung möglich ist.“ „Nun enthält aber alle Erfahrung außer der Anschauung der Sinne, wodurch etwas gegeben wird, noch einen Begriff von einem Gegenstande, der in der Anschauung gegeben wird oder erscheint: demnach werden Begriffe von Gegenständen überhaupt, als Bedingungen a priori, aller Erfahrungserkenntnis zum Grunde liegen; folglich wird die objektive Gültigkeit der K.n, als Begriffe a priori, darauf beruhen, daß durch sie allein Erfahrung (der Form des Denkens nach) möglich sei. Denn alsdann beziehen sie sich notwendigerweise und a priori auf Gegenstände der Erfahrung, weil nur vermittelst ihrer überhaupt irgendein Gegenstand der Erfahrung gedacht werden kann." Die K.n legitimieren sich also als „Bedingungen a priori der Möglichkeit der Erfahrung". „Begriffe, die den objektiven Grund der Möglichkeit der Erfahrung abgeben, sind eben darum notwendig." Hume verfiel nicht darauf, „daß vielleicht der Verstand durch diese Begriffe selbst Urheber der Erfahrung, worin seine Gegenstände angetroffen werden, sein könne". Die K.n sind hiernach „Begriffe von einem Gegenstande überhaupt, dadurch dessen Anschauung in Ansehung einer der logischen Funktionen zu Urteilen als bestimmt angesehen wird". „So war die Funktion des kategorischen Urteils die des Verhältnisses des Subjekts zum Prädikat, z. B. alle Körper sind teilbar. Allein in Ansehung des bloß logischen Gebrauchs des Verstandes blieb es unbestimmt, welchem von beiden Begriffen die Funktion des Subjekts und welchem die des Prädikats man geben wolle. Denn man kann auch sagen: Einiges Teilbare ist ein Körper. Durch die K. der Substanz aber, wenn ich den Begriff eines Körpers darunter bringe, wird es bestimmt: daß seine empirische Anschauung in der Erfahrung immer nur als Subjekt, niemals als bloßes Prädikat betrachtet werden müsse; und so in allen übrigen K.n", ibid. § 14 (I 145ff.—Rc 165ff.). Sie sind Arten, wie die transzendentale Einheit der Apperzeption das Mannigfaltige der Anschauung sich unterwirft. „Alle sinnlichen Anschauungen stehen unter den K.n, als Bedingungen, unter denen allein das Mannigfaltige derselben in ein Bewußtsein zusammenkommen kann." „Das mannigfaltige in einer sinnlichen Anschauung Gegebene gehört notwendig unter die ursprüngliche synthetische Einheit der Apperzeption, weil durch diese die Einheit der Anschauung allein möglich ist." „Diejenige Handlung des Verstandes aber, durch die das Mannigfaltige gegebener Vorstellungen ... unter eine Apperzeption überhaupt gebracht wird, ist die logische Funktion der Urteile." „Also ist alles Mannigfaltige, sofern es in Einer empirischen Anschauung gegeben ist, in Ansehung einer der logischen Funktionen zu urteilen bestimmt, durch die es nämlich zu einem Bewußtsein überhaupt gebracht wird. Nun sind aber die K.n nichts anderes, als eben diese Funktionen zu urteilen, sofern das Mannigfaltige einer gegebenen Anschauung in Ansehung ihrer bestimmt ist." „Also steht auch das Mannigfaltige in einer gegebenen Anschauung notwendig unter K.n", ibid. § 20 (I 158 f.—Rc 191). „Ein Mannigfaltiges, das in einer Anschauung, die ich die meinige nenne, enthalten ist, wird durch die Synthesis des Verstandes als zur notwendigen Einheit des Selbstbewußtseins gehörig vorgestellt, und dieses geschieht durch die K.", ibid. § 21 (I 159—Rc 191). „Der Beweisgrund beruht auf der vorgestellten Einheit der Anschauung, dadurch ein Gegenstand gegeben wird, welche jederzeit eine Synthesis des mannigfaltigen zu einer Anschauung Gegebenen in sich schließt und schon die Beziehung dieses letzteren auf Einheit der Apperzeption enthält", ibid. Anm. — Die K.n würden für einen göttlichen „anschauenden" Verstand keine Bedeutung haben. „Sie sind nur Regeln für einen Verstand, dessen ganzes Vermögen im Denken besteht, d. i. in der Handlung, die Synthesis des Mannigfaltigen, welches ihm anderweitig in der Anschauung gegeben worden, zur Einheit der Apperzeption zu bringen, der also für sich gar nichts erkennt, sondern nur den Stoff zum Erkenntnis, die Anschauung, die ihm durchs Objekt gegeben werden muß, verbindet und ordnet." „Von der Eigentümlichkeit unseres Verstandes aber, nur vermittelst der K.n und nur gerade durch diese Art und Zahl derselben Einheit der Apperzeption a priori zustande zu bringen, läßt sich ebensowenig ferner ein Grund angeben, als warum wir gerade diese und keine anderen Funktionen zu Urteilen haben, oder warum Zeit und Raum die einzigen Formen unserer möglichen Anschauung sind", ibid. § 21 (I 160—Rc 193 f.).

Die K. hat keinen anderen Gebrauch zur Erkenntnis der Dinge als ihre „Anwendung auf Gegenstände der Erfahrung". Erkenntnis ist ohne Anschauung nicht möglich, die durch den Begriff bestimmt wird. Die K.n liefern uns nur Erkenntnis von Dingen „durch ihre mögliche Anwendung auf empirische Anschauung, d. i. sie dienen nur zur Möglichkeit empirischer Erkenntnis". Diese aber heißt „Erfahrung". „Folglich haben die K.n keinen anderen Gebrauch zum Erkenntnisse der Dinge, als nur sofern diese als Gegenstände möglicher Erfahrung angenommen werden", ibid. § 22 (I 161 f.—Rc 197). Sie erstrecken sich auf „Gegenstände der Anschauung überhaupt". Ohne Anschauung, auf welche die synthetische Einheit der Apperzeption angewandt wird, können sie keinen Gegenstand bestimmen; unsere sinnliche Anschauung kann ihnen allein „Sinn und Bedeutung" verschaffen. Auf gedachte Objekte einer nicht-sinnlichen Anschauung kann keine einzige K. angewandt werden, ibid. § 23 (I 162 f.—Rc 199 f.). An sich sind die K.n „bloße Gedankenformen", durch die noch kein „bestimmter Gegenstand" erkannt wird. Nun kann der Verstand, als „Spontaneität" (s. d.), den „inneren Sinn" (s. d.) gemäß der Einheit der Apperzeption bestimmen und so das Mannigfaltige gegebener Vorstellungen in synthetischer Einheit denken, „als die Bedingung, unter welcher alle Gegenstände unserer (der menschlichen) Anschauung notwendigerweise stehen müssen". Dadurch bekommen die K.n „objektive Realität", d. h. „Anwendung auf Gegenstände, die uns in der Anschauung gegeben werden können". Die den K.n gemäße Synthesis der Anschauungen ist die transzendentale Synthesis der (produktiven) „Einbildungskraft" (s. d.), als „eine Wirkung des Verstandes auf die Sinnlichkeit und die erste Anwendung desselben (zugleich der Grund aller übrigen) auf Gegenstände der uns möglichen Anschauung", ibid. § 24 (I 163 ff.—Rc 201 ff.). Die transzendentale Synthesis der „Apprehension" (s. d.), d. h. die „Zusammensetzung des Mannigfaltigen in einer empirischen Anschauung" ist durch die K.n bedingt, nach deren synthetischen Einheit das Mannigfaltige der Anschauungen in bestimmter Weise verbunden (geordnet) wird. Die synthetische Einheit der K.n ist in dieser Synthesis auf die sinnliche Anschauung „angewandt", z. B. die K. der Ursache bestimmt die Zeitfolge eines Erfahrungsinhalts. „Folglich steht alle Synthesis, wodurch selbst Wahrnehmung möglich wird, unter den K.n, und da Erfahrung Erkenntnis durch verknüpfte Wahrnehmungen ist, so sind die K.n Bedingungen der Möglichkeit der Erfahrung und gelten also a priori auch von allen Gegenständen der Erfahrung", ibid. § 26 (I 171f.—Rc 217f.).

Die K.n sind „Begriffe, welche den Erscheinungen, mithin der Natur, als dem Inbegriffe aller Erscheinungen (natura materialiter spectata), Gesetze a priori vorschreiben". Es ist nicht befremdlich, daß die Gesetze (s. d.) der Erscheinungen der Natur mit dem Verstande und seinen apriorischen Formen der Synthese übereinstimmen müssen. Denn Gesetze bestehen nur „relativ auf das Subjekt, dem die Erscheinungen inhärieren, sofern es Verstand hat", nicht in den „Dingen an sich". Die Erscheinungen stehen als Vorstellungen eben unter dem „Gesetze der Verknüpfung", welche das Prinzip der Synthese („verknüpfende Vermögen") vorschreibt. Da die „empirische" Synthesis der Apprehension von der „transzendentalen", mithin den K.n abhängt, „so müssen alle möglichen Wahrnehmungen, mithin auch alles, was zum empirischen Bewußtsein immer gelangen kann, d. i. alle Erscheinungen der Natur, ihrer Verbindung nach, unter den K.n stehen, von welchen die Natur (bloß als Natur überhaupt betrachtet), als dem ursprünglichen Grunde ihrer notwendigen Gesetzmäßigkeit (als natura formaliter spectata), abhängt", ibid. (I 173 f. —Rc 221 f.). Damit ist die transzendentale Deduktion der Verstandesbegriffe beschlossen. Aus ihr folgt, daß die K.n nur von Gegenständen möglicher Erfahrung Erkenntnisse verschaffen können. Sie enthalten „die Gründe der Möglichkeit aller Erfahrung überhaupt", machen Erfahrung möglich, geben die Grundsätze (s. d.) der Möglichkeit derselben an die Hand. — Es besteht hier betreffs des Ursprunges der K.n eine „Epigenesis der reinen Vernunft". Eine Art „Präformationssystem" der reinen Vernunft, wonach die K.n „weder selbstgedachte erste Prinzipien a priori unserer Erkenntnis, noch auch aus der Erfahrung geschöpft, sondern subjektive, uns mit unserer Existenz zugleich eingepflanzte Anlagen zum Denken wären, die von unserem Urheber so eingerichtet worden, daß ihr Gebrauch mit den Gesetzen der Natur, an welchen die Erfahrung fortläuft, genau stimmte", ist unhaltbar. Denn die Notwendigkeit der K.n wäre dann rein „subjektive" Notwendigkeit. „Ich würde nicht sagen können: die Wirkung ist mit der Ursache im Objekt (d. i. notwendig) verbunden, sondern ich bin nur so eingerichtet, daß ich diese Vorstellung nicht anders als so verknüpft denken kann." Dann könnte der Skeptiker triumphieren, denn es würde an Leuten nicht fehlen, die diese subjektive Notwendigkeit („die gefühlt werden muß") von sich nicht eingestehen würden; „zum wenigsten könnte man mit niemandem über dasjenige hadern, was bloß auf der Art beruht, wie sein Subjekt organisiert ist", ibid. § 27 (I 175 f.—Rc 227 ff.). — Die transzendentale Deduktion ist also, zusammengefaßt, „die Darstellung der reinen Verstandesbegriffe (und mit ihnen aller theoretischen Erkenntnis a priori), als Prinzipien der Möglichkeit der Erfahrung, dieser aber, als Bestimmung der Erscheinungen in Raum und Zeit überhaupt, — endlich dieser aus dem Prinzip der ursprünglichen synthetischen Einheit der Apperzeption, als der Form des Verstandes in Beziehung auf Raum und Zeit, als ursprüngliche Formen der Sinnlichkeit", ibid. Kurzer Begriff dieser Deduktion (I 177—Rc 229).

Die Anwendung der K.n auf die Anschauung wird durch die transzendentalen „Schemate" (s. d.) ermöglicht. Diese sind die Bedingungen, den K.n „eine Beziehung auf Objekte, mithin Bedeutung" zu verschaffen. So sind die K.n „von keinem anderen, als einem möglichen empirischen Gebrauche, indem sie bloß dazu dienen, durch Gründe einer a priori notwendigen Einheit (wegen der notwendigen Vereinigung alles Bewußtseins in einer ursprünglichen Apperzeption) Erscheinungen allgemeinen Regeln der Synthesis zu unterwerfen, und sie dadurch zur durchgängigen Verknüpfung in einer Erfahrung schicklich zu machen". Die Schemate erst „realisieren" die K.n, indem sie sie auch „restringieren", d. h. auf Bedingungen von Erscheinungsinhalten einschränken. Nach Absonderung aller sinnlichen Bedingung bleibt den K.n „nur logische Bedeutung der bloßen Einheit der Vorstellungen, denen aber kein Gegenstand, mithin auch keine Bedeutung gegeben wird, die einen Begriff vom Objekt abgeben könnte". „So würde z. B. Substanz, wenn man die sinnliche Bestimmung der Beharrlichkeit wegließe, nichts weiter als ein Etwas bedeuten, das als Subjekt (ohne ein Prädikat von etwas anderem zu sein) gedacht werden kann. Aus dieser Vorstellung kann ich nun nichts machen, indem sie mir gar nicht anzeigt, welche Bestimmungen das Ding hat, welches als ein solches erstes Subjekt gelten soll." „Also sind die K.n, ohne Schemate, nur Funktionen des Verstandes zu Begriffen, stellen aber keinen Gegenstand vor. Diese Beziehung kommt ihnen von der Sinnlichkeit, die den Verstand realisiert, indem sie ihn zugleich restringiert", ibid. tr. Anal. 2. B. 1. H. (I 188ff. —Rc 244 f.). Nach der „bloßen K." können wir die Möglichkeit keines Dinges einsehen; wir müssen immer „eine Anschauung bei der Hand haben", „um an derselben die objektive Realität des reinen Verstandesbegriffs darzulegen". „So lange es also an Anschauung fehlt, weiß man nicht, ob man durch die K.n ein Objekt denkt, und ob ihnen auch überall gar irgendein Objekt zukommen könne; und so bestätigt sich, daß sie für sich gar keine Erkenntnisse, sondern bloße Gedankenformen sind, um aus gegebenen Anschauungen Erkenntnisse zu machen." Daher kann aus bloßen K.n kein synthetischer Satz gemacht oder bewiesen werden. Nur von Objekten möglicher Erfahrung lassen solche Sätze sich, als Prinzipien der Möglichkeit derselben, beweisen (z. B. das Kausalprinzip). Noch merkwürdiger ist es, „daß wir, um die Möglichkeit der Dinge, zufolge der K.n, zu verstehen und also die objektive Realität der letzteren darzutun, nicht bloß Anschauungen, sondern sogar immer äußere Anschauungen bedürfen". So z. B. bedarf der Begriff der Substanz (s. d.) einer Anschauung im Raume, „weil der Raum allein beharrlich bestimmt ist". Veränderung (s. d.) können wir uns nur durch Bewegung anschaulich machen. Es ist dies richtig einzusehen, erstens zur Bestätigung der Widerlegung des materialen Idealismus (s. d.), zweitens „um, wenn vom Selbsterkenntnisse aus dem bloßen inneren Bewußtsein und der Bestimmung unserer Natur ohne Beihilfe äußerer empirischer Anschauungen die Rede sein wird, uns die Schranken der Möglichkeit einer solchen Erkenntnis anzuzeigen", ibid. 2. H. 3. Abs. Allg. Anmerk. (I 265 ff.—Rc 327 ff.). Wir können keine K. real definieren, d. h. die Möglichkeit ihres Objekts verständlich machen, „ohne uns sofort zu Bedingungen der Sinnlichkeit, mithin der Form der Erscheinungen herabzulassen, als auf welche, als ihre einzigen Gegenstände, sie folglich eingeschränkt sein müssen, weil, wenn man diese Bedingung wegnimmt, alle Bedeutung, d. i. Beziehung aufs Objekt wegfällt und man durch kein Beispiel sich selbst faßlich machen kann, was unter einem dergleichen Begriffe denn eigentlich für ein Ding gemeint sei", ibid. 2. B. 3. H. (I 274—Rc 336). Schafft man „alle Bedingungen der Sinnlichkeit" weg, welche den „empirischen Gebrauch" der K.n bestimmen, so ist nicht zu ersehen, wie sie ihre Anwendung und ihr Objekt, also eine Bedeutung und objektive Gültigkeit haben können, ibid. 1. A. (I 275 Anm.—Rc 337). Die K.n haben nur „vermittelst der allgemeinen sinnlichen Bedingung eine bestimmte Bedeutung und Beziehung auf irgendeinen Gegenstand". Abgesehen davon enthalten sie nur die „logische Funktion", „das Mannigfaltige unter einen Begriff zu bringen", aus der allein nicht ersehen werden kann, welches Objekt darunter gehört. „Daher bedürfen die K.n, noch über den reinen Verstandesbegriff, Bestimmungen ihrer Anwendung auf Sinnlichkeit überhaupt (Schemate), und sind ohne diese keine Begriffe, wodurch ein Gegenstand erkannt und von anderen unterschieden würde, sondern nur so viel Arten, einen Gegenstand zu möglichen Anschauungen zu denken und ihm nach irgendeiner Funktion des Verstandes seine Bedeutung (unter noch erforderlichen Bedingungen) zu geben, d. i. ihn zu definieren; selbst also können sie nicht definiert werden. Die logischen Funktionen der Urteile überhaupt: Einheit und Vielheit, Bejahung und Verneinung, Subjekt und Prädikat, können, ohne einen Zirkel zu begehen, nicht definiert werden, weil die Definition doch selbst ein Urteil sein und also diese Funktionen schon enthalten müßte. Die reinen K.n sind aber nicht anders, als Vorstellungen der Dinge überhaupt, sofern das Mannigfaltige ihrer Anschauung durch eine oder andere dieser logischen Funktionen gedacht werden muß." „Was das nun aber für Dinge sind, in Ansehung deren man sich dieser Funktion viel mehr als einer anderen bedienen müsse, bleibt hierbei ganz unbestimmt." Die K.n bedürfen der sinnlichen Anschauungen, zu welchen sie nur die „Synthesis" enthalten; an sich selbst haben sie nicht die Gültigkeit objektiver Begriffe, ibid. 1. A. (I 277 f. Anm.—Rc 340f.). Die reine K. (ohne „Schema") enthält nur „die Einheit des Denkens eines Mannigfaltigen überhaupt". Durch sie wird also noch „kein Objekt bestimmt, sondern nur das Denken eines Objekts überhaupt nach verschiedenen modis ausgedrückt". Dieser „bloß transzendentale Gebrauch" der K. ist in der Tat „gar kein Gebrauch". Es ist also die reine K. auch zu keinem synthetischen Grundsatze a priori zureichend. „Es kann daher ratsam sein, sich also auszudrücken: die reinen K.n, ohne formale Bedingungen der Sinnlichkeit, haben bloß transzendentale Bedeutung, sind aber von keinem transzendentalen Gebrauch, weil dieser an sich selbst unmöglich ist." Die K.n sind für sich nur „Gedankenformen, die bloß das logische Vermögen enthalten, das mannigfaltige in der Anschauung Gegebene in ein Bewußtsein a priori zu vereinigen", ibid. (I 279f.—Rc 342f.). Die K.n erstrecken sich „weiter als die sinnliche Anschauung, weil sie Objekte überhaupt denken, ohne noch auf die besondere Art (die Sinnlichkeit) zu sehen, in der sie gegeben werden mögen". „Sie bestimmen aber dadurch nicht eine größere Sphäre von Gegenständen", weil dazu eine Art der Anschauung notwendig wäre, die wir nicht haben und nicht anzunehmen berechtigt sind, ibid. (I 285f.—Rc 349). Die K.n können vom Ding an sich (bzw. vom „transzendentalen Objekt") nicht (positiv bestimmend) ausgesagt werden, ibid. tr. Anal. Anh Anmerk. zur Amphibolie (I 310—Rc 357f.).

Die K.n werden „a priori vor der Erfahrung und zum Behuf derselben" gedacht, aber „sie enthalten nichts weiter, als die Einheit der Reflexion über die Erscheinungen, insofern sie notwendig zu einem möglichen empirischen Bewußtsein gehören sollen". Ihre „objektive Realität" gründet sich darauf, „daß, weil sie die intellektuelle Form aller Erfahrung ausmachen, ihre Anwendung jederzeit in der Erfahrung muß gezeigt werden können". Sie dienen zum „Verstehen" der Wahrnehmungen, ibid. tr. Dial. 1. B. am Anfang (I 326f.—Rc 393f.); sie leiten „allen Verstandesgebrauch in der Erfahrung", ibid. 2. Abs. (I 334—Rc 402). Sie dienen dazu, „Erscheinungen nach synthetischer Einheit zu buchstabieren, um sie als Erfahrung lesen zu können", ibid. 1. Abs. (I 329—Rc 396).

„Die Behauptung der Kritik steht immer fest: daß keine K. die mindeste Erkenntnis enthalte oder hervorbringen könne, wenn ihr nicht eine korrespondierende Anschauung, die für uns Menschen immer sinnlich ist, gegeben werden kann, mithin mit ihrem Gebrauch in Absicht auf theoretische Erkenntnis der Dinge niemals über die Grenze aller möglichen Erfahrung hinausreichen könne", Üb. e. Entdeck. 1. Abs. A. (V 3, 17). Die reine, von der Anschauung abgelöste K. ist „nur logisch". Ihr Gebrauch bleibt immer „innerhalb des Umfanges möglicher Erfahrung", wo ihr eine „korrespondierende sinnliche Anschauung" gegeben wird, ibid. 1. Abs. C (V 3, 37). Die K.n sind ebensowenig angeboren wie die Anschauungsformen, sondern „erworben"; ihre „acquisitio" ist ebenso wie die der letzteren „originaria" und setzt nichts „Angeborenes" voraus als „die subjektiven Bedingungen der Spontaneität des Denkens (Gemäßheit mit der Einheit der Apperzeption)", ibid. (V 3,45). Eine transzendentale Untersuchung ist es, „ob es nicht Begriffe (K.n) gebe, die nichts als die reine synthetische Einheit eines Mannigfaltigen (in irgendeiner Anschauung) zum Behuf des Begriffs eines Objekts überhaupt aussagen, und die a priori aller Erkenntnis desselben zum Grunde liegen; und, da diese nun bloß das Denken eines Gegenstandes überhaupt betreffen, ob nicht auch zu einer solchen synthetischen Erkenntnis die Art, wie derselbe gegeben werden müsse, nämlich eine Form seiner Anschauung ebensowohl a priori vorausgesetzt werde", ibid. 2. Abs. (V 2, 71).

„Daß ein Begriff völlig a priori erzeugt werden und sich auf einen Gegenstand beziehen solle, obgleich er weder selbst in den Begriff möglicher Erfahrung gehört, noch aus Elementen einer möglichen Erfahrung besteht, ist gänzlich widersprechend und unmöglich. Denn er würde alsdann keinen Inhalt haben, darum weil ihm keine Anschauung korrespondierte, indem Anschauungen überhaupt, wodurch uns Gegenstände gegeben werden können, das Feld oder den gesamten Gegenstand möglicher Erfahrung ausmachen. Ein Begriff a priori, der sich nicht auf diese bezöge, würde nur die logische Form zu einem Begriff, aber nicht der Begriff selbst sein, wodurch etwas gedacht würde." „Reine Begriffe" müssen also „lauter Bedingungen a priori zu einer möglichen Erfahrung sein, als worauf allein ihre objektive Realität beruhen kann", KrV 1. A. tr. Anal. 1. B. 2. H. 2. Abs. (I 705—Rc 168f.). Ein reiner Verstandesbegriff ist ein Begriff, der die „formale und objektive Bedingung der Erfahrung allgemein und zureichend ausdrückt". Die K.n sind Begriffe, „welche a priori das reine Denken bei jeder Erfahrung enthalten". Vermittelst ihrer allein kann ein Gegenstand gedacht werden. — Zur „Deduktion" der K.n gehört aber auch die Darlegung der Möglichkeit des in den K.n funktionierenden Verstandes, seiner Beziehung auf Objekte; es müssen daher die „subjektiven Quellen, welche die Grundlage a priori zu der Möglichkeit der Erfahrung ausmachen", nach ihrer „transzendentalen Beschaffenheit" erwogen werden. Der „Synopsis" der Sinne korrespondiert jederzeit eine „Synthesis", da die Rezeptivität nur mit „Spontaneität" verbunden Erkenntnisse möglich machen. Letztere ist nun der „Grund einer dreifachen Synthesis", die notwendig in aller Erkenntnis vorkommt, nämlich die Synthesis der „Apprehension" (s. d.) der Vorstellungen in der Anschauung, die Synthesis der „Reproduktion" (s. d.) der Vorstellungen in der Einbildung und die Synthesis ihrer „Rekognition" (s. d.) im Begriffe. „Diese geben nun eine Leitung auf drei subjektive Erkenntnisquellen, welche selbst den Verstand und durch diesen alle Erfahrung als ein empirisches Produkt des Verstandes möglich machen", ibid. u. 3. Abs. (I 705 ff., 725f.—Rc 170f., 214f.). Die K.n sind also „die Bedingungen des Denkens in einer möglichen Erfahrung". Sie sind „Grundbegriffe, Objekte überhaupt zu den Erscheinungen zu denken, und haben also a priori objektive Gültigkeit". Ihre Möglichkeit, ja Notwendigkeit beruht auf der Beziehung der Sinnlichkeit und damit auch aller möglichen Erscheinungen zu der ursprünglichen (transzendentalen) Apperzeption, in welcher alles „den Bedingungen der durchgängigen Einheit des Selbstbewußtseins gemäß sein, d. i. unter allgemeinen Funktionen der Synthesis stehen muß, nämlich der Synthesis nach Begriffen, als worin die Apperzeption allein ihre durchgängige und notwendige Identität a priori beweisen kann". Ohne solche „Einheit, die ihre Regel a priori hat und die

Erscheinungen sich unterwirft", würde „durchgängige und allgemeine, mithin notwendige Einheit des Bewußtseins" in dem Mannigfaltigen der Wahrnehmungen nicht angetroffen werden. Alle Erscheinungen stehen gemäß der sie einheitlich verknüpfenden Synthesis der K.n in einer transzendentalen „Affinität" (s. d.), in einer „durchgängigen Verknüpfung nach notwendigen Gesetzen", ibid. 2. Abs. 4 (I 716ff.—Rc 194ff.).

Im reinen Verstande d. h. der Einheit der Apperzeption in Beziehung auf die „transzendentale Synthesis der Einbildungskraft" — sind „reine Erkenntnisse a priori, welche die notwendige Einheit der reinen Synthesis der Einbildungskraft, in Ansehung aller möglichen Erscheinungen", enthalten, nämlich die K.n. Vermittelst dieser ist der reine Verstand ein „formales und synthetisches Principium aller Erfahrungen" und haben die Erscheinungen eine „notwendige Beziehung auf den Verstand", ibid. 3. Abs. (I 721f. — Rc 204 f.).

Die K.n haben ihre Quelle im Verstande, kommen aber nur vermittelst der „produktiven Einbildungskraft" (s. d.) in Beziehung auf die sinnliche Anschauung zustande, indem die (transzendentale) synthetische Funktion der Einbildungskraft durch die Apperzeption „intellektuell" gemacht (auf Begriffe erhoben) wird. Die „wirkliche Erfahrung, welche aus der Apprehension der Assoziation (der Reproduktion), endlich der Rekognition der Erscheinungen besteht, enthält in der letzteren und höchsten (der bloß empirischen Elemente der Erfahrung) Begriffe, welche die formale Einheit der Erfahrung, und mit ihr alle objektive Gültigkeit (Wahrheit) der empirischen Erkenntnis möglich machen. Diese Gründe der Rekognition des Mannigfaltigen, sofern sie bloß die Form einer Erfahrung überhaupt angehen, sind nun jene K.n. Auf ihnen gründet sich also alle formale Einheit in der Synthesis der Einbildungskraft, und vermittelst dieser auch alles empirischen Gebrauchs derselben (in der Rekognition, Reproduktion, Assoziation, Apprehension) bis herunter zu den Erscheinungen, weil diese nur vermittelst jener Elemente der Erkenntnis, und überhaupt unserem Bewußtsein, mithin uns selbst angehören können", ibid. (I 725f.—Rc 214f.). So ist der Verstand die Quelle der (obersten) Gesetze der Natur, deren „Ordnung und Regelmäßigkeit" wir (durch die K.n) in sie selbst hinein bringen. „Der reine Verstand ist also in den K.n das Gesetz der synthetischen Einheit aller Erscheinungen, und macht dadurch Erfahrung ihrer Form nach allererst und ursprünglich möglich", ibid. (I 726ff.—Rc 216ff.). Die Art, wie das Mannigfaltige der Anschauung zu einem (möglichen) Bewußtsein gehört, geht aller Erkenntnis des Gegenstandes als die „intellektuelle Form" derselben vorher und macht selbst eine „formale Erkenntnis aller Gegenstände a priori überhaupt" aus, sofern sie gedacht werden. „Reine Verstandesbegriffe sind also nur darum a priori möglich, ja gar, in Beziehung auf Erfahrung, notwendig, weil unsere Erkenntnis mit nichts als Erscheinungen zu tun hat, deren Möglichkeit in uns liegt, deren Verknüpfung und Einheit (in der Vorstellung eines Gegenstandes) bloß in uns angetroffen wird, mithin vor aller Erfahrung vorhergehen und diese der Form nach auch allererst möglich machen muß", ibid. Summarische Vorstellung . . (I 728f.— Rc 220f.). Die reine Apperzeption ist der „Grund der Möglichkeit der K.n". Diese stellen nichts vor als „die Synthesis des Mannigfaltigen der Anschauung, sofern dasselbe in der Apperzeption Einheit hat". Von dem denkenden Ich (s. d.) kann man sagen, „daß es nicht sowohl sich selbst durch die K.n, sondern die K.n und durch sie alle Gegenstände in der absoluten Einheit der Apperzeption, mithin durch sich selbst erkennt". Durch die K.n erkenne ich „niemals einen bestimmten Gegenstand", sondern ich denke durch sie „nur die Einheit der Vorstellungen, um einen Gegenstand derselben zu bestimmen". „Ohne eine zum Grunde liegende Anschauung kann die K. allein mir keinen Begriff von einem Gegenstande verschaffen; denn nur durch Anschauung wird der Gegenstand gegeben, der hernach der K. gemäß gedacht wird", ibid. tr. Dial. 2. B. 1. H. Betrachtung über die Summe. . (I 766, 764—Rc 493, 491f.).

Die reinen Verstandesbegriffe sind nichts als „Begriffe von Anschauungen überhaupt", sofern diese in Ansehung eines oder des anderen der verschiedenen „Momente des Verstandes"

„zu Urteilen an sich selbst, mithin notwendig und allgemeingültig bestimmt sind“, Prol. § 21 (III 60). „Hier ist nun der Ort, den Humeschen Zweifel aus dem Grunde zu heben. Er behauptete mit Recht: daß wir die Möglichkeit der Kausalität, d. i. der Beziehung des Daseins eines Dinges auf das Dasein von irgend etwas anderem, was durch jenes notwendig gesetzt werde, durch Vernunft auf keine Weise einsehen. Ich setze noch hinzu, daß wir ebensowenig den Begriff der Subsistenz, d. i. der Notwendigkeit davon, einsehen, daß dem Dasein der Dinge ein Subjekt zum Grunde liege, das selbst kein Prädikat von irgendeinem anderen Dinge sein könne, ja sogar, daß wir uns keinen Begriff von der Möglichkeit eines solchen Dinges machen können (obgleich wir in der Erfahrung Beispiele seines Gebrauchs aufzeigen können), imgleichen, daß eben diese Unbegreiflichkeit auch die Gemeinschaft der Dinge betreffe, indem gar nicht einzusehen ist, wie aus dem Zustande eines Dinges eine Folge auf den Zustand ganz anderer Dinge außer ihm und so wechselseitig könne gezogen werden, und wie Substanzen, deren jede doch ihre eigene abgesonderte Existenz hat, voneinander, und zwar notwendig, abhängen sollen.“ „Gleichwohl bin ich weit davon entfernt, diese Begriffe als bloß aus der Erfahrung entlehnt und die Notwendigkeit, die in ihnen vorgestellt wird, als angedichtet und für bloßen Schein zu halten, den uns eine lange Gewohnheit vorspiegelt; vielmehr habe ich hinreichend gezeigt, daß sie und die Grundsätze aus denselben a priori vor aller Erfahrung feststehen und ihre angezweifelte objektive Richtigkeit, aber freilich nur in Ansehung der Erfahrung haben“, ibid. § 27 (III 70 f.).

„Ob ich also gleich von einer solchen Verknüpfung der Dinge an sich selbst, wie sie als Substanz existieren oder als Ursache wirken oder mit anderen (als Teile eines realen Ganzen) in Gemeinschaft stehen können, nicht den mindesten Begriff habe, noch weniger aber dergleichen Eigenschaften an Erscheinungen als Erscheinungen denken kann (weil jene Begriffe nichts, was in den Erscheinungen liegt, sondern was der Verstand allein denken muß, enthalten), so haben wir doch von einer solchen Verknüpfung der Vorstellungen in unserem Verstande, und zwar in Urteilen überhaupt, einen dergleichen Begriff, nämlich: daß Vorstellungen in einer Art Urteile als Subjekt in Beziehung auf Prädikate, in einer anderen als Grund in Beziehung auf Folge und in einer dritten als Teile, die zusammen eine ganze mögliche Erkenntnis ausmachen, gehören. Ferner erkennen wir a priori: daß, ohne die Vorstellung eines Objekts in Ansehung eines oder des anderen dieser Momente als bestimmt anzusehen, wir gar keine Erkenntnis, die von dem Gegenstande gelte, haben könnten; und wenn wir uns mit dem Gegenstande an sich selbst beschäftigten, so wäre kein einziges Merkmal möglich, woran ich erkennen könnte, daß er in Ansehung eines oder des anderen gedachter Momente bestimmt sei, d. i. unter den Begriff der Substanz oder der Ursache oder (im Verhältnis gegen andere Substanzen) unter den Begriff der Gemeinschaft gehöre; denn von der Möglichkeit einer solchen Verknüpfung des Daseins habe ich keinen Begriff. Es ist aber auch die Frage nicht, wie Dinge an sich, sondern wie Erfahrungserkenntnis der Dinge in Ansehung gedachter Momente der Urteile überhaupt bestimmt sei, d. i. wie Dinge als Gegenstände der Erfahrung unter jene Verstandesbegriffe können und sollen subsumiert werden. Und da ist es klar, daß ich nicht allein die Möglichkeit, sondern auch die Notwendigkeit, alle Erscheinungen unter diese Begriffe zu subsumieren, d. i. sie zu Grundsätzen der Möglichkeit der Erfahrung zu brauchen, vollkommen einsehe“, ibid. § 27 (III 71 f.); vgl. Kausalität.

„Daher haben auch die reinen Verstandesbegriffe ganz und gar keine Bedeutung, wenn sie von Gegenständen der Erfahrung abgehen und auf Dinge an sich selbst (Noumena) bezogen werden sollen. Sie dienen gleichsam nur, Erscheinungen zu buchstabieren, um sie als Erfahrung lesen zu können; die Grundsätze, die aus der Beziehung derselben auf die Sinnenwelt entspringen, dienen nur unserem Verstande zum Erfahrungsgebrauche; weiter hinaus sind es willkürliche Verbindungen ohne objektive Realität, deren Möglichkeit man weder a priori erkennen noch ihre Beziehung auf Gegenstände durch irgendein Beispiel bestätigen oder nur verständlich machen kann...“ Diese Auflösung des Humeschen

Problems „rettet also den reinen Verstandesbegriffen ihren Ursprung a priori und den allgemeinen Naturgesetzen ihre Gültigkeit als Gesetze des Verstandes, doch so, daß sie ihren Gebrauch nur auf Erfahrung einschränkt, darum weil ihre Möglichkeit bloß in der Beziehung des Verstandes auf Erfahrung ihren Grund hat; nicht aber so, daß sie sich von Erfahrung, sondern daß Erfahrung sich von ihnen ableitet, welche ganz umgekehrte Art der Verknüpfung Hume sich niemals einfallen ließ", ibid. § 30 (III 73f.). Durch die K.n kann „außer dem Felde der Erfahrung" gar nichts gedacht werden, weil sie „bloß die logische Form des Urteils in Ansehung gegebener Anschauungen bestimmen", die es über das Feld der Sinnlichkeit hinaus nicht gibt, ibid. § 34 (III 77f.). Vgl. Noumenon.

Die K.n sind Begriffe, „welche gar keine besondere Erfahrung zum Grunde liegen haben und gleichwohl in aller Erfahrungserkenntnis vorkommen, von der sie gleichsam die bloße Form der Verknüpfung ausmachen". Das „System der K.n" enthält gerade zwölf K.n; warum nicht mehr und nicht weniger, läßt sich nicht angeben. Sie sind „Elementarbegriffe" des Verstandes im Unterschiede von denen der Sinnlichkeit. Sie leiten sich alle aus einem einheitlichen „Prinzip" ab, aus „einer Verstandeshandlung", „die alle übrigen enthält und sich nur durch verschiedene Modifikationen oder Momente unterscheidet, das Mannigfaltige der Vorstellung unter die Einheit des Denkens überhaupt zu bringen". Diese Verstandeshandlung ist das Urteilen. „Hier lag nun schon fertige, obgleich noch nicht ganz von Mängeln freie Arbeit der Logiker vor mir, dadurch ich in den Stand gesetzt wurde, eine vollständige Tafel reiner Verstandesfunktionen, die aber in Ansehung alles Objektes unbestimmt waren, darzustellen. Ich bezog endlich diese Funktionen zu urteilen auf Objekte überhaupt oder vielmehr auf die Bedingung, Urteile als objektiv-gültig zu bestimmen, und es entsprangen reine Verstandesbegriffe, bei denen ich außer Zweifel sein konnte, daß gerade nur diese und ihrer nur soviel, nicht mehr noch weniger, unsere ganze Erkenntnis der Dinge aus bloßem Verstande ausmachen können." Es zeigte sich, „daß sie für sich selbst nichts als logische Funktionen sind, als solche aber nicht den mindesten Begriff von einem Objekte an sich selbst ausmachen, sondern es bedürfen, daß sinnliche Anschauung zum Grunde liege, und alsdann nur dazu dienen, empirische Urteile, die sonst in Ansehung aller Funktionen zu urteilen unbestimmt und gleichgültig sind, in Ansehung derselben zu bestimmen, ihnen dadurch Allgemeingültigkeit zu verschaffen und vermittelst ihrer Erfahrungsurteile überhaupt möglich zu machen". Dieses „System der K.n" macht nun alle Behandlung eines jeden Gegenstandes der reinen Vernunft selbst wiederum systematisch und gibt eine „ungezweifelte Anweisung oder Leitfaden" ab, „wie und durch welche Punkte der Untersuchung jede metaphysische Betrachtung, wenn sie vollständig werden soll, müsse geführt werden"; denn „es erschöpft alle Momente des Verstandes, unter welche jeder andere Begriff gebracht werden muß". Dieser Leitfaden, der „immer durch dieselben festen, im menschlichen Verstande a priori bestimmten Punkte geführt werden muß", bildet stets einen „geschlossenen Kreis", der keinen Zweifel übrig läßt, daß so der Gegenstand eines reinen Verstandesbegriffs vollständig erkannt werden kann, ibid. § 39 (III 85ff.); vgl. Charakteristik. Die dritte K. jeder Klasse entspringt „durch die Verknüpfung der ersten und zweiten, aber nicht bloß durch Zusammenhang. sondern eine solche Verknüpfung, deren Möglichkeit selbst einen Begriff ausmacht, und dieser Begriff ist eine besondere K.; daher auch bisweilen die dritte K. da nicht anwendbar ist, wo die zwei ersten gelten". Die dritte K. enthält die „Ableitung" der zweiten aus der ersten, so wie der Schlußsatz in einem Syllogismus noch außer den Handlungen des Verstandes und der Urteilskraft in den Vordersätzen noch eine besondere, der Vernunft eigene Handlung enthält, An J. Schultz, 17. Februar 1784. „Alle K.n gehen auf etwas a priori Zusammengesetztes und enthalten, wenn dieses gleichartig ist, mathematische Funktionen, ist es aber ungleichartig, dynamische Funktionen, z. B. was die ersten betrifft: die K. der extensiven Größe betrifft: Eines in Vielen; was die Qualität oder intensive Größe betrifft: Vieles in Einem. Jenes die Menge des Gleichartigen (z. B. der Quadratzolle in einer Fläche); dieses der Grad (z. B. der Erleuchtung eines Zimmers). Was aber die dynamische angeht, die Zusammensetzung des Mannigfaltigen, sofern es entweder einander im Dasein untergeordnet ist (die K. der Kausalität) oder eines dem andern zur Einheit der Erfahrung beigeordnet ist (der Modalität als notwendige Bestimmung des Daseins der Erscheinungen in der Zeit)." „Die Synthesis der Zusammensetzung des Mannigfaltigen bedarf einer Anschauung a priori, damit die reinen Verstandesbegriffe ein Objekt hätten, und das sind Raum und Zeit." Es können den „Denkformen" Anschauungsformen „unterlegt" werden, die jenen Sinn und Bedeutung geben. Die K. selbst ist der „Begriff eines Zusammengesetzten überhaupt", An Tieftrunk, 11. Dezember 1797.

Die K.n können keinen anderen Gebrauch haben als „bloß in Beziehung auf Gegenstände der Erfahrung", deren Form sie möglich machen. Sie sind nichts als „bloße Formen der Urteile", „sofern sie auf Anschauungen (die bei uns immer nur sinnlich sind) angewandt werden"; dadurch bekommen sie erst „Objekte" und werden Erkenntnisse. Durch die K. wird „ein Objekt in Ansehung einer oder der anderen Funktion der Urteile als bestimmt gedacht". Durch synthetische Grundsätze a priori unterwirft der Verstand alle Gegenstände, die ihm gegeben werden können, den K.n. Die Anschauungen a priori enthalten die zur Anwendung der K.n erforderlichen Bedingungen. Sollte auch die Art, wie Erfahrung durch die K.n möglich wird, niemals hinreichend erklärt werden, so bleibt es doch gewiß, daß sie bloß durch sie möglich ist, Anfangsgr. d. Naturw. Vorr. 2. Anm. (VII 198ff.). „Es werden also soviel Begriffe a priori im Verstande liegen, worunter die Gegenstände, die den Sinnen gegeben werden, stehen müssen, als es Arten der Zusammensetzung (Synthesis) mit Bewußtsein, d. i. als es Arten der synthetischen Einheit der Apperzeption des in der Anschauung gegebenen Mannigfaltigen gibt." Es sind dies „die reinen Verstandesbegriffe von allen Gegenständen, die unseren Sinnen vorkommen mögen" „Der Verstand zeigt sein Vermögen lediglich in Urteilen, welche nichts anderes sind als die Einheit des Bewußtseins im Verhältnis der Begriffe überhaupt, unbestimmt, ob jene Einheit analytisch oder synthetisch ist. — Nun sind die reinen Verstandesbegriffe von in der Anschauung gegebenen Gegenständen überhaupt ebendieselben logischen Funktionen, aber nur sofern sie die synthetische Einheit der Apperzeption des in einer Anschauung überhaupt gegebenen Mannigfaltigen a priori vorstellen." „Es ist aber wohl zu merken, daß diese K.n oder, wie sie sonst heißen, Prädikamente keine bestimmte Art der Anschauung (wie etwa die uns Menschen allein mögliche), wie Raum und Zeit, welche sinnlich ist, voraussetzen, sondern nur Denkformen sind für den Begriff von einem Gegenstande der Anschauung überhaupt, welcher Art diese auch sei, wenn es auch eine übersinnliche Anschauung wäre, von der wir uns spezifisch keinen Begriff machen können", „so daß die K. für sich von den Formen der Sinnlichkeit, Raum und Zeit, nicht abhängig ist, sondern auch andere für uns gar nicht denkbare Formen zur Unterlage haben mag, wenn diese nur das Subjektive betreffen, was a priori vor aller Erkenntnis vorhergeht und synthetische Urteile a priori möglich macht", Fortschr. d. Metaph. 1. Abt. Von Begriffen a priori (V 3, 97f.). Die synthetische Einheit des Bewußtseins (der Apperzeption) erfordert „nach Verschiedenheit der anschaulichen Vorstellungen der Gegenstände in Raum und Zeit, verschiedene Funktionen sie zu verbinden". Diese Funktionen heißen K.n und sind „Verstandesbegriffe a priori", die „zwar für sich allein noch keine Erkenntnis von einem Gegenstande überhaupt, aber doch von dem, der in der empirischen Anschauung gegeben ist, begründen, welches alsdann Erfahrung sein würde", ibid. 1. Abt. Von dem Umfange.. (V 3, 102).

Den K.n kann man betreffs ihres übersinnlichen Gebrauchs in der Spekulation die objektive Realität absprechen und ihnen doch diese Realität betreffs der Objekte der reinen praktischen Vernunft zugestehen. Diese Realität bedeutet nur, daß den K.n in dieser Beziehung „ein Objekt zukomme", „weil sie entweder in der notwendigen Willensbestimmung a priori enthalten oder mit dem Gegenstande derselben unzertrennlich verbunden sind". Praktische Vernunft verschafft einem „übersinnlichen Gegenstande der K. der Kausalität, nämlich der Freiheit" Realität, aber nur „zum praktischen Gebrauche", KpV Vorr. (II 6f.). Die theoretische Vernunft hat bloß die Objekte der Ideen (s. d.), denen die praktische Vernunft Realität verschafft, durch K.n zu „denken", was ohne Anschauung möglich ist, ibid. 1. T. 2. B. 2. H. VII (II 174). Die K.n bringen zwar nur in Anwendung auf empirische Gegenstände theoretische Erkenntnis zustande, dienen aber auch, „auf einen durch reine praktische Vernunft gegebenen Gegenstand angewandt, zum bestimmten Denken des Übersinnlichen", aber nur „sofern dieses bloß durch solche Prädikate bestimmt wird, die notwendig zur reinen, a priori gegebenen praktischen Absicht und deren Möglichkeit gehören", ibid. (II 179f.); vgl. Kausalität. — Die Ideen (s. d.) der Vernunft sind eigentlich nur in ihrem Gebrauch erweiterte K.n.

„Ich sage nur, daß einem r. V.-Begriffe eine Anschauung korrespondierend könne gegeben werden, in welcher aber nichts von jenem enthalten ist, sondern die nur das Mannigfaltige enthält, worauf der Verstandesbegriff die synthetische Einheit der Apperzeption anwendet, der also für sich ein Begriff von einem Gegenstande überhaupt ist, die Anschauung mag sein, von welcher Art sie wolle", An Reinhold, 19. Mai 1789. Wenn die Anschauungen (der Objekte als Erscheinungen) nicht mit den Verstandesbegriffen zusammenstimmten, so würden sie für uns nichts, d. h. gar keine Gegenstände der Erkenntnis sein. Wie aber die Anschauungsformen und die K.n selbst möglich sind oder wie es zugeht, daß Sinnlichkeit und Verstand zu einer möglichen Erkenntnis zusammenstimmen, das läßt sich nicht weiter erklären. Ohne die K.n gäbe es keine Erfahrung und keine Objekte der Erkenntnis (auch nicht das Ich-Objekt); ich wüßte ohne sie gar nicht, daß ich die Vorstellungen habe, sie wären daher für mich als erkennendes Wesen nichts als ein assoziatives Spiel von Vorstellungen ohne Einheit, An M. Herz, 26. Mai 1789.

„Es gibt reine Grundbegriffe der Anschauung oder der Reflexion, die ersten sind die Prinzipien der Erscheinung, die zweiten der Einsicht; die ersten zeigen die Koordination, die zweiten Subordination", N 3976. „Außer denen Bestimmungen, ohne die Objekte nicht sein können, sind in unserer Vernunft noch Bedingungen, ohne die wir gewisse Gegenstände durch Vernunft nicht denken können, wenn gleich diese Bedingungen nicht Bestimmungen der Gegenstände selbst sind", N 3938. Die „abgesonderte Idee von dem Verhältnis der Empfindungsvorstellung überhaupt nach Gesetzen des Verstandes" macht den „reinen Rationalbegriff" aus, N 3988. „Unabhängig von aller Erfahrung gibt es keine Gegenstände und auch keine Gesetze des Verstandes (z. B. Substanz: daß dieser Begriff etwas sei, muß aus der Erfahrung der Beständigkeit eines gewissen Subjekts bei allen Umständen geschlossen werden)", N 4373. Es ist „die Reaktion des Gemüts (der Rückschlag) eine Handlung, welche sich auf den Eindruck bezieht, und wenn sie allein genommen wird, nach ihren besonderen Arten K.n heißen", N 413. „Die logische Form ist eben das für die Verstandesvorstellungen von einem Dinge ,was Raum und Zeit für die Erscheinungen derselben sind; nämlich jene enthalten die Stellen, sie zu ordnen. Die Vorstellung, wodurch wir einem Objekt seine eigentümliche logische Stelle anweisen, ist der reale Verstandesbegriff, und rein; z. B. etwas, was ich jederzeit nun als Subjekt brauchen kann; etwas, wovon ich hypothetisch auf ein consequens schließen muß usw." „Dadurch, daß unsere Empfindungen eine bestimmte Stelle im Raum und der Zeit bekommen, erlangen sie eine Funktion unter den Erscheinungen." „Durch die Bestimmung der logischen Stelle bekommt die Vorstellung eine Funktion unter den Begriffen", N 4629. Die „realen" sind von den formal-logischen Funktionen des Verstandes zu unterscheiden, N 408. „Wenn gewisse Begriffe in uns nichts anderes enthalten als das, wodurch alle Erfahrungen von unserer Seite möglich sind, so können sie vor der Erfahrung und doch mit völliger Gültigkeit für alles, was uns jemals vorkommen mag, a priori gesagt werden. Sie gelten alsdann zwar nicht von den Dingen überhaupt, aber doch von allem, was uns jemals durch Erfahrung kann gegeben werden, weil sie die Bedingungen enthalten, wodurch diese Erfahrungen möglich sind." Die Erscheinungen „haben auch eine Form, einen in unserem Subjekt liegenden Grund, wodurch wir entweder die Eindrücke selbst oder das, was ihnen korrespondiert, ordnen und jedem Teile derselben seine Stelle geben", N 4634. „K. ist die (notwendige) Einheit des Bewußtseins in der Zusammensetzung des Mannigfaltigen der Vorstellungen (Anschauung), sofern sie den Begriff von einem Objekte überhaupt möglich macht (zum Unterschiede von der bloß subjektiven Einheit des Bewußtseins der Wahrnehmungen)", N 5931. „Durch die K. stelle ich mir ein Objekt überhaupt als bestimmt vor in Ansehung der logischen Funktionen der Urteile des Subjekts (nicht Prädikat), der Konsequenz als Grund, der Vielheit in seiner Vorstellung. Warum aber muß ich jedes Objekt als bestimmt in Ansehung nicht allein einer, sondern aller logischen Funktionen in Urteilen vorstellen? Weil dadurch nur allein objektive Einheit des Bewußtseins, d. i. allgemeingültige Verknüpfung der Wahrnehmungen, mithin die Erfahrung als die einzige Realität der Erkenntnisse möglich ist." „Diese Einheit des Bewußtseins der Verknüpfung unserer Vorstellungen ist ebensowohl a priori in uns als das Fundament aller Begriffe gegeben, wie Formen der Erscheinung als das Fundament der Anschauungen; aber beide gelten nur von dem menschlichen Erkenntnis und haben auch nur in Ansehung desselben objektive Bedeutung; ja die K. kann a priori keine Bedeutung haben, wenn es nicht Anschauungen a priori gäbe", N 5932. „K. ist die Vorstellung des Verhältnisses des Mannigfaltigen der Anschauung zu einem allgemeinen Bewußtsein." Sie ist „das Allgemeine der Einheit des Bewußtseins, welches die objektive Gültigkeit eines Urteils ausmacht", N 5927. „Einige Begriffe sind von den Empfindungen abstrahiert; andere bloß von dem Gesetze des Verstandes, die abstrahierten Begriffe zu vergleichen, zu verbinden oder zu trennen. Der letzteren Ursprung ist im Verstande; der ersteren in den Sinnen. Alle Begriffe von solcher Art heißen reine Verstandesbegriffe: conceptus intellectus puri. Zwar können wir nur bei Gelegenheit der sinnlichen Empfindungen diese Tätigkeiten des Verstandes in Bewegung setzen, und uns gewisser Begriffe von den allgemeinen Verhältnissen abstrahierter Ideen nach Gesetzen des Verstandes bewußt werden; und so gilt auch hier Lockes Regel, daß ohne sinnliche Empfindung keine Idee in uns klar wird; aber die notiones rationales entspringen wohl vermittelst der Empfindungen, und können auch nur in Applikation auf die von ihnen abstrahierten Ideen gedacht werden, aber sie liegen nicht in ihnen und sind nicht von ihnen abstrahiert", N 3930. „Alle K.n betreffen Gegenstände der inneren Anschauung, der Tätigkeit des Verstandes, der Vernunft", N 4906. Die Verstandesbegriffe sind „abstrakte Reflexionsbegriffe", N 409; „reflektierte Vorstellungen", N 4072; subjektive Bedingungen des Denkens der Gegenstände, N 3938; „nicht objektiv", N 3942; „Begriffe der Form", die „von den Gesetzen unseres Denkens abstrahiert" sind, N 3988; „Reflexionsbegriffe", N 5051. Sie „drücken alle actus der Gemütskräfte aus, insofern nach ihren allgemeinen Gesetzen Vorstellungen möglich sind, und zwar diese ihre Möglichkeit a priori". N 4642. Die K. ist „die bestimmte logische Funktion einer Vorstellung", d. h. ihre bestimmte Stelle in einem Urteil, N 4638. „Die Einheit des Bewußtseins des Mannigfaltigen in der Vorstellung eines Objekts überhaupt ist das Urteil. Die Vorstellung eines Objekts überhaupt, sofern es in Ansehung dieser objektiven Einheit des Bewußtseins (der logischen Einheit) bestimmt ist, ist K.", N 5933; vgl. 5854. „Die durch Vernunft vor aller Erfahrung gegebenen, obgleich bei Gelegenheit der Erfahrung von den Gesetzen der Vernunft abstrahierten Begriffe, z. B. des Grundes, sind zum Gebrauch der Erfahrung dem ordnenden Verstande eingedrückte Formen", N 4172.

„Die K.n aufs Intelligible angewandt können doch praktisch-dogmatische Erkenntnisse begründen, wenn sie nämlich auf die Freiheit gerichtet sind und das Subjekt derselben nur in Relation darauf bestimmen, denn alsdann erkennen wir Gott nur nach der Analogie der Subsistenz eines Dinges bei allem Wechsel der Akzidenzen in der Zeitdauer", N 5552. „Die intellektuellen Funktionen machen ... den Anfang bei der Apprehension: allein die Spezifikation gibt uns die Regel der Anwendung dieses Begriffs; daher können bestimmte Regeln der Synthesis nur durch Erfahrung gegeben werden, die allgemeine Norm derselben aber a priori", Lose Bl. 13. „Der K.n Ähnlichkeit mit species arithmetices." „1. Die der Größe durch Addition; 2. der Qualität durch Subtraktion der Teile vom Ganzen (das gegeben ist); 3. der Kausalität, durch Multiplikation erkannt, denn der wird ein Zustand der Welt aus einem vorhergehenden, so wie dieser aus dem Vorhergehenden. Sie werden wirklich so erzeugt und in der Reihe der Ursachen ist wahre Multiplikation der Erscheinungen; 4. der Modalität durch Division, da die Ursache gefunden werden soll, welche aus der ersten so entspringt, wie die gegebenen Wirkungen jede aus ihren Ursachen", N 5652. Vgl. Grundsätze, Schema, Transzendental, Idee, Übersinnlich, Objekt, Ding an sich. Noumenon, Einbildungskraft, Erfahrungsurteil.

Kategorien der Freiheit. Durch die K.n lassen sich auch nicht sinnliche Objekte denken, „obgleich nicht a priori bestimmen". Kann man mittelst ihrer auch nicht das Noumenon erkennen, so bleibt doch die objektive Realität der K.n, die auch von Noumenen gebraucht" werden können (vgl. Kausalität). Die K. haben betreffs des Übersinnlichen objektive, aber „bloß praktisch-anwendbare" Realität, die auf theoretische Erkenntnisse dieser Gegenstände nicht den mindesten Einfluß hat, um die Einsicht der reinen Vernunft zu erweitern. Sie haben immer nur Bezug auf „Wesen als Intelligenzen, und an diesen auch nur auf das Verhältnis der Vernunft zum Willen, mithin immer nur aufs Praktische", KpV 1. T. 1. B. 1. H. II (II 72 ff.). Da die Begriffe des Guten (s. d.) und Bösen als Folgen der Willensbestimmung a priori eine Kausalität (s. d.) der reinen Vernunft voraussetzen, so beziehen sie sich nicht auf Objekte, sondern setzen diese als gegeben voraus. Sie sind „Modi einer einzigen K., nämlich der der Kausalität". Diese „K.n der Freiheit", die auf die Bestimmung einer freien Willkür gehen, haben statt einer Anschauungsform die „Form eines reinen Willens" als gegeben zur Grundlage, wodurch sie „sogleich Erkenntnisse werden und nicht auf Anschauungen warten dürfen, um Bedeutung zu bekommen", weil sie eben „die Wirklichkeit dessen, worauf sie sich beziehen (die Willensgesinnung) selbst hervorbringen, welches gar nicht die Sache theoretischer Begriffe ist". Die „Tafel der K.n der Freiheit": „1. Der Quantität. Subjektiv, nach Maximen (Willensmeinungen des Individuums). Objektiv, nach Prinzipien (Vorschriften). A priori objektive sowohl als subjektive Prinzipien der Freiheit (Gesetze). — 2. Der Qualität. Praktische Regeln des Begehrens (praeceptivae). Praktische Regeln des Unterlassens (prohibitivae). Praktische Regeln der Ausnahmen (exceptivae). — 3. Der Relation. Auf die Persönlichkeit. Auf den Zustand der Person. Wechselseitig einer Person auf den Zustand der anderen. — 4. Der Modalität. Das Erlaubte und Unerlaubte. Die Pflicht und das Pflichtwidrige. Vollkommene und unvollkommene Pflicht", ibid. 2. H. (II 85 f.).

Kategorisch s. Urteil, Imperativ, Idee.

Katholizismus s. Christentum.

Kausalität. Die K. ist eine der Kategorien (s. d.). Der Begriff der K. gilt also a priori, er ist eine Voraussetzung der Erfahrung, stammt nicht aus ihr, macht sie vielmehr erst möglich. Denn nur durch die feste Regel, die Einheit, die der Verstand in das Mannigfaltige der Anschauung bringt, wird die Sukzession der Phänomene zu einer eindeutig-bestimmten, gesetzlichen, ergeben sich allgemeingültige, objektive Zusammenhänge, heben sich die Erfahrungsverknüpfungen von der wechselnden Folge subjektiver Vorstellungsverbindungen ab. Das Verhältnis von Ursache und Wirkung ist weder etwas Wahrnehmbares oder aus der Erfahrung Abstrahiertes noch ein Erzeugnis subjektiver Gewohnheit und Assoziation (gegen Hume), sondern eine Relation, in die das Gegebene eingehen muß, damit objektive Erfahrung möglich ist, zugleich auch, damit die Erfahrung ihr Objekt hat, mit dem sie dann übereinstimmen muß. Die K. ist die Ordnung des anschaulich Gegebenen nach einem Einheitsprinzip des Denkens, eine Anwendung der Denkrelation: Grund und Folge, Bedingung und Bedingtes auf das Anschauungsmaterial. Nur, wo ein solches gegeben ist, ist die K. ein Erkenntnisfaktor; nur Erscheinungen lassen sich also mittelst des Kausalitätsbegriffs erkennen, nicht die Dinge an sich. Von den letzteren kann die K. nur per analogiam ausgesagt werden oder in einem anderen Sinne, im Sinne einer „intelligiblen" K., d. h. der Bestimmung des „Noumenon" (s. d.), etwa der Vernunft

(s. d.) als (zeitlosen) Grundes von etwas, jedenfalls aber nicht im Sinne der „schematisierten" Kategorie der K., nicht im Sinne der Naturgesetzlichkeit, der mechanisch-psychologischen Determination (vgl. Charakter). Unabhängig von der Erfahrung ist nur das allgemeine Kausalprinzip; die besonderen Kausalverbindungen werden nur an der Hand des Erfahrungsmaterials, im Fortschritte der Erfahrung erkannt (vgl. Gesetz).

„Kein zufälliges Ding kann eines Grundes entbehren, welcher voraufgehend sein Dasein bestimmt", N. diluc. Propos. 8 (V 1, 18); vgl. Grund. „Ich verstehe sehr wohl, wie eine Folge durch einen Grund nach der Regel der Identität gesetzt werde, darum weil sie durch die Zergliederung der Begriffe in ihm enthalten befunden wird. So ist die Notwendigkeit ein Grund der Unveränderlichkeit, die Zusammensetzung ein Grund der Teilbarkeit, die Unendlichkeit ein Grund der Allwissenheit etc. etc., und diese Verknüpfung des Grundes mit der Folge kann ich deutlich einsehen, weil die Folge wirklich einerlei ist mit einem Teilbegriffe des Grundes und, indem sie schon in ihm befaßt wird, durch denselben nach der Regel der Einstimmung gesetzt wird." „Wie aber etwas aus etwas anderem, aber nicht nach der Regel der Identität fließe, das ist etwas, welches ich mir gerne möchte deutlich machen lassen. Ich nenne die erstere Art eines Grundes den logischen Grund, weil seine Beziehung auf die Folge logisch, nämlich deutlich nach der Regel der Identität kann eingesehen werden; den Grund aber der zweiten Art nenne ich den Realgrund, weil diese Beziehung wohl zu meinen wahren Begriffen gehört, aber die Art derselben auf keinerlei Weise kann beurteilt werden." „Was nun diesen Realgrund und dessen Beziehung auf die Folge anlangt, so stellt sich meine Frage in dieser einfachen Gestalt dar: wie soll ich es verstehen, daß, weil etwas ist, etwas anderes sei?" Der Realgrund ist nie ein logischer Grund. Wenn ich etwas als „Ursache" bezeichne, „so habe ich in ihr schon die Beziehung des Realgrundes zu der Folge gedacht, und dann ist es leicht, die Position der Folge nach der Regel der Identität einzusehen". Durch den Satz des Widerspruchs ist die Relation von Ursache und Wirkung nicht einsichtig. „Ich habe über die Natur unserer Erkenntnis in Ansehung unserer Urteile von Gründen und Folgen nachgedacht, und ich werde das Resultat dieser Betrachtungen dereinst ausführlich darlegen. Aus demselben findet sich, daß die Beziehung eines Realgrundes auf etwas, das dadurch gesetzt oder aufgehoben wird, gar nicht durch ein Urteil, sondern bloß durch einen Begriff könne ausgedrückt werden, den man wohl durch Auflösung zu einfacheren Begriffen von Realgründen bringen kann, so doch, daß zuletzt alle unsere Erkenntnis von dieser Beziehung sich in einfachen und unauflöslichen Begriffen der Realgründe endigt, deren Verhältnis zur Folge gar nicht kann deutlich gemacht werden", Neg. Größ. 3. Abs. Allg. Anmerk. (V 1, 110 ff.). Wie etwas könne „eine Ursache sein oder eine Kraft haben, ist unmöglich, jemals durch Vernunft einzusehen, sondern diese Verhältnisse müssen lediglich aus der Erfahrung gewonnen werden. Denn unsere Vernunftregel geht nur auf die Vergleichung nach der Identität und dem Widerspruche. Sofern aber etwas eine Ursache ist, so wird durch Etwas etwas Anderes gesetzt, und es ist also kein Zusammenhang vermöge der Einstimmung anzutreffen". „Daher die Grundbegriffe der Dinge als Ursachen, die der Kräfte und Handlungen, wenn sie nicht aus der Erfahrung hergenommen sind, gänzlich willkürlich sind und weder bewiesen noch widerlegt werden können. Ich weiß wohl, daß das Denken und Wollen meinen Körper bewege, aber ich kann diese Erscheinung, als eine einfache Erfahrung, niemals durch Zergliederung auf eine andere bringen und sie daher wohl erkennen, aber nicht einsehen", Träume 2. T. 3. H. (V 2, 66).

Der Grundsatz der K. geht nur auf die Dinge als Erscheinungen, als „Gegenstände der Erfahrung". Als Dinge an sich sind ihm die Dinge „nicht unterworfen", KrV Vorr. z. 2. A. (I 35—Rc 30); vgl. Freiheit. Der Satz: Jede Veränderung hat eine Ursache, ist apriorisch. Der Begriff der Ursache enthält den Begriff einer „Notwendigkeit der Verknüpfung mit einer Wirkung und einer strengen Allgemeinheit der Regel", so daß er „gänzlich verloren gehen würde, wenn man ihn, wie Hume tat, von einer öfteren Beigesellung dessen, was geschieht, mit dem, was vorhergeht (mithin bloß subjektiven Notwendigkeit), Vorstellungen zu verknüpfen, ableiten wollte", KrV Einl. II (I 50—Rc 51). Der Begriff der Ursache bedeutet eine „besondere Art der Synthesis", „da auf etwas A was ganz verschiedenes B nach einer Regel gesetzt wird". In der Anschauung selbst findet sich davon nichts, diese könnte auch allenfalls dem Kausalbegriff nicht gemäß sein. Und doch entspricht ihm die Erfahrung, aus der er nicht abstrahiert sein kann, da er eine streng notwendige und allgemeine Regel bedeutet. Der Begriff der Ursache drückt nur aus, daß die Wirkung nicht bloß zu der Ursache hinzukomme, sondern „durch dieselbe gesetzt sei und aus ihr erfolge", ibid. tr. Anal. § 13 (I 143 f.—Rc 163 f.). Das „Schema" (s. d.) der Ursache und der K. ist „das Reale, worauf, wenn es nach Belieben gesetzt wird, jederzeit etwas anderes folgt. Es besteht also in der Sukzession des Mannigfaltigen, insofern sie einer Regel unterworfen ist", ibid. tr. Anal. 2. B. 1. H. (I 187—Rc 243).

Der „Grundsatz der Zeitfolge nach dem Gesetze der K." („Grundsatz der Erzeugung") gehört zu den „Analogien" (s. d.) der Erfahrung. Er lautet: „Alle Veränderungen geschehen nach dem Gesetze der Verknüpfung der Ursache und Wirkung", ibid. 2. H. 3. Abs. 2. Analogie (I 225—Rc 283). Ibid. 1. A.: „Alles, was geschieht (anhebt zu sein), setzt etwas voraus, worauf es nach einer Regel folgt." —Durch die bloße Wahrnehmung des Gegebenen in der Apprehension der Vorstellungen und die Verknüpfung derselben durch die Einbildungskraft bleibt das „objektive Verhältnis" zweier aufeinander folgender Erscheinungen unbestimmt. Denn diese Apprehension ist sukzessiv, wir nehmen erst etwas, dann etwas anderes wahr, und die Sukzession in diesem Vorstellen ist subjektiv, nicht objektiv bestimmt, d. h. es ist damit noch nicht gesagt, daß auf A ein B im Objekte selbst folgt. Damit nun dieses Verhältnis der Aufeinanderfolge als „bestimmt" erkannt werde, muß es so gedacht werden, daß dadurch als „notwendig bestimmt" wird, welcher Zustand vorher, welcher nachher (und nicht umgekehrt) müsse gesetzt werden. Das geschieht durch den Begriff des Verhältnisses der Ursache und Wirkung (K.), durch welche Kategorie also erst Erfahrung objektiver Abfolgen möglich ist, ibid. (I 225f.—Rc 283f.). Durch die K. als Regel ist die „Ordnung in der Folge der Wahrnehmungen in der Apprehension" bestimmt, sie macht „die Ordnung der einander folgenden Wahrnehmungen ... notwendig". Die „Verknüpfung" des Mannigfaltigen im Objekt besteht in der „Ordnung" des Mannigfaltigen, „nach welcher die Apprehension des einen (was geschieht) auf die des anderen (das vorhergeht), nach einer Regel folgt". „Nur dadurch kann ich von der Erscheinung selbst, und nicht bloß von meiner Apprehension berechtigt sein, zu sagen, daß in jener eine Folge anzutreffen sei, welches so viel bedeutet, als daß ich die Apprehension nicht anders anstellen könne, als gerade in dieser Folge", ibid. (I 229—Rc 287f.). „Wenn wir also erfahren, daß etwas geschieht, so setzen wir dabei jederzeit voraus, daß irgend etwas vorausgehe, worauf es nach einer Regel folgt. Denn ohne dieses würde ich nicht von dem Objekt sagen, daß es folge, weil die bloße Folge in meiner Apprehension, wenn sie nicht durch eine Regel in Beziehung auf ein Vorhergehendes bestimmt ist, keine Folge im Objekte anzunehmen berechtigt." Wir erfahren objektive Folge nur dadurch, daß wir eine Regel zum Grunde legen, „die uns nötigt, diese Ordnung der Wahrnehmungen vielmehr als eine andere zu beobachten". Die Beziehung der Vorstellungen auf einen Gegenstand (s. Objekt) macht die Verbindung dieser Vorstellungen erst notwendig, indem sie sie einer Regel der Synthesis unterwirft; und umgekehrt wird nur dadurch, „daß eine gewisse Ordnung in dem Zeitverhältnis unserer Vorstellungen notwendig ist", den Vorstellungen „objektive Bedeutung" beigelegt. Die Erscheinungen bekommen nur nach der Regel der K. ihre bestimmte Stelle in der Zeit. Die Erscheinungen der vorhergehenden Zeit bestimmen nun jedes Dasein in der folgenden, setzen es nach einer Regel fest. Diese Regel, etwas der Zeitfolge nach zu bestimmen, ist: „daß in dem, was vorhergeht, die Bedingung anzutreffen sei, unter welcher die Begebenheit jederzeit (d. i. notwendigerweise) folgt". So ist der Satz vom zureichenden Grunde (s. d.) der „Grund möglicher Erfahrung, nämlich der objektiven Erkenntnis der Erscheinungen, in Ansehung des Verhältnisses derselben, in Reihenfolge der Zeit". Nur durch die Ordnung der Synthesis der Wahrnehmungen, welche eine Erscheinung als abhängig von einer anderen Erscheinung bestimmt, auf die sie notwendig erfolgt, ist die Wirklichkeit von Phantasiegebilden und vom Traum zu unterscheiden. Der Grundsatz der K. gilt daher von allen Gegenständen der Erfahrung, weil er die Bedingung der Möglichkeit objektiver Erfahrung ist, ibid. (I 231ff.—Rc 289ff.). Der Satz der K. paßt aber auch da, wo Ursache und Wirkung zugleich sind, was in der Natur größtenteils der Fall ist. Die Zeitfolge der wirkenden Ursachen wird hier nur dadurch veranlaßt, „daß die Ursache ihre ganze Wirkung nicht in einem Augenblick verrichten kann". „Aber in dem Augenblicke, da sie zuerst entsteht, ist sie mit der K. ihrer Ursache jederzeit zugleich, weil, wenn jene einen Augenblick vorher aufgehört hätte, zu sein, diese gar nicht entstanden wäre." Es ist hier zu beachten, daß es auf die „Ordnung der Zeit", nicht auf den „Ablauf" derselben abgesehen ist; „das Verhältnis bleibt, wenn gleich keine Zeit verlaufen ist". „Die Zeit zwischen der K. der Ursache und deren unmittelbaren Wirkung kann verschwindend (sie also zugleich) sein; aber das Verhältnis der einen zur anderen bleibt doch immer der Zeit nach bestimmbar." „Demnach ist die Zeitfolge allerdings das einzige empirische Kriterium der Wirkung, in Beziehung auf die K. der Ursache, die vorhergeht", ibid. (I 236f.—Rc 295f.). — Aus reinen Begriffen läßt sich der Satz: „Alles Zufällige hat eine Ursache" nicht beweisen; nur, daß wir ohne diese Beziehung die Existenz des Zufälligen nicht begreifen können. Allein von Gegenständen möglicher Erfahrung ist der Grundsatz der K. beweisbar, „als Prinzip der Möglichkeit der Erfahrung, mithin der Erkenntnis eines in der empirischen Anschauung gegebenen Objekts". Daß aber der Satz: „alles Zufällige müsse eine Ursache haben", doch jedem aus bloßen Begriffen einleuchtet, steht fest; aber dann ist eben der Begriff des „Zufälligen" schon so gefaßt, daß er nicht die Kategorie der Modalität („als etwas, dessen Nichtsein sich denken läßt"), sondern die der Relation („als etwas, das nur als Folge von einem anderen existieren kann") enthält, was einen identischen Satz ergibt („was nur als Folge existieren kann, hat seine Ursache"), ibid. Allg. Anmerk. (I 266f.—Rc 378f.).

Obzwar wir niemals unmittelbar über den Inhalt des uns gegebenen Begriffs hinausgehen können, können wir doch „völlig a priori, aber in Beziehung auf ein drittes, nämlich mögliche Erfahrung, also doch a priori das Gesetz der Verknüpfung mit anderen Dingen erkennen". „Wenn also vorher festgewesenes Wachs schmilzt, so kann ich a priori erkennen, daß etwas vorangegangen sein müsse (z. B. Sonnenwärme), worauf dieses nach einem beständigen Gesetze gefolgt ist, ob ich zwar, ohne Erfahrung, aus der Wirkung weder die Ursache, noch aus der Ursache die Wirkung a priori und ohne Belehrung der Erfahrung bestimmt erkennen könnte." Hume schloß also fälschlich „aus der Zufälligkeit unserer Bestimmung nach dem Gesetze auf die Zufälligkeit des Gesetzes selbst, und das Herausgehen aus dem Begriffe eines Dinges auf mögliche Erfahrung... verwechselte er mit der Synthesis der Gegenstände wirklicher Erfahrung, welche freilich jederzeit empirisch ist", ibid. tr. Meth. 1. H. 2. Abs. Von der Unmöglichkeit.. (I 638—Rc 786f.). Vgl. auch die Auseinandersetzung mit Hume KpV 1. T. 1. B. 1. H. II (II 66ff.). Es ist uns erstlich „vermittelst der Logik die Form eines bedingten Urteils überhaupt, nämlich eine gegebene Erkenntnis als Grund und die andere als Folge zu gebrauchen, a priori gegeben". „Es ist aber möglich, daß in der Wahrnehmung eine Regel des Verhältnisses angetroffen wird, die da sagt: daß auf eine gewisse Erscheinung eine andere (obgleich nicht umgekehrt) beständig folgt; und dieses ist ein Fall, mich des hypothetischen Urteils zu bedienen und z. B. zu sagen: Wenn ein Körper lange genug von der Sonne beschienen ist, so wird er warm. Hier ist nun freilich noch nicht eine Notwendigkeit der Verknüpfung, mithin der Begriff der Ursache. Allein ich fahre fort und sage: wenn obiger Satz, der bloß eine subjektive Verknüpfung der Wahrnehmungen ist, ein Erfahrungssatz sein soll, so muß er als notwendig und allgemeingültig angesehen werden. Ein solcher Satz aber würde sein: Sonne ist durch ihr Licht die Ursache der Wärme. Die obige empirische Regel wird nunmehr als Gesetz angesehen, und zwar nicht als geltend bloß von Erscheinungen, sondern von ihnen zum Behuf einer möglichen Erfahrung, welche durchgängig und also notwendig gültige Regeln bedarf. Ich sehe also den Begriff der Ursache als einen zur bloßen Form der Erfahrung notwendig gehörigen Begriff und dessen Möglichkeit, als einer synthetischen Vereinigung der Wahrnehmungen in einem Bewußtsein überhaupt, sehr wohl ein", Prol. § 29 (III 72 f.).

„Man kann sich zweierlei K. in Ansehung dessen, was geschieht, denken, entweder nach der Natur oder aus Freiheit." „Die erste ist die Verknüpfung eines Zustandes mit einem vorigen in der Sinnenwelt, worauf jener nach einer Regel folgt. Da nun die K. der Erscheinungen auf Zeitbedingungen beruht und der vorige Zustand, wenn er jederzeit gewesen wäre, auch keine Wirkung, die allererst in der Zeit entspringt, hervorgebracht hätte; so ist die K. der Ursache dessen, was geschieht oder entsteht, auch entstanden, und bedarf nach dem Verstandesgrundsatze selbst wiederum eine Ursache." Es ist dies ein Gesetz der Möglichkeit der Erfahrung, wodurch das Feld der Erfahrung in einen „Inbegriff bloßer Natur" verwandelt wird. Da aber so „keine absolute Totalität der Bedingungen im Kausalverhältnis" heraus zu bekommen ist, so schafft sich die Vernunft die Idee von einer Spontaneität, einer zeitlosen K. aus Freiheit (s. d.), die eine Bedingung der praktischen (sittlichen) Freiheit ist (vgl. Antinomie). Die Freiheit kann mit der Allgemeinheit (Ausnahmslosigkeit) der Naturkausalität durchaus zusammen bestehen, denn letztere gilt nur für die Welt als Erscheinung, nicht für das Ding an sich, das Noumenon (s. d.). Dieses ist samt seiner K. außerhalb der Reihe möglicher Erfahrungen, innerhalb welcher strenge Naturnotwendigkeit besteht, KrV tr. Dial. 2. B. 2. H. 9. Abs. III (I 469ff.—Rc 603ff.) Man kann die K. eines Wesens auf „zwei Seiten" betrachten, als „intelligibel" nach ihrer Handlung, als „sensibel" nach ihren sinnlich erscheinenden Wirkungen („empirischer" und „intellektueller" Begriff der K.). Wir können dem „transzendentalen Gegenstande" (s. Objekt) eine K. beilegen, die nicht Erscheinung ist, obgleich ihre Wirkung in der Erscheinung angetroffen wird. — Das Gesetz der K. einer wirkenden Ursache, ohne welches sie gar nicht Ursache sein würde, ist deren „Charakter", ibid. Möglichkeit der K.... (I 473ff.—Rc 607ff.). Die Vernunft hat eine eigene (intelligible, nichtsinnliche) K., durch ihr „Sollen" (s. d.) bestimmt sie das Handeln nach Ideen, Normen. Diese K. „entsteht nicht", ist zeitlos, ibid. Erläuterung der Kosmolog. Idee.. (I 479ff.—Rc 614ff.); vgl. Freiheit.

Das moralische Gesetz (s. d.) ist, ein „Gesetz der K. durch Freiheit", ein Prinzip der Deduktion (s. d.) derselben. Die Vernunft ist im Moralischen durch ihre Idee selbst „wirkende Ursache", sie beeinflußt unmittelbar den Willen. Diese K. kommt der Vernunft als Noumenon (s. d.), als zur intelligiblen Welt, gehörig zu. Durch diesen intellektuellen Begriff der K. wird aber das Noumenon nicht theoretisch bestimmt, sondern dieser Begriff dient nur in „praktischer Absicht", zum „praktischen Gebrauche". „Die Bedeutung, die ihm die Vernunft durchs moralische Gesetz verschafft, ist lediglich praktisch, da nämlich die Idee des Gesetzes einer K. (des Willens) selbst K. hat oder ihr Bestimmungsgrund ist." Theoretisch betrachtet, bleibt der Begriff der K. ein reiner Verstandesbegriff, „der auf Gegenstände angewandt werden kann, sie mögen sinnlich oder nicht sinnlich gegeben werden; wiewohl er im letzteren Falle keine bestimmte theoretische Bedeutung und Anwendung hat, sondern bloß ein formaler, aber doch wesentlicher Gedanke des Verstandes von einem Objekte überhaupt ist", KpV 1. T. 1. B. 1. H. I Von der Deduktion... (II 62ff.). Es läßt sich durch diese Kategorie (und die anderen) ein Objekt „denken", obgleich nicht a priori bestimmen; der reine Verstand bezieht ihn so auf „Objekte überhaupt". Ist auch die „Anwendung" der Kategorie auf Gegenstände zum Behuf der theoretischen Erkenntnis durch die Anschauung bedingt, die bei Noumena fehlt, so bleibt doch die „objektive Realität des Begriffs", der auch „von Noumenen gebraucht werden kann, aber ohne diesen Begriff theoretisch im mindesten bestimmen und dadurch eine Erkenntnis bewirken zu können". Die objektive Realität eines reinen Willens oder einer reinen praktischen (d. h. wirksamen) Vernunft ist als ein „Faktum" der Vernunft gegeben (vgl. Freiheit). „Im Begriffe eines Willens aber ist der Begriff der K. schon enthalten, mithin in dem eines reinen Willens der Begriff einer K. mit Freiheit, d. i. die nicht nach Naturgesetzen bestimmbar ... ist."

„Nun ist der Begriff eines Wesens, das freien Willen hat, der Begriff einer causa noumenon." Dieser Begriff ist widerspruchsfrei, denn der Begriff einer Ursache, als gänzlich vom reinen Verstande entsprungen, ist insofern „von allen sinnlichen Bedingungen unabhängig, also für sich auf Phänomene nicht eingeschränkt" und kann daher (praktisch) auf „Dinge als reine Verstandeswesen" angewandt werden, wenn auch die „causa noumenon" theoretisch ein „leerer" Begriff ist. Sie hat „praktische Realität", ibid. II Von dem Befugnisse . . . (II 70 ff.). Vom Übersinnlichen gebraucht, bedeutet das Wort „Ursache" „nur den Grund..., die K. der Naturdinge zu einer Wirkung, gemäß ihren eigenen Naturgesetzen. zugleich aber doch auch mit dem formalen Prinzip der Vernunftgesetze einhellig, zu bestimmen, wovon die Möglichkeit zwar nicht eingesehen, aber der Einwurf von einem vorgeblichen Widerspruch, der sich darin fände, hinreichend widerlegt werden kann". Die K. der Freiheit (s. d.) ist „die K. einer jener untergeordneten Naturursache (des Subjekts als Mensch, folglich als Erscheinung betrachtet), von deren Bestimmung das Intelligible. welches unter der Freiheit gedacht wird, auf eine übrigens . . . unerklärliche Art den Grund enthält", KU Einl. IX u. 1. Anm. (II 33f.). Gegen Eberhard ist zu betonen, daß das transzendentale Prinzip des Grundes (s. d.) und damit auch der Begriff der K. nur in seiner objektiven Realität als gültig dargetan werden kann, indem er auf „Gegenstände der Sinne" eingeschränkt und so der Bedingung unterworfen wird, welche die Kritik hinzufügt. „daß er nämlich noch einer Anschauung bedürfe, wodurch diese Realität allererst erweislich sei", Üb. e. Entdeck. 1. Abs. A (V 3, 12 f.).

„Man hat eine zwiefache Regel der K.; die eine, nach der man sich denkt, daß etwas geschieht, die andere, daß etwas geschehen sollte, wenn es gleich nicht geschieht. Die letzte ist die praktische K.," Lose Bl. E 16. „K. als Grund der Existenz kann auch vom Übersinnlichen gebraucht werden . . ., weil sie bloß auf synthetische Einheit (hier des Verhältnisses) geht, aber nicht die Art bestimmt, wie ein solcher in der Erfahrung gegeben werde, z. B. nicht als dasjenige, worauf notwendig etwas anderes folgt. Ob so was möglich sei oder nicht, wird theoretisch nicht ausgemacht, sondern nur praktisch angenommen", N 6331. Gilt nicht das Prinzip des Realgrundes „als Antizipation, weil ohne Regel wir auch keine Erfahrungen haben würden, diese Regel aber in der Ordnung der Zeit und des Raumes nach allgemeinen Gesetzen besteht?" N 5209. Als solche Antizipation, „mithin mit den Bedingungen der Sinnlichkeit", ist das Prinzip objektiv, denn „in der Zeit ist immer etwas Vorhergehendes", N 5189; vgl. 5193ff., 3525. Ohne Voraussetzung dieses Prinzips ist es nicht möglich, „den Dingen ihre Stelle in der Zeit zu bestimmen", N 5202. „Der Begriff der Ursache gilt nur von Gegenständen der Erfahrung", N 6413. „In der intelligiblen Welt geschieht und verändert sich nichts, und da fällt die Regel der Kausalverbindung weg", N 5612. Vgl. Grund, Gesetz, Regel, Charakter, Übersinnlich, Noumenon, Wille, Wirkung, Wechselwirkung, Ding an sich, Affektion, Harmonie, Einfluß, Zweck, Antinomien.

Kausalreihe. „Die Kausalverbindung, sofern sie bloß durch den Verstand gedacht wird, ist eine Verknüpfung, die eine Reihe (von Ursachen und Wirkungen) ausmacht, welche immer abwärts geht; und die Dinge selbst, welche als Wirkungen andere als Ursachen voraussetzen, können von diesen nicht gegenseitig zugleich Ursache sein. Diese Kausalverbindung nennt man die der wirkenden Ursachen (nexus effectivus). Dagegen aber kann doch auch eine Kausalverbindung nach einem Vernunftbegriffe (von Zwecken) gedacht werden, welche, wenn man sie als Reihe betrachtete, sowohl abwärts als aufwärts Abhängigkeit bei sich führen würde, in der das Ding, welches einmal als Wirkung bezeichnet ist, dennoch aufwärts den Namen einer Ursache desjenigen Dinges verdient, wovon es die Wirkung ist. Im Praktischen (nämlich der Kunst) findet man leicht dergleichen Verknüpfung, wie z. B. das Haus zwar die Ursache der Gelder ist, die für Miete eingenommen werden, aber doch auch umgekehrt die Vorstellung von diesem möglichen Einkommen die Ursache der Erbauung des Hauses war. Eine solche Kausalverknüpfung wird die der Endursachen (nexus finalis) genannt. Man könnte die erstere vielleicht schicklicher die Verknüpfung der realen, die zweite der idealen Ursachen nennen, weil bei dieser Benennung zugleich begriffen wird, daß es nicht mehr als diese zwei Arten der Kausalität geben könne", KU § 65 (II 235); vgl. Zweckmäßigkeit.

Kennen. „Etwas k. (noscere) oder sich etwas in der Vergleichung mit anderen Dingen vorstellen sowohl der Einerleiheit als der Verschiedenheit nach." „Die Tiere k. auch Gegenstände, aber sie erkennen sie nicht." Log. Einl. VIII (IV 71).

Kind s. Erziehung. Es ist merkwürdig, „daß das K., was schon ziemlich fertig sprechen kann, doch ziemlich spät ... allererst anfängt durch Ich zu reden, so lange aber von sich in der dritten Person sprach ... — Vorher fühlte es bloß sich selbst, jetzt denkt es sich selbst" (s. Ich) Anthr. 1. T. § 1 (IV 11). Zur Bedeutung des Schreiens der K.er vgl. § 82 (IV 206 f.), 2. T. E. c Anm. (IV 282). Über das „auf dingliche Art persönliche Recht" in bezug auf die K.er vgl. MSR § 28 (III 94 ff.).

Kirche. Die „Idee eines Volkes Gottes", eines Reiches (s. d.) der Tugend, kann unter Menschen nur in der Form einer „Kirche" verwirklicht werden. „Ein ethisches gemeines Wesen unter der göttlichen moralischen Gesetzgebung ist eine K., welche, sofern sie kein Gegenstand möglicher Erfahrung ist, die unsichtbare K. heißt (eine bloße Idee von der Vereinigung aller Rechtschaffenen unter der göttlichen unmittelbaren, aber moralischen Weltregierung, wie sie jeder von Menschen zu stiftenden zum Urbilde dient). Die sichtbare ist die wirkliche Vereinigung der Menschen zu einem Ganzen, das mit jenem Ideal zusammenstimmt." Die Diener der Kirche verwalten nur die Geschäfte des „unsichtbaren Oberhauptes" derselben. „Die wahre (sichtbare) K. ist diejenige, welche das (moralische) Reich Gottes auf Erden, soviel es durch Menschen geschehen kann, darstellt." Die Erfordernisse und Kennzeichen der wahren K. sind: 1. die Allgemeinheit, folglich numerische Einheit derselben ihrem Ziele nach (also keine Sektenspaltung). 2. Die Beschaffenheit (Qualität) derselben, d. h. die Lauterkeit, die Vereinigung unter rein moralischen Triebfedern („Gereinigt vom Blödsinn des Aberglaubens und dem Wahnsinn der Schwärmerei"). 3. Das Verhältnis unter dem Prinzip der Freiheit (als eine Art „Hausgenossenschaft", Familie unter einem „unsichtbaren, moralischen Vater"). 4. Die Modalität derselben, die Unveränderlichkeit ihrer Konstitution nach („unter ursprünglichen, einmal gleich als durch ein Gesetzbuch öffentlich zur Vorschrift gemachten Gesetzen, nicht willkürlichen Symbolen"). Die K. als „bloße Repräsentantin eines Staates Gottes" hat eigentlich keine ihren Grundsätzen nach der politischen ähnliche Verfassung, Rel. 3. St. 1. Abs. IV (IV 115 f.). „Die Konstitution einer jeden K. geht allemal von irgendeinem historischen (Offenbarungs-) Glauben aus, den man den Kirchenglauben nennen kann, und dieser wird am besten auf eine heilige Schrift gegründet", ibid. V (IV 117). Der „reine Religionsglaube" ist zwar der, welcher allein eine allgemeine K. gründen kann, aber infolge der Schwäche der menschlichen Natur dient ein „statutarischer Kirchenglaube" als Vehikel der ethischen Vereinigung, ibid. (IV 122); vgl. Glaube, Religion. Es gibt keine andere Norm des Kirchenglaubens als die Schrift und keinen anderen Ausleger derselben als reine Vernunftreligion und Schriftgelehrsamkeit, ibid VI (IV 131). Der historische Glaube ist als solcher zufällig; er kann zwar zum Kirchenglauben zulangen, „aber nur der reine Religionsglaube, der sich gänzlich auf Vernunft gründet, kann als notwendig, mithin für den einzigen erkannt werden, der die wahre K. auszeichnet". Der Kirchenglaube wird sich allmählich dem reinen Religionsglauben nähern, dann wird die „streitende" Kirche zur alles vereinigenden „triumphierenden" K. werden. Der Glaube einer bloß „gottesdienstlichen Religion" ist ein „Frohn- und Lohnglaube", der der reinen Religion hingegen ein „seligmachender Glaube", d. h. der Glaube „jedes einzelnen, der die moralische Empfänglichkeit (Würdigkeit) mit sich führt, ewig glückselig zu sein", ibid. VII (IV 132 ff.); vgl. Str. d. Fak. 1. Abs. Allg. Anmerk. (V 4, 96).

Die K. muß dem Staat, nicht umgekehrt angehören, denn alle bürgerliche Verfassung ist von dieser Welt: Religion kann aber von keiner staatlichen Gewalt dem Volke aufgedrungen oder genommen werden; niemand darf auch wegen seiner Religion vom Staatsdienst ausgeschlossen werden, MSR Anh. 8 B (III 202). Vgl. Reich der Tugend.

Kirchenglauben s. Glaube, Religion, Kirche.

Klarheit. K. ist nicht das Bewußtsein einer Vorstellung, sondern „eine Vorstellung ist klar, in der das Bewußtsein zum Bewußtsein des Unterschiedes derselben von anderen zureicht". „Reicht diese zwar zur Unterscheidung, aber nicht zum Bewußtsein des Unterschiedes zu, so müßte die Vorstellung noch dunkel genannt werden", KrV tr. Dial. 2. B. 1. H. 3. Anm. (I 360 — Rc 445 f.). „Das Bewußtsein seiner Vorstellungen, welches zur Unterscheidung eines Gegenstandes vom anderen zureicht", ist K. „Dasjenige aber, wodurch auch die Zusammensetzung der Vorstellungen klar wird", heißt Deutlichkeit. Die letztere macht es allein, „daß eine Summe von Vorstellungen Erkenntnis wird; worin dann, weil eine jede Zusammensetzung mit Bewußtsein Einheit derselben, folglich eine Regel für jene voraussetzt, Ordnung in diesem Mannigfaltigen gedacht wird". Die Verwirrung ist die Ursache der Undeutlichkeit. Die Deutlichkeit der Erkenntnis beruht auf der Ordnung, nach der die „Teilvorstellungen" zusammengesetzt werden, Anthr. 1. T. § 6 (IV 26). „Bin ich mir der Vorstellung bewußt, so ist sie klar; bin ich mir derselben nicht bewußt, dunkel." Die klaren Vorstellungen sind deutlich oder undeutlich. Die Logik hat es nur mit klaren Vorstellungen zu tun, Log. Einl. V (IV 37). „Die K. der Anschauungen ist von der K. der Begriffe zu unterscheiden. Jene findet statt vor allem Begriff, wenigstens vor dem klaren; so ist es auch mit der Deutlichkeit", N 179. Vgl. Deutlichkeit, Bewußtsein, Unbewußt.

Kluft. Es ist eine „unübersehbare K." zwischen dem Gebiete des Naturbegriffs, als dem Sinnlichen (s. d.), und dem Gebiete des Freiheitsbegriffes, als dem Übersinnlichen (s. d.) befestigt, KU Einl. II (II 11); vgl. Urteilskraft. — In der bildlichen Vorstellung der christlichen Religion, daß Himmel und Hölle durch eine „unermeßliche K." voneinander getrennt sind, liegt eine philosophische Wahrheit (vgl. Himmel).

Klugheit. K. im engsten Sinne ist „die Geschicklichkeit in der Wahl der Mittel zu seinem eigenen größten Wohlsein". Es gibt hypothetische Imperative (s. d.) als „Ratschläge der K.". Es gibt eine Welt- und Privatklugheit, GMS 2. Abs. u. 4. Anm. (III 38). „Wer Urteilskraft in Geschäften zeigt, ist gescheit. Hat er dabei zugleich Witz, so heißt er klug", Anthr. 1. T. § 46 (IV 118). Vgl. Praktisch.

Koexistenz (Zugleichsein). Das „Prinzip der K." lautet: „Die endlichen Substanzen stehen durch ihr bloßes Dasein in keinen Beziehungen zueinander und stehen in Gemeinschaft nur insoweit, als sie von dem gemeinsamen Urgrund ihres Daseins, nämlich dem göttlichen Verstande, in wechselseitigen Beziehungen gestaltet erhalten werden." Die allgemeine Verknüpfung aller Dinge ist nur durch die Vorstellung des göttlichen Verstandes festgelegt, N. diluc. Propos. 13 (V 1, 46 f.); vgl. Welt. Das „Zugleichsein" von Erscheinungen in einer möglichen Erfahrung ist bedingt durch den Grundsatz der Gemeinschaft oder Wechselwirkung (s. d.). Vgl. Gleichzeitigkeit.

Kollektiv s. Distributiv.

Kombinatorik s. Characterica.

Komisch. Im „Scherze" hebt das „Spiel von Gedanken" an, „die insgesamt, sofern sie sich sinnlich ausdrücken wollen, auch den Körper beschäftigen", „indem der Verstand in dieser Darstellung, worin er das Erwartete nicht findet, plötzlich nachläßt, so fühlt man die Wirkung dieser Nachlassung im Körper durch die Schwingung der Organe, welche die Herstellung ihres Gleichgewichts befördert und auf die Gesundheit einen wohltätigen Einfluß hat". „Es muß in allem, was ein lebhaftes, erschütterndes Lachen erregen soll, etwas Widersinniges sein (woran also der Verstand an sich kein Wohlgefallen finden kann)." Das Lachen ist „ein Affekt aus der plötzlichen Verwandlung einer gespannten Erwartung in nichts". „Eben diese Verwandlung, die für den Verstand gewiß nicht erfreulich ist, erfreut doch indirekt auf einen Augenblick sehr lebhaft. Also muß die Ursache in dem Einflusse der Vorstellung auf den Körper und dessen Wechselwirkung auf das Gemüt bestehen; und zwar nicht, sofern die Vorstellung objektiv ein Gegenstand des Vergnügens ist (denn wie kann eine getäuschte Erwartung vergnügen?), sondern lediglich dadurch, daß sie als bloßes Spiel der Vorstellungen ein Gleichgewicht der Lebenskräfte im Körper hervorbringt." Der Spaß muß hier stets etwas enthalten, was auf einen Augenblick täuschen kann; eine wechselseitige Anspannung und Abspannung findet psychisch wie physisch statt, KU Anmerk. § 54 (II 190 ff.). „Wenn ich etwas höre, was einen Schein einer klugen, zweckmäßigen Beziehung hat, sich selbst aber gänzlich aufhebt oder zur Kleinigkeit herabsinkt, so wird der auf eine Seite gebogene Nerv gleichsam zurückschlagend und bebend." „Es scheint der Grund des Lachens in dem Erzittern der schnell gezwickten Nerven zu bestehen, das sich durchs ganze System fortpflanzt", Bruchstücke aus d. Nachlaß (VIII 279). Vgl. Lachen.

Komprehension. „Die Handlung der Einbildungskraft, aus einer empirischen Anschauung einen Begriff zu machen, ist comprehensio", Acht kleine Aufsätze: Ist es eine Erfahrung, daß wir denken? Anmerk. (VIII 164). Die „Zusammenfassung" durch die Einbildungskraft (comprehensio aesthetica) ist „ästhetisches Begreifen"; „ich fasse das Mannigfaltige in eine ganze Vorstellung, und so bekommt sie eine gewisse Form". ibid. (VIII 163). Um anschaulich eine Größe in die Einbildungskraft zu ziehen und sie zum Maße oder als Einheit zur Größenschätzung durch Zahlen brauchen zu können, bedarf es der Apprehension (Auffassung) und K. (Zusammenfassung), KU § 26 (II 95 ff.). Es gibt eine ästhetische und intellektuelle K.

Können. Da die Vernunft gebietet, daß die sittlichen Handlungen geschehen sollen, so müssen sie auch geschehen k.; sie müssen daher in der Geschichte des Menschen angetroffen werden können, KrV tr. Meth. 2. H. 2. Abs. (I 668—Rc 820 f.). „Du sollst, denn du kannst" (vgl. Sollen). Der Mensch urteilt, „daß er etwas kann, darum weil er sich bewußt ist, daß er es soll, und erkennt in sich die Freiheit, die ihm sonst ohne das moralische Gesetz unbekannt geblieben wäre" KpV 1. T. 1. B. 1. H. § 6 (II 39); vgl. 3. H. Kritische Beleuchtung... (II 123). Sich bewußt werden, daß man das Sittliche könne, weil unsere eigene Vernunft es als ihr Gebot anerkennt und sagt, daß man es solle, das heißt „sich gleichsam über die Sinnenwelt selbst gänzlich erheben", ibid. 2. T. (II 201). Das Gebot: wir sollen bessere Menschen werden, befiehlt trotz des „Abfalls" vom Guten; „folglich müssen wir es auch k., sollte auch das, was wir tun k., für sich allein unzureichend sein, und wir uns dadurch nur eines für uns unerforschlichen höheren Beistandes empfänglich machen" Rel. 1. St. Allg. Anmerk. (IV 48). Die Pflicht gebietet uns nichts, „als was uns tunlich ist", ibid. (IV 51). Aus dem Gebot der Pflicht schließt man, daß wir dem Sittengesetz treu sein k. und daß unsere Willkür also frei ist, ibid. 3. Anm. (IV 54). Was der Mensch „auf den Geheiß seiner moralisch-gebietenden Vernunft will, das soll er, folglich kann er es auch tun (denn das Unmögliche wird ihm die Vernunft nicht gebieten)", Anthr. 1. T. § 12 (IV 39 f.). — Zwischen Politik und Moral kann es keinen Streit geben. „Die Moral ist schon an sich selbst eine Praxis in objektiver Bedeutung", und nachdem man dem Pflichtbegriff seine Autorität zugestanden hat, ist es ungereimt, noch sagen zu wollen, „daß man es doch nicht könne", Z. ew. Fried. Anh. I (VI 151). Vgl. Sollen, Pflicht, Freiheit, Moralische Welt, Böse.

Konsequenz s. Menschenverstand. „Konsequent zu sein, ist die größte Obliegenheit eines Philosophen", KpV 1. T. 1. B. 1. H. § 3 Anmerk. I (II 30).

Konstitutiv: objektive Erfahrung und Erfahrungsobjekte begründend, bedingend, bestimmend. K. sind die Anschauungsformen (s. d.), Kategorien (s. d.), ein Teil der apriorischen Grundsätze (s. d.). Gegensatz: Regulativ (s. d.). Vgl. Idee.

Konstruktion. Die mathematische Erkenntnis ist die aus der „K. der Begriffe“. „Einen Begriff aber konstruieren heißt: die ihm korrespondierende Anschauung a priori darstellen.“ „Zur K. eines Begriffs wird also eine nichtempirische Anschauung erfordert, die folglich als Anschauung ein einzelnes Objekt ist, aber nichtsdestoweniger, als die K. eines Begriffs (einer allgemeinen Vorstellung), Allgemeingültigkeit für alle möglichen Anschauungen, die unter denselben Begriff gehören, in der Vorstellung ausdrücken muß.“ Die Darstellung des Gebildes erfolgt in der Anschauung (oder Phantasie) „völlig a priori“, und diese Figur drückt den Begriff aus, „weil bei dieser empirischen Anschauung immer nur auf die Handlung der K. des Begriffs ... gesehen ... wird“, KrV tr. Meth. 1. H. 1. Abs. (I 599 f.—Rc 744). „In allgemeiner Bedeutung kann alle Darstellung eines Begriffs durch die (selbsttätige) Hervorbringung einer ihm korrespondierenden Anschauung K. heißen. Geschieht sie durch die bloße Einbildungskraft einem Begriffe a priori gemäß, so heißt sie die reine (dergleichen der Mathematiker allen seinen Demonstrationen zum Grunde legen muß . . .). Wird sie aber an irgendeiner Materie ausgeübt, so würde sie die empirische K. heißen können. Die erstere kann auch die schematische, die zweite die technische genannt werden. Die letzte und wirklich nur uneigentlich so genannte K. (weil sie nicht zur Wissenschaft, sondern zur Kunst gehört und durch Instrumente verrichtet wird) ist nun entweder die geometrische, durch Zirkel und Lineal, oder die mechanische, wozu andere Werkzeuge nötig sind“, Üb. e. Entdeck. 1. Abs. 2. Anm. (V 3, 9). „Wir konstruieren Begriffe, wenn wir sie in der Anschauung a priori ohne Erfahrung darstellen, oder wenn wir den Gegenstand in der Anschauung darstellen, der unserem Begriffe von demselben entspricht“, Log. Einl. III (IV 25). Vgl. Mathematik, Philosophie.

Kontemplativ s. Geschmacksurteil, Gefühl („kontemplative Lust“).

Kontinuität s. Stetigkeit, Grad. Zu den Prinzipien systematischer Einheit (s. d.) gehört die Maxime oder das Prinzip der „K.“ der Formen. Es ist „ein Gesetz der Affinität“ aller Begriffe, welches „einen kontinuierlichen Übergang von einer jeden Art zu jeder anderen durch stufenartiges Wachstum der Verschiedenheit“ gebietet. Es hat nicht bloß logische, sondern auch „transzendentale“ Bedeutung, gilt (regulativ) von den Erscheinungen der Natur selbst („datur continuum formarum“). Es läßt uns einen „stufenartigen Übergang von einer Species zur anderen“ annehmen, „welches eine Art von Verwandtschaft der verschiedenen Zweige anzeigt, insofern sie insgesamt aus einem Stamme entsprossen sind“. Diese K. der Formen ist eine „Idee“, „der ein kongruierender Gegenstand in der Erfahrung gar nicht aufgewiesen werden kann“, die uns die Übergänge der Arten der Dinge zu suchen vorschreibt, also „regulativen“ (s. d.) und „heuristischen“ Wert hat, KrV Anh. z. tr. Dial. Von d. regulativen Gebrauch . . (I 559 ff.—Rc 702 ff.).

Kontinuität (Physisches Gesetz der). Das Gesetz der K., „dessen weitläuftigen Nutzen man vielleicht noch nicht genug hat kennen gelernt“, Von der wahren Schätzung der lebendigen Kräfte § 26 (VII 39 f.); vgl. §§ 96, 122, 163 (VII 124, 172 f., 215). Das „physische Gesetz der K.“ läßt sich „niemals beweisen, aber wohl widerlegen“. Das logische Stetigkeitsgesetz ist „eine sehr schöne und richtige Regel zum Urteilen“. Das physische Stetigkeitsgesetz nach Leibnizens Meinung lautet: „ein Körper teilt dem andern keine Kraft auf einmal mit, sondern so, daß er durch alle unendlich kleine Zwischengrade von der Ruhe an bis zur bestimmten Geschwindigkeit in ihn seine Kraft überträgt“, Neuer Lehrbegriff der Bewegung und Ruhe (VII 404 f.). Vgl. Stetigkeit, Bewegung, Trägheit, Kraft, Grad.

Kontrakt s. Staat, Recht.

Kontrast. „Abstechung (K.) ist die Aufmerksamkeit erregende Nebeneinanderstellung einander widerwärtiger Sinnesvorstellungen unter einem und demselben Begriffe. Sie ist vom Widerspruch unterschieden, welcher in der Verbindung einander widerstreitender Begriffe besteht“, Anthr. 1. T. § 25 (IV 59); vgl. N 298.

Konzeption. „Concipere heißt, sich einen Begriff wovon a priori machen. Die Prinzipien der K. sind entweder des Denkens überhaupt oder des absoluten Setzens oder der Zusammenhang a priori. Von ersterem ist die sinnliche Bedingung die ganze Sinnlichkeit, von dem zweiten das ganze Denken in Ansehung eines Dati überhaupt, vom dritten das Ganze an sich selbst oder Totalität", Lose Bl. 17.

Kopernikanische Revolution s. Erkenntnis.

Kopf. Ein „Kopf" ist, der viel Verstand, d. h. Auffassung, Abstraktion und Reflexion hat, Anthr. 1. T. § 6 (IV 27); vgl. §§ 46, 59 (IV 117, 148 f.).

Kopula. Die K. („ist" u. dgl.) bezeichnet die Beziehung der Vorstellungen (Begriffe) im Urteile auf die ursprüngliche (transzendentale) Apperzeption (s. d.) und die notwendige, objektive Einheit derselben, vermöge deren diese Vorstellungen „im Objekt selbst", d. h. ohne Unterschied des Zustandes des Subjekts, verbunden sind, KrV tr. Anal. § 19 (I 158—Rc 189). Die K. ist in den kategorischen Urteilen „die Form, durch welche das Verhältnis (der Einstimmung oder des Widerstreites) zwischen Subjekt und Prädikat bestimmt und ausgedrückt wird", Log. § 24 (IV 114). Vgl. Existenz, Urteil.

Körper. K. sind als solche nicht Dinge an sich, sondern Erscheinungen von solchen. Die K. existieren aber wirklich, d. h. die Subjekte sind genötigt, räumlich bestimmte Erfahrungskomplexe, die zueinander in bestimmten (mechanisch-dynamischen) Beziehungen stehen, wahrzunehmen und als wahrnehmbar, als Gegenstände möglicher Erfahrung anzusetzen, auch wo und wann sie nicht wahrgenommen werden. Wenn auch die Dinge nicht schon an sich, sondern erst und nur in bezug auf das erkennende Bewußtsein K. sind, so müssen sie doch allen gleichorganisierten Subjekten sich als K. darstellen und die Gesetze der Körperwelt gelten für alle Erkennenden gleich; diese Welt ist von den einzelnen Subjekten unabhängig, ihnen gemeinsam angehörig, vom Ablauf psychisch-subjektiver Erlebnisse unterschieden.

Die K. bestehen aus physischen „Monaden" (s. d.), Monad. phys., Satz V (VII 349 f.). Die Vorstellung eines K.s enthält „gar nichts, was einem Gegenstande an sich selbst zukommen könnte, sondern bloß die Erscheinungen von etwas und die Art, wie wir dadurch affiziert werden", KrV tr. Ästh. § 8 (I 97—Rc 115). Ich sage aber nicht, die K. scheinen bloß außer mir zu sein, wenn ich sie als Erscheinungen (s. d.) bestimme, ibid. (I 103—Rc 121). Die körperlichen Dinge sind „immer nur Verhältnisse, wenigstens der Teile außer einander", ibid. tr. Anal. Anh. Anmerk. zur Amphibolie (I 307—Rc 373). Es gibt außer uns K., d. h. Dinge, die wir nur „durch die Vorstellungen kennen, welche ihr Einfluß auf unsere Sinnlichkeit uns verschafft, und denen wir die Benennung eines K.s geben, welches Wort also bloß die Erscheinung jenes uns unbekannten, aber nichtsdestoweniger wirklichen Gegenstandes bedeutet". Die „Materialität" gehört bloß zur Erscheinung der Dinge, Prol. § 13 Anmerk. II (III 43 f.). Ein K. in physischer Bedeutung ist „eine Materie zwischen bestimmten Grenzen", Anfangsgr. d. Naturw. 2. H. Allg. Anmerk. zur Dynamik (VII 265). In mechanischer Bedeutung ist der K. „eine Masse von bestimmter Gestalt". ibid. 3. H. Erklär. 2 (VII 283). In phänomenologischer Bedeutung ist der K. Erscheinung. Das Einfache (s. d.) ist nicht in den Sinnesobjekten zu finden, auch nicht für die schärfsten Sinne. So bleibt kein Ausweg übrig, als zu gestehen: „daß die K. gar nicht Dinge an sich selbst, und ihre Sinnenvorstellungen, die wir mit dem Namen der körperlichen Dinge belegen, nichts als die Erscheinung von irgend etwas sei, was, als Ding an sich selbst, allein das Einfache enthalten kann, für uns aber gänzlich unerkennbar bleibt, weil die Anschauung, unter der es uns allein gegeben wird, nicht seine Eigenschaften, die ihm für sich selbst zukommen, sondern nur die subjektiven Bedingungen unserer Sinnlichkeit an die Hand gibt, unter denen wir allein von ihnen eine anschauliche Vorstellung erhalten können", Üb. e. Entdeck. 1. Abs. C (V 3, 29 f.).

„Die Frage, ob die K. außer mir etwas Wirkliches sind, wird so beantwortet: K. sind außer meiner Sinnlichkeit keine K. (phaenomena), und also sind sie nur in der Vorstellungskraft empfindender Wesen. Ob diesen ihren Erscheinungen etwas außer mir korrespondiere, ist eine Frage von der Ursache dieser Erscheinung, und nicht von der Existenz dessen, was erscheint, selbst. Diese Existenz als eines Gegenstandes ist die Vorstellung des Zusammenhanges mit allen Erscheinungen nach Gesetzen", N 4536. Beim Phaenomenon „ist die Rede niemals von absoluter Existenz", N 5400; vgl. 5461, 5395. Vgl. Außenwelt, Materie.

Kosmologie s. Welt. Auf den kosmologischen Ideen (s. d.) beruht die transzendentale Kosmologie.

Kosmologische Ideen. Die k.n „I." (s. d.) gehen auf das Unbedingte (s. d.) der hypothetischen Synthesis der Glieder einer Reihe, die objektive Synthesis der Erscheinungen, die „unbedingte Einheit der objektiven Bedingungen in der Erscheinung", KrV tr. Dial. 2. B. 2. H. am Anfang (I 373f.—Rc 498f.); vgl. Weltbegriff. Die Vernunft fordert die absolute Totalität (s. d.) der Bedingungen bei ihrem Aufsteigen in der Reihe dieser zu immer weiteren Bedingungen eines Gegebenen. „Wenn das Bedingte gegeben ist, so ist auch die ganze Summe der Bedingungen, mithin das schlechthin Unbedingte gegeben, wodurch jenes allein möglich war." Die „Synthesis einer Reihe auf der Seite der Bedingungen" ist die „regressive" Synthesis, die „auf der Seite des Bedingten von der nächsten Folge zu den entfernteren" die „progressive" Synthesis. „Die erstere geht in antecedentia, die zweite in consequentia" (vgl. Episyllogismus). „Die kosmologischen Ideen also beschäftigen sich mit der Totalität der regressiven Synthesis und gehen in antecedentia, nicht in consequentia." Regressive Synthesis findet statt bei den Reihen (s. d.) von Zeit und Raum, der Teile der Materie, der Ursachen und Wirkungen, des Zufälligen und Notwendigen. Es sind also vier kosmologische Ideen vorhanden, welche sich beziehen auf: „1. Die absolute Vollständigkeit der Zusammensetzung des gegebenen Ganzen aller Erscheinungen. 2. Die absolute Vollständigkeit der Teilung eines gegebenen Ganzen in der Erscheinung. 3. Die absolute Vollständigkeit der Entstehung einer Erscheinung überhaupt. 4. Die absolute Vollständigkeit der Abhängigkeit des Daseins des Veränderlichen in der Erscheinung", ibid. 1. Abs. (I 375 ff.—Rc 499 ff.); vgl. Antinomie. Diese Ideen sind (wie alle transzendentalen Ideen der reinen Vernunft) „transzendent". Sie überschreiten zwar das Objekt (Erscheinungen) nicht „der Art nach", da sie es lediglich mit der Sinnenwelt zu tun haben; aber sie treiben die Synthesis (den Regreß) „bis auf einen Grad, der alle mögliche Erfahrung übersteigt". Man kann sie daher „Weltbegriffe" (s. d.) nennen, oder die beiden ersten („mathematischen") Ideen „Weltbegriffe" in engerer Bedeutung, die beiden anderen („dynamischen") Ideen aber „transzendente Naturbegriffe", ibid. (I 383—Rc 508).

Kosmologischer Gottesbeweis s. Gott, Gottesbeweise. Der „kosmologische Gottesbeweis" schließt „von der zum voraus gegebenen unbedingten Notwendigkeit irgendeines Wesens auf dessen unbegrenzte Realität". Dieser Beweis (bei Leibniz als Argument „a contingentia mundi") lautet: „Wenn etwas existiert, so muß auch ein schlechterdings notwendiges Wesen existieren. Nun existiere zum mindesten ich selbst; also existiert ein absolutnotwendiges Wesen." „Der Untersatz enthält eine Erfahrung, der Obersatz die Schlußfolge aus einer Erfahrung überhaupt auf das Dasein des Notwendigen." „Nun schließt der Beweis weiter: das notwendige Wesen kann nur auf eine einzige Art, d. i. in Ansehung aller möglichen entgegengesetzten Prädikate nur durch eines derselben bestimmt werden; folglich muß es durch seinen Begriff durchgängig bestimmt sein. Nun ist nur ein einziger Begriff von einem Dinge möglich, der dasselbe a priori durchgängig bestimmt, nämlich der des entis realissimi; also ist der Begriff des allerrealsten Wesens der einzige, dadurch ein notwendiges Wesen gedacht werden kann, d. i. es existiert ein höchstes Wesen notwendigerweise." In diesem Beweise kommen viele „vernünftelnde Grundsätze" zusammen: 1. „Der transzendentale Grundsatz, vom Zufälligen auf eine Ursache zu schließen, welcher nur in der Sinnenwelt von Bedeutung ist." 2. „Der Schluß, von der Unmöglichkeit einer unendlichen Reihe über einander gegebener Ursachen in der Sinnenwelt auf eine erste Ursache zu schließen, wozu uns die Prinzipien des Vernunftgebrauchs selbst in der Erfahrung nicht berechtigen, viel weniger diesen Grundsatz über dieselbe ... ausdehnen können." 3. „Die falsche Selbstbefriedigung der Vernunft in Ansehung der Vollendung dieser Reihe, dadurch, daß man endlich alle Bedingung, ohne welche doch kein Begriff einer Notwendigkeit stattfinden kann, wegschafft, und da man alsdann nichts weiter begreifen kann, dieses für eine Vollendung seines Begriffs annimmt." 4. „Die Verwechslung der logischen Möglichkeit eines Begriffs von aller vereinigten Realität (ohne inneren Widerspruch) mit der transzendentalen, welche ein Principium der Tunlichkeit einer solchen Synthesis bedarf, das aber wiederum nur auf das Feld möglicher Erfahrungen gehen kann, usw." Man setzt überdies voraus, aus dem Begriff eines Wesens von der höchsten Realität lasse sich auf die Notwendigkeit im Dasein schließen und stützt sich also auf das ontologische (s. d.) Argument, das man vermeiden wollte und das hinfällig ist, KrV tr. Dial. 2. B. 3. H. 5. Abs. (I 520—Rc 659 ff.). „Es mag wohl erlaubt sein, das Dasein eines Wesens von der höchsten Zulänglichkeit als Ursache zu allen möglichen Wirkungen anzunehmen, um der Vernunft die Einheit der Erklärungsgründe, welche sie sucht, zu erleichtern. Allein, sich so viel herauszunehmen, daß man sogar sage: ein solches Wesen existiert notwendig, ist nicht mehr die bescheidene Äußerung einer erlaubten Hypothese, sondern die dreiste Anmaßung einer apodiktischen Gewißheit." „Die unbedingte Notwendigkeit, die wir als den letzten Träger aller Dinge, so unentbehrlich bedürfen, ist der wahre Abgrund für die menschliche Vernunft." „Hier sinkt alles unter uns", ibid. (I 526 f.—Rc 666 f.). Notwendigkeit und Zufälligkeit betreffen nicht die Dinge selbst. Die Idee des absolut Notwendigen (s. d.) ist nur von „regulativer" Bedeutung. Das Absolutnotwendige muß außerhalb der Welt angenommen werden, aber nur als „Prinzip der größtmöglichen Einheit der Erscheinungen, als deren oberster Grund". Wir müssen die Erscheinungen voneinander so ableiten, „als ob es kein notwendiges Wesen gäbe", und dennoch immer zur Vollständigkeit der Ableitung streben, „als ob" ein solches Wesen als oberster Grund vorausgesetzt wäre, ibid. Erklärung des dialektischen Scheins . . (I 529 ff.—Rc. 669 ff.).

Der kosmologische Beweis versucht die Erweiterung der Erkenntnis nicht durch bloße Begriffe a priori, sondern geht von der Erfahrung eines Existierenden überhaupt aus, von dem aus er schließt. „Weil alle Existenz entweder notwendig oder zufällig sein müsse, die letztere aber immer eine Ursache voraussetzt, die nur in einem nicht zufälligen, mithin in einem notwendigen Wesen ihren vollständigen Grund haben könne, so existiere irgendein Wesen von der letzteren Naturbeschaffenheit." Dies ist „ein Fortschritt der Metaphysik durch die Hintertüre. Sie will a priori beweisen und legt doch ein empirisches Datum zum Grunde". „Wenn aber, den Satz eingeräumt, daß irgend etwas schlechterdings-notwendig existiere, gleichwohl ebenso gewiß ist, daß wir uns schlechterdings keinen Begriff von irgendeinem Dinge, das so existiere, machen und also dieses als ein solches nach seiner Naturbeschaffenheit ganz und gar nicht bestimmen können (denn die analytischen Prädikate, d. i. die, welche mit dem Begriffe der Notwendigkeit einerlei sind, z. B. die Unveränderlichkeit, Ewigkeit, auch sogar die Einfachheit der Substanz sind keine Bestimmungen, daher auch die Einheit eines solchen Wesens gar nicht bewiesen werden kann) — wenn es, sage ich, mit dem Versuche, sich einen Begriff davon zu machen, so schlecht bestellt ist, so bleibt der Begriff von diesem metaphysischen Gott immer ein leerer Begriff." „Nun ist es schlechterdings unmöglich, einen Begriff von einem Wesen bestimmt anzugeben, welches von solcher Natur sei, daß ein Widerspruch entspränge, wenn ich es in Gedanken aufhebe, gesetzt auch, ich nehme es als das All der Realität an. Denn ein Widerspruch findet in einem Urteile nur alsdann statt, wenn ich ein Prädikat in einem Urteile aufhebe und doch eines im Begriffe des Subjektes übrig behalte, was mit diesem identisch ist, niemals aber, wenn ich das Ding samt allen seinen Prädikaten aufhebe und z. B. sage: Es ist kein allerrealstes Wesen." „Also können wir uns von einem absolut-notwendigen Dinge als einem solchen schlechterdings keinen Begriff machen (wovon der Grund der ist, daß es ein bloßer Modalitätsbegriff ist, der nicht als Dinges-Beschaffenheit, sondern nur die Verknüpfung der Vorstellung von ihm mit dem Erkenntnisvermögen, die Beziehung auf das Subjekt enthält. Also können wir aus seiner vorausgesetzten Existenz nicht im mindesten auf Bestimmungen schließen, die unsere Erkenntnis desselben über die Vorstellung seiner notwendigen Existenz erweitern und also eine Art Theologie begründen könnten", Fortschr. d. Metaph. 2. Abt. Auflösung der Aufgabe I, Transzendente Theologie (V 3, 135 ff.); vgl. N 4781, 3731, 3812; Vorles. über die philos. Religionslehre, S. 22 f. Vgl. Notwendigkeit, Idee, Antinomie.

Kosmopolitismus. Die menschliche Gattung ist eine Menge von Personen, „die das friedliche Beisammensein nicht entbehren und dabei dennoch einander beständig widerwärtig zu sein nicht vermeiden können; folglich durch wechselseitigen Zwang unter von ihnen selbst ausgehenden Gesetzen zu einer beständig mit Entzweiung bedrohten, aber allgemein fortschreitenden Koalition in eine weltbürgerliche Gesellschaft (cosmopolitismus) sich von der Natur bestimmt fühlen: welche an sich unerreichbare Idee aber kein konstitutives Prinzip (der Erwartung eines mitten in der lebhaftesten Wirkung und Gegenwirkung der Menschen bestehenden Friedens), sondern nur ein regulatives Prinzip ist: ihr als der Bestimmung des Menschengeschlechts nicht ohne gegründete Vermutung einer natürlichen Tendenz zu derselben fleißig nachzugehen", Anthr. 2. T. E Grundzüge ... (IV 287 f.). Vgl. Friede, Staat, Weltbürgerrecht.

Kraft. Die K. ist eine „Prädikabilie" zur Kategorie der Kausalität, ein abgeleitet-apriorischer Begriff. Dieser Begriff ist eine Bedingung der Erfahrung und bezieht sich auf Gegenstände möglicher Erfahrung, auf Erscheinungen, auf Relationen zwischen diesen, nicht aber auf Eigenschaften der Dinge an sich (wie auch Kant zuerst annahm). Die Menge der K. ist konstant. „Wahre" Bewegung (s. d.) weist auf K. im Bewegten selbst hin. Es gibt ursprüngliche anziehende und abstoßende Kräfte, deren Konflikt der Materie (s. d.) zugrunde liegt. Die Einheit aller bewegenden Kräfte ist der Äther (s. d.) oder „Wärmestoff".

Wenn ein Körper „wirkt", so hat er „eine Bemühung, in den Zustand zu geraten, darin er nicht wirket". Die K. eines Körpers muß man „eher eine vim activam überhaupt, als eine vim motricem" nennen, Schätzung d. lebend. Kräfte § 3 (VII 17 f.). Die K. ist die Fähigkeit, den „inneren Zustand anderer Substanzen zu ändern", ibid. § 5 f. (VII 20 ff.). Die „lebendige" K. ist nach dem Quadrat der Geschwindigkeit zu messen, die „tote" nur durch die einfache Geschwindigkeit, so daß zwischen Descartes und Leibniz vermittelt wird, ibid. §§ 17, 20 (VII 30 f., 34 ff.). Aus dem „Gesetz der Kontinuität" folgt, daß der Körper seine lebendige K. auch schon hat, wenn er erst anfängt, sich zu bewegen, ibid. § 26 (VII 40). Die „Wirklichkeit der Bewegung" ist „nicht die wahre Bedingung, unter der dem Körper eine lebendige K. zukommt", ibid. § 27 (VII 41 ff.). Die Gesetze Descartes' gelten für den mathematischen Körper; der „Körper der Natur" aber hat „ein Vermögen in sich, die K., welche von draußen durch die Ursache seiner Bewegung in ihm erweckt worden, von selber in sich zu vergrößern", ibid. §§ 114 f. (VII 165 f.). Geschätzt wird die K. durch das von ihr beseitigte Hindernis. Die Bewegung (s. d.) ist „das äußerliche Phaenomenon der K."; die „Basis der Aktivität" ist die „Bestrebung", die Bewegung zu erhalten (die „Intension"), ibid. § 117 (VII 167 f.). Eine „lebendige" K. hat der Körper, der seine Bewegung frei und immerwährend zu erhalten bestrebt ist; zwischen dieser und der toten K. gibt es unendlich viele Zwischengrade, ibid. §§ 120 ff. (VII 170 ff.). Die lebendige K. kann zum Teil ohne Wirkung verschwinden, ibid. §§ 136 f. (VII 187 ff.). Die einem Körper mitgeteilte K. ist „nur die Beschränkung oder Richtung einer innewohnenden Realität". Die Summe der Kräfte in der Wirkung ist gleich den Kräften der Ursache. Die Bewegungen sind „nur Erscheinungen". Die ganze K. in der Erscheinung der Bewegung ist an realer K. jener gleich, welche schon dem ruhenden Körper innewohnte;

das „innere Vermögen“ erhält durch den äußeren Anstoß nur seine „Richtung“, N. diluc. Propos. 10 (V 1, 36 ff.).

Der Schluß: was keinen Widerspruch (s. d.) einschließt, ist möglich, ist ein Fehlschluß, „indem man die subjektiven Bedingungen des Urteils für objektive hält“. „Daher die vielen eitlen Erfindungen von, ich weiß nicht welchen, beliebig erdichteten Kräften, die frei von dem Hemmnis des Widerspruchs aus jedem spekulativen (architektonischen) oder, wenn man lieber will, zu Chimären geneigten Genie in Haufen hervorbrechen. Denn, da die K. nichts anderes ist als die Beziehung der Substanz A zu etwas anderem B (als Akzidenz), wie des Grundes zu dem Begründeten; so stützt sich die Möglichkeit jeder K. nur auf die Nichtidentität von Grund und Begründetem oder von Substanz und Akzidenz, und deshalb hängt auch die Unmöglichkeit fälschlich erdichteter Kräfte vom Widerspruch allein nicht ab. Man darf deshalb keine ursprüngliche K. als möglich annehmen, wenn sie nicht von der Erfahrung gegeben ist, und kein Scharfsinn des Verstandes kann sich ihre Möglichkeit a priori vorstellen“, Mund. sens. § 28 (V 2, 129). Bewegende Kräfte sind Gesetze, nach denen die Ortsveränderung bestimmt wird, schließen also Relationen ein, KrV tr. Ästh. § 8 (I 101—Rc 119). Wie etwas überhaupt verändert werden kann, davon haben wir a priori nicht den mindesten Begriff. „Hierzu wird die Kenntnis wirklicher Kräfte erfordert, welche nur empirisch gegeben werden kann, z. B. der bewegenden Kräfte, oder, welches einerlei ist, gewisser sukzessiver Erscheinungen (als Bewegungen), welche solche Kräfte anzeigen“, ibid. tr. Anal. 2. B. 2. H. 3. Abs. 2. Analogie (I 239—Rc 298 f.). Wo K. ist, da ist auch Substanz (s. d.). „K.“ ist die „Kausalität der Substanz“. Das (regulative) Prinzip der „Homogenität“ (s. d.) gebietet, die anscheinende Verschiedenheit der Kräfte so viel als möglich zu verringern, indem man durch Vergleichung die „versteckte Identität“ entdeckt und zur „hypothetischen“ Einheit einer „Grundkraft“ vorzudringen sucht, deren Äußerungen die Arten der Kräfte sind. Dadurch kommt systematische Einheit (s. d.) in unsere Erkenntnis und in die Erscheinungen selbst, ibid. tr. Dial. Anh. Von d. regulativen Gebrauch . . . (I 552 ff.—Rc 695 ff.). Die K. ist nicht das, was den Grund der Wirklichkeit der Akzidenzen enthält, denn das ist die Substanz, sondern bloß „das Verhältnis der Substanz zu den Akzidenzen, sofern sie den Grund ihrer Wirklichkeit enthält“. Da der Substanz verschiedene Verhältnisse beigelegt werden können, so kann es mehrere „Grundkräfte“ geben. Aber man darf solche nicht „erdichten“, nicht „a priori erdenken“, weil man so nur „leere Begriffe“ bekommt. Man darf nur die in der Erfahrung bekannten Kräfte, „die nur dem Anscheine nach verschieden, im Grunde aber identisch sind“, auf die „kleinstmögliche Zahl“ zurückführen und die dazu gehörige Grundkraft in der Welt (Physik) oder außer der Welt (Metaphysik) suchen. Von einer Grundkraft können wir aber nur den Begriff und Namen von der Wirkung her bilden, Gebrauch teleolog. Prinzipien u. 7. Anm. (VIII 155 f.).

Als (bewegende) Grundkräfte der Materie (s. d.) lassen sich nur die Anziehungs- und Zurückstoßungskraft denken. „Denn alle Bewegung, die eine Materie einer anderen eindrücken kann, da in dieser Rücksicht jede derselben nur wie ein Punkt betrachtet wird, muß jederzeit als in der geraden Linie zwischen zweien Punkten erteilt angesehen werden. In dieser geraden Linie aber sind nur zweierlei Bewegungen möglich: die eine, dadurch sich jene Punkte voneinander entfernen, die zweite, dadurch sie sich einander nähern. Die K. aber, die die Ursache der ersteren Bewegung ist, heißt Zurückstoßungs- und die der zweiten Anziehungskraft“, Anfangsgr. d. Naturw. 2. H. Erklär. 2 (VII 230); vgl. Anziehung, Zurückstoßungskraft. „Eine bewegende K., dadurch Materien nur in der gemeinschaftlichen Fläche der Berührung unmittelbar aufeinander wirken können, nenne ich eine Flächenkraft; diejenige aber, wodurch eine Materie auf die Teile der anderen auch über die Fläche der Berührung hinaus unmittelbar wirken kann, eine durchdringende K.“ Die Zurückstoßungskraft ist eine Flächenkraft, die Anziehungskraft aber eine durchdringende K., ibid. Erklär. 7 (VII 254). Es geht über unsere Vernunft, „ursprüngliche Kräfte a priori ihrer Möglichkeit nach einzusehen“. Die Naturphilosophie kann nur die verschiedenen Kräfte immer weiter bis auf die Grundkräfte zurückführen, ibid. Allg. Anmerk. zur Dynamik 4. (VII 280).

„Alle mechanische Kräftewirkung setzt eine dynamische voraus, welche a priori vorausgesetzt wird." „Das objektive Prinzip der Gesetze der Bewegung der inneren Kräfte der Materie ist dynamisch, das der äußeren mechanisch. Das dynamische liegt dem mechanischen seiner Möglichkeit nach zum Grunde." Die „primitiv-bewegende Kräfte" der Materie sind „a) diejenige, welche in der Entfernung unmittelbar wirken und gegenwirken: Gravitation, b) diejenige, welche, ohne daß sich Materie in Substanz bewegte, die Entfernung der Materien voneinander bewirken: der Wärmestoff". „Die mechanisch-bewegende Kräfte der Materie sind die vermittelst einer Maschine, welche aber selbst primitive Kräfte zu ihrer eigenen Möglichkeit bedarf, mithin unter dem Prinzip der rein dynamisch wirkenden Kräfte steht." „Die Wirkung durch Maschinen setzt nur eine derivativ bewegende K. voraus." „Anziehung und Ponderabilität und Abstoßung mit Koërzibilität in Reaktion machen die primitiv bewegenden Kräfte aus, welche dynamisch wirken und den mechanischen zum Grunde liegen." Die Erkenntnis beider Kräfte gründet sich auf Erfahrung, gehört aber nicht zur Physik (s. d.), sondern bloß zum „Übergange von der Metaphysik der Natur zur Physik". „Alle dynamisch-bewegende Kräfte der Materie und mit ihnen zugleich die mechanisch-bewegende beruhen auf der bewegenden K. des Wärmestoffes, sowohl in Ansehung der Anziehung als Abstoßung." Die Schwere ist eine alles durchdringende K., der Äther (s. d.) eine alles durchfließende Materie. Die alles durchdringenden Stoßkräfte sind Licht und Wärme im leeren Raum, Lose Bl. D 19. Die K. ist „die Bestrebung, eine gewisse Bewegung zu erhalten und nicht diese Bewegung selbst". Die Substanz ist die „beständige Kraft bei gegebener Geschwindigkeit", ibid. D 28. Es fragt sich, ob alle Veränderungen einer beständigen Regel der inneren Kräfte der Dinge der Welt unterworfen sind und „in der Welt die Quantität des Lebens dem System nach immer dieselbe sei" und „ebensoviel auf der Gegenseite verändert wird, als auf einer geschieht, weil die Kraft, die auf einen Zustand gerichtet ist, ebensoviel überwunden werden muß als in Ansehung des Widerspiels hervorgebracht wird", ibid. D 30. Vgl. Altpreuss. Mth. XIX—XXI; N 40, 42. Vgl. Physik, Bewegung, Anziehungskraft, Weltkörper, Äther, Dynamik, Dynamismus, Hypothesen.

Krieg. Der K. ist etwas von der Vernunft und Ethik Verwerfliches, aber hat doch für den Fortschritt in der Geschichte (s. d.) einen Nutzen. „Alle K.e sind „soviel Versuche (zwar nicht in der Absicht der Menschen, aber doch in der Absicht der Natur), neue Verhältnisse der Staaten zustande zu bringen und durch Zerstörung, wenigstens Zerstückelung alter, neue Körper zu bilden, die sich aber wieder, entweder in sich selbst oder nebeneinander, nicht erhalten können und daher neue ähnliche Revolutionen erleiden müssen; bis endlich einmal, teils durch die bestmögliche Anordnung der bürgerlichen Verfassung innerlich, teils durch eine gemeinschaftliche Verabredung und Gesetzgebung äußerlich, ein Zustand errichtet wird, der, einem bürgerlich gemeinen Wesen ähnlich, so wie ein Automat sich selbst erhalten kann", G. i. weltbürg. Abs. 7. Satz (VI 13 f.). Der K. wird allmählich „nicht allein ein so künstliches, im Ausgange von beiden Seiten so unsicheres, sondern auch durch die Nachwehen, die der Staat in einer immer anwachsenden Schuldenlast (einer neuen Erfindung) fühlt, deren Tilgung unabsehlich wird, ein so bedenkliches Unternehmen, daher der Einfluß, den jede Staatserschütterung in unserem durch seine Gewerbe so sehr verketteten Weltteil auf alle anderen Staaten tut, so merklich, daß sich diese, durch ihre eigene Gefahr gedrungen, obgleich ohne gesetzliches Ansehen, zu Schiedsrichtern anbieten, und so alles von weitem zu einem künftigen großen Staatskörper anschicken, wovon die Vorwelt kein Beispiel aufzuzeigen hat", ibid. 8. Satz (VI 17 f.); vgl. Friede. „Man muß gestehen: daß die größten Übel, welche gesittete Völker drücken, uns vom K.e, und zwar nicht so sehr von dem, der wirklich oder gewesen ist, als von der nie nachlassenden und sogar unaufhörlich vermehrten Zurüstung zum künftigen, zugezogen werden. Hierzu werden alle Kräfte des Staates, alle Früchte seiner Kultur, die zu einer noch größeren Kultur gebraucht werden könnten, verwandt; der Freiheit wird an so vielen Orten mächtiger Abbruch getan, und die mütterliche Vorsorge des Staates für einzelne Glieder in eine unerbittliche Härte der Forderungen verwandelt, indes diese doch auch durch die Besorgnis äußerer Gefahr gerechtfertigt wird." Würde aber diese Kultur wohl angetroffen werden, wenn jener immer gefürchtete K. selbst den Oberhäuptern der Staaten diese Achtung für die Menschheit nicht abnötigte? „Auf der Stufe der Kultur also, worauf das menschliche Geschlecht noch steht, ist der K. ein unentbehrliches Mittel, diese noch weiter zu bringen; und nur nach einer (Gott weiß wann) vollendeten Kultur würde ein immerwährender Friede für uns heilsam und auch durch jene allein möglich sein", Anf. d. Menschengesch. Schluß-Anmerk. (VI 62). Kriegsgefahr ist das einzige, was den Despotismus mäßigt, „weil Reichtum dazu erfordert wird, daß ein Staat jetzt eine Macht sei, ohne Freiheit aber keine Betriebsamkeit, die Reichtum hervorbringen könnte, stattfindet", ibid. Beschluß der Geschichte (VI 61).

Ein Mensch, „der sich nicht fürchtet, also der Gefahr nicht weicht, zugleich aber mit völliger Überlegung rüstig zu Werke geht", ist überall ein Gegenstand der größten Bewunderung. „Auch im allergesittetsten Zustande bleibt diese vorzügliche Hochachtung für den Krieger, nur daß man noch dazu verlangt, daß er zugleich alle Tugenden des Friedens, Sanftmut, Mitleid und selbst geziemende Sorgfalt für seine eigene Person beweise: eben darum, weil daran die Unbezwinglichkeit seines Gemüts durch Gefahr erkannt wird." „Selbst der K., wenn er mit Ordnung und Heiligachtung der bürgerlichen Rechte geführt wird, hat etwas Erhabenes an sich und macht zugleich die Denkungsart des Volks, welches ihn auf diese Art führt, nur um desto erhabener, je mehreren Gefahren es ausgesetzt war und sich mutig darunter hat behaupten können; dahingegen ein langer Friede den bloßen Handelsgeist, mit ihm aber den niedrigen Eigennutz, Feigheit und Weichlichkeit herrschend zu machen und die Denkungsart des Volks zu erniedrigen pflegt", KU § 28 (II 108 f.). Der K. ist infolge der Ehrsucht, Herrschsucht und Habsucht besonders der Gewalthabenden unvermeidlich, „der, so wie er ein unabsichtlicher (durch zügellose Leidenschaften angeregter) Versuch der Menschen, doch tief verborgener, vielleicht absichtlicher der obersten Weisheit ist, Gesetzmäßigkeit mit der Freiheit der Staaten und dadurch Einheit eines moralisch begründeten Systems derselben, wo nicht zu stiften, dennoch vorzubereiten". Der K. ist „ungeachtet der schrecklichsten Drangsale, womit er das menschliche Geschlecht belegt, und der vielleicht noch größeren, womit die beständige Bereitschaft dazu im Frieden drückt, dennoch eine Triebfeder mehr", „alle Talente, die zur Kultur dienen, bis zum höchsten Grade zu entwickeln", ibid. § 83 (II 302).

Die Not aus den beständigen K.en, in welchen Staaten einander zu schmälern oder zu unterjochen suchen, muß sie, selbst wider Willen, zuletzt dahin bringen, in „eine weltbürgerliche Verfassung" zu treten oder, wenn ein Zustand des allgemeinen Friedens den Despotismus fördert, in einen rechtlichen „Zustand der Föderation nach einem gemeinschaftlich verabredeten Völkerrecht". Da „die fortrückende Kultur der Staaten mit dem zugleich wachsenden Hange, sich auf Kosten der anderen durch List oder Gewalt zu vergrößern", die K.e vervielfältigen und immer höhere Kosten verursachen muß, indes „die Preise aller Bedürfnisse wachsen" usw., so muß endlich der Staat innerlich so organisiert werden, daß nicht das Staatsoberhaupt, sondern das Volk, dem der K. selbst die Kosten verursacht, die entscheidende Stimme habe, ob K. sein solle oder nicht, was günstig wirken muß. Gegen den K. gibt es aber kein anderes Mittel als „Völkerrecht", dem sich jeder Staat unterwirft, Theor. Prax. III (VI 110 f.).

Stehende Heere (s. d.) sollen mit der Zeit ganz aufhören, denn sie reizen zum K. Kein Staat soll sich im K. solche Feindseligkeiten erlauben, welche das wechselseitige Zutrauen im künftigen Frieden unmöglich machen müssen. Der K. ist ja „nur das traurige Notmittel im Naturzustande", „durch Gewalt sein Recht zu behaupten", wo keiner der Gegner für einen „ungerechten" Feind erklärt werden kann, sondern „der Ausgang entscheidet, auf wessen Seite das Recht ist". Ein Ausrottungskrieg ist unerlaubt, Z. ew. Fried.

1. Abs. (VI 119ff.). Die Natur (bzw. Vorsehung) hat die Menschen „durch K. allerwärts hin, selbst in die unwirtbarsten Gegenden getrieben . . ., um sie zu bevölkern", „durch ebendenselben sie in mehr oder weniger gesetzliche Verhältnisse zu treten genötigt". „Indem die Natur nun dafür gesorgt hat, daß Menschen allerwärts auf Erden leben könnten, so hat sie zugleich auch despotisch gewollt, daß sie allerwärts leben sollten, wenngleich wider ihre Neigung, und selbst ohne daß dieses Sollen zugleich einen Pflichtbegriff voraussetzte, der sie hierzu vermittelst eines moralischen Gesetzes verbände, — sondern sie hat, zu diesem ihren Zweck zu gelangen, den K. gewählt." Der K. ist ein Mittel, dessen sich die Natur bedient, „die Erde allerwärts zu bevölkern". „Der K. aber selbst bedarf keines besondern Bewegungsgrundes, sondern scheint auf die menschliche Natur gepfropft zu sein; er gilt als sogar etwas Edles", ibid. 2. Abs. 1. Zusatz (VI 142 ff.). Der K. ist die „Geißel des menschlichen Geschlechts". Er macht mehr böse Menschen, als er deren wegnimmt und beruht auf dem radikalen Bösen (s. d.) im Menschen, Rel. 1. St. III 2. Anm. (IV 35). Der K. ist „der Quell aller Übel und Verderbnis der Sitten", Str. d. Fak. 2. Abs. 6 (V 4, 132); die „Umkehrung des Endzwecks der Schöpfung selbst", ibid. 7 (VI 136). Er ist „der Zerstörer alles Guten", ibid. 8 (VI 138); „das größte Hindernis des Moralischen". Es ist zu erwarten, daß die Vorsehung den K. nach und nach menschlicher, darauf seltener werden, endlich als Angriffskrieg ganz schwinden lassen wird, ibid. 10 (VI 141); vgl. Staatsverfassung.

Zur Kriegführung muß das Volk durch seine Repräsentanten seine freie Zustimmung geben, MSR § 55 (III 175). Der K. ist „nach solchen Grundsätzen zu führen, nach welchen es immer noch möglich bleibt, aus jenem Naturzustande der Staaten (im äußeren Verhältnisse gegeneinander) herauszugehen und in einen rechtlichen zu treten". „Kein K. unabhängiger Staaten gegeneinander kann ein Strafkrieg (bellum punitivum) sein. Denn Strafe findet nur im Verhältnisse eines Oberen (imperantis) gegen den Unterworfenen (subditum) statt, welches Verhältnis nicht das der Staaten gegeneinander ist. — Aber auch weder ein Ausrottungs- (bellum internecinum) noch Unterjochungskrieg (bellum subiugatorium), der eine moralische Vertilgung eines Staats (dessen Volk nun mit dem des Überwinders entweder in eine Masse verschmelzt oder in Knechtschaft verfällt) sein würde." Man darf sich nicht solcher heimtückischen Mittel bedienen, „die das Vertrauen, welches zur künftigen Gründung eines dauerhaften Friedens erforderlich ist, vernichten würden" (ibid.). Das feindliche Volk darf nicht geplündert werden, ibid. § 57 (III 177). Der K. ist zwar ein großes Übel, aber doch auch „die Triebfeder, aus dem rohen Naturzustande in den bürgerlichen überzugehen", als ein „Maschinenwesen der Vorsehung", Anthr. 2. T. E. Grundzüge . . (IV 286); vgl. 1. T. § 87 (IV 217); Lose Bl. F 9. Vgl. Friede, Völkerrecht, Kultur, Fortschritt.

Kritik. „K. der Vernunft" (= Logik); „K. des Geschmacks" (=Ästhetik), Nachricht v. d. Einrichtung s. Vorles. 1765—1766 (V 1, 158). „Unser Zeitalter ist das eigentliche Zeitalter der K., der sich alles unterwerfen muß"; es läßt sich „nicht länger durch Scheinwissen hinhalten", KrV Vorr. z. 1. A. u. Anm. (I 15—Rc 7 f.).

Kritik der praktischen Vernunft. Es ist theoretisch und praktisch von der größten Wichtigkeit, die moralischen Begriffe und Gesetze „aus reiner Vernunft zu schöpfen, rein und unvermengt vorzutragen, ja den Umfang dieser ganzen praktischen oder reinen Vernunfterkenntnis, d. i. das ganze Vermögen der reinen praktischen Vernunft, zu bestimmen", GMS 2 Abs. (III 33); vgl. Ethik. Nicht eine K. der reinen praktischen Vernunft, sondern der praktischen Vernunft (s. d.) überhaupt ist nötig. „Sie soll bloß dartun, daß es reine praktische Vernunft gebe, und kritisiert in dieser Absicht ihr ganzes praktisches Vermögen. Wenn es ihr hiermit gelingt, so bedarf sie das reine Vermögen selbst nicht zu kritisieren, um zu sehen, ob sich die Vernunft mit einem solchen als einer bloßen Anmaßung nicht übersteige (wie es wohl mit der spekulativen geschieht). Denn wenn sie als reine Vernunft wirklich praktisch ist, so beweist sie ihre und ihrer Begriffe

Realität durch die Tat, und alles Vernünfteln wider die Möglichkeit, es zu sein, ist vergeblich", KpV Vorr. (II 3). Es fragt sich hier zuerst, „ob reine Vernunft zur Bestimmung des Willens für sich allein zulange, oder ob sie nur als empirisch-bedingte ein Bestimmungsgrund desselben sein könne?" Läßt sich ausfindig machen, daß Freiheit (s. d.) dem Willen aller vernünftigen Wesen zukomme, so bezeugt dies, daß reine Vernunft nicht nur praktisch sein kann, sondern daß sie allein praktisch sei. „Die K. der praktischen Vernunft überhaupt hat also die Obliegenheit, die empirisch bedingte Vernunft von der Anmaßung abzuhalten, ausschließungsweise den Bestimmungsgrad des Willens allein abgeben zu wollen." Die K. der praktischen Vernunft gliedert sich in „Elementarlehre" (Analytik, s. d., und Dialektik, s. d.) und „Methodenlehre". Die „Dialektik" ist hier die „Darstellung und Auflösung des Scheins in Urteilen der praktischen Vernunft". Den Anfang machen die Grundsätze, von welchen zu den Begriffen und dann zu den Sinnen gegangen wird. Das „Gesetz der Kausalität aus Freiheit" macht hier den Anfang und bestimmt die Gegenstände, worauf dieser praktische Grundsatz allein bezogen werden kann, ibid. Einl. (II 18ff.).

Kritik der reinen Vernunft. Die K. d. r. V. ist keine psychologische Untersuchung der Entwicklung unseres Erkennens, sondern eben Kritik, d. h. Beurteilung von Wert oder Unwert von etwas, in diesem Falle des (theoretischen) Wertes apriorischer, reiner Erkenntnis und Erkenntniselemente. Die Bedeutung des aus reiner, von der Erfahrung unabhängiger Erkenntnisgesetzlichkeit Entspringenden für die Erkenntnis, die Tragweite, Anwendbarkeit, der Umfang und die Grenzen des Apriorischen (s. A priori) werden ermittelt. Die Berechtigung der Ansprüche apriorischer Erkenntnis auf strenge Allgemeinheit und Notwendigkeit der Geltung wird dargetan (deduziert), indem gezeigt wird, daß das „Reine", Apriorische der Erkenntnis für die Gegenstände der Erfahrung deshalb gelten kann, und gelten muß, weil es eine Bedingung objektiver Erfahrung selbst ist (s. Deduktion, Kategorien). Das „Reine" der Vernunft (im weitesten Sinne) ist die „Form", in die alles eingehen muß, um Erfahrung zu werden; Erfahrung (s. d.) selbst ist eine Funktion der das Material von Sinnesdaten einheitlich verarbeitenden reinen Vernunft (s. Verstand). Die transzendentale Ästhetik (s. d.) zeigt die Bedeutung der Formen der Anschauung für die Erkenntnis, die transzendentale Logik (s. d.) die der Kategorien und Grundsätze, die transzendentale Dialektik (s. d.) endlich die Leistung der „Ideen" (s. d.), welche als „regulative" Prinzipien unentbehrlich sind, in ihrem Mißbrauch aber zu „Antinomien" (s. d.), zu Widersprüchen und einem bloßen Scheine metaphysischer Erkenntnis führen. Die K. d. r. V. entwirft das System der apriorischen Grundlagen, Voraussetzungen der Wissenschaft, von deren reinem Teil, dem Apriorischen, sie die „Möglichkeit", die Anwendbarkeit auf und Gültigkeit für die Erfahrungswirklichkeit dartut. Ihre Methode ist die „transzendentale" (s. d.), d. h. sie zeigt die in der reinen Vernunft liegenden Formen und Gesetze auf und untersucht, was aus ihnen für die Erkenntnis und deren Objekte folgt (synthetisch-progressive Methode), oder sie geht von der Erkenntnis zu den Quellen, zu den notwendigen Bedingungen derselben zurück (analytisch-regressive Methode).

Die Metaphysik (s. d.) ist die Wissenschaft, „welche die obersten Prinzipien des reinen Verstandesgebrauchs enthält". „Dagegen ist die Wissenschaft, welche den Unterschied der sinnlichen Erkenntnis von der des Verstandes darlegt, nur eine Propädeutik zu ihr; von ihr geben wir in dieser unserer Abhandlung einen Versuch", Mund. sens. § 8 (V 2, 100).

Kants Augenmerk ist besonders darauf gerichtet, „die eigentliche Bestimmung und die Schranken der menschlichen Fähigkeiten und Neigungen zu erkennen". Betreffs der Sitten scheint ihm dies ziemlich gelungen zu sein; er arbeitet jetzt an einer „Metaphysik der Sitten", An Herder, 9. Mai 1769. Kant hat lange Zeit gearbeitet, um die Natur der Erkenntnis und „womöglich ihre unwandelbare und evidente Gesetze" auszufinden. Seit etwa einem Jahre ist er zu dem Begriffe gekommen, „wodurch alle Art metaphysischer Quaestionen nach ganz sicheren und leichten Kriterien geprüft und, inwiefern sie auflöslich sind oder nicht, mit Gewißheit kann entschieden werden". „Die allgemeinsten Gesetze der Sinnlichkeit spielen fälschlich in der Metaphysik, wo es doch bloß auf Begriffe und Grundsätze der reinen Vernunft ankömmt, eine große Rolle. Es scheinet eine ganz besondere, obzwar bloß negative Wissenschaft (phaenomenologia generalis) vor der Metaphysik vorhergehen zu müssen, darin denen Prinzipien der Sinnlichkeit ihre Gültigkeit und Schranken bestimmt werden, damit sie nicht die Urteile über Gegenstände der reinen Vernunft verwirren, wie bis daher fast immer geschehen ist" (vgl. Anschauungsformen). Eine solche „propädeutische Disziplin, welche die eigentliche Metaphysik vor aller solcher Beimischung des Sinnlichen präservierte", ließe sich „durch nicht eben große Bemühungen" zu einer brauchbaren Ausführlichkeit und Evidenz leicht bringen, An Lambert, 2. September 1770. „Sie wissen, welchen großen Einfluß die gewisse und deutliche Einsicht in den Unterschied dessen, was auf subjektivischen Prinzipien der menschlichen Seelenkräfte, nicht allein der Sinnlichkeit, sondern auch des Verstandes beruht, von dem, was gerade auf die Gegenstände geht, in der ganzen Weltweisheit, ja sogar auf die wichtigsten Zwecke der Menschen überhaupt habe." „Ich bin daher jetzo damit beschäftigt, ein Werk, welches unter dem Titel: Die Grenzen der Sinnlichkeit und der Vernunft, das Verhältnis der vor die Sinnenwelt bestimmten Grundbegriffe und Gesetze zusamt dem Entwurfe dessen, was die Natur der Geschmackslehre, Metaphysik und Moral ausmacht, enthalten soll, etwas ausführlich auszuarbeiten", An M. Herz, 7. Juni 1771. Dieses Werk soll enthalten: Erster Teil: „1. Die Phänomenologie überhaupt. 2. Die Metaphysik, und zwar nur nach ihrer Natur und Methode." Zweiter Teil: „1. Allgemeine Prinzipien des Gefühls, des Geschmacks und der sinnlichen Begierde. 2. Die ersten Gründe der Sittlichkeit." — Im ersten Teil ist die Frage wichtig, wie „eine Vorstellung, die sich auf einen Gegenstand bezieht, ohne von ihm auf einige Weise affiziert zu sein", d. h. wie die Übereinstimmung unserer „Intellektualvorstellungen", die doch „in der Natur der Seele" ihre Quellen haben. mit den Gegenständen möglich ist, da doch die Gegenstände nicht durch uns selbst hervorgebracht werden (— denn wir haben ja keinen „intellectus archetypus", der die Urbilder der Sachen selbst enthält). „Indem ich auf solche Weise die Quellen der intellektualen Erkenntnis suchte, ohne die man die Natur und Grenzen der Metaphysik nicht bestimmen kann, brachte ich diese Wissenschaft in wesentlich unterschiedene Abteilungen und suchte die Transzendentalphilosophie, nämlich alle Begriffe der gänzlich reinen Vernunft, in eine gewisse Zahl von Kategorien zu bringen . . ." Ich bin jetzt imstande, „eine Kritik der reinen Vernunft, welche die Natur der theoretischen sowohl als praktischen Erkenntnis, sofern sie bloß intellektual ist, enthält" vorzulegen. Der erste Teil enthält „die Quellen der Metaphysik, ihre Methode und Grenzen"; darauf kommen die „reinen Prinzipien der Sittlichkeit", An M. Herz, 21. Februar 1772. Kant sieht sich im Besitz eines Lehrbegriffs, der „das Verfahren der sich selbst isolierenden Vernunft" unter sichere Regeln bringt. Es ergibt sich daraus die Hoffnung, „der Philosophie dadurch auf eine dauerhafte Art eine andere und vor Religion und Sitten weit vorteilhaftere Wendung zu geben, zugleich aber auch ihr dadurch die Gestalt zu geben, die den spröden Mathematiker anlocken kann, sie seiner Bearbeitung fähig und würdig zu halten", An M. Herz, Gegen Ende 1773. „Sie wissen: daß das Feld der von allen empirischen Prinzipien unabhängig urteilenden, d. i. reinen Vernunft müsse übersehen werden können, weil es in uns selbst a priori liegt und keine Eröffnungen von der Erfahrung erwarten darf. Um nun den ganzen Umfang desselben, die Abteilungen, die Grenzen, den ganzen Inhalt desselben nach sicheren Prinzipien zu verzeichnen und die Marksteine so zu legen, daß man künftig mit Sicherheit wissen könne, ob man auf dem Boden der Vernunft oder der Vernünftelei sich befinde, dazu gehören: eine Kritik, eine Disziplin, ein Kanon und eine Architektonik der reinen Vernunft, mithin eine förmliche Wissenschaft, zu der man von denjenigen, die schon vorhanden sind, nichts brauchen kann und die zu ihrer Grundlegung sogar ganz eigener technischer Ausdrücke bedarf", An M. Herz, 24. November 1776. „Schwer wird diese Art Nachforschung immer bleiben. Denn sie enthält die Metaphysik von der Metaphysik", An M. Herz, Nach dem 11. Mai 1781. Die „Kritik einer a priori urteilenden Vernunft" ist eine „ganz neue und bisher unversuchte Wissenschaft". „Andere haben zwar dieses Vermögen auch berührt, wie Locke sowohl als Leibniz, aber immer im Gemische mit anderen Erkenntniskräften." Niemand aber dachte daran, daß dies das Objekt einer besonderen Wissenschaft sei, welche zugleich „alle Objekte, auf die sie sich erstreckt", aus der Natur des reinen Erkenntnisvermögens ableiten kann. Keine andere Wissenschaft kann „aus dem bloßen Begriffe eines Erkenntnisvermögens (wenn er genau bestimmt ist) auch alle Gegenstände, alles, was man von ihnen wissen kann, ja selbst, was man über sie auch unwillkürlich, obzwar trüglich zu urteilen genötigt sein wird, a priori entwickeln", An Garve, 7. August 1783.

Die Philosophie bedarf „einer Wissenschaft, welche die Möglichkeit, die Prinzipien und den Umfang aller Erkenntnisse a priori bestimme". Aller Metaphysik muß die Frage vorangehen, wie denn der Verstand zu allen seinen Erkenntnissen a priori kommen könne, und „welchen Umfang, Gültigkeit und Wert" sie haben mögen, KrV Einl. III (I 52 f.—Rc 53 f.). Die eigentliche Aufgabe der reinen Vernunft ist in der Frage enthalten: „Wie sind synthetische Urteile a priori möglich?" In der Auflösung derselben ist zugleich „die Möglichkeit des reinen Vernunftgebrauchs in Gründung und Ausführung aller Wissenschaften, die eine theoretische Erkenntnis a priori von Gegenständen enthalten, mit begriffen". d. i. die Beantwortung der Fragen: Wie ist reine Mathematik möglich? Wie ist reine Naturwissenschaft möglich? Wie ist Metaphysik als Naturanlage möglich? Wie ist Metaphysik als Wissenschaft möglich? Daß Mathematik und reine Naturwissenschaft möglich sein müssen, „wird durch ihre Wirklichkeit bewiesen". Die Kritik führt zuletzt zur Wissenschaft, während ohne Kritik der Skeptizismus droht. Da die Vernunft es mit „Aufgaben, die ganz aus ihrem Schoße entspringen", zu tun hat, so muß es ihr leicht werden, „den Umfang und die Grenzen ihres über alle Erfahrungsgrenzen versuchten Gebrauchs vollständig und sicher zu bestimmen". Die K. d. r. V. ist die „Propädeutik" zum „System" der reinen Vernunft (d. h. zur Anwendung des „Organons" der reinen Vernunft, des Inbegriffs derjenigen Prinzipien, „nach denen alle reinen Erkenntnisse a priori können erworben und wirklich zustande gebracht werden"). Diesem System, der „Transzendental-Philosophie" (s. d.), geht also voran die „transzendentale Kritik", welche „nicht die Erweiterung der Erkenntnisse selbst, sondern nur die Berichtigung derselben zur Absicht hat und den Probierstein des Werts oder Unwerts aller Erkenntnisse a priori abgeben soll". Die „Kritik" geht in der Analysis nur so weit, als es zur vollständigen Beurteilung der synthetischen Erkenntnisse a priori erforderlich ist. Sie hat zwei Teile: 1. Transzendentale Elementarlehre; 2. Transzendentale Methodenlehre. Erstere zerfällt in die transzendentale Ästhetik und die transzendentale Logik. Diese letztere gliedert sich in die transzendentale Analytik der Begriffe und der Grundsätze und in die transzendentale Dialektik. Die transzendentale Methodenlehre besteht aus der Disziplin, dem Kanon, der Architektonik und der Geschichte der reinen Vernunft, ibid. Einl. VI (I 63 ff.—Rc 73 ff.).

Das Zeitalter mit seiner „gereiften Urteilskraft" läßt sich nicht länger „durch Scheinwissen hinhalten". Es ergeht eine „Aufforderung an die Vernunft, das beschwerlichste aller ihrer Geschäfte, nämlich das der Selbsterkenntnis, aufs neue zu übernehmen und einen Gerichtshof einzusetzen, der sie bei ihren gerechten Ansprüchen sichere, dagegen aber alle grundlosen Anmaßungen nicht durch Machtsprüche, sondern nach ihren ewigen und unwandelbaren Gesetzen, abfertigen könne, und dieser ist kein anderer als die K. d. r. V. selbst". „Ich verstehe aber hierunter nicht eine Kritik der Bücher und Systeme, sondern die des Vernunftvermögens überhaupt, in Ansehung aller Erkenntnisse, zu denen sie, unabhängig von aller Erfahrung, streben mag, mithin die Entscheidung der Möglichkeit oder Unmöglichkeit einer Metaphysik überhaupt und die Bestimmung sowohl der Quellen, als des Umfanges und der Grenzen derselben, alles aber aus Prinzipien", KrV Vorr. z. 1. A. (I 15 f.—Rc 7 f.). Durch diese Kritik ist der „Punkt des Mißverstandes der Vernunft mit ihr selbst" entdeckt worden, und es können durch sie alle Fragen der „Metaphysik“ (s. d.) beantwortet werden. Denn man hat es hierbei „lediglich mit der Vernunft und ihrem reinen Denken“ zu tun, „nach deren ausführlicher Kenntnis ich nicht weit um mich suchen darf, weil ich sie in mir selbst antreffe und wovon mir auch schon die gemeine Logik ein Beispiel gibt, daß sich alle ihre einfachen Handlungen völlig und systematisch aufzählen lassen“. Was die Gewißheit dieser kritischen Untersuchung betrifft, so darf es hier kein Meinen, keine „Hypothese“ geben. „Denn das kündigt eine jede Erkenntnis, die a priori feststehen soll, selbst an: daß sie für schlechthin notwendig gehalten werden will, und eine Bestimmung aller reinen Erkenntnisse a priori noch viel mehr, die das Richtmaß, mithin selbst das Beispiel aller apodiktischen (philosophischen) Gewißheit sein soll“, ibid. (I 16 f.—Rc 9 f.); vgl. Deduktion. In dem Versuche, das bisherige Verfahren der Metaphysik (s. d.) umzuändern, besteht das Geschäft der „Kritik der reinen spekulativen Vernunft“. „Sie ist ein Traktat von der Methode, nicht ein System der Wissenschaft selbst; aber sie verzeichnet gleichwohl den ganzen Umriß derselben sowohl, in Ansehung ihrer Grenzen, als auch den ganzen inneren Gliederbau derselben. Denn das hat die reine spekulative Vernunft Eigentümliches an sich, daß sie ihr eigen Vermögen, nach Verschiedenheit der Art, wie sie sich Objekte zum Denken wählt, ausmessen, und auch selbst die mancherlei Arten, sich Aufgaben vorzulegen, vollständig vorzählen, und so den ganzen Vorriß zu einem System der Metaphysik verzeichnen kann und soll; weil, was das erste betrifft, in der Erkenntnis a priori den Objekten nichts beigelegt werden kann, als was das denkende Subjekt aus sich selbst hernimmt, und, was das zweite anlangt, sie in Ansehung der Erkenntnisprinzipien eine ganz abgesonderte, für sich bestehende Einheit ist, in welcher ein jedes Glied, wie in einem organisierten Körper, um aller anderen und alle um eines willen da sind, und kein Prinzip mit Sicherheit in einer Beziehung genommen werden kann, ohne es zugleich in der durchgängigen Beziehung zum ganzen reinen Vernunftgebrauch untersucht zu haben“, ibid. Vorr. z. 2. A. (I 32 f.—Rc 26 f.). Der Nutzen der Kritik ist zunächst ein negativer, „uns nämlich mit der spekulativen Vernunft niemals über die Erfahrungsgrenze hinaus zu wagen“. Positiv wird der Nutzen, sowie man einsieht, „daß die Grundsätze, mit denen sich spekulative Vernunft über ihre Grenze hinauswagt, in der Tat nicht Erweiterung, sondern, wenn man sie näher betrachtet, Verengung unseres Vernunftgebrauchs zum unausbleiblichen Erfolg haben, indem sie wirklich die Grenzen der Sinnlichkeit, zu der sie eigentlich gehören, über alles zu erweitern und so den reinen (praktischen) Vernunftgebrauch gar zu verdrängen drohen“. Der Nutzen der Kritik wird also positiv, sobald man überzeugt wird, „daß es einen schlechterdings notwendigen praktischen Gebrauch der reinen Vernunft (den moralischen) gebe, in welchem sie sich unvermeidlich über die Grenzen der Sinnlichkeit erweitert, dazu sie zwar von der spekulativen keiner Beihilfe bedarf, dennoch aber wider ihre Gegenwirkung gesichert sein muß, um nicht in Widerspruch mit sich selbst zu geraten“. Die Einsicht, daß alle theoretische Erkenntnis sich nur auf Erscheinungen bezieht und daß das Übersinnliche (s. d.) nicht erkennbar, aber wohl denkbar ist, erlaubt es, in rein praktischer (moralischer) Absicht den Ideen von Gott, Freiheit und Unsterblichkeit eine (praktische) Realität zuzuschreiben, ohne daß seitens der theoretischen Erkenntnis etwas dagegen sich einwenden läßt. „Ich mußte also das Wissen aufheben, um zum Glauben Platz zu bekommen, und der Dogmatismus der Metaphysik, d. i. das Vorurteil, in ihr ohne Kritik der reinen Vernunft fortzukommen, ist die wahre Quelle alles der Moralität widerstreitenden Unglaubens, der jederzeit gar sehr dogmatisch ist“, ibid. (I 33 ff.—Rc 38 ff.). Durch die Kritik allein kann dem Materialismus, Fatalismus, Atheismus, dem freigeistigen Unglauben, der Schwärmerei, dem Aberglauben, dem Idealismus und Skeptizismus die Wurzel abgeschnitten werden, ibid. (I 39—Rc 35). Die Kritik ist nicht dem „dogmatischen Verfahren“ der Vernunft in ihrer reinen Erkenntnis als Wissenschaft entgegengesetzt, „denn diese muß jederzeit dogmatisch, d. i. aus sicheren Prinzipien a priori strenge beweisend sein“, sondern dem „Dogmatismus“ (s. d.). Die Kritik dient nicht dem Skeptizismus (s. d.), sondern sie ist „die notwendige vorläufige Veranstaltung zur Beförderung einer gründlichen Metaphysik als Wissenschaft, die notwendig dogmatisch und nach der strengsten Forderung systematisch, mithin schulgerecht (nicht populär) ausgeführt werden muß", ibid. (I 40—Rc 35 f.). „Die Vernunft muß sich in allen ihren Unternehmungen der Kritik unterwerfen und kann der Freiheit derselben durch kein Verbot Abbruch tun, ohne sich selbst zu schaden und einen ihr nachteiligen Verdacht auf sich zu ziehen." Auf dieser Freiheit der Kritik „beruht sogar die Existenz der Vernunft, die kein diktatorisches Ansehen hat". Die reine Vernunft in ihrem dogmatischem Gebrauche muß „mit gänzlicher Ablegung alles angemaßten dogmatischen Ansehens vor dem kritischen Auge einer höheren und richterlichen Vernunft" erscheinen, KrV tr. Meth. 1. H. 2. Abs. (I 618—Rc 764 f.). Das Interesse der Vernunft wird ebensowohl dadurch gefördert, daß sie „ihren Einsichten Schranken setzt", als daß sie solche erweitert; es kann dann immer noch an Stelle des aufgegebenen „Wissens" die „vor der schärfsten Vernunft gerechtfertigte Sprache eines festen Glaubens" treten, ibid. (I 622 f.—Rc 769). Vgl. Polemik, Aufklärung.

Die K. d. r. V. ist der „wahre Gerichtshof" für alle Streitigkeiten derselben, denn sie dient dazu, „die Rechtsame der Vernunft überhaupt nach den Grundsätzen ihrer ersten Institution zu bestimmen und zu beurteilen". „Ohne dieselbe ist die Vernunft gleichsam im Stande der Natur, und kann ihre Behauptungen und Ansprüche nicht anders geltend machen oder sichern als durch Krieg. Die Kritik dagegen, welche alle Entscheidungen aus den Grundregeln ihrer eigenen Einsetzung hernimmt, deren Ansehen keiner bezweifeln kann, verschafft uns die Ruhe eines gesetzlichen Zustandes, in welchem wir unsere Streitigkeit nicht anders führen sollen als durch Prozeß." Hier stiftet die „Sentenz" einen „ewigen Frieden". Vermöge ihres ursprünglichen Rechtes erkennt die Vernunft keinen anderen Richter als die „allgemeine Menschenvernunft". ibid. (I 627 f.—Rc 774 f.). Im Unterschiede von der „Zensur" der Vernunft durch skeptische (s. d.) Prüfung ist das Verfahren der „gereiften und männlichen Urteilskraft" die Kritik der Vernunft, „nämlich nicht die Fakta der Vernunft, sondern die Vernunft selbst nach ihrem ganzen Vermögen und Tauglichkeit zu reinen Erkenntnissen a priori, der Schätzung zu unterwerfen". Alle Fragen und Begriffe der reinen Vernunft liegen in ihr selbst, müssen daher „aufgelöst und ihrer Gültigkeit oder Nichtigkeit nach begriffen werden", ibid. Unmöglichkeit einer skeptischen Befriedigung (I 634 ff.—Rc 782 ff.).

„Ich gestehe frei: die Erinnerung des David Hume war eben dasjenige, was mir vor vielen Jahren zuerst den dogmatischen Schlummer unterbrach und meinen Untersuchungen im Felde der spekulativen Philosophie eine ganz andere Richtung gab." „Ich versuchte ... zuerst, ob sich nicht Humes Einwurf allgemein vorstellen ließe, und fand bald: daß der Begriff der Verknüpfung von Ursache und Wirkung bei weitem nicht der einzige sei, durch den der Verstand a priori sich Verknüpfungen der Dinge denkt, vielmehr, daß Metaphysik ganz und gar daraus bestehe. Ich suchte mich ihrer Zahl zu versichern, und da dieses mir nach Wunsch, nämlich aus einem einzigen Prinzip, gelungen war, so ging ich an die Deduktion dieser Begriffe, von denen ich nunmehr versichert war, daß sie nicht, wie Hume besorgt hatte, von der Erfahrung abgeleitet, sondern aus dem reinen Verstande entsprungen seien", Prol. Vorr. (III 7 f.). In den „Prolegomena" erfolgt die K. d. r. V. nach „analytischer (regressiver) Methode", während sie in der „Kritik" nach „synthetischer Lehrart" abgefaßt ist, ibid. (III 11 f.). Im letzteren Werk wurde „in der reinen Vernunft selbst" geforscht und in dieser Quelle selbst die Elemente und „Gesetze ihres reinen Gebrauchs" „nach Prinzipien" zu bestimmen gesucht; es wurde, „ohne sich auf irgendein Faktum zu stützen", die Erkenntnis „aus ihren ursprünglichen Keimen zu entwickeln" unternommen. Die „Prolegomena" hingegen stützen sich auf etwas, was man schon als zuverlässig kennt; von da steigt man zu den „Quellen" auf, die man nicht kennt, deren Entdeckung uns nicht allein das, was man wußte, erklärt, sondern zugleich einen Umfang vieler Erkenntnisse, die insgesamt aus den nämlichen Quellen entspringen, darstellt, ibid. § 4 (III 24 f.). Synthetische Urteile a priori sind (in der reinen Mathematik und Naturwissenschaft zunächst) „mit unstreitiger Gewißheit gegeben". Es ist nur zu untersuchen, wie (nicht ob) sie möglich sind, welches der Grund der Möglichkeit einer „Erkenntnis aus reiner Vernunft" ist, „damit wir aus den Prinzipien ihrer Möglichkeit die Bedingungen ihres Gebrauchs, den Umfang und die Grenzen desselben zu bestimmen instand gesetzt werden" Von dem Gegebenen ist zu den Bedingungen aufzusteigen, unter denen es allein möglich ist; diese analytische Methode kann als „regressive Lehrart" bezeichnet werden, ibid. § 5 (III 26 f.). Aller Metaphysik muß die „Transzendentalphilosophie" (s. d.) vorangehen. Die „transzendentale Hauptfrage" gliedert sich in die vier Fragen nach der Möglichkeit der reinen Mathematik, der reinen Naturwissenschaft, der Metaphysik überhaupt und der Metaphysik als Wissenschaft. Zu diesen Wissenschaften sind „die Quellen in der Vernunft selbst" zu suchen, „um dadurch dieser ihr Vermögen, etwas a priori zu erkennen, vermittelst der Tat selbst zu erforschen und auszumessen", wodurch diese Wissenschaften zwar nicht betreffs ihres Inhaltes, wohl aber ihres richtigen Gebrauchs gewinnen, ibid. (III 31 f.). Es ist in der Kritik nicht vom „Entstehen der Erfahrung" die Rede, sondern von dem, „was in ihr liegt". „Das erstere gehört zur empirischen Psychologie und würde selbst auch da ohne das zweite, welches zur Kritik der Erkenntnis und besonders des Verstandes gehört, niemals gehörig entwickelt werden können", ibid § 21 a (III 62). Die eitlen Bestrebungen dogmatischer Metaphysik werden nicht völlig abgestellt werden, „wenn die Unmöglichkeit derselben nicht deutlich dargetan worden, und die Selbsterkenntnis der Vernunft nicht wahre Wissenschaft wird, worin das Feld ihres richtigen von dem ihres nichtigen und fruchtlosen Gebrauchs sozusagen mit geometrischer Gewißheit unterschieden wird", ibid. § 35 (III 79). „Es ist jederzeit in der Kritik mein größtes Augenmerk gewesen, wie ich nicht allein die Erkenntnisarten sorgfältig unterscheiden, sondern auch alle zu jeder derselben gehörigen Begriffe aus ihrem gemeinschaftlichen Quell ableiten könnte, damit ich nicht allein dadurch, daß ich unterrichtet wäre, woher sie abstammen, ihren Gebrauch mit Sicherheit bestimmen könnte, sondern auch den noch nie vermuteten, aber unschätzbaren Vorteil hätte, die Vollständigkeit in der Aufzählung, Klassifizierung und Spezifizierung der Begriffe a priori, mithin nach Prinzipien zu erkennen. Ohne dieses ist in der Metaphysik alles lauter Rhapsodie", ibid. § 43 (III 94). Damit Metaphysik zur Wissenschaft wird, „muß eine Kritik der Vernunft selbst den ganzen Vorrat der Begriffe a priori, die Einteilung derselben nach den verschiedenen Quellen: der Sinnlichkeit, dem Verstande und der Vernunft, ferner eine vollständige Tafel derselben und die Zergliederung aller dieser Begriffe mit allem, was daraus gefolgert werden kann, darauf aber vornehmlich die Möglichkeit der synthetischen Erkenntnis a priori vermittelst der Deduktion dieser Begriffe, die Grundsätze ihres Gebrauchs, endlich auch die Grenzen desselben, alles aber in einem vollständigen System darlegen", ibid. 3. T. Auflösung der Frage (III 140). Kritik der Vernunft bezeichnet hinsichtlich des außer der Erfahrung Liegenden (Übersinnlichen) „den wahren Mittelweg zwischen dem Dogmatismus, den Hume bekämpfte, und dem Skeptizismus, den er dagegen einführen wollte", ibid. § 58 (III 133). Durch Kritik wird ein Maßstab gewonnen, durch den Wissen und Scheinwissen mit Sicherheit unterschieden werden kann, nicht bloß in der Metaphysik, sondern in jeder Wissenschaft. Auch macht die Kritik die Theologie von dem „Urteil dogmatischer Spekulation" unabhängig und sichert sie wider alle Angriffe solcher Gegner. „Schwärmerei, die in einem aufgeklärten Zeitalter nicht aufkommen kann, als nur wenn sie sich hinter einer Schulmetaphysik verbirgt, unter deren Schutz sie es wagen darf, gleichsam mit Vernunft zu rasen, wird durch kritische Philosophie aus diesem ihren letzten Schlupfwinkel vertrieben", ibid. Anh. Vorschlag zu einer Untersuchung (III 163); vgl. Beilage I (III 171); vgl. Was heißt: s. i. D. or.? 3. Anm. (V 2, 153).

Der dritte Schritt der Metaphysik (s. d.) nach ihrem dogmatischen Zeitalter und dem darauf folgenden Skeptizismus (s. d.) ist die „K. d. r. V. selbst in Ansehung ihres Vermögens, die menschliche Erkenntnis überhaupt es sei in Ansehung des Sinnlichen oder Übersinnlichen a priori zu erweitern", Fortschr. d. Metaph. Vorr. (V 3, 88f.). Die Kritik ist „Transzendentalphilosophie" (s. d.). Drei Schritte sind in dieser „Vernunftforschung" geschehen:

1. Die Unterscheidung der analytischen von den synthetischen Urteilen (s. d.). 2. Die Fragestellung: „Wie sind synthetische Urteile a priori möglich?" 3. Die Aufgabe: „Wie ist aus synthetischen Urteilen eine Erkenntnis a priori möglich?", ibid. 1. Abs. Geschichte der Transzendentalphilosophie (V 3, 90 f.). Gegen den unbegrenzten Skeptizismus gibt es kein Mittel, „als daß die reine Vernunft selbst, d. i. das Vermögen, überhaupt a priori etwas zu erkennen, einer genauen und ausführlichen Kritik unterworfen werde, und zwar so, daß die Möglichkeit einer reellen Erweiterung der Erkenntnis durch dieselbe in Ansehung des Sinnlichen und ebendieselbe oder auch, wenn sie hier nicht möglich sein sollte, die Begrenzung derselben in Ansehung des Übersinnlichen eingesehen wird, was das letztere als den Zweck der Metaphysik betrifft, dieser der Besitz, dessen sie fähig ist, nicht durch gerade Beweise, die so oft trüglich befunden werden, sondern durch Deduktion der Rechtsame der Vernunft zu Bestimmungen a priori gesichert werde". Mathematik und Naturwissenschaft, sofern sie reine Erkenntnis der Vernunft enthalten, „bedürfen keiner Kritik der menschlichen Vernunft überhaupt. Denn der Probierstein der Wahrheit ihrer Sätze liegt in ihnen selbst, weil ihre Begriffe nur so weit gehen, als die ihnen korrespondierenden Gegenstände gegeben werden können", ibid. Beilage I, Einl. (V 3, 151); vgl. Metaphysik. Die Möglichkeit der Metaphysik setzt voraus eine „Kritik des ganzen Vernunftvermögens", „wo, was dieses a priori in Ansehung der Gegenstände möglicher Erfahrung oder, welches ... einerlei ist, was es in Ansehung der Prinzipien a priori der Möglichkeit einer Erfahrung überhaupt, mithin zur Erkenntnis des Sinnlichen zu leisten vermag, völlig erschöpft werden kann: was sie aber in Ansehung des Übersinnlichen, bloß durch die Natur der reinen Vernunft genötigt, vielleicht nur fragt, vielleicht aber auch erkennen mag, eben durch die Beschaffenheit und Einheit dieses reinen Erkenntnisvermögens genau angegeben werden kann und soll", ibid. Abhandlung (V 3, 152). Die K. d. r. V. beginnt mit der „Nachforschung der Elemente unserer Erkenntnis a priori und des Grundes ihrer Gültigkeit in Ansehung der Objekte vor aller Erfahrung, mithin der Deduktion ihrer objektiven Realität". Diese Untersuchung hat zum Zweck die Auflösung der Frage: „Wie sind synthetische Sätze a priori möglich?", Üb. e. Entdeck. Einl. (V 3, 5). „Die Kritik der Erkenntnisvermögen in Ansehung dessen, was sie a priori leisten können, hat eigentlich kein Gebiet in Ansehung der Objekte: weil sie keine Doktrin ist, sondern nur, ob und wie, nach der Bewandtnis, die es mit unseren Vermögen hat, eine Doktrin durch sie möglich sei, zu untersuchen hat. Ihr Feld erstreckt sich auf alle Anmaßungen derselben, um sie in die Grenzen ihrer Rechtmäßigkeit zu setzen." Die K. d. r. V. besteht aus drei Teilen: der Kritik des reinen Verstandes, der reinen Urteilskraft und der reinen Vernunft, „welche Vermögen darum rein genannt werden, weil sie a priori gesetzgebend sind", KU Einl. III (II 12 ff.).

Die „Transzendentalphilosophie" ist „K. d. r. V.", N 4455. „Es ist die Frage, was die Vernunft ohne alle Erfahrung erkennen kann (in der Mathematik viel), welches die Bedingungen, die Objekte und die Grenzen sind." Die Metaphysik (s. d.) ist eine „Philosophie der reinen Vernunft", N 4362. Die K. d. r. V. ist die Kritik „von den Konditionen, unter welchen allein die menschliche reine Vernunft urteilen kann", N 4146. „Transzendentalphilosophie hat zwei Teile: K. d. r. V. und Ontologie", N 5130. Letztere ist „die Wissenschaft von den ersten Erkenntnissen des reinen Verstandes", N 5131. Wichtig ist „die Selbsterkenntnis des Verstandes und der Vernunft: Anthropologia transcendentalis", N 903. „Tetens untersucht die Begriffe der reinen Vernunft bloß subjektiv (menschliche Natur); ich objektiv. Jene Analysis ist empirisch, diese transzendental", N 4901. „Ich beschäftige mich nicht mit der Evolution der Begriffe wie Tetens (alle Handlungen, dadurch Begriffe erzeugt werden), nicht mit der Analysis wie Lambert, sondern bloß mit der objektiven Gültigkeit derselben. Ich stehe in keiner Mitbewerbung mit diesen Männern", N 4900. „Die vornehmste Untersuchung ist die: wie kommen wir zu den Erkenntnissen überhaupt, und vornehmlich denen a priori? Was ist der Grund der Richtigkeit derselben und ihrer Zuverlässigkeit?", N 5046. „Die erste Frage ist, wie in uns Begriffe entstehen können, die uns durch keine Erscheinung der Dinge selbst bekannt geworden, oder Sätze, die uns keine Erfahrung gelehrt hat", N 4470. Vgl. Kritizismus, Metaphysik, Erfahrung, Erkenntnis, Grenze, Übersinnlich, Transzendental, Transzendentalphilosophie, A priori, Urteile (analytische u. synthetische), Kategorie, Idee, Gebrauch, Antinomie, Idealismus, Ding an sich, Erscheinung.

Kritik der Urteilskraft s. Urteilskraft.

Kritischer Idealismus s. Idealismus.

Kritizismus. K. ist: 1. die Betonung der Notwendigkeit, vor aller Metaphysik (s. d.) oder systematischen Weltanschauung die Bedingungen, Voraussetzungen, den Umfang und die Grenzen der Erkenntnis (bzw. der „reinen Vernunft", der apriorischen Erkenntnis) festzustellen, im Gegensatze zum philosophischen Dogmatismus (s. d.); 2. die kritische Lehre Kants ihrem spezifischem Inhalte nach, sein kritischer Idealismus (s. d.). Charakteristisch für den K. ist die Unterscheidung von Form und Stoff der Erfahrung. die Lehre von den apriorischen Bedingungen der Erfahrung (der „Transzendentalismus"), die Einschränkung der Anwendung des A priori auf mögliche Erfahrungsinhalte und damit der Geltung der Anschauungs- und Denkformen (Raum-Zeit, Kategorien) für die Dinge als Erscheinungen, die Betonung der Unerkennbarkeit des „Ding an sich", während die Erfahrungserkenntnis — auf den absolut sicheren Grundlagen des Denkens — unbegrenzt fortschreiten kann. Die Möglichkeit der Wissenschaft (insbesondere ihrer apriorischen Grundsätze) erhellt aus dem Umstande, daß die Bedingungen der Erfahrungserkenntnis zugleich die Bedingungen der Gegenstände dieser Erkenntnis sind und daß diese Bedingungen in der Gesetzlichkeit des Bewußtseins selbst wurzeln, der sich alles fügen muß, wenn es Erkenntnisgegenstand werden soll. Vom „Ding an sich" (s. d.) gibt es theoretisch keine positiven Bestimmungen, es ist ein bloßer „Grenzbegriff". Vom Standpunkte der praktisch-sittlichen Vernunft aber läßt sich das „Noumenon" (s. d.), das „Intelligible" in und über uns näher bestimmen (wenn auch nicht erkennen), nämlich als Glied oder Oberhaupt einer übersinnlichen, moralischen Welt, als zeitlos-freier Quell sittlicher Gesetzgebung (s. Mensch, Freiheit, Autonomie, intelligible Welt), und als das, was zur Vollendung der sittlichen Weltordnung noch als praktisch-notwendige Annahme gehört, postuliert, geglaubt werden muß (s. Unsterblichkeit, Gott, Postulate, Glaube), obzwar dieses Übersinnliche (s. d.) nicht erkennbar ist (Primat der praktischen Vernunft). Die Welt als physische und psychische Natur ist ein System von gesetzlich verknüpften Erscheinungen für ein „Bewußtsein überhaupt", aber die Naturhaftigkeit der Welt ist nicht ihr volles Wesen: die Welt ist „an sich" anders, als sie sich in der kategorial bestimmten Sinnesanschauung darstellt; sie hat jedenfalls noch einen anderen Aspekt, verstattet noch eine andere Betrachtungsweise, mag sie auch von uns nicht positiv realisiert werden können (vgl. intellektuelle Anschauung, Verstand). Das Wissen ist durch einen Vernunftglauben (an das Übersinnliche) zu ergänzen.

„Daß Raum und Zeit nur Formen der sinnlichen Anschauung, also nur Bedingungen der Existenz der Dinge als Erscheinungen sind, daß wir ferner keine Verstandesbegriffe, mithin auch gar keine Elemente zur Erkenntnis der Dinge haben, als sofern diesen Begriffen korrespondierende Anschauung gegeben werden kann, folglich wir von keinem Gegenstande als Dinge an sich selbst, sondern nur sofern er Objekt der sinnlichen Anschauung ist, d. i. als Erscheinung, Erkenntnisse haben können, wird im analytischen Teile der Kritik bewiesen; woraus denn freilich die Einschränkung aller nur möglichen spekulativen Erkenntnis der Vernunft auf bloße Gegenstände der Erfahrung folgt. Gleichwohl wird, welches wohl gemerkt werden muß, doch dabei immer vorbehalten, daß wir eben dieselben Gegenstände auch als Dinge an sich selbst, wenn gleich nicht erkennen, doch wenigstens müssen denken können. Denn sonst würde der ungereimte Satz daraus folgen, daß Erscheinung ohne etwas wäre, was da erscheint", KrV Vorr. z. 2. A. (I 34—Rc 29). „Der K. des Verfahrens mit allem, was zur Metaphysik gehört (der Zweifel des Aufschubs), ist ... die Maxime eines allgemeinen Mißtrauens gegen alle synthetischen Sätze derselben, bevor nicht ein allgemeiner Grund ihrer Möglichkeit in den wesentlichen Bedingungen unserer Erkenntnisvermögen eingesehen worden." Vom Vorwurf des Dogmatismus befreit man sich nicht durch Berufung auf sogenannte apodiktische Beweise, deren häufiges Fehlschlagen zum non liquet des Skeptikers führt. „Nur wenn der Beweis auf dem Wege geführt worden, wo eine zur Reife gekommene Kritik vorher die Möglichkeit der Erkenntnis a priori und ihre allgemeinen Bedingungen sicher angezeigt hat, kann sich der Metaphysiker vom Dogmatismus, der bei allen Beweisen ohne jene doch immer blind ist, rechtfertigen, und der Kanon der Kritik für diese Art der Beurteilung ist in der allgemeinen Auflösung der Aufgabe enthalten: Wie ist eine synthetische Erkenntnis a priori möglich?", Üb. e. Entdeck. 2. Abs. (V 3, 50 f.). „Kritische Philosophie ist diejenige, welche nicht mit den Versuchen, Systeme zu bauen oder zu stürzen, oder gar nur (wie der Moderatismus) ein Dach ohne Haus zum gelegentlichen Unterkommen auf Stützen zu stellen, sondern von der Untersuchung der Vermögen der menschlichen Vernunft (in welcher Absicht es auch sei) Eroberung zu machen anfängt und nicht so ins Blaue hinein vernünftelt, wenn von Philosophemen die Rede ist, die ihre Belege in keiner möglichen Erfahrung haben können", Z. ew. Fried. 1. Abs. A. Von d. Vereinbarkeit (V 4, 32). Die Methode des kritischen Philosophierens besteht darin, „das Verfahren der Vernunft selbst zu untersuchen, das gesamte menschliche Erkenntnisvermögen zu zergliedern und zu prüfen, wie weit die Grenzen desselben wohl gehen mögen", Log. Einl. IV (IV 35). Unter dem „kritischen Verfahren" ist diejenige Methode des Philosophierens zu verstehen, „nach welcher man die Quellen seiner Behauptungen oder Einwürfe untersucht und die Gründe, worauf dieselben beruhen — eine Methode, welche Hoffnung gibt, zur Gewißheit zu gelangen", ibid. Einl. X (IV 93).

Die Vernunft schreibt uns als praktischen Wesen Freiheit zu. Diese würde mit der Naturnotwendigkeit in Widerspruch kommen, wenn wir uns nicht 1. als Gegenstand der Sinne, 2. als ein Wesen, das nicht Gegenstand der Sinne ist, denken. Das nötigt zur „Kritik der Sinnlichkeit". Ferner läuft die Moral durch den Empirismus und Prädeterminismus Gefahr, und auch das nötigt zur Kritik. „Aber selbst hier würde doch die Macht der moralischen Gesinnung die Spekulation überwiegen können. Aber dieselbe praktische Vernunft nötigt uns, jene Gesetze als göttliche Gebote anzunehmen, weil sie sonst ohne den gesetzlichen Effekt wären und der Naturlauf als Prinzip praktischer Gesetze, sofern sie auf eigene Glückseligkeit gingen, dem Naturlauf in Beziehung auf moralische gar nicht korrespondieren würde. Also muß ich mir einen Gott denken und ihn annehmen, aber ich kann sein Dasein nicht beweisen und ihn nicht begreifen." „Nun wird es interessant, die Bedingungen des uns möglichen Erkenntnisses der Dinge nicht zu Bedingungen der Möglichkeit der Sachen zu machen; denn tun wir dieses, so wird Freiheit aufgehoben und Unsterblichkeit, und wir können von Gott keine andere als widersprechende Begriffe bekommen. Dieses nötigt nun, die Möglichkeit, den Umfang und die Grenzen unseres spekulativen Erkenntnisvermögens genau zu bestimmen, damit sich nicht epikurische Philosophie des ganzen Vernunftfeldes bemächtige und Moral und Religion zugrunde richte oder wenigstens die Menschen nicht inkonsequent mache." Raum und Zeit würden, wenn sie nicht ideal wären, zu göttlichen Eigenschaften gemacht werden müssen. N 6317. „Ohne die zum Grunde gelegte Idealität des Raumes und der Zeit, mithin der Gegenstände als Erscheinungen, würden wir die Realität der Freiheit uns gar nicht praktisch denken können, weil sonst das Sollen immer empirisch bedingt sein würde", Lose Bl. G 10. Vgl. Idealismus, Transzendentalphilosophie, Kritik.

Kultur. Von der „Rohigkeit" gelangt der Mensch (s. d.) durch Ausbildung seiner Anlagen (s. d.) zur K., zur Gestaltung des Daseins nach seinen Zwecken und Entfaltung seiner eigenen Kräfte. Die K. erarbeitet sich der Mensch in der Gesellschaft (s. d.). Der Mensch ist gesellig und zugleich ungesellig, er braucht die Vergesellschaftung, um Mensch zu sein, und hat doch auch den Hang, sich zu vereinzelnen und alles nach seinem Sinne zu richten. Der Widerstand gegen andere ist es, was „alle Kräfte des Menschen erweckt, ihn dahin bringt, seinen Hang zur Faulheit zu überwinden und, getrieben durch Ehrsucht, Herrschsucht oder Habsucht, sich einen Rang unter seinen Mitgenossen zu verschaffen, die er nicht wohl leiden, von denen er aber nicht lassen kann". „Da geschehen nun die ersten wahren Schritte aus der Rohigkeit zur K., die eigentlich in dem gesellschaftlichen Wert des Menschen besteht; da werden alle Talente nach und nach entwickelt, der Geschmack gebildet und selbst durch fortgesetzte Aufklärung der Anfang zur Gründung einer Denkungsart gemacht, welche die grobe Naturanlage zur sittlichen Unterscheidung mit der Zeit in bestimmte praktische Prinzipien, und so eine pathologisch-abgedrungene Zusammenstimmung zu einer Gesellschaft endlich in ein moralisches Ganze verwandeln kann." Ohne die „ungesellige Geselligkeit" des Menschen würden „in einem arkadischen Schäferleben bei vollkommener Eintracht, Genügsamkeit und Wechselliebe" „alle Talente auf ewig in ihren Keimen verborgen bleiben", G. i. weltbürg. Absicht 4. Satz (VI 9f.). „Alle K. und Kunst, welche die Menschheit ziert..., sind Früchte der Ungeselligkeit, die durch sich selbst genötigt wird, sich zu disziplinieren und so durch abgedrungene Kunst die Keime der Natur vollständig zu entwickeln", ibid. 5. Satz (VI 11). „Wir sind in hohem Grade durch Kunst und Wissenschaft kultiviert. Wir sind zivilisiert bis zum Überlästigen, zu allerlei gesellschaftlicher Artigkeit und Anständigkeit. Aber uns für schon moralisiert zu halten, daran fehlt noch viel. Denn die Idee der Moralität gehört noch zur K.; der Gebrauch dieser Idee aber, welcher nur auf das Sittenähnliche in der Ehrliebe und der äußeren Anständigkeit hinausläuft, macht bloß die Zivilisierung aus", ibid. 7. Satz (VI 15). Die Natur hat bestimmt, daß der Mensch seine Menschlichkeit durch Tätigkeit und Vernunft entfalte, ibid. 3. Satz (VI 7 f.). Das „äußerste Ziel der K. ist eine vollkommene bürgerliche Verfassung", Anf. d. Menschengesch. Anmerk. (VI 57). Der Krieg (s. d.) hat auch zur K. beigetragen, ibid. Schlußanmerk. (VI 62). Aber höchste K. ist „das Produkt einer nach Begriffen des Menschenrechts geordneten Staatsverfassung", Rezens. von Herders „Ideen" III (VI 45). Die Natur hat gewollt, daß die Menschen durch ihre eigene Vernunft aus der Zwietracht zur Eintracht übergehen; die Zwietracht ist ein Mittel, um „die Perfektionierung des Menschen durch fortschreitende K., wenngleich mit mancher Aufopferung der Lebensfreuden desselben", zu bewirken, Anthr. 2. T. E (IV 275 f.). Der Mensch hat eine „pragmatische" Anlage (s. d.) der „Zivilisierung durch K.", besonders der „Umgangseigenschaften", er ist einer Erziehung fähig und bedürftig. Doch erreicht der Mensch seine ganze Bestimmung nur als Gattung, nicht als Individuum, ibid. (IV 278). Der Mensch ist bestimmt, „in einer Gesellschaft mit Menschen zu sein und in ihr sich durch Kunst und Wissenschaften zu kultivieren, zu zivilisieren und zu moralisieren, wie groß auch sein tierischer Hang sein mag, sich den Anreizen der Gemächlichkeit und des Wohllebens, die er Glückseligkeit nennt, passiv zu überlassen". Er muß sich „tätig, im Kampf mit den Hindernissen, die ihm von der Rohigkeit seiner Natur anhängen", der Menschheit würdig machen, ibid. (IV 279).

Von den Zwecken des Menschen in der Natur ist die „formale subjektive Bedingung" die „Tauglichkeit, sich selbst überhaupt Zwecke zu setzen und (unabhängig von der Natur in seiner Zweckbestimmung) die Natur, den Maximen seiner freien Zwecke überhaupt angemessen als Mittel zu gebrauchen". „Die Hervorbringung der Tauglichkeit eines vernünftigen Wesens zu beliebigen Zwecken überhaupt (folglich in seiner Freiheit) ist die K." Nur die K. kann der letzte Zweck sein, den man der Natur betreffs der Menschengattung beizulegen Ursache hat. „Aber nicht jede K. ist zu diesem letzten Zwecke der Natur hinlänglich. Die der Geschicklichkeit ist freilich die vornehmste subjektive Bedingung der Tauglichkeit zur Beförderung der Zwecke überhaupt; aber doch nicht hinreichend, den Willen in der Bestimmung und Wahl seiner Zwecke zu befördern, welche doch zum ganzen Umfange einer Tauglichkeit zu Zwecken wesentlich gehört. Die letztere Bedingung der Tauglichkeit, welche man die K. der Zucht (Disziplin) nennen könnte, ist negativ und besteht in der Befreiung des Willens von dem Despotism der Begierden..." Die Geschicklichkeit kann in der Menschengattung „nicht wohl entwickelt werden, als vermittelst der Ungleichheit unter Menschen; da die größte Zahl die Notwendigkeiten des Lebens gleichsam mechanisch, ohne dazu besonders Kunst zu bedürfen, zur Gemächlichkeit und Muße anderer besorgt, welche die minder notwendigen Stücke der K., Wissenschaft und Kunst bearbeiten, und von diesen in einem Stande des Drucks, saurer Arbeit und wenig Genusses gehalten wird; auf welche Klasse sich dann doch manches von der K. der höheren nach und nach auch verbreitet. Die Plagen aber wachsen im Fortschritte derselben... auf beiden Seiten gleich mächtig, auf der einen durch fremde Gewalttätigkeit, auf der andern durch innere Ungenügsamkeit; aber das glänzende Elend ist doch mit der Entwicklung der Naturanlagen in der Menschengattung verbunden, und der Zweck der Natur selbst, wenn es gleich nicht unser Zweck ist, wird doch hierbei erreicht." „Die formale Bedingung, unter welcher die Natur diese ihre Endabsicht allein erreichen kann, ist diejenige Verfassung im Verhältnisse der Menschen untereinander, wo dem Abbruche der einander wechselseitig widerstreitenden Freiheit gesetzmäßige Gewalt in einem Ganzen, welches bürgerliche Gesellschaft heißt, entgegengesetzt wird; denn nur in ihr kann die größte Entwicklung der Naturanlagen geschehen." Es gehört schließlich dazu noch ein weltbürgerliches Ganzes, ein „System aller Staaten". Sonst ist der Krieg unvermeidlich, KU § 83 (II 300 ff.).

„Was die Disziplin der Neigungen betrifft, zu denen die Naturanlage in Absicht auf unsere Bestimmung als einer Tiergattung, ganz zweckmäßig ist, die aber die Entwicklung der Menschheit sehr erschweren; so zeigt sich doch auch in Ansehung dieses zweiten Erfordernisses zur K. ein zweckmäßiges Streben der Natur zu einer Ausbildung, welche uns höherer Zwecke, als die Natur selbst liefern kann, empfänglich macht." „Schöne Kunst und Wissenschaften, die durch eine Lust, die sich allgemein mitteilen läßt, und durch Geschliffenheit und Verfeinerung für die Gesellschaft, wenngleich den Menschen nicht sittlich besser, doch gesittet machen, gewinnen der Tyrannei des Sinnenhanges sehr viel ab und bereiten dadurch den Menschen zu einer Herrschaft vor, in welcher die Vernunft allein Gewalt haben soll; indes die Übel, womit uns teils die Natur, teils die unvertragsame Selbstsucht der Menschen heimsucht, zugleich die Kräfte der Seele aufbieten, steigern und stählen, um jenen nicht zu unterliegen, und uns so eine Tauglichkeit zu höheren Zwecken, die in uns verborgen liegt, fühlen lassen", ibid. (II 302 f.).

Die K. des Verstandes und des Willens, der menschlichen Anlagen ist ein Zweck, der zugleich Pflicht („Pflicht zur K.") ist, MST Einl. V A (IV 227); vgl. VIII (IV 233f.). Vgl. Vollkommenheit. „Der Anbau (cultura) seiner Naturkräfte (Geistes-, Seelen- und Leibeskräfte) als Mittel zu allerlei möglichen Zwecken ist Pflicht des Menschen gegen sich selbst. — Der Mensch ist es sich selbst (als einem Vernunftwesen) schuldig, die Naturanlage und Vermögen, von denen seine Vernunft dereinst Gebrauch machen kann, nicht unbenutzt und gleichsam rosten zu lassen, sondern, gesetzt, daß er auch mit dem angeborenen Maß seines Vermögens für die natürlichen Bedürfnisse zufrieden sein könne, so muß ihm doch seine Vernunft dieses Zufriedensein mit dem geringen Maß seiner Vermögen erst durch Grundsätze anweisen, weil er als ein Wesen, das der Zwecke (sich Gegenstände zum Zweck zu machen) fähig ist, den Gebrauch seiner Kräfte nicht bloß dem Instinkt der Natur, sondern der Freiheit, mit der er dieses Maß bestimmt, zu verdanken haben muß. Es ist also nicht Rücksicht auf den Vorteil, den die K. seines Vermögens (zu allerlei Zwecken) verschaffen kann; denn dieser würde vielleicht (nach Rousseauschen Grundsätzen) für die Rohigkeit des Naturbedürfnisses vorteilhaft ausfallen, sondern es ist Gebot der moralisch-praktischen Vernunft und Pflicht des Menschen gegen sich selbst, seine Vermögen... anzubauen und in pragmatischer Rücksicht ein dem Zweck seines Daseins angemessener Mensch zu sein", MST § 19 (IV 298f.). Es ist Pflicht des Menschen gegen sich selbst, „ein der Welt nützliches Glied zu sein, weil dieses auch zum Wert der Menschheit in seiner eigenen Person gehört, die er also nicht abwürdigen soll", ibid. § 20 (IV 300). „K. begreift unter sich die Belehrung und die Unterweisung. Sie ist die Verschaffung der Geschicklichkeit." „Zivilisierung" ist eine gewisse Art von K., die den Menschen klug, für die Gesellschaft passend macht, Über Pädagogik Einl. (VIII 201 f.). Zu kultivieren sind die Körper- und Seelenkräfte (vgl. Erziehung). „Physische" und „praktische" K., welche letztere wieder „pragmatisch" oder „moralisch" (Moralisierung) ist, sind zu unterscheiden. Es gibt eine physische K. des Körpers und des Geistes; letztere ist „freie" oder „scholastische" K., ibid. (VIII 228).

„Wir Menschen sind in dem zweiten Grade des Fortschritts zur Vollkommenheit, zwar kultiviert und zivilisiert, aber nicht moralisiert. Wir haben den höchsten Grad der K., den wir ohne Moralität besitzen können; die Zivilität hat auch ihr Maximum." „Der Luxus gehört zur K. Die Zivilisierung gibt ihm etwas Gesittetes und also Geschmack", N 1460. Alle Übel, die das Leben der Menschen bedrohen und zur Aufweckung ihrer Kräfte und Talente dienen, „verschwinden durch die allmähliche K. der Menschen nach und nach", N 1456. Vgl. Erziehung, Geschichte, Geschmack („Kultur des Geschmacks"), Sittlichkeit („Moralische Kultur"), Fortschritt, Moralisierung, Vollkommenheit.

Kultus s. Religion, Kirche, Glaube, Afterdienst.

Kunst. „K. wird von der Natur, wie Tun (facere) vom Handeln oder Wirken überhaupt (agere), und das Produkt oder die Folge der ersteren als Werk (opus) von der letzteren als Wirkung (effectus) unterschieden." „Von Rechts wegen sollte man nur die Hervorbringung durch Freiheit, d. i. durch eine Willkür, die ihren Handlungen Vernunft zum Grunde legt, K. nennen." „K. als Geschicklichkeit des Menschen wird auch von der Wissenschaft unterschieden (Können vom Wissen), als praktisches vom theoretischen Vermögen, als Technik von der Theorie." Endlich wird K. auch vom Handwerk unterschieden; die erstere heißt freie, die andere kann auch Lohnkunst heißen. „Man sieht die erste so an, als ob sie nur als Spiel, d. i. Beschäftigung, die für sich selbst angenehm ist, zweckmäßig ausfallen (gelingen) könne." „Daß aber in allen freien Künsten dennoch etwas Zwangsmäßiges oder, wie man es nennt, ein Mechanismus erforderlich sei, ohne welchen der Geist, der in der Kunst frei sein muß und allein das Werk belebt, gar keinen Körper haben und gänzlich verdursten würde, ist nicht unratsam zu erinnern", KU § 43 (II 155 ff.). „Wenn die K., dem Erkenntnisse eines möglichen Gegenstandes angemessen, bloß ihn wirklich zu machen die dazu erforderlichen Handlungen verrichtet, so ist sie mechanische; hat sie aber das Gefühl der Lust zur unmittelbaren Absicht, so heißt sie ästhetische K. Diese ist entweder angenehme oder schöne K. Das erste ist sie, wenn der Zweck derselben ist, daß die Lust die Vorstellungen als bloße Empfindungen, das zweite, daß sie dieselben als Erkenntnisarten begleite." „Angenehme Künste sind die, welche bloß zum Genusse abgezweckt werden" (z. B. Tafelmusik). „Schöne K. dagegen ist eine Vorstellungsart, die für sich selbst zweckmäßig ist und, obgleich ohne Zweck, dennoch die Kultur der Gemütskräfte zur geselligen Mitteilung befördert", ibid. § 44 (II 158).

„Schöne K." ist „eine K., sofern sie zugleich Natur zu sein scheint". „An einem Produkte der schönen K. muß man sich bewußt werden, daß es K. sei, und nicht Natur; aber doch muß die Zweckmäßigkeit in der Form desselben von allem Zwange willkürlicher Regeln so frei scheinen, als ob es ein Produkt der bloßen Natur sei." „Die Natur war schön, wenn sie zugleich als K. aussah; und die K. kann nur schön genannt werden, wenn wir uns bewußt sind, sie sei K., und sie uns doch als Natur aussieht." Die schöne K. gefällt in der „bloßen Beurteilung" (weder in der Sinnenempfindung noch durch einen Begriff). Die Zweckmäßigkeit im Produkte der schönen K. ist „absichtlich", muß aber „nicht absichtlich scheinen", d. h. „schöne K. muß als Natur anzusehen sein, ob man sich ihrer zwar als K. bewußt ist". Als „Natur" aber erscheint ein Produkt der K. dadurch, „daß zwar alle Pünktlichkeit in der Übereinkunft mit Regeln, nach denen allein das Produkt das werden kann, was es sein soll, angetroffen wird; aber ohne Peinlichkeit, ohne daß die Schulform durchblickt, d. i. ohne eine Spur zu zeigen, daß die Regel dem Künstler vor Augen geschwebt und seinen Gemütskräften Fesseln angelegt habe", ibid. § 45 (II 159f.). Schöne K. ist nicht erlernbar, gründet sich nicht auf begriffliche Regeln, sondern ist ein Produkt des Genies (s. d.), welches der K. die Regel gibt, ibid. § 46 (II 160f.). Doch enthält sie auch etwas „Schulgerechtes", Mechanisches, welches nach Regeln gefaßt und befolgt werden kann, ibid. § 47 (II 163 f.). Die K. beschreibt Objekte — auch häßliche, mißfällige — schön; nur das Ekelhafte muß sie ausschließen; und so hat die Bildhauerkunst, deren Produkte mit denen der Natur leicht verwechselt werden, die unmittelbare Vorstellung häßlicher Gegenstände ausgeschlossen. Eine Naturschönheit ist „ein schönes Ding"; die Kunstschönheit ist „eine schöne Vorstellung von einem Dinge", ibid. § 48 (II 165).

Schönheit ist der „Ausdruck" ästhetischer Ideen. Die schönen Künste lassen sich nach der Art dieses Ausdrucks einteilen, der in Worten, Gebärden oder Tönen stattfindet. „Es gibt also nur dreierlei Arten schöner Künste: die redende, die bildende und die K. des Spiels der Empfindungen (als äußerer Sinneneindrücke)." „Man könnte diese Einteilung auch dichotomisch einrichten, so daß die schöne K. in die des Ausdrucks der Gedanken oder der Anschauungen, und diese wiederum bloß nach ihrer Form oder ihrer Materie (der Empfindung) eingeteilt würde. Allein sie würde alsdann zu abstrakt und den gemeinen Begriffen nicht so angemessen aussehen." Die redenden Künste sind Beredsamkeit und Dichtkunst. „Beredsamkeit ist die K., ein Geschäft des Verstandes als ein freies Spiel der Einbildungskraft zu betreiben; Dichtkunst, ein freies Spiel der Einbildungskraft als ein Geschäft des Verstandes auszuführen." „Der Redner also kündigt ein Geschäft an und führt es so aus, als ob es bloß ein Spiel mit Ideen sei, um die Zuhörer zu unterhalten. Der Dichter kündigt bloß ein unterhaltendes Spiel mit Ideen an, und es kommt doch soviel für den Verstand heraus, als ob er bloß dessen Geschäft zu treiben die Absicht gehabt hätte." „Die bildenden Künste oder die des Ausdrucks für Ideen in der Sinnenanschauung (nicht durch Vorstellungen der bloßen Einbildungskraft, die durch Worte aufgeregt werden) sind entweder die der Sinnenwahrheit oder des Sinnenscheins. Die erste heißt die Plastik, die zweite die Malerei. Beide machen Gestalten im Raume zum Ausdrucke für Ideen; jene macht Gestalten für zwei Sinne kennbar, dem Gesichte und Gefühl." „Die ästhetische Idee (Archetypon, Urbild) liegt zu beiden in der Einbildungskraft zum Grunde; die Gestalt aber, welche den Ausdruck derselben ausmacht (Ektypon, Nachbild), wird entweder in ihrer körperlichen Ausdehnung (wie der Gegenstand selbst existiert), oder nach der Art, wie diese sich im Auge malt (nach ihrer Apparenz in einer Fläche), gegeben." Zur Plastik gehören die Bildhauer- und Baukunst. Die Malerkunst, „welche den Sinnenschein künstlich mit Ideen verbunden darstellt", gliedert sich in die der schönen Schilderung der Natur und die der schönen Zusammenstellung ihrer Produkte (Malerei — Lustgärtnerei). Die K. des „schönen Spiels der Empfindungen" betrifft „die Proportion der verschiedenen Grade der Stimmung (Spannung) des Sinnes, dem die Empfindung angehört, d. i. den Ton desselben". Sie zerfällt in das künstliche Spiel der Gehörs- und der Gesichtsempfindungen (Musik und Farbenkunst). Vielleicht sind die beiden Arten der Empfindung „die Wirkung einer Beurteilung der Form im Spiele vieler Empfindungen" (Proportion der Schwingungen, die den Tönen und Farben zugrunde liegen), ibid. § 51 (II 175 ff.). Wenn die schönen Künste nicht „mit moralischen Ideen in Verbindung gebracht werden, die allein ein selbständiges Wohlgefallen bei sich führen", so sind sie „nur auf Genuß angelegt, welcher nichts in der Idee zurückläßt, den Geist stumpf, den Gegenstand nach und nach anekelnd und das Gemüt ... mit sich selbst unzufrieden und launisch macht", ibid. § 52 (II 182). Die K. macht den Menschen nicht sittlich besser, aber doch gesittet; sie gewinnt der Tyrannei des Sinnenhanges sehr viel ab und bereitet so den Menschen zu einer Herrschaft der Vernunft vor, ibid. § 83 (II 303). Vgl. Genie, Ästhetik, Idee, Technik, Bildende Künste, Baukunst, Bildhauerkunst, Dichtkunst, Malerei, Musik, Rhetorik, Technik, Zweck, Spiel.

L.

Lachen. Das L. ist „ein Affekt aus der plötzlichen Verwandlung einer gespannten Erwartung in nichts“, KU § 54 (II 190); vgl. Komisch. „L. mit Affekt ist eine konvulsivische Fröhlichkeit.“ „Weinen begleitet die schmelzende Empfindung eines ohnmächtigen Zürnens mit dem Schicksal, oder mit anderen Menschen gleich einer von ihnen erlittenen Beleidigung; und diese Empfindung ist Wehmut.“ L. und Weinen „heitern auf“, denn es sind „Befreiungen von einem Hindernis der Lebenskraft durch Ergießungen“, Anthr. 1. T. § 76 (IV 189). Die beim L. stoßweise geschehende Ausatmung der Luft „stärkt durch die heilsame Bewegung des Zwerchfells das Gefühl der Lebenskraft“, es befördert die Verdauung. Das Weinen ist als ein „schmerzlinderndes Mittel“ gleichfalls eine „Vorsorge der Natur für die Gesundheit“, ibid. § 79 (IV 197 ff.).

Lage s. Gegend, Raum.

Langeweile. Die L. ist die „Anekelung seiner eigenen Existenz aus der Leerheit des Gemüts an Empfindungen, zu denen es unaufhörlich strebt“, Anthr. 1. T. § 14 (IV 44). Die L. ergibt sich daraus, daß man auf sein Leben (s. Gefühl) und die Zeit aufmerksam ist. Das Leben ist eben „ein Antrieb, jeden Zeitpunkt, darin wir sind, zu verlassen und in den folgenden überzugehen“. Die in uns wahrgenommene „Leere an Empfindungen“ erregt ein „Grauen (horror vacui)“. Zeitverkürzungen sind schon Vergnügungen. L. ist, wo „wenig Wechsel der Vorstellungen“ besteht. In der Erinnerung erscheinen die langweiligen Tage kurz eben wegen der Leere, der geringen Vorstellungen, ibid. § 61 (IV 157ff.). „Wenn die gegenwärtige Zeit nur als ein Zwischenraum zwischen Mittel und Zweck betrachtet wird, so wird sie lang, aber mit Ekel“, N 391.

Laster. Aus der „Tierheit“ im Menschen, dem Triebe der Selbst- und Arterhaltung ergeben sich die „L. der Rohigkeit der Natur“ („viehische L.“: Völlerei, Wollust, wilde Gesetzlosigkeit). Aus der „vergleichenden Selbstliebe“ (der Selbstschätzung im Vergleich mit anderen) ergeben sich die „L. der Kultur“ (Neid, Undankbarkeit, Schadenfreude u. a.; „teuflische L.“), Rel. 1. St. I (IV 26 f.). „L. entspringen meistens daraus, daß der gesittete Zustand der Natur Gewalt tut, und unsere Bestimmung als Menschen ist doch, aus dem rohen Naturzustande als Tier herauszutreten. Vollkommene Kunst wird wieder zur Natur.“ „L. aber sind entweder die der Bosheit oder der Niederträchtigkeit oder der Eingeschränktheit. Zu den ersteren gehören Neid, Undankbarkeit und Schadenfreude; zu denen der zweiten Art Ungerechtigkeit, Untreue (Falschheit), Liederlichkeit, sowohl im Verschwenden der Güter als der Gesundheit (Unmäßigkeit) und der Ehre. L. der dritten Art sind Lieblosigkeit, Kargheit, Trägheit (Weichlichkeit)“, Über Pädagogik (VIII 244). Vgl. Böse.

Latitudinarier s. Rigorismus.

Laune. „L.“ im guten Sinne ist „das Talent, sich willkürlich in eine gewisse Gemütsdisposition versetzen zu können, in der alle Dinge ganz anders als gewöhnlich (sogar umgekehrt), und doch gewissen Vernunftprinzipien in einer solchen Gemütsstimmung gemäß beurteilt werden“. „Zu dem, was aufmunternd, mit dem Vergnügen aus dem Lachen nahe verwandt und zur Originalität des Geistes, aber eben nicht zum Talent der schönen Kunst gehörig ist, kann auch die launige Manier gezählt werden.“ Diese Manier gehört mehr zur angenehmen als schönen Kunst, „weil der Gegenstand der letzteren immer einige Würde an sich zeigen muß“, KU § 54 Anmerk. (II 194).

Leben. Das L. ist keine Eigenschaft der Materie als solcher (gegen den Hylozoismus). „Was in der Welt ein Prinzipium des L.s enthält, scheint immaterieller Natur zu sein. Denn alles L. beruht auf dem inneren Vermögen, sich selbst nach Willkür zu bestimmen“, Träume 1. T. 1. H. 4. Anm. (V 2, 15). L. ist „das Vermögen eines Wesens, nach Gesetzen des Begehrungsvermögens zu handeln", KpV Vorr. 4. Anm. (II 10). „L. heißt das Vermögen einer Substanz, sich aus einem inneren Prinzip zum Handeln, einer endlichen Substanz sich zur Veränderung, und einer materiellen Substanz sich zur Bewegung oder Ruhe, als Veränderung ihres Zustandes, zu bestimmen." „Nun kennen wir kein anderes inneres Prinzip einer Substanz, ihren Zustand zu verändern, als das Begehren, und überhaupt keine andere innere Tätigkeit, als Denken, mit dem, was davon abhängt, Gefühl der Lust oder Unlust und Begierde oder Willen. Diese Bestimmungsgründe aber und Handlungen gehören gar nicht zu den Vorstellungen äußerer Sinne und also auch nicht zu den Bestimmungen der Materie als Materie. Also ist alle Materie als solche leblos." Der „Hylozoism" (s. d.) ist der „Tod aller Naturphilosophie", Anfangsgr. d. Naturw. 3. H. Lehrs. 3 Anmerk. (VII 292 f.). Das L. setzt man in „die Einwirkung reizender Kräfte (den Lebensreiz) und das Vermögen auf reizende Kräfte zurückzuwirken (das Lebensvermögen)", Fried. i. d. Ph. 1. Abs. (V 4, 29). — „Das L. ist nichts als Begehrungsvermögen in der geringsten Ausübung", N 1034. „L. ist die Tätigkeit eines einfachen Wesens, weil es durch Zweckvorstellung wirkt, welche nur als absolute Einheit des Subjekts der bewegenden Kraft wirkt. Lebende Materie ist contradictio in adiecto; das dirigierende Prinzip ist immateriell", Altpreuß. Mth. XIX 472 Anm. Das L. rührt von einer „distinkten Substanz", einem „Archäus" her, ibid. 578 Anm.; vgl. 581. Vgl. Organismus, Entwicklung, Hylozoismus, Zweckmäßigkeit, Gefühl, Bildungskraft, Trägheit, Unsterblichkeit.

Leben, menschliches (Wert des L.s). Nächst der Unzufriedenheit mit der Vorsehung wegen der Übel des Daseins, vor allem der durch den Krieg verursachten, trifft die zweite Unzufriedenheit der Menschen „die Ordnung der Natur in Ansehung der Kürze des Lebens. Man muß sich zwar nur schlecht auf die Schätzung des Wertes desselben verstehen, wenn man noch wünschen kann, daß es länger währen solle, als es wirklich dauert; denn das wäre doch nur eine Verlängerung eines mit lauter Mühseligkeiten beständig ringenden Spiels." Der Wert des L.s besteht nicht im Genusse, sondern die Vernunft erinnert, „dem L. durch Handlungen einen Wert zu geben", Anf. d. Menschengesch. Schluß-Anmerk. (VI 62 f.). „Was das L. für uns für einen Wert habe, wenn dieser bloß nach dem geschätzt wird, was man genießt (dem natürlichen Zweck der Summe aller Neigungen, der Glückseligkeit), ist leicht zu entscheiden. Er sinkt unter Null; denn wer wollte wohl das L. unter denselben Bedingungen, oder auch nach einem neuen, selbstentworfenen (doch dem Naturlaufe gemäßen) Plane, der aber auch bloß auf Genuß gestellt wäre, aufs neue antreten?" Auch der Wert des L.s in bezug auf das, was man tut, ist nur ein sehr bedingter. „Es bleibt also wohl nichts übrig als der Wert, den wir unserem L. selbst geben durch das, was wir nicht allein tun, sondern auch so unabhängig von der Natur zweckmäßig tun, daß selbst die Existenz der Natur nur unter dieser Bedingung Zweck sein kann", KU § 83 Anm. (II 303). Es ist zu betonen, daß der W. d. L.s, „sofern es in dem besteht, was wir Gutes genießen können, von Menschen überhaupt viel zu hoch angeschlagen wird, sofern es aber nach dem geschätzt wird, was wir Gutes tun können, der höchsten Achtung und Sorgfalt es zu erhalten und fröhlich zu guten Zwecken zu gebrauchen würdig ist", An Maria von Herbert, Frühjahr 1792. Der „wahre W. d. L.s" besteht in dem „Bewußtsein seiner Pflichtbeobachtung", An Reinhold, 8. Mai 1793. Ein Besänftigungsmittel aller Schmerzen ist der Gedanke, „daß das L. überhaupt, was den Genuß desselben betrifft, der von Glücksumständen abhängt, gar keinen eigenen Wert und nur, was den Gebrauch desselben anlangt, zu welchen Zwecken es gerichtet ist, einen Wert habe, den nicht das Glück, sondern allein die Weisheit dem Menschen verschaffen kann; der also in seiner Gewalt ist. Wer ängstlich wegen des Verlustes desselben bekümmert ist, wird des L.s nie froh werden", Anthr. 1. T. § 66 (IV 166). Vgl. Glückseligkeit.

Lebenskraft s. Leben, Organismus, Bildungskraft, Gefühl, Lachen, Musik, Spiel.

Lebenswandel s. Religion.

Leer s. Leere. L. ist ein Gedanke, wenn er ohne alles Objekt ist, KU § 57 (II 201). Gedanken ohne Anschauungen sind l. (s. Begriff). Vgl. Denken, Möglichkeit, Nichts, Realität, Kategorie, Idee.

Leere. Es gibt keinen absolut l.en Raum (s. d.). „Wenn alle Realität in der Wahrnehmung einen Grad hat, zwischen dem und der Negation eine unendliche Stufenfolge immer minderer Grade stattfindet, und gleichwohl ein jeder Sinn einen bestimmten Grad der Rezeptivität der Empfindungen haben muß, so ist keine Wahrnehmung, mithin auch keine Erfahrung möglich, die einen gänzlichen Mangel alles Realen in der Erscheinung, es sei unmittelbar oder mittelbar (durch welchen Umschweif im Schließen man immer wolle), bewiese, d. i. es kann aus der Erfahrung niemals ein Beweis vom l.en Raume oder einer leeren Zeit gezogen werden." Da jede Realität einen Grad hat, der bis zum Nichts abnehmen kann, so müßte es unendlich verschiedene Grade geben, mit welchen Raum und Zeit erfüllt sind. Es können so gleiche Räume von verschiedenen Materien vollkommen erfüllt sein und doch jedes Reale bei derselben Qualität seinen Grad (des Widerstandes) haben, der immer kleiner werden kann, ohne den Raum je leer zu lassen, KrV tr. Anal. 2. B. 2. H. 3. Abs. 2 (I 210 ff—Rc 267 ff.). — „Non datur hiatus. Es gibt keinen leeren Raum oder leere Zeit in der Welt; denn beides ist kein Gegenstand möglicher Erfahrung". N 5973. Vgl. Stetigkeit, Nichts.

Legalität s. Moralität.

Legitimation s. Rechenschaft, Deduktion, Kategorie, Kritik der reinen Vernunft.

Leib. Es ist anzunehmen, „daß überhaupt alle endlichen Geister mit einem irgendwie organischen Körper versehen seien", N. diluc. Propos. 12 Usus (V 1, 45). Vgl. Identitätstheorie, Seele, Wechselwirkung (psychophysische).

Leidenschaft. Die L. ist eine „Neigung . . ., die die Herrschaft über sich selbst ausschließt", Rel. 1. St. II, Anm. (IV 29). „Die durch die Vernunft des Subjekts schwer oder gar nicht bezwingliche Neigung ist L.", Anthr. 1. T. § 73 (IV 183). „Wo viel Affekt ist, da ist gemeiniglich wenig Leidenschaft", ibid. § 74 (IV 185). „Die Neigung, durch welche die Vernunft verhindert wird, sie in Ansehung einer gewissen Wahl mit der Summe aller Neigungen zu vergleichen, ist die L. (passio animi)." Sie setzt immer „eine Maxime des Subjekts voraus, nach einem von der Neigung ihm vorgeschriebenen Zwecke zu handeln". Tiere und reine Vernunftwesen haben daher keine L.en, ibid. § 80 (IV 203). L.en sind „Krebsschäden für die reine praktische Vernunft", sie sind „ohne Ausnahme böse". Die L.en zerfallen in die „der natürlichen (angeborenen) und die der aus der Kultur der Menschen hervorgehenden (erworbenen) Neigung". Die ersteren sind „erhitzte", die letzteren „kalte" L.en. 1.: Freiheits- und Geschlechtsneigung. 2. Ehr-, Herrsch- Habsucht. Alle sind nur auf Menschen, nicht auf Sachen gerichtet, ibid. § 81 (IV 204 ff.); vgl. N 1017, 1070, 1176, 1086—1103. Vgl. Affekt, Böse, Liebe, Neigung.

Liebe. „Nächst dem Instinkt zur Nahrung, durch welchen die Natur jedes Individuum erhält, ist der Instinkt zum Geschlecht, wodurch sie für die Erhaltung jeder Art sorgt, der vorzüglichste. Die einmal rege gewordene Vernunft säumte nun nicht, ihren Einfluß auch an diesem zu beweisen. Der Mensch fand bald: daß der Reiz des Geschlechts, der bei den Tieren bloß auf einem vorübergehenden, größtenteils periodischen Antriebe beruht, für ihn der Verlängerung und sogar Vermehrung durch die Einbildungskraft fähig sei." „Weigerung war das Kunststück, um von bloß empfundenen zu idealischen Reizen, von der bloß tierischen Begierde allmählich zur L., und mit dieser vom Gefühl des bloß Angenehmen zum Geschmack für Schönheit, anfänglich nur an Menschen, dann aber auch an der Natur überzuführen", Anf. d. Menschengesch. (VI 53). „Alle Leidenschaften, wenn sie wechselseitig genommen werden, schwächen sich, e. g. Hass; aber die L. stärkt sich", N 1070.

„L. als Neigung" kann nicht geboten werden, „aber Wohltun aus Pflicht selbst, wenn dazu gleich gar keine Neigung treibt, ja gar natürliche und unbezwingliche Abneigung widersteht, ist praktische und nicht pathologische L., die im Willen liegt und nicht im Hange der Empfindung, in Grundsätzen der Handlung und nicht schmelzender Teilnehmung; jene aber allein kann geboten werden", GMS 1. Abs. (III 17). Das Gebot: „Liebe Gott über alles und deinen Nächsten als dich selbst" fordert als Gebot „Achtung für ein Gesetz, das L. befiehlt". Aber L. zu Gott als Neigung („pathologische L.") ist, da er kein Gegenstand der Sinne ist, unmöglich. L. zu Menschen wieder kann nicht als Neigung geboten werden, wohl aber die „praktische L.". „Gott lieben heißt in dieser Bedeutung: seine Gebote gern tun; den Nächsten lieben heißt: alle Pflicht gegen ihn gern ausüben." Diese Gesinnung zu erstreben (nicht zu haben) kann nur geboten werden. In ihrer ganzen Vollkommenheit ist diese Gesinnung ein Ideal der Heiligkeit (s. d.), dem wir uns nur annähern können. Die Vollendung der sittlichen Gesinnung wäre es, wenn sich die Achtung (s. d.) fürs Gesetz in L. zu ihm verwandeln würde, KpV 1. T. 1. B. 3. H. (II 107 ff.); vgl. Pflicht. „Die Achtung ist ohne Zweifel das Erste, weil ohne sie auch keine wahre L. stattfindet; ob man gleich ohne Liebe doch große Achtung gegen jemand hegen kann." „Aber wenn es nicht bloß auf Pflichtvorstellung, sondern auch auf Pflichtbefolgung ankommt, wenn man nach dem subjektiven Grunde der Handlungen fragt, aus welchem, wenn man ihn voraussetzen darf, am ersten zu erwarten ist, was der Mensch tun werde, nicht bloß nach dem objektiven, was er tun soll; so ist doch die L., als freie Aufnahme des Willens eines andern unter seine Maximen, ein unentbehrliches Ergänzungsstück der Unvollkommenheit der menschlichen Natur (zu dem, was die Vernunft durch Gesetz vorschreibt, genötigt werden zu müssen): denn was Einer nicht gern tut, das tut er so kärglich, auch wohl mit sophistischen Ausflüchten vom Gebot der Pflicht, daß auf diese, als Triebfeder, ohne den Beitritt jener nicht sehr viel zu rechnen sein möchte", Ende a. D. (VI 169); vgl. Christentum. „L. ist eine Sache der Empfindung, nicht des Wollens, und ich kann nicht lieben, weil ich will, noch weniger aber, weil ich soll (zur L. genötigt werden); mithin ist eine Pflicht zu lieben ein Unding. Wohlwollen (amor benevolentiae) aber kann, als ein Tun, einem Pflichtgesetz unterworfen sein." „Allen Menschen nach unserem Vermögen wohlzutun ist Pflicht, man mag sie lieben oder nicht", MST Einl. XII c (III 244 f.). Betreffs der Pflichtgesetze betrachten wir uns in einer „moralischen (intelligiblen) Welt, in welcher, nach der Analogie mit der physischen, die Verbindung vernünftiger Wesen (auf Erden) durch Anziehung und Abstoßung bewirkt wird". „Vermöge des Prinzips der Wechselliebe sind sie angewiesen, sich einander beständig zu nähern; durch das der Achtung, die sie einander schuldig sind, sich im Abstande voneinander zu erhalten", ibid. § 24 (III 304). Die L. bedeutet hier nicht ein Gefühl, nicht „Lust an der Vollkommenheit anderer Menschen", nicht die „L. des Wohlgefallens", sondern eine „Maxime des Wohlwollens", welche das Wohltun zur Folge hat. Die Pflicht der Nächstenliebe ist „die Pflicht, anderer ihre Zwecke (sofern diese nur nicht unsittlich sind) zu den meinen zu machen", ibid. § 25 (III 304 f.). Die Menschenliebe ist „tätiges Wohlwollen", ibid. § 26 (III 305 f.). Die gesetzgebende Vernunft, welche in der Idee der „Menschheit überhaupt" die ganze Gattung (mich also mit) einschließt, schließt in der Pflicht des wechselseitigen Wohlwollens nach dem Prinzip der Gleichheit wie alle anderen neben mir mich selbst mit ein, ibid. § 27 (III 306 f.). Die „Liebespflichten" sind: Pflichten der Wohltätigkeit, der Dankbarkeit, der Teilnehmung, § 28 (III 308). Die gemeinnützige Maxime des Wohltuns gegen Bedürfnisse ist allgemeine Pflicht der Menschen, „weil sie als Mitmenschen, d. i. bedürftige, auf einem Wohnplatz durch die Natur zur wechselseitigen Beihilfe vereinigte vernünftige Wesen anzusehen sind". Eigennutz widerstreitet sich selbst; jeder Mensch, der sich in Not befindet, wünscht, daß ihm von anderen Menschen geholfen werde, und muß auch anderen helfen wollen, da ihm sonst auch nicht geholfen würde, ibid. § 30 (III 309). Vgl. Rigorismus, Moralisches Gefühl, Pflicht, Dreieinigkeit, Christentum.

Liebespflicht s. Liebe.

Limitation, die dritte von den Kategorien der Qualität; s. Kategorie.

Limitative Urteile. In der transzendentalen Logik müssen „unendliche" (limitative) Urteile von den bejahenden unterschieden werden, obgleich sie in der allgemeinen Logik mit Recht zu den letzteren mit gerechnet werden. Denn die transzendentale Logik betrachtet das Urteil auch nach dem Werte oder Inhalt der logischen Bejahung vermittelst eines bloß verneinenden Prädikats und nach dem Gewinn für die Erkenntnis durch dieselbe. „Hätte ich von der Seele gesagt, sie ist nicht sterblich, so hätte ich durch ein verneinendes Urteil wenigstens einen Irrtum abgehalten. Nun habe ich durch den Satz: die Seele ist nichtsterblich, zwar der logischen Form nach wirklich bejaht, indem ich die Seele in den unbeschränkten Umfang der nichtsterbenden Wesen setze. Weil nun von dem ganzen Umfange möglicher Wesen das Sterbliche einen Teil enthält, das Nichtsterbliche aber den anderen, so ist durch meinen Satz nichts anderes gesagt, als daß die Seele eines von der unendlichen Menge der Dinge sei, die übrig bleiben, wenn ich das Sterbliche insgesamt wegnehme. Dadurch aber wird nur die unendliche Sphäre alles Möglichen insoweit beschränkt, daß das Sterbliche davon abgetrennt und in dem übrigen Umfang ihres Raumes die Seele gesetzt wird. Dieser Raum bleibt aber bei dieser Ausnahme noch immer unendlich, und können noch mehrere Teile desselben weggenommen werden, ohne daß darum der Begriff von der Seele im mindesten wächst und bejahend bestimmt wird", KrV tr. Anal. § 9 (I 123 f.—Rc 143 f.). „Das unendliche Urteil zeigt nicht bloß an, daß ein Subjekt unter der Sphäre eines Prädikates nicht enthalten sei, sondern daß es außer der Sphäre desselben in der unendlichen Sphäre irgendwo liege; folglich stellt dieses Urteil die Sphäre des Prädikates als beschränkt vor." „Alles Mögliche ist entweder A oder Non A. Sage ich also: etwas ist Non A, z. B. die menschliche Seele ist nicht sterblich, einige Menschen sind Nichtgelehrte u. dgl. m.; so ist dies ein unendliches Urteil. Denn es wird durch dasselbe über die endliche Sphäre A hinaus nicht bestimmt, unter welchen Begriff das Objekt gehöre; sondern lediglich, daß es in die Sphäre außer A gehöre, welches eigentlich gar keine Sphäre ist, sondern nur die Angrenzung einer Sphäre an das Unendliche oder die Begrenzung selbst." „Obgleich nun die Ausschließung eine Negation ist, so ist doch die Beschränkung eines Begriffes eine positive Handlung." Der Unterschied zwischen unendlichen und negativen Urteilen betrifft die Logik nicht, Log. § 22 (IV 113).

Logik, formale, ist die Wissenschaft von den Gesetzen des Denkens überhaupt. Sie ist nicht Psychologie. „Von dieser Wissenschaft sind eigentlich zwei Gattungen." Die erste ist „eine Kritik und Vorschrift des gesunden Verstandes, sowie derselbe einerseits an die groben Begriffe und die Unwissenheit, andererseits aber an die Wissenschaft und Gelehrsamkeit angrenzt. Die L. von dieser Art ist es, welche man im Anfange der akademischen Unterweisung aller Philosophie voranschicken soll." Die zweite Gattung von L. ist „die Kritik und Vorschrift der eigentlichen Gelehrsamkeit und kann niemals anders als nach den Wissenschaften, deren Organon sie sein soll, abgehandelt werden" (also als eine Methodenlehre), Nachricht v. d. Einrichtung seiner Vorles. 1765 bis 1766 (V 1, 156 f.).

Daß die L. den sicheren Gang einer festen Wissenschaft schon von den ältesten Zeiten her gegangen ist, läßt sich daraus ersehen, „daß sie seit dem Aristoteles keinen Schritt rückwärts hat tun dürfen, wenn man ihr nicht etwa die Wegschaffung einiger Subtilitäten, oder deutlichere Bestimmung des Vorgetragenen als Verbesserungen anrechnen will, welches aber mehr zur Eleganz, als zur Sicherheit der Wissenschaft gehört". „Merkwürdig ist noch an ihr, daß sie auch bis jetzt keinen Schritt vorwärts hat tun können, und also allem Ansehen nach geschlossen und vollendet zu sein scheint." Die Einschiebung psychologischer, metaphysischer und anthropologischer Kapitel ist nur eine „Verunstaltung" der L., deren Grenzen dadurch genau bestimmt ist, daß sie „eine Wissenschaft ist, welche nichts als die formalen Regeln alles Denkens (es mag a priori oder empirisch sein, einen Ursprung oder Objekt haben, welches es wolle, in unserem Gemüte zufällige oder natürliche Hindernisse antreffen) ausführlich darlegt und strenge beweist". „Daß es der L. so gut gelungen ist, diesen Vorteil hat sie bloß ihrer Eingeschränktheit zu verdanken, dadurch sie berechtigt, ja verbunden ist, von allen Objekten der Erkenntnis und ihrem Unterschiede zu abstrahieren, und in ihr also der Verstand es mit nichts weiter, als sich selbst und seiner Form, zu tun hat." Sie macht als „Propädeutik" gleichsam nur den „Vorhof" der Wissenschaften aus; man setzt die L. „zur Beurteilung" von Kenntnissen voraus, muß aber die Erwerbung dieser selbst in „eigentlich und objektiv so genannten Wissenschaften" suchen, KrV Vorr. z. 2. A. (I 22f.—Rc 16f.). Die L. beschäftigt sich nur mit der „Form des Denkens überhaupt", ibid. (I 32—Rc 27). Die L. ist die „Wissenschaft der Verstandesregeln überhaupt". Sie ist, je nach dem Zweck, „L. des allgemeinen oder des besonderen Verstandesgebrauchs". „Die erste enthält die schlechthin notwendigen Regeln des Denkens, ohne welche gar kein Gebrauch des Verstandes stattfindet, und geht also auf diesen, unangesehen der Verschiedenheit der Gegenstände, auf welche er gerichtet sein mag. Die L. des besonderen Verstandesgebrauchs enthält die Regeln, über eine gewisse Art von Gegenständen richtig zu denken. Jene kann man die Elementarlogik nennen, diese aber das Organon dieser oder jener Wissenschaft." — Die „allgemeine" L. ist entweder „reine" oder „angewandte" L. „In der ersteren abstrahieren wir von allen empirischen Bedingungen, unter denen unser Verstand ausgeübt wird, z. B. vom Einfluß der Sinne, vom Spiele der Einbildung, den Gesetzen des Gedächtnisses, der Macht der Gewohnheit, der Neigung etc., mithin auch den Quellen der Vorurteile, ja gar überhaupt von allen Ursachen, daraus uns gewisse Erkenntnisse entspringen, oder untergeschoben werden mögen, weil sie bloß den Verstand unter gewissen Umständen seiner Anwendung betreffen und, um diese zu kennen, Erfahrung erfordert wird." „Eine allgemeine, aber reine L. hat es also mit lauter Prinzipien a priori zu tun, und ist ein Kanon des Verstandes und der Vernunft, aber nur in Ansehung des Formalen ihres Gebrauchs, der Inhalt mag sein, welcher er wolle (empirisch oder transzendental)." „Eine allgemeine L. heißt aber alsdann angewandt, wenn sie auf die Regeln des Gebrauchs des Verstandes unter den subjektiven empirischen Bedingungen, die uns die Psychologie lehrt, gerichtet ist. Sie hat also empirische Prinzipien, ob sie zwar insofern allgemein ist, daß sie auf den Verstandesgebrauch ohne Unterschied der Gegenstände geht. Um deswillen ist sie auch weder ein Kanon des Verstandes überhaupt, noch ein Organon besonderer Wissenschaften, sondern lediglich ein Kathartikon des gemeinen Verstandes." Die reine L. ist „reine Vernunftlehre" und ist eigentlich allein nur Wissenschaft. Sie abstrahiert von allem Inhalt der Verstandeserkenntnis, hat es nur mit der „bloßen Form des Denkens" zu tun; sie hat keine empirischen Prinzipien, schöpft also nichts aus der Psychologie. „Sie ist eine demonstrierte Doktrin, und alles muß in ihr völlig a priori gewiß sein." Sie verhält sich zur angewandten L. wie die „reine Moral" zur „Tugendlehre", ibid. tr. Log. Einl. I (I 107 ff.—Rc 126 ff.). Die allgemeine L. abstrahiert „von allem Inhalt der Erkenntnis, d. i. von aller Beziehung derselben auf das Objekt", und betrachtet nur „die logische Form im Verhältnisse der Erkenntnisse aufeinander, d. i. die Form des Denkens überhaupt", ibid. II (I 110—Rc 129 f.). Die allgemeine L., welche „die allgemeinen und notwendigen Regeln des Verstandes" vorträgt, legt in diesen Regeln Kriterien der Wahrheit (s. d.) dar. Sie zerfällt in die „Analytik" (s. d.) und „Dialektik" (s. d.). Die erstere löst das „ganze formale Geschäft des Verstandes und der Vernunft in seine Elemente auf und stellt sie als Prinzipien aller logischen Beurteilung unserer Erkenntnis dar". Die Analytik ist so der „wenigstens negative Probierstein der Wahrheit" Schreibt man der L. die Fähigkeit zu, aus sich heraus über die materiale (objektive) Wahrheit von Erkenntnissen zu entscheiden oder gar solche aufzustellen, macht man also aus dem bloßen „Kanon" zur Beurteilung der formalen Richtigkeit von Urteilen ein vermeintliches „Organon", so ist sie „Dialektik", eine „L. des Scheins". Die Dialektik soll aber statt dessen eine „Kritik des dialektischen Scheins sein", ibid. III (I 113 ff.—Rc 132 ff.).

Die L. ist die „Wissenschaft von den notwendigen Gesetzen des Verstandes und der Vernunft überhaupt, oder, welches einerlei ist, von der bloßen Form des Denkens überhaupt". Sie geht „auf alles Denken überhaupt", „unangesehen der Objekte, als der Materie des Denkens", ist formal, apriorisch, normativ, nicht psychologisch. Sie ist die „Grundlage zu allen anderen Wissenschaften" und die „Propädeutik alles Verstandesgebrauches". Da sie „von allen Objekten gänzlich abstrahiert", kann sie kein „Organon" der Wissenschaften sein, d. h. keine „Anweisung, wie eine gewisse Erkenntnis zustande gebracht werden solle". Die L. ist nur eine „allgemeine Vernunftkunst", ein „Kanon", „Erkenntnisse überhaupt der Form des Verstandes gemäß zu machen". Sie dient „nicht zur Erweiterung, sondern bloß zur Beurteilung und Berichtigung unserer Erkenntnis". Als ein Kanon des Verstandes und der Vernunft, als „eine Wissenschaft der notwendigen Gesetze des Denkens, ohne welche gar kein Gebrauch des Verstandes und der Vernunft stattfindet, die folglich die Bedingungen sind, unter denen der Verstand einzig mit sich zusammenstimmen kann und soll", darf sie „keine Prinzipien weder aus irgendeiner Wissenschaft, noch aus irgendeiner Erfahrung borgen; sie muß lauter Gesetze a priori, welche notwendig sind und auf den Verstand überhaupt gehen, enthalten". Psychologische Prinzipien in die L. zu bringen, „ist ebenso ungereimt, als Moral vom Leben herzunehmen". „Wir wollen in der L. nicht wissen: wie der Verstand ist und denkt und wie er bisher im Denken verfahren ist, sondern: wie er im Denken verfahren sollte. Sie soll uns den richtigen, d. h. den mit sich selbst übereinstimmenden Gebrauch des Verstandes lehren." Die L. ist eine „Selbsterkenntnis des Verstandes und der Vernunft . . . lediglich der Form nach". Sie ist eine „Doktrin oder demonstrierte Theorie". „Denn da sie sich nicht mit dem gemeinen und als solchem bloß empirischen Verstandes- und Vernunftgebrauche, sondern lediglich mit den allgemeinen und notwendigen Gesetzen des Denkens überhaupt beschäftigt, so beruht sie auf Prinzipien a priori, aus denen alle ihre Regeln abgeleitet und bewiesen werden können, als solche, denen alle Erkenntnis der Vernunft gemäß sein müßte." Die L. ist „mehr als bloße Kritik; sie ist ein Kanon, der nachher zur Kritik dient, d. h. zum Prinzip der Beurteilung alles Verstandesgebrauches überhaupt", aber nur in formaler Beziehung, da die „allgemeine L." auf „alle Gegenstände überhaupt" geht. Kurz: „Die L. ist eine Vernunftwissenschaft nicht der Materie, sondern der bloßen Form nach; eine Wissenschaft a priori von den notwendigen Gesetzen des Denkens, aber nicht in Ansehung besonderer Gegenstände, sondern aller Gegenstände überhaupt; — also eine Wissenschaft des richtigen Verstandes- und Vernunftgebrauches überhaupt, aber nicht subjektiv, d. h. nicht nach empirischen (psychologischen) Prinzipien, wie der Verstand denkt, sondern objektiv, d. i. nach Prinzipien a priori, wie er denken soll", Log. Einl. I (IV 14 ff.). Die L. wird eingeteilt: 1. in die Analytik (s. d.) und Dialektik (s. d.), 2. in die „natürliche oder populäre" und „künstliche oder wissenschaftliche" L. Diese Einteilung ist aber unstatthaft; denn die natürliche L. oder die L. der gemeinen Vernunft ist „eigentlich keine L., sondern eine anthropologische Wissenschaft, die nur empirische Prinzipien hat, indem sie von den Regeln des natürlichen Verstandes- und Vernunftgebrauches handelt, die nur in concreto, also ohne Bewußtsein derselben in abstracto erkannt werden". „Die künstliche oder wissenschaftliche L. verdient daher allein diesen Namen, als eine Wissenschaft der notwendigen und allgemeinen Regeln des Denkens, die, unabhängig von dem natürlichen Verstandes- und Vernunftgebrauche, in concreto a priori erkannt werden können und müssen, ob sie gleich zuerst nur durch Beobachtung jenes natürlichen Gebrauchs gefunden werden können"; 3. in theoretische und praktische L. Auch diese Einteilung ist unrichtig. Denn die allgemeine L., die von allen Objekten abstrahiert, kann ebendeswegen keinen praktischen Teil haben. Jede Wissenschaft kann man eine praktische L. nennen; „die allgemeine L., als praktisch betrachtet, kann daher nichts weiter sein als eine Technik der Gelehrsamkeit überhaupt; ein Organon der Schulmethode". „Dieser Einteilung zufolge würde also die L. einen dogmatischen und einen technischen Teil haben. Der erste würde die Elementarlehre, der andere die Methodenlehre heißen können"; 4. in die reine und angewandte Logik. „In der reinen L. sondern wir den Verstand von den übrigen Gemütskräften ab und betrachten, was er für sich allein tut." Die angewandte L. ist eigentlich nur eine Psychologie, jedenfalls aber keine Propädeutik. Die Technik des Wissenschaftsaufbaues „muß bei jeder Wissenschaft vorgetragen werden". — Die L. ist „keine allgemeine Erfindungskunst und kein Organon der Wahrheit; keine Algebra, mit deren Hilfe sich verborgene Wahrheiten entdecken ließen". Aber sie ist „nützlich und unentbehrlich als eine Kritik der Erkenntnis; oder zur Beurteilung der gemeinen sowohl als der spekulativen Vernunft, nicht um sie zu lehren, sondern nur um sie korrekt und mit sich selbst übereinstimmend zu machen". Die L. hat „von Aristoteles Zeiten her an Inhalt nicht viel gewonnen, und das kann sie ihrer Natur nach auch nicht", ibid. II (IV 18 ff.). In der L. sehen wir nicht, „wie Vorstellungen entspringen, sondern lediglich, wie dieselben mit der logischen Form übereinstimmen", ibid. V (IV 37).

Die L. ist „ein Kanon, aber kein Organon, nämlich eine a priori erweisliche Regel der Beurteilung (Dijudikation), aber nicht der Konstruktion der Erkenntnis". Sie wird „von Erfahrung abstrahiert, aber nicht deriviert", N 1603; sie enthält „nicht subjektive Gesetze: wie man denkt, sondern objektive: wie man denken soll", N 1612. Nutzen der L.: „nicht als Erfindungskunst" („allgemeine Heuristik ist unmöglich"), „nicht als Vorbereitung zu Wissenschaften dem Inhalte nach, sondern zur Kritik nach Grundsätzen in Ansehung der Form". „Man hat vor der L. philosophiert, und durch die L. ist nicht viel besser geworden." „Die reine L. ist ganz Analytik, d. i .L. der Wahrheit." Die Übereinstimmung mit ihren Regeln ist das „bloß logische Kriterium der Wahrheit", N 1629.

Logik, transzendentale. Im Unterschiede von der formalen L. (s. d.), die von aller Beziehung der Erkenntnis auf das Objekt absieht, gibt es eine andere L., in der man nicht von allem Inhalt der Erkenntnis abstrahiert, sondern nur von empirischen Erkenntnisinhalten, weil sie bloß „die Regeln des reinen Denkens eines Gegenstandes" enthält. Sie geht auch auf den „Ursprung unserer Erkenntnis von Gegenständen . . ., sofern er nicht den Gegenständen zugeschrieben werden kann". „In der Erwartung also, daß es vielleicht Begriffe geben könne, die sich a priori auf Gegenstände beziehen mögen, nicht als reine oder sinnliche Anschauungen, sondern bloß als Handlungen des reinen Denkens, die mithin Begriffe, aber weder empirischen noch ästhetischen Ursprungs sind, so machen wir uns zum voraus die Idee von einer Wissenschaft des reinen Verstandes und Vernunfterkenntnisses, dadurch wir Gegenstände völlig a priori denken. Eine solche Wissenschaft, welche den Ursprung, den Umfang und die objektive Gültigkeit solcher Erkenntnisse bestimmte, würde transzendentale L. heißen müssen, weil sie es bloß mit den Gesetzen des Verstandes und der Vernunft zu tun hat, aber lediglich, sofern sie auf Gegenstände a priori bezogen werden und nicht, wie die allgemeine L., auf die empirischen sowohl, als reinen Vernunfterkenntnisse ohne Unterschied", KrV tr. Log. Einl. II (I 110 f.—Rc 129 ff.). In der transzendentalen L. isolieren wir den Verstand und heben bloß den Teil des Denkens heraus, der „lediglich seinen Ursprung in dem Verstande" hat. Dieses reine Denken führt aber ohne Anwendung auf in der Anschauung (s. d.) Gegebenes zu keiner objektiven Erkenntnis. Die transzendentale L. besteht aus der „transzendentalen Analytik" und der „transzendentalen Dialektik". Erstere ist der Teil der L., „der die Elemente der reinen Verstandeserkenntnis vorträgt, und die Prinzipien, ohne welche überall kein Gegenstand gedacht werden kann". Es ist dies eine „L. der Wahrheit". „Denn ihr kann keine Erkenntnis widersprechen, ohne daß sie zugleich allen Inhalt verlöre, d. i. alle Beziehung auf irgendein Objekt, mithin alle Wahrheit." „Dialektisch" wird der Gebrauch des reinen Verstandes, wenn reine Verstandeserkenntnisse und Grundsätze über die Grenzen der Erfahrung hinaus, ohne Bezug auf mögliche Anschauung angewandt werden. Diesen so sich ergebenden dialektischen Schein hat die transzendentale Dialektik (s. d.) aufzudecken und die Ansprüche der spekulierenden Vernunft herabzusetzen, ibid. IV (I 115 f.—Rc 135 f.). Vgl. Analytik, Dialektik, Methodenlehre, Denken, Kategorie, Grundsätze, Idee.

Logisch s. Logik, Begriff, Denken, Verstand, Ich, Transzendental, Vernunftgebrauch, Bewußtsein.

Logos s. Christentum.

Lüge. Die L. ist unbedingt verwerflich, auch die „Notlüge". Die L., auch wo sie unschädlich ist, ist nie unschuldig, sondern „eine schwere Verletzung der Pflicht gegen sich selbst, und zwar einer solchen, die ganz unerläßlich ist, weil ihre Übertretung die Würde der Menschheit in unserer eigenen Person herabsetzt und die Denkungsart in ihrer Wurzel angreift, denn Betrug macht alles zweifelhaft und verdächtig und benimmt selbst der Tugend alles Vertrauen, wenn man sie nach ihrem Äußeren beurteilen soll", An Maria von Herbert, Frühjahr 1792. Ich kann die L. als ein allgemeines Gesetz nicht wollen, „denn nach einem solchen würde es eigentlich gar kein Versprechen geben", GMS 1. Abs. (III 21 f.). Der Mensch muß in allem, was er sagt, wahrhaft sein, d. h. er soll nicht täuschen, äußerlich wie innerlich. „Die Übertretung dieser Pflicht der Wahrhaftigkeit heißt die L.; weshalb es äußere, aber auch eine innere L. geben kann." „Eine L. aber, sie mag innerlich oder äußerlich sein, ist zwiefacher Art: 1. Wenn man das für wahr ausgibt, dessen man sich doch als unwahr bewußt ist, 2. wenn man etwas für gewiß ausgibt, wovon man sich doch bewußt ist, subjektiv ungewiß zu sein." „Die L. (‚vom Vater der L.n, durch den alles Böse in die Welt gekommen ist') ist der eigentliche faule Fleck in der menschlichen Natur", Fried. i. d. Phil. 2. Abs. (V 4, 39 f.). „Die größte Verletzung der Pflicht des Menschen gegen sich selbst, bloß als moralisches Wesen betrachtet (die Menschheit in seiner Person), ist das Widerspiel der Wahrhaftigkeit: die L." „Die L. ist Wegwerfung und gleichsam Vernichtung seiner Menschenwürde", MST § 9 (III 277 ff.). Es gibt kein „Recht, aus Menschenliebe zu lügen" (gegen B. Constant u. a.). Der Mensch hat nur „ein Recht auf seine eigene Wahrhaftigkeit". Wahrhaftigkeit ist „formale Pflicht des Menschen" gegen jedermann, mag daraus für wen immer ein noch so großer Nachteil erwachsen. Indem ich lüge, mache ich, „daß Aussagen (Deklarationen) überhaupt keinen Glauben finden", füge also der „Menschheit überhaupt" ein Unrecht zu. Die L. schadet immer, da sie „die Rechtsquellen unbrauchbar macht". Auch kann eine (gutmütige) L. durch Zufall strafbar werden, indem sie gerade das herbeiführt, was vermieden werden sollte (z. B. ein Mord), und der Lügner dafür verantwortlich gemacht werden kann. „Es ist also ein heiliges, unbedingt gebietendes, durch keine Konvenienzen einzuschränkendes Vernunftgebot: in allen Erklärungen wahrhaft (ehrlich) zu sein", Über e. vermeintl. Recht, aus Menschenliebe zu lügen (VI 201 ff.). Die Lügenhaftigkeit ist (als „Falschheit", „selbst ohne alle Absicht zu schaden") „an sich böse". Die L. ist „zu nichts gut", in welcher Absicht immer; sie ist „an sich selbst böse und verwerflich". Lügenhaftigkeit ist „Nichtswürdigkeit, wodurch dem Menschen aller Charakter abgesprochen wird", Theodiz. (VI 152 f.). „Das L.n macht den Menschen zum Gegenstande der allgemeinen Verachtung und ist ein Mittel, ihm bei sich selbst die Achtung und Glaubwürdigkeit zu rauben, die jeder für sich haben sollte", Über Pädagogik (VIII 241). Die L. muß man unmittelbar häßlich schildern und sie „keiner anderen Regel der Moralität, z. B. der Pflicht gegen andere unterordnen", Bruchstücke aus d. Nachlaß (VIII 265). Vgl. Wahrhaftigkeit, Gewissenhaftigkeit.

Lust s. Gefühl, Glückseligkeit, Angenehm, Schönheit, Erhaben. Es gibt positive und negative L. (s. Achtung), L. des Genusses (s. d.), des Geschmacks (s. d.), praktische, kontemplative, intellektuelle, sinnliche, pathologische (s. d.), moralische L. (s. Moral, Gefühl).

Lustgärtnerei s. Malerei.

Luxus ist die Höhe des Fortschritts der (äußeren) Kultur, wo „der Hang zum Entbehrlichen schon dem Unentbehrlichen Abbruch zu tun anfängt", KU § 83 (II 301). Er ist „das Übermaß des gesellschaftlichen Wohllebens mit Geschmack in einem gemeinen Wesen", Anthr. 1. T. § 72 (IV 281 f.). L. gehört zur Kultur (s. d.), N 1460.

M.

Macht. M. ist „ein Vermögen, welches großen Hindernissen überlegen ist. Ebendieselbe heißt eine Gewalt, wenn sie auch dem Widerstande dessen, was selbst M. besitzt, überlegen ist“ KU § 28 (II 105); vgl. Krieg, Diätetik („M. des Gemüts“).

Malerei. Die M. gehört zu den bildenden (s. d.) Künsten und ist eine Kunst des „Sinnenscheins“. Sie macht (wie die Plastik) „Gestalten im Raume zum Ausdrucke für Ideen“, und zwar kennbar für den Gesichtssinn. Die „ästhetische Idee“ (s. d.) liegt ihr in der Einbildungskraft zugrunde, die „Gestalt“ aber, welche den „Ausdruck“ derselben ausmacht, wird nach der Art, wie sich die körperliche Ausdehnung des Gegenstandes im Auge malt, „nach ihrer Apparenz in einer Fläche“, gegeben. Die „Malerkunst“, welche „den Sinnenschein künstlich mit Ideen verbunden darstellt“, gliedert sich in die der „schönen Schilderung der Natur“, d. h. die eigentliche M., und in die Kunst der „schönen Zusammenstellung ihrer Produkte“, d. h. Lustgärtnerei, KU § 51 (II 177 ff.). Die M. ist die höchste unter den bildenden Künsten, „teils weil sie als Zeichnungskunst allen übrigen bildenden zum Grunde liegt, teils weil sie weit mehr in die Region der Ideen eindringen und auch das Feld der Anschauung diesen gemäß mehr erweitern kann. als es den übrigen verstattet ist“, ibid. § 53 (II 188). In der M. ist, wie in allen bildenden Künsten, die Zeichnung das Wesentliche, „in welcher nicht, was in der Empfindung vergnügt, sondern bloß, was durch seine Form gefällt, den Grund aller Anlage für den Geschmack ausmacht“. Die Farben „gehören zum Reiz“. Sie können den Gegenstand „zwar für die Empfindung belebt, aber nicht anschauungswürdig und schön machen; vielmehr werden sie durch das, was die schöne Form erfordert, mehrenteils gar sehr eingeschränkt, und selbst da, wo der Reiz zugelassen wird, durch die erstere allein veredelt“, ibid. § 14 (II 64 f.). Die „Farbenkunst“ gehört zur Kunst des „schönen Spiels der Empfindungen“. Es ist nicht zu entscheiden, ob eine Farbe oder ein Ton „bloß angenehme Empfindungen oder an sich schon ein schönes Spiel von Empfindungen seien und als ein solches ein Wohlgefallen an der Form in der ästhetischen Beurteilung bei sich führen“. Vielleicht hat Letzteres statt, ibid. § 51 (II 181).

Manier. Es gibt zweierlei Art der Zusammenstellung der Gedanken des Vortrags: „M. (modus aestheticus)“ und „Methode (modus logicus)“. Die erstere hat kein anderes Richtmaß als „das Gefühl der Einheit in der Darstellung“, die andere befolgt hierin bestimmte Prinzipien. Für die schöne Kunst gilt die „M.“ Aber „manieriert“ heißt ein Kunstprodukt nur dann, „wenn der Vortrag seiner Idee in demselben auf die Sonderbarkeit angelegt und nicht der Idee angemessen gemacht wird“. Das „Manierieren“ ist Nachahmung der bloßen Originalität überhaupt, „um sich ja von Nachahmern so weit als möglich zu entfernen, ohne doch das Talent zu besitzen, dabei zugleich musterhaft zu sein“. KU § 49 (II 173 f.).

Mannigfaltig. Das M.e der Empfindung (s. d.) ist der „Stoff“ der Anschauung (s. d.), der durch Affektion der Sinnlichkeit (s. d.) dem Intellekt „gegeben“ ist, d. h. zur Verarbeitung, Verknüpfung, Bestimmung aufgegeben ist. Dieses M.e stammt jedenfalls nicht aus dem Denken oder der Selbsttätigkeit des Intellekts, sondern ist durch die „Rezeptivität“ (s. d.) des Bewußtseins, durch ein passiv-reaktives Modifiziertsein desselben bedingt. Die Verbindung des M.en von Daten zu einer möglichen Erfahrung, die „Form“, welche es zu einer Erfahrung, ja schon zu einer einheitlichen Anschauung (Wahrnehmung) macht, beruht auf der Synthese (s. d.) seitens des Verstandes. Die Mannigfaltigkeit der besonderen Formen und Gesetze (s. d.) der Natur ist aus unserem Verstande nicht abzuleiten, sie wird von der Urteilskraft (s. d.) auf ein Prinzip bezogen, welches sie uns in einer einheitlichen Ordnung beurteilen läßt (s. Zweck).

Die „Materie“ der Erscheinung enthält das „M.e“ derselben. Durch die Formen der Anschauung wird dieses M.e geordnet, KrV tr. Ästh. § 1 (I 76—Rc 93). Das M.e verschiedener Vorstellungen (bzw. Empfindungen) wird durch die Sinnlichkeit dem Verstande „gegeben", der durch seine „Synthesis" erst eine Erkenntnis daraus macht. Das M.e ist entweder „empirisch gegeben" oder „a priori gegeben". Raum und Zeit enthalten ein „M.es der reinen Anschauung a priori"; die Synthesis dieses M.en ist „rein", ibid. tr. Anal. § 10 (I 127 f.—Rc 147 f.). Vgl. Apprehension, Empfindung, Anschauung, Sinn, Form, Kategorie, Idee, Schema, Gesetz, Größe, Vielheit, Einheit, Synthese, Raum.

Maschine. „Ein Körper (oder Körperchen), dessen bewegende Kraft von seiner Figur abhängt, heißt M.", Anfangsgr. d. Naturw. 2. H. Allgem. Anmerk. zur Dynamik (VII 278). M.n sind bloße Werkzeuge äußerer bewegender Kräfte (ibid; vgl. Dynamismus). Eine M. hat ihre hervorbringende Ursache außer ihr; sie bringt deshalb nicht ihresgleichen hervor, ersetzt nicht von selbst die ihr abgehenden Teile, bessert sich nicht selbst aus. Ein Organismus (s. d.) ist keine M., sondern hat in sich bildende Kraft, KU § 65 (II 237)

Masse. „Die Quantität der Materie ist die Menge des Beweglichen in einem bestimmten Raum. Dieselbe, sofern alle ihre Teile in ihrer Bewegung als zugleich wirkend (bewegend) betrachtet werden, heißt die M., und man sagt, eine Materie wirke in M., wenn alle ihre Teile in einerlei Richtung bewegt, außer sich zugleich ihre bewegende Kraft ausüben", Anfangsgr. d. Naturw. 3. H. Erklär. 2 (VII 283 ff.). Vgl. Materie, Körper, Weltkörper.

Materialismus. Die Einheit der Apperzeption (s. d.), die im „Ich" (s. d.) liegt, unterscheidet die Seele (s. d.) von der (stets zusammengesetzten) Materie. „Die Apperzeption ist etwas Reales, und die Einfachheit derselben liegt schon in ihrer Möglichkeit. Nun ist im Raum nichts Reales, was einfach wäre; denn Punkte (die das einzige Einfache im Raum ausmachen) sind bloß Grenzen... Also folgt daraus die Unmöglichkeit einer Erklärung meiner (als bloß denkenden Subjekts) Beschaffenheit aus Gründen des M.", KrV tr. Dial. 2. B. 1. H. Widerlegung des Mendelssohnschen Beweises (I 363—Rc 456 f.). Die psychologische Idee (s. d.) befreit „vom M. als einem zu keiner Naturerklärung tauglichen und überdem die Vernunft in praktischer Absicht verengenden psychologischen Begriffe", Prol. § 60 (III 137). Vgl. Erscheinung, Seele, Dualismus.

Materie. Die M. ist die Substanz (s. d.) im Raume, die beharrende Einheit, auf die das Denken den Inhalt der äußeren Wahrnehmung bezieht. Die M. ist kein Ding an sich, sondern gehört zur Erscheinung desselben; materiell sind die Dinge nur in bezug auf mögliche äußere Erfahrung, als Gegenstände derselben. Für die Erfahrung aber ist die M. ein notwendiger, allgemeingültiger Begriff, eine Bedingung äußerer Erfahrung, die ohne Voraussetzung eines beharrenden Trägers der veränderlichen Zustände der Dinge nicht möglich ist. Der Grundsatz, daß im Wechsel des Geschehens sich die M. erhält, ist daher ein apriorisches Prinzip (das aber seine nähere Bestimmung — betreffs der besonderen Beschaffenheit dessen, was im Raum beharrt — an der Hand der Erfahrung erhält). Die Einheit der Erfahrung erfordert ein Einheitliches, Festes, Beharrliches (s. d.) als Grundlage der Veränderung. Die M. ist physikalisch als den Raum durch abstoßende Kräfte (Repulsion) Erfüllendes zu denken, das in Konflikt steht mit einer ursprünglichen Anziehungskraft. Alle Stoffe sind Modifikationen des Äthers (s. d.).

Die „Grundmaterie" (der „Urstoff"), „deren Eigenschaften und Kräfte allen Veränderungen zum Grunde liegen", ist „eine unmittelbare Folge des göttlichen Daseins". Aus ihr gehen in der Zeit unermeßliche Welten (s. d.) nach mechanischen Gesetzen hervor, Th. des Himmels 2. T. 7. H. (VII 119). Die M. hat in ihrem einfachsten Zustande „eine Bestrebung, sich durch eine natürliche Entwicklung zu einer vollkommeneren Verfassung zu bilden". Die Gattungen des „Grundstoffes" sind „unendlich verschieden". Die dichteren Partikeln, welche auch die größere Anziehungskraft haben, sammeln vermittelst der Anziehung rund um sich die weniger dichten, weniger schweren Teilchen, ibid. 1. H. (VII 60 ff.). Ursprünglich war die M. in einer „allgemeinen Zerstreuung", sie stellte ein „Chaos" dar, ibid. Vorr. (VII 12 f.); vgl. Weltkörper. Zu den Grundsätzen der „Übereinstimmung" mit dem freien und bequemen Gebrauch des Verstandes gehört der Satz, „daß von der M. überhaupt nichts entstehe oder untergehe, und daß aller Wechsel in der Welt nur die Form betreffe". „Dieses Postulat hat sich, da der gemeine Verstand es empfahl, durch alle Philosophenschulen verbreitet, nicht weil man es als durch Erfahrung ausgemacht oder durch Gründe a priori bewiesen erachtet hätte, sondern weil, wenn man die M. selbst als vergänglich und vorübergehend zugibt, nichts Festes und Beharrliches mehr übrig bleibt, was zur Erklärung der Erscheinungen nach allgemeinen und immerwährenden Gesetzen und somit dem Gebrauch des Verstandes weiter dienen könnte", Mund. sens. § 30 (V 2, 131 f.). Alle M. „widersteht in dem Raume ihrer Gegenwart und heißt darum undurchdringlich. Daß dieses geschehe, lehrt die Erfahrung, und die Abstraktion von dieser Erfahrung bringt in uns auch den allgemeinen Begriff der M. hervor. Dieser Widerstand aber, den etwas in dem Raume seiner Gegenwart leistet, ist auf solche Weise wohl erkannt, aber darum nicht begriffen... Denn nur durch die Erfahrung kann man inne werden, daß Dinge der Welt, welche wir materiell nennen, eine solche Kraft haben, niemals aber die Möglichkeit derselben begreifen", Träume 1. T. 1. H. (V 2, 9).

Die M. („Substanz, die im Raum erscheint") ist ein „Inbegriff von lauter Relationen". Wir kennen sie nur durch „Kräfte", die im Raume wirksam sind (Anziehungs- und Abstoßungskraft oder Undurchdringlichkeit), KrV tr. Anal. Anh. Von d. Amphibolie (I 294—Rc 358 f.). Die M. ist „substantia phaenomenon". „Was ihr innerlich zukomme, suche ich in allen Teilen des Raumes, den sie einnimmt, und in allen Wirkungen, die sie ausübt, und die freilich nur immer „Erscheinungen äußerer Sinne sein können." Das absolut „Innerliche" der M. ist „eine bloße Grille", das Ding an sich aber, das der M. zugrunde liegt, ist ein bloßes Etwas, von dem wir nichts begreifen können, ibid. Anmerk. z. Amphibolie (I 302 f.—Rc 368 f.); vgl. Inneres, Körper. Die M. selbst besteht aus lauter Verhältnissen; aber es sind darunter „selbständige und beharrliche, dadurch uns ein bestimmter Gegenstand gegeben wird", ibid. (I 308—Rc 374). Der Satz, „daß in allen Veränderungen der körperlichen Welt die Quantität der M. unverändert bleibe", ist ein „synthetisches Urteil a priori". „Denn in dem Begriffe der M. denke ich mir nicht die Beharrlichkeit, sondern bloß ihre Gegenwart im Raume durch die Erfüllung desselben. Also gehe ich wirklich über den Begriff von der M. hinaus, um etwas a priori zu ihm hinzuzudenken, was ich in ihm nicht dachte", KrV Einl. V (I 62—Rc 71 f.). Körper sind bloße Erscheinungen, nicht Dinge an sich. Als körperlich, materiell stellt sich das Ding an sich (bzw. das transzendentale Objekt) nur in der Affektion unserer äußeren Sinne, in den Vorstellungen dieser, dar. Das der M. zugrunde liegende Etwas ist an sich nicht ausgedehnt usw., nur in „Beziehung auf äußere Sinne" hat es solche Prädikate. Das „Intelligible", welches der M. zugrunde liegt, ist unerkennbar (vgl. Identitätstheorie). Die M. ist (als solche) „nur eine Art Vorstellungen in uns", KrV 1. A. 2. B. 1. H. 2. Paralogismus (I 736 ff.—Rc 436 ff.). Die M. ist „eine bloße Form, oder eine gewisse Vorstellungsart eines unbekannten Gegenstandes, durch diejenige Anschauung, welche man den äußeren Sinn nennt". „Es mag also wohl etwas außer uns sein, dem diese Erscheinung, welche wir M. nennen, korrespondiert; aber in derselben Qualität als Erscheinung ist es nicht außer uns, sondern lediglich als ein Gedanke in uns, wiewohl dieser Gedanke durch genannten Sinn es als außer uns befindlich vorstellt." „M. bedeutet also nicht eine von dem Gegenstande des inneren Sinnes (Seele) so ganz unterschiedene und heterogene Art von Substanzen, sondern nur die Ungleichartigkeit der Erscheinungen von Gegenständen (die uns an sich selbst unbekannt sind), deren Vorstellungen wir äußere nennen, in Vergleichung mit denen, die wir zum inneren Sinne zählen . . ." (vgl. Außer uns). Wenn ich das denkende Subjekt wegnehme, so muß die „ganze Körperwelt wegfallen", die nur „Erscheinung in der Sinnlichkeit unseres Subjekts und eine Art Vorstellungen desselben" ist, ibid. 1. H. Betrachtung über die Summe . . (I 753 ff.—Rc 471 ff.); vgl. Seele, Bewegung.

Die Metaphysik der Natur muß den Begriff der M. a priori nach seinen wesentlichen Merkmalen bestimmen und ihn a priori zur Anwendung auf äußere Erfahrung tauglich machen (mittelst der Begriffe der Bewegung, Raumerfüllung, Trägheit usw.). Der Begriff der M. muß hierbei durch alle vier Arten der Kategorien durchgeführt werden. „Die Grundbestimmung eines Etwas, das ein Gegenstand äußerer Sinne sein soll, mußte Bewegung sein; denn dadurch allein können diese Sinne affiziert werden. Auf diese führt auch der Verstand alle übrige Prädikate der M., die zu ihrer Natur gehören, zurück, und so ist die Naturwissenschaft durchgängig entweder reine oder angewandte Bewegungslehre“, Anfangsgr. d. Naturw. Vorr. (VII 196 ff.); vgl. Bewegungslehre. Phoronomisch ist die M. „das Bewegliche im Raume“ (als ein Punkt im relativen oder absoluten Raume gedacht), ibid. 1. H. Erklär. 1 (VII 204 f.). Dynamisch ist die M. „das Bewegliche sofern es einen Raum erfüllt“. „Einen Raum erfüllen, heißt allem Beweglichen widerstehen, das durch seine Bewegung in einen gewissen Raum einzudringen bestrebt ist. Ein Raum, der nicht erfüllt ist, ist ein leerer Raum“, ibid. 2. H. Erklär. 1 (VII 227). Die Raumerfüllung ist der „nach allen Seiten gerichtete Widerstand der M.“, ibid. Anmerk. (VII 228). „Die M. erfüllt einen Raum, nicht durch ihre bloße Existenz, sondern durch eine besondere bewegende Kraft“, ibid. Lehrs. 1 (VII 228 f.). „Die M. erfüllt ihre Räume durch repulsive Kräfte aller ihrer Teile, d. i. durch eine ihr eigene Ausdehnungskraft, die einen bestimmten Grad hat, über den kleinere oder größere ins Unendliche können gedacht werden“, ibid. Lehrs. 2 (VII 231). „Die expansive Kraft einer M. nennt man auch Elastizität. Da nun jene der Grund ist, worauf die Erfüllung des Raumes, als eine wesentliche Eigenschaft aller M., beruht, so muß diese Elastizität ursprünglich heißen; weil sie von keiner anderen Eigenschaft der M. abgeleitet werden kann. Alle M. ist demnach ursprünglich elastisch“, ibid. Zusatz 1 (VII 232). Diese „expansive Kraft“ macht den (dynamischen) Begriff der M. aus, ibid. Lehrs. 3. Anmerk. (VII 234). „Eine M. durchdringt in ihrer Bewegung eine andere, wenn sie durch Zusammendrückung den Raum ihrer Ausdehnung völlig aufhebt“, ibid. Erklär. 3 (VII 232). „Die M. kann ins Unendliche zusammengedrückt, aber niemals von einer M., wie groß auch die drückende Kraft derselben sei, durchdrungen werden“, ibid. Lehrs. 3 (VII 233). Die Erfüllung des Raumes ist nur „relative Undurchdringlichkeit“, ibid. Erklär. 4 Anmerk. 1 (VII 235); die M. ist durch ihre Ausdehnungskraft undurchdringlich, ibid. Lehrs. 4 Beweis (VII 236). „Materielle Substanz ist dasjenige im Raum, was für sich, d. i. abgesondert von allem anderen, was außer ihm im Raume existiert, beweglich ist“, Erklär. 5 (VII 235). Die M. ist „ins Unendliche teilbar“, die Teile (s. d.) sind wieder M., ibid. Lehrs. 4 (VII 236). Die Grundkräfte, welche die M. konstituieren, sind die Anziehungs- und Zurückstoßungskraft, ibid. Lehrs. 5 ff. (VII 243 ff.). Durch ihre repulsive Kraft allein würde die M. „innerhalb keiner Grenzen der Ausdehnung gehalten sein, d. i. sich ins Unendliche zerstreuen“. Alle Räume würden dann leer, mithin eigentlich gar keine M. da sein, ibid. Lehrs. 5 Beweis (VII 244). Ohne repulsive Kräfte würden die materiellen Teile einander sich so nähern, daß sie in einen mathematischen Punkt zusammenfließen; dann würde der Raum ebenfalls leer, ohne M. sein, ibid. Lehrs. 6 (VII 246 f.). „Da alle gegebene M. mit einem bestimmten Grade der repulsiven Kraft ihren Raum erfüllen muß, um ein bestimmtes materielles Ding auszumachen, so kann nur eine ursprüngliche Anziehung im Konflikt mit der ursprünglichen Zurückstoßung einen bestimmten Grad der Erfüllung des Raumes, mithin M. möglich machen“, ibid. Lehrs. 8 Zusatz 2 (VII 256). Der „Grad der Erfüllung eines Raumes von bestimmtem Inhalt“ heißt „Dichtigkeit“. Eine „M. zwischen bestimmten Grenzen“; die also eine Figur hat, ist ein „Körper“, ibid. 2. H. Allg. Anmerk. zur Dynamik (VII 267 f.). Die Elastizität der M. ist „expansive“ oder (abgeleitete) „attraktive“ Elastizität, ibid. (VII 273). Die spezifischen Unterschiede der Dichte der M. lassen sich, ohne Annahme leerer Räume, auf Grund des verschiedenen Grades der repulsiven Kräfte, durch welche die M. den Raum erfüllt, denken (VII 279 f.). Mechanisch ist die M. „das Bewegliche, sofern es, als ein solches, bewegende Kraft hat“. Alle mechanischen Gesetze setzen die dynamischen voraus, nur vermittelst ihrer Zurückstoßung und Anziehung kann die M. bewegende Kraft haben, ibid. 3. H. Erklär. 1 u. Anmerk. (VII 282 f.). Die „Quantität der

M.“ ist „die Menge des Beweglichen in einem bestimmten Raum“. Sofern alle ihre Teile in ihrer Bewegung als zugleich wirkend betrachtet werden, heißt sie die „Masse“, und eine Masse von bestimmter Gestalt ist ein „Körper“, ibid. Erklär. (VII 283). Die Quantität der M. kann nur durch die Quantität der Bewegung bei gegebener Geschwindigkeit geschätzt werden, ibid. Lehrs. 1 (VII 284 f.). — Das erste Gesetz der Mechanik ist: „Bei allen Veränderungen der körperlichen Natur bleibt die Quantität der M. im Ganzen dieselbe unvermehrt und unvermindert“, ibid. Lehrs. 2 (VII 289). Vorausgesetzt ist hier aus der „allgemeinen Metaphysik“ der Satz, daß bei allen Veränderungen der Natur keine Substanz (s. d.) entsteht oder vergeht. „In jeder M. ist das Bewegliche im Raume das letzte Subjekt aller der M. inhärierenden Akzidenzen, und die Menge dieses Beweglichen außerhalb einander die Quantität der Substanz. Also ist die Größe der M., der Substanz nach, nichts anderes als die Menge der Substanzen, daraus sie besteht. Es kann also die Quantität der M. nicht vermehrt oder vermindert werden als dadurch, daß neue Substanz derselben entsteht oder vergeht. Nun entsteht und vergeht bei allem Wechsel der Materie die Substanz niemals; also wird auch die Quantität der M. dadurch weder vermehrt noch vermindert, sondern bleibt immer dieselbe, und zwar im Ganzen...“, ibid. Beweis (VII 289 f.). Phänomenologisch ist die M. „das Bewegliche, sofern es, als ein solches, ein Gegenstand der Erfahrung sein kann“, ibid. 4. H. Erklär. (VII 305). Die Masse der M. ist ein „verdichteter Äther“. Alle M.n bestehen aus Äther, N 44; vgl. Altpreuß. Mth. XIX 81 ff., 596 ff.; XX 99ff., 344ff., 416ff.; 514 ff., XXI 81 ff.; Vorles. über Metaph., S. 60 f., 104 f. Vgl. Körper, Masse, Äther, Weltkörper.

Materie der Erfahrung s. Form, Empfindung.

Materie des Willens s. Imperativ, Wille, Glückseligkeit, Zweck.

Mathema. Ein M. ist ein „direktsynthetischer Satz“ durch „Konstruktion der Begriffe“, KrV tr. Meth. 1. H. 1. Abs. (I 616—Rc 762); vgl. Mathematik.

Mathematik. Die M. enthält außer ihren formal-logisch bedingten (analytisch-apriorischen) Sätzen (in den Beweisen usw.) wesentlich (als „reine“ M.) synthetische Urteile (s. d.) a priori, Grundsätze, welche streng allgemein und notwendig gelten, und von der Erfahrung unabhängig sind. „Möglich“ sind solche Sätze, weil die „reine Anschauung“ (s. d.) (von Raum und Zeit), auf deren Eigenschaften sie sich beziehen, zugleich die Form der empirischen Anschauung und eine Bedingung der Erfahrbarkeit von Gegenständen derselben ist. Die „Konstruktion“ (s. d.), die der Verstand in der reinen Anschauung vornimmt (die Erzeugung räumlicher und zeitlicher Größen und Gebilde), ist zugleich eine Bedingung solcher Bestimmtheiten von Gegenständen in Raum und Zeit, gilt also für alles Erfahrbare, nicht bloß für ideelle Gebilde. Die Axiome (s. d.) der M. sind apriorisch und evident. Die Zahl (s. d.) beruht auf einer Synthese seitens der Einbildungskraft und des Verstandes. M. ist eine Bedingung aller exakten Erkenntnis.

Die reine Anschauung enthält die Begriffe des Raumes und der Zeit. „Da diese über die Beschaffenheit (Qualität) der Sinnendinge nichts bestimmen, so sind sie nur der Größe (Quantität) nach ein Gegenstand der Wissenschaft.“ Deshalb betrachtet die „reine M.“ den Raum in der Geometrie, die Zeit in der reinen Mechanik. Zu diesen tritt noch die Zahl, der Gegenstand der Arithmetik. Indem so die reine M. „die Form unserer ganzen sinnlichen Erkenntnis auseinanderlegt“, ist sie „das Organ jeder anschaulichen und deutlichen Erkenntnis“, und „da ihre Gegenstände selbst nicht bloß die formalen Prinzipien aller Anschauung, sondern selbst ursprüngliche Anschauungen sind, so spendet sie die wahrste Erkenntnis und zugleich das Muster der höchsten Gewißheit für andere“, Mund. sens. § 12 (V 2, 103).

Die M. gehört (mit der „Physik“) zu den theoretischen Erkenntnissen der Vernunft. Sie bestimmt ihre Objekte ganz rein a priori. „Dem ersten, der den gleichschenkligen Triangel demonstrierte..., dem ging ein Licht auf; denn er fand, daß er nicht dem, was er in der Figur sah, oder auch dem bloßen Begriffe derselben nachspüren und gleichsam davon ihre Eigenschaften ablernen, sondern durch das, was er nach Begriffen selbst a priori hineindachte und darstellte (durch Konstruktion), hervorbringen müsse, und daß er, um sicher etwas a priori zu wissen, der Sache nichts beilegen müsse, als was aus dem notwendig folgte, was er seinem Begriffe gemäß selbst in sie gelegt hat", KrV Vorr. z. 2. A. (I 24f.—Rc 18 f.). „Mathematische Urteile sind insgesamt synthetisch. Dieser Satz scheint den Bemerkungen der Zergliederer der menschlichen Vernunft bisher entgangen, ja allen ihren Vermutungen gerade entgegengesetzt zu sein, ob er gleich unwidersprechlich gewiß, und in der Folge sehr wichtig ist. Denn weil man fand, daß die Schlüsse der Mathematiker alle nach dem Satze des Widerspruchs fortgehen (welches die Natur einer jeden apodiktischen Gewißheit erfordert), so überredete man sich, daß auch die Grundsätze aus dem Satze des Widerspruchs erkannt würden; worin sie sich irrten; denn ein synthetischer Satz kann allerdings nach dem Satze des Widerspruchs eingesehen werden, aber nur so, daß ein anderer synthetischer Satz vorausgesetzt wird, aus dem er gefolgert werden kann, niemals aber an sich selbst." Zuvörderst muß bemerkt werden, „daß eigentliche mathematische Sätze jederzeit Urteile a priori und nicht empirisch sind, weil sie Notwendigkeit bei sich führen, welche aus Erfahrung nicht abgenommen werden kann. Will man aber dieses einräumen, wohlan, so schränke ich meinen Satz auf die reine M. ein, deren Begriff es schon mit sich bringt, daß sie nicht empirische, sondern bloß reine Erkenntnisse a priori enthalte." „Man sollte anfänglich zwar denken, daß der Satz $7 + 5 = 12$ ein bloß analytischer Satz sei, der aus dem Begriffe einer Summe von Sieben und Fünf nach dem Satze des Widerspruchs erfolge. Allein, wenn man es näher betrachtet, so findet man, daß der Begriff der Summe von 7 und 5 nichts weiter enthalte als die Vereinigung beider Zahlen in eine einzige, wodurch ganz und gar nicht gedacht wird, welches diese einzige Zahl sei, die beide zusammenfaßt. Der Begriff von Zwölf ist keineswegs dadurch schon gedacht, daß ich mir bloß jene Vereinigung von Sieben und Fünf denke, und ich mag meinen Begriff von einer solchen möglichen Summe noch so lange zergliedern, so werde ich doch darin die Zwölf nicht antreffen. Man muß über diese Begriffe hinausgehen, indem man die Anschauung zu Hilfe nimmt, die einem von beiden korrespondiert, etwa seine fünf Finger, oder (wie Segner in seiner Arithmetik) fünf Punkte, und so nach und nach die Einheiten der in der Anschauung gegebenen Fünf zu dem Begriffe der Sieben hinzutut. Denn ich nehme zuerst die Zahl 7, und indem ich für den Begriff der 5 die Finger meiner Hand als Anschauung zu Hilfe nehme, so tue ich die Einheiten, die ich vorher zusammennahm, um die Zahl 5 auszumachen, nun an jenem meinem Bilde nach und nach zur Zahl 7, und sehe so die Zahl entspringen. Daß 5 zu 7 hinzugetan werden sollten, habe ich zwar in dem Begriff einer Summe $= 7 + 5$ gedacht, aber nicht, daß diese Summe der Zahl 12 gleich sei." „Ebensowenig ist irgendein Grundsatz der reinen Geometrie analytisch. Daß die gerade Linie zwischen zwei Punkten die kürzeste sei, ist ein synthetischer Satz. Denn mein Begriff vom Geraden enthält nichts von Größe, sondern nur eine Qualität. Der Begriff des Kürzesten kommt also gänzlich hinzu und kann durch keine Zergliederung aus dem Begriffe der geraden Linie gezogen werden. Anschauung muß also hier zu Hilfe genommen werden, vermittelst deren allein die Synthesis möglich ist." „Einige wenige Grundsätze, welche die Geometer voraussetzen, sind zwar wirklich analytisch und beruhen auf dem Satze des Widerspruchs; sie dienen aber auch nur wie identische Sätze zur Kette der Methode und nicht als Prinzipien, z. B. $a = a$, das Ganze ist sich selber gleich, oder $(a + b) > a$, d. i. das Ganze ist größer als sein Teil. Und doch auch diese selbst, ob sie gleich nach bloßen Begriffen gelten, werden in der Mathematik nur darum zugelassen, weil sie in der Anschauung können dargestellt werden", ibid. Einl. V (I 59 ff.—Rc 67 ff.). „Geometrie ist eine Wissenschaft, welche die Eigenschaften des Raumes synthetisch und doch a priori bestimmt." Soll dies möglich sein, so muß der Raum (s. d.) eine reine Anschauung a priori sein, auf die sich die synthetischen Urteile a priori der Geometrie stützen, ebenso die Möglichkeit ihrer Konstruktionen (s. d.) a priori. Die Grundsätze der Geometrie (z. B. der

Raum hat nur drei Dimensionen) sind „apodiktisch", d. h. „mit dem Bewußtsein ihrer Notwendigkeit verbunden", KrV tr. Ästh. § 3 (I 81 f.—Rc 98 f.). — Durch Bestimmung der reinen Anschauung bekommen wir Erkenntnisse a priori von Gegenständen, „aber nur ihrer Form nach, als Erscheinungen". Ob es Dinge geben könne, die in dieser Form angeschaut werden müssen, ist erst noch auszumachen. Mathematische Begriffe sind also nur dann Erkenntnisse, wenn es Dinge gibt, die der Form der reinen Anschauung gemäß sind. Dinge im Raum und in der Zeit werden aber durch Wahrnehmungen gegeben, ibid. tr. Anal. § 22 (I 161 f.—Rc 195 f.).

Die M. hat „reine Grundsätze a priori", die aus reinen Anschauungen, wenn auch vermittelst des Verstandes, gezogen sind. Aber die Anwendung dieser Grundsätze auf Erfahrung, mithin ihre objektive Gültigkeit, beruht doch auf dem reinen Verstande, der die Quelle der „Prinzipien" dieser Grundsätze ist, ibid. 2. B. 2. H. 3. Abs. (I 199—Rc 255). Die Axiome der M. (Geometrie) gründen sich auf die „sukzessive Synthesis der produktiven Einbildungskraft in der Erzeugung der Gestalten". Sie betreffen nur Größen (quanta) als solche. „Was aber die Größe (quantitas), d. i. die Antwort auf die Frage: wie groß etwas sei? betrifft, so gibt es in Ansehung derselben, obgleich verschiedene dieser Sätze synthetisch und unmittelbar gewiß (indemonstrabilia) sind, dennoch im eigentlichen Verstande keine Axiome. Denn daß Gleiches zu Gleichem hinzugetan oder von diesem abgezogen ein Gleiches gebe, sind analytische Sätze, indem ich mir der Identität der einen Größenerzeugung mit der anderen unmittelbar bewußt bin; Axiome aber sollen synthetische Sätze a priori sein." „Dagegen sind die evidenten Sätze der Zahlverhältnisse zwar allerdings synthetisch, aber nicht allgemein, wie die der Geometrie, und eben um deswillen auch nicht Axiome, sondern können Zahlformel genannt werden" (z. B. $7 + 5 = 12$; die Zahl 7 ist nur auf eine einzige Art möglich, ebenso die Zahl 12, die durch die Synthesis von 7 mit 5 erzeugt werden soll. Der Grundsatz der Axiome der Anschauung ist es allein, was „die reine M. in ihrer ganzen Präzision auf Gegenstände der Erfahrung anwendbar" macht. „Die empirische Anschauung ist nur durch die reine (des Raumes und der Zeit) möglich; was also die Geometrie von dieser sagt, gilt auch ohne Widerrede von jener, und die Ausflüchte, als wenn Gegenstände der Sinne nicht den Regeln der Konstruktion im Raume . . . gemäß sein dürfen, müssen wegfallen." „Die Synthesis der Räume und Zeiten, als der wesentlichen Formen aller Anschauung, ist das, was zugleich die Apprehension der Erscheinung, mithin jede äußere Erfahrung, folglich auch alle Erkenntnis der Gegenstände derselben möglich macht, und was die M. im reinen Gebrauch von jener beweist, das gilt auch notwendig von dieser", ibid. 3. Abs. 1 (I 203 ff.—Rc 259 ff.).

Mathematische Urteile sind insgesamt „synthetisch" (s. Urteil). Dieser Satz ist „unwidersprechlich gewiß". Die „Schlüsse" der Mathematiker gehen nach dem Satze des Widerspruchs fort, und deshalb meinte man, daß auch die Grundsätze der M. aus dem Satze des Widerspruchs erkannt werden, was irrig ist; „denn ein synthetischer Satz kann allerdings nach dem Satze des Widerspruchs eingesehen werden, aber nur so, daß ein anderer synthetischer Satz vorausgesetzt wird, aus dem er gefolgert werden kann, niemals aber an sich selbst". Eigentliche reine mathematische Sätze sind „Urteile a priori und nicht empirisch", „weil sie Notwendigkeit bei sich führen, welche aus Erfahrung nicht abgenommen werden kann". Die mathematischen Grundsätze sind synthetische Urteile a priori. Der Satz: $7 + 5 = 12$ ist kein bloß analytischer Satz, denn der Begriff von Zwölf ist durch den Gedanken der Vereinigung von Sieben und Fünf noch nicht gedacht, sondern beruht auf einer an der Anschauung sich vollziehenden Synthese. Ebenso ist der Satz, daß die gerade Linie zwischen zwei Punkten die kürzeste ist, synthetisch, denn der Begriff des Kürzesten kommt zu dem der Geraden hinzu, und zwar wieder vermittelst einer Anschauung, Prol. § 2 (III 16 f.). „Das Wesentliche und Unterscheidende der reinen mathematischen Erkenntnis von aller anderen Erkenntnis a priori ist, daß sie durchaus nicht aus Begriffen, sondern jederzeit nur durch die Konstruktion der Begriffe . . . vor sich gehen muß. Da sie also in ihren Sätzen über den Begriff zu demjenigen, was die ihm korrespondierende Anschauung enthält, hinausgehen muß, so können und sollen ihre Sätze auch niemals durch Zergliederung der Begriffe, d. i. analytisch entspringen und sind daher insgesamt synthetisch", ibid. (III 18 f.). Die reine M. enthält „eine große und bewährte Erkenntnis . . ., die durch und durch apodiktische Gewißheit, d. i. absolute Notwendigkeit, bei sich führt, also auf keinen Erfahrungsgründen beruht, mithin ein reines Produkt der Vernunft, überdem aber durch und durch synthetisch ist". Setzt das Vermögen einer solchen apriorischen Erkenntnis nicht einen „Erkenntnisgrund a priori" voraus, „der tief verborgen liegt, der sich aber durch diese seine Wirkungen offenbaren dürfte. wenn man den ersten Anfängen derselben nur fleißig nachspürte?", ibid. § 6 (III 33). Es zeigt sich als das Eigentümliche aller mathematischen Erkenntnis, „daß sie ihren Begriff vorher in der Anschauung, und zwar a priori, mithin einer solchen, die nicht empirisch, sondern reine Anschauung ist, darstellen müsse, ohne welches Mittel sie nicht einen einzigen Schritt tun kann; daher ihre Urteile jederzeit intuitiv sind, anstatt daß Philosophie sich mit diskursiven Urteilen aus bloßen Begriffen begnügen und ihre apodiktischen Lehren wohl durch Anschauung erläutern, niemals aber daher ableiten kann". Die erste und oberste Bedingung der Möglichkeit der M. ist also: „es muß ihr irgendeine reine Anschauung zum Grunde liegen, in welcher sie alle ihre Begriffe in concreto und dennoch a priori darstellen oder, wie man es nennt, sie konstruieren kann". Diese Anschauung macht die synthetischen Urteile der M. möglich, da sie mit dem Begriffe, den wir von einem Objekte der Anschauung haben, „vor aller Erfahrung oder einzelnen Wahrnehmung unzertrennlich verbunden ist", ibid. § 7 (III 33 f.).

Die reinen Anschauungen von Raum und Zeit liegen a priori den empirischen Anschauungen zugrunde als bloße „Formen unserer Sinnlichkeit", denen gemäß die Objekte der M. also a priori erkannt werden müssen. „Geometrie legt die reine Anschauung des Raums zum Grunde. Arithmetik bringt selbst ihre Zahlbegriffe durch sukzessive Hinzusetzung der Einheiten in der Zeit zustande, vornehmlich aber reine Mechanik kann ihre Begriffe von Bewegung nur vermittelst der Vorstellung der Zeit zustande bringen", ibid. § 10 (III 36 f.). „Reine M. ist als synthetische Erkenntnis a priori nur dadurch möglich, daß sie auf keine anderen als bloße Gegenstände der Sinne geht, deren empirischer Anschauung eine reine Anschauung (des Raums und der Zeit), und zwar a priori zum Grunde liegt und darum zum Grunde liegen kann, weil diese nichts anderes als die bloße Form der Sinnlichkeit ist, welche von der wirklichen Erscheinung der Gegenstände vorhergeht, indem sie dieselbe in der Tat allererst möglich macht. Doch betrifft dieses Vermögen, a priori anzuschauen, nicht die Materie der Erscheinung, d. i. das, was in der Empfindung ist, denn diese macht das Empirische aus, sondern nur die Form derselben. Raum und Zeit", ibid. § 11 (III 37). Die reine M. „kann nur unter der Bedingung allein objektive Realität haben, daß sie bloß auf Gegenstände der Sinne geht, in Ansehung deren aber der Grundsatz feststeht, daß unsere sinnliche Vorstellung keineswegs eine Vorstellung der Dinge an sich selbst, sondern nur der Art sei, wie sie uns erscheinen. Daraus folgt, daß die Sätze der Geometrie nicht etwa Bestimmungen eines bloßen Geschöpfes unserer dichtenden Phantasie sind, und also nicht mit Zuverlässigkeit auf wirkliche Gegenstände könnten bezogen werden, sondern daß sie notwendigerweise vom Raume und darum auch von allem, was im Raume angetroffen werden mag, gelten, weil der Raum nichts anderes ist als die Form aller äußeren Erscheinungen, unter der uns allein Gegenstände der Sinne gegeben werden können. Die Sinnlichkeit, deren Form die Geometrie zum Grunde legt, ist das, worauf die Möglichkeit äußerer Erscheinungen beruht; diese also können niemals etwas anderes enthalten, als was die Geometrie ihnen vorschreibt. Ganz anders würde es sein, wenn die Sinne die Objekte vorstellen müßten, wie sie an sich selbst sind. Denn da würde aus der Vorstellung vom Raume, die der Geometer a priori mit allerlei Eigenschaften desselben zum Grunde legt, noch gar nicht folgen, daß alles dieses samt dem, was daraus gefolgert wird, sich gerade so in der Natur verhalten müsse." Die äußeren Gegenstände unserer Sinnenwelt müssen mit allen Sätzen der Geometrie genau übereinstimmen, „weil die Sinnlichkeit durch ihre Form äußerer Anschauung (den Raum), womit sich der Geometer beschäftigt, jene Gegenstände als bloße Erscheinungen selbst allererst möglich macht". Der geometrische „Raum in Gedanken" macht den „physischen" Raum, d. h. die Ausdehnung der Materie selbst erst möglich; was von jenem gilt, muß daher auch von dieser gelten, so daß die geometrischen Sätze für die Gegenstände in der Natur selbst (als Erscheinungen) gültig sind, Prol. § 13 Anmerk. I (III 41 ff.). Die Lehre von der „Idealität" des Raumes und der Zeit ist das einzige Mittel, die Anwendung der apriorischen Erkenntnis der M. auf „wirkliche Gegenstände" zu sichern und zu verhüten, daß sie für bloßen Schein gehalten werde; sonst wäre es nicht auszumachen, ob nicht die Anschauungen von Raum und Zeit „bloße selbstgemachte Hirngespinste wären, denen gar kein Gegenstand, wenigstens nicht adäquat, korrespondierte, und also Geometrie selbst ein bloßer Schein sei", ibid. Anmerk. III (III 47).

„Von ebenderselben Größe kann ich mir durch mancherlei Art der Zusammensetzung und Trennung (beides aber, sowohl Addition als Substraktion, ist Synthesis) einen Begriff machen, der objektiv zwar identisch ist (wie in jeder Äquation), subjektiv aber, nach der Art der Zusammensetzung, die ich denke, um zu jenem Begriffe zu gelangen, sehr verschieden ist, so, daß das Urteil über den Begriff, den ich von der Synthesis habe, allerdings hinausgeht, indem es eine andere Art derselben (welche einfacher und der Konstruktion angemessener ist) an die Stelle der ersteren setzt, die gleichwohl immer das Objekt auf ebendieselbe Art bestimmt. So kann ich durch $3 + 5$, durch $12 - 4$, durch $2 . 4$, durch 2^3 zu einerlei Bestimmung einer Größe $= 8$ gelangen. Allein in meinem Gedanken $3 + 5$ war doch der Gedanke $2 . 4$ gar nicht enthalten; ebensowenig also auch der Begriff von 8, welcher mit beiden einerlei Wert hat." „Die Arithmetik hat freilich keine Axiomen, weil sie eigentlich kein Quantum, d. i. keinen Gegenstand der Anschauung als Größe, sondern bloß die Quantität, d. i. einen Begriff von einem Dinge überhaupt durch Größenbestimmung zum Objekte hat. Sie hat aber dagegen Postulate, d. i. unmittelbar gewisse praktische Urteile. Denn wenn ich $3 + 4$ für den Ausdruck eines Problems ansehe, nämlich zu den Zahlen 3 und 4 eine dritte $= 7$ zu finden, zu welcher die eine als das complementum ad totum der anderen betrachtet wird, so geschieht die Auflösung durch die einfachste Handlung, die keine besondere Vorschrift der Resolution bedarf, nämlich durch die sukzessive Addition, die die Zahl 4 hervorbringt, nur als Fortsetzung des Zählens der Zahl 3 angestellt . . ." Daß die Größenbegriffe 3 und 4 zusammengesetzt den Begriff von einer Größe geben können, ist „ein bloßer Gedanke"; die Zahl 7 nun ist „die Darstellung dieses Begriffs in einer Zusammenzählung". — Die Zeit hat keinen Einfluß auf die Eigenschaften der Zahl (s. d.), die Zahlwissenschaft ist trotz der Sukzession, welche jede Größenkonstruktion erfordert, eine „reine intellektuelle Synthesis, die wir uns in Gedanken vorstellen". Die Auffassung der Größen in der Anschauung aber ist der Zeitbedingung unterworfen, so daß die M. sich „nur auf sensibilia" erstreckt, An J. Schultz, 25. November 1788.

Der Geometer „konstruiert zuerst den Begriff eines Kegels", d. i. er stellt ihn a priori in der Anschauung dar (das ist nun die erste Handlung, wodurch der Geometer die objektive Realität seines Begriffes zum voraus dartut). Der Begriff wird durch Konstruktion (s. d.) „in der Anschauung a priori gegeben", wodurch seine „objektive Realität, d. i. die Möglichkeit, daß es ein Ding mit den genannten Eigenschaften geben könne", bewiesen wird, Üb. e. Entdeck. 1. Abs. (V 3, 8). In der „rationalen Naturlehre" (s. d.) kann nur „soviel Wissenschaft sein, als darin M., d. i. Konstruktion der Begriffe, angewandt werden kann", Fortschr. d. Metaph. 2. Abt. 1. Stadium (V 3, 114). Die reine M. bedarf keiner Kritik (s. d.) des reinen Vernunftvermögens, sondern rechtfertigt sich „durch ihr eigenes Faktum", ibid. Beilage I. 1. Abs. (V 3, 155). Sie ist nichts als eine „Formenlehre" der reinen Anschauung, V. e. vorn. Ton (V 4, 21). „Die Gegenstände der Arithmetik und Algebra sind ihrer Möglichkeit nach nicht unter Zeitbedingungen, aber doch die Konstruktion des Begriffs der Größe . . . in der Vorstellung derselben durch die Synthesis der Einbildungskraft, nämlich die Zusammensetzung, ohne welche kein Gegenstand der Mathematik gegeben werden kann", N 13; vgl. 54. „Man kann sich in willkürlichen Begriffen sehr leicht bewußt werden, was man darin denkt. Daher Evidenz der M.", N 5033; vgl. 3608. Vgl. Größe, Konstruktion, Zahl.

Mathematik und Philosophie. § 1: „Die M. gelangt zu allen ihren Definitionen synthetisch, die Philosophie aber analytisch." § 2: „Die M. betrachtet in ihren Auflösungen, Beweisen und Folgerungen das Allgemeine unter den Zeichen in concreto, die Weltweisheit das Allgemeine durch die Zeichen in abstracto." § 3: „In der M. sind nur wenige unauflösliche Begriffe und unerweisliche Sätze, in der Philosophie aber unzählige." § 4: „Das Objekt der M. ist leicht und einfältig, der Philosophie aber schwer und verwickelt", Nat. Theol. 1. Btr. (V 1, 118—125). „Der Gebrauch, den man in der Weltweisheit von der M. machen kann, besteht entweder in der Nachahmung ihrer Methode oder in der wirklichen Anwendung ihrer Sätze auf die Gegenstände der Philosophie." Vorteilhaft ist bisher nur der zweite Gebrauch der M. geworden. Die Metaphysik darf die mathematischen Begriffe nicht als Fiktionen ansehen, sondern muß sie für ihre Begriffe des Raumes, der Zeit, des unendlich Kleinen verwerten, Neg. Größ. Vorr. (V 1, 73 f.). Das Verfahren der M. ist analytisch, das der Metaphysik synthetisch: erstere beginnt mit Definitionen, letztere endigt mit solchen, Nachricht v. d. Einricht. s. Vorles. 1765—66 (V 1, 154 f.).

Die M. „gibt das glänzendste Beispiel einer sich ohne Beihilfe der Erfahrung von selbst glücklich erweiternden reinen Vernunft". Dieses Beispiel ist ansteckend; daher hofft reine Vernunft im transzendentalen Gebrauche sich ebenso glücklich erweisen zu können, als es ihr im mathematischen gelungen ist, wenn sie dieselbe Methode anwendet. Das führt zu einer (rationalistischen) „dogmatischen" Philosophie. Aber die Methode der philosophischen Erkenntnis ist eine andere als die der M. „Die philosophische Erkenntnis ist die Vernunfterkenntnis aus Begriffen, die mathematische aus der Konstruktion der Begriffe. Einen Begriff aber konstruieren heißt: die ihm korrespondierende Anschauung a priori darstellen." Zur Konstruktion (s. d.) eines Begriffes gehört also eine „nichtempirische" (reine) Anschauung, die als solche „ein einzelnes Objekt" ist, aber trotzdem „Allgemeingültigkeit für alle möglichen Anschauungen, die unter denselben Begriff gehören, in der Vorstellung ausdrücken muß". „Die philosophische Erkenntnis betrachtet also das Besondere nur im Allgemeinen, die mathematische das Allgemeine im Besonderen, ja gar im Einzelnen, gleichwohl doch a priori und vermittelst der Vernunft", KrV tr. Meth. 1. H. 1. Abs. (I 599f.—Rc 743f.). Erstere betrachtet das Allgemeine „in abstracto (durch Begriffe)", letztere das Allgemeine „in concreto (in der einzelnen Anschauung) und doch durch reine Vorstellung a priori", ibid. (I 615—Rc 761). Die Philosophie urteilt „diskursiv nach Begriffen", die M. „intuitiv durch die Konstruktion des Begriffs", ibid. (I 604—Rc 749). Die M. unterscheidet sich nicht etwa dadurch von der Philosophie, daß sie bloß die Quantität, letztere bloß die Qualität zum Gegenstande habe. Nicht der Gegenstand, sondern die Form der (apriorischen) Erkenntnis ist in beiden verschieden. Auf „Quanta" geht nur die M., weil nur der Begriff von Größen sich konstruieren, d. h. a priori in der Anschauung darlegen läßt. Qualitäten wiederum lassen sich nur in einer empirischen Anschauung darstellen; daher kann eine Vernunfterkenntnis derselben nur durch Begriffe möglich sein. „Übrigens handelt die Philosophie ebensowohl von Größen als die M., z. B. von der Totalität, der Unendlichkeit usw. Die M. beschäftigt sich auch mit dem Unterschiede der Linien und Flächen als Räumen von verschiedener Qualität, mit der Kontinuität der Ausdehnung als einer Qualität derselben", ibid. (I 600f.—Rc. 745). Die M. allein aber konstruiert Größen an der reinen Anschauung, von der geleitet sie durch eine Kette von Schlüssen zu völlig einleuchtenden und allgemeinen Problemlösungen gelangt (Geometrie). Die Algebra konstruiert nicht bloß Größen, sondern auch „die bloße Größe" (Quantität); so in der Buchstabenrechnung. „Sie wählt sich alsdann eine gewisse Bezeichnung aller Konstruktionen von Größen überhaupt (Zahlen), als der Addition, Subtraktion usw., Ausziehung der Wurzel, und nachdem sie den allgemeinen Begriff der Größen nach den verschiedenen Verhältnissen derselben auch bezeichnet hat, so stellt sie alle Behandlung, durch die die Größe erzeugt und verändert wird, nach gewissen allgemeinen Regeln in der Anschauung dar.“ Mittelst einer „symbolischen Konstruktion“ gelangt sie, wie die Geometrie mittelst einer „ostensiven“ der Gegenstände selbst, dahin, wohin die diskursive Erkenntnis vermittelst bloßer Begriffe niemals gelangen könnte, ibid. (I 602f.—Rc 747). In den mathematischen Aufgaben ist von der „Existenz“ der Gegenstände nicht die Frage, nur von den „Eigenschaften der Gegenstände“, ibid. (I 604—Rc 748f.). Die mathematische „Vernunfterkenntnis“ unterscheidet sich von der philosophischen also durch die Möglichkeit der Konstruktion ihrer Begriffe in der reinen, formalen Anschauung, wodurch sie die Realität derselben a priori beglaubigt, da sie ihre Gegenstände ja selbst erzeugt. Jene Philosophie (Metaphysik), die nicht den Unterschied ihrer Methode von der mathematischen einsieht, ahmt diese nach und glaubt damit apriorische Erkenntnisse auch da zu gewinnen, wo die Möglichkeit zu ihr und ihrer Bewahrheitung fehlt — im Transzendenten. M. und Philosophie sind aber „ganz verschiedene Dinge“, wenn sie auch in der Naturwissenschaft „einander die Hand bieten“ und ferner die „Möglichkeit der M.“ in der „Transzendentalphilosophie“ gezeigt werden muß, ibid. (I 609—Rc 754f.). Die Philosophie kann die Methode der M. nicht nachahmen. Die Gründlichkeit der letzteren beruht auf Definitionen, Axiomen, Demonstrationen. Nur mathematische Begriffe lassen sich eigentlich definieren; denn nur diese Begriffe enthalten „eine willkürliche Synthesis . . ., welche a priori konstruiert werden kann“, und durch diese Definitionen wird der Begriff von dem Gegenstande ursprünglich gegeben. Philosophische „Definitionen“ sind nur „Expositionen“ gegebener Begriffe, mathematische Definitionen aber „Konstruktionen ursprünglich gemachter Begriffe“. In der Philosophie darf die Definition (Exposition) höchstens nur „zum bloßen Versuche“ vorangestellt werden, während in der M. mit der Definition angefangen werden muß, weil hier kein Begriff vor der Definition besteht. Auch können mathematische Definitionen nie irren, weil durch sie erst die Begriffe gegeben werden; nur mehr oder weniger „präzis“ können sie sein, ibid. (I 611ff.—Rc 756ff.). Axiome, d. h. unmittelbar gewisse synthetische Grundsätze a priori, hat nur die M. Die Grundsätze der Philosophie bedürfen trotz ihrer Apriorität einer „Deduktion“ (s. d.), einer Rechtfertigung ihres Gebrauchs. Endlich enthält nur die M. Demonstrationen, d. h. intuitiv-apodiktische Beweise; philosophische Erkenntnisse können, obzwar apodiktisch gewiß, nie „anschauende Gewißheit, d. i. Evidenz“ haben, sie sind nicht demonstrierbar, nur der „akroamatischen“ (diskursiven) Beweise fähig, ibid. (I 613ff.—Rc 758ff.).

Mathematische Sätze sind „solche, welche durch die Konstruktion der Begriffe Vernunfterkenntnis hervorbringen“. „Daß die M. auf dem Boden des Sinnlichen wandelt, da die Vernunft selbst ihre Begriffe konstruieren, d. i. a priori in der Anschauung darstellen und so die Gegenstände a priori erkennen kann, die Philosophie hingegen eine Erweiterung der Erkenntnis der Vernunft durch bloße Begriffe, wo man seinen Gegenstand nicht sowie dort vor sich hinstellen kann, sondern die uns gleichsam in der Luft vorschweben, unternimmt, fiel den Metaphysikern nicht ein als einen himmelweiten Unterschied, in Ansehung der Möglichkeit der Erkenntnis a priori, zur wichtigen Aufgabe zu machen“, Fortschr. d. Metaph. Vorr. (V 3, 85ff.). „Philosophie . . . ist die Vernunfterkenntnis aus bloßen Begriffen, M. hingegen die Vernunfterkenntnis aus der Konstruktion der Begriffe.“ „Der M.er kann sich nie seiner Vernunft nach bloßen Begriffen, der Philosoph ihrer nie durch Konstruktion der Begriffe bedienen. — In der M. braucht man die Vernunft in concreto, die Anschauung ist aber nicht empirisch, sondern man macht sich hier etwas a priori zum Gegenstande der Anschauung.“ Die Erkenntnisse der M. sind „intuitiv“, die der Philosophie nur „diskursiv“, Log. Einl. III (IV 25). Vgl. Konstruktion, Metaphysik.

Mathematisch s. Mathematik, Grundsätze, Kategorie, Antinomie, Erhaben, Idee.

Maxime. „Praktische Gesetze, sofern sie zugleich subjektive Gründe der Handlungen, d. i. subjektive Grundsätze, werden, heißen M.n." „Die Beurteilung der Sittlichkeit, ihrer Reinigkeit und Folgen nach, geschieht nach Ideen, die Befolgung ihrer Gesetze nach M.n." „Es ist notwendig, daß unser ganzer Lebenswandel sittlichen M.n untergeordnet werde." Bedingung dazu ist die Verknüpfung der Idee Gottes (s. d.) und der Unsterblichkeit (s. d.) mit dem moralischen Gesetze, KrV tr. Meth. 2. H. 2. Abs. (I 672—Rc 824 f.). M. ist das „subjektive Prinzip des Wollens", GMS 1. Abs. 1. Anm. (III 19), „das subjektive Prinzip zu handeln". Sie enthält „die praktische Regel, die die Vernunft den Bedingungen des Subjekts gemäß (öfters der Unwissenheit oder auch den Neigungen desselben) bestimmt", sie ist also der Grundsatz, nach welchem das Subjekt handelt, während das Gesetz bestimmt, wie es handeln soll, ibid. 2. Abs. 7. Anm. (III 44). „Praktische Grundsätze sind Sätze, welche eine allgemeine Bestimmung des Willens enthalten, die mehrere praktische Regeln unter sich hat. Sie sind subjektiv oder M.n, wenn die Bedingung nur als für den Willen des Subjekts gültig von ihm angesehen wird", KpV 1. T. 1. B. 1. H. § 1 Erklär. (II 23). Eine M. ist eine „Regel, die die Willkür sich selbst für den Gebrauch ihrer Freiheit macht", Rel. 1. St. Von d. Einwohnung ... (IV 19). Etwas in seine M. aufnehmen heißt, es sich zur allgemeinen Regel des Verhaltens machen, ibid. Anmerk. (IV 23); vgl. Willkür, Böse. „Die Regel des Handelnden, die er sich selbst aus subjektiven Gründen zum Prinzip macht, heißt seine M.; daher bei einerlei Gesetzen die M.n der Handelnden sehr verschieden sein können." M. ist „das subjektive Prinzip zu handeln, was sich das Subjekt selbst zur Regel macht (wie es nämlich handeln will)", MS Einl. IV (III 28 f.). Der kategorische Imperativ (s. d.) fordert, so zu handeln, daß die M. des Wollens zum Prinzip einer allgemeinen Gesetzgebung sich eignet. Vgl. Prinzip, Glückseligkeit, Gesetze (praktische), Regel.

Maximen der Vernunft. „Ich nenne alle subjektiven Grundsätze, die nicht von der Beschaffenheit des Objekts, sondern dem Interesse der Vernunft in Ansehung einer gewissen möglichen Vollkommenheit der Erkenntnis dieses Objekts hergenommen sind, M. der Vernunft." „So gibt es M. der spekulativen Vernunft, die lediglich auf dem spekulativen Interesse derselben beruhen, ob es zwar scheinen mag, sie wären objektive Prinzipien." Es sind dies die (richtig angewandten) Prinzipien systematischer Einheit, die alle auf einem „Vernunftinteresse" beruhen und regulativ-heuristischen Wert haben. KrV tr. Dial. Anh. Von d. regulativen Gebrauch ... (I 565 f.—Rc 709 f.); vgl. Idee, Einheit.

Maximum s. Antinomie, Unendlichkeit, Idee.

Mechanik. Die M. hat apriorische Grundlagen, sie enthält synthetische Urteile (s. d.) a priori, welche eine Voraussetzung der Erfahrung bilden. Diese Grundsätze beziehen sich unmittelbar auf die reine Anschauung der Zeit und gelten wie diese von den Gegenständen möglicher (äußerer) Erfahrung, deren Form die Zeit ist. Die äußere Natur (s. d.) als Inbegriff von gesetzmäßig verknüpften Erscheinungen gehorcht den Gesetzen der M. Die Entwicklung des Weltalls ist nach mechanischen Gesetzen zu begreifen (s. Weltkörper).

Es ist anzunehmen, „daß die Welt eine mechanische Entwicklung aus den allgemeinen Naturgesetzen zum Ursprunge ihrer Verfassung erkenne", Th. d. Himmels 2. T. 8. H. (VII 148); vgl. Welt. Die Materie (s. d.) läßt durch ihre (von Gott eingepflanzten) Kräfte und Gesetze auf mechanische Weise zweckmäßige Gebilde, Welten hervorgehen (vgl. Zweck). Die „drei Gesetze der allgemeinen M." sind: 1. das „Gesetz der Selbständigkeit", d. h. der Konstanz der Materie (s. d.), 2. das „Gesetz der Trägheit" (s. d.), 3. das „Gesetz der Gegenwirkung der Materien" (s. Wirkung; „lex subsistentiae, inertiae, antagonismi"), Anfangsgr. d. Naturw. 3. H. Lehrs. 4, Anmerk. 2 (VII 302). Vgl. Bewegung, Kraft, Bewegungslehre, Mathematik.

Mechanisch. „Die Wirkung bewegter Körper aufeinander durch Mitteilung ihrer Bewegung heißt m.“, Anfangsgr. d. Naturw. 2. H. Allg. Anmerk. zur Dynamik (VII 274).

Mechanismus s. Mechanik. — „Die Erklärungsart der spezifischen Verschiedenheit der Materien durch die Beschaffenheit und Zusammensetzung ihrer kleinsten Teile, als Maschinen, ist die mechanische Naturphilosophie“ (Atomistik oder Korpuskularphilosophie). „Das Wesentliche derselben besteht in der Voraussetzung der absoluten Undurchdringlichkeit der primitiven Materie, in der absoluten Gleichartigkeit dieses Stoffs und dem allein übrig gelassenen Unterschiede in der Gestalt, und in der absoluten Unüberwindlichkeit des Zusammenhanges der Materie in diesen Grundkörperchen selbst“, Anfangsgr. d. Naturw. Allg. Anmerk. zur Dynamik (VII 278); vgl. Dynamismus. Man kann „alle Notwendigkeit der Begebenheiten in der Zeit nach dem Naturgesetze der Kausalität“ den „M.“ der Natur nennen, „ob man gleich darunter nicht versteht, daß Dinge, die ihm unterworfen sind, wirklich materielle Maschinen sein müßten“. „Hier wird nur auf die Notwendigkeit der Verknüpfung der Begebenheiten in einer Zeitreihe, so wie sie sich nach dem Naturgesetze entwickelt, gesehen, man mag nun das Subjekt, in welchem dieser Ablauf geschieht, Automaton materiale, da das Maschinenwesen durch Materie, oder mit Leibniz spirituale, da es durch Vorstellungen betrieben wird, nennen“, wie dies bei der bloß psychologischen (nicht transzendentalen) Freiheit (s. d.) der Fall ist, KpV 1. T. 1. B. 3. H. Kritische Beleuchtung ... (II 125). M. und Zweckmäßigkeit (s. d.) schließen einander nicht aus, sondern es können Zwecke durch den M. der Natur selbst erreicht werden. Dem M. des Geschehens in allem nachzugehen, ist eine Bedingung aller Naturwissenschaft (s. Zweck).

Meditieren. M. ist „Nachdenken oder ein methodisches Denken“, Log. § 120 (IV 164).

Meinen, Meinung. Bevor wir wegen der Wirklichkeit eines Gegenstandes zur Meinung unsere Zuflucht nehmen, muß erst die Möglichkeit derselben gewiß sein, KrV tr. Meth. 1. H. 3. Abs. (I 641—Rc 790). „Die von aller Erfahrung abgesonderte Vernunft kann alles nur a priori und als notwendig oder gar nicht erkennen; daher ist ihr Urteil niemals Meinung ... Meinungen und wahrscheinliche Urteile von dem, was Dingen zukommt, können nur als Erklärungsgründe dessen, was wirklich gegeben ist, oder Folgen nach empirischen Gesetzen von dem, was als wirklich zum Grunde liegt, mithin nur in der Reihe der Gegenstände der Erfahrung vorkommen. Außer diesem Falle ist Meinen soviel als mit Gedanken spielen, es müßte denn sein, daß man von einem unsicheren Wege des Urteils bloß die Meinung hätte, vielleicht auf ihm die Wahrheit zu finden“, ibid. (I 645—Rc 794f.). „Meinen ist ein mit Bewußtsein sowohl subjektiv als objektiv unzureichendes Fürwahrhalten.“ „Ich darf mich niemals unterwinden zu meinen, ohne wenigstens etwas zu wissen.“ „In Urteilen aus reiner Vernunft ist es gar nicht erlaubt, zu meinen. Denn weil sie nicht auf Erfahrungsgründe gestützt werden, sondern alles a priori erkannt werden soll, wo alles notwendig ist, so erfordert das Prinzip der Verknüpfung Allgemeinheit und Notwendigkeit, mithin völlige Gewißheit, widrigenfalls gar keine Leitung auf Wahrheit angetroffen wird.“ Daher gibt es kein Meinen in der reinen Mathematik und in den Grundsätzen der Moral, „da man nicht auf bloße Meinung, daß etwas erlaubt sei, eine Handlung wagen darf, sondern dieses wissen muß“. Im „transzendentalen Gebrauche der Vernunft“ wieder ist Meinen zu wenig, Wissen zu viel, ibid. 2. H. 3. Abs. (I 678f.—Rc 832f.). Das Meinen ist ein „problematisches“ Urteilen bzw. ein „vorläufiges“ Urteilen. Es ist ein „Fürwahrhalten aus einem Erkenntnisgrunde, der weder subjektiv noch objektiv hinreichend ist“. „Vom Meinen fangen wir größtenteils bei allem unseren Erkennen an. Zuweilen haben wir ein dunkles Vorgefühl von der Wahrheit; eine Sache scheint uns Merkmale der Wahrheit zu enthalten; — wir ahnen ihre Wahrheit schon, noch ehe wir sie mit bestimmter Gewißheit erkennen.“ Meinung findet nur in „empirischen Erkenntnissen“ statt, nicht in Mathematik, Metaphysik,

Moral, Log. Einl. IX (IV 73 f.). „Meinungssachen" sind stets „Objekte einer wenigstens an sich möglichen Erfahrungserkenntnis (Gegenstände der Sinnenwelt), die aber nach dem bloßen Grade dieses Vermögens, den wir besitzen, für uns unmöglich ist" (z. B. der Äther), KU § 91 (II 341). „Meinung ist ein mit Bewußtsein unzureichendes Fürwahrhalten, ist ein vorläufiges Fürwahrhalten", N 2459. „Wissen und Glauben ist entschieden, Meinen unentschieden", N 2450. „Bei der Meinung ist man noch frei (problematisch), beim Glauben assertorisch (man erklärt sich), beim Wissen apodiktisch (unwiderruflich). Man braucht bei jenem nur eine bessere Meinung dagegen zu bringen; beim Glauben aber bin ich dem Subjekte nach schon gebunden", N 2449. Vgl. Metaphysik, Hypothese, Glauben, Fürwahrhalten.

Melancholie s. Temperament. Der zur M. Gestimmte „gibt allen Dingen, die ihn selbst angehen, eine große Wichtigkeit, findet allerwärts Ursache zu Besorgnissen und richtet seine Aufmerksamkeit zuerst auf die Schwierigkeiten, sowie dagegen der Sanguinische von der Hoffnung des Gelingens anhebt: daher jener auch tief, sowie dieser nur oberflächlich denkt", Anthr. 2. T. A, b (IV 230).

Mensch. Der M. ist ein Wesen, dessen Anlagen (s. d.) sich vollkommen nur in der Gattung, im Prozeß der geschichtlichen Entwicklung, entfalten können. Er ist zum Leben in der Gesellschaft (s. d.) bestimmt, in der er zur Kultur (s. d.) gelangt. Durch eigene Aktivität, durch vernünftig-zweckvolle Gestaltung, nicht durch Instinkte wie das Tier, erreicht er seine Bestimmung, schreitet er vom Tierischen zum rein Menschlichen fort, der Idee der Menschheit seine Triebe unterordnend. Als Sinnenwesen ist der M. Erscheinung, als geistiges, vernünftiges, Zwecke setzendes und (sich selbst) Gesetze gebendes. frei wollendes Wesen aber „Noumenon" (s. d.), zur „intelligiblen Welt" (s. d.) gehörig. Die Ethik fordert, den M.en (die „Menschheit" in jedem) nie bloß als Mittel, immer auch als Zweck zu behandeln. Der M. hat viele Schwächen (s. Böse), aus „so krummem Holze" kann nichts Vollkommenes werden, aber er hat Anlagen (s. d.) zum Guten und zum Fortschritt der Gattung. Die reine Menschheit in allem ist „heilig", sie verleiht dem M.en „Würde" (s. d.). Das Christentum (s. d.) enthält die Idee der zum Vorbild dienenden Gott wohlgefälligen M.heit.

„Am M.en (als dem einzigen vernünftigen Geschöpf auf Erden) sollten sich diejenigen Naturanlagen, die auf den Gebrauch seiner Vernunft abgezielt sind, nur in der Gattung, nicht aber im Individuum vollständig entwickeln." „Die Natur hat gewollt, daß der M. alles, was über die mechanische Anordnung seines tierischen Daseins geht, gänzlich aus sich selbst herausbringe und keiner anderen Glückseligkeit oder Vollkommenheit teilhaftig werde, als die er sich selbst, frei von Instinkt, durch eigene Vernunft verschafft hat", G. i. weltbürg. Abs. 2. u. 3. Satz (VI 6 f.). „Der M. ist ein Tier, das, wenn es unter anderen seiner Gattung lebt, einen Herrn nötig hat. Denn er mißbraucht gewiß seine Freiheit in Ansehung anderer seinesgleichen... Er bedarf also eines Herrn, der ihm den eigenen Willen breche und ihn nötige, einem allgemeingültigen Willen, dabei jeder frei sein kann, zu gehorchen", ibid. 6. Satz (VI 11). „Wie es mit den Einwohnern anderer Planeten und ihrer Natur beschaffen sei, wissen wir nicht; wenn wir aber diesen Auftrag der Natur [d. i. die Annäherung an die Idee einer allgemein das Recht verwaltenden bürgerlichen Gesellschaft] gut ausrichten, so können wir uns wohl schmeicheln, daß wir unter unseren Nachbarn im Weltgebäude einen nicht geringen Rang behaupten dürften. Vielleicht mag bei diesen ein jedes Individuum seine Bestimmung in seinem Leben völlig erreichen. Bei uns ist es anders; nur die Gattung kann dieses hoffen", ibid. Anm. (VI 12). „Wenn... Menschengattung das Ganze einer ins Unendliche (Unbestimmbare) gehenden Reihe von Zeugungen bedeutet (wie dieser Sinn denn ganz gewöhnlich ist), und es wird angenommen, daß diese Reihe der Linie ihrer Bestimmung, die ihr zur Seite läuft, sich unaufhörlich nähere, so ist es kein Widerspruch, zu sagen: daß sie in allen ihren Teilen dieser asymptotisch sei, und doch im ganzen mit ihr zusammenkomme, mit anderen Worten, daß kein

Glied aller Zeugungen des Menschengeschlechts, sondern nur die Gattung ihre Bestimmung völlig erreiche", Rezension zu Herders „Ideen" III (VI 46). „Der vierte und letzte Schritt, den die den M.en über die Gesellschaft mit Tieren gänzlich erhebende Vernunft hat, war: daß er (wiewohl nur dunkel) begriff, er sei eigentlich der Zweck der Natur, und nichts, was auf Erden lebt, könne hierin einen Mitbewerber gegen ihn abgeben." — „Und so war der M. in eine Gleichheit mit allen vernünftigen Wesen, von welchem Range sie auch sein mögen, getreten: nämlich in Ansehung des Anspruchs, selbst Zweck zu sein, von jedem anderen auch als ein solcher geschätzt und von keinem bloß als Mittel zu anderen Zwecken gebraucht zu werden", Anf. d. Menschengesch. (VI 54 f.). „Ein anderes Beispiel zum Beweise der Wahrheit des Satzes, daß die Natur in uns zwei Anlagen zu zwei verschiedenen Zwecken, nämlich der M.heit als Tiergattung und ebenderselben als sittlicher Gattung, gegründet habe, ist das: Ars longa, vita brevis des Hippokrates... Denn wenn der glücklichste Kopf am Rande der größten Entdeckungen steht, die er von seiner Geschicklichkeit und Erfahrenheit hoffen darf, so tritt das Alter ein; er wird stumpf und muß es einer zweiten Generation ... überlassen, noch eine Spanne im Fortschritte der Kultur hinzuzutun. Der Hang der Menschengattung zur Erreichung ihrer ganzen Bestimmung scheint daher unaufhörlich unterbrochen und in kontinuierlicher Gefahr zu sein, in die alte Rohigkeit zurückzufallen." Der M. „sollte sich aus der Rohigkeit seiner Naturanlagen selbst herausarbeiten, und indem er sich über sie erhebt, dennoch acht haben, daß er nicht wider sie verstoße; eine Geschicklichkeit, die er nur spät und nach vielen mißlingenden Versuchen erwarten kann, binnen welcher Zwischenzeit die M.heit unter den Übeln seufzt, die sie sich aus Unerfahrenheit selbst antut", ibid. Anmerk. Anm. (VI 57 f.). Es ergibt sich, „daß der M. aus dem Zeitabschnitte der Gemächlichkeit und des Friedens in den der Arbeit und der Zwietracht, als das Vorspiel der Vereinigung in Gesellschaft, überging", ibid. Beschluß (VI 59). Der M. ist vor allen anderen Tieren durch sein Selbstbewußtsein ausgezeichnet, weswegen er „ein vernünftiges Tier" ist, Fried. i. d. Phil. 1. Abs. A. Von den physischen Ursachen .. (V 4, 30). Nur der M. ist des Ideals der Vollkommenheit fähig. Freilich: „Wie kann man aber erwarten, daß aus so krummem Holze etwas völlig Gerades gezimmert werde", Rel. 3. St. IV (IV 114).

Der M. hat einen Charakter, „den er sich selbst schafft, indem er vermögend ist, sich nach seinen von ihm selbst genommenen Zwecken zu perfektionieren, wodurch er als mit Vernunftfähigkeit begabtes Tier (animal rationabile) aus sich selbst ein vernünftiges Tier (animal rationale) machen kann". Das Charakteristische der Menschengattung ist, „daß die Natur den Keim der Zwietracht in sie gelegt und gewollt hat, daß ihre eigene Vernunft aus dieser diejenige Eintracht, wenigstens die beständige Annäherung zu derselben herausbringe, welche letztere zwar in der Idee der Zweck, der Tat nach aber die erstere (die Zwietracht) in dem Plane der Natur das Mittel einer höchsten, uns unerforschlichen Weisheit ist: die Perfektionierung des M.en durch fortschreitende Kultur, wenngleich mit mancher Aufopferung der Lebensfreuden desselben, zu bewirken", Anthr. 2. T. E (IV 275 f.). „Unter den lebenden Erdbewohnern ist der M. durch seine technische (mit Bewußtsein verbunden-mechanische) zu Handhabung der Sachen, durch seine pragmatische (andere M.en zu seinen Absichten geschickt zu brauchen) und durch die moralische Anlage in seinem Wesen (nach dem Freiheitsprinzip unter Gesetzen gegen sich und andere zu handeln) von allen übrigen Naturwesen kenntlich unterschieden", ibid. (IV 276). Ursprünglich war der M. wohl ein einsiedlerisches (nicht geselliges) Wesen (ibid.). Bei dem M.en erreicht nicht jedes Individuum seine ganze Bestimmung, sondern nur die Gattung, „so daß sich das menschliche Geschlecht nur durch Fortschreiten in einer Reihe unabsehlich vieler Generationen zu seiner Bestimmung emporarbeiten kann; wo das Ziel ihm doch immer noch im Prospekte bleibt, gleichwohl aber die Tendenz zu diesem Endzwecke zwar wohl öfters gehemmt, aber nie ganz rückläufig werden kann", ibid. (IV 278). Der M. ist „durch seine Vernunft bestimmt, in einer Gesellschaft mit M.en zu sein und in ihr sich durch Kunst und Wissenschaften zu kultivieren, zu zivilisieren und zu moralisieren, wie groß auch sein tierischer Hang sein mag, sich den Anreizen der Gemächlichkeit und des Wohllebens, die er Glückseligkeit nennt, passiv zu überlassen, sondern vielmehr tätig, im Kampf mit den Hindernissen, die ihm von der Rohigkeit seiner Natur anhängen, sich der M.heit würdig zu machen". Der M. muß zum Guten erst erzogen werden, ibid. (IV 279 ff.). Die (richtige) „bürgerliche Verfassung" ist „der höchste Grad der künstlichen Steigerung der guten Anlage in der Menschengattung zum Endzweck ihrer Bestimmung", ibid. (IV 282). Die M.heit soll und kann selbst die Schöpferin ihres Glücks sein; daß sie es sein wird, läßt sich mit Grund erwarten, ibid. (IV 284). Die Menschengattung ist also nicht böse, sondern „eine aus dem Bösen zum Guten in beständigem Fortschreiten unter Hindernissen emporstrebende Gattung vernünftiger Wesen". Ihr Wollen ist im allgemeinen gut, das Vollbringen aber wird dadurch erschwert, „daß die Erreichung des Zwecks nicht von der freien Zusammenstimmung der einzelnen, sondern nur durch fortschreitende Organisation der Erdbürger in und zu der Gattung als einem System, das kosmopolitisch verbunden ist, erwartet werden kann", ibid. (IV 290). Der M. erkennt „aus reiner Vernunft (a priori)" das „Ideal der Menschheit", mit dem er sich vergleicht und nach dessen Maßstab er sich beurteilt, ibid. Ergänz. aus der Handschrift (IV 311).

Der M., „der die ganze Natur sonst lediglich nur durch Sinne kennt", „erkennt sich selbst auch durch bloße Apperzeption, und zwar in Handlungen und inneren Bestimmungen, die er gar nicht zum Eindrucke der Sinne zählen kann". Er ist sich teils „Phänomen", teils aber „ein bloß intelligibler Gegenstand", sofern er Verstand und besonders Vernunft betätigt; welches Vermögen von den empirischbedingten Kräften unterschieden ist, da die Vernunft ihre Gegenstände bloß nach Ideen erwägt und so eine (zeitlose) Kausalität der Freiheit (s. d.) ausübt, KrV tr. Dial. 2. B. 2. H. 9. Abs. Erläuterung der Kosmolog. Idee ... (I 479—Rc 614). Der M. als „intelligibler Charakter" (s. d.) ist ein Noumenon (s. d.). In der Lehre von den Pflichten wird der M. „nach der Eigenschaft seines Freiheitsvermögens, welches ganz übersinnlich ist, also auch bloß nach seiner M.heit, als von physischen Bestimmungen unabhängiger Persönlichkeit (homo noumenon)" vorgestellt, „zum Unterschiede von ebendemselben, aber als mit jenen Bestimmungen behafteten Subjekt, dem M.en (homo phaenomenon)", MSR Einl. Einteilung der MS II (III 45 f.). „Der M. im System der Natur (homo phaenomenon, animal rationale) ist ein Wesen von geringer Bedeutung und hat mit den übrigen Tieren, als Erzeugnissen des Bodens, einen gemeinen Wert (pretium vulgare). Selbst daß er vor diesen den Verstand voraus hat und sich selbst Zwecke setzen kann, das gibt ihm doch nur einen äußeren Wert seiner Brauchbarkeit (pretium usus), nämlich eines M.en vor dem anderen, d. i. einen Preis als einer Ware in dem Verkehr mit diesen Tieren als Sachen, wo er doch noch einen niedrigeren Wert hat als das allgemeine Tauschmittel, das Geld." „Allein der M. als Person betrachtet, d. i. als Subjekt einer moralisch-praktischen Vernunft, ist über allen Preis erhaben; denn als ein solcher (homo noumenon) ist er nicht bloß als Mittel zu anderer ihren, ja selbst seinen eigenen Zwecken, sondern als Zweck an sich selbst zu schätzen, d. i. er besitzt eine Würde (einen absoluten inneren Wert), wodurch er allen anderen vernünftigen Weltwesen Achtung für ihn abnötigt, sich mit jedem anderen dieser Art messen und auf den Fuß der Gleichheit schätzen kann." „Die M.heit in seiner Person ist das Objekt der Achtung, die er von jedem anderen M.en fordern kann, deren er aber auch sich nicht verlustig machen muß." Seine Geringfügigkeit als „Tiermensch" kann dem Bewußtsein seiner Würde als „Vernunftmensch" nicht Abbruch tun und er soll die moralische Selbstschätzung nicht verleugnen, d. h. sich nicht knechtisch verhalten. „Werdet nicht der M.en Knechte. — Laßt euer Recht nicht ungeahndet von anderen mit Füßen treten", MST § 11 (III 285 f.). „Der M. hat den unterscheidenden Trieb, daß er sich bei seinesgleichen in Wert zu setzen (entweder in Ansehen: durch Furcht, oder Achtung: durch Bewunderung, oder Zuneigung: durch Liebe) sucht, darum weil sein Wohlleben nicht bloß von ihm, sondern anderer M.en Hilfe abhängt", N 1452. Vgl. Menschheit, Leben (menschliches), Ich, Subjekt, Selbst, Charakter, Person, Geschichte, Kultur, Gesellschaft, Fortschritt, Böse, Rasse, Entwicklung, Vernunft.

Menschenliebe s. Liebe, Lüge.

Menschenrechte s. Recht.

Menschenvernunft s. Vernunft.

Menschenverstand, gesunder. Es ist eine große Gabe, einen „geraden" oder „schlichten" M. zu besitzen, aber man muß ihn durch Taten beweisen, sich nicht auf ihn als ein Orakel berufen. „Wenn Einsicht und Wissenschaft auf die Neige gehen, alsdann und nicht eher sich auf den gemeinen M. zu berufen, das ist eine von den subtilen Erfindungen neuerer Zeiten, dabei es der schalste Schwätzer mit dem gründlichsten Kopfe getrost aufnehmen und es mit ihm aushalten kann. Solange aber noch ein kleiner Rest von Einsicht da ist, wird man sich wohl hüten, diese Nothilfe zu ergreifen. Und beim Lichte besehen ist diese Appellation nichts anderes als eine Berufung auf das Urteil der Menge: ein Zuklatschen, über das der Philosoph errötet, der populäre Witzling aber triumphiert und trotzig tut." Die „kritische Vernunft" muß den gemeinen Verstand in Schranken halten, „damit er sich nicht zu Spekulationen versteige" oder über solche entscheide; nur so wird er ein „gesunder" Verstand bleiben, der bei Urteilen, die in der Erfahrung unmittelbare Anwendung finden, brauchbar ist, Prol. Vorr. (III 6f.).

Menschheit. Die M. ist das reine Wesen des Menschen, gegenüber der „Tierheit" in ihm. Kein Wesen kongruiert mit der Idee des Vollkommensten seiner Art, „so wenig wie der Mensch mit der Idee der M., die er sogar selbst als das Urbild seiner Handlungen in seiner Seele trägt", KrV tr. Dial. 1. B. 1. Abs. (I 332—Rc 399). „Der Mensch ist zwar unheilig genug, aber die M. in seiner Person muß ihm heilig sein. In der ganzen Schöpfung kann alles, was man will, und worüber man etwas vermag, auch bloß als Mittel gebraucht werden; nur der Mensch, und mit ihm jedes vernünftige Geschöpf, ist Zweck an sich selbst. Er ist nämlich das Subjekt des moralischen Gesetzes, welches heilig ist, vermöge der Autonomie seiner Freiheit" (vgl. Persönlichkeit). Die Würde (s. d.) der M. in der Person des Menschen muß erhalten und geehrt werden, KpV 1. T. 1. B. 3. H. (II 112 f.); vgl. 2. B. 2. H. V (II 168). Der Mensch (s. d.) als moralisches Wesen ist der Endzweck (s. d.) der Schöpfung, KU § 86 (II 312ff.). „Das, was allein eine Welt zum Gegenstande des göttlichen Ratschlusses und zum Zwecke der Schöpfung machen kann, ist die M. (das vernünftige Weltwesen überhaupt) in ihrer moralischen ganzen Vollkommenheit, wovon als oberste Bedingung die Glückseligkeit die unmittelbare Folge in dem Willen des höchsten Wesens ist." „Dieser allein Gott wohlgefällige Mensch ‚ist in ihm von Ewigkeit her'", er ist Gottes „eingeborener Sohn" (s. Christentum). „Zu diesem Ideal der moralischen Vollkommenheit, d. i. dem Urbilde der sittlichen Gesinnung, in ihrer ganzen Lauterkeit uns zu erheben, ist nur allgemeine Menschenpflicht, wozu uns auch diese Idee selbst, welche von der Vernunft uns zur Nachstrebung vorgelegt wird, Kraft geben kann." Diese Idee hat ihre „Realität in praktischer Beziehung" in sich selbst, Rel. 2. St. 1. Abs. a. (IV 66ff.). „Es ist ... etwas in uns, was zu bewundern wir niemals aufhören können, wenn wir es einmal ins Auge gefaßt haben, und dieses ist zugleich dasjenige, was die M. in der Idee zu einer Würde erhebt, die man am Menschen als Gegenstand der Erfahrung nicht vermuten sollte." Daß wir das Vermögen haben, „der Moral mit unserer sinnlichen Natur so große Opfer zu bringen, daß wir das auch können, wovon wir ganz leicht und klar begreifen, daß wir es sollen, diese Überlegenheit des übersinnlichen Menschen in uns über den sinnlichen, desjenigen, gegen den der letztere (wenn es zum Widerstreit kommt) nichts ist, ob dieser zwar in seinen eigenen Augen alles ist: diese moralische, von der M. unzertrennliche

Anlage in uns ist ein Gegenstand der höchsten Bewunderung, die, je länger man dieses wahre (nicht erdachte) Ideal ansieht, nur immer desto höher steigt", Str. d. Fak. 1. Abs. Allg. Anmerk. (V 4, 103 f.). „Das Vermögen, sich überhaupt irgendeinen Zweck zu setzen, ist das Charakteristische der M. (zum Unterschiede von der Tierheit)", MST Einl. VIII (III 233). Die M. in der Person des Menschen (s. d.) ist das Objekt der Achtung, die er von jedem anderen Menschen fordern kann und auf der seine Würde (s. d.), sein absoluter innerer Wert beruht, ibid. § 11 (III 285f.). Die Pflicht gegen sich selbst gebietet, daß der Mensch die „Würde der M." in seiner eigenen Person bewahre, Über Pädagogik (VIII 240f.). Vgl. Mensch, Imperativ, Person, Selbst, Würde, Reich der Zwecke, Humanität, Christentum.

Merkmal. Wir erkennen Dinge nur durch M.e. „Ein M. ist dasjenige an einem Dinge, was einen Teil der Erkenntnis desselben ausmacht, oder — welches dasselbe ist — eine Partialvorstellung, sofern sie als Erkenntnisgrund der ganzen Vorstellung betrachtet wird. — Alle unsere Begriffe sind demnach M.e und alles Denken ist nichts anderes als ein Vorstellen durch M.e." „Ein jedes M. läßt sich von zwei Seiten betrachten: Erstlich, als Vorstellung an sich selbst; zweitens, als gehörig wie ein Teilbegriff zu der ganzen Vorstellung eines Dinges und dadurch als Erkenntnisgrund dieses Dinges selbst." „Alle M.e, als Erkenntnisgründe betrachtet, sind von zwiefachem Gebrauche, entweder einem innerlichen oder einem äußerlichen. Der innere Gebrauch besteht in der Ableitung, um durch M.e, als ihre Erkenntnisgründe, die Sache selbst zu erkennen. Der äußere Gebrauch besteht in der Vergleichung, sofern wir durch M.e ein Ding mit anderen nach den Regeln der Identität oder Diversität vergleichen können." Es gibt „analytische" oder „synthetische" Merkmale. „Jene sind Teilbegriffe meines wirklichen Begriffes (die ich darin schon denke), diese dagegen sind Teilbegriffe des bloß möglichen ganzen Begriffes (der also durch eine Synthesis mehrerer Teile erst werden soll). — Erstere sind alle Vernunftbegriffe, die letzteren können Erfahrungsbegriffe sein." Ferner gibt es „koordinierte" und „subordinierte" M.e. „Koordiniert sind die M.e, sofern ein jedes derselben als ein unmittelbares M. der Sache vorgestellt wird; und subordiniert, sofern ein M. uns vermittelst des anderen an dem Dinge vorgestellt wird." „Die Verbindung koordinierter M.e zum Ganzen des Begriffes heißt ein Aggregat; die Verbindung subordinierter M.e eine Reihe." Ferner sind zu unterscheiden: „bejahende" und „verneinende", „wichtige", „fruchtbare" und „leere", „unwichtige", „zureichende und notwendige" und „unzureichende" und „zufällige" M.e. Die notwendigen M.e heißen auch „wesentliche". Sie zerfallen in „primitive" und „konstitutive" M.e und „Attribute". Die außerwesentlichen M.e sind „modi" (innere Beziehungen) oder Relationen (äußere Verhältnisse), Log. Einl. VIII (IV 64 ff.). Vgl. Wesen, Definition.

„Was ein M. von dem M. eines Dinges ist, das nennt man ein mittelbares M. desselben." Das unmittelbare M. vertritt zwischen dem entfernten und der Sache selbst die Stelle eines „Zwischenmerkmals", F. Spitzf. § 1 (V 1, 55f.); vgl. Urteil, Schluß. Die oberste Regel aller bejahenden Vernunftschlüsse ist: „Ein M. vom M. ist ein M. der Sache selbst", der verneinenden: „was dem M. eines Dinges widerspricht, widerspricht dem Dinge selbst". Das „dictum de omni et nullo" (s. d.) folgt daraus, ibid. § 2 (V 1, 57). Ein Prädikat, welches durch einen Satz a priori (s. d.) einem Subjekt beigelegt wird, gilt als diesem notwendig (unabtrennlich) angehörig. „Solche Prädikate werden auch zum Wesen (der inneren Möglichkeit des Begriffs) gehörige (ad essentiam pertinentia) Prädikate genannt, dergleichen folglich alle Sätze, die a priori gelten, enthalten müssen; die übrigen, die nämlich vom Begriffe (unbeschadet desselben) abtrennlichen, heißen außerwesentliche M.e (extraessentialia). Die ersteren gehören nun zum Wesen entweder als Bestandstücke desselben (ut constitutiva), oder als darin zureichend gegründete Folgen aus denselben (ut rationata). Die ersteren heißen wesentliche Stücke (essentialia), die also kein Prädikat enthalten, welches aus anderen in demselben Begriffe enthaltenen abgeleitet werden könnte, und ihr Inbegriff macht das logische Wesen (essentia) aus; die zweiten werden Eigenschaften (attributa) genannt. Die außerordentlichen M.e sind entweder innere (modi) oder Verhältnismerkmale (relationes) und können in Sätzen a priori nicht zu Prädikaten dienen, weil sie vom Begriffe des Subjekts abtrennlich und also nicht notwendig mit ihm verbunden sind." Es gibt analytische und synthetische Attribute, Üb. e. Entdeck. 2. Abs. (V 3, 52f.). „Ein jeder Begriff stellet immer ein M. von gewissen Dingen vor", N 2278. Ein M. ist „dasjenige, dessen ich mir an einem Dinge bewußt bin", N 2276. „Alle M.e sind Erkenntnisgründe." „Zureichendes M. ist: das Ding jederzeit von allen Dingen zu unterscheiden", N 2308. Vgl. Begriff, Prädikat, Diskursiv.

Messen. Der Raum ist keine „Reihe", sondern ein „Aggregat von Teilen". Allein die Synthesis der Raumteile, wodurch wir den Raum apprehendieren, ist sukzessiv, enthält also eine Reihe. „Und da in dieser Reihe der aggregierten Räume (z. B. der Füße in einer Rute) von einem gegebenen an die weiter hinzugedachten immer die Bedingung von der Grenze der vorigen sind, so ist das M. eines Raumes auch als eine Synthesis einer Reihe der Bedingungen zu einem gegebenen Bedingten anzusehen", KrV tr. Dial. 2. B. 2. H. 1. Abs. (I 377f.—Rc 502).

Metageometrie s. Raum.

Metaphysik. Die Kritik der reinen Vernunft (s. d.) zeigt, daß M. im älteren, dogmatischen Sinne, als apriorische Erkenntnis der Dinge an sich, des Übersinnlichen, nicht möglich ist. Wir erkennen die Dinge nur als Erscheinungen, in den Formen der Anschauung und des Denkens, als Gegenstände möglicher Erfahrung. Eine alle Erfahrung übersteigende, transzendente M. ist eine Illusion der natürlichen Dialektik (s. d.) unserer Vernunft (vgl. Antinomie). M. als Wissenschaft ist nur möglich als System der apriorischen Voraussetzungen, Bedingungen der Erfahrung selbst, als „Transzendentalphilosophie" (s. d.). Diese kritische M. ist eine sichere, fest begründete, reine Vernunftwissenschaft, das System der allen Wissenschaften zugrunde liegenden apriorischen Grundsätze und Begriffe, der synthetischen Urteile a priori als eines organischen, innerlich zusammenhängenden Ganzen, welches allein M. möglich macht. Aller M. muß Erkenntniskritik, Kritik der reinen Vernunft vorangehen (vgl. Ontologie).

M. und Mathematik (s. d.) sind der Methode nach sehr verschieden. In der M. sind die Definitionen synthetisch, im Gegensatze zur Mathematik (s. d.). In der Mathematik liegen nur „wenig unerweisliche Sätze" zugrunde. „Vergleicht man hiermit die Weltweisheit und namentlich die M., so möchte ich nur gerne eine Tafel von den unerweislichen Sätzen, die in diesen Wissenschaften durch ihre ganze Strecke zum Grunde liegen, aufgezeichnet sehen. Sie würde gewiß einen Plan ausmachen, der unermeßlich wäre; allein in der Aufsuchung dieser unerweislichen Grundwahrheiten besteht das wichtigste Geschäft der höheren Philosophie, und diese Entdeckungen werden niemals ein Ende nehmen, solange sich eine solche Art der Erkenntnis erweitern wird", Nat. Theol. 1. Btr. § 3 (V 1, 123f.). „Die M. ist ohne Zweifel die schwerste unter allen menschlichen Einsichten; allein es ist noch niemals eine geschrieben worden. Die Aufgabe der Akademie zeigt, daß man Ursache habe, sich nach dem Wege zu erkundigen, auf welchem man sie allererst zu suchen gedenkt", ibid. § 4 (V 1, 126). Die M. ist nichts anderes als „eine Philosophie über die ersten Gründe unserer Erkenntnis". Die Methode der Mathematik darf in der M. nicht nachgeahmt werden. Die Definitionen sind hier nicht das Erste, sondern das Letzte; man kann in der Philosophie „sehr viel von einem Gegenstande deutlich und mit Gewißheit erkennen, auch sichere Folgerungen daraus ableiten, ehe man die Definition desselben besitzt", ibid. 2. Btr. (V 1, 126f.). Die Regeln derjenigen Methode, nach welcher die höchstmögliche metaphysische Gewißheit zu erlangen ist, sind: 1. „daß man ja nicht von Erklärungen anfange, es müßte denn etwa bloß die Worterklärung gesucht werden, z. E.: notwendig ist, dessen Gegenteil unmöglich ist. Aber auch da sind nur wenig Fälle, wo man so zuversichtlich den deutlich bestimmten Begriff gleich zu Anfang festsetzen kann. Vielmehr suche man in seinem Gegenstande zuerst dasjenige mit Sorgfalt auf, dessen man von ihm unmittelbar gewiß ist, auch ehe man die Definition davon hat. Man ziehe daraus Folgerungen und suche hauptsächlich nur wahre und ganz gewisse Urteile von dem Objekt zu erwerben"; 2. „daß man die unmittelbaren Urteile von dem Gegenstande in Ansehung desjenigen, was man zuerst in ihm mit Gewißheit antrifft, besonders aufzeichnet, und nachdem man gewiß ist, daß das eine in dem anderen nicht enthalten sei, sie sowie die Axiome der Geometrie als die Grundlage zu allen Folgerungen voranschickt". „Die echte Methode der M. ist mit derjenigen im Grunde einerlei, die Newton in die Naturwissenschaft einführte und die daselbst von so nutzbaren Folgen war. Man soll, heißt es daselbst, durch sichere Erfahrungen, allenfalls mit Hilfe der Geometrie, die Regeln aufsuchen, nach welchen gewisse Erscheinungen der Natur vorgehen. Wenn man gleich den ersten Grund davon in den Körpern nicht einsieht, so ist gleichwohl gewiß, daß sie nach diesem Gesetze wirken, und man erklärt die verwickelten Naturbegebenheiten, wenn man deutlich zeigt, wie sie unter diesen wohlerwiesenen Regeln enthalten seien. Ebenso in der M.: suchet durch sichere innere Erfahrung, d. i. ein unmittelbares augenscheinliches Bewußtsein diejenigen Merkmale auf, die gewiß im Begriffe von irgendeiner allgemeinen Beschaffenheit liegen, und ob ihr gleich das ganze Wesen der Sache nicht kennt, so könnt ihr euch doch derselben sicher bedienen, um vieles in dem Dinge daraus herzuleiten", ibid. (V 1, 129 f.). „Wenn auf solche Weise diese Wissenschaft eifrig gepflegt würde, so wird ihr Boden sich nicht so unfruchtbar zeigen, und der Vorwurf einer müßigen und studierten Spitzfindigkeit, der ihr von ihren Verächtern gemacht wird, wird dann durch eine reiche Ernte edlerer Erkenntnis widerlegt werden", N. diluc. Propos. 13 Scholion (V 1, 51). Das Verfahren der M. ist synthetisch, das der Mathematik analytisch. „Diesem zufolge ist das Einfache und Allgemeinste in der Größenlehre auch das Leichteste, in der Hauptwissenschaft aber das Schwerste; in jener muß es seiner Natur nach zuerst, in dieser zuletzt vorkommen. In jener fängt man die Doktrin mit den Definitionen an, in dieser endigt man sie mit denselben und so in anderen Stücken mehr", Nachricht v. d. Einrichtung seiner Vorlesungen 1765/1766 (V 1, 154 f.).

Von den Gegenständen der Sinne kann man niemals sagen, ihre Erkenntnis sei erschöpft. „Allein mit dem philosophischen Lehrbegriff von geistigen Wesen ist es ganz anders bewandt. Er kann vollendet sein, aber im negativen Verstande, indem er nämlich die Grenzen unserer Einsicht mit Sicherheit festsetzt und uns überzeugt: daß die verschiedenen Erscheinungen des Lebens in der Natur und deren Gesetze alles sind, was uns zu erkennen vergönnt ist, das Prinzipium dieses Lebens aber, d. i. die geistige Natur, welche man nicht kennt, sondern vermutet, niemals positiv könne gedacht werden, weil keine Data hierzu in unseren gesamten Empfindungen anzutreffen sind, und daß man sich mit Verneinungen behelfen müsse, um etwas von allem Sinnlichen so sehr Unterschiedenes zu denken, daß aber selbst die Möglichkeit solcher Verneinungen weder auf Erfahrung noch auf Schlüssen, sondern auf einer Erdichtung beruhe, zu der eine von allen Hilfsmitteln entblößte Vernunft ihre Zuflucht nimmt." „Nunmehr lege ich die ganze Materie von Geistern, ein weitläufiges Stück der M., als abgemacht und vollendet beiseite. Sie geht mich künftig nichts mehr an. Indem ich den Plan meiner Nachforschung auf diese Art besser zusammenziehe und mich einiger gänzlich vergeblicher Untersuchungen entschlage, so hoffe ich meine geringe Verstandesfähigkeit auf die übrigen Gegenstände vorteilhafter anlegen zu können", Träume 1. T. 4. H. (V 2, 43 f.). „Die M., in welche ich das Schicksal habe, verliebt zu sein, ob ich mich gleich von ihr nur selten einiger Gunstbezeigungen rühmen kann, leistet zweierlei Vorteile. Der erste ist, den Aufgaben ein Genüge zu tun, die das forschende Gemüt aufwirft, wenn es verborgenen Eigenschaften der Dinge durch Vernunft nachspäht. Aber hier täuscht der

Ausgang nur gar zu oft die Hoffnung." „Der andere Vorteil ist der Natur des menschlichen Verstandes mehr angemessen und besteht darin: einzusehen, ob die Aufgabe aus demjenigen, was man wissen kann, auch bestimmt sei, und welches Verhältnis die Frage zu den Erfahrungsbegriffen habe, darauf sich alle unsere Urteile jederzeit stützen müssen. Insofern ist die M. eine Wissenschaft von den Grenzen der menschlichen Vernunft." Dieser Nutzen der M. ist „der unbekannteste und zugleich der wichtigste". Es ist einzusehen, daß jeder sich könne „aller vergeblichen Nachforschungen überheben in Ansehung einer Frage, wozu die Data in einer anderen Welt, als in welcher er empfindet, anzutreffen sind". Vertilgt ist nun der „Wahn und das eitle Wissen, welches den Verstand aufbläht und in seinem engen Raume den Platz ausfüllt, den die Lehren der Weisheit und der nützlichen Unterweisung einnehmen könnten", ibid. 2. T. 2. H. (V 2, 62f.). „Allein unter unzähligen Aufgaben, die sich selbst darbieten, diejenige auswählen, deren Auflösung dem Menschen angelegen ist, ist das Verdienst der Weisheit. Wenn die Wissenschaft ihren Kreis durchlaufen hat, so gelangt sie natürlicherweise zu dem Punkte eines bescheidenen Mißtrauens und sagt, unwillig über sich selbst: Wie viel Dinge gibt es doch, die ich nicht einsehe! Aber die durch Erfahrung gereifte Vernunft, welche zur Weisheit wird, spricht in dem Munde des Sokrates mitten unter den Waren eines Jahrmarkts mit heiterer Seele: Wie viel Dinge gibt es doch, die ich alle nicht brauche!" Endlich gelangt so die Wissenschaft „zu der Bestimmung der ihr durch die Natur der menschlichen Vernunft gesetzten Grenzen". „Die Fragen von der geistigen Natur, von der Freiheit und Vorherbestimmung, dem künftigen Zustande u. dgl. bringen anfänglich alle Kräfte des Verstandes in Bewegung und ziehen den Menschen durch ihre Vortrefflichkeit in den Wetteifer der Spekulation, welche ohne Unterschied klügelt und entscheidet, lehrt oder widerlegt, wie es die Scheineinsicht jedesmal mit sich bringt. Wenn diese Nachforschung aber in Philosophie ausschlägt, die über ihr eigen Verfahren urteilt, und die nicht die Gegenstände allein, sondern deren Verhältnis zu dem Verstande des Menschen kennt, so ziehen sich die Grenzen enger zusammen, und die Marksteine werden gelegt, welche die Nachforschung aus ihrem eigentümlichen Bezirke niemals mehr ausschweifen lassen", ibid. 3. H. (V 2, 64f.). Ist man zu den „Grundverhältnissen" gelangt, so „hat das Geschäft der Philosophie ein Ende, und wie etwas könne eine Ursache sein oder eine Kraft haben, ist unmöglich jemals durch Vernunft einzusehen, sondern diese Verhältnisse müssen lediglich aus der Erfahrung genommen werden". — „Alle solche Urteile, wie diejenigen von der Art, wie meine Seele den Körper bewegt oder mit anderen Wesen ihrer Art jetzt oder künftig im Verhältnis steht, können niemals etwas mehr als Erdichtungen sein", ibid. (V 2, 66f.). Zur Sittlichkeit bedarf es keiner M.; jene beruht auf „unmittelbaren Vorschriften des menschlichen Herzens". Auf die „Empfindungen einer wohlgearteten Seele" gründet sich der „moralische Glaube", „dessen Einfalt mancher Spitzfindigkeit des Vernünftelns überhoben sein kann", ibid. (V 2, 69).

Es ist nicht zu verhehlen, „daß der Weg, den man gewählt hat, ganz verkehrt sei, daß die im Schwang gehenden Methoden den Wahn und die Irrtümer ins Unendliche vermehren müssen und daß selbst die gänzliche Vertilgung aller dieser eingebildeten Einsichten nicht so schädlich sein könne als die erträumte Wissenschaft mit ihrer so verwünschten Fruchtbarkeit". „Ich bin so weit entfernt, die M. selbst, objektiv erwogen, vor gering oder entbehrlich zu halten, daß ich vornehmlich seit einiger Zeit, nachdem ich glaube ihre Natur und die ihr unter den menschlichen Erkenntnissen eigentümliche Stelle einzusehen, überzeugt bin, daß sogar das wahre und dauerhafte Wohl des menschlichen Geschlechts auf ihr ankomme . . ." Es ist aber nichts ratsamer, als dem sich öffentlich darbietenden Wissen „das dogmatische Kleid abzuziehen und die vorgegebenen Einsichten skeptisch zu behandeln, wovon der Nutzen freilich nur negativ ist (stultitia caruisse), aber zum Positiven vorbereitet" (als „Catarcticon"). Die Erdichtung z. B. einer „primitiven Kraft" durch bloße Vernunftschlüsse „kann niemals auch nur einen

Beweis ihrer Möglichkeit zulassen, und die Denklichkeit (deren Schein daher kommt, daß sich auch keine Unmöglichkeit davon dartun läßt) ist ein bloßes Blendwerk". In den „Träumen eines Geistersehers" wird gezeigt, „wie weit man, und zwar auch ungehindert, in philosophischen Erdichtungen fortgehen kann, wo die Data fehlen, und wie nötig es bei einer solchen Aufgabe sei, auszumachen, was zur Solution des Problems nötig sei und ob nicht die dazu notwendigen Data fehlen". „Es liegt hier daran, auszumachen, ob es nicht hier wirklich Grenzen gebe, welche nicht durch die Schranken unserer Vernunft, nein, der Erfahrung, die die Data zu ihr enthält, festgesetzt seien", An Mendelssohn, 8. April 1766. Kants Augenmerk ist darauf gerichtet, „die eigentliche Bestimmung und die Schranken der menschlichen Fähigkeiten und Neigungen zu erkennen". Betreffs der Sitten glaubt er dies ziemlich erreicht zu haben; er arbeitet jetzt an einer „M. der Sitten", An Herder, 9. Mai 1768.

„Diejenige Philosophie, welche die obersten Prinzipien des reinen Verstandesgebrauchs enthält, ist die M." In ihr gibt es „keine Erfahrungsprinzipien", Mund. sens. § 8 (V 2, 100). Im Gegensatze zu den Wissenschaften, in welchen der Gebrauch der Methode (s. d.) vorangeht, bzw. nur ein formal-logischer ist, steht die M. „Allein in der reinen Philosophie, wozu die M. gehört, in der der Gebrauch des Verstandes in bezug auf die Prinzipien ein realer ist, d. h. wo die ursprünglichen Begriffe der Dinge und Verhältnisse und die Grundsätze selbst durch den reinen Verstand selbst ursprünglich gegeben werden, und, da sie keine Anschauungen sind, der Irrtum nicht immer vermieden werden kann, geht die Methode aller Wissenschaft voraus, und alles, was vor der genauen Prüfung und sicheren Feststellung ihrer Vorschriften versucht wird, erscheint als ein voreiliges Denken und muß unter die leeren Tändeleien des Verstandes verwiesen werden. Denn da der rechte Gebrauch der Vernunft hier die Grundsätze selbst feststellt, und sowohl die Gegenstände als die in bezug auf sie aufzustellenden Grundsätze allein durch ihre eigene Natur zuerst bekannt werden, so ist die Darlegung der Gesetze der reinen Vernunft auch die Erzeugung der Wissenschaft selbst, und ihre Unterscheidung von untergeschobenen Gesetzen das Kennzeichen der Wahrheit", ibid. § 23 (V 1, 121). „Die ganze Methode der M. in betreff des Sinnlichen und des durch den Verstand Erkannten läuft vor allem auf den Satz hinaus: Man verhüte sorgfältig, daß die der sinnlichen Erkenntnis eigentümlichen Prinzipien ihre Grenzen überschreiten und die Verstandeskenntnisse affizieren. Denn da das Prädikat in jedem verstandesmäßig ausgedrückten Urteile die Bedingung ist, ohne solche das Subjekt nicht denkbar sein soll, und mithin das Prädikat ein Prinzip des Erkennens ist: so wird es, wenn der Begriff ein sinnlicher Begriff ist, nur die Bedingung einer möglichen sinnlichen Erkenntnis sein und wird deshalb vorzüglich zu dem Subjekt des Urteils passen, dessen Begriff ebenfalls ein sinnlicher ist. Wird es aber mit einem Verstandesbegriff verbunden, so wird ein solches Urteil nur nach subjektiven Gesetzen gültig sein und kann deshalb von dem Verstandesbegriff selbst nicht ausgesagt und als ein objektives behauptet werden: sondern nur als die Bedingung, ohne welche eine sinnliche Erkenntnis des gegebenen Begriffes nicht stattfindet. Da nun das Blendwerk des Verstands, das in der Zustutzung eines sinnlichen Begriffes zu einem Verstandesbegriffe liegt, ein Fehler der Erschleichung... genannt werden kann, so wird die Verwechslung der Verstandes- und sinnlichen Begriffe zum metaphysischen Fehler der Erschleichung (einer verstandesmäßig gemachten Erscheinung, wenn der barbarische Ausdruck erlaubt ist), und deshalb nenne ich einen solchen Bastardsatz, der das Sinnliche als dem Verstandesbegriffe notwendig anhängend ausgibt, einen erschlichenen Grundsatz. Aus solchen unechten Grundsätzen sind die den Verstand irreführenden Prinzipien hervorgegangen, welche in der ganzen M. aufs schlimmste gehaust haben", ibid. § 24 (V 2, 122 f.).

Die „unvermeidlichen Aufgaben" der reinen Vernunft, sofern diese über die Sinnenwelt hinausgeht, sind Gott, Freiheit und Unsterblichkeit. „Die Wissenschaft aber, deren

Endabsicht mit allen ihren Zurüstungen eigentlich nur auf die Auflösung derselben gerichtet ist, heißt M., deren Verfahren im Anfange dogmatisch ist, d. i. ohne vorhergehende Prüfung des Vermögens oder Unvermögens der Vernunft zu einer so großen Unternehmung zuversichtlich die Ausführung übernimmt." Der Glaube an vermeintliche Erkenntnisse von Gegenständen, die alle Erfahrung übersteigen, wird dadurch genährt, daß man aus dem Vermögen, in der Mathematik (s. d.) a priori zu erkennen (aber eben Gegenstände, die sich in reiner Anschauung darstellen lassen) oder (ontologisch) durch Analyse von Begriffen a priori Einsichten (aber nur Erläuterungen, nicht Neues) zu gewinnen, auf die Fähigkeit der Vernunft schließt, das Übersinnliche (s. d.) theoretisch zu erkennen. „Die leichte Taube, indem sie im freien Fluge die Luft teilt, deren Widerstand sie fühlt, könnte die Vorstellung fassen, daß es ihr im luftleeren Raume noch viel besser gelingen werde", KrV Einl. III (I 52 ff.—Rc 53 ff.). In der M. (als einer bisher bloß versuchten, aber durch die Natur der menschlichen Vernunft unentbehrlichen Wissenschaft) sind synthetische Urteile a priori enthalten, die zum Teil über alle Erfahrung hinausgehen (z. B.: die Welt muß einen ersten Anfang haben), deren Möglichkeit untersucht werden muß. Die menschliche Vernunft geht „unaufhaltsam", „durch eigenes Bedürfnis getrieben", bis zu solchen Fragen fort, „die durch keinen Erfahrungsgebrauch und daher entlehnte Prinzipien beantwortet werden können". Von dieser unausrottbaren M. ist nun die Frage: „Wie ist M. als Naturanlage möglich? d. i. wie entspringen die Fragen, welche reine Vernunft sich aufwirft..., aus der Natur der allgemeinen Menschenvernunft?" Wegen der Widersprüche in der versuchten Beantwortung dieser Fragen (s. Antinomie), muß man die M. „zur Gewißheit" bringen, „entweder im Wissen oder Nichtwissen der Gegenstände". Es erhebt sich also die Frage: „Wie ist M. als Wissenschaft möglich?", ibid. VI (I 63 ff.—Rc 73 ff.).

Die (kritische) M. ist „die ganze (wahre sowohl als scheinbare) philosophische Erkenntnis aus reiner Vernunft im systematischen Zusammenhange"; bzw. ist sie auch die ganze „reine Philosophie" mit Inbegriff der „Kritik" (s. d.), die zur M. eigentlich nur die „Propädeutik" ist — „um sowohl die Untersuchung alles dessen, was jemals a priori erkannt werden kann, als auch die Darstellung desjenigen, was ein System reiner philosophischer Erkenntnisse dieser Art ausmacht, von allem empirischen aber, imgleichen dem mathematischen Vernunftgebrauche unterschieden ist, zusammenzufassen" (vgl. System). Die M. zerfällt in die des „spekulativen" und die des „praktischen" Gebrauchs der reinen Vernunft und ist also entweder „M. der Natur" oder „M. der Sitten". „Jene enthält alle reinen Vernunftprinzipien aus bloßen Begriffen (mithin mit Ausschließung der Mathematik) von dem theoretischen Erkenntnisse aller Dinge, diese die Prinzipien, welche das Tun und Lassen a priori bestimmen und notwendig machen." „Die M. der spekulativen Vernunft ist nun das, was man im engeren Verstande M. zu nennen pflegt", KrV tr. Meth. 3. H. (I 692—Rc 847 f.). Die M. der Natur, „die alles, sofern es ist (nicht das, was sein soll), aus Begriffen a priori erwägt", besteht aus der „Transzendentalphilosophie" (s. d.) und der „Physiologie" (s. d.) der reinen Vernunft. „Die erstere betrachtet nur den Verstand und die Vernunft selbst in einem System aller Begriffe und Grundsätze, die sich auf Gegenstände überhaupt beziehen, ohne Objekte anzunehmen, die gegeben wären (Ontologia); die zweite betrachtet Natur, d. i. den Inbegriff gegebener Gegenstände (sie mögen nun den Sinnen oder, wenn man will, einer anderen Art von Anschauung gegeben sein), und ist also Physiologie (obgleich nur rationalis)." Letztere zerfällt in die „immanente" und „transzendente" Physiologie. Diese ist „transzendentale Welterkenntnis" oder „transzendentale Gotteserkenntnis", während jene in die „rationale Physik" (s. d.) und „rationale Psychologie" zerfällt. Das System der M. besteht daher aus: 1. Ontologie (s. d.); 2. rationaler Physiologie; 3. rationaler Kosmologie (s. d.); 4. rationaler Theologie. Die empirische Psychologie (s. d.) gehört nicht zur M., ibid. (I 695 ff.—Rc 850 ff.). Die M. kann zwar nicht „die Grundveste der Religion" sein, muß aber doch stets als „Schutzwehr" derselben stehen bleiben. Die durch ihre Natur „dialektische" menschliche Vernunft kann nie einer solchen Wissenschaft entbehren, „die sie zügelt und durch ein szientifisches und völlig einleuchtendes Selbsterkenntnis die Verwüstungen abhält, welche eine gesetzlose spekulative Vernunft sonst ganz unfehlbar in Moral sowohl als Religion anrichten würde". Eigentliche Philosophie ist M.; denn sie „bezieht alles auf Weisheit, aber durch den Weg der Wissenschaft, den einzigen, der, wenn er einmal gebahnt ist, niemals verwächst und keine Verirrungen verstattet". „Eben deswegen ist M. auch die Vollendung aller Kultur der menschlichen Vernunft, die unentbehrlich ist, wenn man gleich ihren Einfluß als Wissenschaft auf gewisse bestimmte Zwecke beiseite setzt. Denn sie betrachtet die Vernunft nach ihren Elementen und obersten Maximen, die selbst der Möglichkeit einiger Wissenschaften und dem Gebrauche aller zum Grunde liegen müssen. Daß sie, als bloße Spekulation, mehr dazu dient, Irrtümer abzuhalten als die Erkenntnis zu erweitern, tut ihrem Werte keinen Abbruch, sondern gibt ihr vielmehr Würde und Ansehen durch das Zensoramt, welches die allgemeine Ordnung und Eintracht, ja den Wohlstand des wissenschaftlichen gemeinen Wesens sichert und dessen mutige und fruchtbare Bearbeitungen abhält, sich nicht von dem Hauptzwecke, der allgemeinen Glückseligkeit, zu entfernen", ibid. (I 698f.—Rc 854f.). „Die M. hat zum eigentlichen Zwecke ihrer Nachforschung nur drei Ideen: Gott, Freiheit und Unsterblichkeit... Alles, womit sich diese Wissenschaft sonst beschäftigt, dient ihr bloß zum Mittel, um zu diesen Ideen und ihrer Realität zu gelangen. Sie bedarf sie nicht zum Behuf der Naturwissenschaft, sondern um über die Natur hinaus zu kommen", ibid. tr. Dial. 1. B. 3. Abs. Anm. (I 346—Rc 415). (Kritische) M. ist „das Inventarium aller unserer Besitze durch reine Vernunft, systematisch geordnet". Unbedingte Vollständigkeit ist hier notwendig. Nur durch Kritik der reinen Vernunft wird M. eine wirkliche Wissenschaft, freilich nicht von Dingen an sich, sondern von den Bedingungen der Erkenntnis der Gegenstände möglicher Erfahrung, KrV Vorr. z. 1. A. (I 20ff.—Rc 13ff.). Über die Grenze der Erfahrung kann die M. nicht hinaus, nur von Erscheinungen gibt es theoretische Erkenntnis. Das Übersinnliche (s. d.) kann nur in praktisch-sittlicher Absicht bestimmt werden, ibid. Vorr. z. 2. A. (I 29 ff.—Rc 23 ff.). — Über die Art der Nachforschung, wie sie die Kritik d. r. V. übt: „sie enthält die M. von der M.", An M. Herz 1781.

Die Quellen einer metaphysischen Erkenntnis können nicht empirisch sein. „Die Prinzipien derselben (wozu nicht bloß ihre Grundsätze, sondern auch Grundbegriffe gehören) müssen also niemals aus der Erfahrung genommen sein; denn sie soll nicht physische, sondern metaphysische, d. i. jenseits der Erfahrung liegende Erkenntnis sein. Also wird weder äußere Erfahrung, welche die Quelle der eigentlichen Physik, noch innere, welche die Grundlage der empirischen Psychologie ausmacht, bei ihr zum Grunde liegen. Sie ist also Erkenntnis a priori, oder aus reinem Verstande und reiner Vernunft", Prol. § 1 (III 13 f.). „Metaphysische Erkenntnis muß lauter Urteile a priori enthalten, das erfordert das Eigentümliche ihrer Quellen", ibid. § 2 (III 14). Eigentlich metaphysische Urteile sind synthetische Urteile a priori. „Man muß zur M. gehörige von eigentlich metaphysischen Urteilen unterscheiden. Unter jenen sind sehr viele analytisch, aber sie machen nur die Mittel zu metaphysischen Urteilen aus, auf die der Zweck der Wissenschaft ganz und gar gerichtet ist, und die allemal synthetisch sind. Denn wenn Begriffe zur M. gehören, z. B. der von Substanz, so gehören die Urteile, die aus der bloßen Zergliederung derselben entspringen, auch notwendig zur M., z. B. Substanz ist dasjenige, was nur als Subjekt existiert usw., und vermittelst mehrerer dergleichen analytischen Urteile suchen wir der Definition der Begriffe nahe zu kommen." In solchen Fällen ist aber der Begriff, nicht das analytische Urteil metaphysisch. „Wenn man die Begriffe a priori, welche die Materie der M. und ihr Bauzeug ausmachen, zuvor nach gewissen Prinzipien gesammelt hat, so ist die Zergliederung dieser Begriffe von großem Werte; auch kann dieselbe als ein besonderer Teil (gleichsam als philosophia definitiva), der lauter analytische, zur M. gehörige

Sätze enthält, von allen synthetischen Sätzen, die die M. selbst ausmachen, abgesondert vorgetragen werden.“ Den wesentlichen Inhalt der M. bildet aber „die Erzeugung der Erkenntnis a priori, sowohl der Anschauung als Begriffen nach, endlich auch synthetischer Sätze a priori, und zwar in der philosophischen Erkenntnis“, ibid. (III 20 f.).

Eine M. als sichere Wissenschaft gibt es noch nicht. Die Frage erhebt sich daher: ist M. möglich? „Überdrüssig also des Dogmatismus, der uns nichts lehrt, und zugleich des Skeptizismus, der uns gar überall nichts verspricht, auch nicht einmal den Ruhestand einer erlaubten Unwissenheit; aufgefordert durch die Wichtigkeit der Erkenntnis, deren wir bedürfen, und mißtrauisch durch lange Erfahrung in Ansehung jeder, die wir zu besitzen glauben, oder die sich uns unter dem Titel der reinen Vernunft anbietet, bleibt uns nur noch eine kritische Frage übrig, nach deren Beantwortung wir unser künftiges Betragen einrichten können: Ist überall M. möglich?“ Durch Kritik (s. d.) der reinen Vernunft ist diese Frage zu beantworten, Prol. § 4 (III 23 f.). Die „Transzendentalphilosophie“ (s. d.) muß ihr vorhergehen, als systematische Erledigung der Frage: Wie sind synthetische Urteile a priori möglich? ibid. § 5 (III 30). M. hat es außer mit „Naturbegriffen, die in der Erfahrung jederzeit ihre Anwendung finden“, noch mit „reinen Vernunftbegriffen“ zu tun, „die niemals in irgendeiner nur immer möglichen Erfahrung gegeben werden, mithin mit Begriffen, deren objektive Realität (daß sie nicht bloße Hirngespinste sind), und mit Behauptungen, deren Wahrheit oder Falschheit durch keine Erfahrung bestätigt oder aufgedeckt werden kann“. Dieser Teil der M. ist „gerade derjenige, welcher den wesentlichen Zweck derselben, wozu alles andere nur Mittel ist, ausmacht“, ibid. § 40 (III 91); vgl. Idee. Unsere Vernunft hat „M. als ihr Lieblingskind ausgeboren“, dessen Erzeugung „einem ursprünglichen Keime zuzuschreiben ist, welcher zu großen Zwecken weislich organisiert ist“. Denn M. ist vielleicht mehr als eine andere Wissenschaft „durch die Natur selbst ihren Grundzügen nach in uns gelegt“. Durch die sinnliche Erfahrung ist die Vernunft nicht befriedigt, sie strebt nach einer Vollendung, die in der Sinnenwelt nicht enthalten ist (s. Idee). Sie geht so bis zur Grenze (s. d.) der Erfahrung, bis zur Annahme und wenigstens analogiehaften Bestimmung von Dingen an sich oder Verstandeswesen (s. Noumenon), die im Verhältnis zur Sinnenwelt gedacht werden, wenn sie auch nicht nach ihrer Beschaffenheit an sich erkannt werden, ibid § 57 (III 124 ff.). Das ist der durch Disziplin und Kritik gezügelte und in Schranken gesetzte natürliche Gebrauch der Anlage zur M. im Gegensatz zur dialektisch „vernünftelnden“ M., welche „zur Beförderung der Naturerkenntnis entbehrlich, ja wohl gar ihr nachteilig ist“. Der Naturzweck der metaphysischen Anlage ist der, „unseren Begriff von den Fesseln der Erfahrung und den Schranken der bloßen Naturbetrachtung so weit loszumachen, daß er wenigstens ein Feld vor sich eröffnet sehe, was bloß Gegenstände für den reinen Verstand enthält, die keine Sinnlichkeit erreichen kann“, und zwar bloß zur allgemeinen Geltendmachung der praktischen Grundsätze. Die Ideen der reinen Vernunft befreien uns vom Materialismus, Naturalismus und Fatalismus und verschaffen so den moralischen Ideen Raum, ibid. § 60 (III 136 ff.). Der Mensch wird niemals von der M. lassen, ebensowenig wie vom Atemholen. „M., als Naturanlage der Vernunft, ist wirklich, aber sie ist auch für sich allein . . . dialektisch und trüglich.“ Wissenschaft kann sie nur durch Kritik der Vernunft werden. Diese enthält allein den „Plan, ja sogar alle Mittel der Vollziehung in sich, wonach M. als Wissenschaft zustande gebracht werden kann; durch andere Wege und Mittel ist sie unmöglich“. Wer einmal Kritik gekostet hat, dem „ekelt auf immer alles dogmatische Gewäsche“. „Die Kritik verhält sich zur gewöhnlichen Schulmetaphysik gerade wie Chemie zur Alchimie, oder wie Astronomie zur wahrsagenden Astrologie.“ Die ältere M. ist eine „sophistische Scheinwissenschaft“. Eine M. wird es stets geben, die aber nur durch die Kritik zu einer Wissenschaft (einer abgeschlossenen noch dazu) werden kann, wie sie bisher noch gar nicht existiert hat. Diese Wissenschaft muß apodiktische Beweise enthalten, denn eine apriorische „Philosophie aus reiner Vernunft“ kann nicht auf „Wahrscheinlichkeit und Mutmaßung“ basieren; ebenso nicht auf dem „gesunden Menschenverstand“, denn die Einsicht in die

Regeln des Verstandes a priori und unabhängig von der Erfahrung gehört vor den spekulativen Verstand. Nur wenn man genötigt ist, die M. zu verlassen und zu einem Vernunftglauben überzugehen, kommt der gesunde Menschenverstand zur Geltung. „M. muß Wissenschaft sein, nicht allein im ganzen, sondern auch in allen ihren Teilen, sonst ist sie gar nichts", ibid. 3. T. Auflösung der Frage (III 140 ff.). „Metaphysischer Behauptungen ist die Welt satt; man will die Möglichkeit dieser Wissenschaft, die Quellen, aus denen Gewißheit in derselben abgeleitet werden könne, untersucht wissen und sichere Kriterien haben, den dialektischen Schein der reinen Vernunft von der Wahrheit zu unterscheiden", ibid. Anh. Probe eines Urteils... (III 155). M. hat in der Vernunft den Maßstab ihrer Beurteilung, ibid. (III 156 f.). Es liegt in der M. ein „Erbfehler", der nur erklärt und behoben werden kann, „wenn man bis zu ihrem Geburtsort, der reinen Vernunft selbst, hinaufsteigt", ibid. (III 158). Die M. allein kann in einen beharrlichen, abgeschlossenen Zustand gebracht werden, ibid. Vorschlag... (III 161.)

M. (oder „reine Philosophie") ist „reine Vernunfterkenntnis aus bloßen Begriffen". „Alle wahre M. ist aus dem Wesen des Denkungsvermögens selbst genommen, und keineswegs darum erdichtet, weil sie nicht von der Erfahrung entlehnt ist, sondern enthält die reinen Handlungen des Denkens, mithin Begriffe und Grundsätze a priori, welche das Mannigfaltige empirischer Vorstellungen allererst in die gesetzmäßige Verbindung bringen, dadurch es empirisches Erkenntnis, d. i. Erfahrung, werden kann." Eigentliche Naturwissenschaft (s. d.) setzt „M. der Natur" voraus; alle Naturphilosophie hat sich stets metaphysischer Prinzipien bedient, Anfangsgr. d. Naturw. Vorr. (VII 192, 195).

M. ist „ihrem Wesen und ihrer Endabsicht nach ein vollendetes Ganze: entweder Nichts oder Alles, was zu ihrem Endzweck erforderlich ist; kann also nicht, wie etwa Mathematik oder empirische Naturwissenschaft, die ohne Ende immer fortschreiten, fragmentarisch abgehandelt werden". Die „erste und notwendigste Frage" ist: „Was die Vernunft eigentlich mit der M. will? welchen Endzweck sie mit ihrer Bearbeitung vor Augen habe?" Dieser Endzweck begründet folgende Definition der M.: „Sie ist die Wissenschaft, von der Erkenntnis des Sinnlichen zu der des Übersinnlichen durch die Vernunft fortzuschreiten." Die schulmäßige Definition der M. aber ist: „Sie ist das System aller Prinzipien der reinen theoretischen Vernunfterkenntnis durch Begriffe; oder kurz gesagt: sie ist das System der reinen theoretischen Philosophie." „Sie enthält also keine praktischen Lehren der reinen Vernunft, aber doch die theoretischen, die dieser ihrer Möglichkeit zum Grunde liegen. Sie enthält nicht mathematische Sätze, d. i. solche, welche durch die Konstruktion der Begriffe Vernunfterkenntnis hervorbringen, aber die Prinzipien der Möglichkeit einer Mathematik überhaupt." „Die ersten und ältesten Schritte in der M. wurden nicht etwa als bedenkliche Versuche bloß gewagt, sondern geschahen mit völliger Zuversicht, ohne vorher über die Möglichkeit der Erkenntnisse a priori sorgsame Untersuchungen anzustellen. Was war die Ursache von diesem Vertrauen der Vernunft zu sich selbst? Das vermeinte Gelingen. Denn in der Mathematik gelang es der Vernunft, die Beschaffenheit der Dinge a priori zu erkennen, über alle Erwartung der Philosophen vortrefflich; warum sollte es nicht ebensogut in der Philosophie gelingen?" Aber die Mathematik (s. d.) kann ihre Objekte anschaulich konstruieren und an ihnen ihre Sätze bewahrheiten, während die Behauptungen der (dogmatischen) M. in der Luft schweben. Trotzdem wanderten die M.er „an dem Leitfaden ihrer ontologischen Prinzipien, die freilich wohl eines Ursprungs a priori sind, aber nur für Gegenstände der Erfahrung gelten", getrost fort, „und obzwar die vermeinte Erwerbung überschwenglicher Einsichten auf diesem Wege durch keine Erfahrung bestätigt werden konnte, so konnte sie doch eben darum, weil sie das Übersinnliche betrifft, auch durch keine Erfahrung widerlegt werden". Der zweite Schritt der M. ist der des Skeptizismus, der in den Antinomien (s. d.) der Vernunft seine letzte Grundlage hat. Der dritte Schritt der M. ist der Kritizismus (s. d.), „die Kritik der reinen Vernunft selbst in Ansehung ihres Vermögens, die menschliche Erkenntnis überhaupt, es sei in Ansehung des Sinnlichen oder Übersinnlichen, a priori zu erweitern".

Durch eine solche Kritik würde die M. „in einen beharrlichen Zustand nicht allein des Äußeren, sondern auch des Inneren, fernerhin weder einer Vermehrung noch Verminderung bedürftig oder auch nur fähig zu sein, versetzt werden", Fortschr. d. Metaph. Vorr. (V 3, 83 ff.). Die Transzendentalphilosophie (s. d.) hat zu ihrem Zweck „die Gründung einer M., deren Zweck wiederum als Endzweck der reinen Vernunft dieser ihre Erweiterung von der Grenze des Sinnlichen zum Felde des Übersinnlichen beabsichtigt, welches ein Überschritt ist, der, damit er nicht ein gefährlicher Sprung sei, indessen daß er doch auch nicht ein kontinuierlicher Fortgang in derselben Ordnung der Prinzipien ist, eine den Fortschritt hemmende Bedenklichkeit an der Grenze beider Gebiete notwendig macht", ibid. 1. Abt. V. Begriffen a priori (V 3, 98). Es gibt eine M. der „körperlichen Natur" als Gegenstandes der äußeren Sinne und eine M. der „denkenden Natur" als Gegenstandes des inneren Sinnes, die beide nach dem, „was an ihnen a priori erkennbar ist", betrachtet, ibid. 2. Abt. (V 3, 108 f.). Die M. als „theoretische Wissenschaft" ist die „M. der Natur"; als „moralisch-praktische Vernunftwissenschaft" ist sie „M. der Sitten" (s. d.), ibid. 3. Stadium (V 3, 123). Eine „theoretisch-dogmatische" Erkenntnis des Übersinnlichen (s. d.) gibt es nicht, wohl aber eine „praktisch-dogmatische" Bestimmung desselben in sittlicher Absicht. Es war vergebliche Mühe, das Übersinnliche „auf dem Wege der Spekulation und der theoretischen Erkenntnis zu erreichen, und so wurde die M. „das durchlöcherte Faß der Danaiden". „Allererst, nachdem die moralischen Gesetze das Übersinnliche im Menschen, die Freiheit, deren Möglichkeit keine Vernunft erklären, ihre Realität aber in jenen praktisch-dogmatischen Lehren beweisen kann, entschleiert haben, so hat die Vernunft gerechten Anspruch auf Erkenntnis des Übersinnlichen, aber nur mit Einschränkung auf den Gebrauch in der letzteren Rücksicht gemacht, da sich dann eine gewisse Organisation der reinen praktischen Vernunft zeigt, wo erstlich das Subjekt der allgemeinen Gesetzgebung als Welturheber, zweitens das Objekt des Willens der Weltwesen als ihres jenem gemäßen Endzweckes, drittens der Zustand der letzteren, in welchem sie allein der Erreichung desselben fähig sind, in praktischer Absicht selbstgemachte Ideen sind, welche aber ja nicht in theoretischer aufgestellt werden müssen, weil sie sonst aus der Theologie Theosophie, aus der moralischen Teleologie Mystik und aus der Psychologie eine Pneumatik machen und so Dinge, von denen wir doch etwas in praktischer Absicht zur Erkenntnis benutzen könnten, ins Überschwengliche hin verlegen, wo sie für unsere Vernunft ganz unzugänglich sind und bleiben." Die M. ist hierbei „nur die Idee einer Wissenschaft als Systems, welches nach Vollendung der Kritik der reinen Vernunft aufgebaut werden kann und soll . . ., ein Ganzes, was gleich der reinen Logik keiner Vermehrung weder bedürftig noch fähig ist, welches auch beständig bewohnt und im baulichen Wesen erhalten werden muß, wenn nicht Spinnen und Waldgeister, die nie ermangeln werden, hier Platz zu suchen, sich darin einnisten und es für die Vernunft unbewohnbar machen sollen". „Dieser Bau ist auch nicht weitläuftig, dürfte aber der Eleganz halber, die gerade in ihrer Präzision unbeschadet der Klarheit besteht, die Vereinigung der Versuche und des Urteiles verschiedener Künstler nötig haben, um sie als ewig und unwandelbar zustande zu bringen", ibid. Auflösung der Aufgabe III (V 3, 142 f.). Die Kritik der reinen Vernunft hat im Verhältnis zur M. zwei Angeln: „erstlich die Lehre von der Identität des Raumes und der Zeit, welche in Ansehung der theoretischen Prinzipien aufs Übersinnliche, aber für uns Unerkennbare bloß hinweiset, indessen daß sie auf ihrem Wege zu diesem Ziel, wo sie es mit der Erkenntnis a priori der Gegenstände der Sinne zu tun hat, theoretisch-dogmatisch ist; zweitens die Lehre von der Realität des Freiheitsbegriffes als Begriffes eines erkennbaren Übersinnlichen, wobei die M. doch nur praktisch-dogmatisch ist". „Beide Angeln aber sind gleichsam in dem Pfosten des Vernunftbegriffes von dem Unbedingten in der Totalität aller einander untergeordneter Bedingungen eingesenkt, wo der Schein weggeschafft werden soll, der eine Antinomie der reinen Vernunft durch Verwechslung der Erscheinungen mit den Dingen an sich selbst bewirkt und in dieser Dialektik selbst Anleitung zum Übergange vom Sinnlichen zum Übersinnlichen enthält", ibid. Anh. zur Übersicht. . . (V 3, 144). Die M. enthält (als Ontologie)

„Elemente der menschlichen Erkenntnis a priori, sowohl in Begriffen als Grundsätzen, und muß ihrer Absicht nach solche enthalten; allein der bei weitem größte Teil derselben findet seine Anwendung in den Gegenständen möglicher Erfahrung, z. B. der Begriff einer Ursache und der Grundsatz des Verhältnisses aller Veränderung zu derselben". Aber das Ziel der M. war ein weiterliegendes. „Der alte Name dieser Wissenschaft μετὰ τὰ φυσικά gibt schon eine Anzeige auf die Gattung von Erkenntnis, worauf die Absicht mit derselben gerichtet war. Man will vermittelst ihrer über alle Gegenstände möglicher Erfahrung (trans physicam) hinausgehen, um womöglich das zu erkennen, was schlechterdings kein Gegenstand derselben sein kann, und die Definition der M. nach der Absicht, die den Grund der Bewerbung um eine dergleichen Wissenschaft enthält, würde also sein: Sie ist eine Wissenschaft, von der Erkenntnis des Sinnlichen zu der des Übersinnlichen fortzuschreiten." Sie ist „eine philosophische Wissenschaft, die ein Inbegriff der Vernunfterkenntnis aus Begriffen a priori ist". Ihren Erkenntnismitteln nach ist sie „das System aller reinen Vernunfterkenntnis der Dinge durch Begriffe". Die (dogmatische) M. hat nicht einmal die „Realität" der übersinnlichen Objekte (theoretisch) dartun, geschweige eine Erkenntnis dieser Objekte bieten können. Man kann ja transzendente Objekte denken, ohne daß die Erfahrung ihnen je widersprechen könnte; aber durch keine Erfahrung können transzendente Begriffe belegt werden, so daß diese Begriffe „ganz leer" und die Sätze, welche Gegenstände derselben als wirklich annehmen, „ganz irrig" sein können, „und es ist doch kein Probierstein da, diesen Irrtum zu entdecken". Selbst der Begriff des Übersinnlichen läßt sich theoretisch nicht in seiner Realität direkt dartun; es läßt sich nicht beweisen oder widerlegen, „ob nicht alles, was ist und sein kann, auch Gegenstand möglicher Erfahrung sei", ibid. Beilage I Einl. (V 3, 146 ff.).

„Was den Namen der M. anbetrifft, so ist nicht zu glauben, daß derselbe von ohngefähr entstanden, weil er so genau mit der Wissenschaft paßt: denn da φύσις die Natur heißt, wir aber zu den Begriffen der Natur nicht anders als durch die Erfahrung gelangen können, so heißt diejenige Wissenschaft, die auf sie folgt, M. (von μετά, trans, und physica). Es ist eine Wissenschaft, die gleichsam außer dem Gebiete der Physik, jenseits derselben liegt", Vorles. üb. M. aus drei Semestern ed. M. Heinze, Abhdlg. d. K. Sächs. Ges. d. Wissensch., phil.-histor. Kl. XIV 666. Einteilung der M.: „1. Metaphysica pura: a) Ontologia, b) Cosmologia, c) Theologia naturalis; 2. Metaphysica applicata: a) Somatologia rationalis, b) Psychologia rationalis", ibid. 667. „M. als eine Philosophie der reinen Vernunft führt kein genugsames spekulatives Interesse bei sich, um eine so schwer zu erreichende Kenntnis zu unternehmen; aber sie führt ein praktisches Interesse der Vernunft bei sich, und dieses treibt uns eben zur Gründung der M. an." „Die Ontologie löst eigentlich die metaphysische Sprache auf, und entwarf sozusagen eine metaphysische Grammatik. Diese Sätze interessierten zwar die spekulative Vernunft, aber man kann sich doch ohne sie behelfen, wie Newton dies bewiesen, und für sie würde man nichts unternehmen. Daher kommt es, daß in vielen Ländern die M. eine verächtliche Wissenschaft gewesen ist", ibid. 698. „Die Anwendung der Elemente unserer Erkenntnisse a priori ist M.", ibid. 699.

„Der Zweck der M.: 1. Den Ursprung der synthetischen Erkenntnis a priori auszumachen. 2. Die restringierenden Bedingungen des empirischen Gebrauchs unserer Vernunft einzusehen. 3. Die Unabhängigkeit unserer Vernunft von diesen Bedingungen, mithin die Möglichkeit des absoluten Gebrauchs zu zeigen. 4. Dadurch unseren Vernunftgebrauch über die Grenzen der Sinnenwelt, obzwar nur negativ auszudehnen, d. i. die Hindernis, die die Vernunft selbst (aus Prinzipien ihres empirischen Gebrauchs) macht, wegzuschaffen. 5. Die Bedingung der absoluten Einheit derselben zu zeigen, damit sie ein vollständiges principium praktischer Einheit, d. i. Zusammenstimmung zur Summe aller Zwecke, sein könne", N 4849. „Die Wissenschaft, zu den obersten Gründen a priori zu gelangen, ist M. Diese Wissenschaft ist auflösend. „Grundbegriffe, Grundurteile, Methode der Natur", N 3917. „Die M. handelt nicht von Objekten, sondern Erkenntnissen", N 4853. „Es ist die Frage, was kann man durch bloße Vernunft ohne alle Erfahrung erkennen (Mathematik, Moral)? Welches sind die Quellen, Bedingungen und Grenzen. Die Transzendentalphilosophie ist Kritik der reinen Vernunft; Studium des Subjekts", N 4455. „Meine Absicht ist zu untersuchen, wieviel die Vernunft a priori erkennen kann und wie weit sich ihre Abhängigkeit von der Belehrung der Sinne erstrecke, welches also die Fragen sind, über die sie ohne Beihilfe der Sinne nicht hinausgehen kann", N 5013. „In der transzendentalen Wissenschaft muß alles vom Subjekt hergenommen sein; nur einiges bezieht sich davon auf Gegenstände", N 5058. „Kann wohl durch M. etwas erfunden werden? Ja; in Ansehung des Subjekts, aber nicht des Objekts", N 4457. „Die M. ist eine Wissenschaft von den Gesetzen der reinen menschlichen Vernunft und also subjektiv", N 3952. Die M. ist „die Vernunftwissenschaft synthetischer Erkenntnisse und Urteile", N 3974, eine „Philosophie der reinen Vernunft", N 4146; die „Philosophie über die Form", N 4366. „M. ist die Naturerkenntnis a priori, deren Objekt wenigstens durch die Sinne gegeben ist", N 4889. „Metaphysica est logica intellectus puri", N 4360. „Eigentliche M. ist die Anwendung der Transzendentalphilosophie auf in der Vernunft gegebene Begriffe (die ihr notwendig sind), denen aber keine korrespondierenden Gegenstände in der Erfahrung gegeben werden können (folglich aufs Übersinnliche). Das kann also nur das Unbedingte sein, denn das ist die einzige theoretische Vernunftidee. Also geht die M.: 1. auf das, wovon nur das Ganze als absolut unbedingt vorgestellt werden soll; 2. auf Dinge, sofern sie an sich sinnlich unbedingt sind", N 6414. Die rationale Kosmologie hat zwei Teile: „Natur und Freiheit, und deren Gesetze a priori", N 5356. Die M. zeigt „den Ursprung allgemeiner Begriffe, auf den alle Erkenntnis muß zurückgeführt werden, wenn die Erscheinungen in Begriffe sollen verwandelt werden". „Die M. ist also eine Wissenschaft von den Grundbegriffen und Grundsätzen der menschlichen Vernunft", N 3946. „Alle Wissenschaften, worin Vernunft gebraucht wird, haben ihre M.", N 5681. „M. ist das System aller Erkenntnis a priori aus Begriffen überhaupt", N 5667. „M. ist Wissenschaft von den Prinzipien aller Erkenntnis a priori und aller Erkenntnis, die aus diesen Prinzipien folgt", N 5674. Die „kritische" M. ist besonders durch ihren negativen Charakter wertvoll, durch Abhaltung von Irrtümern und Anmaßungen der dogmatischen M., N 191—193, 5027. Der Geist muß „diszipliniert werden, d. i. seine Unarten ihm abgewöhnt werden", N 5044. Die M. ist die „Schutzwehr" der Religion, N 4865. „Der Gebrauch der M. in Ansehung des Theoretischen ist bloß negativ; sie eröffnet nicht die Erkenntnis der Dinge und ist nicht dogmatisch." Sie „verhütet nur den falschen Gebrauch der Vernunft, die aus ihren Schranken tritt und die intellectualia als Objekte betrachtet, da sie doch nur zum modo cognoscendi der sensitive dabilium und allenfalls zur Einschränkung derselben, insofern sie die sensitiva über ihre Schranken gebrauchen will, dienen". Hypothesen gibt es hier nicht, N 4445. „Physischer Nutzen der M. ist auch, die dogmatische Synthesis a priori abzuhalten, welche die Kontinuität der Erkenntnis nach Erfahrungsgesetzen hindern kann." „Der Nutzen ist also durchgängig negativ: 1. dogmatische Verneinungen, welche die empirische Ausbreitung der Erkenntnis einschränken, wegzuräumen; 2. dogmatische Behauptungen, welche die Vernunft über den praktischen Gebrauch unnütz ausdehnen wollen, einzuschränken", N 5119. Die Vernunft bedarf der „Zucht", sonst stimmt sie nicht mit Religion und Sittlichkeit zusammen und verwirrt den gesunden Verstand, N 4468. M. ist „bloß der sich selbst kennende Verstand", die „logische Selbsterkenntnis". Die Religion wird durch sie in allem Moralischen gesichert, gegen Schwärmerei und Unglauben gedeckt, N 4284. „Sie ist die Demarkation der reinen Vernunft und die Grenzwache, um zu verhüten, daß sie nicht, indem sie über ihre Grenzen ausschweift, sich selbst verwirre und Religion und Sitte mit ihren Chimären beunruhige", N 4464. Die Gegenüberstellung von Beweisen und Gegenbeweisen (Antinomien) durch die „skeptische" Methode ist die beste Methode, N 4454, 4469; vgl. 5015; vgl. Vorles. über M. Vgl. Philosophie, Kritik der reinen Vernunft, Kritizismus, Dogmatismus, Ontologie, Transzendentalphilosophie, Mathematik (u. Philosophie), Urteile (analytische und synthetische), Naturwissenschaft, Übersinnlich, Ding an sich, Noumenon, Postulate, Glaube.

Metaphysik der Natur s. Metaphysik, Naturwissenschaft.

Metaphysik der Sitten. Die „M. d. S.“ (s. Ethik) zerfällt in die metaphysischen Anfangsgründe der Rechtslehre (s. d.) und in die der Tugendlehre (s. d.), MS Vorr. (III 3). Wenn „ein System der Erkenntnis a priori aus bloßen Begriffen“ Metaphysik heißt, so wird eine „praktische Philosophie“, welche nicht Natur, sondern die Freiheit der Willkür zum Objekt hat, eine M. d. S. voraussetzen und bedürfen, d. h. „eine solche zu haben ist selbst Pflicht, und jeder Mensch hat sie auch, obzwar gemeiniglich nur auf dunkle Art, in sich; denn wie könnte er ohne Prinzipien a priori eine allgemeine Gesetzgebung in sich zu haben glauben?“ Eine M. d. S. kann nicht auf Erfahrung, auf Anthropologie (s. d.) gegründet, aber auf sie angewandt werden, ibid. Einl. II (III 18); vgl. Metaphysik, Pflicht, Gesetz.

Methode. „In allen Wissenschaften, deren Grundsätze entweder durch die sinnliche Anschauung (Erfahrung) oder durch die zwar sinnliche, aber reine Anschauung (der Begriffe des Raumes, der Zeit und der Zahl) anschaulich gegeben werden, d. i. in der Naturwissenschaft und Mathematik, gibt der Gebrauch die M. Durch Versuchen und Erfinden wird, nachdem die Wissenschaft zu einigem Umfang und kunstgerechter Form gelangt ist, der Weg und die Weise klar, die man einzuschlagen hat, damit sie vollständig werde und nach Austilgung der Flecken, die sowohl in Irrtümern als wie in verworrenen Gedanken bestehen, reiner erglänze.“ „Dagegen ist der Gebrauch des Verstandes in solchen Wissenschaften, deren ursprüngliche Begriffe sowohl als Grundsätze durch die sinnliche Anschauung gegeben werden, nur ein logischer, d. i. ein solcher, durch den wir nur die Erkenntnisse in Beziehung auf das Ganze gemäß dem Satze des Widerspruchs einander unterordnen, und zwar die Erscheinungen den allgemeineren Erscheinungen und die Folgesätze der reinen Anschauung den anschaulichen Axiomen. Allein in der reinen Philosophie, wozu die Metaphysik gehört, in der der Gebrauch des Verstandes in bezug auf die Prinzipien ein realer ist, d. h. wo die ursprünglichen Begriffe der Dinge und Verhältnisse und die Grundsätze selbst durch den reinen Verstand selbst ursprünglich gegeben werden, und, da sie keine Anschauungen sind, der Irrtum nicht immer vermieden werden kann, geht die M. aller Wissenschaft voraus“, Mund. sens. § 23 (V 2, 120 f.); vgl. Metaphysik. M. ist „ein Verfahren nach Grundsätzen“. Man kann die M. der „Metaphysik“ (s. d.) in „naturalistische“, „szientifische“ einteilen. „Der Naturalist der reinen Vernunft nimmt es sich zum Grundsatze, daß durch gemeine Vernunft ohne Wissenschaft (welche er die gesunde Vernunft nennt) sich in Ansehung der erhabensten Fragen, die die Aufgabe der Metaphysik ausmachen, mehr ausrichten lasse als durch Spekulation.“ Es ist dies „bloße Misologie auf Grundsätze gebracht.“ Die „szientifische“ M. ist „dogmatisch“ (s. d.), „skeptisch“ (s. d.) oder „kritisch“; jedenfalls muß sie aber „systematisch“ sein, KrV tr. Meth. 4. H. (I 701 f.—Rc 858 f.). M. ist ein Verfahren, „nach Prinzipien der Vernunft, wodurch das Mannigfaltige einer Erkenntnis allein ein System werden kann“, KpV 2. T. (II 191). Vgl. Manier. „Alle Betrachtung über die M. ist das Wichtigste einer Wissenschaft“, N 5061. Vgl. Transzendentalphilosophie.

Methode der Philosophie s. Kritik der reinen Vernunft, Philosophie, Transzendental, Transzendentalphilosophie, Metaphysik, Mathematik (und Philosophie), Dogmatisch, Dogmatismus, Ideen (transzendentale), System.

Methodenlehre. „Wie die Elementarlehre in der Logik die Elemente und Bedingungen der Vollkommenheit einer Erkenntnis zu ihrem Inhalte hat, so hat dagegen die allgemeine M., als der andere Teil der Logik, von der Form einer Wissenschaft überhaupt oder von der Art und Weise zu handeln, das Mannigfaltige der Erkenntnis zu einer Wissenschaft zu verknüpfen“, Log. § 96 (IV 151 f.). Sie hat die Mittel anzugeben, durch welche die Vollkommenheiten der Erkenntnis: Deutlichkeit, Gründlichkeit, systematische Anordnung, befördert werden, ibid. § 97 (IV 152). Vgl. Logik.

Methodenlehre der reinen praktischen Vernunft. „Unter der M. d. r. p. V. kann man nicht die Art, mit reinen praktischen Grundsätzen in Absicht auf eine wissenschaftliche Erkenntnis derselben zu verfahren, verstehen, welches man sonst in der theoretischen eigentlich allein Methode nennt." Vielmehr wird unter dieser M. die Art verstanden, „wie man den Gesetzen der reinen praktischen Vernunft Eingang in das menschliche Gemüt, Einfluß auf die Maximen desselben verschaffen, d. i. die objektiv-praktische Vernunft auch subjektiv praktisch machen könne", KpV 2. T. (II 191). Um ein noch ungebildetes oder ein verwildertes Gemüt „zuerst ins Geleis des Moralisch-Guten zu bringen", bedarf es einiger vorbereitender Anleitungen, „es durch seinen eigenen Vorteil zu locken oder durch den Schaden zu schrecken". Dann aber muß das moralische Gesetz selbst als Triebfeder wirken. Nicht Gefühle, sondern Grundsätze müssen das Handeln leiten. Aus der Kenntnis und Wertschätzung großer Beispiele von reiner Pflichterfüllung geht ein Wohlgefallen an dieser Beurteilung und die Verehrung der Tugend und der Freiheit als Unabhängigkeit von Neigungen und Bedürfnissen hervor. Die „Möglichkeit, sich selbst genug zu sein", kommt zu ihrer angemessenen Wertung. Auf die Einsicht in den Wert der Pflichterfüllung, der Reinheit der Gesinnung kommt alles an, nicht auf Gefühlsschwung, Enthusiasmus u. dgl., ibid. (II 192 ff.). Vgl. Katechismus.

Methodenlehre, transzendentale. Die t. M. ist „die Bestimmung der formalen Bedingungen eines vollständigen Systems der reinen Vernunft". Sie leistet das „in transzendentaler Absicht", was unter dem Namen einer „praktischen Logik" in Ansehung des Verstandesgebrauchs überhaupt erstrebt wird, KrV tr. Meth. am Anfang (I 495 f.—Rc 739 f.). Vgl. Disziplin, Kanon, Architektonik, Definition, Polemik, Hypothesen, Fürwahrhalten, Mathematik (u. Philosophie), Metaphysik, Teleologie.

Mienen. M. sind „ins Spiel gesetzte Gesichtszüge". Oft wiederholte M. werden zu stehenden Gesichtszügen, Anthr. 2. T. A, c (IV 246 f.). Vgl. Physiognomie.

Milieu s. Entwicklung, Rasse, Nation.

Miliz s. Heer.

Misanthropie (und Anthropophobie). „Anthropophobie ist von M. zu unterscheiden. Jene ist Menschenscheu, entweder schüchterne oder überlegte, durch Entdeckung ihrer schlimmen Seite. Diese gehört zu den Leidenschaften und hat Herrschsucht oder Ehrsucht oder Habsucht zum Grunde", N 1073. Vgl. KU § 29 Allg. Anmerk. (II 124).

Misologie s. Naturalismus.

Mitgefühl. Das „Gefühl des Mitleids und der weichherzigen Teilnehmung, wenn es vor der Überlegung, was Pflicht sei, vorhergeht und Bestimmungsgrund wird", „ist wohldenkenden Personen selbst lästig, bringt ihre überlegten Maximen in Verwirrung und bewirkt den Wunsch, ihrer entledigt und allein der gesetzgebenden Vernunft unterworfen zu sein", KpV 1. T. 2. B. 2. H. II (II 151 f.). „Mitfreude und Mitleid (sympathia moralis) sind zwar sinnliche Gefühle einer (darum ästhetisch zu nennenden) Lust oder Unlust an dem Zustande des Vergnügens sowohl als Schmerzens anderer (M., teilnehmende Empfindung), wozu schon die Natur in den Menschen die Empfänglichkeit gelegt hat. Aber diese als Mittel zu Beförderung des tätigen und vernünftigen Wohlwollens zu gebrauchen, ist noch eine besondere, obzwar nur bedingte Pflicht, unter dem Namen der Menschlichkeit (humanitas)", MST § 34 (III 313). „Obzwar aber Mitleid und so auch Mitfreude mit anderen zu haben, an sich selbst nicht Pflicht ist, so ist es doch tätige Teilnehmung an ihrem Schicksale, und zu dem Ende also indirekte Pflicht, die mitleidigen natürlichen (ästhetischen) Gefühle in uns zu kultivieren und sie als so viele Mittel zur Teilnehmung aus moralischen Grundsätzen und dem ihnen gemäßen Gefühl zu benutzen", ibid. § 35 (III 315). Vgl. Mitleid, Tugend.

Mitleid. „Eine gewisse Weichmütigkeit, die leichtlich in ein warmes Gefühl des Mitleidens gesetzt wird, ist schön und liebenswürdig; denn es zeigt eine gütige Teilnehmung an dem Schicksale anderer Menschen an, worauf Grundsätze der Tugend gleichfalls hinausführen. Allein diese gutartige Leidenschaft ist gleichwohl schwach und jederzeit blind." „Wenn dagegen die allgemeine Wohlgewogenheit gegen das menschliche Geschlecht in euch zum Grundsatze geworden ist, welchem ihr jederzeit eure Handlungen unterordnet, alsdann bleibt die Liebe gegen den Notleidenden noch; allein sie ist jetzt aus einem höheren Standpunkte in das wahre Verhältnis gegen eure gesamte Pflicht versetzt worden." Die „mitleidige Eigenschaft" ist zwar liebenswürdig, hat aber doch nicht die „Würde der Tugend". Das M. gehört nur zu den „adoptierten Tugenden", Schön. u. Erh. 2. Abs. (VIII 14ff.); vgl. Sittlichkeit. „Die innere Bekümmernis über das Unvermögen zu helfen oder über die Aufopferung, wenn man hilft, ingleichen über die eigene Feigheit, welche uns glauben macht, daß andere viel leiden, da sie gleich es billig ertragen könnten, macht das M.en. Übrigens ist dieses kein großes Gegenmittel gegen den Eigennutz. — Diese Triebe sind insgesamt bei natürlichen Menschen sehr kalt", Bruchstücke aus d. Nachlass (VIII 308). Vgl. Mitgefühl, Liebe, Neigung.

Mitteilungstrieb. „Der Trieb sich mitzuteilen muß den Menschen, der noch allein ist, gegen lebende Wesen außer ihm, vornehmlich diejenigen, die einen Laut geben, welchen er nachahmen und der nachher zum Namen dienen kann, zuerst zur Kundmachung seiner Existenz bewogen haben", Anf. d. Menschengesch. 1. Anm. (VI 50 f.). Vgl. Geschmacksurteil (Mitteilbarkeit des ästhetischen Zustandes an andere), Humanität.

Mittel. „Wer den Zweck will, will (sofern die Vernunft auf seine Handlungen entscheidenden Einfluß hat) auch das dazu unentbehrlich notwendige M., das in seiner Gewalt ist. Dieser Satz ist, was das Wollen betrifft, analytisch; denn in dem Wollen eines Objekts als meiner Wirkung wird schon meine Kausalität als handelnde Ursache, d. i. der Gebrauch der M. gedacht." „Die M. selbst zu einer vorgesetzten Absicht zu bestimmen, dazu gehören allerdings synthetische Sätze, die aber nicht den Grund betreffen, den Aktus des Willens, sondern das Objekt wirklich zu machen", GMS 2. Abs. (III 39 f.). M. ist das, was „den Grund der Möglichkeit der Handlung enthält, deren Wirkung Zweck ist", ibid. (III 52). Der kategorische Imperativ (s. d.) gebietet, die Menschheit in jedem nie bloß als M., sondern immer auch als Zweck (s. d.) zu brauchen, ibid. (III 54 ff.). „Sachen" haben nur relativen Wert als M., „Personen" absoluten Wert als Zweck an sich, ibid. (III 53). „In der ganzen Schöpfung kann alles, was man will, und worüber man etwas vermag, auch bloß als M. gebraucht werden; nur der Mensch, und mit ihm jedes vernünftige Geschöpf, ist Zweck an sich selbst. Er ist nämlich das Subjekt des moralischen Gesetzes, welches heilig ist, vermöge der Autonomie seiner Freiheit", KpV 1. T. 1. B. 3. H. (II 112 f.). Vgl. Endzweck, Pragmatisch, Imperativ.

Mittelbegriff. Der mittlere Hauptbegriff im Schluß ist ein „Zwischenmerkmal" (s. Merkmal), F. Spitzf. § 1 (V 1, 56). Vgl. Schlußfigur.

Modalität. Die Kategorien (s. d.) der M. (Möglichkeit, Wirklichkeit, Notwendigkeit) haben das Besondere, „daß sie den Begriff, dem sie als Prädikate beigefügt werden, als Bestimmung des Objekts nicht im mindesten vermehren, sondern nur das Verhältnis zum Erkenntnisvermögen ausdrücken". „Wenn der Begriff eines Dinges schon ganz vollständig ist, so kann ich doch noch von diesem Gegenstande fragen, ob er bloß möglich oder auch wirklich, oder wenn er das letztere ist, ob er gar auch notwendig sei? Hierdurch werden keine Bestimmungen mehr im Objekte selbst gedacht, sondern es frägt sich nur, wie es sich (samt allen seinen Bestimmungen) zum Verstande und dessen empirischen Gebrauche, zur empirischen Urteilskraft und zur Vernunft (in ihrer Anwendung auf Erfahrung) verhalte?", KrV tr. Anal. 2. B. 2. H. 3. Abs. 4 (I 249 f.—Rc 309). „Die Grundsätze der M. sind aber nicht objektiv synthetisch, weil die Prädikate der Möglichkeit,

Wirklichkeit und Notwendigkeit den Begriff, von dem sie gesagt werden, nicht im mindesten vermehren, dadurch daß sie der Vorstellung des Gegenstandes noch etwas hinzusetzen." Sie sind „subjektiv" synthetisch, d. h. „sie fügen zu dem Begriffe eines Dinges (Realen), von dem sie sonst nichts sagen, die Erkenntniskraft hinzu, worin er entspringt und seinen Sitz hat". „Die Grundsätze der M. also sagen von einem Begriffe nichts anderes als die Handlung des Erkenntnisvermögens, dadurch er erzeugt wird", ibid. Widerlegung des Idealismus (I 264—Rc 325 f.). Vgl. Postulate, Möglichkeit, Wirklichkeit, Notwendigkeit, Kategorie.

Modalität der Urteile. „Die M. der Urteile ist eine ganz besondere Funktion derselben, die das Unterscheidende an sich hat, daß sie nichts zum Inhalte des Urteils beiträgt (denn außer Größe, Qualität und Verhältnis ist nichts mehr, was den Inhalt eines Urteils ausmachte), sondern nur den Wert der Kopula in Beziehung auf das Denken überhaupt angeht." Das Problematische (s. d.), Assertorische (s. d.) und Apodiktische (s. d.) sind, weil sie oft betreffs desselben Inhalts einander im Bewußtsein ablösen, ebenso viele „Momente" des Denkens, KrV § 9, 4 (I 125 ff.—Rc 145 f.). „Der M. nach, durch welches Moment das Verhältnis des ganzen Urteils zum Erkenntnisvermögen bestimmt ist, sind die Urteile entweder problematische oder assertorische oder apodiktische. Die problematischen sind mit dem Bewußtsein der bloßen Möglichkeit, die assertorischen mit dem Bewußtsein der Wirklichkeit, die apodiktischen endlich mit dem Bewußtsein der Notwendigkeit des Urteilens begleitet." „Dieses Moment der M. zeigt also nur die Art und Weise an, wie im Urteile etwas behauptet oder verneint wird." Es betrifft „nur das Urteil selbst, keineswegs die Sache, worüber geurteilt wird", Log. § 30 (IV 119). „Ohne M. ist gar kein Urteil möglich; also ist das modale Urteil nicht unrein", N 3111.

Mode. „Es ist ein natürlicher Hang des Menschen, in seinem Betragen sich mit einem bedeutenderen ... in Vergleichung zu stellen und seine Weise nachzuahmen. Ein Gesetz dieser Nachahmung, um bloß nicht geringer zu erscheinen als andere, und zwar in dem, wobei übrigens auf keinen Nutzen Rücksicht genommen wird, heißt M." Sie ist nicht eine Sache des Geschmacks, sondern „der Eitelkeit, vornehm zu tun, und des Wetteifers, einander dadurch zu übertreffen", Anthr. 1. T. § 71 (IV 174 f.).

Modus s. Merkmal.

Möglich s. Möglichkeit. „Praktisch-möglich" (und notwendig) ist, was durch einen Willen möglich ist; zum Unterschiede von der „physischen Möglichkeit" einer Wirkung (durch Mechanismus, Instinkt), KU Einl. I (II 7).

Möglichkeit. Die innere M. der Dinge setzt etwas Existierendes (Wirkliches) voraus. Ohne ein solches gäbe es kein Material zum Denkbaren, Möglichen, dieses selbst fiele hinweg (vgl. Sein). Unmöglich ist, „was in sich selbst widersprechend ist". „Diese Unmöglichkeit beruht lediglich auf logischen Beziehungen von einem Denklichen zum andern, da eins nur nicht ein Merkmal des andern sein kann." Zu unterscheiden sind die „Data" oder das „Materiale" (Reale) der M. (das Etwas, das möglich ist) und das „Formale" derselben (die Übereinstimmung des einen mit dem anderen nach dem Satze des Widerspruchs) oder das „Logische" in der M. Die innere M. fällt weg, 1. wenn ein innerer Widerspruch besteht, 2. wenn kein Material, „kein Datum zu denken" da ist. Alle M. ist in einem Wirklichen (als eine Bestimmung in demselben oder als eine Folge durch dasselbe) gegeben (vgl. Ontologisch), Beweisgr. Gottes 2. Btr. (VI 27 ff.).

Der Begriff der M. ist eine der Kategorien der Modalität (s. d.), also ein apriorischer Begriff. Das „Schema" (s. d.) der M. ist „die Zusammenstimmung der Synthesis verschiedener Vorstellungen mit den Bedingungen der Zeit überhaupt (z. B. daß das Entgegengesetzte in einem Dinge nicht zugleich, sondern nur nacheinander sein kann), also die Bestimmung der Vorstellung eines Dinges zu irgendeiner Zeit", KrV tr. Anal. 2. B. 1. H. (I 187 f.—Rc 243). Das Postulat (s. d.) der M. der Dinge fordert, „daß der Begriff derselben mit den formalen Bedingungen einer Erfahrung überhaupt zusammenstimme". Denn möglich ist, „was mit den formalen Bedingungen der Erfahrung (der Anschauung und den Begriffen nach) übereinkommt". Ein Begriff, „der eine Synthesis in sich faßt", ist „leer", gegenstandslos, wenn diese Synthese nicht zur Erfahrung gehört, entweder als „empirischer" Begriff oder als „reiner" Begriff, der, obzwar apriorisch, doch zur Erfahrung gehört, „weil sein Objekt nur in dieser angetroffen werden kann", weil er die Form der Erfahrung überhaupt a priori enthält. Die objektive Realität (M.) eines Begriffes (z. B. der Substanz), seine „transzendentale Wahrheit", kann man nur daraus ersehen, daß er Verhältnisse der Wahrnehmungen in jeder Erfahrung a priori ausdrückt. In concreto müssen Begriffe von Substanzen und Kräften an der Hand der Erfahrung gebildet werden, sonst sind sie Erdichtungen ohne Wert. Die M. von Dingen überhaupt kann nie aus Begriffen a priori für sich allein, sondern immer nur „aus formalen und objektiven Bedingungen einer Erfahrung überhaupt" stattfinden. Auch die M. mathematischer Gebilde ergibt sich nur daraus, daß eben dieselbe Synthesis, durch die wir sie und Größen überhaupt konstruieren, in der Apprehension des Gegebenen zu einer Erfahrung ausgeübt wird (vgl. Mathematik). Gegenstände, die den Begriffen korrespondieren, können nur in der Erfahrung gesucht werden, durch die allein uns Gegenstände gegeben werden; obwohl wir „bloß in Beziehung auf die formalen Bedingungen, unter welchen in ihr überhaupt etwas als Gegenstand bestimmt wird, mithin völlig a priori, aber doch nur in Beziehung auf sie, und innerhalb ihrer Grenzen, die M. der Dinge erkennen und charakterisieren können", ibid. 2. B. 2. H. 3. Abs. 4 (I 250 ff.—Rc 310 ff.). Alles Wirkliche ist möglich; hieraus folgt: einiges Mögliche ist wirklich, was zu bedeuten scheint: es ist vieles möglich, was nicht wirklich ist, d. h. das Feld der M. ist größer als das der Wirklichkeit. Aber was zum Möglichen noch „hinzukommen" müßte, um es wirklich zu machen, ist unmöglich. „Es kann nur zu meinem Verstande etwas über die Zusammenstimmung mit den formalen Bedingungen der Erfahrung, nämlich die Verknüpfung mit irgendeiner Wahrnehmung hinzukommen, was aber mit dieser nach empirischen Gesetzen verknüpft ist, ist wirklich, ob es gleich unmittelbar nicht wahrgenommen wird." Die „absolute" M. ist kein bloßer Verstandesbegriff, sondern gehört der Vernunft an, die über allen empirischen Verstandesgebrauch hinausgeht, ibid. Widerlegung des Idealismus (I 261 ff.—Rc 322 ff.). — „Durch die Wirklichkeit eines Dinges setze ich freilich mehr als die M., aber nicht in dem Dinge; denn das kann niemals mehr in der Wirklichkeit enthalten, als was in dessen vollständiger M. enthalten war", ibid. 2. Anm. (I 265—Rc 326). „Der Begriff ist allemal möglich, wenn er sich nicht widerspricht. Das ist das logische Merkmal der M., und dadurch wird sein Gegenstand vom nihil negativum unterschieden. Allein er kann nichtsdestoweniger ein leerer Begriff sein, wenn die objektive Realität der Synthesis, dadurch der Begriff erzeugt wird, nicht besonders dargetan wird; welches aber jederzeit ... auf Prinzipien möglicher Erfahrung und nicht auf dem Grundsatze der Analysis (dem Satze des Widerspruchs) beruht. Das ist eine Warnung, von der M. der Begriffe (logische) nicht sofort auf die M. der Dinge (reale) zu schließen", ibid. tr. Dial. 2. B. 3. H. 4. Abs. Anm. (I 515—Rc 653).

„Es ist dem menschlichen Verstande unumgänglich notwendig, M. und Wirklichkeit der Dinge zu unterscheiden. Der Grund davon liegt im Subjekte und der Natur seiner Erkenntnisvermögen. Denn wären zu dieser ihrer Ausübung nicht zwei ganz heterogene Stücke, Verstand für Begriffe und sinnliche Anschauung für Objekte, die ihnen korrespondieren, erforderlich, so würde es keine solche Unterscheidung (zwischen dem Möglichen und Wirklichen) geben. Wäre nämlich unser Verstand anschauend, so hätte er keine Gegenstände als das Wirkliche." Die Unterscheidung des bloß Möglichen vom Wirklichen beruht darauf, daß das erstere „nur die Position der Vorstellung eines Dinges respektiv auf unseren Begriff und überhaupt das Vermögen zu denken, das letztere aber die Setzung des Dinges an sich selbst (außer diesem Begriffe)" bedeutet. „Also ist die Unterscheidung möglicher Dinge von wirklichen eine solche, die bloß subjektiv für den menschlichen Verstand gilt, da wir nämlich etwas immer noch in Gedanken haben können, ob es gleich nicht ist, oder etwas als gegeben uns vorstellen, ob wir gleich noch keinen Begriff davon haben." Eine Forderung der Vernunft ist es, „irgendein Etwas (den Urgrund) als unbedingt notwendig existierend anzunehmen, an welchem M. und Wirklichkeit gar nicht mehr unterschieden werden sollen, und für welche Idee unser Verstand schlechterdings keinen Begriff hat, d. i. keine Art ausfinden kann, wie er ein solches Ding und seine Art zu existieren sich vorstellen solle". „Daher ist der Begriff eines absolut notwendigen Wesens zwar eine unentbehrliche Vernunftidee, aber ein für den menschlichen Verstand unerreichbarer problematischer Begriff", KU § 76 (II 267 f.). „Die M. eines Gedankens oder Begriffs beruht auf dem Satze des Widerspruchs, z. B. der eines denkenden unkörperlichen Wesens (eines Geistes). Das Ding, wovon selbst der bloße Gedanke unmöglich ist (d. i. der Begriff sich widerspricht), ist selbst unmöglich. Das Ding aber, wovon der Begriff möglich ist, ist darum nicht ein mögliches Ding. Die erste M. kann man die logische, die zweite die reale M. nennen; der Beweis der letzteren ist der Beweis der objektiven Realität des Begriffs, welchen man jederzeit zu fordern berechtigt ist. Er kann aber nie anders geleistet werden als durch Darstellung des dem Begriffe korrespondierenden Objekts; denn sonst bleibt es immer nur ein Gedanke, welcher, ob ihm irgendein Gegenstand korrespondiere oder ob er leer sei, d. i. ob er überhaupt zur Erkenntnis dienen könne, solange bis jenes in einem Beispiele gezeigt wird, immer ungewiß bleibt", Fortschr. d. Metaph. Beilage I, 2. Abs. (V 3, 157).

„Möglich ist, dessen Begriff nicht leer, auch nicht durch sich selbst aufgehoben ist. Daß er nicht leer sein soll, bedeutet daher, daß ihm etwas außer den Gedanken, also eine Wirklichkeit respondiere", N 4396. Die M. der Dinge ist unterschieden von der M. ihres Daseins. „Jene besteht bloß darin, daß ihr Begriff nichts in sich Widersprechendes habe . . . Die M. des Daseins dagegen bedeutet die Übereinstimmung der Position eines solchen Gegenstandes außer dem Verstande . . . Das Dasein gehört gar nicht zur Idee eines Dinges, und die M. desselben, wenn sie vollständig ist, kann von der Wirklichkeit und Notwendigkeit nicht unterschieden sein", N 5772. Das Objekt der „Erdichtung" ist möglich, N 4288. „Alle einfachen Begriffe sind möglich, die Unmöglichkeit liegt nur in der Zusammensetzung", N 4394. „Die M. in abstracto ist bloß das nicht Widersprechende. Diese M. bedeutet nur die Zulässigkeit der Idee. Die M. in concreto ist allein objektiv, d. i. daß etwas in der omnimoda determinatione interna möglich sei", N 5181. — „Die Ursache unserer Unterscheidung des Möglichen vom Wirklichen ist diese: weil wir die Dinge nicht durch Verstandesanschauungen erkennen, also sie erst respektiv auf unser Erkenntnisvermögen, nachher auf Anschauung betrachten", N 5718. — „Es kann etwas in thesi möglich sein, und ist es doch nicht in hypothesi", N 6373. „Hypothetisch möglich ist etwas entweder sub conditione restrictiva oder constitutiva. Das erste ist die Bedingung der Einstimmung, der nicht widerstritten werden muß, das zweite die Bedingung der Ableitung. Was unter keiner conditione restrictiva unmöglich ist, ist absolut möglich, d. i. unter aller hypothesi möglich", N 5698; vgl. 4302, 5764. „M. ist Übereinstimmung mit den Bedingungen des Denkens überhaupt; unmöglich, was denselben widerstreitet. Was mit den analytischen Bedingungen des Denkens übereinstimmt, ist logisch möglich, was mit den synthetischen, ist real möglich; die logische M. ohne reale ist der leere Begriff ohne Inhalt, d. i. Beziehung auf Objekt", N 4801; vgl. 3999, 5688. „Was sich in der Erfahrung überhaupt geben läßt, also den Kategorien gemäß ist, ist objektiv möglich, aber das Gegenteil ist darum nicht unmöglich", N 5721. Unsere M.en sind „bloß Modifikationen desjenigen, dessen allgemeiner Grund durch Erfahrung gegeben ist", N 4021. „Selbst zur Unmöglichkeit gehört etwas Gegebenes", N 4483. „Wir können durch die Vernunft nur die M. der Urteile, aber nicht der Sachen ganz erkennen, weil zu diesen die Voraussetzung von der M. der Materie gehört, welche durch die Sinne, und also a posteriori gegeben sein muß. Der Materie nach kann der Verstand auch nicht einmal was Unmögliches erdichten", N 3999. Vgl. Gottesbeweise, Kritik der reinen Vernunft, Wirklichkeit.

Möglichkeit, moralische s. Gegenstand der praktischen Vernunft. „Praktisch-möglich" ist, was durch einen Willen möglich ist, KU Einl. I (II 7).

Moment. „Die Mitteilung der Bewegung geschieht nur vermittelst solcher bewegenden Kräfte, die einer Materie auch in Ruhe beiwohnen (Undurchdringlichkeit und Anziehung). Die Wirkung einer bewegenden Kraft auf einen Körper in einem Augenblicke ist die Sollizitation desselben, die gewirkte Geschwindigkeit des letzteren durch die Sollizitation, sofern sie in gleichem Verhältnis mit der Zeit wachsen kann, ist das M. der Akzeleration." Dieses muß nur eine unendlich kleine Geschwindigkeit enthalten. Die Möglichkeit der Beschleunigung beruht auf dem Gesetze der Trägheit (s. d.), Anfangsgr. d. Naturw. 3. H. Allgem. Anmerk. zur Mechanik (VII 302). Man darf das M. der Geschwindigkeit nicht schon selbst als Geschwindigkeit betrachten, sondern bloß als „das Bestreben, einem Körper eine gewisse Geschwindigkeit mitzuteilen; nicht als extensive, sondern als intensive Größe, die aber den Grund der extensiven Größe enthält". „Man kann nicht sagen, ein Körper habe im Anfangsaugenblicke des Falls eine gewisse Geschwindigkeit und könne deren verschiedene haben." Man kann ihm bloß „eine verschiedene Tendenz zur Bewegung" beilegen, Acht kleine Schriften, 6: Über das Moment der Geschwindigkeit im Anfangsaugenblicke des Falls (VIII 170 f.).

Monade. Die Körper bestehen (nach Kants älterer Anschauung) aus „physischen M.n" (Atomen), welchen eine anziehende und abstoßende Kraft zukommt. „Die einfache Substanz, welche M. heißt, ist eine solche, die nicht aus einer Mehrheit von Teilen besteht, welche einzeln und voneinander getrennt bestehen können." „Jedes einfache Element eines Körpers oder jede M. ist nicht allein im Raume, sondern erfüllt auch den Raum unbeschadet ihrer eigenen Einfachheit." „Die M. bestimmt den Raum, in dem sie gegenwärtig ist, nicht durch eine Mehrheit ihrer substantiellen Teile, sondern durch den Umfang ihrer Wirksamkeit, vermöge deren sie die neben ihr befindlichen M.n hindert, sich ihr noch weiter zu nähern." „Die Kraft, mit der ein einfaches Körperelement seinen Raum behauptet, ist das, was man sonst die Undurchdringlichkeit nennt; und wenn man von jener absieht, kann diese nicht weiter bestehen." Diese Kraft ist eine abstoßende Kraft. Die Körper würden kein bestimmtes Volumen haben, „wenn ihnen nicht auch eine Kraft der Anziehung einwohnte, die mit jener zusammen die Grenze ihrer Ausdehnung bestimmte". Die Elemente sind undurchdringlich, aber „zusammendrückbar", Phys. Monadologie 1. Abs. (VII 345 ff.). Vgl. Einfach, Reflexionsbegriffe.

Moral s. Moralphilosophie, Sittlichkeit. M. ist die Lehre nicht von der Glückseligkeitsgewinnung, sondern, „wie wir der Glückseligkeit würdig werden sollen", KpV 1. T. 2. B. 2. H. V (II 166).

Moralisch s. Ethisch, Sittlichkeit, Moralität, Anlage, Bestimmung, Freiheit, Gesetze, Glaube, Gesinnung, Gut, Religion, Motiv, Tugend.

Moralische Welt. „Ich nenne die Welt, sofern sie allen sittlichen Gesetzen gemäß wäre (wie sie es denn nach der Freiheit der vernünftigen Wesen sein kann, und nach den notwendigen Gesetzen der Sittlichkeit sein soll), eine moralische Welt. Diese wird sofern bloß als intelligible Welt gedacht, weil darin von allen Bedingungen (Zwecken) und selbst von allen Hindernissen der Moralität in derselben (Schwäche oder Unlauterkeit der menschlichen Natur) abstrahiert wird. Sofern ist sie also eine bloße, aber doch praktische Idee, die wirklich ihren Einfluß auf die Sinnenwelt haben kann und soll, um sie dieser Idee so viel als möglich gemäß zu machen." „Die Idee einer moralischen Welt hat daher objektive Realität, nicht als wenn sie auf einen Gegenstand einer intelligiblen Anschauung ginge (dergleichen wir uns gar nicht denken können), sondern auf die Sinnenwelt, aber als einen Gegenstand der reinen Vernunft in ihrem praktischen Gebrauche, und ein corpus mysticum der vernünftigen Wesen in ihr, sofern deren freie Willkür unter moralischen Gesetzen sowohl mit sich selbst, als mit jeder anderen Freiheit durchgängige systematische Einheit an sich hat." In einer solchen Welt nur läßt sich ein „System der mit der Moralität verbundenen proportionierten Glückseligkeit auch als notwendig denken", weil hier die durch sittliche Gesetze geleitete Freiheit selbst die Ursache der allgemeinen Glückseligkeit ist. Die moralische Welt ist eins mit dem „Reich der Gnaden" (s. d.), KrV tr. Meth. 2. H. 2. Abs. (I 668ff.—Rc. 821 ff.). Vgl. Intelligible Welt, Gott.

Moralisches Gefühl. „Die Vernunft fühlt nicht; sie sieht ihren Mangel ein und wirkt durch den Erkenntnistrieb das Gefühl des Bedürfnisses. Es ist hiermit wie mit dem moralischen Gefühl bewandt, welches kein moralisches Gesetz verursacht — denn dieses entspringt gänzlich aus der Vernunft —, sondern durch moralische Gesetze, mithin durch die Vernunft verursacht oder gewirkt wird, indem der rege und doch freie Wille bestimmter Gründe bedarf", Was heißt: s. i. D. or.? 4. Anm. (V 2, 155). „Um das zu wollen, wozu die Vernunft allein dem sinnlich affizierten vernünftigen Wesen das Sollen vorschreibt, dazu gehört freilich ein Vermögen der Vernunft, ein Gefühl der Lust oder des Wohlgefallens an der Erfüllung der Pflicht einzuflößen, mithin eine Kausalität derselben, die Sinnlichkeit ihren Prinzipien gemäß zu bestimmen. Es ist aber gänzlich unmöglich, einzusehen, d. i. a priori begreiflich zu machen, wie ein bloßer Gedanke, der selbst nichts Sinnliches in sich enthält, eine Empfindung der Lust oder Unlust hervorbringe." Hier soll „reine Vernunft durch bloße Ideen (die gar keinen Gegenstand für Erfahrung abgeben) die Ursache von einer Wirkung, die freilich in der Erfahrung liegt", sein, was nicht erklärbar ist, GMS 3. Abs. V. d. äußersten Grenze... (III 91); vgl. Imperativ. „Allerdings muß der Wille Motive haben; aber diese sind nicht gewisse vorgesetzte, aufs physische Gefühl bezogene Objekte als Zwecke, sondern nichts als das unbedingte Gesetz selbst, für welches die Empfänglichkeit des Willens, sich unter ihm als unbedingter Nötigung zu befinden, das moralische Gefühl heißt; welches also nicht Ursache, sondern Wirkung der Willensbestimmung ist, von welchem wir nicht die mindeste Wahrnehmung in uns haben würden, wenn jene Nötigung in uns nicht vorherginge", Theor. Prax. I (VI 79). Das moralische Gefühl ist „die Empfänglichkeit für Lust oder Unlust" bloß aus dem Bewußtsein der Übereinstimmung oder des Widerstreits „unserer Handlung mit dem Pflichtgesetze". „Alle Bestimmung der Willkür aber geht von der Vorstellung der möglichen Handlung durch das Gefühl der Lust oder Unlust, an ihr oder ihrer Wirkung ein Interesse zu nehmen, zur Tat; wo der ästhetische Zustand (der Affizierung des inneren Sinnes) nun entweder ein pathologisches oder moralisches Gefühl ist. — Das erstere ist dasjenige Gefühl, welches vor der Vorstellung des Gesetzes vorhergeht, das letztere das, was nur auf diese folgen kann." Es kann keine Pflicht geben, ein moralisches Gefühl zu haben oder zu erwerben, aber wohl, es zu kultivieren und es durch die Bewunderung seines unerforschlichen Ursprungs zu verstärken. Es ist kein moralischer „Sinn". Ohne moralisches Gefühl ist kein Mensch, sonst wäre er „sittlich tot", ein bloßes Tier, MST Einl. XIIa (III 241f.); vgl. Achtung.

Gefühle können, wegen ihrer Verschiedenheit, nicht einen Maßstab des Guten und Bösen abgeben; man kann durch sein Gefühl nicht für andere gültig urteilen. Das Prinzip des moralischen Gefühls (als Sittlichkeitsgrundlage) ist ein Prinzip der Glückseligkeit (s. d.), „weil ein jedes empirische Interesse durch die Annehmlichkeit, die etwas nur gewährt, es mag nun unmittelbar und ohne Absicht auf Vorteile oder in Rücksicht auf dieselben geschehen, einen Beitrag zum Wohlbefinden verspricht", GMS 2. Abs. Einteilung... Anm. (III 70). Wir nennen die Grundlage des Interesses (s. d.) an moralischen Gesetzen das moralische Gefühl, welches „fälschlich für das Richtmaß unserer sittlichen Beurteilung von einigen ausgegeben worden, da es vielmehr als die subjektive Wirkung, die das Gesetz auf den Willen ausübt, angesehen werden muß, wozu Vernunft allein die objektiven Gründe hergibt", ibid. 3. Abs. V. d. äußersten Grenze... (III 91). Ein sog.

moralischer Sinn wäre ein solcher, „nach welchem das Bewußtsein der Tugend unmittelbar mit Zufriedenheit und Vergnügen, das des Lasters aber mit Seelenruhe und Schmerz verbunden wäre"; und so wird doch alles auf Verlangen nach eigener Glückseligkeit gestellt. Auch setzt ein solches Gefühl schon die Erkenntnis der Verbindlichkeit voraus. Es kann aber die „öftere Ausübung" der Bestimmung des Willens durch das moralische Gesetz „subjektiv zuletzt ein Gefühl der Zufriedenheit mit sich selbst wirken", welche das eigentliche „moralische Gefühl" ist, das zu kultivieren auch Pflicht ist, KpV 1. T. 1. B. 1. H. § 8 (II 50f.). Das moralische Gefühl ist das Gefühl der Achtung (s. d.) oder die Fähigkeit, ein moralisches Interesse (s. d.) am Gesetze zu nehmen, ibid. 3. H. (II 104).

Moralisierung. „Wir sind in hohem Grade durch Kunst und Wissenschaft kultiviert. Wir sind zivilisiert bis zum Überlästigen, zu allerlei gesellschaftlicher Artigkeit und Anständigkeit. Aber uns für schon moralisiert zu halten, daran fehlt uns noch sehr viel. Denn die Idee der Moralität gehört noch zur Kultur; der Gebrauch dieser Idee aber, welcher nur auf das Sittenähnliche in der Ehrliebe und der äußeren Anständigkeit hinausläuft, macht bloß die Zivilisierung aus." „Alles Gute aber, das nicht auf moralisch-gute Gesinnung gepfropft ist, ist nichts als lauter Schein und schimmerndes Elend", G. i. weltbürg. Abs. 7. Satz (VI 15). Vgl. Kultur, Fortschritt.

Moralismus. Die Probleme der reinen Philosophie haben das Endziel, „was zu tun sei, wenn der Wille frei, wenn ein Gott und eine künftige Welt sei". „Da dieses nun unser Verhalten in Beziehung auf den höchsten Zweck betrifft, so ist die letzte Absicht der weislich uns versorgenden Natur bei der Einrichtung unserer Vernunft eigentlich nur aufs Moralische gerichtet", KrV tr. Meth. 2. H. 1. Abs. (I 663—Rc 815). Die transzendentalen „Ideen" (s. d.) leisten spekulativ nichts; abgesehen von ihrer „regulativen" Bedeutung dienen sie dem „praktischen Interesse" der Vernunft, ibid. 2. Abs. (I 666ff.—Rc 818ff.). Vgl. Glückseligkeit, Gut, Sittlichkeit, Moralische Welt, Postulat, Primat, Zweck, Endzweck, Rigorismus, Wille (guter), Pflicht, Religion, Gott.

Moralität s. Sittlichkeit. „Das Wesentliche alles sittlichen Werts der Handlungen kommt darauf an, daß das moralische Gesetz unmittelbar den Willen bestimme. Geschieht die Willensbestimmung zwar gemäß dem moralischen Gesetze, aber nur vermittelst eines Gefühls, welcher Art es auch sei..., mithin nicht um des Gesetzes willen, so wird die Handlung zwar Legalität, aber nicht M. enthalten." Das moralische Gesetz selbst muß die „Triebfeder", das Motiv (s. d.) des Wollens sein, KpV 1. T. 1. B., 3. H. (II 93). Darauf, daß die Handlung nicht bloß „pflichtmäßig" ist (Legalität), sondern „aus Pflicht" geschieht, beruht die M. (der „moralische Wert") derselben, ibid. (II 105); vgl. Pflicht. Die „Gesetze der Freiheit" heißen zum Unterschiede von Naturgesetzen „moralisch" (s. Gesetz). „Sofern sie nur auf bloße äußere Handlungen und deren Gesetzmäßigkeit gehen, heißen sie juridisch; fordern sie aber auch, daß sie (die Gesetze) selbst die Bestimmungsgründe der Handlungen sein sollen, so sind sie ethisch, und alsdann sagt man: die Übereinstimmung mit den ersteren ist die Legalität, die mit den zweiten die M. der Handlung." Die Gesetze der Freiheit (s. d.) als „reine praktische Vernunftgesetze für die freie Willkür überhaupt" müssen zugleich „innere Bestimmungsgründe derselben sein", obgleich sie nicht immer in dieser Beziehung betrachtet werden dürfen, MS Einl. I (III 15). „Man nennt die bloße Übereinstimmung oder Nichtübereinstimmung einer Handlung mit dem Gesetze, ohne Rücksicht auf die Triebfeder derselben, die Legalität (Gesetzmäßigkeit); diejenige aber, in welcher die Idee der Pflicht aus dem Gesetze zugleich die Triebfeder der Handlung ist, die M. (Sittlichkeit) derselben", ibid. II (III 21); vgl. Ethik, Pflicht. Sittlichkeit (moralitas) ist die Übereinstimmung der Maxime der Handlung mit dem Gesetze, ibid. IV (III 29). Vgl. Gesinnung, Pflicht.

Moralphilosophie ist der rationale Teil der Ethik. Vgl. Metaphysik der Sitten.

Moralstatistik s. Freiheit.

Moraltheologie. Die „M.“ ist jene Abart der „natürlichen“ Theologie (s. d.), welche das Dasein Gottes — als Prinzip aller sittlichen Ordnung und Vollkommenheit — aus sittlichen Gesetzen ableitet, KrV tr. Dial. 2. B. 3. H. 7. Abs. (I 541—Rc 682). Vgl. Gott, Gottesbeweise, Ethikotheologie, Religion.

Motiv. „Die Triebe der menschlichen Natur... sind die Bewegkräfte des Willens. Der Verstand kommt nur dazu, sowohl das ganze Fazit der Befriedigung aller Neigungen insgesamt aus dem vorgestellten Zwecke zu schätzen, als auch die Mittel zu diesem auszufinden“, Krankheiten des Kopfes (VIII 65); vgl. Anthropologie.

Sittliches M., „Triebfeder“ des Sittlichen kann nur die Achtung (s. d.) für das Sittengesetz selbst sein. Diese Triebfeder darf durch keine anderen M.e (der Glückseligkeit, des Nutzens usw.) beeinträchtigt werden, wenn der Wille ein lauterer sein soll. Wie es möglich ist, daß die Idee des Sittengesetzes selbst zu einem M. werden kann, ist letzten Endes nicht begreiflich, aber es ist Tatsache, daß die Vernunft auf die Sinnlichkeit Einfluß haben *kann*, da sie einen solchen haben *soll*. Subjektive Zwecke beruhen auf „Triebfedern“, objektive auf „Beweggründen“, welche „für jedes vernünftige Wesen gelten“, GMS 2. Abs. (III 52). Nicht durch eine „Triebfeder a posteriori, welche materiell ist“, sondern durch das „formale Prinzip des Wollens überhaupt“ wird der sittliche Wille bestimmt, ibid. 1. Abs. (III 18). Es ist nicht begreiflich zu machen, wie die „Idee einer intelligiblen Welt selbst“ die Triebfeder des Wollens sein könnte, ibid. 3. Abs. V. d. äußersten Grenze... (III 93). Das Wesentliche ist, „daß das moralische Gesetz unmittelbar den Willen bestimme“, denn nur dann besteht „Moralität“ (s. d.), nicht bloße „Legalität“. Die Triebfeder (der „subjektive Bestimmungsgrund“) eines erschaffenen vernünftigen Wesens kann nur das moralische Gesetz sein. Andere Triebfedern dürfen nicht mitwirken; sie sollen alle abgewiesen werden, sofern sie dem Gesetze zuwider sind (s. Neigung). Das moralische Gesetz, das durch praktische Vernunft (s. d.) „formaler Bestimmungsgrund“ der Handlung ist, ist auch „subjektiver Bestimmungsgrund, d. i. Triebfeder“ zu dieser Handlung, „indem es auf die Sinnlichkeit des Subjekts Einfluß hat und ein Gefühl bewirkt, welches dem Einflusse des Gesetzes auf den Willen beförderlich ist“. Die „Triebfeder der sittlichen Gesinnung“ muß von aller sinnlichen Bedingung frei sein; sie ist nicht „pathologisch“, sondern „praktisch“ bewirkt, eine Wirkung der Vernunft, so daß die Achtung für das Gesetz nicht „Triebfeder zur Sittlichkeit“, sondern „die Sittlichkeit selbst, subjektiv als Triebfeder betrachtet“ ist. Das Gefühl ist hier „lediglich durch Vernunft bewirkt“ und dient nicht zur Beurteilung der Handlungen, sondern nur zur Triebfeder, um das Sittengesetz „in sich zur Maxime zu machen“. „Achtung fürs moralische Gesetz ist also die einzige und zugleich unbezweifelte moralische Triebfeder“, KpV 1. T. 1. B. 3. H. (II 93ff.); vgl. Interesse, Moralisches Gefühl, Böse, Gut, Glückseligkeit, Rigorismus, Christentum.

Musik. Die M. gehört zur Kunst des „schönen Spiels der Empfindungen“. Sie ist das „künstliche Spiel der Empfindungen des Gehörs“. Man kann nicht mit Gewißheit sagen, ob ein Ton oder Klang bloß eine angenehme Empfindung oder schon „ein schönes Spiel von Empfindungen“ ist, das als solches schon „ein Wohlgefallen an der Form in der ästhetischen Beurteilung“ bei sich führt. Letzteres ist gut möglich; M. wäre dann das „schöne Spiel der Empfindungen“ (durch das Gehör) und als solche eine „schöne“, sonst aber nur eine „angenehme“ Kunst, KU § 51 (II 180 ff.). Schön sind Töne und Farben nur, soweit sie „rein“ sind, eine Bestimmung, die schon die Form betrifft. Nimmt man an, daß das Gemüt nicht bloß durch den Sinn die Wirkung von Tönen und Farben auf die Belebung des Organs wahrnimmt, sondern auch „durch die Reflexion das regelmäßige Spiel der Eindrücke (mithin die Form in der Verbindung verschiedener Vorstellungen)“ so würden Farbe und Ton „nicht bloße Empfindungen, sondern schon formale Bestimmung der Einheit eines Mannigfaltigen derselben“ sein und dann auch für sich zu Schönheiten gezählt werden können, ibid. § 14 (II 63 f.). Sofern es sich um „Reiz und Bewegung des Gemüts“ handelt, kommt der Dichtkunst (s. d.) die Tonkunst am nächsten. Obzwar sie durch „lauter Empfindungen ohne Begriffe“ spricht, so bewegt sie doch das Gemüt inniglich, ist aber freilich „mehr Genuß als Kultur“ und hat, durch die Vernunft beurteilt, weniger Wert als jede andere Kunst. Als Genuß verlangt sie öfteren Wechsel, sonst erzeugt sie leicht Überdruß. Ihr Reiz beruht wohl darauf, „daß jeder Ausdruck der Sprache im Zusammenhang einen Ton hat, der dem Sinne desselben angemessen ist; daß dieser Ton mehr oder weniger einen Affekt des Sprechenden bezeichnet und gegenseitig auch im Hörenden hervorbringt, der denn in diesem umgekehrt auch die Idee erregt, die in der Sprache mit solchem Tone ausgedrückt wird; und daß, so wie die Modulation gleichsam eine allgemeine jedem Menschen verständliche Sprache der Empfindungen ist, die Tonkunst diese für sich allein in ihrem ganzen Nachdrucke, nämlich als Sprache der Affekte ausübt, und so nach dem Gesetze der Assoziation die damit natürlicherweise verbundenen ästhetischen Ideen allgemein mitteilt, daß aber, weil jene ästhetischen Ideen keine Begriffe und bestimmte Gedanken sind, die Form der Zusammensetzung dieser Empfindungen (Harmonie und Melodie) nur, statt der Form der Sprache, dazu dient, vermittelst einer proportionierten Stimmung derselben . . . die ästhetische Idee eines zusammenhängenden Ganzen einer unnennbaren Gedankenfülle, einem gewissen Thema gemäß, welches den in dem Stücke herrschenden Affekt ausmacht, auszudrücken“. An dieser mathematischen Form hängt allein das Wohlgefallen; die Mathematik ist aber nur die unumgängliche Bedingung „derjenigen Proportion der Eindrücke, in ihrer Verbindung sowohl als ihrem Wechsel, wodurch es möglich wird, sie zusammenzufassen und zu verhindern, daß diese einander nicht zerstören, sondern zu einer kontinuierlichen Bewegung und Belebung des Gemüts durch damit konsonierende Affekte und hiermit zu einem behaglichen Selbstgenusse zusammenstimmen“. Schätzt man den Wert der schönen Künste nach der Kultur, die sie dem Gemüt verschaffen, und nimmt man die Erweiterung der Vermögen, welche in der Urteilskraft zur Erkenntnis zusammenkommen müssen, zum Maßstab, so nimmt die M. den untersten Rang unter den schönen Künsten ein. Sie geht „von Empfindungen zu unbestimmten Ideen“ und ist nur „von transitorischem Eindrucke“. Wird die M. unwillkürlich von der Einbildungskraft wiederholt, so wird sie uns „eher lästig als angenehm“. „Außerdem hängt der M. ein gewisser Mangel der Urbanität an, daß sie . . . ihren Einfluß weiter, als man ihn verlangt (auf die Nachbarschaft), ausbreitet und so sich gleichsam aufdringt, mithin der Freiheit anderer, außer der musikalischen Gesellschaft, Abbruch tut“, ibid. § 53 (II 185 ff.). — Die Belebung durch die M. ist bloß körperlich, obwohl sie von Ideen des Gemüts erregt wird, ibid. § 54 (II 189 f.). Die M. belebt und stärkt den Vitalsinn. Sie ist eine „Sprache bloßer Empfindungen“, eine „Mitteilung der Gefühle in die Ferne“, Anthr. 1. T. § 18 (IV 49 f.).

Mut. Furcht ist Abscheu vor Gefahr. M. ist „die Fassung des Gemüts, die letztere mit Überlegung zu übernehmen“, Anthr. 1. T. § 77 (IV 189 f.). Tapferkeit (s. d.) ist „gesetzmäßiger M., in dem, was Pflicht gebietet, selbst den Verlust des Lebens nicht zu scheuen“, ibid. § 77 (IV 195). Der M. kann auch durch Vernunft erweckt und so wahre Tapferkeit sein („moralischer M.“); er bildet als solcher das Wesen der Tugend (s. d.). ibid. § 77 (IV 191 ff.).

Mysterium. Es gibt Geheimnisse der Natur und der Politik, aber nicht betreffs des Moralischen. Betreffs dessen, was nur Gott tun kann, was unsere Pflicht übersteigt, da kann es nur „heiliges Geheimnis (mysterium) der Religion“ geben, Rel. 3 St. Allg. Anmerk. 1. Anm. (IV 161).

Mystik. Wer die Weisheit als von oben herab dem Menschen „durch Inspiration“ eingegossen denkt (also als „passives Erkenntnismittel“), denkt sich „das Unding der Möglichkeit einer übersinnlichen Erfahrung, welches im geraden Widerspruch mit sich selbst ist (das Transzendente als immanent vorzustellen), und fußt sich auf eine gewisse

Geheimlehre, M. genannt, welche das gerade Gegenteil der Philosophie ist, und doch eben darin, daß sie es ist (wie der Alchimist), den großen Fund setzt, aller Arbeit vernünftiger, aber mühsamer Naturforschung überhoben, sich im süßen Zustande des Genießens selig zu träumen". Es ist dies eine „Afterphilosophie", Vorrede zu R. B. Jachmanns „Prüfung der Kantischen Religionsphilosophie" (VIII 185). Gegen alle mystische „Schwärmerei" (s. d.) ist der Standpunkt kritischer Vernunft aufrechtzuhalten. Vgl. Gefühlsphilosophie.

Mystizismus der praktischen Vernunft. Der M. d. p. V. macht das, was nur zum Symbol dient, zum „Schema", d. h. er legt sinnliche und nichtsinnliche Anschauungen der Anwendung der moralischen Begriffe unter und schweift so ins Übersinnliche hinaus, KpV 1. T. 1. B. 2. H. (II 91 f.).

N.

Nachahmung s. Genie.

Nächstenliebe s. Liebe.

Naivität. „N." ist „der Ausbruch der der Menschheit ursprünglich natürlichen Aufrichtigkeit wider die zur anderen Natur gewordene Verstellungskunst". Eine Kunst, naiv zu sein, ist ein Widerspruch, KU § 54 (II 193).

Nationalität. „Unter dem Wort Volk (populus) versteht man die in einem Landstrich vereinigte Menge Menschen, insofern sie ein Ganzes ausmacht. Diejenige Menge oder auch der Teil derselben, welcher sich durch gemeinschaftliche Abstammung für vereinigt zu einem bürgerlichen Ganzen erkennt, heißt Nation (gens)", Anthr. 2. T. C (IV 260). Der Charakter eines Volkes hängt nicht bloß von der Regierungsart ab, auch nicht bloß von Klima und Boden, „denn Wanderungen ganzer Völker haben bewiesen, daß sie ihren Charakter durch ihre neuen Wohnsitze nicht veränderten, sondern ihn diesen nur nach Umständen anpaßten und doch dabei in Sprache, Gewerbart, selbst in Kleidung die Spuren ihrer Abstammung und hiermit auch ihren Charakter noch immer hervorblicken lassen", ibid. (IV 263); vgl. Rasse.

„Weil es eine Absicht der Vorsehung ist, daß Völker nicht zusammenfließen, sondern durch zurücktreibende Kraft untereinander im Konflikte seien, so ist der Nationalstolz und Nationalhaß zur Trennung der Nationen notwendig... Regierungen sehen diesen Wahn gern. Dieses ist der Mechanismus in der Welteinrichtung, welcher uns instinktmäßig verknüpft und absondert. Die Vernunft gibt uns anderseits das Gesetz, daß, weil Instinkte blind sind, sie die Tierheit an uns zwar dirigieren, aber durch Maximen der Vernunft müssen ersetzt werden. Um deswillen ist dieser Nationalwahn auszurotten, an dessen Stelle Patriotismus und Kosmopolitismus treten muß", N 1353.

Natur. Die (sinnlich wahrnehmbare, im Unterschiede von der übersinnlichen, urbildlichen) N. ist nicht die Wirklichkeit, wie sie an sich besteht, sondern der systematische Zusammenhang physischer und psychischer Erscheinungen unter einheitlichen, ihren Ablauf regelnden Gesetzen. Die N. umfaßt die Außen- und Innenwelt als gesetzmäßige Erscheinung der Dinge an sich, und der Mechanismus des Geschehens als solcher hat innerhalb der N. allgemeine Geltung; hier ist alles kausal-gesetzlich bestimmt, notwendig, ohne daß deshalb in dem Dinge an sich, in der Welt als Noumenon (s. d.) Freiheit (s. d.) ausgeschlossen ist. Der übersinnliche Grund der Natur ist unerkennbar. Der Mensch (s. d.) gehört als Sinnenwesen zur N., als Vernunftwesen aber ist er „Ding an sich", gehört er der „intelligiblen Welt" an und steht er unter Freiheits-, nicht Naturgesetzen. Die Religion stellt zwischen dem Reich der N. und dem Reich der Freiheit (der Sittlichkeit) gedanklich Einheit her. Die N. als einheitlicher Erscheinungszusammenhang ist formal durch die Gesetzlichkeit des Verstandes bestimmt, dieser gibt der N. Gesetze (s. d.), nach denen sich die N. richten muß.

Die N. kann betreffs ihrer Gesetzmäßigkeit vom Verstande (s. d.), von der Einheit der Apperzeption (s. d.) abhängig sein (s. Gesetz), weil sie nichts ist als ein „Inbegriff von Erscheinungen", „Objekt aller möglichen Erfahrung" ist, KrV 1. A. tr. Anal. 1. B. 2. H. 2. Abs. (I 718—Rc 198). „Die Ordnung und Regelmäßigkeit also an den Erscheinungen, die wir N. nennen, bringen wir selbst hinein, und würden sie auch nicht darin finden können, hätten wir sie nicht, oder die N. unseres Gemüts, ursprünglich hineingelegt." Diese „Natureinheit" ist „eine notwendige, d. i. a priori gewisse Einheit der Verknüpfung der Erscheinungen", die in dem reinen Verstande ihre Quelle hat. Der Verstand ist, als „Vermögen der Regeln", selbst die „Gesetzgebung für die N.", d. h. ohne ihn würde es nicht „N.", d. h. „synthetische Einheit des Mannigfaltigen der Erscheinungen nach Regeln" geben. Der Verstand ist „selbst der Quell der Gesetze der N., und mithin der formalen Einheit der N.", ibid. 3. Abs. (I 726 f.—Rc 216 f.). N. ist, materialiter, der „Inbegriff aller Erscheinungen". Formaliter ist sie die Gesetzmäßigkeit dieser. Die „N. überhaupt" ist (formal) die „Gesetzmäßigkeit der Erscheinungen in Raum und Zeit", KrV tr. Anal. § 26 (I 173 f.—Rc 221 f.). „Unter N. (im empirischen Verstande) verstehen wir den Zusammenhang der Erscheinungen ihrem Dasein nach, nach notwendigen Regeln, d. i. nach Gesetzen." Gewisse Gesetze (s. d.) a priori, bzw. Grundsätze (s. d.), machen erst eine N. möglich. Die „Analogien der Erfahrung" verknüpfen den Inhalt möglicher Erfahrung zu einer „Natureinheit" und sagen: „Alle Erscheinungen liegen in einer N. und müssen darin liegen, weil ohne diese Einheit a priori keine Einheit der Erfahrung, mithin auch keine Bestimmung der Gegenstände in derselben möglich wäre", ibid. tr. Anal. 2. B. 2. H. 3. Abs. 3. Analogie (I 247—Rc 307). Die Welt ist „N.", „sofern sie als ein dynamisches Ganzes betrachtet wird, und man nicht auf die Aggregation im Raume oder der Zeit, um sie als eine Größe zustande zu bringen, sondern auf die Einheit im Dasein der Erscheinungen sieht", ibid. tr. Dial. 2. B. 2. H. 1. Abs. (I 382—Rc 507). „N., adjective (formaliter) genommen, bedeutet den Zusammenhang der Bestimmungen eines Dinges nach einem inneren Prinzip der Kausalität. Dagegen versteht man unter N., substantive (materialiter), den Inbegriff der Erscheinungen, sofern diese vermöge eines inneren Prinzips der Kausalität durchgängig zusammenhängen" (z. B. N. des Feuers, aber: die Dinge der N.), ibid. 2. Anm. (I 382—Rc 507).

„N. ist das Dasein der Dinge, sofern es nach allgemeinen Gesetzen bestimmt ist." „Sollte N. das Dasein der Dinge an sich selbst bedeuten, so würden wir sie niemals, weder a priori noch a posteriori, erkennen können. Nicht a priori, denn wie wollen wir wissen, was den Dingen an sich selbst zukomme, da dieses niemals durch Zergliederung unserer Begriffe (analytische Sätze) geschehen kann, weil ich nicht wissen will, was in meinem Begriffe von einem Dinge enthalten sei (denn das gehört zu seinem logischen Wesen), sondern was in der Wirklichkeit des Dinges zu diesem Begriffe hinzukomme, und wodurch das Ding selbst in seinem Dasein außer meinem Begriffe bestimmt sei." Die Dinge müßten mir vorher gegeben sein, dann würden sie aber nicht a priori erkannt. Auch a posteriori wäre eine Erkenntnis der N. der Dinge an sich unmöglich. Denn „wenn mich Erfahrung Gesetze, unter denen das Dasein der Dinge steht, lehren soll, so müßten diese, sofern sie Dinge an sich selbst betreffen, auch außer meiner Erfahrung ihnen notwendig zukommen". „Nun lehrt mich die Erfahrung zwar, was da sei, und wie es sei, niemals aber, daß es notwendigerweise so und nicht anders sein müsse. Also kann sie die N. der Dinge an sich selbst niemals lehren", Prol. § 14 (III 50 f.). N. bedeutet nicht bloß „die Gesetzmäßigkeit der Bestimmungen des Daseins der Dinge überhaupt", sondern auch (materialiter) den „Inbegriff aller Gegenstände der Erfahrung". Was nicht ein Gegenstand der Erfahrung sein kann, dessen Erkenntnis wäre „hyperphysisch". Die Naturwissenschaft (s. d.) hat es nur mit Erfahrbarem zu tun, nicht mit den Dingen an sich, ibid. § 16 (III 52). „Das Formale der N. in dieser engeren Bedeutung ist also die Gesetzmäßigkeit aller Gegenstände der Erfahrung und, sofern sie a priori erkannt wird, die notwendige Gesetzmäßigkeit derselben", ibid. § 17 (III 52); vgl. Gesetz, Erfahrung. Der „höchste Punkt" der transzendentalen Philosophie ist die Frage: „Wie ist N. selbst möglich?" Sie enthält eigentlich zwei Fragen: „Erstlich: Wie ist N. in materieller Bedeutung, nämlich der Anschauung nach, als der Inbegriff der Erscheinungen; wie ist Raum, Zeit und das, was beide erfüllt, der Gegenstand der Empfindung, überhaupt möglich? Die Antwort ist: Vermittelst der Beschaffenheit unserer Sinnlichkeit, nach welcher sie auf die ihr eigentümliche Art von Gegenständen, die ihr an sich selbst unbekannt und von jenen Erscheinungen ganz unterschieden sind, gerührt wird." „Zweitens: Wie ist N. in formeller Bedeutung als der Inbegriff der Regeln, unter denen alle Erscheinungen stehen müssen, wenn sie in einer Erfahrung als verknüpft gedacht werden sollen, möglich? Die Antwort kann nicht anders ausfallen als: Sie ist nur möglich vermittelst der Beschaffenheit unseres Verstandes, nach welcher alle jene Vorstellungen der Sinnlichkeit auf ein Bewußtsein notwendig bezogen werden, und wodurch allererst die eigentümliche Art unseres Denkens, nämlich durch Regeln, und vermittelst dieser die Erfahrung, welche von der Einsicht der Objekte an sich selbst ganz zu unterscheiden ist, möglich ist." „Wie aber diese eigentümliche Eigenschaft unserer Sinnlichkeit selbst oder die unseres Verstandes und der ihm und allem Denken zum Grunde liegenden notwendigen Apperzeption möglich sei, läßt sich nicht weiter auflösen und beantworten, weil wir ihrer zu aller Beantwortung und zu allem Denken der Gegenstände immer wieder nötig haben." Die „Möglichkeit der Erfahrung überhaupt" ist zugleich das „allgemeine Gesetz der N.". „Der Verstand schöpft seine Gesetze (a priori) nicht aus der N., sondern schreibt sie dieser vor", ibid. § 36 (III 79 ff.). N. ist, formal, das „erste innere Prinzip alles dessen", „was zum Dasein eines Dinges gehört". In materialer Beziehung ist N. „der Inbegriff aller Dinge, sofern sie Gegenstände unserer Sinne, mithin auch der Erfahrung sein können, worunter also das Ganze aller Erscheinungen, d. i. die Sinnenwelt, mit Ausschließung aller nicht sinnlichen Objekte, verstanden wird". Zu unterscheiden sind hier die „ausgedehnte" und die „denkende" N. als Inbegriff der Gegenstände der äußeren Sinne und des inneren Sinnes, Anfangsgr. d. Naturw. Vorr. (VII 189). „Die Welt als Gegenstand des äußeren Sinnes ist N.", Phys. Geographie, Einl. § 2 (IX 8). — Die Allgemeinheit des Gesetzes, wonach Wirkungen geschehen, macht das aus, was eigentlich „N." (der Form nach) heißt, d. h. das Dasein der Dinge, sofern es nach allgemeinen Gesetzen bestimmt ist, GMS 2. Abs. (III 44). „Die Teleologie erwägt die N. als ein Reich der Zwecke, die Moral ein mögliches Reich der Zwecke als ein Reich der N.", ibid. 12. Anm. (III 62f.). — Dem Reiche der N. steht das der Freiheit (s. d.) gegenüber, d. h. die Sphäre der Gesetzgebung der praktischen Vernunft im Unterschiede vom Reiche der Naturgesetze und des durch sie Bestimmten. Der Mensch gehört beiden Reichen an, er begründet durch seinen sittlichen Willen gleichsam eine besondere N. (s. Reich der Zwecke, Imperativ, Gnade).

N. im umfassenden Sinne ist der „Inbegriff von allem . . ., was nach Gesetzen bestimmt existiert, die Welt (als eigentlich so genannte N.) mit ihrer obersten Ursache zusammengenommen", Gebrauch teleolog. Prinzipien, am Anfang (VIII 131). N. ist der „Inbegriff der Gegenstände der Sinne", Fortschr. d. Metaph. 1. Abt. V. d. Umfange . . . (V 3, 100); ein „Zusammenhang von Erfahrungen nach Regeln", Log. Einl. I (IV 12). N. bedeutet nur die Ordnung der Erscheinungen der Dinge durch die Einheit der Verstandesbegriffe, N 5607; vgl. 5608, 5600. Unser Verstand macht „nach der Ordnung der N., aber nicht durch dieselbe", die Erfahrung möglich, N 5904. N. ist „das Notwendige der Wirklichkeit", N 4097, „der erste Realgrund der inneren Bestimmungen", N 4095; „das innere principium causale nach beständigen Gesetzen", N 5409. Vgl. Grundsätze, Gesetz, Regel, Erscheinung, Ordnung, Gnade.

Natur des Menschen. Die „N." des Menschen ist, ethisch, „der subjektive Grund des Gebrauchs seiner Freiheit überhaupt (unter objektiven moralischen Gesetzen), der vor aller in die Sinne fallenden Tat vorhergeht", Rel. 1. St. (IV 19); vgl. Böse, Mensch, Charakter, Freiheit.

Natur, sinnliche und übersinnliche. N. ist, allgemein, „die Existenz der Dinge unter Gesetzen“. „Die sinnliche Natur vernünftiger Wesen überhaupt ist die Existenz derselben unter empirisch bedingten Gesetzen, mithin für die Vernunft Heteronomie. Die übersinnliche N. ebenderselben Wesen ist dagegen ihre Existenz nach Gesetzen, die von aller empirischen Bedingung unabhängig sind, mithin zur Autonomie der reinen Vernunft gehören. Und da die Gesetze, nach welchen das Dasein der Dinge von der Erkenntnis abhängt, praktisch sind, so ist die übersinnliche N.... nichts anderes als eine N. unter der Autonomie der reinen praktischen Vernunft. Das Gesetz dieser Autonomie aber ist das moralische Gesetz, welches also das Grundgesetz einer übersinnlichen N. und einer reinen Verstandeswelt ist, deren Gegenbild in der Sinnenwelt, aber doch zugleich ohne Abbruch der Gesetze derselben existieren soll. Man könnte jene die urbildliche (natura archetypa), die wir bloß in der Vernunft erkennen, diese aber, weil sie die mögliche Wirkung der Idee der ersteren als Bestimmungsgrundes des Willens enthält, die nachgebildete (natura ectypa) nennen. Denn in der Tat versetzt uns das moralische Gesetz der Idee nach in eine N., in welcher reine Vernunft, wenn sie mit dem ihr angemessenen physischen Vermögen begleitet wäre, das höchste Gut hervorbringen würde, und bestimmt unseren Willen, die Form der Sinnenwelt, als einem Ganzen vernünftiger Wesen, zu erteilen.“ Der Unterschied „zwischen den Gesetzen einer N., welcher der Wille unterworfen ist, und einer N., die einem Willen ... unterworfen ist“, beruht darauf, „daß bei jener die Objekte Ursachen der Vorstellungen sein müssen, die den Willen bestimmen, bei dieser aber der Wille Ursache von den Objekten sein soll“. Die Möglichkeit einer solchen übersinnlichen N. bedarf keiner Anschauung a priori. Es kommt hier nur auf das Motiv des Willens, nicht auf den Erfolg desselben an, KpV 1. T. 1. B. 1. H. I (II 57ff.). Vgl. Übersinnlich, Intelligibel, Intelligible Welt, Gnade, Noumenon.

Naturabsicht s. Absicht, Zweck, Geschichte.

Naturalismus. Die kosmologischen Ideen (s. d.) halten uns „durch die sichtbare Unzulänglichkeit aller möglichen Naturerkenntnis, die Vernunft in ihrer rechtmäßigen Nachfrage zu befriedigen“, vom N. ab, „der die Natur für sich selbst genugsam ausgeben will“, Prol. § 60 (III 137). Vgl. Naturalist. N. ist „Misologie, auf Grundsätze gebracht“, KrV tr. Meth. 4. H. (I 702—Rc 858).

Naturalismus, religiöser. „Naturalistisch“ ist eine Religion nur, wenn sie keine Offenbarung einräumt. Das Christentum ist keine naturalistische, wohl aber eine „natürliche“ Religion, insofern es die Idee von der auf Vernunft gegründeten Religion überhaupt enthält, Str. d. Fak. 1. Abs. II. Anh. einer Erläuterung ... II (V 4, 87). Religiöser N. ist „Kirchenglauben ohne Bibel“, ibid. Allg. Anmerk. V. Religionssekten (V 4, 105).

Naturalist. Ein „N. der reinen Vernunft“ ist jener, „welcher sich zutraut, ohne alle Wissenschaft in Sachen der Metaphysik zu entscheiden“, Prol. § 31 (III 74f.).

Naturanlage s. Anlage, Geschichte.

Naturbegriff s. Freiheit, Gesetz, Urteilskraft.

Naturell. Das N. geht mehr aufs Gefühl der Lust oder Unlust, wie ein Mensch vom anderen affiziert wird, als aufs Begehrungsvermögen. Der Mensch hat ein „gut Gemüt“ bedeutet: „er ist nicht störrisch, sondern nachgebend; er wird zwar aufgebracht, aber leicht besänftigt und hegt keinen Groll (ist negativ gut).“ Ein „gutes Herz“ ist schon ein Antrieb zum Praktisch-Guten, wenn auch nicht nach Grundsätzen. Beides gehört zur „Sinnesart“, Anthr. 2. T. A, I (IV 227); vgl. N 1138ff. Vgl. Charakter.

Naturerkenntnis. Im Gegensatze zur „spekulativen“ (s. d.) Erkenntnis ist die „N.“ jene Abart der theoretischen Erkenntnis, „welche auf keine anderen Gegenstände oder Prädikate derselben geht, als die in einer möglichen Erfahrung gegeben werden können", KrV tr. Dial. 2. B. 3. H. 7. Abs. (I 542—Rc 684). Vgl. Naturwissenschaft.

Naturgeschichte. Von der „Naturbeschreibung" ist die „N." zu sondern, die Erkenntnis der Naturdinge, „was sie ehedem gewesen sind, und durch welche Reihe von Veränderungen sie durchgegangen, um an jedem Orte in ihren gegenwärtigen Zustand zu gelangen". Eine solche N. würde uns „die Veränderung der Erdgestalt, imgleichen die der Erdgeschöpfe (Pflanzen und Tiere), die sie durch natürliche Wanderungen erlitten haben, und ihre daraus entsprungenen Abartungen von dem Urbilde der Stammgattung lehren". „Sie würde vermutlich eine große Menge scheinbar verschiedener Arten zu Rassen ebenderselben Gattung zurückführen und das jetzt so weitläufige Schulsystem der Naturbeschreibung in ein physisches System für den Verstand verwandeln", Üb. d. verschiedenen Rassen der Menschen 3, 1. Anm. (VIII 85); vgl. Entwicklung. Das erste Entstehen der Organismen entzieht sich der Vernunft. „Allein nur der Zusammenhang gewisser jetziger Beschaffenheiten der Naturdinge mit ihren Ursachen in der älteren Zeit nach Wirkungsgesetzen, die wir nicht erdichten, sondern aus den Kräften der Natur, wie sie sich uns jetzt darbietet, ableiten, nur bloß so weit zurück verfolgen, als es die Analogie erlaubt, das wäre N., und zwar eine solche, die nicht allein möglich, sondern auch, z. B. in den Erdtheorien (worunter des berühmten Linné seine auch ihren Platz findet), von gründlichen Naturforschern häufig genug versucht worden ist, sie mögen nun viel oder wenig damit ausgerichtet haben", Gebrauch teleolog. Prinzipien (VIII 134). Die Naturbeschreibung läßt sich als „Physiographie", die N. als „Physiognomie" bezeichnen, ibid. 1. Anm. (VIII 135); vgl. Zweck. „Ginge man . . . den Zustand der Natur in der Art durch, daß man bemerkte, welche Veränderungen sie durch alle Zeiten erlitten habe, so würde dieses Verfahren eine eigentliche N. geben", Phys. Geographie Einl. § 4 (IX 14). Vgl. Entwicklung, Naturwissenschaft, Archäologie.

Naturgesetz s. Gesetz.

Naturinstinkt s. Instinkt.

Naturlehre s. Naturwissenschaft.

Natürlich. „Es steht etwas unter der Ordnung der Natur, insofern sein Dasein oder seine Veränderung in den Kräften der Natur zureichend gegründet ist. Hierzu wird erfordert erstlich: daß die Kraft der Natur davon die wirkende Ursache sei; zweitens: daß die Art, wie sie auf die Hervorbringung dieser Wirkung gerichtet ist, selbst in einer Regel der natürlichen Wirkungsgesetze hinreichend gegründet sei. Dergleichen Begebenheiten heißen auch schlechthin natürliche Weltbegebenheiten." Das Gegenteil davon ist das 1. „materialiter", 2. „formaliter" Übernatürliche, Beweisgr. Gottes 3. Btr. 1 (VI 57ff.); vgl. Zweck. „N. (formaliter) heißt, was nach Gesetzen einer gewissen Ordnung, welche es auch sei, mithin auch der moralischen (also nicht immer bloß der physischen), notwendig folgt. Ihm ist das Nichtnatürliche, welches entweder das Übernatürliche oder das Widernatürliche sein kann, entgegengesetzt. Das Notwendige aus Naturursachen würde auch als materialiter-natürlich (physisch-notwendig) vorgestellt werden", Ende a. D. 3. Anm. (VI 164).

Naturnotwendigkeit s. Notwendigkeit, Mechanismus.

Naturordnung. Zu den Grundsätzen (s. d.) der Übereinstimmung gehört die Annahme, „daß alles im Weltall nach der Ordnung der Natur geschieht". „Wir nehmen dies aber nicht deshalb an, weil wir von den nach den allgemeinen Naturgesetzen sich vollziehenden Ereignissen in der Welt eine so ausgedehnte Kenntnis besäßen, oder weil uns entweder die Unmöglichkeit oder doch die sehr geringe und bedingte Möglichkeit des Übernatürlichen klar wäre, sondern weil, wenn man von der Ordnung der Natur abgeht, von dem Verstande gar kein Gebrauch zu machen wäre, und die leichtfertige Hineinziehung des Übernatürlichen nur ein Ruhekissen für den faulen Verstand ist", Mund. sens. § 30 (V 2, 131). Vgl. Ordnung, Zweck.

Naturphilosophie. Die „Philosophie der Natur" geht „auf alles, was da ist", im Unterschiede von der „Philosophie der Sitten", die auf das geht, „was da sein soll". Sie hat es nur mit „Naturgesetzen" zu tun, KrV. tr. Meth. 3. H. (I 692—Rc 847). Sie ist „Metaphysik der Natur" (s. d.), als solche eine Wissenschaft aus apriorischen Prinzipien, und besteht aus der „Transzendentalphilosophie" (s. d.) und der rationalen „Physiologie" (s. d.), deren „immanenter" Teil in rationale Physik (s. d.) und rationale Psychologie zerfällt. Davon ist die „empirische Naturlehre" zu unterscheiden, die nicht zur „Metaphysik" gehört, ibid. (I 695ff.—Rc 850ff.). Vgl. Naturwissenschaft, Physik.

Naturrecht s. Recht.

Naturschönheit s. Schönheit.

Naturtrieb s. Trieb, Instinkt.

Naturwissenschaft. Die „reine" N. ist dadurch möglich, daß ihre synthetischen Urteile (s. d.) a priori, ihre apriorischen Grundsätze (s. d.) zugleich Bedingungen der naturwissenschaftlichen Erfahrung und der Gegenstände derselben sind. In diesen Grundsätzen finden die dem reinen Verstande entspringenden Kategorien ihre Anwendung auf das Mannigfaltige der Anschauung. Die Objekte der N. sind nicht Dinge an sich, sondern Erscheinungen in ihrem gesetzmäßigen Zusammenhange (s. Natur), deren allgemeinste Formen a priori erkannt werden, wenn auch die einzelnen naturwissenschaftlichen Erkenntnisse nur an der Erfahrung zu gewinnen sind. Exakte N. bedarf der Mathematik, ist ohne sie nicht möglich; ebenso muß sie unablässig dem Mechanismus des Geschehens nachgehen, auch wenn sie sich des Zweckbegriffs (s. d.) als eines regulativen Prinzips bedient. Innerhalb der N. kommt das Übersinnliche oder das Übernatürliche nicht in Betracht. Der Inbegriff der reinen, apriorischen Naturerkenntnis bildet die „Metaphysik der Natur".

Bei Beschränkung auf Erfahrung und Mathematik kann man „zwar die Gesetze der Natur, aber nicht den Ursprung und die Ursache dieser Gesetze kennenlernen. Denn wer nur bei den Erscheinungen der Natur stehen bleibt, dem bleibt die Erkenntnis der tiefer liegenden Ursachen immer verschlossen." „Wenn daher auch die meisten glauben, bei der Naturforschung der Metaphysik leicht entbehren zu können, so bleibt sie doch hier allein die Helferin, welche das Licht anzündet. Denn die Körper bestehen aus Teilen, und es ist sicherlich von großer Wichtigkeit, daß man es genau begreiflich mache, wie diese Teile verbunden sind, ob die Körper durch das bloße gemeinsame Dasein ihrer einfachen Teile oder durch den gegenseitigen Kampf der Kräfte den Raum erfüllen", Phys. Monadologie Vorw. (VII 343 f.).

„Als Galilei seine Kugeln die schiefe Fläche mit einer von ihm selbst gewählten Schwere herabrollen, oder Torricelli die Luft ein Gewicht, was er sich zum voraus dem einer ihm bekannten Wassersäule gleich gedacht hatte, tragen ließ, oder in noch späterer Zeit Stahl Metalle in Kalk und diesen wiederum in Metall verwandelte, indem er ihnen etwas entzog und wiedergab; so ging allen Naturforschern ein Licht auf. Sie begriffen, daß die Vernunft nur das einsieht, was sie selbst nach ihrem Entwurfe hervorbringt, daß sie mit Prinzipien ihrer Urteile nach beständigen Gesetzen vorangehen und die Natur nötigen müsse, auf ihre Fragen zu antworten, nicht aber sich von ihr allein gleichsam am Leitbande gängeln lassen müsse; denn sonst hängen zufällige, nach keinem vorher entworfenen Plane gemachte Beobachtungen gar nicht in einem notwendigen Gesetze zusammen, welches doch die Vernunft sucht und bedarf. Die Vernunft muß mit ihren Prinzipien, nach denen allein übereinkommende Erscheinungen für Gesetze gelten können, in einer Hand, und mit dem Experiment, das sie nach jenen ausdachte, in der anderen, an die Natur gehen, zwar um von ihr belehrt zu werden, aber nicht in der Qualität eines Schülers, der sich alles vorsagen läßt, was der Lehrer will, sondern eines bestallten Richters, der die Zeugen nötigt, auf die Fragen zu antworten, die er ihnen vorlegt. Und so hat sogar Physik die so vorteilhafte Revolution ihrer Denkart lediglich dem Einfalle zu verdanken, demjenigen, was die Vernunft selbst in die Natur hineinlegt, gemäß, dasjenige in ihr zu suchen (nicht ihr anzudichten), was sie von dieser lernen muß, und wovon sie für sich selbst nichts wissen würde. Hierdurch ist die N. allererst in den sicheren Gang einer Wissenschaft gebracht worden, da sie so viele Jahrhunderte durch nichts weiter als ein bloßes Herumtappen gewesen war", KrV Vorr. z. 2. A. (I 26—Rc 20f.). „N. (Physica) enthält synthetische Urteile a priori als Prinzipien in sich. Ich will nun ein paar Sätze zum Beispiel anführen, als den Satz, daß in allen Veränderungen der körperlichen Welt die Quantität der Materie unverändert bleibe, oder daß in aller Mitteilung der Bewegung Wirkung und Gegenwirkung jederzeit einander gleich sein müssen. An beiden ist nicht allein die Notwendigkeit, mithin ihr Ursprung a priori, sondern auch, daß sie synthetische Sätze sind, klar. Denn in dem Begriffe der Materie denke ich mir nicht die Beharrlichkeit, sondern bloß ihre Gegenwart im Raume durch die Erfüllung desselben. Also gehe ich wirklich über den Begriff von der Materie hinaus, um etwas a priori zu ihm hinzuzudenken, was ich in ihm nicht dachte. Der Satz is also nicht analytisch, sondern synthetisch und dennoch a priori gedacht, und so in den übrigen Sätzen des reinen Teils der N.", KrV Einl. V (I 62—Rc 71f.). Diese apriorischen Grundsätze der N. machen eine reine oder rationale Physik aus, die es verdient, als eigene Wissenschaft aufgestellt zu werden, ibid. VI, Anm. (I 64—Rc 77).

Wir sind im Besitze einer reinen N., „die a priori und mit aller derjenigen Notwendigkeit, welche zu apodiktischen Sätzen erforderlich ist, Gesetze vorträgt, unter denen die Natur steht". „Ich darf hier nur diejenige Propädeutik der Naturlehre, die unter dem Titel der allgemeinen N. vor aller Physik (die auf empirische Prinzipien gegründet ist) vorhergeht, zum Zeugen rufen. Darin findet man Mathematik angewandt auf Erscheinungen, auch bloß diskursive Grundsätze (aus Begriffen), welche den philosophischen Teil der reinen Naturerkenntnis ausmachen." „Allein es ist doch auch manches in ihr, was nicht ganz rein und von Erfahrungsquellen unabhängig ist: als der Begriff der Bewegung, der Undurchdringlichkeit (worauf der empirische Begriff der Materie beruht), der Trägheit u. a. m., welche es verhindern, daß sie nicht ganz reine N. heißen kann; zudem geht sie nur auf die Gegenstände äußerer Sinne, also gibt sie kein Beispiel von einer allgemeinen N. in strenger Bedeutung; denn die muß die Natur überhaupt, sie mag den Gegenstand äußerer Sinne oder den des inneren Sinnes (den Gegenstand der Physik sowohl als Psychologie) betreffen, unter allgemeine Gesetze bringen." „Es finden sich aber unter den Grundsätzen jener allgemeinen Physik etliche, die wirklich die Allgemeinheit haben, die wir verlangen, als der Satz: daß die Substanz bleibt und beharrt, daß alles, was geschieht, jederzeit durch eine Ursache nach beständigen Gesetzen vorher bestimmt sei usw. Diese sind wirklich allgemeine Naturgesetze, die völlig a priori bestehen. Es gibt also in der Tat eine reine N., und nun ist die Frage: wie ist sie möglich?", Prol. § 15 (III 51). Die Frage ist identisch mit der: „Wie ist die notwendige Gesetzmäßigkeit der Dinge als Gegenstände der Erfahrung, oder: wie ist die notwendige Gesetzmäßigkeit der Erfahrung selbst in Ansehung aller ihrer Gegenstände überhaupt a priori zu erkennen möglich?" Die Natur als Gegenstand möglicher Erfahrung ist aus den „allgemeinen und a priori gegebenen Bedingungen" der Möglichkeit der Erfahrung zu bestimmen, ibid. § 17 (III 53f.). Die Grundsätze möglicher Erfahrung sind zugleich allgemeine Gesetze der Natur, welche a priori erkannt werden können, und denen die Gegenstände der Erfahrung angemessen sein müssen. Diese apriorischen Grundsätze, welche „allgemeingültige synthetische Sätze" sind, bilden ein „Natursystem", „welches vor aller empirischen Naturerkenntnis vorhergeht, diese zuerst möglich macht und daher die eigentliche allgemeine und reine N. genannt werden kann", ibid. § 23 (III 64f.).

Die „Naturlehre“ gliedert sich in die „historische Naturlehre, welche nichts als systematisch geordnete Fakta der Naturdinge enthält (und wiederum aus Naturbeschreibung, als einem Klassensystem derselben nach Ähnlichkeiten, und Naturgeschichte, als einer systematischen Darstellung derselben in verschiedenen Zeiten und Örtern, bestehen würde)“, und N. (als Körper- und Seelenlehre) Die „eigentliche“ N. behandelt ihren Gegenstand „gänzlich nach Prinzipien a priori“, die uneigentlich so genannte N. aber nach „Erfahrungsgesetzen“. Die Erkenntnis der ersteren ist „rein“, die der zweiten „angewandte“ Vernunfterkenntnis. „Alle eigentliche N. bedarf also einen reinen Teil, auf dem sich die apodiktische Gewißheit, die die Vernunft in ihr sucht, gründen könne.“ Jede Naturlehre muß zuletzt auf N. hinausgehen und in einer solchen endigen. Eigentliche N. setzt zuletzt „Metaphysik der Natur“ voraus. Von den „Gesetzen, die den Begriff einer Natur überhaupt möglich machen“, handelt der „transzendentale“ Teil dieser Metaphysik. Der andere Teil beschäftigt sich „mit einer besonderen Natur dieser oder jener Art Dinge, von denen ein empirischer Begriff gegeben ist, doch so, daß außer dem, was in diesem Begriffe liegt, kein anderes empirisches Prinzip zur Erkenntnis derselben gebraucht wird“. In dieser „besonderen“ metaphysischen N. werden jene transzendentalen Prinzipien auf die zwei Gattungen der Gegenstände unserer Sinne (Materie, Seele) angewandt. In jeder besonderen Naturlehre ist nur so viel eigentliche Wissenschaft, als darin Mathematik anzutreffen ist. Um die Möglichkeit bestimmter Naturdinge (also diese a priori) zu erkennen, muß der Begriff „konstruiert“ werden können, und diese Konstruktion (s. d.) der Begriffe in der Anschauung ist mathematisch, Anfangsgr. d. Naturw. Vorr. (VII 190 f.).

„Zu dem theoretisch-dogmatischen Teile der Metaphysik gehört auch die allgemeine rationale Naturlehre, d. i. reine Philosophie über Gegenstände der Sinne, der äußeren, d. i. rationale Körperlehre, und des inneren, die rationale Seelenlehre, wodurch die Prinzipien der Möglichkeit einer Erfahrung überhaupt auf eine zwiefache Art Wahrnehmungen angewandt werden, ohne sonst etwas Empirisches zum Grunde zu legen, als daß es zwei dergleichen Gegenstände gebe. — In beiden kann nur soviel Wissenschaft sein, als darin Mathematik, d. i. Konstruktion der Begriffe, angewandt werden kann; daher das Räumliche der Gegenstände der Physik mehr a priori vermag als die Zeitform, welche der Anschauung durch den inneren Sinn zum Grunde liegt, die nur eine Dimension hat“, Fortschr. d. Metaph. 2. Abt. 1. Stadium (V 3, 114). Vgl. Physik, Chemie, Psychologie, Naturgeschichte, Bewegungslehre.

Naturzustand: Zustand der Rechtlosigkeit. Der juridische N. wird als Gegensatz zum rechtlich-bürgerlichen Zustand gedacht. Auch im ethischen N. gibt sich jeder selbst das Gesetz, Rel. 3. St. 1. Abt. I (IV 108 f.). Der Mensch soll aus dem ethischen N. hervorgehen, um ein Glied eines ethischen Gemeinwesens zu werden, ibid. II (IV 110 ff.).; vgl. Reich der Tugend. Es war nicht die Meinung Rousseaus, daß man zum N. zurückkehren solle, sondern nur, daß der Mensch von seiner jetzigen Stufe dahin zurücksehen solle, Anthr. 2. T. E, c (IV 281 f.). — Der N. soll nicht nur innerhalb des Staates, sondern auch zwischen den Staaten aufhören und in einen universalen Rechtszustand übergehen. Vgl. Kultur, Recht, Staat, Staatsverfassung, Eigentum, Völkerrecht, Krieg, Friede.

Naturzweck s. Zweck, Organismus.

Negation. „Die Verneinung, insofern sie die Folge einer realen Entgegensetzung ist, will ich Beraubung (privatio) nennen; eine jede Verneinung aber, insofern sie nicht aus dieser Art von Repugnanz entspringt, soll hier ein Mangel (defectus, absentia) heißen. Die letztere erfordert keinen positiven Grund, sondern nur den Mangel desselben; die erstere aber hat einen wahren Grund der Position und einen ebenso großen entgegengesetzten. Ruhe ist in einem Körper entweder bloß ein Mangel, d. i. eine Verneinung der Bewegung, insofern keine Bewegkraft da ist; oder eine Beraubung, insofern wohl Bewegkraft anzutreffen, aber die Folge, nämlich die Bewegung durch eine entgegengesetzte Kraft aufgehoben wird“, Neg. Größ. 1. Abs. (V 1, 84). Verneinungen sind nicht an sich selbst denkbar.

„Setzet nichts als N.en, so ist gar nichts gegeben, und kein Etwas, das zu denken wäre. Verneinungen sind also nur durch die entgegengesetzten Positionen denklich, oder vielmehr es sind Positionen möglich, die nicht die größten sind. Und hierin liegen schon nach dem Satze der Identität die Verneinungen selber." Sie haben keinen Realgrund in Gott, der also nicht der Grund der Mängel der Dinge ist; diese Mängel bestehen nur, weil die Dinge eben nicht das Urwesen (das „allerrealste" Wesen) sind, Beweisgr. Gottes 1. Abt. 3. Btr. (VI 38).

„Man kann zwar logisch alle Sätze, die man will, negativ ausdrücken, in Ansehung des Inhalts aber unserer Erkenntnis überhaupt, ob sie durch ein Urteil erweitert oder beschränkt wird, haben die verneinenden das eigentümliche Geschäft, lediglich den Irrtum abzuhalten." Die übrigen negativen Sätze sind, wenn sie auch wahr sein können, „leer, d. i. ihrem Zwecke gar nicht angemessen und eben darum oft lächerlich". Wo die Schranken unserer möglichen Erkenntnis sehr eng sind, der Anreiz zum Urteilen groß, der Schein sehr betrüglich ist, da hat das Negative der Unterweisung zur Abhaltung von Irrtümern „noch mehr Wichtigkeit als manche positive Belehrung, dadurch unser Erkenntnis Zuwachs bekommen könnte", KrV tr. Meth. 1. H. am Anfang (I 596f.—Rc 740f.); vgl. Disziplin. d. r. Vernunft. Durch einige Prädikate wird ein „Sein", durch andere ein bloßes „Nichtsein" gedacht. Die „logische Verneinung" („nicht") haftet nie an einem Begriffe, sondern nur an dem Verhältnis desselben zu einem anderen im Urteile (der Kopula) an; sie kann also nicht ausreichen, einen Begriff seinem Inhalte nach zu bezeichnen (z. B. „nichtsterblich"). Eine „transzendentale Verneinung" hingegen bedeutet das „Nichtsein an sich selbst", dem die „transzendentale Bejahung" entgegengesetzt wird, „welche im Etwas ist, dessen Begriff an sich selbst schon ein Sein ausdrückt und daher Realität (Sachheit) genannt wird". Die entgegenstehende N. bedeutet einen bloßen „Mangel" oder eventuell die „Aufhebung alles Dinges". Keine Verneinung ist bestimmt denkbar, ohne daß man die entgegengesetzte Bejahung zugrunde liegen hat. „Es sind also auch alle Begriffe der N.en abgeleitet." Alle wahren Verneinungen sind „Schranken" der unbeschränkten All-Realität, genauer: Einschränkungen nicht des „Urwesens" selbst, sondern der „vollständigen Folge" aus ihm als dem „Grund" der Seinsmannigfaltigkeit, ibid. tr. Dial. 2. B. 3. H. 2. Abs. (I 499 f.—Rc 636 f.); vgl. Realität. Eine N., als „Bestimmung eines Dinges", „ist immer nur abgeleitete Vorstellung, weil man sie als Aufhebung (remotio) nicht denken kann, ohne vorher die ihr entgegengesetzte Realität als etwas, das gesetzt wird (positio s. reale), gedacht zu haben", Fortschr. d. Metaph. 2. Abt. Auflösung der Aufgabe, I Transz. Theologie (V 3, 133); vgl. Ontologisches Argument. „In verneinenden Urteilen affiziert die N. immer die Kopula; in unendlichen wird nicht die Kopula, sondern das Prädikat durch die N. affiziert", Log. § 22 (IV 113 f.).

„N. ist von Realität nicht spezifisch unterschieden. Sie ist das Mittel zwischen zwei entgegengesetzten Realitäten, das beiden gemein ist", N 5824. „Die N. ist es entweder der Quantität oder Qualität nach", N 5816. Sie ist entweder Limitation oder logisches Oppositum, N 5826. „Das Denken der N. ist eigentlich ein Denken der Wegschaffung wahrer Position, die sonsten könnte in den Verstand einschleichen", N 4175, vgl. 190 ff., 2296 ff., 3062 ff., 4401. Vgl. Limitativ, Realität, Nichts, Gegensatz.

Negativ. Die negativen Größen sind „nicht Negationen von Größen . . ., sondern etwas an sich selbst Positives, nur was dem anderen entgegengesetzt ist". Neg. Größ. Vorr. (V 1, 75). In der „Realrepugnanz" von + und — (s. Gegensatz) entspringen die n.en Größen. „Eine Größe ist in Ansehung einer anderen n., insofern sie mit ihr nicht anders als durch die Entgegensetzung kann zusammengenommen werden, nämlich so, daß eine in der anderen, soviel ihr gleich ist, aufhebt. Dieses ist nun freilich wohl ein Gegenverhältnis, und Größen, die einander so entgegengesetzt sind, heben gegenseitig voneinander ein Gleiches auf, so daß man also eigentlich keine Größe schlechthin n. nennen kann, sondern sagen muß, daß + a und — a eines die negative Größe des anderen sei", ibid. 1. Abs. (V 1, 80f.). Vgl. Unlust, Übel, Undurchdringlichkeit, Vergehen, Gegensatz, Erhaltung, Noumenon.

Neigung. N. ist die „habituelle sinnliche Begierde", Anthr. 1. T. § 73 (IV 183); die „Abhängigkeit des Begehrungsvermögens von Empfindungen", GMS 2. Abs. 3. Anm. (III 35). Die N.en des Menschen können nicht als sittliche Motive gelten. Das Sittengesetz muß um seiner selbst willen, unabhängig von allen N.en und mit Überwindung solcher, die ihm Abbruch tun können, gewollt und befolgt werden (s. Rigorismus). An sich sind die N.en aber nicht böse, wenn sie auch für die Sittlichkeit als solche nicht in Betracht kommen, ja diese sich im Kampfe gegen jene durchsetzen und bewähren muß. Moralisch handelt, wer auch ohne, ja gegen seine N.en seine Pflicht (s. d.), aus Achtung vor dem Sittengesetz allein, ausübt, GMS 1. Abs. (III 15 ff.), 2. Abs. (III 48 ff.), 3. Abs. (III 68 ff.). Das Wesentliche ist, daß der Wille „nicht bloß ohne Mitwirkung sinnlicher Antriebe, sondern selbst mit Abweisung derselben und mit Abbruch aller N.en", sofern sie dem Gesetze zuwider sein können, bloß durchs Gesetz bestimmt werde (s. Motiv). Alle N.en zusammen machen die „Selbstsucht" aus, die kein sittliches Motiv ist, KpV 1. T. 1. B. 3. H. (II 94 ff.). „Aus Pflicht", „nicht aus Liebe und Zuneigung zu dem, was die Handlungen hervorbringen sollen", wird sittlich gewollt, ibid. (II 105 ff.); vgl. Liebe. Die N.en wechseln, wachsen mit ihrer Befriedigung, sie sind einem vernünftigen Wesen stets „lästig" und nötigen ihm den Wunsch ab, ihrer entledigt zu sein. „Selbst eine N. zum Pflichtmäßigen (z. B. zur Wohltätigkeit) kann zwar die Wirksamkeit der *moralischen* Maximen sehr erleichtern, aber keine hervorbringen." „N. ist blind und knechtisch, sie mag nun gutartig sein oder nicht, und die Vernunft, wo es auf Sittlichkeit ankommt, muß nicht bloß den Vormund derselben vorstellen, sondern, ohne auf sie Rücksicht zu nehmen, als reine praktische Vernunft ihr eigenes Interesse ganz allein besorgen." Selbst das Gefühl des Mitleids und der weichherzigen Teilnahme ist, wenn es der Überlegung, was Pflicht ist, vorhergeht und als Triebfeder wirkt, wohldenkenden Personen selbst lästig und bringt ihre überlegten Maximen in Verwirrung, ibid. 2. B. 2. H. II (II 151 f.).

Die N.en sind Gegner der „Grundsätze", die im Sittlichen unerläßlich sind. Die N.en sind aber, „*an sich selbst betrachtet gut*, d. i. unverwerflich" und brauchen nicht ausgerottet zu werden, sie müssen nur bezähmt werden, „damit sie sich untereinander nicht selbst aufreiben, sondern zur Zusammenstimmung in einem Ganzen, Glückseligkeit genannt, gebracht werden können", Rel. 2. St. (IV 62 f.). Es gibt auch eine „sinnenfreie" N. aus reinem Vernunftinteresse, MS Einl. I (III 13); vgl. Achtung, Moralisches Gefühl. ‚N.en sind unwillkürlich", N 1118. Vgl. Tugend, Pflicht, Rigorismus, Liebe, Böse, Anmut.

Nichts. 1. „Den Begriffen von Allem, Vielem und Einem ist der, so alles aufhebt, d. i. *Keines*, entgegengesetzt, und so ist der Gegenstand eines Begriffs, dem gar keine anzugebende Anschauung korrespondiert = N., d. i. ein Begriff ohne Gegenstand" (z. B. der Begriff des Noumenon oder neuer Grundkräfte; „ens rationis"). 2. „Realität ist *Etwas*, Negation ist N., nämlich ein Begriff von dem Mangel eines Gegenstandes" (z. B. Schatten, Kälte; „nihil privativum"). 3. „Die bloße Form der Anschauung, ohne Substanz, ist an sich kein Gegenstand, sondern die bloß formale Bedingung desselben (als Erscheinung), wie der reine Raum und die reine Zeit, die zwar Etwas sind, als Formen anzuschauen, aber selbst keine Gegenstände sind, die angeschaut werden (*ens imaginarium*)". 4. „Der Gegenstand eines Begriffs, der sich selbst widerspricht, ist N., weil der Begriff N. ist, das Unmögliche, wie etwa die geradlinige Figur von zwei Seiten (*nihil negativum*)." Also: N. als „1. Leerer Begriff ohne Gegenstand, ens rationis. 2. Leerer Gegenstand eines Begriffs, nihil privativum. 3. Leere Anschauung ohne Gegenstand, ens imaginarium. 4. Leerer Gegenstand ohne Begriff, nihil negativum." „Man sieht, daß das Gedankending (n. 1) von dem Undinge (n. 4) dadurch unterschieden werde, daß jenes nicht unter die Möglichkeiten gezählt werden darf, weil es bloß Erdichtung (obzwar nicht widersprechende) ist, dieses aber der Möglichkeit entgegengesetzt ist, indem der Begriff sogar sich selbst aufhebt. Beide sind aber leere Begriffe. Dagegen sind das nihil privativum (n. 2) und ens imaginarium (n. 3) leere Data zu Begriffen." „Die Negation sowohl als die bloße Form der Anschauung sind, ohne ein Reales, kein Objekt", KrV tr. Anal. Anh. Anmerk. zur Amphibolie (I 312 f.—Rc 378 ff.). Vgl. Vorles. über Metaphys., S. 69, 277 ff. Vgl. Gegensatz.

Nichtsein, unter den Kategorien (s. d.) der Modalität (s. d.) das Korrelat zu Dasein. Vgl. Existenz, Wirklichkeit.

Nichtsinnlich. Die Kritik versteht unter dem N.en nur das, „was gar nicht, auch nicht dem mindesten Teile nach, in einer sinnlichen Anschauung enthalten sein kann", Üb. e. Entdeck. 1. Abs. B. (V 3, 20). Vgl. Einfach, Übersinnlich, Anschauung (intellektuelle), Ding an sich.

Nomothetik: Gesetzgebung. **Nomothetisch:** Gesetzgebend, KU § 69 (II 249); § 87 (II 319). Die transzendentale Urteilskraft (s. d.) ist für sich allein (ohne den Verstand) nicht nomothetisch.

Noologisten. Betreffs des Ursprungs reiner Vernunfterkenntnisse sind „N." jene, welche als deren Quelle die Vernunft betrachten (so Plato, Leibniz, dieser aber „in einer genugsamen Entfernung von dessen mystischem Systeme"), KrV tr. Meth. 4. H. (I 701—Rc 857 f.).

Norm s. Gesetze (praktische), Sollen, Pflicht, Imperativ, Idee.

Normalidee s. Ideal (ästhetisches), Idee.

Notio. „N." heißt der „reine Begriff", „sofern er lediglich im Verstande seinen Ursprung hat", KrV tr. Dial. 1. B. 1. Abs. (I 333—Rc 401). Vgl. Idee.

Notwendigkeit. Die N. gehört zu den Kategorien der Modalität (s. d.). Ihr Gegensatz ist die Zufälligkeit (s. d.). In der Reihe der Erscheinungen gibt es kein schlechthin Notwendiges; das schlechthin, durch sich selbst Notwendige findet sich hier nicht, sondern kann nur dem übersinnlichen Grunde der Erscheinungsreihe angehören (s. Antinomien). Die N. alles Geschehens in der Natur als Erscheinungswelt ist mit der Freiheit (s. d.) der Vernunftwesen, des „intelligiblen Charakters" vereinbar. Erfahrung (s. d.) gibt keine strenge N.; eine solche eignet nur apriorischen Erkenntniselementen, die eine Bedingung der Erfahrungserkenntnis und von deren Objekten sind, für die daher die Formen der Anschauung und des Denkens notwendig gelten. Strenge N. ist ein Kennzeichen von Urteilen a priori (s. d.). Außer der theoretischen (logisch-empirischen) N. gibt es auch eine praktische N. („Nötigung") des „Sollens" (s. d.) und ästhetische N. (s. Geschmacksurteil). N. des Denkens bedeutet noch nicht N. der Existenz (s. Ontologisches Argument).

„Schlechterdings notwendig ist, dessen Gegenteil an sich selbst unmöglich ist." Bei der bloß „logischen" N. wird durch das Gegenteil das „Formale alles Denklichen" aufgehoben (Widerspruch); die „Realnotwendigkeit" kommt dem zu, dessen Nichtsein das „Materiale" zu allem Denklichen aufheben würde. Es existiert ein schlechthin notwendiges Wesen, Beweisgr. Gottes 3. Btr. 1—2 (VI 32 ff.).

Eins der Postulate (s. d.) des empirischen Denkens überhaupt ist das der N. „Dessen Zusammenhang mit dem Wirklichen nach allgemeinen Bedingungen der Erfahrung bestimmt ist, ist (existiert) notwendig", KrV tr. Anal. 2. B. 2. H. 3. Abs. 4 (I 249—Rc 309). Es ist dies nicht die „formale" und bloß „logische", sondern die „materiale N. im Dasein". Sie kann nie bloß aus Begriffen erkannt werden, „sondern jederzeit nur aus der Verknüpfung mit demjenigen, was wahrgenommen wird, nach allgemeinen Gesetzen der Erfahrung". Hier kann nun als notwendig erkannt werden nur „das Dasein der Wirkungen aus gegebenen Ursachen nach Gesetzen". Nicht das Dasein der Dinge (Substanzen), sondern das ihrer Zustände kann — aus anderen Zuständen — als notwendig erkannt werden. Nur die N. der Wirkungen in der Natur, deren Ursachen uns gegeben sind, erkennen wir. „Die N. betrifft also nur die Verhältnisse der Erscheinungen nach dem dynamischen Gesetze der Kausalität." „Alles, was geschieht, ist hypothetisch notwendig; das ist ein Grundsatz, welcher die Veränderung in der Welt einem Gesetze unterwirft, d. i. einer Regel des notwendigen Daseins, ohne welche gar nicht einmal Natur stattfinden würde. Daher ist der Satz: nichts geschieht durch ein blindes Ohngefähr (in mundo non datur casus) ein Naturgesetz a priori; imgleichen: keine N. in der Natur ist blinde, sondern bedingte, mithin verständliche N. (non datur fatum)." Beides sind Gesetze, „durch welche das Spiel der Veränderungen einer Natur der Dinge (als Erscheinungen) unterworfen wird, oder, welches einerlei ist, der Einheit des Verstandes, in welchem sie allein zu einer Erfahrung, als der synthetischen Einheit der Erscheinungen, gehören können", ibid. (I 259 f.—Rc 320 f.). Die „unbedingte N. der Erscheinungen" ist „Naturnotwendigkeit". Das Unbedingte im Dasein überhaupt heißt „notwendig", das Bedingte „zufällig", ibid. tr. Dial. 2. B. 2. H. 1. Abs. (I 383—Rc 507 f.).

Wenn die „Ursache in der Erscheinung" von der „Ursache der Erscheinungen" als einem Ding an sich unterschieden wird, so können die beiden Sätze der vierten Antinomie (s. d.) wohl nebeneinander bestehen, „nämlich daß von der Sinnenwelt überall keine Ursache . . . stattfinde, deren Existenz schlechthin notwendig sei, imgleichen andererseits, daß diese Welt dennoch mit einem notwendigen Wesen als ihrer Ursache (aber von anderer Art und nach einem anderen Gesetze) verbunden sei", Prol. § 53 (III 116). In der Reihe des abhängigen Daseins der Erscheinungen gibt es kein Glied, dessen Existenz schlechthin notwendig wäre. Wären Erscheinungen Dinge an sich, so gäbe es kein notwendiges Wesen als Bedingung des (substantiellen) Daseins der Erscheinungen der Sinnenwelt. So aber können alle Dinge als sinnliche Erscheinungen „zufällig", empirisch bedingt sein, die ganze Reihe aber eine nichtempirische Bedingung haben, welche ein schlechthin notwendiges (intelligibles) Wesen ist, aber nicht als ein Glied der Reihe selbst, sondern als den Grund der Möglichkeit derselben enthaltend. Ein solches absolut notwendiges Dasein ist nicht zu beweisen oder zu erkennen, aber es ist denkbar, zur Einschränkung des empirischen Verstandesgebrauchs, obzwar es nicht zur Erklärung der Erfahrungstatsachen dienen kann. Die Zufälligkeit der Erscheinungen ist selbst „nur Phänomen" und führt zu immer weiteren Phänomenen. „Sich aber einen intelligiblen Grund der Erscheinungen, d. i. der Sinnenwelt, und denselben befreit von der Zufälligkeit der letzteren denken, ist weder dem uneingeschränkten empirischen Regressus in der Reihe der Erscheinungen, noch der durchgängigen Zufälligkeit derselben entgegen", KrV. tr. Dial. 2. B. 2. H. 9. Abs. IV (I 487 ff.—Rc 624 ff.); vgl. Antinomie, Ontologischer und Kosmologischer Gottesbeweis. Ich kann „das Zurückgehen zu den Bedingungen des Existierens niemals vollenden, ohne ein notwendiges Wesen anzunehmen, ich kann aber von demselben niemals anfangen". „Wenn ich zu existierenden Dingen überhaupt etwas Notwendiges denken muß, kein Ding aber an sich selbst als notwendig zu denken befugt bin, so folgt daraus unvermeidlich, daß N. und Zufälligkeit nicht die Dinge selbst angehen und treffen müsse, weil sonst ein Widerspruch vorgehen würde; mithin keiner dieser beiden Grundsätze objektiv sei, sondern sie allenfalls nur subjektive Prinzipien der Vernunft sein können, nämlich einerseits zu allem, was als existierend gegeben ist, etwas zu suchen, das notwendig ist, d. i. niemals anderswo, als bei einer a priori vollendeten Erklärung aufzuhören, anderseits aber auch diese Vollendung niemals zu hoffen, d. i. nichts Empirisches als unbedingt anzunehmen, und sich dadurch fernerer Ableitung zu überheben." Beide Grundsätze sind „bloß heuristisch und regulativ"; sie sagen, 1. man solle so über die Natur philosophieren, als ob es zu allem Existierenden einen notwendigen Grund gebe um der systematischen Einheit willen; 2. der andere Grundsatz warnt, keine einzige Bestimmung betreffs der Existenz der Dinge für einen solchen („eingebildeten") obersten Grund, d. h. für absolutnotwendig zu halten. Es folgt daraus, daß man das Absolutnotwendige außerhalb der Welt annehmen muß, als obersten Grund der Einheit der Erscheinungen. Wir können so die Erscheinungen immer von anderen ableiten, „als ob es kein notwendiges Wesen gäbe", und dennoch zur Vollständigkeit der Ableitung immer streben, „als ob ein solches als ein oberster Grund vorausgesetzt wäre", ibid. 3. H. 5. Abs. Entdeckung des dialektischen Scheins (I 529 ff.—Rc 669 ff.). „Die unbedingte N. der

Urteile ... ist nicht eine absolute N. der Sachen. Denn die absolute N. des Urteils ist nur eine bedingte N. der Sache, oder des Prädikats im Urteile" (wenn A, so B). Der Begriff eines absolutnotwendigen Wesens schließt nicht die Existenz eines solchen ein, ibid. 4. Abs. (I 513—Rc 651); vgl. Ontologischer Gottesbeweis.

Die „N. des entis originarii" (Urwesen) ist „nichts als die Vorstellung seiner unbedingten Existenz". „N. aber bedeutet mehr, nämlich daß man auch erkennen könne, und zwar aus seinem Begriffe, daß es existiere." Wir sind nicht befugt, für unseren Begriff des logisch Unbedingten ein Objekt als korrespondierend (ein ens realissimum) anzunehmen. „Unter der Hypothese, daß etwas existiert, folgt: daß auch irgend etwas notwendig existiert; aber schlechtweg und ohne alle Bedingung kann doch nicht erkannt werden, daß etwas notwendig existiere, der Begriff von einem Dinge seinen inneren Prädikaten nach mag auch angenommen werden, wie man wolle." „Warum schließe ich aber aufs Unbedingte? Weil dieses den obersten Grund des Bedingten enthalten soll. Der Schluß ist also: 1. Wenn etwas existiert, so ist auch etwas Unbedingtes. 2. Was unbedingt existiert, existiert als schlechthin notwendiges Wesen. Das letztere ist keine notwendige Folgerung, denn das Unbedingte kann für eine Reihe notwendig sein, es selber aber und die Reihe mag immer zufällig sein." „Eigentlich ist das πρῶτον ψεῦδος darin gelegen: das necessarium enthält in seinem Begriffe die Existenz eines Dinges als omnimoda determinatio, folglich läßt sich diese omnimoda determinatio aus seinem Begriffe (nicht bloß schließen) ableiten, welches falsch ist; denn es wird nur bewiesen, daß, wenn sie sich aus einem Begriffe ableiten lassen sollte, dieses der Begriff des realissimi (der allein ein Begriff ist, welcher zugleich die durchgängige Bestimmung enthält) sein muß", Fortschr. d. Metaph. Beilage III, Randbemerkungen (V 3, 162 ff.); vgl. Zufälligkeit.

„Alles ist notwendig, schlechthin oder bedingt", N 5196. „Alle N. ist entweder logisch oder real. Jene wird rational, diese empirisch erkannt", N 3767. „Alle N. ist eine N. der Urteile oder der Sachen", N 4035. „Wir sind genötigt, alle Dinge als notwendig anzunehmen (als absolut oder hypothetisch)", N 6393. — „Gegeben ist ein Gegenstand, sofern er durchgängig bestimmt ist. Wenn durch seinen Begriff er durchgängig gegeben ist, so ist er notwendig", N 4019. Es gibt bedingte und unbedingte N.; erstere zerfällt in die innerlich und äußerlich bedingte, N 4768. Alles ist notwendig, aber nichts schlechterdings, sondern „nur in Beziehung auf die Möglichkeit der Gegenstände der Erfahrung", N 5914. „Das schlechthin Notwendige kann nur als notwendige Bedingung des Erkenntnisses der Dinge überhaupt, und zwar aller Dinge, vorgestellt werden. Es wird alsdann als Bedingung der Möglichkeit der Sachen gedacht, und zwar wegen Ableitung aller möglichen Verhältnisse aus dem Verhältnisse eines jeden Gegebenen zum All der Möglichkeit muß es in der Allgenugsamkeit der Bedingung bestehen", N 5258. „Die N. in allem respectu als conditio der Möglichkeit aller Dinge" ist die „absolute N.". „Es ist die N. eines allgemeinen substrati der Mannigfaltigkeit der Begriffe von Dingen", N 4690. „Die absolute N. ist ein Grenzbegriff, weil ohne ihn keine completudo in der Reihe des Zufälligen sein würde", N 4033; vgl. 5527, 5492, 4033. Vgl. Ontologischer Gottesbeweis, Antinomie, Exemplarisch, Freiheit, Charakter, A priori, Kausalität, Modalität, Objekt, Geschmacksurteil, Zufall, Zufälligkeit, Unbedingt, Urteile (analytische und synthetische).

Notwendigkeit, moralische, ist für den Menschen Nötigung, d. i. Verbindlichkeit, und jede darauf begründete Handlung ist Pflicht (s. d.), KpV 1. T. 1. B. 3. H. (II 105 f.). Vgl. Freiheit, Sollen, Imperativ.

Noumenon. Erscheinungen (s. d.) als Gegenstände nach der Einheit der Kategorien gedacht, heißen Phänomene (s. d.). „Wenn ich aber Dinge annehme, die bloß Gegenstände des Verstandes sind und gleichwohl als solche einer Anschauung, obgleich nicht der sinnlichen (also coram intuitu intellectuali), gegeben werden können, so würden dergleichen Dinge Noumena (Intelligibilia) heißen." Die Annahme solcher Noumena beruht darauf, daß der Verstand die Sinnlichkeit einschränkt, indem er ihr zeigt, daß ihre

Gegenstände nur Erscheinungen der Dinge sind, denen etwas entsprechen muß, was an sich nicht Erscheinung ist; denn „Erscheinung" zeigt schon eine Beziehung auf etwas an, was ein von der Sinnlichkeit unabhängiger Gegenstand sein muß. „Hieraus entspringt nun der Begriff von einem N., der aber gar nicht positiv ist und eine bestimmte Erkenntnis von irgendeinem Dinge, sondern nur das Denken von Etwas überhaupt bedeutet, bei welchem ich von aller Form der sinnlichen Anschauung abstrahiere." Da wir nicht beweisen können, daß noch eine andere (intelligible) Form der Anschauung möglich ist, welche erst dem N. einen positiven Charakter geben würde, so bleibt die Frage, ob das N. „nicht eine bloße Form eines Begriffs sei, und ob bei dieser Abtrennung überall ein Objekt übrig bleibe". Das N. ist vom „transzendentalen Gegenstand" (s. Objekt) zu unterscheiden, KrV 1. A. tr. Anal. 2. B. 3. H. (I 280ff.—Rc 343ff.). Wenn wir die Gegenstände der Erscheinungen „Sinnenwesen" (Phaenomena) nennen, indem wir „die Art, wie wir sie anschauen", von „ihrer Beschaffenheit an sich selbst" unterscheiden, so stellen wir ihnen die Dinge als „Gegenstände bloß durch den Verstand gedacht" gleichsam gegenüber und nennen sie „Verstandeswesen" (Noumena). Von ihnen aber haben wir nur einen „ganz unbestimmten Begriff" als einem „Etwas überhaupt außer unserer Sinnlichkeit". Als ein Ding, „sofern es nicht Objekt unserer sinnlichen Anschauung ist", ist das N. ein solches „im negativen Verstande". Als ein „Objekt einer nichtsinnlichen Anschauung" ist es ein N. „in positiver Bedeutung". Es korrespondieren nun vielleicht den Sinnendingen solche Noumena, aber unsere Begriffe reichen nicht auf sie hinaus, so daß wir nur negativ bestimmte Noumena haben. Der Begriff eines N. ist „problematisch", d. h. er enthält keinen Widerspruch in sich, auch hängt er als eine „Begrenzung gegebener Begriffe" mit anderen Erkenntnissen zusammen. Er ist notwendig, „um die sinnliche Anschauung nicht bis über die Dinge an sich selbst auszudehnen, und also um die objektive Gültigkeit der sinnlichen Erkenntnis einzuschränken". „Am Ende aber ist doch die Möglichkeit [objektive Realität] solcher Noumenorum gar nicht einzusehen, und der Umfang außer der Sphäre der Erscheinungen ist (für uns) leer, d. i. wir haben einen Verstand, der sich problematisch weiter erstreckt als jene, aber keine Anschauung, ja auch nicht einmal den Begriff von einer möglichen Anschauung, wodurch uns außer dem Felde der Sinnlichkeit Gegenstände gegeben und der Verstand über dieselbe hinaus assertorisch gebraucht werden könne." „Der Begriff eines N. ist also bloß ein Grenzbegriff, um die Anmaßung der Sinnlichkeit einzuschränken, und also nur von negativem Gebrauche." Das N. ist „nicht ein besonderer intelligibler Gegenstand für unseren Verstand", sondern ein (anschauender) Verstand ist selbst ein Problem, von dessen Möglichkeit wir nicht die geringste Vorstellung haben können. Unser Verstand schränkt nur die Sinnlichkeit dadurch ein, daß er Dinge an sich selbst Noumena nennt. „Aber er setzt sich auch sofort selbst Grenzen, sie durch keine Kategorien zu erkennen, mithin sie nur unter dem Namen eines unbekannten Etwas zu denken." „So ist denn der Begriff reiner bloß intelligibler Gegenstände gänzlich leer von allen Grundsätzen ihrer Anwendung." Nur der „Platz" bleibt für sie offen, KrV tr. Anal. 2. B. 3. H. (I 284ff.—Rc 344ff.). Der Begriff des N. ist also „nicht der Begriff von einem Objekt, sondern die unvermeidlich mit der Einschränkung unserer Sinnlichkeit zusammenhängende Aufgabe, ob es nicht von jener ihrer Anschauung ganz entbundene Gegenstände geben möge, welche Frage nur unbestimmt beantwortet werden kann". Dieser Begriff ist „für uns leer" und dient nur zur Grenzbestimmung unserer sinnlichen Erkenntnis, ibid. Anh. Anmerk. zur Amphibolie (I 310f.—Rc 376f.).

„Schon von den ältesten Zeiten der Philosophie her haben sich die Forscher der reinen Vernunft außer den Sinnenwesen oder Erscheinungen (Phaenomena), die die Sinnenwelt ausmachen, noch besondere Verstandeswesen (Noumena), welche eine Verstandeswelt ausmachen sollten, gedacht und, da sie . . . Erscheinung und Schein für einerlei hielten, den Verstandeswesen allein Wirklichkeit zugestanden." In der Tat schließt die Betrachtung der Sinnesobjekte als Erscheinungen schon die Zugrundlegung eines

Dinges an sich ein. „Der Verstand also, ebendadurch er Erscheinungen annimmt, gesteht auch das Dasein von Dingen an sich selbst zu, und sofern können wir sagen, daß die Vorstellung solcher Wesen, die den Erscheinungen zum Grunde liegen, mithin bloßer Verstandeswesen nicht allein zulässig, sondern auch unvermeidlich sei." „Unsere kritische Deduktion schließt dergleichen Dinge (Noumena) auch keineswegs aus, sondern schränkt vielmehr die Grundsätze der Ästhetik [Analytik?] dahin ein, daß sie sich ja nicht auf alle Dinge erstrecken sollen, wodurch alles in bloße Erscheinung verwandelt werden würde, sondern daß sie nur von Gegenständen einer möglichen Erfahrung gelten sollen. Also werden hierdurch Verstandeswesen zugelassen, nur mit Einschärfung dieser Regel, die gar keine Ausnahme leidet: daß wir von diesen reinen Verstandeswesen ganz und gar nichts Bestimmtes wissen noch wissen können, weil unsere reinen Verstandesbegriffe sowohl als reine Anschauungen auf nichts als Gegenstände möglicher Erfahrung, mithin auf bloße Sinnenwesen gehen und, sobald man von diesen abgeht, jenen Begriffen nicht die mindeste Bedeutung mehr übrig bleibt", Prol. § 32 (III 75f.). Über das Feld der Sinnlichkeit hinaus fehlt es den Kategorien (s. d.) an Bedeutung, da sie hier durch keine Anschauung können dargestellt werden. Es folgt daraus, daß alle Noumena zusamt dem Inbegriff derselben, einer „intelligiblen Welt" (s. d.), „nichts als Vorstellungen einer Aufgabe sind, deren Gegenstand an sich wohl möglich, deren Auflösung aber nach der Natur unseres Verstandes gänzlich unmöglich ist", ibid. § 34 (III 77f.). Die Reinheit der Kategorien (s. d.) von aller Beimischung sinnlicher Bestimmungen kann die Vernunft dazu verleiten, „ihren Gebrauch gänzlich über alle Erfahrung hinaus auf Dinge an sich selbst auszudehnen, wiewohl, da sie selbst keine Anschauung finden, welche ihnen Bedeutung und Sinn in concreto verschaffen könnte, sie als bloß logische Funktionen zwar ein Ding überhaupt vorstellen, aber für sich allein keinen bestimmten Begriff von irgendeinem Dinge geben können". „Dergleichen hyperbolische Objekte sind nun die, so man Noumena oder reine Verstandeswesen (besser Gedankenwesen) nennt, als z. B. Substanz, welche aber ohne Beharrlichkeit in der Zeit gedacht wird, oder eine Ursache, die aber nicht in der Zeit wirkte usw., da man ihnen dann Prädikate beilegt, die bloß dazu dienen, die Gesetzmäßigkeit der Erfahrung möglich zu machen, und gleichwohl alle Bedingungen der Anschauung, unter denen allein Erfahrung möglich ist, von ihnen wegnimmt, wodurch jene Begriffe wiederum alle Bedeutung verlieren", ibid. § 45 (III 97f.).

Über die Erfahrungsgegenstände hinaus, also von Dingen als Noumenen, gibt es keine positive Erkenntnis der spekulativen Vernunft; doch sind solche Noumena theoretisch wenigstens denkbar. Das moralische Gesetz aber gibt uns ein „Faktum" der Vernunft an die Hand, „das auf eine reine Verstandeswelt Anzeige gibt, ja diese sogar positiv bestimmt und uns etwas von ihr, nämlich ein Gesetz, erkennen läßt", KpV 1. T. 1. B. 1. H. I (II 56f.). Die Freiheit des Willens ist ein N., ein Übersinnliches (s. d.), welches „durch moralische Gesetze nicht allein als wirklich im Subjekt gegeben, sondern auch in praktischer Rücksicht in Ansehung des Objekts bestimmend ist, welches in theoretischer gar nicht erkennbar sein würde", Fortschr. d. Metaph. 2. Abt. 2. Stadium (V 3, 121f.). Eine „theoretisch-dogmatische" Erkenntnis vom Übersinnlichen gibt es nicht („noumenorum non datur scientia"), ibid. 3. Stadium (V 3, 123); nur eine „praktisch-dogmatische" Erkenntnis des Übersinnlichen, ibid. Auflösung der Aufgabe I (V 3, 126f.); vgl. Gott, Unsterblichkeit, Freiheit, Zweck. — „Der Zusammenhang der Vernunft mit den phaenomenis, womit sie in commercio stehen soll, kann gar nicht verstanden werden (es sind heterogenea). Die wahre Tätigkeit der Vernunft und ihr Effekt gehört zum mundo intelligibili", N 5612. Vgl. Übersinnlich, Ding an sich, Charakter, Mensch, Subjekt, Ich, Intelligible Welt, Objekt, Freiheit, Imperativ, Reich der Zwecke.

Null. Die N. ist das gänzlich Leere der Anschauung in der Zeit, im Gegensatze zur Realität (s. d.), das völlige Verschwinden der Empfindung, Prol. § 24 (III 65). Vgl. Grad, Nichts, Gegensatz.

Nützlichkeit. Das Nützliche ist das zu einem Zwecke Gute (das wozu Gute), was nur als Mittel gefällt, KU § 4 (II 43). N. ist „äußere“ Zweckmäßigkeit objektiver Art, im Unterschiede von der „inneren“, welche Vollkommenheit (s. d.) ist, ibid. § 15 (II 66). „Was im Wahren oder Eingebildeten Bedürfnisse befriedigt, ist nützlich (mihi bonum)“, Bruchstücke aus d. Nachlaß (VIII 306). Vgl. Zweck, Wert, Gut, Rigorismus, Sittlichkeit (gegen den Militarismus und Eudämonismus), Egoismus.

O.

Obersatz s. Schluß.

Objekt. Das O. der Erfahrung ist nicht das „Ding an sich“, aber auch nicht ein bloßer, assoziativ verbundener Komplex von Empfindungen und Vorstellungselementen. Sondern ein O. wird dadurch konstituiert, daß vermittelst der Einheit der transzendentalen Apperzeption (s. d.) durch Kategorien (s. d.) der Verstand das Mannigfaltige der Anschauung zu einem einheitlich-gesetzlichen Zusammenhang verknüpft. Das O. der Erfahrung ist ein für alle Subjekte gültiger, notwendig sich darstellender, gemeinsamer Zusammenhang möglicher Erfahrungsdaten, bestimmt durch eine einheitliche Regel, welche diesen Zusammenhang von psychologisch-subjektiven Vorstellungsverbindungen prinzipiell unterscheiden läßt. Was in einem solchen Zusammenhange und dem Gesamtsystem solcher Zusammenhänge eine feste Stelle einnimmt, ist objektiv, wirklich, es hat „empirische Realität“, wenn es auch nicht „an sich“, unabhängig von diesen Zusammenhängen, besteht. Die besonderen empirischen O.e werden dadurch gegeben, daß der allgemeine Gedanke des O.s überhaupt auf das Anschauliche Anwendung findet. Das von allem Anschauungsinhalt isolierte, abstrakt gedachte, „transzendentale“ O. ist kein für sich erkennbarer Gegenstand, sondern der Einheitspunkt für die Objektivierung des Gegebenen; als solcher ist er das Korrelat der transzendentalen Apperzeption, des reinen Ich, wie dieses eine oberste Voraussetzung, Grundlage der Erfahrung. Das transzendentale O. ist zugleich das Ding an sich, wie es als Grund der besonderen objektiven Phänomene gedacht wird.

Die Kritik lehrt, das „O.“ (den „Gegenstand“) in „zweierlei Bedeutung“ zu nehmen, als Erscheinung oder als Ding an sich selbst, KrV Vorr. z. 2. A. (I 34f.—Rc 29f.). Die Erscheinung hat „zwei Seiten“, die eine, da „das Objekt an sich selbst“ betrachtet wird (unangesehen der Art, dasselbe anzuschauen, dessen Beschaffenheit aber ebendarum jederzeit problematisch bleibt), die andere, da auf „die Form der Anschauung dieses Gegenstandes“ gesehen wird, ibid. tr. Ästh. § 7 (I 92f.—Rc 109f.). Es sind uns die Gegenstände an sich nicht bekannt. Was wir „äußere Gegenstände“ nennen, das sind nur „bloße Vorstellungen unserer Sinnlichkeit“, deren „wahres Korrelatum“, das „Ding an sich selbst“, unerkennbar ist, ibid. § 3 (I 85—Rc 102f.). Gegenstände werden uns (dem Stoffe nach) durch die Anschauung (s. d.) gegeben. Gegenstände in der Anschauung (als sinnliche Erscheinungen) gibt es schon durch die Ordnung und Verknüpfung des Mannigfaltigen der Empfindung in Raum und Zeit, also auch unabhängig von den Funktionen des Verstandes, von den Kategorien. Die Kategorien des Verstandes „stellen uns gar nicht die Bedingungen vor, unter denen Gegenstände in der Anschauung gegeben werden, mithin können uns allerdings Gegenstände erscheinen, ohne daß sie sich notwendig auf Funktionen des Verstandes beziehen müssen, und dieser also die Bedingungen derselben a priori enthielte“. Auch wenn die Kategorien leere Begriffe wären, würden Erscheinungen „unserer Anschauung Gegenstände darbieten“, ibid. tr. Anal. § 13 (I 143 f.—Rc 162 ff.). Hingegen können die Erscheinungen nicht „O.e der Erfahrung“ werden, ohne daß der Erfahrung selbst Begriffe a priori (Kategorien) zugrunde liegen, als „Begriffe von Gegenständen überhaupt“. Die Kategorien (s. d.) beziehen sich deshalb notwendig und a priori auf Gegenstände der Erfahrung, weil nur vermittelst ihrer ein Gegenstand der Erfahrung gedacht werden kann, ibid. § 14 (I 146—Rc 166). Erkenntnisse bestehen in der „bestimmten Beziehung gegebener Vorstellungen auf ein O.". „O. aber ist das, in dessen Begriff das Mannigfaltige einer gegebenen Anschauung vereinigt ist." „Nun erfordert aber alle Vereinigung der Vorstellungen Einheit des Bewußtseins in der Synthesis derselben. Folglich ist die Einheit des Bewußtseins dasjenige, was allein die Beziehung der Vorstellungen auf einen Gegenstand, mithin ihre objektive Gültigkeit, folglich, daß sie Erkenntnisse werden, ausmacht und worauf folglich selbst die Möglichkeit des Verstandes beruht." Der Grundsatz der synthetischen Einheit der Apperzeption (s. d.) bedingt daher alle Erkenntnis von O.en und alle O.e der Erkenntnis. „Die synthetische Einheit des Bewußtseins ist also eine objektive Bedingung aller Erkenntnis, nicht deren ich bloß selbst bedarf, um ein O. zu erkennen, sondern unter der jede Anschauung stehen muß, um für mich O. zu werden, weil auf andere Art und ohne diese Synthesis das Mannigfaltige sich nicht in einem Bewußtsein vereinigen würde", ibid. § 17 (I 154f.—Rc 181f.). Die durch das (Erfahrungs-)Urteil (s. d.) gesetzte Verbindung zwischen Vorstellungen (Subjekt und Prädikat) hat objektive Gültigkeit. „S ist P" will sagen: „diese beiden Vorstellungen sind im O.e, d. i. ohne Unterschied des Zustandes des Subjekts, verbunden", ibid. § 19 (I 158—Rc 189). — Man kann „alles, und sogar jede Vorstellung, sofern man sich ihrer bewußt ist", „O." nennen. Was aber dieses Wort bei Erscheinungen — nicht sofern sie als Vorstellungen O.e sind —, sondern sofern sie „ein O. bezeichnen", zu bedeuten habe, ist zu untersuchen. Sofern Vorstellungen nur „Gegenstände des Bewußtseins" sind, sind sie von der Apprehension (Aufnahme) in die „Synthesis der Einbildungskraft" gar nicht unterschieden. Der Vorstellung, dem, was in der sukzessiven Apprehension liegt, wird gegenübergestellt die „Erscheinung, die mir gegeben ist, ohnerachtet sie nichts weiter als ein Inbegriff dieser Vorstellungen ist"; sie wird als der „Gegenstand" jener Vorstellung betrachtet, mit dem meine Erkenntnis übereinstimmen muß, um „empirische Wahrheit" zu haben. Erscheinung kann „im Gegenverhältnis mit den Vorstellungen der Apprehension" nur dadurch als das von dieser unterschiedene „O." derselben vorgestellt werden, daß sie „unter einer Regel steht, welche sie von jeder anderen Apprehension unterscheidet, und eine Art der Verbindung des Mannigfaltigen notwendig macht". „Dasjenige an der Erscheinung, was die Bedingung dieser notwendigen Regel der Apprehension enthält, ist das O.", ibid. tr. Anal. 2. B. 2. H. 3. Abs. 2. Analogie (I 227f.—Rc 285).

Durch den Grundsatz der Kausalität (s. d.) kommt objektiv gültige, bestimmte Verknüpfung in die Abfolge der Erscheinungen, im Unterschiede von der subjektiven Aufeinanderfolge der Wahrnehmungen. „Wir haben Vorstellungen in uns, deren wir uns auch bewußt werden können." „Wie kommen wir nun dazu, daß wir diesen Vorstellungen ein O. setzen, oder über ihre subjektive Realität, als Modifikationen, ihnen noch ich weiß nicht was für eine objektive beilegen?" „Wenn wir untersuchen, was denn die Beziehung auf einen Gegenstand unseren Vorstellungen für eine neue Beschaffenheit gebe, und welches die Dignität sei, die sie dadurch erhalten, so finden wir, daß sie nichts weiter tue, als die Verbindung der Vorstellungen auf eine gewisse Art notwendig zu machen und sie einer Regel zu unterwerfen; daß umgekehrt nur dadurch, daß eine gewisse Ordnung in dem Zeitverhältnisse unserer Vorstellungen notwendig ist, ihnen objektive Bedeutung erteilt wird." Sobald ich wahrnehme oder annehme, daß in der Folge des Gegebenen „eine Beziehung auf den vorhergehenden Zustand sei, aus welchem die Vorstellung nach einer Regel folgt", so erkenne ich einen „Gegenstand", „den ich in der Zeit auf eine gewisse bestimmte Stelle setzen muß, die ihm nach dem vorhergehenden Zustande nicht anders erteilt werden kann". „Zu aller Erfahrung und deren Möglichkeit gehört Verstand, und das erste, was er dazu tut, ist nicht, daß er die Vorstellung der Gegenstände deutlich macht, sondern daß er die Vorstellung eines Gegenstandes überhaupt möglich macht. Dieses geschieht nun dadurch, daß er die Zeitordnung auf die Erscheinungen und deren Dasein überträgt, indem er jeder derselben als Folge eine in Ansehung der vorhergehenden Erscheinungen a priori bestimmte Stelle in der Zeit zuerkennt." Die Erscheinungen „müssen einander ihre Stellen in der Zeit selbst bestimmen und dieselben in der Zeitordnung notwendig machen". Indem ich eine Erscheinung ihrer Stelle in der Zeit nach als bestimmt betrachte, sehe ich sie als ein O. an, „welches nach einer Regel im Zusammenhange der Wahrnehmungen jederzeit gefunden werden kann". Die „Ordnung" der sukzessiven Synthesis der Apprehension ist objektiv bestimmt, indem sie selbst „ein O. bestimmt", ibid. (I 232 ff.—Rc 290 ff.); vgl. Grund.

Das Denken (s. d.) ist „die Handlung, gegebene Anschauung auf einen Gegenstand zu beziehen". „Ist die Art dieser Anschauung auf keinerlei Weise gegeben, so ist der Gegenstand bloß transzendental, und der Verstandesbegriff hat keinen anderen als transzendentalen Gebrauch, nämlich die Einheit des Denkens eines Mannigfaltigen überhaupt." Durch eine reine Kategorie (s. d.), ohne „Schema" (s. d.), wird also „kein O. bestimmt", sondern „nur das Denken eines O.s überhaupt nach verschiedenen modis ausgedrückt", KrV tr. Anal. 2. B. 3. H. (I 279—Rc 342). Der Verstand, indem er die Sinnlichkeit begrenzt, „denkt sich einen Gegenstand an sich selbst, aber nur als transzendentales O., das die Ursache der Erscheinung (mithin selbst nicht Erscheinung) ist, und weder als Größe, noch als Realität, noch als Substanz etc. gedacht werden kann", „wovon also völlig unbekannt ist, ob es in uns oder außer uns anzutreffen sei, ob es mit der Sinnlichkeit zugleich aufgehoben werden, oder wenn wir jene wegnehmen, noch übrig bleiben würde", ibid. Anh. Anmerk. z. Amphibolie (I 310 f.—Rc 376 f.).

Die „Gegenstände einer uns möglichen Erfahrung" sind nur Erscheinungen, Vorstellungen, die, so wie sie vorgestellt werden, „außer unseren Gedanken keine an sich gegründete Existenz haben". Aber in Raum und Zeit sind diese Gegenstände „wirklich", sie sind nicht etwa nur in der Einbildung vorhanden. Sie existieren aber nicht an sich, unabhängig von aller Erfahrung, sondern nur in der Erfahrung. Auch nichtwahrgenommene O.e (Dinge) existieren; das bedeutet, „daß wir in dem möglichen Fortschritt der Erfahrung auf sie treffen könnten; denn alles ist wirklich, was mit einer Wahrnehmung nach Gesetzen des empirischen Fortgangs in einem Kontext steht". Aber „an sich", d. h. „außer diesem Fortschritt der Erfahrung" sind sie nicht wirklich. „Vor der Wahrnehmung" sind sie, insofern wir notwendig im Fortschritt der Erfahrung zu einer solchen kommen müßten, also als „mögliche Wahrnehmung" und Notwendigkeit der Verknüpfung mit wirklichen Wahrnehmungen. Vorstellungen, in den Verhältnissen von Raum und Zeit nach Gesetzen der Einheit der Erfahrung mit einander verknüpft und bestimmbar, heißen „Gegenstände". Die „nichtsinnliche Ursache" dieser Vorstellungen ist uns gänzlich unbekannt und wir können sie daher „nicht als O. anschauen". „Indessen können wir die bloß intelligible Ursache der Erscheinungen überhaupt das transzendentale O. nennen, bloß damit wir etwas haben, was der Sinnlichkeit als einer Rezeptivität korrespondiert. Diesem transzendentalen O. können wir allen Umfang und Zusammenhang unserer möglichen Wahrnehmungen zuschreiben, und sagen: daß es vor aller Erfahrung an sich selbst gegeben sei." Die Erscheinungen aber sind bloße Vorstellungen, „die nur als Wahrnehmungen einen wirklichen Gegenstand bedeuten, wenn nämlich diese Wahrnehmung mit allen anderen nach den Regeln der Erfahrungseinheit zusammenhängt". „So kann man sagen: die wirklichen Dinge der vergangenen Zeit sind in dem transzendentalen Gegenstande der Erfahrung gegeben; sie sind aber für mich nur Gegenstände und in der vergangenen Zeit wirklich, sofern als ich mir vorstelle, daß eine regressive Reihe möglicher Wahrnehmungen ... nach empirischen Gesetzen, mit einem Worte der Weltlauf, auf eine verflossene Zeitreihe als Bedingung der gegenwärtigen Zeit führt." Der Gedanke aller möglichen Gegenstände in aller Zeit und allem Raum ist nur „der Gedanke von einer möglichen Erfahrung in ihrer absoluten Vollständigkeit". In ihr allein existieren die Dinge als Erscheinungen, deren Ursache „transzendental" und unerkennbar ist, ibid. tr. Dial. 2. B. 2. H. 6. Abs. (I 438 ff.—Rc 570 ff.); vgl. Idealismus.

„Alle unsere Vorstellungen werden in der Tat durch den Verstand auf irgendein O. bezogen, und da Erscheinungen nichts als Vorstellungen sind, so bezieht sie der Verstand auf ein Etwas, als den Gegenstand der sinnlichen Anschauung; aber dieses Etwas ist insofern nur das transzendentale O. Dieses bedeutet aber ein Etwas = x, wovon wir gar nichts wissen, noch überhaupt (nach der jetzigen Einrichtung unseres Verstandes) wissen können, sondern welches nur als ein Correlatum der Einheit der Apperzeption zur Einheit des Mannigfaltigen in der sinnlichen Anschauung dienen kann, vermittelst deren der Verstand dasselbe in den Begriff eines Gegenstandes vereinigt. Dieses transzendentale O. läßt sich gar nicht von den sinnlichen Datis absondern, weil alsdann nichts übrig bleibt, wodurch es gedacht würde. Es ist also kein Gegenstand der Erkenntnis an sich selbst, sondern nur die Vorstellung der Erscheinungen unter dem Begriffe eines Gegenstandes überhaupt, der durch das Mannigfaltige derselben bestimmbar ist.“ Die Kategorien (s. d.) haben kein besonderes O., sondern dienen nur dazu, „das transzendentale O. (den Begriff von etwas überhaupt) durch das, was in der Sinnlichkeit gegeben wird, zu bestimmen, um dadurch Erscheinungen unter Begriffen von Gegenständen empirisch zu erkennen“. „Das O., worauf ich die Erscheinung überhaupt beziehe, ist der transzendentale Gegenstand, d. i. gänzlich unbestimmte Gedanke von Etwas überhaupt.“ Er ist nicht das „Noumenon“ (s. d.), denn wir haben von ihm keinen Begriff als bloß von dem „Gegenstande einer sinnlichen Anschauung überhaupt“, der also „für alle Erscheinungen einerlei“ ist. Wir können ihn durch keine Kategorie denken, denn diese gilt von der empirischen Anschauung, um sie „unter einen Begriff vom Gegenstand überhaupt“ zu bringen, KrV 1. A. tr. Dial. 2. B. 3. H. (I 281 ff.—Rc 315 ff.). Erscheinungen sind „nichts als sinnliche Vorstellungen, die an sich in ebenderselben Art nicht als Gegenstände (außer der Vorstellungskraft) müssen angesehen werden“. Der der „Erkenntnis“ korrespondierende, von ihr also unterschiedene „Gegenstand“ muß nur als „etwas überhaupt = x“ gedacht werden, „weil wir außer unserer Erkenntnis doch nichts haben, welches wir dieser Erkenntnis als korrespondierend gegenüber setzen können“. „Wir finden aber, daß unser Gedanke von der Beziehung aller Erkenntnis auf ihren Gegenstand etwas von Notwendigkeit bei sich führe, da nämlich dieser als dasjenige angesehen wird, was dawider ist, daß unsere Erkenntnisse nicht aufs Geratewohl oder beliebig, sondern a priori auf gewisse Weise bestimmt sind, weil, indem sie sich auf einen Gegenstand beziehen sollen, sie auch notwendigerweise in Beziehung auf diesen untereinander übereinstimmen, d. i. diejenige Einheit haben müssen, welche den Begriff von einem Gegenstande ausmacht.“ „Es ist aber klar, daß, da wir es nur mit dem Mannigfaltigen unserer Vorstellungen zu tun haben und jenes x, was ihnen korrespondiert (der Gegenstand), weil er etwas von allen unseren Vorstellungen Unterschiedenes sein soll, für uns nichts ist, die Einheit, welche der Gegenstand notwendig macht, nichts anderes sein könne als die formale Einheit des Bewußtseins in der Synthesis des Mannigfaltigen der Vorstellungen. Alsdann sagen wir: wir erkennen den Gegenstand, wenn wir in dem Mannigfaltigen der Anschauung synthetische Einheit bewirkt haben.“ Die „Einheit der Regel“ „bestimmt alles Mannigfaltige“ und schränkt es auf Bedingungen ein, welche die „Einheit der Apperzeption“ (s. d.) möglich machen, und „der Begriff dieser Einheit ist die Vorstellung vom Gegenstande = x, den ich durch bestimmte Prädikate (z. B. eines Dreiecks) denke“. Der Begriff des Körpers z. B. dient nach der „Einheit des Mannigfaltigen“, welches durch ihn gedacht wird, unserer Erkenntnis äußerer Erscheinungen zur Regel, indem er die „notwendige Reproduktion des Mannigfaltigen derselben, mithin die synthetische Einheit in ihrem Bewußtsein vorstellt“, ibid. tr. Anal. 1. B. 2. H. 2. Abs. 3. (I 711 ff.—Rc 182 ff.). Was ist nun, genauer, der „Gegenstand überhaupt“? „Alle Vorstellungen haben, als Vorstellungen, ihren Gegenstand und können selbst wiederum Gegenstände anderer Vorstellungen sein. Erscheinungen sind die einzigen Gegenstände, die uns unmittelbar gegeben werden können, und das, was sich darin unmittelbar auf den Gegenstand bezieht, heißt Anschauung. Nun sind aber diese Erscheinungen nicht Dinge an sich selbst, sondern selbst nur Vorstellungen, die wiederum ihren Gegenstand haben, der also von uns nicht mehr angeschaut werden kann, und daher der nichtempirische, d. i. transzendentale Gegenstand = x genannt werden mag." „Der reine Begriff von diesem transzendentalen Gegenstande (der wirklich bei allen unseren Erkenntnissen immer einerlei = x ist) ist das, was allen unseren empirischen Begriffen überhaupt Beziehung auf einen Gegenstand, d. i. objektive Realität verschaffen kann. Dieser Begriff kann nun gar keine bestimmte Anschauung enthalten und wird also nichts anderes als diejenige Einheit betreffen, die in einem Mannigfaltigen der Erkenntnis angetroffen werden muß, sofern es in Beziehung auf einen Gegenstand steht." „Diese Beziehung aber ist nichts anderes als die notwendige Einheit des Bewußtseins, mithin auch der Synthesis des Mannigfaltigen durch gemeinschaftliche Funktion des Gemüts, es in einer Vorstellung zu verbinden. Da nun diese Einheit als a priori notwendig angesehen werden muß (weil die Erkenntnis sonst ohne Gegenstand sein würde), so wird die Beziehung auf einen transzendentalen Gegenstand, d. i. die objektive Realität unserer empirischen Erkenntnis, auf dem transzendentalen Gesetze beruhen, daß alle Erscheinungen, sofern uns dadurch Gegenstände gegeben werden sollen, unter Regeln a priori der synthetischen Einheit derselben stehen müssen, nach welchen ihr Verhältnis in der empirischen Anschauung allein möglich ist, d. i. daß sie ebensowohl in der Erfahrung unter Bedingungen der notwendigen Einheit der Apperzeption, als in der bloßen Anschauung unter den formalen Bedingungen des Raumes und der Zeit stehen müssen, ja daß durch jene jede Erkenntnis allererst möglich werde", ibid. (I 714 f.—Rc 188 ff.). Die Beziehung der Erscheinungen auf Gegenstände ist bedingt durch die Verknüpfung jener „nach allgemeinen und notwendigen Gesetzen". „Die Bedingungen a priori einer möglichen Erfahrung überhaupt sind zugleich Bedingungen der Möglichkeit der Gegenstände der Erfahrung." Die Kategorien (s. d.) sind, als „Bedingungen des Denkens in einer möglichen Erfahrung", auch die „Grundbegriffe, O.e überhaupt zu den Erscheinungen zu denken". In den Kategorien aber steckt die Einheit der Apperzeption, deren Korrelat das O. überhaupt (transzendentale O.) ist, ibid. 4 (I 716 ff.—Rc 192 ff.). Alle Erscheinungen, „mithin alle Gegenstände, womit wir uns beschäftigen können", sind „insgesamt in mir, d. i. Bestimmungen meines identischen Selbst". Die „Verknüpfung und Einheit" der Erscheinungen „in der Vorstellung eines Gegenstandes" wird „bloß in uns angetroffen" und geht daher aller Erfahrung vorher, macht diese der Form nach erst möglich, ibid. 3. Abs. Summarische Vorstellung ... (I 728 f. —Rc 220 f.) Ohne das Verhältnis der Erscheinung zu einem (wenigstens „möglichen") Bewußtsein würde diese nie ein „Gegenstand der Erkenntnis" werden können, weil sie nicht an sich, nur in der Erkenntnis existiert, ibid. 3. Abs. 1. Anm. (I 720—Rc 202).

„Äußere Gegenstände" (Körper) sind „bloß Erscheinungen, mithin auch nichts anderes als eine Art meiner Vorstellungen, deren Gegenstände nur durch diese Vorstellungen etwas sind, von ihnen abgesondert aber nichts sind" (vgl. Außenwelt). Die Wirklichkeit dieser Gegenstände ist nicht erschlossen, sondern ebenso unmittelbar gewiß als die des Ich (vgl. Idealismus). Die äußeren Gegenstände (als solche) sind nur „Vorstellungen in uns"; diese selbst (die äußeren Wahrnehmungen) sind die Gegenstände, nicht Wirkungen äußerer Gegenstände außer ihnen, auf die man erst schließen müßte. „Außer uns" im räumlichen Sinne sind die im Raume wahrnehmbaren Erscheinungen; außer uns im „transzendentalen Sinne" hingegen ist etwas Unbekanntes, der „Grund" unserer äußeren Anschauungen, der „transzendentale Gegenstand", der aber von dem allein erkennbaren „empirischen" (äußeren und inneren) Gegenstande scharf zu unterscheiden ist. Die „empirisch äußerlichen" Gegenstände sind die Dinge im Raume, in dem das Wahrnehmbare wirklich als Erfahrung (nicht als Einbildung oder Traum) enthalten ist, seine „empirische Stelle" hat. Es „korrespondiere" also unseren äußeren Anschauungen „etwas Wirkliches im Raume"; der Raum (s. d.) selbst freilich ist „subjektiv" (ideell), „nur in mir". In ihm aber ist das „Reale" oder der „Stoff aller Gegenstände äußerer Anschauung" wirklich und „unabhängig von aller Erdichtung" gegeben, und zwar „nur in der Wahrnehmung" (und in dem, was mit ihr nach empirischen Gesetzen zusammenhängt). Die äußeren Gegenstände sind eben keine „Dinge an sich“ (s. d.), sondern „Vorstellungen“ bzw. Verknüpfungen solcher in der Raumform. Das „transzendentale O.“, das den äußeren und inneren Anschauungen zugrunde liegt, ist weder Körper (Materie) noch Geist, sondern „ein uns unbekannter Grund der Erscheinungen“, KrV 1. A. tr. Dial. 2. B. 1. H. 4. Paralogismus (I 743ff.—Rc 450ff.). Wie in einem denkenden Subjekt überhaupt äußere Anschauungen möglich sind, ist nicht zu beantworten. Diese „Lücke unseres Wissens“ kann man nie ausfüllen, sondern nur dadurch bezeichnen, „daß man die äußeren Erscheinungen einem transzendentalen Gegenstande zuschreibt, welcher die Ursache dieser Art Vorstellungen ist, den wir aber gar nicht kennen, noch jemals einigen Begriff von ihm bekommen werden“. „In allen Aufgaben, die im Felde der Erfahrung vorkommen mögen, behandeln wir jene Erscheinungen als Gegenstände an sich selbst, ohne uns um den ersten Grund ihrer Möglichkeit (als Erscheinungen) zu bekümmern. Gehen wir aber über deren Grenze hinaus, so wird der Begriff eines transzendentalen Gegenstandes notwendig.“ Von ihm als der „absoluten und inneren Ursache“ äußerer Erscheinungen wissen wir aber ganz und gar nichts, ibid. Betrachtung über die Summe ... (I 760 f.—Rc 485 ff.); vgl. Prol. §§ 16 ff. (III 52 ff.).

Der Begriff von einem „O.e überhaupt“ entspringt dem Verstande als einem besonderen Vermögen, „die synthetische Einheit der Apperzeption, durch welche allein das Mannigfaltige der Anschauung (deren jedes ich mir besonders immerhin bewußt sein mag) in ein vereinigtes Bewußtsein, zur Vorstellung eines O.s überhaupt (dessen Begriff durch jenes Mannigfaltige nun bestimmt wird) zu bringen (ist)“, An M. Herz, 26. Mai 1789. „Sie haben es ganz wohl getroffen, wenn Sie sagen: ‚Der Inbegriff der Vorstellungen ist selbst das O., und die Handlung des Gemüts, wodurch der Inbegriff der Vorstellungen vorgestellt wird, heißt sie auf das O. beziehen‘. Nur kann man noch hinzufügen: wie kann ein Inbegriff (complexus) der Vorstellungen vorgestellt werden? Nicht durch das Bewußtsein, daß er uns gegeben sei; denn ein Inbegriff erfordert Zusammensetzen (synthesis) des Mannigfaltigen. Er muß also (als Inbegriff) gemacht werden, und zwar durch eine innere Handlung, die für ein gegebenes Mannigfaltige überhaupt gilt und a priori vor der Art, wie dieses gegeben wird, vorhergeht, d. i. er kann nur durch die synthetische Einheit des Bewußtseins desselben in einem Begriffe (vom O.e überhaupt) gedacht werden, und dieser Begriff, unbestimmt in Ansehung der Art, wie etwas in der Anschauung gegeben sein mag, auf O. überhaupt bezogen, ist die Kategorie.“ Vermittelst der Kategorien werden die Gegenstände bloß als „Dinge in der Erscheinung“ erkannt; „ohne alle Anschauung werden sie gar nicht erkannt, aber doch gedacht, und wenn man nicht bloß von aller Anschauung abstrahiert, sondern sie sogar ausschließt, so kann den Kategorien die objektive Realität (daß sie überhaupt etwas vorstellen und nicht leere Begriffe sind) nicht gesichert werden“. — Da Zusammensetzung durch das O. nicht gegeben sein kann, so beruht sie „auf der reinen Spontaneität des Verstandes in Begriffen von O.en überhaupt (der Zusammensetzung des mannigfaltigen Gegebenen)“, An J. S. Beck, 20. Januar 1792. Wie können nur das verstehen und anderen mitteilen, was wir selbst machen können, vorausgesetzt, daß die Art, wie wir etwas anschauen, um es in eine Vorstellung zu bringen, bei allen als einerlei angenommen werden kann. Das ist nun allein die Vorstellung eines Zusammengesetzten. „Die Zusammensetzung können wir nicht als gegeben wahrnehmen, sondern wir müssen sie selbst machen: wir müssen zusammensetzen, wenn wir uns etwas als zusammengesetzt vorstellen sollen (selbst den Raum und die Zeit). In Ansehung dieser Zusammensetzung nun können wir uns einander mitteilen.“ „Die Auffassung (apprehensio) des mannigfaltigen Gegebenen und die Aufnehmung in die Einheit des Bewußtseins desselben (apperceptio) ist nun mit der Vorstellung eines Zusammengesetzten (d. i. nur durch Zusammensetzung Möglichen) einerlei, wenn die Synthesis meiner Vorstellung in der Auffassung und die Analysis derselben, sofern sie Begriff ist, eine und dieselbe Vorstellung geben (einander wechselseitig hervorbringen), welche Übereinstimmung, da sie weder in der Vorstellung allein, noch im Bewußtsein allein liegt, dennoch aber für jedermann gültig (kommunikabel) ist, auf etwas für jedermann Gültiges, von den Subjekten Unterschiedenes, d. i. auf ein O. bezogen wird", An J. S. Beck, 1. Juli 1794.

Das O. des Begriffes kann nur „nach seinen Verhältnissen" vorgestellt werden und ist „nichts anderes als die subjektive Vorstellung (des Subjekts) selbst, aber allgemein gemacht; denn Ich bin das Original aller O.e", Lose Bl. 7. Meinen Vorstellungen Gegenstände zu setzen, dazu gehört immer, „daß die Vorstellung nach einem allgemeinen Gesetze determiniert sei, denn in dem allgemeingültigen Punkte besteht eben der Gegenstand". „Ebenso würde ich etwas nicht als außer mir vorstellen und also Erscheinung zur Erfahrung machen (objektiv), wenn sich die Vorstellungen nicht auf etwas bezögen, was meinem Ich parallel ist, dadurch ich sie von mir auf ein anderes Subjekt referiere. Ebenso, wenn mannigfaltige Vorstellungen einander nicht nach einem allgemeinen Gesetze bestimmten." „Etwas wird außer uns nur gesetzt, sofern dessen Vorstellung Beständigkeit und einen besonderen Beziehungspunkt ausmacht." „Die innere Notwendigkeit der Erscheinung, da nämlich dieselbe von allem Subjektiven losgemacht und durch eine allgemeine Regel (der Erscheinungen) bestimmbar angesehen wird, ist das Objektive. Das Objektive ist der Grund der Einstimmung der Erscheinungen untereinander", ibid. 8. „Nur dadurch, daß das Verhältnis, was nach den Bedingungen der Anschauung gesetzt wird, als nach einer Regel bestimmbar angenommen wird, bezieht sich die Erscheinung auf ein O.; sonst ist es nur eine innere Affektion des Gemüts." „Alle Erscheinungen beziehen sich auf den Begriff eines O.s, der vor sie insgesamt gültig ist", ibid. 11. „Ein Gegenstand der Sinne ist nur das, was auf meine Sinne wirkt, mithin handelt und also Substanz ist. Daher ist die Kategorie der Substanz prinzipial", ibid. 13. Ein O. wird nur gedacht, sofern es unter einer Regel der Erscheinung steht; die „Präsumption der Regel ist es, was die Erscheinung objektiv macht". „Nur das, was beständiger Grundsätze im Gemüte fähig ist, nennen wir O.", ibid. 15. „Etwas, was determiniert ist in Ansehung der Funktionen der Urteile, ist das O." Wir kennen das O. nur als „ein Etwas überhaupt, dazu die gegebenen Anschauungen nur Prädikate sind". „In der Vorstellung eines O.s ist das Mannigfaltige vereinigt. Alle Anschauungen sind nur Vorstellungen; das O., darauf sie bezogen werden, liegt im Verstande." Alles, was objektiv bestimmt ist, „muß a priori aus dem Begriffe des O.s sich bestimmen lassen, zwar nicht der Materie, doch der Form der Verknüpfung nach", N 5643. „Da die Gegenstände unserer Sinne nicht Dinge an sich selbst, sondern nur Erscheinungen sind, d. i. Vorstellungen, deren objektive Realität nur in der Beständigkeit und Einheit des Zusammenhanges ihres Mannigfaltigen besteht, so geben nicht die O.e die Begriffe, sondern die Begriffe machen, daß wir an ihnen O.e der Erkenntnis haben", N 5636.

„Wir kennen einen jeden Gegenstand nur durch Prädikate, die wir von ihm sagen oder gedenken ... Daher ist ein Gegenstand nur ein Etwas überhaupt, was wir durch gewisse Prädikate, die seinen Begriff ausmachen, uns gedenken", N 4634. „Alles, was geschieht, geschieht nach einer Regel, ist bestimmt im allgemeinen, kann a priori erkannt werden. Dadurch unterscheiden wir das Objektive von dem subjektiven Spiel (Fiktion), Wahrheit von Schein. Die Erscheinung hat ein O., wenn sie ein Prädikat von einer Substanz ist, d. i. eine von den Arten ist, dasjenige zu erkennen, was da beharrt; also gehören die Erscheinungen nur dadurch zur Vorstellung eines Beharrlichen, insofern sie untereinander verknüpft sein und durch etwas Gemeingültiges Einheit haben. Es kann uns zwar etwas erscheinen, ohne daß uns der Grund davon erscheint; wir können es aber nicht erkennen, ohne daß die Erkenntnis einen Grund präsumiert, weil es sonst keine Erkenntnis, d. i. objektive Vorstellung sein würde", N 5221. „Um objektiv allgemein zu urteilen, und zwar apodiktisch, muß die Vernunft frei von subjektiv bestimmenden Gründen sein; denn bestimmten die, so wäre das Urteil nur so wie es ist zufällig, nämlich nach der subjektiven Ursache desselben. Also ist sich die Vernunft ihrer Freiheit in objektiv notwendigen Urteilen a priori bewußt, nämlich daß nur die Beziehung aufs O. der Grund davon sei", N 5413. Dadurch, „daß etwas das Denken überhaupt bestimmt (wie es gedacht werden soll)", ist es „ein O., d. i. etwas, dem ein besonderer Gedanke, der von andern unterschieden ist, korrespondiert", N 5932. „Alles, was uns durch Erfahrung gegeben wird, muß a priori zu erkennen möglich sein, d. i. es muß seine Möglichkeit aus den Gesetzen der Sinnlichkeit oder des Verstandes, in Beziehung auf welche die Erfahrungen allein stattfinden können, erkannt werden. Daß es a priori erkannt werden kann, bedeutet: daß es ein O. habe, und nicht bloß subjektive Modifikation sei", N 5716. „Alles, was a priori ein Gesetz unserer Vorstellungen macht, mithin die Beziehung der Vorstellungen auf ein a priori feststehendes allgemeines Gesetz, ist das O.", N 4642. „Das Mannigfaltige, sofern es als notwendig zu einem Bewußtsein (oder auch zur Einheit des Bewußtseins überhaupt) gehörig vorgestellt wird, wird durch den Begriff von einem O. gedacht: das O. ist immer ein Etwas überhaupt. Die Bestimmung desselben beruht bloß auf der Einheit des Mannigfaltigen seiner Anschauung, und zwar der allgemeingültigen Einheit des Bewußtseins desselben", N 5927. Das „Objektivgültige" und „Notwendiggültige" ist einerlei, N 5915. „Wir können auch an die Stelle des Wortes Gegenstände der Sinne das Wort Erfahrung setzen; denn die Sachen an sich erkennen wir nicht, wir können nichts von ihnen wissen als alle uns mögliche Erfahrung von ihnen, und zwar sofern diese aus der Form der Sinnlichkeit und der des Verstandes a priori bestimmt ist", N 5926. — „Kriterium der empirischen Wahrheit: Ordnung der Natur oder die Ordnung an sich, d. i. Verbindung nach Regeln, beweist die Beziehung auf ein O., und nicht bloß Willkür", N 5563; vgl. 4285. Es ist so, daß wir „den Gegenstand der empirischen Anschauung (der Wahrnehmung) selber machen", Altpreuß. Mth. XIX 301. „Die Extraposition ist mit der Intusposition des Mannigfaltigen der Anschauung als Erscheinung durch ein Prinzip der synthetischen Einheit der Erkenntnis a priori, folglich durch transzendentale Prinzipien verbunden. Das Subjekt macht sich zum O.", ibid. 622. Vgl. Gegenstand, Ding, Außenwelt, Idealismus, Objektiv, Erfahrung, Transzendental, Erscheinung, Ding an sich, Noumenon, Körper, Ich.

Objekt der Idee. „Es ist ein großer Unterschied, ob etwas meiner Vernunft als ein Gegenstand schlechthin, oder nur als ein Gegenstand in der Idee gegeben wird. In dem ersteren Falle gehen meine Begriffe dahin, den Gegenstand zu bestimmen; im zweiten ist es wirklich nur ein Schema, dem direkt kein Gegenstand, auch nicht einmal hypothetisch zugegeben wird, sondern welches nur dazu dient, um andere Gegenstände, vermittelst der Beziehung auf diese Idee, nach ihrer systematischen Einheit, mithin indirekt uns vorzustellen", KrV tr. Dial. Anh. Von d. Endabsicht... (I 568—Rc 712); vgl. Idee, Gott. Die Ideen (bzw. „idealischen Wesen") sollen nur als „Analoga von wirklichen Dingen, aber nicht als solche an sich selbst" angenommen werden, ibid. (I 570 f.—Rc 715 f.). Die Kategorien (s. d.) lassen sich auf den „transzendentalen Gegenstand" der Idee (z. B. Gott) nicht anwenden, höchstens „analogisch", als ob sie Substanzen, Ursachen usw. wären, ibid. (I 574 f. —Rc 720 f.).

Objekt der praktischen Vernunft. „Unter einem Begriffe eines Gegenstandes der praktischen Vernunft verstehe ich die Vorstellung eines Objekts als einer möglichen Wirkung durch Freiheit. Ein Gegenstand der praktischen Erkenntnis als einer solchen zu sein, bedeutet also nur die Beziehung des Willens auf die Handlung, dadurch er oder sein Gegenteil wirklich gemacht würde, und die Beurteilung, ob etwas ein Gegenstand der reinen praktischen Vernunft sei oder nicht, ist nur die Unterscheidung der Möglichkeit oder Unmöglichkeit, diejenige Handlung zu wollen, wodurch, wenn wir das Vermögen dazu hätten (worüber die Erfahrung urteilen muß), ein gewisses Objekt wirklich werden würde." Ist das Gesetz a priori der Bestimmungsgrund der Handlung, so ist das Urteil, ob etwas ein Gegenstand der reinen praktischen Vernunft sei oder nicht, von der Vergleichung mit unserem physischen Vermögen ganz unabhängig, und die Frage ist nur, „ob wir eine Handlung, die auf die Existenz eines Objekts gerichtet ist, wollen dürfen, wenn dieses in unserer Gewalt wäre; mithin muß die moralische Möglichkeit der Handlung vorangehen; denn da ist nicht der Gegenstand, sondern das Gesetz des Willens der Bestimmungsgrund derselben". Die einzigen O.e d. p. V. sind die vom Guten (s. d.) und Bösen, KpV 1. T. 1. B. 2. H. (II 75 f.).

Objektiv. „O." bedeutet: a) den Dingen an sich zukommend; b) (kritisch-idealistisch): für alle (menschlichen) Subjekte gleicherweise gültig und zugleich für die Objekte (s. d.) als Gegenstände möglicher Erfahrung (Erscheinungen) gültig, obzwar den Dingen an sich nicht zukommend und, als notwendig auf das (reine) erkennende Bewußtsein (s. d.) bezogen, „subjektiv". O ist, was notwendig (in einem „Bewußtsein überhaupt", s. d.) verknüpft ist, was gemäß der Gesetzlichkeit des erkennenden Bewußtseins an der Hand des Erfahrungsmaterials notwendig und allgemeingültig gesetzt wird. Die „Subjektivität" (s. d.) oder „Idealität" der Anschauungs- und Denkformen hindert nicht im geringsten die Objektivität der auf mögliche Erfahrung sich beziehenden Urteile, ja ist sogar eine Bedingung der Möglichkeit apriorischer und doch objektiver, für die Erfahrung geltender Urteile (vgl. Geltung).

Die logische Form der Urteile (s. d.) besteht in der „objektiven Einheit der Apperzeption der darin enthaltenen Begriffe". S ist P will besagen: „diese beiden Vorstellungen sind im Objekt, d. i. ohne Unterschied des Zustandes des Subjekts verbunden, und nicht bloß in der Wahrnehmung (so oft sie auch wiederholt sein mag) beisammen", KrV tr. Anal. § 19 (I 158—Rc 189). Empirische Urteile haben „objektive Gültigkeit" (s. Geltung), sie drücken „eine Beschaffenheit des Gegenstandes aus" und sind zugleich allgemeingültig. „Das Objekt bleibt an sich selbst immer unbekannt; wenn aber durch den Verstandesbegriff die Verknüpfung der Vorstellungen, die unserer Sinnlichkeit von ihm gegeben sind, als allgemeingültig bestimmt wird, so wird der Gegenstand durch dieses Verhältnis bestimmt und das Urteil ist objektiv", Prol. §§ 18 f. (III 54 ff.). Urteile sind objektiv, wenn Vorstellungen in einem „Bewußtsein überhaupt, d. i. darin notwendig vereinigt werden", ibid. § 22 (III 63). Vgl. Objekt, Subjektiv, Wahrheit, Allgemeinheit, Geschmacksurteil.

Objektive Gültigkeit s. Geltung, Realität, Wahrheit, Einheit.

Obrigkeit. „Gehorchet der O." ist ein kategorischer Imperativ, MSR Beschluß (III 206 f.). Es ist selbst verboten, dem Ursprung der obersten Gewalt in praktischer Absicht nachzuforschen. Die Autorität der O. muß so vorgestellt werden, als ob sie nicht von Menschen, sondern von einem höchsten, tadelfreien Gesetzgeber herkomme. Dies ist die Bedeutung des Satzes: „Alle O. ist von Gott"; womit also nicht ein Geschichtsgrund, sondern eine Idee als praktisches Vernunftprinzip ausgesagt wird, MSR 2. T. Allg. Anmerk. A (III 142). Vgl. Staat, Staatsverfassung, Utopie.

Offenbarung. Jeder O. muß ein reiner „Vernunftsglaube" zugrunde gelegt werden. Die O. muß so gedeutet werden, „daß sie mit den allgemeinen praktischen Regeln einer reinen Vernunftreligion zusammenstimmt". „Denn das Theoretische des Kirchenglaubens kann uns moralisch nicht interessieren, wenn es nicht zur Erfüllung aller Menschenpflichten als göttlicher Gebote . . . hinwirkt", Rel. 3. St. 1. Abt. VI (IV 125 ff.). Alle O. muß, vom Standpunkt der Vernunftreligion, moralisch ausgelegt werden (vgl. Bibel). Daß eine O. göttlich sei, kann nie durch Kennzeichen, welche die Erfahrung (Geschichte) an die Hand gibt, eingesehen werden. Ihr Charakter ist immer „die Übereinstimmung mit dem, was die Vernunft für Gott anständig erklärt". Der Ausleger offenbarter Lehren ist „der Gott in uns", „weil wir niemand verstehen als den, der durch unseren eigenen Verstand und unsere eigene Vernunft mit uns redet, die Göttlichkeit einer an uns ergangenen Lehre also durch nichts als durch Begriffe unserer Vernunft, sofern sie rein-moralisch und hiermit untrüglich sind, erkannt werden kann", Str. d. Fak. 1. Abs. Anh. einer Erläuterung III (V 4, 89 ff.). Vgl. Theologie, Religion, Bibel, Christentum.

Offenbarungsglaube s. Glaube, Religion.

Ökonomie s. Denkökonomie.

Ontologie. Die O. ist die „Wissenschaft von den allgemeinen Eigenschaften aller Dinge", Nachricht v. d. Einricht. s. Vorles. 1765—1766 (V 1, 155 f.).

Die kritische O. ist „diejenige Wissenschaft (als Teil der Metaphysik), welche ein System aller Verstandesbegriffe und Grundsätze, aber nur, sofern sie auf Gegenstände gehen, welche den Sinnen gegeben und also durch Erfahrung belegt werden können, ausmacht. Sie berührt nicht das Übersinnliche, welches doch der Endzweck der Metaphysik ist, gehört also zu dieser nur als Propädeutik, als die Halle oder der Vorhof der eigentlichen Metaphysik und wird Transzendental-Philosophie genannt, weil sie die Bedingungen und ersten Elemente aller unserer Erkenntnis a priori enthält". „In ihr ist seit Aristoteles' Zeiten nicht viel Fortschreitens gewesen. Denn sie ist, sowie eine Grammatik die Auflösung einer Sprachform in ihre Elementarregeln oder die Logik eine solche von der Denkform ist, eine Auflösung der Erkenntnis in die Begriffe, die a priori im Verstand liegen und in der Erfahrung ihren Gebrauch haben: — ein System, dessen mühsamer Bearbeitung man gar wohl überhoben sein kann, wenn man nur die Regeln des richtigen Gebrauchs dieser Begriffe und Grundsätze zum Behuf der Erfahrungserkenntnis beabsichtigt, weil die Erfahrung ihn immer bestätigt oder berichtigt", Fortschr. d. Metaph. Vorr. (V 3, 84 f.). Die ontologischen Prinzipien sind freilich „eines Ursprungs a priori", gelten aber nur „für Gegenstände der Erfahrung", ibid. (V 3, 87).

Die Grundsätze des reinen Verstandes (s. d.) „sind bloß Prinzipien der Exposition der Erscheinungen und der stolze Name einer O., welche sich anmaßt, von den Dingen überhaupt synthetische Erkenntnis a priori in einer systematischen Doktrin zu geben, .. muß dem bescheidenen einer bloßen Analytik des reinen Verstandes Platz machen", KrV tr. Anal. 2. B. 3. H. (I 278—Rc 341 f.). Gegen Eberhards Behauptung von den unbestritten fruchtbaren Feldern der O.: „Das sind aber gerade diejenigen, deren Begriffe und Grundsätze, als Ansprüche auf eine Erkenntnis der Dinge überhaupt, bestritten und auf das sehr verengte Feld der Gegenstände möglicher Erfahrung eingeschränkt worden", Üb. e. Entdeck. 1. Abs. 1. Anm. (V 3, 7). „O. ist Wissenschaft von den Dingen überhaupt, d. i. von der Möglichkeit unserer Erkenntnis der Dinge a priori, d. i. unabhängig von der Erfahrung. Sie kann uns nun nichts von Dingen an sich selbst lehren, sondern nur von den Bedingungen a priori, unter denen wir Dinge in der Erfahrung überhaupt erkennen können, d. i. Prinzipien der Möglichkeit der Erfahrung", N 5936. „Transzendentalphilosophie hat 2 Teile: Kritik der reinen Vernunft und O.", N 5130. „O. ist die Wissenschaft von den ersten Erkenntnissen des reinen Verstandes: 1. der Begriffe, Analytik. 2. der Urteile", N 5131. Vgl. Metaphysik, Transzendentalphilosophie.

Ontologischer Gottesbeweis. Von Kant erst neu zu begründen versucht, dann verworfen. „Was ... unbedingt notwendig existieren soll, das existiert nicht irgendeinem Grunde zuliebe, sondern, weil sein Gegenteil ganz undenkbar ist. Diese Unmöglichkeit des Gegenteils ist der Grund für die Erkenntnis seines Daseins; aber an einem voraufgehend-bestimmenden Grunde fehlt es ihm." „Indem wir uns den Begriff eines Wesens bilden, das wir Gott nennen, haben wir ihn so bestimmt, daß auch sein Dasein in ihm enthalten ist. Ist also dieser so gebildete Begriff ein wahrer, so ist es auch wahr, daß er Dasein hat", N. diluc. Propos. 6, Scholion (V 1, 16). — „Es gibt ein Wesen, dessen Dasein seiner eigenen und aller Dinge Möglichkeit vorausgeht, von dem deshalb zu sagen ist, daß sein Dasein unbedingt notwendig ist. Es heißt: Gott." Nichts kann als möglich vorgestellt werden, „wenn nicht das, was in jedem möglichen Begriff real ist, Dasein hat, und zwar ein unbedingt notwendiges Dasein", ibid. Propos. 7 (V 1, 17 f.). Auf die Frage: „ob es möglich sei, daß ganz und gar nichts existiere?" ist zu sagen, „daß alsdann gar kein Dasein gegeben ist, auch nichts zu denken, und keine Möglichkeit stattfinde". Die Untersuchung des Begriffs vom „Dasein desjenigen, was aller Möglichkeit zum Grunde liegen muß", ergibt den Begriff des „schlechterdings notwendigen Wesens", Nat. Theol. 4. Btr. § 1 (V 1, 142). Das Dasein Gottes ist, rein begrifflich, nur aus der inneren Möglichkeit der Dinge abzuleiten. Es kann nichts möglich sein ohne ein Wirkliches, ein Seiendes, da sonst kein Material zum Denkbaren, Möglichen bestände (vgl. Sein). Es ist schlechterdings unmöglich, daß nichts existiert. „Alle Möglichkeit ist in irgend etwas Wirklichem gegeben, entweder in demselben als eine Bestimmung, oder durch dasselbe als eine Folge", Beweisgr. Gottes 1. Abt. 2. Btr. (VI 28 ff.). „Es existiert ein schlechterdings notwendiges Wesen." Weil das notwendige Wesen den letzten Realgrund aller anderen Möglichkeit enthält, so ist jedes andere Ding nur möglich, sofern es durch ihn als einen Grund gegeben ist, also nur als eine Folge von ihm. Es können also nicht mehrere Dinge absolut notwendig sein: das notwendige Wesen ist einig. Es ist ferner einfach, unveränderlich, ewig, es enthält die höchste Realität (da die Data zu aller Möglichkeit in ihm anzutreffen sein müssen), es ist ein Geist (es hat Verstand und Willen, da doch von den Realitäten ihm nichts fehlen kann). Es existiert also ein Gott, ibid. 3. Btr. (VI 32 ff.) Gegenüber dem üblichen o.n G. aber ist zu bemerken: Das Dasein ist kein Prädikat; die Aufhebung des Daseins ist keine Verneinung eines Prädikats, wodurch ein innerer Widerspruch entstehen könnte, denn die logischen Beziehungen zwischen dem Dinge als einem Möglichen und seinen Prädikaten bleiben gleichwohl. Die bloß „logische" Notwendigkeit ist von der absoluten „Realnotwendigkeit" zu unterscheiden, ibid. (VI 32 f.). Nur das, dessen Nichtsein das Material zu allem Möglichen (Denkbaren) aufhebt, ist realnotwendig (vgl. oben). Der Begriff eines absolutnotwendigen Wesens ist ein „reiner Vernunftbegriff", d. h. eine bloße „Idee", „deren objektive Realität dadurch, daß die Vernunft ihrer bedarf, noch lange nicht bewiesen ist". Die unbedingte Notwendigkeit (s. d.) der Urteile ist „nicht eine absolute Notwendigkeit der Sachen", nur eine bedingte Notwendigkeit dieser (wenn A ist, so ist B). „Wenn ich das Prädikat in einem identischen Urteile aufhebe und behalte das Subjekt, so entspringt ein Widerspruch, und daher sage ich: jenes kommt diesem notwendigerweise zu. Hebe ich aber das Subjekt zusamt dem Prädikate auf, so entspringt kein Widerspruch; denn es ist nichts mehr, welchem widersprochen werden könnte." Hebt man also das Dasein eines absolutnotwendigen Wesens auf, so hebt man das Ding selbst samt allen seinen Prädikaten auf; da kann es keinen Widerspruch geben. Sage ich: Gott ist allmächtig, so kann die Allmacht nicht aufgehoben werden, wenn eine Gottheit, d. h. ein unendliches Wesen gesetzt wird. Sagt man aber: Gott ist nicht, so ist in diesem Gedanken kein Widerspruch, KrV tr. Dial. 2. B. 3. H. 4. Abs. (I 512 ff.—Rc 650 ff.). Wendet man nun ein, es gebe Subjekte, die gar nicht aufgehoben werden können, d. h. schlechthin notwendige Subjekte, so ist doch von solchen nicht der geringste Begriff möglich. Meint man nun, nur eben der Begriff des allerrealsten Wesens sei ein solcher Begriff, dessen Aufhebung in sich widersprechend ist, und man sei berechtigt, ein solches Wesen als möglich anzunehmen, so ist darauf zu erwidern: Erstens beweist der sich nicht widersprechende Begriff noch lange nicht die Möglichkeit (s. d.) des Gegenstandes. Zweitens, man begeht schon einen Widerspruch, wenn man in den Begriff eines als möglich gedachten Dinges schon den Begriff seiner Existenz hineinbringt, was nur eine Tautologie bedeutet. Ist aber jeder Existenzialsatz synthetisch — und er ist es in der Tat — wie kann man behaupten, daß das Prädikat der Existenz sich ohne Widerspruch nicht aufheben lasse, da dieser Vorzug nur den analytischen Sätzen eignet? ibid. (I 514 ff.—Rc 652 ff.).

„Sein" ist kein „reales Prädikat", d. h. kein „Begriff von irgend etwas, was zu dem Begriffe eines Dinges hinzukommen könne". „Es ist bloß die Position eines Dinges oder gewisser Bestimmungen an sich selbst." „Der Satz: Gott ist allmächtig, enthält zwei Begriffe, die ihre Objekte haben: Gott und Allmacht; das Wörtchen: ist, ist nicht noch ein Prädikat obenein, sondern nur das, was das Prädikat beziehungsweise aufs Subjekt setzt. Nehme ich nun das Subjekt (Gott) mit allen seinen Prädikaten (worunter auch die Allmacht gehört) zusammen und sage: Gott ist, oder es ist ein Gott, so setze ich kein anderes Prädikat zum Begriffe von Gott, sondern nur das Subjekt an sich selbst mit allen seinen Prädikaten, und zwar den Gegenstand in Beziehung auf meinen Begriff. Beide müssen genau einerlei enthalten, und es kann daher zu dem Begriffe, der bloß die Möglichkeit ausdrückt, darum, daß ich dessen Gegenstand als schlechthin gegeben (durch den Ausdruck: er ist) denke, nichts weiter hinzukommen. Und so enthält das Wirkliche nichts mehr als das bloß Mögliche. Hundert wirkliche Thaler enthalten nicht das mindeste mehr als hundert mögliche ... Aber in meinem Vermögenszustande ist mehr bei hundert wirklichen Thalern, als bei dem bloßen Begriffe derselben (d. i. ihrer Möglichkeit). Denn der Gegenstand ist bei der Wirklichkeit nicht bloß in meinem Begriffe analytisch enthalten, sondern kommt zu meinem Begriffe ... synthetisch hinzu, ohne daß durch dieses Sein außerhalb meinem Begriffe diese gedachten hundert Thaler selbst im mindesten vermehrt werden", ibid. (I 515ff—Rc 653ff.). „Wenn ich also ein Ding... denke, so kommt dadurch, daß ich noch hinzusetze, dieses Ding ist, nicht das mindeste zu dem Dinge hinzu." „Denke ich mir nun ein Wesen als die höchste Realität (ohne Mangel), so bleibt noch immer die Frage, ob es existiere oder nicht." „Unser Begriff von einem Gegenstande mag also enthalten, was und wieviel er wolle, so müssen wir doch aus ihm herausgehen, um diesem die Existenz zu erteilen. Bei Gegenständen der Sinne geschieht dieses durch den Zusammenhang mit irgendeiner meiner Wahrnehmungen nach empirischen Gesetzen; aber für Objekte des reinen Denkens ist ganz und gar kein Mittel, ihr Dasein zu erkennen, weil es gänzlich a priori erkannt werden müßte, unser Bewußtsein aller Existenz aber (es sei durch Wahrnehmung unmittelbar oder durch Schlüsse, die etwas mit der Wahrnehmung verknüpfen) gehört ganz und gar zur Einheit der Erfahrung, und eine Existenz außer diesem Felde kann zwar nicht schlechterdings für unmöglich erklärt werden, sie ist aber eine Voraussetzung, die wir durch nichts rechtfertigen können." „Der Begriff eines höchsten Wesens ist eine in mancher Absicht sehr nützliche Idee; sie ist aber eben darum, weil sie bloß Idee ist, ganz unfähig, um vermittelst ihrer allein unsere Erkenntnis in Ansehung dessen, was existiert, zu erweitern", ibid. (I 517 ff.—Rc 656 ff.). Der o. G. liegt allen anderen spekulativen Gottesbeweisen zugrunde (vgl. Kosmologischer, Physikotheologischer Gottesbeweis, Notwendig).

„Wahr ist es, daß, wenn wir uns a priori von einem Dinge überhaupt, also ontologisch einen Begriff machen wollen, wir immer zum Urbegriff den Begriff von einem allerrealsten Wesen in Gedanken zum Grunde legen; denn eine Negation, als Bestimmung eines Dinges, ist immer nur abgeleitete Vorstellung, weil man sie als Aufhebung (remotio) nicht denken kann, ohne vorher die ihr entgegengesetzte Realität als etwas, das gesetzt wird (positio s. reale), gedacht zu haben, und so, wenn wir diese subjektive Bedingung des Denkens zur objektiven der Möglichkeit der Sachen selbst machen, alle Negationen bloß wie Schranken des Alleinbegriffes der Realitäten, mithin alle Dinge, außer diesem einen ihrer Möglichkeit, nur als von diesem abgeleitet müssen angesehen werden." „Dieses Eine, welches sich die Metaphysik nun, man wundert sich selbst wie, hingezaubert hat, ist das höchste metaphysische Gut. Es enthält den Stoff zur Erzeugung aller anderen möglichen Dinge." Hierbei wird das Böse der Dinge als Einschränkung, Negation gedacht, „und die Weltwesen sind darum nur böse, weil sie nur Teile und nicht das Ganze ausmachen, sondern zum Teil real, zum Teil negativ sind, bei welcher Zimmerung einer Welt dieser metaphysische Gott (das realissimum) gleichwohl sehr in den Verdacht kommt, daß er mit der Welt (unerachtet aller Protestationen wider den Spinozismus) als einem All existierender Wesen einerlei sei". Aber auch abgesehen von diesen Einwürfen sind die ontologischen Beweise unhaltbar. Zwei solche Argumente sind möglich. „Entweder man schließt aus dem Begriffe des allerrealsten Wesens auf das Dasein desselben oder aus dem notwendigen Dasein irgendeines Dinges auf einen bestimmten Begriff, den wir uns von ihm zu machen haben." „Das erste Argument schließt so: Ein metaphysisch allervollkommenstes Wesen muß notwendig existieren; denn wenn es nicht existierte, so würde ihm eine Vollkommenheit, nämlich die Existenz, fehlen." „Das zweite schließt umgekehrt: Ein Wesen, das als ein notwendiges existiert, muß alle Vollkommenheit haben; denn, wenn es nicht alle Vollkommenheit (Realität) in sich hätte, so würde es durch seinen Begriff nicht als a priori durchgängig bestimmt, mithin nicht als notwendiges Wesen gedacht werden können." Das erste Argument ist unhaltbar, weil darin „das Dasein als eine besondere, über den Begriff eines Dinges zu diesem hinzugesetzte Bestimmung gedacht wird, da es doch bloß die Setzung des Dinges mit allen seinen Bestimmungen ist, wodurch dieser Begriff also gar nicht erweitert wird". Das zweite Argument geht in den „kosmologischen" (s. d.) Beweis über, Fortschr. d. Metaph. 2. Abt. Auflösung der Aufgabe, Transzend. Theologie (V 3, 133ff.); vgl. N 4661, 5759 ff., 6275f. Vgl. Existenz.

Opposition s. Gegensatz.

Optimismus. Unter allem Endlichen, das möglich war, ist eine Welt von der größten Vortrefflichkeit das höchste endliche Gut, allein würdig, von dem obersten aller Wesen gewählt zu werden, „um mit dem Unendlichen zusammengenommen die größte Summe, die sein kann, auszumachen". Unter allen möglichen Welten ist eben eine notwendig die vollkommenste. Weil Gott diese Welt von allen, die er kannte, allein wählte, muß er sie für die beste gehalten haben, und weil sein Urteil niemals fehlt, so ist sie es auch in der Tat. „Gott geziemt kein Werk, als welches seiner würdig ist, d. i. welches unter allem Möglichen das Beste ist." Ich schätze mein Dasein um so höher, „weil ich erkoren ward, in dem besten Plane eine Stelle einzunehmen". „Ich rufe allem Geschöpfe zu, welches sich nicht selbst unwürdig macht, so zu heißen: Heil uns, wir sind! und der Schöpfer hat an uns Wohlgefallen." Das Ganze ist das Beste und alles ist um des Ganzen willen gut, Über den Optimismus (VI 7 ff.); vgl. N 3704 f. (Kritik der Leibnizschen Auffassung, verglichen mit der Popes); Vorles. über d. philos. Religionslehre, S. 169ff. Vgl. Fortschritt, Geschichte.

Ordnung. Die Seele „ordnet" ihre Empfindungen nach ewigen Gesetzen in den Anschauungsformen (s. d.) Raum und Zeit, Mund. sens. § 15 (V 2, 113ff.). Die „Form" (s. d.) der Erscheinungen ist das, was „macht, daß das Mannigfaltige der Erscheinung in gewissen Verhältnissen geordnet werden kann" [1. A.: „geordnet, angeschaut wird"]. Sie ist „das, worinnen sich die Empfindungen allein ordnen", KrV tr. Ästh. § 1 (I 76—Rc 93). Durch den Grundsatz der Kausalität (s. d.) wird die O. in der Sukzession der Erscheinungen (Wahrnehmungen) bestimmt, notwendig, objektiv, ibid. tr. Anal. 2. B. 2. H. 3. Abs. 2. Analogie (I 229ff.—Rc 287ff.). Nur dadurch, „daß eine gewisse O. in dem Zeitverhältnis unserer Vorstellungen notwendig ist", haben sie „objektive Bedeutung" (vgl. Objekt). Der Verstand überträgt die „Zeitordnung" auf das Dasein der Erscheinungen und stellt Reihen her, in welchen jede Erscheinung ihre bestimmte Stelle hat und auf bestimmte andere Erscheinungen hinweist; diese Reihen machen O. und stetigen Zusammenhang in der Reihe möglicher Wahrnehmungen notwendig, ibid. (I 233f.—Rc 291). Die Einheit der Objekte, die allgemeine Gesetzlichkeit derselben als Erscheinungen wird durch den Verstand bestimmt (vgl. Gesetz); er ist so „der Ursprung der allgemeinen O. der Natur, indem er alle Erscheinungen unter seine eigenen Gesetze faßt und dadurch allererst Erfahrung (ihrer Form nach) a priori zustande bringt, vermöge deren alles, was nur durch Erfahrung erkannt werden soll, seinen Gesetzen notwendig unterworfen wird", Prol. § 38 (III 84f.). Die Kategorien (s. d.) sind „Prinzipien der Zusammenordnung in ein Bewußtsein", Üb. e. Entdeck. 2. Abs. (V 3, 76f.). Der Verstand macht aus den Sinneswahrnehmungen Erfahrung (s. d.), indem er sie „unter einer Regel des Denkens verbindet", d. h. „O. in das Mannigfaltige hineinbringt", Anthr. 1. T. § 9 (IV 34). — Von der „O. der Erscheinungen" ist die „übersinnliche" O. der Dinge „nach Freiheitsgesetzen" zu unterscheiden, wo „die Zeit wegfällt", Rel. 3. St. 1. Abt. VII 1. Anm. (IV 139); vgl. Reich der Zwecke, Intelligible Welt. Das radikale Böse (s. d.) besteht in der Umkehrung der sittlichen O.

„Daß in der Seele ein principium der Disposition so gut wie der Affektion liege. Daß die Erscheinungen keine andere O. haben können und nicht anders zur Einheit der Vorstellungskraft gehören können, als daß sie dem gemeinschaftlichen principio der Disposition gemäß sind. Denn alle Erscheinung mit ihrer durchgängigen Bestimmung muß doch Einheit im Gemüte haben, folglich solchen Bedingungen unterworfen sein, wodurch die Einheit der Vorstellungen möglich ist", Lose Bl. 12. „Gleichwie die Sinnlichkeit ein Vermögen ist, die Dinge nach Verhältnis von Raum und Zeit zu ordnen, also auch die Vernunft ist ein Gesetz der Zusammenordnung der Dinge, abgesondert von den Gesetzen der Sinnlichkeit", N 4378. O. ist die Verbindung des Vielen nach einer Regel. „Im Gemüte ist alle O. in der Zeit, und zwar nacheinander", N 5750; vgl. Wahrheit. Natur (s. d.) ist die O., die der Verstand den Erscheinungen setzt, N 5904. — „Man erkennt den Lauf der Natur durch die Sinne, und durch die Vernunft die O. der Natur. Je größer die Vernunft, desto mehr O. entdeckt man. Beim Mangel der Vernunft scheint alles Zufall oder blinde Notwendigkeit. Die Natur ist jederzeit ein principium der O." „Die O. der Natur ist von der O. nach Regeln der Vollkommenheit (d. i. eines guten Willens, wie die Dinge, wenn sie wohlgefallen sollten, sein müßten) unterschieden. Die O. der Natur ist durchaus zur moralischen O. nötig, und die vollkommenste Welt wird diese Vollkommenheit nach der O. der Natur erreichen, weil nur unter dieser Bedingung Verstand zu brauchen möglich ist." „Freiheit steht auch unter der Ordnung der Natur", N 4439. Vgl. Anschauungsformen, Form, Kategorie, Idee, Objektiv, Gesetz, Regel, Kausalität, Schema (Zeitordnung), Natur, Vernunft, Klarheit, Zweck, Intelligible Welt.

Organempfindung s. Empfindung. Kant versteht unter O. die Sinnesempfindung gegenüber der „Vitalempfindung", Anthr. 1. T. § 16 (IV 47).

Organisation. Außer der „mechanischen", „auf Nebeneinanderstellung der Teile zur Bildung einer gewissen Gestalt beruhenden" O. ist auch eine „dynamische" O. annehmbar, die auf chemischen Prinzipien beruht und mit der Flüssigkeit eines Stoffes vereinbar ist. So kann man sagen, das Wasser in der Gehirnhöhle wird, indem es sich auf Anlaß der Nervenreize in die Grundstoffe zersetzt und wieder aus ihnen aufbaut, stetig organisiert, ohne doch je organisiert zu sein, An Sömmering, 10. August 1795; vgl. Seelensitz, Organismus, Staat.

Organisation der Natur. Die O. d. N. hat nichts Analoges mit einer Kausalität, wie wir sie kennen, KU § 65 (II 238). Vgl. Zweck, Organismus.

Organisation der praktischen Vernunft. Es besteht „eine gewisse O. der reinen praktischen Vernunft", nach welcher „selbstgemachte Ideen" zustande kommen, Fortschr. d. Metaph. 2. Abt. Auflösung der Aufgabe 3 (V 3, 143); vgl. Idee.

Organisation des Subjekts s. Empfindung.

Organisch. „Die Natur organisiert die Materie nicht bloß zu Körpern, sondern auch diese wiederum zu Korporationen, die nun auch ihrerseits ihre wechselseitige Zweckverhältnisse haben (eines um des andern willen da ist) ... Nichts ist hier bloß mechanisch, sondern hat einen tertius interveniens. Alles ist organisch im Weltganzen und zum Behuf desselben." Insofern die Organisation durch alle Weltteile sich erstreckt, gibt es eine „anima mundi" (als „anima bruta", nicht als denkendes Wesen), als Ursache der zweckmäßigen Erzeugungen, Altpreuß. Mth. XIX 583f. Unsere Welt (Erde) ist „als organischer Körper vom höchsten Rang und Klasse" anzusehen, ibid. XX 85 Anm.

Organismus. Kausale Erklärung und teleologische Beurteilung vereinigen sich in der Biologie. Es kann eher der Ursprung der ganzen gegenwärtigen Verfassung des Weltbaues eingesehen werden, „ehe die Erzeugung eines einzigen Krauts oder einer Raupe aus mechanischen Gründen deutlich und vollständig kund werden wird", Th. des Himmels Vorr. (VII 18). Die Organismen sind von Gott so geschaffen, daß sie (ohne übernatürliches Eingreifen) tauglich sind, „ihres Gleichen in der Folge nach einem natürlichen Gesetze nicht bloß zu entwickeln, sondern wahrhaftig zu erzeugen", mag auch diese wie die übrigen organischen Funktionen mechanisch, aus den allgemeinen Naturgesetzen nicht begreiflich sein (da die „künstliche Einheit" in dem Wirken der Organe besondere

Gesetze voraussetzt), Beweisgr. Gottes 2. Abt. 4. Btr. 2 (VI 70 f.); s. 7. Btr. (VI 97); vgl. Zweck. Aber auch in der organisierten Natur ist „eine größere notwendige Einheit, als so geradezu in die Augen fällt", zu vermuten. „Denn selbst im Baue eines Tieres ist zu vermuten, daß eine einzige Anlage eine fruchtbare Tauglichkeit zu viel vorteilhaften Folgen haben werde, wozu wir anfänglich vielerlei besondere Anstalten nötig finden möchten." Es ist aber erstaunlich, daß so etwas wie ein tierischer Körper möglich war. „Und wenn ich gleich alle Federn und Röhren, alle Nervengefäße, Hebel und mechanische Einrichtung desselben völlig einsehen könnte, so bliebe doch immer Bewunderung übrig, wie es möglich sei, daß so vielfältige Verrichtungen in einem Bau vereinigt werden, wie sich die Geschäfte zu einem Zwecke mit denen, wodurch ein anderer erreicht wird, so wohl paaren lassen, wie ebendieselbe Zusammenfügung außerdem noch dazu dient, die Maschine zu erhalten und die Folgen aus zufälligen Verletzungen wieder zu verbessern." So viel Einheit und Harmonie ist möglich, weil ein Urwesen da ist, „welches nebst den Gründen der Wirklichkeit auch die von aller Möglichkeit enthält", ibid. 8. Btr. (VI 113). Ein organisiertes Wesen ist eine Materie, „in der alles wechselseitig als Zweck und Mittel aufeinander in Beziehung steht". Es ist dies ein „System von Endursachen", kann also, wenigstens für die menschliche Vernunft nur teleologisch, nicht physisch-mechanisch erklärt werden. Daher kann die Physik (Naturwissenschaft) nicht danach fragen, woher alle Organisierung selbst ursprünglich herkommt; höchstens hätte nur Metaphysik diese Frage zu beantworten, wenn diese Frage überhaupt für uns zugänglich ist. „Ich meinerseits leite alle Organisation von organischen Wesen (durch Zeugung) ab, und spätere Formen (dieser Art Naturdinge) nach Gesetzen der allmählichen Entwicklung von ursprünglichen Anlagen..., die in der Organisation ihres Stammes anzutreffen waren", Gebrauch teleolog. Prinzipien (VIII 153ff.).

In einem organisierten Wesen ist jeder Teil durch alle übrigen und um dieser und des Ganzen willen da, als hervorbringendes Organ, das durch die Einheit des Ganzen bestimmt ist (s. Zweckmäßigkeit). Ein organisiertes Wesen ist „nicht bloß Maschine, denn die hat lediglich bewegende Kraft", sondern besitzt in sich „bildende" Kraft, und zwar eine solche, die es den Materien, welche sie nicht haben, mitteilt (die sie „organisiert"), eine „sich fortpflanzende bildende Kraft, welche durch das Bewegungsvermögen allein (den Mechanism) nicht erklärt werden kann". „Man sagt von der Natur und ihrem Vermögen in organisierten Produkten bei weitem zu wenig, wenn man dieses ein Analogon der Kunst nennt; denn da denkt man sich den Künstler (ein vernünftiges Wesen) außer ihr. Sie organisiert sich vielmehr selbst und in jeder Spezies ihrer organisierten Produkte, zwar nach einerlei Exemplar im ganzen, aber doch auch mit schicklichen Abweichungen, die die Selbsterhaltung nach den Umständen erfordert." Nennt man diese unerforschliche Eigenschaft ein „Analogon des Lebens", so begabt man die Materie mit einer ihrem Wesen widerstreitenden Eigenschaft (Hylozoismus, s. d.); schreibt man sie einer „Seele" zu, so setzt man doch schon organisierte Materie als Werkzeug dieser Seele voraus. „Genau zu reden, hat also die Organisation der Natur nichts Analogisches mit irgendeiner Kausalität, die wir kennen." (Man gebraucht das Wort „Organisation" auch für die Einrichtung eines Staatskörpers, in welchem jedes Glied „nicht bloß Mittel, sondern zugleich Zweck" sein und durch die Idee des Ganzen seine Stelle und Funktion bestimmt haben soll), KU § 65 u. Anm. (II 235ff.). „Ein organisiertes Produkt der Natur ist das, in welchem alles Zweck und wechselseitig auch Mittel ist", ibid. § 66 (II 239). „Es mag immer sein, daß z. B. in einem tierischen Körper manche Teile als Konkretionen nach bloß mechanischen Gesetzen begriffen werden könnten (als Häute, Knochen, Haare). Doch muß die Ursache, welche die dazu schickliche Materie herbeischafft, diese so modifiziert, formt und an ihren gehörigen Stellen absetzt, immer teleologisch beurteilt werden, so daß alles in ihm als organisiert betrachtet werden muß, und alles auch in gewisser Beziehung auf das Ding selbst wiederum Organ ist", ibid. (II 240). Organisation als innerer Zweck der Natur „übersteigt unendlich alles Vermögen einer ähnlichen Darstellung durch Kunst", ibid. § 68 (II 248). Das Prinzip der mechanischen Ableitung kann neben dem teleologischen stehen, es aber nicht unentbehrlich machen, d. h. man kann an einem organisierten Wesen „zwar alle bekannten und noch zu entdeckenden Gesetze der mechanischen Erzeugung versuchen und auch hoffen dürfen, damit guten Fortgang zu haben, niemals aber der Berufung auf einen davon ganz unterschiedenen Erzeugungsgrund, nämlich der Kausalität durch Zwecke, für die Möglichkeit eines solchen Produkts überhoben sein, und schlechterdings kann keine menschliche Vernunft (auch keine endliche, die der Qualität nach der unsrigen ähnlich wäre, sie aber dem Grade nach noch so sehr überstiege) die Erzeugung auch nur eines Gräschens aus bloß mechanischen Ursachen zu verstehen hoffen", ibid. § 77 (II 276). Der Naturforscher muß „eine ursprüngliche Organisation zum Grunde legen", welche den Mechanismus für die Produktion anderer organisierter Formen und zur Entwicklung (s. d.) solcher benutzt, ibid. § 80 (II 285).

„Der Grundsatz der Zweckmäßigkeit im Bau organischer, vornehmlich lebender Geschöpfe ist so mit der Vernunft zusammenhängend als der Grundsatz der wirkenden Ursachen in Ansehung aller Veränderungen in der Welt." Wir „können uns die Möglichkeit solcher Wesen, in welchen ein Teil um aller und alle Teile um eines willen da sind, gar nicht anders als durch eine Idee gedenken, die ihrer Entstehung zugrunde lag". Mit der Erklärung aus blinder Naturmechanik geriet ich „mit der Vernunft beständig auf den Strand". Die Beharrlichkeit der Gattungen und Arten „bei so vielen auf sie einfließenden und ihre Entwicklung modifizierenden Ursachen" setzt zweckmäßige Anlagen in ihnen voraus, Lose Bl. C 5. „Die Gründe der organischen Struktur sind nicht mechanisch, sondern teleologisch", ibid. D 26. Einen organischen Körper kann man als eine „natürliche Maschine" denken, d. h. als „ein System äußerlich bewegender, aber zu einem Ganzen innerlich vereinigter Kräfte, welchem eine Idee zum Grunde liegt". Die bewegenden Kräfte in ihm sind Vegetations- und Lebenskräfte. Zur Erzeugung der letzteren gehört ein „immaterielles" Prinzip mit „unteilbarer" Einheit der „Vorstellungskraft", Altpreuss. Mth. XIX 72 f. Der organische Körper ist ein solcher, „dessen jeder Teil in dem Innern eines Ganzen um des anderen willen da ist" (teleologische Erklärung) oder „der, an welchem die Idee des Ganzen vor der Möglichkeit seiner Teile in Ansehung ihrer vereinigt bewegenden Kräfte vorausgeht". Er wird also als „Maschine" d. h. als seiner Form nach „absichtlich" gebildeter Körper gedacht. Eine solche Absicht setzt ein einfaches, immaterielles Wesen voraus, denn die Materie „kann sich nicht selbst organisieren und nach Zwecken wirken". „Ob dieses Wesen (gleichsam als Weltseele) Verstand oder bloß ein, den Wirkungen nach, dem Verstande analogisches Vermögen besitze: hierüber liegt das Urteil außer den Grenzen unserer Einsicht", ibid. 73 f.; vgl. 260 f. Zur Möglichkeit eines organischen Körpers gehört „Einheit des aktiven Prinzips", welches einfach ist, also kein Teil der Materie sein kann, also außerhalb des Raumes ist; „äußerlich" kann es sein, sofern es im „Weltgeist" sein kann, ibid. 270, Anm.; vgl. S. 583 ff. „Organischer Körper ist eine sich selbst der Form nach erzeugende Maschine, deren bewegende Kraft Mittel und Zweck zugleich ist", ibid. XX 85. Vgl. Entwicklung, Leben, Zweckmäßigkeit, Präformation, Naturgeschichte.

Organon. „Unter einem O. verstehen wir . . eine Anweisung, wie eine gewisse Erkenntnis zustande gebracht werden solle." Die allgemeine Logik (s. d.) ist kein O., Log. Einl. I (IV 14).

Orientieren. „Sich o. heißt in der eigentlichen Bedeutung des Wortes: aus einer gegebenen Weltgegend (in deren vier wir den Horizont einteilen) die übrigen, namentlich den Aufgang zu finden. Sehe ich nun die Sonne am Himmel und weiß, daß es nun die Mittagszeit ist, so weiß ich Süden, Westen, Norden und Osten zu finden. Zu diesem Behufe bedarf ich aber durchaus das Gefühl eines Unterschiedes an meinem eigenen Subjekt, nämlich der rechten und linken Hand. Ich nenne es ein Gefühl, weil diese zwei Seiten äußerlich in der Anschauung keinen merklichen Unterschied zeigen." „Diesen geographischen Begriff des Verfahrens, sich zu o., kann ich nur erweitern und darunter verstehen: sich in einem gegebenen Raum überhaupt, mithin bloß mathematisch o." Wir o. uns so etwa in einem finsteren Zimmer „durch das bloße Gefühl eines Unterschieds meiner zwei Seiten, der rechten und der linken", also wieder „nach einem subjektiven Unterscheidungsgrunde". „Endlich kann ich diesen Begriff noch mehr erweitern, da er denn in dem Vermögen bestände, sich nicht bloß im Raume, d. i. mathematisch, sondern überhaupt im Denken, d. i. logisch, zu o. Man kann nach der Analogie leicht erraten, daß dieses ein Geschäft der reinen Vernunft sein werde, ihren Gebrauch zu lenken, wenn sie von bekannten Gegenständen (der Erfahrung) ausgehend sich über alle Grenzen der Erfahrung erweitern will und ganz und gar kein Objekt der Anschauung, sondern bloß Raum für dieselbe findet; da sie alsdann gar nicht mehr imstande ist, nach objektiven Gründen der Erkenntnis, sondern lediglich nach einem subjektiven Unterscheidungsgrunde, in der Bestimmung ihres eigenen Urteilsvermögens, ihre Urteile unter eine bestimmte Maxime zu bringen", Was heißt: s. i. D. or.? (V 2,149 f.). „Sich im Denken überhaupt o., heißt also: sich, bei der Unzulänglichkeit der objektiven Prinzipien der Vernunft, im Fürwahrhalten nach einem subjektiven Prinzip derselben bestimmen", ibid. 2. Anm. (V 2, 150). Das geschieht kraft des Rechtes eines einzelnen Vernunftbedürfnisses „als eines subjektiven Grundes, etwas vorauszusetzen und anzunehmen, was sie durch objektive Gründe zu wissen sich nicht anmaßen darf; und folglich sich im Denken, im unermeßlichen und für uns mit dicker Nacht erfüllten Raume des Übersinnlichen lediglich durch ihr eigenes Bedürfnis zu o.", ibid. (V 2, 151). Ein solches Vernunftbedürfnis, das keine objektive Erkenntnis verschafft, aber doch seinen theoretisch-praktischen Wert hat, ist die Voraussetzung eines absoluten, göttlichen Weltgrundes (s. Gott). „Ein reiner Vernunftglaube ist also der Wegweiser oder Kompaß, wodurch der spekulative Denker sich auf seinen Vernunftstreifereien im Felde übersinnlicher Gegenstände o., der Mensch von gemeiner, doch (moralisch) gesunder Vernunft aber seinen Weg, sowohl in theoretischer als praktischer Absicht, dem ganzen Zwecke seiner Bestimmung völlig angemessen vorzeichnen kann", ibid. (V 2, 157); vgl. Glaube, Gott, Urteilskraft.

Originalität s. Genie.

Ort. Der O. deutet „die Wirkungen der Substanzen in einander" an. Ohne „äußerliche Verknüpfungen, Lagen und Relationen" ist kein O. Es kann daher ein Ding wirklich existieren, „aber doch nirgends in der ganzen Welt vorhanden sein", V. d. wahren Schätzung d. leb. Kräfte, § 7 (VII 21 f.). Vgl. Identität, Raum, Gegend, Bewegung, Gott, Seelensitz.

Ort, transzendentaler. „T. O." ist „die Stelle, welche wir einem Begriffe entweder in der Sinnlichkeit oder im reinen Verstande erteilen", KrV tr. Anal. Anh. Anmerk. zur Amphibolie (I 296—Rc 361); vgl. Topik, Reflexionsbegriff.

Orthodoxie ist „die angemaßte alleinige Rechtgläubigkeit der Lehrer oder Häupter einer Kirche im Punkte des Kirchenglaubens". Es gibt eine despotische (brutale) und eine liberale O., Rel. 3. St. 1. Abt. V (IV 124 f.). Vgl. Religion, Glaube, Kirche, Bibel.

Orthodoxismus ist „die Meinung von der Hinlänglichkeit des Kirchenglaubens zur Religion", Str. d. Fak. 1. Abs. Allg. Anmerk. (V 4, 105).

Ostensiv s. Beweis.

P.

Pädagogik s. Erziehung. Die richtige Unterrichtsmethode (an Akademien) ist die, erstlich den Verständigen, dann den Vernünftigen und endlich den Gelehrten zu bilden. Der junge Mensch „soll nicht Gedanken, sondern denken lernen; man soll ihn nicht tragen, sondern leiten, wenn man will, daß er in Zukunft von sich selbst zu gehen geschickt sein soll", Nachricht v. d. Einricht. seiner Vorles. 1765—1766 (V 1, 151 f.); vgl. Philosophie.

Pansophie. „Das historische Wissen ohne bestimmte Grenzen ist Polyhistorie; diese blühet auf. Polymathie geht auf die Vernunfterkenntnis. Beides, das ohne bestimmte Grenzen ausgedehnte historische sowohl als rationale Wissen, kann P. heißen", Log. Einl. VI (IV 50).

Pantheismus ist die Auffassung des Weltganzen als einiger, allbefassender Substanz. Der P. erklärt die Zweckmäßigkeit (s. d.) der Dinge nicht, KU § 80 (II 288 f.); vgl. § 85 (II 309 f.). Vgl. Realität.

Paralogismen der reinen Vernunft. Der (formal-) logische Paralogismus besteht in der „Falschheit eines Vernunftschlusses der Form nach, sein Inhalt mag übrigens sein, welcher er wolle". Ein „transzendentaler Paralogismus" aber hat einen „transzendentalen Grund, der Form nach falsch zu schließen". Ein solcher Fehlschluß hat in der Natur der Menschenvernunft seinen Grund und führt „eine unvermeidliche, obzwar nicht unauflösliche Illusion" bei sich, KrV tr. Dial. 2. B. 1. H. (I 349—Rc 419). Diese P. sind die erste Klasse der „dialektischen Vernunftschlüsse", welche auf den transzendentalen Ideen (s. d.) beruhen. In ihnen „schließe ich von dem transzendentalen Begriffe des Subjekts, der nichts Mannigfaltiges enthält, auf die absolute Einheit dieses Subjekts selber, von welchem ich auf diese Weise gar keinen Begriff habe", ibid. 2. B. am Anfang (I 348—Rc 417). Die Einheit der transzendentalen Apperzeption (s. d.), des „Ich denke", des „Vehikels aller Begriffe überhaupt", ist die rein formale, logische Einheit des (reinen) Ich (s. d.), auf die als Subjekt sich all mein Denken bezieht, ohne daß dieses Subjekt des Denkens ein besonderer Gegenstand der Erfahrung ist. Zu einem solchen wird es erst in der Bestimmung durch die Zeitform der inneren Anschauung. Der bloße Gedanke des „Ich" denkt nur ein „transzendentales Subjekt der Gedanken" (= X), „welches nur durch die Gedanken, die seine Prädikate sind, erkannt wird und wovon wir, abgesondert, niemals den mindesten Begriff haben können". Ich muß mich zwar selbst als Subjekt, als einheitliches Ich („logisch einfaches Subjekt", „Singular"), als formal identisches Subjekt, als unterschieden von anderen Dingen außer mir und meinem Körper denken, aber dadurch erkenne ich mich keineswegs schon, wie die rationale Psychologie meint, als Noumenon, als einfache, numerisch identische, vom Körper trennbare substantielle Seele. Die rationale Psychologie schließt fälschlich: „Was nicht anders als Subjekt gedacht werden kann, existiert auch nicht anders als Subjekt und ist also Substanz." „Nun kann ein denkendes Wesen, bloß als ein solches betrachtet, nicht anders als Subjekt gedacht werden." „Also existiert es auch nur als ein solches, d. i. als Substanz." „Im Obersatze wird von einem Wesen geredet, das überhaupt in jeder Absicht, folglich auch so, wie es in der Anschauung gegeben werden mag, gedacht werden kann. Im Untersatze aber ist nur von demselben die Rede, sofern es sich selbst, als Subjekt, nur relativ auf das Denken und die Einheit des Bewußtseins, nicht aber zugleich in Beziehung auf die Anschauung, wodurch es als Objekt zum Denken gegeben wird, betrachtet. Also wird per sophisma figurae dictionis, mithin durch einen Trugschluß, die Konklusion gefolgert." Es kann legitim im Schlußsatz nur folgen: „ich kann im Denken meiner Existenz mich nur zum Subjekt des Urteils brauchen", welches ein „identischer Satz" ist, der absolut nichts über die Art meines Daseins aussagt, ibid. 2. B. 1. H. (I 249 ff.—Rc 418 ff.). Das Ich kann nicht als Substanz bestimmt werden, denn es fehlt dazu alles Beharrliche in der inneren Anschauung. Die Einfachheit der Seele fällt weg und verwandelt sich in „eine bloße logische qualitative Einheit des Selbstbewußtseins im Denken", ibid. (I 358 f.— Rc 439 ff.). „Die Einheit des Bewußtseins, welche den Kategorien zum Grunde liegt, wird hier für Anschauung des Subjekts als Objekts genommen und darauf die Kategorie der Substanz angewandt. Sie ist aber nur die Einheit im Denken, wodurch allein kein Objekt gegeben wird, worauf also die Kategorie der Substanz, als die jederzeit gegebene Anschauung voraussetzt, nicht angewandt, mithin dieses Subjekt gar nicht erkannt werden kann. Das Subjekt der Kategorien kann also dadurch, daß es diese denkt, nicht von sich selbst als einem Objekte der Kategorien einen Begriff bekommen;

denn um diese zu denken, muß es sein reines Selbstbewußtsein, welches doch hat erklärt werden sollen, zum Grunde legen. Ebenso kann das Subjekt, in welchem die Vorstellung der Zeit ursprünglich ihren Grund hat, sein eigen Dasein in der Zeit dadurch nicht bestimmen", ibid. Widerlegung des Mendelssohnschen Beweises (I 365—462 f.). „Der dialektische Schein in der rationalen Psychologie beruht auf der Verwechslung einer Idee der Vernunft (einer reinen Intelligenz) mit dem in allen Stücken unbestimmten Begriffe eines denkenden Wesens überhaupt. Ich denke mich selbst zum Behuf einer möglichen Erfahrung..., und schließe daraus, daß ich mir meiner Existenz auch außer der Erfahrung und den empirischen Bedingungen derselben bewußt werden könne. Folglich verwechsle ich die mögliche Abstraktion von meiner empirisch bestimmten Existenz mit dem vermeinten Bewußtsein einer abgesondert möglichen Existenz meines denkenden Selbst, und glaube das Substantiale in mir als das transzendentale Subjekt zu erkennen, indem ich bloß die Einheit des Bewußtseins, welche allem Bestimmen, als der bloßen Form der Erkenntnis, zum Grunde liegt, in Gedanken habe", ibid. Beschluß d. Auflösung (I 368—Rc 473 ff.); vgl. Seele, Unsterblichkeit, Subjekt, Ich. — Die Immaterialität, Inkorruptibilität, Personalität, kurz die Spiritualität der Seele ist nicht zu erweisen, ibid. (I 352 f.—Rc 421 ff.). Vgl. Ich, Seele, Bewußtsein.

Partikuläre Urteile. Im p.n U. wird ein Teil eines Begriffes unter die Sphäre eines anderen beschlossen. Sollen solche Urteile durch die Vernunft eingesehen werden, so muß das Subjekt ein weiterer Begriff als das Prädikat sein, Log. § 21 (IV 111 f.); vgl. Allgemeine Urteile.

Passivität s. Rezeptivität, Sinnlichkeit, Empfindung, Anschauung, Gegeben.

Pathologisch: auf einem Leiden, Erleiden beruhend, sinnlich bedingt. Gegensatz: spontan (s. Spontaneität), praktisch (s. d.), durch Vernunft bewirkt. Die sinnlichen Gefühle sind „p.", das moralische Gefühl der Achtung (s. d.) ist „praktisch". Vgl. Affekt, Gefühl, Liebe, Sinnlichkeit, Neigung, Motiv. — P. ist die Lust oder Unlust, die vor dem Gesetze vorhergehen muß, damit eine Tat geschehe. „Moralisch" ist die Lust, die aus dem Bewußtsein der Pflichterfüllung selbst entspringt, V. e. vorn. Ton 3. Anm. (V 4, 11).

Patriotisch. „P. ist ... die Denkungsart, da ein jeder im Staat (das Oberhaupt desselben nicht ausgenommen) das gemeine Wesen als den mütterlichen Schoß, oder das Land als den väterlichen Boden, aus und auf dem er selbst entsprungen und welchen er auch so als ein teures Unterpfand hinterlassen muß, betrachtet, und um die Rechte desselben durch Gesetze des gemeinsamen Willens zu schützen, nicht aber es seinem unbedingten Belieben zum Gebrauch zu unterwerfen, sich für befugt hält", Theor. Prax. II (VI 88). Vgl. Nationalität.

Person. Der dritte der „Paralogismen" (s. d.) erklärt: „Was sich der numerischen Identität seiner Selbst in verschiedenen Zeiten bewußt ist, ist sofern eine P." Aus der logischen Identität (s. d.) des Ich (s. d.) folgt nicht die numerische Identität einer absolut beharrenden P. als einer substantiellen Seele. Doch kann der Begriff der Persönlichkeit, „sofern er bloß transzendental ist, d. i. Einheit des Subjekts [bedeutet], das uns übrigens unbekannt ist, in dessen Bestimmungen aber eine durchgängige Verknüpfung durch Apperzeption ist", bleiben und insofern ist dieser Begriff auch „zum praktischen Gebrauche nötig und hinreichend", KrV 1. A. tr. Dial. 2. B. 1. H. 3. Paralogismus (I 739 ff.—Rc 442 ff.).

„Die Wesen, deren Dasein zwar nicht auf unserem Willen, sondern der Natur beruht, haben dennoch, wenn sie vernunftlose Wesen sind, nur einen relativen Wert, als Mittel, und heißen daher Sachen, dagegen vernünftige Wesen P.en genannt werden, weil ihre Natur sie schon als Zwecke an sich selbst, d. i. als etwas, das nicht bloß als Mittel gebraucht werden darf, auszeichnet, mithin sofern alle Willkür einschränkt (und ein Gegenstand der Achtung ist)." P.en sind objektive Zwecke, Zwecke an sich;

sie haben „inneren Wert", Würde, GMS 2. Abs. (III 53). „Ich, der ich denke und anschaue", ist die „P." (das „Ich des Subjekts"); das „Ich des Objekts" aber, das „von mir angeschaut wird", ist gleich anderen Gegenständen außer mir die „Sache", Fortschr. d. Metaph. 1. Abt. Gesch. der Transzendentalphilosophie (V 3, 95); vgl. Ich. „Daß der Mensch in seiner Vorstellung das Ich haben kann, erhebt ihn unendlich über alle andere auf Erden lebende Wesen. Dadurch ist er eine P. und, vermöge der Einheit des Bewußtseins bei allen Veränderungen, die ihm zustoßen mögen, eine und dieselbe P., d. i. ein von Sachen, dergleichen die vernunftlosen Tiere sind, mit denen man nach Belieben schalten und walten kann, durch Rang und Würde ganz unterschiedenes Wesen...", Anthr. § 1 (IV 11). „P. ist dasjenige Subjekt, dessen Handlungen einer Zurechnung fähig sind. Die moralische Persönlichkeit ist also nichts anderes als die Freiheit eines vernünftigen Wesens unter moralischen Gesetzen (die psychologische aber bloß das Vermögen, sich der Identität seiner selbst in den verschiedenen Zuständen seines Daseins bewußt zu werden); woraus dann folgt, daß eine P. keinen anderen Gesetzen als denen, die sie (entweder allein oder wenigstens zugleich mit anderen) sich selbst gibt, unterworfen ist." „Sache ist ein Ding, was keiner Zurechnung fähig ist. Ein jedes Objekt der freien Willkür, welches selbst der Freiheit ermangelt, heißt daher Sache (res corporalis)", MS Einl. IV (III 26f.). — P., d. h. „ein Wesen, welches Rechte hat". Gott (s. d.) wird als eine Person gedacht. Vgl. Persönlichkeit, Imperativ.

Person, bessere. Der Mensch setzt sich durch seinen sittlichen Willen als Glied einer intelligiblen (s. d.) Welt, als welches er die „bessere P." ist, deren Ausfluß das Sittengesetz ist, GMS Wie ist ein kat. Imperativ möglich? (III 84); vgl. Imperativ, Gewissen, Selbst.

Persönlichkeit. Die „P." ist „die Freiheit und Unabhängigkeit von dem Mechanismus der ganzen Natur, doch zugleich als ein Vermögen eines Wesens betrachtet, welches eigentümlichen, nämlich von seiner eigenen Vernunft gegebenen reinen praktischen Gesetzen, die Person also als zur Sinnenwelt gehörig, ihrer eigenen P. unterworfen ist, sofern sie zugleich zur intelligiblen Welt gehört". Die Menschheit (s. d.) in jeder Person muß uns heilig sein, sie ist „Zweck an sich selbst". Die Idee der P. erweckt Achtung, KpV 1. T. 1. B. 3. H. (II 112ff.). In der menschlichen Natur liegt die Anlage der „P. als eines vernünftigen und zugleich der Zurechnung fähigen Wesens". Diese Anlage ist „die Empfänglichkeit der Achtung für das moralische Gesetz als einer für sich hinreichenden Triebfeder der Willkür". Die Beschaffenheit einer solchen Willkür ist der „gute Charakter", der als solcher erworben ist, aber auf einer Anlage beruht. Die Idee des moralischen Gesetzes allein ist „die P. selbst (die Idee der Menschheit ganz intellektuell betrachtet)", Rel. 1. St. I (IV 25 ff.). Vgl. Selbst, Imperativ, Würde, Menschheit, Pflicht, Autonomie, Freiheit, Recht.

Perzeption. „P." (perceptio) ist eine „Vorstellung mit Bewußtsein". Die subjektive P. ist „Empfindung" (s. d.), die objektive „Erkenntnis", KrV tr. Dial. 1. B. 1. Abs. (I 333—Rc 401). Vgl. Wahrnehmung.

Pfaffentum. „Pfaffe" ist der Priester als geistliche Obrigkeit, Lose Bl. G 4. „P. ist die Verfassung einer Kirche, sofern in ihr ein Fetischdienst regiert", d. h. äußerer Kultus an Stelle des moralischen Religionsglaubens tritt, Rel. 4. St. 2. T. § 3 (IV 210). Vgl. Religion, Kirche, Priester.

Pflicht. In der P. liegt eine „Nötigung" des Wollens und Handelns seitens der praktischen Vernunft, eine „moralische Notwendigkeit", die ein Ausfluß der (sittlich-transzendentalen) Freiheit des Vernunftwesens ist und der Autonomie (s. d.), der Selbstgesetzgebung der Vernunft entspringt. Die einzelnen Arten von P.en haben zum obersten Prinzip den kategorischen Imperativ (s. d.), der die Bewegung und Förderung der „Menschheit", der vernünftig wollenden, Zwecke setzenden, Gesetze gebenden „Persönlichkeit" in jedem Menschen, die Behandlung der „Menschheit" in jedem als eines Selbstzwecks und absoluten Wertes zur Konsequenz hat. Die Gesetzgebung der Vernunft selbst ist die Grundlage der P.; diese letztere ist also ihrer Form nach a priori aufgegeben, wenn auch im einzelnen Pflichten mit Rücksicht auf die Erfahrung zur Aufstellung gelangen können. Pflichtmäßiges Handeln (Legalität) ist noch nicht Handeln „aus P.", aus der (allein sittlichen) Achtung vor dem Sittengesetz (s. Moralität). Die P. hat einen übersinnlichen Ursprung, ist etwas Erhabenes.

Einen „moralischen Gehalt" hat eine Maxime nur, wenn etwas Pflichtmäßiges weder aus einer (unmittelbaren oder mittelbaren) Neigung noch aus Furcht getan oder unterlassen wird, sondern rein „aus P.". Aus Mitleid (s. d.) handeln z. B., ist „pflichtmäßig" und „liebenswürdig", hat aber doch „keinen wahren sittlichen Wert". Wenn aber jemand, ohne daß ihn eine Neigung dazu anreizt, sich aus seiner Unempfindlichkeit herausreißt und eine Wohltat „ohne alle Neigung, lediglich aus P." begeht, dann erst hat die Handlung „echten moralischen Wert", denn „gerade da hebt der Wert des Charakters an, der moralisch und ohne alle Vergleichung der höchste ist, nämlich, daß er wohltue, nicht aus Neigung, sondern aus P." Dieses ist der erste Satz. Der zweite lautet: „eine Handlung aus P. hat ihren moralischen Wert nicht in der Absicht, welche dadurch erreicht werden soll, sondern in der Maxime, nach der sie beschlossen wird, hängt also nicht von der Wirklichkeit des Gegenstandes der Handlung ab, sondern bloß von dem Prinzip des Wollens, nach welchem die Handlung unangesehen aller Gegenstände des Begehrungsvermögens geschehen ist." Der Wert der Handlung kann nur im „Prinzip" des Willens liegen, „unangesehen der Zwecke, die durch solche Handlung bewirkt werden können". Wenn eine Handlung aus P. geschieht, so wird der Wille „durch das formelle Prinzip des Wollens überhaupt bestimmt". Der dritte Satz lautet: „P. ist Notwendigkeit einer Handlung aus Achtung fürs Gesetz." Das „bloße Gesetz für sich" ist ein „Gegenstand der Achtung" und somit ein „Gebot". Was den sittlichen Willen bestimmt, ist „objektiv das Gesetz und subjektiv reine Achtung für dieses praktische Gesetz, mithin die Maxime, einem solchen Gesetze, selbst mit Abbruch aller meiner Neigungen, Folge zu leisten". Der moralische Wert der Handlung liegt also nicht in der aus ihr erwarteten Wirkung, die ja auch durch andere Ursachen erreicht werden könnte. „Es kann daher nichts anderes als die Vorstellung des Gesetzes an sich selbst, die freilich nur im vernünftigen Wesen stattfindet, sofern sie, nicht aber die erhoffte Wirkung, der Bestimmungsgrund des Willens ist, das so vorzügliche Gute, welches wir sittlich nennen, ausmachen, welches in der Person selbst schon gegenwärtig ist, die danach handelt, nicht aber allererst aus der Wirkung erwartet werden darf", GMS 1. Abs. (III 14ff.). Als Motiv (s. d.) des sittlichen Wollens bleibt nur „die allgemeine Gesetzmäßigkeit der Handlungen überhaupt", welche allein dem Willen zum Prinzip dienen soll, d. h. „ich soll niemals anders verfahren als so, daß ich auch wollen könne, meine Maxime solle ein allgemeines Gesetz werden". „Hier ist nun die bloße Gesetzmäßigkeit überhaupt (ohne irgendein auf gewisse Handlungen bestimmtes Gesetz zum Grunde zu legen) das, was dem Willen zum Prinzip dient und ihm auch dazu dienen muß, wenn P. nicht überall ein leerer Wahn und chimärischer Begriff sein soll; hiermit stimmt die gemeine Menschenvernunft in ihrer praktischen Beurteilung auch vollkommen überein und hat das gedachte Prinzip jederzeit vor Augen." Ich muß mich fragen, ob meine Maxime (z. B. zu lügen) „als ein allgemeines Gesetz (sowohl für mich als andere) gelten solle" und werde dann inne, daß ich etwa ein allgemeines Gesetz zu lügen gar nicht wollen kann, denn meine Maxime würde als ein solches „sich selbst zerstören". Ich muß mich fragen: „Kannst du auch wollen, daß deine Maxime ein allgemeines Gesetz werde? Wo nicht, so ist sie verwerflich, und das zwar nicht um eines dir oder auch anderen daraus bevorstehenden Nachteils willen, sondern weil sie nicht als Prinzip in eine mögliche allgemeine Gesetzgebung passen kann; für diese aber zwingt mir die Vernunft unmittelbare Achtung ab." Das ist das „Prinzip" der gemeinen praktischen Vernunft, das ihr zum „Richtmaße ihrer Beurteilung" dient und wonach sie stets sehr gut Bescheid weiß, zu unterscheiden, was gut, was böse, pflichtmäßig oder pflichtwidrig sei, ibid. (III 20 ff.). P. ist kein Erfahrungsbegriff. Es ist unmöglich, „durch Erfahrung einen einzigen Fall mit völliger Gewißheit auszumachen, da die Maxime einer sonst pflichtmäßigen Handlung lediglich auf moralischen Gründen und auf der Vorstellung seiner P. beruht habe". Die P. als solche liegt „vor aller Erfahrung in der Idee einer den Willen durch Gründe a priori bestimmenden Vernunft". Sie gilt für den „Willen eines vernünftigen Wesens überhaupt", nicht bloß für Menschen, ibid. 2. Abs. (III 26 ff.). Alle P.gebote lassen sich aus dem kategorischen Imperativ als aus ihrem Prinzip ableiten, sowohl die P.en gegen uns selbst, als die gegen andere Menschen, die vollkommen und unvollkommenen P.en, ibid. (III 44 f.). Eine „vollkommene" P. ist jene, „die keine Ausnahme zum Vorteil der Neigung verstattet". Es gibt äußere und innere vollkommene P.en, ibid. 8. Anm. (III 45). Das oberste Prinzip aller dieser P.en ist negativ, die Widerspruchslosigkeit des Wollens, positiv aber die Eignung der Maxime des Handelns zu einem allgemeinen Gesetze, ibid. (III 45 ff.). P. ist „praktisch unbedingte Notwendigkeit der Handlung", sie muß also für alle (endlichen) vernünftigen Wesen gelten und kann allein darum auch für allen menschlichen Willen ein Gesetz sein, ibid. (III 49). Sind die Maximen mit dem objektiven Prinzip des sittlichen Handelns nicht durch ihre Natur schon notwendig einstimmig, so heißt die Notwendigkeit der Handlung nach diesem Prinzip „praktische Nötigung, d. i. P.". P. kommt allen Gliedern des Reiches (s. d.) der Zwecke in gleichem Maße zu. Die P. beruht nicht auf Gefühlen, Antrieben und Neigungen, sondern „bloß auf dem Verhältnisse vernünftiger Wesen zueinander, in welchem der Wille eines vernünftigen Wesens jederzeit zugleich als gesetzgebend betrachtet werden muß, weil es sie sonst nicht als Zweck an sich selbst denken könnte". Sie beruht auf der Idee der Würde (s. d.) eines vernünftigen Wesens, „das keinem Gesetze gehorcht als dem, das es zugleich selbst gibt", ibid. (III 60). „Die Abhängigkeit eines nicht schlechterdings guten Willens vom Prinzip der Autonomie (die moralische Nötigung) ist Verbindlichkeit. Diese kann also auf ein heiliges Wesen nicht gezogen werden. Die objektive Notwendigkeit einer Handlung aus Verbindlichkeit heißt P.", ibid. (III 66). Eine Person, die alle ihre P.en erfüllt, hat Würde (s. d.). P.en haben die (endlichen) vernünftigen Wesen, also auch die Menschen, als Mitglieder des „Reich der Zwecke" (s. d.).

Die P. enthält eine Nötigung durch bloße Vernunft, ist das „objektive Gesetz" derselben, KpV 1. T. 1. B. 1. H. § 7 (II 42); sie ist die Handlung, die nach dem moralischen Gesetze „mit Ausschließung aller Bestimmungsgründe aus Neigung" objektiv praktisch ist, ibid. 3. H. (II 104). Was P. ist, „bietet sich jedermann von selbst dar", weil es nach dem Prinzip der „Autonomie der Willkür" zu beurteilen ist, d. h. als der Gesetzlichkeit des Wollens gemäß, ibid. 1. H. § 8 (II 48). Die P. nötigt uns, so ungern wir auch etwas tun (oder unterlassen) mögen, sie enthält eine „Unterwerfung" unter ein Gebot, welche demütigt, aber auch erhebt, da der Zwang „bloß durch Gesetzgebung der eigenen Vernunft" ausgeübt wird, vom Menschen als „Noumenon" (s. d.) selbst ausgeht. Der Begriff der P. fordert „an der Handlung objektiv Übereinstimmung mit dem Gesetze, an der Maxime derselben aber subjektiv Achtung fürs Gesetz, als die alleinige Bestimmungsart des Willens durch dasselbe". „Und darauf beruht der Unterschied zwischen dem Bewußtsein, pflichtmäßig und aus P., d. i. aus Achtung fürs Gesetz, gehandelt zu haben, davon das erstere (die Legalität) auch möglich ist, wenn Neigungen bloß die Bestimmungsgründe des Willens gewesen wären, das zweite aber (die Moralität), der moralische Wert, lediglich darin gesetzt werden muß, daß die Handlung aus P., d. i. bloß um des Gesetzes willen geschehe", KpV 1. T. 1. B. 3. H. (II 104 f.). Es ist bei der moralischen Beurteilung darauf zu achten, daß alle Moralität der Handlungen in deren Notwendigkeit aus P., nicht aus Liebe und Zuneigung zu einem Effekt der Handlung gesetzt werde. „Für Menschen und alle erschaffenen vernünftigen Wesen ist die moralische Notwendigkeit Nötigung, d. i. Verbindlichkeit, und jede darauf gegründete Handlung als P., nicht aber als eine von uns selbst schon beliebte oder beliebt werden könnende Verfahrungsart vorzustellen.“ Nur für ein vollkommenstes Wesen ist das moralische Gesetz ein Gesetz der „Heiligkeit“ (s. d.), für andere ist es ein Gesetz der P., der Bestimmung aus „Ehrfurcht“ vor der P., ibid. (II 105 f.); vgl. Liebe. „Es ist sehr schön, aus Liebe zu Menschen und teilnehmendem Wohlwollen ihnen Gutes zu tun oder aus Liebe zur Ordnung gerecht zu sein, aber das ist noch nicht die echte moralische Maxime unseres Verhaltens, die unserem Standpunkte unter vernünftigen Wesen als Menschen angemessen ist ... Wir stehen unter einer Disziplin der Vernunft und müssen in allen unseren Maximen der Unterwürfigkeit unter derselben nicht vergessen, ihr nichts zu entziehen ... P. und Schuldigkeit sind die Benennungen, die wir allein unserem Verhältnisse zum moralischen Gesetze geben müssen.“ Wir sind zwar „gesetzgebende Glieder eines durch Freiheit möglichen, durch praktische Vernunft uns zur Achtung vorgestellten Reichs der Sitten“, aber doch zugleich „Untertanen“, nicht das Oberhaupt desselben, ibid. (II 106 f.). Man kann aber seine P. gern ausüben; die Liebe (s. d.) zum Gesetz wäre die Vollendung der sittlichen Gesinnung, der wir uns immer nur annähern können, ibid. (II 108 f.). „Moralische Schwärmerei“ ist es, die moralische Triebfeder in etwas anderes als in das Gesetz selbst und die sittliche Gesinnung, in etwas anderes als in die Achtung für dasselbe zu setzen, ibid. (II 109 ff.). Tugend (s. d.) ist „moralische Gesinnung im Kampfe, und nicht Heiligkeit im vermeinten Besitze einer völligen Reinigkeit der Gesinnungen des Willens“. Die sittliche Stufe, auf der die Menschen stehen, ist die der P., ibid. (II 109). — „Pflicht! du erhabener großer Name, der du nichts Beliebtes, was Einschmeichelung bei sich führt, in dir fassest, sondern Unterwerfung verlangst, doch auch nichts drohest, was natürliche Abneigung im Gemüte erregte und schreckte, um den Willen zu bewegen, sondern bloß ein Gesetz aufstellst, welches von selbst im Gemüte Eingang findet und doch sich selbst wider Willen Verehrung (wenngleich nicht immer Befolgung) erwirbt, vor dem alle Neigungen verstummen, wenn sie gleich insgeheim ihm entgegenwirken: welches ist der deiner würdige Ursprung, und wo findet man die Wurzel deiner edlen Abkunft, welche alle Verwandtschaft mit Neigungen stolz ausschlägt, und von welcher Wurzel abzustammen die unnachläßliche Bedingung desjenigen Wertes ist, den sich Menschen allein selbst geben können?“, ibid. (II 111 f.). „Es kann nichts minderes sein, als was den Menschen über sich selbst (als einen Teil der Sinnenwelt) erhebt, was ihn an eine Ordnung der Dinge knüpft, die nur der Verstand denken kann, und die zugleich die ganze Sinnenwelt, mit ihr das empirisch bestimmbare Dasein des Menschen in der Zeit und das Ganze aller Zwecke ... unter sich hat. Es ist nichts anderes als die Persönlichkeit, d. i. die Freiheit und Unabhängigkeit von dem Mechanismus der ganzen Natur, doch zugleich als ein Vermögen eines Wesens betrachtet, welches eigentümlichen, nämlich von seiner eigenen Vernunft gegebenen reinen praktischen Gesetzen, die Person also als zur Sinnenwelt gehörig ihrer eigenen Persönlichkeit unterworfen ist, sofern sie zugleich zur intelligiblen Welt gehört; da es denn nicht zu verwundern ist, wenn der Mensch, als zu beiden Welten gehörig, sein eigenes Wesen in Beziehung auf seine zweite und höchste Bestimmung nicht anders als mit Verehrung und die Gesetze derselben mit der höchsten Achtung betrachten muß“. „Das moralische Gesetz ist heilig (unverletzlich). Der Mensch ist zwar unheilig genug, aber die Menschheit in seiner Person muß ihm heilig sein“, ibid. (II 112 f.). „Die Ehrwürdigkeit der P. hat nichts mit Lebensgenuß zu schaffen; sie hat ihr eigentümliches Gesetz, auch ihr eigentümliches Gericht“, ibid. (II 114).

P. ist an sich „nichts anderes als Einschränkung des Willens auf die Bedingung einer allgemeinen, durch eine angenommene Maxime möglichen Gesetzgebung, der Gegenstand derselben oder der Zweck mag sein, welcher er wolle (mithin auch die Glückseligkeit); von welchem aber und auch von jedem Zweck, den man haben mag, hierbei ganz abstrahiert wird“, Theor. Prax. I (VI 75 f.) „Die Maxime einer unbedingten, auf gar keine zum Grunde gelegte Zwecke Rücksicht nehmenden Beobachtung eines kategorisch gebietenden Gesetzes der freien Willkür (d. i. der P.) ist von der Maxime, dem als Motiv zu einer gewissen Handlungsweise uns von der Natur selbst untergelegten Zweck (der im allgemeinen

Glückseligkeit heißt) nachzugehen, wesentlich, d. i. der Art nach unterschieden. Denn die erste ist an sich selbst gut, die zweite keineswegs; sie kann im Falle der Kollision mit der P. sehr böse sein", ibid. (VI 77 f.). „Nämlich ich räume gern ein, daß kein Mensch sich mit Gewißheit bewußt werden könne, seine P. ganz uneigennützig ausgeübt zu haben... Daß aber der Mensch seine P. ganz uneigennützig ausüben solle und sein Verlangen nach Glückseligkeit völlig vom Pflichbegriffe absondern müsse, um ihn ganz rein zu haben: dessen ist er sich mit der größten Klarheit bewußt; oder glaubte er nicht es zu sein, so kann von ihm gefordert werden, daß er es sei, soweit es in seinem Vermögen ist; weil eben in dieser Reinigkeit der wahre Wert der Moralität anzutreffen ist, und er muß es also auch können", ibid. (VI 80 f.). „Der Begriff der P. in seiner ganzen Reinigkeit ist nicht allein ohne allen Vergleich einfacher, klarer, für jedermann zum praktischen Gebrauch faßlicher und natürlicher als jedes von der Glückseligkeit hergenommene, oder damit und mit der Rücksicht auf sie vermengte Motiv (welches jederzeit viel Kunst und Überlegung erfordert); sondern auch in dem Urteile selbst der gemeinsten Menschenvernunft ... bei weitem kräftiger, eindringender und Erfolg versprechender als alle von dem letzteren eigennützigen Prinzip entlehnte Bewegungsgründe", ibid. (VI 82). „Der Wille ... nach der Maxime der Glückseligkeit schwankt zwischen seinen Triebfedern, was er beschließen solle; denn er sieht auf den Erfolg, und der ist sehr ungewiß; es erfordert einen guten Kopf, um sich aus dem Gedränge von Gründen und Gegengründen herauszuwickeln und sich in der Zusammenrechnung nicht zu betrügen. Dagegen, wenn er sich fragt, was hier P. sei: so ist er über die sich selbst zu gebende Antwort gar nicht verlegen, sondern auf der Stelle gewiß, was er zu tun habe. Ja, er fühlt sogar, wenn der Begriff von P. bei ihm etwas gilt, einen Abscheu, sich auch nur auf den Überschlag von Vorteilen, die ihm aus ihrer Übertretung erwachsen könnten, einzulassen, gleich als ob er hier noch die Wahl habe", ibid. (VI 83). Die innere Erfahrung zeigt, „daß keine Idee das menschliche Gemüt mehr erhebt und bis zur Begeisterung belebt, als eben die von einer die P. über alles verehrenden, mit zahllosen Übeln des Lebens und selbst den verführerischsten Anlockungen desselben ringenden und dennoch (wie man mit Recht annimmt, daß der Mensch es vermöge) sie besiegenden reinen moralischen Gesinnung. Daß der Mensch sich bewußt ist, er könne dieses, weil er es soll: das eröffnet in ihm eine Tiefe göttlicher Anlagen, die ihm gleichsam einen heiligen Schauer über die Größe und Erhabenheit seiner wahren Bestimmung fühlen läßt". „Natur .. und Neigung können der Freiheit nicht Gesetze geben. Ganz anders ist es mit der Idee der P. bewandt, deren Übertretung, auch ohne auf die ihm daraus erwachsenden Nachteile Rücksicht zu nehmen, unmittelbar auf das Gemüt wirkt und den Menschen in seinen eigenen Augen verwerflich und strafbar macht", ibid. (VI 83 ff.). „Nun findet jeder Mensch in seiner Vernunft die Idee der P. und zittert beim Anhören ihrer ehernen Stimme, wenn sich in ihm Neigungen regen, die ihn zum Ungehorsam gegen sie versuchen. Er ist überzeugt, daß, wenn auch die letzteren insgesamt vereinigt sich gegen jene verschwören, die Majestät des Gesetzes, welches ihm seine eigene Vernunft vorschreibt, sie doch alle unbedenklich überwiegen müsse, und sein Wille also auch dazu vermögend sei." „Nun stelle ich den Menschen auf, wie er sich selbst fragt: Was ist das in mir, welches macht, daß ich die innigsten Anlockungen meiner Triebe und alle Wünsche, die aus meiner Natur hervorgehen, einem Gesetze aufopfern kann, welches mir keinen Vorteil zum Ersatz verspricht und keinen Verlust bei Übertretung desselben androht; ja, daß ich nur um desto inniglicher verehre, je strenger es gebietet und je weniger es dafür anbietet? Diese Frage regt durch das Erstaunen über die Größe und Erhabenheit der inneren Anlage in der Menschheit und zugleich die Undurchdringlichkeit des Geheimnisses, welches sie verhüllt (denn die Antwort: es ist die Freiheit, wäre tautologisch, weil diese eben das Geheimnis selbst ausmacht), die ganze Seele auf. Man kann nicht satt werden, sein Augenmerk darauf zu richten und in sich selbst eine Macht zu bewundern, die keiner Macht der Natur weicht." Dieses „aus Ideen erzeugte Gefühl" kann die Menschen besser machen, V. e. vorn. Ton (V 4, 19 f.).

Die P. abstrahiert von allen Zwecken, hat solche nicht zu Triebfedern, führt aber zu Zwecken, Rel. Vorr. z. 1. A. (IV 2f.). In der Idee der P. liegt „Heiligkeit", sie hat eine „göttliche Abkunft". Die Unbegreiflichkeit dieser „muß auf das Gemüt bis zur Begeisterung wirken und es zu den Aufopferungen stärken, welche ihm die Achtung für seine P. nur auferlegen mag". Es regt sich dann das Gefühl der Erhabenheit der moralischen Bestimmung des Menschen, die seelenerhebende Bewunderung der ursprünglichen moralischen Anlage in uns, ibid. 1. St. Allg. Anm. (IV 53 f.) „Sobald etwas als P. erkannt wird, wenn es gleich durch die bloße Willkür eines menschlichen Gesetzgebers auferlegte P. wäre, so ist es doch zugleich göttliches Gebot, ihr zu gehorchen." Auch die Beobachtung der (selbst nicht göttlichen) „statutarischen bürgerlichen Gesetze" ist zugleich „göttliches Gebot", sofern sie nicht dem Sittengesetze unmittelbar zuwider sind, ibid. 3. St. 1. Abt. III., Anm. (IV 113). Die Religion (s. d.) besteht geradezu in der Auffassung unserer P.en als göttlicher Gebote, obzwar es keine eigenen „P.en gegen Gott" gibt, ibid. 4. St. 1. T. u. 1. Anm. (IV 179). DieP. ist „ursprünglich ins Herz des Menschen durch die Vernunft geschrieben", ibid. 2. St. 2. Abs. Allg. Anmerk. (IV 95). Es ist „allgemeine Menschenpflicht", sich dem Ideal der moralischen Vollkommenheit zu nähern, ibid. 2. St. 1. Anm. (IV 66). Vgl. Christentum.

„P. ist diejenige Handlung, zu welcher jemand verbunden ist. Sie ist also die Materie der Verbindlichkeit, und es kann einerlei P. (der Handlung nach) sein, ob wir zwar auf verschiedene Art dazu verbunden werden können", MS Einl. IV (III 25). Vgl. Ethik, Rechtslehre, Tugendlehre. „Ein Widerstreit der P.en (collisio officiorum s. obligationum) würde das Verhältnis derselben sein, durch welches eine derselben die andere (ganz oder zum Teil) aufhöbe. — Da aber P. und Verbindlichkeit überhaupt Begriffe sind, welche die objektive praktische Notwendigkeit gewisser Handlungen ausdrücken und zwei einander entgegengesetzte Regeln nicht zugleich notwendig sein können, sondern, wenn nach einer derselben zu handeln es P. ist, so ist nach der entgegengesetzten zu handeln nicht allein keine P., sondern sogar pflichtwidrig: so ist eine Kollision von P.en und Verbindlichkeiten gar nicht denkbar (obligationes non colliduntur). Es können aber gar wohl zwei Gründe der Verbindlichkeit (rationes obligandi), deren einer aber oder der andere zur Verpflichtung nicht zureichend ist (rationes obligandi non obligantes), in einem Subjekt und der Regel, die es sich vorschreibt, verbunden sein, da dann der eine nicht P. ist. — Wenn zwei solcher Gründe einander widerstreiten, so sagt die praktische Verbindlichkeit nicht: daß die stärkere Verbindlichkeit die Oberhand behalte (fortior obligatio vincit), sondern der stärkere Verpflichtungsgrund behält den Platz (fortior obligandi ratio vincit)", ibid. (III 27 f.).

„Alle P.en sind entweder Rechtspflichten (officia iuris), d. i. solche, für welche eine äußere Gesetzgebung möglich ist, oder Tugendpflichten (officia virtutis s. ethica), für welche eine solche nicht möglich ist; die letzteren können aber darum nur keiner äußeren Gesetzgebung unterworfen werden, weil sie auf einen Zweck gehen, der (oder welchen zu haben) zugleich P. ist; sich aber einen Zweck vorsetzen, das kann durch keine äußerliche Gesetzgebung bewirkt werden (weil es ein innerer Akt des Gemüts ist); obgleich äußere Handlungen geboten werden mögen, die dahin führen, ohne doch daß das Subjekt sie sich zum Zweck macht", MSR Einl. Einteilung der MS I (III 45). Nach dem objektiven Verhältnis des Gesetzes zur P. gliedern sich die P.en so:

Vollkommene Pflicht.

Pflicht gegen sich selbst.	1. Das Recht der Menschheit in unserer eigenen Person.	(Rechts-) Pflicht	2. Das Recht der Menschen.	Pflicht gegen andere.
	3. Der Zweck der Menschheit in unserer Person.	(Tugend-)	4. Der Zweck der Menschen.	

Nach dem subjektiven Verhältnis der Verpflichtenden und Verpflichteten ergibt sich: „1. Das rechtliche Verhältnis des Menschen zu Wesen, die weder Recht noch P. haben“ (fehlt, da solche Wesen uns weder verbinden noch von uns verbunden werden können). „2. Das rechtliche Verhältnis des Menschen zu Wesen, die sowohl Recht als P. haben.“ „3. Das rechtliche Verhältnis des Menschen zu Wesen, die lauter P.en und keine Rechte haben“ (fehlt, denn das wären Menschen ohne Persönlichkeit, Leibeigene, Sklaven). „4. Das rechtliche Verhältnis des Menschen zu einem Wesen, was lauter Rechte und keine P. hat (Gott)“. (Fehlt in der Philosophie, weil es kein Gegenstand möglicher Erfahrung ist; es wäre eine transzendente P., d. h. eine solche, der kein äußeres verpflichtendes Subjekt korrespondierend gegeben werden kann), ibid. II—III (III 46 f.).

„Der P.begriff ist an sich schon der Begriff von einer Nötigung (Zwang) der freien Willkür durchs Gesetz; dieser Zwang mag nun ein äußerer oder ein Selbstzwang sein.“ Der sittliche P.begriff kann keinen anderen als den Selbstzwang (durch die Vorstellung des Gesetzes allein) enthalten, MST Einl. I (III 217 f.). Vgl. Tugend. Die „ethischen P.en“ sind von weiter, die „Rechtspflichten“ von enger Verbindlichkeit. Unter einer „weiten P.“ ist zu verstehen die Erlaubnis „der Einschränkung einer P.maxime durch die andere“, wodurch das Feld der Tugendpraxis erweitert wird. Die unvollkommenen P.en sind allein Tugendpflichten; die Erfüllung derselben ist „Verdienst“, ibid. VII (III 230 f.) Die Tugendpflichten (s. d.) sind Zwecke, die zugleich P.en sind. — Es gibt P.en des Menschen gegen sich selbst. Denn es gäbe sonst gar keine, auch keine äußeren P.en. „Denn ich kann mich gegen andere nicht für verbunden erkennen, als nur sofern ich zugleich mich selbst verbinde: weil das Gesetz, kraft dessen ich mich für verbunden achte, in allen Fällen aus meiner eigenen praktischen Vernunft hervorgeht, durch welche ich genötigt werde, indem ich zugleich der Nötigende in Ansehung meiner selbst bin“, MST § 2 (III 262). Der Mensch als Persönlichkeit, d. h. als „ein mit innerer Freiheit begabtes Wesen (homo noumenon)“ ist ein der Verpflichtung fähiges Wesen, und zwar gegen sich selbst (die Menschheit in seiner Person), ibid. § 3 (III 263). Die Einteilung der P.en gegen sich selbst kann nur betreffs des Objektes der P., nicht des Subjektes erfolgen. Diese objektive Einteilung ist die in das „Formale“ und „Materiale“ der P.en, wovon die einen „einschränkend (negative P.en)“, die anderen „erweiternd (positive P.en gegen sich selbst)“ sind: „jene, welche dem Menschen in Ansehung des Zwecks seiner Natur verbieten, demselben zuwider zu handeln, mithin bloß auf die moralische Selbsterhaltung, diese, welche gebieten, sich einen gewissen Gegenstand der Willkür zum Zweck zu machen, und auf die Vervollkommnung seiner selbst gehen“. Die ersteren gehören zur „moralischen Gesundheit“, die letzteren zur „moralischen Wohlhabenheit“, welche zur „Kultur (als tätiger Vollkommenheit) seiner selbst“ gehört. „Der erste Grundsatz der P. gegen sich selbst liegt in dem Spruch: Lebe der Natur gemäß (naturae convenienter vive), d. i. erhalte dich in der Vollkommenheit deiner Natur; der zweite in dem Satz: Mache dich vollkommener, als die bloße Natur dich schuf“, ibid. § 4 (III 263 f.). Die subjektive Einteilung der P.en gegen sich selbst ist die, nach der das Subjekt sich selbst als animalisches (physisches) und zugleich moralisches, oder bloß als moralisches Wesen betrachtet. „Da sind nun die Antriebe der Natur, was die Tierheit des Menschen betrifft: a) der [Trieb], durch welchen die Natur die Erhaltung seiner selbst, b) die Erhaltung der Art, c) die Erhaltung seines Vermögens zum angenehmen, aber doch nur tierischen Lebensgenuß beabsichtigt.“ Laster sind hier der Selbstmord, der unnatürliche Geschlechtsgenuß, der unmäßige Genuß der Nahrungsmittel. Die P. des Menschen gegen sich bloß als moralisches Wesen besteht „im Formalen der Übereinstimmung der Maximen seines Willens mit der Würde der Menschheit in seiner Person, also im Verbot, daß er sich selbst des Vorzugs eines moralischen Wesens, nämlich nach Prinzipien zu handeln, d. i. der inneren Freiheit, nicht beraube und dadurch zum Spiel bloßer Neigungen, also zur Sache mache“. Die Laster sind hier die Lüge, der Geiz und die falsche Demut (Kriecherei), denen allen die Tugend der Ehrliebe gegenübersteht, ibid. (III 264 ff.). Der Selbstmord ist ein Verbrechen an der Menschheit in der eigenen Person, ibid. § 6, (III 268 f.); vgl. Lüge, Kultur, Demut, Reflexionsbegriffe, Gewissen. Die P.en gegen andere gliedern sich in: „P.en gegen andere, sofern du sie durch Leistung derselben zugleich verbindest, und in solche, deren Beobachtung die Verbindlichkeit anderer nicht zur Folge hat". „Die erstere Leistung ist (respektiv gegen andere) verdienstlich; die der zweiten ist schuldige P. — Liebe und Achtung sind die Gefühle, welche die Ausübung dieser P.en begleiten", ibid. § 23 (III 303).

Es kann wohl allmählich geschehen, „daß wir pflichtmäßige Handlungen mit Lust tun", aber nicht, „daß wir sie mit Lust aus P. tun, welches sich widerspricht, folglich auch nicht als zufolge einer Triebfeder der Sinnenlust, die den Mangel des Gehorsams gegen das P.gesetz ergänzt". „Würden alle Menschen das moralische Gesetz gern und willig befolgen, so wie es die Vernunft als die Regel enthält, so würde es gar keine P. geben", Lose Bl. C 1. „Der Tugendhafte zieht die Befolgung des Gesetzes nicht aller anderen Triebfeder vor, weil er die größere Lust daran fühlt, sondern er fühlt daran eben die größte Lust, daß er sie vorzieht und seine Vernunft ihn dazu bestimmen kann." „Die Lust aus der Befolgung des Gesetzes gehört gar nicht zur Glückseligkeit, sondern zur Würdigkeit, glücklich zu sein, und ist Beifall, nicht Genuß", ibid. C 15. „Der Bestimmungsgrund der Willkür macht ... entweder die Handlung oder die Maxime, nach einer gewissen Regel zu handeln, schlechterdings (objektiv) notwendig. Die erste Nötigung enthält das Prinzip: handle so, als ob deine Maxime einer allgemeinen Gesetzgebung zum Grunde gelegt werden sollte. Die zweite Nötigung sagt: Mache es dir zur Maxime, so zu handeln, als ob du durch dieselbe allgemein gesetzgebend wärest, doch unter der Bedingung, daß du in dieser Gesetzgebung mit dir selbst zusammenstimmend sein kannst." „Die Lehre der ersteren P.en ist die Rechtslehre, die der zweiten die Tugendlehre; jene pflichtmäßiger (guter) Handlungen, die zweite guter Maximen (Gesinnungen) d. i. subjektiver Grundsätze, gesetzmäßig zu handeln." Analytisches Prinzip aller P.: „Handle so, daß die Maxime, in die du deine Handlung aufnimmst, zugleich allgemein gesetzgebend sein könne." Synthetisches Prinzip: „Nimm solche Handlungen in deine Maximen auf, die zugleich allgemein gesetzgebend sein, mithin als P. betrachtet werden können, d. i. tue, was du sollst, aus P., d. i. weil du sollst." „P. ist eine Handlung, die schlechthin geboten, d. i. durch die Vernunft unbedingt notwendig gemacht wird", ibid. E 5. Es ist P., so zu verfahren, „als ob" eine übernatürliche Gesetzgebung bestände, ibid. E 9; vgl. E. 76. P. gegen sich selbst ist die Achtung vor dem Ansehen der im Menschen gesetzgebenden Vernunft, ibid. E 20. Die „P. gegen sich selbst" besteht darin, „daß der Mensch in seinem Innern eine gewisse Würde habe, die ihn vor allen Geschöpfen adelt", und daß er „diese Würde der Menschheit in seiner eigenen Person" nicht verleugne, Über Pädagogik (VIII 240). Vgl. Eine Vorlesung üb. Ethik ed. Menzer S. 145 ff. Vgl. Rigorismus, Neigung, Moralisches Gefühl, Gesetze (praktische), Tugend, Recht, Zweck, Moralische Welt, Sittlichkeit.

Phänomenologie. Die „P." ist jener Teil der Bewegungslehre (s. d.), welche die Bewegung oder Ruhe der Materie „bloß in Beziehung auf die Vorstellungsart oder Modalität, mithin als Erscheinung äußerer Sinne bestimmt", Anfangsgr. d. Naturw. Vorr. (VII 201); vgl. Kritik, Erscheinung.

Phänomenon. „Erscheinungen, sofern sie als Gegenstände nach der Einheit der Kategorien gedacht werden, heißen Phaenomena", KrV 1. A. tr. Anal. 3. (I 280—Rc 343). Vgl. Erscheinung, Noumenon.

Phantasie s. Einbildungskraft, Kunst, Genie.

Phantasmen. Mit Descartes ist anzunehmen, „daß alle Vorstellungen der Einbildungskraft zugleich mit gewissen Bewegungen in dem Nervengewebe oder Nervengeiste des Gehirns begleitet sind, welche man ideas materiales nennt, d. i. vielleicht mit der Erschütterung oder Bebung des feinen Elements, welches von ihnen abgesondert wird, und die derjenigen Bewegung ähnlich ist, welche der sinnliche Eindruck machen könnte, wovon er die Kopie ist. Nun verlange ich aber mir einzuräumen: daß der vornehmste Unterschied der Nervenbewegung in den Phantasien von der in der Empfindung darin bestehe, daß die Richtungslinien der Bewegung bei jenen sich innerhalb dem Gehirne, bei dieser aber außerhalb schneiden." Unter normalen Umständen werden so die Einbildungen als Hirngespinste von den Sinneseindrücken unterschieden. Im Wahnsinn und unter sonstigen abnormen Bedingungen aber werden P. für Wahrnehmungsobjekte gehalten; denn da „die Bewegung der Nerven, die mit einigen Phantasien harmonisch beben, nach solchen Richtungslinien geschieht, welche fortgezogen sich außerhalb der Gehirne durchkreuzen würden, so ist der focus imaginarius außerhalb dem denkenden Subjekt gesetzt, und das Bild, welches ein Werk der bloßen Einbildung ist, wird als ein Gegenstand vorgestellt, der den äußeren Sinnen gegenwärtig wäre". Daraus lassen sich die vermeintlichen Geistererscheinungen erklären, Träume 1. T. 3. H. (V 2, 36 ff.).

Phantast. Ein P. ist, wer im höheren Grade zu Illusionen neigt, nämlich dessen Blendwerke der Sinne „nur zum Teil eine Chimäre, größtenteils aber eine wirkliche Empfindung" ist, Krankheiten des Kopfes (VIII 70). P. ist, wer Phantasiegebilde für Erfahrungen zu halten gewohnt ist, Anthr. 1. T. § 28 (IV 66).

Philosoph. „Daß Könige philosophieren oder Philosophen Könige würden, ist nicht zu erwarten, aber auch nicht zu wünschen: weil der Besitz der Gewalt das freie Urteil der Vernunft unvermeidlich verdirbt. Daß aber Könige oder königliche (sich selbst nach Gleichheitsgesetzen beherrschende) Völker die Klasse der P.en nicht schwinden oder verstummen, sondern öffentlich sprechen lassen, ist beiden zur Beleuchtung ihres Geschäftes unentbehrlich", Z. ew. Fried. 2. Abs. 2. Zusatz (VI 150). Der P. ist nicht „Arbeiter" am Gebäude der Wissenschaften, sondern „Weisheitsforscher", die „bloße Idee von einer Person, die den Endzweck alles Wissens sich praktisch und (zum Behuf desselben) auch theoretisch zum Gegenstande macht", Anthr. 1. T. § 88. 3. Anm. (IV 221). Vgl. Philosophie.

Philosophie. P. läßt sich nicht lernen, denn eine abgeschlossene, allgemeingültige P. existiert nicht. Man kann nur philosophieren lernen, Nachricht v. d. Einrichtung seiner Vorles. 1765—1766 (V 1, 152 f.).

Die philosophische Vernunfterkenntnis ist die „aus Begriffen". P. kann nicht als subjektive Vernunfterkenntnis erlernt werden. Man kann höchstens „philosophieren" lernen und außerdem die Geschichte der P. erlernen. „Das System aller philosophischen Erkenntnis ist nun P. Man muß sie objektiv nehmen, wenn man darunter das Urbild der Beurteilung aller Versuche zu philosophieren versteht, welches jede subjektive P. zu beurteilen dienen soll, deren Gebäude oft so mannigfaltig und so veränderlich ist. Auf diese Weise ist P. eine bloße Idee von einer möglichen Wissenschaft, die nirgend in concreto gegeben ist, welcher man sich aber auf mancherlei Wegen zu nähern sucht, so lange, bis der einzige, sehr durch Sinnlichkeit verwachsene Fußsteig entdeckt wird, und das bisher verfehlte Nachbild, so weit als es Menschen vergönnt ist, dem Urbilde gleich zu machen gelingt. Bis dahin kann man keine P. lernen; denn wo ist sie, wer hat sie im Besitze und woran läßt sie sich erkennen? Man kann nur philosophieren lernen, d. i. das Talent der Vernunft in der Befolgung ihrer allgemeinen Prinzipien an gewissen vorhandenen Versuchen üben, doch immer mit Vorbehalt des Rechts der Vernunft, jene selbst in ihren Quellen zu untersuchen und zu bestätigen oder zu verwerfen." „Bis dahin ist aber der Begriff von P. nur ein Schulbegriff, nämlich von einem System der Erkenntnis, die nur als Wissenschaft gesucht wird, ohne etwas mehr als die systematische Einheit dieses Wissens, mithin die logische Vollkommenheit der Erkenntnis zum Zwecke zu haben", KrV tr. Meth. 3. H. (I 689 f.—Rc 844 f.). Es gibt aber auch einen „Weltbegriff" der P. (d. h. in bezug auf das jeden notwendig Interessierende). Sie ist hiernach „die Wissenschaft von der Beziehung aller Erkenntnis auf die wesentlichen Zwecke der menschlichen Vernunft (teleologia rationis humanae), und der Philosoph ist nicht ein Vernunftkünstler, sondern der Gesetzgeber der menschlichen Vernunft". Der „Lehrer im Ideal" ist der eigentliche Philosoph der Idee nach, nur die „Idee seiner Gesetzgebung" wird in jeder Menschenvernunft angetroffen, ibid. (I 690 f.—Rc 845 f.). Die P. („Gesetzgebung der menschlichen Vernunft") hat „zwei Gegenstände, Natur und Freiheit" und enthält also das Natur- und das Sittengesetz in einem System. „Die P. der Natur geht auf alles, was da ist, die der Sitten nur auf das, was da sein soll." „Alle P. aber ist entweder Erkenntnis aus reiner Vernunft oder Vernunfterkenntnis aus empirischen Prinzipien. Die erstere heißt reine, die zweite empirische P." Die erstere zerfällt in die „Kritik" (s. d.) als eine „Propädeutik" zur „Metaphysik" als System der reinen Vernunft; diese ist „Metaphysik der Natur" oder „Metaphysik der Sitten", ibid. (I 692 f.—Rc 847 f.). Die Metaphysik besteht aus 1. der „Transzendentalphilosophie" (Ontologie) und 2. der „Physiologie der reinen Vernunft" oder aus: 1. Ontologie; 2. Rationale Physiologie; 3. Rationale Kosmologie; 4. Rationale Theologie. Die empirische Psychologie (s. d.) gehört zur „angewandten P., zu welcher die reine P. die Prinzipien a priori enthält", nicht zur Metaphysik, ibid. (I 695 ff. —Rc 850 ff.). Die Kritik kommt zu dem Ergebnis, „daß die Natur in dem, was Menschen ohne Unterschied angelegen ist, keiner parteiischen Austeilung ihrer Gaben zu beschuldigen sei, und die höchste P. in Ansehung der wesentlichen Zwecke der menschlichen Natur es nicht weiter bringen könne als die Leitung, welche sie auch dem gemeinsten Verstande hat angedeihen lassen", ibid. 2. H. 3. Abs. (I 685—Rc 839).

„Die alte griechische P. teilte sich in drei Wissenschaften ab: die **Physik**, die **Ethik** und die **Logik**. Diese Einteilung ist der Natur der Sache vollkommen angemessen..." „Alle Vernunfterkenntnis ist entweder material und betrachtet irgendein Objekt; oder formal und beschäftigt sich bloß mit der Form des Verstandes und der Vernunft selbst und den allgemeinen Regeln des Denkens überhaupt, ohne Unterschiede der Objekte. Die formale P. heißt Logik, die materiale aber, welche es mit bestimmten Gegenständen und den Gesetzen zu tun hat, denen sie unterworfen sind, ist wiederum zwiefach. Denn diese Gesetze sind entweder Gesetze der Natur oder der Freiheit. Die Wissenschaft von der ersten heißt Physik, die der anderen ist Ethik; jene wird auch Naturlehre, diese Sittenlehre genannt." „Man kann alle P., sofern sie sich auf Gründe der Erfahrung fußt, empirische, die aber, so lediglich aus Prinzipien a priori ihre Lehren vorträgt, reine P. nennen. Die letztere, wenn sie bloß formal ist, heißt Logik; ist sie aber auf bestimmte Gegenstände des Verstandes eingeschränkt, so heißt sie Metaphysik." Es gibt eine „Metaphysik der Natur" und eine „Metaphysik der Sitten". Die Logik (s. d.) kann keinen empirischen Teil haben, denn sie ist „ein Kanon für den Verstand oder die Vernunft, der bei allem Denken gilt und demonstriert werden muß". „Dagegen können sowohl die natürliche als sittliche Weltweisheit jede ihren empirischen Teil haben, weil jene der Natur als einem Gegenstande der Erfahrung, diese aber dem Willen des Menschen, sofern er durch die Natur affiziert wird, ihre Gesetze bestimmen muß, die ersteren zwar als Gesetze, nach denen alles geschieht, die zweiten als solche, nach denen alles geschehen soll, aber doch auch mit Erwägung der Bedingungen, unter denen es öfters nicht geschieht", GMS Vorr. (III 3 f.). Vgl. Ethik, System.

Die „Weisheitslehre" als Wissenschaft ist P. im Sinne der Alten, bei denen sie eine Anweisung zu dem Begriffe war, worin das höchste Gut zu setzen, und zum Verhalten, durch welches es zu erwerben sei. Sie ist insofern „eine Lehre vom höchsten Gut, sofern die Vernunft bestrebt ist, es darin zur Wissenschaft zu bringen". Eine solche P. wäre ein Ideal, welches objektiv in der Vernunft allein vollständig vorgestellt wird, subjektiv aber, für die Person, nur das Ziel unaufhörlicher Bestrebung ist, KpV 1. T. 2. B. 1. H. (II 139 f.). „Verschiedene Arten zu philosophieren und zu den ersten Vernunftprinzipien zurückzugehen, um darauf mit mehr oder weniger Glück ein System zu gründen, hat es nicht allein gegeben, sondern es mußte viele Versuche dieser Art, deren jeder auch um die gegenwärtige sein Verdienst hat, geben; aber da es doch, objektiv betrachtet, nur eine menschliche Vernunft geben kann: so kann es auch nicht viel P.en geben, d. i. es ist nur ein wahres System derselben aus Prinzipien möglich, so mannigfaltig und oft widerstreitend man auch über einen und denselben Satz philosophiert haben mag", MSR Vorr. (III 5).

Die P. zerfällt, nach der Art ihrer Prinzipien und Begriffe (s. d.) („Naturbegriffe" oder „Freiheitsbegriff") in die theoretische als „Naturphilosophie" und die praktische als „Moralphilosophie". Die „technisch-praktischen" Prinzipien (der Kunst und Geschicklichkeit, der Klugheit) gehören noch zur theoretischen, die „moralisch-praktischen" aber zur praktischen P., KU Einl. I (II 6 f.). „So weit Begriffe a priori ihre Anwendung haben, so weit reicht der Gebrauch unseres Erkenntnisvermögens nach Prinzipien und mit ihm die P." Der Boden, auf welchem ihr Gebiet errichtet wird, ist immer nur „der Inbegriff der Gegenstände aller möglichen Erfahrung", ibid. Einl. II (II 9 f.). Das „Feld des Übersinnlichen", worin wir für uns keinen Boden finden, müssen wir mit „Ideen" (s. d.) besetzen, denen wir aber nur „praktische Realität" verschaffen können, ibid. (II 11). P. ist, dem größten Bedürfnis der Menschen nach, „Weisheitsforschung", Fried. i. d. Ph. 1. Abs. B (V 4, 34). Sie ist „Weisheitslehre", aber auch „Lehre des Wissens", ibid. 2. Abs. (V 4, 39). P. als „Lehre einer Wissenschaft" hat als Werkzeug zu beliebigen Zwecken nur einen bedingten Wert; als „Weisheitslehre" aber hat sie einen „unbedingten Wert", denn sie ist „die Lehre vom Endzweck der menschlichen Vernunft, welcher nur ein einziger sein kann, dem alle anderen Zwecke nachstehen oder untergeordnet werden müssen". Der „vollendete praktische Philosoph" (ein Ideal) ist der, welcher diese Forderung an sich selbst erfüllt, Vorrede zu R. B. Jachmann, Prüfung der Kantischen Religionsphilosophie (VIII 185).

„P. ist . . . das System der philosophischen Erkenntnisse oder der Vernunfterkenntnisse aus Begriffen. Das ist der Schulbegriff von dieser Wissenschaft. Nach dem Weltbegriffe ist sie die Wissenschaft von den letzten Zwecken der menschlichen Vernunft. Dieser hohe Begriff gibt der P. Würde, d. i. einen absoluten Wert. Und wirklich ist sie es auch, die allein nur inneren Wert hat und allen anderen Erkenntnissen erst einen Wert gibt." Die P. ist in Beziehung auf den Weltbegriff eine „Lehre der Weisheit", die „Gesetzgeberin der Vernunft", die „Idee einer vollkommenen Weisheit, die uns die letzten Zwecke der menschlichen Vernunft zeigt". Die P. ist „die einzige Wissenschaft, die im eigentlichen Verstande einen systematischen Zusammenhang hat und allen anderen Wissenschaften systematische Einheit gibt". Nach dem Weltbegriffe ist die P. „eine Wissenschaft von der höchsten Maxime des Gebrauches unserer Vernunft". Sie ist „die Wissenschaft der Beziehung aller Erkenntnis und alles Vernunftgebrauches auf den Endzweck der menschlichen Vernunft, dem, als dem obersten, alle anderen Zwecke subordiniert sind und sich in ihm zur Einheit vereinigen müssen". Die P. befaßt sich mit vier Grundfragen: „1. Was kann ich wissen? 2. Was soll ich tun? 3. Was darf ich hoffen? 4. Was ist der Mensch?" (Metaphysik, Moral, Religion, Anthropologie). „Der Philosoph muß also bestimmen können 1. die Quellen des menschlichen Wissens, 2. den Umfang des möglichen und nützlichen Gebrauches alles Wissens, und endlich 3. die Grenzen der Vernunft", Log. Einl. III (IV 26f.). Philosophieren läßt sich „nur durch Übung und selbsteigenen Gebrauch" lernen, P. läßt sich schon deshalb nicht lernen, „weil sie noch nicht gegeben ist". Die Systeme der P. sind eine „Geschichte des Gebrauches der Vernunft". Die P. „schließt gleichsam den wissenschaftlichen Zirkel und durch sie erhalten sodann erst die Wissenschaften Ordnung und Zusammenhang", ibid. (IV 28 f.). Philosophische Erkenntnis ist „spekulative Erkenntnis der Vernunft", d. h. „Erkenntnis des Allgemeinen in abstracto", ibid. IV (IV 29).

„P. ist die Gesetzgebung (Nomothetik) der menschlichen Vernunft", N 4925. Sie besteht aus Metaphysik und Moral, N 4902. „Alle Wissenschaften und Künste lehren die Geschicklichkeit, die P. allein die Grundsätze und Regeln vom Gebrauch aller Geschicklichkeit nach den letzten Beziehungen des Verstandes und des Willens, indem sie den Gegenstand selbst festsetzt und sein Verhältnis zum Menschen", N 4294. P. ist „nichts anderes als eine praktische Menschenkenntnis", N 4927. Sie „traktiert das, was in allen menschlichen

Erkenntnissen das Selbständige ist und allem zum Grunde liegt". „Die P. ist die Wissenschaft der Angemessenheit aller Erkenntnisse mit der Bestimmung des Menschen", N 4970. „Alle Philosophie hat zum Objekt die Vernunft, die Maximen, die Grenzen und den Zweck. Das übrige ist Vernunftkunst", N 4987. P. als Weisheitslehre hat einen „unbedingten Wert", denn sie ist „die Doktrin von dem Endzweck der menschlichen Vernunft und ihre Imperative enthalten ein absolutes Sollen in sich, daher sie auch geradezu den Zweck treffen", Altpreuß. Mth. XIX 438. Vgl. Mathematik (u. Philosophie), Metaphysik, System, Kritik der reinen Vernunft, Transzendentalphilosophie, Philosoph, Friede (philosophischer), Theologie, Religion, Philosophische Fakultät, Praktische Philosophie, Probleme (philosophische).

Philosophie, Geschichte der. Eine „philosophierende Geschichte der P." ist notwendig. Das Philosophieren ist „eine allmähliche Entwicklung der menschlichen Vernunft, und diese kann nicht auf dem empirischen Wege fortgegangen sein oder auch angefangen haben, und zwar durch bloße Begriffe". „Es muß ein Bedürfnis der Vernunft (ein theoretisches oder praktisches) gewesen sein, was sie genötigt hat, von ihren Urteilen über Dinge zu den Gründen bis zu den ersten hinaufzugehen, anfangs durch gemeine Vernunft, z. B. von den Weltkörpern und ihrer Bewegung. Aber man kam auch auf Zwecke. Endlich aber, da man bemerkt, daß man über alle Dinge Vernunftgründe aufsuchen könne, so fing man an, seine Vernunftbegriffe (oder die des Verstandes) aufzuzählen, vorher aber das Denken überhaupt ohne Objekt zu zergliedern. Jenes geschah durch Aristoteles, dieses noch früher durch die Logiker." „Eine philosophische Geschichte der P. ist selber nicht historisch oder empirisch, sondern rational d. i. a priori möglich. Denn ob sie gleich Fakta der Vernunft aufstellt, so entlehnt sie solche nicht von der Geschichtserzählung, sondern sie zieht sie aus der Natur der menschlichen Vernunft als philosophische Archäologie." „Was hat die Denker unter den Menschen vermocht, über den Ursprung, das Ziel und das Ende der Dinge in der Welt zu vernünfteln? War es das Zweckmäßige in der Welt oder nur die Kette der Ursachen und Wirkungen oder war es der Zweck der Menschheit selbst, wovon sie anfingen?", Lose Bl. F 3. „Eine Geschichte der P. ist von so besonderer Art, daß darin nichts von dem erzählt werden kann, was geschehen ist, ohne vorher zu wissen, was hätte geschehen sollen, mithin auch, was geschehen kann. Ob dieses vorher untersucht worden sei oder man aufs Geratewohl vernünftelt habe. Denn es ist nicht die Geschichte der Meinungen, die zufällig hier oder da aufsteigen, sondern der sich aus Begriffen entwickelnden Vernunft. — Man will nicht wissen, was man vernünftelt, sondern was man durch Vernünfteln, durch bloße Begriffe ausgerichtet hat. — Die P. ist hier gleich als ein Vernunftgenius anzusehen, von dem man verlangt, zu kennen, was er hat lehren sollen und ob er das geleistet hat. — Um dahinter zu kommen, muß man untersuchen, was und warum man an der Metaphysik für ein und so großes Interesse bisher genommen hat. Man wird finden, daß es nicht die Analysis der Begriffe und Urteile, die sich auf Gegenstände der Sinne anwenden lassen, sondern das Übersinnliche sei, vornehmlich, sofern darauf praktische Ideen gegründet sind", ibid. F 5. Vgl. Metaphysik, Kritik, Logik.

Philosophische Fakultät. „Es muß zum gelehrten gemeinen Wesen durchaus auf der Universität noch eine Fakultät geben, die in Ansehung ihrer Lehren vom Befehle der Regierung unabhängig, keine Befehle zu geben, aber doch alle zu beurteilen die Freiheit habe, die mit dem wissenschaftlichen Interesse, d. i. mit dem der Wahrheit zu tun hat, wo die Vernunft öffentlich zu sprechen berechtigt sein muß; weil ohne eine solche die Wahrheit (zum Schaden der Regierung selbst) nicht an den Tag kommen würde, die Vernunft aber ihrer Natur nach frei ist und keine Befehle, etwas für wahr zu halten (kein crede, sondern nur ein freies credo) annimmt", Str. d. Fak. 1. Abs. Einteilung der Fak. (V 4, 57 f.). Die philosophische („untere") Fakultät dient dazu, die drei oberen Fakultäten zu kontrollieren und ihnen eben dadurch nützlich zu werden, weil auf Wahrheit alles ankommt. Sie enthält „zwei Departements": das der „historischen Erkenntnis" und das der „reinen Vernunfterkenntnis". Sie kann also „alle Lehren in Anspruch nehmen, um ihre Wahrheit der Prüfung zu unterwerfen", ibid. 1. Abs. I, 2. Abs. (V 4, 66). Es könnte dazu kommen, daß die philosophische Fakultät die erste wird, „zwar nicht in der Machthabung, aber doch in Beratung des Machthabenden (der Regierung), als welche in der Freiheit der philosophischen Fakultät und der ihr daraus erwachsenden Einsicht besser als in ihrer eigenen absoluten Autorität Mittel zu Erreichung ihrer Zwecke antreffen würde", ibid. 4. Abs. (V 4, 76). Vgl. Theologie, Bibel.

Phlegma s. Temperament. P. ist Affektlosigkeit, nicht Trägheit. P. als Schwäche ist „Hang zur Untätigkeit, sich durch selbst starke Triebfedern zu Geschäften nicht bewegen zu lassen". P. als Stärke ist „die Eigenschaft: nicht leicht oder rasch, aber, wenngleich langsam, doch anhaltend bewegt zu werden", Anthr. 2. T. A, d (IV 232).

Phoronomie s. Bewegungslehre.

Physik. Die P. hat, wie alle Naturwissenschaft (s. d.), apriorische Grundlagen. Die „rationale P." ist der Teil der rationalen Physiologie (s. d.), der es mit der körperlichen Natur zu tun hat. Sie gehört zur „Metaphysik" (s. d.) und ist eine Wissenschaft von der Natur gegebener Gegenstände aus apriorischen Prinzipien. Sie ist nicht identisch mit dem, was man „physica generalis" nennt, die „mehr Mathematik als Philosophie der Natur" ist, während die Metaphysik der Natur und somit auch die rationale P. sich von der Mathematik gänzlich absondert, wenn auch die letztere für sie „ganz unentbehrlich" ist, KrV tr. Meth. 3. H. (I 696—Rc 851 f.). „Die Begriffe vom vollen und leeren Raum, von Bewegung und bewegenden Kräften können und müssen in der rationalen P. auf ihre Prinzipien a priori gebracht werden", Fortschr. d. Metaph. 2. Abt. 1. Stadium (V 3, 114). Die „P." im allgemeinsten Sinne ist „die Wissenschaft der Vernunfterkenntnis aller Gegenstände möglicher Erfahrung", ibid. Beilage I. Einl. (V 3, 146). „Die Metaphysischen Anfangsgründe der Naturwissenschaft enthalten in sich eine Tendenz, d. i. eine Nötigung a priori zum Überschritt in die P., d. i. in ein System empirischer Sätze, dessen Form als subjektives Prinzip der Naturforschung jene Sätze der Materie nach, d. i. in Ansehung der bewegenden Kräfte, die sich a priori (als Anziehung und Abstoßung) dem Verstande als die einzig mögliche denken lassen, als Gegenstände der Erfahrung, dennoch a priori —", Lose Bl. D 19; vgl. Kraft.

Die P. will „ein System des Empirischen". Dazu gehören Grundsätze a priori, welche nötig sind, um eine Erfahrung (s. d.) zu erzeugen. Nicht, was uns empirisch gegeben ist, sondern „was wir in die Sinnenvorstellung von Objekten hineinlegen", macht den Übergang von den metaphysischen Anfangsgründen der Naturwissenschaft zur P. gesetzlich möglich. P. ist „Naturkunde, insofern sie subjektiv alle bewegende Kräfte der Materie als zu einem Lehrsystem der Erfahrung gehörend vorstellig macht, in welchem das Materiale den Inbegriff dieser Kräfte, die Form aber die Verbindung dieses Mannigfaltigen zu einem absoluten Ganzen der Gegenstände der Erfahrung ausmacht", Altpreuß. Mth. XIX. 257 ff. Es gibt „Prinzipien a priori der Naturforschung, welche nicht aus der Erfahrung, sondern für die Erfahrung" in einem System der Kräfte ihrer Form nach in einem Ganzen vereinigt gedacht werden müssen. „Nicht aus der Erfahrung, sondern für die Möglichkeit der Erfahrung werden synthetische Sätze a priori vorangeschickt zum Behuf der Naturforschung als einem System der Grundsätze derselben in einem Aggregat der bewegenden Kräfte, die einen Inbegriff der Wahrnehmungen. . ., dessen Form, das Prinzip ihrer Verbindung in einem Ganzen der Form nach, und so den Übergang von den Metaph. A. Gr. der NW. zur P. ausmacht, zu welcher die Metaphysik der Naturwissenschaft (Mathematik und Physiologie) die unvermeidliche Tendenz hat." „Es ist der Übergang von einem empirischen Aggregat zu einem System, wozu die Form a priori gegeben ist", ibid. 263 f. Dieser Übergang enthält oder ist „ein Prinzip der Möglichkeit der P. als eines Systems empirischer Begriffe und Gesetze" und ist der Abriß des Elementarsystems der bewegenden Kräfte der Materie als einer besonderen Naturwissenschaft, die immer im Fortschreiten,

Beobachten und Aggregieren begriffen, aber nie vollendet ist, ibid. 267f. Die Prinzipien des Überganges sind die Axiome (s. d.) der reinen Anschauung, Antizipationen (s. d.) der Wahrnehmung, Analogien (s. d.) der Erfahrung, Postulate (s. d.) des Denkens, ibid. 268 ff. Die P. ist Erfahrungswissenschaft vom Inbegriff der bewegenden Kräfte der Materie, welche auch das Subjekt (den Menschen) und seine Organe affizieren, ibid. 271. Ohne System der Kräfte ist die P. keine Wissenschaft. Sie ist „das Lehrsystem von dem All der bewegenden Kräfte der Materie". Nur durch den Begriff eines Systems kann das Mannigfaltige der Natur aufgesucht und aufgefunden werden, ibid. 275ff. „P. ist die Wissenschaft der Prinzipien, die bewegende Kräfte der Natur zu einem System der Erfahrung zu verknüpfen", ibid. 280. Die P. ist „ein Lehrsystem der Wahrnehmungen... in ihrer Verknüpfung nach einem Prinzip zur Möglichkeit der Erfahrung", ibid. 434. „Nicht darin, daß das Subjekt vom Objekt empirisch (per receptivitatem) affiziert wird, besteht die Möglichkeit des Überganges von den metaph. A. Gr. der NW. zur P. Die P. muß ihr Objekt selbst machen nach einem Prinzip der Möglichkeit der Erfahrung als einem System der Wahrnehmungen." „Denn Erfahrung kann nicht gegeben, sondern muß gemacht werden, und das Prinzip der Einheit derselben im Subjekt macht es möglich, daß auch empirische Data als Stoffe, wodurch das Subjekt sich selbst affiziert, in das System der Erfahrung eintreten und als bewegende Kräfte im Natursystem aufgezählt und klassifiziert werden können", ibid. 458; gl. 461. „P. ist das System der Wahrnehmungen aus den die Sinne affizierenden Kräften der Materie, insofern sie das Subjekt nach einem Prinzip der Möglichkeit der Erfahrung.... modifizieren, welche Erfahrung ein Werk des Verstandes ist, der dieser nach einem Gesetze a priori die Form a priori gibt", ibid. 463. Vgl. N 1 ff. Vgl. Bewegungslehre, Bewegung, Kraft, Materie, Natur, Masse, Äther, Körper, Hyperphysisch.

Physikotheologischer Gottesbeweis. Daß aus der Materie durch ihre eigenen Kräfte und Gesetze zweckmäßige Gebilde entstehen konnten, weist auf einen „gemeinschaftlichen Ursprung" der Dinge aus einem unendlichen Verstand hin (s. Zweck). Die Materie muß in die übereinstimmenden Verhältnisse durch eine über sie herrschende erste Ursache versetzt sein, und „es ist ein Gott eben deswegen, weil die Natur auch selbst im Chaos nicht anders als regelmäßig und ordentlich verfahren kann", Th. des Himmels Vorr. (VII 12 ff.). Aus der Ordnung und Harmonie, der Einheit in den Wesen der Dinge ist (a posteriori), auf Gott als obersten gemeinschaftlichen Grund derselben zu schließen, Beweisgr. Gottes 1. Abt. 4. Btr. Beschluß (VI 44). Die notwendige Einheit, die in der Natur wahrgenommen wird, und die wesentliche Ordnung der Dinge leitet auf ein oberstes Prinzip dieses Daseins und aller Möglichkeit, ibid. 2. Abt. 5. Btr. (VI 71 ff.). Gott ist der Urheber der Ordnung der Materie und der geordneten Materie selbst, ibid. 6. Btr. (VI 80f.); vgl. Zweck.

Der physikotheologische (physisch-teleologische) Beweis schließt von der — als Tatsache feststehenden — Zweckmäßigkeit, Ordnung, Regelmäßigkeit, Schönheit der Welt auf das Dasein eines die Welt zweckmäßig ordnenden und leitenden göttlichen Urwesens von höchster Vollkommenheit des Intellekts und Willens. „Dieser Beweis verdient jederzeit mit Achtung genannt zu werden. Er ist der älteste, klarste und der gemeinen Menschenvernunft am meisten angemessen. Er belebt das Studium der Natur, so wie er selbst von diesem sein Dasein hat und dadurch immer neue Kraft bekommt. Er bringt Zwecke und Absichten dahin, wo sie unsere Betrachtung nicht von selbst entdeckt hätte, und erweitert unsere Naturerkenntnisse durch den Leitfaden einer besonderen Einheit, deren Prinzip außer der Natur ist." „Es würde daher nicht allein trostlos, sondern auch ganz umsonst sein, dem Ansehen dieses Beweises etwas entziehen zu wollen", KrV tr. Dial. 2. B. 3. H. 6. Abs. (I 533ff.—Rc 673ff.). Aber wenn auch dieses Argument in bezug auf „Vernunftmäßigkeit" und die Teleologie in bezug auf „Nützlichkeit" des Verfahrens einwandfrei ist, so kann doch der physikotheologische Beweis keinen Anspruch auf apodiktische Gewißheit machen. Er kann das Dasein eines höchsten Wesens nie allein dartun, sondern bedarf zur Ergänzung des — nicht stichhaltigen — ontologischen (s. d.) Gottesbeweises, ibid.

(I 535 ff.—Rc 675 ff.). Der Beweis geht von der empirischen Zweckmäßigkeit und Ordnung der Dinge zu der aus ihr geschlossenen Zufälligkeit derselben, von dieser „durch transzendentale Begriffe zum Dasein eines Schlechthinnotwendigen", von diesem zu dem Begriffe einer „allbefassenden Realität". Das heißt: er bleibt in seiner Unternehmung stecken, springt zum kosmologischen und mit diesem zum ontologischen Beweise über, leitet also wie dieser das Dasein Gottes durch reine Vernunft ab, nicht aber, wie er glaubt, aus der Erfahrung, ibid. (I 537 ff.—Rc 678 ff.). Dieser Beweis hat folgende Momente: 1. In der Welt sind überall Zeichen einer Anordnung nach bestimmter Absicht. 2. Den Dingen ist diese zweckmäßige Anordnung ganz fremd, sie hängt ihnen nur „zufällig" an, „d. h. die Natur verschiedener Dinge könnte von selbst, durch so vielerlei sich vereinigende Mittel, zu bestimmten Endabsichten nicht zusammenstimmen, wären sie nicht durch ein anordnendes vernünftiges Prinzip nach zugrunde liegenden Ideen dazu ganz eigentlich gewählt und angelegt worden". 3. Es existiert also eine erhabene Ursache, die als Intelligenz durch Freiheit die Ursache der Welt sein muß. 4. Die Einheit dieser Ursache ist aus der Einheit der Welteinrichtung — analog der eines Kunstwerkes — wahrscheinlich, ibid. (I 535—Rc 676 f.). Zuzugeben ist nur, daß, wenn wir eine solche Ursache der Zweckmäßigkeit außer der Natur der Dinge selbst annehmen sollen, wir nicht sicherer als nach der Analogie mit der Kausalität der Vernunft sie denken können. Zu beachten ist ferner, daß die Zweckmäßigkeit so vieler Naturanstalten „bloß die Zufälligkeit der Form, aber nicht der Materie, d. i. der Substanz in der Welt" beweist. Denn zu dem letzteren müßte noch zu beweisen sein, „die Dinge der Welt wären an sich selbst zu dergleichen Ordnung und Einstimmung, nach allgemeinen Gesetzen untauglich, wenn sie nicht, selbst ihrer Substanz nach, das Produkt einer höchsten Weisheit wären". „Der Beweis könnte also höchstens einen Weltbaumeister, der durch die Tauglichkeit des Stoffs, den er bearbeitet, immer sehr eingeschränkt wäre, aber nicht einen Weltschöpfer, dessen Idee alles unterworfen ist, dartun, welches zu der großen Absicht, die man vor Augen hat, nämlich ein allgenugsames Urwesen zu beweisen, bei weitem nicht hinreichend ist." Die Physikotheologie kann keinen bestimmten Begriff von der obersten Weltursache geben, ibid. (I 536 ff.—Rc 677 ff.).

Die Physikotheologie ist „der Versuch der Vernunft, aus den Zwecken der Natur (die nur empirisch erkannt werden können) auf die oberste Ursache der Natur und ihre Eigenschaften zu schließen". Sie kann nichts von einem Endzweck (s. d.) der Schöpfung eröffnen, denn sie reicht nicht einmal bis zur Frage nach demselben. „Sie kann also zwar den Begriff einer verständigen Weltursache als einen subjektiv für die Beschaffenheit unseres Erkenntnisvermögens allein tauglichen Begriff von der Möglichkeit der Dinge, die wir uns nach Zwecken verständlich machen können, rechtfertigen, aber diesen Begriff weder in theoretischer noch praktischer Absicht weiter bestimmen; und ihr Versuch erreicht seine Absicht nicht, eine Theologie zu gründen, sondern sie bleibt immer nur eine physische Teleologie, weil die Zweckbeziehung in ihr immer nur als in der Natur bedingt betrachtet wird und werden muß, mithin den Zweck, wozu die Natur selbst existiert (wozu der Grund außer der Natur gesucht werden muß), gar nicht einmal in Anfrage bringen kann, auf dessen bestimmte Idee gleichwohl der bestimmte Begriff jener oberen verständigen Weltursache, mithin die Möglichkeit einer Theologie ankommt." Die teleologische Weltbetrachtung zeigt nur, daß alles „in der Natur" zu etwas gut ist, nicht aber den Zweck der Natur selbst. Die physische Teleologie treibt uns zwar an, eine Theologie zu suchen, bringt aber keine hervor; denn ohne den Begriff eines durch die Vernunft a priori an die Hand gegebenen Endzwecks läßt sich die oberste Ursache der Natur als eines teleologischen Systems nicht näher bestimmen. Wir können hier nicht angeben, ob der göttliche Verstand mit dem Ganzen der Welt noch eine „Endabsicht" gehabt haben möge, KU § 85 (II 306 ff.); vgl. N 5624, 6302, 5488. Vgl. Ethikotheologie, Gott, Theologie, Zweck, Zweckmäßigkeit.

Physiognomik ist „die Kunst, aus der sichtbaren Gestalt eines Menschen, folglich aus dem Äußeren das Innere desselben zu beurteilen; es sei seiner Sinnesart oder Denkungsart nach", Anthr. 2. T. A III (IV 239). Vgl. Mienen.

Physiokratie, transzendentale. „Transzendentale P." ist die (angenommene) „Allvermögenheit der Natur" im Widerspiel mit der Lehre von der Freiheit, KrV tr. Dial. 2. B. 2. H. 2. Abs. 3. Antinomie Anmerk. z. Antithesis (I 407—Rc 535).

Physiologie, rationale. Die (rationale) „P." ist, als ein Teil der „Metaphysik" (s. d.), die (apriorische) Wissenschaft von der Natur (s. d.) als „Inbegriff gegebener Gegenstände". Die „immanente" P. „geht auf die Natur, soweit als ihre Erkenntnis in der Erfahrung (in concreto) kann angewandt werden", die „transzendente" auf „diejenige Verknüpfung der Gegenstände der Erfahrung, welche alle Erfahrung übersteigt". „Diese transzendente P. hat daher entweder eine innere Verknüpfung oder äußere, die aber beide über mögliche Erfahrung hinausgehen, zu ihrem Gegenstande; jene ist die P. der gesamten Natur, d. i. die transzendentale Welterkenntnis, diese des Zusammenhanges der gesamten Natur mit einem Wesen über der Natur, d. i. die transzendentale Gotteserkenntnis." Hingegen betrachtet die immanente P. „Natur als den Inbegriff aller Gegenstände der Sinne, mithin so, wie sie uns gegeben ist, aber nur nach Bedingungen a priori, unter denen sie uns überhaupt gegeben werden kann." Sie zerfällt in die rationale Physik (s. d.) und in die rationale Psychologie (s. d.). — Zur rationalen P. gelangen wir so: „wir nehmen aus der Erfahrung nichts weiter, als was nötig ist, uns ein Objekt teils des äußeren, teils des inneren Sinnes zu geben. Jenes geschieht durch den bloßen Begriff Materie (undurchdringliche leblose Ausdehnung), dieses durch den Begriff eines denkenden Wesens (in der empirischen inneren Vorstellung: Ich denke)", KrV tr. Meth. 3. H. (I 695 ff.—Rc 850 ff.). Vgl. Physik.

Physiologische Grundsätze (Axiome der Anschauung, Antizipationen der Wahrnehmung, Analogien der Erfahrung, Postulate des empirischen Denkens) s. Grundsätze, Prol. § 21 (III 61).

Physisch. Das „P.e" ist das zur Existenz (z. B. des Menschen) in Raum und Zeit gehörende, im Gegensatz zum „Intellektuellen", „Intelligiblen", MSR § 35 Anm. (IV 114). Die „physische Erklärungsart" ist die naturgesetzliche, mechanische gegenüber der teleologischen und metaphysischen Erklärung, KU § 81 (II 292). Vgl. Zweck, Hyperphysisch, Natur.

Pietismus (im schlechten Sinne): Frömmelei, knechtische Gemütsart, beständige Ängstlichkeit und Selbstverachtung, verbunden mit Überhebung, Rel. 4. St. 2. T. § 3, 4. Anm. (IV 216); vgl. Str. d. Fak. 1. Abs. Allg. Anmerk. (V 4, 100 ff.).

Platonismus s. Empirismus, Intellektualphilosophen, Idee (platonische), Anschauung (intellektuelle), Noumenon, Intelligible Welt.

Plastik = a) Baukunst (s. d.), b) Bildhauerkunst (s. d.). P. und Malerei gehören zu den „bildenden Künsten" (s. d.).

Pluralistisch. Das Geschmacksurteil (s. d.) gilt nicht für „egoistisch", sondern seiner inneren Natur nach, d. h. um seiner selbst willen notwendig als „pluralistisch" (zugleich für andere), KU 1. T. 2. B. Allgem. Anmerk. zur Exposition d. ästhet. Urteile (II 127). Vgl. Egoismus.

Pneumatismus = Spiritualismus. Vgl. Dualismus.

Pneumatologie: Geisterlehre. Die rationale Psychologie (s. d.) kann nie P. werden, KU § 89 (II 333 f.). Vgl. Geist.

Poesie s. Dichtkunst.

Polemik der Vernunft. „Unter dem polemischen Gebrauche der reinen Vernunft verstehe ich ... die Verteidigung ihrer Sätze gegen die dogmatischen Verneinungen derselben. Hier kommt es nun nicht darauf an, ob ihre Behauptungen nicht vielleicht auch falsch sein möchten, sondern nur, daß niemand das Gegenteil jemals mit apodiktischer

Gewißheit, (ja auch nur mit größerem Scheine) behaupten könne", KrV tr. Meth. 1. H. 2. Abs. (I 619—Rc 765). Die Sätze über die Seele (s. d.) und über Gott (s. d.) können weder positiv noch als ungültig bewiesen werden („non liquet"), aber als „Annahmen" (s. d.) im „praktischen Interesse" der Vernunft sind sie durchaus zulässig und gegen jeden — völlig unmöglichen — negativen Beweis der Gegner gesichert, ibid. (I 620 f.—Rc 767 f.). Hat man auch die Sprache des Wissens aufgeben müssen, so bleibt doch „die vor der schärfsten Vernunft gerechtfertigte Sprache eines festen Glaubens", ibid. (I 622 f.—Rc 769). So gibt es „keine eigentliche P. im Felde der reinen Vernunft". „Beide Teile sind Luftfechter, die sich mit ihrem Schatten herumbalgen: denn sie gehen über die Natur hinaus, wo für ihre dogmatischen Griffe nichts vorhanden ist, was sich fassen und halten ließe", ibid. (I 631—Rc 778 f.). Vgl. Hypothese.

Politik. „Die Moral ist schon an sich selbst eine Praxis in objektiver Bedeutung, als Inbegriff von unbedingt gebietenden Gesetzen, nach denen wir handeln sollen, und es ist offenbare Ungereimtheit, nachdem man diesem Pflichtbegriff seine Autorität zugestanden hat, noch sagen zu wollen, daß man es doch nicht könne. Denn alsdann fällt dieser Begriff von selbst weg (ultra posse nemo obligatur); mithin kann es keinen Streit der P. als ausübender Rechtslehre mit der Moral, als einer solchen, aber theoretischen (mithin keinen Streit der Praxis mit der Theorie) geben: man müßte denn unter der letzteren eine allgemeine Klugheitslehre, d. i. eine Theorie der Maximen verstehen, zu seinen auf Vorteil berechneten Absichten die tauglichsten Mittel zu wählen, d. i. leugnen, daß es überhaupt eine Moral gebe." „Die P. sagt: ‚Seid klug wie die Schlangen'; die Moral setzt (als einschränkende Bedingung) hinzu: ‚und ohne Falsch wie die Tauben'." „Ich kann mir nun zwar einen moralischen Politiker, d. i. einen, der die Prinzipien der Staatsklugheit so nimmt, daß sie mit der Moral zusammen bestehen können, aber nicht einen politischen Moralisten denken, der sich eine Moral so schmiedet, wie es der Vorteil des Staatsmannes sich zuträglich findet." „Der moralische Politiker wird es sich zum Grundsatz machen: wenn einmal Gebrechen in der Staatsverfassung oder im Staatenverhältnis angetroffen werden, die man nicht hat verhüten können, so sei es Pflicht, vornehmlich für Staatsoberhäupter, dahin bedacht zu sein, wie sie sobald wie möglich gebessert und dem Naturrecht, so wie es in der Idee der Vernunft uns zum Muster vor Augen steht, angemessen gemacht werden könne: sollte es auch ihrer Selbstsucht Aufopferungen kosten", Z. ew. Fried. Anh. I (VI 151 ff.). „Die Staatsweisheit wird sich also in dem Zustande, worin die Dinge jetzt sind, Reformen dem Ideal des öffentlichen Rechts angemessen zur Pflicht machen; Revolutionen aber, wo sie die Natur von selbst herbeiführt, nicht zur Beschönigung einer noch größeren Unterdrückung, sondern als Ruf der Natur benutzen, eine auf Freiheitsprinzipien gegründete gesetzliche Verfassung als die einzige dauerhafte, durch gründliche Reform zustande zu bringen", ibid. 1. Anm. (VI 154). Der Satz: fiat iustitia, pereat mundus will nichts anderes sagen als: „die politischen Maximen müssen nicht von der aus ihrer Befolgung zu erwartenden Wohlfahrt und Glückseligkeit eines jeden Staats, also nicht vom Zweck, den sich ein jeder derselben zum Gegenstande macht (vom Wollen), sondern von dem reinen Begriff der Rechtspflicht (vom Sollen, dessen Prinzip a priori durch reine Vernunft gegeben ist) ausgehen, die physischen Folgen daraus mögen auch sein, welche sie wollen. Die Welt wird keineswegs dadurch untergehen, daß der bösen Menschen weniger wird", ibid. (VI 160 f.). Wir müssen annehmen, „die reinen Rechtsprinzipien haben objektive Realität, d. i. sie lassen sich ausführen; und danach müsse auch von seiten des Volks im Staate und weiterhin von seiten der Staaten gegeneinander gehandelt werden; die empirische P. mag auch dagegen einwenden, was sie wolle. Die wahre P. kann also keinen Schritt tun, ohne vorher der Moral gehuldigt zu haben". „Das Recht der Menschen muß heilig gehalten werden, der herrschenden Gewalt mag es auch noch so große Aufopferung kosten", ibid. (VI 162 f.). „Sowie Klugheit die Geschicklichkeit ist, Menschen (freie Wesen) als Mittel zu seinen Absichten zu brauchen, so ist diejenige Klugheit, wodurch jemand ein ganzes freies Volk zu seinen Absichten zu brauchen versteht, die P. (Staatskunst). Diejenige P., welche dazu sich solcher Mittel bedient, die mit der Achtung fürs Recht der Menschen zusammenstimmen, ist moralisch.“ „Alle wahre P. ist auf die Bedingung eingeschränkt, mit der Idee des öffentlichen Rechts zusammenzustimmen (ihr nicht zu widerstreiten).“ Sie muß „offen verfahren“, darf nicht nach Maximen handeln, „die man verbergen muß, wenn man will, daß ein unrechtmäßiges Mittel gelingen soll“. „Wehe dem, der eine andere P. anerkennt als diejenige, welche die Rechtsgesetze heilig hält!“, Bruchstücke aus dem Nachlaß (VIII 294f.). Eine P., „welche, was den Punkt der Mittel betrifft, nicht bedenklich ist (also die des Politikasters), ist Demagogie“, Lose Bl. F 4. Vgl. Staat, Staatsverfassung, Krieg, Friede.

Postulat. „Ein P. ist ein praktischer unmittelbar gewisser Satz oder ein Grundsatz, der eine mögliche Handlung bestimmt, bei welcher vorausgesetzt wird, daß die Art, sie auszuführen, unmittelbar gewiß sei.“ „Es kann auch theoretische P.e geben zum Behufe der praktischen Vernunft. Dieses sind theoretische in praktischer Vernunftabsicht not wendige Hypothesen, wie die des Daseins Gottes, der Freiheit und einer anderen Welt“, Log. § 38 (IV 123). — Über die P.e in der Mathematik s. d.; vgl. Postulate des empirischen Denkens.

Postulate der praktischen Vernunft. „Wenn ... entweder, daß etwas sei, oder geschehen solle, ungezweifelt gewiß, aber doch nur bedingt ist, so kann doch entweder eine gewisse bestimmte Bedingung dazu schlechthin notwendig sein, oder sie kann nur als beliebig und zufällig vorausgesetzt werden. Im ersteren Falle wird die Bedingung postuliert (per thesin), im zweiten supponiert (per hypothesin).“ „Da es praktische Gesetze gibt, die schlechthin notwendig sind (die moralischen), so muß, wenn diese irgendein Dasein als die Bedingung der Möglichkeit ihrer verbindenden Kraft notwendig voraussetzen, dieses Dasein postuliert werden, darum, weil das Bedingte, von welchem der Schluß auf diese bestimmte Bedingung geht, selbst a priori als schlechterdings notwendig erkannt wird.“ So postulieren die moralischen Gesetze das Dasein eines höchsten Wesens, „aber freilich nur praktisch“, KrV tr. Dial. 2. B. 3. H. 7. Abs. (I 541 f.—Rc 683).

Ein Postulat der reinen praktischen Vernunft nennen wir „einen theoretischen, als solchen aber nicht erweislichen Satz ..., sofern er einem a priori unbedingt geltenden praktischen Gesetze unzertrennlich anhängt“, KpV 1. T. 2. B. 2. H. IV (II 156). Diese P. gehen alle vom Grundsatz (Gesetz) der Moralität aus, durch welchen Vernunft unmittelbar den Willen bestimmt, welcher reine Wille diese „notwendigen Bedingungen der Befolgung seiner Vorschrift fordert“. „Diese P. sind nicht theoretische Dogmata, sondern Voraussetzungen in notwendig praktischer Rücksicht, erweitern also zwar nicht die spekulative Erkenntnis, geben aber den Ideen der spekulativen Vernunft im allgemeinen (vermittelst ihrer Beziehung auf das Praktische) objektive Realität und berechtigen sie zu Begriffen, deren Möglichkeit auch nur zu behaupten sie sich sonst nicht anmaßen könnte.“ „Diese P. sind die der Unsterblichkeit, der Freiheit, positiv betrachtet (als der Kausalität eines Wesens, sofern es zur intelligiblen Welt gehört), und des Daseins Gottes. Das erste fließt aus der praktisch notwendigen Bedingung der Angemessenheit der Dauer zur Vollständigkeit der Erfüllung des moralischen Gesetzes; das zweite aus der notwendigen Voraussetzung der Unabhängigkeit von der Sinnenwelt und des Vermögens der Bestimmung seines Willens nach dem Gesetze einer intelligiblen Welt, d. i. der Freiheit; das dritte aus der Notwendigkeit der Bedingung zu einer solchen intelligiblen Welt, um das höchste Gut zu sein, durch die Voraussetzung des höchsten selbständigen Guts, d. i. des Daseins Gottes.“ „Die durch die Achtung fürs moralische Gesetz notwendige Absicht auf das höchste Gut und daraus fließende Voraussetzung der objektiven Realität desselben führt also durch P. der praktischen Vernunft zu Begriffen, welche die spekulative Vernunft zwar als Aufgaben vortragen, sie aber nicht auflösen konnte.“ Also führt sie zur endgültigen Erledigung der Paralogismen (s. d.), Antinomien (s. d.) und des Ideals (s. d.) der reinen

Vernunft. Unsere Erkenntnis wird hier „immanent", aber „nur in praktischer Absicht". „Denn wir erkennen zwar dadurch weder unserer Seele Natur noch die intelligible Welt noch das höchste Wesen nach dem, was sie an sich selbst sind, sondern haben nur die Begriffe von ihnen im praktischen Begriffe des höchsten Guts vereinigt." Die „Möglichkeit" aller dieser Ideen (s. d.) kann man nicht ergründen, aber, daß sie nicht „wahre Begriffe" sind, kann niemand bestreiten, ibid. VI (II 168 ff.). Durchs praktische Gesetz, welches die Existenz des höchsten Guts in der Welt gebietet, wird die Möglichkeit der Objekte der Ideen postuliert, „wodurch denn die theoretische Erkenntnis der reinen Vernunft allerdings einen Zuwachs bekommt, der aber bloß darin besteht, daß jene für sie sonst problematischen (bloß denkbaren) Begriffe jetzt assertorisch für solche erklärt werden, denen wirklich Objekte zukommen, weil praktische Vernunft die Existenz derselben zur Möglichkeit ihres, und zwar praktisch schlechthin notwendigen Objekts des höchsten Guts unvermeidlich bedarf, und die theoretische dadurch berechtigt wird, sie vorauszusetzen". Aber ein „synthetischer Satz" wird durch diese so gesicherte Realität der Ideen nicht möglich, nur die Existenz, nicht die Beschaffenheit des Übersinnlichen (s. d.) wird dadurch erkannt. Die Ideen werden hier „immanent und konstitutiv, indem sie Gründe der Möglichkeit sind, das notwendige Objekt der reinen praktischen Vernunft (das höchste Gut) wirklich zu machen, da sie ohne dies transzendent und bloß regulative Prinzipien der spekulativen Vernunft sind, die ihr nicht ein neues Objekt über die Erfahrung hinaus anzunehmen, sondern nur ihren Gebrauch in der Erfahrung der Vollständigkeit zu nähern auferlegen", ibid. VII (II 171 ff.). Das P. ist ein Bedürfnis nicht der theoretischen, sondern der praktischen Vernunft, ibid. VIII (II 180 f.).

„Postulat ist ein a priori gegebener, keiner Erklärung seiner Möglichkeit (mithin auch keines Beweises) fähiger, praktischer Imperativ. Man postuliert also nicht Sachen oder überhaupt das Dasein irgendeines Gegenstandes, sondern nur eine Maxime (Regel) der Handlung eines Subjekts. — Wenn es nun Pflicht ist, zu einem gewissen Zweck (dem höchsten Gut) hinzuwirken, so muß ich auch berechtigt sein anzunehmen: daß die Bedingungen da sind, unter denen allein diese Leistung der Pflicht möglich ist, obzwar dieselben übersinnlich sind und wir (in theoretischer Rücksicht) keine Erkenntnis derselben zu erlangen vermögend sind", Fried. i. d. Phil. 1. Abs. B Anm. (V 4, 35). Den Ideen: Gott, Freiheit, Unsterblichkeit kann Realität (s. d.) „nur in praktischer Rücksicht", als „P.n der moralisch-praktischen Vernunft", zugestanden werden. „Unter diesen Ideen führt also die mittlere, nämlich die der Freiheit, weil die Existenz derselben in dem kategorischen Imperativ enthalten ist, der keinem Zweifel Raum läßt, die zwei übrigen in ihrem Gefolge bei sich; indem er, das oberste Prinzip der Weisheit, folglich auch den Endzweck des vollkommensten Willens (die höchste mit der Moralität zusammenstimmende Glückseligkeit) voraussetzend, bloß die Bedingungen enthält, unter welchen allein diesem Genüge geschehen kann. Denn das Wesen, welches diese proportionierte Austeilung allein zu vollziehen vermag, ist Gott; und der Zustand, in welchem diese Vollziehung an vernünftigen Weltwesen allein jenem Endzweck völlig angemessen verrichtet werden kann, die Annahme einer schon in ihrer Natur begründeten Fortdauer des Lebens, d. i. die Unsterblichkeit. Denn wäre die Fortdauer des Lebens darin nicht begründet, so würde sie nur Hoffnung eines künftigen, nicht aber ein durch Vernunft (im Gefolge des moralischen Imperativs) notwendig vorauszusetzendes künftiges Leben bedeuten", ibid. V. d. übersinnlichen Gegenständen (V 4, 35 f.). „Postulatum theoreticum . . . ist eine notwendige Hypothesis der Zusammenstimmung der theoretischen und praktischen Erkenntnis", N 4953. Vgl. Gott, Unsterblichkeit, Glaube, Primat, Gut (höchstes).

Postulate des empirischen Denkens. Zu den apriorischen Grundsätzen (s. d.) des reinen Verstandes, und zwar den „regulativen", gehören die „P. des empirischen Denkens überhaupt". „1. Was mit den formalen Bedingungen der Erfahrung (der Anschauung und den Begriffen nach) übereinkommt, ist möglich." „2. Was mit den materialen Bedingungen der Erfahrung (der Empfindung) zusammenhängt, ist wirklich.“ „3. Dessen Zusammenhang mit dem Wirklichen nach allgemeinen Bedingungen der Erfahrung bestimmt ist, ist (existiert) notwendig.“ Diese P. wenden die Kategorie der Modalität (s. d.) auf das Gegebene an, sie sind die „Grundsätze der Modalität“. Diese sind nur „Erklärungen der Begriffe der Möglichkeit, Wirklichkeit und Notwendigkeit in ihrem empirischen Gebrauche“, KrV tr. Anal. 2. B. 2. H. 3. Abs. 4 (I 249 f.—Rc 309 f.); vgl. Möglichkeit, Wirklichkeit, Notwendigkeit. — „Postulieren“ bedeutet hier nicht: einen Satz für unmittelbar gewiß, ohne Rechtfertigung oder Beweis ausgeben. Eine „Deduktion“ (s. d.) synthetischer Sätze a priori ist notwendig. So wie ein mathematisches Postulat „die Synthesis enthält, wodurch wir einen Gegenstand uns zuerst geben und dessen Begriff erzeugen“, und zwar durch das geforderte Verfahren, so können wir mit demselben Rechte die Grundsätze der Modalität (s. d.) postulieren, „weil sie ihren Begriff von Dingen überhaupt nicht vermehren, sondern nur die Art anzeigen, wie er überhaupt mit der Erkenntniskraft verbunden wird“, ibid. Widerlegung des Idealismus (I 264 f.—Rc 325 f.).

Prädikabilien. Den Kategorien (Prädikamenten) als den wahren „Stammbegriffen“ des reinen Verstandes entsprechen ebenso reine (apriorische) „abgeleitete“ Verstandesbegriffe, die „P.“ des reinen Verstandes. „Wenn man die ursprünglichen und primitiven Begriffe hat, so lassen sich die abgeleiteten und subalternen leicht hinzufügen und der Stammbaum des reinen Verstandes völlig ausmalen.“ Solche P. sind die Begriffe der Kraft, der Handlung, des Leidens (als dem Begriffe der Kausalität untergeordnet); der Begriff der Gegenwart [Gegenwirkung?], des Widerstandes (der Kategorie der Gemeinschaft untergeordnet); der Begriff des Entstehens, Vergehens, der Veränderung (den Kategorien der Modalität untergeordnet) u. a. „Die Kategorien mit den modis der reinen Sinnlichkeit oder auch untereinander verbunden, geben eine große Menge abgeleiteter Begriffe a priori, die zu bemerken, und wo möglich bis zur Vollständigkeit zu verzeichnen, eine nützliche und nicht unangenehme, hier aber entbehrliche Bemühung sein würde“, KrV tr. Anal. § 10 (I 131 f.—Rc 151 f.). Zu den Kategorien gehören auch „die P. als aus jener ihrer Zusammensetzung entspringende und also abgeleitete, entweder reine Verstandes- oder sinnlich bedingte Begriffe a priori, von deren ersteren das Dasein als Größe vorgestellt, d. i. die Dauer, oder die Veränderung als Dasein mit entgegengesetzten Bestimmungen, von den anderen der Begriff der Bewegung als Veränderung des Ortes im Raume Beispiele abgeben, die gleichfalls vollständig aufgezählt und in einer Tafel systematisch vorgestellt werden könnten“, Fortschr. d. Metaph. 1. Abs. V. Begriffen a priori (V 3, 98). Vgl. Kraft.

Prädikat. Es muß zwischen dem „logischen“ und dem „realen“ P. (d. h. der Bestimmung eines Dinges) unterschieden werden. „Zum logischen P.e kann alles dienen, was man will, sogar das Subjekt kann von sich selbst prädiziert werden; denn die Logik abstrahiert von allem Inhalte. Aber die Bestimmung ist ein P., welches über den Begriff des Subjekts hinzukommt und ihn vergrößert. Sie muß also nicht in ihm schon enthalten sein“, KrV tr. Dial. 2. B. 3. H. 4. Abs. (I 516—Rc 654 f.). „Das P. ist kein Teilbegriff des Subjekts, sondern eine Vorstellung des Subjekts durch einen Teilbegriff.“ Wir erkennen von den Körpern nicht die eigentlichen Subjekte, sondern die P.e, N 3921. „Logische P.e sind Bejahungen oder Verneinungen“, reale P.e sind Bestimmungen oder Verneinungen, N 4795. Jedes Ding oder der Begriff von ihm kann wovon prädiziert werden, N 4055. Vgl. Bestimmung, Existenz, Position, Relation, Merkmal.

Präexistenz s. Unsterblichkeit.

Präformation s. Entwicklung, Organismus. Das „System der Zeugungen als bloßer Edukte“ heißt das System der „individuellen P.“ oder die „Evolutionstheorie“ (besser „Involutionstheorie“, Theorie der „Einschachtelung“), im Gegensatz zum System der Zeugungen als Produkte, zum System der „Epigenesis“ oder „generischen P.“, KU § 81 (II 290 ff.).

Präformationssystem der reinen Vernunft ist die Annahme, daß die Kategorien (s. d.) subjektive Erkenntnisformen sind, die als Anlagen angeboren und zugleich objektiv gültig sind. Dieser Auffassung stellt K. das System der „Epigenesis der reinen Vernunft" entgegen, wonach die Kategorien die Gründe der Möglichkeit aller Erfahrung überhaupt enthalten, apriorisch sind, aber für die Erfahrungsobjekte gelten, KrV tr. Anal. § 27 (I 175 f.—Rc 227).

Pragmatisch. Die „Weltkenntnis" (durch physische Geographie, Anthropologie) dient dazu, „allen sonst erworbenen Wissenschaften und Geschicklichkeiten das P.e zu verschaffen, dadurch sie nicht bloß für die Schule, sondern für das Leben brauchbar werden..", Über die Rassen der Menschen Anh. (VIII 97). „P." sind die „Gesetze des freien Verhaltens, zur Erreichung der uns von den Sinnen empfohlenen Zwecke"; sie beziehen sich auf die Mittel zur Glückseligkeit, sind keine reinen Gesetze a priori, KrV tr. Meth. 2. H. 1. Abs. (I 663—Rc 814). „P." bedeutet eigentlich „zur Wohlfahrt gehörig". P. sind jene Sanktionen, „welche aus der Vorsorge für die allgemeine Wohlfahrt fließen". „P. ist eine Geschichte abgefaßt, wenn sie klug macht, d. i. die Welt belehrt, wie sie ihren Vorteil besser oder wenigstens ebensogut als die Vorwelt besorgen könnte." Es gibt hypothetische Imperative (s. d.), welche „pragmatisch" sind, GMS 2. Abs. 5. Anm. (III 39). Ein Prinzip ist nicht „moralisch", sondern „pragmatisch", wenn es ein „Prinzip des Gebrauchs der Mittel zu einem gewissen Zweck" ist, Fried. i. d. Ph. 2. Abs. (V 4, 38). „Pragmatisch-moralische" Betrachtungsweise Gottes, der technisch-praktischen gegenübergestellt, Altpreuß. Mth. XXI 571. Man muß Gott und Unsterblichkeit aus einer „necessitas pragmatica" annehmen, Vorles. über Metaphys. S. 186, 291 ff. Vgl. Anthropologie, Glaube, Praktisch, Imperativ, Klugheit.

Praktisch. „Theoretisch betrachten wir etwas, insofern wir nur auf das achten, was zu seinem Sein gehört; praktisch aber, wenn wir das mustern, was ihm vermöge der Freiheit einwohnen sollte", Mund. sens. § 9 Anm. (V 2, 101).

Die „praktische Erkenntnis" ist jene, „dadurch ich mir vorstelle, was da sein soll". Der „praktische Gebrauch der Vernunft" ist jener, „durch den a priori erkannt wird, was geschehen solle", KrV tr. Dial. 2. B. 3. H. 7. Abs. (I 541—Rc 683). „P." ist „alles, was durch Freiheit möglich ist"; was mit der freien Willkür zusammenhängt. „Reine praktische Gesetze, deren Zweck durch die Vernunft völlig a priori gegeben ist, und die nicht empirisch bedingt, sondern schlechthin gebieten", sind Produkte der reinen Vernunft; dergleichen sind die moralischen Gesetze, ibid. tr. Meth. 2. H. 1. Abs. (I 663 f.—Rc 814 f.); vgl. Imperativ, Freiheit. „Alle praktischen Begriffe gehen auf Gegenstände des Wohlgefallens oder Mißfallens, d. i. der Lust oder Unlust, mithin, wenigstens indirekt, auf Gegenstände unseres Gefühls", ibid. Anm. (I 663—Rc 815).

Man darf das „P.e nach Naturbegriffen" nicht mit dem „P.en nach dem Freiheitsbegriffe" für einerlei halten. „Der Wille als Begehrungsvermögen ist nämlich eine von den mancherlei Natursachen in der Welt, nämlich diejenige, welche nach Begriffen wirkt; und alles, was als durch einen Willen möglich (oder notwendig) vorgestellt wird, heißt praktisch-möglich (oder -notwendig); zum Unterschiede von der physischen Möglichkeit oder Notwendigkeit einer Wirkung, wozu die Ursache nicht durch Begriffe (sondern, wie bei der leblosen Materie, durch Mechanism und bei Tieren durch Instinkt) zur Kausalität bestimmt wird." „Hier wird nun in Ansehung des P.en unbestimmt gelassen: ob der Begriff, der der Kausalität des Willens die Regel gibt, ein Naturbegriff oder ein Freiheitsbegriff sei" (vgl. Begriff). „Der letztere Unterschied aber ist wesentlich. Denn ist der die Kausalität bestimmende Begriff ein Naturbegriff, so sind die Prinzipien technisch-praktisch, ist er aber ein Freiheitsbegriff, so sind diese moralisch-praktisch." Erstere gehören zur theoretischen Philosophie (als Naturlehre), letztere zur praktischen (als Sittenlehre). „Alle technisch-praktische Regeln (d. i. die der Kunst und Geschicklichkeit überhaupt, oder auch der Klugheit als einer Geschicklichkeit, auf Menschen und ihren Willen Einfluß zu haben), sofern ihre Prinzipien auf Begriffen beruhen, müssen nur als Korollarien zur theoretischen Philosophie gezählt werden. Denn sie betreffen nur die Möglichkeit der Dinge nach Naturbegriffen, wozu nicht allein die Mittel, die in der Natur dazu anzutreffen sind, sondern selbst der Wille (als Begehrungs-, mithin als Naturvermögen) gehört, sofern er durch Triebfedern der Natur jenen Regeln gemäß bestimmt werden kann. Doch heißen dergleichen praktische Regeln nicht Gesetze (etwa so wie physische), sondern nur Vorschriften; und zwar darum, weil der Wille nicht bloß unter dem Naturbegriffe, sondern auch unter dem Freiheitsbegriffe steht, in Beziehung auf welchen die Prinzipien desselben Gesetze heißen und mit ihren Folgerungen den zweiten Teil der Philosophie, nämlich den praktischen, allein ausmachen." Die Kunst der Experimente, die Haus-, Land-, Staatswirtschaft, die Vorschriften der Diätetik, die Glückseligkeitslehre u. dgl. gehören nicht zur praktischen Philosophie, sondern nur die moralisch-praktischen Vorschriften, die sich gänzlich auf den Freiheitsbegriff gründen, als Gesetze, welche auf einem „übersinnlichen Prinzip" beruhen, KU Einl. I (II 7 ff.). Die Vernunft (im engeren Sinne) kann nur im P.en gesetzgebend sein, ibid. II (II 10); vgl. Gesetz. Eine theoretisch-dogmatische Erkenntnis des Übersinnlichen (s. d.) gibt es nicht. Wohl aber läßt sich dieses (Freiheit, Unsterblichkeit, Gott) „praktisch-dogmatisch" bestimmen, in „moralisch-praktischer Rücksicht" annehmen und in seiner praktischen Geltung (praktischen Realität) bestimmen, Fortschr. d. Metaph. 2. Abt. 3. Stadium (V 3, 124 ff.); vgl. Glaube. „Alles P.e, was nach Naturgesetzen möglich sein soll (die eigentliche Beschäftigung der Kunst), hängt seiner Vorschrift nach gänzlich von der Theorie der Natur ab; nur das P.e nach Freiheitsgesetzen kann Prinzipien haben, die von keiner Theorie abhängig sind; denn über die Naturbestimmungen hinaus gibt es keine Theorie." „Also kann die Philosophie unter dem praktischen Teile (neben ihrem theoretischen) keine technisch-, sondern bloß moralisch-praktische Lehre verstehen; und wenn die Fertigkeit der Willkür nach Freiheitsgesetzen, im Gegensatze der Natur, hier auch Kunst genannt werden sollte, so würde darunter eine solche Kunst verstanden werden müssen, welche ein System der Freiheit gleich einem Systeme der Natur möglich macht; fürwahr eine göttliche Kunst, wenn wir imstande wären, das, was uns die Vernunft vorschreibt, vermittelst ihrer auch völlig auszuführen und die Idee davon ins Werk zu richten", MS Einl. II (III 19).

„Eine Erkenntnis wird praktisch genannt im Gegensatze zu der theoretischen, aber auch im Gegensatze zu der spekulativen Erkenntnis." „P.e Erkenntnisse sind nämlich entweder 1. Imperative und insofern den theoretischen Erkenntnissen entgegengesetzt; oder sie enthalten 2. die Gründe zu möglichen Imperativen und werden insofern den spekulativen Erkenntnissen entgegengesetzt." „Unter einem Imperativ überhaupt ist jeder Satz zu verstehen, der eine möglich freie Handlung aussagt, wodurch ein gewisser Zweck wirklich gemacht werden soll. — Eine jede Erkenntnis also, die Imperative enthält, ist praktisch, und zwar im Gegensatze zu der theoretischen Erkenntnis praktisch zu nennen. Denn theoretische Erkenntnisse sind solche, die da aussagen: nicht, was sein soll, sondern was ist; — also kein Handeln, sondern ein Sein zu ihrem Objekte haben." „Setzen wir dagegen praktische Erkenntnisse den spekulativen entgegen, so können sie auch theoretisch sein, wofern aus ihnen nur Imperative können abgeleitet werden. Sie sind alsdann, in dieser Rücksicht betrachtet, dem Gehalte nach (in potentia) oder objektiv praktisch." Es ist also nicht jede „theoretische" Erkenntnis „spekulativ"; sie kann auch zugleich „praktisch" sein. „Alles läuft zuletzt auf das P.e hinaus; und in dieser Tendenz alles Theoretischen und aller Spekulation in Ansehung ihres Gebrauches besteht der praktische Wert unserer Erkenntnis." „Der einige unbedingte und letzte Zweck (Endzweck), worauf aller praktische Gebrauch unserer Erkenntnis zuletzt sich beziehen muß, ist die Sittlichkeit, die wir um deswillen auch das schlechthin oder absolut P.e nennen. Und derjenige Teil der Philosophie, der die Moralität zum Gegenstande hat, würde demnach praktische Philosophie κατ' ἐξοχήν heißen müssen, obgleich jede andere philosophische Wissenschaft immer auch ihren praktischen

Teil haben, d. h. von den aufgestellten Theorien eine Anweisung zum praktischen Gebrauche derselben für die Realisierung gewisser Zwecke enthalten kann", Log. Einl. Anh. (IV 95 ff.). Vgl. Primat, Vernunft, Realität, Pragmatisch, Gebrauch, Problem, Gesetze (praktische).

Praktische Absicht s. Praktische Realität.

Praktische Gesetze s. Gesetze (praktische).

Praktische Lust s. Gefühl, Moralisches Gefühl, Achtung.

Praktische Philosophie. „Ein der praktischen Philosophie Kundiger ist darum eben nicht ein praktischer Philosoph. Der letztere ist derjenige, welcher sich den Vernunftendzweck zum Grundsatz seiner Handlungen macht, indem er damit zugleich das dazu nötige Wissen verbindet", MS Vorr. 1. Anm. (III 211). Vgl. Praktisch, Ethik.

Praktische Realität. P. Realität ist Gültigkeit für die Praxis, für das sittliche Handeln, in bezug auf dasselbe, als Mittel zur Beförderung desselben als gültig gesetzt, anzunehmen. In „moralisch-praktischer" Absicht sind Ideen (s. d.) von Gott (s. d.) und Unsterblichkeit (s. d.), vom Übersinnlichen (s. d.) gültig, auch wenn sie keine theoretische Erkenntnis von Gegenständen gewähren; vgl. Fortschr. d. Metaph. 1. Abt. 3. Stadium (V 3, 124 ff.), KU §§ 87 ff. (II 324 ff.). Die Kategorien der Substanz (s. d.) und der Ursache haben ohne Beziehung auf sinnliche Anschauung keine objektive Realität; sie können eine solche nur bekommen „in Beziehung auf praktische Grundsätze a priori". Sie können so auch als „bloße logische Funktionen zu Begriffen von Dingen, deren Möglichkeit unerweislich ist", „ihren in praktischer Absicht unentbehrlichen Gebrauch für die Vernunft haben, weil sie alsdann nicht als objektive Gründe der Möglichkeit der Noumene, sondern als subjektive Prinzipien (des theoretischen oder praktischen Gebrauchs der Vernunft) in Ansehung der Phänomene gelten", Üb. e. Entdeck. 1. Abs. C (V 3, 47 f.). Vgl. Realität, Idee, Postulate der praktischen Vernunft, Glaube.

Prästabiliert s. Harmonie.

Prästabilismus s. Harmonie, Organismus. Nach dem biologischen P. hat die oberste Weltursache in die Produkte ihrer Weisheit nur die Anlage gebracht, vermittelst deren ein Organismus seinesgleichen hervorbringt und die Spezies sich selbst beständig erhält. Der P. tritt auf als System der Evolutionstheorie (s. d.) und der Epigenesis (s. d.), KU § 81 (II 290 ff.). Vgl. Entwicklung.

Prävision. „P.en sind Prämissen praktischer Regeln. Sie sind entweder auf Erinnerungen oder auf Reflexion oder auf Erdichtungen gegründet", N 385; vgl. 387, 391. Vgl. Antizipation.

Präzis. „Die extensive Größe der Deutlichkeit, sofern sie nicht abundant ist, heißt Präzision (Abgemessenheit)", Log. Einl. VIII (IV 69). Vgl. Deutlichkeit, Mathematik, Begriff.

Preis ist „das öffentliche Urteil über den Wert (valor) einer Sache im Verhältnis auf die proportionierte Menge desjenigen, was das allgemeine stellvertretende Mittel der gegenseitigen Vertauschung des Fleißes (des Umlaufs) ist", MSR 1. T. § 31 (III 105); vgl. Geld. Der „Preis" des Menschen ist der äußere Wert seiner Brauchbarkeit vor anderen. Der Mensch ist für keinen P. feil, er hat Würde (s. d.), d. h. Wert, der keinen P. hat, MST § 11 (III 285 ff.). Im Reiche der Zwecke hat alles einen P. oder eine Würde. „Was einen P. hat, an dessen Stelle kann auch etwas anderes als Äquivalent gesetzt werden." Der P. ist „relativer" Wert, GMS 2. Abs. (III 60). Der Charakter hat inneren Wert (s. d.) und ist über allen P. erhaben, Anthr. 2. T. A III (IV 235).

Priester. P. sind „geweihte Verwalter frommer Gebräuche". Sie sind eher da als „Geistliche", d. h. „Lehrer der rein moralischen Religion", Rel. 3. St. 1. Abt. V (IV 122). Vgl. Pfaffentum.

Primat der praktischen Vernunft. „Unter dem P.e zwischen zweien oder mehreren durch Vernunft verbundenen Dingen verstehe ich den Vorzug des einen, der erste Bestimmungsgrund der Verbindung mit allen übrigen zu sein. In engerer praktischer Bedeutung bedeutet es den Vorzug des Interesses des einen, sofern ihm (welches keinem anderen nachgesetzt werden kann) das Interesse der anderen untergeordnet ist." Die Vernunft bestimmt ihr Interesse (s. d.) selbst. „Das Interesse ihres spekulativen Gebrauchs besteht in der Erkenntnis des Objekts bis zu den höchsten Prinzipien a priori, das des praktischen Gebrauchs in der Bestimmung des Willens in Ansehung des letzten und vollständigen Zwecks", KpV 1. T. 2. B. 2. H. III (II 153). „Wenn praktische Vernunft nichts weiter annehmen und als gegeben denken mag, als was spekulative Vernunft für sich ihr aus ihrer Einsicht darreichen konnte, so führt diese das P. Gesetzt aber, sie hätte für sich ursprüngliche Prinzipien a priori, mit denen gewisse theoretische Positionen unzertrennlich verbunden wären, die sich gleichwohl aller möglichen Einsicht der spekulativen Vernunft entzögen (ob sie zwar derselben auch nicht widersprechen müßten), so ist die Frage, welches Interesse das oberste sei", ibid. (II 154). Ist reine Vernunft für sich praktisch, so ist es immer „ein und dieselbe Vernunft, die, es sei in theoretischer oder praktischer Absicht, nach Prinzipien a priori urteilt"; und da ist es klar, „daß, wenn ihr Vermögen in der ersteren gleich nicht zulangt, gewisse Sätze behauptend festzusetzen, indessen daß sie ihr auch eben nicht widersprechen, sie eben diese Sätze, sobald sie unabtrennlich zum praktischen Interesse der reinen Vernunft gehören, zwar als ein ihr fremdes Angebot, das nicht auf ihrem Boden erwachsen, aber doch hinreichend beglaubigt ist, annehmen und sie mit allem, was sie als spekulative Vernunft in ihrer Macht hat, zu vergleichen und zu verknüpfen suchen müsse; doch sich bescheidend, daß dieses nicht ihre Einsichten, aber doch Erweiterungen ihres Gebrauchs in irgendeiner anderen, nämlich praktischen Absicht sind..". „In der Verbindung also der reinen spekulativen mit der reinen praktischen Vernunft zu einer Erkenntnis führt die letztere das P." Ohne Unterordnung der einen Vernunftart unter die andere bestände ein Widerspruch der Vernunft mit sich selbst. Der spekulativen Vernunft aber kann die praktische nicht untergeordnet sein, „weil alles Interesse zuletzt praktisch ist und selbst das der spekulativen Vernunft nur bedingt und im praktischen Gebrauche allein vollständig ist", ibid. (II 155 f.); vgl. Postulate der praktischen Vernunft.

Prinzip: Grundsatz (s. d.), Gesetz, Voraussetzung. Die Vernunft (s. d.) im Unterschiede vom Verstande ist das „Vermögen der Prinzipien". „Erkenntnisse aus Prinzipien" sind jene, „da ich das Besondere im allgemeinen durch Begriffe erkenne". So ist ein jeder Vernunftschluß eine „Form der Ableitung einer Erkenntnis aus einem P.". Alle allgemeinen Sätze sind „komparative" Prinzipien; Prinzipien „schlechthin" aber kann der Verstand nicht verschaffen, d. h. „synthetische Erkenntnisse aus Begriffen". Die Vernunft ist „das Vermögen der Einheit der Verstandesregeln unter Prinzipien", KrV tr. Dial. Einl. II A (I 318 f.—Rc 385 f.).

„Metaphysisch" ist ein P., „wenn es die Bedingung a priori vorstellt, unter der allein Objekte, deren Begriff empirisch gegeben sein muß, a priori weiter bestimmt werden können". Ein „transzendentales" P. ist „dasjenige, durch welches die allgemeine Bedingung a priori vorgestellt wird, unter der allein Dinge Objekte unserer Erkenntnis überhaupt werden können". „So ist das P. der Erkenntnis der Körper als Substanzen und als veränderlicher Substanzen transzendental, wenn dadurch gesagt wird, daß ihre Veränderung eine Ursache haben müsse; es ist aber metaphysisch, wenn dadurch gesagt wird, ihre Veränderung müsse eine äußere Ursache haben." Das „P. der Zweckmäßigkeit der Natur (in der Mannigfaltigkeit ihrer empirischen Gesetze)" ist ein transzendentales

P. (s. Zweck), hingegen das „P. der praktischen Zweckmäßigkeit" ein metaphysisches P., weil der Begriff eines Begehrungsvermögens als eines Willens doch „empirisch gegeben werden muß (nicht zu den transzendentalen Prädikaten gehört)". Beide Prinzipien aber sind a priori, KU Einl. V (II 17 f.). — „Die Prinzipien einer Wissenschaft sind derselben entweder innerlich und werden einheimisch genannt (principia domestica), oder sie sind auf Begriffe, die nur außer ihr Platz finden können, gegründet und sind auswärtige Prinzipien (peregrina). Wissenschaften, welche die letzteren enthalten, legen ihren Lehren Lehnsätze (lemmata) zum Grunde; d. i. sie borgen irgendeinen Begriff und mit ihm einen Grund der Anordnung von einer anderen Wissenschaft", ibid. § 68 (II 245).

Prinzip der Erkenntnis. Zu betonen ist der Unterschied des „logischen" (formalen) und „transzendentalen" (materiellen) P.s der Erkenntnis. Ein transzendentales P. abstrahiert nicht, wie ein logisches, von der „Möglichkeit der Objekte", sondern muß diese, indem es über sie a priori bestimmt, berücksichtigen, Üb. e. Entdeck. 1. Abs. A (V 3, 11f.); vgl. Grund, Kausalität.

Prinzip der Forschung. Es ist gewiß, „daß durch bloßes empirisches Herumtappen ohne ein leitendes P., wonach man zu suchen habe, nichts Zweckmäßiges jemals würde gefunden werden; denn Erfahrung methodisch anstellen, heißt allein beobachten". Ideen müssen die Beobachtung leiten, aber ohne daß die Ideen der Beobachter in die Beobachtung selbst hineingetragen werden, wie dies seitens „rascher Vernünftler" geschieht, Gebrauch teleolog. Prinzipien (VIII 133); vgl. Zweck, Rasse.

Prinzipien der systematischen Einheit s. Einheit (systematische), Maximen.

Prinzipien, praktische, s. Grundsätze, Imperativ. „Die reine Vernunft enthält... in einem gewissen praktischen, nämlich dem moralischen Gebrauche, P. der Möglichkeit der Erfahrung, nämlich solcher Handlungen, die den sittlichen Vorschriften gemäß in der Geschichte des Menschen anzutreffen sein könnten. Denn da sie gebietet, daß solche geschehen sollen, so müssen sie auch geschehen können, und es muß also eine besondere Art von systematischer Einheit, nämlich die moralische, möglich sein (durch die Kausalität der Vernunft)." „Demnach haben die P. der reinen Erfahrung in ihrem praktischen, namentlich aber dem moralischen Gebrauche objektive Realität", KrV tr. Meth. 2. H. 2. Abs. (I 668—Rc 820 f.).

Privation s. Negation.

Probabilismus s. Gewissen.

Problem. „P.e (problemata) sind demonstrable, einer Anweisung bedürftige Sätze, oder solche, die eine Handlung aussagen, deren Art der Ausführung nicht unmittelbar gewiß ist." Zum P. gehört die „Quästion", die „Revolution" und die „Demonstration", Log. § 38 (IV 123). Vgl. Idee, Antinomie, Vernunft.

Problematische Urteile. „P. U. sind solche, wo man das Bejahen oder Verneinen als bloß möglich (beliebig) annimmt." Der problematische Satz ist also derjenige, „der nur logische Möglichkeit (die nicht objektiv ist) ausdrückt, d. i. eine freie Wahl, einen solchen Satz gelten zu lassen, eine bloß willkürliche Aufnehmung desselben in den Verstand". Solche Urteile können falsch und doch „Bedingungen der Erkenntnis der Wahrheit" sein, KrV tr. Anal. § 9 (I 125 f.—Rc 145 f.). Die p.n U. sind von dem Bewußtsein der bloßen Möglichkeit des Urteilens begleitet. Sie sind Urteile, „deren Materie gegeben ist mit dem möglichen Verhältnisse zwischen Prädikat und Subjekt", Log. § 30 (IV 119); vgl. Satz, Vernunftgebrauch.

Probleme, philosophische. Alles Interesse der Vernunft, das „spekulative" und das „praktische", vereinigt sich in den drei Fragen: „1. Was kann ich wissen? 2. Was soll ich tun? 3. Was darf ich hoffen?" Die erste Frage ist bloß spekulativ, die zweite bloß praktisch (moralisch), die dritte („wenn ich nun tue, was ich soll, was darf ich alsdann hoffen?") ist praktisch und theoretisch zugleich, „so daß das Praktische nur als ein Leitfaden zur Beantwortung der theoretischen und, wenn diese hoch geht, spekulativen Frage führt". Das Hoffen geht auf Glückseligkeit und läuft zuletzt auf den Schluß hinaus, „daß etwas sei (was den letzten möglichen Zweck bestimmt), weil etwas geschehen soll", KrV tr. Meth. 2. H. 2. Abs. (I 666 f.—Rc 818 f.).

Produkt s. Evolutionstheorie, Präformation.

Produktive Einbildungskraft s. Einbildungskraft.

Progress (Fortgang) s. Erscheinung, Erkenntnis, Reihe, Unendlichkeit, Idee.

Progressiv (von der Bedingung zum Bedingten fortschreitend) s. Kritik der reinen Vernunft, Unendlichkeit, Unbedingt, Reihe, Teil.

Propädeutik. Die Philosophie der reinen Vernunft ist entweder P. (Vorübung) und heißt Kritik oder zweitens das System der reinen Vernunft und heißt Metaphysik (s. d.), KrV tr. Meth. 3. H. (I 692—Rc 847); vgl. Kritik der reinen Vernunft, System. Die „Kritik des urteilenden Subjekts und der Erkenntnisvermögen desselben, sofern sie der Prinzipien a priori fähig sind" (zu welcher auch die ästhetische Urteilskraft zu zählen ist), ist die P. aller Philosophie, KU Einl. VIII (II 32). — Gegen Fichte stellt Kant fest: „daß die Anmaßung, mir die Absicht unterzuschieben, ich habe bloß eine Propädeutik zur Transzendentalphilosophie, nicht das System dieser Philosophie selbst liefern wollen, mir unbegreiflich ist. Es hat mir eine solche Absicht nie in Gedanken kommen können, da ich selbst das vollendete Ganze der reinen Philosophie in der Kritik der reinen Vernunft für das beste Merkmal der Wahrheit derselben gepriesen habe", Erklär. in Beziehung auf Fichtes Wissenschaftslehre (VIII 307). Vgl. Transzendentalphilosophie.

Proportion der Erkenntnisvermögen s. Harmonisch, Spiel, Geschmacksurteil.

Prosyllogismus, prosyllogistisch, s. Episyllogismus.

Prototypon transcendentale (Urbild) s. Ideal der reinen Vernunft.

Psychisch. Der „empirische Gegenstand" ist ein „äußerer", also physischer, wenn er „im Raume" anzutreffen ist, als Gegenstand des äußeren Sinnes. P. ist der „innere Gegenstand", der Gegenstand „lediglich im Zeitverhältnisse", der Gegenstand des „inneren Sinnes" (s. d.). Das Physische und P.e als solches sind bloße „Erscheinung"; das ihnen zugrunde liegende „transzendentale Objekt" ist unbekannt, KrV 1. A. tr. Dial. 2. B. 1. H. 4. Paralogismus (I 746—Rc 456 f.); vgl. Seele, Identitätstheorie, Dualismus. Während das Physische etwas „Stehendes oder Bleibendes" hat, hat die Zeit, die einzige Form unserer inneren Anschauung, „nichts Bleibendes", so daß sie „nur den Wechsel der Bestimmungen, nicht aber den bestimmbaren Gegenstand" zu erkennen gibt. „Denn in dem, was wir Seele nennen, ist alles im kontinuierlichen Flusse und nichts Bleibendes, außer etwa (wenn man es durchaus will) das darum so einfache Ich, weil diese Vorstellung keinen Inhalt, mithin kein Mannigfaltiges hat..." Dieses Ich (s. d.) aber ist weder Anschauung noch Begriff von einem Gegenstande, sondern „die bloße Form des Bewußtseins", ibid. Betrachtung üb. die Summe.. (I 752—Rc 468 f.). In uns, dem inneren Sinne nach, findet sich nichts von Bewegung, von Raumveränderung, ibid. (I 756—Rc 475 ff.). Vgl. Seele, Identitätstheorie, Sinn (innerer), Bewußtsein, Grad, Ich, Erscheinung, Geist.

Psychologie. Die empirische P. ist „die metaphysische Erfahrungswissenschaft vom Menschen", denn „was den Ausdruck der Seele betrifft, so ist es in dieser Abteilung noch nicht erlaubt, zu behaupten, daß er eine habe", Nachricht v. d. Einrichtung seiner Vorles. 1765—1766 (V 1, 155). — Die „rationale" P. ist ein Zweig der zur „Metaphysik der Natur" gehörenden immanenten „Physiologie" (s. d.). Sie ist die „Metaphysik der denkenden Natur", eine apriorische Wissenschaft. Die „empirische" P. aber gehört (wie die „empirische Naturlehre" überhaupt) zur „angewandten" Philosophie, nicht zur Metaphysik, wenn sie auch einstweilen noch „ein Plätzchen darin" behalten kann, nur weil sie noch nicht so reich ist, daß sie allein ein Studium ausmachen kann, und nur so lange, bis dieser „Fremdling" in einer „ausführlichen Anthropologie" seine eigene Behausung wird beziehen können, KrV tr. Meth. 3. H. (I 697 f.—Rc 853 f.). Die empirische P. ist „bloß Anthropologie des inneren Sinnes, d. i. Kenntnis unseres denkenden Selbst" und bloß empirisch. Die rationale P. ist gar keine Wissenschaft und ist bloß wegen der moralischen Teleologie notwendig, KU § 89 (II 333 f.). „Die P. ist für menschliche Einsichten nichts mehr und kann auch nichts mehr werden als Anthropologie, d. i. als Kenntnis des Menschen, nur auf die Bedingung eingeschränkt, sofern er sich als Gegenstand des inneren Sinnes kennt", Fortschr. d. Metaph. 2. Abt. Auflösung der Aufgabe III (V 3, 140). Die „empirische Seelenlehre" muß jederzeit von dem Range einer eigentlichen Naturwissenschaft (s. d.) entfernt bleiben, „weil Mathematik auf die Phänomene des inneren Sinnes und ihre Gesetze nicht anwendbar ist" (etwa mit Ausnahme des „Gesetzes der Stetigkeit" in dem Abflusse der inneren Veränderungen). Nicht einmal als systematische Zergliederungskunst oder Experimentallehre kann sie der Chemie (s. d.) nahe kommen, „weil sich in ihr das Mannigfaltige der inneren Beobachtung nur durch bloße Gedankenteilung voneinander absondern, nicht aber abgesondert aufbehalten und beliebig wiederum verknüpfen, noch weniger aber ein anderes denkendes Subjekt sich unseren Versuchen, der Absicht angemessen, von uns unterwerfen läßt, und selbst die Beobachtung an sich schon den Zustand des beobachteten Gegenstandes alteriert und verstellt". „Sie kann daher niemals etwas mehr als eine historische und als solche, so viel möglich, systematische Naturlehre des inneren Sinnes, d. i. eine Naturbeschreibung der Seele, aber nicht Seelenwissenschaft, ja nicht einmal psychologische Experimentallehre werden", Anfangsgr. d. Naturw. Vorr. (VII 194). Vgl. Anthropologie.

Psychologie, rationale. Aus dem „Ich denke" (s. Ich) leitet die rationale P. ihre Scheinerkenntnis her, die auf Paralogismen (s. d.) der reinen Vernunft beruht. Es gibt keine rationale P. als Doktrin, nur als Disziplin, welche der spekulativen Vernunft unüberschreitbare Grenzen setzt, um sowohl dem „seelenlosen Materialismus" als dem „im Leben grundlosen Spiritualismus" entgegenzutreten, KrV tr. Dial. 2. B. 1. H. (I 350 ff.—Rc 419 ff.). Die (dogmatische) rationale P. hält fälschlich die „Synthesis der Bedingungen eines Gedankens überhaupt" (oder die „Bedingung alles Denkens überhaupt") für eine „synthetische Vorstellung eines Objekts". Die logische Einheit und Einfachheit des Ich (s. d.) wird zu einem einfachen Wesen (Seelensubstanz) hypostasiert, trotzdem die Bedingungen der Erkenntnis eines solchen in der Anschauung fehlen. Diese Prädikate der Seele müßten auf Prinzipien und allgemeine Begriffe von denkenden Naturen überhaupt gegründet sein, da es sich doch um eine rationale (nicht empirische) P. handelt. „An dessen Statt findet sich, daß die einzelne Vorstellung: Ich bin, sie insgesamt regiert, welche eben darum, weil sie die reine Formel aller meiner Erfahrung (unbestimmt) ausdrückt, sich wie ein allgemeiner Satz, der für alle denkenden Wesen gelte, ankündigt und, da er gleichwohl in aller Absicht einzeln ist, den Schein einer absoluten Einheit der Bedingungen des Denkens überhaupt bei sich führt und dadurch sich weiter ausbreitet, als mögliche Erfahrung reichen könnte", KrV 1. A. tr. Dial. 2. B. 1. H. Betrachtung üb. d. Summe (I 763 ff.—Rc 490 ff.). In der P. als der „Physiologie des inneren Sinnes" kann aus dem Begriffe eines denkenden Wesens gar nichts a priori synthetisch erkannt werden, weil es im Psychischen nichts Beharrliches gibt als höchstens die bloße Form des Bewußtseins, das Ich, ibid. (I 752 f.—Rc 468 f.). Die „rationale P." ist ein Teil der „rationalen Naturlehre" (s. d.). Sie steht der Physik (s. d.) nach, wo das Räumliche der Gegenstände „mehr a priori vermag als die Zeitform, welche der Anschauung durch den inneren Sinn zum Grunde liegt, die nur eine Dimension hat". „Die Begriffe vom vollen und leeren Raume, von Bewegung und bewegenden Kräften können und müssen in der rationalen Physik auf ihre Prinzipien a priori gebracht werden, indessen daß in der rationalen P. nichts weiter als der Begriff der Immaterialität einer denkenden Substanz, der Begriff ihrer Veränderung und der Identität der Person bei den Veränderungen allein Prinzipien a priori vorstellen, alles Übrige aber empirische P. oder vielmehr nur Anthropologie ist, weil bewiesen werden kann, daß es uns unmöglich ist, zu wissen, ob und was das Lebensprinzip im Menschen (die Seele) ohne Körper im Denken vermöge, und alles hier nur auf empirische Erkenntnis, d. i. eine solche, die wir im Leben, mithin in der Verbindung der Seele mit dem Körper erwerben können, hinausläuft, und also dem Endzweck der Metaphysik, vom Sinnlichen zum Übersinnlichen einen Überschritt zu versuchen, nicht angemessen ist", Fortschr. d. Methaph. 2. Abt. 1. Stadium (V 3, 114 f.); N 4230 ff., 5451 ff., 6008 ff. Vgl. Paralogismen, Seele, Unsterblichkeit, Geist, Pneumatologie.

Psychosen. Die P. („Krankheiten des Kopfes") zerfallen in die der „Ohnmacht" und die der „Verkehrtheit" (Blödsinnigkeit — gestörtes Gemüt). „Der Blödsinnige befindet sich in einer großen Ohnmacht des Gedächtnisses, der Vernunft und gemeiniglich auch sogar der sinnlichen Empfindungen." Die Krankheiten der „Verkehrtheit" (des „gestörten Kopfes") lassen sich nach den „Gemütsfähigkeiten" einteilen: „erstlich die Verkehrtheit der Erfahrungsbegriffe, in der Verrückung, zweitens die in Unordnung gebrachte Urteilskraft zunächst bei dieser Erfahrung, in dem Wahnsinn, drittens die in Ansehung allgemeinerer Urteile verkehrt gewordene Vernunft, in dem Wahnwitze". „Alle übrigen Erscheinungen des kranken Kopfes können, wie mich dünkt, entweder als verschiedene Grade der erwähnten Zufälle, oder als eine unglückliche Vereinbarung dieser Übel untereinander, oder endlich als die Einpfropfung derselben auf mächtige Leidenschaften angesehen und den angeführten Klassen untergeordnet werden", Krankheiten des Kopfes (VIII 68 ff.). Die Verrückung ist ein Träumen im Wachen, sie beruht auf abnormen Halluzinationen und Illusionen, die „mit manchem subtilen Vernunfturteil" in Zusammenhang gebracht werden, ibid. (VIII 69 ff.). Die Urteile des Verrückten können ganz richtig, ja vernünftig sein. Im Wahnsinne hingegen urteilt der Verstand aus allenfalls richtigen Empfindungen ganz verkehrt. Es gibt einen sehr schimmernden Anschein von Wahnwitz, der mit einem großen Genie zusammen bestehen kann, ibid. (VIII 73 f.). — Das „Verderben des Willens" ist eine „Krankheit des Herzens". — Die Wurzel der Krankheiten des Kopfes liegt wohl im Körper und hat wohl ihren Hauptsitz „mehr in den Verdauungsteilen als im Gehirne". Zuerst leidet der Körper, darauf besteht eine gewisse Verkehrtheit, aus der sich dann die Geisteskrankheit entwickelt, ibid. (VIII 75 f.).

Die oberste Einteilung der „Gemütskrankheiten" ist die in die „Grillenkrankheit (Hypochondrie)" und das „gestörte Gemüt (Manie)", Anthr. 1. T. § 50 (IV 128f.). Die Frage, ob ein Angeklagter im Besitz seines natürlichen Verstandes- und Beurteilungsvermögens gewesen sei, ist „gänzlich psychologisch". Denn „obgleich körperliche Verschrobenheit der Seelenorgane vielleicht wohl bisweilen die Ursache einer unnatürlichen Übertretung des (jedem Menschen beiwohnenden) Pflichtgesetzes sein möchte, so sind die Ärzte und Physiologen überhaupt doch nicht so weit, um das Maschinenwesen im Menschen so tief einzusehen, daß sie die Anwandlung zu einer solchen Greueltat daraus erklären, oder (ohne Anatomie des Körpers) sie vorher sehen könnten"; eine gerichtliche Arzneikunde (medicina forensis) betreffs der Frage, ob der Angeklagte verrückt oder normal ist, ist nicht Sache des Richters, sondern einer anderen Fakultät, ibid. § 51 (IV 131). Die „Verrückung" ist: 1. „Unsinnigkeit (amentia)", als „Unvermögen, seine Vorstellungen auch nur in den zur Möglichkeit der Erfahrung nötigen Zusammenhang zu bringen" („tumultuarische" Verrückung). 2. „Wahnsinn (dementia)", „diejenige Störung des Gemüts, da alles, was der Verrückte erzählt, zwar den formalen Gesetzen des Denkens zu der Möglichkeit einer Erfahrung gemäß ist, aber durch falsch dichtende Einbildungskraft selbstgemachte Vorstellungen für Wahrnehmungen gehalten werden" („methodische" Verrückung). 3. „Wahnwitz (insania)", „eine gestörte Urteilskraft, wodurch das Gemüt durch Analogien hingehalten wird, die mit Begriffen einander ähnlicher Dinge verwechselt werden, und so die Einbildungskraft ein dem Verstande ähnliches Spiel der Verknüpfung disparater Dinge als das Allgemeine vorgaukelt, worunter die letzteren Vorstellungen enthalten waren" („fragmentarische" Verrückung). 4. „Aberwitz (vesania)" ist die „Krankheit einer gestörten Vernunft", ibid. § 52 (IV 132 ff.). Das allgemeine Merkmal der Verrücktheit ist der „logische Eigensinn" statt des Gemeinsinnes, ibid. § 53 (IV 138); vgl. N 487ff.

Publizität. Volksaufklärung (s. Aufklärung) ist „die öffentliche Belehrung des Volkes von seinen Pflichten und Rechten in Ansehung des Staates, dem es angehört". Die natürlichen Verkündiger und Ausleger derselben sind die Philosophen, welche als „Aufklärer" verschrien sind, obzwar ihre Stimme „nicht vertraulich ans Volk", sondern „ehrerbietig an den Staat" gerichtet und dieser sein rechtliches Bedürfnis zu beherzigen angefleht wird, was nur durch P. geschehen kann, wenn ein ganzes Volk seine Beschwerde vortragen will. „So verhindert das Verbot der P. den Fortschritt eines Volkes zum Bessern selbst in dem, was das Mindeste seiner Forderung, nämlich bloß sein natürliches Recht angeht", Str. d. Fak. 2. Abs. 8 (V 4, 136f.). P. ist ein apriorisches Kriterium des öffentlichen Rechts. Jeder Rechtsanspruch muß die Fähigkeit der P. haben, sonst besteht er zu unrecht, Z. ew. Fried. (VI 163). Vgl. Recht.

Purismus. P. ist „eine Pedanterie in Ansehung der Pflichtbeobachtung, was die Weite derselben betrifft", MST 1. T. § 7 (III 274).

Q.

Quaestio facti. Die q. f. oder die Frage quid facti betrifft nur die Art, wie eine Erkenntnis tatsächlich erworben wird. Ihr stellt der Kritizismus (s. d.) die **quaestio juris,** d. i. die Frage nach der transzendentalen Befugnis eines Begriffes, nach seinem Rechtsanpruch (quid juris) entgegen. Vgl. Kritik der reinen Vernunft, Deduktion (transzendentale), Rationalismus, Rechenschaft.

Qualität. Die Kategorien (s. d.) der Q. sind Realität (s. d.), Negation (s. d.), Limitation (s. d.). Die Q. der Sinnesdata gehört zum Empirischen der Anschauung, sie ist keine Grundlage apriorischer Erkenntnis, ist nicht antizipierbar, ist „subjektiv", d. h. hier: auf der (durch Reize bedingten) Affektion der Sinnesorgane beruhend. Vgl. Empfindung, Erscheinung, Geschmacksurteil, Schönheit, Freiheit.

Qualität der Urteile. „Der Q. nach sind die Urteile entweder bejahende oder verneinende oder unendliche. — Im bejahenden Urteile wird das Subjekt unter der Sphäre eines Prädikates gedacht, im verneinenden wird es außer der Sphäre des letzteren gesetzt, und im unendlichen wird es in die Sphäre eines Begriffes, die außerhalb der Sphäre eines andern liegt, gesetzt", Log. § 22 (IV 113). Vgl. Urteil.

Qualitativ s. Einheit.

Quantität. Die Kategorien (s. d.) der Q. sind: Einheit (das Maß), Vielheit (die Größe), Allheit (das Ganze), Prol. § 21 (III 61). Vgl. Größe, Materie, Geschmacksurteil, Schönheit, Freiheit.

Quantität der Urteile. „Der Q. nach sind die Urteile entweder allgemeine oder besondere oder einzelne, je nachdem das Subjekt im Urteile entweder ganz von der Notion des Prädikates ein- oder ausgeschlossen oder davon zum Teil nur ein-, zum Teil ausgeschlossen ist", Log. § 21 (IV 111).

Quelle der Erkenntnis s. Transzendentalphilosophie, Idee (transzendentale), Kritik der reinen Vernunft, Kategorie.

R.

Rache. Die Rachbegierde ist „der Haß aus dem erlittenen Unrecht". Sie ist „eine Leidenschaft, welche aus der Natur des Menschen unwiderstehlich hervorgeht und, so bösartig sie auch ist, doch die Maxime der Vernunft vermöge der erlaubten Rechtsbegierde, deren Analogon jene ist, mit der Neigung verflochten", Anthr. 1. T. § 83 (IV 209).

Radikal s. Böse.

Rasse. Die Ursache der klimatischen Verschiedenheiten der Menschen ist (wie nach Herder) ein „innerlich nach Verschiedenheit der äußeren Umstände sich selbst diesen angemessen modifizierendes Lebensprinzip", aber so, daß, wenn diese Ursache nur auf gewisse Zahl und Grade von Verschiedenheiten eingeschränkt wäre, man diese Naturbestimmung auch wohl „Keime oder ursprüngliche Anlagen" nennen könnte, Rezension von Herders „Ideen" III (VI 42 f.). Alle Menschen gehören zu einer und derselben Naturgattung (vgl. Gattung), sie gehören also zu einem einzigen Stamme, aus dem sie trotz ihrer Verschiedenheit alle entsprungen sind oder doch wenigstens haben entspringen können. „Im ersteren Falle gehören die Menschen nicht bloß zu einer und derselben Gattung, sondern auch zu einer Familie; im zweiten sind sie einander ähnlich, aber nicht verwandt, und es müßten viel Lokalschöpfungen angenommen werden; eine Meinung, welche die Zahl der Ursachen ohne Not vervielfältigt." Eine solche Tiergattung enthält unter sich nicht verschiedene Arten (den diese bedeuten die Verschiedenheiten der Abstammung), sondern bloß „Abartungen" (s. d.), d. h. erbliche Abweichungen. Diese sind „Nachartungen", „wenn sie mit ihrer Abkunft einstimmig sind", sonst aber „Ausartungen". „Unter den Abartungen, d. i. den erblichen Verschiedenheiten der Tiere, die zu einem einzigen Stamm gehören, heißen diejenigen, welche sich sowohl bei allen Verpflanzungen (Versetzungen in andere Landstriche) in langen Zeugungen unter sich beständig erhalten, als auch in der Vermischung mit anderen Abartungen desselbigen Stammes jederzeit halbschlächtige Junge zeugen, R.n." Die „Spielarten" sind Abartungen, die nicht notwendig halbschlächtig zeugen (bastardieren), die „Varietäten" jene, welche „oft und beständig nacharten". So sind z. B. Neger und Weiße zwei R.n des Menschen, hingegen Blonde und Brünette nicht, sondern bisweilen Spielarten der Weißen. Die „Abartung, welche mit anderen zwar halbschlächtig erzeugt, aber durch die Verpflanzung nach und nach erlischt", ist ein besonderer „Schlag". Ein solcher erblicher Schlag ist das Produkt von Bodenbeschaffenheit (Feuchtigkeit und Trockenheit) und Nahrung. Durch „sorgfältige Aussonderung der ausartenden Geburten von den einschlagenden" läßt sich ein dauerhafter Familienschlag errichten, Über die R.n der Menschen I (VIII 80 f.). — Man braucht nur vier (Grund-)R.n der Menschen anzunehmen: Weiße, Neger, hunnische (mongolische oder kalmückische) und hinduische (oder hindostanische) R. Durch Vermischung von R.n entstehen „vermischte" R.n, während die „angehenden" R.n solche sind, die in dem Klima noch nicht lange genug gewohnt haben, um den Charakter der R. derselben völlig anzunehmen, ibid. II (VIII 82 f.). — Luft und Sonne sind Ursachen, welche die Zeugungskraft innigst beeinflussen und eine „dauerhafte Entwicklung der Keime und Anlagen hervorbringen, die eine R. gründen können", ibid. III (VIII 87); vgl. Entwicklung. Hat eine R. einmal Wurzel gefaßt, so widersteht sie (auch in einem andern Milieu) aller Umformung in eine andere R., ibid. IV (VIII 94).

Der Begriff einer R. ist „der Klassenunterschied der Tiere eines und desselben Stammes, sofern er unausbleiblich erblich ist", Bestimmung des Begriffs einer Menschenrasse,

VI (VIII 121). In dem „ersten und gemeinschaftlichen Menschenstamm" waren „auf die jetzt vorhandenen Rassenunterschiede ganz eigentlich angelegte Keime", ibid. Anmerk. (VIII 123). „Die unausbleibliche Anartung beiderseitiger Eigentümlichkeiten der Eltern ist also der einzig wahre und zugleich hinreichende Probierstein der Verschiedenheit der R.n, wozu sie gehören, und ein Beweis der Einheit des Stamms, woraus sie entsprungen sind: nämlich der in diesen Stamm gelegten, sich in der Folge der Zeugungen entwickelnden ursprünglichen Keime, ohne welche jene erblichen Mannigfaltigkeiten nicht würden entstanden sein, und vornehmlich nicht hätten notwendig erblich werden können", ibid. (VIII 123 f.). Der Begriff „R." ist „in der Vernunft" eines jeden Naturbeobachters wohl gegründet, „der zu einer sich vererbenden Eigentümlichkeit verschiedener vermischt zeugender Tiere, die nicht in dem Begriffe ihrer Gattung liegt, eine Gemeinschaft der Ursache, und zwar einer in dem Stamme der Gattung selbst ursprünglich gelegenen Ursache denkt". In der Naturbeschreibung kommt an Stelle der R. die „Varietät" vor. R. ist durch „Abartung" (progenies classifica) zu übersetzen, um sie von der „Ausartung" (degeneratio s. progenies specifica) zu unterscheiden, die man wegen des Gesetzes der Erhaltung der Arten nicht einräumen kann, Gebrauch teleolog. Prinzipien (VIII 135 f.). Die Menschengattung gliedert sich (genetisch) in: Stamm (oder Stämme), R. (Abartung), Menschenschlag (varietas nativa). Durch Beobachtungen unter der Leitung von teleologischen Prinzipien der Forschung ist diese Verwandtschaft in der Menschengattung aufzufinden, ibid. (VIII 136 f.). In den Nachkommen des ersten Menschenpaares war noch die ganze ursprüngliche Anlage für alle künftigen Abartungen ungeschieden. Sie paßten daher (potentiell) zu allen Klimaten; je nach dem Klima entwickelte sich (unter dessen Einfluß) der zu ihm passende Keim. „Die Entwicklung der Anlagen richtet sich nach den Örtern." Das nicht passende Verhältnis der schon befestigten R.n zu einem neuen Klima hielt die Bewohner des alten von selbst davon ab, hinzuwandern, ibid. (VIII 146 f.). Es ist als wahrscheinlich anzusehen, „daß die Vermischung der Stämme (bei großen Eroberungen), welche nach und nach die Charaktere auslöscht, dem Menschengeschlecht alles vorgeblichen Philanthropismus ungeachtet nicht zuträglich sei", Anthr. 2. T. C (IV 273). Die Menschengattung als „eine Species vernünftiger Erdenwesen" ist eine „R.", ibid. E Grundzüge ... (IV 288). Die Verschiedenheit der Hautfarbe ist durch das Klima beeinflußt, Phys. Geographie 2. T. 1. Abs. § 3 (IX 195). „In den heißen Ländern reift der Mensch in allen Stücken früher, erreicht aber nicht die Vollkommenheit der temperierten Zonen. Die Menschheit ist in ihrer größten Vollkommenheit in der R. der Weißen. Die gelben Inder haben schon ein geringeres Talent. Die Neger sind tiefer, und am tiefsten steht ein Teil der amerikanischen Völkerschaften." Das Klima beeinflußt auch den Charakter, die Gemütsart der Menschen. Klima und Milieu lassen die Arten abändern, ibid. § 4 (IX 197 ff.). Vgl. Mensch.

Rational s. Ethik, Psychologie, Erkenntnis, Vernunft, Vernunfterkenntnis, Ver stand, Denken.

Rationalismus. Die Verneinung der Frage, ob alle Erkenntnis nicht bloß „von der Erfahrung anhebe" (was eine Tatsache ist, quaestio facti), sondern ob sie auch „allein von der Erfahrung als dem obersten Erkenntnisgrunde abzuleiten sei" (quaestio juris), ergibt den „R." der Transzendentalphilosophie. Denn der „Empirismus", der die „synthetische Einheit unserer Vorstellungen in der Erkenntnis" für „bloße Gewohnheitssache" ausgibt, ist gänzlich unhaltbar, Fortschr. d. Metaph. 1. Abt. Von d. Umfange ... (V 3, 101 f.). „Alle rationale Erkenntnis enthält entweder die ersten Gründe desjenigen, was ein Objekt der bloß reinen Erkenntnis ist, oder die ersten Gründe der Erscheinung", N 3947. In der reinen Vernunft liegen die apriorischen Bedingungen der Erkenntnis, aber nicht einer solchen von Dingen an sich, die unmöglich ist (gegen den dogmatischen R.), sondern nur der Gegenstände möglicher Erfahrung (s. Kritizismus). Kant selbst war eine Zeitlang

Rationalist. Vgl. A priori, Verstand, Vernunft, Kategorie, Erfahrung, Existenz, Begriff, Denken.

Rationalismus, ästhetischer. Der R. des Prinzips des Geschmacks betrachtet das Geschmacksprinzip als apriorisch, während der ästhetische Empirismus den Geschmack (s. d.) aus empirischen Faktoren ableitet. Ersterer ist entweder ein R. des „Realismus" der Zweckmäßigkeit oder ein R. des „Idealismus" derselben. Nur dieser R. ist haltbar, KU § 58 (II 205 ff.); vgl. Geschmacksurteil.

Rationalismus, ethischer, s. Ethik, Sittlichkeit, Vernunft (praktische).

Rationalismus, religiöser. „Der, welcher bloß die natürliche Religion für moralisch notwendig, d. i. für Pflicht, erklärt, kann auch der Rationalist (in Glaubenssachen) genannt werden." „Wenn dieser die Wirklichkeit aller übernatürlichen göttlichen Offenbarung verneint, so heißt er Naturalist; läßt er nun diese zwar zu, behauptet aber, daß sie zu kennen und für wirklich anzunehmen, zur Religion nicht notwendig erfordert wird, so würde er ein reiner Rationalist genannt werden können; hält er aber den Glauben an dieselbe zur allgemeinen Religion für notwendig, so würde er der reine Supernaturalist in Glaubenssachen heißen können." „Der Rationalist muß sich vermöge dieses seines Titels von selbst schon innerhalb der Schranken der menschlichen Einsicht halten. Daher wird er nie als Naturalist absprechen und weder die innere Möglichkeit einer Offenbarung überhaupt noch die Notwendigkeit einer Offenbarung als eines göttlichen Mittels zur Introduktion der wahren Religion bestreiten; denn hierüber kann kein Mensch durch Vernunft etwas ausmachen", Rel. 4. St. 1. T. (IV 180); vgl. Religion.

Raum. Der R. ist kein aus der Erfahrung abstrahierter Begriff, sondern eine „reine Anschauung" bezw. die Form des äußeren Sinnes, als solche a priorisch-subjektiv, d. h. aus der Gesetzlichkeit des anschauenden Bewußtseins selbst entspringend und eine Bedingung der Erfahrung. Die Raumform ist eine allgemeine und notwendige Bestimmung der Gegenstände, weil ohne diese „subjektive", in der Art und Weise unseres Anschauens selbst gegründete „Form" nichts Gegenstand unserer Sinneswahrnehmung sein kann. Der R. ist objektiv in dem Sinne, daß er den Dingen selbst zugeschrieben werden muß, aber nicht den Dingen an sich, sondern den Dingen, sofern sie uns sinnlich erscheinen, also in deren Beziehung zu einer möglichen Wahrnehmung. An sich sind die Dinge nicht räumlich, aber sie enthalten einen Grund zu den räumlichen Bestimmtheiten ihrer Erscheinung, die als solche zwar empirisch-real sind, für alles äußerlich Erfahrbare gelten, aber in bezug auf das Ding an sich Idealität haben. Der R. ist (als Ausdehnung) eine ursprüngliche (aber nicht „angeborene") Ordnungsform des anschaulich gegebenen Materials; diese Form gehört der reinen Sinnlichkeit an, erhält aber erst durch den Verstand die gesetzliche Bestimmtheit einheitlicher Verknüpfung, Konstruktion (s. d.), die den Raumbegriff von der bloßen räumlichen Anschauung unterscheidet. Die apriorisch-ideelle Beschaffenheit des R.es erklärt die Apriorität der Grundsätze der Geometrie (s. Mathematik), welche nichts anderes ausdrücken als die Art und Weise, wie wir die Dinge anschauen müssen. Alles Räumliche als solches ist Erscheinung (s. Körper, Materie, Bewegung).

Es ist leicht zu erweisen, „daß kein R. und keine Ausdehnung sein würden, wenn die Substanzen keine Kraft hätten, außer sich zu wirken. Denn ohne diese Kraft ist keine Verbindung, ohne diese keine Ordnung und ohne diese endlich kein R.", V. d. wahren Schätzung der lebendigen Kräfte 1. H. § 9 (VII 23). Die dreifache Abmessung des R.es scheint von dem Gesetze herzurühren, nach welchem die Kräfte der Substanzen ineinander wirken. Es ist die Annahme möglich: „daß die Substanzen in der existierenden Welt, wovon wir ein Teil sind, wesentliche Kräfte von der Art haben, daß sie in Vereinigung miteinander nach der doppelten umgekehrten Verhältnis der Weiten ihre Wirkungen von sich ausbreiten; zweitens, daß das Ganze, was daher entspringet, vermöge dieses Gesetzes die Eigenschaft der dreifachen Dimension habe; drittens, daß dieses Gesetz willkürlich sei, und daß Gott dafür ein anderes, zum Exempel der umgekehrten dreifachen Verhältnis hätte wählen können; daß endlich viertens aus einem andern Gesetze auch eine Ausdehnung von andern Eigenschaften und Abmessungen geflossen wäre. Eine Wissenschaft von allen diesen möglichen Raumesarten wäre unfehlbar die höchste Geometrie, die ein endlicher Verstand unternehmen könnte. Die Unmöglichkeit, die wir bei uns bemerken, einen R. von mehr als drei Abmessungen uns vorzustellen, scheint mir daher zu rühren, weil unsere Seele ebenfalls nach dem Gesetze der umgekehrten doppelten Verhältnis der Weiten die Eindrücke von draußen empfängt, und weil ihre Natur selber dazu gemacht ist, nicht allein so zu leiden, sondern auch auf diese Weise außer sich zu wirken", ibid. § 10 (VII 24 f.). „Wenn es möglich ist, daß es Ausdehnungen von andern Abmessungen gebe, so ist es auch sehr wahrscheinlich, daß sie Gott wirklich irgendwo angebracht hat. Denn seine Werke haben alle die Größe und Mannigfaltigkeit, die sie nur fassen können. Räume von dieser Art könnten nun unmöglich mit solchen in Verbindung stehen, die von ganz andern Wesen sind; daher würden dergleichen Räume zu unserer Welt gar nicht gehören, sondern eigene Welten ausmachen müssen", ibid. § 11 (VII 25 f.). Der leere R. ist der unendliche „Umfang der göttlichen Gegenwart", Th. des Himmels 2. T. 7. H. (VII 115); vgl. Vorles. üb. Metaphysik S. 301, 339; Vorles. üb. philos. Religionslehre S. 187; N 4208. Ort, Lage und R. sind „Beziehungen der Substanzen..., wodurch sie sich auf die anderen, von ihnen wirklich unterschiedenen in wechselseitigen Bestimmungen beziehen und auf diese Art in äußerer Verbindung erhalten werden". „Da die Bestimmungen der Substanzen sich aufeinander beziehen, d. h. die voneinander verschiedenen Substanzen aufeinander wirken (nämlich die eine einiges an der anderen bestimmt), so ist ferner der Begriff des R.es vollständig durch die ineinander greifenden Wirksamkeiten der Substanzen gegeben, mit denen eine Rückwirkung notwendig immer verbunden ist", N. diluc. Propos. 13 Usus (V 1, 48 f.); vgl. Welt. „Der R., welchen die Körper einnehmen, ist ins Unendliche teilbar; er besteht deshalb nicht aus ursprünglichen und einfachen Teilen." Die „Monaden" (s. d.) „erfüllen" den R.; sie bestimmen ihn durch eine abstoßende Kraft, welche die anderen Substanzen von sich ausschließt. Es gibt keinen leeren R., Phys. Monadologie Satz III ff. (VII 346 ff.). Der R. hat „keine Substantialität", sondern ist nur „die Erscheinung (Phaenomenon) der äußeren Beziehung der zur Einheit verbundenen Monaden", ibid. Satz IV (VII 349). „Wir finden ... bei dem Gebrauch der äußeren Sinne, daß über die Klarheit, darin die Gegenstände vorgestellt werden, man in der Empfindung auch ihren Ort mit begreife, vielleicht nicht allemal mit gleicher Richtigkeit, dennoch als eine notwendige Bedingung der Empfindung, ohne welche es unmöglich wäre, die Dinge als außer uns vorzustellen. Hierbei wird es sehr wahrscheinlich, daß unsere Seele das empfundene Objekt dahin in ihrer Vorstellung versetze, wo die verschiedenen Richtungslinien des Eindrucks, die dasselbe gemacht hat, wenn sie fortgezogen werden, zusammenstoßen", Träume 1. T. 3. H. (V 2, 35).

Ein Beweis wird versucht, „daß der absolute R. unabhängig von dem Dasein aller Materie und selbst als der erste Grund der Möglichkeit ihrer Zusammensetzung eine eigene Realität habe", V. d. ersten Grunde des Unterschiedes der Gegenden im R.e (V 2, 80). „In dem körperlichen R.e lassen sich, wegen seiner drei Abmessungen, drei Flächen denken, die einander insgesamt rechtwinklig schneiden. Da wir alles, was außer uns ist, durch die Sinne nur insofern kennen, als es in Beziehung auf uns selbst steht, so ist kein Wunder, daß wir von dem Verhältnis dieser Durchschnittsflächen zu unserem Körper den ersten Grund hernehmen, den Begriff der Gegenden im R.e zu erzeugen." Oben und unten, rechts und links, vorn und hinten werden hiernach unterschieden, ibid. (V 2, 81). An den Körpern haben die Teile eine bestimmte Ordnung ihrer Teile, die sie, bei sonstiger Gleichheit, doch unaufhebbar unterscheiden läßt (wie z. B. die rechte und linke Hand), und zwar in der Anschauung, aber in Beziehung auf den absoluten R. „Wir wollen also dartun: daß der vollständige Bestimmungsgrund einer körperlichen Gestalt nicht lediglich auf dem Verhältnis und der Lage seiner Teile gegeneinander beruhe, sondern noch überdem auf einer Beziehung gegen den allgemeinen absoluten R., so wie ihn sich die Meßkünstler denken, doch so, daß dieses Verhältnis nicht unmittelbar kann wahrgenommen werden, aber wohl diejenigen Unterschiede der Körper, die einzig und allein auf diesem Grunde beruhen." Zwei Körper „können völlig gleich und ähnlich, jedoch an sich selbst so verschieden sein, daß die Grenzen der einen nicht zugleich die Grenzen der anderen sein können", so daß der eine Körper das „inkongruente Gegenstück" des anderen bildet, ibid. (V 2, 84f.). „Es ist hieraus klar, daß nicht die Bestimmungen des R.es Folgen von den Lagen der Teile der Materie gegeneinander, sondern diese Folgen von jenen sind, und daß also in der Beschaffenheit der Körper Unterschiede angetroffen werden können, und zwar wahre Unterschiede, die sich lediglich auf den absoluten und ursprünglichen R. beziehen, weil nur durch ihn das Verhältnis körperlicher Dinge möglich ist; und daß, weil der absolute R. kein Gegenstand einer äußeren Empfindung, sondern ein Grundbegriff ist, der alle dieselben zuerst möglich macht, wir dasjenige, was in der Gestalt eines Körpers lediglich die Beziehung auf den reinen R. angeht, nur durch die Gegenhaltung mit anderen Körpern vernehmen können." „Ein nachsinnender Leser wird daher den Begriff des R.es, so wie ihn der Meßkünstler denkt und auch scharfsinnige Philosophen ihn in den Lehrbegriff der Naturwissenschaft aufgenommen haben, nicht für ein bloßes Gedankending ansehen, obgleich es nicht an Schwierigkeiten fehlt, die diesen Begriff umgeben, wenn man seine Realität, welche dem inneren Sinn anschauend genug ist, durch Vernunftideen fassen will" (V 2, 86).

Der R. ist eine subjektive Form der Anschauung. 1. „Die Vorstellung des R.es wird nicht von äußeren Empfindungen abstrahiert. Denn ich kann etwas als außer mir befindlich nur vorstellen, wenn ich es mir an einem von meinem eigenen Standort verschiedenen Orte vorstelle, und ebenso Dinge außereinander nur, wenn ich sie an verschiedene Orte des R.es verlege. Die Möglichkeit äußerer Wahrnehmungen als solcher setzt also die Vorstellung des R.es voraus und erzeugt sie nicht; sowie auch das in dem R. Befindliche die Sinne affiziert, während der R. selbst aus den Sinnen nicht geschöpft werden kann." 2. „Die Vorstellung des R.es ist eine Einzelvorstellung, welche alles in sich begreift, kein abstrakter und allgemeiner Begriff, der es unter sich befaßt. Denn, was man mehrere Räume nennt, sind nur Teile des nämlichen unermeßlichen R.es, die durch eine bestimmte Lage sich aufeinander beziehen, und man kann sich keinen Kubikfuß anders vorstellen als durch den ihn umgebenden R. nach allen Seiten hin begrenzt." 3. „Die Vorstellung des R.es ist deshalb eine reine Anschauung; da sie eine Einzelvorstellung ist, nicht aus Empfindungen zusammengewürfelt, sondern die Grundform aller äußeren Empfindung." „Es ist leicht, diese reine Anschauung in den Axiomen der Geometrie und bei jeder verstandesmäßigen Konstruktion von Postulaten oder auch Aufgaben zu bemerken. Denn daß es im R. nur drei Dimensionen gibt, daß zwischen zwei Punkten nur eine gerade Linie möglich, die Beschreibung eines Kreises mit einer gegebenen geraden Linie von einem Punkte einer Ebene aus usw. kann nicht aus einem etwaigen allgemeinen Begriffe des R.es abgeleitet, sondern nur in ihm selbst wie an einem konkreten Dinge wahrgenommen werden. Was in einem gegebenen R. nach der einen und was nach der anderen Seite zu liegt, kann durch keine Schärfe des Verstandes begrifflich beschrieben oder auf Verstandesmerkmale zurückgeführt werden." Gewisse räumliche Verschiedenheiten, Inkongruenzen (wie zwischen rechter und linker Hand) lassen sich nur durch eine reine Anschauung bezeichnen. „Deshalb bedient sich die Geometrie nicht bloß unzweifelhafter und begrifflicher Grundsätze, sondern auch solcher, die unter die geistige Anschauung fallen." Sie beweist ihre allgemeinen Sätze „nicht dadurch, daß sie ihren Gegenstand vermittelst eines allgemeinen Begriffs denkt, wie es bei den Vernunfterkenntnissen geschieht, sondern indem sie ihn vermittelst einer einzelnen Anschauung vor Augen stellt, wie es bei dem Wahrnehmbaren geschieht". Der R. muß ferner als eine stetige Größe vorgestellt werden; daher ist das Einfache im R. kein Teil, sondern nur eine „Grenze“, deren Begriff nur auf R.- und Zeitgrößen geht. 4. „Der R. ist nichts Objektives und Reales [„non est aliquid obiectivi et realis“], weder eine Substanz noch ein Akzidenz noch ein Verhältnis, sondern etwas Subjektives und Ideales, was aus der Natur des Geistes nach einem festen Gesetz hervorgeht [„e natura mentis stabili lege proficiscens“], gleichsam ein Schema, um alles überhaupt äußerlich Wahrgenommene zu ordnen [„schema... coordinandi“].“ Nur so erklärt sich die von der Erfahrung unabhängige, nicht auf bloß komparativ-induktorischer Allgemeinheit beruhende Notwendigkeit der geometrischen Axiome. 5. „Obgleich die Vorstellung des R.es als eines objektiven und realen Wesens oder einer solchen Eigenschaft nur eingebildet ist, so ist er nichtsdestoweniger doch in bezug auf alle Sinnendinge nicht allein von der höchsten Wahrheit, sondern auch die Grundlage aller Wahrheit in der äußeren Wahrnehmung. Denn die Dinge können den Sinnen unter irgendeiner Gestalt erscheinen nur vermittelst einer Kraft der Seele, welche alle Empfindungen nach einem festen und ihrer Natur eingepflanzten Gesetze ordnet. Da nun den Sinnen durchaus nichts gegeben werden kann, was nicht den ursprünglichen Axiomen des R.es und ihren Folgesätzen (nach der Lehre der Geometrie) entspricht, so wird es, obgleich deren Prinzip nur ein subjektives ist, doch mit diesen Grundsätzen notwendigerweise übereinstimmen, weil es nur so weit mit sich selbst übereinstimmt, und die Gesetze der Sinnlichkeit werden die Gesetze der Natur sein, soweit sie in die Sinne fallen kann. Daher ist die Natur den Sätzen der Geometrie vollkommen unterworfen.“ „Wäre nicht die Raumvorstellung ursprünglich durch die Natur des Geistes gegeben...: so würde der Gebrauch der Geometrie in der Naturwissenschaft nur sehr unsicher sein; denn es bliebe zweifelhaft, ob eben dieser aus der Erfahrung entlehnte Begriff auch mit der Natur genügend übereinstimme.“ „Der R. ist also das unbedingt erste formale Prinzip der sinnlichen Welt nicht bloß deshalb, weil nur durch seinen Begriff die Gegenstände des Weltalls Erscheinungen sein können, sondern hauptsächlich deshalb, weil er seinem Wesen nach nur ein einziger ist, der überhaupt alles äußerlich Wahrnehmbare umfaßt, mithin das Prinzip des Allumfassenden (universitas), d. h. eines Ganzen bildet, das nicht wieder Teil eines anderen sein kann“, Mund. sens. § 15 (V 2, 109 ff.). „... abgesehen davon, daß dieser Begriff, wie schon dargetan, mehr die sinnlichen Gesetze des Subjekts als die Bedingungen der Gegenstände selbst angeht, so bezeichnet er, wenn man ihn auch noch so sehr mit Realität ausstattet, doch nur die anschaulich gegebene Möglichkeit einer allgemeinen Beiordnung, und die nur von dem Verstande lösbare Frage bleibt trotzdem unberührt: Auf welchem Prinzip denn eben dies Verhältnis aller Substanzen beruht, das, anschaulich aufgefaßt, R. genannt wird?“, ibid. § 16 (V 2, 115 f.). Der R. kann, „weil er die allgemeine und notwendige, sinnlich erkannte Bedingung der Mitgegenwart aller Dinge ist, die Allgegenwart in der Erscheinung (omnipraesentia phaenomenon) genannt werden. (Denn die Ursache des Weltalls ist allen und jeden nicht deswegen gegenwärtig, weil sie sich an deren Örtern befindet, sondern es gibt Örter, d. h. mögliche Verhältnisse der Substanzen, weil sie allen aufs innigste gegenwärtig ist)“, ibid. § 22 (V 2, 119 f.). Der R. ist „nicht objektiv und also auch nicht intellektual“, „weil, wenn wir seine Vorstellung ganz zergliedern, wir darin weder eine Vorstellung der Dinge (als die nur im R.e sein können) noch eine wirkliche Verknüpfung (die ohne Dinge ohnedem nicht stattfinden kann), nämlich keine Wirkungen, keine Verhältnisse als Gründe gedenken“, An M. Herz 21. Februar 1772.

Der R. ist eine der „reinen Formen“ der Anschauung und also eines der „Prinzipien der Erkenntnis a priori“, KrV tr. Ästh. § 1 (I 77—Rc 94). Vermittelst des äußeren Sinnes (s. d.) „stellen wir uns Gegenstände als außer uns, und diese insgesamt im R.e vor. Darinnen ist ihre Gestalt, Größe und Verhältnis gegeneinander bestimmt oder bestimmbar.“ Ist nun der R. 1. ein wirkliches Wesen, oder 2. ein Verhältnis der Dinge an sich selbst, oder 3. ein solches, das nur an der Form der Anschauung allein haftet, mithin an der „subjektiven Beschaffenheit unseres Gemütes“? Die „metaphysische“ Erörterung des Raumbegriffes ergibt folgende Eigenschaften des R.es: „1. Der R. ist kein empirischer Begriff, der von äußeren Erfahrungen abgezogen worden. Denn damit gewisse Empfindungen auf etwas außer mir bezogen werden (d. i. auf etwas in einem anderen Orte des R.es, als darinnen ich mich befinde), imgleichen damit ich sie als außer- und nebeneinander, mithin nicht bloß verschieden, sondern als in verschiedenen Orten vorstellen könne, dazu muß die Vorstellung des R.es schon zum Grunde liegen. Demnach kann die Vorstellung des R.es nicht aus den Verhältnissen der äußeren Erscheinung durch Erfahrung erborgt sein, sondern diese äußere Erfahrung ist selbst nur durch gedachte Vorstellung allererst möglich". „2. Der R. ist eine notwendige Vorstellung a priori, die allen äußeren Anschauungen zum Grunde liegt. Man kann sich niemals eine Vorstellung davon machen, daß kein R. sei, ob man sich gleich ganz wohl denken kann, daß keine Gegenstände darin angetroffen werden. Er wird also als die Bedingung der Möglichkeit der Erscheinungen, und nicht als eine von ihnen abhängende Bestimmung angesehen, und ist eine Vorstellung a priori, die notwendigerweise äußeren Erscheinungen zum Grunde liegt". „3. Der R. ist kein diskursiver oder, wie man sagt, allgemeiner Begriff von Verhältnissen der Dinge überhaupt, sondern eine reine Anschauung. Denn ernstlich kann man sich nur einen einigen R. vorstellen, und wenn man von vielen Räumen redet, so versteht man darunter nur Teile eines und desselben alleinigen R.es. Diese Teile können auch nicht vor dem einigen allbefassenden R.e gleichsam als dessen Bestandteile (daraus seine Zusammensetzung möglich sei) vorhergehen, sondern nur in ihm gedacht werden. Er ist wesentlich einig, das Mannigfaltige in ihm, mithin auch der allgemeine Begriff von Räumen überhaupt, beruht lediglich auf Einschränkungen. Hieraus folgt, daß in Ansehung seiner eine Anschauung a priori (die nicht empirisch ist) allen Begriffen von demselben zum Grunde liegt. So werden auch alle geometrischen Grundsätze, z. B. daß in einem Triangel zwei Seiten zusammen größer sind als die dritte, niemals aus allgemeinen Begriffen von Linie und Triangel, sondern aus der Anschauung, und zwar a priori mit apodiktischer Gewißheit abgeleitet". 4. „Der R. wird als eine unendliche gegebene Größe vorgestellt. Nun muß man zwar einen jeden Begriff als eine Vorstellung denken, die in einer unendlichen Menge von verschiedenen möglichen Vorstellungen (als ihr gemeinschaftliches Merkmal) enthalten ist, mithin diese unter sich enthält; aber kein Begriff, als ein solcher, kann so gedacht werden, als ob er eine unendliche Menge von Vorstellungen in sich enthielte. Gleichwohl wird der R. so gedacht (denn alle Teile des R.es ins Unendliche sind zugleich). Also ist die ursprüngliche Vorstellung vom R.e Anschauung a priori, und nicht Begriff", ibid. § 2 (I 78 ff.— Rc 95 ff.).

Auf die „Notwendigkeit a priori" des R.es „gründet sich die apodiktische Gewißheit aller geometrischen Grundsätze und die Möglichkeit ihrer Konstruktionen a priori. Wäre nämlich diese Vorstellung des R.es ein a posteriori erworbener Begriff, der aus der allgemeinen äußeren Erfahrung geschöpft wäre, so würden die ersten Grundsätze der mathematischen Bestimmung nichts als Wahrnehmungen sein. Sie hätten also alle Zufälligkeit der Wahrnehmung, und es wäre eben nicht notwendig, daß zwischen zwei Punkten nur eine gerade Linie sei, sondern die Erfahrung würde es so jederzeit lehren. Was von der Erfahrung entlehnt ist, hat auch nur komparative Allgemeinheit, nämlich durch Induktion. Man würde also nur sagen können: so viel zur Zeit noch bemerkt worden, ist kein R. gefunden worden, der mehr als drei Abmessungen hätte." „Der R. wird als eine unendliche Größe gegeben vorgestellt. Ein allgemeiner Begriff vom R. (der sowohl einem Fuße, als einer Elle gemein ist) kann in Ansehung der Größe nichts bestimmen. Wäre es nicht die Grenzenlosigkeit im Fortgange der Anschauung, so würde kein Begriff von Verhältnissen ein Prinzipium der Unendlichkeit derselben bei sich führen", ibid. 1. A. (I 79f. Anm.—Rc 96ff.). Die „transzendentale" Erörterung des Raumbegriffs ergibt folgendes: Geometrie ist „eine Wissenschaft, welche die Eigenschaften des R.es synthetisch und doch a priori bestimmt. Was muß die Vorstellung des R.es denn sein, damit eine solche Erkenntnis von ihm möglich sei? Er muß ursprünglich Anschauung sein; denn aus einem bloßen Begriffe lassen sich keine Sätze, die über den Begriff hinausgehen, ziehen, welches doch in der Geometrie geschieht... Aber diese Anschauung muß a priori, d. i. vor aller Wahrnehmung eines Gegenstandes, in uns angetroffen werden, mithin reine, nicht empirische Anschauung sein. Denn die geometrischen Sätze sind insgesamt apodiktisch, d. i. mit dem Bewußtsein ihrer Notwendigkeit verbunden, z. B. der R. hat nur drei Abmessungen; dergleichen Sätze aber können nicht empirische oder Erfahrungsurteile sein, noch aus ihnen geschlossen werden." „Wie kann nun eine äußere Anschauung dem Gemüte beiwohnen, die vor den Objekten selbst vorhergeht, und in welcher der Begriff der letzteren a priori bestimmt werden kann? Offenbar nicht anders, als sofern sie bloß im Subjekte, als die formale Beschaffenheit desselben, von Objekten affiziert zu werden, d. i. dadurch unmittelbare Vorstellung derselben und Anschauung zu bekommen, ihren Sitz hat, also nur als Form des äußeren Sinnes überhaupt." „Also macht allein unsere Erklärung die Möglichkeit der Geometrie als einer synthetischen Erkenntnis a priori begreiflich", KrV tr. Ästh. § 3 (I 81 f.—Rc 98 f.).

Aus alldem folgt: „a) Der R. stellt gar keine Eigenschaft irgend einiger Dinge an sich, oder sie in ihrem Verhältnis zueinander vor, d. i. keine Bestimmung derselben, die an Gegenständen selbst haftete, und welche bliebe, wenn man auch von allen subjektiven Bedingungen der Anschauung abstrahierte. Denn weder absolute noch relative Bestimmungen können vor dem Dasein der Dinge, welchen sie zukommen, mithin nicht a priori angeschaut werden". „b) Der R. ist nichts anderes, als nur die Form aller Erscheinungen äußerer Sinne, d. i. die subjektive Bedingung der Sinnlichkeit, unter der allein uns äußere Anschauung möglich ist. Weil nun die Rezeptivität des Subjekts, von Gegenständen affiziert zu werden, notwendigerweise vor allen Anschauungen dieser Objekte vorhergeht, so läßt sich verstehen, wie die Form aller Erscheinungen vor allen wirklichen Wahrnehmungen, mithin a priori, im Gemüte gegeben sein könne, und wie sie als eine reine Anschauung, in der alle Gegenstände bestimmt werden müssen, Prinzipien der Verhältnisse derselben vor aller Erfahrung enthalten könne". „Wir können demnach nur aus dem Standpunkte eines Menschen vom R., von ausgedehnten Wesen usw. reden. Gehen wir von der subjektiven Bedingung ab, unter welcher wir allein äußere Anschauung bekommen können, so wie wir nämlich von den Gegenständen affiziert werden mögen, so bedeutet die Vorstellung vom R.e gar nichts. Dieses Prädikat wird den Dingen nur insofern beigelegt, als sie uns erscheinen, d. i. Gegenstände der Sinnlichkeit sind. Die beständige Form dieser Rezeptivität, welche wir Sinnlichkeit nennen, ist eine notwendige Bedingung aller Verhältnisse, darinnen Gegenstände als außer uns angeschaut werden, und, wenn man von diesen Gegenständen abstrahiert, eine reine Anschauung, welche den Namen R. führt." „Der Satz: Alle Dinge sind nebeneinander im R., gilt nur unter der Einschränkung, daß diese Dinge als Gegenstände unserer sinnlichen Anschauung genommen werden. Füge ich hier die Bedingung zum Begriffe und sage: Alle Dinge, als äußere Erscheinungen, sind nebeneinander im R., so gilt diese Regel allgemein und ohne Einschränkung." „Unsere Erörterungen lehren demnach die Realität (d. i. die objektive Gültigkeit) des R.es in Ansehung alles dessen, was äußerlich als Gegenstand uns vorkommen kann, aber zugleich die Idealität des R.es in Ansehung der Dinge, wenn sie durch die Vernunft an sich selbst erwogen werden, d. i. ohne Rücksicht auf die Beschaffenheit unserer Sinnlichkeit zu nehmen. Wir behaupten also die empirische Realität des R.es (in Ansehung aller möglichen äußeren Erfahrung), obzwar zugleich die transzendentale Idealität desselben, d. i. daß er Nichts sei, so bald wir die Bedingung der Möglichkeit aller Erfahrung weglassen und ihn etwa als etwas, was den Dingen an sich selbst zum Grunde liegt, annehmen", ibid. (I 82 ff.—Rc 99 ff.).

Die bloße Form der äußeren Anschauung, der R., ist aber noch gar keine Erkenntnis, sondern „gibt nur das Mannigfaltige der Anschauung a priori zu einem möglichen Erkenntnis". „Um aber irgend etwas im R.e zu erkennen, z. B. eine Linie, muß ich sie ziehen und also eine bestimmte Verbindung des gegebenen Mannigfaltigen synthetisch zustande bringen, so daß die Einheit dieser Handlung zugleich die Einheit des Bewußtseins (im Begriffe einer Linie) ist und dadurch allererst ein Objekt (ein bestimmter R.) erkannt wird", ibid. tr. Anal. § 17 (I 155—Rc 181f.). „Diejenige Handlung des Verstandes aber, durch die das Mannigfaltige gegebener Handlungen (sie mögen Anschauungen oder Begriffe sein) unter eine Apperzeption überhaupt gebracht wird, ist die logische Funktion der Urteile", ibid. § 20 (I 159—Rc 191). Der R. besteht — mit allem, was er enthält — aus lauter Verhältnissen (Relationen), ibid. tr. Anal. Anh. Anmerk. zur Amphibolie (I 308—Rc 374); vgl. Relation, Materie. Der R. ist die Vorstellung einer bloßen „Möglichkeit des Beisammenseins", KrV 1. A. tr. Dial. 2. B. 1. H. 4. Paralogismus (I 747—Rc 459). „Der R. ist bloß die Form der äußeren Anschauung (formale Anschauung), aber kein wirklicher Gegenstand, der äußerlich angeschaut werden kann. Der R., vor allen Dingen, die ihn bestimmen (erfüllen oder begrenzen), oder die vielmehr eine seiner Form gemäße empirische Anschauung geben, ist unter dem Namen des absoluten R.es nichts anderes als die bloße Möglichkeit äußerer Erscheinungen." Die empirische Anschauung ist also nicht zusammengesetzt aus Erscheinungen und dem R.e, sondern Wahrnehmung und Räumlichkeit sind, als Materie und Form, in der empirischen Anschauung verbunden. Der leere R. ist nur ein Gedankending, KrV tr. Dial. 2. B. 2. H. 2. Abs. 1. Antinomie 3. Anm. (I 391—Rc 517). Der R. ist eigentlich nicht ein „Compositum", sondern ein „Totum", „weil die Teile desselben nur im Ganzen und nicht das Ganze durch die Teile möglich ist". Es ist höchstens ein „compositum ideale". Er besteht (wie die Zeit) nicht aus einfachen Teilen, ist aber ins Unendliche teilbar, ibid. 2. Antinomie Anmerk. zur Thesis (I 398ff.—Rc 526ff.); vgl. Antinomie. Dinge als Erscheinungen bestimmen den R., aber dieser kann die Wirklichkeit der Dinge (in Ansehung der Größe und Gestalt) nicht bestimmen, weil er an sich selbst nichts Wirkliches ist. „Es kann also wohl ein R. (er sei voll oder leer) durch Erscheinungen begrenzt, Erscheinungen aber können nicht durch einen leeren R. außer denselben begrenzt werden." Das gilt auch von der Zeit, ibid. 1. Antinomie Anmerk. zur Antithesis (I 393—Rc 519).

Liegen die geometrisch bestimmten Naturgesetze im R.e oder liegen sie „im Verstande und in der Art, wie dieser den R. nach den Bedingungen der synthetischen Einheit, darauf seine Begriffe insgesamt auslaufen, bestimmt?" „Der R. ist etwas so Gleichförmiges und in Ansehung aller besonderen Eigenschaften so Unbestimmtes, daß man in ihm gewiß keinen Schatz von Naturgesetzen suchen wird. Dagegen ist das, was den R. zur Zirkelgestalt, der Figur des Kegels und der Kugel bestimmt, der Verstand, sofern er den Grund der Einheit der Konstruktion derselben enthält. Die bloße allgemeine Form der Anschauung, die R. heißt, ist also wohl das Substratum aller auf besondere Objekte bestimmbaren Anschauungen, und in jenem liegt freilich die Bedingung der Möglichkeit und Mannigfaltigkeit der letzteren; aber die Einheit der Objekte wird doch lediglich durch den Verstand bestimmt, und zwar nach Bedingungen, die in seiner eigenen Natur liegen", Prol. § 38 (III 84); vgl. Gesetz, Ordnung. „Daß der vollständige R. (der selbst keine Grenze eines anderen R.es mehr ist) drei Abmessungen habe, und R. überhaupt auch nicht mehr derselben haben könne, wird auf den Satz gebaut, daß sich in einem Punkte nicht mehr als drei Linien rechtwinklig schneiden können; dieser Satz aber kann gar nicht aus Begriffen dargetan werden, sondern beruht unmittelbar auf Anschauung, und zwar reiner a priori, weil er apodiktisch gewiß ist", Prol. § 12 (III 38). Es gibt räumliche Objekte, die für den Verstand keine inneren Unterschiede haben (z. B. die rechte und linke Hand) und doch nicht zur Deckung gebracht werden können, weil ihre anschauliche Erscheinung einen Unterschied zeigt, der eben durch Begriffe nicht verständlich gemacht werden kann, ibid. § 13 (III 39ff.).

Der R., der „selbst beweglich ist, heißt der materielle oder auch der relative R.; der, in welchem alle Bewegung zuletzt gedacht werden muß (der mithin selbst schlechterdings unbeweglich ist), heißt der reine oder auch absolute R.", Anfangsgr. d. Naturw.

1. H. Erklär. 1 (VII 204). Ein beweglicher R., dessen Bewegung soll wahrgenommen werden, setzt einen andern erweiterten materiellen R. voraus, in welchem er beweglich ist, dieser wieder einen anderen, usw. ins Unendliche. Der absolute R. ist nur eine „Idee", kein Gegenstand der Erfahrung; er „bedeutet nur einen jeden andern relativen R., den ich mir außer dem gegebenen jederzeit denken kann und den ich nur über jeden gegebenen ins Unendliche hinausrücke, als einen solchen, der diesen einschließt und in welchem ich den ersteren als bewegt annehmen kann". „Ihn zum wirklichen Dinge zu machen, heißt die logische Allgemeinheit irgendeines R.s, mit dem ich jeden empirischen als darin eingeschlossen vergleichen kann, in eine physische Allgemeinheit des wirklichen Umfanges verwechseln, und die Vernunft in ihrer Idee mißverstehen", ibid. Anmerk. 2 (VII 205f.); vgl. Bewegung, Materie. Einen R. „erfüllen" heißt, „allem Beweglichen widerstehen, das durch seine Bewegung in einen gewissen R. einzudringen bestrebt ist". „Ein R., der nicht erfüllt ist, ist ein leerer R.", ibid. 2. H. Erklär. 1 (VII 227). Man kann aber ohne die Annahme eines leeren R.es (leerer Zwischenräume innerhalb der Materie) auskommen. Alle Räume können als „voll und doch in verschiedenem Maße erfüllt" gedacht werden. „Denn es kann nach dem ursprünglich verschiedenen Grade der repulsiven Kräfte, auf denen die erste Eigenschaft der Materie, nämlich die, einen R. zu erfüllen, beruht, ihr Verhältnis zur ursprünglichen Anziehung... unendlich verschieden gedacht werden; weil die Anziehung auf der Menge der Materie in einem gegebenen R.e beruht, dahingegen die expansive Kraft derselben auf dem Grade, ihn zu erfüllen, der spezifisch sehr unterschieden sein kann", weil „durch wahre Anziehung alle Teile der Materie unmittelbar auf alle Teile der andern, durch expansive Kraft aber nur die in der Berührungsfläche wirken, wobei es einerlei ist, ob hinter dieser viel oder wenig von dieser Materie angetroffen werde", ibid. 2. H. Allg. Anmerk. (VII 264 ff.). Die Möglichkeit leerer Räume läßt sich nicht bestreiten; aber sie als wirklich anzunehmen, dazu berechtigt weder die Erfahrung noch eine notwendige Hypothese. Die Erfahrung gibt uns nur „komparativ-leere" Räume zu erkennen, ibid. (VII 281); vgl. Dynamismus. Der absolute R. ist nur ein „notwendiger Vernunftbegriff", eine „bloße Idee", „welche zur Regel dienen soll, alle Bewegung in ihm bloß als relativ zu betrachten". Alle Bewegung (s. d.) und Ruhe muß „auf den absoluten R. reduziert werden, wenn die Erscheinung derselben in einen bestimmten Erfahrungsbegriff (der alle Erscheinungen vereinigt) verwandelt werden soll", ibid. 4. H. Allg. Anmerk. (VII 311 ff.); vgl. über den leeren Raum in phoronomischer und dynamischer Hinsicht, ibid. (VII 317 ff.).

„In Ansehung des R.s ist es nicht nötig, zu fragen, wie unsere Vorstellungskraft zuerst zu dessen Gebrauch in der Erfahrung gekommen sei; es ist genug, daß, da wir ihn einmal entwickelt haben, wir die Notwendigkeit, ihn zu denken, ihn mit diesen und keinen anderen Bestimmungen zu denken, aus den Regeln seines Gebrauchs und der Notwendigkeit, die Gründe derselben unabhängig von der Erfahrung anzugeben, beweisen können, ob [sie] zwar so beschaffen seien, daß sie sich nicht aus einem Begriff entwickeln lassen, sondern synthetisch sind." „Ich kann den Fall der Körper wahrnehmen, ohne an die Ursache desselben auch nur zu denken, aber ich kann, daß Dinge außer- und nebeneinander sind, nicht einmal wahrnehmen, ohne die Vorstellung des R.es als sinnliche Form, darin das Außereinander allein gedacht werden kann, zum Grunde zu legen und gewisse gegebene Vorstellungen darnach gegeneinander in Verhältnis zu betrachten. Der Begriff vom R.e darf und kann nicht vorausgesetzt werden, denn Begriffe werden nicht angeboren, sondern nur erworben. Äußere Vorstellungen, wozu auch die des Körpers des Embryo gehört, werden als solche nur erzeugt, indem die Empfindungen das Vorstellungsvermögen nach dieser Form affizieren", An J. W. A. Kosmann, September 1789 (Briefentwurf).

Daß der R. nicht eine Beschaffenheit oder ein Verhältnis der Dinge an sich ist, ergibt sich auch aus der Falschheit des Leibnizschen Satzes der Identität (s. d.) des

Nichtzuunterscheidenden, Fortschr. d. Metaph. 1. Abt. Von der Trüglichkeit... (V 3, 108). — Der Unterschied von „abstrakt“ und „konkret“ betrifft nicht den Begriff, sondern nur den „Gebrauch“ desselben (s. Abstraktion). Es gibt daher keinen abstrakten R., keine abstrakte Zeit. Sondern: „Wenn ich sage: die abstrakte Zeit oder R. haben diese oder jene Eigenschaften, so läßt es, als ob Zeit oder R. an den Gegenständen der Sinne, sowie die rote Farbe an Rosen, dem Zinnober usw., zuerst gegeben und nur logisch daraus extrahiert würde. Sage ich aber: an Zeit und R. in abstracto betrachtet, d. i. vor allen empirischen Bedingungen, sind diese oder jene Eigenschaften zu bemerken, so behalte ich es mir wenigstens noch offen, diese auch als unabhängig von der Erfahrung (a priori) erkennbar anzusehen, welches mir, wenn ich die Zeit als einen von dieser bloß abstrahierten Begriff ansehe, nicht freisteht. Ich kann im ersteren Falle von der reinen Zeit und R., zum Unterschiede der empirisch bestimmten, durch Grundsätze a priori urteilen, wenigstens zu urteilen versuchen, indem ich von allem Empirischen abstrahiere, welches mir im zweiten Falle, wenn ich diese Begriffe selber (wie man sagt) nur von der Erfahrung abstrahiert habe (wie im obigen Beispiele von der roten Farbe), verwehrt ist“, Üb. e. Entdeck. 1. Abs. B. 1. Anm. (V 3, 18).

„Der R. ist weder eine Sache selbst noch ein wirkliches reales Verhältnis, wodurch ein Ding in dem anderen etwas setzt; folglich ist er kein Verstandesbegriff, denn der hat doch irgendeinen Gegenstand; er geht also nicht aufs Objekt, sondern Subjekt, und zwar nicht die Empfindung, sondern die Form der Sinne“, N 4507. „Der R. ist kein Erfahrungsbegriff: 1. sind nur durch ihn Erfahrungen möglich; 2. ist er kein Gegenstand der Sinne; 3. die unmittelbaren Grundsätze von ihm haben nicht die Zufälligkeit und Partikularität der Erfahrungssätze und sind auch nicht Berufungen auf Erfahrung.“ Er ist auch „kein Vernunftbegriff“, kein allgemeiner, sondern „einzelner Begriff“, N 4188. „Ist der R. vor den Dingen? Allerdings. Denn das Gesetz der Koordination ist vor den Dingen und liegt ihnen zum Grunde“, N 4511. „Der R. ist nichts Wirkliches, sondern eine Möglichkeit, die ihren Grund in etwas Wirklichem hat“, N 4071. „Der Grund der allgemeinen Verknüpfung der Substanzen ist auch der Grund des R.es“, N 5417. Der R. ist „ein Symbolum der göttlichen Allgegenwart oder das Phaenomenon der göttlichen Kausalität“, N 4208. „Wäre der Begriff des R.es, wie Leibniz meint, von den Sachen hergenommen, so würden die Sätze über denselben als Erfahrungssätze keine apodiktische Gewißheit haben“, N 5327. Der R. ist „ein Gesetz der Sinnlichkeit“, N 4315. Der reine R. ist „bloß die potentiale Relation“ und wird „vor den Dingen vorgestellt, aber nicht als etwas Wirkliches“, N 4512. Der R. ist eine Anschauung, die vor dem Begriffe vorhergeht und aus welcher die synthetischen Sätze des R.es gezogen werden, N 4519.

Der R. ist „das System der Aktionen, Verhältnisse der bewegenden Kräfte der Form nach in drei Dimensionen der Anschauung a priori gegeben. Der R. selbst ist kein Wahrnehmungsgegenstand“, Altpreuß. Mth. XIX 617. „Materie macht den R. zum Gegenstande der Sinne und zum Objekt möglicher Wahrnehmungen, deren jede einen Grad hat“, ibid. 618 Anm. Der R. ist „die Materie in der Erscheinung“, ibid. 587; etwas wirklich Existierendes außer mir, ibid. XXI 607; „nicht bloß ein Gedankending“, ibid. 107; vgl. Äther. Vgl. Anschauungsformen, Gegend, Ort, Bewegung, Mathematik, Materie, Ausdehnung, Außenwelt, Körper.

Reaktion s. Wirkung. Vgl. N 59.

Realismus. Der „transzendentale R.“ betrachtet Raum und Zeit als Bestimmungen oder Bedingungen der Dinge an sich selbst und faßt die räumlichen Erscheinungen selbst als solche Dinge. Der „empirische R.“ (der mit dem „transzendentalen Idealismus“ verbunden ist) betrachtet die Existenz der äußeren Dinge (Körper, Materie) als Erscheinung (s. d.), als eine unmittelbar gegebene (nicht erschlossene) und gewisse, KrV 1. A. tr. Dial. 2. B. 1. H. 4. Paralogismus (I 744f.—Rc 452f.); vgl. Idealismus, Außenwelt, Dualismus, Zweck.

Realismus, ästhetischer, s. Rationalismus (ästhetischer).

Realität. Der Begriff der R. ist eine der Kategorien (s. d.) der Qualität. — „Je mehr wahre Folgen aus einem gegebenen Begriffe, desto mehr Kennzeichen seiner objektiven R.“, KrV tr. Anal. § 12 (I 136—Rc 156). „R. ist im reinen Verstandesbegriffe das, was einer Empfindung überhaupt korrespondiert; dasjenige also, dessen Begriff an sich selbst ein Sein (in der Zeit) anzeigt; Negation, dessen Begriff ein Nichtsein (in der Zeit) vorstellt. Die Entgegensetzung beider geschieht also in dem Unterschiede derselben Zeit, als einer erfüllten oder leeren Zeit. Da die Zeit nur die Form der Anschauung, mithin der Gegenstände als Erscheinungen ist, so ist das, was an diesen der Empfindung entspricht, die transzendentale Materie aller Gegenstände, als Dinge an sich (die Sachheit, R.). Nun hat jede Empfindung einen Grad oder Größe, wodurch sie dieselbe Zeit, d. i. den inneren Sinn in Ansehung derselben Vorstellung eines Gegenstandes, mehr oder weniger erfüllen kann, bis sie in Nichts (= 0 = negativ) aufhört. Daher ist ein Verhältnis und Zusammenhang oder vielmehr ein Übergang von R. zur Negation, welcher jede R. als ein Quantum vorstellig macht, und das Schema einer R., als der Quantität von Etwas, sofern es die Zeit erfüllt, ist eben diese kontinuierliche und gleichförmige Erzeugung derselben in der Zeit, indem man von der Empfindung, die einen gewissen Grad hat, in der Zeit bis zum Verschwinden derselben hinabgeht, oder von der Negation zu der Größe derselben allmählich aufsteigt“, ibid. tr. Anal. 2. B. 1. H. (I 186 f.—Rc 241 f.). Erscheinungen als Gegenstände der Wahrnehmung enthalten außer der Anschauungsform das „Reale der Empfindung“ (s. Empfindung). „Was nun in der empirischen Anschauung der Empfindung korrespondiert, ist R. (realitas phaenomenon), was dem Mangel derselben entspricht, Negation = 0.“ Da jede Empfindung einer Verringerung bis zum Verschwinden fähig ist, so ist zwischen R. und Negation in der Erscheinung ein stetiger Zusammenhang vieler möglicher Zwischenempfindungen. Das „Reale in der Erscheinung“ hat jederzeit einen Grad, eine intensive Größe (s. Intensität). Faßt man diese R. „als Ursache (es sei der Empfindung oder anderer R. in der Erscheinung, z. B. einer Veränderung)“, so nennt man den Grad der R. als Ursache ein „Moment“. Ein gänzlicher Mangel alles Realen in der Erscheinung (d. h. ein absolut leerer Raum, eine absolut leere Zeit) ist etwas Unmögliches (vgl. Intensität, Raum), ibid. 2. H. 3. Abs. 2 (I 206 ff.—Rc 262 ff.).

„Empirische R.“ ist „objektive Gültigkeit“ (z. B. der Anschauungsformen, s. d.) in bezug auf alles, was Gegenstand der Sinnlichkeit, bzw. auch des Verstandes, sein kann, also betreffs aller Objekte als Erscheinungen (s. d.), d. h. der Dinge, sofern sie zum Subjekt (zum erkennenden Bewußtsein) in Beziehung stehen. Sieht man von dieser Beziehung ab, denkt man die Dinge als „Dinge an sich“, dann hat ebendasselbe, was sonst empirische R. hat, „transzendentale Idealität“, d. h. es ist nichts Reales, sobald wir „die Bedingung der Möglichkeit einer Erfahrung“ weglassen und es als „etwas, was den Dingen an sich selbst zum Grunde liegt“, annehmen, ibid. tr. Ästh. § 3 (I 83 f.—Rc 101 ff.). Die Zeit (s. d.) hat „subjektive R.“ in Ansehung der inneren Erfahrung, als Vorstellungsform ist sie „wirklich“. Aber sie hat keine „absolute“ und „transzendentale“ (transzendente) R., ibid. § 7 (I 91 f.—Rc 109 f.). Nur in der Anschauung, ja in der äußeren Anschauung kann den Kategorien die Grundlage zu ihrer objektiven R. verschafft werden, ibid. tr. Anal. 2. B. 2. H. 3. Abs. Allg. Anmerk. (I 267 f.—Rc 329 f.). Ohne Beziehung auf mögliche Anschauung haben sie keine objektive Gültigkeit, ibid. 3. H. (I 273—Rc 335). „Wenn eine Erkenntnis objektive R. haben, d. i. sich auf einen Gegenstand beziehen und in demselben Bedeutung und Sinn haben soll, so muß der Gegenstand auf irgendeine Art gegeben werden können. Ohne das sind die Begriffe leer, und man hat dadurch zwar gedacht, in der Tat aber durch dieses Denken nichts erkannt, sondern bloß mit Vorstellungen gespielt.“ Die „Möglichkeit der Erfahrung“ ist das, was allen unseren Erkenntnissen a priori objektive R. gibt. Die Erfahrung hat „Prinzipien ihrer Form a priori“ zugrunde liegen, nämlich „allgemeine Regeln der Einheit in der Synthesis der Erscheinungen, deren objektive

R., als notwendige Bedingungen, jederzeit in der Erfahrung, ja sogar ihrer Möglichkeit gewiesen werden kann". Erfahrung als „empirische Synthesis" ist die einzige Erkenntnisart, welche aller anderen Synthesis R. gibt, ibid. 2. H. 2. Abs. (I 196 f.—Rc 252 f.). Die Kritik gelangt zu dem Ergebnis, „daß keinem Begriffe seine objektive R. anders gesichert werden könne, als sofern er in einer korrespondierenden Anschauung (die für uns jederzeit sinnlich ist) dargestellt werden kann", Üb. e. Entdeck. Einl. (V 3, 5).

Die „Idealität des Raumes und der Zeit" (s. Anschauungsformen) ist „gleichwohl zugleich eine Lehre der vollkommenen R. derselben in Ansehung der Gegenstände der Sinne... als Erscheinungen", Fortschr. d. Metaph. 1. Abt. Geschichte der Transzendentalphilosophie (V 3, 93). „Einen reinen Begriff des Verstandes als an einem Gegenstande möglicher Erfahrung denkbar vorstellen, heißt, ihm objektive R. verschaffen und überhaupt: ihn darstellen. Wo man dieses nicht zu leisten vermag, ist der Begriff leer, d. i. er reicht zu keiner Erkenntnis zu. Diese Handlung, wenn die objektive R. dem Begriff geradezu (direkte) durch die demselben korrespondierende Anschauung zugeteilt, d. i. dieser unmittelbar dargestellt wird, heißt der Schematismus; kann er aber nicht unmittelbar, sondern nur in seinen Folgen (indirekte) dargestellt werden, so kann sie die Symbolisierung des Begriffs genannt werden", ibid. 1. Abt. Von der Art... (V 3, 106f.); vgl. Symbolisierung, Schematismus. Der Beweis der „objektiven R." eines Begriffs kann nur geleistet werden „durch Darstellung des dem Begriffe korrespondierenden Objekts" vermittelst der (reinen oder empirischen) Anschauung, ibid. Beilage I, 2. Abs. (V 3, 157). „Die objektive R. der Kategorie ist theoretisch, die der Idee ist nur praktisch", ibid. III, Randbemerkungen (V 3, 165).

Vom Übersinnlichen (s. d.) gibt es keine theoretische Erkenntnis, es gibt keine objektive Belehrung von der Wirklichkeit der Gegenstände der Ideen (s. d.), sondern nur eine „subjektiv-, und zwar praktisch gültige und in dieser Absicht hinreichende Belehrung, so zu handeln, als ob wir wüßten, daß diese Gegenstände wirklich wären". Gott, Freiheit, Unsterblichkeit sind die Gegenstände von Ideen, die wir uns „der Forderung der moralischen Gesetze in uns zufolge selbst machen und ihnen objektive R. freiwillig geben, da wir versichert sind, daß in diesen Ideen kein Widerspruch gefunden werden könne". „In praktischer Rücksicht... machen wir uns diese Gegenstände selbst, sowie wir die Idee derselben dem Endzwecke unserer reinen Vernunft behilflich zu sein urteilen, welcher Endzweck, weil er moralisch notwendig ist, dann freilich wohl die Täuschung bewirken kann, das, was in subjektiver Beziehung, nämlich für den Gebrauch der Freiheit des Menschen R. hat, weil es in Handlungen, die dieser ihrem Gesetze gemäß sind, der Erfahrung dargelegt worden, für Erkenntnis der Existenz des dieser Form gemäßen Objektes zu halten." Es handelt sich hier um eine „objektive, aber praktische R.", um vernunftmäßige „Annahmen", Fortschr. d. Metaph. Auflösung der Aufgabe I (V 3, 129 ff.).

Die Natur Gottes ist ganz unerforschlich. Aber der Begriff des göttlichen Verstandes und Wollens hat „R. in praktischer Rücksicht (auf den Lebenswandel)", „in Beziehung auf welche auch allein eine Analogie des göttlichen Verstandes und Willens mit dem des Menschen und dessen praktischer Vernunft angenommen werden kann, ungeachtet theoretisch betrachtet dazwischen gar keine Analogie stattfindet", V. e. vorn. Ton 5. Anm. (V 4, 17). Die Ideen bekommen durch das Sittengesetz eine „moralisch-praktische R.", „nämlich uns so zu verhalten, als ob ihre Gegenstände (Gott und Unsterblichkeit), die man also in jener (praktischen) Rücksicht postulieren darf, gegeben wären", Fried. i. d. Ph. 1. Abs. A. (V 4, 33).

Die Idee von dem „Inbegriffe aller Möglichkeit" ist die Idee von der Totalität des Seins, die als Bedingung der durchgängigen Bestimmung (s. d.) eines jeden Dinges zugrunde liegt. Sie läutert sich zu einem a priori bestimmten Begriff von einem „einzelnen Gegenstande, der durch die bloße Idee durchgängig bestimmt ist", zu einem „Ideal" (s. d.) der reinen Vernunft. Alle (transzendentalen) Negationen (s. d.) sind nur möglich im Gegensatz zu „transzendentalen Bejahungen". Diese bedeuten ein Etwas, „dessen Begriff an sich selbst schon ein Sein ausdrückt und daher R. (Sachheit) genannt wird, weil durch sie allein und so weit sie reicht, Gegenstände Etwas (Dinge) sind". Die R.en enthalten „die Data und sozusagen die Materie oder den transzendentalen Inhalt zu der Möglichkeit und durchgängigen Bestimmung aller Dinge". Dieses „transzendentale Substratum" ist „die Idee von einem All der R. (omnitudo realitatis)". „Alle wahren Verneinungen sind alsdann nichts als Schranken, welches sie nicht genannt werden könnten, wenn nicht das Unbeschränkte (das All) zum Grunde läge." Der Begriff eines „entis realissimi" ist der durchgängig bestimmte Begriff eines „einzelnen Wesens", also ein transzendentes „Ideal", welches der durchgängigen Bestimmung der Dinge zugrunde liegt; es ist das „einzige eigentliche Ideal" der menschlichen Vernunft. Der Gebrauch derselben durch diese ist analog dem Verfahren in disjunktiven Vernunftschlüssen. Zu beachten ist aber, daß die Vernunft nicht die „Existenz" eines dem Ideale gemäßen Wesens, sondern nur die „Idee" desselben voraussetzt, „um von einer unbedingten Totalität der durchgängigen Bestimmung die bedingte, d. i. die des Eingeschränkten abzuleiten". In diesem Sinne ist ihr das Ideal „das Urbild (Prototypon) aller Dinge, welche insgesamt, als mangelhafte Kopien (ectypa), den Stoff zu ihrer Möglichkeit daher nehmen", KrV tr. Dial. 2. B. 3. H. 2. Abs. (I 498ff. —Rc 635 ff.). Alle Möglichkeit der Dinge ist also „abgeleitet". „Ursprünglich" ist nur dasjenige, was „alle R. in sich schließt". „Denn alle Verneinungen (welche doch die einzigen Prädikate sind, wodurch sich alles andere vom realsten Wesen unterscheiden läßt) sind bloße Einschränkungen einer größeren und endlich der höchsten R., mithin setzen sie diese voraus und sind dem Inhalte nach von ihr bloß abgeleitet." Die Mannigfaltigkeit der Dinge ist nur eine Einschränkung der ihr „gemeinschaftliches Substratum" bildenden „höchsten R." (des „Urwesens", „höchsten Wesens", „Wesens aller Wesen" — aber nur als „Idee", nicht als „Existenz"!). Dieses „Urwesen" ist als „einfach" zu denken, also als unteilbar. Es besteht nicht aus den Dingen, ist nicht ein „Aggregat" derselben. „Vielmehr würde der Möglichkeit aller Dinge die höchste R. als ein Grund und nicht als Inbegriff zum Grunde liegen, und die Mannigfaltigkeit der ersteren nicht auf der Einschränkung des Urwesens selbst, sondern seiner vollständigen Folge beruhen, zu welcher denn auch unsere ganze Sinnlichkeit samt aller R. in der Erscheinung gehören würde, die zu der Idee des höchsten Wesens als ein Ingredienz nicht gehören kann." Wenn wir nun diese Idee des allerrealsten Wesens „hypostasieren" (und „personifizieren"), so bestimmen wir das Urwesen als ein „einiges, einfaches, allgenugsames, ewiges etc.", d. h. als Gott (s. d.). Damit aber überschreitet die Vernunft ihre Grenzen. Denn die objektive Gegebenheit und Dinglichkeit dieses All der R. ist „eine bloße Erdichtung". Nicht einmal die Möglichkeit einer solchen Hypothese (oder Existenz eines solchen Wesens) haben wir das Recht anzunehmen. Es liegt hier ein transzendentaler Schein, eine natürliche Dialektik (s. d.) vor. Ein Gegenstand der Sinne kann nur durchgängig bestimmt werden, „wenn er mit allen Prädikaten der Erscheinung verglichen und durch dieselben bejahend oder verneinend vorgestellt wird". Weil das, worin das Reale aller Erscheinung gegeben ist, die „einige allbefassende Erfahrung" ist, „so muß die Materie zur Möglichkeit aller Gegenstände der Sinne als in einem Inbegriffe gegeben, vorausgesetzt werden, auf dessen Einschränkung allein alle Möglichkeit empirischer Gegenstände, ihr Unterschied voneinander und ihre durchgängige Bestimmung beruhen kann". Es ist „nichts für uns ein Gegenstand, wenn es nicht den Inbegriff aller empirischen R. als Bedingung seiner Möglichkeit voraussetzt". Nach einer „natürlichen Illusion" übertragen wir diesen Grundsatz auf Dinge an sich. „Daß wir aber hernach diese Idee vom Inbegriffe aller R. hypostasieren, kommt daher, weil wir die distributive Einheit des Erfahrungsgebrauchs des Verstandes in die kollektive Einheit eines Erfahrungsganzen dialektisch verwandeln, und an diesem Ganzen der Erscheinung uns ein einzelnes Ding denken, was alle empirische R. in sich enthält", ibid. (I 502 ff.—Rc 639 ff.). Vgl. Kosmologischer Gottesbeweis. Die absolute R. Gottes (s. d.) ist die Grundlage aller eingeschränkten R., N 4244 ff., 3731 ff., 3811 ff., 5274 u. ö. Vgl. Vorles. über d. philos. Religionslehre S. 35 ff.; Vorles. über Metaphys.

S. 100. Vgl. Existenz, Wirklichkeit, Geltung, Objektiv, Grad, Intensität, Empfindung, Ding, Ding an sich, Objekt, Idealismus, Außenwelt, Idee.

Rechenschaft. Vernunft besteht eben darin, „daß wir von allen unseren Begriffen, Meinungen und Behauptungen, es sei aus objektiven oder, wenn sie ein bloßer Schein sind, aus subjektiven Gründen Rechenschaft geben können", KrV tr. Dial. 2. B. 3. H. 5. Abs. (I 528—Rc 667). Die transzendentale „Deduktion" (s. d.) der Kategorien gibt Rechenschaft betreffs der objektiven Geltung dieser apriorischen Begriffe, indem sie dieselben als Bedingungen der Erfahrung selbst dartut und die „quaestio iuris" (s. d.) so auf kritisch-transzendentale Weise entscheidet.

Recht, das. Das R. entspringt, formal, der praktischen Vernunft, ist eine durch diese geforderte Ordnung der Beziehungen der Menschen zueinander. Der Wille der Menschen muß mit dem der anderen zur Einheit derart gebracht werden, daß die Freiheit eines jeden mit der der anderen sich vereinbaren läßt. Auf diese einheitliche Regelung, auf eine Form der Willensverhältnisse, nicht auf einen äußeren Zweck (etwa der Glückseligkeit) kommt es im R. an. Das R. ist gleichsam durch einen allgemeinen Willen gesetzt, wenn auch historisch kein „Vertrag" stattgefunden hat. Das R. hat als solches, rein formal, höchsten Wert; es ist ein Ideal, daß alle Verhältnisse in und zwischen den Völkern durch die Vernunft im Sinne einer Rechtsordnung geregelt werden (s. Weltbürgerrecht, Völkerrecht, Friede). Der „Zwang" im (strengen) R. ist ein äußerer, während in der Moral eine bloß innere Gesetzgebung statthat.

„Die bürgerliche Gesetzgebung hat zu ihrem wesentlichen obersten Prinzip das natürliche R. der Menschen, welches im statu naturali (vor der bürgerlichen Verbindung) eine bloße Idee ist, zu realisieren, d. i. unter allgemeine, mit angemessenem Zwange begleitete, öffentliche Vorschriften zu bringen, denen gemäß jedem sein R. gesichert oder verschafft werden kann." „Nach der Ordnung der Kategorien müssen sie 1., was die Quantität betrifft, so gegeben werden, als ob einer sie für alle und alle für einen jeden einzelnen freiwillig beschlossen hätten. 2. Die Qualität des Zwecks dieser Gesetze (als Zwangsgesetze) ist nicht Glückseligkeit, sondern Freiheit für jeden, seine Glückseligkeit selbst, worin er sie immer setzen mag, zu besorgen, nur daß er anderer ihrer gleich rechtmäßigen Freiheit nicht Abbruch tut. 3. Die Relation der Handlungen, welche Zwangsgesetzen unterworfen sind, ist nicht die des Bürgers auf sich selbst oder auf Gott, sondern bloß auf andere Mitbürger, d. i. öffentliche Gesetze gehen auf äußere Handlungen. 4. Die Modalität der Gesetze ist, daß die Freiheit nicht durch willkürliche Zwangsgesetze, sondern nur die, ohne welche die bürgerliche Vereinigung nicht bestehen kann und die also in dieser schlechthin notwendig sind, eingeschränkt werde. Salus reipublicae (die Erhaltung der bloßen gesetzlichen Form einer bürgerlichen Gesellschaft) suprema lex est", An Jung-Stilling, Nach dem 1. März 1789.

„Der Probierstein alles dessen, was über ein Volk als Gesetz beschlossen werden kann, liegt in der Frage: ob ein Volk sich selbst wohl ein solches Gesetz auferlegen könnte?" „Was aber nicht einmal ein Volk über sich selbst beschließen darf, das darf noch weniger ein Monarch über das Volk beschließen; denn sein gesetzgebendes Ansehen beruht eben darauf, daß er den gesamten Volkswillen in dem seinigen vereinigt", W. i. Aufklär.? (V 2, 139f.). Wenn ein zu gründendes Gemeinwesen ein juridisches sein soll, so muß „die sich zu einem Ganzen vereinigende Menge selbst der Gesetzgeber (der Konstitutionsgesetze)" sein, weil die Gesetzgebung von dem Prinzip ausgeht, „die Freiheit eines jeden auf die Bedingungen einzuschränken, unter denen sie mit jedes anderen Freiheit nach einem allgemeinen Gesetze zusammen bestehen kann", wo also der „allgemeine Wille" einen gesetzlichen äußeren Zwang errichtet, Rel. 3. St. 1. Abs. III (IV 112); vgl. Reich der Tugend. Das R. des Menschen ist das Heiligste in der Welt, ibid. 4. St. 1. T. 1. Abs. 1. Anm. (IV 186).

Der Begriff eines äußeren R.s geht aus dem „Begriffe der Freiheit im äußeren Verhältnisse der Menschen zueinander" hervor und hat gar nichts mit dem Zwecke, den alle Menschen natürlicherweise haben, und der Vorschrift der Mittel, dazu zu gelangen, zu tun. R. ist „die Einschränkung der Freiheit eines jeden auf die Bedingung ihrer Zusammenstimmung mit der Freiheit von jedermann, insofern diese nach einem allgemeinen Gesetze möglich ist; und das öffentliche R. ist der Inbegriff der äußeren Gesetze, welche eine solche durchgängige Zusammenstimmung möglich machen", Theor. Prax. II (VI 86f.). Alles R. besteht in der „Einschränkung der Freiheit jedes anderen auf die Bedingung..., daß sie mit der meinigen nach einem allgemeinen Gesetze zusammen bestehen könne". Das „angeborene R. eines jeden ... in Ansehung der Befugnis, jeden anderen zu zwingen, damit er immer innerhalb der Grenzen der Einstimmung des Gebrauchs seiner Freiheit mit der meinigen bleibe", ist „durchgängig gleich". Es kann „kein angeborenes Vorrecht eines Gliedes des gemeinen Wesens als Mituntertans vor dem andern geben; und niemand kann das Vorrecht des Standes, den er im gemeinen Wesen inne hat, an seine Nachkommen vererben", ibid. (VI 90); vgl. Adel. Alles R. hängt von Gesetzen ab. Ein öffentliches Gesetz ist „der Aktus eines öffentlichen Willens, von dem alles R. ausgeht, und der also selbst niemand muß unrecht tun können". „Hiezu aber ist kein anderer Wille als der des gesamten Volks (da alle über alle, mithin ein jeder über sich selbst beschließt) möglich; denn nur sich selbst kann niemand unrecht tun", ibid. (VI 92). Der (ursprüngliche) „Vertrag" ist eine Vernunftidee, die jeden Gesetzgeber verbindet, „daß er seine Gesetze so gebe, als sie aus dem vereinigten Willen eines ganzen Volks haben entspringen können, und jeden Untertan, sofern er Bürger sein will, so anzusehen, als ob er zu einem solchen Willen mit zusammengestimmt habe". Denn „das ist der Probierstein der Rechtsmäßigkeit eines jeden öffentlichen Gesetzes". In Ansehung der Glückseligkeit hingegen „kann gar kein allgemeingültiger Grundsatz für Gesetze gegeben werden. Denn sowohl die Zeitumstände als auch der einander sehr widerstreitende und dabei immer veränderliche Wahn, worin jemand seine Glückseligkeit setzt (worin er sie aber setzen soll, kann ihm niemand vorschreiben), macht alle feste Grundsätze unmöglich und zum Prinzip der Gesetzgebung für sich allein untauglich. Der Satz: salus publica suprema civitatis lex est, bleibt in seinem unverminderten Wert und Ansehen; aber das öffentliche Heil, welches zuerst in Betrachtung zu ziehen steht, ist gerade diejenige gesetzliche Verfassung, die jedem seine Freiheit durch Gesetze sichert; wobei es ihm unbenommen bleibt, seine Glückseligkeit auf jedem Wege, welcher ihm der beste dünkt, zu suchen, wenn er nur nicht jener allgemeinen gesetzmäßigen Freiheit, mithin dem R.e anderer Mituntertanen Abbruch tat." „Wenn die oberste Macht Gesetze gibt, die zunächst auf die Glückseligkeit (die Wohlhabenheit der Bürger, die Bevölkerung u. dgl.) gerichtet sind, so geschieht dieses nicht als Zweck der Errichtung einer bürgerlichen Verfassung, sondern bloß als Mittel, den rechtlichen Zustand, vornehmlich gegen äußere Feinde des Volkes, zu sichern", ibid. (VI 95f.). — Es ergibt sich betreffs der Fortbildung des R.s, daß „alle Widersetzlichkeit gegen die oberste gesetzgebende Macht, alle Aufwiegelung, um Unzufriedenheit der Untertanen tätlich werden zu lassen, aller Aufstand, der in Rebellion ausbricht, das höchste und strafbarste Verbrechen im gemeinen Wesen ist: weil es dessen Grundfeste zerstört". „Und dieses Verbot ist unbedingt, so daß, es mag auch jene Macht oder ihr Agent, das Staatsoberhaupt, sogar den ursprünglichen Vertrag verletzt und sich dadurch des R.s, Gesetzgeber zu sein, nach dem Begriff des Untertans verlustig gemacht haben, indem sie die Regierung bevollmächtigt, durchaus gewalttätig (tyrannisch) zu verfahren, dennoch dem Untertan kein Widerstand als Gegengewalt erlaubt bleibt." „Der Grund davon ist: weil bei einer schon subsistierenden bürgerlichen Verfassung das Volk kein zu Recht beständiges Urteil mehr hat, zu bestimmen, wie jene solle verwaltet werden. Denn man setze: es habe ein solches, und zwar dem Urteile des wirklichen Staatsoberhaupts zuwider; wer soll entscheiden, auf wessen Seite das R. sei? Keiner von beiden kann es als Richter in seiner eigenen Sache tun. Also müßte es noch ein Oberhaupt über dem Oberhaupte geben, welches zwischen diesem und dem Volke entschiede; welches sich widerspricht", ibid. (VI 97f.). Das „einzige Palladium der Volksrechte" ist die „Freiheit der Feder", das Recht der freien Meinungsäußerung innerhalb der „Schranken der Hochachtung und Liebe für die Verfassung, worin man lebt". — Das allgemeine Prinzip der Beurteilung der Rechtmäßigkeit von Gesetzen ist: „Was ein Volk über sich selbst nicht beschließen kann, das kann der Gesetzgeber auch nicht über das Volk beschließen." „Es muß in jedem gemeinen Wesen ein Gehorsam unter dem Mechanismus der Staatsverfassung nach Zwangsgesetzen (die aufs Ganze gehen), aber zugleich ein Geist der Freiheit sein, da jeder in dem, was allgemeine Menschenpflicht betrifft, durch Vernunft überzeugt zu sein verlangt, daß dieser Zwang rechtmäßig sei, damit er nicht mit sich selbst in Widerspruch gerate", ibid. (VI 102). Die „transzendentale Formel des öffentlichen R.s" lautet: „Alle auf das R. anderer Menschen bezogene Handlungen, deren Maxime sich nicht mit der Publizität verträgt, sind unrecht", Z. ew. Fried. Anh. II (VI 163).

Der Begriff des R.s stammt aus der Vernunft; er ist also kein bloß empirischer Begriff (vgl. Rechtslehre). Der (moralische) Begriff des R.s betrifft nur „das äußere, und zwar praktische Verhältnis einer Person gegen eine andere, sofern ihre Handlungen als Fakta aufeinander (unmittelbar oder mittelbar) Einfluß haben können". Es handelt sich um ein wechselseitiges „Verhältnis der Willkür" der Handelnden; es kommt hierbei nicht auf die „Materie der Willkür", d. h. den Zweck an, den ein jeder mit dem Gewollten verfolgt, sondern nur auf die „Form im Verhältnis der beiderseitigen Willkür, sofern sie bloß als frei betrachtet wird, und ob dadurch die Handlung eines von beiden sich mit der Freiheit des anderen nach einem allgemeinen Gesetze zusammen vereinigen lasse". Das R. ist also „der Inbegriff der Bedingungen, unter denen die Willkür des einen mit der Willkür des anderen nach einem allgemeinen Gesetze der Freiheit zusammen vereinigt werden kann", MSR Einl. § B (III 34 f.). Das „allgemeine Rechtsgesetz: Handle äußerlich so, daß der freie Gebrauch deiner Willkür mit der Freiheit von jedermann nach einem allgemeinen Gesetze zusammen bestehen könne", ist zwar ein Gesetz, welches mir eine Verbindlichkeit auferlegt, aber nicht (wie die Ethik) fordert, daß ich „um dieser Verbindlichkeit willen meine Freiheit auf jene Bedingungen selbst einschränken solle; sondern die Vernunft sagt nur, daß sie in ihrer Idee darauf eingeschränkt sei und von anderen auch tätlich eingeschränkt werden dürfe; und dieses sagt sie als ein Postulat, welches gar keines Beweises weiter fähig ist", ibid. § C (III 35 f.). Alles, was unrecht ist, ist ein Hindernis der Freiheit nach allgemeinen Gesetzen. Der Zwang ist „ein Hindernis oder Widerstand, der der Freiheit geschieht". Der Zwang als „Verhinderung eines Hindernisses der Freiheit" ist recht; mithin ist mit dem R. zugleich „eine Befugnis, den, der ihm Abbruch tut, zu zwingen", nach dem Satze des Widerspruches verknüpft, ibid. § D (III 36). „Das strikte R. kann auch als die Möglichkeit eines mit jedermanns Freiheit nach allgemeinen Gesetzen zusammenstimmenden durchgängigen wechselseitigen Zwanges vorgestellt werden." Das „strikte" (enge) R. ist „das, dem nichts Ethisches beigemischt", das völlig äußerlich ist. „R. und Befugnis zu zwingen bedeuten also einerlei." „Das Gesetz eines mit jedermanns Freiheit notwendig zusammenstimmenden wechselseitigen Zwanges unter dem Prinzip der allgemeinen Freiheit ist gleichsam die Konstruktion jenes Begriffs, d. i. Darstellung desselben in einer reinen Anschauung a priori, nach der Analogie der Möglichkeit freier Bewegungen der Körper unter dem Gesetze der Gleichheit der Wirkung und Gegenwirkung", ibid. § E (III 36f.). Das R. im weiteren Sinne („ius latum") oder „zweideutige" R. („ius aequivocum") ist ein solches, wo die Befugnis zu zwingen durch kein Gesetz bestimmt werden kann. Dazu gehört die Billigkeit (s. d.) und das Notrecht; ersteres gilt als ein „R. ohne Zwang", letzteres als ein „Zwang ohne R.". Diese Doppelsinnigkeit beruht eigentlich darauf, „daß es Fälle eines bezweifelten R.s gibt, zu deren Entscheidung kein Richter aufgestellt werden kann", daß die „objektiven mit den subjektiven Gründen der Rechtsausübung (vor der Vernunft und vor einem Gericht)" verwechselt werden, ibid. Anh. (III 38 ff.).

Die allgemeine Einteilung der R.e ist die „1. der R.e als systematischer Lehren: in das Naturrecht, das auf lauter Prinzipien a priori beruht, und das positive (statutarische) R., was aus dem Willen eines Gesetzgebers hervorgeht", „2. der R.e als (moralischer) Vermögen, andere zu verpflichten, d. i. als einen gesetzlichen Grund zu den letzteren (titulum); von denen die Obereinteilung die in das angeborene und erworbene R. ist, deren ersteres dasjenige R. ist, welches unabhängig von allem rechtlichen Akt jedermann von Natur zukommt; das zweite das, wozu ein solcher Akt erfordert wird", ibid. Einteil. der Rechtslehre, B (III 43). „Das angeborene R. ist nur ein einziges." „Freiheit (Unabhängigkeit von eines anderen nötigender Willkür), sofern sie mit jedes anderen Freiheit nach einem allgemeinen Gesetz zusammen bestehen kann, ist dieses einzige, ursprüngliche, jedem Menschen kraft seiner Menschheit zustehende R." Die „angeborene Gleichheit, d. i. die Unabhängigkeit, nicht zu mehrerem von anderen verbunden zu werden, als wozu man sie wechselseitig auch verbinden kann; mithin die Qualität des Menschen, sein eigener Herr (sui iuris) zu sein" liegt schon mit im Recht der Freiheit, ibid. (III 43 f.). Betreffs des „angeborenen, mithin inneren Mein und Dein" gibt es keine R.e, nur ein R., ibid. (III 44). Wie kennen „unsere eigene Freiheit (von der alle moralischen Gesetze, mithin auch alle R.e sowohl als Pflichten ausgehen)" nur durch den moralischen Imperativ (s. d.), welcher „ein pflichtgebietender Satz ist, aus welchem nachher das Vermögen, andere zu verpflichten, d. i. der Begriff des R.s, entwickelt werden kann", ibid. Einteilung der MS I. (III 45). — Die oberste Einteilung des Naturrechts kann nicht die in das natürliche und gesellschaftliche, sondern muß die ins „natürliche" und „bürgerliche" R., d. h. ins Privat- und öffentliche R. sein. „Denn dem Naturzustande ist nicht der gesellschaftliche, sondern der bürgerliche entgegengesetzt; weil es in jenem zwar gar wohl Gesellschaft geben kann, aber nur keine bürgerliche (durch öffentliche Gesetze das Mein und Dein sichernde), daher das R. in dem ersteren das Privatrecht heißt", ibid. III (III 48). „Das Naturrecht im Zustande einer bürgerlichen Verfassung (d. i. dasjenige, was für die letztere aus Prinzipien a priori abgeleitet werden kann) kann durch die statutarischen Gesetze der letzteren nicht Abbruch leiden." Durch die bürgerliche Verfassung wird „jedem das Seine nur gesichert, eigentlich aber nicht ausgemacht und bestimmt", MSR § 9 (III 65); vgl. Eigentum. „Naturrecht" ist „das nicht-statutarische, mithin lediglich das a priori durch jedes Menschen Vernunft erkennbare R.", ibid. § 36 (III 116). „Der Inbegriff der Gesetze, die einer allgemeinen Bekanntmachung bedürfen, um einen rechtlichen Zustand hervorzubringen, ist das öffentliche R." Es ist „ein System von Gesetzen für ein Volk, d. i. eine Menge von Menschen oder für eine Menge von Völkern, die, im wechselseitigen Einflusse gegeneinander stehend, des rechtlichen Zustandes unter einem sie vereinigenden Willen, einer Verfassung (constitutio) bedürfen, um dessen, was R.ens ist, teilhaftig zu werden", ibid. § 43 (III 133); vgl. Gerechtigkeit, Staat. — Das Privatrecht ist „Sachenrecht", d. h. „R. des Privatgebrauchs in einer Sache, in deren (ursprünglichem oder gestiftetem) Gesamtbesitze ich mit allen anderen bin", ibid. § 11 (III 71 ff.); „persönliches" R., d. h. „der Besitz der Willkür eines anderen als Vermögen, sie durch die meine nach Freiheitsgesetzen zu einer gewissen Tat zu bestimmen", ibid. § 18 (III 83 ff.); „dingliches" R., ibid. § 21 (III 88); „auf dingliche Art persönliches" R., ibid. § 29 (III 97); „auf persönliche Art dingliches" R., ibid. § 22 (III 90). Das R. des Menschen muß man heilig halten. „Laßt euer R. nicht ungestraft von anderen mit Füßen treten", MST Einl. IX u. § 12 (III 237, 287 f.).

„Der Inbegriff der Gesetze freier Handlungen, die natürlicherweise durch die gemeinschaftliche Willkür bestimmt werden, ist das R. Unter der Willkür verstehe ich den mit Gewalt bestimmenden Willen", Lose Bl. 18. „Alle Rechtsgesetze müssen aus der Freiheit derer hervorgehen, die ihnen gehorchen sollen. Denn das R. selbst ist nichts anderes als die Einschränkung der Freiheit des Menschen (in äußerem Gebrauch) auf die Bedingung ihrer Zusammenstimmung derselben mit der Freiheit von jedermann." „Das R. der Menschen als Zwangsrecht muß nicht bloß auf dem Begriffe einer Pflicht, die man jemand zumuten kann, beruhen, sondern setzt auch eine Macht voraus, andere zu zwingen, unserm R. Genüge zu tun. Diese Macht ist nun entweder eine solche, welche bloßen Privatgesetzen eines jeden (die ihm die Vernunft selbst allein vorschreibt) oder die öffentlichen Gesetzen eines über alle (in einer gewissen Gemeinschaft stehende) gebietenden Willens gemäß ist. Jene ist eine Privatmacht, diese eine öffentliche Macht", Lose Bl. C 15. „Wie sind synthetische Rechtssätze a priori möglich (in Ansehung der Gegenstände der Erfahrung, denn in Ansehung der Gegenstände einer freien Willkür überhaupt sind es analytische)? Antwort: Als Prinzipien der Freiheit als eines von der Natur unabhängigen Vermögens durch das Gebot eines in der Idee gemeinschaftlichen Willens." Formaliter ist das R. „das Verhältnis einer Person zu einer Handlung, nach welchem sie durch dieses jemanden nach Gesetzen der Freiheit zu zwingen befugt ist"; materialiter ist ein R. „das Verhältnis einer Person zu einem Gegenstande ihrer Willkür außer ihr, nach welchem sie ihn zu besitzen ... gegen andere nach Gesetzen der Freiheit Zwang ausüben kann". Daß unter Menschen ein R. sein müsse, d. h. daß sie ein solches wollen müssen, „liegt im Begriffe des Menschen als einer Person, gegen die meine Freiheit eingeschränkt ist und der ich die ihrige sicherstellen muß". Aber diese Vereinigung der Willkür ist nicht immer wirklich, ibid. E 6. „In diesem vereinigten Willen nun der bloßen Idee eines äußeren Verhältnisses der Willkür vernünftiger Wesen gegeneinander, sofern sie nach Gesetzen der Freiheit Gebrauch von Objekten außer ihnen machen können, und noch kein Faktum, sondern bloß Norm ist, können und müssen nun alle Handlungen derselben, welche ein R. gründen, d. i. der Erwerb eines Objekts als reiner intellektueller Aktus betrachtet werden, ehe und bevor wir diese als im Raum und Zeit sich ereignende Begebenheit betrachten. — So sind die intellektuelle Apprehension des Objekts der Willkür, die Akzeptation und die Subjektion die Kategorien der Rechtserwerbung oder des erworbenen R.s nach reinen Verstandesbegriffen a priori", ibid. E 12. „Alles R. besteht in der Möglichkeit (dem Vermögen), durch die bloße Willkür andere nach Gesetzen der Freiheit (aber nicht bloß durch diese) zu nötigen. Also besteht es eigentlich nur in dem Verhältnis der Willkür zur Willkür anderer und nicht zu Objekten der Willkür unmittelbar", ibid. E 13; vgl. E 16 ff. Vgl. Gerechtigkeit, Staat, Völkerrecht, Billigkeit, Geschichte, Publizität, Krieg, Friede.

Recht (rectum). „R. oder unrecht (rectum aut minus rectum) überhaupt ist eine Tat, sofern sie pflichtmäßig oder pflichtwidrig (factum licitum aut illicitum) ist: die Pflicht selbst mag ihrem Inhalte oder ihrem Ursprunge nach sein, von welcher Art sie wolle", MS Einl. IV (III 27). Vgl. Gut, Recht, Pflicht.

Rechtfertigung s. Deduktion, Kritik, Gnade, Genugtuung.

Rechtslehre. Die (philosophische) R. ist der erste Teil der Metaphysik (s. d.) der Sitten (der „Sittenlehre"). Ein aus der Vernunft hervorgehendes System kann man „Metaphysik des Rechts" nennen. Da aber der Begriff des Rechts ein reiner, jedoch auf die Praxis gestellter Begriff ist, mithin ein metaphysisches System desselben in seiner Einteilung auch auf die empirische Mannigfaltigkeit jener Fälle Rücksicht nehmen müßte, so wird der erste Teil der Metaphysik der Sitten am besten den Titel führen: „Metaphysische Anfangsgründe der R.", MS Vorr. (III 3). „Der Inbegriff der Gesetze, für welche eine äußere Gesetzgebung möglich ist, heißt die R. (Ius)." „Ist eine solche Gesetzgebung wirklich, so ist sie Lehre des positiven Rechts, und der Rechtskundige derselben oder Rechtsgelehrte (Jurisconsultus) heißt rechtserfahren (Jurisperitus), wenn er die äußeren Gesetze auch äußerlich, d. i. in ihrer Anwendung auf in der Erfahrung vorkommende Fälle kennt, die auch wohl Rechtsklugheit (Jurisprudentia) werden kann, ohne beide zusammen aber bloße Rechtswissenschaft (Jurisscientia) bleibt. Die letztere Benennung kommt der systematischen Kenntnis der natürlichen R. (Ius naturae) zu, wiewohl der Rechtskundige in der letzteren zu aller positiven Gesetzgebung die unwandelbaren Prinzipien hergeben muß", MSR Einl. § A (III 33). Was das Recht ist und ob etwas recht ist, „das allgemeine Kriterium, woran man überhaupt Recht sowohl als Unrecht (iustum et iniustum) erkennen könne", bleibt dem Rechtsgelehrten verborgen, wenn er nicht die Quellen der Gesetze „in der bloßen Vernunft sucht..., um zu einer möglichen positiven Gesetzgebung die Grundlage zu errichten". „Eine bloß empirische R. ist ... ein Kopf, der schön sein mag, nur schade, daß er kein Gehirn hat", ibid. § B (III 34). Vgl. Recht.

Rechtspflichten. Die Einteilung der R. kann nach Ulpian erfolgen, mit Herausarbeitung des eigentlichen Sinnes der Formeln. Diese sind: „1. Sei ein rechtlicher Mensch (honeste vive). Die rechtliche Ehrbarkeit (honestas iuridica) besteht darin: im Verhältnis zu anderen seinen Wert als den eines Menschen zu behaupten, welche Pflicht durch den Satz ausgedrückt wird: ‚Mache dich anderen nicht zum bloßen Mittel, sondern sei für sie zugleich Zweck'. Diese Pflicht wird im folgenden als Verbindlichkeit aus dem Rechte der Menschheit in unserer eigenen Person erklärt werden (lex iusti)". „2. Tue niemandem Unrecht (neminem laede), und solltest du darüber auch aus aller Verbindung mit anderen herausgehen und alle Gesellschaft meiden müssen (lex iuridica)." „3. Tritt (wenn du das letztere nicht vermeiden kannst) in eine Gesellschaft mit anderen, in welcher jedem das Seine erhalten werden kann (suum cuique tribue). — Die letztere Formel, wenn sie so übersetzt würde: ‚Gib jedem das Seine', würde eine Ungereimtheit sagen; denn man kann niemandem etwas geben, was er schon hat. Wenn sie also einen Sinn haben soll, so müßte sie so lauten: ‚Tritt in einen Zustand, worin jedermann das Seine gegen jeden anderen gesichert sein kann' (lex iustitiae)." Diese klassischen Formeln sind also zugleich Einteilungsprinzipien des Systems der R. in „innere", „äußere" und in diejenigen, welche die Ableitung der letzteren vom Prinzip der ersteren durch Subsumtion enthalten, MSR Einl. Einteil. der Rechtslehre A (III 42). Vgl. Pflicht.

Reflektierend s. Urteilskraft.

Reflexionsbegriffe. „Die Überlegung (reflexio) hat es nicht mit den Gegenständen selbst zu tun, um geradezu von ihnen Begriffe zu bekommen, sondern ist der Zustand des Gemüts, in welchem wir uns zuerst dazu anschicken, um die subjektiven Bedingungen ausfindig zu machen, unter denen wir zu Begriffen gelangen können. Sie ist das Bewußtsein des Verhältnisses gegebener Vorstellungen zu unseren verschiedenen Erkenntnisquellen, durch welches allein ihr Verhältnis untereinander richtig bestimmt werden kann." Alle Urteile und Vergleichungen bedürfen einer Überlegung, d. h. „einer Unterscheidung der Erkenntniskraft, wozu die gegebenen Begriffe gehören". „Die Handlung, dadurch ich die Vergleichung der Vorstellungen überhaupt mit der Erkenntniskraft zusammenhalte, darin sie angestellt wird, und wodurch ich unterscheide, ob sie als zum reinen Verstande oder zur sinnlichen Anschauung gehörend untereinander verglichen werden, nenne ich die transzendentale Überlegung." Das Verhältnis, in welchem die Begriffe in einem Bewußtseinszustande zueinander gehören können, ist das der „Einerleiheit" und „Verschiedenheit", der „Einstimmung" und des „Widerstreites", des „Inneren" und des „Äußeren", des „Bestimmbaren" (Materie) und der „Bestimmung" (Form). „Die richtige Bestimmung dieses Verhältnisses beruht darauf, in welcher Erkenntniskraft sie subjektiv zueinander gehören, ob in der Sinnlichkeit oder dem Verstande", KrV tr. Anal. Anh Amphibolie der Reflexionsbegriffe (I 290 f.—Rc 354 f.). Ob die Dinge einerlei oder verschieden usw. sind, wird nicht aus den Begriffen selbst durch bloße Vergleichung ausgemacht werden können, sondern erst durch die „Unterscheidung der Erkenntnisart, wozu sie gehören, vermittelst einer transzendentalen Überlegung (reflexio)" Diese „enthält den Grund der Möglichkeit der objektiven Komparation der Vorstellungen untereinander", ibid. (I 292—Rc 356). Zu hüten hat man sich vor der „Amphibolie" (s. d.) der R. durch die „Verwechslung des empirischen Verstandesgebrauches mit dem transzendentalen" (s. Gebrauch), wie sie besonders bei Leibniz stattfindet, der alle Dinge „bloß durch Begriffe“ miteinander vergleicht und nicht beachtet, daß durch die Form der sinnlichen Anschauung Verhältnisse der Dinge bedingt sind, die durch den bloßen Verstand nicht zu finden sind, ibid. Anmerk. (I 298 ff.—Rc 362 ff.); vgl. Einerleiheit, Einstimmung, Inneres, Form, Identität des Nichtzuunterscheidenden. Die „transzendentale Topik“ (s. d.) schützt vor der „transzendentalen Amphibolie“, d. h. vor der „Verwechslung des reinen Verstandesobjekts mit der Erscheinung“. Durch eine solche Amphibolie getäuscht, begründete Leibniz ein „intellektuelles System der Welt“, indem er alle Dinge nur durch Begriffe verglich und nur rein begriffliche Verschiedenheiten an ihnen fand; Erscheinung war ihm eine verworrene Vorstellung der Dinge an sich selbst. Leibniz „intellektuierte die Erscheinungen“, so wie Locke — nach seinem System der „Noogonie“ — sie insgesamt „sensifizierte“. Beide sahen nicht, daß Verstand und Sinnlichkeit „zwei ganz verschiedene Quellen von Vorstellungen“ sind, die aber in Verbindung objektive Erkenntnis geben, ibid. (I 298 f.—Rc 362 f.). Die R. „mengen sich in der Ontologie, ohne Vergünstigung und rechtmäßige Ansprüche, unter die reinen Verstandesbegriffe“, obgleich sie nur Begriffe der „bloßen Vergleichung schon gegebener Begriffe“ sind und daher eine ganz andere Natur und Gebrauch haben, Prol. § 39 (III 90). R. nennt Kant auch die Kategorien (s. d.). — „Alle Begriffe . . . sind reflektierte, d. i. in das logische Verhältnis der Vielgültigkeit gebrachte Vorstellungen. Allein es gibt Begriffe, deren ganzer Sinn nichts anderes ist als eine oder andere Reflexion, welcher vorkommende Vorstellungen können unterworfen werden. Sie können R. (conceptus reflectentes) heißen“, N 5051.

Reflexionsbegriffe, moralische. Die „Amphibolie“ der moralischen R. besteht darin, daß man, was bloß Pflicht des Menschen gegen sich selbst ist, für Pflicht gegen andere (z. B. gegen Gott, die Tiere, die Natur) hält, MST §§ 16 ff. (III 295 ff.). Es ist Pflicht des Menschen gegen sich selbst, die der Vernunft sich unumgänglich darbietende Idee Gottes auf das moralische Gesetz in uns anzuwenden, was von der „größten sittlichen Fruchtbarkeit“ ist. „Religion zu haben ist Pflicht des Menschen gegen sich selbst.“ Aber eine Pflicht gegen Gott besteht nicht, ibid. § 18 (III 297).

Reform s. Staatsverfassung, Böse.

Regel. „R. ist das Verhältnis eines Begriffs zu allem, was unter ihm enthalten ist (d. i. wodurch er bestimmt wird).“ „Gesetz ist die R., nach der das Dasein der Dinge bestimmbar ist“, Lose Bl. F 3.

Der Verstand (s. d.), das Vermögen der R.n, bringt durch seine apriorischen Grundsätze (s. d.) und die Kategorien (s. d.) die Erscheinungen unter R.n und verknüpft sie dadurch zu objektiven Synthesen, deren Allgemeingültigkeit sie von allen subjektiv-psychologischen Verbindungen der Vorstellungen unterscheidet. Es geschieht immer in Rücksicht auf eine R., nach welcher die Erscheinungen in ihrer Folge durch den vorigen Zustand bestimmt sind, daß ich meine subjektive Synthesis objektiv (s. d.) mache. Nur unter dieser Voraussetzung der Regelhaftigkeit der Erscheinungen ist objektive Erfahrung möglich, KrV tr. Anal. 2. B. 2. H. 3. Abs. 3 (I 214 ff.—Rc. 271 ff.); vgl. Objekt, Kausalität, Natur, Gesetz. „Urteile, sofern sie bloß als die Bedingung der Vereinigung gegebener Vorstellungen in einem Bewußtsein betrachtet werden, sind R.n.“ „Diese R.n, sofern sie die Vereinigung als notwendig vorstellen, sind R.n a priori, und sofern keine über sie sind, von denen sie abgeleitet werden, Grundsätze“, Prol. § 23 (III 64). „Empirische R.“ (z. B. der Sukzession) ist noch nicht „Gesetz“, welches erst durch eine Kategorie entsteht, ibid. § 29 (III 72 f.); vgl. Kausalität.

„Zur Entstehung einer R. werden drei Stücke erfordert. 1. x als das Datum zu einer R. (Objekt der Sinnlichkeit oder vielmehr sinnliche reale Vorstellung), 2. a, die aptitudo zur R. oder die Bedingung, dadurch sie überhaupt auf eine R. bezogen wird, 3. b, der Exponent der R.“, Lose Bl. 10. „Nur dadurch, daß das Verhältnis, was nach den Bedingungen der Anschauung gesetzt wird, als nach einer R. bestimmbar angenommen wird, bezieht sich die Erscheinung auf ein Objekt; sonst ist es nur eine innere Affektion des

Gemüts", ibid. 11. Alles, was gedacht wird, steht unter einer R., „denn nur vermittelst der R. ist es ein Objekt des Denkens", ibid. 12. Durch die R.n der Wahrnehmung sind die Objekte der Sinne „bestimmbar in der Zeit", haben sie eine „bestimmte Stelle" in der Zeitreihe. Nicht die Erscheinungen stehen unter einer R., sondern die Objekte, die ihnen zugrunde liegen. Ohne solche R.n könnten keine Erfahrungen gemacht werden. Alle Beobachtung erfordert eine R., ibid. 14. — Nichts kann zur Erfahrung werden, ohne daß es „nach dem allgemeinen Gesetze der Tätigkeiten des Gemüts miteinander verbunden ist". „Es geschieht also nichts zufällig, d. i. ohne in Ansehung dessen, womit es verbunden ist . . ., einer allgemeinen R. unterworfen zu sein", N 5216. „Es kann etwas wohl erscheinen, aber niemals komplett erscheinen, ohne daß es unter einer R. a priori stände, d. i. mit den andern in Verhältnis (Konjugation), welche a priori bestimmbar ist", N 5213. Die R. ist „die objektive Einheit des Bewußtseins des Mannigfaltigen der Vorstellungen (folglich die, so allgemein gilt)". „Die R. ist entweder empirisch, wenn die Bedingung der Einheit in bloßen Wahrnehmungen liegt. Sie kann also nicht anders objektiv sein als in Beziehung auf mögliche Erfahrung als Erkenntnis der Objekte der Wahrnehmung. Die Möglichkeit der Erfahrung ist also der Grund der objektiven Gültigkeit der R.n der Wahrnehmungen, und diese Möglichkeit der Erfahrung gründet sich auf der notwendigen Einheit des Bewußtseins der Vorstellungen, sofern daraus Erkenntnis (der Objekte) werden soll", N 5708; vgl. Einheit. „Einheit der Bedingung, unter der etwas allgemein gesetzt wird, ist R.", N 5751. Gesetze haben eine Allgemeingültigkeit, R.n können eine bloße Gemeingültigkeit haben, N 5226. „Es gibt R.n der Erzeugung der Vorstellungen durch allgemeine Handlung, oder der Zusammenfassung derselben", N 4810. „Durch eine R. wird das Mannigfaltige in der Erkenntnis unter Einheit gebracht, eben dadurch begriffen, und hat etwas Beständiges", N 4809. Von R.n der Natur nimmt man an, daß sie notwendig seien und daß sie können a priori eingesehen werden, „daher man sie anticipando Gesetze nennt", N 5414. „Es steht alles unter einer R., entweder der Notwendigkeit oder Freiheit", N 5375.

„Alles in der Natur, sowohl in der leblosen, als auch in der belebten Welt, geschieht nach R.n, ob wir gleich diese R.n nicht immer kennen . . . Die ganze Natur überhaupt ist eigentlich nichts anderes als ein Zusammenhang von Erscheinungen nach R.n; und es gibt überall keine Regellosigkeit. Wenn wir eine solche zu finden meinen, so können wir in diesem Falle nur sagen: daß uns die R.n unbekannt sind." „So wie nun alle unsere Kräfte insgesamt, so ist auch insbesondere der Verstand bei seinen Handlungen an R.n gebunden, die wir untersuchen können. Ja, der Verstand ist als der Quell und das Vermögen anzusehen, R.n überhaupt zu denken. Denn so wie die Sinnlichkeit das Vermögen der Anschauungen ist, so ist der Verstand das Vermögen zu denken, d. h. die Vorstellungen der Sinne unter R.n zu bringen. Er ist daher begierig, R.n zu suchen, und befriedigt, wenn er sie gefunden hat." Er selbst kann nur nach gewissen R.n verfahren; diese sind teils „zufällig", teils „notwendig", d. h. R.n, „ohne welche gar kein Gebrauch des Verstandes möglich wäre". „Diese R.n können daher auch a priori, d. i. unabhängig von aller Erfahrung, eingesehen werden." Die „allgemeinen und notwendigen R.n des Denkens überhaupt" betreffen „lediglich die Form, keineswegs die Materie desselben". Die Wissenschaft von der „Form unserer Verstandeserkenntnis oder des Denkens" ist die Logik (s. d.), Log. Einl. I (IV 12 ff.). Vgl. Grundsätze, Kausalität, Objekt, Ordnung, Verstand, Prinzip, Urteilskraft, Analogien, Antinomie.

Regel, ästhetische, s. Genie, Kunst. Durch das Genie gibt die Natur der Kunst die R. Man darf nicht spüren, daß dem Künstler bei seinem Werk eine R. vor Augen geschwebt habe, KU §§ 45 f. (II 160 ff.). Vgl. Regelmäßigkeit.

Regel, praktische, s. Imperativ, Prinzip, Gesetze (praktische). Die praktische R. ist ein Produkt der Vernunft, KpV 1. T. 1. B. 1. H. § 1 (II 23 ff.).

„Die Geschicklichkeit hat R.n, die Klugheit Maximen, die Sittlichkeit Gesetze", N 5234. „Die R. gehet nur auf die Art, wie das, was man will, geschehen soll; das Gesetz enthält den Imperativus von dem, was geschehen soll (vom Zwecke); die Maxime ist das subjektive Gesetz, d. i. das, was man sich selbst allgemein zu tun vorgesetzt hat." „Weil die R. die Anwendung eines Gesetzes in concreto ist, wozu gesunder Verstand gehört, dessen Stelle nicht durch eine allgemeine Vorschrift kann ersetzt werden, so gelten die R.n, weil sie von den mehrsten Fällen empirisch abstrahiert sind und darum keine wahre Allgemeinheit haben, auch nicht pünktlich, und es ist also keine R. ohne Exzeption." „Gesetze sollen ohne Ausnahme sein, im gleichen Axiomen; aber R.n sind niemals ohne Ausnahme", N 5237.

Regelmäßigkeit s. Regel. Die R. der Natur (als Erscheinung) legt der Verstand in sie hinein. Vgl. Gesetz, Natur, Ordnung, Grundsätze, Zweckmäßigkeit.

Alles Steif-Regelmäßige (was der mathematischen R. nahekommt) hat etwas Geschmackwidriges an sich. „Die R., die zum Begriffe von einem Gegenstande führt, ist zwar die unentbehrliche Bedingung (conditio sine qua non), den Gegenstand in eine einzige Vorstellung zu bringen und das Mannigfaltige in der Form desselben zu bestimmen." Auch erweckt zwar die Erfüllung dieses Erkenntniszweckes ein Wohlgefallen, aber dieses ist alsdann „bloß die Billigung der Auflösung, die einer Aufgabe Genüge tut, und nicht eine freie und unbestimmt zweckmäßige Unterhaltung der Gemütskräfte mit dem, was wir schön nennen, und wobei der Verstand der Einbildungskraft, und nicht diese jenem zu Diensten ist", KU § 22 Allg. Anmerk. (II 84 f.). Vgl. Schönheit, Geschmacksurteil, Ideal (ästhetisches).

Regierung s. Staatsverfassung, Fakultät.

Regressiv s. Analytisch, Kritik der reinen Vernunft; über „Regreß" s. Unendlichkeit, Teil.

Regulativ. Die kosmologischen Ideen (s. d.) sind nicht „konstitutiv", d. h. sie bedingen kein Objekt der Erfahrung (wie die Kategorien), sondern nur „regulative" Prinzipien, d. h. sie geben die Regel, die Reihe der Erfahrungen (Erscheinungen) immer weiter fortzusetzen und nie innerhalb derselben bei einem Schlechthinunbedingten, bei einem Ersten oder Letzten, als bei einer absoluten Grenze, stehen zu bleiben, d. h. sie führen zu einem Regressus ins Unendliche oder ins Unbestimmte, KrV tr. Dial. 2. B. H. 8. Abs. (I 451 ff.—Rc 584 ff.); vgl. Unendlich, Unbedingt, Totalität, Antinomie, Ideal, Gott, Notwendig. — Auch der Begriff des Zwecks (s. d.) hat für die Natur nur regulative Bedeutung. Die Analogien (s. d.) der Erfahrung sind regulative Grundsätze.

Reich der Freiheit (im Gegensatz zum R. der Natur) s. Freiheit. Vgl. Rel. 2. St. 2. Abs. (IV 92): „Freiheit der Kinder des Himmels" — „Knechtschaft des bloßen Erdensohnes". Vgl. R. der Gnaden.

Reich der Gnaden. Leibniz nannte die Welt, „sofern man darin nur auf die vernünftigen Wesen und ihren Zusammenhang nach moralischen Gesetzen unter der Regierung des höchsten Guts achthat", das „R. der Gnaden", im Unterschiede vom „R. der Natur", wo die Wesen „zwar unter moralischen Gesetzen stehen, aber keine anderen Erfolge ihres Verhaltens erwarten als nach dem Laufe der Natur unserer Sinnenwelt". „Sich ... im R.e der Gnaden zu sehen, wo alle Glückseligkeit auf uns wartet, außer sofern wir unseren Anteil an derselben durch die Unwürdigkeit glücklich zu sein, nicht selbst einschränken, ist eine praktisch notwendige Idee der Vernunft", KrV tr. Meth. 2. H. 2. Abs. (I 671f.—Rc 824); vgl. Gott, Gut, Zwecke. Das R. der Gnaden (regnum gratiae) ist die (intelligible) „moralische Welt" (s. d.), ibid. (I 674—Rc 827).

Reich der Tugend. Die Menschen verderben einander wechselseitig in ihrer moralischen Anlage und machen einander böse. Die Herrschaft des guten Prinzips unter den

Menschen ist nun nicht anders erreichbar als durch „Errichtung und Ausbreitung einer Gesellschaft nach Tugendgesetzen und zum Behuf derselben; einer Gesellschaft, die dem ganzen Menschengeschlecht, in ihrem Umfange sie zu beschließen, durch die Vernunft zur Aufgabe und zur Pflicht gemacht wird. — Denn so allein kann für das gute Prinzip über das böse ein Sieg gehofft werden. Es ist von der moralisch-gesetzgebenden Vernunft, außer den Gesetzen, die sie jedem einzelnen vorschreibt, noch überdem eine Fahne der Tugend als Vereinigungspunkt für alle, die das Gute lieben, ausgesteckt, um sich darunter zu versammeln und so allererst über das sie rastlos anfechtende Böse die Oberhand zu bekommen.“ „Man kann eine Verbindung der Menschen unter bloßen Tugendgesetzen nach Vorschrift dieser Idee eine ethische und, sofern diese Gesetze öffentlich sind, eine ethisch-bürgerliche (im Gegensatz der rechtlich-bürgerlichen) Gesellschaft oder ein ethisches gemeines Wesen nennen. Dieses kann mitten in einem politischen gemeinen Wesen und sogar aus allen Gliedern desselben bestehen... Aber jenes hat ein besonderes und ihm eigentümliches Vereinigungsprinzip (die Tugend) und daher auch eine Form der Verfassung, die sich von der des letzteren wesentlich unterscheidet. Gleichwohl ist eine gewisse Analogie zwischen beiden, als zweier gemeinen Wesen überhaupt betrachtet, in Ansehung deren das erstere auch ein ethischer Staat, d. i. ein R. der Tugend (des guten Prinzips), genannt werden kann, wovon die Idee in der menschlichen Vernunft ihre ganz wohlbegründete objektive Realität hat (als Pflicht, sich zu einem solchen Staate zu einigen), wenn es gleich subjektiv von dem guten Willen der Menschen nie gehofft werden könnte, daß sie jemals zu diesem Zwecke mit Eintracht hinzuwirken sich entschließen würden“, Rel. 3. St. am Anfang (IV 106f.). Ein ethisch-bürgerlicher Zustand ist der, bei dem die Menschen unter zwangsfreien öffentlichen Rechtsgesetzen, d. h. „bloßen Tugendgesetzen“ stehen. Zu diesem Zustand gehen sie aus dem „ethischen Naturzustand“ heraus; durch freiwillige Verbindung, nicht durch Staatszwang kann dies geschehen, wenn auch alles mit der Pflicht des Staatsbürgers vereinbar sein muß. Da die Tugendpflichten das ganze menschliche Geschlecht angehen, so ist „der Begriff eines ethischen gemeinen Wesens immer auf das Ideal eines Ganzen aller Menschen bezogen, und darin unterscheidet es sich von dem eines politischen“. Von dem absoluten ethischen Ganzen ist jede darauf hinstrebende partielle Gesellschaft nur ein „Schema“, ibid. 3. St. 1. Abt. I (IV 108f.). Es besteht hier eine Pflicht „des menschlichen Geschlechts gegen sich selbst“. „Jede Gattung vernünftiger Wesen ist nämlich objektiv, in der Idee der Vernunft, zu einem gemeinschaftlichen Zwecke, nämlich der Beförderung des höchsten als eines gemeinschaftlichen Guts bestimmt. Weil aber das höchste sittliche Gut durch die Bestrebung der einzelnen Person zu ihrer eigenen moralischen Vollkommenheit allein nicht bewirkt wird, sondern eine Vereinigung derselben in ein Ganzes zu ebendemselben Zwecke, zu einem System wohlgesinnter Menschen erfordert, in welchem und durch dessen Einheit es allein zustande kommen kann, die Idee aber von einem solchen Ganzen, als einer allgemeinen Republik nach Tugendgesetzen, eine von allen moralischen Gesetzen (die das betreffen, wovon wir wissen, daß es in unserer Gewalt stehe) ganz unterschiedene Idee ist, nämlich auf ein Ganzes hinzuwirken, wovon wir nicht wissen können, ob es als ein solches auch in unserer Gewalt stehe: so ist die Pflicht der Art und dem Prinzip nach von allen anderen unterschieden.“ Es bedarf eines „höheren moralischen Wesens“, durch dessen allgemeine Veranstaltung die für sich unzulänglichen Kräfte der einzelnen zu einer gemeinsamen Wirkung vereinigt werden, ibid. II (IV 111 f.). In einem ethischen Gemeinwesen kann nicht das Volk selbst als gesetzgebend angesehen werden, aber auch nicht ein statutarisch-äußerlich zwingender Oberer, sondern nur ein solcher Gesetzgeber, „in Ansehung dessen alle wahren Pflichten, mithin auch die ethischen, zugleich als seine Gebote vorgestellt werden müssen; welcher daher auch ein Herzenskündiger sein muß, um auch das Innerste der Gesinnungen eines jeden zu durchschauen und, wie es in jedem gemeinen Wesen sein muß, jedem, was seine Taten wert sind, zukommen zu lassen“. „Dieses ist aber der Begriff von Gott als einem moralischen Weltherrscher. Also ist ein ethisches gemeines Wesen nur als ein Volk unter göttlichen Geboten, d. i. als ein Volk Gottes, und zwar nach Tugendgesetzen, zu denken möglich", ibid. III (IV 112 f.). Die Idce eines Volkes Gottes ist (unter menschlicher Veranstaltung) nicht anders als in der Form einer Kirche (s. d.) auszuführen, ibid. IV (IV 114). „Der allmähliche Übergang des Kirchenglaubens zur Alleinherrschaft des reinen Religionsglaubens ist die Annäherung des Reiches Gottes", ibid. VII (IV 132); vgl. Kirche, Religion, Glaube.

Reich der Zwecke. „Der Begriff eines jeden vernünftigen Wesens, das sich durch alle Maximen seines Willens als allgemein gesetzgebend betrachten muß, um aus diesem Gesichtspunkte sich selbst und seine Handlungen zu beurteilen, führt auf einen ihm anhängenden, sehr fruchtbaren Begriff, nämlich den eines R.s der Zwecke." „Ich verstehe aber unter einem R.e die systematische Verbindung verschiedener vernünftiger Wesen durch gemeinschaftliche Gesetze. Weil nun Gesetze die Zwecke ihrer allgemeinen Gültigkeit nach bestimmen, so wird, wenn man von dem persönlichen Unterschiede vernünftiger Wesen, ingleichen allem Inhalte ihrer Privatzwecke abstrahiert, ein Ganzes aller Zwecke (sowohl der vernünftigen Wesen als Zwecke an sich als auch der eigenen Zwecke, die ein jedes sich selbst setzen mag) in systematischer Verknüpfung, d. i. ein R. der Zwecke gedacht werden können." „Denn vernünftige Wesen stehen alle unter dem Gesetz, daß jedes derselben sich selbst und alle anderen niemals bloß als Mittel, sondern jederzeit zugleich als Zweck an sich selbst behandeln solle. Hierdurch aber entspringt eine systematische Verbindung vernünftiger Wesen durch gemeinschaftliche objektive Gesetze, d. i. ein Reich, welches, weil diese Gesetze eben die Beziehung dieser Wesen aufeinander als Zwecke und Mittel zur Absicht haben, ein R. der Zwecke (freilich nur ein Ideal) heißen kann." „Es gehört aber ein vernünftiges Wesen als Glied zum R.e der Zwecke, wenn es darin zwar allgemein gesetzgebend, aber auch diesen Gesetzen selbst unterworfen ist. Es gehört dazu als Oberhaupt, wenn es als gesetzgebend keinem Willen eines anderen unterworfen ist." „Das vernünftige Wesen muß sich jederzeit als gesetzgebend in einem durch Freiheit des Willens möglichen R.e der Zwecke betrachten, es mag nun sein als Glied oder als Oberhaupt", GMS 2. Abs. (III 58 f.). Im R. der Zwecke haben die vernünftigen Wesen als solche (Personen) eine Würde (s. d.), weil sie Anteil an der allgemeinen Gesetzgebung haben, die allen Wert bestimmt und dadurch selbst eine Würde hat, ibid. (III 60 ff.). — „Die Teleologie erwägt die Natur als ein R. der Zwecke, die Moral ein mögliches R. der Zwecke als ein R. der Natur. Dort ist das R. der Zwecke eine theoretische Idee zur Erklärung dessen, was da ist. Hier ist es eine praktische Idee, um das, was nicht da ist, aber durch unser Tun und Lassen wirklich werden kann, und zwar eben dieser Idee gemäß zustande zu bringen", ibid. 12. Anm. (III 62f.). Durch die eigene Gesetzgebung aller Personen ist „eine Welt vernünftiger Wesen (mundus intelligibilis)" als ein R. der Zwecke möglich. „Demnach muß ein jedes vernünftige Wesen so handeln, als ob es durch seine Maximen jederzeit ein gesetzgebendes Glied im allgemeinen R.e der Zwecke wäre." „Ein R. der Zwecke ist also nur möglich nach der Analogie mit einem R.e der Natur, jenes aber nur nach Maximen, d. i. sich selbst auferlegten Regeln, diese nur nach Gesetzen äußerlich genötigter wirkender Ursachen." Ein solches R. der Zwecke würde wirklich zustande kommen, wenn jene Maximen allgemein befolgt würden. Aber, auch wenn dies und die Übereinstimmung mit dem R.e der Natur nicht erfolgt, so bleibt doch das Gesetz: „Handle nach Maximen eines allgemeinen gesetzgebenden Gliedes zu einem bloß möglichen R. der Zwecke", ibid. (III 65). Vgl. Intelligible Welt, Anatomie, Noumenon.

Reich Gottes s. Reich der Tugend. „Das Reich Gottes auf Erden, das ist die letzte Bestimmung, des Menschen Wunsch", N 1396. Vgl. Kirche, Christentum.

Reihe. Vermittelst des Grundsatzes der Kausalität (s. d.) bestimmen die Erscheinungen einander ihre Stelle in der Zeitordnung. Es entsteht so eine „R. der Erscheinungen", die vermittelst des Verstandes dieselbe Ordnung und denselben stetigen Zusammenhang in der „R. der möglichen Wahrnehmungen" hervorbringt und notwendig macht, als sie in der Zeit a priori angetroffen werden, KrV tr. Anal. 2. B. 2. H. 3. Abs. 2. Analogie (I 234f.—Rc 293). Die transzendentalen (kosmologischen Ideen beziehen sich auf je eine Synthesis (s. d.), die eine „R." ausmacht, und zwar eine R. der einander untergeordneten (nicht beigeordneten) Bedingungen zu einem Bedingten. Die absolute Totalität (s. d.) wird von der Vernunft nur gefordert, sofern sie die „aufsteigende R. der Bedingungen zu einem gegebenen Bedingten" angeht. Solche R.n sind die der Zeit und des Raumes (der an sich keine R. ausmacht, erst durch die sukzessive Synthesis seiner Teile), der Teile der Materie, der Ursachen und Wirkungen, des Zufälligen, KrV tr. Dial. 2. B. 2. H. 1. Abs. (I 375ff.—Rc 499ff.); vgl. Kosmologische Ideen, Antinomie, Unendlich. Die Zeit ist „an sich selbst eine R. (und die formale Bedingung aller R.n)". Die ganze verlaufene Zeit wird als Bedingung des gegebenen Augenblicks als gegeben gedacht, ibid. (I 377—Rc 502). Die Vernunft fordert (in den Ideen) die absolute Vollständigkeit der Bedingungen der Erscheinungen, sofern sie eine R. ausmachen. Sie sucht das Unbedingte (s. d.) in dieser „reihenweise, und zwar regressiv fortgesetzten Synthesis der Bedingungen". „Dieses Unbedingte ist nun jederzeit in der absoluten Totalität der R., wenn man sie sich in der Einbildung vorstellt, enthalten." Ob aber diese Vollständigkeit möglich ist, ist ein Problem (vgl. Antinomie). Das Unbedingte kann man sich denken a) „als bloß in der ganzen R. bestehend" („unendlicher" Regressus); b) als nur einen „Teil der R.", der unbedingt ist, während die übrigen Glieder der R. ihm untergeordnet sind. „In dem ersteren Falle ist die R. a parte priori ohne Grenzen (ohne Anfang), d. i. unendlich, und gleichwohl ganz gegeben, der Regressus in ihr aber ist niemals vollendet und kann nur potentialiter unendlich genannt werden. Im zweiten Falle gibt es ein Erstes der R." (Weltanfang, Weltgrenze, das Einfache, absolute Selbsttätigkeit, Freiheit, absolute Naturnotwendigkeit), ibid. (I 380ff.—Rc 505ff.). Die Welt (s. d.) der Erscheinungen existiert nicht an sich, nicht „unabhängig von der regressiven R. meiner Vorstellungen". „Sie ist nur im empirischen Regressus der R. der Erscheinungen und für sich selbst gar nicht anzutreffen", ibid. 7. Abs. (I 449—Rc 582f.). Vgl. Unendlich, Antinomie, Totalität, Unbedingt, Kausalreihe, Freiheit.

Rein: frei von allem Erfahrungsstoff, von der Empfindung, vom Sinnlichen überhaupt; aus der Gesetzlichkeit des Geistes (des Verstandes oder der Vernunft) entspringend; in dieser seiner „Form" (s. d.), mit Abstraktion vom Stoffe (des Erkennens, des Wollens) fixiert, als Grundlegung der Theorie oder (sittlichen) Praxis. Von den Erkenntnissen a priori (s. d.) heißen diejenigen „r.", „denen gar nichts Empirisches beigemischt ist". „So ist z. B. der Satz: eine jede Veränderung hat ihre Ursache, ein Satz a priori, allein nicht r., weil Veränderung ein Begriff ist, der nur aus der Erfahrung gezogen werden kann", KrV Einl. I (I 48—Rc 47). „Es heißt aber jede Erkenntnis r., die mit nichts Fremdartigem vermischt ist." Besonders aber wird eine Erkenntnis schlechthin r. genannt, in die sich überhaupt keine Erfahrung oder Empfindung einmischt, welche mithin völlig a priori möglich ist", KrV 1. A. Einl. (I 67 Anm.—Rc 82). — „Ich nenne alle Vorstellungen r. (im transzendentalen Verstande), in denen nichts, was zur Empfindung gehört, angetroffen wird", KrV tr. Ästhet. § 1 (I 76—Rc 93). Die „reine Form sinnlicher Anschauungen" (oder „der Sinnlichkeit") heißt auch selbst „reine Anschauung" (vgl. Anschauungsform). Jene apriorischen Erkenntnisse sind „r.", 1. denen gar nichts Empirisches beigemischt ist, 2. die von nichts Empirischem abhängig sind. Nur in dieser letzteren Bedeutung wird das Wort „r." in der Kritik der reinen Vernunft gebraucht. Der Satz: „alles Veränderliche hat eine Ursache" ist nur r. in der zweiten, nicht in der ersten Bedeutung (welcher der Satz: „alles Zufällige hat eine Ursache" gemäß ist), Gebrauch teleolog. Prinzipien (VIII 159). „R." sind geistige Vermögen, sofern sie „a priori gesetzgebend" sind, KU Einl. III (II 15). „Alle Erkenntnisse sind entweder empirisch, sofern sie Empfindungen voraussetzen, oder r.e Erkenntnisse, sofern sie keine Empfindung zum Grunde haben." Letztere sind a) conceptus singulares (intuitus puri), b) allgemeine reine Vernunftbegriffe, N 3955; vgl. 3957. „R. ist, was von allem Fremdartigen abgesondert ist", N 4728. Vgl. Anschauung (reine), Begriff, Denken, Bewußtsein, Apperzeption (transzendentale oder reine), Wille, Gesinnung, Vernunft, Kritik, Geschmacksurteil, Synthese, Ich, A priori, Einbildungskraft, Logik, Transzendental, Religion.

Reine Vernunft s. Vernunft.

Reiner Verstand s. Verstand.

Reiz, ästhetischer, s. Geschmacksurteil, Malerei, Musik. Das reine Geschmacksurteil ist vom R. unabhängig. „Der Geschmack ist jederzeit noch barbarisch, wo er die Beimischung der R.e und Rührungen zum Wohlgefallen bedarf, ja wohl gar diese zum Maßstab seines Beifalls macht", KU § 13 (II 61f.). Doch ist der R. mit der Schönheit (s. d.) vereinbar, ibid. § 29 Allg. Anmerk. (II 126).

Rekognition. „Ohne Bewußtsein, daß das, was wir denken, eben dasselbe sei, was wir einen Augenblick zuvor dachten, würde alle Reproduktion in der Reihe der Vorstellungen vergeblich sein. Denn es wäre eine neue Vorstellung im jetzigen Zustande, die zu dem Actus, wodurch sie nach und nach hat erzeugt werden sollen, gar nicht gehörte, und das Mannigfaltige derselben würde immer kein Ganzes ausmachen, weil es der Einheit ermangelte, die ihm nur das Bewußtsein verschaffen kann" (so besteht z. B. die Zahl im Bewußtsein der Einheit der Synthesis von Eins zu Eins), KrV 1. A. tr. Anal. 1. B. 2. H. 2. Abs. 3. (I 710 f.—Rc 180 f.). Das Wort „Begriff" (s. d.) weist schon darauf hin, daß das „eine Bewußtsein" es ist, „was das Mannigfaltige, nach und nach Angeschaute und dann auch Reproduzierte in eine Vorstellung vereinigt". Dieses Bewußtsein kann sehr schwach (unklar) sein, aber ohne dasselbe sind Begriffe und mit ihnen Erkenntnis von Gegenständen (s. Objekt) unmöglich, ibid. (I 711—182). Der Begriff ist stets seiner Form nach „etwas Allgemeines und was zur Regel dient". So dient der Begriff des Körpers nach der „Einheit des Mannigfaltigen", das durch ihn gedacht wird, unserer Erkenntnis äußerer Erscheinungen zur Regel. „Eine Regel der Anschauungen kann er aber nur dadurch sein, daß er bei gegebenen Erscheinungen die notwendige Reproduktion des Mannigfaltigen derselben, mithin die synthetische Einheit in ihrem Bewußtsein vorstellt. So macht der Begriff des Körpers, bei der Wahrnehmung von Etwas außer uns, die Vorstellung der Ausdehnung und mit ihr die der Undurchdringlichkeit, der Gestalt usw. notwendig." Der Begriff enthält die „Einheit der Regel", und diese „bestimmt nun das Mannigfaltige und schränkt es auf Bedingungen ein, welche die Einheit der Apperzeption möglich machen", und der Begriff dieser Einheit ist der Gedanke vom Gegenstande = x, auf den ich das Mannigfaltige beziehe, ibid. (I 712 f.—Rc 184 f.). Die „ursprüngliche und transzendentale Bedingung" der Einheit des Mannigfaltigen aller Anschauungen und also auch der Begriffe der Objekte, die Grundbedingung des Denkens eines „Gegenstandes" überhaupt ist die transzendentale Apperzeption (s. d.), das „reine ursprüngliche, unwandelbare", identische Bewußtsein (Selbstbewußtsein), dessen „numerische Einheit" allen Begriffen zugrunde liegt und also auch die Synthesis der R. in diesen möglich macht. Das ursprüngliche Bewußtsein der Identität (s. d.) seiner selbst (in der Apperzeption) ist zugleich ein Bewußtsein einer ebenso notwendigen „Einheit der Synthesis aller Erscheinungen nach Begriffen, d. i. nach Regeln, die sie nicht allein notwendig reproduzibel machen, sondern dadurch auch ihrer Anschauung einen Gegenstand bestimmen, d. i. den Begriff von Etwas, darin sie notwendig zusammenhängen", ibid. (I 713ff.—Rc 186ff.). Die Gründe der R. des Mannigfaltigen, sofern sie bloß die „Form einer Erfahrung überhaupt" betreffen, sind die Kategorien (s. d.). „Auf ihnen gründet sich also alle formale Einheit in der Synthesis der Einbildungskraft, und vermittelst dieser auch alles empirischen Gebrauchs derselben (in der R., Reproduktion, Assoziation, Apprehension) bis herunter zu den Erscheinungen, weil diese nur vermittelst jener Elemente der Erkenntnis, und überhaupt unserem Bewußtsein, mithin uns selbst angehören können", ibid. 3. Abs. (I 725f.—Rc 214f.).

Relation. Wir erkennen in der Erscheinungswelt nur R.en, obzwar unsere Erkenntnis absolut gültige (apriorische) Voraussetzungen hat (s. Absolut). Es zeigt sich, daß weder die Dinge, die wir anschauen, noch ihre „Verhältnisse", so an sich selbst beschaffen sind, als sie uns erscheinen. Fällt die Beziehung aufs Subjekt weg, so würden „alle Verhältnisse der Objekte im Raum und Zeit", ja selbst Raum und Zeit verschwinden, da sie „nur in uns" existieren können, KrV tr. Ästhet. § 8 (I 95—Rc 113). Alles, was in unserer Erkenntnis zur Anschauung gehört, enthält nichts als „bloße Verhältnisse", der „Örter in einer Anschauung (Ausdehnung), Veränderung der Örter (Bewegung), und Gesetze, nach denen diese Veränderung bestimmt wird (bewegende Kräfte)". „Was aber in dem Orte gegenwärtig sei, oder was außer der Ortsveränderung in den Dingen selbst wirke, wird dadurch nicht gegeben. Nun wird durch bloße Verhältnisse doch nicht eine Sache an sich erkannt: also ist wohl zu urteilen, daß, da uns durch den äußeren Sinn nichts als bloße Verhältnisvorstellungen gegeben werden, dieser auch nur das Verhältnis eines Gegenstandes auf das Subjekt in seiner Vorstellung enthalten könne und nicht das Innere, was dem Objekte an sich zukommt." „Mit der inneren Anschauung ist es ebenso bewandt. Nicht allein, daß darin die Vorstellungen äußerer Sinne den eigentlichen Stoff ausmachen, womit wir unser Gemüt besetzen, sondern die Zeit, in die wir diese Vorstellungen setzen . . ., enthält schon Verhältnisse des Nacheinander, des Zugleichseins und dessen, was mit dem Nacheinandersein zugleich ist (des Beharrlichen)", ibid. (I 101—Rc 119 f.); vgl. Sinn, innerer. Die in der Erscheinung (s. d.) gegebene Beschaffenheit der Objekte hängt ab von der „Anschauungsart des Subjekts in der R. des gegebenen Gegenstandes zu ihm", ibid. (I 102 f.—Rc 121). Die inneren Bestimmungen einer Substanz (s. d.) in der Erscheinung (Materie) sind „nichts als Verhältnisse"; sie selbst ist „ganz und gar ein Inbegriff von lauter R.en", denn wir kennen sie nur durch Kräfte, ibid. tr. Anal. Anh. V. d. Amphibolie (I 294 f.—Rc 358 f.). „Im Raum sind lauter äußere, im inneren Sinn lauter innere Verhältnisse; das Absolute fehlt", ibid. (Anmerk. aus Kants Handexemplar). Die Materie (s. d.) besteht aus lauter („realen") Verhältnissen, aber es sind darunter „selbständige und beharrliche, dadurch uns ein bestimmter Gegenstand gegeben wird". Auch der Raum besteht aus lauter („formalen") Verhältnissen. Die Materie ist „undurchdringliche Ausdehnung", ibid. Anmerk. (I 307 f.—Rc 372 ff.); sie ist „Erscheinung"; das ihr zugrundeliegende Ding an sich ist unerkennbar.

Es sind „nicht Formen, sondern Funktionen, worauf die relationes der Erscheinungen beruhen". „Nur von der R. gelten objektiv synthetische Sätze der Erscheinung." Das Objekt (s. d.) kann nur „nach seinen Verhältnissen" vorgestellt werden, Lose Bl.7. „Unsere Vernunft enthält nichts als relationes", N 3969. Vgl. Inneres, Merkmal. Die Kategorien (s. d.) der R. sind Kausalität (s. d.), Substanz (s. d.) und Wechselwirkung (s. d.). Vgl. Materie, Raum, Prädikat, Analogie, Unbedingt, Bewegung.

Relation der Urteile. „Alle Verhältnisse des Denkens in Urteilen sind die a) des Prädikats zum Subjekt, b) des Grundes zur Folge, c) der eingeteilten Erkenntnis und der gesammelten Glieder der Einteilung untereinander. In der ersteren Art der Urteile sind nur zwei Begriffe, in der zweiten zwei Urteile, in der dritten mehrere Urteile im Verhältnis gegeneinander betrachtet", KrV tr. Anal. § 9 (I 124—Rc 144); vgl. Hypothetisch, Disjunktiv. „Der R. nach sind die Urteile entweder kategorische oder hypothetische oder disjunktive. Die gegebenen Vorstellungen im Urteile sind nämlich eine der anderen zur Einheit des Bewußtseins untergeordnet entweder: als Prädikat dem Subjekte, oder: als Folge dem Grunde, oder: als Glied der Einteilung dem eingeteilten Begriffe", Log. § 23 (IV 114). Alle drei Arten von Urteilen beruhen auf „wesentlich verschiedenen Funktionen des Verstandes", ibid. § 24 (IV 114).

Relativ s. Relation, Absolut, Allgemeinheit, Erkenntnis, Erscheinung, Bewegung, Raum, Wert, Hypothetisch, Imperativ.

Religion. Die R. tritt uns zunächst als positive, geoffenbarte R. entgegen, als Inbegriff statutarischer Glaubenssätze und Kulthandlungen. Soweit in diese das Wesen der R. gelegt wird, neigt die R. zum „Afterdienst", wird sie zu einer Werbung um die Gunst Gottes, die als solche keinen moralischen Wert hat. Doch enthält die R. auch — und das ist die der R. immanente „Vernunftreligion" — einen sittlichen Gehalt, den die Philosophie aus ihr herauszuarbeiten hat. Die reine R. ist Auffassung unserer Pflichten als göttliche Gebote, die Vollendung des Ethischen durch dessen Beziehung auf das in der sittlichen Weltordnung sich manifestierende Prinzip, die Idee der Gottheit, die theoretisch keine Erkenntnis bietet, aber für den Abschluß der sittlichen Weltanschauung von höchstem Werte ist (s. Gott, Glaube, Postulate). Das Positive der historischen R. (bzw. des Christentums als deren höchsten Form) muß als Symbol für das göttliche Prinzip der sittlichen Weltordnung und unserer Beziehungen zu ihm aufgefaßt werden.

Wir werden Handlungen nicht darum für verbindlich halten, weil sie Gebote Gottes sind, sondern „sie darum als göttliche Gebote ansehen, weil wir dazu innerlich verbindlich sind" Wir werden nur sofern glauben, „dem göttlichen Willen gemäß zu sein", als wir das Sittengesetz „heilig halten" und „das Weltbeste an uns und an anderen befördern", KrV tr. Meth. 2. H. 2. Abs. (I 676f.—Rc 829); vgl. Gott. R. ist die „Erkenntnis aller Pflichten als göttlicher Gebote, nicht als Sanktionen, d. i. willkürlicher, für sich selbst zufälliger Verordnungen eines fremden Willens, sondern als wesentlicher Gesetze eines jeden freien Willens für sich selbst, die aber dennoch als Gebote des höchsten Wesens angesehen werden müssen, weil wir nur von einem moralisch vollkommenen (heiligen und gütigen), zugleich auch allgewaltigen Willen das höchste Gut, welches zum Gegenstande unserer Bestrebung zu setzen uns das moralische Gesetz zur Pflicht macht, und also durch Übereinstimmung mit diesem Willen dazu zu gelangen hoffen können", KpV 1. T. 2. B. 2. H. V (II 165); vgl. Gott. Für den seiner aufrichtigen gottgefälligen Gesinnung sich bewußten Menschen nur ist die Gottheit etwas Erhabenes, nicht bloß Furcht Einflößendes. So nur unterscheidet sich innerlich R. von „Superstition", „welche letztere nicht Ehrfurcht für das Erhabene, sondern Furcht und Angst vor dem übermächtigen Wesen, dessen Willen der erschreckte Mensch sich unterworfen sieht, ohne ihn doch hochzuschätzen, im Gemüte gründet; woraus denn freilich nichts als Gunstbewerbung und Einschmeichelung, statt einer R. des guten Lebenswandels, entspringen kann", KU § 28 (II 109f.). Die moralische Teleologie (bzw. die „Ethikotheologie" s. d.) führt zur R., d. h. der Erkenntnis unserer Pflichten als göttlicher Gebote, „weil die Erkenntnis unserer Pflicht und des darin uns durch Vernunft auferlegten Endzwecks den Begriff von Gott zuerst bestimmt hervorbringen konnte, der also schon in seinem Ursprunge von der Verbindlichkeit gegen dieses Wesen unzertrennlich ist". Eine nicht so, sondern theoretisch gegründete R. muß „den Anstrich von Zwang und abgenötigter Unterwerfung" bei sich führen, statt der wahrhaften Ehrfurcht, die gänzlich von pathologischer Furcht unterschieden ist, KU Allgem. Anmerk. zur Teleologie (II 357f.).

Alle R.en kann man in die der „Gunstbewerbung" (des bloßen Kultus) und die „moralische" (des guten Lebenswandels) einteilen. „Nach der ersteren schmeichelt sich entweder der Mensch: Gott könne ihn wohl ewig glücklich machen, ohne daß er eben nötig habe, ein besserer Mensch zu werden (durch Erlassung seiner Verschuldungen, oder auch, wenn ihm dieses nicht möglich zu sein scheint: Gott könne ihn wohl zum besseren Menschen machen, ohne daß er selbst etwas mehr dabei zu tun habe, als darum zu bitten." „Nach der moralischen R. aber (dergleichen unter allen öffentlichen, die es je gegeben hat, allein die christliche ist) ist es ein Grundsatz: daß ein jeder soviel, als in seinen Kräften ist, tun müsse, um ein besserer Mensch zu werden", und nur dann hoffen könne, es werde das, was nicht in seinem Vermögen ist, durch höhere Mitwirkung ergänzt werden, Rel. 1. St. Allg. Anmerk. (IV 56). Eine moralische R. besteht nicht in Satzungen und Observanzen, sondern in der „Herzensgesinnung zu Beobachtung aller Menschenpflichten als göttlicher Gebote", ibid. 2. St. Allg. Anmerk. (IV 95). „Es ist nur eine (wahre) R.; aber es kann vierlerlei Arten des Glaubens geben." In den verschiedenen Kirchen kann dennoch eine und dieselbe wahre R. anzutreffen sein, ibid. 3. St. 1. Abt. V (IV 123 f.). Der „reine Religionsglaube" ist vom „statutarischen Kirchenglauben" zu unterscheiden, welcher in jenem seinen „höchsten Ausleger" haben muß. Die Auslegung der Offenbarung in den hl. Schriften muß gemäß dem moralischen Glauben im Sinne des Sittengesetzes erfolgen, ibid. VI (IV 125 ff.). Das Historische, das nicht zur Besserung der Menschen beiträgt, ist „etwas an sich ganz Gleichgültiges, mit dem man es halten kann, wie man will", der Geschichtsglaube ist an sich ohne moralischen Wert. Die reine „Vernunftreligion" ist „der Geist Gottes, der uns in alle Wahrheit leitet". „Alles Forschen und Auslegen der Schrift muß von dem Prinzip ausgehen, diesen Geist darin zu suchen", ibid. (IV 128 f.). Es gibt keine Norm des Kirchenglaubens als die Schrift und keinen anderen Ausleger desselben als reine Vernunftreligion und Schriftgelehrsamkeit, ibid. (IV 131). „Der allmähliche Übergang des Kirchenglaubens zur Alleinherrschaft des reinen Religionsglaubens ist die Annäherung des Reiches Gottes", ibid. VII (IV 132). Die R. wird schließlich von allen Statuten, welche auf Geschichte beruhen, allmählich frei werden, und die reine Vernunftreligion wird über alle herrschen, ibid. (IV 140 f.). Mag auch der Kirchenglaube sich noch als nützliches Vehikel erhalten, so muß er doch dann entbehrlich sein können. Die „kirchliche Glaubenseinheit mit der Freiheit in Glaubenssachen zu vereinigen", ist eine Idee, die als „praktisches regulatives Prinzip" objektive Realität hat, um auf diesen Zweck der Einheit der Vernunftreligion hinzuwirken, ibid. VII 2. Anm. (IV 141 f.).

Von der R. kann man keine Universalhistorie verlangen, denn sie ist, als auf den reinen moralischen Glauben gegründet, kein öffentlicher Zustand, sondern jeder kann sich der Fortschritte, die er in demselben gemacht hat, nur für sich selbst bewußt sein. „Der Kirchenglaube ist es daher allein, von dem man eine allgemeine historische Darstellung erwarten kann, indem man ihn nach seiner verschiedenen und veränderlichen Form mit dem alleinigen, unveränderlichen, reinen Religionsglauben vergleicht." Diese Geschichte enthält nichts als „die Erzählung von dem beständigen Kampf zwischen dem gottesdienstlichen und dem moralischen Religionsglauben", Rel. 3. St. 2. Abt. (IV 143); vgl. Christentum. „R. ist (subjektiv betrachtet) die Erkenntnis aller unserer Pflichten als göttlicher Gebote", ibid. 4. St. 1. T. (IV 179). Es wird in der R. „kein assertorisches Wissen (selbst des Daseins Gottes nicht) gefordert", sondern nur, theoretisch, ein „problematisches Annehmen (Hypothesis)" und, praktisch, ein „freies assertorisches Glauben" vorausgesetzt, „welches nur der Idee von Gott, auf die alle moralische ernstliche (und darum gläubige) Bearbeitung zum Guten unvermeidlich geraten muß, bedarf, ohne sich anzumaßen, ihr durch theoretische Erkenntnis die objektive Realität sichern zu können". „Zu dem, was jedem Menschen zur Pflicht gemacht werden kann, muß das Minimum der Erkenntnis (es ist möglich, daß ein Gott sei) subjektiv schon hinreichend sein." Es gibt ferner in einer allgemeinen R. „keine besonderen Pflichten gegen Gott", „denn Gott kann von uns nichts empfangen; wir können auf und für ihn nicht wirken", ibid. 1. Anm. (IV 179). Diejenige R., „in welcher ich vorher wissen muß, daß etwas ein göttliches Gebot sei, um es als meine Pflicht anzuerkennen, ist die geoffenbarte (oder einer Offenbarung benötigte) R.". Diejenige hingegen, „in der ich zuvor wissen muß, daß etwas Pflicht sei, ehe ich es für ein göttliches Gebot anerkennen kann, ist die natürliche R.", ibid. 1. T. (IV 179f.). Nach ihrer Mitteilungsfähigkeit gibt es die „natürliche", von der jeder durch seine Vernunft überzeugt werden kann, und die „gelehrte" R. „Es kann . . . eine R. die natürliche, gleichwohl aber auch geoffenbart sein, wenn sie so beschaffen ist, daß die Menschen durch den bloßen Gebrauch ihrer Vernunft auf sie von selbst hätten kommen können und sollen, ob sie zwar nicht so früh oder in so weiter Ausbreitung, als verlangt wird, auf dieselbe gekommen sein würden, mithin eine Offenbarung derselben zu einer gewissen Zeit und an einem gewissen Orte weise und für das menschliche Geschlecht sehr ersprießlich sein konnte, so doch, daß, wenn die dadurch eingeführte R. einmal da ist und öffentlich bekannt gemacht worden, forthin jedermann sich von dieser ihrer Wahrheit durch sich selbst und seine eigene Vernunft überzeugen kann. In diesem Falle ist die R. objektiv eine natürliche, obwohl subjektiv eine geoffenbarte; weshalb ihr auch der erstere Name eigentlich gebührt." Auch jede geoffenbarte R. muß gewisse Prinzipien der natürlichen R. enthalten; denn Offenbarung (s. d.) kann zum Begriff einer R. „nur durch die Vernunft hinzugedacht werden", weil „dieser Begriff selbst, als von einer Verbindlichkeit unter dem Willen eines moralischen Gesetzgebers abgeleitet, ein reiner Vernunftbegriff ist", ibid. (IV 181 f.). Aus der Bibel (s. d.) läßt sich „das was uns darin reine, mithin allgemeine Vernunftreligion sein mag, heraussuchen", ibid. (IV 182 f.); vgl. Bibel, Christentum. „Die wahre alleinige R. enthält nichts als Gesetze, d. i. solche praktische Prinzipien, deren unbedingter Notwendigkeit wir uns bewußt werden können, die wir also als durch reine Vernunft (nicht empirisch) offenbart anerkennen. Nur zum Behuf einer Kirche, deren es verschiedene gleich gute Formen geben kann, kann es Statuten, d. i. für göttlich gehaltene Verordnungen geben, die für unsere reine moralische Beurteilung willkürlich und zufällig sind. Diesen statutarischen Glauben nun (der allenfalls auf ein Volk eingeschränkt ist und nicht die allgemeine Weltreligion enthalten kann) für wesentlich zum Dienste Gottes überhaupt zu halten und ihn zur obersten Bedingung des göttlichen Wohlgefallens am Menschen zu machen, ist ein Religionswahn, dessen Befolgung ein Afterdienst, d. i. eine solche vermeintliche Verehrung Gottes ist, wodurch dem wahren, von ihm selbst geforderten Dienste gerade entgegengehandelt wird", ibid. 4. St. 2. T. (IV 196 f.). „Alles, was außer dem guten Lebenswandel der Mensch noch tun zu können vermeint, um Gott wohlgefällig zu werden, ist bloßer Religionswahn und Afterdienst Gottes", ibid. § 2 (IV 199). Hierbei ist jede Art des mechanischen Gottesdienstes gleich wenig wertvoll, ibid. (IV 202f.). „Der Wahn, durch religiöse Handlungen des Kultus etwas in Ansehung der Rechtfertigung vor Gott auszurichten, ist der religiöse Aberglaube, sowie der Wahn, dieses durch Bestrebung zu einem vermeintlichen Umgange mit Gott bewirken zu wollen, die religiöse Schwärmerei." „Der allem Religionswahn abhelfende oder vorbeugende Grundsatz eines Kirchenglaubens ist also: daß dieser neben den statutarischen Sätzen, deren er vorjetzt nicht gänzlich entbehren kann, doch zugleich ein Prinzip in sich enthalten müsse, die R. des guten Lebenswandels als das eigentliche Ziel, um jener dereinst gar entbehren zu können, herbeizuführen", ibid. (IV 204f.). „Die Verehrung mächtiger unsichtbarer Wesen, welche dem hilflosen Menschen durch die natürliche, auf dem Bewußtsein seines Unvermögens gegründete Furcht abgenötigt wurde, fing nicht sogleich mit einer R., sondern von einem knechtischen Gottes- (oder Götzen-) Dienste an", ibid. § 3 (IV 205). Man hat hier die Absicht, „die unsichtbare Macht, welche über das Schicksal der Menschen gebietet, zu ihrem Vorteil zu lenken", ibid. (IV 206). Man ist hier im Wahne des Besitzes einer „Kunst, durch ganz natürliche Mittel eine übernatürliche Wirkung zuwege zu bringen", d. h. des „Zauberns" oder des „Fetischmachens", ibid. (IV 207f.). Das „Pfaffentum" (s. d.) ist „die Verfassung einer Kirche, sofern in ihr ein Fetischdienst regiert, welches allemal da anzutreffen ist, wo nicht Prinzipien der Sittlichkeit, sondern statutarische Gebote, Glaubensregeln und Observanzen die Grundlage und das Wesentliche desselben ausmachen". Durch diesen „Fetischglauben" wird das Volk seiner moralischen Freiheit beraubt, es herrscht ein Klerus, der allein in Glaubenssachen die Autorität hat, zuletzt auch den Staat beherrscht und durch „Gewöhnung an Heuchelei" die Untertanen „zum Scheindienst auch in bürgerlichen Pflichten abwitzigt", ibid. (IV 210 f.).

Das Gesetz der Moralität führt schon allein auf den Glauben an Gott oder bestimmt wenigstens allein seinen Begriff als den eines moralischen Gesetzgebers. Der „Moralisch-Gläubige" ist dann auch für den Geschichtsglauben offen, sofern er ihn zur Belebung seiner reinen Religionsgesinnung zuträglich findet. Die reine moralische Verehrung Gottes hat zum Inhalt des Religionsvortrages die „Gottseligkeitslehre“ (religio) und die „Tugendlehre“. „Gottseligkeit“ enthält „zwei Bestimmungen der moralischen Gesinnung im Verhältnisse auf Gott; Furcht Gottes ist diese Gesinnung in Befolgung seiner Gebote aus schuldiger (Untertanen-)Pflicht, d. i. aus Achtung fürs Gesetz; Liebe Gottes aber aus eigener freier Wahl und aus Wohlgefallen am Gesetze (aus Kindespflicht)“. Die Tugendlehre besteht durch sich selbst und ist der Gottseligkeitslehre voranzuschicken; letztere ist nur ein Mittel, die Tugendgesinnung zu stärken, dadurch, daß sie die Erwartung des Endzwecks verheißt und sichert, Rel. 4. St. 2. T. § 3 (IV 212ff.). „Wenn die Verehrung Gottes das Erste ist, der man also die Tugend unterordnet, so ist dieser Gegenstand ein Idol, d. i. e wird als ein Wesen gedacht, dem wir nicht durch sittliches Wohlverhalten in der Welt, sondern durch Anbetung und Einschmeichelung zu gefallen hoffen dürften; die R. aber ist alsdann Idiolatrie. Gottseligkeit ist also nicht ein Surrogat der Tugend, um sie zu entbehren, sondern die Vollendung derselben, um mit der Hoffnung der endlichen Gelingung aller unserer guten Zwecke bekrönt werden zu können“, ibid. (IV 217). Aller religiöser „Probabilismus“ ist abzuweisen, denn man soll nichts auf die Gefahr wagen, daß es unrecht sei. Die echte „Sicherheitsmaxime“ der R. ist die: „was als Mittel oder als Bedingung der Seligkeit mir nicht durch meine eigene Vernunft, sondern nur durch Offenbarung bekannt und vermittelst eines Geschichtsglaubens allein in meine Bekenntnisse aufgenommen werden kann, übrigens aber den reinen moralischen Grundsätzen nicht widerspricht, kann ich zwar nicht für gewiß glauben und beteuern, aber auch ebensowenig als gewiß falsch abweisen. Gleichwohl, ohne etwas hierüber zu bestimmen, rechne ich darauf, daß, was darin Heilbringendes enthalten sein mag, mir, sofern ich mich nicht etwa durch den Mangel der moralischen Gesinnung in einem guten Lebenswandel dessen unwürdig mache, zugute kommen werde“, ibid. § 4 (IV 221); vgl. Gewissen. „Pfaffentum“ ist „die usurpierte Herrschaft der Geistlichkeit über die Gemüter . . ., dadurch, daß sie im ausschließlichen Besitz der Gnadenmittel zu sein sich das Ansehen gäbe“. Die „Gnadenmittel“ als solche sind ein abergläubischer Wahn, ein Fetischdienst; nur als sinnliche Mittel zur Belebung und Stärkung der sittlichen Gesinnung, zur Anregung religiös-sittlicher Gefühle sind Gebet, Kirchengehen, Taufe und Kommunion von Wert. Der „moralische Geist des Gebets“ ist „ein herzlicher Wunsch, Gott in allem unseren Tun und Lassen wohlgefällig zu sein, d. i. die alle unsere Handlungen begleitende Gesinnung, sie, als ob sie im Dienste Gottes geschehen, zu betreiben“. Der Glaube aber, durch Beten auf Gottes Willen einwirken zu können, ist Religionswahn, ibid. 4. St. Allg. Anmerk. (IV 228 ff.). Das Kirchengehen ist ebenfalls nicht an sich ein Gnadenmittel, sondern ein Mittel zur Erbauung der Menschen und eine „ihnen als Bürgern eines hier auf Erden vorzustellenden göttlichen Staates, für das Ganze unmittelbar obliegende Pflicht“, ibid. (IV 232 f.). Auch die Taufe (Einweihung in die Kirchengemeinschaft) und Kommunion zielt auf die Idee des „göttlichen Staates“ hin, in den man eintritt, ibid. (IV 233). Nur die Vereinigung der Tugend („der Anwendung eigener Kräfte zur Beobachtung der von ihm verehrten Pflicht“) mit der Frömmigkeit („einer passiven Verehrung des göttlichen Gesetzes“) konstituiert die Idee der Gottseligkeit oder wahren „Religionsgesinnung“. Der rechte Weg ist nicht, „von der Begnadigung zur Tugend, sondern vielmehr von der Tugend zur Begnadigung fortzuschreiten“, ibid. (IV 236).

Es mag eine Aufgabe für den Altertumsforscher sein, „auch an dem Leitfaden der Sprachverwandtschaft dem Ursprunge der jetzigen Religionsbegriffe mancher Völker nachzugehen“, Ende a. D. 1. Anm. (VI 159).

Der „Religionsglaube“ ist derjenige Glaube, „der auf inneren Gesetzen beruht, die sich aus jedes Menschen eigener Vernunft entwickeln lassen“. „Daß dieses so sei, d. i. daß R. nie auf Satzungen (so hohen Ursprungs sie immer sein mögen) gegründet werden könne, erhellt selbst aus dem Begriffe der R. Nicht der Inbegriff gewisser Lehren als göttlicher Offenbarungen (denn der heißt Theologie), sondern der aller unserer Pflichten überhaupt als göttlicher Gebote (und subjektiv der Maxime, sie als solche zu befolgen) ist R.“ R. „unterscheidet sich nicht der Materie, d. i. dem Objekt nach in irgendeinem Stücke von der Moral, denn sie geht auf Pflichten überhaupt, sondern ihr Unterschied von dieser ist bloß formal, d. i. eine Gesetzgebung der Vernunft, um der Moral durch die aus dieser selbst erzeugte Idee von Gott auf den menschlichen Willen zu Erfüllung aller seiner Pflichten Einfluß zu geben. Darum ist sie aber auch nur eine einzige, und es gibt nicht verschiedene R.en, aber wohl verschiedene Glaubensarten an göttliche Offenbarung und deren statutarische Lehren, die nicht aus der Vernunft entspringen können, d. i. verschiedene Formen der sinnlichen Vorstellungsart des göttlichen Willens, um ihm Einfluß auf die Gemüter zu verschaffen, unter denen das Christentum, soviel wir wissen, die schicklichste Form ist“, Str. d. Fak. 1. Abs. II Anh. einer Erläuterung I (V 4, 77f.). „R. ist derjenige Glaube, der das Wesentliche aller Verehrung Gottes in die Moralität des Menschen setzt, Heidentum, der es nicht darein setzt.“ Der „reine Religionsglaube“ hat „Anspruch auf Allgemeingültigkeit“. „Moralische“ Glaubenssätze sind „mit dem Bewußtsein ihrer Notwendigkeit verbunden und a priori erkennbar, d. i. Vernunftlehren des Glaubens“, ibid. Allg. Anmerk. (V 4, 93). „Verschiedenheit der R.en: ein wunderlicher Ausdruck! Gerade, als ob man auch von verschiedenen Moralen spräche. Es kann wohl verschiedene Glaubensarten historischer, nicht in die Religion, sondern in die Geschichte der zu ihrer Beförderung gebrauchten, ins Feld der Gelehrsamkeit einschlagenden Mittel und ebenso verschiedene Religionsbücher... geben, aber nur eine einzige, für alle Menschen und in allen Zeiten gültige R.“, Z. ew. Fried. 2. Abs. 1. Zusatz 4. Anm. (VI 147).

R. ist nichts anderes als „Tugend, sofern sie zu ihrem moralischen Endzwecke hinstrebt, dessen subjektive Bedingung die Heiligkeit, die Gesinnung aber derselben die Gottseligkeit heißt, welche selbst nur eine Idee der vollendeten Moralität und Tugend ist“, Lose Bl. E 48. „Es scheint zwar, daß ohne einen vorhergehenden bestimmten Begriff von Gott es gar keine R. geben könne: es ist aber ganz umgekehrt, die R. muß vorhergehen und der bestimmte Begriff von Gott nur aus ihr hervorgehen“, ibid. G 11; vgl. G 3. R. innerhalb, nicht aus bloßer Vernunft, denn es sollte nicht die R. als mit Ausschluß aller Offenbarung begründbar betrachtet werden, sondern nur von dem, was in der R. als Offenbarung gilt, abstrahiert und das rein Religiöse als Vernunftprodukt herausgearbeitet werden, ibid. G 27; vgl. G 17. R. ist nicht der Glaube an eine besondere Substanz, Altpreuß. Mth. XXI 410. Sie ist „Gewissenhaftigkeit (mihi hoc religioni), die Heiligkeit der Zusage und Wahrhaftigkeit dessen, was der Mensch sich selbst bekennen muß. Bekenne dir selbst. Diese zu haben, wird nicht der Begriff von Gott, noch weniger das Postulat: ‚es ist ein Gott‘, gefordert“, ibid. 370 Anm.; vgl. 610. „R. ist das Gesetz in uns, insofern es durch einen Gesetzgeber und Richter über uns Nachdruck erhält; sie ist eine auf die Erkenntnis Gottes angewandte Moral.“ „Verbindet man R. nicht mit Moralität, so wird R. bloß zur Gunstbewerbung. Lobpreisungen, Gebete, Kirchengehen sollen nur dem Menschen neue Stärke, neuen Mut zur Besserung geben, oder der Ausdruck eines von der Pflichtvorstellung beseelten Herzens sein. Sie sind nur Vorbereitungen zu guten Werken, nicht aber selbst gute Werke, und man kann dem höchsten Wesen nicht anders gefällig werden als dadurch, daß man ein besserer Mensch werde.“ „Die R., die bloß auf Theologie gebaut ist, kann niemals etwas Moralisches enthalten,“ Über Pädagogik (VIII 246 f.). „R. ohne moralische Gewissenhaftigkeit ist ein abergläubischer Dienst.“ „Die wahre Gottesverehrung besteht darin, daß man nach Gottes Willen handelt, und dies muß man den Kindern beibringen“, ibid. (VIII 247). Vgl. Glaube, Theologie, Christentum, Frömmigkeit, Gebet.

Religion und Ethik. Das Formale aller R., „wenn man sie so erklärt: sie sei ‚der Inbegriff aller Pflichten als (instar) göttlicher Gebote‘, gehört zur philosophischen Moral, indem dadurch nur die Beziehung der Vernunft auf die Idee von Gott, welche sie sich selber macht, ausgedrückt wird, und eine Religionspflicht wird alsdann noch nicht zur Pflicht gegen (erga) Gott als ein außer unserer Idee existierendes Wesen gemacht, indem wir hierbei von der Existenz desselben noch abstrahieren". „Wir können uns nämlich Verpflichtung (moralische Nötigung) nicht wohl anschaulich machen, ohne einen anderen und dessen Willen (von dem die allgemein gesetzgebende Vernunft nur der Sprecher ist), nämlich Gott, dabei zu denken. — Allein diese Pflicht in Ansehung Gottes... ist Pflicht des Menschen gegen sich selbst, d. i. nicht objektive, die Verbindlichkeit zur Leistung gewisser Dienste an einen anderen, sondern nur subjektive, zur Stärkung der moralischen Triebfeder in unserer eigenen gesetzgebenden Vernunft." R. als Lehre der Pflichten gegen Gott „liegt jenseits aller Grenzen der rein-philosophischen Ethik hinaus", MST Beschluß (III 352 ff.); vgl. Gewissen, Reflexionsbegriffe, Ethik, Ethikotheologie.

Religion und Staat. „Was den Staat in Religionsdingen allein interessieren darf, ist: wozu die Lehrer derselben anzuhalten sind, damit er nützliche Bürger, gute Soldaten und überhaupt getreue Untertanen habe", Str. d. Fak. 1. Abs. Allg. Anmerk. 6. Anm. (V 4, 106); vgl. Anthr. letzte Anm. (IV 290). Vgl. Kirche.

Religionsglaube s. Religion, Glaube.

Repräsentativsystem s. Staatsverfassung.

Reproduktion. „Es ist zwar ein bloß empirisches Gesetz, nach welchem Vorstellungen, die sich oft gefolgt oder begleitet haben, sich miteinander endlich vergesellschaften, und dadurch in eine Verknüpfung setzen, nach welcher, auch ohne die Gegenwart des Gegenstandes, eine dieser Vorstellungen einen Übergang des Gemüts zu der anderen, nach einer beständigen Regel, hervorbringt. Dieses Gesetz der R. setzt aber voraus, daß die Erscheinungen selbst wirklich einer solchen Regel unterworfen sind, und daß in dem Mannigfaltigen ihrer Vorstellungen eine gewissen Regeln gemäße Begleitung oder Folge stattfinde." Denn würden dieselben Gegenstände bald so, bald so, also regellos, sich darstellen, so könnte keine empirische Synthesis der R. stattfinden (z. B. der Vorstellung des schweren Zinnobers durch die der roten Farbe), KrV 1. A. tr. Anal. 1. B. 2. H. 2. Abs. 2. (I 708 f.—Rc 176 f.). Es muß also etwas sein, „was selbst diese R. der Erscheinungen möglich macht, dadurch, daß es der Grund a priori einer notwendigen synthetischen Einheit derselben ist". Erscheinungen sind nicht Dinge an sich, sondern „das bloße Spiel unserer Vorstellungen", „die am Ende auf Bestimmungen des inneren Sinnes auslaufen". Wenn wir nun dartun können, „daß selbst unsere reinsten Anschauungen keine Erkenntnis verschaffen, außer sofern sie eine solche Verbindung des Mannigfaltigen enthalten, die eine durchgängige Synthesis der R. möglich macht", so ist „diese Synthesis der Einbildungskraft auch vor aller Erfahrung auf Prinzipien a priori gegründet, und man muß eine reine transzendentale Synthesis derselben annehmen, die selbst der Möglichkeit aller Erfahrung (als welche die Reproduzibilität der Erscheinungen notwendig voraussetzt) zum Grunde liegt". Würde ich die nacheinander in Gedanken gefaßten Teile einer Linie, eines Zeitraums u. dgl. „immer aus den Gedanken verlieren und sie nicht reproduzieren, indem ich zu den folgenden fortgehe, so würde niemals eine ganze Vorstellung und keiner aller vorgenannten Gedanken, ja gar nicht einmal die reinsten und ersten Grundvorstellungen von Raum und Zeit entspringen können", ibid. (I 709 f.—Rc 178 f.). Die Synthesis der Apprehension (s. d.) ist also mit der Synthesis der R. unzertrennlich verbunden, welche wie jene zu den „transzendentalen" (Erfahrung ermöglichenden) Handlungen des Gemüts gehört, als das „transzendentale Vermögen der Einbildungskraft", ibid. (I 710—Rc 180); vgl. Rekognition. Der subjektive und empirische Grund der R., des Zusammenhanges bestimmter Vorstellungen miteinander (anstatt eines „regellosen Haufens") ist die Assoziation (s. d.), die ihren objektiven Grund in der „Affinität" (s. d.) der Erscheinungen hat, ibid. 3. Abs. (I 723 f.—Rc 208 f.). Vgl. Einbildungskraft, Organismus, Maschine.

Reproduktiv s. Einbildungskraft.

Republik s. Staatsverfassung, Friede.

Reue. Die R. über eine längst begangene Tat gründet sich auf das Bewußtsein der Freiheit (s. d.) des Charakters als „Noumenon", des intelligiblen Subjekts. Sie ist „eine schmerzhafte, durch moralische Gesinnung gewirkte Empfindung", die „praktisch leer ist", sofern sie nicht dazu dienen kann, das Geschehene ungeschehen zu machen, aber als Schmerz doch ganz rechtmäßig ist, „weil die Vernunft, wenn es auf das Gesetz unserer intelligiblen Existenz (das moralische) ankommt, keinen Zeitunterschied anerkennt und nur fragt, ob die Begebenheit mir als Tat angehöre, alsdann aber immer dieselbe Empfindung damit moralisch verknüpft, sie mag jetzt geschehen oder vorlängst geschehen sein", KpV 1. T. 1. B. 3. H. (II 127). Was sich nicht ändern läßt, soll man sich aus dem Sinn schlagen; aber man soll sich „etwas zu Herzen nehmen", Anthr. 1. T. § 62 (IV 162).

Revolution. Die richtige Staatsverfassung (s. d.) ist eine Idee, „deren Ausführung auf die Bedingung der Zusammenstimmung ihrer Mittel mit der Moralität eingeschränkt ist, welche das Volk nicht überschreiten darf; welches nicht durch R., die jederzeit ungerecht ist, geschehen darf", Str. d. Fak. 2. Abs. VI 2. Anm. (V 4, 134). Der Staat wird sich von Zeit zu Zeit selbst reformieren und statt R. Evolution versuchen und so fortschreiten, ibid. X (V 4, 141); vgl. Fortschritt. „Es ist doch süß, sich Staatsverfassungen auszudenken, die den Forderungen der Vernunft (vornehmlich in rechtlicher Absicht) entsprechen; aber vermessen, sie vorzuschlagen, und strafbar, das Volk zur Abschaffung der jetzt bestehenden aufzuwiegeln", ibid. IX Anm. (V 4, 139 f.). Vgl. Fortschritt (französische R.), Recht, Obrigkeit.

Revolution der Denkungsart s. Böse, Wiedergeburt.

Rezeptivität. Die Sinnlichkeit (s. d.) ist die „R." (Fähigkeit), „Vorstellungen durch die Art, wie wir von Gegenständen affiziert werden, zu bekommen", KrV tr. Ästh. § 1 (I 75—Rc 92). Die „R. des Subjekts, von Gegenständen affiziert zu werden", geht notwendig allen Anschauungen der Objekte vorher und erklärt die Apriorität der Anschauungsformen (s. d.), Raum und Zeit, ibid. § 3 (I 82—Rc 99 f.). Diese sind ja eine „Form" der R. (Sinnlichkeit), ibid. (I 83—Rc 100). Die Form der Vorstellung der Dinge als Objekte der sinnlichen Anschauung liegt „im Subjekte und in der R. desselben..., einer unmittelbaren Vorstellung gegebener Gegenstände empfänglich zu sein, welche Form nun a priori (auch bevor die Gegenstände gegeben sind) die Möglichkeit einer mannigfaltigen Erkenntnis der Bedingungen, unter denen allein den Sinnen Objekte vorkommen können, begreiflich macht", Üb. e. Entdeck. 1. Abs. C (V 3, 42 f.). Vgl. Affektion, Anschauung, Empfindung, Gegeben, Sinn, Sinnlichkeit.

Rhapsodisch: ohne alles Prinzip, nicht systematisch (so hat nach Kant Aristoteles die Kategorientafel rhapsodisch zusammengestellt), Prol. § 39 (III 87). Vgl. Kategorie.

Rhetorik. Die „Beredsamkeit" gehört zu den „redenden Künsten" und ist „die Kunst, ein Geschäft des Verstandes als ein freies Spiel der Einbildungskraft zu betreiben". Der Redner führt ein Geschäft so aus, „als ob es bloß ein Spiel mit Ideen sei", KU § 51 (II 176 f.). Die Beredsamkeit als „Kunst zu überreden" (nicht bloße „Wohlredenheit") ist für ernste Dinge nicht anzuraten; hier soll die Sache selbst für sich sprechen, ohne „hinterlistige Kunst", ibid. § 53 (II 183 f.). „Beredtheit und Wohlredenheit (zusammen R.) gehören zur schönen Kunst; aber Rednerkunst (ars oratoria) ist, als Kunst, sich der Schwächen der Menschen zu seinen Absichten zu bedienen..., gar keiner Achtung würdig", ibid. Anm. (II 185).

Richtung. Am richtigsten scheint die Ansicht zu sein, daß die Kraft „nach allen Gegenden gerichtet sei, als daß sie in Absicht auf die R. ganz und gar unbestimmt sei",

V. d. wahren Schätzung der leb. Kräfte § 12 (VII 27). „Was die Erklärung einer geraden Linie betrifft, so kann diese nicht wohl durch die Identität der R. aller Teile derselben geschehen; denn der Begriff der R. (als einer geraden Linie, durch welche die Bewegung, ohne Rücksicht auf ihre Größe, unterschieden wird) setzt jenen Begriff schon voraus" (gegen S. Maimon), An M. Herz, 26. Mai 1789. Vgl. Bewegung, Idee, Regulativ.

Rigorismus s. Pflicht, Neigung. „Das Wesentliche aller Bestimmung des Willens durchs sittliche Gesetz ist: daß er als freier Wille, mithin nicht bloß ohne Mitwirkung sinnlicher Antriebe, sondern selbst mit Abweisung aller derselben und mit Abbruch aller Neigungen, sofern sie jenem Gesetze zuwider sein könnten, bloß durchs Gesetz bestimmt werde", KpV 1. T. 1. B. 3. H. (II 94). Es gibt im Sittlichen keine Adiaphora (s. d.), nichts Gleichgültiges (Indifferentes). Die Anhänger dieser strengen Denkungsart nennt man „Rigoristen", im Gegensatz zu den „Latitudinariern", welche teils „Indifferentisten", teils „Synkretisten" sind, Rel. 1. St. Anmerk. (IV 21). „Herr Professor Schiller mißbilligt in seiner mit Meisterhand verfaßten Abhandlung (Thalia 1793, 3. Stück) über Anmut und Würde in der Moral diese Vorstellungsart der Verbindlichkeit, als ob sie eine karthäuserartige Gemütsstimmung bei sich führe; allein ich kann, da wir in den wichtigsten Prinzipien einig sind, auch in diesem keine Uneinigkeit statuieren; wenn wir uns nur untereinander verständlich machen können. — Ich gestehe gern, daß ich dem Pflichtbegriffe, gerade um seiner Würde willen, keine Anmut beigesellen kann. Denn er enthält unbedingte Nötigung, womit Anmut in geradem Widerspruch steht." „Nur nach bezwungenen Ungeheuern wird Herkules Musaget, vor welcher Arbeit jene guten Schwestern zurückbeben." „Fragt man nun, welcherlei ist die ästhetische Beschaffenheit, gleichsam das Temperament der Tugend: mutig, mithin fröhlich oder ängstlich-gebeugt und niedergeschlagen? so ist kaum eine Antwort nötig. Die letztere sklavische Gemütsstimmung kann nie ohne einen verborgenen Haß des Gesetzes stattfinden, und das fröhliche Herz in Befolgung seiner Pflicht (nicht die Behaglichkeit in Anerkennung derselben) ist ein Zeichen der Echtheit tugendhafter Gesinnung." Ohne „fröhliche Gemütsstimmung" ist man nie gewiß, „das Gute auch liebgewonnen, d. i. es in seine Maxime aufgenommen zu haben", ibid. 2. Anm. (IV 22 f.). „Was aber gar den Synkretismus einiger Moralisten betrifft, die Eudämonie, wenngleich nicht ganz, doch zum Teil zum objektiven Prinzip der Sittlichkeit zu machen (wenn man gleich, daß jene unvermerkt auch subjektiv auf die mit der Pflicht übereinstimmende Willensbestimmung des Menschen mit Einfluß habe, einräumt): so ist das doch der gerade Weg, ohne alles Prinzip zu sein. Denn die sich einmengenden, von der Glückseligkeit entlehnten Triebfedern, ob sie zwar zu ebendenselben Handlungen, als die aus reinen moralischen Grundsätzen fließen, hinwirken, verunreinigen und schwächen doch zugleich die moralische Gesinnung selbst, deren Wert und hoher Rang eben darin besteht, unangesehen derselben, ja mit Überwindung aller ihrer Anpreisungen, keinem anderen als dem Gesetz seinen Gehorsam zu beweisen", V. e. vorn. Ton 3. Anm. (V 4, 11). Vgl. Liebe, Anmut.

Ruhe (s. Bewegung) ist „eine Bewegung mit unendlich kleiner Geschwindigkeit", N 40.

Rührung ist eine „Empfindung, wo Annehmlichkeit nur vermittelst augenblicklicher Hemmung und darauf erfolgender stärkerer Ergießung der Lebenskraft gewirkt wird". R. gehört nicht zur reinen Schönheit (s. d.), wenn sie auch mit ihr verbunden sein kann, KU § 14 (II 65 f.), § 13 (II 61 f.); vgl. Reiz, Geschmacksurteil.

Mit dem Gefühl des Erhabenen (s. d.) ist R. verbunden. Es gibt „mutige" und „zärtliche" R.en; der Hang zur letzteren ist Empfindelei, KU § 29 Allg. Anmerk. (II 121 f.).

S.

Sache s. Person, Recht.

Sachheit s. Realität.

Sagazität (Nachforschungsgabe) ist ein Talent, beim Entdecken „Bescheid zu wissen, wie man gut suchen soll", „eine Naturgabe, vorläufig zu urteilen (iudicii praevii), wo die Wahrheit wohl möchte zu finden sein; den Dingen auf die Spur zu kommen, und die kleinsten Anlässe der Verwandtschaft zu benutzen, um das Gesuchte zu entdecken oder zu erfinden". Man muß hierbei immer zuerst etwas „voraussetzen (von einer Hypothese anfangen)", Anthr. 1. T. § 56 (IV 144). Vgl. Scharfsinn.

Sanguinisch s. Temperament. Der Sanguiniker ist „sorglos und von guter Hoffnung, gibt jedem Dinge für den Augenblick eine große Wichtigkeit, und den folgenden mag er daran nicht weiter denken", Anthr. 2. T. A Ia (IV 229).

Satz. „Ein assertorisches Urteil ist ein S." Die Logiker „tun gar nicht recht daran, daß sie einen S. durch ein mit Worten ausgedrücktes Urteil definieren"; denn „wir müssen uns auch zu Urteilen, die wir nicht für Sätze ausgeben, in Gedanken der Worte bedienen". Im „bedingten S.e" ist „ein Verhältnis zweier Urteile, deren keines ein S. ist, sondern nur die Konsequenz des letzteren (des consequens) aus dem ersteren (antecedens) macht den S. aus", Üb. e. Entdeck. 1. Abs. A. Anm. (V 3, 11 f.). „Auf dem Unterschiede zwischen problematischem und assertorischem Urteilen beruht der wahre Unterschied zwischen Urteilen und Sätzen, den man sonst fälschlich in den bloßen Ausdruck durch Worte, ohne die man ja überall nicht urteilen könnte, zu setzen pflegt. Im Urteile wird das Verhältnis verschiedener Vorstellungen zur Einheit des Bewußtseins bloß als problematisch gedacht, in einem S.e hingegen als assertorisch." „Ehe ich einen S. habe, muß ich doch erst urteilen; und ich urteile über vieles, was ich nicht ausmache, welches ich aber tun muß, sobald ich ein Urteil als S. bestimme", Log. § 30 (IV 119 f.). Vgl. Urteil, Annahme.

Scham. Schamhaftigkeit ist „ein Geheimnis der Natur, sowohl einer Neigung Schranken zu setzen, die sehr unbändig ist und, indem sie den Ruf der Natur für sich hat, sich immer mit guten sittlichen Eigenschaften zu vertragen scheint, wenn sie gleich ausschweift". „Sie dient aber auch zugleich, um einen geheimnisvollen Vorhang selbst vor die geziemendsten und nötigsten Zwecke der Natur zu ziehen, damit die gar zu gemeine Bekanntschaft mit denenselben nicht Ekel oder zum mindesten Gleichgültigkeit veranlasse, in Ansehung der Endabsichten eines Triebes, worauf die feinsten und lebhaftesten Neigungen der menschlichen Natur gepfropft sind", Schön u. Erh. 3. Abs. (VIII 34 f.). „S. ist Angst aus der besorgten Verachtung einer gegenwärtigen Person und als solche ein Affekt. Sonst kann einer sich auch empfindlich schämen ohne Gegenwart dessen, vor dem er sich schämt; aber dann ist es kein Affekt, sondern wie der Gram eine Leidenschaft, sich selbst mit Verachtung anhaltend, aber vergeblich zu quälen", Anthr. 1. T. § 76 (IV 188).

Scharfsinn (acumen) ist das Vermögen, auch die kleinsten Ähnlichkeiten oder Unähnlichkeiten zu bemerken; Bemerkungen dieser Art sind „Subtilitäten", Anthr. 1. T. § 44 (IV 113). Vgl. Sagazität.

Schein. S. und Wahrheit sind nur im Urteil über den Gegenstand, also nur im „Verhältnisse des Gegenstandes zu unserem Verstande". Der „empirische S." (z. B. der optische) findet sich bei dem empirischen Gebrauche sonst richtiger Verstandesregeln; hier wird die Urteilskraft durch den Einfluß der Einbildung verleitet. Der „transzendentale S." fließt auf „Grundsätze" ein, „deren Gebrauch nicht einmal auf Erfahrung angelegt ist", indem er uns „über den empirischen Gebrauch der Kategorien wegführt und uns mit dem Blendwerke einer Erweiterung des reinen Verstandes hinhält". Der S. der angemaßten „transzendenten" (s. d.), die Erfahrungsgrenze überschreitenden Grundsätze muß aufgedeckt werden. Während aber der „logische" S. (der Trugschlüsse) nur aus einem „Mangel der Achtsamkeit auf die logische Regel" entspringt und mit der Schärfung der Aufmerksamkeit verschwindet, bleibt der transzendentale S. auch nach seiner Aufdeckung durch die „transzendentale Kritik" (Dialektik) bestehen.

„Die transzendentale Dialektik wird also sich damit begnügen, den S. transzendenter Urteile aufzudecken, und zugleich zu verhüten, daß er nicht betrüge; daß er aber auch (wie der logische S.) sogar verschwinde und ein S. zu sein aufhöre, das kann sie niemals bewerkstelligen. Denn wir haben es mit einer natürlichen und unvermeidlichen Illusion zu tun, die selbst auf subjektiven Grundsätzen beruht und sie als objektive unterschiebt." Diese natürliche und unvermeidliche Dialektik der reinen Vernunft ist nicht auszurotten, nur unschädlich zu machen, KrV tr. Dial. Einl. I (I 314ff.—Rc 380ff.). S. (Apparenz) ist „das Subjektive in der Vorstellung eines Dinges, was eine Ursache sein kann, es in einem Urteil fälschlich für objektiv zu halten", Fortschr. d. Metaph. 1. Abt. Gesch. d. Transzendentalphilos. (V 3, 94). Vgl. Dialektik, Irrtum, Illusion, Antinomie, Wahrheit, Erscheinung, Sinnestäuschung, Schönheit.

Über „moralischen S." vgl. Anthr. 1. T. § 14 (IV 43ff.) (Erlaubter moralischer S. ist Anstand, Sittsamkeit, Wohlanständigkeit, Höflichkeit.)

Schema. Jeder Begriff hat, nach Kant, sein „S.", d. h. ein Verfahren, sich durch eine allgemeine, stellvertretende Vorstellung den Inhalt des Begriffs allgemein-anschaulich zu verwirklichen. Die reinen Verstandesbegriffe, die Kategorien (s. d.) haben je ein „transzendentales", die Erfahrungserkenntnis bedingendes S., durch welches sie erst „realisiert" werden, d. h. unmittelbare Beziehung auf das anschaulich Gegebene erhalten, freilich aber auch „restringiert", auf die Bedeutung als bloße Form von Erscheinungen, von Gegenständen möglicher Erfahrung und Anschauung, eingeschränkt werden. Das transzendentale S. ist kein Bild, sondern eine Regel, ein Verfahren, mittelst der reinen Anschauung der Zeit das in der Kategorie gemeinte, angezeigte Verhältnis an dem empirischen Anschauungsmaterial zum Ausdruck zu bringen, es auf dieses anzuwenden, es der Einheit des Verstandesbegriffs gemäß zu bestimmen, zu verknüpfen. Der transzendentale Schematismus vermittelt so zwischen dem reinen Denken und der Sinnlichkeit, er gibt den Kategorien ihre „Bedeutung" und der Anschauung ihre kategoriale Struktur.

Reine Verstandesbegriffe (Kategorien) sind in Vergleichung mit sinnlichen Anschauungen ganz ungleichartig, sie können niemals angeschaut werden. „Wie ist nun die Subsumtion der letzteren unter die ersten, mithin die Anwendung der Kategorie auf Erscheinungen möglich?" Das zeigt die „transzendentale Doktrin der Urteilskraft". Es muß nämlich „ein Drittes" geben, „was einerseits mit der Kategorie, andererseits mit der Erscheinung in Gleichartigkeit stehen muß, und die Anwendung der ersteren auf die letzte möglich macht". „Diese vermittelnde Vorstellung muß rein (ohne alles Empirische) und doch einerseits intellektuell, andererseits sinnlich sein. Eine solche ist das transzendentale S." Als dieses fungiert die „transzendentale Zeitbestimmung". Denn diese ist mit der Kategorie (der Einheit der Zeitbestimmung) „sofern gleichartig, als sie allgemein ist und auf einer Regel a priori beruht". „Sie ist aber andererseits mit der Erscheinung sofern gleichartig, als die Zeit in jeder empirischen Vorstellung des Mannigfaltigen enthalten ist. Daher wird eine Anwendung der Kategorie auf Erscheinungen möglich sein vermittelst der transzendentalen Zeitbestimmung, welche, als das S. der Verstandesbegriffe, die Subsumtion der letzteren unter die erste vermittelt." Das S. des Verstandesbegriffs ist die allgemeine Bedingung, unter der die Kategorie allein auf irgendeinen Gegenstand angewandt werden kann, die „formale und reine Bedingung der Sinnlichkeit, auf welche der Verstandesbegriff in seinem Gebrauch restringiert ist". Das S. ist „an sich selbst jederzeit nur ein Produkt der Einbildungskraft; aber indem die Synthesis der letzteren keine einzelne Anschauung, sondern die Einheit in der Bestimmung der Sinnlichkeit allein zur Absicht hat, so ist das S. doch vom Bilde zu unterscheiden. So, wenn ich fünf Punkte hintereinander setze . . . . ., ist dieses ein Bild von der Zahl fünf. Dagegen, wenn ich eine Zahl überhaupt nur denke, die nun fünf oder hundert sein kann, so ist dieses Denken mehr die Vorstellung einer Methode, einem gewissen Begriffe gemäß eine Menge (z. B. Tausend) in einem Bilde vorzustellen, als dieses

Bild selbst". „Diese Vorstellung nun von einem allgemeinen Verfahren der Einbildungskraft, einem Begriff sein Bild zu verschaffen, nenne ich das S. zu diesem Begriffe." Unseren sinnlichen Begriffen liegen nicht Bilder der Gegenstände, sondern S.te zugrunde (z. B. von einem Dreieck überhaupt, dem ja kein Bild adäquat sein kann). Das S. eines Dreiecks ist „eine Regel der Synthesis der Einbildungskraft, in Ansehung reiner Gestalten im Raume". Das S. ist „eine Regel der Anschauung, gemäß einem gewissen allgemeinen Begriffe". Dieser „Schematismus" ist „eine verborgene Kunst in den Tiefen der menschlichen Seele". Wir wissen nur: „das Bild ist ein Produkt des empirischen Vermögens der produktiven Einbildungskraft, das S. sinnlicher Begriffe (als der Figuren im Raume), ein Produkt und gleichsam ein Monogramm der reinen Einbildungskraft a priori, wodurch und wonach die Bilder allererst möglich werden". Das S. ist nichts, was in ein Bild gebracht werden könnte, sondern „nur die reine Synthesis, gemäß einer Regel der Einheit nach Begriffen überhaupt, die die Kategorie ausdrückt", ein „transzendentales Produkt der Einbildungskraft", KrV tr. Anal. 2. B. 1. H. (I 182ff.—Rc 237ff.).

Die S.te, nach der Ordnung der Kategorien, sind: „Das reine Bild aller Größen (quantorum) vor dem äußeren Sinne ist der Raum; aller Gegenstände der Sinne aber überhaupt, die Zeit. Das reine S. der Größe aber (quantitatis), als eines Begriffs des Verstandes, ist die Zahl" (s. d.). Das S. der Realität (s. d.) ist die erfüllte, das der Negation die leere Zeit; das S. der Realität ist die kontinuierliche und gleichförmige Erzeugung der Quantität von Etwas in der Zeit. Das S. der Substanz (s. d.) ist die „Beharrlichkeit des Realen in der Zeit". Das S. der Kausalität (Ursache) ist die „Sukzession des Mannigfaltigen, insofern sie einer Regel unterworfen ist". Das S. der Gemeinschaft (Wechselwirkung) der Substanzen ist das „Zugleichsein der Bestimmungen der Einen mit denen der Anderen, nach einer allgemeinen Regel". Das S. der Möglichkeit ist die „Bestimmung der Vorstellung eines Dinges zu irgendeiner Zeit". Das S. der Wirklichkeit ist „das Dasein in einer bestimmten Zeit". Das S. der Notwendigkeit ist „das Dasein eines Gegenstandes zu aller Zeit", ibid. (I 186ff.—Rc 241ff.).

Man sieht aus allem diesen, „daß das S. einer jeden Kategorie, als das der Größe, die Erzeugung (Synthesis) der Zeit selbst in der sukzessiven Apprehension eines Gegenstandes, das S. der Qualität die Synthesis der Empfindung (Wahrnehmung) mit der Vorstellung der Zeit, oder die Erfüllung der Zeit, das der Relation das Verhältnis der Wahrnehmungen untereinander zu aller Zeit (d. i. nach einer Regel der Zeitbestimmung), endlich das S. der Modalität und ihrer Kategorien, die Zeit selbst, als das Korrelatum der Bestimmung eines Gegenstandes, ob und wie er zur Zeit gehöre, entfalte und vorstellig mache. Die S.te sind daher nichts als Zeitbestimmungen a priori nach Regeln, und diese gehen nach der Ordnung der Kategorien auf die Zeitreihe, den Zeitinhalt, die Zeitordnung, endlich den Zeitinbegriff in Ansehung aller möglichen Gegenstände." Hieraus erhellt nun, „daß der Schematismus des Verstandes durch die transzendentale Synthesis der Einbildungskraft auf nichts anderes als die Einheit alles Mannigfaltigen der Anschauung in dem inneren Sinne und so indirekt auf die Einheit der Apperzeption, als der Funktion, welche dem inneren Sinn (einer Rezeptivität) korrespondiert, hinauslaufe. Also sind die S.te der reinen Verstandesbegriffe die wahren und einzigen Bedingungen, diesen eine Beziehung auf Objekte, mithin Bedeutung zu verschaffen, und die Kategorien sind daher am Ende von keinem anderen, als einem möglichen empirischen Gebrauche, indem sie bloß dazu dienen, durch Gründe einer a priori notwendigen Einheit (wegen der notwendigen Vereinigung alles Bewußtseins in einer ursprünglichen Apperzeption) Erscheinungen allgemeinen Regeln der Synthesis zu unterwerfen, und sie dadurch zur durchgängigen Verknüpfung in einer Erfahrung schicklich zu machen", ibid. (I 188f.—Rc 243f.). „Es fällt aber doch auch in die Augen: daß, obgleich die S.te der Sinnlichkeit die Kategorien allererst realisieren, sie doch selbige gleichwohl auch restringieren, d. i. auf Bedingungen einschränken, die außer dem Verstande liegen (nämlich in der Sinnlichkeit). Daher ist das S. eigentlich nur das Phänomenon, oder der sinnliche

Begriff eines Gegenstandes, in Übereinstimmung mit der Kategorie" (z. B. die Zahl ist „quantitas phaenomenon", die Empfindung „realitas phaenomenon" usw.). Ohne S.te sind die Kategorien „nur Funktionen des Verstandes zu Begriffen, stellen aber keine Gegenstände vor". „Diese Bedeutung kommt ihnen von der Sinnlichkeit, die den Verstand realisiert, indem sie ihn zugleich restringiert", ibid. (I 289f.—Rc 244f.). Die Kategorie liegt „ganz außerhalb aller Anschauung", und doch muß ihr eine solche untergelegt werden, wenn sie Erkenntnis bieten soll. Soll diese Erkenntnis a priori sein, so muß ihr „reine Anschauung untergelegt werden, und zwar der synthetischen Einheit der Apperzeption des Mannigfaltigen der Anschauung, welche durch die Kategorie gedacht wird, gemäß, d. i. die Vorstellungskraft muß dem reinen Verstandesbegriff ein S. a priori unterlegen, ohne das er gar keinen Gegenstand haben, mithin zu keiner Erkenntnis dienen könnte", Fortschr. d. Metaph. 1. Abt. V. d. Umfange (V 3, 100). Vgl. Kategorie, Symbol, Zeichen, Anthropomorphismus, Urteilskraft, Idee.

Schematismus s. Schema. Der „S. des reinen Verstandes" ist das Verfahren des Verstandes mit den transzendentalen Schematen. Der S. ist die Handlung, durch die einem Begriff die objektive Realität durch die ihm entsprechende Anschauung zugeteilt wird, die Funktion der „Darstellung" des Begriffs an einer Anschauung, Fortschr. d. Metaph. 1. Abt. Von d. Art . . . (V 3, 107). Die Begriffe bedürfen der „Schematisierung". — Im Aufsteigen vom Sinnlichen zum Übersinnlichen darf man einen Begriff durch Analogie (s. d.) mit etwas Sinnlichem „faßbar" machen („S. der Analogie"), aber nicht aus dieser Analogie auf Eigenschaften des Gegenstandes selbst schließen; das wäre sonst ein „S. der Objektsbestimmung", Rel. 2. St. 1. Abs. 1. Anm. (IV 71f.). Vgl. Idee.

Schicksal s. Notwendigkeit, Fatalismus, Vorsehung. „Non datur fatum", d. h. alle Notwendigkeit ist Naturnotwendigkeit, d. h. immer durch andere Ursachen in der Erscheinungsreihe bestimmt, KrV tr. Anal. 2. B. 2. H. 3. Abs. Widerlegung des Idealismus (I 260—Rc 321); vgl. N 5973.

Schluß. „Ein jedes Urteil durch ein mittelbares Merkmal ist ein Vernunftschluß" oder er ist „die Vergleichung eines Merkmals mit einer Sache vermittelst eines Zwischenmerkmals", F. Spitzf. § 1 (V 1, 56). Es gibt „reine" und „vermischte" Vernunftschlüsse (mit einem unmittelbaren Schluß außer den drei Sätzen). In der ersten Figur sind nur reine Vernunftschlüsse, in den drei übrigen nur vermischte möglich, ibid. § 3 (V 1, 58f.). Wenn man „mittelbar urteilt", so schließt man, ibid. § 6 (V 1, 68).

Jeder Vernunftschluß ist „eine Form der Ableitung einer Erkenntnis aus einem Prinzip". „Denn der Obersatz gibt jederzeit einen Begriff, der da macht, daß alles, was unter der Bedingung desselben subsumiert wird, aus ihm nach einem Prinzip erkannt wird", KrV tr. Dial. Einl. II A (I 319—Rc 386). „Bei jedem S.e ist ein Satz, der zum Grunde liegt, und ein anderer, nämlich die Folgerung, die aus jenem gezogen wird, und endlich die Schlußfolge (Konsequenz), nach welcher die Wahrheit des letzteren unausbleiblich mit der Wahrheit des ersteren verknüpft ist." Von den unmittelbaren („Verstandesschlüssen") sind die mittelbaren, die „Vernunftschlüsse" zu unterscheiden, die ein „Zwischenurteil" enthalten, ibid. B (I 321—Rc 389f.). „In jedem Vernunftschlusse denke ich zuerst eine Regel (major) durch den Verstand. Zweitens subsumiere ich eine Erkenntnis unter die Bedingung der Regel (minor) vermittelst der Urteilskraft. Endlich bestimme ich mein Erkenntnis durch das Prädikat der Regel (conclusio), mithin a priori durch die Vernunft. Das Verhältnis also, welches der Obersatz, als die Regel, zwischen einer Erkenntnis und ihrer Bedingung vorstellt, macht die verschiedenen Arten der Vernunftschlüsse aus." Es gibt also kategorische, hypothetische und disjunktive Vernunftschlüsse. Die Vernunft sucht im Schließen „die große Mannigfaltigkeit der Erkenntnis des Verstandes auf die kleinste Zahl der Prinzipien (allgemeiner Bedingungen)" zu bringen und dadurch die „höchste Einheit" derselben zu bewirken, ibid. C (I 322f.—Rc 390 ff.). Der Vernunftschluß ist nichts als „ein Urteil, vermittelst der Subsumtion seiner Bedingung unter eine allgemeine Regel (Obersatz)", ibid. (I 324—Rc 391); „ein Urteil, welches a priori in dem ganzen Umfange seiner Bedingung bestimmt wird", ibid. tr. Dial. 1. B. 2. Abs. (I 334—Rc 402). „Demnach restringieren wir in der Konklusion eines Vernunftschlusses ein Prädikat auf einen gewissen Gegenstand, — nachdem wir es vorher in dem Obersatz in seinem ganzen Umfange unter einer gewissen Bedingung gedacht haben. Diese vollendete Größe des Umfanges, in Beziehung auf eine solche Bedingung, heißt die Allgemeinheit (universalitas). Dieser entspricht in der Synthesis der Anschauungen die Allheit (universitas) oder Totalität der Bedingungen." Den Grundarten der Vernunftschlüsse entsprechen die transzendentalen „Ideen" (s. d.), die ihren Ursprung in der „Form" dieser Schlüsse haben, ibid. (I 334f.—Rc 403). Das Schließen ist ein mittelbares Urteilen („durch die Subsumtion der Bedingung eines möglichen Urteils unter die Bedingung eines gegebenen"). „Die Regel nämlich sagt etwas allgemein unter einer gewissen Bedingung. Nun findet in einem vorkommenden Falle die Bedingung der Regel statt. Also wird das, was unter jener Bedingung allgemein galt, auch in dem vorkommenden Falle (der diese Bedingung bei sich führt) als gültig angesehen." Die ganze Reihe von Schlüssen, die durch das Weitergehen der Vernunft entsteht, muß „Totalität der Bedingungen" enthalten. Die ganze Reihe muß unbedingt wahr sein, wenn das Bedingte als wahr gelten soll, ibid. (I 341ff.—Rc 409ff.); vgl. Episyllogismus.

„Unter Schließen ist diejenige Funktion des Denkens zu verstehen, wodurch ein Urteil aus einem anderen hergeleitet wird. — Ein S. überhaupt ist also die Ableitung eines Urteiles aus dem anderen." Es gibt unmittelbare und mittelbare Schlüsse; erstere heißen auch „Verstandesschlüsse", letztere sind entweder „Vernunftschlüsse" oder „Schlüsse der Urteilskraft", Log. §§ 41 ff. (IV 125 ff.). Ein Vernunftschluß ist „die Erkenntnis der Notwendigkeit eines Satzes durch die Subsumtion seiner Bedingung unter eine gegebene allgemeine Regel", ibid. § 56 (IV 132). Das allgemeine Prinzip der Gültigkeit dieser Schlüsse lautet: „Was unter der Bedingung einer Regel steht, das steht auch unter der Regel selbst". „Der Vernunftschluß prämittiert eine allgemeine Regel und eine Subsumtion unter die Bedingung derselben. — Man erkennt dadurch die Konklusion a priori nicht im Einzelnen, sondern als enthalten im Allgemeinen und als notwendig unter einer gewissen Bedingung. Und dies, daß alles unter dem Allgemeinen stehe und in allgemeinen Regeln bestimmbar sei, ist eben das Prinzip der Rationalität oder der Notwendigkeit", ibid. § 57 (IV 132). „Eine Regel ist eine Assertion unter einer allgemeinen Bedingung. Das Verhältnis der Bedingung zur Assertion, wie nämlich diese unter jener steht, ist der Exponent der Regel." „Die Erkenntnis, daß die Bedingung (irgendwo) stattfindet, ist die Subsumtion." „Die Verbindung desjenigen, was unter der Bedingung subsumiert worden, mit der Assertion der Regel, ist der S.", ibid. § 58 (IV 132 f.). „Alle Regeln (Urteile) enthalten objektive Einheit des Bewußtseins des Mannigfaltigen der Erkenntnis, mithin eine Bedingung, unter der eine Erkenntnis mit der anderen zu einem Bewußtsein gehört. Nun lassen sich aber nur drei Bedingungen dieser Einheit denken; nämlich: als Subjekt der Inhärenz der Merkmale; — oder als Grund der Dependenz einer Erkenntnis zur anderen, — oder endlich als Verbindung der Teile in einem Ganzen (logische Einteilung). Folglich kann es auch nur ebensoviel Arten von allgemeinen Regeln (propositiones maiores) geben, durch welche die Konsequenz eines Urteiles aus dem anderen vermittelt wird." Hierauf gründet sich die Einteilung aller Vernunftschlüsse in kategorische, hypothetische und disjunktive, ibid. § 60 (IV 133f.). Das Prinzip der Möglichkeit und Gültigkeit der Vernunftschlüsse lautet: „Was dem Merkmale einer Sache zukommt, das kommt auch der Sache selbst zu; und was dem Merkmale einer Sache widerspricht, das widerspricht auch der Sache selbst." Das „dictum de omni et nullo" läßt sich daraus leicht ableiten, ist also nicht das oberste Prinzip des Schließens, ibid. § 63 (IV 135f.). Vgl. Idee, Unbedingt, Vernunft.

Schlüsse, dialektische. Es gibt Vernunftschlüsse, „die keine empirischen Prämissen enthalten, und vermittelst derer wir von etwas, das wir kennen, auf etwas anderes schließen, wovon wir doch keinen Begriff haben und dem wir gleichwohl durch einen unvermeidlichen Schein objektive Realität geben". Es sind das eher „vernünftelnde" als Vernunftschlüsse, aber doch auch solche, weil sie „nicht erdichtet oder zufällig entstanden, sondern aus der Natur der Vernunft entsprungen" sind. Es sind „Sophistikationen" der reinen Vernunft selbst. Es gibt, gemäß der Anzahl der „Ideen" (s. d.), auf die ihre Konklusionen auslaufen, drei Klassen dialektischer Vernunftschlüsse: die Paralogismen (s. d.), Antinomien (s. d.) und das Ideal (s. d.) der reinen Vernunft, KrV tr. Dial. 2. B. am Anfang (I 347f.—Rc 416f.). Die erste Art der dialektischen S. geht auf „die unbedingte Einheit der subjektiven Bedingungen aller Vorstellungen überhaupt (des Subjekts oder der Seele)" in Korrespondenz mit den kategorischen S.n. Die zweite Art geht, nach der Analogie mit hypothetischen S.n, auf „die unbedingte Einheit der objektiven Bedingungen in der Erscheinung". Die dritte Art, gemäß den disjunktiven S.n, bezieht sich auf „die unbedingte Einheit der objektiven Bedingungen der Möglichkeit der Gegenstände überhaupt", ibid. 2. B. 2. H. am Anfang (I 373—Rc 497). Vgl. Idee, Dialektik, Antinomie, Paralogismen, Unbedingt.

Schlußfiguren. In der ersten Figur sind nur „reine" Vernunftschlüsse möglich (s. Schluß), in den drei übrigen nur „vermischte", F. Spitzf. § 4 (V 1, 59f.). Die Schlußart in der vierten Figur ist „unnatürlich", ibid. (V 1, 62). „Die logische Einteilung der vier syllogistischen Figuren ist eine falsche Spitzfindigkeit", ibid. § 5 (V 1, 64). „Wir sind demnach belehrt, daß die obersten Regeln aller Vernunftschlüsse unmittelbar auf diejenige Ordnung der Begriffe führen, die man die erste Figur nennt, daß alle anderen Versetzungen des Mittelbegriffs nur eine richtige Schlußfolge geben, indem sie durch leichte unmittelbare Folgerungen auf solche Sätze führen, die in der einfältigen Ordnung der ersten Figur verknüpft sind; daß es unmöglich sei, in mehr wie einer Figur einfach und unvermengt zu schließen, weil doch immer nur die erste Figur, die durch versteckte Folgerungen in einem Vernunftschlusse verborgen liegt, die Schlußkraft enthält .... und daß die Einteilung der Figuren überhaupt, insofern sie reine und mit keinen Zwischenurteilen vermischte Schlüsse enthalten sollen, falsch und unmöglich sei", ibid. § 6 (V 1, 67). Die Schlußmodi jeder Figur „werden künftighin eine schätzbare Seltenheit von der Denkungsart des menschlichen Verstandes enthalten", ibid. § 5 (V 1, 65). Die Lehre von den vier syllogistischen Figuren ist nur „eine Kunst, durch Versteckung unmittelbarer Schlüsse (consequentiae immediatae) unter die Prämissen eines reinen Vernunftschlusses, den Schein mehrerer Schlußarten als des in der ersten Figur, zu erschleichen", KrV tr. Anal. § 19 Anm. (I 157—Rc 187). „Die Regel der ersten Figur ist: daß der Major ein allgemeiner, der Minor ein bejahender Satz sei. — Und da dieses die allgemeine Regel aller kategorischen Vernunftschlüsse überhaupt sein muß, so ergibt sich hieraus, daß die erste Figur die einzig gesetzmäßige sei, die allen übrigen zugrunde liegt und worauf alle übrigen, sofern sie Gültigkeit haben sollen, durch Umkehrung der Prämissen (metathesin praemissorum) zurückgeführt werden müssen", Log. § 69 (IV 139).

Schmerz s. Gefühl.

Schöne Seele. Mit dem Ausdruck „s. S." „sagt man alles, was sich, sie zum Zweck der innersten Vereinigung mit ihr zu machen, sagen läßt". Seelengröße und Seelenstärke betreffen die Materie, die „Seelengüte" oder „Seelenschönheit" betrifft „die reine Form, unter der alle Zwecke sich müssen vereinigen lassen und die daher, wo sie angetroffen wird, gleich dem Eros der Fabelwelt urschöpferisch, aber auch überirdisch ist", Anthr. 1. T. § 67 (IV 170). — Der „wohlgeartete Mensch braucht seine Triebe nicht zu bändigen, denn sie sind natürlich gut", Bruchstücke aus d. Nachl. (VIII 263). Vgl. Rigorismus.

Schönheit. „Die sinnliche Form einer Erkenntnis gefällt entweder als ein Spiel der Empfindung oder als eine Form der Anschauung oder als ein Mittel zum Begriffe des Guten. Das erste ist Reiz, das zweite das sinnliche Schöne, das dritte die selbständige S.", N 639. „Die selbständige S. muß sich auf einem beständigen principio gründen; nun ist keine Erkenntnis unveränderlich als die, so da zeigt, was die Sache ist; folglich ist sie eine Vereinigung mit Vernunft", N 635. „Ob nicht S. und Vollkommenheit, mithin die Ursachen derselben sowohl als die Regeln sie zu beurteilen, in geheimer Verbindung stehen? Z. E. ein schöner Mensch hat oft eine gute Seele", N 622. „Die innere Vollkommenheit einer Sache hat eine natürliche Beziehung auf S. Denn die Subordination des Mannigfaltigen unter einen Zweck erfordert eine Koordination desselben nach gemeinschaftlichen Gesetzen. Daher ist dieselbe Eigenschaft, wodurch ein Gebäude schön ist, auch zu seiner Bonität zuträglich", N 628. „Die S. hat ein subjektiv Prinzipium, nämlich die Konformität mit den Gesetzen der anschauenden Erkenntnis; aber dieses hindert nicht die allgemeine Gültigkeit ihrer Urteile für die Menschen, wenn die Erkenntnisse einerlei sein", N 625. „Bei allem Schönen gehöret das zum Vergnügen und ist subjektiv, daß die Form des Gegenstandes die Handlungen des Verstandes erleichtert; es ist aber objektiv, daß diese Form allgemeingültig ist", N 630; vgl. 643. „Der Geschmack in der Erscheinung gründet sich auf die Verhältnisse des Raumes und der Zeit, die für jeden verständlich sind, und auf die Regeln der Reflexion", N 648. — Später, in der KU, geht Kant von der Begründung der S. in dem Begriffe der Vollkommenheit oder den Verhältnissen der Anschauung ab (s. u.).

Um an etwas S. zu finden, braucht man keinen Begriff von dem Gegenstande. „Blumen, freie Zeichnungen, ... bedeuten nichts, hängen von keinem bestimmten Begriff ab und gefallen doch. Das Wohlgefallen am Schönen muß von der Reflexion über einen Gegenstand, die zu irgendeinem Begriffe (unbestimmt welchem) führt, abhängen." Es unterscheidet sich dadurch vom Angenehmen (s. d.), das „ganz auf der Empfindung beruht", KU § 4 (II 44). Schön ist für jemand, was ihm bloß „gefällt", ganz abgesehen von der Existenz des Gefallenden, ohne ein Interesse (s. d.) an derselben in bezug auf das Begehren des Gegenstandes. S. gibt es „nur für Menschen, d. i. tierische, aber doch vernünftige Wesen". Unter allen Arten des Wohlgefallens ist das des Geschmacks (s. d.) am Schönen allein „ein uninteressiertes und f r e i e s Wohlgefallen", es bezieht sich auf „Gunst". Geschmack (s. d.) ist „das Beurteilungsvermögen eines Gegenstandes oder einer Vorstellungsart durch ein Wohlgefallen oder Mißfallen o h n e a l l e s I n t e r e s s e", und der Gegenstand eines solchen Wohlgefallens heißt „schön", ibid. § 5 (II 46ff.). Der „Quantität" nach ist das Schöne „das, was ohne Begriffe als Objekt eines a l l g e m e i n e n Wohlgefallens vorgestellt wird". „Denn das, wovon jemand sich bewußt ist, daß das Wohlgefallen an demselben bei ihm selbst ohne alles Interesse sei, das kann derselbe nicht anders als so beurteilen, daß es einen Grund des Wohlgefallens für jedermann enthalten müsse. Denn da es sich nicht auf irgendeine Neigung des Subjekts (noch auf irgendein anderes überlegtes Interesse) gründet, sondern da der Urteilende sich in Ansehung des Wohlgefallens, welches er dem Gegenstande widmet, völlig f r e i fühlt: so kann er keine Privatbedingungen als Gründe des Wohlgefallens auffinden, an die sich sein Subjekt allein hängte, und muß es daher als in demjenigen begründet ansehen, was er auch bei jedem anderen voraussetzen kann." „Er wird daher vom Schönen so sprechen, als ob S. eine Beschaffenheit des Gegenstandes und das Urteil logisch wäre (durch Begriffe vom Objekte ein Erkenntnis desselben ausmacht); ob es gleich nur ästhetisch ist und bloß eine Beziehung der Vorstellung des Gegenstandes auf das Subjekt enthält; darum, weil es doch mit dem logischen die Ähnlichkeit hat, daß man die Gültigkeit desselben für jedermann daran voraussetzen kann." Dem Geschmacksurteil (s. d.) hängt ein „Anspruch auf Gültigkeit für jedermann, ohne auf Objekte gestellte Allgemeinheit" an, d. h. ein „Anspruch auf subjektive Allgemeinheit", ibid. § 6 (II 48f.). Was bloß einem Einzelnen gefällt, kann er nicht als schön bezeichnen, nur als angenehm, reizend. Wenn jemand etwas für schön ausgibt, „so mutet er anderen ebendasselbe Wohlgefallen zu; er urteilt nicht bloß für sich, sondern für jedermann, und spricht alsdann von der S., als wäre sie eine Eigenschaft der Dinge". „Er sagt aber: die Sache ist schön; und rechnet nicht etwa darum auf anderer Einstimmung in sein Urteil des Wohlgefallens, weil er sie mehrmalen mit dem seinigen einstimmig befunden hat, sondern fordert es von ihnen. Er tadelt sie, wenn sie anders urteilen, und spricht ihnen den Geschmack ab, von dem er doch verlangt, daß sie ihn haben sollen; und sofern kann man nicht sagen: ein jeder hat seinen besonderen Geschmack. Dieses würde soviel heißen, als: es gibt gar keinen Geschmack, d. i. ein ästhetisches Urteil, welches auf jedermanns Beistimmung rechtmäßigen Anspruch machen könnte", ibid. § 7 (II 50). Der ästhetischen Lust geht im Geschmacksurteil voran die „allgemeine Mitteilungsfähigkeit des Gemütszustandes in der gegebenen Vorstellung". Dieser Gemütszustand ist der eines Gefühles des „freien Spiels der Vorstellungskräfte in einer gegebenen Vorstellung zu einem Erkenntnisse überhaupt"; auf dessen Mitteilbarkeit gründet sich die allgemeine subjektive Gültigkeit des Wohlgefallens am Schönen. Jener Zustand besteht in der „Empfindung der Wirkung, die im erleichterten Spiele (s. d.) beider durch wechselseitige Zusammenstimmung belebten Gemütskräfte (der Einbildungskraft und des Verstandes) besteht" (s. Harmonisch). Schön ist, der „Quantität" nach, „was ohne Begriff allgemein gefällt", ibid. § 9 (II 55 ff.). — „Es gibt zweierlei Arten von S.: freie S. (pulchritudo vaga), oder die bloß anhängende S. (pulchritudo adhaerens). Die erstere setzt keinen Begriff von dem voraus, was der Gegenstand sein soll; die zweite setzt einen solchen und die Vollkommenheit des Gegenstandes nach demselben voraus. Die Arten des ersteren heißen (für sich bestehende) S.en dieses oder jenes Dinges; die andere wird, als einem Begriffe anhängend (bedingte S.), Objekten, die unter dem Begriffe eines besonderen Zweckes stehen, beigelegt." Blumen z. B. sind freie Naturschönheiten, denn bei ihrer rein ästhetischen Beurteilung wird keinerlei Zweck derselben vorausgesetzt; auch die ganze Musik ohne Text gehört zu dieser Art S. In der Beurteilung einer freien S. (der bloßen Form nach) ist das Geschmacksurteil „rein". „Es ist kein Begriff von irgendeinem Zwecke, wozu das Mannigfaltige dem gegebenen Objekte dienen, und was dieses also vorstellen solle, vorausgesetzt; wodurch die Freiheit der Einbildungskraft, die in Beobachtung der Gestalt gleichsam spielt, nur eingeschränkt werden würde." Hiergegen setzt z. B. die S. eines Menschen einen Begriff vom Zweck voraus, welcher bestimmt, was das Ding sein soll, also einen Begriff seiner Vollkommenheit; sie ist „adhärierende" S., die nicht mehr „rein" ist, ibid. § 16 (II 69ff.).

„Es kann keine objektive Geschmacksregel, welche durch Begriffe bestimmte, was schön sei, geben." „Ein Prinzip des Geschmacks, welches das allgemeine Kriterium des Schönen durch bestimmte Begriffe angäbe, zu suchen, ist eine fruchtlose Bemühung." „Die allgemeine Mitteilbarkeit der Empfindung (des Wohlgefallens oder Mißfallens) ... ist das empirische, wiewohl schwache und kaum zur Vermutung zureichende Kriterium der Abstammung eines so durch Beispiele bewährten Geschmacks von dem tief verborgenen, allen Menschen gemeinschaftlichen Grunde der Einhelligkeit in Beurteilung der Formen, unter denen ihnen Gegenstände gegeben werden." „Daher sieht man einige Produkte des Geschmacks als exemplarisch an." Der Geschmack kann aber nicht durch Nachahmung erworben werden, sondern muß ein „selbsteigenes Vermögen sein"; die Nachahmung muß eigene Beurteilung des Musters enthalten. „Hieraus folgt aber, daß das höchste Muster, das Urbild des Geschmackes, eine bloße Idee sei, die jeder in sich selbst hervorbringen muß, und wonach er alles, was Objekt des Geschmackes, was Beispiel der Beurteilung durch Geschmack sei, und selbst den Geschmack von jedermann beurteilen muß. Idee bedeutet eigentlich einen Vernunftbegriff, und Ideal die Vorstellung eines einzelnen als einer Idee adäquaten Wesens. Daher kann jenes Urbild des Geschmacks, welches freilich auf der unbestimmten Idee der Vernunft von einem Maximum beruht, aber doch nicht durch Begriffe, sondern nur in einzelner Darstellung kann vorgestellt werden, besser das Ideal des Schönen genannt werden, dergleichen wir, wenn wir gleich nicht im Besitze desselben sind, doch in uns hervorzubringen streben. Es wird aber bloß ein Ideal der Einbildungskraft sein, eben darum, weil es nicht auf Begriffen, sondern auf der Darstellung beruht; das Vermögen der Darstellung aber ist die Einbildungskraft", KU § 17 (II 72 f.). Ein solches Ideal des Schönen (s. d.) gibt es nur vom Menschen; es besteht in dem Ausdrucke des Sittlichen im Körperlichen, welcher positiv und allgemein gefällt. S. ist (der „Relation" nach) „Form der Zweckmäßigkeit eines Gegenstandes, sofern sie ohne Vorstellung eines Zwecks an ihm wahrgenommen wird", ibid. (II 77). Die Beurteilung des Schönen hat eine „bloß formale Zweckmäßigkeit, d. i. eine Zweckmäßigkeit ohne Zweck" zum Grunde. „Das Formale in der Vorstellung eines Dinges, d. i. die Zusammenstimmung des Mannigfaltigen zu Einem (unbestimmt, was es sein solle), gibt für sich ganz und gar keine objektive Zweckmäßigkeit zu erkennen; weil, da von diesem Einen als Zweck (was das Ding sein soll) abstrahiert wird, nichts als die subjektive Zweckmäßigkeit der Vorstellungen im Gemüte des Anschauenden übrigbleibt, welche wohl eine gewisse Zweckmäßigkeit des Vorstellungszustandes im Subjekt, und in diesem eine Behaglichkeit desselben, eine gegebene Form in die Einbildungskraft aufzufassen, aber keine Vollkommenheit irgendeines Objekts, das hier durch keinen Begriff eines Zwecks gedacht wird, angibt." Von der (auch nur verworrenen) Erkenntnis einer Vollkommenheit von Dingen ist hier nicht die Rede, ibid. § 15 (II 16f.). Der „Modalität" nach ist schön, „was ohne Begriff als Gegenstand eines notwendigen Wohlgefallens erkannt wird", ibid. § 22 (II 82); vgl. Geschmacksurteil. — Das Steif-Regelmäßige gefällt nur in der Abwechslung, es ist langweilig, gibt der Einbildungskraft nicht genug zum Spielen (vgl. Regelmäßigkeit). Die ästhetische Gesetzmäßigkeit ist eine „Gesetzmäßigkeit ohne Gesetz", ibid. § 22 Allg. Anmerk. (II 83ff.).

Mit dem Erhabenen (s. d.) hat das Schöne dies gemein, daß das Wohlgefallen an die bloße Darstellung von Begriffen durch Einbildungskraft geknüpft ist. Aber nur das Schöne betrifft die Form des Gegenstandes, die in der „Begrenzung" besteht, und ist die „Darstellung eines unbestimmten Verstandesbegriffs". Auch führt es allein „direkt" ein Gefühl der Lebensförderung bei sich und ist daher mit einer spielenden Einbildungskraft vereinbar. Endlich führt die Naturschönheit eine Zweckmäßigkeit in ihrer Form bei sich, „wodurch der Gegenstand für unsere Urteilskraft gleichsam vorherbestimmt zu sein scheint", KU § 23 (II 87f.).

Das Schöne erfordert „die Vorstellung einer gewissen Qualität des Objekts, die sich auch verständlich machen und auf Begriffe bringen läßt (wiewohl es im ästhetischen Urteile darauf nicht gebracht wird)", ibid. § 28 Allg. Anmerk. (II 113). Schön ist „das, was in der bloßen Beurteilung (also nicht vermittelst der Empfindung des Sinnes nach einem Begriffe des Verstandes) gefällt". Das Schöne „bereitet uns vor, etwas, selbst die Natur, ohne Interesse zu lieben", ibid. (II 114). „Empirisch interessiert das Schöne nur in der Gesellschaft." Für sich allein würde ein verlassener Mensch auf einer wüsten Insel weder seine Hütte noch sich selbst putzen. Dieses dem Schönen durch Neigung zur Gesellschaft angehängte Interesse ist empirisch, ibid. § 41 (II 147). Es gibt aber auch ein „intellektuelles Interesse" am Schönen, an der S. der Natur, das ein Kennzeichen einer guten Seele ist und eine dem moralischen Gefühle günstige Gemütsstimmung anzeigen kann, ibid. § 42 (II 149 ff.). Zur Beurteilung der „Naturschönheit" gehört nur Geschmack, zur Möglichkeit (Hervorbringung) der „Kunstschönheit" Genie (s. d.). „Eine Naturschönheit ist ein schönes Ding; die Kunstschönheit ist eine schöne Vorstellung von einem Dinge." In der Beurteilung der Kunstschönheit muß zugleich die „Vollkommenheit" des Dinges in Anschlag gebracht werden, die bei der Naturschönheit nicht in Frage kommt (außer in nicht rein-ästhetischen Urteilen), ibid. § 48 (II 164 ff.). S. ist der „Ausdruck" (s. d.) ästhetischer Ideen, wobei in der schönen Kunst diese Idee durch einen Begriff vom Objekt veranlaßt werden muß, der in der schönen Natur nicht nötig ist, ibid. § 51 (II 175 f.).

Das Schöne ist „das Symbol des Sittlichguten; und auch nur in dieser Rücksicht... gefällt es mit einem Anspruche auf jedes anderen Beistimmung, wobei sich das Gemüt zugleich einer gewissen Veredlung und Erhebung über die bloße Empfänglichkeit einer Lust durch Sinneneindrücke bewußt ist und anderer Wert auch nach einer ähnlichen Maxime ihrer Urteilskraft schätzt. Das ist das Intelligibele, worauf ... der Geschmack hinaussieht" (s. Symbol). Die Urteilskraft gibt betreffs der Gegenstände eines so reinen Wohlgefallens „ihr selbst das Gesetz"; sie sieht sich „auf etwas im Subjekte selbst und außer ihm, was nicht Natur, auch nicht Freiheit, doch aber mit dem Grunde der letzteren, nämlich dem Übersinnlichen, verknüpft ist, bezogen, in welchem das theoretische Vermögen mit dem praktischen auf gemeinschaftliche und unbekannte Art zur Einheit verbunden wird". „Der Geschmack macht gleichsam den Übergang vom Sinnenreiz zum habituellen moralischen Interesse ohne einen zu gewaltsamen Sprung möglich, indem er die Einbildungskraft auch in ihrer Freiheit als zweckmäßig für den Verstand bestimmbar vorstellt und sogar an Gegenständen der Sinne auch ohne Sinnenreiz ein freies Wohlgefallen finden lehrt", KU § 59 (II 213 ff.) — S. der Natur, d. h. „ihre Zusammenstimmung mit dem freien Spiele unserer Erkenntnisvermögen in der Auffassung und Beurteilung ihrer Erscheinung" kann als objektive Zweckmäßigkeit der Natur betrachtet werden, wenn wir einmal die Natur als System von Zwecken beurteilen; es ist dann so, „als ob" die Natur für uns „ihre herrliche Bühne aufgeschlagen und ausgeschmückt habe", ibid. § 67 (II 243 f.). In einem teleologischen Urteile (nicht im Geschmacksurteile selbst) „können wir es als Gunst der Natur ansehen, daß sie uns durch Aufstellung so vieler schönen Gestalten zur Kultur hat beförderlich sein wollen", ibid. Anm. (II 244). Das moralische Gefühl ist „mit der ästhetischen Urteilskraft und deren formalen Bedingungen sofern verwandt", daß es „dazu dienen kann, die Gesetzmäßigkeit der Handlung aus Pflicht zugleich als ästhetisch, d. i. als erhaben, oder auch als schön vorstellig zu machen, ohne an seiner Reinigkeit einzubüßen". Das Schöne bereitet uns vor, etwas ohne Interesse zu lieben, das Erhabene (s. d.), es selbst wider unser (sinnliches) Interesse hochzuschätzen, § 29 Allg. Anmerk. (II 114). Gerade die von allem Sinnlichen reine Idee der Sittlichkeit wirkt nicht kalt und leblos, sondern bringt die Einbildungskraft in erhabenen Schwung, der bis zum Enthusiasmus gehen kann, ibid. (II 122 f.). Vgl. Schön u. Erh. (VIII 5 ff.). Das Gefühl für das Schöne ist im Gegensatz zu dem für das Erhabene „fröhlich und lächelnd". Vgl. Geschmacksurteil, Ästhetik, Einbildungskraft.

Schöpferische Synthese. Durch die „dynamische" Zusammensetzung der Vorstellungen entsteht „ein ganz neues Ding (wie etwa das Mittelsalz in der Chemie)", Anthr. 1. T. § 31 2. Anm. (IV 80). Die Einbildungskraft (s. d.) kann zwar „produktiv", nie aber völlig „schöpferisch" sein.

Schöpfung. Die (einmal begonnene) S. kann, als Offenbarung der unendlichen Macht, keine Grenze in Raum und Zeit haben. Die Gottheit enthält den „Schatz einer wahren Unermeßlichkeit von Naturen und Welten", und dieser Schatz ist nicht als untätig zu denken. Immer neue Welten (s. d.) gehen aus der Materie hervor, und die in das Chaos (durch Zusammensturz) zurückgekehrten Welten lassen ebenfalls wieder Welten aus dem Stoffe sich entwickeln. Die S. vollendet sich sukzessiv im unendlichen Raume und in der unendlich fortgehenden Zeit, ohne zu einem Ende zu kommen, Th. des Himmels 2. T. 7. H. (VII 114 ff.); vgl. Unendlich. Die Sphäre der ausgebildeten Natur ist unaufhörlich beschäftigt, sich auszubreiten. „Die S. ist nicht das Werk von einem Augenblicke. Nachdem sie mit der Hervorbringung einer Unendlichkeit von Substanzen und Materie den Anfang gemacht hat, so ist sie mit immer zunehmenden Graden der Fruchtbarkeit die ganze Folge der Ewigkeit hindurch wirksam." „Die Unendlichkeit der künftigen Zeitfolge, womit die Ewigkeit unerschöpflich ist, wird alle Räume der Gegenwart Gottes ganz und gar beleben und in die Regelmäßigkeit, die der Trefflichkeit seines Entwurfes gemäß ist, nach und nach versetzen." „Die S. ist niemals vollendet. Sie hat zwar einmal angefangen, aber sie wird niemals aufhören." „Sie braucht nichts weniger als eine Ewigkeit, um die ganze grenzenlose Weite der unendlichen Räume mit Welten ohne Zahl und ohne Ende zu beleben", ibid. (VII 123 f.). Die „Fruchtbarkeit der Natur" ist ohne Schranken, weil sie die „Ausübung der göttlichen Allmacht selber" ist. Das Endliche muß vergehen, aber das tut der Vortrefflichkeit des Ganzen keinen Abbruch; die Erzeugung der Dinge kostet der Natur nichts, sie ist unerschöpflich, ibid. (VII 127 ff.). Der „Phönix der Natur" verbrennt sich immer wieder, um aus seiner Asche verjüngt zu erstehen, ibid. (VII 132).

Die S. freier Wesen ist nur dann widerspruchslos zu denken (d. h. ohne Vorherbestimmung ihrer künftigen Handlungen eben durch den Schöpfungsakt), wenn im Schöpfungsbegriffe — in moralisch-praktischer Absicht — die reine Kategorie der Kausalität (ohne Zeit-Schema) gebraucht wird (s. Freiheit, Böse), MSR 1. T. § 28 (III 95). Vgl. Ewigkeit, Weltkörper, Endzweck.

Schranke der Erkenntnis s. Grenze.

Schreck ist „die plötzlich erregte Furcht, welche das Gemüt außer Fassung bringt", Anthr. 1. T. § 76 (IV 188). „Erschrockenheit" ist ein meist körperlich bedingter Zustand, „sich gegen eine plötzlich aufstoßende Gefahr nicht gefaßt genug zu fühlen". Wer nicht erschrickt, ist „herzhaft". Herzhaftigkeit ist eine „bloße Temperamentseigenschaft", ibid. § 77 (IV 190); vgl. Mut.

Schriftauslegung s. Bibel, Theologie.

Schuld s. Böse. Die ursprüngliche S., die Sündenschuld, ist unübertragbar, Rel. 2. St. 1. Abs. c (IV 79f.). Was man dem Gesetze genau entsprechend tut, ist „Schuldigkeit", was man weniger, als gefordert wird, tut, ist „Verschuldung", MS Einl. IV (III 32); vgl. MST Einl. VII (IV 232). Vgl. Verdienst.

Schwäche (sittliche) ist die „Ohnmacht der Triebfeder der Vernunft (der Achtung fürs Gesetz)", Rel. 2. St. 2. Anm. (IV 63).

Schwärmerei. Der Schwärmer (Visionär, Fanatiker) ist „eigentlich ein Verrückter von einer vermeinten unmittelbaren Eingebung". „Die menschliche Natur kennt kein gefährlicheres Blendwerk", Krankheiten des Kopfes (VIII 72). „Die ... Maxime der Ungültigkeit einer zu oberst gesetzgebenden Vernunft nennen wir gemeine Menschen S.", während die spekulativen „Genies" sie „Erleuchtung" nennen, Was heißt: s. i. D. or.? (V 2, 161). S. ist „eine nach Grundsätzen unternommene Überschreitung der Grenzen der menschlichen Vernunft". Moralische S. ist die Verlegung der moralischen Triebfeder in das Gefühl für edle, erhabene Taten statt in das moralische Gesetz selbst, KpV 1. T. 1. B. 3. H. (II 109ff.). Religiöse S. ist die Einbildung, durch Gnadenwirkungen u. dgl. sittliche Effekte hervorbringen zu können, der Wahn, durch Streben nach einem vermeintlichen Umgang mit Gott sich vor ihm zu rechtfertigen, Rel. 4. St. 2. T. § 2 (IV 203f.).

„Der gewöhnliche Kunstgriff, seiner Unwissenheit den Anstrich von Wissenschaft zu geben, ist, daß der Schwärmende fragt: Begreift ihr die wahre Ursache der magnetischen Kraft oder kennt ihr die Materie, die in den elektrischen Erscheinungen so wunderbare Wirkungen ausübt?" Der „Schwärmer" (an geheimnisvolle Kräfte Glaubende) redet über Dinge mit, die, seiner Meinung nach, auch der größte Naturforscher nach ihrer inneren Beschaffenheit nicht kennt. Aber der Naturforscher „läßt nur solche Wirkungen gelten, die er vermittelst des Experiments jederzeit unter Augen stellen kann, indem er den Gegenstand gänzlich unter seine Gewalt bringt, indessen daß der erstere Wirkungen aufrafft, die sowohl bei der beobachtenden als der beobachteten Person gänzlich von der Einbildung herrühren können, und also sich keinem wahren Experimente unterwerfen lassen". Weitläufige Widerlegung ist hier „wider die Würde der Vernunft", Acht kleine Aufsätze: Über S. (VIII 173f.). Vgl. Idealismus, Religion.

Seele. Durch den „inneren Sinn" (s. d.) erkennen wir unser eigenes Ich (s. d.) in der Form der Zeit, daher nur als Erscheinung. Was die S. an sich ist, läßt sich nicht erkennen. Möglich, daß das Ding an sich der S. gleichartig ist dem der Körper (s. Identitätstheorie), wenn auch die psychischen Erscheinungen von den physischen als solche verschieden sind, so daß der Materialismus (s. d.) nicht haltbar ist. Die Einheit und Identität des reinen Ich, des transzendentalen Subjekts, darf nicht mit einer einfachen Substanz verwechselt werden, als welche sich die S. nicht bestimmen läßt, da dies ein — im Psychischen nicht vorhandenes — Beharrliches der Anschauung erfordern würde. Immaterielle Geister sind kein Gegenstand der Erkenntnis, zu ihrer Annahme ist keine Grundlage in der Erfahrung gegeben. Doch ist das übersinnliche Wesen des Menschen (der vernünftigen Wesen) als zeitloses „Noumenon" (s. d.), als Glied einer „intelligiblen Welt" (s. d.) zu denken.

Da in der inneren Anschauung alles Beharrliche fehlt, welches zur Anwendung der Kategorie der Substanz (s. d.) erforderlich ist, so läßt sich die S. nicht als Substanz auffassen, wenn auch das Ich (s. d.) (logisches) Subjekt des Denkens ist. Nur durch Fehlschlüsse, Paralogismen (s. d.) macht man aus der rein logischen Einheit und Identität (s. d.) des Ich eine gesonderte, einfache, unzerstörbare, numerisch identische Seelensubstanz, KrV tr. Dial. 2. B. 1. H. (I 349ff.—Rc 418ff.). Die Einheit des Subjekts (des Selbstbewußtseins, der Apperzeption) wäre ganz wohl — rein hypothetisch — mit der Zusammensetzung der S. aus einer Mehrheit von Teilseelen, welche in eine Seele „zusammenfließen", vereinbar, ibid. Widerlegung des Mendelssohnschen Beweises... 2. Anm. (I 361—Rc 448ff.). Die psychologische „Idee" (s. d.) ist „regulativ", sie läßt uns „alle Erscheinungen, Handlungen und Empfänglichkeit unseres Gemüts an dem Leitfaden der inneren Erfahrung so verknüpfen, als ob dasselbe eine einfache Substanz wäre, die mit persönlicher Identität, beharrlich (wenigstens im Leben) existiert, indessen daß ihre Zustände, zu welchen die des Körpers nur als äußere Bedingungen gehören, kontinuierlich wechseln", ibid. tr. Dial. Anh. Von d. Endabsicht (I 569—Rc 714); vgl. die Warnung vor dem Gebrauch der Idee „S." als konstitutives Prinzip, ibid. (I 581f.—Rc 728). — Das Ich (s. d.) als ein denkendes Wesen ist das „absolute Subjekt" der von ihm gefällten Urteile, insofern „Substanz in der Idee". Dieses logische Subjekt verwechselt der erste der Paralogismen (s. d.) der rationalen Psychologie (s. d.) mit einer realen, beharrenden Substanz. Da die innere Erfahrung keine Beharrlichkeit in der Anschauung aufweist, so kann der Begriff einer solchen Substanz hier gar nichts nützen. Man kann den Satz: „die S. ist Substanz", gelten lassen, aber nur, wenn man sich bescheidet daß uns dieser Begriff „nicht im mindesten weiter führe" und uns die absolute Dauer der S. nicht lehren kann, KrV 1. A. tr. Dial. 2. B. 1. H. 1. Paralog. (I 729ff.—Rc 424ff.). Der zweite Paralogismus verwechselt die formale Einfachheit (s. d.) des reinen Ich (der Apperzeption) mit der Einfachheit einer realen Seelensubstanz. Durch das Ich erkenne ich zwar eine absolute, aber nur „logische" Einheit des Subjekts, nicht die „wirkliche" Einfachheit des an sich unerkennbaren Subjekts (der S.), von dem ich auch nicht wissen kann, ob es von dem Ding an sich der Materie (s. d.) eigenschaftlich absolut unterschieden ist (vgl. Identitätslehre). Die Hypothese ist möglich, daß „eben dasselbe, was als äußere Erscheinung ausgedehnt ist, innerlich (an sich selbst) ein Subjekt sei, was nicht zusammengesetzt, sondern einfach ist und denkt", ibid. 2. Paralog. (I 731ff.—Rc 428ff.). Jedenfalls ist die S. nicht körperlich, d. h. sie ist als Gegenstand des inneren Sinnes (als Denkendes) kein Gegenstand äußerer Sinne (keine Erscheinung im Raume). Das heißt: „es können uns niemals unter äußeren Erscheinungen denkende Wesen als solche vorkommen, oder: wir können ihre Gedanken, ihr Bewußtsein, ihre Begierden usw. nicht äußerlich anschauen; denn dieses gehört alles vor den inneren Sinn", ibid. (I 736—Rc 436f.).

„Ob die S. eine einfache Substanz sei oder nicht, das kann uns zur Erklärung der Erscheinungen derselben ganz gleichgültig sein; denn wir können den Begriff eines einfachen Wesens durch keine mögliche Erfahrung sinnlich, mithin in concreto verständlich machen; und so ist er in Ansehung aller verhofften Einsicht in die Ursache der Erscheinungen ganz leer und kann zu keinem Prinzip der Erklärung dessen, was innere oder äußere Erfahrung an die Hand gibt, dienen", Prol. § 44 (III 96). Die S. ist uns nicht als ein absolutes Subjekt gegeben, sondern dieses ist unbekannt. Es kann von dem „denkenden Selbst" die Beharrlichkeit, die es zu einer Substanz machen würde, nicht aus dem Begriffe einer Substanz als eines Dinges an sich bewiesen werden. Wollen wir aus dem Begriffe der S. als Substanz auf eine Beharrlichkeit derselben schließen, so kann dieses von ihr doch nur zum Behuf möglicher Erfahrung gelten, also nur für das Leben; denn der Tod des Menschen ist das Ende aller Erfahrung, ibid. §§ 47—48 (III 101ff.). Die S. ist „wirklich in der Zeit" als Gegenstand des inneren Sinnes, als Erscheinung, dessen „Wesen an sich selbst" unbekannt ist. Als empirisches Ich oder „S. nach der empirischen Psychologie", d. h. „Erscheinung des inneren Sinnes", existiere ich aber nicht „außer meiner Vorstellungskraft in der Zeit", ibid. § 49 (III 103f.).

Das Bewußtsein, also die Klarheit der Vorstellungen und das „Vermögen des Bewußtseins", die Apperzeption, mit diesem auch die „Substanz der S." hat „einen Grad, der größer oder kleiner werden kann, ohne daß irgendeine Substanz zu diesem Behuf entstehen oder vergehen dürfte", Anfangsgr. d. Naturw. 3. H. Lehrs. 2. Anmerk. (VII 290). Bei allmählicher Verminderung des Apperzeptionsvermögens müßte aber dasselbe und damit die Substanz der S. selbst vergehen, durch allmähliches „Erlöschen" („Nachlassung des Grades derselben"), ibid. (VII 290f.). Der Mensch erkennt sich nur als „Gegenstand des inneren Sinnes". „Er ist sich selbst aber auch als Gegenstand seiner äußeren Sinne bewußt, d. h. er hat einen Körper, mit dem der Gegenstand des inneren Sinnes verbunden die S. des Menschen heißt." „Daß er nicht ganz und gar bloß Körper sei, läßt sich, wenn diese Erscheinung als Sache an sich selbst betrachtet wird, strenge beweisen, weil die Einheit des Bewußtseins, die in jeder Erkenntnis (mithin auch in der seiner selbst) notwendig angetroffen werden muß, es unmöglich macht, daß Vorstellungen, unter viele Subjekte verteilt, Einheit des Gedankens ausmachen sollten; daher kann der Materialismus nie zum Erklärungsprinzip der Natur unserer S. gebraucht werden." „Betrachten wir aber Körper sowohl als S. nur als Phänomene, welches, da beide Gegenstände der Sinne sind, nicht unmöglich ist, und bedenken, daß das Noumenon, was jener Erscheinung zum Grunde liegt, d. i. der äußere Gegenstand, als Ding an sich selbst, vielleicht ein einfaches Wesen sein möge — —" (Schluß des Satzes fehlt im Texte). Ob die S. ein „Geist" sei, d. h. ob sie auch ohne Körper sich ihrer und ihrer Vorstellungen bewußt sein kann oder nicht, ist absolut unerkennbar, Fortschr. d. Metaph. 2. Abt. Auflös. der Aufgabe III (V 3, 140f.). Vgl. Seele und Leib, Geist, Ich, Subjekt, Identitätstheorie, Unsterblichkeit.

Seele, Sitz der. Die S. ist „nicht deshalb mit dem Körper im Verkehr, weil sie an eine bestimmte Stelle desselben gefesselt ist, sondern es ist ihr eine bestimmte Stelle im Weltall zugeteilt, weil sie mit dem Körper in einer Art gegenseitigem Verkehr steht; hört dieser auf, so wird ihre ganze Stelle im Raume aufgehoben. Deshalb ist ihre Örtlichkeit eine abgeleitete, die sie nur zufällig erworben hat, keine ursprüngliche und ihrem Dasein notwendig anhängende Bedingung; weil alles, was an sich kein Gegenstand der äußeren Sinne (wie sie der Mensch besitzt) werden kann, d. h. das Unkörperliche, von der allgemeinen Bedingung des äußerlich Wahrnehmbaren, nämlich vom Raume, gänzlich losgelöst ist. Deshalb kann man der S. die unbedingte und unmittelbare Örtlichkeit ab- und ihr doch eine bedingte und mittelbare zusprechen", Mund. sens. § 30 Anm. (V 2, 132). Vgl. N 5459, 5457.

Der Begriff von einem „Sitz" der S. ist besser auszuschalten, „da er eine lokale Gegenwart, die dem Dinge, was bloß Objekt des inneren Sinnes und sofern nur nach Zeitbedingungen bestimmbar ist, ein Raumverhältnis beilege, verlanget, aber eben damit sich selbst widerspricht, anstatt daß eine virtuelle Gegenwart, welche bloß für den Verstand gehört, eben darum aber auch nicht örtlich ist, einen Begriff abgibt, der es möglich macht, die vorgelegte Frage (vom sensorium commune) bloß als physiologische Aufgabe zu behandeln". Zur Materie, welche „die Vereinigung aller Sinnenvorstellungen im Gemüt" möglich macht (sensorium commune), qualifiziert sich (nach der Entdeckung Sömmerings) das in der Gehirnhöhle enthaltene Wasser. Dieses ist „das unmittelbare Seelenorgan, welches die daselbst sich endigenden Nervenbündel einerseits voneinander sondert, damit sich die Empfindungen durch dieselben nicht vermischen, andererseits eine durchgängige Gemeinschaft untereinander bewirkt, damit nicht einige, obzwar von demselben Gemüt empfangen, doch außer dem Gemüt wären (welches ein Widerspruch ist)". Das Gehirnwasser hat eine „dynamische Organisation", welche auf „chemischen Prinzipien" beruht, es zerlegt sich in chemische Stoffe und verbindet sich immer wieder aus ihnen, indem es von den Nerven dazu veranlaßt wird, auf die es dann zurückwirkt. „Wenn man nun als Hypothese annimmt, daß dem Gemüt im empirischen Denken, d. i. im Auflösen und Zusammensetzen gegebener Sinnenvorstellungen, ein Vermögen der Nerven untergelegt sei, nach ihrer Verschiedenheit das Wasser der Gehirnhöhle in jene Urstoffe zu zersetzen, und so durch Verbindung des einen oder des anderen derselben verschiedene Empfindungen spielen zu lassen (z. B. die des Lichts vermittelst des gereizten Sehnerven, oder des Schalls durch den Hörnerven usw.), so doch, daß diese Stoffe nach aufhörendem Reiz sofort wiederum zusammenflössen; so könnte man sagen, dieses Wasser werde kontinuierlich organisiert, ohne doch jemals organisiert zu sein; wodurch dann doch ebendasselbe erreicht wird, was man mit der beharrlichen Organisation beabsichtigte, nämlich die kollektive Einheit aller Sinnenvorstellungen in einem gemeinsamen Organ (sensorium commune), aber nur nach seiner chemischen Zergliederung begreiflich zu machen." Die S. kann sich selbst keinen „Ort" (nur eine „dynamische Gegenwart") bestimmen, da sie kein Gegenstand äußerer Wahrnehmung ist, An. S. Th. Sömmering, 10. August 1795 (VIII 178 ff.).

Seele und Leib. Solange wir „innere und äußere Erscheinungen, als bloße Vorstellungen in der Erfahrung", miteinander zusammenhalten, so finden wir „nichts Widersinnisches und welches die Gemeinschaft beider Art Sinne befremdlich machte". Sobald wir aber „die äußeren Erscheinungen hypostasieren, sie nicht mehr als Vorstellungen, sondern in derselben Qualität, wie sie in uns sind, auch als außer uns für sich bestehende Dinge, ihre Handlungen aber, die sie als Erscheinungen gegeneinander im Verhältnis zeigen, auf unser denkendes Subjekt beziehen, so haben wir einen Charakter der wirkenden Ursachen außer uns, der sich mit ihren Wirkungen in uns nicht zusammenreimen will, weil jener sich bloß auf äußere Sinne, diese aber auf den inneren Sinn beziehen, welche, ob sie zwar in einem Subjekte vereinigt, dennoch höchst ungleichartig sind. Da haben wir denn keine anderen äußeren Wirkungen, als Veränderungen des Orts, und keine Kräfte, als bloß Bestrebungen, welche auf Verhältnisse im Raume, als ihre Wirkungen, auslaufen. In uns aber sind die Wirkungen Gedanken, unter denen kein Verhältnis des Orts, Bewegung, Gestalt oder Raumesbestimmung überhaupt stattfindet, und wir verlieren den Leitfaden der Ursachen gänzlich an den Wirkungen, die sich davon in dem inneren Sinne zeigen sollten." „Aber wir sollten bedenken, daß nicht die Körper Gegenstände an sich sind, die uns gegenwärtig sind, sondern eine bloße Erscheinung wer weiß welches unbekannten Gegenstandes; daß die Bewegung nicht die Wirkung dieser unbekannten Ursache, sondern bloß die Erscheinung ihres Einflusses auf unsere Sinne sei; daß folglich beide nicht Etwas außer uns, sondern bloß Vorstellungen in uns sind, mithin daß nicht die Bewegung der Materie in uns Vorstellungen wirke, sondern daß sie selbst (mithin auch die Materie, die sich dadurch kennbar macht) bloße Vorstellung sei und endlich die ganze selbstgemachte Schwierigkeit darauf hinauslaufe: wie und durch welche Ursache die Vorstellungen unserer Sinnlichkeit so untereinander in Verbindung stehen, daß diejenigen, welche wir äußere Anschauungen nennen, nach empirischen Gesetzen als Gegenstände außer uns vorgestellt werden können?" KrV 1. A.

tr. Dial. 2. B. 1. H. Betracht. üb. d. Summe... (I 755f.—Rc 475ff.); vgl. Dualismus, Identitätstheorie. — Die Materie als bloße Vorstellung kann nicht die Ursache unserer Vorstellungen sein, weil es niemandem einfallen wird, „das, was er einmal als bloße Vorstellung anerkannt hat, für eine äußere Ursache zu halten". Daß aber der transzendentale Gegenstand, dessen Erscheinung die Materie ist, nicht die „Ursache der Vorstellungen in uns" sein könne, läßt sich nicht behaupten, „weil niemand von einem unbekannten Gegenstande ausmachen kann, was er tun oder nicht tun könne". Gegen die Theorie des „physischen Einflusses" (s. Einfluß) kann nur ein Einwurf erhoben werden, wenn S. und Körper in einem „groben Dualismus" als zwei Substanzen aufgefaßt werden, deren letztere zu einem Ding an sich hypostasiert wird, während das Körperliche als solches nur eine Vorstellung ist, ibid. (I 758ff.—Rc 480ff.). „Die berüchtigte Frage wegen der Gemeinschaft des Denkenden und Ausgedehnten würde also, wenn man alles Eingebildete absondert, lediglich darauf hinauslaufen: wie in einem denkenden Subjekt überhaupt äußere Anschauung, nämlich die des Raumes (einer Erfüllung desselben, Gestalt und Bewegung), möglich sei? Auf diese Frage aber ist es keinem Menschen möglich, eine Antwort zu finden, und man kann diese Lücke unseres Wissens niemals ausfüllen, sondern nur dadurch bezeichnen, daß man die äußeren Erscheinungen einem transzendentalen Gegenstande zuschreibt, welcher die Ursache dieser Art Vorstellungen ist, den wir aber gar nicht kennen, noch jemals einigen Begriff von ihm bekommen werden", ibid. (I 760—Rc 484 f.).; vgl. Objekt.

„S. und das uns gänzlich unbekannte Substrat der Erscheinungen, welche wir Körper nennen, sind zwar ganz verschiedene Wesen; aber diese Erscheinungen selbst, als bloße, auf des Subjekts (der Seele) Beschaffenheit beruhende Formen ihrer Anschauung, sind bloße Vorstellungen, und da läßt sich die Gemeinschaft zwischen Verstand und Sinnlichkeit in demselben Subjekte nach gewissen Gesetzen a priori wohl denken und doch zugleich die notwendige natürliche Abhängigheit der letzteren von äußeren Dingen, ohne diese dem Idealismus preiszugeben", Üb. e. Entdeck. 2. Abs. (V 3, 76); vgl. N 5457, 6484. Vgl. Identitätstheorie.

Seelenvermögen. Alle S. oder Fähigkeiten können auf drei zurückgeführt werden, welche sich nicht ferner aus einem gemeinschaftlichen Grunde ableiten lassen: das Erkenntnisvermögen, das Gefühl der Lust und Unlust, das Begehrungsvermögen. Für das Erkenntnisvermögen (s. d.) ist allein der Verstand gesetzgebend, für das Begehrungsvermögen die Vernunft, für das Gefühl die Urteilskraft, KU Einl. III (II 13 ff.). Die „oberen S." sind das Erkenntnisvermögen, dessen Prinzip a priori die Gesetzmäßigkeit ist, das Gefühl der Lust und Unlust, dessen Prinzip die Zweckmäßigkeit ist, und das Begehrungsvermögen, dessen Prinzip der Endzweck ist, ibid. IX (II 36). Aus dem Zusammenhang der „Grundvermögen des Gemüts" mit Prinzipien a priori und deren Anwendung ergibt sich folgende Übersicht:

Vermögen des Gemüts	Obere Erkenntnisvermögen	Prinzipien a priori	Produkte
Erkenntnisvermögen	Verstand	Gesetzmäßigkeit	Natur
Gefühl der Lust und Unlust	Urteilskraft	Zweckmäßigkeit	Kunst
Begehrungsvermögen	Vernunft	Zweckmäßigkeit, die zugleich Gesetz ist (Verbindlichkeit)	Sitten

Erste Einl. in die KU, Werke ed. Cassirer (V 226). Vgl. Erkenntnisvermögen, Gemüt, Gefühl, Sinnlichkeit, Urteilskraft, Vernunft, Verstand, Einbildungskraft.

Seelenwanderung. „Vielleicht bilden sich darum noch einige Kugeln des Planetensystems aus, um nach vollendetem Ablaufe der Zeit, die unserem Aufenthalte allhier vorgeschrieben ist, uns in anderen Himmeln neue Wohnplätze zu bereiten", Th. des Himmels 3. T. Beschluß (VII 185). Vgl. Unsterblichkeit.

Sehnsucht. „Der leere Wunsch, die Zeit zwischen dem Begehren und Erwerben des Begehrten vernichten zu können, ist S.", Anthr. 1. T. § 73 (IV 183).

Sein. „S." ist kein „reales Prädikat", d. h. kein „Begriff von irgend etwas, was zu dem Begriffe eines Dinges hinzukommen könne". „Es ist bloß die Position eines Dinges oder gewisser Bestimmungen an sich selbst." „Im logischen Gebrauche ist es lediglich die Kopula eines Urteils." Das „ist" bedeutet hier nur, „das, was das Prädikat beziehungsweise aufs Subjekt setzt". Wenn ich ein Ding denke, „so kommt dadurch, daß ich noch hinzusetze, dieses Ding ist, nicht das mindeste zu dem Dinge hinzu". Nur für unsere Erkenntnis ist die „Existenz" des (empirischen) Dinges von dessen bloßem „Begriffe" unterschieden. „Denn durch den Begriff wird der Gegenstand nur mit den allgemeinen Bedingungen einer möglichen empirischen Erkenntnis überhaupt als einstimmig, durch die Existenz aber als in dem Kontext der gesamten Erfahrung enthalten gedacht; da denn durch die Verknüpfung mit dem Inhalte der gesamten Erfahrung der Begriff vom Gegenstande nicht im mindesten vermehrt wird, unser Denken aber durch denselben eine mögliche Wahrnehmung mehr bekommt. Wollen wir dagegen die Existenz durch die reine Kategorie allein denken, so ist kein Wunder, daß wir kein Merkmal angeben können, sie von der bloßen Möglichkeit zu unterscheiden." „Unser Begriff von einem Gegenstande mag also enthalten, was und wieviel er wolle, so müssen wir doch aus ihm herausgehen, um diesem die Existenz zu erteilen. Bei Gegenständen der Sinne geschieht dieses durch den Zusammenhang mit irgendeiner meiner Wahrnehmungen nach empirischen Gesetzen." Eine Existenz außer dem Felde der Erfahrung ist zwar nicht unmöglich, aber eine (theoretisch) durch nichts zu rechtfertigende Annahme, KrV tr. Dial. 2. B. 3. H. 4. Abs. (I 516ff.—Rc 655ff.); vgl. Ontologischer Gottesbeweis, Ontologie, Möglichkeit, Existenz, Kopula, Realität.

Selbst. In dem Sittengesetz kann die Vernunft ohne sinnliche Neigung darum praktisch werden, weil es „aus unserem Willen als Intelligenz", mithin aus unserem „eigentlichem S." entsprungen ist, GMS 2. Abs. (III 91). Vgl. Pflicht, Moralität, Person, Ich. Denn der Mensch (s. d.) „an sich selbst" ist „Bewußtsein seiner Freiheit", s. Sinn (innerer), Freiheit.

Selbstbewußtsein s. Ich, Apperzeption, Identität.

Selbsterhaltung. Der Mensch hat gegen sich die Pflicht der S., MST § 5 (III 266ff.). Daher ist der Selbstmord (s. d.) verboten, ferner die Selbstschändung, da die Geschlechtsliebe nur zur „Erhaltung der Art" bestimmt ist, ibid. § 7 (III 271 ff.); endlich die Selbstbetäubung, ibid. § 8 (III 274 ff.).

Selbsterkenntnis. Das erste Gebot aller Pflichten gegen sich selbst ist: „Erkenne (erforsche, ergründe) dich selbst, nicht nach deiner physischen Vollkommenheit (der Tauglichkeit oder Untauglichkeit zu allerlei dir beliebigen oder auch gebotenen Zwecken), sondern nach der moralischen, in Beziehung auf deine Pflicht." Die moralische S. ist aller menschlichen Weisheit Anfang. „Denn die letztere, welche in der Zusammenstimmung des Willens eines Wesens zum Endzweck besteht, bedarf beim Menschen zu allererst der Wegräumung der inneren Hindernisse (eines bösen in ihm genistelten Willens), und dann der Entwicklung der nie verlierbaren ursprünglichen Anlage eines guten Willens in ihm ... Nur die Höllenfahrt der S. bahnt den Weg zur Vergötterung", MST § 14 (III 293f.). Vgl. Kritik der reinen Vernunft, Vernunft, Idee, Sinn (innerer).

Selbstliebe. Es gibt eine „physische und bloß mechanische" S. und eine „physische, aber doch vergleichende S." (mit Vernunft), Rel. 1. St. I (IV 26); vgl. Laster. Wie Liebe überhaupt kann S. in die des „Wohlwollens" und des „Wohlgefallens" eingeteilt werden, die beide „vernünftig" sind, d. h. mit Erwägung der richtigen Mittel zum Zweck. Die Maxime des „unbedingten (nicht von Gewinn oder Verlust als den Folgen der Handlung abhängenden) Wohlgefallens an sich selbst" würde das „innere Prinzip einer, allein unter der Bedingung der Unterordnung unserer Maximen unter das moralische Gesetz uns möglichen Zufriedenheit sein". „Kein Mensch, dem die Moralität nicht gleichgültig ist, kann an sich ein Wohlgefallen haben, ja gar ohne ein bitteres Mißfallen an sich selbst sein, der sich solcher Maximen bewußt ist, die mit dem moralischen Gesetze in ihm nicht übereinstimmen. Man könnte diese die Vernunftliebe seiner selbst nennen, welche alle Vermischung anderer Ursachen der Zufriedenheit aus den Folgen seiner Handlungen (unter dem Namen einer dadurch sich zu verschaffenden Glückseligkeit) mit den Triebfedern der Willkür verhindert", ibid. 1. St. Allg. Anmerk. (IV 49f.). Vgl. Egoismus, Selbstzucht.

Selbstmord. „Ob S. auch Mut oder immer nur Verzagtheit voraussetze, ist nicht eine moralische, sondern bloß psychologische Frage. Wenn er verübt wird, bloß um seine Ehre nicht zu überleben, also aus Zorn, so scheint er Mut; ist es aber die Erschöpfung der Geduld im Leiden durch Traurigkeit, welche alle Geduld langsam erschöpft, so ist es ein Verzagen." S. bleibt „immer gräßlich", der Mensch macht sich dadurch „zum Scheusal", Anthr. 1. T. § 77 (IV 192ff.). Man darf nicht über sich und sein Leben als bloßes Mittel zum Zweck disponieren und so Urheber seines Todes sein, Rel. 2. St. 2. Abs. 3. Anm. (IV 91). Der Mensch ist durch seine Qualität als Person zur Erhaltung seines Lebens verpflichtet. „Das Subjekt der Sittlichkeit in seiner eigenen Person zernichten, ist ebensoviel als die Sittlichkeit selbst ihrer Existenz nach, soviel an ihm ist, aus der Welt vertilgen, welche doch Zweck an sich selber ist", MST § 6 (III 268ff.).

Selbstsucht s. Egoismus. „Alle Neigungen zusammen (die auch wohl in ein erträgliches System gebracht werden können, und deren Befriedigung alsdann eigene Glückseligkeit heißt) machen die S. (solipsismus) aus." „Diese ist entweder die der Selbstliebe, eines über alles gehenden Wohlwollens gegen sich selbst (philautia), oder die des Wohlgefallens an sich selbst (arrogantia). Jene heißt besonders Eigenliebe, diese Eigendünkel." „Vernünftige Selbstliebe" ist die auf die Bedingung der Einstimmung mit dem moralischen Gesetze eingeschränkte Eigenliebe. Den Eigendünkel schlägt die praktische Vernunft nieder, sie bewirkt „Demütigung" („intellektuelle Verachtung") in Vergleichung mit der Reinheit der Gesinnung, der Heiligkeit des Sittengesetzes, zugleich aber auch Achtung (s. d.) für dieses, KpV 1. T. 1. B. 3. H. (II 94ff.). Vgl. Erhaben.

Sensation. „Eine Vorstellung durch den Sinn, deren man sich als einer solchen bewußt ist, heißt besonders S., wenn die Empfindung zugleich Aufmerksamkeit auf den Zustand des Subjekts erregt", Anthr. 1. T. § 15 (IV 47).

Sensorium s. Seele (Sitz der).

Sensualphilosophen. Die „S." (so besonders Epikur) behaupteten, „in den Gegenständen der Sinne sei allein Wirklichkeit, alles übrige sei Einbildung". Den Verstandesbegriffen stritten sie aber nicht die logische Realität (Geltung) ab. Sie „räumten intellektuelle Begriffe ein, aber nahmen bloß sensible Gegenstände an", KrV tr. Meth. 4. H. (I 700f.—Rc 857).

Sensus communis s. Gemeinsinn.

Sinn. „Die S.e verwirren nicht" (s. Sinnlichkeit). Sie gebieten nicht über den Verstand, sondern „bieten sich vielmehr nur dem Verstande an, um über ihren Dienst zu disponieren". „Die S.e betrügen nicht" (s. Sinnestäuschung, Irrtum), Anthr. 1. T. §§ 9—11 (IV 34ff.). Der S. ist „das Vermögen der Anschauung in der Gegenwart des Gegenstandes". Der äußere S. ist der, wobei der menschliche Körper durch körperliche Dinge affiziert wird, der innere S. der, „wo er durchs Gemüt affiziert wird". Das Gefühl der Lust und Unlust beruht auf dem „inwendigen" S., ibid. § 15 (IV 46f.). Die

„S.e der Körperempfindung“ sind der S. der „Vitalempfindung (sensus vagus)“ und der der „Organempfindung (sensus fixus)“. Zum ersteren gehören die Empfindungen der Wärme, Kälte, des Schauers, des Gruselns. Von den „Organsinnen“ sind der Tast-, Gesichts- und Gehörssinn mehr objektiv als subjektiv, der Geschmacks- und Geruchssinn mehr subjektiv als objektiv (d. h. sie machen mehr das „Bewußtsein des affizierten Organs“ rege, ibid. § 16 (IV 47f.). Die drei ersten S.e „leiten durch Reflexion das Subjekt zum Erkenntnis des Gegenstandes als eines Dinges außer uns“. „Wenn aber die Empfindung so stark wird, daß das Bewußtsein der Bewegung des Organs stärker wird als das der Beziehung auf ein äußeres Objekt, so werden äußere Vorstellungen in innere verwandelt“, ibid. § 19 (IV 51). Die drei ersten S.e gehören zu den „mechanischen“ S.en welche S.e der „Wahrnehmung“ sind; die beiden letzten sind „chemische“ S.e, S.e des „Genusses (innigste Einnehmung)“. „Je stärker die S.e bei eben demselben Grade des auf sie geschehenen Einflusses sich affiziert fühlen, desto weniger lehren sie. Umgekehrt: wenn sie viel lehren sollen, müssen sie mäßig affizieren“, ibid. § 21 (IV 52f.); vgl. N 77ff., 263ff. Es gibt auch ein „Vikariat“ der S.e. Vgl. Sinnlichkeit, Empfindung, Affektion.

Sinn, äußerer. „Vermittelst des äußeren S.es (einer Eigenschaft unseres Gemüts) stellen wir uns Gegenstände als außer uns, und diese insgesamt im Raume vor. Darinnen ist ihre Gestalt, Größe und Verhältnis gegeneinander bestimmt oder bestimmbar“, KrV tr. Ästh. § 2 (I 78—Rc 95). Vgl. Raum, Außenwelt, Idealismus.

Sinn, innerer. Der innere S. ist die Fähigkeit des Subjekts (der Seele), die eigenen Modifikationen anzuschauen (wahrzunehmen). Da alle Erkenntnis einer Mannigfaltigkeit von anschaulichen Daten bedarf, die dem Denken „gegeben“ werden, und da die „Form“, der Anschauung aus der Gesetzmäßigkeit der Anschauungsfunktion selbst entspringt, nicht etwas im Ding an sich abspiegelt, so erkennen wir uns selbst mittelst des inneren S.es nur als Erscheinung, als einen Zusammenhang von Vorgängen in der Zeit, als empirisches Ich (s. d.), das ebenso wie die materiellen Phänomene auf das reine (transzendentale) Subjekt bezogen ist. Was die Seele (s. d.) an sich ist, wissen wir nicht. Die Form des inneren S.es ist die Zeit (s. d.); da alles Erkennbare auch in die innere Wahrnehmung fällt, so ist die Zeit zugleich die Form aller Anschauung.

Die Urteilsfähigkeit ist das Vermögen des „inneren S.es, d. i. seine eigenen Vorstellungen zum Objekte seiner Gedanken zu machen“. Es ist ein „Grundvermögen“ und kann bloß vernünftigen Wesen eigen sein, F. Spitzf. § 6 (V 1, 70).

„Der innere S., vermittelst dessen das Gemüt sich selbst, oder seinen inneren Zustand anschaut, gibt zwar keine Anschauung von der Seele selbst, als einem Objekt; allein es ist doch eine bestimmte Form, unter der die Anschauung ihres inneren Zustandes allein möglich ist, so daß alles, was zu den inneren Bestimmungen gehört, in Verhältnissen der Zeit vorgestellt wird“, KrV tr. Ästhet. § 2 (I 78—Rc 95). Die Zeit ist (zunächst) die Form des „inneren S.es, d. i. des Anschauens unserer selbst und unseres inneren Zustandes“, ibid. § 6 (I 89—Rc 106). — Den eigentlichen Stoff der „inneren Anschauung“ machen die Vorstellungen äußerer S.e aus, mit denen wir „unser Gemüt besetzen“. Der Art, wie wir sie im Gemüt setzen, liegt a priori die Zeit zugrunde, durch die wir die Vorstellungen in die Verhältnisse des Nacheinanders, des Zugleichseins und des Beharrlichen bringen. Die innere Anschauungsform ist „die Art, wie das Gemüt durch eigene Tätigkeit, nämlich dieses Setzen seiner Vorstellung, mithin durch sich selbst affiziert wird, d. i. ein innerer Sinn seiner Form nach“. „Alles, was durch einen S. vorgestellt wird, ist sofern jederzeit Erscheinung, und ein innerer S. würde also entweder gar nicht eingeräumt werden müssen, oder das Subjekt, welches der Gegenstand desselben ist, würde durch denselben nur als Erscheinung vorgestellt werden können, nicht wie es von sich selbst urteilen würde, wenn seine Anschauung bloße Selbsttätigkeit, d. i. intellektuell wäre.“ „Hierbei beruht alle Schwierigkeit nur darauf, wie ein Subjekt sich selbst innerlich anschauen könne; allein diese Schwierigkeit ist jeder Theorie gemein. Das Bewußtsein seiner selbst (Apperzeption) ist die einfache Vorstellung des Ich, und wenn dadurch allein alles Mannigfaltige im Subjekt selbsttätig gegeben wäre, so würde die innere Anschauung intellektuell sein. Im Menschen erfordert dieses Bewußtsein innere Wahrnehmung von dem Mannigfaltigen, was im Subjekte vorher gegeben wird, und die Art, wie dieses ohne Spontaneität im Gemüte gegeben wird, muß, um dieses Unterschiedes willen, Sinnlichkeit heißen. Wenn das Vermögen, sich bewußt zu werden, das, was im Gemüte liegt, aufsuchen (apprehendieren) soll, so muß es dasselbe affizieren, und kann allein auf solche Art eine Anschauung seiner selbst hervorbringen, deren Form aber, die vorher im Gemüt zu Grunde liegt, die Art, wie das Mannigfaltige im Gemüt beisammen ist, in der Vorstellung der Zeit bestimmt; da es dann sich selbst anschaut, nicht wie es sich unmittelbar selbsttätig vorstellen würde, sondern nach der Art, wie es von innen affiziert wird, folglich wie es sich erscheint, nicht wie es ist." Das bedeutet aber nicht, die Seele „scheint" nur in meinem Selbstbewußtsein gegeben zu sein, sondern als Erscheinung ist das Ich (s. d.) wirklich, ibid. § 8 (I 101ff.—Rc 120ff.). Der innere S. wird vom Verstand bzw. durch dessen synthetische Tätigkeit, „affiziert" (s. Affektion). Das Ich erkennt sich als Objekt innerer Anschauung so, wie es sich in ihr erscheint, d. h. in der Zeitform, in der die Bestimmungen des inneren S.es (die Vorstellungen als solche) geordnet sich darstellen. Wir schauen uns nur so an, „wie wir innerlich von uns selbst affiziert werden", nur „als Erscheinung", ibid. tr. Anal. § 24 (I 167f.—Rc 209f.).

„Erkenntnis unserer selbst" ist „die Bestimmung unseres Daseins in der Zeit". Dazu ist nötig, daß ich meinen inneren S. „affiziere". „Geschehen Eindrücke auf meinen inneren S., so setzt dies voraus, daß ich mich selbst affiziere (ob es gleich uns unerklärbar ist, wie dies zugeht), und so setzt also das empirische Bewußtsein das transzendentale voraus." — Der innere S. ist ohne den äußeren S. nicht möglich (s. Idealismus), woraus zu folgen scheint, „daß wir unser Dasein in der Zeit immer nur im Commercio [mit anderen Dingen] erkennen", Acht kleine Aufsätze: Widerlegung des problemat. Idealismus (VIII 167f.). — Der innere S. wird von dem inneren Gegenstande, d. h. „von uns selbst" affiziert. Das „psychologische" (sinnliche) Ich ist „mannigfacher Erkenntnis fähig, worunter die Form der inneren Anschauung, die Zeit, diejenige ist, welche a priori allen Wahrnehmungen und deren Verbindung zum Grunde liegt, deren Auffassung (apprehensio) der Art, wie das Subjekt dadurch affiziert wird, d. i. der Zeitbedingung gemäß ist, indem das sinnliche Ich vom intellektuellen zur Aufnahme derselben ins Bewußtsein bestimmt wird". Um dies zu finden, wird nur erfordert, „daß wir den inneren S. . . . vermittelst der Aufmerksamkeit affizieren (denn Gedanken, als faktische Bestimmungen des Vorstellungsvermögens, gehören auch mit zur empirischen Vorstellung unseres Zustandes), um eine Erkenntnis von dem, was uns der innere S. darlegt, zuvörderst in der Anschauung unserer selbst zu haben, welche uns dann uns selbst nur vorstellig macht, wie wir uns erscheinen", Fortschr. d. Metaph. 1. Abt. Gesch. der Transzendentalphilosophie (V 3. 96). „Der innere S. ist nicht die reine Apperzeption, ein Bewußtsein dessen, was der Mensch tut, denn dieses gehört zum Denkungsvermögen, sondern was er leidet, wiefern er durch sein eigenes Gedankenspiel affiziert wird. Ihm liegt die innere Anschauung, folglich das Verhältnis der Vorstellungen in der Zeit (so wie sie darin zugleich oder nacheinander sind) zum Grunde." Es gibt nur einen inneren S., „weil es nicht verschiedene Organe sind, durch welche der Mensch sich innerlich empfindet", und man könnte sagen, „die Seele ist das Organ des inneren S.es, von dem nun gesagt wird, daß er auch Täuschungen unterworfen ist, die darin bestehen, daß der Mensch die Erscheinungen desselben entweder für äußere Erscheinungen, d. i. Einbildungen für Empfindungen, nimmt, oder aber gar für Eingebungen hält", Anthr. 1. T. § 24 (IV 57). Die empirische Selbsterkenntnis macht „bloß die Affektibilität des Subjekts, nicht die innere Beschaffenheit desselben als Objekts" vorstellig, Anthr. Ergänz. aus der Handschrift (IV 294). Bei der empirischen Apperzeption (der Sinnlichkeit) geschieht es, daß, „wenn das Subjekt auf sich attendiert, es sich dadurch auch zugleich affiziert und so Empfindungen in sich aufruft, d. i. Vorstellungen zum Bewußtsein bringt, die der Form ihres Verhältnisses nach untereinander der subjektiven formalen Beschaffenheit der Sinnlichkeit, nämlich der Anschauung in der Zeit..., nicht bloß den Regeln des Verstandes gemäß sind", ibid. (IV 295). — Die Erkenntnis seiner selbst nach der Beschaffenheit des Menschen an sich ist „das Bewußtsein seiner Freiheit, welche ihm durch den kategorischen Pflichtimperativ, also nur durch die höchste praktische Vernunft kund wird", ibid. (IV 296); vgl. N 283.

„Daß das denkende Wesen in der Vorstellung des inneren S.es ihm selbst bloß Erscheinung sei, bedeutet nichts weiter, als wenn ich sage: ich, in dem das Zeitverhältnis allein anzutreffen ist, bin in der Zeit. Das continens ist zugleich contentum." Ich denke mich „in zwiefacher Bedeutung". Vom Ich als Ding an sich bleibt nur die Idee von Etwas, „was mein von allen diesen Zeitbedingungen unabhängiges Selbstbewußtsein als ein Objekt andeutet". „Alle Dinge außer mir sind Erscheinungen, denn die Bedingung, ihr Dasein zu bestimmen, ist in mir": „Ich selbst bin Erscheinung und die Zeit, die bloß in mir ist, kann nur mir selbst zur Bedingung dienen, sofern ich mein reines Ich davon unterscheide", Lose Bl. B 6. — Der innere S. besteht nur in der Beziehung der Vorstellungen aufs Subjekt, N 5654. Vgl. Ich, Subjekt, Seele, Psychologie, Außenwelt, Idealismus, Einbildungskraft, Zeit, Apperzeption, Gefühl, Erfahrung (innere).

Sinnesart s. Naturell, Denkungsart.

Sinnestäuschung. Der sogenannte „Betrug der Sinne" beruht auf einem „Fehltritte der Urteilskraft", KrV 1. A. tr. Dial. 2. B. 1. H. 4. Paralogismus (I 749—Rc 461). „Die Sinne betrügen nicht." Nicht, weil sie immer richtig urteilen, sondern „weil sie gar nicht urteilen; weshalb der Irrtum immer nur dem Verstande zur Last fällt". „Doch gereicht diesem der Sinnenschein (species, apparentia), wenngleich nicht zur Rechtfertigung, doch zur Entschuldigung; wonach der Mensch öfters in den Fall kommt, das Subjektive seiner Vorstellungsart für das Objektive ... und so Erscheinung für Erfahrung zu halten; dadurch aber in Irrtum, als einen Fehler des Verstandes, nicht den der Sinne, zu geraten", Anthr. 1. T. § 11 (IV 36f.); vgl. N 242, 248, 251ff. Vgl. Außenwelt, Irrtum.

Sinnesvikariat s. Sinn.

Sinnliche, Das. Zu dem S.n zählen wir „nicht bloß das, dessen Vorstellung im Verhältnis zu den Sinnen, sondern auch zum Verstande betrachtet wird, wenn nur die reinen Begriffe desselben in ihrer Anwendung auf Gegenstände der Sinne, mithin zum Behuf einer möglichen Erfahrung gedacht werden; also kann das Nichtsinnliche, z. B. der Begriff der Ursache, welcher im Verstande seinen Sitz und Ursprung hat, doch, was die Erkenntnis eines Gegenstandes durch denselben betrifft, noch zum Felde des S.n, nämlich der Objekte der Sinne gehörig genannt werden", Fortschr. d. Metaph. Vorw. (V 3, 84). Vgl. Sinnlichkeit, Intelligibel (Gegensatz zu „sensibel"), Intellektuell (Gegensatz zu „sensuell"), Übersinnlich, Gefühl, Anschauung.

Sinnliche Erkenntnis s. Sinnlichkeit, Erkenntnis.

Sinnlichkeit. S. bezeichnet einmal die Empfänglichkeit, vermöge deren uns Gegenstände in den Sinnen durch Empfindung gegeben sind. Die Dinge „affizieren" unsere S. (vgl. Ding an sich). Sie steht also im Gegensatz zur Spontaneität (s. d.) des Gemüts, zur Formung des sinnlichen Materials durch den Verstand (s. d.). Aber auch die S. hat, als Vermögen der Anschauung (s. d.), ihre apriorischen Formen. Sie ist einerseits das bloß Subjektive in der Erkenntnis, andererseits ist sie aber Grenze und notwendige Bedingung unseres auf Erfahrung (s. d.) eingeschränkten Erkennens (vgl. Realität, Empfindung). — S. bedeutet ferner im Gegensatz zur Autonomie der praktischen Vernunft die Gesamtheit der „sinnlichen" Triebfedern, die Neigungen, das Begehrungsvermögen. — Das der S. (in theoretischer und praktischer Bedeutung) Transzendente ist das „Übersinnliche“ (s. d.).

S. (sensualitas) ist „die Empfänglichkeit des Subjekts, die es ermöglicht, daß sein Vorstellungszustand von der Gegenwart eines Gegenstandes in bestimmter Weise affiziert wird...“ Der Gegenstand der S. ist das Sinnliche („sensibile“). „Die Erkenntnis, insofern sie den Gesetzen der S. unterworfen ist, ist die sinnliche (sensitiva).“ Der Gegenstand der S. „hieß in den Schulen der Alten das Erscheinende (Phänomenon)“, Mund. sens. § 3 (V 2, 96). „Da sonach alles, was an der Erkenntnis sinnlich ist, von der besonderen Anlage des Subjekts abhängt, inwiefern es dieser oder jener Veränderung durch die Gegenwart von Gegenständen fähig ist, welche nach der Verschiedenheit der Subjekte bei verschiedenen verschieden sein kann; alle Erkenntnis aber, welche von solcher subjektiven Bedingung losgelöst ist, nur den Gegenstand betrifft, so ist klar: daß die sinnlichen Vorstellungen die Dinge geben, wie sie erscheinen, die Verstandesbegriffe aber so, wie sie sind“, ibid. § 4 (V 2, 96f.). Zur sinnlichen Erkenntnis gehört „sowohl ein Stoff, der in der Empfindung besteht und demzufolge die Erkenntnisse sinnliche (sensuales) heißen, als eine Form, der gemäß, wenn sie sich auch leer von aller Empfindung finden sollte, die Vorstellungen den Sinnen angehörige (sensitivae) heißen“, ibid. § 5 (V 2, 97). Die sinnliche Erkenntnis ist nicht eine „verworrene“ Erkenntnis, wie die Leibnizianer meinen. „Die sinnlichen Begriffe können sehr deutlich und die des Verstandes sehr verworren sein“, ibid. § 7 (V 2, 99f.). „Wenn... sinnliche Erkenntnisse gegeben sind, so werden durch den logischen Gebrauch des Verstandes sinnliche Erkenntnisse anderen sinnlichen als den gemeinsamen Begriffen, und Erscheinungen den allgemeineren Gesetzen der Erscheinungen untergeordnet. Von der höchsten Wichtigkeit aber ist es hier, sich zu merken, daß die Erkenntnisse dabei immer als sinnliche gelten müssen, wie stark auch immer bei ihnen der logische Gebrauch des Verstandes gewesen ist. Denn sie heißen sinnlich wegen ihres Ursprungs, nicht wegen ihrer Vergleichung in bezug auf Identität oder Gegensatz. Deshalb sind selbst die allgemeinsten Erfahrungsgesetze nichtsdestoweniger sinnlich, und die Prinzipien der sinnlichen Form (die bestimmten Beziehungen im Raume), welche die Geometrie enthält, überschreiten, soviel auch der Verstand dabei zu tun hat, indem er aus dem sinnlich Gegebenen (durch die reine Anschauung) nach logischen Regeln Schlüsse zieht, doch nicht die Sphäre des Sinnlichen“, ibid. § 5 (V 2, 98).

„Die Fähigkeit (Rezeptivität), Vorstellungen durch die Art, wie wir von Gegenständen affiziert werden, zu bekommen, heißt S.“ Vermittelst ihrer werden uns Gegenstände „gegeben“, und sie allein liefert uns Anschauungen (s. d.). Alles Denken muß sich schließlich auf Anschauungen, also auf S. beziehen, KrV tr. Ästh. § 1 (I 75—Rc 92). Die S. ist nicht die „verworrene Vorstellung“ der Dinge an sich, nur daß sie undeutlich das enthielte, was der Verstand an ihnen deutlich erkennt. Eine noch so deutliche sinnliche Erkenntnis bleibt von der (unmöglichen) Erkenntnis der Dinge an sich „himmelweit unterschieden“. Der Unterschied zwischen dem Sinnlichen und Intellektuellen ist nicht (wie die Leibniz-Wolfsche Philosophie meint) ein bloß „logischer“, sondern „transzendental“, da er nicht bloß die Deutlichkeit oder Undeutlichkeit der Erkenntnisart betrifft, sondern den Ursprung und Inhalt derselben, ibid. § 8 (I 96f.—Rc 114f.). Die S. ist „die Rezeptivität unseres Gemüts, Vorstellungen zu empfangen, sofern es auf irgendeine Weise affiziert wird“. Unsere Anschauung kann niemals anders als sinnlich sein, d. h. sie enthält nur die Art, wie wir von Gegenständen affiziert werden, ibid. tr. Log. Einl. I (I 107—Rc 126). Den Kategorien kommt ihre Beziehung aufs Objekt durch die „Schemate“, d. h. von der S., „die den Verstand realisiert, indem sie ihn zugleich restringiert“, auf Bedingungen der S. einschränkt, ibid. tr. Anal. 2. B. 1. H. (I 189f.—Rc 244f.). Wir erkennen die Dinge nur in den „Formen“ unserer S., Raum und Zeit (s. Anschauungsformen), in Beziehung auf die (durch den Verstand bearbeiteten) Daten des äußeren und inneren Sinnes (s. d.).

„Die bloß subjektive Beschaffenheit des vorstellenden Subjekts, sofern das Mannigfaltige in ihm (für die Zusammensetzung und die synthetische Einheit desselben) auf besondere Art gegeben ist, heißt S., und diese Art der Anschauung a priori gegeben die sinnliche Form der Anschauung." Vielleicht ist es zu vermeiden, gleich anfangs S. durch „Rezeptivität, d. i. die Art der Vorstellungen, wie sie im Subjekte sind, sofern es von Gegenständen affiziert wird", zu definieren; es ist dann als das zu bestimmen, „was in einem Erkenntnisse bloß die Beziehung der Vorstellung aufs Subjekt ausmacht". „Daß aber dieses Subjektive nur die Art, wie das Subjekt durch Vorstellungen affiziert wird, mithin bloß Rezeptivität desselben ausmache, liegt schon darin, daß es bloß die Bestimmung des Subjekts ist", An J. S. Beck, 20. Januar 1792. „Man kann S. durch das Subjektive unserer Vorstellungen überhaupt erklären; denn der Verstand bezieht allererst die Vorstellungen auf ein Objekt, d. i. er allein denkt sich etwas vermittelst desselben. Nun kann das Subjektive unserer Vorstellung entweder von der Art sein, daß es auch auf ein Objekt zur Erkenntnis desselben (der Form oder Materie nach, da es im ersteren Falle reine Anschauung, im zweiten Empfindung heißt) bezogen werden kann; in diesem Falle ist die S., als Empfänglichkeit der gedachten Vorstellung, der Sinn. Oder aber das Subjektive der Vorstellung kann gar kein Erkenntnisstück werden: weil es bloß die Beziehung derselben aufs Subjekt und nichts zur Erkenntnis des Objekts Brauchbares enthält; und alsdann heißt diese Empfänglichkeit der Vorstellung Gefühl", MS Einl. I Anm. (III 11f.). Die S. ist das „Vermögen der Anschauungen", ein „Vermögen der Rezeptivität". Sie gibt „den bloßen Stoff zum Denken", Log. Einl. V (IV 39f.). „Vorstellungen, in Ansehung deren sich das Gemüt leidend verhält, durch welche also das Subjekt affiziert wird (dieses mag sich nun selbst affizieren oder von einem Objekt affiziert werden), gehören zum sinnlichen, diejenigen aber, welche ein bloßes Tun (das Denken) enthalten, zum intellektuellen Erkenntnisvermögen. Jenes wird auch das untere, dieses aber das obere Erkenntnisvermögen genannt. Jenes hat den Charakter der Passivität des inneren Sinnes der Empfindungen, dieses der Spontaneität der Apperzeption, d. i. des reinen Bewußtseins der Handlung, welche das Denken ausmacht und zur Logik (einem System der Regeln des Verstandes), so wie jener zur Psychologie (einem Inbegriff aller inneren Wahrnehmungen unter Naturgesetzen) gehört und innere Erfahrung begründet", Anthr. 1. T. § 7 (IV 29f.). Die S. (der Erkenntnis) enthält den Sinn und die Einbildungskraft (s. d.), ibid. § 15 (IV 46).

Die Kritik kommt zu dem Ergebnis, daß „über die Grenze der S., folglich auch der möglichen Erfahrung hinaus, es schlechterdings keine Erkenntnis, d. i. keine Begriffe, von denen man sicher ist, daß sie nicht leer sind, geben könne", Üb. e. Entdeck. Einl. (V 3, 5). Die S. darf nicht intellektualisiert werden, sie ist keine „verworrene" Erkenntnis ebendesselben, was der Verstand (s. d.) deutlich erkennt (gegen Leibniz). Unsere Anschauung (s. d.) ist nicht intellektuell; „wir verstehen darunter nur die Art, wie wir von einem an sich selbst uns ganz unbekannten Objekt affiziert werden, und da besteht die S. so gar nicht in der Verworrenheit, daß vielmehr ihre Anschauung immerhin auch den höchsten Grad der Deutlichkeit haben möchte und, wofern in ihr unklare Teile stecken, sich auch auf diese ihre klare Unterscheidung erstrecken könnte, dennoch aber nicht im mindesten etwas mehr als bloße Erscheinung enthalten würde." Die S. unterscheidet sich von der Verstandeserkenntnis nicht bloß durch die „logische Form" (die Verworrenheit), sondern auch „transzendental, d. i. dem Ursprung und Inhalte nach, indem sie gar nichts von der Beschaffenheit der Objekte an sich, sondern bloß die Art, wie das Subjekt affiziert wird, enthält, sie möchte übrigens so deutlich sein, als sie wollte". Die S. ist eine „besondere Anschauungsart", welche ihre „a priori nach allgemeinen Prinzipien bestimmbare Form" hat, ibid. 1. Abs. C (V 3, 41). Die Frage nach der Möglichkeit synthetischer Urteile (s. d.) a priori kann nur beantwortet werden, wenn die S., und zwar „das Vermögen einer Anschauung a priori" mit in Betracht gezogen wird, also nicht von der (formalen) Logik, ibid. 2. Abs. (V 3, 68). Vgl. Empfindung, Anschauung, Affektion, Gefühl, Erkenntnis, Gegeben, Einbildungskraft, Schematismus.

Sinnlichkeit und praktische Vernunft. Zur S. (in praktischer Bedeutung) gehören alle Neigungen (s. d.), alle aus dem Begehrungsvermögen (s. d.) entspringenden Motive. Die sittliche, d. i. pflichtgemäße Handlung muß frei von aller Beimischung der S. sein. Die S. ist ein Naturhindernis der Pflicht (s. d.) und muß durch das moralische Gefühl der Achtung (s. d.) für das Sittengesetz beherrscht werden. Vgl. Motiv, Kritik der praktischen Vernunft, Imperativ, Sittlichkeit, Rigorismus, Apathie.

Sinnlichkeit und Verstand. Es ist zu beachten, „daß es zwei Stämme der menschlichen Erkenntnis gebe, die vielleicht aus einer gemeinschaftlichen, aber uns unbekannten Wurzel entspringen, nämlich S. und Verstand, durch deren ersteren uns Gegenstände gegeben, durch den zweiten aber gedacht werden", KrV Einl. VII (I 71—Rc 89f.). „Ohne S. würde uns kein Gegenstand gegeben, und ohne Verstand keiner gedacht werden. Gedanken ohne Inhalt sind leer, Anschauungen ohne Begriffe sind blind. Daher ist es ebenso notwendig, seine Begriffe sinnlich zu machen (d. i. ihnen den Gegenstand in der Anschauung beizufügen), als seine Anschauungen sich verständlich zu machen (d. i. sie unter Begriffe zu bringen). Beide Vermögen oder Fähigkeiten können auch ihre Funktionen nicht vertauschen. Der Verstand vermag nichts anzuschauen, und die Sinne nichts zu denken. Nur daraus, daß sie sich vereinigen, kann Erkenntnis entspringen", ibid. tr. Log. Einl. I (I 107—Rc 126). Verstand und S. können bei uns nur in Verbindung Gegenstände bestimmen, ibid. tr. Anal. 2. B. 3. H. (I 289—Rc 353). Verstand u. S. sind „zwei ganz verschiedene Quellen von Vorstellungen", ibid. tr. Anal. Anh. Anmerk. z. Amphibolie (I 298f.—Rc 362f.). In unserem inneren Sinn „liegt das Geheimnis des Ursprungs unserer S.", ibid. (I 303—Rc 369). S. und Verstand schränken einander gegenseitig ein. „Die S., dem Verstande untergelegt, als das Objekt, worauf dieser seine Funktion anwendet, ist der Quell realer Erkenntnisse." Sofern sie aber die Verstandeshandlung selbst beeinflußt und ihn zum Urteilen bestimmt, ist sie die Quelle des Irrtums, ibid. tr. Dial. Einl. I Anm. (I 315—Rc 381). Zwischen S. und Verstand besteht eine nach gewissen Gesetzen a priori wohl denkbare Gemeinschaft. „Von dieser Harmonie zwischen dem Verstande und der S., sofern sie Erkenntnisse von allgemeinen Naturgesetzen a priori möglich macht, hat die Kritik zum Grunde angegeben, daß ohne diese keine Erfahrung möglich ist, mithin die Gegenstände (weil sie teils ihrer Anschauung nach den formalen Bedingungen der S., teils der Verknüpfung des Mannigfaltigen nach den Prinzipien der Zusammenordnung in ein Bewußtsein, als Bedingung der Möglichkeit einer Erkenntnis derselben, gemäß sind) von uns in die Einheit des Bewußtseins gar nicht aufgenommen werden und in die Erfahrung hineinkommen, mithin für uns nichts sein würden." Den Grund der Übereinstimmung von S. und Verstand können wir nicht angeben, Üb. e. Entdeck. 2. Abs. (V 3, 76f.).

„Die innere Vollkommenheit des Menschen besteht darin: daß er den Gebrauch aller seiner Vermögen in seiner Gewalt habe, um ihn seiner freien Willkür zu unterwerfen. Dazu aber wird erfordert, daß der Verstand herrsche, ohne doch die S. (die an sich Pöbel ist, weil sie nicht denkt) zu schwächen: weil ohne sie es keinen Stoff geben würde, der zum Gebrauch des gesetzgebenden Verstandes verarbeitet werden könnte", Anthr. 1. T. § 8 (IV 34). „Die Sinne verwirren nicht. Dem, der ein gegebenes Mannigfaltige zwar aufgefaßt, aber noch nicht geordnet hat, kann man nicht nachsagen, daß er es verwirre. Die Wahrnehmungen der Sinne (empirische Vorstellungen mit Bewußtsein) können nur innere Erscheinungen heißen. Der Verstand, der hinzukommt und sie unter einer Regel des Denkens verbindet (Ordnung in das Mannigfaltige hineinbringt), macht allererst daraus empirisches Erkenntnis, d. i. Erfahrung. Es liegt also an dem seine Obliegenheit vernachlässigenden Verstande, wenn er keck urteilt, ohne zuvor die Sinnenvorstellungen nach Begriffen geordnet zu haben, und dann nachher über die Verworrenheit derselben klagt, die der sinnlich gearteten Natur des Menschen zuschulden kommen müsse", ibid. § 9 (IV 34). „Die Sinne gebieten nicht über den

Verstand. Sie bieten sich vielmehr nur dem Verstande an, um über ihren Dienst zu disponieren", ibid. § 10 (IV 350). „Die Sinne betrügen nicht" (vgl. Sinnestäuschung), denn sie urteilen gar nicht, ibid. § 11 (IV 36). „Die S. im Erkenntnisvermögen (das Vermögen der Vorstellungen in der Anschauung) enthält zwei Stücke: den Sinn und die Einbildungskraft", ibid. § 15 (IV 46); vgl. Sinn. „Verstand und S. verschwistern sich bei ihrer Ungleichartigkeit doch so von selbst zu Bewirkung unserer Erkenntnis, als wenn eine von der anderen, oder beide von einem gemeinschaftlichen Stamme ihren Ursprung hätten; welches doch nicht sein kann, wenigstens für uns unbegreiflich ist, wie das Ungleichartige aus einer und derselben Wurzel entsprossen sein könne", ibid. § 31 (IV 80). Vgl. Verstand, Anschauung, Begriff, Übersinnlich, Kategorie, Idee, Analogie, Schema, Reflexionsbegriffe, Erkenntnis.

Sittlichkeit. Das Kriterium der S. besteht nicht im Erfolge oder Zwecke des Handelns, sondern in der Beschaffenheit der Gesinnung, des Willens selbst. Gut ist der Wille nicht durch einen Zweck, den das Handeln verfolgt, sondern durch seine Form selbst. Der sittlich-gute Wille ist der von der reinen praktischen Vernunft geleitete Wille oder er ist als Prinzip identisch mit dieser Vernunft, deren Ausfluß die sittlichen Willensakte sind. In dieser Vernunft ist das Sittliche a priori gegründet, es entspringt der ureigenen Gesetzgebung des vernünftig-wollenden Bewußtseins, der Autonomie (s. d.) desselben. Die reine, sittlich-gesetzgebende Vernunft ist als solche — als Quelle zeitlos geltender Normen — etwas Übersinnliches, Intelligibles, ein „Noumenon" (s. d.), das dem Menschen als seiner Erscheinung ein Sollen, ein Gebot, eine Pflicht (s. d.) vorschreibt. Dieses Gebot flößt dem Menschen Achtung (s. d.) ein. Das Sittengesetz — das Prinzip der besonderen ethischen Normen, die Voraussetzung und Grundlage derselben — formuliert sich als kategorischer Imperativ (s. d.), als für alle sittliche Erfahrung unbedingt geltender praktisch-synthetischer Grundsatz a priori. Diesem Grundsatz gemäß ist nur das Wollen als sittlich gut zu bestimmen, dessen Maxime als Prinzip einer allgemeinen Gesetzgebung gedacht werden kann. Nicht bloß muß das Wollen widerspruchsfrei sein, es muß auch auf etwas sich richten, was für jedes menschliche (vernünftige) Wesen gilt, gleichsam im Namen desselben auch gewollt werden könnte (was gleichsam für ein „praktisches Bewußtsein überhaupt" — dieser Ausdruck kommt bei Kant nicht vor — gilt). Sittliches Wollen ist Wollen in der Richtung idealer Einheit des Wollens der Menschen. Die ideale Gesetzgebung, als deren Prinzip sich unsere Willensmaxime muß dartun lassen können, ist eine solche, bei welcher auch der Wille der Mitmenschen berücksichtigt ist, so daß nicht bloß wir selbst, sondern auch die anderen als frei wollende, vernünftige, gesetzgebende Wesen, d. h. Persönlichkeiten zur Geltung kommen. Als solche sind sie nicht bloße Mittel zu einem Zweck, sondern selbst Zwecke, und so ergibt sich die Form des kategorischen Imperativs, die Menschheit in jedem nicht bloß als Mittel zu behandeln. Im sittlichen Wollen setzen wir uns in eine ideale Gemeinschaft mit den anderen Vernunftwesen, in ein „Reich der Zwecke" (s. d.), in eine „intelligible Welt" (s. d.); das sittliche Wollen ist also von vornherein auf eine Gemeinschaft bezogen, es ist gemeinschaftsgründend (ohne aber etwa historisch-soziologisch abgeleitet zu werden). Von der Legalität, dem bloß Pflichtmäßigen, ist die Moralität (s. d.), der Wille zur Pflicht um dieser selbst willen, unabhängig von Interessen und Neigungen („Rigorismus") zu unterscheiden. Moralität ist durch die „Würde" der Persönlichkeit gefordert. Die S. erweckt das Gefühl der Achtung (s. d.), ist etwas Erhabenes, Wunderbares, bekundet den übersinnlichen Kern unseres Wesens (vgl. Freiheit).

Wahre („echte") Tugend beruht nur auf Grundsätzen. „Diese Grundsätze sind nicht spekulative Regeln, sondern das Bewußtsein eines Gefühls, das in jedem menschlichen Busen lebt und sich viel weiter als auf die besonderen Gründe des Mitleidens und der Gefälligkeit erstreckt. Ich glaube, ich fasse alles zusammen, wenn ich sage: es sei das Gefühl von der Schönheit und der Würde der menschlichen Natur. Das erstere ist ein Grund der allgemeinen Wohlgewogenheit, das zweite der allgemeinen Achtung." Da das „allgemeine moralische Gefühl" über die meisten Herzen geringe Macht ausübt, so hat die Vorsehung „hilfeleistende Triebe als Supplemente der Tugend" in uns gelegt, die auch ohne Grundsätze bewegen. Mitleid (s. d.) und Gefälligkeit sind solche „adoptierte Tugenden". Sie sind „schön und reizend", während die echte Tugend „erhaben und ehrwürdig" ist; jene zeugen von einem „guten", diese von einem „edlen" Herzen, von Rechtschaffenheit. Zu jener „moralischen Sympathie" kommen noch das Gefühl der Ehre und der Scham als Triebfedern, Schön u. Erh. 2. Abs. (VIII 16f.).

„Wenn wir äußere Dinge auf unser Bedürfnis beziehen, so können wir dieses nicht tun, ohne uns zugleich durch eine gewisse Empfindung gebunden und eingeschränkt zu fühlen, die uns merken läßt, daß in uns gleichsam ein fremder Wille wirksam sei und unser eigenes Belieben die Bedingung von äußerer Beistimmung nötig habe. Eine geheime Macht nötigt uns, unsere Absicht zugleich auf anderer Wohl oder nach fremder Willkür zu richten, ob dieses gleich öfters ungern geschieht und der eigennützigen Neigung stark widerstreitet, und der Punkt, wohin die Richtungslinien unserer Triebe zusammenlaufen, ist also nicht bloß in uns, sondern es sind noch Kräfte, die uns bewegen, in dem Willen anderer außer uns." „Dadurch sehen wir uns in den geheimsten Beweggründen abhängig von der Regel des allgemeinen Willens, und es entspringt daraus in der Welt aller denkenden Naturen eine moralische Einheit und systematische Verfassung nach bloß geistigen Gesetzen." „Sollte es nicht möglich sein, die Erscheinung der sittlichen Antriebe in den denkenden Naturen, wie solche sich aufeinander wechselweise beziehen, ... als die Folge einer wahrhaft tätigen Kraft, dadurch geistige Naturen ineinander einfließen, vorzustellen, so daß das sittliche Gefühl diese empfundene Abhängigkeit des Privatwillens vom allgemeinen Willen wäre und eine Folge der natürlichen und allgemeinen Wechselwirkung, dadurch die immaterielle Welt ihre sittliche Einheit erlangt, indem sie sich nach den Gesetzen dieses ihr eigenen Zusammenhanges zu einem System von geistiger Vollkommenheit bildet?" „Alle Moralität der Handlungen kann nach der Ordnung der Natur niemals ihre vollständige Wirkung in dem leiblichen Leben des Menschen haben, wohl aber in der Geisterwelt nach pneumatischen Gesetzen." „Wenn denn endlich durch den Tod die Gemeinschaft der Seele mit der Körperwelt aufgehoben worden, so würde das Leben in der anderen Welt nur eine natürliche Fortsetzung derjenigen Verknüpfung sein, darin sie mit ihr schon in diesem Leben gestanden war, und die gesamten Folgen der hier ausgeübten S. würden sich dort in den Wirkungen wiederfinden, die ein mit der ganzen Geisterwelt in unauflöslicher Gemeinschaft stehendes Wesen schon vorher daselbst nach pneumatischen Gesetzen ausgeübt hat", Träume 1. T. 2. H. (V 2, 23ff.). „Wie? ist es denn nur darum gut, tugendhaft zu sein, weil es eine andere Welt gibt, oder werden die Handlungen nicht vielmehr dereinst belohnt werden, weil sie an sich selbst gut und tugendhaft waren? Enthält das Herz des Menschen nicht unmittelbare sittliche Vorschriften...?", ibid. 2. T. 3. H. (V 2, 68f.).

„Ich nehme an, daß es wirklich reine moralische Gesetze gebe, die völlig a priori (ohne Rücksicht auf empirische Beweggründe, d. i. Glückseligkeit) das Tun und Lassen, d. i. den Gebrauch der Freiheit eines vernünftigen Wesens überhaupt bestimmen, und daß diese Gesetze schlechterdings (nicht bloß hypothetisch unter Voraussetzung anderer empirischer Zwecke) gebieten und also in aller Absicht notwendig sind." Nicht nur auf „die Beweise der aufgeklärtesten Moralisten", auch auf „das sittliche Urteil eines jeden Menschen" stützt sich diese Annahme. Die S. macht ein „System" aus; mit diesem ist das System der Glückseligkeit (s. d.) in der Idee nur, bzw. in der moralischen (s. d.), intelligiblen Welt verbunden, im Ideal des höchsten Guts, KrV tr. Meth. 2. H. 2. Abs. (I 668ff.—Rc 820ff.). Die moralischen Gesetze könnten nicht „Gebote" sein, „wenn sie nicht a priori angemessene Folgen mit ihrer Regel verknüpften, und also Verheißungen und Drohungen bei sich führten". Dieses können sie nicht tun, wenn sie nicht in einem notwendigen Wesen, als dem höchsten (ursprünglichen) Gut (s. d.) liegen, welches eine solche zweckmäßige Einheit allein möglich macht, ibid. (I 671—Rc 824); vgl. Gott. Das „System der sich selbst lohnenden Moralität" ist „nur eine Idee, deren Ausführung auf der Bedingung beruht, daß jedermann tue, was er soll, d. i. alle Handlungen vernünftiger Wesen so geschehen, als ob sie aus einem obersten Willen, der alle Privatwillkür in sich oder unter sich befaßt, entsprängen", ibid. (I 670—Rc 822).

Bei dem, was moralisch gut sein soll, „ist es nicht genug, daß es dem sittlichen Gesetze gemäß sei, sondern es muß auch um desselben willen geschehen; widrigenfalls ist jene Gemäßheit nur sehr zufällig und mißlich, weil der unsittliche Grund zwar dann und wann gesetzmäßige, mehrmalen aber gesetzwidrige Handlungen hervorbringen wird", GMS Vorr. (III 6). Moralität (s. d.) besteht in der „Beziehung aller Handlung auf die Gesetzgebung, dadurch allein ein Reich der Zwecke möglich ist". „Diese Gesetzgebung muß aber in jedem vernünftigen Wesen selbst angetroffen werden und aus seinem Willen entspringen können, dessen Prinzip also ist: keine Handlung nach einer anderen Maxime zu tun als so, daß es auch mit ihr bestehen könne, daß sie ein allgemeines Gesetz sei, und also nur so, daß der Wille durch seine Maxime sich selbst zugleich als allgemein gesetzgebend betrachten könne." Die Pflicht ist die praktische Notwendigkeit, nach diesem Prinzip zu handeln. Moralität ist „die Bedingung, unter der allein ein vernünftiges Wesen Zweck an sich selbst sein kann; weil nur durch sie es möglich ist, ein gesetzgebend Glied im Reiche der Zwecke zu sein". „Also ist die S. und die Menschheit, sofern sie derselben fähig ist, dasjenige, was allein Würde hat", GMS 2. Abs. (III 60f.). Moralität ist „das Verhältnis der Handlungen zur Autonomie des Willens, das ist zur möglichen allgemeinen Gesetzgebung, durch die Maximen desselben", ibid. (III 66); vgl. KU § 29 Allg. Anmerk. (II 123).

Die Moral, „sofern sie auf dem Begriffe des Menschen als eines freien, ebendarum aber auch sich selbst durch seine Vernunft an unbedingte Gesetze bindenden Wesens gegründet ist", bedarf „weder der Idee eines anderen Wesens über ihm, um seine Pflicht zu erkennen, noch einer anderen Triebfeder als des Gesetzes selbst, um sie zu beobachten". Da ihre Gesetze „durch die bloße Form der allgemeinen Gesetzmäßigkeit der danach zu nehmenden Maximen als oberster (selbst unbedingter) Bedingung aller Zwecke" verbinden, so bedarf sie „keines materialen Bestimmungsgrundes der freien Willkür, das ist keines Zweckes, weder um, was Pflicht sei, zu erkennen, noch dazu, daß sie ausgeübt werde, anzutreiben", sondern sie kann und soll, „wenn es auf Pflicht ankommt, von allen Zwecken abstrahieren", Rel. Vorr. zur 1. A. (IV 1f.). Die Moral bedarf zum Rechthandeln keines Zweckes, aber aus ihr geht doch ein Zweck hervor, der in der Idee des höchsten Gutes (s. d.) zur Fixierung gelangt. Dieser Zweck (s. d.) setzt schon sittliche Grundsätze voraus. Daß jeder sich das höchste in der Welt mögliche Gut zum Endzwecke machen solle, ist „ein synthetischer praktischer Satz a priori, und zwar ein objektiv-praktischer, durch die reine Vernunft aufgegebener, weil er ein Satz ist, der über den Begriff der Pflichten in der Welt hinausgeht und eine Folge derselben (einen Effekt) hinzutut, der in den moralischen Gesetzen nicht enthalten ist und daraus also analytisch nicht entwickelt werden kann", ibid. 2. Anm. (IV 5). Moral führt durch die Idee des höchsten Gutes, des Endzwecks zur Religion (vgl. Ethik, Gott). Das moralische Gesetz ist für sich selbst im Urteile der Vernunft eine Triebfeder; „wer es zu seiner Maxime macht, ist moralisch gut", Rel. 1. St. Anmerk. (IV 23). Der reife Mensch gehorcht dem Gesetz, das er sich selbst vorschreibt, „das er aber auch zugleich als den ihm durch die Vernunft geoffenbarten Willen des Weltherrschers ansehen muß, der alle unter einer gemeinschaftlichen Regierung unsichtbarer Weise in einem Staate verbindet, welcher durch die sichtbare Kirche vorher dürftig vorgestellt und vorbereitet war", ibid. 3. St. 1. Abt. VII (IV 140).

Die sittlichen Begriffe und Gesetze haben ihren Ursprung in einem „reinen Willen" in uns, MS Einl. IV (III 24). S. hat ihre Geltung unabhängig von der Erfahrung. Auch wenn es in der Welt nicht einen einzigen Fall wahrer Tugend gäbe, würde die Vernunft unnachläßlich gebieten, was geschehen soll, weil die Pflicht (s. d.) als solche „vor aller Erfahrung in der Idee einer den Willen durch Gründe a priori bestimmenden Vernunft liegt", GMS 2. Abs. (III 27f.). Das Sittengesetz gilt nicht bloß für Menschen, sondern für alle „vernünftigen Wesen überhaupt", „nicht bloß unter zufälligen Bedingungen und mit Ausnahmen, sondern schlechterdings notwendig". Jedes „Beispiel" „muß selbst nach Prinzipien der Moralität beurteilt werden, ob es auch würdig sei, zum ursprünglichen Beispiele, d. i. zum Muster zu dienen, keineswegs aber kann es den Begriff derselben zuoberst an die Hand geben". „Nachahmung findet im Sittlichen gar nicht statt, und Beispiele dienen nur zur Aufmunterung", ibid. (III 28f.). Der echte oberste Grundsatz der S. muß „unabhängig von aller Erfahrung bloß auf reiner Vernunft beruhen", ibid. (III 29). Die sittlichen Prinzipien gründen sich nicht auf die Eigenheiten der menschlichen Natur, sondern gelten für sich a priori, ibid. 1. Anm. (III 31). Moralische Gesetze gelten „für jedes vernünftige Wesen überhaupt" und sind schon „aus dem allgemeinen Begriffe eines vernünftigen Wesens überhaupt abzuleiten", ibid. (III 33). — Der „Kanon der moralischen Beurteilung überhaupt" ist: „man muß wollen können, daß eine Maxime unserer Handlung ein allgemeines Gesetz werde", ibid. (III 47). Das besagt der kategorische Imperativ (s. d.). Der sittlich gute Wille (s. d.) ist „an sich gut", ohne Beziehung auf einen Zweck, rein durch seine Form. Diese besteht in Bestimmung durch die Vernunft allein, im Wollen der Pflicht (s. d.) um ihrer selbst willen, aus „Achtung" (s. d.) vor dem Gesetz, aus dem Willen zur Gesetzmäßigkeit des Wollens selbst, ibid. 1. Abs. (III 10ff.).

Diejenige „Ungebundenheit, dadurch ich wollen kann, was meinem Willen selbst zuwider ist" und daß ich „keinen sicheren Grund habe, auf mich selbst zu rechnen", muß mir höchst mißfällig sein. So wird a priori „ein Gesetz als notwendig erkannt werden müssen, nach welchem die Freiheit auf die Bedingungen restringiert wird, unter denen der Wille mit sich selbst zusammen stimmt". Diese Gesetze bestimmen den reinen Willen, der allem empirischen vorausgeht, und bestimmen ein „reines praktisches Gut" als das höchste „formale" Gut, das in unserer Gewalt ist. Was gegen dieses Gesetz streitet, streitet gegen das „Prinzip der Selbstzufriedenheit" als Bedingung der Glückseligkeit, z. B. die Lüge. Dieses moralische Gesetz besteht in der „Übereinstimmung der natürlichen Begierden mit der Natur seiner selbst", folglich in der „Idee eines allgemeinen Willens mit den Bedingungen, unter denen ein solcher, der jeden besonderen unter sich enthält und einschränkt, möglich ist". Ohne diese Einheit wäre die Freiheit das größte Übel; mit ihr ist sie das „größte und eigentlich absolute Gute in jedem Verhältnisse". „Die Idee des allgemeinen Willens, hypostasiert, ist das höchste selbständige Gut, das zugleich der zureichende Quell aller Glückseligkeit ist, das Ideal von Gott", Lose Bl. 6. „Moralität ist die Gesetzmäßigkeit der freien Bestimmung seiner selbst." „Einschränkung der Freiheit durchs notwendige Gesetz ist Moralität, aber auch durch gesetzlichen äußern Zwang Legalität", ibid. E 60. „Die Moralität ist die innere Gesetzmäßigkeit der Freiheit, sofern sie nämlich sich selbst ein Gesetz ist. Wenn wir von aller Neigung abstrahieren, so sind doch Bedingungen übrig, unter denen allein die Freiheit mit sich selbst stimmen kann: 1. daß der Gebrauch derselben mit der Bestimmung seiner eigenen Natur, 2. mit anderen Zwecken, sofern sie im Ganzen harmonieren, 3. mit anderer Freiheit überhaupt unter einer allgemein gültigen Bedingung zusammenstimme", ibid. E 62. „Wenn gefragt wird, warum wir die Qualifikation einer Maxime zur allgemeinen Gesetzgebung zur Bedingung unserer Befugnis annehmen sollen, so läßt sich davon kein Grund weiter angeben: es ist res facti, daß dieses Gesetz in uns, und zwar das oberste ist. Es kann nur gezeigt werden, daß, weil es ein Gesetz der Freiheit überhaupt ist, die Vernunft als Prinzip aller Gesetze ohne alles Prinzip sein würde", ibid. E 3. Vgl. Gesetze (praktische), Pflicht, Autonomie, Imperativ, Gesinnung, Moralisches Gefühl, Moralische Welt, Achtung, Kritik der praktischen Vernunft, Persönlichkeit, Menschheit,

Würde, Reich der Zwecke, Tugend, Sollen, Moralismus, Rigorismus, Formalismus, Gut, Wille (guter), Glückseligkeit, Ethikotheologie, Religion, Moralisierung, Böse, Ethik, Moral, Schönheit.

Sittsamkeit. „S., eine Neigung, durch guten Anstand (Verhehlung dessen, was Geringschätzung erregen könnte) anderen Achtung gegen uns einzuflößen, gab ... den ersten Wink zur Ausbildung des Menschen als eines sittlichen Geschöpfs“, Anf. d. Menschengesch. (VI 53).

Skeptische Methode. Die „s. M.“ ist die Methode, „einem Streite der Behauptungen zuzusehen oder vielmehr ihn selbst zu veranlassen“, „um zu untersuchen, ob der Gegenstand desselben nicht vielleicht ein bloßes Blendwerk sei“ (vgl. Antithetik). Diese Methode geht auf Gewißheit, da sie den Punkt des Mißverständnisses in dem Streite zu entdecken sucht. Der Skeptizismus (s. d.) hingegen ist der Grundsatz einer „kunstmäßigen und szientifischen Unwissenheit, welcher die Grundlagen aller Erkenntnis untergräbt, um, wo möglich, überall keine Zuverlässigkeit und Sicherheit derselben übrig zu lassen“, KrV tr. Dial. 2. B. 2. H. 2. Abs. (I 386—Rc 511 f.).

Skeptizismus. Die skeptische Methode ist nichts Endgültiges, sondern nur ein Mittel, die Vernunft „aus ihrem süßen dogmatischen Traume zu erwecken, um ihren Zustand in sorgfältigere Prüfung zu ziehen“, KrV tr. Meth. 1. H. 2. Abs. (I 632—Rc 779). Die Notwendigkeit der Unwissenheit betreffs des Übersinnlichen, jenseits aller Erfahrung Liegenden kann nur durch Kritik (s. d.) festgestellt werden. Die (Humesche) „Zensur“ der Vernunft, die auf Zweifel gegen allen transzendenten Gebrauch der Grundsätze der reinen Vernunft (so des Satzes der Kausalität) führt, ist skeptisch und zeugt von Vorsichtigkeit der durch Erfahrung gewitzigten Urteilskraft gegenüber dem Dogmatismus (s. d.). Endgültig ist aber erst der Standpunkt der „Kritik“ der (s. d.) der Vernunft, durch die „nicht bloß Schranken, sondern die bestimmten Grenzen“ der Vernunft aus Prinzipien bewiesen werden, ibid. Von d. Unmöglichkeit ... (I 632 ff.—Rc 780 ff.). Die Skepsis dient dazu, dem Dogmatiker „das Konzept zu verrücken und ihn zur Selbsterkenntnis zu bringen“, ibid. (I 636—Rc 784 f.). „Und so ist der Skeptiker der Zuchtmeister des dogmatischen Vernünftlers auf eine gesunde Kritik des Verstandes und der Vernunft selbst“, ibid. (I 640—Rc 789). — Unter dem S. ist zu verstehen „das ohne vorhergegangene Kritik gegen die reine Vernunft gefaßte allgemeine Mißtrauen, bloß um des Mißlingens ihrer Behauptungen willen“, Üb. e. Entdeck. 2. Abs. (V 3, 50). Dieses Mißlingen findet nur da statt, „wo lediglich Beweise a priori verlangt werden können, weil die Erfahrung hierüber nichts bestätigen oder widerlegen kann“, und besteht darin, „daß Beweise a priori von gleicher Stärke, die gerade das Gegenteil dartun, in der allgemeinen Menschenvernunft enthalten sind“. Infolge der sich so ergebenden Widersprüche (s. Antinomien) „muß, wenn man die Kritik vorbeigeht, welche die Grenzscheidung allein bestimmen kann, nicht allein ein S. in Ansehung alles dessen, was durch bloße Ideen der Vernunft gedacht wird, sondern endlich ein Verdacht gegen alle Erkenntnis a priori entspringen, welcher denn zuletzt die allgemeine metaphysische Zweifellehre herbeiführt“, ibid. Anm.

Der S. hat sich stets gegen den Anspruch auf metaphysische Erkenntnis des Übersinnlichen gerichtet (s. Metaphysik). „Die Ausdehnung der Zweifellehre sogar auf die Prinzipien der Erkenntnis des Sinnlichen und auf die Erfahrung selbst kann man nicht füglich für eine ernstliche Meinung halten, die in irgendeinem Zeitalter der Philosophie stattgefunden habe, sondern ist vielleicht eine Aufforderung an die Dogmatiker gewesen, diejenigen Prinzipien a priori, auf welchen selbst die Möglichkeit der Erfahrung beruht, zu beweisen und, da sie dieses nicht vermochten, die letztere ihnen auch als zweifelhaft vorzustellen“, Fortschr. d. Metaph. Vorr. (V 3, 88). Die Antinomie der Vernunft bringt eine „Verzweiflung der Vernunft an sich selbst“ hervor, allen Anspruch auf Gewißheit aufzugeben (Zustand des „dogmatischen S.“). Dagegen ist nur die Kritik der reinen Vernunft (s. d.) das rechte Mittel, ibid. Beilage II (V 3, 158 f.).

„Es gibt einen Grundsatz des Zweifelns, der in der Maxime besteht, Erkenntnisse in der Absicht zu behandeln, daß man sie ungewiß macht und die Unmöglichkeit zeigt, zur Gewißheit zu gelangen. Diese Methode des Philosophierens ist die skeptische Denkart oder der S." Er vertilgt alle unsere Bemühungen, zum Besitze einer Erkenntnis des Gewissens zu gelangen. Nützlich hingegen ist die „skeptische Methode", d. h. die Art, „etwas als ungewiß zu behandeln und auf die höchste Ungewißheit zu bringen, in der Hoffnung, der Wahrheit auf diesem Wege auf die Spur zu kommen". Diese Methode ist eigentlich „eine bloße Suspension des Urteilens" und ist dem kritischen Verfahren sehr nützlich. „Der absolute S. gibt alles für Schein aus. Er unterscheidet also Schein von Wahrheit und muß mithin doch ein Merkmal des Unterschiedes haben, folglich eine Erkenntnis der Wahrheit voraussetzen, wodurch er sich selbst widerspricht", Log. Einl. X (IV 93). Vgl. Kritizismus, Polemik, Dialektik, Antinomie, Kategorie, Wissen, Glaube.

Sollen. Es gibt ein bedingtes und unbedingtes (sittliches) S. „Man soll dieses oder jenes tun und das andere lassen; dies ist die Formel, unter welcher eine jede Verbindlichkeit ausgesprochen wird. Nun drückt jedes S. eine Notwendigkeit der Handlung aus und ist einer zwiefachen Bedeutung fähig. Ich soll nämlich entweder etwas tun (als ein Mittel), wenn ich etwas anderes (als einen Zweck) will; oder ich soll unmittelbar etwas anderes (als einen Zweck) tun und wirklich machen. Das erstere könnte man die Notwendigkeit der Mittel (necessitatem problematicam), das zweite die Notwendigkeit der Zwecke (necessitatem legalem) nennen. Die erstere Art der Notwendigkeit zeigt gar keine Verbindlichkeit an, sondern nur die Vorschrift als die Auflösung in einem Problem, welche Mittel diejenigen sind, deren ich mich bedienen müsse, wie ich einen gewissen Zweck erreichen will", Nat. Theol. 4. Btr. § 2 (V 1, 143 ff.).

In Ansehung der sittlichen Gesetze ist Erfahrung „die Mutter des Scheins", und es ist „höchst verwerflich, die Gesetze über das, was ich tun soll, von demjenigen herzunehmen oder dadurch einschränken zu wollen, was getan wird", KrV tr. Dial. 1. B. 1. Abs. (I 332 —Rc 400). Daß die Vernunft eine eigene Kausalität (s. d.) habe, ist aus den Imperativen (s. d.) klar, welche wir in allem Praktischen den ausübenden Kräften als Regeln aufgeben. „Das S. drückt eine Art von Notwendigkeit und Verknüpfung mit Gründen aus, die in der ganzen Natur sonst nicht vorkommt. Der Verstand kann von dieser nur erkennen, was da ist, oder gewesen ist, oder sein wird. Es ist unmöglich, daß etwas darin anderes sein soll, als es in allen diesen Zeitverhältnissen in der Tat ist; ja das S., wenn man bloß den Lauf der Natur vor Augen hat, hat ganz und gar keine Bedeutung. Wir können gar nicht fragen, was in der Natur geschehen soll." „Dieses S. nun drückt eine mögliche Handlung aus, davon der Grund nichts anderes als ein bloßer Begriff ist, dahingegen von einer bloßen Naturhandlung der Grund jederzeit eine Erscheinung sein muß." Die Naturbedingungen, welche eine gesollte Handlung möglich machen, betreffen nicht die Willensbestimmung selbst, nur die Wirkung derselben in der Erscheinung. Sinnliche Anreize können nicht das S. hervorbringen, sondern nur ein bedingtes Wollen, „dem dagegen das S., das die Vernunft ausspricht, Maß und Ziel, ja Verbot und Ansehen entgegensetzt". Die Vernunft gibt hier nicht dem empirisch gegebenen Grunde nach, sondern sie „macht sich mit völliger Spontaneität eine eigene Ordnung nach Ideen, in die sie die empirischen Bedingungen hineinpaßt und nach denen sie sogar Handlungen für notwendig erklärt, die doch nicht geschehen sind und vielleicht nicht geschehen werden", ibid. tr. Dial. 2. B. 2. H. 9. Abs. Erläuterung der kosmologischen Idee... (I 479 f.—Rc 614 ff.).

„Alle Imperative werden durch ein S. ausgedrückt und zeigen dadurch das Verhältnis eines objektiven Gesetzes der Vernunft zu einem Willen an, der seiner subjektiven Beschaffenheit nach dadurch nicht notwendig bestimmt wird (eine Nötigung). Sie sagen, daß etwas zu tun oder zu unterlassen gut sein würde, allein sie sagen es einem Willen, der nicht immer darum etwas tut, weil ihm vorgestellt wird, daß es zu tun gut sei", GMS 2. Abs. (III 34). Das S. ist „eigentlich ein Wollen, das unter der Bedingung für jedes vernünftige Wesen gilt, wenn die Vernunft bei ihm ohne Hindernisse praktisch wäre", ibid. 3. Abs. Von d. Interesse, ... (III 77). Das „kategorische S." ist ein synthetischer Satz a priori. Das moralische S. ist des Menschen „eigenes notwendiges Wollen als Gliedes einer intelligiblen Welt und wird nur sofern von ihm als S. gedacht, als er sich zugleich wie ein Glied der Sinnenwelt betrachtet", ibid. (III 83 f.). Es rührt nur von der „subjektiven Beschaffenheit unseres praktischen Vermögens" her, „daß die moralischen Gesetze als Gebote (und die ihnen gemäßen Handlungen als Pflichten) vorgestellt werden müssen, und die Vernunft diese Notwendigkeit nicht durch ein Sein (Geschehen), sondern Sein-Sollen ausdrückt; welches nicht stattfinden würde, wenn die Vernunft ohne Sinnlichkeit ... ihrer Kausalität nach, mithin als Ursache in einer intelligibelen, mit dem moralischen Gesetze durchgängig übereinstimmenden Welt betrachtet würde, wo zwischen S. und Tun ... kein Unterschied sein würde", KU § 76 Anmerk. (II 269).

„Die Moral ist schon an sich selbst eine Praxis in objektiver Bedeutung, als Inbegriff von unbedingt gebietenden Gesetzen, nach denen wir handeln sollen, und es ist offenbare Ungereimtheit, nachdem man diesem Pflichtbegriff seine Autorität zugestanden hat, noch sagen zu wollen, daß man es doch nicht könne. Denn alsdann fällt dieser Begriff von selbst weg (ultra posse nemo obligatur)", Z. ew. Fried. Anh. I (VI 151); vgl. Können.

„Alles, was geschieht, d. i. was man genötigt ist, vor der Erfahrung als geschehen zu erkennen, hat einen Grund. Was man aber will, daß es geschehen soll, hat weiter keinen Grund. Denn ein jedes Objekt, welches durch die Willkür bestimmt wird, hat weiter keinen Grund, warum es so und nicht anders gedacht wird, als diese Willkür", N 3984. Vgl. Pflicht, Imperativ, Können, Geschmacksurteil („ästhetisches Sollen").

Sophistikationen s. Schlüsse (dialektische).

Souverän s. Staat, Staatsverfassung.

Sozialphilosophie s. Gesellschaft, Staat, Geschichte.

Sparsamkeit der Natur. „Die Natur hat ... nichts überflüssig und ist im Gebrauche der Mittel zu ihren Zwecken nicht verschwenderisch." Sie scheint sich beim Menschen „in ihrer größten S. selbst gefallen zu haben, und ihre tierische Ausstattung so knapp, so genau auf das höchste Bedürfnis einer anfänglichen Existenz abgemessen zu haben, als wollte sie: der Mensch sollte, wenn er sich aus der größten Rohigkeit dereinst zur größten Geschicklichkeit, innerer Vollkommenheit der Denkungsart und (soviel es auf Erden möglich ist) dadurch zur Glückseligkeit emporgearbeitet haben würde, hiervon das Verdienst ganz allein haben und es sich selbst nur verdanken dürfen; gleich als habe sie es mehr auf seine vernünftige Selbstschätzung als auf sein Wohlbefinden angelegt", G. i. weltbürg. Abs. 3. Satz (VI 7 f.). Vgl. Denkökonomie.

Spekulativ. Eine theoretische (s. d.) Erkenntnis ist „spekulativ", „wenn sie auf einen Gegenstand oder solche Begriffe von einem Gegenstande geht, wozu man in keiner Erfahrung gelangen kann", KrV tr. Dial. 2. B. 3. H. 7. Abs. (I 542—Rc 684); vgl. Theologie, Naturerkenntnis. S. bedeutet zuweilen auch nur so viel wie „theoretisch" (z. B. „s.e Vernunft"). „Die Erkenntnis des Allgemeinen in abstracto ist s.e Erkenntnis", Log. Einl. IV (IV 29). „Unter s.en Erkenntnissen ... verstehen wir solche, aus denen keine Regeln des Verhaltens können hergeleitet werden, oder die keine Gründe zu möglichen Imperativen enthalten. Solcher bloß s.en Sätze gibt es z. B. in der Theologie in Menge", ibid. Einl. Anh. (IV 96). Vgl. Praktisch, Metaphysik, Philosophie.

Spezifikation s. Einheit (systematische). Zu den Prinzipien systematischer Einheit gehört die Maxime oder das Prinzip der „S." der Formen, welches nicht bloß logische, sondern „transzendentale" Bedeutung hat, d. h. von den Naturerscheinungen selbst gilt. Es besagt, daß es keine untersten Arten (s. d.) gibt, sondern immer weitere Unterarten anzunehmen sind („entium varietates non temere esse minuendas"). Es ist ein „Grundgesetz der Varietät des Gleichartigen unter niederen Arten" und gebietet „Unterscheidung der Unterarten, bevor man sich mit seinem allgemeinen Begriffe zu den Individuen wende", KrV tr. Dial. Anh.V. d. regulativen Gebrauche... (I 556ff.— Rc 700ff.). Vgl. Art, Gesetz.

„Fängt man ... vom allgemeinen Begriff an, um zu dem besonderen durch vollständige Einteilung herabzugehen, so heißt die Handlung die S. des Mannigfaltigen unter einem gegebenen Begriffe, da von der obersten Gattung zu niedrigen (Untergattungen oder Arten) und von Arten zu Unterarten fortgeschritten wird." Die reflektierende Urteilskraft (s. d.) könnte es nicht unternehmen, „die ganze Natur nach ihren empirischen Verschiedenheiten zu klassifizieren, wenn sie nicht voraussetzt, die Natur spezifiziere selbst ihre transzendentalen Gesetze nach irgendeinem Prinzip". Die Urteilskraft denkt sich „durch ihr Prinzip eine Zweckmäßigkeit der Natur in der S. ihrer Formen durch empirische Gesetze", Erste Einl. in die KU, V (WW Cassirer-Buek V 195ff.). Vgl. Zweckmäßigkeit, System.

Spiel ist eine „Beschäftigung, die für sich selbst angenehm ist", KU § 43 (II 156). Die ästhetische Lust beruht auf der Zusammenstimmung der Erkenntnisvermögen; die „Spontaneität im S. der Erkenntnisvermögen" macht den Zweckbegriff zur Vermittlung der Gebiete des Naturbegriffs mit dem Freiheitsbegriffe tauglich, KU Einl. IX (II 35). Im Geschmacksurteil (s. d.) geht dem Lustgefühl die Empfindung des „freien S.s" von Einbildungskraft und Verstand vorher als Bewußtsein des zur Erkenntnis schicklichen Verhältnisses. Es wird die Wirkung der Vorstellung auf das Bewußtsein empfunden, „die im erleichterten S.e beider durch wechselseitige Zusammenstimmung belebten Gemütskräfte (der Einbildungskraft und des Verstandes) besteht", ibid. § 9 (II 56f.). „Die Erkenntniskräfte, die durch diese Vorstellung ins Spiel gesetzt werden, sind hierbei in einem freien S.e, weil kein bestimmter Begriff sie auf eine besondere Erkenntnisregel einschränkt", ibid. (II 55). Das Bewußtsein der „bloß formalen Zweckmäßigkeit im S. der Erkenntniskräfte" ist die ästhetische Lust, ibid. § 12 (II 61). „Alles wechselnde freie S. der Empfindungen (die keine Absicht zum Grunde haben) vergnügt, weil es das Gefühl der Gesundheit befördert." — Es gibt Glücks-, Ton- und Gedankenspiele. „Das erste fordert ein Interesse, sei es der Eitelkeit oder des Eigennutzes, welches aber bei weitem nicht so groß ist als das Interesse an der Art, wie wir es uns zu verschaffen suchen; das zweite bloß den Wechsel der Empfindungen, deren jede ihre Beziehung auf Affekt, aber ohne den Grad eines Affekts hat und ästhetische Ideen rege macht; das dritte entspringt bloß aus dem Wechsel der Vorstellungen, in der Urteilskraft, wodurch zwar kein Gedanke, der irgendein Interesse bei sich führte, erzeugt, das Gemüt aber doch belebt wird." Alle S.e beleben den Organismus, sie bewegen ihn wohltätig, ibid. § 54 (II 188ff.). — Es gibt ferner ein S. der Einbildungskraft, des Verstandes und der Vernunft (S. mit Ideen), ein „S. der Empfindungen" (mit Farben, Tönen), ein „S. der Gestalten" (s. Gestalt). — Über die Annehmlichkeit des S.s mit dem Schein s. Illusion.

Die S.e der Knaben und Erwachsenen „werden insgesamt unwissentlich von der reiferen Natur zu Wagstücken, ihre Kräfte im Streit mit anderen zu versuchen, angespornt: eigentlich damit die Lebenskraft überhaupt vor dem Ermatten bewahrt und rege erhalten werde", Anthr. 1. T. § 86 (IV 215). „Der Mensch vor sich allein spielt nicht... Er ist vor sich ernsthaft. Ebenso würde er auf das Schöne nicht die geringste Mühe verwenden, es müßte denn sein, daß er erwartete, dereinst von anderen gesehen und bewundert zu werden. Dieses gehört auch zum S.... S. ohne menschliche Zuschauer würde vor Wahnsinn gehalten werden. Also hat alles dieses eine wesentliche Beziehung auf Geselligkeit, und was wir selbst unmittelbar daran empfinden, ist ganz unbeträchtlich. Die Mitteilung und was daraus auf uns selbst reflektiert wird, ist das einzige, was uns anzieht", N 987.

„Bei der Arbeit ist die Beschäftigung nicht an sich selbst angenehm, sondern man unternimmt sie einer anderen Absicht wegen. Die Beschäftigung bei dem S.e dagegen ist an sich angenehm, ohne weiter irgendeinen Zweck dabei zu beabsichtigen." Das Kind soll spielen, es soll Erholungsstunden haben; aber es muß auch arbeiten lernen. „Der Mensch ist das einzige Tier, das arbeiten muß." Die beste Ruhe für ihn ist die nach der Arbeit. „Das Kind muß also zum Arbeiten gewöhnt werden." Die Schule ist eine „zwangsmäßige Kultur". „Es ist äußerst schädlich, wenn man das Kind dazu gewöhnt, alles als S. zu betrachten. Es muß Zeit haben, sich zu erholen, aber es muß auch eine Zeit für dasselbe sein, in der es arbeitet", Üb. Pädagogik (VIII 222f.). Vgl. Kunst, Geschmacksurteil, Harmonisch, Frei, Gestalt, Dichtung, Musik.

Spinozismus. Es ist unbegreiflich, wie man in der Kritik der reinen Vernunft „Vorschub zum S." finden konnte. Dieser ist ja dogmatisch, er spricht von Gedanken, die selbst denken, ein Begriff, der sich im menschlichen Verstande nicht findet. Die Kritik zeigt, zur Behauptung der Möglichkeit eines selbst gedachten Wesens reiche die Widerspruchslosigkeit nicht hin; der S. aber gibt vor, „die Unmöglichkeit eines Wesens einzusehen, dessen Idee aus lauter reinen Verstandesbegriffen besteht, wovon man nur alle Bedingungen der Sinnlichkeit abgesondert hat", und vermag diese Anmaßung durch nichts zu unterstützen. Der S. führt zur „Schwärmerei", wogegen gerade die „Kritik" das sichere Mittel ist, Was heißt s. i. D. or.? 6. Anm. (V 2, 159). Der S. vermag die „Zweckeinheit" nicht zu erklären, sie folgt noch gar nicht aus der Verknüpfung der Dinge in einem Urwesen, KU §§ 73, 81, 85 (II 257f., 288ff., 307f.); vgl. Zweck.

Spiritualismus s. Paralogismen, Seele, Geist.

Spontaneität. Die „S. der Begriffe" (im Gegensatz zur Rezeptivität des Gemüts oder Sinnlichkeit) ist das Vermögen, durch die (rezeptiv erhaltenen) Vorstellungen einen Gegenstand zu erkennen, genauer „das Vermögen, Vorstellungen selbst hervorzubringen" („S. des Erkenntnisses" = „Verstand", s. d.), KrV tr. Log. Einl. I (I 106f.— Rc 125f.). Auf die „S. des Denkens" gründen sich alle Begriffe (s. d.); sie sind „Funktionen" des Verstandes, nicht (wie die Anschauungen) „Affektionen", ibid. tr. Anal. 1. B. 1. H. 1. Abs. (I 120—Rc 139f.). — Es gibt eine S. des Verstandes, der die Kategorien (s. d.), und eine „reine S. der Vernunft", der die Ideen (s. d.) entspringen, GMS 3. Abs. V. d. Interesse . . . (III 81). Das logische Ich (s. d.) zeigt das Subjekt an „wie es an sich ist, im reinen Bewußtsein, nicht als Rezeptivität, sondern reine S.", ist aber weiter keiner Erkenntnis seiner Natur fähig, Fortschr. d. Metaph. 1. Abt. Gesch. der Transzendentalphilos. (V 3, 96). Vgl. Denken, Funktion, Begriff, Freiheit, Rezeptivität, Sinnlichkeit (und Verstand), Kategorie, Wille, Autonomie, Leben.

Sprache. „Alle S. ist Bezeichnung der Gedanken, und umgekehrt die vorzüglichste Art der Gedankenbezeichnung ist die durch S., dieses größte Mittel, sich selbst und andere zu verstehen. Denken ist Reden mit sich selbst . . ., folglich sich auch innerlich (durch reproduktive Einbildungskraft) Hören", Anthr. 1. T. § 39 (IV 101). Vgl. Wort, Symbol, Zeichen, Musik, Kind.

Staat. Der S. ist ein „System", KU § 90 (II 338). Ein Volk ist eine Menge von Menschen, die „des rechtlichen Zustandes unter einem sie vereinigenden Willen, einer Verfassung (constitutio)" bedürfen, um dessen, was Rechtens ist, teilhaftig zu werden (vgl. Gerechtigkeit). „Dieser Zustand der einzelnen im Volke in Verhältnis untereinander heißt der bürgerliche (status civilis), und das Ganze derselben in Beziehung auf seine eigenen Glieder der S. (civitas), welcher seiner Form wegen, als verbunden durch das gemeinsame Interesse aller, im rechtlichen Zustande zu sein, das gemeine Wesen (res publica latius sic dicta) genannt wird, in Verhältnis aber auf andere Völker eine Macht (potentia) schlechthin heißt", MSR § 43 (III 133). Nicht die Erfahrung, nicht ein „Faktum" macht den gesetzlichen Zwang notwendig, sondern es liegt a priori in der Vernunftidee eines nichtrechtlichen Zustandes, daß man in ihm niemals vor Gewalttätigkeit sicher sein kann, so daß sich, wenn man nicht allen Rechtsbegriffen entsagen will, der Grundsatz ergibt,

„man müsse aus dem Naturzustande, in welchem jeder seinem eigenen Kopfe folgt, herausgehen und sich mit allen anderen ... dahin vereinigen, sich einem öffentlich gesetzlichen äußeren Zwange zu unterwerfen, also in einen Zustand treten, darin jedem das, was für das Seine anerkannt werden soll, gesetzlich bestimmt und durch hinreichende Macht (die nicht die seinige, sondern eine äußere ist) zuteil wird, d. i. er solle vor allen Dingen in einen bürgerlichen Zustand treten", ibid. § 44 (III 134 f.). „Ein S. (civitas) ist die Vereinigung einer Menge von Menschen unter Rechtsgesetzen. Sofern diese als Gesetze a priori notwendig, d. i. aus Begriffen des äußeren Rechts überhaupt von selbst folgend (nicht statutarisch) sind, ist seine Form die Form eines S.s überhaupt, d. i. der S. in der Idee, wie er nach reinen Rechtsprinzipien sein soll, welcher jeder wirklichen Vereinigung zu einem gemeinen Wesen (also im Innern) zur Richtschnur (norma) dient." „Ein jeder S. enthält drei Gewalten in sich, d. i. den allgemein vereinigten Willen in dreifacher Person (trias politica): die Herrschergewalt (Souveränität) in der des Gesetzgebers, die vollziehende Gewalt in der des Regierers (zufolge dem Gesetz), und die rechtsprechende Gewalt (als Zuerkennung des Seinen eines jeden nach dem Gesetz) in der Person des Richters", analog den drei Sätzen in einem praktischen Vernunftschluß, ibid. § 45 (III 135 f.). „Die gesetzgebende Gewalt kann nur dem vereinigten Willen des Volkes zukommen." „Die zur Gesetzgebung vereinigten Glieder einer solchen Gesellschaft (societas civilis), d. i. eines S.s, heißen Staatsbürger (cives)", deren Attribute die gesetzliche Freiheit, bürgerliche Gleichheit und Selbständigkeit sind. Nur selbständige Bürger (also nicht Gesellen, Dienstboten, Unmündige u. dgl.) sind nicht „passive", sondern „aktive", mit der Fähigkeit der Stimmgebung begabte Staatsbürger, zu welchen sich emporzuarbeiten aber die Möglichkeit gegeben sein muß, ibid. § 46 (III 136 ff.). Das Staatsoberhaupt kann nur das vereinigte Volk selbst sein. „Der Akt, wodurch sich das Volk selbst zu einem S. konstituiert, eigentlich aber nur die Idee desselben, nach der die Rechtmäßigkeit desselben allein gedacht werden kann, ist der ursprüngliche Kontrakt, nach welchem alle (omnes et singuli) im Volk ihre äußere Freiheit aufgeben, um sie als Glieder eines gemeinen Wesens, d. i. des Volkes als S. betrachtet (universi), sofort wieder aufzunehmen: und man kann nicht sagen: der S., der Mensch im S.e habe einen Teil seiner angeborenen äußeren Freiheit einem Zwecke aufgeopfert, sondern er hat die wilde, gesetzlose Freiheit gänzlich verlassen, um seine Freiheit überhaupt in einer gesetzlichen Abhängigkeit, d. i. in einem rechtlichen Zustande, unvermindert wiederzufinden; weil diese Abhängigkeit aus seinem eigenen gesetzgebenden Willen entspringt", ibid. § 47 (III 138 f.). „Der Regent des S.s (rex, princeps) ist diejenige (moralische oder physische) Person, welcher die ausübende Gewalt (potestas executoria) zukommt." Der Beherrscher des Volks (der Gesetzgeber) kann nicht zugleich der Regent sein; denn dieser steht unter dem Gesetz und wird durch dasselbe, folglich von einem anderen, dem Souverän, verpflichtet. Richten kann nur das Volk durch seine von ihm selbst gewählten Stellvertreter (Jury). — Das „Heil" des S.s besteht nicht im Wohl und in der Glückseligkeit der Staatsbürger, sondern im „Zustand der größten Übereinstimmung der Verfassung mit Rechtsprinzipien", ibid. § 49 (III 139 ff.).

„Der Ursprung der obersten Gewalt ist für das Volk, das unter derselben steht, in praktischer Absicht unerforschlich: d. i. der Untertan soll nicht über diesen Ursprung, als ein noch in Ansehung des ihr schuldigen Gehorsams zu bezweifelndes Recht (ius controversum), werktätig vernünfteln. Denn da das Volk, um rechtskräftig über die oberste Staatsgewalt (summum imperium) zu urteilen, schon als unter einem allgemein gesetzgebenden Willen vereint angesehen werden muß, so kann und darf es nicht anders urteilen, als das gegenwärtige Staatsoberhaupt (summus insperans) es will." „Ob ursprünglich ein wirklicher Vertrag der Unterwerfung unter denselben (pactum subiectionis civilis) als ein Faktum vorhergegangen, oder ob die Gewalt vorherging und das Gesetz nur hintennach gekommen sei, oder auch in dieser Ordnung sich habe folgen sollen: das sind für das Volk, das nun schon unter dem bürgerlichen Gesetze steht, ganz zweckleere und doch den S. mit Gefahr bedrohende Vernünfteleien.“ Der Satz: „Alle Obrigkeit ist von Gott“ sagt eine Idee aus: „der jetzt bestehenden gesetzgebenden Gewalt gehorchen zu sollen, ihr Ursprung mag sein, welcher er wolle“. Hieraus folgt: „der Herrscher im S. hat gegen den Untertan lauter Rechte und keine (Zwangs-) Pflichten. — Ferner, wenn das Organ des Herrschers, der Regent, auch den Gesetzen zuwider verführe..., so darf der Untertan dieser Ungerechtigkeit zwar Beschwerden (gravamina), aber keinen Widerstand entgegensetzen.“ „Ja es kann auch selbst in der Konstitution kein Artikel enthalten sein, der es einer Gewalt im S. möglich machte, sich im Fall der Übertretung der Konstitutionalgesetze durch den obersten Befehlshaber ihm zu widersetzen, mithin ihn einzuschränken.“ „Wider das gesetzgebende Oberhaupt des Staats gibt es also keinen rechtmäßigen Widerstand des Volks; denn nur durch Unterwerfung unter seinen allgemeingesetzgebenden Willen ist ein rechtlicher Zustand möglich; also kein Recht des Aufstandes (seditio), noch weniger des Aufruhrs (rebellio).“ Die Hinrichtung des Monarchen ist ein unaustilgbares Verbrechen, ärger als aller Mord, MSR 2. T. Allg. Anmerk. A (III 142 ff.). „Eine Veränderung der (fehlerhaften) Staatsverfassung, die wohl bisweilen nötig sein mag, — kann also nur vom Souverän selbst durch Reform, aber nicht vom Volk, mithin durch Revolution verrichtet werden, und wenn sie geschieht, so kann jene nur die ausübende Gewalt, nicht die gesetzgebende treffen.“ „Übrigens, wenn eine Revolution einmal gelungen und eine neue Verfassung gegründet ist, so kann die Unrechtmäßigkeit des Beginnens und der Vollführung derselben die Untertanen von der Verbindlichkeit, der neuen Ordnung der Dinge sich als gute Staatsbürger zu fügen, nicht befreien, und sie können sich nicht weigern, derjenigen Obrigkeit ehrlich zu gehorchen, die jetzt die Gewalt hat“, ibid. (III 146 f.), vgl. Anh. Beschluß (III 205 ff.).

Die S.en (die „größten Gesellschaften“) streben andere zu unterwerfen, sich dadurch zu vergrößern und zu einer „Universalmonarchie“ zu werden, in welcher alle Freiheit und Kultur erlöschen müßte. „Allein dieses Ungeheuer (in welchem die Gesetze allmählich ihre Kraft verlieren), nachdem es alle benachbarten verschlungen hat, löst sich endlich von selbst auf und teilt sich durch Aufruhr und Zwiespalt in viele kleinere S.en, die, anstatt zu einem Staatenverein (Republik freier verbündeter Völker) zu streben, wiederum ihrerseits jeder dasselbe Spiel von neuem anfangen, um den Krieg (diese Geißel des menschlichen Geschlechts) ja nicht aufhören zu lassen“, Rel. 1. St. III, 2. Anm. (IV 35). Der „philosophische Chiliasmus, der auf den Zustand eines ewigen, auf einen Völkerbund als Weltrepublik gegründeten Friedens hofft“, wird als „Schwärmerei“ allgemein verlacht, ibid. III (IV 35). „Der S. ist ein Volk, das sich selbst beherrscht. Die Faszikeln aller Nerven, die zusammen die Gesetzgebung ausmachen. Das sensorium commune des Rechts aus ihrer Zusammenstimmung“, Lose Bl. F 4. Vgl. Staatsverfassung, Obrigkeit, Recht, Friede, Krieg, Kirche, Religion, Politik.

Staat, ethischer, s. Reich der Tugend, Reich Gottes, Kirche.

Staatenverein s. Friede.

Staatsbürger s. Staat, Staatsverfassung. S. ist, wer ein Stimmrecht hat, also nicht ein Kind, ein Weib, ein Dienstbote, sondern nur, wer sein eigener Herr (sui iuris) ist und ein Eigentum oder Einkommen hat, Theor. Prax. II (VI 92 f.).

Staatsrecht s. Staat. „Gibt es ... in der Vernunft so etwas, als sich durch das Wort S. ausdrücken läßt, und hat dieser Begriff für Menschen, die im Antagonism ihrer Freiheit gegeneinander stehen, verbindende Kraft, mithin objektive (praktische) Realität, ohne daß auf das Wohl- oder Übelbefinden, das ihnen daraus entspringen mag, noch hingesehen werden darf (wovon die Kenntnis bloß auf Erfahrung beruht): so gründet es sich auf Prinzipien a priori (denn was Recht sei, kann nicht Erfahrung lehren); und es gibt eine Theorie des S.s, ohne Einstimmung mit welcher keine Praxis gültig ist“, Theor. Prax. II (VI 104 f.). Vgl. MSR §§ 43 ff. (III 133 ff.).

Staatsverfassung. „Das größte Problem für die Menschengattung, zu dessen Auflösung die Natur ihn zwingt, ist die Erreichung einer allgemein das Recht verwaltenden bürgerlichen Gesellschaft. Da nur in der Gesellschaft, und zwar derjenigen, die die größte Freiheit, mithin einen durchgängigen Antagonism ihrer Glieder, und doch die genaueste Bestimmung und Sicherung der Grenzen dieser Freiheit hat, damit sie mit der Freiheit anderer bestehen könne — da nur in ihr die höchste Absicht der Natur, nämlich die Entwicklung aller ihrer Anlagen, in der Menschheit erreicht werden kann, die Natur auch will, daß sie diesen, so wie alle Zwecke ihrer Bestimmung, sich selbst verschaffen solle: so muß eine Gesellschaft, in welcher Freiheit unter äußeren Gesetzen im größtmöglichen Grade mit unwiderstehlicher Gewalt verbunden angetroffen wird, d. i. eine vollkommen gerechte bürgerliche Verfassung, die höchste Aufgabe der Natur für die Menschengattung sein; weil die Natur nur vermittelst der Auflösung und Vollziehung derselben ihre übrigen Absichten mit unserer Gattung erreichen kann", G. i. weltbürg. Abs. 5. Satz (VI 10). „Das Problem der Errichtung einer vollkommenen bürgerlichen Verfassung ist von dem Problem eines gesetzmäßigen äußeren Staatenverhältnisses abhängig und kann ohne das letztere nicht aufgelöst werden", ibid. 7. Satz (VI 12); vgl. Geschichte.

„Da ... jede Einschränkung der Freiheit durch die Willkür eines andern Zwang heißt: so folgt, daß die bürgerliche Verfassung ein Verhältnis freier Menschen ist, die (unbeschadet ihrer Freiheit im Ganzen ihrer Verbindung mit anderen) doch unter Zwangsgesetzen stehen: weil die Vernunft selbst es so will, und zwar die reine a priori gesetzgebende Vernunft, die auf keinen empirischen Zweck (dergleichen alle unter dem allgemeinen Namen Glückseligkeit begriffen werden) Rücksicht nimmt." Der bürgerliche Zustand ist auf folgende „Prinzipien a priori" gegründet: „1. Die Freiheit jedes Gliedes der Sozietät, als Menschen. 2. Die Gleichheit desselben mit jedem anderen, als Untertan. 3. Die Selbständigkeit jedes Gliedes eines gemeinen Wesens, als Bürgers. — Diese Prinzipien sind nicht sowohl Gesetze, die der schon errichtete Staat gibt, sondern nach denen allein eine Staatseinrichtung reinen Vernunftprinzipien des äußeren Menschenrechtes überhaupt gemäß möglich ist", Theor. Prax. II (VI 87). Die Regierung soll nicht patriarchalisch-despotisch, sondern „patriotisch" (s. d.) sein, ibid. (VI 88). Die bürgerliche Verfassung beruht auf einem ursprünglichen Vertrag. — Alle rechtliche Verfassung ist, was die Personen betrifft, die darin stehen, „1. die nach dem Staatsbürgerrecht der Menschen in einem Volke (ius civitatis), 2. nach dem Völkerrecht der Staaten in Verhältnis gegeneinander (ius gentium), 3. die nach dem Weltbürgerrecht, sofern Menschen und Staaten, in äußerem aufeinander einfließenden Verhältnis stehend, als Bürger eines allgemeinen Menschenstaats anzusehen sind (ius cosmopoliticum", Z. ew. Fried. 2. Abs. 1. Anm. (VI 125f.). „Die erstlich nach Prinzipien der Freiheit der Glieder einer Gesellschaft (als Menschen), zweitens nach Grundsätzen der Abhängigkeit aller von einer einzigen gemeinsamen Gesetzgebung (als Untertanen), und drittens die nach dem Gesetz der Gleichheit derselben (als Staatsbürger) gestiftete Verfassung — die einzige, welche aus der Idee des ursprünglichen Vertrags hervorgeht, auf der alle rechtliche Gesetzgebung eines Volks gegründet sein muß, ist die republikanische. Diese ist also, was das Recht betrifft, an sich selbst diejenige, welche allen Arten der bürgerlichen Konstitution ursprünglich zum Grunde liegt", ibid. 1. Definitivartikel (VI 126f.). Der Republikanismus ist nicht mit der „demokratischen" Verfassung zu verwechseln. Er ist „das Staatsprinzip der Absonderung der ausführenden Gewalt (der Regierung) von der gesetzgebenden". — Die Demokratie (bei welcher alle herrschen) ist „ein Despotism, weil sie eine exekutive Gewalt gründet, da alle über und allenfalls auch wider Einen (der also nicht mit einstimmt), mithin alle, die doch nicht alle sind, beschließen; welches ein Widerspruch des allgemeinen Willens mit sich selbst und mit der Freiheit ist". „Alle Regierungsform nämlich, die nicht repräsentativ ist, ist eigentlich eine Unform, weil der Gesetzgeber in einer und derselben Person zugleich Vollstrecker seines Willens (so wenig wie das Allgemeine des Obersatzes in einem Vernunftschlusse zugleich die Subsumtion des Besonderen unter jenem im Untersatze) sein kann", ibid. (VI 128f.).

„Wenn ein Volk auch nicht durch innere Mißhelligkeit genötigt würde, sich unter den Zwang öffentlicher Gesetze zu begeben, so würde es doch der Krieg von außen tun, indem nach der vorher erwähnten Naturanstalt ein jedes Volk ein anderes es drängende Volk zum Nachbar vor sich findet, gegen das es sich innerlich zu einem Staat bilden muß, um als Macht gegen diesen gerüstet zu sein. Nun ist die republikanische Verfassung die einzige, welche dem Recht der Menschen vollkommen angemessen, aber auch die schwerste zu stiften, vielmehr noch zu erhalten ist, dermaßen, daß viele behaupten, es müsse ein Staat von Engeln sein, weil Menschen mit ihren selbstsüchtigen Neigungen einer Verfassung von so sublimer Form nicht fähig wären." Aber die Natur kommt dem „in der Vernunft gegründeten Willen" durch den Egoismus der Menschen selbst zur Hilfe. „Das Problem der Staatserrichtung ist, so hart wie es auch klingt, selbst für ein Volk von Teufeln (wenn sie nur Verstand haben) auflösbar und lautet so: ‚Eine Menge von vernünftigen Wesen, die insgesamt allgemeine Gesetze für ihre Erhaltung verlangen, deren jedes aber insgeheim sich davon auszunehmen geneigt ist, so zu ordnen und ihre Verfassung einzurichten, daß, obgleich sie in ihren Privatgesinnungen einander entgegenstreben, diese einander doch so aufhalten, daß in ihrem öffentlichen Verhalten der Erfolg ebenderselbe ist, als ob sie keine solche bösen Gesinnungen hätten'." „Ein solches Problem muß auflöslich sein. Denn es ist nicht die moralische Besserung der Menschen, sondern nur der Mechanism der Natur, von dem die Aufgabe zu wissen verlangt, wie man ihn an Menschen benutzen könne, um den Widerstreit ihrer unfriedlichen Gesinnungen in einem Volk so zu richten, daß sie sich unter Zwangsgesetze zu begeben einander selbst nötigen und so den Friedenszustand, in welchem Gesetze Kraft haben, herbeiführen müssen." „Hier heißt es also: Die Natur will unwiderstehlich, daß das Recht zuletzt die Obergewalt erhalte", Z. ew. Fried. 2. Abs. 1. Zusatz (VI 145 ff.).

Diejenige Verfassung eines Volkes allein ist „an sich rechtlich und moralisch gut", „welche ihrer Natur nach so beschaffen ist, den Angriffskrieg nach Grundsätzen zu meiden, welche keine andere als die republikanische Verfassung, wenigstens der Idee nach, sein kann," Str. d. Fak. 2. Abs. 6 (V 4, 132). „Es ist aber hiermit nicht gemeint, daß ein Volk, welches eine monarchische Konstitution hat, sich damit das Recht anmaße, ja auch nur in sich geheim den Wunsch hege, sie abgeändert zu wissen; denn seine vielleicht sehr verbreitete Lage in Europa kann ihm jene Verfassung als die einzige anempfehlen, bei der es sich zwischen mächtigen Nachbarn erhalten kann", ibid. 1. Anm. (V 4, 132). Als Prinzip der S. kann nicht „Wohlfahrt" dienen, weil sie (als das „Materiale des Willens") keiner Allgemeinheit (Regel) fähig ist. Die Verfassung beurteilt sich vielmehr rein nach dem „formalen Prinzip" des Willens. Sie ist eine solche, bei welcher das Volk „mitgesetzgebend ist". „Autokratisch herrschen und dabei doch republikanisch, d. h. im Geiste des Republikanismus und nach einer Analogie mit demselben regieren ist das, was ein Volk mit seiner Verfassung zufrieden macht", ibid. 2. Anm. (V 4, 133 f.). Eine Verfassung, „die nicht kriegssüchtig sein kann", ist die republikanische, „die es entweder selbst der Staatsform nach sein mag oder auch nur nach der Regierungsart, bei der Einheit des Oberhaupts (des Monarchen) den Gesetzen analogisch, die sich ein Volk selbst nach allgemeinen Rechtsprinzipien geben würde, den Staat verwalten zu lassen", ibid. 2. Abs. 7 (V 4, 134). „Die Idee einer mit dem natürlichen Rechte der Menschen zusammenstimmenden Konstitution: daß nämlich die dem Gesetz Gehorchenden auch zugleich, vereinigt, gesetzgebend sein sollen, liegt bei allen Staatsformen zum Grunde, und das gemeine Wesen, welches, ihr gemäß durch reine Vernunftbegriffe gedacht, ein platonisches Ideal heißt (respublica noumenon), ist nicht ein leeres Hirngespinst, sondern die ewige Norm für alle bürgerliche Verfassung überhaupt und entfernt allen Krieg." Es ist Pflicht, in eine solche Verfassung einzutreten, vorläufig aber „Pflicht der Monarchen, ob sie gleich autokratisch herrschen, dennoch republikanisch (nicht demokratisch) zu regieren, d. i. das Volk nach Prinzipien zu behandeln, die dem Geiste der Freiheitsgesetze (wie ein Volk mit reifer Vernunft sie sich selbst vorschreiben würde) gemäß sind, wenngleich dem Buchstaben nach es um seine Einwilligung nicht befragt würde", ibid. 8 (V 4, 138).

Die drei Gewalten im Staat (s. d.), die aus dem Begriff eines gemeinen Wesens überhaupt hervorgehen, sind nur soviel „Verhältnisse des vereinigten, a priori aus der Vernunft abstammenden Volkswillens und eine reine Idee von einem Staatsoberhaupt, welche objektive praktische Realität hat". „Dieses Oberhaupt (der Souverän) aber ist sofern nur ein (das gesamte Volk vorstellendes) Gedankending, als es noch an einer physischen Person mangelt, welche die höchste Staatsgewalt vorstellt und dieser Idee Wirksamkeit auf den Volkswillen verschafft. Das Verhältnis der ersteren zum letzteren ist nun auf dreierlei verschiedene Art denkbar: entweder daß einer im Staate über alle, oder daß einige, die einander gleich sind, vereinigt über alle andere, oder daß alle zusammen über einen jeden, mithin auch über sich selbst gebieten; d. i. die Staatsform ist entweder autokratisch oder aristokratisch oder demokratisch", MSR § 51 (III 167). Die Änderung der S. ist nur dem Souverän möglich. Die Staatsformen sind nur der Buchstabe der ursprünglichen Gesetzgebung, aber der Geist des ursprünglichen Vertrages enthält die Verbindlichkeit der konstituierenden Gewalt, die Regierungsart der Idee jener Gesetzgebung (allmählich) angemessen zu machen, bis daß sie mit der „einzig rechtmäßigen Verfassung, nämlich der einer reinen Republik, ihrer Wirkung nach zusammenstimme, und jene alten empirischen (statutarischen) Formen, welche bloß die Untertänigkeit des Volks zu bewirken dienten, sich in die ursprünglichen (rationalen) auflösen, welche allein die Freiheit zum Prinzip, ja zur Bedingung alles Zwanges macht, der zu einer rechtlichen Verfassung, im eigentlichen Sinn des Staats, erforderlich ist und dahin auch dem Buchstaben nach endlich führen wird". „Dies ist die einzig bleibende S., wo das Gesetz selbstherrschend ist und an keiner besonderen Person hängt." „Alle wahre Republik aber ist und kann nichts anderes sein als ein repräsentatives System des Volks, um im Namen desselben, durch alle Staatsbürger vereinigt, vermittelst ihrer Abgeordneten (Deputierten) ihre Rechte zu besorgen", ibid. § 52 (III 169 f.).

Arten der Staatsverfassung sind: „A. Gesetz und Freiheit ohne Gewalt (Anarchie). B. Gesetz und Gewalt ohne Freiheit (Despotism). C. Gewalt ohne Freiheit und Gesetz (Barbarbei). D. Gewalt mit Freiheit und Gesetz (Republik)." Nur die letztere ist eine wahre bürgerliche Verfassung; „Republik" bedeutet aber hier nur einen „Staat überhaupt". Das höchste Gesetz einer bürgerlichen Gesellschaft ist nicht das „Sinnenwohl" (die Glückseligkeit der Bürger), sondern das „Verstandeswohl", d. h. „die Erhaltung der einmal bestehenden Staatsverfassung". Denn jene Gesellschaft besteht nur durch diese, Anthr. 2. T. E, Grundzüge der Schilderung . . . (IV 287). Durch den Sozialkontrakt hat das Volk nicht mehr das Recht des Widerstandes, aber wohl das „der Gegenvorstellungen und Bekanntmachung der Ideen des Besseren". „Was ein Volk nicht über sich selbst beschließen kann (z. B. einen unveränderlichen Kirchenglauben festzusetzen), das kann auch der Souverän nicht über das Volk beschließen. Das Volk hat kein Recht zu Feindseligkeiten gegen den Oberherrn. weil dieser das Volk selbst vorstellt." „Aus dem Willen des Souveräns selbst muß die Reform hervorgehen. Dieser ist aber in facto nicht der vereinigte Volkswille, sondern dieser soll allmählich herauskommen. Schriften müssen das Oberhaupt wie das Volk instand setzen, das Ungerechte einzusehen." „Das, was man sich nicht getraut, öffentlich als seine Maxime anzukündigen, und dessen Ankündigung der Maxime sich selbst vernichten würde, ist dem öffentlichen Rechte zuwider", Bruchstücke aus dem Nachlaß (VIII 291). „Der Staat ist ein Volk, das sich selbst beherrscht. Die Faszikeln aller Nerven sind die Zustände, welche durch die Gesetzgebung entstehen. Das sensorium commune des Rechts entsteht aus ihrer Zusammenstimmung", ibid. (VIII 295). Vgl. Staat, Revolution, Völkerrecht, Geschichte, Friede, Recht, Politik.

Statistik s. Freiheit.

Statutarisch s. Glaube, Religion.

Sterben. Das S. scheint „eine bloß mechanische Reaktion der Lebenskraft und vielleicht eine sanfte Empfindung des allmählichen Freiwerdens von allem Schmerz zu sein", Anthr. 1. T. § 27 (IV 65).

Stetig s. Größe, Stetigkeit.

Stetigkeit. Das Stetige ist „eine Größe, die nicht aus Einfachem besteht". Das Prinzip der Gesetze desselben ist die Zeit (s. d.). Das „metaphysische Gesetz der S." lautet: „Alle Veränderungen sind stetig oder fließend, d. h. entgegengesetzte Zustände folgen einander nur vermittelst einer Reihe verschiedener Zwischenzustände. Denn da die beiden entgegengesetzten Zustände in verschiedenen Zeitpunkten stattfinden, zwischen zwei Zeitpunkten aber immer eine Zeit in der Mitte liegen muß und, bei deren unendlicher Reihe von Zeitpunkten, die Substanz weder in dem einen noch in dem anderen gegebenen Zustande sich befindet und doch auch nicht in keinem sein kann, so wird sie in verschiedenen Zuständen sein, und so fort in infinitum", Mund. sens. § 14 (V 2, 106).

„Die Eigenschaft der Größen, nach welcher an ihnen kein Teil der kleinstmöglichste (kein Teil einfach) ist, heißt die Kontinuität derselben. Raum und Zeit sind quanta continua." „Alle Erscheinungen überhaupt sind kontinuierliche Größen" (vgl. Größe). Das Reale in Raum und Zeit ist stetig, es gibt keinen leeren Raum, keine leere Zeit, KrV tr. Anal. 2. B. 2. H. 3. Abs. 2 (I 208 ff.—Rc 265 ff.). Alle Veränderung (s. d.) ist „nur durch eine kontinuierliche Handlung der Kausalität möglich, welche, sofern sie gleichförmig ist, ein Moment heißt". „Aus diesen Momenten besteht nicht die Veränderung, sondern wird dadurch erzeugt als ihre Wirkung." Wie die Zeit vom Anfangsaugenblicke a bis zu ihrer Vollendung in b stetig wächst, so wird auch die Größe der Realität durch alle kleineren Grade, die zwischen beiden Zeitphasen enthalten sind, erzeugt. „Das ist nun das Gesetz der Kontinuität aller Veränderung, dessen Grund dieser ist, daß weder die Zeit, noch auch die Erscheinung in der Zeit aus Teilen besteht, die die kleinsten sind, und daß doch der Zustand des Dinges bei seiner Veränderung durch alle diese Teile als Elemente zu seinem zweiten Zustande übergeht. Es ist kein Unterschied des Realen in der Erscheinung, so wie kein Unterschied in der Größe der Zeiten, der kleinste", ibid. 3. Abs. 3, 2. Analogie (I 240 f.—Rc 300 f.). Aller Zuwachs der empirischen Erkenntnis und jeder Fortschritt der Wahrnehmung ist nur „eine Erweiterung der Bestimmung des inneren Sinnes, d. i. ein Fortgang in der Zeit". Dieser „Fortgang in der Zeit" bestimmt alles. Die Teile desselben sind nur in der Zeit, nicht vor ihr gegeben. Ein jeder Übergang in der Wahrnehmung zu etwas, was in der Zeit erfolgt, ist „eine Bestimmung der Zeit durch die Erzeugung dieser Wahrnehmung" und, da diese in allen Teilen eine Größe ist, „die Erzeugung einer Wahrnehmung als einer Größe durch alle Grade". „Hieraus erhellt nun die Möglichkeit, ein Gesetz der Veränderung, ihrer Form nach, a priori zu erkennen. Wir antizipieren nur unsere eigene Apprehension, deren formale Bedingung, da sie uns vor aller gegebenen Erscheinung selbst beiwohnt, allerdings a priori muß erkannt werden können." „So ist demnach, ebenso wie die Zeit die sinnliche Bedingung a priori von der Möglichkeit eines kontinuierlichen Fortganges des Existierenden zu dem Folgenden enthält, der Verstand, vermittelst der Einheit der Apperzeption, die Bedingung a priori der Möglichkeit einer kontinuierlichen Bestimmung aller Stellen für die Erscheinungen in dieser Zeit, durch die Reihe von Ursachen und Wirkungen, deren die ersteren der letzteren ihr Dasein unausbleiblich nach sich ziehen, und dadurch die empirische Erkenntnis der Zeitverhältnisse für jede Zeit (allgemein) mithin objektiv gültig machen", ibid. (I 241 f.—Rc 301 f.). Das Prinzip der Kontinuität verbietet in der Reihe der Erscheinungen (Veränderungen) „allen Absprung (in mundo non datur saltus)", aber auch in dem Inbegriff aller empirischen Anschauungen im Raume „alle Lücke oder Kluft zwischen zwei Erscheinungen (non datur hiatus)". Ein Leeres (vacuum) in der Erfahrung kann es also nicht geben. Dem „kontinuierlichen Zusammenhange" aller Erscheinungen, d. h. der Einheit der Begriffe des Verstandes, darf durch nichts „Abbruch oder Eintrag" getan werden, ibid. 3. Abs. 4, Widerlegung des Idealismus (I 260f.—Rc 321f.).

„Non datur saltus: Jede Verschiedenheit (in der Erscheinung) ist ein Quantum. Das Quantum aber muß durch repetitam positionem eiusdem möglich sein; also muß 0 mit A als gleichartig, aber nur als verschwindend oder unendlich klein angesehen werden. Also ist kein Progressus in der Bestimmung eines Dinges zu einem anderen Zustande als durch Steigerung derselben Qualität vom unendlich Kleinen an", N 5973; vgl. 4531, 3801, 4666, 5385, 5970. Vgl. Kontinuität, Grad, Realität, Empfindung, Null, Leer, Veränderung.

Stetigkeit (mechanisches Gesetz der). Ein absolut harter Körper, d. h. „ein solcher, der einem mit endlicher Geschwindigkeit bewegten Körper im Stoße einen Widerstand, der der ganzen Kraft desselben gleich wäre, in einem Augenblick entgegensetzte", ist unmöglich. „Folglich leistet eine Materie durch ihre Undurchdringlichkeit oder Zusammenhang gegen die Kraft eines Körpers in endlicher Bewegung in einem Augenblicke nur unendlich kleinen Widerstand. Hieraus folgt nun das mechanische Gesetz der S. (lex continui mechanica), nämlich: an keinem Körper wird der Zustand der Ruhe oder der Bewegung, und an dieser, der Geschwindigkeit oder der Richtung, durch den Stoß in einem Augenblicke verändert, sondern nur in einer gewissen Zeit, durch eine unendliche Reihe von Zwischenzuständen, deren Unterschied voneinander kleiner ist als der des ersten und letzten." Dieses Gesetz gründet sich auf das Gesetz der Trägheit der Materie, Anfangsgr. d. Naturw. 3. H. Allg. Anmerk. zur Mechanik (VII 304).

Stimmung (proportionierte, der Erkenntnisvermögen). Die Schönheit (s. d.) bringt die Erkenntnisvermögen in die „proportionierte S., die wir zu allem Erkenntnisse fordern, und daher auch für jedermann, der durch Verstand und Sinne in Verbindung zu urteilen bestimmt ist (für jeden Menschen), gültig halten", KU § 9 (II 57 f.). Die zur Belebung beider Gemütskräfte zuträglichste S. kann durch das Gefühl bestimmt werden und ist mitteilbar vermöge eines Gemeinsinns, der aber von dem „Gemeinsinn" in der Bedeutung „gemeiner Verstand" (sensus communis) wesentlich unterschieden ist, ibid. § 21 (II 80 f.). Vgl. Geschmacksurteil, Spiel, Ästhetik.

Stoizismus. Der S. als Prinzip der Diätetik (s. d.), als Grundsatz des „sustine et abstine", der Abhärtung, Stärke und Enthaltsamkeit gehört nicht bloß zur praktischen Philosophie als Tugendlehre, sondern auch zu ihr als Heilkunde, welche die Macht der Vernunft über die sinnlichen Gefühle betrifft, Str. d. Fak. 3. Abs. Grundsatz der Diätetik (V 4, 147). Der Stoiker, der ausrief: „Schmerz, du magst mich noch so foltern, ich werde doch nie gestehen, daß du etwas Böses . . . seist", hatte recht; denn den Wert seiner Person konnte dieses Übel nicht verringern, KrV 1. T. 1. B. 2. H. (II 79). Doch haben die Stoiker „moralische Schwärmerei statt nüchterner, aber weiser Disziplin der Sitten" eingeführt, ibid. 3. H. (II 111); vgl. 2. B. 2. H. (II 143 f., 148). Ihr oberstes Prinzip, die Tugend als Bedingung des höchsten Guts, hatten sie ganz richtig gewählt, aber das moralische Vermögen des Menschen überspannt, ibid. 2. B. 2. H. V (II 162 f.). Die Tugend ist eine Tapferkeit, und es war richtig, die Würde der menschlichen Natur und die Freiheit zum Prinzip der Moral zu machen; aber bezüglich der Art und Weise, wie dem Bösen in uns zuerst zu begegnen, erkannten sie noch nicht das Richtige, Rel. 2. St. am Anfang u. 1. Anm. (IV 62 f.). Das Prinzip der „Apathie" (s. d.), daß der Weise niemals im Affekt, selbst nicht in dem des Mitleids mit den Übeln seines besten Freundes sein müsse, ist „ein ganz richtiger und erhabener moralischer Grundsatz der stoischen Schule; denn der Affekt macht (mehr oder weniger) blind", Anthr. 1. T. § 75 (IV 186).

Strafe. „Das **Strafrecht** ist das Recht des Befehlshabers gegen den Unterwürfigen, ihn wegen seines Verbrechens mit einem Schmerz zu belegen. Der Oberste im Staate kann also nicht bestraft werden, sondern man kann sich nur seiner Herrschaft entziehen." Richterliche S. kann niemals bloß als ein Mittel, ein anderes Gute zu befördern, verhängt werden, sondern nur deshalb, weil der Verbrecher verbrochen hat; denn der Mensch kann nie bloß als Mittel gebraucht werden. „Er muß vorher **strafbar** befunden sein, ehe noch daran gedacht wird, aus dieser S. einigen Nutzen für ihn selbst oder seine Mitbürger zu ziehen." Wenn die Gerechtigkeit untergeht, so hat es keinen Wert mehr, daß Menschen auf Erden leben. Das „Prinzip der Gleichheit" bestimmt Art und Grad der S. „Also: was für unverschuldetes Übel du einem anderen im Volke zufügst, das tust du dir selbst an." Nur das Wiedervergeltungsrecht (ius talionis) kann (dem Geist nach, nicht buchstäblich) die Qualität und Quantität der S. bestimmen. Für den Mord ist nur die Todesstrafe angemessen, aber ohne alle Mißhandlung. Die Einwände **Beccarias** gegen die Todesstrafe entspringen „aus teilnehmender Empfindelei einer affektierten Humanität" und sind sophistisch, MSR 2. T. Allg. Anmerk. E I (III 158 ff.). „In jeder S. als solcher muß zuerst Gerechtigkeit sein, und diese macht das Wesentliche dieses Begriffes aus." „Also ist S. ein physisches Übel, welches, wenn es auch nicht als **natürliche** Folge mit dem Moralisch-Bösen verbunden wäre, doch als Folge noch Prinzipien einer sittlichen Gesetzgebung verbunden werden müßte", KpV 1. T. 1. B. 1. H. § 8 (II 50). „Die Größe der S. ist entweder praktisch zu schätzen, nämlich daß sie groß genug sei, die Handlungen zu verhindern, und dann ist keine größere S. erlaubt; aber nicht immer ist eine so große S., als physisch nötig ist, moralisch möglich. Aber ihre Größe wird im moralischen Verhältnis geschätzt. Der Mensch, der einen anderen Menschen, um ihm Geld zu nehmen, tötet, von dem wird geurteilt, daß, weil er eines anderen Leben weniger als sein Geld geschätzt hat, man auch seines weniger schätzen müsse, als so viel Geld in Beziehung auf das Leben eines jeden austrägt", Bruchstücke aus d. Nachlaß (VIII 288).

Subjekt s. Ich, Bewußtsein. Das S., welches der Gegenstand des inneren Sinnes (s. d.) ist, ist insofern nur Erscheinung, nicht das S., wie es an sich wäre, KrV tr. Ästh. § 8 (I 102—Rc 120 f.). Ich (s. d.) als „denkendes S." erkenne mich selbst, als „gedachtes Objekt". Das Ich, welches denkt, und das Ich, das sich selbst anschaut, sind als „dasselbe S." einerlei, ibid. tr. Anal. § 24 (I 167—Rc 209). Das denkende Ich, das „Ich der Apperzeption", ist nur das Bewußtsein (nicht die Erkenntnis) eines X, welches ein „transzendentales S." der Gedanken bedeutet, das nur durch seine Gedankenakte, als seine Prädikate, erkannt werden kann, während wir von ihm abgesondert, für sich allein keinerlei Begriff haben. Das „bestimmende Selbst" ist rein für sich kein Gegenstand der Erkenntnis, nur die „Form" alles Vorstellens, ibid. tr. Dial. 2. B. 1. H. (I 352 ff.—Rc 421 ff.). „Daß aber Ich, der ich denke, im Denken immer als **Subjekt** und als etwas, was nicht bloß wie Prädikat, das dem Denken anhänge, betrachtet werden kann, gelten müsse, ist ein apodiktischer und selbst **identischer Satz**; aber er bedeutet nicht, daß ich als **Objekt** ein für mich selbst **bestehendes Wesen** oder **Substanz** sei", ibid. (I 355—Rc 426 f.). Der Satz: Ich kann nicht anders als S. existieren, ist falsch; es muß heißen: „Ich kann im Denken meiner Existenz mich nur zum S. des Urteils brauchen" (vgl. Paralogismen). Die „Beziehung auf Sich als S." ist die „Form des Denkens". Im Denken dient das Ich „immer zum S. des Bewußtseins", ibid. 1. H. 2. Anm. (I 358—Rc 438 f.). Das (reine) Ich ist nur „das Bewußtsein meines Denkens", ibid. 1. H. (I 359—Rc 441). Auf das einfache Ich, die „absolute Einheit der Apperzeption", bezieht sich „alle Verbindung oder Trennung, welche das Denken ausmacht", ibid. Widerlegung des Mendelssohnschen Beweises (I 363—Rc 455 f.); aber von einer einfachen Substanz ist hier keine Rede (vgl. Seele). Diese „Einheit des Bewußtseins" ist nur die „Einheit im **Denken**, wodurch allein kein Objekt gegeben wird". Das „S. der Kategorien" kann dadurch, daß es diese denkt, nicht von sich selbst als einem Objekte der Kategorien einen Begriff bekommen, ibid. (I 365—Rc 462 f.). Durch das bloße Denken des Ich stelle ich mich mir selbst vor, „weder wie ich bin, noch wie ich mir erscheine“, sondern ich denke mich nur wie ein jedes „Objekt überhaupt“, von dessen Art der Anschauung ich abstrahiere. „Wenn ich mich hier als S. der Gedanken oder auch als Grund des Denkens vorstelle, so bedeuten diese Vorstellungsarten nicht die Kategorien der Substanz oder der Ursache; denn diese sind jene Funktionen des Denkens (Urteilens) schon auf unsere sinnliche Anschauung angewandt, welche freilich erfordert werden würde, wenn ich mich erkennen wollte.“ Im Bewußtsein meines bloßen Denkens bin ich „das Wesen selbst“, „von dem mir aber freilich dadurch noch nichts zum Denken gegeben ist“. Hingegen ist der Satz: „ich existiere denkend“ nicht bloß logische Funktion, sondern bestimmt das Subjekt in Ansehung der Existenz vermittelst des inneren Sinnes (s. d.), dem dann das Ich als Erscheinung sich darstellt, ibid. 1. H. Allg. Anmerk. (I 370—Rc 481 ff.).

Das Ich (s. d.) ist das „absolute S.“ seines Denkens, d. h. es kann nicht als Prädikat von etwas anderem gedacht werden. Alles Denken steht in Beziehung zu einem Ich als dem gemeinschaftlichen S., dem es inhäriert. Das Ich ist „in allen Gedanken“, seine Vorstellung kommt bei allem Denken immer wieder vor, aber es ist keine „stehende und bleibende Anschauung“, und daher ist es nicht als Substanz zu erkennen. Die logische „Einheit des denkenden S.s“ ist nicht mit der realen Einfachheit einer Seelensubstanz zu verwechseln (s. Paralogismen). Das Ganze des Gedankens könnte auf „viele S.e“ verteilt sein, das „subjektive Ich“ aber kann nicht geteilt und verteilt werden, es ist formale Einheit, die Form der Erfahrung. Das S. des Denkens wird durch das Wort „Ich“ nur „transzendental“ bezeichnet. „Es bedeutet ein Etwas überhaupt (transzendentales S.), dessen Vorstellung allerdings einfach sein muß, eben darum, weil man gar nichts an ihm bestimmt“. „Die Einfachheit aber der Vorstellung von einem S. ist darum nicht eine Erkenntnis von der Einfachheit des S.s selbst; denn von dessen Eigenschaften wird gänzlich abstrahiert...“, KrV 1. A. tr. Dial. 2. B. 1. H. 1. Paralogismus (I 729 ff.—Rc 424 ff.).

Das „eigentliche S.“ (das „Substantiale“) an allen Substanzen (s. d.) ist unbekannt. „Die reine Vernunft fordert, daß wir zu jedem Prädikate eines Dinges sein ihm zugehöriges S., zu diesem aber, welches notwendigerweise wiederum nur Prädikat ist, fernerhin sein S. und so forthin ins Unendliche (oder soweit wir reichen) suchen sollen. Aber hieraus folgt, daß wir nichts, wozu wir gelangen können, für ein letztes S. halten sollen, und daß das Substantiale selbst niemals von unserem noch so tief eindringenden Verstande, selbst wenn ihm die ganze Natur aufgedeckt wäre, gedacht werden könne; weil die spezifische Natur unseres Verstandes darin besteht, alles diskursiv, d. i. durch Begriffe, mithin auch durch lauter Prädikate zu denken, wozu also das absolute S. jederzeit fehlen muß“, Prol. § 46 (III 99); vgl. Seele, Ich. Zu unterscheiden sind das „logische“ oder „intellektuelle“ Ich (s. d.) als das „Subjekt der Apperzeption“ und das „psychologische“ oder „sinnliche“ Ich als das „S. der Perzeption“. Das logische Ich zeigt „das S. zwar, wie es an sich ist, im reinen Bewußtsein, nicht als Rezeptivität, sondern reine Spontaneität“ an, ist aber weiter keiner Erkenntnis seiner Natur fähig, Fortschr. d. Metaph. 1. Abs. Gesch. der Transzendentalphilosophie (V 3, 95 f.). Vgl. Ich, Bewußtsein, Seele, Sinn (innerer), Apperzeption, Identität, Seele, Paralogismen, Mensch, Idealismus.

Subjektiv. S. ist, was sich auf das Subjekt (s. d.) bezieht oder dem Subjekt angehört, aus ihm entspringt, in ihm seinen Grund hat. S. im psychologischen Sinne ist, was von der besonderen Organisation des erlebenden Subjekts abhängt, wie die Empfindung (s. d.) und das (sinnliche) Gefühl und Streben. Im kritisch-transzendentalen Sinne ist s., was abhängig ist von den Funktionen des erkennenden Subjekts überhaupt, was durch die Gesetzlichkeit desselben, der Erkenntnisfunktionen (Sinnlichkeit, Verstand, Vernunft) desselben bedingt ist, also nicht an sich, ohne Bezug auf sie, so ist, wie es sich darstellt. Dieses S.e der Erkenntnis ist zugleich objektiv (s. d.), als allgemeine und notwendige Bestimmtheit der Gegenstände der Erfahrung (Phänomene), als für diese geltend, sie konstituierend, bestimmend, in einer für jedes Subjekt gleichen Weise, unabhängig von der Organisation desselben (so Raum, Zeit, die Kategorien; s. d.). Rein s. ist das Gefühl (s. d.).

Die Zeit ist „nichts Objektives und Reales", „weder eine Substanz, noch ein Akzidenz, noch ein Verhältnis", sondern „eine s.e", d. h. „durch die Natur des menschlichen Geistes notwendige Bedingung", „wonach alles Sinnliche nach einem bestimmten Gesetze einander beigeordnet wird" Mund. sens. § 14 (V 2, 107). Der Raum ist ebenfalls „etwas S.es und Ideales", „was aus der Natur des Geistes nach einem festen Gesetz hervorgeht", „gleichsam ein Schema, um alles überhaupt äußerlich Wahrgenommene zu ordnen", ibid. § 15 (V 2, 111). Die Apriorität der Anschauungsformen (s. d.) ist nur zu begreifen aus ihrer „Subjektivität" im Sinne des Wurzelns dieser Form im Subjekt (in der Sinnlichkeit als einem Erkenntnisvermögen, als die Art und Weise, wie dieses auf Eindrücke reagiert). KrV tr. Ästh. § 3 (I 81 ff.—Rc 98 ff.). Der Raum als Anschauungsform hat „empirische Realität", aber „transzendentale Idealität" (s. d.) und ist insofern (wie die Zeit) „s.", trotzdem er „objektive Gültigkeit" hat, d. h. allgemein und für alle Objekte als Erscheinungen gilt. Diese Allgemeingültigkeit ermöglicht die synthetischen Sätze a priori der Mathematik (s. d.) und mathematischen Naturwissenschaft. Hingegen gehören die Sinnesqualitäten (die Empfindungen der Farben, Töne usw.) zum „S.en" im engeren Sinne, d. h. zu besonderen Organisationen der Menschen; sie können daher bei verschiedenen Menschen verschieden sein, eignen sich also nicht zu allgemeingültigen („objektiven") Bestimmungen der Dinge, ibid. (I 84 f.—Rc 101 f.).

Die ästhetische (s. d.) Beschaffenheit der Vorstellung eines Objekts ist das, was an ihr „bloß subjektiv" ist, d. h. was „ihre Beziehung auf das Subjekt, nicht auf den Gegenstand" ausmacht. In der „Sinnenvorstellung" der Dinge außer uns ist die Raumform das „bloß S.e meiner Vorstellung derselben (wodurch, was sie als Objekte an sich sein mögen, unausgemacht bleibt)". Der Raum ist aber doch ein „Erkenntnisstück der Dinge als Erscheinungen". Empfindung (s. d.) „drückt ebenfalls das bloß S.e unserer Vorstellungen der Dinge außer uns aus, aber eigentlich das Materielle (Reale) derselben (wodurch etwas Existierendes gegeben wird)". Dasjenige S.e an einer Vorstellung, das „gar kein Erkenntnisstück werden kann", ist das mit ihr verbundene Gefühl (s. d.) der Lust und Unlust, durch das nichts an dem Gegenstande erkannt wird, obgleich es die Wirkung einer Erkenntnis sein kann, KU Einl. VII (II 26). Bedingung des Gebrauchs der Urteilskraft ist „dasjenige S.e, welches man in allen Menschen (als zum möglichen Erkenntnisse überhaupt erforderlich) voraussetzen kann", weil sonst Menschen sich ihre Vorstellungen und Erkenntnis „nicht mitteilen könnten", ibid. § 38 (II 140f.): vgl. Gemeinsinn, Stimmung, Geschmacksurteil.

Aller Wahrnehmung geht vorher und macht Anschauung a priori möglich „die Naturbeschaffenheit des Subjekts, welches einer anschaulichen Vorstellung des Gegenstandes fähig ist", d. h. das „S.e in der formalen Beschaffenheit des Sinnes als der Empfänglichkeit für die Anschauung eines Gegenstandes", Fortschr. d. Metaph. 1. Abt. Gesch. der Transzendentalphilosophie (V 3, 92). In Raum und Zeit bekundet sich die „bloß formale und subjektive Bedingung der Sinnlichkeit", unter welcher wir gegebene Gegenstände a priori anschauen (ibid.). Dieses „S.e" läßt eine „sichere und demonstrable Wissenschaft" zu. Hingegen bleibt das S.e der Empfindung (s. d.) „bloß s.", es gewährt „keine Erkenntnis des Objekts, mithin keine für jedermann gültige Vorstellung in der empirischen Anschauung", keine „Data zu Erkenntnissen a priori". Das S.e der Form der Sinnlichkeit aber, welches „a priori aller Anschauung der Objekte zum Grunde liegt", macht es uns möglich, „a priori von Objekten eine Erkenntnis zu haben, wie sie uns erscheinen". Dieses „S.e" ist „die Vorstellungsart ..., die davon, wie unser Sinn von Gegenständen, den äußeren oder den inneren (d. i. von uns selbst), affiziert wird", ibid. (V 3, 94 f.). Vgl. Idealität, Erscheinung, Objekt, Objektiv, Sinnlichkeit, Regel, Idee, Glaube, Geschmacksurteil, Gefühl, Erfahrungsurteil. Urteilskraft, Zweck.

Subsistenz s. Inhärenz, Substanz. — Über die „lex subsistentiae" vgl. Mechanik.

Substanz. Der Begriff der S. gehört zu den Kategorien (s. d.) der Relation. Er ist eine apriorische Bedingung der Erfahrungserkenntnis, macht einheitliche Erfahrung möglich, stammt also nicht aus der Erfahrung. Rein logisch ist S. das „Subjekt“, der Träger von Zuständen. Mit diesen bloßen Gedanken läßt sich aber nichts anfangen; der Substanzbegriff bedarf eines „Schema“ (s. d.), und dieses ist das Beharrende in der räumlich-zeitlichen Anschauung, das durch die Kategorie als S. bestimmt wird. Daß die S. im Wechsel des Geschehens beharrt, ist eine a priori gültige Voraussetzung der Erkenntnis. S.en sind die Dinge aber nur als Erscheinungen, als Gegenstände möglicher Erfahrung, nicht als Dinge an sich, die man höchstens nach Analogie einer S. denken kann. Die Seele (s. d.) ist uns nicht als S. gegeben; die innere Wahrnehmung bietet nichts Beharrliches, was hier die Anwendung des Substanzbegriffes gestattet. — Früher nimmt Kant noch die Erkennbarkeit von an sich als solche existierenden S.en an (s. Monade).

Durch die Kategorie der S. wird bestimmt, daß die empirische Anschauung des Körpers in der Erfahrung „immer nur als Subjekt, niemals als bloßes Prädikat“ betrachtet werden müsse, KrV tr. Anal. § 14 (I 148—Rc 169 Anm.). Ohne die sinnliche Bestimmung der Beharrlichkeit wäre die S. nichts als „ein Etwas . . ., das als Subjekt (ohne ein Prädikat von etwas anderem zu sein) gedacht werden kann“. „Aus dieser Vorstellung kann ich nun nichts machen, indem sie mir gar nicht anzeigt, welche Bestimmungen das Ding hat, welches als ein solches erstes Subjekt gelten soll“, ibid. tr. Anal. 2. B. 1. H. (I 189 f.—Rc 244 f.). Die Kategorie der S. bedarf, um gegenständliche Erkenntnis zu liefern, des „Schema“ (s. d.) der Beharrlichkeit. Das „Schema“ der S. ist „die Beharrlichkeit des Realen in der Zeit, d. i. die Vorstellung desselben als eines Substratum der empirischen Zeitbestimmung überhaupt, welches also bleibt, indem alles andere wechselt“. „Die Zeit verläuft sich nicht, sondern in ihr verläuft sich das Dasein des Wandelbaren. Der Zeit also, die selbst unwandelbar und bleibend ist, korrespondiert in der Erscheinung das Unwandelbare im Dasein, d. i. die Substanz, und bloß an ihr kann die Folge und das Zugleichsein der Erscheinungen der Zeit nach bestimmt werden“ ibid. (I 187—Rc 242).

Zu den „Analogien“ (s. d.) der Erfahrung gehört der apriorische, aber „regulative“ Grundsatz der Beharrlichkeit der Substanz: „Bei allem Wechsel der Erscheinungen beharrt die S., und das Quantum derselben wird in der Natur weder vermehrt noch vermindert“, KrV tr. Anal. 2. B. 2. H. 3. Abs. 3, 1. Analogie (I 219—Rc 277 Anm.); 1. A.: „Alle Erscheinungen enthalten das Beharrliche (S.) als den Gegenstand selbst, und das Wandelbare, als dessen bloße Bestimmung, d. i. eine Art, wie der Gegenstand existiert“, ibid. (I 219 Anm. — Rc 276). Beweis: „Alle Erscheinungen sind in der Zeit, in welcher als Substrat (als beharrlicher Form der innern Anschauung) das Zugleichsein sowohl als die Folge allein vorgestellt werden kann. Die Zeit also, in der aller Wechsel der Erscheinungen gedacht werden soll, bleibt und wechselt nicht, weil sie dasjenige ist, in welchem das Nacheinander- oder Zugleichsein nur als Bestimmungen derselben vorgestellt werden können. Nun kann die Zeit für sich nicht wahrgenommen werden. Folglich muß in den Gegenständen der Wahrnehmung, d. i. den Erscheinungen, das Substrat anzutreffen sein, welches die Zeit überhaupt vorstellt, und an dem aller Wechsel oder Zugleichsein durch das Verhältnis der Erscheinungen zu demselben in der Apprehension wahrgenommen werden kann. Es ist aber das Substrat alles Realen, d. i. zur Existenz der Dinge Gehörigen, die S., an welcher alles, was zum Dasein gehört, nur als Bestimmung kann gedacht werden. Folglich ist das Beharrliche, womit im Verhältnis alle Zeitverhältnisse der Erscheinungen allein bestimmt werden können, die S. in der Erscheinung, d. i. das Reale derselben, was als Substrat alles Wechsels immer dasselbe bleibt. Da diese also im Dasein nicht wechseln kann, so kann ihr Quantum in der Natur auch weder vermehrt noch vermindert werden“, ibid. (I 219 f.— Rc 277 Anm.). Da unsere Apprehension des Mannigfaltigen der Erscheinungen immer sukzessiv ist (vgl. Zeit), so ist alle Zeitbestimmung nur an einem beharrlichen Substrat möglich, wodurch das objektive Nacheinander und Zugleichsein bestimmt ist. Alles, was wechselt, gehört nur zu der Art, wie die S. existiert, mithin zu ihren Bestimmungen. „Bei allen Veränderungen in der Welt bleibt die S., und nur die Akzidenzen wechseln." Der Satz, daß die S. beharrlich sei, ist tautologisch. „Denn bloß diese Beharrlichkeit ist der Grund, warum wir auf die Erscheinung die Kategorie der S. anwenden", ibid. (I 220 ff.— Rc 277 ff.). Wir können einer Erscheinung nur darum den Namen S. geben, „weil wir ihr Dasein zu aller Zeit voraussetzen". Dies müssen wir aber, weil die Einheit der Erfahrung niemals möglich sein würde, „wenn wir neue Dinge (der S. nach) wollten entstehen lassen". „Denn alsdann fiele dasjenige weg, welches die Einheit der Zeit allein vorstellen kann, nämlich die Identität des Substratum, als woran aller Wechsel allein durchgängige Einheit hat. Diese Beharrlichkeit ist indes doch weiter nichts, als die Art, uns das Dasein der Dinge (in der Erscheinung) vorzustellen", ibid. (I 222 f.—Rc 280 f.). Veränderung (s. d.) kann nur an S.en wahrgenommen werden. Es sind also S.en (in der Erscheinung), „die Substrate aller Zeitbestimmungen". „So ist demnach die Beharrlichkeit eine notwendige Bedingung, unter welcher allein Erscheinungen, als Dinge oder Gegenstände, in einer möglichen Erfahrung bestimmbar sind", ibid. (I 223f.—Rc 281f.); vgl. Akzidenzen. Das „empirische Kriterium" einer S. liegt auch in der „Handlung", also in Tätigkeit und Kraft. Wo Handlung ist, da ist auch S., „Handlung bedeutet schon das Verhältnis des Subjekts der Kausalität zur Wirkung. Weil nun alle Wirkung in dem besteht, was da geschieht, mithin im Wandelbaren, was die Zeit der Sukzession nach bezeichnet, so ist das letzte Subjekt desselben das Beharrliche, als das Substratum alles Wechselnden, d. i. die S.". Handlung, als ein hinreichendes empirisches Kriterium, beweist also die Substantialität, „ohne daß ich die Beharrlichkeit derselben durch verglichene Wahrnehmungen allererst zu suchen nötig hätte". „Denn daß das erste Subjekt der Kausalität alles Entstehens und Vergehens selbst nicht (im Felde der Erscheinungen) entstehen und vergehen könne, ist ein sicherer Schluß, der auf empirische Notwendigkeit und Beharrlichkeit im Dasein, mithin auf den Begriff einer S. als Erscheinung ausläuft", ibid. 2. Anal. (I 238—Rc 297 f.). Die inneren Bestimmungen einer im Raum erscheinenden S. (Materie) sind „nichts als Verhältnisse", und sie selbst ist nur ein „Inbegriff von lauter Relationen". Wir kennen sie nur durch Kräfte, ibid. tr. Anal. Anh. Von d. Amphibolie (I 294 f.—Rc 358 f.).

Der Begriff einer S. bedeutet „das letzte Subjekt der Existenz, d. i. dasjenige, was selbst nicht wiederum bloß als Prädikat zur Existenz eines anderen gehört". „Nun ist Materie das Subjekt alles dessen, was im Raume zur Existenz der Dinge gezählt werden mag; denn außer ihr würde sonst kein Subjekt gedacht werden können, als der Raum selbst, welcher aber ein Begriff ist, der noch gar nichts Existierendes, sondern bloß die notwendigen Bedingungen der äußeren Relation möglicher Gegenstände äußerer Sinne enthält. Also ist Materie, als das Bewegliche im Raume, die S. in demselben." Die Teile der Materie sind S.en. „Materielle S." ist „dasjenige im Raume, was für sich, d. i. abgesondert von allem anderen, was außer ihm im Raume existiert, beweglich ist", Anfangsgründe der Naturw. 2. H. Erklär. 5 u. Anmerk. (VII 235 f.). Den Satz von der Erhaltung (Beharrung) der S. wendet der Physiker „mit dem besten Erfolg" an, weil er ein dem Verstand „unentbehrlicher Leitfaden" ist, um Erfahrung anzustellen, Fortschr. der Metaph. Beilage I, Einl. (V 3, 149). „Die Begriffe der Notwendigkeit und Zufälligkeit scheinen nicht auf die S. zu gehen. Auch fragt man nicht nach der Ursache des Daseins einer S., weil sie das ist, was immer war und bleiben muß, und worauf als ein Substrat das Wechselnde seine Verhältnisse gründet. Bei dem Begriffe einer S. hört der Begriff der Ursache auf. Sie ist selbst Ursache, aber nicht Wirkung. Wie soll auch etwas Ursache einer S. außer ihm sein, so daß diese auch durch jenes seine Kraft fortdauerte? Denn da würden die Folgen der letzteren bloß Wirkungen der ersteren sein, und die letztere wäre also selbst kein letztes Subjekt", Beilage, Randbemerkungen (V 3, 162). — Die bloße Kategorie der S. enthält — wie jede andere Kategorie — „nur die logische Funktion, in Ansehung deren ein Objekt als bestimmt gedacht wird", und gewährt dadurch allein, d. h. ohne sinnliche Anschauung, keine Erkenntnis (auch nicht des Übersinnlichen). Der reine Begriff der S. ist nur der Begriff „eines Etwas, dessen Existenz nur als die eines

Subjekts, nicht aber eines bloßen Prädikates von einem anderen, gedacht werden muß". Aus einem solchen Begriffe (wie aus dem der Ursache) ist „keine Erkenntnis von dem so beschaffenen Dinge herauszubringen, sogar nicht einmal, ob eine solche Beschaffenheit auch nur möglich sei, d. i. ob es irgend etwas geben könne, worin sie angetroffen werde". Diese Möglichkeit muß zu einer theoretischen Erkenntnis durch eine den Begriffen der S. und Ursache korrespondierende Anschauung belegt werden; „allein, wenn je Begriffe nicht konstitutive, sondern bloß regulative Prinzipien des Gebrauchs der Vernunft abgeben sollen (wie dieses allemal der Fall mit der Idee eines Noumens ist), so können sie auch als bloße logische Funktionen zu Begriffen von Dingen, deren Möglichkeit unerweislich ist, ihren in praktischer Absicht unentbehrlichen Gebrauch für die Vernunft haben, weil sie alsdann nicht als objektive Gründe der Möglichkeit der Noumene, sondern als subjektive Prinzipien (des theoretischen oder praktischen Gebrauchs der Vernunft) in Ansehung der Phänomene gelten", Üb. e. Entdeck. 1. Abs. C (V 3, 47 f.).

„Ein Gegenstand der Sinne ist nur das, was auf meine Sinne wirkt, mithin handelt und also Substanz ist. Daher ist die Kategorie der S. prinzipial", Lose Bl. 13. „S. ist das letzte Subjekt der Realität. Ihr Verhältnis zum Dasein dieser heißt Kraft, und diese ist es allein, wodurch die Existenz der S. bezeichnet wird und worin ihre Existenz auch selbst besteht." „Daß ein Wesen als Einheit der S. existieren und dennoch in eine Vielheit derselben aufgelöst werden könne, involviert keinen Widerspruch." Die intensive Größe (der Grad) kann immer als „potentiale Vielheit der Subjekte angesehen werden, die geschieden werden kann". So könnte auch die Einheit der Seele in eine Vielheit der Subjekte verwandelt werden, N 5650. „Der Begriff der S. bei den Erscheinungen beruht auf dem Widerstande, welcher der bewegenden Kraft geschieht, wenn sie eine gewisse Geschwindigkeit hervorbringt. Wenn wir den Gegenständen nicht Kräfte beilegten bei den Bewegungen, die sie haben, so würden sie nicht als S.en, d. i. als bestehende Subjekte der Bewegung, angesehen werden", N 42. „Was schlechthin... Subjekt ist, das letzte Subjekt, was nicht weiter als Prädikat ein ander Subjekt voraussetzt, ist S.", N 5295. „Da wir ein Ding nur durch seine Prädikate kennen, so können wir das Subjekt nicht für sich allein kennen", N 5290. — „Das Substantiale ist das Ding an sich selbst und unbekannt", N 5292. „Alles an S.en, was wir erkennen, ist Kraft", N 4824. „Das per se esse einer S. ist nicht ein a se esse", N 5855. — „Wir empfinden nicht äußere S.en (nur äußere Wirkungen auf uns), sondern wir denken sie nur dazu, aber nur in dem Verhältnis auf die Affektionen unseres Gemüts; also nicht, was sie an sich selbst sind, sondern das Perdurable in der Erscheinung", N 5358. „Ein Phaenomenon, was ein Substratum ist von anderen Phaenomenis, ist darum nicht S. als nur comparative", N 5312; vgl. 5297. „Wir können nur an dem, was beharrt, das Wechseln bemerken. Wenn alles fließt, so kann selbst das Fließen nicht wahrgenommen werden. Die Erfahrung also vom Entstehen und Vergehen ist nur durch das, was beharrt, möglich. Also ist etwas in der Natur, was bleibt (weder entsteht noch vergeht), und dieses ist S.; nur die accidentia wechseln: Principium der Möglichkeit der Erfahrungen", N 5871. „Die Idee der S. kommt eigentlich von der repraesentatione sui ipsius her", N 3921. Vgl. Vorles. über Metaphys. S. 55 f., 81, 110 f., 330 f. Vgl. Inhärenz, Akzidenzen, Beharrung, Veränderung, Materie, Seele, Äther.

Substrat s. Substanz, Ding an sich, Vernunft, Zeit, Beharrlich, Noumenon. Über das „übersinnliche S." der Natur vgl. KU § 81 (II 289 f.).

Subsumtion. Die Urteilskraft (s. d.) ist das Vermögen, „unter Regeln zu subsumieren, d. i. zu unterscheiden, ob etwas unter einer gegebenen Regel (casus datae legis) stehe oder nicht", KrV tr. Anal. Einl. (I 179—Rc 233). In aller S. eines Gegenstandes unter einen Begriff muß die Vorstellung des ersteren mit dem letzteren „gleichartig sein, d. i. der Begriff muß dasjenige enthalten, was in dem darunter zu subsumierenden Gegenstande vorgestellt wird; denn das bedeutet eben der Ausdruck: ein Gegenstand sei unter einem Begriffe enthalten" (z. B. Teller — Kreis), ibid. tr. Anal. 2. B. 1. H. (I 182—

Rc 237). Die S. der Erscheinungen der Anschauung unter die Kategorien (s. d.) — und damit die Anwendung dieser auf jene — ist nur durch die transzendentalen „Schemate" (s. d.) möglich. Vgl. Schluß, Urteilskraft, Erfahrungsurteil.

Sukzession. Wir können die Zeit (s. d.) nicht vorstellen, „ohne, indem wir im Ziehen einer geraden Linie (die die äußerlich figürliche Vorstellung der Zeit sein soll) bloß auf die Handlung der Synthesis des Mannigfaltigen, dadurch wir den inneren Sinn sukzessiv bestimmen, und dadurch auf die S. dieser Bestimmung in demselben achthaben". „Bewegung, als Handlung des Subjekts (nicht als Bestimmung eines Objekts), folglich die Synthesis des Mannigfaltigen im Raume, wenn wir von diesem abstrahieren und bloß auf die Handlung achthaben, dadurch wir den inneren Sinn seiner Form gemäß bestimmen, bringt sogar den Begriff der S. zuerst hervor", KrV tr. Anal. § 24 (I 167—Rc 209). Die S. im Bewußtsein ist noch nicht ein Bewußtsein der S. Erst eine Regel des Verstandes unterscheidet die S. im Objekt (s. d.) von der des Vorstellens. Vgl. Kausalität, Mathematik, Zahl, Veränderung, Sinn (innerer), Bewegung, Gleichzeitigkeit, Objekt.

Sünde. „S." ist „das Sittlich-Böse", die „Übertretung des moralischen Gesetzes als göttlichen Gebotes", Rel. 2. St. 1. Abs. C (IV 80). S. ist, was nicht aus dem Geist des moralischen Gesetzes geschieht, ibid. 1. St. II (IV 31). S. ist die Bösartigkeit der menschlichen Natur, Str. d. Fak. 1. Abs. II Anh. einer Erläuterung... II (V 4, 85). Vgl. Erbsünde, Böse, Laster.

Supernaturalist ist, wer den Glauben an eine übernatürliche göttliche Offenbarung (s. d.) zur allgemeinen Religion für notwendig hält, Rel. 4. St. 1. T. (IV 180).

Superstition s. Aberglaube, Religion.

Symbol. „Alle Hypotypose (Darstellung, subjectio sub adspectum) als Versinnlichung ist zwiefach: entweder schematisch, da einem Begriffe, den der Verstand faßt, die korrespondierende Anschauung a priori gegeben wird; oder symbolisch, da einem Begriffe, den nur die Vernunft denken, und dem keine sinnliche Anschauung angemessen sein kann, eine solche unterlegt wird, mit welcher das Verfahren der Urteilskraft demjenigen, was sie im Schematisieren beobachtet, bloß analogisch ist, d. i. mit ihm bloß der Regel dieses Verfahrens, nicht der Anschauung selbst, mithin bloß der Form der Reflexion, nicht dem Inhalte nach übereinkommt." Beide, die schematische und die symbolische Vorstellungsart, sind zu unterscheiden von den Charakterismen, „d. i. Bezeichnungen der Begriffe durch begleitende sinnliche Zeichen, die gar nichts zu der Anschauung des Objekts Gehöriges enthalten, sondern nur jenen nach dem Gesetze der Assoziation der Einbildungskraft, mithin in subjektiver Absicht, zum Mittel der Reproduktion dienen" (z. B. algebraische Zeichen). „Alle Anschauungen, die man Begriffen a priori unterlegt, sind also entweder Schemate oder Symbole, wovon die ersteren direkte, die zweiten indirekte Darstellungen des Begriffs enthalten. Die ersteren tun dieses demonstrativ, die zweiten vermittelst einer Analogie (zu welcher man sich auch empirischer Anschauungen bedient), in welcher die Urteilskraft ein doppeltes Geschäft verrichtet, erstlich den Begriff auf den Gegenstand einer sinnlichen Anschauung, und dann zweitens die bloße Regel der Reflexion über jene Anschauung auf einen ganz anderen Gegenstand, von dem der erstere nur das S. ist, anzuwenden." „So wird ein monarchischer Staat durch einen beseelten Körper, wenn er nach inneren Volksgesetzen, durch eine bloße Maschine aber (wie etwa eine Handmühle), wenn er durch einen einzelnen absoluten Willen beherrscht wird, in beiden Fällen aber nur symbolisch vorgestellt. Denn zwischen einem despotischen Staate und einer Handmühle ist zwar keine Ähnlichkeit, wohl aber zwischen der Regel, über beide und ihre Kausalität zu reflektieren." „Unsere Sprache ist voll von dergleichen indirekten Darstellungen nach einer Analogie, wodurch der Ausdruck nicht das eigentliche Schema für den Begriff, sondern bloß ein S. für die Reflexion enthält", KU § 59 (II 211 f.). — Das Schöne (s. d.) ist das „S. des Sittlichguten", ibid. (II 213).

Das „S. einer Idee“ ist „eine Vorstellung des Gegenstandes nach der Analogie, d. i. dem gleichen Verhältnisse zu gewissen Folgen, als dasjenige ist, welches dem Gegenstande an sich selbst zu seinen Folgen beigelegt wird, obgleich die Gegenstände selbst von ganz verschiedener Art sind, z. B. wenn ich gewisse Produkte der Natur, wie etwa die organisierten Dinge, Tiere oder Pflanzen, in Verhältnis auf ihre Ursache mir wie eine Uhr im Verhältnis auf den Menschen als Urheber vorstellig mache, nämlich das Verhältnis der Kausalität überhaupt als Kategorie in beiden ebendasselbe, aber das Subjekt dieses Verhältnisses nach seiner inneren Beschaffenheit mir unbekannt bleibt, jenes also allein, diese aber gar nicht dargestellt werden kann“. „Auf diese Art kann ich vom Übersinnlichen, z. B. von Gott, zwar eigentlich keine theoretische Erkenntnis, aber doch eine Erkenntnis nach der Analogie, und zwar die der Vernunft zu denken notwendig ist, haben“, Fortschr. d. Metaph. 1. Abt. Von d. Art . . . (V 3, 107); vgl. Gott. „Nicht jedes Zeichen ist S., sondern dieses ist ein Zeichen vom Zeichen“, N 3398 a. „Gestalten der Dinge (Anschauungen), sofern sie nur zu Mitteln der Vorstellung durch Begriffe dienen“, sind S.e, Anthr. 1. T. § 38 (IV 98 f.). — Kirchliche S.e sind dem Widerspruche ausgesetzt und veränderlich, Rel. 3. St. 1. Abs. IV (IV 128). Die ethisch aufgefaßte Dreieinigkeit (s. d.) ist das „Glaubenssymbol“ der reinen Religion, ibid. 3. St. Allg. Anmerk. Vgl. Zeichen, Analogie, Anthropomorphismus, Übersinnlich.

Symbolisch s. Symbol. Über die „s.e Konstruktion“ in der Algebra vgl. Mathematik (und Philosophie); über die s.e Erkenntnis des Verstandes im Gegensatz zur Anschauung vgl. Verstand, Zeichen.

Symbolisierung. „S.“ des Begriffs ist „Darstellung“ eines Begriffs „mit seinen Folgen“, als „Nothilfe für Begriffe des Übersinnlichen“, Fortschr. d. Metaph. 1. Abt. Von der Art . . (V 3, 107); vgl. Symbol, Analogie, Gott.

Synkretisten s. Rigorismus.

Synopsis (Zusammenschau des Mannigfaltigen der Sinne) s. Apprehension.

Synthesis. Verbindung liegt nicht im Material der Erfahrung als solchem, sondern entspringt aus der Funktion des erkennenden Bewußtseins selbst. Die Daten der Empfindung müssen (durch die „produktive Einbildungskraft“) erst zu Anschauungsbildern verbunden werden und das Anschauungsmaterial wird dann durch den Intellekt weiter verknüpft zu Begriffen und Urteilen. Die S. erfolgt aber hier überall nicht blind, willkürlich und subjektiv variabel, sondern es gibt apriorische, in der Gesetzlichkeit des Verstandes selbst wurzelnde Bedingungen der S., oberste, allgemeingültige Prinzipien, denen gemäß das Gegebene zu einem einheitlichen Zusammenhange, zur Einheit der Erfahrung (s. d.) verknüpft werden muß. Die Quelle aller synthetischen Einheit (s. d.) der Erkenntnis ist die transzendentale Einheit der reinen „Apperzeption“ (s. d.), zu der alles, wenn es erkennbar, erfahrbar sein soll, zusammengehen muß. Diese oberste Einheit besondert sich in den Kategorien (s. d.), welche nur Begriffe von den verschiedenen Arten der synthetischen Einheit sind und Erfahrung möglich machen, welche die synthetische Einheit der Apperzeption voraussetzt, zur Grundlage hat. Die systematische Einheit der S. stiften die „Ideen“ (s. d.) der Vernunft. Alles Denken ist S., Einheitsverknüpfung (s. Urteil, Begriff), und ebenso ist die Erfahrung selbst schon S., einheitliche Verbindung, die als solche nie gegeben, sondern dem Verstande aufgegeben ist, der durch sie „Erfahrung überhaupt“ erzeugt (wobei die einzelnen Erfahrungen durch das Gegebene der Sinne mit bedingt sind). Die Objekte (s. d.) der Erfahrung als solche setzen eine solche S. voraus, bestehen nicht unabhängig von der Möglichkeit derselben; schon die „Wahrnehmung“ der Objekte beruht auf einer S. (der „Apprehension“) in der „Einbildungskraft“ (s. d.), indem die Einheit der Anschauung eine verknüpfende Funktion zur Voraussetzung hat.

Es ist etwas anderes, „sich aus gegebenen Teilen die Zusammensetzung eines Ganzen mittelst eines abstrakten Verstandesbegriffes zu denken", als „diesen allgemeinen Begriff, als eine Aufgabe der Vernunft, vermittelst des sinnlichen Erkenntnisvermögens auszuführen, d. h. in einer deutlichen Anschauung in concreto ihn sich vorzustellen". „Das erstere geschieht durch den Begriff der Zusammensetzung überhaupt . . ., das letztere beruht auf den Bedingungen der Zeit, insofern der Begriff des Zusammengesetzten durch fortgehende Hinzufügung eines Teiles zu den anderen auf erzeugende Weise, d. h. durch Synthese, möglich ist, und gehört zu den Gesetzen der Anschauung", Mund. sens. § 1 (V 2, 89). „Die Verbindung ist . . . entweder eine qualitative, ein Fortgang in der Reihe des Untergeordneten von der Bedingung zu dem Bedingten, oder eine quantitative, ein Fortgang in der Reihe des Nebengeordneten von einem gegebenen Teile durch dessen Ergänzungen zu dem Ganzen", ibid. 1. Anm. (V 2, 90).

Die reinen Verstandesbegriffe (Kategorien) erhalten ihren Stoff von der Sinnlichkeit. Die reinen Formen dieser, Raum und Zeit, enthalten „ein Mannigfaltiges der reinen Anschauung a priori". Sie sind Bedingungen der „Rezeptivität" (s. d.) unseres Geistes. Die „Spontaneität" (s. d.) unseres Denkens nun erfordert es, „daß dieses Mannigfaltige zuerst auf gewisse Weise durchgegangen, aufgenommen und verbunden werde, um daraus eine Erkenntnis zu machen". „Diese Handlung nenne ich S." „Ich verstehe aber unter S. in der allgemeinsten Bedeutung die Handlung, verschiedene Vorstellungen zueinander hinzuzutun, und ihre Mannigfaltigkeit in einer Erkenntnis zu begreifen." „Eine solche S. ist rein, wenn das Mannigfaltige nicht empirisch, sondern a priori gegeben ist (wie das im Raum und in der Zeit)." „Vor aller Analysis unserer Vorstellungen müssen diese zuvor gegeben sein, und es können keine Begriffe dem Inhalte nach analytisch entspringen. Die S. eines Mannigfaltigen aber (es sei empirisch oder a priori gegeben) bringt zuerst eine Erkenntnis hervor, die zwar anfänglich noch roh und verworren sein kann und also der Analysis bedarf; allein die S. ist doch dasjenige, was eigentlich die Elemente in Erkenntnissen sammelt, und zu einem gewissen Inhalte vereinigt; sie ist also das erste, worauf wir achtzugeben haben, wenn wir über den ersten Ursprung unserer Erkenntnis urteilen wollen", KrV tr. Anal. § 10 (I 127 f.—Rc 147 f.). Die S. überhaupt ist die bloße Wirkung der Einbildungskraft (s. d.), „einer blinden, obgleich unentbehrlichen Funktion der Seele, ohne die wir überall gar keine Erkenntnis haben würden, der wir uns aber selten nur einmal bewußt sind. Allein, diese S. auf Begriffe zu bringen, das ist eine Funktion, die dem Verstande zukommt, und wodurch er uns allererst die Erkenntnis in eigentlicher Bedeutung verschafft." „Die reine S., allgemein vorgestellt, gibt nun den reinen Verstandesbegriff. Ich verstehe aber unter dieser S. diejenige, welche auf einem Grunde der synthetischen Einheit a priori beruht." So ist z. B. unser Zählen (s. d.) eine „S. nach Begriffen, weil sie nach einem gemeinschaftlichen Grunde der Einheit geschieht (z. B. der Dekadik)". Auf dem reinen Verstande beruhen die Begriffe, welche der reinen S. Einheit geben; sie selbst (diese reinen Verstandesbegriffe oder Kategorien) bestehen „lediglich in der Vorstellung dieser notwendigen synthetischen Einheit", sie sind die ursprünglichen „reinen Begriffe der S., die der Verstand in sich enthält", ibid. (I 128 ff.—Rc 148 ff.). Die „Verbindung" eines Mannigfaltigen überhaupt kann niemals durch die Sinne in uns kommen, also auch nicht schon in der reinen Form der Anschauung mitenthalten sein. Sie ist vielmehr „ein Aktus der Spontaneität der Vorstellungskraft", d. h. des Verstandes, eine „Verstandeshandlung", die wir als „S." bezeichnen, um zu betonen, „daß wir uns nichts, als im Objekte verbunden, vorstellen können, ohne es vorher selbst verbunden zu haben". Unter allen Vorstellungen ist die Verbindung „die einzige, die nicht durch Objekte gegeben, sondern nur vom Subjekte selbst verrichtet werden kann, weil sie ein Aktus seiner Selbsttätigkeit ist". Der Begriff der Verbindung enthält außer dem Begriff des Mannigfaltigen und der S. noch den der Einheit desselben. „Verbindung ist Vorstellung der synthetischen Einheit des Mannigfaltigen." „Die Vorstellung dieser Einheit kann also nicht aus der Verbindung entstehen, sie macht vielmehr dadurch, daß sie zur Vorstellung des Mannigfaltigen hinzukommt, den Begriff der Verbindung allererst möglich", ibid. § 15 (I 149 f.—Rc 169 f.).

Die S. des Mannigfaltigen in den Kategorien bezieht sich auf die Einheit der Apperzeption; dadurch ist sie der Grund der Möglichkeit des Erkenntnis a priori, sofern diese auf dem Verstande beruht, und mithin „rein intellektual". Indem aber der Verstand den „inneren Sinn" (s. d.) durch das Mannigfaltige gegebener Vorstellungen gemäß der Einheit der Apperzeption bestimmt, denkt er „synthetische Einheit der Apperzeption des Mannigfaltigen der sinnlichen Anschauung a priori", als die Bedingung, unter welcher alle Gegenstände unserer Anschauung notwendig stehen müssen und wodurch die Kategorien erst objektive Realität, d. h. Anwendung auf Gegenstände der Anschauung bekommen. Diese S. des Mannigfaltigen der sinnlichen Anschauung kann „figürlich" (synthesis speciosa) genannt werden, zum Unterschied von derjenigen, „welche in Ansehung des Mannigfaltigen einer Anschauung überhaupt in der bloßen Kategorie gedacht würde und Verstandesverbindung (synthesis intellectualis) heißt". Beide sind „transzendental", nicht bloß weil sie selbst a priori vorgehen, sondern auch die Möglichkeit anderer Erkenntnis a priori begründen, KrV tr. Anal. § 24 (I 163 f.—Rc 201 f.). Die „figürliche" S., wenn sie bloß auf die transzendentale Einheit geht, die in den Kategorien gedacht wird, muß die „transzendentale S. der Einbildungskraft" heißen. Die Einbildungskraft selbst gehört zur Sinnlichkeit; sofern aber ihre S. eine Leistung der „Spontaneität" ist, welche „bestimmend" (nicht, wie der Sinn, bloß „bestimmbar") ist, mithin „a priori den Sinn seiner Form nach der Einheit der Apperzeption gemäß bestimmen" kann, so ist die Einbildungskraft insofern „ein Vermögen, die Sinnlichkeit a priori zu bestimmen"; ihre „S. der Anschauungen, den Kategorien gemäß" muß die „transzendentale S. der Einbildungskraft" sein, die „eine Wirkung des Verstandes auf die Sinnlichkeit und die erste Anwendung ... desselben auf Gegenstände der uns möglichen Anschauung ist". Die „intellektuelle S." hingegen erfolgt „ohne alle Einbildungskraft", rein gedanklich, ibid. (I 164 f.—Rc 203 f.). Die S. der „Apprehension" (s. d.) ist „die Zusammensetzung des Mannigfaltigen in einer empirischen Anschauung". Diese muß den Kategorien (s. d.) gemäß sein. Alle S., durch die erst Wahrnehmung und Erfahrung möglich wird, ist durch die Kategorien bedingt, ibid. § 26 (I 170 ff.—Rc 215 ff.). Erfahrung, als „empirische S.", ist in ihrer Möglichkeit die einzige Erkenntnisart, welche aller anderen S. Realität gibt. Die apriorische S. hat nur dadurch Wahrheit („Einstimmung mit dem Objekt"), „daß sie nichts weiter enthält, als was zur synthetischen Einheit der Erfahrung überhaupt notwendig ist", ibid. tr. Anal. 2. B. 2. H. 2. Abs. (I 197—Rc 253). Es gibt eine „S. des Gleichartigen in allem, was mathematisch erwogen werden kann", und eine „S. des Mannigfaltigen, sofern es notwendig zueinander gehört ..., mithin auch als ungleichartig doch a priori verbunden vorgestellt wird" („dynamische" Verbindung, die wieder in die „physische" und „metaphysische" Verbindung zerfällt), ibid. 3. Abs. 1. Anm. (I 201—Rc 257).

Die „Vorerinnerung" in der „Deduktion der reinen Verstandesbegriffe" gliedert sich nach der Verschiedenheit der S. in folgende drei Abschnitte: „1. Von der S. der Apprehension in der Anschauung." „2. Von der S. der Reproduktion in der Einbildung." „3. Von der S. der Rekognition im Begriffe." Damit aus dem Mannigfaltigen der Anschauung Einheit der Anschauung werde, „so ist erstlich das Durchlaufen der Mannigfaltigkeit und dann die Zusammennehmung derselben notwendig, welche Handlung ich die S. der Apprehension nenne", KrV 1. A. tr. Anal. 1. B. 2. H. 2. Abs. (I 708—Rc 174 f.). Eine empirische S. der Reproduktion (s. d.) würde nicht stattfinden können, wenn nicht eine auf Prinzipien a priori gegründete S. der Einbildungskraft vor aller Erfahrung bestände: die „reproduktive S.", die mit der S. der Apprehension „unzertrennlich verbunden ist", ibid. (I 709f.—Rc 176ff.). Endlich wäre ohne die S. der Rekognition (s. d.) ein Wiedererkennen eines Gegenstandes als eines Identischen unmöglich. Vgl. Einbildungskraft, Apperzeption, Objekt.

Raum und Zeit als Formen der Sinnesobjekte führen zu der von ihnen unzertrennlichen Vorstellung des „Zusammengesetzten". „Denn einen bestimmten Raum können wir uns nicht anders vorstellen, als indem wir ihn ziehen, d. i. einen Raum zu dem anderen hinzutun, und ebenso ist es mit der Zeit bewandt." „Nun ist die Vorstellung eines Zusammengesetzten als eines solchen nicht bloße Anschauung, sondern erfordert den Begriff einer Zusammensetzung, sofern er auf die Anschauung in Raum und Zeit angewandt wird. Dieser Begriff also (samt dem seines Gegenteiles, des Einfachen) ist ein Begriff, der nicht von Anschauungen als eine in diesen enthaltene Teilvorstellung abgezogen, sondern ein Grundbegriff ist, und zwar a priori, endlich der einzige Grundbegriff a priori, der allen Begriffen von Gegenständen der Sinne ursprünglich im Verstande zum Grunde liegt." Die „Arten der Zusammensetzung (S.) mit Bewußtsein", d. h. die „Arten der synthetischen Einheit der Apperzeption des in der Anschauung gegebenen Mannigfaltigen" sind die Kategorien, Fortschr. d. Metaph. 1. Abt. Von Begriffen a priori (V 3, 96f.). „Da die Zusammensetzung nicht in die Sinne fallen kann, sondern wir sie selbst machen müssen, so gehört sie nicht zur Rezeptivität der Sinnlichkeit, sondern zur Spontaneität des Verstandes, als Begriff a priori", ibid. 1. Abt. V. d. Umfange... (V 3, 102). Die „Verkettung der Vorstellungen" ist „eine Vorstellung von der inneren Handlung des Gemüts, Vorstellungen zu verknüpfen, nicht bloß beieinander in der Anschauung zu stellen, sondern ein Ganzes der Materie nach zu machen". „Hier ist also Einheit nicht vermöge desjenigen, worin, sondern wodurch das Mannigfaltige in eins gebracht wird, mithin Allgemeingültigkeit", Lose Bl. 7. Vgl. Apprehension, Apperzeption, Einheit, Objekt, Gesetz, Regel, Raum, Zahl, Größe, Konstruktion, Verbindung, Einbildungskraft, Verstand, Vernunft, Unendlich, Totalität, Teil, Antinomie, Reproduktion, Rekognition, Erkenntnis, Erfahrung, System.

Synthetisch. 1. Verknüpfend, durch Verknüpfung; 2. vom Allgemeinen, der Bedingung zum Besonderen, Bedingten fortschreitend („progressiv"). Vgl. Analytisch, Einheit, Apperzeption, Synthese, Denken, Urteil, Urteile (analytische und synthetische), Unendlich, Teil, Reihe, Totalität, Imperativ („synthetisch-praktische" Sätze), Definition, Mathematik.

System. Die Vernunft geht auf die systematische Einheit (s. d.) ihrer Inhalte aus. Ist auch die Totalität in der Erfahrungserkenntnis nicht erreichbar, so ist es doch eine Aufgabe, nach systematischer Vollständigkeit zu streben und von der Idee des S.s aus jedem Erkenntnisbestandteil seine Stelle in einer einheitlichen Ordnung anzuweisen. Systematisch, nach Prinzipien, muß das Material der Erkenntnis bearbeitet werden. Die Ideen (s. d.) der Vernunft geben die Richtung auf die Einheit eines S.s an und „erweitern" so die Kategorien des Verstandes. Eine systematische Ordnung der Gesetze (s. d.) des Geschehens gehört zum obersten Erkenntnisziel, sowie die praktische Vernunft auf ein S. der Zwecke des Handelns geht. Der Systemgedanke reguliert zuhöchst die Synthese alles Erfahrungsmaterials.

Die menschliche Vernunft ist ihrer Natur nach „architektonisch, d. i. sie betrachtet alle Erkenntnisse als gehörig zu einem möglichen S. und verstattet daher auch nur solche Prinzipien, die eine vorhabende Erkenntnis wenigstens nicht unfähig machen, in irgendeinem S. mit anderen zusammenzustehen", KrV tr. Dial. 2. B. 2. H. 3. Abs. (I 427—Rc 557). Die Vernunft setzt sich zum Ziel das „*Systematische* der Erkenntnis", d. h. den „Zusammenhang derselben aus einem Prinzip". Die Vernunfteinheit setzt stets eine Idee voraus, nämlich die von der „Form eines Ganzen der Erkenntnis, welches vor der bestimmten Erkenntnis der Teile vorhergeht und die Bedingungen enthält, jedem Teile seine Stelle und Verhältnis zu den übrigen a priori zu bestimmen". „Diese Idee postuliert demnach vollständige Einheit der Verstandeserkenntnis, wodurch diese nicht bloß ein zufälliges Aggregat, sondern ein nach notwendigen Gesetzen zusammenhängendes S. wird", ibid. tr. Dial. Anh. V. d. regulativen Gebrauch... (I 550—Rc 692);

vgl. Einheit, systematische. Die Methode der Philosophie kann, wenn auch nicht „dogmatisch", doch „systematisch" sein. „Denn unsere Vernunft (subjektiv) ist selbst ein S., aber in ihrem reinen Gebrauche, vermittelst bloßer Begriffe, nur ein S. der Nachforschung nach Grundsätzen der Einheit, zu welcher Erfahrung allein den Stoff hergeben kann", ibid. tr. Meth. 1. H. 1. Abs. (I 617—Rc 763f.). Erkenntnis wird durch „systematische Einheit" erst zu einer „Wissenschaft", einem „S.". „Ich verstehe aber unter einem S.e die Einheit der mannigfaltigen Erkenntnisse unter einer Idee. Diese ist der Vernunftbegriff von der Form eines Ganzen, sofern durch denselben der Umfang des Mannigfaltigen sowohl, als die Stelle der Teile untereinander a priori bestimmt wird. Der szientifische Vernunftbegriff enthält also den Zweck und die Form des Ganzen, das mit demselben kongruiert. Die Einheit des Zwecks, worauf sich alle Teile und in der Idee desselben auch untereinander beziehen, macht, daß ein jeder Teil bei der Kenntnis der übrigen vermißt werden kann, und keine zufällige Hinzusetzung oder unbestimmte Größe der Vollkommenheit, die nicht ihre a priori bestimmten Grenzen habe, stattfindet. Das Ganze ist also gegliedert (articulatio) und nicht gehäuft (coacervatio); es kann zwar innerlich (per intus susceptionem), aber nicht äußerlich (per oppositionem) wachsen..." Das „Schema" der Idee einer Wissenschaft (s. d.) gründet „architektonische", nicht bloß „technische" Einheit, d. h. eine organische Ordnung nach der Verwandtschaft und der Ableitung aus einem einigen obersten, inneren Zwecke, der das Ganze erst möglich macht. Das Schema des S.s ist oft erst noch versteckt, undeutlich, unentwickelt, ibid. 3. H. (I 686ff.—Rc 840ff.). — Die Philosophie der reinen Vernunft ist entweder Propädeutik (s. d.) und heißt Kritik, oder sie ist „das S. der reinen Vernunft" und heißt Metaphysik (s. d.), ibid. (I 692—Rc 847). — Später weist Kant die Behauptung, daß er nur „eine Propädeutik zur Transzendentalphilosophie, nicht das S. dieser Philosophie" habe liefern wollen, zurück, Erklärung i. Beziehung auf Fichtes Wissenschaftslehre 1799 (VIII 307).

„Von der Philosophie als einem S.: Wenn Philosophie das S. der Vernunfterkenntnis durch Begriffe ist, so wird sie schon dadurch von einer Kritik der reinen Vernunft hinreichend unterschieden, als welche ... nicht als Teil zu einem solchen S. gehört, sondern sogar die Idee desselben allererst entwirft und prüft." „Die Einteilung des S.s kann meist nur die in ihren formalen und materialen Teil sein, davon der erste (die Logik) bloß die Form des Denkens in einem System von Regeln befaßt, der zweite (reale Teil), die Gegenstände, darüber gedacht wird, sofern ein Vernunfterkenntnis derselben aus Begriffen möglich ist, systematisch in Betracht zieht." „Dieses reale S. der Philosophie selbst kann nun nicht anders als nach dem ursprünglichen Unterschiede ihrer Objekte und der darauf beruhenden wesentlichen Verschiedenheit der Prinzipien einer Wissenschaft, die sie enthält, in theoretische und praktische Philosophie eingeteilt werden; so daß der eine Teil die Philosophie der Natur, der andere die der Sitten sein muß...", Erste Einl. in die KU, I (WW ed. Cassirer-Buek V 179). — Die Tatsache, daß nicht nur die transzendentalen, Erfahrung ermöglichenden Gesetze, sondern auch die empirischen Gesetze in ihrer unendlichen Mannigfaltigkeit ein S. ausmachen, weist auf eine „formale Zweckmäßigkeit" (s. d.) der Natur, ihre „Angemessenheit" zum Vermögen der Urteilskraft (s. d.). Doch gewinnt durch diesen Begriff die Philosophie als „doktrinales S." keinen neuen Teil. Denn die Vorstellung, wonach „das Aggregat besonderer Erfahrungen als S. desselben" betrachtet wird, die Idee also „der Natur als Kunst", ist kein objektives Prinzip, ibid. II (V 185ff.); vgl. V (V 196). Vgl. Spezifikation.

Die apriorischen Sätze, die sich auf die Erfahrung einschränken, stimmen nicht bloß miteinander wohl zusammen, sondern machen auch ein „S. der Naturerkenntnis a priori" aus, Fortschr. d. Metaph. Beilage I Einl. (V 3, 151). Wir müssen „die Gegenstände unserer Erfahrung im ganzen kennen lernen, so daß unsere Erkenntnisse kein Aggregat, sondern ein S. ausmachen; denn im S. ist das Ganze eher als die Teile, im Aggregat hingegen sind die Teile eher da". „Die Idee ist architektonisch; sie schafft die

Wissenschaften", Phys. Geographie Einl. § 2 (IX 9). „Die Einteilung der Erkenntnisse nach Begriffen ist die logische, die nach Zeit und Raum aber die physische Einteilung. Durch die erstere erhalten wir ein Natursystem (Systema naturae), wie z. B. das des Linné, durch die letztere hingegen eine geographische Naturbeschreibung." „Das Systema naturae ist gleichsam eine Registratur des Ganzen, wo ich alle Dinge, ein jedes in seine ihm eigentümlich zukommende Klasse setze, mögen sie sich gleich auf der Erde in verschiedenen, weit voneinander entlegenen Gegenden vorfinden." „Indessen dürfte man die S.e der Natur, die bisher verfaßt sind, richtiger wohl Aggregate der Natur nennen; denn ein System setzt schon die Idee des Ganzen voraus, aus der die Mannigfaltigkeit der Dinge abgeleitet wird. Eigentlich haben wir noch gar kein Systema naturae. In den vorhandenen sogenannten Systemen der Art sind die Dinge bloß zusammengestellt und aneinander geordnet", ibid. § 4 (IX 11f.). Vgl. Gesetz, Zweck, Erkenntnis, Idee, Urteilskraft, Methode, Aggregat, Metaphysik, Philosophie, Transzendentalphilosophie, Kritik der reinen Vernunft.

System der Natur (Gegensatz: Aggregat) s. Natur, System. S.e der „Technik der Natur" s. d.

System der Sittlichkeit (S. der sich selbst lohnenden Moralität), mit dem S. der Glückseligkeit (s. d.) nur in der Idee verbunden, s. Sittlichkeit.

Systematische Einheit s. Einheit, Idee, Vernunft, System, Urteilskraft.

T.

Takt, logischer. Beruht die Auflösung einer Frage auf den allgemeinen und angeborenen Regeln des Verstandes (auf „Mutterwitz"), so ist es am besten, „wenn man es auf den Ausschlag der im Dunkeln des Gemüts liegenden Bestimmungsgründe des Urteils in Masse ankommen läßt, welches man den logischen T. nennen könnte: wo die Überlegung den Gegenstand sich auf vielerlei Seiten vorstellig macht und ein richtiges Resultat herausbringt, ohne sich der Akte, die hierbei im Inneren des Gemüts vorgehen, bewußt zu werden", Anthr. 1. T. § 6 (IV 29).

Talent. „Unter T. (Naturgabe) versteht man diejenige Vorzüglichkeit des Erkenntnisvermögens, welche nicht von der Unterweisung, sondern der natürlichen Anlage des Subjekts abhängt." Sie sind der produktive Witz (s. d.), die Sagazität (s. d.) und die Originalität im Denken (Genie, s. d.), Anthr. 1. T. § 54 (IV 139f.). Vgl. Anlage, Kultur, Urteilskraft, Frau.

Tapferkeit ist „das Vermögen und der überlegte Vorsatz, einem starken, aber ungerechten Gegner Widerstand zu tun", MST Einl. I (III 218). T. ist „gesetzmäßiger Mut, in dem, was Pflicht gebietet, selbst den Verlust des Lebens nicht zu scheuen". Mit der Furchtlosigkeit muß die moralische Untadelhaftigkeit verbunden sein, Anthr. 1. T. § 77 (IV 195). Vgl. Mut, Tugend, Krieg.

Tastsinn. T. gehört zu den Sinnen, die „mehr objektiv als subjektiv" sind. Der T. ist der einzige Sinn von unmittelbarer äußerer Wahrnehmung, daher auch „der wichtigste und am sichersten belehrende, dennoch aber der gröbste". Ohne T. kein Begriff von einer Gestalt. Das Sanfte und Rauhe, Warme und Kalte gehört der Vitalempfindung an, Anthr. 1. T. § 17 (IV 48f.).

Tat. „T. heißt eine Handlung, sofern sie unter Gesetzen der Verbindlichkeit steht, folglich auch sofern das Subjekt in derselben nach der Freiheit seiner Willkür betrachtet wird. Der Handelnde wird durch einen solchen Akt als Urheber der Wirkung betrachtet, und diese zusamt der Handlung selbst können ihm zugerechnet werden, wenn man vorher das Gesetz kennt, kraft welchem auf ihnen eine Verbindlichkeit ruht", MS Einl. IV (IV 26). Vgl. Böse, Freiheit.

Tatsache. „Gegenstände für Begriffe, deren objektive Realität (es sei durch reine Vernunft oder durch Erfahrung, und im ersteren Falle aus theoretischen oder praktischen Datis derselben, in allen Fällen aber vermittelst einer ihnen korrespondierenden Anschauung) bewiesen werden kann, sind (res facti) T.n." Der Begriff der T. wird hier weiter genommen als gewöhnlich. Schon eine „bloß mögliche" Erfahrung gestattet von Gegenständen einer bestimmten Erkenntnisart zu reden. T.n sind die mathematischen Eigenschaften der Größen (in der Geometrie), ferner Gegenstände möglicher (eigener oder fremder) Erfahrung. Endlich gibt es auch eine Vernunftidee, nämlich die der Freiheit (s. d.), „deren Realität sich durch praktische Gesetze der reinen Vernunft und diesen gemäß in wirklichen Handlungen, mithin in der Erfahrung dartun läßt", deren Gegenstand also Tatsache ist, KU § 91 (II 342). Vgl. Objekt, Realität, Wirklichkeit, Erfahrung, Quaestio facti, Deduktion (transzendentale).

Tautologie. „Die Identität der Begriffe in analytischen Urteilen kann entweder eine ausdrückliche (explicita) oder eine nicht-ausdrückliche (implicita) sein. — Im ersteren Falle sind die analytischen Sätze tautologisch." „Tautologische Sätze sind virtualiter leer oder folgeleer." „Implicite identische Sätze sind dagegen nicht folge- oder fruchtleer; denn sie machen das Prädikat, welches im Begriffe des Subjektes unentwickelt (implicite) lag, durch Entwickelung (explicatio) klar", Log. § 37 (IV 122f.).

Technik der Natur. „Die selbständige Naturschönheit entdeckt uns eine T. der Natur, welche sie als ein System nach Gesetzen, deren Prinzip wir in unserem ganzen Verstandesvermögen nicht antreffen, vorstellig macht, nämlich dem einer Zweckmäßigkeit, respektiv auf den Gebrauch der Urteilskraft in Ansehung der Erscheinungen, so daß diese nicht bloß als zur Natur in ihrem zwecklosen Mechanism, sondern auch als zur Analogie mit der Kunst gehörig, beurteilt werden müssen. Sie erweitert also wirklich zwar nicht unsere Erkenntnis der Naturobjekte, aber doch unseren Begriff von der Natur, nämlich als bloßem Mechanism, zu dem Begriff von ebenderselben als Kunst; welches zu tiefen Untersuchungen über die Möglichkeit einer solchen Form einladet", KU § 23 (II 89). „Wir wollen, indem wir das Verfahren (die Kausalität) der Natur wegen des Zweckähnlichen, welches wir in ihren Produkten finden, T. nennen, diese in die absichtliche (technica intentionalis) und in die unabsichtliche (technica naturalis) einteilen. Die erstere soll bedeuten, daß das produktive Vermögen der Natur nach Endursachen für eine besondere Art von Kausalität gehalten werden müsse; die zweite, daß sie mit dem Mechanism der Natur im Grunde ganz einerlei sei, und das zufällige Zusammentreffen mit unseren Kunstbegriffen und ihren Regeln als bloß subjektive Bedingung, sie zu beurteilen, fälschlich für eine besondere Art der Naturerzeugung ausgedeutet werde." Die Systeme betreffs dieser T. der Natur, d. h. ihrer „produktiven Kraft nach der Regel der Zwecke", sind der Idealismus und der Realismus der Naturzwecke; nach dem ersten ist alle Zweckmäßigkeit der Natur unabsichtlich, nach dem zweiten ist einige derselben (in organisierten Wesen) absichtlich, woraus dann hypothetisch die Absichtlichkeit auch des Naturganzen gefolgert werden kann. Der Idealismus der (objektiven) Zweckmäßigkeit ist entweder der der „Kausalität" oder der „Fatalität" der Naturbestimmung in der zweckmäßigen Form ihrer Produkte. „Das erstere Prinzip betrifft die Beziehung der Materie auf den physischen Grund ihrer Form, nämlich die Bewegungsgesetze; das zweite auf ihren und der ganzen Natur hyperphysischen Grund." Das System der Kausalität (Epikur u. a.), des blinden Zufalls, ist „ungereimt", das der Fatalität (Spinoza u. a.) leistet nicht das, was es will, denn es nennt bloß die Einheit des Subjekts, dem die Dinge inhärieren (die „Substanz" Spinozas z. B.), welche Einheit noch nicht „Zweckeinheit" ist und diese nicht begreiflich macht, weil sie eine

Ursache, die Verstand hat, voraussetzt. — Der Realismus der Zweckmäßigkeit ist auch entweder physisch (Hylozoismus) oder hyperphysisch (Theismus). Die Möglichkeit einer „lebenden Materie", deren Begriff wegen der Leblosigkeit (inertia) der Materie einen Widerspruch enthält, läßt sich nicht einmal denken. Der Theismus kann die Möglichkeit der Naturzwecke nicht dogmatisch begründen; man müßte erst für die bestimmende Urteilskraft hinreichend die Unmöglichkeit der Zweckeinheit in der Materie durch den bloßen Mechanismus derselben beweisen, um berechtigt zu sein, den Grund derselben über die Natur hinaus auf bestimmte Weise zu setzen. Wir können aber nur behaupten, daß „nach der Beschaffenheit und den Schranken unserer Erkenntnisvermögen" wir die Erzeugung der Naturprodukte nicht anders als durch einen obersten Verstand als Weltursache beurteilen können, KU §§ 72f. (II 253ff.). Dogmatisch ist eine Teleologie der Natur nicht möglich, nur kritisch, regulativ. Vgl. Zweck, Zweckmäßigkeit, Organismus.

Es wird gefordert, daß nicht nur die formalen, die Natur erst „ermöglichenden" Gesetze, sondern auch die besonderen Gesetze in ihrer Mannigfaltigkeit und Ungleichartigkeit sich zu einem System zusammenschließen. Da aber die Natur hinsichtlich der letzteren „von allen Einschränkungen unseres gesetzgebenden Erkenntnisvermögens" frei ist, ergibt sich der Begriff einer „Angemessenheit zum Vermögen der Urteilskraft" oder einer „T. der Natur". „Der ursprünglich aus der Urteilskraft entspringende Begriff ist ... der von der Natur als Kunst, mit anderen Worten der T. der Natur in Ansehung ihrer besonderen Gesetze, welcher Begriff keine Theorie begründet und, ebensowenig wie die Logik, Erkenntnis der Objekte und ihrer Beschaffenheit enthält, sondern nur zum Fortgange nach Erfahrungsgesetzen, dadurch die Nachforschung der Natur möglich wird, ein Prinzip gibt", Erste Einl. in die KU II, WW ed. Cassirer-Buek (V 187). Vgl. Urteilskraft, System, Spezifikation.

Technisch-praktisch: auf die Mittel zu Zwecken des Handelns bezüglich („technisch-praktische Vernunft"), im Gegensatze zum „Moralisch-praktischen" (auf die unbedingten sittlichen Ziele bezüglich), KU § 88 (II 327); MST Einl. II (II 223, 227). Die „problematischen Imperative" (s. d.) der MS sollten besser „technisch", „Imperative der Kunst" heißen, Erste Einl. in die KU 2. Anm. WW ed. Cassirer-Buek (V 183).

Technizismus: Teleologie, teleologische Wirksamkeit, Gegenstück zum „Mechanismus", KU § 78 (II 280); vgl. Zweck.

Teil. „Der Raum, welchen die Körper einnehmen, ist ins Unendliche teilbar; er besteht deshalb nicht aus ursprünglichen und einfachen T.en", Phys. Monadologie Satz III (VII 346).

Die Menge der T.e in einer gegebenen Erscheinung ist „an sich weder endlich, noch unendlich", weil „Erscheinung nichts an sich selbst Existierendes ist, und die T.e allererst durch den Regressus der dekomponierenden Synthesis und in demselben gegeben werden, welcher Regressus niemals schlechthin ganz weder als endlich noch als unendlich gegeben ist", KrV tr. Dial. 2. H. 7. Abs. (I 449—Rc 582). Raum und Körper bestehen nicht aus unendlich vielen T.en, sind aber ins Unendliche teilbar, ibid. 8. Abs. (I 454ff.—Rc 587ff.); vgl. Antinomie, Unendlich. Die Dinge als Erscheinungen sind „bloße Vorstellungen, und die T.e existieren bloß in der Vorstellung derselben, mithin in der Teilung, d. i. in einer möglichen Erfahrung, darin sie gegeben werden, und jene geht nur so weit, als diese reicht". „Anzunehmen, daß eine Erscheinung, z. B. die des Körpers, alle T.e vor aller Erfahrung an sich selbst enthalte, zu denen nur immer mögliche Erfahrung gelangen kann, heißt: einer bloßen Erscheinung, die nur in der Erfahrung existieren kann, doch zugleich eine eigene, vor Erfahrung vorhergehende Existenz geben, oder zu sagen, daß bloße Vorstellungen da sind, ehe sie in der Vorstellungskraft angetroffen werden, welches sich widerspricht", Prol. § 52c (III 110f.).

Die Materie ist „ins Unendliche teilbar, und zwar in T.e, deren jeder wiederum Materie ist". Die physische Teilung der den Raum erfüllenden Substanz reicht (der Möglichkeit nach) so weit als die mathematische Teilbarkeit des Raumes, also ins Unendliche, Anfangsgr. d. Naturw. 2. H. Lehrs. 4 (VII 236ff.). Die Materie ist nur Erscheinung, diese ist nur im Zusammenhange der Vorstellungen wirklich. Es ist von ihr also immer nur soviel gegeben, als der „Progressus der Vorstellungen", d. h. die Teilung, reicht. Also besteht die Materie nicht aus unendlich viel T.en. „Denn die T.e, als zur Existenz einer Erscheinung gehörig, existieren nur in Gedanken, nämlich in der Teilung selbst. Nun geht zwar die Teilung ins Unendliche, aber sie ist doch niemals als unendlich gegeben; also folgt daraus nicht, daß das Teilbare eine unendliche Menge T.e an sich selbst und außer unserer Vorstellung in sich enthalte, darum, weil seine Teilung ins Unendliche geht. Denn es ist nicht das Ding, sondern nur diese Vorstellung desselben, deren Teilung, ob sie zwar ins Unendliche fortgesetzt werden kann, und im Objekte (das an sich unbekannt ist), dazu auch ein Grund ist, dennoch niemals vollendet, folglich ganz gegeben werden kann, und also auch keine wirkliche unendliche Menge im Objekte (als die ein ausdrücklicher Widerspruch sein würde) beweiset", ibid. Anmerk. 2 (VII 240f.). Das „Zusammengesetzte der Dinge an sich" freilich muß aus dem Einfachen bestehen, „denn die T.e müssen hier vor aller Zusammensetzung gegeben sein". „Aber das Zusammengesetzte in der Erscheinung besteht nicht aus dem Einfachen, weil in der Erscheinung, die niemals anders als zusammengesetzt (ausgedehnt) gegeben werden kann, die T.e nur durch Teilung und also nicht vor dem Zusammengesetzten, sondern nur in demselben gegeben werden können", ibid. (VII 242f.).; vgl N 3727, 4832, 5310f., 5901. Vgl. Unendlich, Einfach.

Teleologie. Die T. ist nicht ein Teil der Theologie, denn sie hat Naturerzeugungen und deren Ursache zum Gegenstande. Sie gehört auch nicht zur Naturwissenschaft, „welche bestimmender und nicht bloß reflektierender Prinzipien bedarf, um von Naturwirkungen objektive Gründe anzugeben". Die T. als Wissenschaft gehört „zu gar keiner Doktrin", sondern nur zur Kritik der Urteilskraft (s. d.). „Aber sofern sie Prinzipien a priori enthält, kann und muß sie die Methode, wie über die Natur nach dem Prinzip der Endursachen geurteilt werden müsse, angeben; und so hat ihre Methodenlehre wenigstens negativen Einfluß auf das Verfahren in der theoretischen Naturwissenschaft, und auch auf das Verhältnis, welches diese in der Metaphysik zur Theologie als Propädeutik derselben haben kann", KU § 79 (II 283f.).

Der Endzweck (s. d.) der Schöpfung ist nach den Theologen und Metaphysikern die „Ehre Gottes", d. h. eigentlich nichts anderes, „als daß in der wirklichen Welt eine solche Zweckverbindung sei, die im ganzen genommen das höchste in einer Welt mögliche Gut, mithin die teleologische oberste Bedingung des Daseins derselben entfalte und einer Gottheit als moralischen Urhebers würdig sei". Die „oberste Bedingung der Weltvollkommenheit" ist die „Moralität der vernünftigen Weltwesen, welche wiederum auf dem Begriffe der Freiheit beruht, deren als unbedingter Selbsttätigkeit diese sich wiederum selbst bewußt sein müssen, um moralisch gut sein zu können; unter deren Voraussetzung aber es schlechthin unmöglich ist, sie als durch Schöpfung, also durch den Willen eines anderen entstandenen Wesens theoretisch nach dieser ihrer Zweckmäßigkeit zu erkennen". Obgleich der Mensch in „theoretisch-dogmatischer Rücksicht" die „Möglichkeit des Endzweckes, danach er streben soll, den er aber nicht ganz in seiner Gewalt hat", sich gar nicht begreiflich machen kann, so bleibt ihm doch ein „praktisch-dogmatisches Prinzip" des Überschrittes zu diesem Ideal der Weltvollkommenheit übrig, nämlich „unerachtet des Einwurfes, den der Lauf der Welt als Erscheinung gegen jenen Fortschritt in den Weg legt, doch in ihr, als Objekt an sich selbst, eine solche moralisch-teleologische Verknüpfung, die auf den Endzweck als das übersinnliche Ziel seiner praktischen Vernunft, das höchste Gut, nach einer für ihn unbegreiflichen Ordnung der Natur hinausgeht, anzunehmen". „Daß die Welt im ganzen immer zum Besseren fortschreite, dies anzunehmen berechtigt ihn keine Theorie, aber wohl die reine praktische Vernunft, welche nach einer solchen Hypothese zu handeln dogmatisch gebietet und so nach diesem Prinzip sich eine Theorie macht, der er zwar in dieser Absicht nichts weiter als die Denkbarkeit unterlegen kann, welches in theoretischer Rücksicht die objektive Realität dieses Ideals darzutun bei weitem nicht hinreichend ist, in moralisch-praktischer aber der Vernunft völlig Genüge tut." Die Zusammenstimmung der physischen mit der moralischen T. ist in praktisch-dogmatischer Rücksicht ein „reeller und durch die praktische Vernunft für unsere Pflicht sanktionierter Begriff", Fortschr. d. Metaph. 2. Abt. Auflös. der Aufgabe II (V 3, 138ff.). Vgl. Zweck, Endzweck, Organismus, Physikotheologie, Ethikotheologie, Urteilskraft, Technik, Ästhetik.

Teleologie der Vernunft. Die Philosophie (s. d.) ist ihrem „Weltbegriff" nach „die Wissenschaft von der Beziehung aller Erkenntnis auf die wesentlichen Zwecke der menschlichen Vernunft (teleologia rationis humanae)", KrV tr. Meth. 3. H. (I 691—Rc 845).

Teleologischer Gottesbeweis s. Physikotheologie, Ethikotheologie, Gott.

Temperament. Physiologisch ist „T." die körperliche Konstitution und Komplexion, „das Flüssige, durch die Lebenskraft gesetzmäßig Bewegliche im Körper, worin die Wärme oder Kälte in Bearbeitung dieser Säfte mitbegriffen ist". Psychologisch ist das „T. der Seele (Gefühls- und Begehrungsvermögen) nur nach der Analogie des physiologischen T.s gedacht. Die T.e haben aber wohl das Körperliche auch zur „mitwirkenden Ursache". Sie sind „T.e des Gefühls und der Tätigkeit, deren jedes mit Erregbarkeit der Lebenskraft (intensio) oder Abspannung (remissio) verbunden werden kann, woraus sich die Vierzahl der T.e ergibt. Die T.e des Gefühls sind das sanguinische (s. d.) und das melancholische (s. d.) T.; bei ersterem wird die Empfindung schnell und stark affiziert, dringt aber nicht tief ein (ist nicht dauerhaft), bei letzterem ist die Empfindung weniger auffallend, aber dauerhaft. Die T.e der Lebenskraft sind das cholerische und phlegmatische T. Das cholerische (s. d.) T. zeugt von Erregung, das phlegmatische (s. d.) von Abspannung der Lebenskraft. Es gibt keine zusammengesetzten T.e (z. B. ein sanguinisch-cholerisches), sondern jedes ist einfach, Anthr. 2. T. A (IV 227ff.); vgl. N 1143ff. Vgl. Naturell.

Terrorismus s. Fortschritt.

Theismus s. Deismus, Theist, Gott. Der (kritische) T. ist „nicht eine dogmatische Behauptung, sondern eine notwendige Hypothese des durchgängig einstimmigen Gebrauchs der Vernunft, vornehmlich der Selbstgenugsamkeit derselben", N 6038.

Theist. Wer eine „natürliche" Theologie (s. d.), d. h. eine Gotteserkenntnis aus der Natur (unserer Seele) einräumt, ist ein „T." im Unterschiede vom „Deisten" (s. d.). Er behauptet, die Vernunft sei imstande, Gott nach Analogie mit der (seelischen) Natur zu bestimmen, nämlich als „ein Wesen, das durch Verstand und Freiheit den Urgrund aller anderen Dinge in sich enthalte". Er stellt sich Gott als einen „Welturheber" vor, als einen „lebendigen Gott", KrV tr. Dial. 2. B. 3. H. 7. Abs. (I 540f.—Rc 681f.); vgl. Vorles. über d. philos. Religionslehre S. 14, 16, 89. Vgl. Deismus, Gott.

Theodizee. „Unter einer T. versteht man die Verteidigung der höchsten Weisheit des Welturhebers gegen die Anklage, welche die Vernunft aus dem Zweckwidrigen in der Welt gegen jene erhebt." Im Grunde wird aber hier nicht die Sache Gottes verfochten, sondern nur die Sache „unserer anmaßenden, hierbei aber ihre Schranken verkennenden Vernunft". Zu beweisen ist hier entweder, daß das von uns als zweckwidrig Angesehene es nicht ist, oder daß es dies nur als unvermeidliche Folge aus der Natur der Dinge ist, oder endlich, daß es bloß den zurechnungsfähigen Wesen (Menschen u. dgl.) entspringt, Theodiz. (VI 135). Das „Zweckwidrige" in der Welt, das der Weisheit ihres Urhebers entgegengesetzt sein könnte, ist dreifacher Art: I. Das schlechthin Zweckwidrige (das sittlich Böse). II. Das bedingt Zweckwidrige (das als Mittel zweckvoll sein kann; das Übel, der Schmerz). III. Das Mißverhältnis der Verbrechen und Strafen in der Welt. Diese Zweckwidrigkeiten würden verstoßen gegen die drei Eigenschaften der höchsten Weisheit Gottes: gegen seine Heiligkeit, Güte, Gerechtigkeit, ibid. (VI 137). Die Rechtfertigung Gottes gegen die drei Arten des Zweckwidrigen muß geprüft werden. Es ergibt sich: ad I: a) Daß das Gute und Böse nur relativ, in bezug auf unsere menschliche Vernunft und Wertung gilt, während die göttliche Weisheit ganz anders wertet. Dies ist eine Apologie, „in welcher die Verantwortung ärger ist als die Beschwerde" und die daher keiner Widerlegung bedarf. b) Durch die Zurückführung des Bösen auf die Schranken der menschlichen Natur würde das Böse selbst gerechtfertigt werden; es könnte den Menschen nicht zugerechnet werden und wäre dann kein sittlich Böses mehr. c) Hat Gott das Böse (als Schuld des Menschen) auch nur zugelassen, als Mittel zum Zweck, so führt dies auf die vorige Apologie (b) zurück, ibid. (VI 138 ff.). — Ad II: a) Daß das Leben trotz der Übel dem Nichtsein vorgezogen wird und um jeden Preis bejaht wird, ist nicht anzunehmen. b) Wenn Unlust (Schmerz) von Lust untrennbar ist, dann fragt es sich, warum uns Gott ins Leben gerufen, wenn es für uns nicht wünschenswert ist. c) Daß Leiden als Vorbedingung für die künftige Seligkeit sein müssen, ist nicht einzusehen, ibid. (VI 140 f.). — Ad III: a) Daß das Verbrechen schon auf Erden die ihm angemessene Strafe erleidet (so durch die Gewissensbisse), ist nicht richtig; der Lasterhafte hat nicht jene Gewissenhaftigkeit, die ihn in der Erinnerung an sein Tun unglücklich machen könnte. b) Daß Leiden den Wert der Tugend erheben, deren Eigenschaft es sei, mit Widerwärtigkeiten zu ringen, setzt, um gerecht zu sein, voraus, daß wenigstens das Ende des Lebens noch die Tugend krönt und das Laster bestraft, was aber oft nicht der Fall ist; es scheint dann das Leiden dem Tugendhaften zugefallen zu sein, nicht damit seine Tugend rein sei, sondern weil sie es gewesen ist, was ungerecht wäre. c) Daß in einer künftigen Welt die Harmonie zwischen Tugend und Wohl, Laster und Übel stattfinden werde, setzt in jener Welt willkürlich eine andere Ordnung als in diesem Leben voraus, während es — rein theoretisch genommen — wahrscheinlich ist, daß auch im künftigen Leben die Ordnung der Natur unsere Schicksale bestimmen werde, ibid. (VI 141 ff.). Es zeigt sich also, daß alle bisherige T. das nicht leistet, was sie verspricht. Es ist aber überhaupt unsere Vernunft nicht imstande, das Verhältnis der Welt, wie wir sie durch Erfahrung kennen, zu der höchsten Weisheit einzusehen. Wir haben keinen Begriff von der Einheit in der Zusammenstimmung der „Kunstweisheit" mit der „moralischen Weisheit" Gottes. „Denn ein Geschöpf zu sein und als Naturwesen bloß dem Willen seines Urhebers zu folgen, dennoch aber als freihandelndes Wesen (welches seinen vom äußeren Einfluß unabhängigen Willen hat, der dem ersteren vielfältig zuwider sein kann) der Zurechnung fähig zu sein, und seine eigene Tat doch auch zugleich als die Wirkung eines höhern Wesens anzusehen: ist eine Vereinbarung von Begriffen, die wir zwar in der Idee einer Welt, als des höchsten Gutes, zusammen denken müssen, die aber nur der einsehen kann, welcher bis zur Kenntnis der übersinnlichen (intelligiblen) Welt durchdringt und die Art einsieht, wie sie der Sinnenwelt zum Grunde liegt; auf welche Einsicht allein der Beweis der moralischen Weisheit des Welturhebers in der letzteren gegründet werden kann, da diese doch nur die Erscheinung jener ersteren Welt darbietet, — eine Einsicht, zu der kein Sterblicher gelangen kann", ibid. (VI 144 f.). Wir können die „Endabsicht Gottes (welche jederzeit moralisch ist)" nicht aus der Welt als einem Gegenstande der Erfahrung ersehen, wie die „doktrinale" Auslegung der Natur es versucht („doktrinale T."). Die bloße Abfertigung aller Einwürfe wider die göttliche Weisheit kann man als „authentische T." bezeichnen, weil Gott durch unsere sittlich gesetzgebende praktische Vernunft selbst als der Ausleger seines durch die Schöpfung verkündigten Willens betrachtet wird. Diese T. hat es mit einer Glaubenssache zu tun; es kommt auf die Aufrichtigkeit betreffs des Unvermögens unserer Vernunft, auf die Redlichkeit unseres Denkens über die Pläne Gottes an (wie dies z. B. im Buche

Hiob gezeigt wird), ibid. (VI 145 ff.); vgl. Vorles. über d. philos. Religionslehre, S. 169 ff. Vgl. Optimismus, Zweck, Vorsehung, Teleologie.

Theologie. „Die ersten Gründe der natürlichen Gottesgelahrtheit sind der größten philosophischen Evidenz fähig.“ „Das Objekt der natürlichen Religion ist die alleinige erste Ursache; seine Bestimmungen werden so bewandt sein, daß sie nicht leichtlich mit anderer Dinge ihren können verwechselt werden. Die größte Überzeugung aber ist möglich, wo es schlechterdings notwendig ist, daß diese und keine anderen Prädikate einem Dinge zukommen... Daher das schlechterdings notwendige Wesen ein Objekt von der Art ist, daß, sobald man einmal auf die echte Spur seines Begriffes gekommen ist, es noch mehr Sicherheit als die meisten anderen philosophischen Kenntnisse zu versprechen scheint.“ „In allen Stücken..., wo nicht ein Analogon der Zufälligkeit anzutreffen ist, kann die metaphysische Erkenntnis von Gott sehr gewiß sein“ (z. B. daß Gott alles voraussieht). „Allein das Urteil über seine freien Handlungen, über die Vorsehung, über das Verfahren seiner Gerechtigkeit und Güte..., kann in dieser Wissenschaft nur eine Gewißheit durch Annäherung haben oder eine, die moralisch ist“, Nat. Theol. 4. Btr. § 1 (V 1, 141 ff.).

„Wenn ich unter T. die Erkenntnis des Urwesens verstehe, so ist sie entweder die aus bloßer Vernunft (theologia rationalis) oder aus Offenbarung (revelata). Die erstere denkt sich nun ihren Gegenstand entweder bloß durch reine Vernunft, vermittelst lauter transzendentaler Begriffe (ens originarium, realissimum, ens entium), und heißt die transzendentale T., oder durch einen Begriff, den sie aus der Natur (unserer Seele) entlehnt, als die höchste Intelligenz, und müßte die natürliche T. heißen.“ — „Die transzendentale T. ist entweder diejenige, welche das Dasein des Urwesens von einer Erfahrung überhaupt (ohne über die Welt, wozu sie gehört, etwas näher zu bestimmen) abzuleiten gedenkt und heißt Kosmotheologie, oder glaubt durch bloße Begriffe, ohne Beihilfe der mindesten Erfahrung sein Dasein zu erkennen, und wird Ontotheologie genannt.“ — „Die natürliche T. schließt auf die Eigenschaften und das Dasein eines Welturhebers aus der Beschaffenheit, der Ordnung und Einheit, die in dieser Welt angetroffen wird, in welcher zweierlei Kausalität und deren Regel angenommen werden muß, nämlich Natur und Freiheit. Daher steigt sie von dieser Welt zur höchsten Intelligenz auf, entweder als dem Prinzip aller natürlichen oder aller sittlichen Ordnung und Vollkommenheit. Im ersteren Falle heißt sie Physikotheologie, im letzten Moraltheologie“, KrV tr. Dial. 2. B. 3 H. 7. Abs. (I 540 f.—Rc 681 f.). Alle „Versuche eines bloß spekulativen Gebrauchs der Vernunft in Ansehung der T.“ sind „gänzlich fruchtlos und ihrer inneren Beschaffenheit nach null und nichtig“. Die „Prinzipien ihres Naturgebrauchs“ aber führen ganz und gar auf keine T., „folglich, wenn man nicht moralische Gesetze zum Grunde legt oder zum Leitfaden braucht, es überall keine T. der Vernunft geben könne“. „Denn alle synthetischen Grundsätze des Verstandes sind von immanentem Gebrauch, zu der Erkenntnis eines höchsten Wesens aber wird ein transzendenter Gebrauch derselben erfordert, wozu unser Verstand gar nicht ausgerüstet ist“, ibid. (I 543 f.—Rc 685 f.). Doch hat die transzendentale T. großen Nutzen als Berichtigung des anderswoher (moralisch) geschöpften Gottesbegriffs, als „beständige Zensur“ unserer Vernunft, den Gottesbegriff der Idee der „höchsten Realität“ gemäß zu bestimmen und von ihm alles, was nur der Erscheinungswelt angehören kann (also auch alles Anthropomorphische), abzuhalten, ibid. (I 546 f.—Rc 688 f.); vgl. Gott, Ideal, Postulate.

Die natürliche T. ist ein Begriff auf der Grenze (s. d.) der menschlichen Vernunft, da sie sich genötigt sieht, „zu der Idee eines höchsten Wesens (und in praktischer Beziehung auch auf die einer intelligiblen Welt) hinauszusehen, nicht um in Ansehung dieses bloßen Verstandeswesens, mithin außerhalb der Sinnenwelt etwas zu bestimmen, sondern nur, um ihren eigenen Gebrauch innerhalb derselben nach Prinzipien der größtmöglichen (theoretischen sowohl als praktischen) Einheit zu leiten, und zu diesem Behuf sich der Beziehung derselben auf eine selbständige Vernunft, als der Ursache aller dieser Verknüpfungen, zu bedienen, hierdurch aber nicht etwa sich bloß ein Wesen zu erdichten, sondern da außer der Sinnenwelt notwendig etwas, was nur der reine Verstand denkt, anzutreffen sein muß, dieses auf solche Weise, obwohl freilich bloß nach der Analogie, zu bestimmen", Prol. § 59 (III 134 f.). T. ist nur möglich als „Erkenntnis Gottes, obzwar nur nach der Analogie des Begriffes von demselben mit dem eines verständigen Wesens, als eines von der Welt wesentlich unterschiedenen Urgrundes aller Dinge". T. ist nicht „Theosophie", d. h. Erkenntnis der göttlichen Natur, welche unerreichbar ist, Fortschr. d. Metaph. 2. Abt. Auflös. der Aufgabe I, Überschritt der Metaph. (V 3, 137).

Es steht der „biblischen T." im Felde der Wissenschaften eine „philosophische T." gegenüber. Diese, wenn sie nur innerhalb der „Grenzen der bloßen Vernunft" bleibt und „zur Bestätigung und Erläuterung ihrer Sätze die Geschichte, Sprachen, Bücher aller Völker, selbst die Bibel benutzt, aber nur für sich, ohne diese Sätze in die biblische T. hineinzutragen und dieser ihre öffentlichen Lehren, dafür der Geistliche privilegiert ist, abändern zu wollen, muß volle Freiheit haben, sich so weit, als ihre Wissenschaft reicht, auszubreiten". Die Oberzensur kann dem biblischen Theologen nur als Glied seiner Fakultät, als Gelehrtem (nicht als Geistlichem) zustehen, Rel. Vorr. zur 1. A. (IV 8). Wenn der Religionsphilosoph die Bibel, die im Moralischen am besten mit der Vernunftreligion in Harmonie zu bringen ist, seinen Untersuchungen als Material zugrundelegt, so tut er der biblischen T. keinen Abbruch, sondern läßt sie und ihre Art der Schriftauslegung intakt, da er nur für seine eigene Wissenschaft sorgt, ibid. Erster Entwurf zur Vorr. (IV, LXXXII f.). Die biblische T. und Moral enthält auch Vernunfttheologie (Vernunftreligion) und Vernunftmoral (ibid.). — Die Offenbarung (s. d.) ist die weitere Sphäre, welche reine Vernunftreligion mit einschließt. Man kann von der Offenbarung als „historischem System" ausgehen und sehen, ob dieses nicht zum „reinen Vernunftsystem" der Religion zurückführt. Ist dies der Fall, dann besteht Einigkeit zwischen Vernunft und Schrift, ibid. Vorr. zur 2. A. (IV 11 f.).

Auch die T. muß sich von der Philosophie kontrollieren und kritisieren lassen, wenn sie (als Fakultät) auch nicht selbst philosophisch verfährt. Man kann al enfalls der theologischen Fakultät den stolzen Anspruch, daß die philosophische ihre Magd sei, einräumen, „wobei doch noch immer die Frage bleibt; ob diese ihrer gnädigen Frau die Fackel vorträgt oder die Schleppe nachträgt", „wenn man sie nur nicht verjagt oder ihr den Mund zubindet", Str. d. Fak. 1. Abs. I, 2. Abs. (V 4, 67). „Der biblische Theolog" ist „der Schriftgelehrte für den Kirchenglauben, der auf Statuten, d. i. auf Gesetzen, beruht, die aus der Willkür eines anderen ausfließen". Der „rationale" Theolog ist „der Vernunftgelehrte für den Religionsglauben, folglich denjenigen, der auf inneren Gesetzen beruht, die sich aus jedes Menschen eigener Vernunft entwickeln lassen". Die Bibel enthält nicht bloß Stücke des reinen Religionsglaubens (s. Christentum), sondern auch vieles, „was als bloßes sinnliches Vehikel zwar (für diese oder jene Person, für dieses oder jenes Zeitalter) zuträglich sein kann, aber nicht notwendig dazu gehört. „Die biblisch-theologische Fakultät dringt nun darauf als göttliche Offenbarung im gleichen Maße, als wenn der Glaube desselben zur Religion gehörte. „Die philosophische aber widerstreitet jener in Ansehung dieser Vermengung und dessen, was jene über die eigentliche Religion Wahres in sich enthält", ibid. II Anh. einer Erläuterung ... I (V 4, 77 f.). Die Grundsätze der Schriftauslegung müssen philosophisch, d. h. vernünftig bestimmt sein: 1. „Schriftstellen, welche gewisse theoretische, für heilig angekündigte, aber allen (selbst den moralischen) Vernunftbegriff übersteigende Lehren enthalten, dürfen, diejenigen aber, welche der praktischen Vernunft widersprechende Sätze enthalten, müssen zum Vorteil der letzteren ausgelegt werden", ibid. II (V 4, 80 ff.). 2. „Der Glaube an Schriftlehren, die eigentlich haben offenbart werden müssen, wenn sie haben gekannt werden sollen, hat an sich kein Verdienst, und der Mangel desselben, ja sogar der ihm entgegenstehende Zweifel ist an sich keine Verschuldung, sondern alles kommt in der Religion aufs Tun an, und diese Endabsicht, mithin auch ein dieser gemäßer Sinn muß allen biblischen Glaubenslehren untergelegt werden." 3. „Das Tun muß als aus des Menschen eigenem Gebrauch seiner moralischen Kräfte entspringend und nicht als Wirkung vom Einfluß einer äußeren höheren wirkenden Ursache, in Ansehung deren der Mensch sich leidend verhielte, vorgestellt werden: die Auslegung der Schriftstellen, welche buchstäblich das letztere zu enthalten scheinen, muß also auf die Übereinstimmung mit dem ersteren Grundsatze absichtlich gerichtet werden", ibid. (V 4, 84 f.). „Wo das eigene Tun zur Rechtfertigung des Menschen vor seinem eigenen (strenge richtenden) Gewissen nicht zulangt, da ist die Vernunft befugt, allenfalls eine übernatürliche Ergänzung seiner mangelhaften Gerechtigkeit (auch ohne daß sie bestimmen darf, worin sie bestehe) gläubig anzunehmen", ibid. (V 4, 86). So müssen alle Schriftauslegungen „nach dem Prinzip der in der Offenbarung abgezweckten Sittlichkeit" gemacht werden und sind ohne sie „entweder praktisch leer oder gar Hindernisse des Guten". „Auch sind sie alsdann nur eigentlich authentisch, d. i. der Gott in uns ist selbst der Ausleger, weil wir niemand verstehen als den, der durch unseren eigenen Verstand und unsere eigene Vernunft mit uns redet, die Göttlichkeit einer an uns ergangenen Lehre also durch nichts als durch Begriffe unserer Vernunft, sofern sie rein-moralisch und hiermit untrüglich sind, erkannt werden kann", ibid. III (V 4, 91). Von der biblischen Auslegungskunst darf betreffs dessen, was in der Religion statutarisch ist, verlangt werden, „daß der Ausleger sich erkläre, ob sein Ausspruch als authentisch oder als doktrinal verstanden werden solle". „Im ersteren Falle muß die Auslegung dem Sinne des Verfassers buchstäblich (philologisch) angemessen sein; im zweiten aber hat der Schriftsteller die Freiheit, der Schriftstelle (philosophisch) denjenigen Sinn unterzulegen, den sie in moralisch-praktischer Absicht (zur Erbauung des Lehrlings) in der Exegese annimmt; denn der Glaube an einen bloßen Geschichtssatz ist tot an ihm selber." „Der Gott, der durch unsere eigene (moralisch-praktische) Vernunft spricht, ist ein untrüglicher, allgemein verständlicher Ausleger dieses seines Wortes, und es kann auch schlechterdings keinen anderen (etwa auf historische Art) beglaubigten Ausleger seines Wortes geben; weil Religion eine reine Vernunftsache ist", ibid. Friedens-Abschluß (V 4, 113 ff.). So haben die Theologen die Pflicht und Befugnis, „den Bibelglauben aufrecht zu erhalten", doch „unbeschadet der Freiheit der Philosophen, ihn jederzeit der Kritik der Vernunft zu unterwerfen", ibid. (V 4, 115); vgl. N 4564 ff., 5515 f., 6206 ff. u. ö.; Vorles. über d. philos. Religionslehre S. 4 ff. Vgl. Religion, Bibel, Christentum, Glaube, Offenbarung, Kirche.

Theorem. T.e sind „theoretische, eines Beweises fähige und bedürftige Sätze". Wesentliche Momente eines Theorems sind die „Thesis" und die „Demonstration", Log. § 39 (IV 123 f.).

Theoretisch. Die „theoretische Erkenntnis" ist eine solche, „wodurch ich erkenne, was da ist". Der „t.e Gebrauch der Vernunft" ist jener, „durch den ich a priori (als notwendig) erkenne, daß etwas sei". Die t.e Erkenntnis ist entweder „spekulativ" (s. d.) oder „Naturerkenntnis", KrV tr. Dial. 2. B. 3. H. 7. Abs. (I 541 f.—Rc 683 f.). — Über die Einteilung in t.e und praktische Philosophie vgl. Metaphysik, System. „T.e Sätze heißen die, welche sich auf den Gegenstand beziehen und bestimmen, was demselben zukomme oder nicht zukomme; — praktische Sätze hingegen sind die, welche die Handlung aussagen, wodurch, als notwendige Bedingung derselben, ein Objekt möglich wird", Log. § 32 (IV 120 f.). Vgl. Praktisch, Primat, Spekulativ, Übersinnlich, Idee, Vernunft, Imperativ.

Theorie. Man nennt einen „Inbegriff selbst von praktischen Regeln" T., wenn „diese Regeln als Prinzipien in einer gewissen Allgemeinheit gedacht werden, und dabei von einer Menge Bedingungen abstrahiert wird, die doch auch auf ihre Ausübung notwendig Einfluß haben. Umgekehrt heißt nicht jede Hantierung, sondern nur diejenige Bewirkung eines Zweckes Praxis, welche als Befolgung gewisser im allgemeinen vorgestellten Prinzipien des Verfahrens gedacht wird". „Daß zwischen der T. und Praxis noch ein Mittelglied der Verknüpfung und des Überganges von der einen zur anderen erfordert werde, die T. mag auch so vollständig sein, wie sie wolle, fällt in die Augen; denn zu dem Verstandesbegriffe, welcher die Regel enthält, muß ein Aktus der Urteilskraft hinzukommen, wodurch der Praktiker unterscheidet, ob etwas der Fall der Regel sei oder nicht; und da für die Urteilskraft nicht immer wiederum Regeln gegeben werden können, wonach sie sich in der Subsumtion zu richten habe (weil das ins Unendliche gehen würde), so kann es Theoretiker geben, die in ihrem Leben nie praktisch werden können, weil es ihnen an Urteilskraft fehlt." „Wo aber diese Naturgabe auch angetroffen wird, da kann es doch noch einen Mangel an Prämissen geben; d. i. die T. kann unvollständig, und die Ergänzung derselben vielleicht nur durch noch anzustellende Versuche und Erfahrungen geschehen". Theor. Prax. Einl. (VI 69). „Allein es hat doch eine ganz andere Bewandtnis mit einer T., welche Gegenstände der Anschauung betrifft, als mit derjenigen, in welcher diese nur durch Begriffe vorgestellt werden (mit Objekten der Mathematik und Objekten der Philosophie): welche letzteren vielleicht ganz wohl und ohne Tadel (von seiten der Vernunft) gedacht, aber vielleicht gar nicht gegeben werden können, sondern wohl bloß leere Ideen sein mögen, von denen in der Praxis entweder gar kein oder sogar ein ihr nachteiliger Gebrauch gemacht werden würde." „Allein in einer T., welche auf dem Pflichtbegriff gegründet ist, fällt die Besorgnis wegen der leeren Idealität dieses Begriffs ganz weg." Es würde „nicht Pflicht sein, auf eine gewisse Wirkung unseres Willens auszugehen, wenn diese nicht auch in der Erfahrung (sie mag nun als vollendet oder der Vollendung sich immer annähernd gedacht werden) möglich wäre". Der Gemeinspruch vom „Gegensatz zwischen T. und Praxis" ist sehr schädlich. Denn im Sittlichen und Rechtlichen „ist es um den Kanon der Vernunft (im Praktischen) zu tun, wo der Wert der Praxis gänzlich auf ihrer Angemessenheit zu der ihr untergelegten T. beruht und alles verloren ist, wenn die empirischen, und daher zufälligen Bedingungen der Ausführung des Gesetzes zu Bedingungen des Gesetzes selbst gemacht, und so eine Praxis, welche auf einen nach bisheriger Erfahrung wahrscheinlichen Ausgang berechnet ist, die für sich selbst bestehende T. zu meistern berechtigt wird", ibid. (VI 70 f.). „Was aus Vernunftgründen für die T. gilt, das gilt auch für die Praxis", ibid. am Schluß (VI 113). Vgl. Politik.

Theosophie ist „Erkenntnis der göttlichen Natur". Sie ist unerreichbar, ibid Fortschr. d. Metaph. 2. Abt. Auflösung der Aufgabe I, Überschritt der Metaph. (V 3, 137 f.); vgl. Theologie, Gott.

Tier. Den T.en schreiben wir ein „Analogon der Vernunft" zu. Wir können nach der Analogie folgern, daß die T.e auch wie wir (zwar nicht schließen, aber) nach Vorstellungen handeln, also nicht Maschinen sind, KU § 90 1. Anm. (II 337). „Alles Erkenntnis setzt Verstand voraus. Das verstandeslose Vieh hat wohl etwas dem Ähnliches, was wir Vorstellungen nennen (weil es den Wirkungen nach mit dem, was Vorstellungen im Menschen sind, übereinkommt), was aber vielleicht ganz davon unterschieden sein mag — aber kein Erkenntnis von Dingen", Anthr., Ergänzungen aus d. Handschrift (IV 293). „Die T.e haben auch apprehensiones, aber nicht apperceptiones; mithin können sie ihre Vorstellungen nicht allgemein machen", N 411. Vgl. Instinkt, Organismus, Entwicklung.

Tierheit s. Mensch, Kultur, Geschichte, Erziehung, Anlage.

Tod. „Eben der Mechanismus, wodurch das Tier oder der Mensch lebt und aufwächst, bringt ihm endlich den T., wenn das Wachstum vollendet ist. Denn indem die Nahrungssäfte, welche zu dessen Unterhalt dienen, die Kanäle, an die sie sich ansetzen, nicht mehr zugleich erweitern und in ihrem Inhalte vergrößern, so verengen sie ihre inwendige Höhle, der Kreislauf der Flüssigkeiten wird gehemmt, das Tier krümmt sich, veraltet und stirbt", Frage, ob die Erde veralte (VII 233). Vgl. Unsterblichkeit, Sterben, Selbstmord.

Todesstrafe s. Strafe.

Tonkunst s. Musik.

Topik. „Transzendentale T." ist die Beurteilung des „transzendentalen Ortes", d. h. „der Stelle, die jedem Begriffe nach Verschiedenheit seines Gebrauchs zukommt, und die Anweisung nach Regeln, diesen Ort allen Begriffen zu bestimmen". Sie bewahrt vor Erschleichungen und Blendwerken des Verstandes, indem sie unterscheidet, welcher Erkenntniskraft — der Sinnlichkeit oder dem Verstande — die Begriffe angehören. Sie schützt vor der „transzendentalen Amphibolie" (s. d.), d. h. einer „Verwechslung des reinen Verstandesobjekts mit der Erscheinung", KrU tr. Anal. Anh. Anmerk. zur Amphibolie (I 296 ff.—Rc 361 ff.); vgl. Reflexionsbegriffe.

Totalität. Der Allgemeinheit (universalitas) im Schließen entspricht in der „Synthesis der Anschauungen" die „Allheit" (universitas) oder „T." der Bedingungen. Die transzendentale „Idee" (s. d.) ist ein Begriff solcher T. Das Unbedingte (s. d.) macht sie allein möglich, und umgekehrt ist sie jederzeit selbst unbedingt. Die Idee geht stets auf „die absolute T. in der Synthesis der Bedingungen". Die Vernunft (s. d.) behält sich „die absolute T. im Gebrauche der Verstandesbegriffe" vor, um dem Verstande die Richtung auf höchste Einheit vorzuschreiben. In der Erfahrung selbst kommt das Unbedingte, die absolute T. der Bedingungen nicht vor. Die Ideen betrachten aber alle Erfahrungserkenntnis als „bestimmt durch eine absolute T. der Bedingungen", ohne daß diese T. je erreicht werden kann, KrV tr. Dial. 1. B. 2. Abs. (I 335 ff.—Rc 403 ff.). Die reine Vernunft hat zur Absicht „die absolute T. der Synthesis auf der Seite der Bedingungen", nicht die des Bedingten. „Denn zur Möglichkeit des Bedingten wird zwar die T. seiner Bedingungen, aber nicht seiner Folgen vorausgesetzt", ibid. 3. Abs. (I 345—Rc 414). Es werden Erscheinungen als gegeben betrachtet und die Vernunft fordert (in den „Ideen") die absolute Vollständigkeit 1. der Zusammensetzung, 2. der Teilung, 3. der Entstehung, 4. der Abhängigkeit des Daseins der Erscheinungen. Das Unbedingte ist enthalten in der „absoluten T. der regressiven Synthesis des Mannigfaltigen in der Erscheinung", ibid. 2. B. 2. H. 1. Abs. (I 380 f.—Rc 505 f.). Die absolute T. der Synthesis der Erscheinungen ist nur „in unseren Gedanken" gegeben, nicht als wirklicher Gegenstand. Das „absolute All" der Größe (Weltall), der Teilung, der Abstammung, der Bedingung des Daseins überhaupt geht keine mögliche Erfahrung etwas an, ist unwahrnehmbar, kann also nicht zur „Erklärung" der Erscheinungen als solcher dienen, ibid. 4. Abs. (I 432 f.—Rc 564 f.). Durch den Grundsatz der T. wird kein Maximum der Reihe der Bedingungen in einer Sinnenwelt gegeben, sondern bloß „im Regressus derselben aufgegeben". Es gilt nur die Regel, den Regressus in der Reihe der Bedingungen immer weiter zu treiben und niemals bei einem „Schlechthinunbedingten" stehen zu bleiben, ibid. 8. Abs. (I 451 f.—Rc 584 ff.); vgl. Unendlich. Die Vernunft „verlangt das Unbedingte und mit ihm die T. aller Bedingungen zu erkennen". Falsch ist sowohl die Behauptung der Unendlichkeit der Welt als eines absoluten Ganzen, einer T. als auch ihrer Endlichkeit. „Denn mit der absoluten T. der Bedingungen in einer Sinnenwelt, d. i. in der Zeit, widerspreche ich mir selbst, ich mag sie als unendlich oder als begrenzt in einer möglichen Anschauung gegeben mir vorstellen", Fortschr. d. Metaph. II (V 3, 158 ff.). Vgl. Unbedingt, Unendlichkeit, Reihe, Vernunft, Idee, System, Allheit, Ganzes, Urteilskraft, Zweck.

Trägheit, physikalische. Was man fälschlich für eine Ruhe in bezug auf den stoßenden Körper gehalten hat, ist in Wahrheit eine Bewegung (s. d.) in bezug auf ihn. So leuchtet es ein, daß die Trägheitskraft „ohne Not erdacht sei". „Gleichwohl dienet diese angenommene Kraft ungemein geschickt dazu, alle Bewegungsgesetze sehr richtig und leicht daraus herzuleiten." Zugestanden kann werden, „daß alle Körper in Ansehung der gegen sie bewegten eine Trägheitskraft haben, d. i. eine Kraft, der Handlung in gleichem Grade entgegenzuwirken, denn dieses ist nichts als ein Erfahrungsgesetz; allein sie scheinen nur sie in völliger Ruhe als eine innere Kraft an sich zu haben, denn sie haben sie in der Tat bloß darum, weil sie gegen den anlaufenden in wirklicher und gleicher Bewegung sein, und sie haben solche nimmer, insoferne sie sich respective auf ihn in Ruhe befinden".

Das Gesetz der Kontinuität ist von dem Begriffe der Trägheitskraft unzertrennlich, Lehrbegriff der Bewegung und Ruhe (VII 402ff.). „Die Kraft der T. hat in jedem Elemente eine bestimmte Größe, die bei verschiedenen Elementen sehr verschieden sein kann." Die Kraft der T. eines Elements kann im Vergleich mit der eines Elementes anderer Art größer oder kleiner sein. Die „Masse" der Körper ist nur „die Größe ihrer Trägheitskraft, durch welche sie teils der Bewegung widerstehen, teils mit einer gegebenen Geschwindigkeit bewegt, den Anstoß (impetus) zur Bewegung anderer geben können", Phys. Monadologie Satz XI (VII 358 ff.).

„Wenn ein bewegter Körper auf einen andern trifft, würde er keine Wirkung äußern und schon durch ein unendlich kleines Hindernis in Ruhe versetzt werden, wenn er nicht eine Kraft der T. besäße, vermöge welcher er in dem Zustande der Bewegung zu beharren strebt."

Das zweite Gesetz der Mechanik ist das der T. „Alle Veränderung der Materie hat eine äußere Ursache (Ein jeder Körper beharrt in seinem Zustande der Ruhe oder Bewegung, in derselben Richtung und mit derselben Geschwindigkeit, wenn er nicht durch eine äußere Ursache genötigt wird, diesen Zustand zu verlassen)", Anfangsgr. d. Naturw. 3. H. Lehrs. 3 (VII 391). Die Materie (s. d.) hat „keine anderen Bestimmungen als die der äußeren Verhältnisse im Raume, und erleidet also auch keine Veränderungen als durch Bewegung" Die Ursache der Bewegung kann nicht innerlich sein, denn die Materie (als solche) hat keine schlechthin innerliche Bestimmungen. „Die T. der Materie . . . ist und bedeutet nichts anderes als ihre Leblosigkeit als Materie an sich selbst." Alle Materie als solche ist „leblos". „Auf dem Gesetze der T. (neben dem der Beharrlichkeit der Substanz) beruht die Möglichkeit einer eigentlichen Naturwissenschaft ganz und gar. Das Gegenteil der ersteren und daher auch der Tod aller Naturphilosophie wäre der Hylozoism." Die mechanische T. ist nicht (wie die psychische) ein positives Bestreben, seinen Zustand zu erhalten, ibid. Anmerk. (VII 292 f.). Eine besondere „Trägheitskraft (vis inertiae)" gibt es nicht. „Einer Bewegung kann nichts widerstehen als entgegengesetzte Bewegung eines anderen, keineswegs aber dessen Ruhe. Hier ist also nicht T. der Materie, d. i. bloßes Unvermögen, sich von selbst zu bewegen, die Ursache eines Widerstandes. Eine besondere ganz eigentümliche Kraft, bloß um zu widerstehen, ohne einen Körper bewegen zu können, wäre unter dem Namen einer Trägheitskraft ein Wort ohne alle Bedeutung", ibid. Lehrs. 4 Anmerk. 2 (VII 301 f.).

„Alle unsere Begriffe von Materie enthalten nichts als bloß Vorstellungen von äußeren Verhältnissen." Das im Raume existierende Etwas hat als bloße Materie nichts schlechthin Innerliches (Vorstellungskraft u. dgl.). „Hieraus folgt, daß, da alle Veränderung eine Ursache voraussetzt und eine schlechthin innerliche Ursache der Veränderung äußerer Verhältnisse (kein Leben) in der bloßen Materie nicht gedacht werden muß, die Ursache aller Veränderung (aus der Ruhe in Bewegung und umgekehrt, zusamt den Bestimmungen der letzteren) in der Materie außerhalb liegen müsse, mithin ohne eine solche keine Veränderung stattfinden könne; woraus folgt, daß kein besonderes positives Prinzip der Beharrlichkeit der Bewegung, in der ein Körper einmal ist, erforderlich sei, sondern bloß das negative, daß keine Ursache der Veränderung da ist", An C. F. Hellwag, 3. Januar 1791.

Transzendent: übersteigend, über die Erfahrung und deren Möglichkeit hinausgehend. T.e Begriffe und Grundsätze gehen auf etwas absolut Unerfahrbares, jenseits aller Erfahrungserkenntnis Liegendes. Eine t.e Erkenntnis (vom Übersinnlichen, Ding an sich) ist nicht möglich, da nur das erkennbar ist, was den Formen des erkennenden Bewußtseins gemäß ist, in diese eingeht. Der Gebrauch (s. d.) der apriorischen Begriffe und Grundsätze (s. d.) ist ein „empirischer" und „immanenter", d. h. nur für mögliche Erfahrung bestimmt und innerhalb dieser verbleibend. Die Ideen (s. d.) der Vernunft führen zu Widersprüchen, wenn sie auf t.e Erkenntnis ausgehen, die nicht möglich ist; fruchtbar sind sie aber in ihrem immanenten, der obersten, systematischen Vereinheitlichung der Erfahrungserkenntnis dienenden Gebrauch. „T.e Grundsätze" sind jene, welche die Grenzen möglicher Erfahrung überfliegen. Die Grundsätze (s. d.) des reinen Verstandes sind „von empirischem und nicht von transzendentalem, d. i. über die Erfahrungsgrenze hinausreichendem Gebrauche". „Ein Grundsatz aber, der diese Schranken wegnimmt, ja gar sie zu überschreiten gebietet, heißt transzendent", KrV tr. Dial. Einl. I (I 316—Rc 382 f.). Den Schein solcher Grundsätze hat die transzendentale Dialektik (s. d.) aufzudecken. Die transzendentalen Ideen haben, als „regulative" Prinzipien, ihren „guten und folglich immanenten Gebrauch"; „t." und trüglich werden sie nur, „wenn ihre Bedeutung verkannt und sie für Begriffe von wirklichen Dingen genommen werden". Nicht die Idee selbst, sondern „bloß ihr Gebrauch" ist „überfliegend (t.)" oder „einheimisch (immanent)", ibid. tr. Dial. Anh. V. d. regulativen Gebrauch... (I 548 f.— Rc 690 f.). Der „t.e Gebrauch" der Kategorien (s. d.) ist „der über alle mögliche Erfahrung hinausgeht". Der Verstand baut sich unvermerkt an das Haus der Erfahrung noch ein Nebengebäude an, „welches er mit lauter Gedankenwesen anfüllt, ohne es einmal zu merken, daß er sich mit seinen sonst richtigen Begriffen über die Grenzen ihres Gebrauchs verstiegen habe", Prol. § 33 (III 76 f.). Der Gebrauch der Verstandesbegriffe ist nur „immanent", d. h. er geht auf Erfahrung, während Vernunftbegriffe auf die Vollständigkeit der ganzen möglichen Erfahrung und dadurch „über jede gegebene Erfahrung" hinausgehen, t. werden, ibid. § 40 (III 92 f.). Die Ideen, die „bloß auf unbegrenzte Erweiterung des Erfahrungsgebrauchs angelegt" sind, locken durch einen unvermeidlichen Schein dem Verstande einen t.en Gebrauch ab, ibid. §§ 45, 56 f. (III 98 f., 120 f., 129 ff.); vgl. KU § 57 Anmerk. I (II 200). Was uns notwendig über die Grenze der Erfahrung und aller Erscheinungen hinauszugehen treibt, ist das Unbedingte (s. d.), welches die Vernunft in den Dingen an sich selbst „notwendig und mit allem Recht" verlangt. Um den „t.en Vernunftbegriff des Unbedingten" zu bestimmen — was nur in „praktischer" Absicht möglich ist — muß man auf „praktische Data" rekurrieren, KrV Vorr. z. 2. A. (I 30 f.—Rc 25 f.); vgl. Übersinnlich, Realität. Bestimmungen des Übersinnlichen (Intelligiblen), die in theoretischer Absicht „t." (überschwenglich) sein würden, sind in praktischer Absicht „immanent", KpV 1. T. 2. B. 2. H. VI (II 170). „Immanent" und „konstitutiv" (s. d.) werden Ideen (z. B. in Gott, Unsterblichkeit), indem sie „Gründe der Möglichkeit sind, das notwendige Objekt der reinen praktischen Vernunft (das höchste Gut) wirklich zu machen, da sie ohne dies t. und bloß regulative Prinzipien der spekulativen Vernunft sind", ibid. VII (II 173). Vgl. Grenze, Grenzbegriff, Übersinnlich, Ding an sich.

Transzendental ist die Erkenntnis von der Möglichkeit der Anwendung des Apriorischen (s. d.) auf die Erfahrung, seiner Geltung für diese und deren Gegenstände. T. ist ferner alles, was sich auf die Bedingung möglicher Erfahrung, auf die der Erfahrung (logisch) vorangehende Voraussetzung derselben bezieht. T.-psychologisch sind die Funktionen, welche der Erzeugung der Erfahrung zugrunde liegen, mögen sie nun von der Sinnlichkeit, der Einbildungskraft oder dem Verstande ausgehen; t.-logisch ist die Gesetzlichkeit des reinen Denkens, sofern sie unabhängig von der Erfahrung und doch für diese selbst, als allgemein-notwendige Bedingung derselben gilt. Solch t.e „Bedeutung" (Geltung) haben die Kategorien (s. d.) und Grundsätze (s. d.) des reinen Verstandes (s. d.), deren „Gebrauch" aber ein „empirischer" ist, auf mögliche Erfahrung bezogen bleibt, nur für die Konstituierung einer solchen bestimmt ist. Die t.e Methode der Erkenntnistheorie ist die „Kritik der reinen Vernunft" (s. d.), die Grundlegung zur Theorie und Praxis, durch Nachweis der Bedeutung der apriorischen Bedingungen für die Gebiete derselben. Nicht die psychologischen und sonstigen Ursachen der Erkenntnis, sondern ihre obersten Gründe, die Prinzipien, aus denen sie entspringt, werden hier dargetan und als notwendige Voraussetzungen der Erkenntnis legitimiert, gerechtfertigt (s. Deduktion). Oberstes Prinzip der Erkenntnis ist die t.e Einheit der Apperzeption (s. d.); dieses t.e Bewußtsein (s. d.), das

... den Kategorien und Grundsätzen sich entfaltet, ist der zentrale Beziehungspunkt für alles Erkennbare, Erfahrbare. Der Systematisierung der Erfahrungserkenntnis dienen die t.en Ideen (s. d.) der Vernunft. Das System der apriorischen Voraussetzungen überhaupt ist die Transzendentalphilosophie (s. d.).

„Ich nenne alle Erkenntnis t., die sich nicht sowohl mit Gegenständen, sondern mit unserer Erkenntnisart von Gegenständen, sofern diese a priori möglich sein soll, überhaupt beschäftigt", KrV Einl. VII (I 68—Rc 83). Zu beachten ist, „daß nicht eine jede Erkenntnis a priori, sondern nur die, dadurch wir erkennen, daß und wie gewisse Vorstellungen (Anschauungen oder Begriffe) lediglich a priori angewandt werden oder möglich sind, t. (d. i. die Möglichkeit der Erkenntnis oder der Gebrauch derselben a priori) heißen müsse". Daher ist „weder der Raum, noch irgendeine geometrische Bestimmung desselben a priori" eine „t.e Vorstellung", sondern „nur die Erkenntnis, daß diese Vorstellungen gar nicht empirischen Ursprungs sind, und die Möglichkeit, wie sie sich gleichwohl a priori auf Gegenständen der Erfahrung beziehen können, kann t. heißen". „Imgleichen würde der Gebrauch des Raumes von Gegenständen überhaupt auch t. sein; aber ist er lediglich auf Gegenstände der Sinne eingeschränkt, so heißt er empirisch." „Der Unterschied des T.en und Empirischen gehört also nur zur Kritik der Erkenntnisse und betrifft nicht die Beziehung derselben auf ihren Gegenstand", ibid. tr. Log. Einl. II (I 110 f.—Rc 130). „T." sind Beweise, Argumente, die „unabhängig von empirischen Prinzipien" versucht werden; so z. B. der ontologische und kosmologische Gottesbeweis, ibid. tr. Dial. 2. B. 3. H. 5. Abs. Entdeckung und Erklärung ... (I 528—Rc 668). — Das Wort „t." bedeutet nicht „eine Beziehung unserer Erkenntnis auf Dinge, sondern nur aufs Erkenntnisvermögen", Prol. § 13 (III 49). Das Wort „t." bedeutet „nicht etwas, das über alle Erfahrung hinausgeht, sondern was vor ihr (a priori) zwar vorhergeht, aber doch zu nichts mehrerem bestimmt ist, als lediglich Erfahrungserkenntnis möglich zu machen", ibid. Anh. 1. Anm. (III 151). Ein t.es Prinzip (s. d.) ist „dasjenige, durch welches die allgemeine Bedingung a priori vorgestellt wird, unter der allein Dinge Objekte unserer Erkenntnis überhaupt werden können", KU Einl. V (II 17); vgl. Zweck. „T.e Begriffe können sinnenfreie genannt werden. Transzendentalphilosophie auch sinnenfreie. Alles, worin nichts Empirisches, aber doch Allgemeingeltendes ist, z. E. die Kategorien. Transzendent: was gar kein Erkenntnisstück ist", N 6348. „T. ist eine jede reine Erkenntnis a priori, worin also keine Empfindung gegeben ist", N 4643. Vgl. Schema, Schematismus, Ideal, Ästhetik, Idee, Logik, Dialektik, Methodenlehre, Hypothesen, Prinzip, Erfahrung, Freiheit, Ich, Erörterung, Wahrheit, Kategorie (die K. hat eine t.e „Bedeutung", aber nur einen „empirischen Gebrauch"), Einbildungskraft, Vernunftgebrauch, Deduktion.

Transzendentale Logik s. Logik.

Transzendentaler Idealismus s. Idealismus.

Transzendentales Bewußtsein s. Bewußtsein.

Transzendentales Objekt s. Objekt. T. Subjekt s. Subjekt.

Transzendentalia. Die „transzendentalen Prädikate" der Scholastiker (unum, verum, bonum) sind nichts anderes als „logische Erfordernisse und Kriterien aller Erkenntnis der Dinge überhaupt", nicht Eigenschaften der Dinge an sich. In jeder Erkenntnis eines Objektes ist „qualitative Einheit", d. h. „Einheit der Zusammenfassung des Mannigfaltigen der Erkenntnisse", ferner „Wahrheit" in Ansehung der Folgen („je mehr wahre Folgen aus einem gegebenen Begriffe, desto mehr Kennzeichen seiner objektiven Realität"), endlich „Vollkommenheit", d. h. „qualitative Vollständigkeit" der Merkmale, die zu einem Begriffe gehören. Das sind logische Kriterien der Möglichkeit der Erkenntnis, indem durch die Begriffe von Einheit, Wahrheit und Vollkommenheit nur das Verfahren mit den Kategorien unter allgemeine logische Regeln der Übereinstimmung der Erkenntnis mit sich selbst gebracht wird, KrV tr. Anal. § 12 (I 135 f.—Rc 155 f.); vgl. N 5738, 5741, 6386.

Transzendentalphilosophie. Ein System transzendentaler (s. d.) Begriffe (bzw. Erkenntnisse) heißt „T.". Sie enthält „sowohl die analytische Erkenntnis, als die synthetische a priori vollständig". Sie ist „das System aller Prinzipien der reinen Vernunft". In diese Wissenschaft gehören nur rein apriorische Begriffe und Grundsätze. Daher gehören die obersten Grundsätze der Moralität und die Grundbegriffe derselben nicht in die T., weil sie die Gefühle der Lust und Unlust, der Begierden, Neigungen usw., die insgesamt empirischen Ursprungs sind, mit berücksichtigen müssen. „Daher ist die T. eine Weltweisheit der reinen bloß spekulativen Vernunft." Sie zerfällt in eine „Elementarlehre" und eine „Methodenlehre", KrV Einl. VII (I 68 ff.—Rc 83 ff.). Es gibt Wissenschaften, in welchen „jede darin vorkommende Frage aus dem, was man weiß, schlechthin beantwortbar sein muß, weil die Antwort aus denselben Quellen entspringen muß, daraus die Frage entspringt" (so in der reinen Mathematik und reinen Ethik). In der T. ist „keine Frage, welche einen der reinen Vernunft gegebenen Gegenstand betrifft, für eben dieselbe menschliche Vernunft unauflöslich", „weil eben derselbe Begriff, der uns in den Stand setzt, zu fragen, durchaus uns auch tüchtig machen muß, auf diese Frage zu antworten, indem der Gegenstand außer dem Begriffe gar nicht angetroffen wird". Das gilt auch von den transzendentalen Ideen (s. d.), über deren Bedeutung Gewißheit besteht, weil sie nur Produkte, Aufgaben der Vernunft — die verstandesmäßige Verarbeitung der Erfahrung (Synthesis) immer weiter fortzusetzen — sind, ibid. tr. Dial. 2. B. 2. H. 4. Abs. (I 428 ff.—Rc 559 ff.). Die T. ist ein Teil der (theoretischen) „Metaphysik" (s. d.). Sie „betrachtet nur den Verstand und Vernunft selbst in einem System aller Begriffe und Grundsätze, die sich auf Gegenstände überhaupt beziehen, ohne Objekte anzunehmen, die gegeben wären (Ontologia)", ibid. tr. Meth. 3. H. (I 695—Rc 850 f.). Die ganze T., die vor aller Metaphysik vorhergehen muß, ist nichts anderes als die vollständige, systematisch geordnete und ausführliche Auflösung der Frage: „Wie sind synthetische Urteile a priori möglich?" Prol. 5 § (III 30). Der „höchste Punkt" der transzendentalen Philosophie ist die Frage: Wie ist Natur (s. d.) möglich? ibid. § 35 (II 79).

Während die (formale) Logik „es niemals mit der Möglichkeit der Erkenntnis ihrem Inhalte nach, sondern bloß mit der Form derselben, sofern es eine diskursive Erkenntnis ist, zu tun hat", ist es Sache der T., „den Ursprung der Erkenntnis a priori von Gegenständen zu erforschen", Üb. e. Entdeck. 2. Abs. (V 3, 70). Die wahre Ontologie ist T., welche „die Bedingungen und ersten Elemente aller unserer Erkenntnis a priori enthält", Fortschr. d. Metaph. Vorr. (V 3, 84). Die T. ist „die Lehre von der Möglichkeit aller Erkenntnis a priori überhaupt, welche die Kritik der reinen Vernunft ist". Ihr Zweck ist die Gründung einer (kritischen) „Metaphysik", ibid. 1. Abt. V. Begriffen a priori (V 3, 98). Die „höchste Aufgabe" der T. ist: „Wie ist Erfahrung möglich?" Den synthetischen Urteilen (s. d.) a priori, „welche der möglichen Erfahrung a priori die Regel vorschreiben", kann „ihre strenge Allgemeinheit und Notwendigkeit und daß sie bei allem dem doch synthetisch sind", nicht bestritten werden. So ist der „Empirismus, welcher alle diese synthetische Einheit unserer Vorstellungen in der Erkenntnis für bloße Gewohnheitssache ausgibt", „gänzlich unhaltbar, und es ist eine T. in unserer Vernunft fest gegründet, wie denn auch, wenn man sie als sich selbst vernichtend vorstellig machen wollte, eine andere und schlechterdings unauflösliche Aufgabe eintreten würde. Woher kommt den Gegenständen der Sinne der Zusammenhang und die Regelmäßigkeit ihres Beieinanderseins, daß es dem Verstande möglich ist, sie unter allgemeine Gesetze zu fassen und die Einheit derselben nach Prinzipien aufzufinden? Welcher der Satz des Widerspruches allein nicht Genüge tat, da dann der Rationalismus unvermeidlich herbeigerufen werden muß", ibid. 1. Abt. V. dem Umfange ... (V 3, 101 f.).

„Die T., welche die Elemente unserer Erkenntnis a priori vorträgt, ist eine Wissenschaft von der Möglichkeit einer synthetischen Erkenntnis a priori", N 5133. Sie „betrachtet nicht die Gegenstände, sondern das menschliche Gemüt nach den Quellen, woraus in ihm die Erkenntnis a priori abstammt, und den Grenzen", N 4873. Sie „beweist, daß wir mit unserer Erkenntnis niemals aus der Sinnenwelt herausgehen können", N 5083. Die T. ist das Erkenntnissystem, welches a priori die Gegenstände der reinen Vernunft in einem System notwendig verbunden darstellt. Sie ist „das formale System der Ideen, dadurch das Subjekt sich selbst zum Objekt macht", ein „Idealism, da ... das Subjekt sich selbst konstituiert, nicht Erkenntnisart irgendeines Objektes der Philosophie, sondern nur eine gewisse Methode oder (formales) Prinzip zu philosophieren", Altpreuß. Mth. XXI 373 f.; vgl. 368 u. ö. Die T. ist die „Selbstschöpfung (Autokratie) der Ideen zu einem vollständigen System der Gegenstände der reinen Vernunft", ibid. 373; vgl. „Als Ob", welches den „höchsten Standpunkt" der T. bedeutet. Vgl. Kritik der reinen Vernunft, Ontologie, Metaphysik, Ethik, Logik (transzendentale), Transzendental.

Transzendentalpsychologie s. Transzendental.

Trauer s. Freude.

Traum. Im T. herrschen dieselben Gesetze des Geistes wie im Wachen, die Phantasietätigkeit ist hier ebenso wirksam, nur daß die lebhaften sinnlichen Eindrücke des Wachens wegfallen und nicht mehr die „Chimären" verdunkeln, welche nun „ihre ganze Stärke" haben, Krankheiten des Kopfes (VIII 69). Das „Spiel der Phantasie mit dem Menschen im Schlafe" ist der T. „Der Schlaf, als Abspannung alles Vermögens äußerer Wahrnehmungen und vornehmlich willkürlicher Bewegungen, scheint allen Tieren, ja selbst den Pflanzen ... zur Sammlung der im Wachen aufgewandten Kräfte notwendig; aber eben das scheint auch der Fall mit den Träumen zu sein, so daß die Lebenskraft, wenn sie im Schlafe nicht durch Träume immer rege erhalten würde, erlöschen und der tiefste Schlaf zugleich den Tod mit sich führen müßte. — Wenn man sagt: einen festen Schlaf, ohne Träume gehabt zu haben, so ist das doch wohl nicht mehr, als daß man sich dieser beim Erwachen gar nicht erinnere." „Das Träumen ist eine weise Veranstaltung der Natur zur Erregung der Lebenskraft durch Affekten, die sich auf unwillkürlich gedichtete Begebenheiten beziehen, indessen daß die auf der Willkür beruhenden Bewegungen des Körpers, nämlich die der Muskeln, suspendiert sind", Anthr. 1. T. § 31, A (IV 77 f.); vgl. N 393 ff. Vgl. Außenwelt, Idealismus, Wahrheit, Geist, Metaphysik.

Trichotomie s. Einteilung.

Trieb s. Instinkt.

Triebfeder s. Motiv, Freiheit, Sittlichkeit, Imperativ, Achtung, Moralisches Gefühl.

Trinität s. Dreieinigkeit.

Tugend. Echte T. beruht auf Grundsätzen, welche das Bewußtsein eines in allen Menschen lebenden Gefühls sind (s. Sittlichkeit). Mitleid und Gefälligkeit sind nur „adoptierte" T.en, Schön u. Erh. 2. Abs (VIII 16). T. besteht „in den Gesinnungen", „in der rectitudine actionum ex principiis internis"; sie bedeutet „Stärke in der Selbstbeherrschung und Selbstüberwindung in Ansehung der moralischen Gesinnung", Eine Vorles. üb. Ethik ed. Menzer S. 90 f.

T. ist „moralische Gesinnung im Kampfe", die Gesinnung der Achtung vor der Pflicht (s. d.) um dieser selbst willen, KpV 1. T. 1. B. 3. H. (II 109); vgl. 1. H. § 7 (II 42 f.). T. ist noch nicht „Heiligkeit". Sie ist eine mächtige Kraft im Menschen, ibid. 2. T. (II 193 ff.). Sie ist eine Bedingung der Glückseligkeit (s. d.), ist „Würdigkeit, glücklich zu sein"; T. und Glückseligkeit zusammen machen das höchste Gut (s. d.) aus, ibid. 1. T. 2. B. 2. H. (II 142 ff.). Das Bewußtsein der T. wird nicht von Glückseligkeit (s. d.) als einem Genuß begleitet, wohl aber von „Selbstzufriedenheit" als einem „negativen Wohlgefallen an seiner Existenz ..., in welchem man nichts zu bedürfen sich bewußt ist", ibid. 2. H. II (II 151 f.).

T. ist „die fest gegründete Gesinnung, seine Pflicht genau zu erfüllen". Das „Temperament" der T. ist eine mutige, fröhliche Gemütsstimmung, ein „fröhliches Herz" in Befolgung seiner Pflicht, Rel. 1 St. Anmerk. 2. Anm. (IV 22 f.); vgl. Rigorismus. Nach der reinen Vernunft beurteilt, gibt es nur eine T. Der Mensch ist insofern nicht in einigen Stücken gut, in anderen böse, ebensowenig wie er indifferent ist. Nach „empirischem Maßstabe" freilich verhält es sich anders, ibid. 3. Anm. (IV 24); vgl. Adiaphora. T., „der Legalität nach als ihrem empirischen Charakter (virtus phaenomenon)" ist „der zur Fertigkeit gewordene feste Vorsatz in Befolgung seiner Pflicht". Diese T. wird nach und nach erworben durch Änderung der Sitten („Reform"). „Daß aber jemand nicht bloß ein gesetzlich, sondern ein moralisch guter (Gott wohlgefälliger) Mensch, d. i. tugendhaft nach dem intelligiblen Charakter (virtus noumenon) werde", dazu bedarf es einer „Revolution" in der Gesinnung (Denkungsart) des Menschen, ibid. 1. St. Allg. Anmerk. (IV 50f.); vgl. Böse. „Der Tugendbegriff ist ... aus der Seele des Menschen genommen. Er hat ihn schon ganz, obzwar unentwickelt, in sich ... In seiner Reinigkeit, in der Erweckung des Bewußtseins eines sonst von uns nie gemutmaßten Vermögens, über die größten Hindernisse in uns Meister werden zu können, in der Würde der Menschheit, die der Mensch an seiner eigenen Person und ihrer Bestimmung verehren muß, nach der er strebt, um sie zu erreichen, liegt etwas so Seelenerhebendes und zur Gottheit selbst, die nur durch ihre Heiligkeit und als Gesetzgeber für die Tugend anbetungswürdig ist, Hinleitendes, daß der Mensch, selbst wenn er noch weit davon entfernt ist, diesem Begriffe die Kraft des Einflusses auf seine Maximen zu geben, dennoch nicht ungern damit unterhalten wird, weil er sich selbst durch diese Idee schon in gewissem Grade veredelt fühlt ...", Rel. 4. St. 2. T. § 3 (IV 214 f.). Die T. besteht im „Mute", uns der Angemessenheit zur Heiligkeit des Gesetzes immer mehr zu nähern, ibid. § 3, 4. Anm. (IV 216). T. ist „moralische Stärke", die erworben und kultiviert werden muß, ibid. 4. St. 2. T. § 4, 2. Anm. (IV 223).

Das „Vermögen und der überlegte Vorsatz, einem starken, aber ungerechten Gegner Widerstand zu tun", ist Tapferkeit und in Ansehung des Gegners der sittlichen Gesinnung in uns T. (virtus, fortitudo moralis), MST Einl. I (III 218 f.). T. ist nicht bloß Fertigkeit und Gewohnheit, denn sie kann nichts bloß Mechanisches sein, ibid. Einl. II (IV 223). Das logische Gegenteil der T. ist die Untugend (moralische Schwäche), das Widerspiel jener das Laster, ibid. Anmerk. (III 223). T. ist die „Stärke" des sittlichen Vorsatzes, ibid. Einl. VII (III 231). „T. ist die Stärke der Maxime des Menschen in Befolgung seiner Pflicht." „Alle Stärke wird nur durch Hindernisse erkannt, die sie überwältigen kann; bei der T. aber sind diese die Naturneigungen, welche mit dem sittlichen Vorsatz in Streit kommen können, und da der Mensch es selbst ist, der seinen Maximen diese Hindernisse in den Weg legt, so ist die T. nicht bloß ein Selbstzwang ..., sondern auch ein Zwang nach einem Prinzip der inneren Freiheit, mithin durch die bloße Vorstellung seiner Pflicht nach dem formalen Gesetz derselben." Die T. ist „die in der festen Gesinnung gegründete Übereinstimmung des Willens mit jeder Pflicht". Sie ist, wie alles Formale, „bloß eine und dieselbe". „Aber in Ansehung des Zwecks der Handlungen, der zugleich Pflicht ist, d. i. desjenigen (des Materiale), was man sich zum Zwecke machen soll, kann es mehr T.en geben, und die Verbindlichkeit zu der Maxime desselben heißt Tugendpflicht, deren es also viele gibt." „Das oberste Prinzip der Tugendlehre ist: Handle nach einer Maxime der Zwecke, die zu haben für jedermann ein allgemeines Gesetz sein kann." Es ist hiernach Pflicht, „den Menschen überhaupt sich zum Zwecke zu machen", ibid. Einl. IX (III 236f.). Der höchste, unbedingte Zweck der reinen praktischen Vernunft ist, „daß die T. ihr eigener Zweck und ... auch ihr eigener Lohn sei". Sie überwiegt den Wert alles Nutzens und aller empirischen Zwecke und Vorteile, die sie zu ihrer Folge haben mag. Der Mensch ist zur T. verbunden, denn die T. bedarf als Stärke der Erwerbung durch Betrachtung und Übung, ibid. X (III 239 f.). „Der Unterschied der T. vom Laster kann nie in Graden der Befolgung gewisser Maximen, sondern muß allein in der spezifischen Qualität derselben (dem Verhältnis zum Gesetz) gesucht werden; mit anderen Worten, der belobte Grundsatz (des Aristoteles), die T. in dem Mittleren zwischen zwei Lastern zu setzen, ist falsch", ibid. XIII (III 247). T. ist „die moralische Stärke des Willens eines Menschen in Befolgung seiner Pflicht: welche eine moralische Nötigung durch seine eigene gesetzgebende Vernunft ist, insofern diese sich zu einer das Gesetz ausführenden Gewalt selbst konstituiert". Die T. als sittliche Stärke, als Tapferkeit ist „die größte und einzige wahre Kriegsehre des Menschen". „In ihrem Besitz ist der Mensch allein frei, gesund, reich, ein König usw.", ibid. XIV (III 248 f.); vgl. Fertigkeit. Die T. enthält für den Menschen ein bejahendes Gebot, alle Vermögen und Neigungen unter die Gewalt seiner Vernunft zu bringen, das Gebot der „Herrschaft über sich selbst" nebst der Pflicht der „Apathie", sich von seinen Gefühlen und Neigungen nicht beherrschen zu lassen, ibid. (III 251 f.). „Die T. ist immer im Fortschreiten und hebt doch auch immer von vorne an." „Das erste folgt daraus, weil sie, objektiv betrachtet, ein Ideal und unerreichbar, gleichwohl aber sich ihm beständig zu nähern dennoch Pflicht ist." „Das zweite gründet sich, subjektiv, auf der mit Neigungen affizierten Natur des Menschen", ibid. XVII Anmerk. (III 254). Es gibt nur eine Tugendverpflichtung, aber viele Tugendpflichten (s. d.).

Die T. ist nicht eine Fertigkeit (s. d.), denn da wäre sie „bloß Mechanism der Kraftanwendung", sondern „die moralische Stärke in Befolgung seiner Pflicht, die niemals zur Gewohnheit werden, sondern immer ganz neu und ursprünglich aus der Denkungsart hervorgehen soll", Anthr. 1. T. § 12 (IV 38). „Die T.en sind entweder T.en des Verdienstes oder bloß der Schuldigkeit oder der Unschuld. Zu den ersteren gehört Großmut (in Selbstüberwindung sowohl der Rache als der Gemächlichkeit und der Habsucht), Wohltätigkeit, Selbstbeherrschung; zu den zweiten Redlichkeit, Anständigkeit und Friedfertigkeit; zu den dritten endlich Ehrlichkeit, Sittsamkeit und Genügsamkeit", Über Pädagogik (VIII 244). Vgl. Sittlichkeit, Moralisierung, Moralität.

Tugend, Reich der, s. Reich der Tugend.

Tugendlehre. Alle Pflichten (s. d.) als solche gehören zur Ethik, aber ihre Gesetzgebung (s. Gesetz) kann außerhalb dieser liegen; Pflicht und Gesetz können aus der Rechtslehre als gegeben genommen werden. Die Ethik lehrt in solchen Fällen nur, daß die Idee der Pflicht allein (auch ohne Zwang) zur Triebfeder hinreicht. Die Pflichten (s. d.) nach der „rechtlichen Gesetzgebung" (s. Recht) können nur äußere Pflichten sein, „weil diese Gesetzgebung nicht verlangt, daß die Idee dieser Pflicht, welche innerlich ist, für sich selbst Bestimmungsgrund der Willkür des Handelnden sei und, da sie doch einer für Gesetze schicklichen Triebfeder bedarf, nur äußere mit dem Gesetze verbinden kann". Die „ethische Gesetzgebung" dagegen geht auf alles, was Pflicht ist und schließt die innere Triebfeder der Handlung (die Idee der Pflicht) in ihr Gesetz mit ein. Alle Pflichten gehören zur Ethik, aber ihre Gesetzgebung ist nicht immer in ihr enthalten. „Rechtslehre und T. unterscheiden sich also nicht sowohl durch ihre verschiedenen Pflichten, als vielmehr durch die Verschiedenheit der Gesetzgebung, welche die eine oder die andere Triebfeder mit dem Gesetze verbindet." „Die ethische Gesetzgebung . . . ist diejenige, welche nicht äußerlich sein kann; die juridische ist, welche auch äußerlich sein kann", MS Einl. III (III 21 f.). Die T. (Ethik) kann nicht auf einem Gefühl basieren, sie beruht auf Grundsätzen der Vernunft und bedarf einer „Metaphysik" (eines Systems reiner Vernunftbegriffe), „metaphysischer Anfangsgründe", um als wahre Wissenschaft (systematisch) aufzutreten. Vom Gesetz muß man ausgehen, um von da aus die Pflichten zu bestimmen, MST Vorr. (III 211 ff.). Die allgemeine Pflichtenlehre ist in dem Teile, der „nicht die äußere Freiheit, sondern die innere unter Gesetze bringt", eine T., ibid. Einl. I (III 219). Vgl. Tugendpflicht, Ethik, Sittlichkeit.

Tugendpflicht. Es korrespondiert aller ethischen Verbindlichkeit der Tugendbegriff, aber nicht alle ethischen Pflichten sind T.en. Diejenigen sind es nicht, welche bloß das Förmliche der sittlichen Willensbestimmung betreffen. „Nur ein Zweck, der zugleich Pflicht ist, kann T. genannt werden." Sie beruht auf dem „freien Selbstzwange" allein, MST Einl. II (III 222). Die T.en sind „weite" Pflichten (s. d.); ihre Erfüllung ist „Verdienst", ibid. VII (III 231). Sie gehen auf eigene Vollkommenheit (s. d.) und fremde Glückseligkeit (s. d.). — Die T. ist die Verbindlichkeit zu der Maxime der Tugend (s. d.). Schema der T.en:

Das Materiale der T.

Innere Tugendpflicht	1. Eigener Zweck, der mir zugleich Pflicht ist. (Meine eigene Vollkommenheit.)	2. Zweck anderer, dessen Beförderung mir zugleich Pflicht ist. (Die Glückseligkeit anderer.)	Äußere Tugendpflicht
	3. Das Gesetz, welches zugleich Triebfeder ist. Worauf die Moralität	4. Der Zweck, der zugleich Triebfeder ist. Worauf die Legalität	

aller freien Willensbestimmung beruht, ibid. Einl. XI (III 240).

Das oberste Prinzip der Tugendlehre ist: „Handle nach einer Maxime der Zwecke, die zu haben für jedermann ein allgemeines Gesetz sein kann.“ Es ist Pflicht, „den Menschen überhaupt sich zum Zwecke zu machen“. Dieser kategorische Imperativ (s. d.) verstattet keinen Beweis, aber eine „Deduktion“ aus der reinen praktischen Vernunft: „Was im Verhältnis der Menschen zu sich selbst und anderen Zweck sein kann, das ist Zweck vor der reinen praktischen Vernunft, denn sie ist ein Vermögen der Zwecke überhaupt.“ „Die reine Vernunft aber kann a priori keine Zwecke gebieten, als nur sofern sie solche zugleich als Pflicht ankündigt; welche Pflicht alsdann T. heißt“, MST Einl. IX (III 237 f.). Das oberste Prinzip der Tugendlehre ist „synthetisch“. Denn es geht über den Begriff der äußeren Freiheit hinaus und verknüpft nach allgemeinen Gesetzen mit demselben noch einen Zweck, den es zur Pflicht macht, ibid. X (III 238). Vgl. Gottseligkeit.

Typik, Typus s. Urteilskraft (praktische), Rasse.

U.

Übel. „Die unendliche Güte Gottes strebt nach der möglichst großen Vollkommenheit der geschaffenen Dinge und nach dem Glück der Geisterwelt. In diesem unendlichen Streben, sich zu offenbaren, hat sie ihre Mühe nicht bloß auf die vollkommeneren Reihen ihrer Ergebnisse, welche sich dann der Reihe der Gründe gemäß weiter entwickeln sollten, verwendet, sondern damit nichts auch von den Gütern niederen Grades fehle, damit die ganze Welt in ihrer Unermeßlichkeit alles, von der höchsten dem Endlichen möglichen Stufe der Vollkommenheit bis zu allen niederen und bis auf sozusagen das Nichts umfasse, hat er auch gestattet, daß Dinge in seinen Abriß sich einschlichen, die trotz der Beimischung überwiegender Ü. wenigstens etwas Gutes, das Gottes Weisheit daraus hervorlockte, zur Offenbarung des göttlichen Ruhmes durch ihre unendliche Mannigfaltigkeit beitrügen“, N. diluc. Propos. IX Refutatio (V 1, 32 f.). Es gibt „Ü. des Mangels (mala defectus) und Ü. der Beraubung (mala privationis)“. „Die ersteren sind Verneinungen, zu deren entgegengesetzter Position kein Grund ist; die letzteren setzen positive Gründe voraus, dasjenige Gute aufzuheben, wozu wirklich ein anderer Grund ist, und sind ein negatives Gute. Dieses letztere ist ein viel größeres Ü. als das erstere“, Neg. Größ. 2. Abs. 2 (V 1, 88 f.); vgl. Vorles. über d. philos. Religionslehre, S. 169 ff. Vgl. Optimismus, Böse, Theodizee, Kultur.

Überhaupt. „Ü.“ bedeutet: allgemein genommen, ohne auf eine Einschränkung, Besonderung, Verschiedenheit zu achten, unabhängig von spezieller oder individueller Bedingtheit. In diesem Sinne spricht Kant von „Anschauung ü.“, „Bewußtsein ü.“ (s. d.), „Denken ü.“ (s. d.), Erfahrung ü.“ (s. d.), „Gegenständen, Objekten, Dingen ü.“, „Mensch ü.“ (s. Tugendlehre), „Urteilende ü.“, „Wille ü.“ (s. Ethik), „Pflichten ü.“ u. a.

Überlegung, transzendentale s. Reflexion, Topik, Amphibolie.

Übernatürlich. Gegenüber dem Ü.en hört aller Vernunftgebrauch auf, Rel. 1. St, letzte Anm. (IV 57); vgl. 4. St. 2. T. § 3 (IV 208). Wir erkennen nur Gegenstände der Natur (s. d.); „hyperphysische" Hypothesen sind wertlos. Vgl. Übersinnlich, Gnade, Supernaturalist.

Übersinnlich. Das (absolut) Ü.e ist das, was nicht bloß alle sinnliche Wahrnehmung, sondern auch alle begriffliche Verarbeitung von Sinnesdaten, alle Erfahrungserkenntnis übersteigt (vgl. Transzendent), was als von den Formen unserer sinnlich bedingten Erkenntnis unabhängig seiend zwar gedacht, aber nicht erkannt werden kann. Nur in praktisch-moralischer Absicht läßt sich das Ü.e in uns und außer uns, das Intelligible, das Noumenon (s. d.), das Ding an sich (s. d.) bestimmen. Die praktische Vernunft führt zu Postulaten (s. d.), die dem Ü.en, dessen Existenz und Beschaffenheit rein theoretisch (spekulativ) nicht festzustellen ist, Geltung für das sittliche Handeln, als eine Bedingung desselben, verleihen. Es gibt einen (notwendigen) Vernunftglauben an das Ü.e, das aber nur symbolisch-analogisch zu bestimmen ist.

Ohne sinnliche Anschauung geben die Kategorien keine Erkenntnis. Da wir ohne Kategorien nicht von Dingen urteilen können, gibt es vom Ü.en — in theoretischer Beziehung — schlechterdings keine Erkenntnis, Üb. e. Entdeck. 1. Abs. C (V 3, 45). „Vom Ü.en ist, was das spekulative Vermögen der Vernunft betrifft, keine Erkenntnis möglich (Noumenorum non datur scientia)", Fortschr. d. Metaph. 1. Abt. V. d. Umfange . . . (V 3, 103). Als eine „Nothilfe für Begriffe des Ü.en" gibt es eine „Symbolisierung" dieser Begriffe (Ideen). Das „Symbol einer Idee" ist „eine Vorstellung des Gegenstandes nach der Analogie, d. i. dem gleichen Verhältnisse zu gewissen Folgen, als dasjenige ist, welches dem Gegenstande an sich selbst zu seinen Folgen beigelegt wird, obgleich die Gegeständen selbst von ganz verschiedener Art sind". Auf diese Art kann man vom Ü.en, z. B. Gott (s. d.), „zwar eigentlich keine theoretische Erkenntnis, aber doch eine Erkenntnis nach der Analogie, und zwar die der Vernunft zu denken notwendig ist, haben; wobei die Kategorien zum Grunde liegen, weil sie zur Form des Denkens notwendig gehören, dieses mag auf das Sinnliche oder Ü.e gerichtet sein, ob sie gleich und gerade eben darum, weil sie für sich noch keinen Gegenstand bestimmen, keine Erkenntnis ausmachen", ibid. 1. Abt. V. d. Art . . . (V 3, 107). Vom Ü.en gibt es keine „theoretisch-dogmatische" Erkenntnis, ibid. 2. Abt. 3. Stadium (V 3, 123); wohl aber eine „praktisch-dogmatische" Bestimmung. Die Freiheit (s. d.) des Willens ist so ein Ü.es, „welches durch moralische Gesetze nicht allein als wirklich im Subjekt gegeben, sondern auch in praktischer Rücksicht in Ansehung des Objekts bestimmend ist, welches in theoretischer gar nicht erkennbar sein würde", ibid. 2. Stadium (V 3, 121 f.). — Der Endzweck der reinen praktischen Vernunft ist „das höchste Gut, sofern es in der Welt möglich ist". Dieser „Gegenstand der Vernunft" ist ü.; zu ihm als Endzweck fortzuschreiten, ist Pflicht. Ohne alle Theorie ist es unmöglich, daß die Metaphysik dieses Fortschreiten behandelt, denn der Endzweck ist nicht völlig in unserer Gewalt, „daher müssen wir uns einen theoretischen Begriff von der Quelle, woraus er entspringen kann, machen". „Gleichwohl kann eine solche Theorie nicht nach demjenigen, was wir an den Objekten erkennen, sondern allenfalls nach dem, was wir hineinlegen, stattfinden, weil der Gegenstand ü. ist. — Also wird diese Theorie nur in praktisch-dogmatischer Rücksicht stattfinden und der Idee des Endzweckes auch nur eine in dieser Rücksicht hinreichende objekte Realität zusichern können", ibid. 3. Stadium (V 3, 124 f.). Es gibt ein Ü.es „in uns" (Freiheit), „über uns" (Gott), „nach uns" (Unsterblichkeit). „Wir können von der Natur ü.er Gegenstände: Gottes, unseres eigenen Freiheitsvermögens und der unserer Seele (abgesondert vom Körper) gar nichts erkennen, was dieses innere Prinzip alles dessen, was zum Dasein dieser Dinge gehört, die Folgen und Wirkungen desselben betrifft, durch welche die Erscheinungen derselben uns auch nur im mindesten Grade erklärlich und ihr Prinzip, das Objekt selbst, für uns erkennbar sein könnte." „Nun kommt es also nur noch darauf an, ob es nicht demungeachtet von diesen ü.en Gegenständen eine praktisch-dogmatische Erkenntnis geben könne." „In diesem Falle würden wir das ü.e Ding nicht nach dem, was es an sich ist, zu untersuchen haben, sondern nur, wie wir es zu denken und seine Beschaffenheit anzunehmen haben, um dem praktisch-dogmatischen Objekt des reinen sittlichen Prinzips, nämlich dem Endzweck, welcher das höchste Gut ist, für uns selbst angemessen zu sein. Wir würden da nicht Nachforschungen über die Natur der Dinge anstellen, die wir uns, und zwar bloß zum notwendigen praktischen Behuf selbst machen, und die vielleicht außer unserer Idee gar nicht existieren, vielleicht nicht sein können (ob diese gleich sonst keinen Widerspruch enthält), weil wir uns dabei nur ins Überschwengliche verlaufen dürften, sondern nur wissen wollen, was jener Idee gemäß, die uns durch die Vernunft unumgänglich notwendig gemacht wird, für moralische Grundsätze der Handlungen obliegen." Ein solches „praktisch-dogmatisches Erkennen" ist mehr als ein „bloßes Meinen", aber weniger als ein „Für-wahrscheinlich-annehmen", ibid. Auflösung der Aufgabe I (V 3, 127). Es handelt sich um einen Glauben (s. d.) der Vernunft. Eine theoretische Belehrung von der „Wirklichkeit" der ü.en Gegenstände ist unmöglich, wohl aber eine „subjektiv-, und zwar praktisch gültige und in dieser Absicht hinreichende Belehrung, so zu handeln, als ob wir wüßten, daß diese Gegenstände wirklich wären". Der Zweck davon ist, „um dem, wozu wir so schon von selbst verbunden sind, nämlich der Beförderung des höchsten Gutes in der Welt nachzustreben, noch ein Ergänzungsstück zur Theorie der Möglichkeit desselben, allenfalls durch bloße Vernunftideen hinzuzufügen, indem wir uns jene Objekte: Gott, Freiheit in praktischer Qualität und Unsterblichkeit, nur der Forderung der moralischen Gesetze an uns zufolge selbst machen und ihnen objektive Realität freiwillig geben, da wir versichert sind, daß in diesen Ideen kein Widerspruch gefunden werden könne". Eine Annäherung zum Ü.en durch ein Fürwahrhalten von Wahrscheinlichkeitswert (s. d.) ist nicht möglich. „In theoretischer Rücksicht kommen wir der Überzeugung vom Dasein Gottes, dem Dasein des höchsten Gutes und dem Bevorstehen eines künftigen Lebens durch die stärksten Anstrengungen der Vernunft nicht im mindesten näher; denn in die Natur übersinnlicher Gegenstände gibt es für uns gar keine Einsicht. In praktischer Rücksicht aber machen wir uns diese Gegenstände selbst, sowie wir die Idee derselben dem Endzwecke unserer reinen Vernunft behilflich zu sein, urteilen, welcher Endzweck, weil er moralisch notwendig ist, dann freilich wohl die Täuschung bewirken kann, das, was in subjektiver Beziehung, nämlich für den Gebrauch der Freiheit des Menschen Realität hat, weil es in Handlungen, die dieser ihrem Gesetze gemäß sind, der Erfahrung dargelegt werden, für Erkenntnis der Existenz des dieser Form gemäßen Objektes zu halten", ibid. (V 3, 129 ff.). Jene Ideen sind „von uns selbst willkürlich gemacht und nicht von den Objekten abgeleitet", sie berechtigen mithin „zu nichts mehrerem als dem A n n e h m e n in theoretischer, aber doch auch zur Behauptung der Vernunftmäßigkeit dieser Annahmen in praktischer Absicht", ibid. (V 3, 132). Die Begriffe von Gegenständen, die durch keine mögliche Erfahrung belegt werden können, sind „leer". „Selbst der Begriff des Ü.en, an welchem die Vernunft ein solches Interesse nimmt, daß darum Metaphysik, wenigstens als Versuch, überhaupt existiert, jederzeit gewesen ist und fernerhin sein wird: dieser Begriff, ob er objektive Realität habe oder bloße Erdichtung sei, läßt sich auf dem theoretischen Wege aus derselben Ursache durch keinen Probierstein direkt ausmachen. Denn Widerspruch ist zwar in ihm nicht anzutreffen, aber, ob nicht alles, was ist und sein kann, auch Gegenstand möglicher Erfahrung sei, mithin der Begriff des Ü.en überhaupt nicht völlig leer und der vermeinte Fortschritt vom Sinnlichen zum Ü.en also nicht weit davon entfernt sei, für reell gehalten werden zu dürfen, läßt sich direkt durch keine Probe, die wir mit ihm anstellen mögen, beweisen oder widerlegen", Fortschr. d. Metaph. Beilage I (V 3, 149 f.).

Das Ü.e ist „in theoretischer Absicht allein" ein „wahres Geheimnis", „welches zu enthüllen in praktischer Absicht dem menschlichen Verstande allerdings möglich ist", V. e. vorn. Ton (V 4, 3). Es gibt keinen „theoretischen Glauben an das Ü.e". „In praktischer (moralisch-praktischer) Bedeutung aber ist ein Glaube an das Ü.e nicht allein möglich, sondern er ist sogar mit dieser unzertrennlich verbunden", ibid. 4. Anm. (V 4, 13). Die „ü.en Gegenstände unserer Erkenntnis" sind: Gott, Freiheit, Unsterblichkeit. „1. Gott als das allverpflichtende Wesen; 2. Freiheit als Vermögen des Menschen, die Befolgung seiner Pflichten (gleich als göttlicher Gebote) gegen alle Macht der Natur zu behaupten; 3. Unsterblichkeit als ein Zustand, in welchem dem Menschen sein Wohl oder Wehe im Verhältnis auf seinen moralischen Wert zuteil werden soll." „Man sieht, daß sie zusammen gleichsam in der Verkettung der drei Sätze eines zurechnenden Vernunftschlusses stehen; und da ihnen, eben darum weil sie Ideen des Ü.en sind, keine objektive Realität in theoretischer Rücksicht gegeben werden kann, so wird, wenn ihnen gleichwohl eine solche verschafft werden soll, sie ihnen nur in praktischer Rücksicht, als Postulaten der moralisch-praktischen Vernunft, zugestanden werden können", Fried. i. d. Ph. 1. Abs. B (V 4, 35).

„Wie synthetische Sätze des Ü.en möglich?" „Als regulative Prinzipien der praktischen Vernunft. Die des Sinnlichen als konstitutive Begriffe der theoretischen", N 6345. „Man kann keine Vorstellungsart als beschränkt in Ansehung eines gewissen Prinzips denken, ohne ihr eine andere entgegenzustellen, die in Ansehung derselben allgemein ist, d. h. wenn ich eine Erkenntnis dadurch auszeichne, daß es auf die Sinnlichkeit des Subjekts eingeschränkt ist, so muß ich mir ein Erkenntnis des Ü.en im Gegensatz denken und kann nachher untersuchen, ob und wie (theoretischen oder praktischen Gebrauchs) ihm Realität verschafft werden könne." „Das Ü.e zu erforschen, ist also unausweichliche Aufgabe der Vernunft", N 6358. „Wir können zur Erkenntnis der Dinge an sich selbst (des Ü.en), Gott und Unsterblichkeit, nur durch die Realität des Begriffs der Freiheit und also in praktischer Absicht gelangen und der kategorische Imperativ ist ein synthetischer Satz a priori, ohne welchen wir nichts für unsere Zwecke überhaupt a priori erkennen würden. Denn wir müssen auch solche Zwecke uns vorsetzen, die wir a priori erkennen (nicht empirische), weil sie das Ü.e betreffen und diese Begriffe a priori müssen aller Offenbarung des Ü.en vorgehen und ihnen zum Grunde liegen", Lose Bl. G 10; vgl. N 6339. Vgl. Charakter, Mensch, Ich, Subjekt, Vernunft, Wille, Freiheit, Hyperphysik, Erfahrung, Erkenntnis, Metaphysik, Glaube, Ideen, Intelligible Welt, Realität, Ding an sich.

Überzeugung ist ein Fürwahrhalten (s. d.), das „für jedermann gültig ist, sofern er nur Vernunft hat" und dessen Grund somit „objektiv hinreichend" ist. Hat das Fürwahrhalten hingegen nur in der besonderen Beschaffenheit des Subjekts seinen Grund, so ist es „Überredung", die ein bloßer Schein der Objektivität ist und daher nur „Privatgültigkeit" hat. Der Probierstein des Fürwahrhaltens, ob es Überzeugung oder bloße Überredung sei, ist äußerlich „die Möglichkeit, dasselbe mitzuteilen und das Fürwahrhalten für jedes Menschen Vernunft gültig zu befinden", denn dann besteht wenigstens eine Vermutung, „der Grund der Einstimmung aller Urteile, ungeachtet der Verschiedenheit der Subjekte untereinander, werde auf dem gemeinschaftlichen Grunde, nämlich dem Objekte beruhen, mit welchem sie daher alle zusammenstimmen und dadurch die Wahrheit des Urteils beweisen werden". Der Versuch, ob die Gründe unseres Fürwahrhaltens auf fremde Vernunft dieselbe Wirkung tun, ist ein subjektives Mittel, „zwar nicht Ü. zu bewirken, aber doch die bloße Privatgültigkeit des Urteils, d. i. etwas in ihm, was bloße Überredung ist, zu entdecken". Durch die Darlegung der „subjektiven Ursachen des Urteils, die wir für objektive Gründe desselben nehmen", können wir uns vollends vor Schein hüten. „Ich kann nichts behaupten, d. i. als ein für jedermann notwendig gültiges Urteil aussprechen, als was Ü. wirkt. Überredung kann ich für mich behalten, wenn ich mich dabei wohl befinde, kann sie aber und soll sie außer mir nicht geltend machen wollen", KrV tr. Meth. 2. H. 3. Abs. (I 677 f.—Rc 830 ff.).

Alle unsere Ü. ist entweder „logisch" oder „praktisch". „Nämlich wenn wir wissen, daß wir frei sind von allen subjektiven Gründen und doch das Fürwahrhalten zureichend ist, so sind wir überzeugt, und zwar logisch oder aus objektiven Gründen überzeugt; (das Objekt ist gewiß).“ „Das komplette Fürwahrhalten aus subjektiven Gründen, die in praktischer Beziehung soviel als objektive gelten, ist aber auch Ü., nur nicht logische, sondern praktische (ich bin gewiß). Und diese praktische Ü. oder dieser moralische Vernunftglaube ist oft fester als alles Wissen.“ Der Ü. steht die „Überredung“ entgegen, „ein Fürwahrhalten aus unzureichenden Gründen, von denen man nicht weiß, ob sie bloß subjektiv oder auch objektiv sind“. Sie geht der Ü. oft vorher, Log. Einl. IX (IV 80 f.). Vgl. Glaube, Postulate, Wahrhaftigkeit.

Umkehrung (logische) vgl. F. Spitzf. § 3 (V 1, 58 f.). Vgl. Schlußfiguren.

Unbedingt. Was „uns notwendig über die Grenze der Erfahrung und aller Erscheinungen hinauszugehen treibt“, ist „das U.e, welches die Vernunft in den Dingen an sich selbst notwendig und mit allem Recht zu allem Bedingten, und dadurch die Reihe der Bedingungen als vollendet verlangt“, KrV Vorr. z. 2. A. (I 30—Rc 25); vgl. Transzendent. Der Grundsatz der Vernunft (s. d.) ist, „zu dem bedingten Erkenntnisse des Verstandes das U.e zu finden“. Zu einem Prinzip der reinen Vernunft wird diese logische Maxime in der Form: „wenn das Bedingte gegeben ist, so sei auch die ganze Reihe einander untergeordneter Bedingungen, die mithin selbst unbedingt ist, gegeben (d. i. in dem Gegenstande und seiner Verknüpfung enthalten)“. Es fragt sich aber, ob dieses Prinzip mehr bedeuten kann als eine Vorschrift, „sich im Aufsteigen zu immer höheren Bedingungen der Vollständigkeit derselben zu nähern und dadurch die höchste uns mögliche Vernunfteinheit in unsere Erkenntnis zu bringen“, ibid. tr. Dial. Einl. II c (I 324 f.— Rc 391 ff.). Die transzendentale „Idee“ (s. d.) ist ein „Begriff des U.en, sofern er einen Grund der Synthesis des Bedingten enthält“. Im Vernunftschlusse denken wir, im Obersatz, ein Prädikat in seinem ganzen Umfange unter einer gewissen Bedingung. Diese vollendete Größe des Umfanges heißt die „Allgemeinheit“ (universalitas), und dieser entspricht in der Synthesis der Anschauungen die „Allheit“ (universitas) oder „Totalität“ der Bedingungen. Das Unbedingte allein macht diese Totalität möglich, und umgekehrt ist sie jederzeit selbst unbedingt, ibid. tr. Dial. 1. B. 2. Abs. (I 324 f.—Rc 402 f.). Es gibt ein U.es 1. der kategorischen Synthesis in einem Subjekt, 2. der hypothetischen Synthesis der Glieder einer Reihe, 3. der disjunktiven Synthesis der Teile in einem System. Jedenfalls berechtigt ist nur die Aufgabe, die „Einheit des Verstandes wo möglich bis zum U.en fortzusetzen“, ibid. (I 335 f.—Rc 403 f.). Die Idee geht auf die „absolute Totalität in der Synthesis der Bedingungen“. Sie zielt auf die „absolute Totalität im Gebrauche der Verstandesbegriffe“, betrachtet alle Erfahrungserkenntnis als bestimmt durch eine „absolute Totalität der Bedingungen“. „Sie sucht die synthetische Einheit der Kategorien bis zum Schlechthinunbedingten hinauszuführen“, ibid. (I 337 ff.—Rc 406 ff.). Es ist das Geschäft der Vernunft, „von der bedingten Synthesis, an die der Verstand jederzeit gebunden bleibt, zur u.en aufzusteigen, die er niemals erreichen kann“, ibid. 1. B. 3. Abs. (I 343—Rc 412). Die Paralogismen (s. d.) der reinen Vernunft beziehen sich auf das U.e der Vorstellungen (Seele). Die kosmologischen (s. d.) Ideen gehen auf das U.e der Erscheinungen (s. Antinomie). Sie sind nichts als „bis zum U.en erweiterte Kategorien“, in welchen die Synthesis je eine „Reihe“ (s. d.) ausmacht. Das U.e wird gedacht a) als bloß in der ganzen Reihe bestehend, b) als ein Teil der Reihe, ibid. 2. B. 2. H. (I 373 ff.—Rc 498 ff.). Das U.e ist „in der absoluten Totalität der Reihe“ enthalten, ibid. 1. Abs. (I 380—Rc 505). Die ersten zwei Antinomien beziehen sich auf das „Mathematischunbedingte“, die zwei letzten auf das „Dynamischunbedingte“, ibid. (I 383—Rc 508). — Das U.e ist in keiner möglichen Erfahrung anzutreffen. Es ist uns nur, wenn das Bedingte gegeben ist, ein Regressus aufgegeben, zu immer weiteren Bedingungen zu schreiten, ibid. 2. H. 7. Abs. (I 444 ff.—Rc 576 ff.). „Der Grundsatz der Vernunft also ist eigentlich nur eine Regel, welche in der Reihe der Bedingungen gegebener Erscheinungen einen Regressus gebietet, dem es niemals erlaubt ist, bei einem Schlechthinunbedingten stehenzubleiben“, ibid. 8. Abs.

(I 451—Rc 585); vgl. Unendlich. In den „mathematischen" Ideen und Antinomien ist das gesuchte U.e gleichartig mit dem Bedingten, nämlich ebenfalls sinnlich, Erscheinung. In der „dynamischen" Reihe aber (vgl. Freiheit, Notwendig) ist eine „intelligible" Bedingung zu denken, die nicht ein Glied der Reihe selbst bildet und welche „empirisch-unbedingt" ist, ohne daß dadurch dem empirischen Regressus irgendwo Abbruch getan wird, ibid. 9. Abs. II Schlußanmerk. (I 468—Rc 602).

Im Stadium der Ontologie „sieht sich die Vernunft in einer Reihe einander untergeordneter Bedingungen, die ohne Ende immer wiederum bedingt sind, zum unaufhörlichen Fortschreiten zum U.en aufgefordert, weil jeder Raum und jede Zeit nie anders als wie ein Teil eines noch größeren gegebenen Raumes oder Zeit vorgestellt werden kann, in denen doch die Bedingungen zu dem, was uns in jeder Anschauung gegeben ist, gesucht werden müssen, um zum U.en zu gelangen". „Der zweite große Fortschritt, welcher nun der Metaphysik zugemutet wird, ist der, vom Bedingten an Gegenständen möglicher Erfahrung zum U.en zu gelangen, und ihre Erkenntnis bis zur Vollendung dieser Reihe durch die Vernunft (denn was bis dahin geschehen war, geschah durch Verstand und Urteilskraft) zu erweitern, und das Stadium, welches sie jetzt zurücklegen soll, wird daher das der transzendentalen Kosmologie heißen können, weil Raum und Zeit in ihrer ganzen Größe als Inbegriff aller Bedingungen betrachtet und als die Behälter aller verknüpften wirklichen Dinge vorgestellt, und so das Ganze von diesen, sofern sie jene ausfüllen, unter dem Begriffe einer Welt vorstellig gemacht werden soll." „Nun findet sich, daß in Raum und Zeit alles bedingt und das U.e in der aufsteigenden Reihe der Bedingungen schlechterdings unerreichbar ist. Den Begriff eines absoluten Ganzen von lauter Bedingtem sich als unbedingt zu denken, enthält einen Widerspruch; das U.e kann also nur als Glied der Reihe betrachtet werden, welches diese als Grund begrenzt, der selbst keine Folge aus einem anderen Grunde ist, und die Unergründlichkeit, welche durch alle Klassen der Kategorien geht, sofern sie auf das Verhältnis der Folgen zu ihren Gründen angewandt werden, ist das, was die Vernunft mit sich selbst in einen nie beizulegenden Streit verwickelt, solange die Gegenstände in Raum und Zeit für Dinge an sich selbst und nicht für bloße Erscheinungen genommen werden." „Der Satz: Das Ganze aller Bedingungen in Zeit und Raum ist unbedingt, ist falsch. Denn wenn alles in Raum und Zeit bedingt ist (innerhalb), so ist kein Ganzes derselben möglich", Fortschr. d. Metaph. 2. Abt. 2. Stadium (V 3, 115 ff.). „Der Satz, daß zu allem Bedingten ein schlechthin U.es müsse gegeben sein, gilt als Grundsatz von allen Dingen, sowie ihre Verbindung durch reine Vernunft, d. i. als die der Dinge an sich selbst gedacht wird." Auf Gegenstände in Raum und Zeit ist der Begriff des U.en nicht anwendbar; diese sind eben daher nur als Erscheinungen anzusehen, ibid. (V 3, 120). Das U.e ist „in der Natur, d. i. in der Sinnenwelt schlechterdings nicht anzutreffen, ob es gleich notwendig angenommen werden muß", ibid. 3. Stadium (V 3, 125). „Die Vernunft ... verlangt das U.e und mit ihm die Totalität aller Bedingungen zu erkennen, denn sonst hört sie nicht auf zu fragen, gerade als ob noch nichts geantwortet wäre." Die Vernunft wird nun „dadurch an sich selbst irre, daß sie, durch die sichersten Grundsätze geleitet, das U.e auf einer Seite gefunden zu haben glaubt und doch nach anderweitigen, ebenso sicheren Prinzipien sich selbst dahin bringt, zugleich zu glauben, daß es auf der entgegengesetzten Seite gesucht werden müsse", Fortschr. d. Metaph. Beilage II (V 3, 158). „Das Bedürfnis der Vernunft, vom Bedingten zum U.en aufzusteigen, betrifft auch die Begriffe selbst. Denn alle Dinge enthalten Realität, und zwar einen Grad derselben. Dieser wird immer als nur bedingt möglich angesehen, nämlich sofern ich einen Begriff vom realissimo, wovon jener nur die Einschränkung enthält, voraussetze." „Alles Bedingte ist zufällig und umgekehrt", ibid. Beilage III (V 3, 162). Vgl. Notwendigkeit, Bedingung, Absolut, Unendlich, Totalität, Idee, Vernunft, Dialektik, Antinomie, Freiheit, Ewigkeit, Imperativ, Sollen.

Unbewußt. „Dunkle Vorstellungen sind diejenigen, deren man sich nicht bewußt ist. Nun zeigen einige Erfahrungen, daß wir auch im tiefen Schlafe Vorstellungen haben, und da wir uns deren nicht bewußt sind, so sind sie dunkel gewesen. Hier ist das Bewußtsein von zwiefacher Bedeutung. Man ist sich entweder einer Vorstellung nicht bewußt, daß man sie habe, oder, daß man sie gehabt habe. Das erstere bezeichnet die Dunkelheit der Vorstellung, sowie sie in der Seele ist; das zweite zeigt weiter nichts an, als daß man sich ihrer nicht erinnere", Nat. Theol. 2. Btr. (V 1, 134). „Vorstellungen zu haben und sich ihrer doch nicht bewußt zu sein, darin scheint ein Widerspruch zu liegen; denn wie können wir wissen, daß wir sie haben, wenn wir uns ihrer nicht bewußt sind? Diesen Einwurf machte schon Locke, der darum auch das Dasein solcher Art Vorstellungen verwarf. — Allein wir können uns doch mittelbar bewußt sein, eine Vorstellung zu haben, ob wir gleich unmittelbar uns ihrer nicht bewußt sind. — Dergleichen Vorstellungen heißen dann dunkle; die übrigen sind klar, und wenn ihre Klarheit sich auch auf die Teilvorstellungen eines Ganzen derselben und ihre Verbindung erstreckt, deutliche Vorstellungen, es sei des Denkens oder der Anschauung." „Daß das Feld unserer Sinnenanschauungen und Empfindungen, deren wir uns nicht bewußt sind, ob wir gleich unbezweifelt schließen können, daß wir sie haben, d. i. dunkler Vorstellungen im Menschen (und so auch in Tieren), unermeßlich sei, die klaren dagegen nur unendlich wenige Punkte derselben enthalten, die dem Bewußtsein offenliegen; daß gleichsam auf der großen Karte unseres Gemüts nur wenig Stellen illuminiert sind: kann uns Bewunderung über unser eigenes Wesen einflößen; denn eine höhere Macht dürfte nur rufen: es werde Licht!, so würde auch ohne Zutun des Mindesten . . . gleichsam eine halbe Welt ihm vor Augen liegen." „So ist das Feld dunkler Vorstellungen das größte im Menschen", Anthr. 1. T. § 5 (IV 22 ff.); vgl. N 177. Vgl. Bewußtsein. Grad, Intensität.

Undurchdringlichkeit. Die Kraft, mit der ein einfaches Körperelement „seinen Raum behauptet", ist das, was man sonst die „U." nennt. Die U. ist „der Zustand eines Körpers, wodurch er die angrenzenden Körper von dem Raume, den er einnimmt, abhält". Zur U. ist „ein Widerstand, also eine gewisse Kraft" erforderlich, Phys. Monadologie Satz VIII (VII 353). Dieselbe Kraft, vermöge deren ein Körperelement seinen Raum einnimmt, bewirkt auch seine U., ibid. (VII 355). Wenn die Kraft der U., d. h. der Abstoßung, fühlbar wird, dann „berühren" sich zwei Körper, ibid. Satz IX (VII 356). Ein jeder Körper „widersteht durch U. der Bewegkraft eines anderen, in den Raum einzudringen, den er einnimmt. Da er bei der Kraft des anderen zur Bewegung gleichwohl ein Grund seiner Ruhe ist, so folgt aus dem vorigen: daß die U. ebensowohl eine wahre Kraft in den Teilen des Körpers voraussetze, vermittels deren sie zusammen einen Raum einnehmen, als diejenige immer sein mag, womit ein anderer in diesen Raum sich zu bewegen bestrebt ist." Nennt man „Anziehung" eine Ursache, „vermöge deren ein Körper andere nötigt, gegen den Raum, den er einnimmt, zu drücken", so ist die U. eine „negative Anziehung", welche eigentlich eine „wahre Zurückstoßung" ist. So wird „in den Kräften der Elemente, vermöge deren sie einen Raum einnehmen, doch aber so, daß sie diesem selbst Schranken setzen, durch den Konflikt zweier Kräfte, die einander entgegengesetzt sind", Anlaß zu einer deutlichen Erkenntnis gegeben, Neg. Größ. 2. Abs. 1 (V 1, 85 f.). Die Körper nehmen den Raum ein durch U., also durch eine Kraft, die auch den einfachen Teilen des Körpers zukommt, Nat. Theol. 2. Btr. (V 1, 131). Die Materie „kann ins Unendliche zusammengedrückt, aber niemals von einer Materie, wie groß auch die drückende Kraft derselben sei, durchdrungen werden". Zum Durchdringen der Materie würde „eine Zusammentreibung derselben in einen unendlich kleinen Raum, mithin eine unendlich zusammendrückende Kraft erfordert, welche unmöglich ist", Anfangsgr. d. Naturwiss. 2. H. Lehrs. 3 (VII 233). Die U. der Materie (s. d.) beruht „auf dem Widerstande, der mit den Graden der Zusammendrückung proportionierlich wächst". Die Erfüllung des Raumes ist diese „relative" U., ibid. Erklär. 4 (VII 234). Diese beruht auf der „Ausdehnungskraft", welche nur die Folge der „repulsiven Kräfte" der Materie ist, ibid. Lehrs. 4 Beweis (VII 236). Vgl. Materie, Geist, Raum.

Unendliche Urteile s. Limitative Urteile.

Unendlichkeit. Die Antinomien (s. d.) betreffs des Unendlichen lassen sich nur vom Standpunkte des kritischen Idealismus aufheben. Die Dinge in Raum und Zeit (und diese selbst) sind weder als in endlicher noch in unendlicher Menge gegeben, sondern es sind Erscheinungen, die nur im nie aufhörenden Prozeß der Synthese von Daten zu einer Erfahrung ihre Wirklichkeit haben. Die Vernunft fordert, bei keinem Letzten in der Reihe der raum-zeitlichen Erscheinungen stehenzubleiben, sondern immer weiter nach vor- und rückwärts zu schreiten, ins Unendliche und Unbestimmte (Indefinite). Es gibt also keinen Anfang (s. d.) in der Zeit, keine Grenze des Raumes und keine letzten Teile (s. d.), aber ein Gesetz der nie abzuschließenden Setzung und Annahme von Räumen, Zeiten und immer feineren Teilen, das Gesetz einer ins Unendliche gehenden räumlich-zeitlichen Synthese und Analyse (Teilbarkeit). Das Unbedingte (s. d.) ist kein Glied der Erscheinungsreihe, sondern als Grundlage derselben anzusetzen.

Um die Schöpfung (s. d.) in einem Verhältnisse zur Macht des unendlichen Wesens zu denken, muß man sie grenzenlos denken. Das „Feld der Offenbarung göttlicher Eigenschaften" ist ebenso unendlich wie diese selbst. Nur in unendlichem Raume und in unendlicher Zeit (Ewigkeit) kommt die U. der göttlichen Macht zur Manifestation. Die künftige Folge der Ewigkeit faßt eine „wahre U. von Mannigfaltigkeiten und Veränderungen" in sich, die schon jetzt dem göttlichen Verstande gänzlich gegenwärtig ist. „Wenn es nun möglich war, daß Gott den Begriff der U., der seinem Verstande auf einmal dastehet, in einer aufeinander folgenden Reihe wirklich machen kann, warum sollte derselbe nicht den Begriff einer anderen U. in einem, dem Raume nach, verbundenen Zusammenhange darstellen und dadurch den Umfang der Welt ohne Grenzen machen können?", Th. des Himmels 2. T. 7. H. 1. Anm. (VII 118 f.). Die Grundmaterie, deren Eigenschaften und Kräfte allen Veränderungen zugrunde liegen, ist eine „unmittelbare Folge des göttlichen Daseins". Sie muß daher „auf einmal so reich, so vollständig sein, daß die Entwicklung ihrer Zusammensetzungen in dem Abflusse der Ewigkeit sich über einen Plan ausbreiten könne, der alles in sich schließet, was sein kann, der kein Maß annimmt, kurz, der unendlich ist", ibid. 7. H. (VII 119). „Der Begriff des unendlich Kleinen, darauf die Mathematik so öfters hinauskommt, wird mit einer angemaßten Dreistigkeit so geradezu als erdichtet verworfen, anstatt daß man eher vermuten sollte, daß man noch nicht genug davon verstände, um ein Urteil darüber zu fällen. Die Natur selbst scheint gleichwohl nicht undeutliche Beweistümer an die Hand zu geben, daß dieser Begriff sehr wahr sei. Denn wenn es Kräfte gibt, welche eine Zeit hindurch kontinuierlich wirken, um Bewegungen hervorzubringen, wie allem Ansehen nach die Schwere ist, so muß die Kraft, die sie im Anfangsaugenblicke oder in Ruhe ausübt, gegen die, welche sie in einer Zeit mitteilt, unendlich klein sein", Neg. Größ. Vorr. (V 1, 74 f.); vgl. Kraft.

Das Stetige und Unendliche wird von vielen verworfen, weil deren Vorstellung „nach den Gesetzen der anschaulichen Erkenntnis unmöglich ist". Aber das ist nicht stichhaltig; denn unmöglich ist nur, was den Gesetzen des Verstandes und der Vernunft widerstreitet, was beim Unendlichen nicht der Fall ist. Definiert man das Unendliche als „eine Größe, über die hinaus ein Größeres unmöglich ist", so setzt man statt des Unendlichen „das Größte". Da „eine größte Menge aber unmöglich ist", so kann man leicht gegen ein solches Unendliches schließen. „Oder sie nennen die unendliche Vielheit eine unendliche Zahl und zeigen, daß diese widersinnig ist, was allerdings klar ist, wobei man aber nur einen Schattenkampf vollführt." „Wenn sie dagegen das mathematische Unendliche als eine Größe faßten, die, auf ein Maß als Einheit bezogen, eine Vielheit größer als jede Zahl bedeutet; wenn sie ferner beachteten, daß hier die Meßbarkeit nur ein Verhältnis zu dem kleinen Maßstab des menschlichen Geistes bezeichnet, durch das man nur allmählich, mittelst Hinzufügen des einen zu dem anderen, zu dem bestimmten Begriff der Vielheit und, durch Beendigung dieses Weitergehens innerhalb einer endlichen Zeit, zu deren vollendetem Begriff, welcher Zahl heißt, gelangen kann, so würden sie erkannt haben: daß das, was mit einem bestimmten Gesetze irgendeines Subjektes nicht stimmt, deshalb nicht alles denkende Erfassen übersteigt; denn es könnte auch einen Verstand geben, der ohne wiederholte Anwendung eines Maßes die Vielheit mit einem Blicke deutlich erfaßte, obgleich es keineswegs ein menschlicher sein würde", Mund. sens. § 1, 2. Anm. (V 2, 91 f.).

Zu den Vorurteilen, welche den Verstand durch „sinnliche Bedingungen" belasten, „an die der Geist gebunden ist, wenn er in gewissen Fällen zu dem Verstandesbegriff gelangen will", gehört der Satz: „Jede wirkliche Menge kann in Zahlen gegeben werden, deshalb ist jede Größe endlich." „Was nun den ersten Satz anlangt, so entsteht, da jede Größe und jede Reihe nur durch die sukzessive Beiordnung deutlich erkannt wird, der Verstandesbegriff der Größe und der Menge nur mit Hilfe dieses Zeitbegriffes und gelangt niemals zur Vollständigkeit, wenn die Synthesis nicht in einer endlichen Zeit beendet werden kann. Daher kommt es, daß eine unendliche Reihe von beigeordneten Dingen wegen der Schranken unseres Verstandes nicht deutlich vorgestellt werden kann und somit, infolge des Fehlers der Erschleichung, als unmöglich erscheint. Denn nach den Gesetzen des reinen Verstandes hat jede Reihe von Wirkungen ihren Ursprung (principium), d. h. es gibt keinen Rückgang (regressus) in der Reihe der Wirkungen ohne Grenze; aber nach den sinnlichen Gesetzen hat jede Reihe beigeordneter Dinge ihren angebbaren Anfang." „Diese beiden Sätze, von denen der letztere die Meßbarkeit der Reihe, der erstere die Abhängigkeit des Ganzen in sich schließt, werden fälschlich für identisch gehalten." „In gleicher Weise heftet sich dem Beweisgrunde des Verstandes, der darlegt, daß mit einem gegebenen substantiellen Zusammengesetzten auch die Prinzipien der Zusammensetzung gegeben seien, d. h. das Einfache, eine von der sinnlichen Erkenntnis an die Hand gegebene Unterschiebung an: daß nämlich bei einem solchen Zusammengesetzten der Rückgang in der Zusammensetzung der Teile nicht bis ins Endlose gehe, d. i. daß bei jedem Zusammengesetzten eine bestimmte Zahl der Teile gegeben ist; deren Sinn sicherlich nicht derselbe wie bei dem ersteren ist, folglich nur aufs Geratewohl ihm untergeschoben wird. Daß also die Größe der Welt beschränkt (kein Größtes) sei, daß sie einen Ursprung ihrer selbst anerkenne, daß die Körper aus Einfachen bestehen, läßt sich unter dem völlig zuverlässigen Siegel der Vernunft erkennen. Daß aber das Weltall in bezug auf seine Masse mathematisch begrenzt, daß sein verflossenes Alter nach Maß bestimmbar, daß die Zahl der einen beliebigen Körper bildenden Einfachen beschränkt sei, das sind Sätze, die ihren Ursprung aus der Natur der sinnlichen Erkenntnis nicht verleugnen können, und die, wie weit sie auch sonst für wahr gehalten werden mögen, doch an einem unzweifelhaften Makel ihres Ursprungs leiden", Mund. sens. § 28 (V 2, 127 f.).

Das „Unendliche" ist nicht eine Größe, über die keine größere möglich ist, nicht ein „Maximum". Sondern durch das „unendliche Ganze" wird nur das Verhältnis desselben zu einer „beliebig anzunehmenden Einheit, in Ansehung deren dasselbe größer ist als alle Zahl" gedacht. Je nachdem die Einheit größer oder kleiner angenommen wird, würde „das Unendliche größer oder kleiner sein", aber die U. als Verhältnis würde immer dieselbe bleiben, obgleich die absolute Größe des Ganzen dadurch gar nicht erkannt würde. „Der wahre (transzendentale) Begriff der U. ist, daß die sukzessive Synthesis der Einheit in Durchmessung eines Quantum niemals vollendet sein kann." „Dieses enthält dadurch eine Menge (von gegebener Einheit). die größer ist als alle Zahl; welches der mathematische Begriff des Unendlichen ist." Eine „unendliche und doch abgelaufene Reihe" ist unmöglich, KrV tr. Dial. 2. B. 2. H. 2. Abs. 1. Widerstreit Anmerk. 2, Thesis (I 390 ff.—Rc 514 ff.). Stellt man (in der ersten Antinomie) die beiden Sätze: „die Welt ist der Größe nach unendlich" und „die Welt ist ihrer Größe nach endlich" einander entgegen, so betrachtet man die Welt als ein Ding an sich selbst, als an sich unendlich oder endlich. und dann sind beide Sätze falsch. Denn weder ist sie als unendliches Ganzes gegeben noch kann sie ernstlich als begrenzt gedacht werden, denn Grenzen gibt es nur innerhalb von Raum (s. d.) und

Zeit. Sieht man aber mit dem kritischen Idealismus (s. d.) ein, daß die erkennbare „Welt" (s. d.) aus Erscheinungen besteht, d. h. Gegenständen möglicher Erfahrung, so existiert die Welt „weder als ein an sich unendliches, noch als ein an sich endliches Ganzes". „Sie ist nur im empirischen Regressus der Reihe der Erscheinungen, und für sich selbst gar nicht anzutreffen. Daher wenn diese jederzeit bedingt ist, so ist sie niemals ganz gegeben, und die Welt ist also kein unbedingtes Ganzes, existiert also auch nicht als ein solches, weder mit unendlicher, noch endlicher Größe", ibid. 2. H. 7. Abs. (I 448 f.—Rc 581 f.). Die Idee des Unendlichen ist nur regulativ, gebietet nur den Regressus der Synthesis der Bedingungen ins Unendliche (in infinitum) oder ins Unbestimmte (in indefinitum). „Wenn das Ganze in der empirischen Anschauung gegeben worden, so geht der Regressus in der Reihe seiner inneren Bedingungen ins Unendliche" (Teilbarkeit der Körper). „Ist aber nur ein Glied der Reihe gegeben, von welchem der Regressus zur absoluten Totalität allererst fortgehen soll, so findet nur ein Rückgang in unbestimmte Weite (in indefinitum) statt" (etwa die Reihe der Ahnen zu einem Menschen). „In keinem von beiden Fällen ... wird die Reihe der Bedingungen als unendlich im Objekt gegeben angesehen. Es sind nicht Dinge, die an sich selbst, sondern nur Erscheinungen, die, als Bedingungen voneinander, nur im Regressus selbst gegeben werden. Also ist die Frage nicht mehr, wie groß diese Reihe der Bedingungen an sich selbst sei, ob endlich oder unendlich? denn sie ist nichts an sich selbst; sondern, wie wir den empirischen Regressus anstellen und wie weit wir ihn fortsetzen sollen?" „Wenn das Ganze empirisch gegeben worden, so ist es möglich, ins Unendliche in der Reihe seiner inneren Bedingungen zurückzugehen. Ist jenes aber nicht gegeben, sondern soll durch empirischen Regressus allererst gegeben werden, so kann ich nur sagen: es ist ins Unendliche möglich, zu noch höheren Bedingungen der Reihe fortzugehen", ibid. tr. Dial. 2. B. 2. H. 8. Abs. (I 453 ff.—Rc 587 ff.). Im empirischen Regressus kann keine Erfahrung von einer „absoluten Grenze", d. h. von einer schlechthin unbedingten Bedingung angetroffen werden. Denn dazu gehörte die (unmögliche) Wahrnehmung einer Begrenzung der Erscheinungen durch Nichts oder das Leere. Von der Weltgröße kann man, weil sie nicht als Ganzes in der Anschauung gegeben ist, nur sagen, daß wir in der Reihe, die zu ihr führt, nirgends eine absolute Grenze annehmen sollen (Regreß ins Unbestimmte). Die Welt hat also „keinen ersten Anfang der Zeit und keine äußerste Grenze dem Raume nach". „Aller Anfang ist in der Zeit, und alle Grenze des Ausgedehnten im Raume. Raum und Zeit aber sind nur in der Sinnenwelt. Mithin sind nur Erscheinungen in der Welt bedingterweise, die Welt aber selbst weder bedingt noch auf unbedingte Art begrenzt", ibid. 9. Abs. I (I 458 ff.—Rc 591 ff.). Die Körper bestehen nicht aus unendlich vielen Teilen, denn in der Anschauung ist nicht die ganze Teilung enthalten, „welche nur in der fortgehenden Dekomposition oder dem Regressus selbst besteht, der die Reihe allererst wirklich macht". Die „Reihe der Teilung" ist „sukzessiv unendlich und niemals ganz". Raum und (damit) Körper sind ins Unendliche teilbar, ibid. 9. Abs. II (I 462 f.—Rc 596 f.); vgl. tr. Meth. 1. H. 4. Abs. (I 658—Rc 809). Den kosmologischen Ideen (s. d.) gemäß müssen wir „die Bedingungen der inneren sowohl als der äußeren Naturerscheinungen in einer solchen nirgend zu vollendenden Untersuchung verfolgen, als ob dieselbe an sich unendlich und ohne ein erstes oder oberstes Glied sei, obgleich wir darum, außerhalb aller Erscheinungen, die bloß intelligiblen ersten Gründe derselben nicht leugnen, aber sie doch niemals in den Zusammenhang der Naturerklärungen bringen dürfen, weil wir sie gar nicht kennen", ibid. tr. Dial. Anh. V. d. Endabsicht ... (I 569—Rc 714). Die „absolute Totalität der Reihen" dieser Bedingungen ist eine Idee, die zur Regel dient, so in der Erklärung gegebener Erscheinungen zu verfahren, „als ob die Reihe an sich unendlich wäre, d. i. in indefinitum", andererseits aber da, wo die Vernunft selbst als bestimmende Ursache betrachtet wird (in der Freiheit), bei „praktischen Prinzipien", so, „als ob sie schlechthin (durch eine intelligible Ursache) angefangen würde", ibid. (I 578—Rc 724).

Gegenstände in Raum und Zeit sind nicht Dinge an sich, sondern Erscheinungen, die nicht außer der Vorstellung, ohne alle (mögliche) Erfahrung existieren. „Wenn ich nun nach der Weltgröße, dem Raume und der Zeit nach, frage, so ist es für alle meine Begriffe ebenso unmöglich zu sagen, sie sei unendlich, als sie sei endlich. Denn keines von beiden kann in der Erfahrung enthalten sein, weil weder von einem unendlichen Raume oder unendlicher verflossener Zeit, noch der Begrenzung der Welt durch einen leeren Raum oder eine vorhergehende leere Zeit Erfahrung möglich ist; das sind nur Ideen. Also müßte diese auf die eine oder die andere Art bestimmte Größe der Welt in sich selbst liegen, abgesondert von aller Erfahrung. Dieses widerspricht aber dem Begriffe einer Sinnenwelt, die nur ein Inbegriff der Erscheinungen ist, deren Dasein und Verknüpfung nur in der Vorstellung, nämlich der Erfahrung, stattfindet, weil sie nicht Sache an sich, sondern selbst nichts als Vorstellungsart ist", Prol. § 52 c (III 110). „Wenn der Satz: Die Welt ist an sich unendlich, soviel bedeuten soll: sie ist größer als alle Zahl (in Vergleichung mit einem gegebenen Maß), so ist der Satz falsch; denn eine unendliche Zahl ist ein Widerspruch. — Heißt es: sie ist nicht unendlich, so ist dieses wohl wahr, aber man weiß dann nicht, was sie denn sei. Sage ich: sie ist endlich, so ist das auch falsch; denn ihre Grenze ist kein Gegenstand möglicher Erfahrung. Ich sage also: sowohl was gegebenen Raum als auch verflossene Zeit betrifft, wird nur als zur Opposition erfordert. Beides ist dann falsch, weil mögliche Erfahrung weder eine Grenze hat noch unendlich sein kann, und die Welt als Erscheinung nur das Objekt möglicher Erfahrung ist", Fortschr. d. Metaph. 2. Abt. 2. Stadium (V 3, 119 f.). Das Unendliche ist „schlechthin" groß; es ist ein „Abgrund" für die Sinnlichkeit, und die Einbildungskraft kann nur danach streben, zum Unendlichen fortzuschreiten (s. Erhaben). Es ist unmöglich, das Unendliche als ganz gegeben zu denken, statt bloß subjektiv, als unser „Unvermögen" es zu fassen. Nur durch die Idee eines Noumenon (s. d.), eines übersinnlichen Substrats der Dinge, wird das Unendliche der Sinnenwelt in der reinen intellektuellen Größenschätzung unter einem Begriffe ganz zusammengefaßt, obzwar es in der mathematischen Größenschätzung durch Zahlbegriffe nie ganz gedacht werden kann, KU §§ 26 f., 27 (II 95, 99, 104 f., 111).

„Unendlich ist größer als alle Zahl", N 4756. „Die U. ist kein objektiver bestimmter Begriff einer Größe im Verhältnis auf andere, sondern subjektiv eine Übersteigung einer Größe über alle von uns angebliche, obgleich nicht durch jeden Verstand angebliche", N 4192. U. ist nicht Allheit. „Das Unendliche ist niemals gegeben, sondern nur die Bedingung der Möglichkeit des progressus in infinitum oder indefinitum", N 5893. Die Größe der Welt als Erscheinung ist nicht unendlich, sondern der Progressus in ihr geht ins Unendliche, N 5902. — „Was nur durch die Komposition gegeben wird, ist immer endlich, obgleich die Komposition ins Unendliche geht", N 5897. Vgl. Teil, Totalität, Idee, Unsterblichkeit, Gott, Raum, Zeit, Zahl, Reihe, Ewigkeit.

Ungeselligkeit s. Gesellschaft.

Unglaube, moralischer, ist der „Mangel des Glaubens an die Tugend". Diesen Glauben kann kein auf Beweise oder Wunder gegründeter Glaube ersetzen, „weil nur der Glaube an die praktische Gültigkeit jener Idee, die in unserer Vernunft liegt . . ., moralischen Wert hat", Rel. 2. St. 1. Abs. b (IV 69).

Universell s. Totalität, Allgemein, Unbedingt.

Unlauterkeit s. Böse, Lüge.

Unlust s. Gefühl. U. ist „mehr als eine bloße Verneinung", sondern eine „positive Empfindung" und „der Lust real entgegengesetzt". „Die Schätzung des ganzen Wertes der gesamten Lust in einem vermischten Zustande würde auch sehr ungereimt sein, wenn U. eine bloße Verneinung und dem Zero gleich wäre." „Es ist demnach die U. nicht bloß ein Mangel der Lust, sondern ein positiver Grund, diejenige Lust, die aus einem anderen Grunde stattfindet, ganz oder zum Teil aufzuheben, und ich nenne sie daher eine negative Lust", Neg. Größ. 2. Abs. 2 (V 1, 86 f.). Vgl. Glück, Rigorismus, Erhaben, Achtung.

Unmöglichkeit. Unmöglich heißt „alles, was sich widerspricht, oder was als zugleich seiend und nicht-seiend vorgestellt wird“, N. diluc. Propos. III (V 1, 10); vgl. Mund. sens. § 28 (V 2, 126 ff.). Vgl. Möglichkeit, Widerspruch.

Unsterblichkeit. Mendelssohn meint in seinem „Phädon“, ein einfaches Wesen könne nicht verschwinden, weil es als einfach nicht vermindert und so allmählich in nichts verwandelt werden könne. Dagegen ist einzuwenden, daß, wenn auch die Seele kein Mannigfaltiges außer einander, also keine extensive Größe enthält, sie doch intensive Größe, d. h. einen Grad der Realität haben muß, welcher „durch alle unendlich viele kleinere Grade abnehmen“ kann, so daß die Seele „obgleich nicht durch Zerteilung, doch durch allmähliche Nachlassung (remissio) ihrer Kräfte“, durch eine Art „Elangueszenz“ in nichts verwandelt werden könnte. Die absolute Beharrlichkeit der Seele (s. d.) bleibt also unerweislich, KrV tr. Dial. 2. B. 1. H. Widerlegung des Mendelssohnschen Beweises (I 359f. —Rc 422 ff.). Spekulative Beweise für die U. sind unmöglich, ebenso Gegenbeweise. Hingegen läßt sich vom Standpunkt der praktischen Vernunft eine Fortdauer der Existenz annehmen. Nach der Analogie mit der Natur lebender Wesen, in denen nichts Unzweckmäßiges anzutreffen ist, muß der Mensch, der „Endzweck“ von allem, ebenfalls zweckvoll eingerichtet sein. Vor allem geht das „moralische Gesetz in ihm“ über allen Nutzen in diesem Leben so hinaus, daß der Mensch sich innerlich dazu berufen fühlt, „sich durch sein Verhalten in dieser Welt, mit Verzichtung auf viele Vorteile, zum Bürger einer besseren, die er in der Idee hat, tauglich zu machen“, ibid. (I 367 f.—Rc 470 ff.). Gott und ein künftiges Leben sind Voraussetzungen, welche untrennbar sind von den sittlichen Geboten. Die Idee des höchsten Gutes (s. d.), welche die Möglichkeit der Hoffnung auf eine der Sittlichkeit angemessene Glückseligkeit (s. d.) einschließt, läßt uns ein künftiges Leben in einer „moralischen Welt“ (s. d.) voraussetzen, zu der wir uns durch die Vernunft als gehörig denken müssen und die als eine Folge unseres Verhaltens in der Sinnenwelt anzunehmen ist, KrV tr. Meth. 2. H. 2. Abs. (I 670 ff.—Rc 822 ff.). — „Die Meinung, daß das denkende Subjekt vor aller Gemeinschaft mit Körpern habe denken können, würde sich so ausdrücken: daß vor dem Anfange dieser Art der Sinnlichkeit, wodurch uns etwas im Raume erscheint, dieselben transzendentalen Gegenstände, welche im gegenwärtigen Zustande als Körper erscheinen, auf ganz andere Art haben angeschaut werden können. Die Meinung aber, daß die Seele, nach Aufhebung aller Gemeinschaft mit der körperlichen Welt, noch fortfahren könne zu denken, würde sich in dieser Form ankündigen: daß, wenn die Art der Sinnlichkeit, wodurch uns transzendentale und für jetzt ganz unbekannte Gegenstände als materielle Welt erscheinen, aufhören sollte, so sei darum noch nicht alle Anschauung derselben aufgehoben, und es sei ganz wohl möglich, daß eben dieselben unbekannten Gegenstände fortführen, obzwar freilich nicht mehr in der Qualität der Körper, von dem denkenden Subjekte erkannt zu werden.“ Dies ist aber ebensowenig spekulativ darzutun noch dogmatisch abzulehnen, da wir von der „absoluten und inneren Ursache“ äußerer, körperlicher Erscheinungen nichts wissen, KrV 1. A. tr. Dial. 2. B. 1. H. Betrachtung üb. die Summe . . . (I 760 f.—Rc 485 ff.).

In dem Begriffe des höchsten Guts (s. d.) ist die völlige Angemessenheit der Gesinnungen zum moralischen Gesetze die oberste Bedingung des höchsten Guts, die also möglich sein muß. Sie ist „Heiligkeit“ (s. d.). Diese Vollkommenheit kann aber ein endliches Wesen nur in einem „ins Unendliche gehenden Progressus“ erreichen, welche „praktische Fortschreitung“, also eine notwendige Annahme der praktischen Vernunft ist. „Dieser unendliche Progressus ist aber nur unter Voraussetzung einer ins Unendliche fortdauernden Existenz und Persönlichkeit desselben vernünftigen Wesens . . . möglich. Also ist das höchste Gut praktisch nur unter der Voraussetzung der U. der Seele möglich“; diese ist also, „als unzertrennlich mit dem moralischen Gesetz verbunden“, ein „Postulat“ (s. d.) der reinen praktischen Vernunft. „Der Unendliche, dem die Zeitbedingung nichts ist, sieht in dieser für uns endlosen Reihe das Ganze der Angemessenheit mit dem moralischen

Gesetze", KpV 1. T. 2. B. 2. H. IV (II 156 f.). Wer sich bewußt ist, einen großen Teil seines Lebens zum Besseren fortgeschritten zu sein, darf hoffen, daß er auch jenseits dieses Lebens bei solchen Grundsätzen beharren werde, ibid. Anm. (II 157 f.). Die U. ist das „Übersinnliche nach uns". Sie ist „die Fortdauer unserer Existenz nach uns als Erdensöhne, mit den ins Unendliche fortgehenden moralischen und physischen Folgen, die dem moralischen Verhalten derselben angemessen sind", Fortschr. d. Metaph. 2. Abt. 3. Stadium (V 3, 125). Es bleibt für die Metaphysik „unmöglich auszumachen, was und wieviel die Seele, und was oder wieviel der Körper selbst zu den Vorstellungen des inneren Sinnes beitrage, ja, ob nicht vielleicht, wenn eine dieser Substanzen (Seele und Körper) von der anderen geschieden wäre, die Seele schlechterdings alle Art Vorstellungen (Anschauen, Empfinden und Denken) einbüßen würde". „Also ist es schlechterdings unmöglich zu wissen, ob nach dem Tode des Menschen, wo seine Materie zerstreut wird, die Seele, wenngleich ihre Substanz übrig bleibt, zu leben, d. i. zu denken und zu wollen fortfahren könne, d. i. ob sie ein Geist sei (denn unter diesem Worte versteht man ein Wesen, was auch ohne Körper sich seiner und seiner Vorstellungen bewußt sein kann), oder nicht." Die U. der Seele ist theoretisch nicht demonstrierbar, „weil innere Erfahrung allein es ist, wodurch wir uns selbst kennen, alle Erfahrung aber nur im Leben, d. i. wenn Seele und Körper noch verbunden sind, angestellt werden kann, wir mithin, was wir nach dem Tode sein und vermögen werden, schlechterdings nicht wissen, der Seele abgesonderte Natur also gar nicht erkennen können". „In moralischer Rücksicht aber haben wir hinreichenden Grund, ein Leben des Menschen nach dem Tode (dem Ende seines Erdenlebens), selbst für die Ewigkeit, folglich U. der Seele anzunehmen, und diese Lehre ist ein praktisch-dogmatischer Überschritt zum Übersinnlichen, d. i. demjenigen, was bloße Idee ist und kein Gegenstand der Erfahrung sein kann, gleichwohl aber objektive, aber nur in praktischer Rücksicht gültige Realität hat. Die Fortstrebung zum höchsten Gut als Endzweck treibt zur Annehmung einer Dauer an, die jener ihrer Unendlichkeit proportioniert ist, und ergänzt unvermerkt den Mangel der theoretischen Beweise", ibid. Auflösung der Aufgabe III (V 3, 141 f.); vgl. Rel. 4. St. 1. T. 1. Abs. (IV 183).

Soviel der Mensch sich kennt, läßt ihm die Vernunft „keine andere Aussicht in die Ewigkeit übrig, als die ihm aus seinem bisher geführten Lebenswandel sein eigenes Gewissen am Ende des Lebens eröffnet". Theoretisch, dogmatisch läßt sich über die Art unseres künftigen Zustandes nichts ausmachen, schon deshalb, weil wir unseren wahren sittlichen Wert nicht genau kennen. Wir können nur urteilen, daß, „welche Prinzipien unseres Lebenswandels wir bis zu dessen Ende in uns herrschend gefunden haben (sie seien die des Guten oder des Bösen), auch nach dem Tode fortfahren werden, es zu sein". „Mithin müßten wir uns auch der jenem Verdienste oder dieser Schuld angemessenen Folgen, unter der Herrschaft des guten oder bösen Prinzips, für die Ewigkeit gewärtigen; in welcher Rücksicht es folglich weise ist, so zu handeln, als ob ein anderes Leben, und der moralische Zustand, mit dem wir das gegenwärtige endigen, samt seinen Folgen, beim Eintritt in dasselbe unabänderlich sei", Ende a. D. (VI 159 ff.). Die Regel des praktischen Gebrauchs der Vernunft dieser Idee gemäß besagt: „wir müssen unsere Maxime so nehmen, als ob bei allen ins Unendliche gehenden Veränderungen vom Guten zum Besseren unser moralischer Zustand der Gesinnung nach (der homo noumenon, ‚dessen Wandel im Himmel ist') gar keinem Zeitwechsel unterworfen wäre". Der Vernunft kann in praktischer Absicht auf den Endzweck nie Genüge getan werden. Es bleibt, da das Prinzip des Stillstandes und der Unveränderlichkeit der Welt und damit des Aufhörens der Zeit theoretisch unbefriedigend und für die Einbildungskraft empörend ist, nichts übrig, als sich „eine ins Unendliche (in der Zeit) fortgehende Veränderung, im beständigen Fortschreiten zum Endzweck zu denken, bei welchem die Gesinnung (welche nicht wie jenes, ein Phänomen, sondern etwas Übersinnliches, mithin nicht in der Zeit veränderlich ist) bleibt und beharrlich dieselbe ist", ibid. (VI 165 f.). Geburt und Tod sind „Anfang und Ende eines Auftrittes, in dem nur die Moralität erheblich ist, und zwar auch nur so, daß man ihr nicht entgegenhandle". Das Moralische ist „unauslöschlich", weil es „zu dem inneren Wert der Person gehört". Das Physische dieses Lebens ist von keiner Bedeutung, „weil es nur die zufällige Verbindung mit der Körperwelt betrifft, welche nicht unser natürlicher Zustand ist", N 4239 ff.

Es gibt zwei Beweise der U.: „1. aus dem Begriff vom Leben einer Intelligenz überhaupt und 2. aus der Analogie der Natur mit anderen lebenden Wesen überhaupt". Der erste Beweis, der aus dem Satze „materia est iners" folgert, daß die Trennung der Seele von der Materie die Seele nicht töten könne, ist unhaltbar (s. o.). Der zweite Beweis geht von dem Satz aus, daß jedes Organ einen Zweck hat. „Nun finden wir in dem Menschen Kräfte, Vermögen und Talente, die, wenn sie bloß für diese Welt geschaffen wären, wirklich zwecklos und überflüssig sind... Die moralischen Grundsätze des Willens gehen auch viel weiter, als wir hier brauchen", Vorles. aus drei Semestern ed. Heinze K. Sächs. Ges. d. Wissensch. philol. histor. Kl. XIV 676 f.; vgl. Vorles. üb. Metaph. S. 233. Vgl. Idee, Postulate, Paralogismus, Seele, Gott, Himmel, Theologie.

Unterscheiden. „Es ist ganz was anderes, Dinge voneinander zu unterscheiden und den Unterschied der Dinge erkennen. Das letztere ist nur durch Urteilen möglich und kann von keinem unvernünftigen Tiere geschehen." „Logisch unterscheiden heißt erkennen, daß ein Ding A nicht B sei, und ist jederzeit ein verneinendes Urteil: physisch unterscheiden heißt: durch verschiedene Vorstellungen zu verschiedenen Handlungen getrieben werden." „Der Hund unterscheidet den Braten vom Brote, weil er anders vom Braten als vom Brote gerührt wird (denn verschiedene Dinge verursachen verschiedene Empfindungen); und die Empfindung vom ersteren ist ein Grund von einer anderen Begierde in ihm als die vom letzteren, nach der natürlichen Verknüpfung seiner Triebe mit seinen Vorstellungen", F. Spitzf. § 6 (V 1, 69).

Unterschied. Die „Unterscheidung" einer Vorstellung von einer anderen ist noch nicht ein „Bewußtsein des U.es" beider Vorstellungen, KrV tr. Dial. 2. B. 1. H. Widerlegung des Mendelssohnschen Beweises 1. Anm. (I 360—Rc 445 f.). Vgl. Klarheit, Identität des Nichtzuunterscheidenden, Raum, Reflexionsbegriffe, Einerleiheit.

Urbild s. Archetypon, Heiligkeit, Christentum, Natur (sinnliche und übersinnliche), Idee, Ideal, Verstand (anschauender), Zweck („intellectus archetypus").

Urgrund s. Gott.

Ursache s. Kausalität, Grund. „Die Bedingung von dem, was geschieht", ist die „U.". Die bedingte Kausalität der U. in der Erscheinung ist „Natururksache", die unbedingte Kausalität „Freiheit", KrV tr. Dial. 2. B. 2. H. 1. Abs. (I 382 f.—Rc 507). „U." bedeutet, wenn vom Übersinnlichen gebraucht, nur den „Grund ..., die Kausalität der Naturdinge zu einer Wirkung, gemäß ihren eigenen Naturgesetzen, zugleich aber doch auch mit dem formalen Prinzip der Vernunftgesetze einhellig, zu bestimmen", was zwar nicht begreiflich, aber doch widerspruchslos ist, KU Einl. IX (II 33). Vgl. Freiheit („causa phaenomenon", „causa noumenon"), Kategorie, Vernunft, Wille, Zweck.

Ursprung. „U. (der erste) ist die Abstammung einer Wirkung von ihrer ersten, d. i. derjenigen Ursache, welche nicht wiederum Wirkung einer anderen Ursache von derselben Art ist. Er kann entweder als Vernunft- oder als Zeitursprung in Betracht gezogen werden. In der ersten Bedeutung wird bloß das Dasein der Wirkung betrachtet; in der zweiten das Geschehen derselben, mithin sie als Begebenheit auf ihre Ursache in der Zeit bezogen", Rel. 1. St. IV (IV 41); vgl. Böse. Freie Handlungen haben als solche einen Vernunftursprung, ibid. (IV 42). Die apriorischen Begriffe und Grundsätze haben in der reinen Vernunft ihren „U.", d. h. sie wurzeln in der Gesetzlichkeit des reinen (transzendentalen) Bewußtseins. Alle Erkenntnis „hebt an" (beginnt) mit der Erfahrung, ohne aber durchweg aus ihr zu „entspringen" (vgl. A priori).

„Anfang gehört zur Erscheinung, U. zur Verstandesidee." „Was geschieht, hat einen Grund d. i. ist wodurch bestimmt nach einer Regel-Einheit der Sukzession. Denn ohne diese Regel wäre nicht Einheit der Erfahrung möglich. Daraus folgt, daß in der Welt die Reihenfolge der Erscheinungen gar keinen Anfang habe. Ob aber die Welt selbst einen U. habe, das gehört zu Intellektualbegriffen", N 4756. Vgl. Prinzip, Kritik d. r. Vernunft, Verstand, Natur, Freiheit, Anfang, Erfahrung, Erkenntnis, Erkenntnisquellen, Synthese, Böse.

Urteil. Denken (s. d.) ist wesentlich Urteilen, und dieses ist die Verknüpfung von Vorstellungsinhalten zur Einheit des (logischen) Bewußtseins. Ein U. ist (rein verstandesmäßig) nichts anderes als „die Art, gegebene Erkenntnisse zur objektiven Einheit der Apperzeption zu bringen". „Darauf zielt das Verhältniswörtchen ist in denselben, um die objektive Einheit gegebener Vorstellungen von der subjektiven zu unterscheiden. Denn dieses bezeichnet die Beziehung derselben auf die ursprüngliche Apperzeption und die notwendige Einheit derselben, wenngleich das U. selbst empirisch, mithin zufällig ist, z. B. die Körper sind schwer. Damit ich zwar nicht sagen will, diese Vorstellungen gehören in der empirischen Anschauung notwendig zueinander, sondern sie gehören vermöge der notwendigen Einheit der Apperzeption in der Synthesis der Anschauungen zueinander, d. i. nach Prinzipien der objektiven Bestimmung aller Vorstellungen, sofern daraus Erkenntnis werden kann, welche Prinzipien alle aus dem Grundsatze der transzendentalen Einheit der Apperzeption abgeleitet sind. Dadurch allein wird aus diesem Verhältnisse ein U., d. i. ein Verhältnis, das objektiv gültig ist und sich von dem Verhältnisse eben derselben Vorstellungen, worin bloß subjektive Gültigkeit wäre, z. B. nach Gesetzen der Assoziation, hinreichend unterscheidet. Nach den letzteren würde ich nur sagen können: Wenn ich einen Körper trage, so fühle ich einen Druck der Schwere; aber nicht: er, der Körper, ist schwer; welches soviel sagen will, als: diese beiden Vorstellungen sind im Objekt, d. i. ohne Unterschied des Zustandes des Subjekts, verbunden, und nicht bloß in der Wahrnehmung (so oft sie auch wiederholt sein mag) beisammen." Die logische Form der U.e ist die „objektive Einheit der Apperzeption der darin enthaltenen Begriffe", KrV tr. Anal. § 19 (I 157 f.—Rc 187 f.). Begriffe (s. d.) sind Prädikate möglicher U.e. Dieselbe Einheitsfunktion, die im U.e stattfindet, liegt auch den Kategorien (s. d.) zugrunde. „Diejenige Handlung des Verstandes aber, durch die das Mannigfaltige gegebener Vorstellungen (sie mögen Anschauungen oder Begriffe sein) unter eine Apperzeption überhaupt gebracht wird, ist die logische Funktion der U.e", ibid. § 20 (I 159—Rc 191).

Objektiv (s. d.) sind U.e, wenn sie in einem „Bewußtsein überhaupt" (s. d.), d. h. darin notwendig vereinigt werden. „Die logischen Momente aller U.e sind soviel mögliche Arten, Vorstellungen in einem Bewußtsein zu vereinigen. Dienen aber ebendieselben als Begriffe, so sind sie Begriffe von der notwendigen Vereinigung derselben in einem Bewußtsein, mithin Prinzipien objektiv gültiger U.e." „Diese Vereinigung in einem Bewußtsein ist entweder analytisch, durch die Identität, oder synthetisch, durch die Zusammensetzung oder Hinzukunft verschiedener Vorstellungen zueinander", Prol. § 22 (III 63). Von den „Wahrnehmungsurteilen" sind die „Erfahrungsurteile" (s. d.), die allein objektive Geltung haben, unterschieden. Synthetische U.e a priori sind die Grundlagen reiner Wissenschaft.

„Etwas als ein Merkmal mit einem Dinge vergleichen heißt urteilen. Das Ding selber ist das Subjekt, das Merkmal das Prädikat. Die Vergleichung wird durch das Verbindungszeichen ist oder sind ausgedrückt, welches, wenn es schlechthin gebraucht wird, das Prädikat als ein Merkmal des Subjekts bezeichnet, ist es aber mit dem Zeichen der Verneinung behaftet, das Prädikat als ein dem Subjekt entgegengesetztes Merkmal zu erkennen gibt", F. Spitzf. § 1 (V 1, 55). Die obere Erkenntniskraft (s. Erkenntnisvermögen) beruht nur auf dem „Vermögen, zu urteilen", ibid. § 6 (V 1, 68 f.); vgl. Unterscheiden.

Von den Begriffen kann der Verstand (s. d.) keinen anderen Gebrauch machen, als daß er dadurch urteilt. „Da keine Vorstellung unmittelbar auf den Gegenstand geht als bloß die Anschauung, so wird ein Begriff niemals auf einen Gegenstand unmittelbar, sondern auf irgendeine andere Vorstellung von demselben (sie sei Anschauung oder selbst schon Begriff) bezogen.“ Das U. ist also „die mittelbare Erkenntnis eines Gegenstandes, mithin die Vorstellung einer Vorstellung desselben“. „In jedem U. ist ein Begriff, der für viele gilt, und unter diesem Vielen auch eine gegebene Vorstellung begreift, welche letztere dann auf den Gegenstand unmittelbar bezogen wird.“ „Alle U.e sind demnach Funktionen der Einheit unter unseren Vorstellungen, da nämlich statt einer unmittelbaren Vorstellung eine höhere, die diese und mehrere unter sich begreift, zur Erkenntnis des Gegenstandes gebraucht und viele mögliche Erkenntnisse dadurch in einer zusammengezogen werden.“ Die Begriffe selbst sind „Prädikate möglicher U.e“, Prädikate „zu einem möglichen U.e“, KrV tr. Anal. 1. B. 1. H. 1. Abs. (I 120 f.—Rc 139 f.). Die „logische Funktion des Verstandes in U.en“ (die „Funktion des Denkens“, jede Funktion der Einheit) läßt sich, wenn man von allem Inhalt des U.s abstrahiert und nur auf die „bloße Verstandesform“ darin achtet, unter „vier Titel“ bringen, deren jeder „drei Momente“ unter sich enthält. Das ergibt folgende „Tafel“ von U.en: „1. Quantität der U.e. Allgemeine. Besondere. Einzelne. 2. Qualität. Bejahende. Verneinende. Unendliche. 3. Relation. Kategorische. Hypothetische. Disjunktive. 4. Modalität. Problematische. Assertorische. Apodiktische“, ibid. § 9 (I 122—Rc 141 f.). „Ein U. ist die Vorstellung der Einheit des Bewußtseins verschiedener Vorstellungen, oder die Vorstellung des Verhältnisses derselben, sofern sie einen Begriff ausmachen.“ „In den gegebenen, zur Einheit des Bewußtseins im U.e verbundenen Erkenntnissen besteht die Materie; — in der Bestimmung der Art und Weise, wie die verschiedenen Vorstellungen als solche zu einem Bewußtsein gehören, die Form des U.es“, Log. §§ 17 f. (IV 109 f.). Die Logik hat bloß den Unterschied der U.e betreffs ihrer bloßen Form zu untersuchen, ibid. § 19 (IV 110). Diese Unterschiede der U.e lassen sich auf die vier Hauptmomente der Quantität (s. d.), Qualität (s. d.), Relation (s. d.) und Modalität (s. d.) zurückführen, woraus sich durch Trichotomie die (oben angeführte) Einteilung in 12 Klassen ergibt, ibid. §§ 20 f. (IV 110 f.). Vgl. Kategorie, Erfahrungsurteil.

U.e sind nichts anderes als „die Einheit des Bewußtseins im Verhältnis der Begriffe überhaupt“, Fortschr. d. Metaph. 1. Abt. V. Begriffen a priori (V 3, 97). „Wenn irgend etwas x, welches durch eine Vorstellung a erkannt wird, mit einem anderen Begriffe (b) verglichen wird, entweder daß es diesen einschließe oder ausschließe, so ist dieses Verhältnis ein U. Dieses U. ist also entweder die Erkenntnis der Einstimmung oder des Widerstreits“, N 3920. „Ein bejahend U. stellt vor, daß ein Prädikat mit dem Subjekte identisch (sein Merkmal) ist“, N 3710. „U. ist ein Erkenntnis der Einheit gegebener Begriffe: daß nämlich B mit verschiedenen anderen Dingen x, y, z unter denselben Begriff A gehöre, oder auch: daß das Mannigfaltige, was unter B ist, auch unter A gehöre, imgleichen daß die Begriffe A und B durch einen Begriff B vorgestellt werden können“, N 3042. U. ist „das Verhältnis der Unterordnung der Begriffe untereinander“, „die Vorstellung der Einheit im Verhältnisse der Erkenntnisse“, N 3044; „die Vorstellung der Einheit des Verhältnisses des Erkenntnisgrundes zum möglichen Erkenntnisse eines Objekts“, N 3045; „die mittelbare Erkenntnis einer Vorstellung durch andere Vorstellungen“, N 3047; „das Bewußtsein, daß ein Begriff unter einem anderen enthalten ist“, N 3053. Vgl. Kopula, Prädikat, Hypothetisch, Problematisch, Apodiktisch, Wahrscheinlichkeit, Möglichkeit, Notwendigkeit, Verstand, Urteilskraft, Beurteilung, A priori, Annahme, Grundsätze, Erkenntnis, Wahrheit, Irrtum.

Urteile, analytische und synthetische. „In allen Urteilen, worinnen das Verhältnis eines Subjekts zum Prädikat gedacht wird ... ist dieses Verhältnis auf zweierlei Art möglich. Entweder das Prädikat B gehört zum Subjekt A als etwas, was in diesem Begriffe A (versteckter Weise) enthalten ist; oder B liegt ganz außer dem Begriff A, ob es zwar mit demselben in Verknüpfung steht. Im ersten Fall nenne ich das Urteil analytisch, in dem anderen synthetisch.“ „Analytische U. (die bejahenden) sind also diejenigen, in welchen die Verknüpfung des Prädikats mit dem Subjekt durch Identität, diejenigen aber, in denen diese Verknüpfung ohne Identität gedacht wird, sollen synthetische U. heißen." „Die ersteren könnte man auch Erläuterungs-, die anderen Erweiterungsurteile heißen, weil jene durch das Prädikat nichts zum Begriff des Subjektes hinzutun. sondern diesen nur durch Zergliederung in seine Teilbegriffe zerfällen, die in selbigem schon (obgleich verworren) gedacht waren: dahingegen die letzteren zu dem Begriffe des Subjekts ein Prädikat hinzutun, welches in jenem gar nicht gedacht war, und durch keine Zergliederung desselben hätte können herausgezogen werden." Z. B.: Alle Körper sind ausgedehnt (analytisches Urteil); alle Körper sind schwer (synthetisches Urteil, und zwar a posteriori); alles Geschehen hat eine Ursache (synthetisches Urteil a priori). Erfahrungsurteile als solche sind insgesamt synthetisch; das Subjekt derselben bezeichnet „einen Gegenstand der Erfahrung durch einen Teil derselben, zu welchem ich also noch andere Teile eben derselben Erfahrung, als zu dem ersteren gehörten, hinzufügen kann". Die „Möglichkeit der Synthesis" des Prädikats mit dem Subjektsbegriffe gründet sich hier auf die Erfahrung, die „selbst eine synthetische Verbindung der Anschauungen" ist, KrV Einl. IV (I 55 ff.—Rc 59 ff.). Es ist klar, „1. daß durch analytische U. unsere Erkenntnis gar nicht erweitert werde, sondern der Begriff, den ich schon habe, auseinandergesetzt und mir selbst verständlich gemacht werde; 2. daß bei synthetischen U.n ich außer dem Begriffe des Subjekts noch etwas anderes (x) haben müsse, worauf sich der Verstand stützt, um ein Prädikat, das in jenem Begriffe nicht liegt, doch als dazu gehörig zu erkennen". Bei empirischen oder Erfahrungsurteilen ist dieses x „die vollständige Erfahrung von dem Gegenstande, den ich durch einen Begriff A denke, welcher nur einen Teil dieser Erfahrung ausmacht", ibid. 1. A. (I 57 Anm.—Rc 60 f.). Bei „synthetischen U.n a priori" aber fehlt das Hilfsmittel der Erfahrung. „Wenn ich über den Begriff A hinausgehen soll, um einen anderen B als damit verbunden zu erkennen, was ist das, worauf ich mich stütze und wodurch die Synthesis möglich wird? da ich hier den Vorteil nicht habe, mich im Felde der Erfahrung danach umzusehen?" „Man nehme den Satz: alles, was geschieht, hat seine Ursache. In dem Begriff von Etwas, das geschieht, denke ich zwar ein Dasein, vor welchem eine Zeit vorhergeht usw., und daraus lassen sich analytische U. ziehen. Aber der Begriff einer Ursache liegt ganz außer jenem Begriffe und zeigt etwas von dem, was geschieht, Verschiedenes an, ist also in dieser letzteren Vorstellung gar nicht mit enthalten. Wie komme ich denn dazu, von dem, was überhaupt geschieht, etwas davon ganz Verschiedenes zu sagen, und den Begriff der Ursache, obzwar in jenem nicht enthalten, dennoch, als dazu und sogar notwendig gehörig, zu erkennen? Was ist hier das Unbekannte = x, worauf sich der Verstand stützt, wenn er außer dem Begriff von A ein demselben fremdes Prädikat B aufzufinden glaubt, welches er gleichwohl damit verknüpft zu sein erachtet? Erfahrung kann es nicht sein, weil der angeführte Grundsatz nicht allein mit größerer Allgemeinheit, als die Erfahrung verschaffen kann, sondern auch mit dem Ausdruck der Notwendigkeit, mithin gänzlich a priori und aus bloßen Begriffen, diese zweite Vorstellung zu der ersteren hinzufügt", KrV Einl. IV (I 58—Rc 62 f.). „Es liegt also hier ein gewisses Geheimnis verborgen, dessen Aufschluß allein den Fortschritt in dem grenzenlosen Felde der reinen Verstandeserkenntnis sicher und zuverlässig machen kann: nämlich mit gehöriger Allgemeinheit den Grund der Möglichkeit synthetischer U. a priori aufzudecken, die Bedingungen, die eine jede Art derselben möglich machen, einzusehen und diese ganze Erkenntnis (die ihre eigene Gattung ausmacht) in einem System nach ihren ursprünglichen Quellen, Abteilungen, Umfang und Grenzen, nicht durch einen flüchtigen Umkreis zu bezeichnen, sondern vollständig und zu jedem Gebrauche hinreichend zu bestimmen", ibid. 1. A. (I 59 f. Anm.—Rc 66). In allen theoretischen Wissenschaften der Vernunft sind synthetische U. a priori als Prinzipien (Grundsätze) enthalten. Die Wirklichkeit solcher U. in der Mathematik (s. d.) und (reinen) Naturwissenschaft („Physik") beweist, daß sie „möglich" sein müssen. In der Metaphysik (s. d.) sind solche U. wenigstens als naturgemäß angestrebte gegeben. Die Grundfrage ist nun: „Wie sind synthetische U. a priori möglich?", KrV Einl. V (I 59 ff.—Rc 67 ff.); vgl. Kritik d. r. Vernunft.

Dem Inhalte nach gibt es U., die „bloß erläuternd sind und zum Inhalte der Erkenntnis nichts hinzutun“ und solche, die „erweiternd“ sind und die gegebene Erkenntnis vergrößern. „Analytische U. sagen im Prädikate nichts als das, was im Begriffe des Subjekts schon wirklich, obgleich nicht so klar und mit gleichem Bewußtsein gedacht war“ (z. B. alle Körper sind ausgedehnt). „Alle analytischen U. beruhen gänzlich auf dem Satze des Widerspruchs und sind ihrer Natur nach Erkenntnisse a priori, die Begriffe, die ihnen zur Materie dienen, mögen empirisch sein oder nicht“ (z. B. Gold ist ein gelbes Metall). „Es gibt synthetische U. a posteriori, deren Ursprung empirisch ist; aber es gibt auch deren, die a priori gewiß sind und die aus reinem Verstande und Vernunft entspringen. Beide aber kommen darin überein, daß sie nach dem Grundsatze der Analysis, nämlich dem Satze des Widerspruchs, allein nimmermehr entspringen können; sie erfordern noch ein ganz anderes Prinzip, ob sie zwar aus jedem Grundsatze, welcher er auch sei, jederzeit dem Satze des Widerspruchs gemäß abgeleitet werden müssen; denn nichts darf diesem Grundsatze zuwider sein, obgleich eben nicht alles daraus abgeleitet werden kann“, Prol. § 2 (III 14ff.). Synthetische U. sind: 1. Die Erfahrungsurteile (s. d.), 2. die mathematischen U. (s. Mathematik), 3. die eigentlich metaphysischen U. (s. Metaphysik), ibid. § 2, c (III 16 ff.). Die Einteilung in analytische und synthetische U. ist „in Ansehung der Kritik des menschlichen Verstandes unentbehrlich und verdient daher in ihr klassisch zu sein“. Dogmatische Philosophen wie Chr. Wolff und Baumgarten haben sie vernachlässigt. Hingegen findet sich bei Locke schon ein Wink zu dieser Einteilung (in Essay 4. B. 3. H. §§ 9 f.), ibid. § 3 (III 21 f.). Die Möglichkeit synthetischer U. a posteriori bedarf keiner Erklärung, denn Erfahrung (s. d.) ist selbst eine Synthesis der Wahrnehmungen. Die Wirklichkeit synthetischer Sätze a priori beweisen die reine Mathematik (s. d.), Naturwissenschaft (s. d.) und Metaphysik (s. d.), und so ist nicht zu fragen, ob solche U. möglich sind, sondern nur, wie sie möglich sind, welches der „Grund“ (die Grundlage, die Rechtfertigung) ihrer objektiven Gültigkeit ist, ibid. § 5 (III 26 f.).

Da alle (theoretischen) synthetischen Urteile „nur durch die Beziehung des gegebenen Begriffs auf eine Anschauung“ möglich sind und wir nur eine reine Anschauung haben können, sofern sie in der „Form des Subjekts und seiner Vorstellungsrezeptivität besteht, von Gegenständen affiziert zu werden“, „so kann die Wirklichkeit synthetischer Sätze a priori schon an sich hinreichend sein zu beweisen, daß sie nur auf Gegenstände der Sinne und nicht weiter als auf Erscheinungen gehen können ...“, An Reinhold, 12. Mai 1789. Synthetische U. sind „U., durch deren Prädikat ich dem Subjekte des Urteils mehr beilege, als ich in dem Begriffe denke, von dem ich das Prädikat aussage, welches letztere also die Erkenntnis über das, was jener Begriff enthielt, vermehrt; desgleichen durch analytische U. nicht geschieht, die nichts tun, als das, was schon in dem gegebenen Begriffe wirklich gedacht und enthalten war, nur als zu ihm gehörig klar vorzustellen und auszusagen“, Üb. e. Entdeck. 2. Abs. (V 3, 52). Die synthetischen U. a priori sind „nur Prinzipien der Möglichkeit der Erfahrung“, sie enthalten den „Grund der Erfahrung“, ibid. (V 3, 58). Die Kritik hat ein vollständiges System synthetischer U. a priori als wahrer Grundsätze aufgeführt, aber nicht als gültig für das Übersinnliche, für Dinge an sich; sondern sie hat gezeigt, daß sie „insgesamt nur die synthetische Einheit des Mannigfaltigen der Anschauung (als Bedingung der Möglichkeit der Erfahrung) aussagen und also auch lediglich auf Gegenstände, sofern sie in der Anschauung gegeben werden können, anwendbar sind“, ibid. (V 3, 60). Durch die reine Anschauung (s. d.) von Raum und Zeit, die als Form der Sinnesobjekte aus unserer Sinnlichkeit entspringt, wird es klar, „wie synthetische Erkenntnisse a priori sowohl in der Mathematik als Naturwissenschaft möglich seien“, indem jene Anschauungen die apriorische Erweiterung der Erkenntnis über einen Begriff hinaus möglich machen. Da der Verstand nicht selbst anschauen kann, so ersieht man, daß jene synthetischen Sätze a priori nicht über die Grenzen der sinnlichen Anschauung hinaus getrieben werden können, „weil alle Begriffe über dieses Feld hinaus leer und ohne einen ihnen korrespondierenden Gegenstand sein müssen“, ibid. (V 3, 65 f.). Synthetische U.

sind „nicht anders möglich..., als unter der Bedingung einer dem Begriffe ihres Subjekts untergelegten Anschauung, welche, wenn sie Erfahrungsurteile sind, empirisch, sind es synthetische U. a priori, reine Anschauung a priori ist". Die Kritik zeigt, „daß es die reine, dem Begriffe des Subjekts untergelegte Anschauung sein müsse, an der es möglich, ja allein möglich ist, ein synthetisches Prädikat a priori mit einem Begriffe zu verbinden", ibid. (V 3, 68). Die (formale) Logik kann keine Auskunft über die Frage geben, wie synthetische U. a priori möglich sind. Um „mit meinem Begriffe über diesen Begriff selbst hinauszugehen und mehr davon zu sagen, als in ihm gedacht worden", muß „die Sinnlichkeit, und zwar das Vermögen einer Anschauung a priori, in Betracht gezogen werden" (ibid.). „Es war also nicht eine bloße Wortkünstelei, sondern ein Schritt näher zur Sachkenntnis, wenn die Kritik zuerst den Unterschied der U., die ganz auf dem Satze der Identität oder des Widerspruchs beruhen, von denen, die noch eines anderen bedürfen, durch die Benennung analytischer im Gegensatze mit synthetischen U.n kennbar machte. Denn daß etwas außer dem gegebenen Begriffe noch als Substrat hinzukommen müsse, was es möglich macht, mit meinen Prädikaten über ihn hinauszugehen, wird durch den Ausdruck der Synthesis klar angezeigt, mithin die Untersuchung auf die Möglichkeit einer Synthesis der Vorstellungen zum Behuf der Erkennntis überhaupt gerichtet, welche bald dahin ausschlagen mußte, Anschauung, für die Erkenntnis a priori aber reine Anschauung als die unentbehrlichen Bedingungen derselben anzuerkennen", ibid. (V 3, 71).

Das analytische Urteil ist „jederzeit Urteil a priori und mit dem Bewußtsein seiner Notwendigkeit verbunden". Das synthetische Urteil „kann empirisch sein, und die Logik vermag nicht die Bedingung anzuführen, unter der ein synthetisches Urteil a priori stattfinden würde". Die Frage ist fundamentaler Art: „Wie sind synthetische U. a priori möglich? „Denn daß es deren gebe, beweisen zahlreiche Beispiele der allgemeinen Naturlehre, vornehmlich aber der reinen Mathematik." Endlich ist zu fragen: „Wie ist aus synthetischen U.n eine Erkenntnis a priori möglich?", Fortschr. d. Metaph. 1. Abt. Gesch. d. Transzendentalphilosophie (V 3, 90). „U. sind analytisch, wenn ihr Prädikat nur dasjenige klar (explicite) vorstellt, was in dem Begriffe des Subjekts, obzwar dunkel (implicite), gedacht war; z. B. ein jeder Körper ist ausgedehnt." Sie sind nicht identische (s. d.) U., obwohl sie sich auf Identität gründen und darin aufgelöst werden können; denn „sie bedürfen Zergliederung und dienen dadurch zur Erklärung des Begriffs". „Synthetische U. sind solche, welche durch ihr Prädikat über den Begriff des Subjekts hinausgehen, indem jenes etwas enthält, was in dem Begriffe des letzteren gar nicht gedacht war, z. B. alle Körper sind schwer. Hier wird nun gar nicht danach gefragt, ob das Prädikat mit dem Begriffe das Subjekts jederzeit verbunden sei oder nicht, sondern es wird nur gesagt, daß es in diesem Begriffe nicht mitgedacht werde, ob es gleich notwendig zu ihm hinzukommen muß", ibid. Beilage I, 1. Abs. (V 3, 153 f.). „Alle analytischen U. sind U. a priori und gelten also mit strenger Allgemeinheit und absoluter Notwendigkeit, weil sie sich gänzlich auf den Satz des Widerspruchs gründen." „Synthetische U. können aber auch Erfahrungsurteile sein, welche uns zwar lehren, wie gewisse Dinge beschaffen sind, niemals aber, daß sie notwendig so sein müssen und nicht anders beschaffen sein können, z. B.: alle Körper sind schwer." Diese U. haben nur „empirische", nicht „rationale" oder „strikte" (a priori erkennbare) Allgemeinheit. Daß es auch synthetische U. a priori gibt, beweist vor allem die reine Mathematik, als „ein Koloß zum Beweise der Realität durch alleinige reine Vernunft erweiterter Erkenntnis", sie, die selbst keiner Kritik des reinen Vernunftvermögens bedarf, sondern sich „durch ihr eigenes Faktum rechtfertigt", ibid. (V 3, 154 ff.). — Das oberste Prinzip aller synthetischen U. ist: „ein jeder Gegenstand steht unter den notwendigen Bedingungen der synthetischen Einheit des Mannigfaltigen der Anschauung in einer möglichen Erfahrung". „Auf solche Weise sind synthetische U. a priori möglich, wenn wir die formalen Bedingungen der Anschauung a priori, die Synthesis der Einbildungskraft und die notwendige Einheit derselben in einer transzendentalen Apperzeption, auf ein mögliches Erfahrungserkenntnis überhaupt beziehen und sagen: die Bedingungen der Möglichkeit der Erfahrung überhaupt sind zugleich Bedingungen der Möglichkeit der Gegenstände der Erfahrung, und haben darum objektive Gültigkeit in einem synthetischen U. a priori". KrV tr. Anal. 2. B. 2. H. 2. Abs. (I 197 f.—Rc 253 f.). Außer dieser Beziehung sind synthetische U. a priori „gänzlich unmöglich, weil sie kein Drittes, nämlich keinen Gegenstand haben, an dem die synthetische Einheit ihrer Begriffe objektive Realität dartun könnte", ibid. (I 196 f.—Rc 252 f.).

Die Frage: „Wie sind synthetische U. a priori möglich?" beantwortet (zunächst) die transzendentale Ästhetik (s. d.) so: Raum und Zeit sind „reine Anschauungen a priori", „in welchen wir, wenn wir im U. a priori über den gegebenen Begriff hinausgehen wollen, dasjenige antreffen, was nicht im Begriffe, wohl aber in der Anschauung, die ihm entspricht, a priori entdeckt werden und mit jenem synthetisch verbunden werden kann, welche U. aber aus diesem Grunde nie weiter, als auf Gegenstände der Sinne reichen, und nur für Objekte möglicher Erfahrung gelten können", KrV Beschluß der tr. Ästh. (I 105—Rc 124). Die synthetischen U. (Grundsätze) a priori sind möglich durch Anschauungen a priori und, sodann, durch Begriffe a priori (s. Kategorie), ferner aber deshalb, weil die Bedingungen der Erfahrung zugleich die Bedingungen der Objekte der Erfahrung sind. „In den synthetischen Sätzen wird eigentlich nicht das Verhältnis unter den Begriffen unmittelbar (denn dieses geschieht nur in analytischen), sondern in der Kondition ihrer konkreten Vorstellung im Subjekt vorgestellt, es sei Anschauung oder Erscheinung. Dieses Subjekt enthält die Bedingungen der Vorstellung alles dessen, wovon wir Begriffe haben, und in dessen Sinnlichkeit muß doch das Objektive derselben determiniert werden." „Nur von der Relation gelten objektiv synthetische Sätze der Erscheinung", Lose Bl. 7. Sage ich durch einen synthetischen Satz a priori von dem Objekt mehr aus, als in meiner Vorstellung von ihm enthalten ist, so „sage ich von ihm etwas aus, was ihm nicht zukommt, d. h. es ist ohne Wahrheit (Spontaneität eines leeren Urteils)". „Es ist nicht anders möglich, a priori über meinen gegebenen Begriff hinauszugehen als nur durch ein Urteil, welches das Verhältnis des Gegenstandes zur Beschaffenheit des Subjekts und seines Vorstellungsvermögens oder vielmehr zuerst seiner Rezeptivität, vom Gegenstande auf gewisse Art affiziert zu werden, enthält, mithin nur sagt, wie er mir erscheint, nicht wie er ist", N 6358. „Iudicia synthetica", N 4412. „Die Möglichkeit analytischer Verbindung läßt sich a priori einsehen, nicht aber der synthetischen", N 5687. „Alle rationalen Sätze sind analytisch." „Alle empirischen Sätze sind synthetisch, und umgekehrt", N 3744. „Alle analytischen U. lehren, was in den Begriffen, aber verworren gedacht ist; die synthetischen, was mit dem Begriffe soll verbunden gedacht werden", N 3738. „Alle Bestimmung ist Synthesis", N 5703. „Alle rationale synthetische Sätze sind subjektiv und umgekehrt; nur die analytischen sind objektiv", N 3935. „Empirische Grundsätze sind jederzeit synthetisch", N 4472; vgl. 3126 ff., 3342 ff. Vgl. Grundsätze, Synthesis, A priori, Erkenntnis, Apperception, Geschmacksurteil, Imperativ.

Urteile, intuitive, s. Axiom, Mathematik.

Urteilskraft. Ein Mittelglied zwischen Verstand und Vernunft ist die „U.". Sie ist das Vermögen, das Besondere unter das Allgemeine (eine Regel, ein Gesetz) zu subsumieren. Ist das Allgemeine durch den Verstand schon gegeben, so ist die U. „bestimmend", muß es erst gefunden werden, so ist sie „reflektierend". Die reflektierende U. hat ein eigenes, (aber nur subjektiv-regulatives) apriorisches Prinzip, das der Zweckmäßigkeit (s. d.). Sie ist „ästhetische" oder aber „teleologische" U. Das Prinzip der reflektierenden U. dient zur „Beurteilung" von Erfahrungen in einer eigenen Hinsicht, zur Verständlichmachung des Zusammenhanges der besonderen Erfahrungen und Gesetze untereinander und als Regel der Forschung nach solchen Gesetzen. Durch das der U. eigene Prinzip der Zweckmäßigkeit führt sie das Besondere, Mannigfaltige der Natur auf eine Einheit zurück, aus der sie es sich verständlich macht.

Die U. ist „das Vermögen, unter Regeln zu subsumieren, d. i. zu unterscheiden, ob etwas unter einer gegebenen Regel (casus datae legis) stehe oder nicht". Die U. ist ein besonderes Talent, welches nicht belehrt, sondern geübt sein will. Die allgemeine Logik kann daher der U. keine Vorschriften geben. Hingegen hat die transzendentale Logik die Aufgabe, „die U. im Gebrauch des reinen Verstandes durch bestimmte Regeln zu berichtigen und zu sichern". Die Transzendental-Philosophie hat hierbei das Eigentümliche, „daß sie außer der Regel (oder vielmehr der allgemeinen Bedingung zu Regeln), die in dem reinen Begriffe des Verstandes gegeben wird, zugleich a priori den Fall anzeigen kann, worauf sie angewandt werden sollen". Denn sie hat es mit apriorischen Begriffen (Kategorien) zu tun, KrV tr. Anal. 2. B. Einl. (I 179 ff.—Rc 233 ff.).

Die U. ist ein Mittelglied zwischen dem Verstande und der Vernunft, also ein „besonderes Erkenntnisvermögen". Als solches muß sie ein ihr eigentümliches Prinzip a priori in sich enthalten, KU Vorr. (II 2 f.). Zwischen Erkenntnis- und Begehrungsvermögen ist das Gefühl der Lust und Unlust. Es ist also zu vermuten, „daß die U. ebensowohl für sich ein Prinzip a priori enthalten, und da mit dem Begehrungsvermögen notwendig Lust oder Unlust verbunden ist . . . ., ebensowohl einen Übergang vom reinen Erkenntnisvermögen, d. i. vom Gebiete der Naturbegriffe zum Gebiete des Freiheitsbegriffes bewirken werde, als sie im logischen Gebrauche den Übergang vom Verstande zur Vernunft möglich macht", KU Einl. III (II 14 f.). „U. überhaupt ist das Vermögen, das Besondere als enthalten unter dem Allgemeinen zu denken. Ist das Allgemeine (die Regel, das Prinzip, das Gesetz) gegeben, so ist die U., welche das Besondere darunter subsumiert . . ., bestimmend. Ist aber nur das Besondere gegeben, wozu sie das Allgemeine finden soll, so ist die U. bloß reflektierend." „Die bestimmende U. unter allgemeinen transzendentalen Gesetzen, die der Verstand gibt, ist nur subsumierend; das Gesetz ist ihr a priori vorgezeichnet, und sie hat also nicht nötig, für sich selbst auf ein Gesetz zu denken, um das Besondere in der Natur dem Allgemeinen unterordnen zu können." Aber es gibt so „mannigfaltige Formen der Natur", die durch jene Gesetze des Verstandes — die nur auf die „Möglichkeit einer Natur (als Gegenstandes der Sinne) überhaupt" gehen — unbestimmt gelassen werden. Für sie müssen doch auch Gesetze sein, die als empirische „nach unserer Verstandeseinsicht" zufällig sein mögen, aber doch als Gesetze aus einem uns unbekannten „Prinzip der Einheit des Mannigfaltigen" als notwendig angesehen werden müssen. Die reflektierende U. bedarf also eines Prinzips, welches die „Einheit aller empirischen Prinzipien unter gleichfalls empirischen, aber höheren Prinzipien und also die Möglichkeit der systematischen Unterordnung derselben untereinander" begründen soll. Ein solches transzendentales Prinzip kann die U. sich nur selbst (a priori) als Gesetz geben, ibid. IV (II 15 f.). „Nun kann dieses Prinzip kein anderes sein als daß, da allgemeine Naturgesetze ihren Grund in unserem Verstande haben, der sie der Natur . . . vorschreibt, die besonderen empirischen Gesetze in Ansehung dessen, was in ihnen durch jene unbestimmt gelassen ist, nach einer solchen Einheit betrachtet werden müssen, als ob gleichfalls ein Verstand (wenngleich nicht der unsrige) sie zum Behuf unserer Erkenntnisvermögen, um ein System der Erfahrung nach besonderen Naturgesetzen möglich zu machen, gegeben hätte. Nicht, als wenn auf diese Art wirklich ein solcher Verstand angenommen werden müßte (denn es ist nur die reflektierende U., der diese Idee zum Prinzip dient, zum Reflektieren, nicht zum Bestimmen); sondern dieses Vermögen gibt sich dadurch nur selbst und nicht der Natur ein Gesetz". „Weil nun der Begriff von einem Objekt, sofern er zugleich den Grund der Wirklichkeit dieses Objekts enthält, der Zweck, und die Übereinstimmung eines Dinges mit derjenigen Beschaffenheit der Dinge, die nur nach Zwecken möglich ist, die Zweckmäßigkeit der Form derselben heißt: so ist das Prinzip der U., in Ansehung der Form der Dinge der Natur unter empirischen Gesetzen überhaupt, die Zweckmäßigkeit der Natur in ihrer Mannigfaltigkeit. D. i. die Natur wird durch diesen Begriff so vorgestellt, als ob ein Verstand den Grund der Einheit des Mannigfaltigen ihrer empirischen Gesetze enthalte." „Die Zweckmäßigkeit der Natur ist also ein besonderer Begriff a priori, der lediglich in der reflektierenden U. seinen Ursprung hat. Denn den Naturprodukten kann man so etwas, als Beziehung der Natur an ihnen auf Zwecke, nicht beilegen, sondern diesen Begriff nur brauchen, um über sie in Ansehung der Verknüpfung der Erscheinungen in ihr, die nach empirischen Gesetzen gegeben ist, zu reflektieren. Auch ist dieser Begriff von der praktischen Zweckmäßigkeit (der menschlichen Kunst oder auch der Sitten) ganz unterschieden, ob er zwar nach einer Analogie mit derselben gedacht wird", ibid. (II 16 f.). Das Prinzip der formalen Zweckmäßigkeit der Natur ist ein „transzendentales Prinzip" der U., d. h. ein solches, „durch welches die allgemeine Bedingung a priori vorgestellt wird, unter der allein Dinge Objekte unserer Erkenntnis überhaupt werden können". Sie bedarf daher einer „transzendentalen Deduktion, vermittelst deren der Grund, so zu urteilen, in den Erkenntnisquellen a priori aufgesucht werden muß", ibid. Einl. V (II 17 ff.); vgl. Zweck. Die U. hat ein Prinzip a priori für die Möglichkeit der Natur, „aber nur in subjektiver Rücksicht", in sich, „wodurch sie nicht der Natur (als Autonomie), sondern ihr selbst (als Heautonomie) für die Reflexion über jene ein Gesetz vorschreibt, welches man das Gesetz der Spezifikation der Natur in Ansehung ihrer empirischen Gesetze nennen könnte, das sie a priori an ihr nicht erkennt, sondern zum Behuf einer für unseren Verstand erkennbaren Ordnung derselben in der Einteilung, die sie von ihren allgemeinen Gesetzen macht, annimmt, wenn sie diesen eine Mannigfaltigkeit der besonderen unterordnen will", ibid. (II 22 f.); vgl. Zweck, Zweckmäßigkeit, Teleologie.

Die „ästhetische" U. ist das Vermögen, die „formale" (subjektive) Zweckmäßigkeit (s. d.) durch das Gefühl der Lust oder Unlust zu beurteilen (vgl. Ästhetisch). Die „teleologische" U. ist das Vermögen, die „reale" (objektive) Zweckmäßigkeit der Natur durch Verstand und Vernunft zu beurteilen. Erstere ist ein besonderes Vermögen, „Dinge nach einer Regel, aber nicht nach Begriffen zu beurteilen", letztere ist „kein besonderes Vermögen, sondern nur die reflektierende U. überhaupt", sofern sie nach Begriffen, „aber in Ansehung gewisser Gegenstände der Natur nach besonderen Prinzipien, nämlich einer bloß reflektierenden, nicht Objekte bestimmenden U." verfährt, KU Einl VIII (II 31 f.). „Der Verstand gibt, durch die Möglichkeit seiner Gesetze a priori für die Natur, einen Beweis davon, daß diese von uns nur als Erscheinung erkannt werde, mithin zugleich Anzeige auf ein übersinnliches Substrat derselben; aber läßt dieses gänzlich unbestimmt. Die U. verschafft durch ihr Prinzip a priori der Beurteilung der Natur, nach möglichen besonderen Gesetzen derselben, ihrem übersinnlichen Substrat (in uns sowohl als außer uns) Bestimmbarkeit durch das intellektuelle Vermögen. Die Vernunft aber gibt ebendemselben durch ihr praktisches Gesetz a priori die Bestimmung; und so macht die U. den Übergang vom Gebiete des Naturbegriffs zu dem des Freiheitsbegriffs möglich", ibid. IX (II 34). Die U. enthält die konstitutiven Prinzipien a priori für das Gefühl (s. d.) der Lust und Unlust. „Der Begriff der U. von einer Zweckmäßigkeit der Natur ist noch zu den Naturbegriffen gehörig, aber nur als regulatives Prinzip des Erkenntnisvermögens; obzwar das ästhetische Urteil über gewisse Gegenstände (der Natur oder der Kunst), welches ihn veranlaßt, in Ansehung des Gefühls der Lust oder Unlust ein konstitutives Prinzip ist." „Die Spontaneität im Spiele der Erkenntnisvermögen, deren Zusammenstimmung den Grund dieser Lust enthält, macht den gedachten Begriff zur Vermittlung der Verknüpfung der Gebiete des Naturbegriffs mit dem Freiheitsbegriffe in ihren Folgen tauglich, indem diese zugleich die Empfänglichkeit des Gemüts für das moralische Gefühl befördert", ibid. (II 35).

U. ist „ein so besonderes, gar nicht selbständiges Erkenntnisvermögen, daß es weder, wie der Verstand, Begriffe, noch, wie die Vernunft, Ideen von irgendeinem Gegenstand gibt, weil es ein Vermögen ist, bloß unter anderweitig gegebene Begriffe zu subsummieren. Sollte also ein Begriff oder Regel, die ursprünglich aus der U. entsprungen, stattfinden, so müßte es ein Begriff von Dingen der Natur sein, sofern diese sich nach unserer Urteilskraft richtet und also von einer solchen Beschaffenheit der Natur, von welcher man sich sonst gar keinen Begriff machen kann, als nur daß sich ihre Einrichtung nach unserem Vermögen richte, die besonderen gegebenen Gesetze unter allgemeinere, die doch nicht gegeben sind, zu subsummieren; mit anderen Worten, es müßte der Begriff von einer Zweckmäßigkeit der Natur zum Behuf unseres Vermögens sein, sie zu erkennen, sofern dazu erfordert wird, daß wir das Besondere als unter dem Allgemeinen enthalten beschreiben und es unter den Begriff einer Natur subsummieren können", Erste Einl. in die KU, II, WW ed. Cassirer-Buek (V 185). „Das eigentümliche Prinzip der U. ist also: die Natur spezifiziert ihre allgemeinen Gesetze zu empirischen, gemäß der Form eines logischen Systems zum Behuf der Urteilskraft", ibid. V (V 196).

Die U. (iudicium) ist das intellektuelle Vermögen der „Unterscheidung, ob etwas ein Fall der Regel sei oder nicht". Sie geht auf das, „was tunlich ist, was sich schickt und was sich geziemt (für technische, ästhetische und praktische U.)", Anthr. 1. T. § 42 (IV 110). Die U. ist „das Vermögen, zum Allgemeinen (der Regel) das Besondere auszufinden", ibid. § 44 (IV 113). Vgl. Witz. „Die U. ist zwiefach: die bestimmende oder die reflektierende U. Die erstere geht vom Allgemeinen zum Besonderen; die zweite vom Besonderen zum Allgemeinen. — Die letztere hat nur subjektive Gültigkeit; — denn das Allgemeine, zu welchem sie vom Besonderen fortschreitet, ist nur empirische Allgemeinheit, — ein bloßes Analogon der logischen", Log. § 81 (IV 145 f.). „Die Schlüsse der Urteilskraft sind gewisse Schlußarten, aus besonderen Begriffen zu allgemeinen zu kommen. — Es sind also nicht Funktionen der bestimmenden, sondern der reflektierenden U.; mithin bestimmen sie auch nicht das Objekt, sondern nur die Art der Reflexion über dasselbe, um zu seiner Kenntnis zu gelangen", ibid. § 82 (IV 146). „Das Prinzip, welches den Schlüssen der U. zugrunde liegt, ist dieses: daß vieles nicht ohne einen gemeinschaftlichen Grund in einem zusammenstimmen, sondern daß das, was vielem auf diese Art zukommt, aus einem gemeinschaftlichen Grunde notwendig sein werde", ibid. § 83 (IV 146). Schlüsse der U. sind der Induktions- und der Analogieschluß (s. Analogie).

Die U. ist nichts weiter als „das Vermögen, seinen Verstand in concreto zu beweisen". Sie schafft nicht neue Erkenntnisse, sondern unterscheidet nur, wie die vorhandenen anzuwenden sind. „Man könnte sagen, durch Verstand sind wir imstande, zu erlernen (d. i. Regeln zu fassen), durch U., vom Erlernten Gebrauch zu machen (Regeln in concreto anzuwenden), durch Vernunft, zu erfinden, Prinzipien für mannigfaltige Regeln auszudenken", An Fürst von Beloselsky, Sommer 1792. Vgl. N 403, 2409. Vgl. Urteilskraft (Kritik der), Ästhetik, Schönheit, Geschmacksurteil, Kunst, Zweck, Zweckmäßigkeit, Gesetz, Spiel, Spezifikation, Technik (der Natur).

Urteilskraft, Doktrin der. Die „transzendentale D. d. U." hat zwei Hauptstücke: „das erste, welches von der sinnlichen Bedingung handelt, unter welcher reine Verstandesbegriffe allein gebraucht werden können, d. i. von dem Schematismus des reinen Verstandes; das zweite aber von denen synthetischen Urteilen, welche aus reinen Verstandesbegriffen unter diesen Bedingungen a priori herfließen, und allen übrigen Erkenntnissen a priori zum Grunde liegen, d. i. von den Grundsätzen des reinen Verstandes", KrV tr. Anal. 2. B. Einl. (I 181—Rc 236).

Urteilskraft, Kritik der. „Ob nun die U., die in der Ordnung unserer Erkenntnisvermögen zwischen dem Verstande und der Vernunft ein Mittelglied ausmacht, auch für sich Prinzipien a priori habe; ob diese konstitutiv oder bloß regulativ sind (und also kein eigenes Gebiet beweisen), und ob sie dem Gefühle der Lust und Unlust, als dem Mittelgliede zwischen dem Erkenntnisvermögen und Begehrungsvermögen (ebenso wie der Verstand dem ersteren, die Vernunft aber dem letzteren a priori Gesetze vorschreiben) a priori die Regel gebe: das ist es, womit sich die gegenwärtige Kritik der U. beschäftigt." In einem System der reinen Philosophie aber würden die Prinzipien der U. keinen besonderen Teil zwischen der theoretischen und praktischen Philosophie ausmachen dürfen, sondern jedem von beiden gelegentlich angeschlossen werden können, KU Vorr. (II 2 f.). Die U. muß, als ein besonderes Erkenntnisvermögen, ein Prinzip a priori in sich haben. Die kritische Untersuchung des Prinzips der U. in den ästhetischen Beurteilungen ist „das wichtigste Stück einer Kritik dieses Vermögens". „Denn ob sie gleich für sich allein zum Erkenntnis der Dinge gar nichts beitragen, so gehören sie doch dem Erkenntnisvermögen allein an und beweisen eine unmittelbare Beziehung dieses Vermögens auf das Gefühl der Lust oder Unlust nach irgendeinem Prinzip a priori, ohne es mit dem, was Bestimmungsgrund des Begehrungsvermögens sein kann, zu vermengen, weil dieses seine Prinzipien a priori in Begriffen der Vernunft hat." Dazu kommt dann die Kritik der „logischen Beurteilung" der Natur, ibid. (II 3 f.). Es gibt Prinzipien, „die für sich weder zum theoretischen noch praktischen Gebrauche tauglich sind". Das sind die Prinzipien der U. Diese hat ein Prinzip a priori und bewirkt, durch das Gefühl (s. d.), einen „Übergang vom reinen Erkenntnisvermögen, d. i. vom Gebiete der Naturbegriffe, zum Gebiete des Freiheitsbegriffs", sowie, „im logischen Gebrauche", den „Übergang vom Verstande zur Vernunft", KU Einl. III (II 15). — Obzwar „unser Begriff von einer subjektiven Zweckmäßigkeit der Natur in ihren Formen nach empirischen Gesetzen gar kein Begriff vom Objekt ist, sondern nur ein Prinzip der U., sich in dieser ihrer übergroßen Mannigfaltigkeit Begriffe zu verschaffen, in ihr orientieren zu können", „so legen wir ihr doch hierdurch gleichsam eine Rücksicht auf unser Erkenntnisvermögen nach der Analogie eines Zwecks bei". So können wir „die Naturschönheit als Darstellung des Begriffs der formalen (bloß subjektiven), und die Naturzwecke als Darstellung des Begriffs einer realen (objektiven) Zweckmäßigkeit ansehen, deren eine wir durch Geschmack (ästhetisch, vermittelst des Gefühls der Lust), die andere durch Verstand und Vernunft (logisch, nach Begriffen) beurteilen". Hierauf gründet sich die Einteilung der U. in die „ästhetische" und „teleologische" U.; erstere ist „das Vermögen, die formale Zweckmäßigkeit (sonst auch subjektive genannt) durch das Gefühl der Lust oder Unlust", letztere das Vermögen, „die reale Zweckmäßigkeit (objektive) der Natur durch Verstand und Vernunft" zu beurteilen, KU Einl. VIII (II 30 f.). Die ästhetische U. ist ein besonderes Vermögen, Dinge „nach einer Regel, aber nicht nach Begriffen, zu beurteilen"; die teleologische U. gibt die Bedingungen bestimmt an, unter denen etwas „nach der Idee eines Zwecks der Natur zu beurteilen" sei, „kann aber keinen Grundsatz aus dem Begriffe der Natur, als Gegenstandes der Erfahrung, für die Befugnis anführen, ihr eine Beziehung auf Zwecke a priori beizulegen, und auch nur unbestimmt dergleichen von der wirklichen Erfahrung an solchen Produkten anzunehmen; wovon der Grund ist, daß viele besondere Erfahrungen angestellt und unter der Einheit ihres Prinzips betrachtet werden müssen, um eine objektive Zweckmäßigkeit an einem gewissen Gegenstande nur empirisch erkennen zu können", ibid. (II 32). In einer „Kritik" der U. ist der Teil, der die ästhetische U. enthält, ihr wesentlich angehörig, weil diese „allein ein Prinzip enthält, welches die U. völlig a priori ihrer Reflexion über die Natur zum Grunde legt". Die teleologische U. ist „kein besonderes Vermögen, sondern nur die reflektierende U. überhaupt", sofern sie nach Begriffen verfährt, also ihrer Anwendung nach zum „theoretischen Teile der Philosophie" gehört und ihrer besonderen Prinzipien wegen einen besonderen Teil der „Kritik" ausmachen muß, während die ästhetische U. nur zur Kritik des urteilenden Subjekts und der Erkenntnisvermögen desselben a priori gehört, ibid. (II 31 f.).

Da in der Zergliederung der Gemütsvermögen (s. Seelenvermögen, Erkenntnisvermögen) „ein Gefühl der Lust, welches, von der Bestimmung des Begehrungsvermögens unabhängig, vielmehr einen Bestimmungsgrund desselben abgeben kann, unwidersprechlich gegeben ist, zu der Verknüpfung desselben aber mit den beiden anderen Vermögen (Erkenntnis- und Begehrungsvermögen) in einem System erfordert wird, daß dieses Gefühl der Lust, sowie die beiden andern Vermögen nicht auf bloß empirischen Gründen, sondern auch auf Prinzipien a priori beruhe, so wird zur Idee der Philosophie, als eines Systems, auch (wenngleich nicht eine Doktrin, dennoch) eine Kritik des Gefühls der Lust und Unlust, sofern sie nicht empirisch begründet ist, erfordert werden". Vermutlich wird das gesuchte Prinzip in der U. zu finden sein, Erste Einl. in die KU, III WW ed. Cassirer-Buek (V 188 f.) Vgl. Urteilskraft, System, Technik (der Natur), Spezifikation, Seelenvermögen, Erkenntnisvermögen.

Urteilskraft, praktische. Die Begriffe des Guten und Bösen „bestimmen dem Willen zuerst ein Objekt". „Sie stehen selbst aber unter einer praktischen Regel der Vernunft, welche, wenn sie reine Vernunft ist, den Willen a priori in Ansehung seines Gegenstandes bestimmt." „Ob nun eine uns in der Sinnlichkeit mögliche Handlung der Fall sei, der unter der Regel stehe oder nicht, dazu gehört praktische U., wodurch dasjenige, was in der Regel allgemein (in abstracto) gesagt wurde, auf eine Handlung in concreto angewandt wird." Für diese Anwendung gibt es keine „Schemate" (s. d.), da das Sittlichgute etwas Übersinnliches, also nichts Anschauliches ist. Es kommt aber bei der „Subsumtion einer mir in der Sinnenwelt möglichen Handlung unter einem reinen praktischen Gesetze" nicht die Möglichkeit der Handlung als einer Begebenheit in der Sinnenwelt in Betracht. Dem Naturgesetze muß ein „Schema" korrespondieren. Aber „dem Gesetze der Freiheit (als einer gar nicht sinnlich bedingten Kausalität), mithin auch dem Begriffe des Unbedingt-Guten" kann „keine Anschauung, mithin kein Schema zum Behuf seiner Anwendung in concreto untergelegt werden". Folglich hat das Sittengesetz „kein anderes die Anwendung desselben auf Gegenstände der Natur vermittelndes Erkenntnisvermögen als den Verstand (nicht die Einbildungskraft), welcher einer Idee der Vernunft nicht ein Schema der Sinnlichkeit, sondern ein Gesetz, aber doch ein solches, das an Gegenständen der Sinne in concreto dargestellt werden kann, mithin ein Naturgesetz, aber nur seiner Form nach, als Gesetz zum Behuf der U. unterlegen kann, und dieses können wir daher den Typus des Sittengesetzes nennen". „Die Regel der U. unter Gesetzen der reinen praktischen Vernunft ist diese: Frage dich selbst, ob die Handlung, die du vorhast, wenn sie nach einem Gesetze der Natur, von der du selbst ein Teil wärest, geschehen sollte, sie du wohl als durch deinen Willen möglich ansehen könntest? Nach dieser Regel beurteilt in der Tat jedermann Handlungen, ob sie sittlich gut oder böse sind." Diese Vergleichung der Maxime des Handelns mit einem allgemeinen Naturgesetze ist nicht der Bestimmungsgrund des Willens, aber doch ein „Typus" der Beurteilung der Maxime nach sittlichen Prinzipien. „Wenn die Maxime der Handlung nicht so beschaffen ist, daß sie an der Form eines Naturgesetzes überhaupt die Probe hält, so ist sie sittlich unmöglich." „Es ist also erlaubt, die Natur der Sinnenwelt als Typus einer intelligiblen Natur zu brauchen, solange ich nur nicht die Anschauungen, und was davon abhängig ist, auf diese übertrage, sondern bloß die Form der Gesetzmäßigkeit überhaupt . . . darauf beziehe. Denn Gesetze als solche sind sofern einerlei, sie mögen ihre Bestimmungsgründe hernehmen, woher sie wollen." Diese Typik bewahrt vor dem Empirismus wie vor dem Mystizismus. „Dem Gebrauche der moralischen Begriffe ist bloß der Rationalismus der U. angemessen, der von der sinnlichen Natur nichts weiter nimmt, als was auch reine Vernunft für sich denken kann, d. i. die Gesetzmäßigkeit, und in die übersinnliche nichts hineinträgt, als was umgekehrt sich durch Handlungen in der Sinnenwelt nach der formalen Regel eines Naturgesetzes überhaupt wirklich darstellen läßt", KpV 1. B. 2. H. V. der Typik . . . (II 87 ff.).

Urwesen s. Gott. Gegensatz: Weltwesen.

Utopie. „Es ist doch süß, sich Staatsverfassungen auszudenken, die den Forderungen der Vernunft (vornehmlich in rechtlicher Absicht) entsprechen: aber vermessen, sie vorzuschlagen, und strafbar, das Volk zur Abschaffung der jetzt bestehenden aufzuwiegeln." Es ist aber Pflicht des Staatsoberhauptes, sich einer vollkommenen Staatsverfassung immer mehr zu nähern, Str. d. Fak. 2. Abs. 9, Anm. (V 4, 139 f.). Vgl. Fortschritt, Staatsverfassung.

V.

Variation s. Entwicklung.

Veränderung. „Die Substanzen kann eine V. nur treffen, insoweit sie mit andern verbunden sind; ihre gegenseitige Abhängigkeit bestimmt dann die wechselseitige V.

ihres Zustandes." „Deshalb ist eine einfache Substanz, die von aller äußeren Verknüpfung frei und sich allein überlassen ist, an sich völlig unveränderlich." „Aber auch wenn sie mit anderen in Verbindung steht, kann, falls dieses Verhältnis nicht verändert wird, auch keine V. in ihrem inneren Zustande eintreten." „Deshalb wird in einer Welt, die von aller Bewegung frei ist (denn die Bewegung ist die Erscheinung einer veränderten Verbindung), durchaus nichts von Sukzession auch in dem inneren Zustande der Substanzen angetroffen werden." „Wird also die Verbindung der Substanzen völlig beseitigt, so verschwinden in gleicher Weise Sukzession und Zeit", N. diluc. Propos. 12 (V 1, 42). Gott, als von aller Abhängigkeit frei, ist unveränderlich, ibid. Usus (V 1, 45). Alle V. besteht darin, „daß entweder etwas Positives, was nicht war, gesetzt oder dasjenige, was da war, aufgehoben wird. Natürlich aber ist die V., insofern der Grund derselben ebensowohl wie die Folge zur Welt gehört. In dem ersten Falle demnach, da eine Position, die nicht war, gesetzt wird, ist die V. ein Entstehen", Neg. Größ. 3. Abs., 2 (V 1, 102).

„Es ist kein Zweifel, daß ich nicht meinen eigenen Zustand unter der Form der Zeit gedenken sollte und daß also die Form der inneren Sinnlichkeit mir nicht die Erscheinung von V.en gebe." „Daß nun V.en etwas Wirkliches seien, leugne ich ebensowenig, als daß Körper etwas Wirkliches sind, ob ich gleich darunter nur verstehe, daß etwas Wirkliches der Erscheinung korrespondiere. Ich kann nicht einmal sagen: die innere Erscheinung verändere sich, denn wodurch wollte ich diese V. beobachten, wenn sie meinem inneren Sinne nicht erschiene? Wollte man sagen, daß hieraus folge: alles in der Welt sei objektiv und an sich selbst unveränderlich, so würde ich antworten: sie sind weder veränderlich noch unveränderlich", denn sie werden „gar nicht in der Zeit vorgestellt", An M. Herz, 21. Februar 1772.

Der Begriff der V. ist „nur durch und in der Zeitvorstellung möglich". Wäre die Zeit (s. d.) nicht eine Anschauung (a priori), so würde kein Begriff „die Möglichkeit einer V., d. i. einer Verbindung kontradiktorisch-entgegengesetzter Prädikate ... in einem und demselben Objekte" begreiflich machen. „Nur in der Zeit können beide kontradiktorisch-entgegengesetzte Bestimmungen in einem Dinge, nämlich nacheinander, anzutreffen sein", KrV tr. Ästh. § 5 (I 88—Rc 105). „Wenn ... ich selbst oder ein ander Wesen mich ohne diese Bedingung der Sinnlichkeit anschauen könnte, so würden eben dieselben Bestimmungen, die wir uns jetzt als V.en vorstellen, eine Erkenntnis geben, in welcher die Vorstellung der Zeit, mithin auch der V., gar nicht vorkäme", ibid. § 7 (I 92—Rc 109). Der Begriff der V. gehört nicht zu den „Data a priori" der transzendentalen Ästhetik. Denn „die Zeit selbst (die apriorisch ist) verändert sich nicht, sondern „etwas, das in der Zeit ist". „Also wird dazu die Wahrnehmung von irgendeinem Dasein und der Sukzession seiner Bestimmungen, mithin Erfahrung erfordert", ibid. (I 95—Rc 113). Die V. gehört als Begriff zu den „Prädikabilien" (s. d.) des reinen Verstandes, ibid. tr. Anal. § 10 (I 132—Rc 152). „Entstehen und Vergehen" sind „nicht V.en desjenigen, was entsteht oder vergeht". „V. ist eine Art zu existieren, welche auf eine andere Art zu existieren eben desselben Gegenstandes erfolgt. Daher ist alles, was sich verändert, bleibend, und nur sein Zustand wechselt. Da dieser Wechsel nur die Bestimmungen trifft, die aufhören oder auch anheben können, so können wir in einem etwas paradox scheinenden Ausdruck sagen: nur das Beharrliche (die Substanz) wird verändert, das Wandelbare erleidet keine V., sondern einen Wechsel, da einige Bestimmungen aufhören und andere anheben." V. kann daher „nur an Substanzen wahrgenommen werden, und das Entstehen oder Vergehen schlechthin, ohne daß es bloß eine Bestimmung des Beharrlichen betreffe, kann gar keine mögliche Wahrnehmung sein, weil eben dieses Beharrliche die Vorstellung von dem Übergange aus einem Zustande in den anderen und vom Nichtsein zum Sein möglich macht, die also nur als wechselnde Bestimmungen dessen, was bleibt, empirisch erkannt werden können". Das Entstehen oder Vergehen von Substanzen würde „die einzige Bedingung der empirischen Einheit der Zeit aufheben, und die Erscheinungen würden sich alsdann auf zweierlei Zeiten beziehen, in denen nebeneinander das Dasein verflösse:

welches ungereimt ist". Denn es ist „nur Eine Zeit, in welcher alle verschiedenen Zeiten nicht zugleich, sondern nacheinander gesetzt werden müssen", KrV tr. Anal. 2. B. 2. H. 3. Abs. 1. Analogie (I 223f.—Rc 281f.). Alle Erscheinungen der Zeitfolge sind nur V.en, d. h. „ein sukzessives Sein und Nichtsein der Bestimmungen der Substanz". Die V.en geschehen alle nach dem Gesetz der Verknüpfung durch Kausalität (s. d.). Wie überhaupt etwas verändert werden kann, wie es möglich ist, „daß auf einen Zustand in einem Zeitpunkte ein entgegengesetzter im anderen folgen könne", davon haben wir a priori nicht den mindesten Begriff. Hierzu wird die Kenntnis wirklicher Kräfte gefordert, welche nur empirisch gegeben werden kann. Alle V. ist nur durch eine „kontinuierliche Handlung der Kausalität" möglich, ibid. 2. Analogie (I 239 f.—Rc 298 ff.); vgl. Stetigkeit. Die V. wird durch „Momente" als deren Wirkung erzeugt (ibid.). Das „Gesetz der Kontinuität aller V." hat seinen Grund darin, „daß weder die Zeit, noch auch die Erscheinung in der Zeit aus Teilen besteht, die die kleinsten sind, und daß doch der Zustand des Dinges bei seiner V. durch alle diese Teile, als Elemente, zu seinem zweiten Zustande übergeht". Dieser Satz gilt a priori. Er ist a priori möglich, denn wir antizipieren in ihm nur unsere eigene, stetig fortlaufende Apprehension möglicher Gegebenheiten, ibid. (I 241f.—Rc 300f.). V. läßt sich nur durch das Beispiel der Bewegung anschaulich machen; so auch die innere V. im Seelischen, indem wir die Zeit figürlich durch eine Linie und die innere V. durch das Ziehen dieser Linie (Bewegung) uns faßlich machen, ibid. 3. Abs. Allg. Anmerk. (I 268—Rc 330).

V. ist (wie nach Baumgarten) zu erklären durch „die Existenz der Bestimmungen eines Dinges nacheinander (ihre Sukzession), mithin durch die Folge derselben in der Zeit", Üb. e. Entdeck. 2. Abs. 3. Anm. (V 3, 62). Der Satz: „Alle endlichen Dinge sind veränderlich, das unendliche Ding ist unveränderlich" ist analytisch. „Denn realiter, d. i. dem Dasein nach veränderlich ist das, dessen Bestimmungen in der Zeit einander folgen können; mithin ist nur das veränderlich, was nicht anders als in der Zeit existieren kann. Diese Bedingung aber ist nicht notwendig mit dem Begriffe eines endlichen Dinges überhaupt (welches nicht alle Realität hat), sondern nur mit einem Dinge als Gegenstand der sinnlichen Anschauung verbunden." Der Satz: alles Endliche als ein solches ist veränderlich, ist nur „logisch", d. h. nur rein begrifflich gültig, „da dann unter veränderlich dasjenige gemeint wird, was durch seinen Begriff nicht durchgängig bestimmt ist, mithin was auf mancherlei entgegengesetzte Art bestimmt werden kann". Ein „endliches" Ding ist eben dann ein solches, durch dessen Begriff nicht bestimmt ist, „welche oder wieviel Realität ich ihm beilegen solle; d. i. ich kann ihm bald dieses, bald jenes beilegen und, dem Begriff von der Endlichkeit desselben unbeschadet, die Bestimmung desselben auf mancherlei Weise verändern". Eben auf diese Art, d. h. logisch, ist das unendliche Wesen unveränderlich, weil dessen Prädikate absolut bestimmt sind, ibid. 2. Abs. (V 3, 60 f.). Rein logisch, nicht metaphysisch gültig ist auch der Satz: „Die Wesen der Dinge sind unveränderlich, d. i. man kann in dem, was wesentlich zu ihrem Begriffe gehört, nichts ändern, ohne diesen Begriff selber zugleich mit aufzuheben." Dieser Satz hat mit dem Dasein der Dinge und ihren V.en nichts zu tun, sondern betont nur, „daß, wenn ich den Begriff von einem und demselben Objekt behalten will, ich nichts an ihm abändern, d. i. das Gegenteil von demjenigen, was ich durch jenen denke, nicht von ihm prädizieren müsse", ibid. 2. Abs. 3. Anm. (V 3, 61 f.).

„Die Möglichkeit der V. läßt sich nicht a priori erkennen". N 5802. „Die V. ist durch die Erfahrung gegeben, und ein Problem für die Vernunft". N 4485. „Wie ist V. überhaupt möglich? Das läßt sich nicht erklären, weil sie Bestimmung in der Zeit ist und Kräfte voraussetzt, diese aber a posteriori", N 5576. „Zufällig ist, dessen Gegenteil an seiner Stelle möglich ist. Veränderlich: das in Verknüpfung mit seinem Gegenteil möglich ist". N 4041; vgl. 5788 ff. „Eine jede V. in der Welt ist nur eine Fortsetzung einer schon vorhandenen Reihe, und es höret ebensoviel auf, als anfängt. Es verändert sich daher zwar alles in der Welt; aber das All der Reihe verändert sich nicht, weil sich zwar Dinge in der

Zeit verändern, aber nicht die Zeit selbst", N 5392. „V. ist gar kein intellektuales Prädikat; also nicht die Dinge, sondern ihre phaenomena verändern sich; aber diese V. ist selbst ein phaenomenon. Die Dinge an sich selbst sind beständig, und die V.en Erscheinungen ihrer Schranken. Was den V.en in intellectualibus respondiere, wissen wir nicht. Es ist gar die Frage, ob nicht der Begriff der Substanz, welcher die Beständigkeit von Etwas bei dem Wechsel der Bestimmungen anzeigt, nur ein Begriff sei, der unter phaenomenis gelte", N 4122. — „Es ist dasselbe Objekt, welches den Grund der Erscheinung zweier entgegengesetzter Zustände als sukzessiv existierender hervorbringt, und also die Erscheinung einer V.", N 5906. Es geschieht in den Subjekten, die sich Erscheinungen vorstellen, nichts, sondern sie stellen sich vor, was geschieht, „es ist in ihnen der Grund von den Vorstellungen, daß etwas geschehe", N 5975. „In der intelligiblen Welt geschieht und verändert sich nichts, und da fällt die Regel der Kausalverbindung weg", N 5612. In Gott ist keine V. (ibid.). Vgl. Vorles. über Metaphys., S. 46f. Vgl. Substanz, Beharrung, Zeit, Kausalität, Freiheit, Anfang.

Verantwortung s. Zurechnung, Freiheit.

Verbindlichkeit. „V. ist die Notwendigkeit einer freien Handlung unter einem kategorischen Imperativ der Vernunft", MS Einl. IV (III 24). Im Begriff der Pflicht (s. d.) ist der einer „passiven Nötigung" enthalten (ich werde verbunden), und zwar durch die vernünftige Menschheit, Persönlichkeit in mir selbst, MST § 1 (III 261 ff.). Der Grund der sittlichen V. liegt „a priori lediglich in Begriffen der reinen Vernunft", GMS Vorr. (III 5). V. ist „die Abhängigkeit eines nicht schlechterdings guten Willens vom Prinzip der Autonomie (die moralische Nötigung)", ibid. 2. Abs. (III 66). V. ist eine „Nötigung, obzwar durch bloße Vernunft und deren objektives Gesetz, zu einer Handlung", KpV 1. B. 1. H. § 7 (II 42). Vgl. Imperativ, Verpflichtung, Erlaubt, Notwendigkeit (moralische).

Verbindung s. Synthesis. „Alle V. (conjunctio) ist entweder Zusammensetzung (compositio) oder Verknüpfung (nexus). Die erstere ist die Synthesis des Mannigfaltigen, was nicht notwendig zueinander gehört, wie z. B. die zwei Triangel, darin ein Quadrat durch die Diagonale geteilt wird, für sich nicht notwendig zueinander gehören, und dergleichen ist die Synthesis des Gleichartigen in allem, was mathematisch erwogen werden kann (welche Synthesis wiederum in die der Aggregation und Koalition eingeteilt werden kann, davon die erstere auf extensive, die andere auf intensive Größen gerichtet ist). Die zweite V. (nexus) ist die Synthesis des Mannigfaltigen, sofern es notwendig zueinander gehört, wie z. B. das Akzidens zu irgendeiner Substanz, oder die Wirkung zu der Ursache — mithin auch als ungleichartig doch a priori verbunden vorgestellt wird, welche V., weil sie nicht willkürlich ist, ich darum dynamisch nenne, weil sie die V. des Daseins des Mannigfaltigen betrifft (die wiederum in die physische der Erscheinungen untereinander, und metaphysische, ihre V. im Erkenntnisvermögen a priori, eingeteilt werden kann)', KrV tr. Anal. 2. B. 2. H. 3. Abs. 1. Anm. (I 201—Rc 257).

Verbrechen. „Eine unvorsätzliche Übertretung, die gleichwohl zugerechnet werden kann, heißt bloße Verschuldung (culpa). Eine vorsätzliche (d. i. diejenige, welche mit dem Bewußtsein, daß sie Übertretung sei, verbunden ist) heißt V. (dolus)", MS Einl. IV (III 27). „Diejenige Übertretung des öffentlichen Gesetzes, die den, welcher sie begeht, unfähig macht, Staatsbürger zu sein, heißt V. schlechthin (crimen)", MSR 2. T. Allg. Anmerk. E I (III 158); vgl. Strafe, Staat.

Verderbtheit (und Verkehrtheit) s. Böse.

Verdienst. Die Erfüllung der Tugendpflichten (s. d.) ist Verdienst (meritum). „Obzwar die Angemessenheit der Handlungen zum Rechte (ein rechtlicher Mensch zu sein) nichts Verdienstliches ist, so ist doch die der Maxime solcher Handlungen als Pflichten, d. i. die Achtung fürs Recht, verdienstlich. Denn der Mensch macht sich dadurch das Recht der Menschheit oder auch der Menschen zum Zweck, und erweitert dadurch seinen Pflichtbegriff über den der Schuldigkeit (officium debiti)" MST Einl. VII (III 231 f.). Vgl. Gnade.

Vererbung s. Rasse, Entwicklung.

Verfassung s. Staatsverfassung. „Ein Staat kann sich auch schon republikanisch regieren, wenn er gleich noch der vorliegenden Konstitution nach despotische Herrschermacht besitzt; bis allmählich das Volk des Einflusses der bloßen Idee der Autorität des Gesetzes (gleich als ob es physische Gewalt besäße) fähig wird und sonach zur eigenen Gesetzgebung (welche ursprünglich auf Recht gegründet ist) tüchtig befunden wird", Z. ew. Fried. Anh. I (VI 154). Vgl. Staat, Friede, Völkerreich, Geschichte, Gesellschaft, Kultur.

Vergehen. „Ein jedes Vergehen ist ein negatives Entstehen, d. i. es wird, um etwas Positives, was da ist, aufzuheben, ebensowohl ein wahrer Realgrund erfordert, als um es hervorzubringen, wenn es nicht ist." So hört eine Bewegung nur auf, indem eine entgegengesetzt gerichtete Kraft wirksam wird, und ebenso weicht eine Vorstellung nur infolge der Tätigkeit, der eine andere entspringt, mag auch diese Tätigkeit nicht bewußt, oder nur „sehr dunkel" vorgestellt werden. Das ganze Spiel der Vorstellungen und aller seelischen Tätigkeiten, welche, nachdem sie wirklich waren, wieder aufhören, setzten entgegengesetzte Handlungen voraus, davon die eine die Negative der anderen ist, Neg. Größ. 3. Abs., 1 (V 1, 97 f.). Vgl. Veränderung.

Vergnügen s. Gefühl. Das V. scheint stets in einem „Gefühl der Beförderung des gesamten Lebens des Menschen" zu liegen. Alles wechselnde freie Spiel (s. d.) der Empfindungen vergnügt, weil es das Gefühl der Gesundheit befördert. Das Schöne (s. Schönheit) hingegen „gefällt" bloß in der Beurteilung, KU § 54 (II 188 ff.). Vgl. Angenehm.

Verifikation. Der richtige Gebrauch der apriorischen Begriffe und Grundsätze wird durch die Erfahrung „immer bestätigt oder berichtigt", Fortschr. d. Metaph. Vorr. (V 3, 85). Vgl. Wahrheit, Erfahrung, A priori, Deduktion.

Vermögen des Gemüts s. Seelenvermögen, Gemüt, Erkenntnisvermögen.

Verneinung s. Negation, Negativ.

Vernunft im weiteren Sinne (= „das ganze obere Erkenntnisvermögen") umfaßt den Verstand (s. d.) und die Vernunft im engeren Sinne (s. d.). Die V. im weiteren Sinne ist das Vermögen apriorischer Erkenntnis, die Quelle des relativen und „reinen" A priori (s. d.). Die V. verwirklicht sich in den intellektuellen Funktionen des Denkens, in Begriffen und Urteilen, insbesondere — als „reine Vernunft" — in den apriorischen Voraussetzungen, Grundlegungen der Erkenntnis. Aus bloßer V. läßt sich keine objektive Erkenntis (s. d.) materialer Art gewinnen, alle Vernunfterkenntnis, auch die reine, ist auf mögliche Erfahrung bezogen, ist ohne Anschauung, die durch das Denken (s. d.) bestimmt werden muß, „leer", gegenstandslos, hat insofern nur Formal-Logisches, nichts Reales zum Inhalt. Die reine V. ist selbst schon eine Urbedingung der Erfahrung (ihrer Form nach), ihre Erzeugnisse gelten streng notwendig und allgemein, unabhängig von dem Erfahrungsstoffe, aber doch nur für mögliche Erfahrung und deren Gegenstände. Die Dinge an sich lassen sich durch reine V. nicht — wie Kant früher selbst noch meinte — erkennen; sie (die „übersinnlichen" Gegenstände) sind aber vom Standpunkt der praktisch-ethischen V. (in „praktisch-moralischer Absicht") bestimmbar, d. h. die Begriffe des Übersinnlichen (s. d.), die theoretisch bloße Möglichkeiten, Gedankendinge bedeuten, bekommen durch die praktische V. und deren Postulate bestimmte Geltung für das sittliche Handeln. Die praktische V. hat so vor der theoretischen den „Primat" (s. d.). Die Kritik der reinen V. (s. d.) macht dem metaphysischen Dogmatismus (s. d.) ein Ende, sichert aber die Grundlagen wissenschaftlicher Erkenntnis und läßt Platz für einen „Vernunftglauben" an das

Übersinnliche, auch führt sie zu einem System der „Transzendentalphilosophie" (s. d.), der kritischen Metaphysik (s. d.).

V. ist „das Vermögen, welches die Prinzipien der Erkenntnis a priori an die Hand gibt", KrV Einl. VII (I 67—Rc 83). Die Kritik will die V. in ihrer „Selbsterkenntnis" weiterbringen. Die V. wird vor das Forum einer „höheren und richterlichen V." gestellt. Sie hält sich selbst in Schranken, erkennt keinen anderen Richter als wieder die „allgemeine Menschenvernunft", KrV tr. Meth. 1. H. 2. Abs. (I 618 ff.—Rc 764 ff.); vgl. Aufklärung, Polemik.

Es gehört zu einer Kritik der reinen praktischen V., daß schließlich „ihre Einheit mit der spekulativen in einem gemeinschaftlichen Prinzip" müsse dargestellt werden können, „weil es doch am Ende nur eine und dieselbe V. sein kann, die bloß in der Anwendung unterschieden sein muß", GMS Vorr. (III 8). — V. im weiteren Sinne ist „das Vermögen der Erkenntnis a priori, d. i. die nicht empirisch ist", Fortschr. d. Metaph. Vorr. (V 3, 86). „Der Umfang der theoretischen Erkenntnis der reinen V. erstreckt sich nicht weiter als auf Gegenstände der Sinne." In diesem Satze, als einem „exponiblen Urteile", sind zwei Sätze enthalten: „1. daß die V., als Vermögen der Erkenntis der Dinge a priori, sich auf Gegenstände der Sinne erstrecke; 2. daß sie in ihrem theoretischen Gebrauch zwar wohl der Begriffe, aber nie einer theoretischen Erkenntnis desjenigen fähig, was kein Gegenstand der Sinne sein kann", ibid. 1. Abt. Von d. Umfange... (V 3, 99).

„Die V. in einem Geschöpfe ist ein Vermögen, die Regeln und Absichten des Gebrauchs aller seiner Kräfte weit über den Naturinstinkt zu erweitern, und kennt keine Grenzen ihrer Entwürfe. Sie wirkt aber selbst nicht instinktmäßig, sondern bedarf Versuche, Übung und Unterricht, um von einer Stufe der Einsicht zur anderen allmählich fortzuschreiten", G. i. weltbürg. Abs. 2. Satz (VI 7). V. ist „das Vermögen, nach der Autonomie, d. i. frei (Prinzipien des Denkens überhaupt gemäß) zu urteilen", Str. d. Fak. 1. Abs., I, Vom Verhältnisse... 2. Abs. (V 4, 66 f.). Die V. ist „das Vermögen, von dem Allgemeinen das Besondere abzuleiten und dieses letztere also nach Prinzipien und als notwendig vorzustellen", Anthr. 1. T. § 43 (VI 111). Vgl. A priori, Verstand, Kritik, Erkenntnis, Denken.

Vernunft, faule s. Faule Vernunft.

Vernunft, göttliche. Die mit unserer V. unzertrennlich verbundene Idee größter, systematischer Einheit ist für uns gesetzgebend, „und so ist es sehr natürlich, eine ihr korrespondierende gesetzgebende Vernunft (intellectus archetypus) anzunehmen, von der alle systematische Einheit der Natur, als dem Gegenstande unserer V., abzuleiten sei", KrV tr. Dial. Anh. V. d. Endabsicht... (I 585—Rc. 731 f.). Gottes Handlung ist in seiner „ewigen V." bestimmt, Prol. § 53 Anm. (III 113). Nicht auf das „Urwesen" selbst wird der Begriff der V. übertragen, nur „auf das Verhältnis derselben zur Sinnenwelt", nur nach der Analogie (s. d.); wir denken uns die Welt so, „als ob sie von einer höchsten V.... abstamme", ibid. § 58 (III 131 ff.); vgl. Gott, Zweckmäßigkeit, Verstand, Anthropomorphismus.

Vernunft (im engeren Sinn). Die V. im Unterschiede vom Verstand (s. d.) ist die „oberste Erkenntniskraft", sie bringt das durch den Verstand schon Bearbeitete „unter die höchste Einheit des Denkens". Es gibt von ihr 1. einen „bloß formalen, d. i. logischen Gebrauch, da die V. von allem Inhalte der Erkenntnis abstrahiert", und 2. einen „realen" Gebrauch, „da sie selbst den Ursprung gewisser Begriffe und Grundsätze enthält, die sie weder von den Sinnen noch vom Verstande entlehnt" („logisches" und „transzendentales" Vermögen der V.). Die V. ist „das Vermögen der Prinzipien". Sie ist „das Vermögen der Einheit der Verstandesregeln unter Prinzipien". „Sie geht also niemals zunächst auf Erfahrung oder auf irgendeinen Gegenstand, sondern auf den Verstand, um den mannigfaltigen Erkenntnissen desselben Einheit a priori durch Begriffe zu geben, welche Vernunfteinheit heißen mag und von ganz anderer Art ist, als sie von dem Verstande geleistet werden kann", KrV tr. Dial. Einl. II A (I 318 ff.—Rc 385 ff.). „Mannigfaltigkeit der Regeln und Einheit der Prinzipien“ ist eine Forderung der V., „um den Verstand mit sich selbst in durchgängigen Zusammenhang zu bringen“. Aber ein solcher Grundsatz schreibt den Objekten kein Gesetz vor, sondern ist bloß „ein subjektives Gesetz der Haushaltung mit dem Vorrate unseres Verstandes, durch Vergleichung seiner Begriffe den allgemeinen Gebrauch derselben auf die kleinstmögliche Zahl derselben zu bringen“. Die Frage ist: „ob V. an sich, d. i. die reine V. a priori, synthetische Grundsätze und Regeln enthalte, und worin diese Prinzipien bestehen mögen?“ Es zeigt sich als der eigentümliche Grundsatz der V. in logischem Gebrauche die Forderung, „zu dem bedingten Erkenntnisse des Verstandes das Unbedingte zu finden, womit die Einheit desselben vollendet wird“. Diese logische Maxime kann nur dadurch ein „Principium der reinen V.“ werden, daß man annimmt: „Wenn das Bedingte gegeben ist, so sei auch die ganze Reihe einander untergeordneter Bedingungen, die mithin selbst unbedingt ist, gegeben (d. i. in dem Gegenstande und seiner Verknüpfung enthalten).“ Ein solcher Grundsatz ist „synthetisch“, und es müssen aus ihm verschiedene synthetische Sätze entspringen, von denen der Verstand nichts weiß. Das Unbedingte (s. d.) muß „Stoff zu manchen synthetischen Sätzen a priori“ geben. Diese Sätze sind „transzendent“, d. h. es ist kein ihnen adäquater empirischer Gebrauch von ihnen zu machen. Die transzendentale Dialektik (s. d.) untersucht, ob der Satz des Unbedingten objektiv gültig ist oder nicht, ob er am Ende nur eine logische Vorschrift bedeuten kann, „sich im Aufsteigen zu immer höheren Bedingungen der Vollständigkeit derselben zu nähern und dadurch die höchste und mögliche Vernunfteinheit in unsere Erkenntnis zu bringen“, ibid. Einl. II C (I 323 ff.—Rc 390). Der „transzendentale Gebrauch der reinen V., ihre Prinzipien und Ideen“ sind zu untersuchen, um den „Einfluß der reinen V. und den Wert derselben gehörig bestimmen und schätzen zu können“, ibid. tr. Dial. 1. B. 1. Abs. (I 333—Rc 400 f.). Die V. behält sich allein „die absolute Totalität im Gebrauche der Verstandesbegriffe“ vor, zielt auf höchste Einheit (s. d.) dieser, auf „Vernunfteinheit“. Sie schreibt dem Verstande die „Richtung“ auf diese Einheit vor, die darauf hinausgeht, „alle Verstandeshandlungen in Ansehung eines jeden Gegenstandes in ein absolutes Ganzes zusammenzufassen“, ibid. 2. Abs. (I 338—Rc 406).

Als logische Erkenntnisform ist die V. „das Vermögen zu schließen, d. i. mittelbar (durch die Subsumtion der Bedingung eines möglichen Urteils unter die Bedingung eines gegebenen) zu urteilen“. Sie gelangt „durch Verstandeshandlungen, welche eine Reihe von Bedingungen (Prämissen) ausmachen“, zu einer Erkenntnis (Konklusion). Durch eine Reihe von Schlüssen geht sie entweder auf der Seite der Bedingungen oder des Bedingten („prosyllogistisch“ oder „episyllogistisch“) in unbestimmte Weiten fort. Die Forderung der V. ist dabei, daß die ganze Reihe unbedingt wahr sein muß, wenn das Bedingte als wahr gelten soll, KrV tr. Dial. 1. B. 2. Abs. (I 340 f.—Rc 409 f.). Die V. „bezieht sich niemals geradezu auf einen Gegenstand, sondern lediglich auf den Verstand und vermittelst desselben auf ihren eigenen empirischen Gebrauch, schafft also keine Begriffe (von Objekten), sondern ordnet sie nur und gibt ihnen diejenige Einheit, welche sie in ihrer größtmöglichen Ausbreitung haben können, d. i. in Beziehung auf die Totalität der Reihen“. Die V. „hat also eigentlich nur den Verstand und dessen zweckmäßige Anstellung zum Gegenstande“, und wie dieser „das Mannigfaltige im Objekt“ durch Begriffe vereinigt, so vereinigt jene ihrerseits „das Mannigfaltige der Begriffe“ durch Ideen (s. d.), indem sie eine „gewisse kollektive Einheit zum Ziele der Verstandeshandlungen setzt, welche sonst nur mit der distributiven Einheit beschäftigt sind“, ibid. tr. Dial. Anh. V. d. regulativen Gebrauch . . . (I 549—Rc 691). Die V. ist ein Vermögen, „das Besondere aus dem Allgemeinen abzuleiten“. Ist das Allgemeine schon an sich gewiß und gegeben, und bedarf es nur der Urteilskraft zur Subsumtion, so ist dies der „apodiktische Gebrauch“ der V. Wird das Allgemeine nur problematisch angenommen (als Idee), und ist das Besondere gewiß, die Allgemeinheit der Regel zu dieser Folge aber noch ein Problem, „so werden mehrere besondere Fälle, die insgesamt gewiß sind, an der Regel versucht, ob sie daraus fließen, und in diesem Falle, wenn es den Anschein hat, daß alle anzugebenden besonderen Fälle daraus abfolgen, wird auf die Allgemeinheit der Regel, aus dieser aber nachher auf alle Fälle, die auch an sich nicht gegeben sind, geschlossen". Dies ist der „hypothetische Gebrauch" der Vernunft; er ist eigentlich nicht „konstitutiv", d. h. streng die Wahrheit der allgemeinen Regel begründend, sondern nur „regulativ", indem er durch die Einheit der Erkenntnisse diese Regel der Allgemeinheit nähert. „Der hypothetische Vernunftgebrauch geht also auf die systematische Einheit der Verstandeserkenntnisse, diese aber ist der Probierstein der Wahrheit der Regeln", ibid. (I 551 f.—Rc 693 f.). Die V. sucht das „Systematische" der Erkenntnis zu erzeugen, d. h. „Zusammenhang derselben aus einem Prinzip", ibid. (I 550—Rc 692). Sie ist eigentlich „mit nichts als mit sich selbst beschäftigt", weil ihr nur die Verstandeserkenntnisse zur Einheit des Vernunftbegriffs, d. h. des „Zusammenhangs in einem Prinzip", zur Einheit des „Systems" gegeben werden, ibid. V. d. Endabsicht (I 575 f.—Rc 721 f.). Die Kritik zeigt, daß alle V. niemals über das Feld möglicher Erfahrung hinauskommen kann. Ihre Bestimmung ist es, der Natur nach allen möglichen Prinzipien der Einheit „bis in ihr Innerstes nachzugehen, niemals aber ihre Grenze zu überfliegen", ibid. (I 590—Rc 737).

Die V. ist ein nichtsinnliches, von allen „empirisch-bedingten Kräften" unterschiedenes Vermögen, da sie „ihre Gegenstände bloß nach Ideen erwägt und den Verstand darnach bestimmt". Die V. hat eine eigene (intelligible) Kausalität aus Freiheit (s. d.), die sich im „Sollen" (s. d.) betätigt. Die reine V. als bloß „intelligibles Vermögen" ist der Zeitform und den Bedingungen der Zeitfolge nicht unterworfen. Es findet in ihr keine Zeitfolge statt, ihre Kausalität entspringt nicht in der Zeit, KrV. tr. Dial. 2. B. 2. H. 9. Abs. III Erläuterung der kosmolog. Idee ... (I 479 ff.—Rc 614 ff.). Die V. ist die „beharrliche Bedingung" aller willkürlichen Handlungen, ibid. (I 483—Rc 619). Sie ist „allen Handlungen des Menschen in allen Zeitumständen gegenwärtig und einerlei, selbst aber ist sie nicht in der Zeit". Sie ist „bestimmend, aber nicht bestimmbar", ibid. (I 485—Rc 621); vgl. Zurechnung.

So wie der Verstand die Quelle der Kategorien ist, so enthält die V. in sich „den Grund zu Ideen", welche „in der Natur der V." gelegen sind. Der „transzendente" (s. d.) Gebrauch der V. führt zu Schein und Widersprüchen, Prol. § 40 (III 92 f.). Dieser dialektische Schein (s. d.) kann nur durch „Selbsterkenntnis" der V., durch Kritik an sich selbst vermieden werden, ibid. §§ 41 f. (III 93 f.). — Die V. ist ein Vermögen, „welches nicht bloß mit seinen subjektiv bestimmenden Gründen, welche die Natursachen seiner Handlungen sind, in Verknüpfung steht und sofern das Vermögen eines Wesens ist, das selbst zu den Erscheinungen gehört, sondern auch auf objektive Gründe, die bloß Ideen sind, bezogen wird, sofern sie dieses Vermögen bestimmen können". Als Träger solcher V. ist der Mensch (s. d.) kein Sinnenwesen. Diese „Kausalität der V." ist Freiheit, Bestimmung bloß durch Ideen, zeitloser Einfluß von Gründen, Prinzipien der V., ibid. § 53 (III 113 f.). Die V. findet in der Erfahrung „keine Befriedigung" (s. Grenze), sie strebt nach dem Unbedingten, Übersinnlichen, ibid. § 57 (III 123 ff.). Der Mensch findet in sich „ein Vermögen, dadurch er sich von allen anderen Dingen, ja von sich selbst, sofern er durch Gegenstände affiziert wird, unterscheidet, und das ist die V. Diese, als reine Selbsttätigkeit, ist sogar darin noch über den Verstand erhoben: daß, obgleich dieser auch Selbsttätigkeit ist und nicht, wie der Sinn, bloß Vorstellungen enthält, die nur entspringen, wenn man von Dingen affiziert (mithin leidend) ist, er dennoch aus seiner Tätigkeit keine anderen Begriffe hervorbringen kann als die, so bloß dazu dienen, um die sinnlichen Vorstellungen unter Regeln zu bringen und sie dadurch in einem Bewußtsein zu vereinigen, ohne welchen Gebrauch der Sinnlichkeit er gar nichts denken würde; dahingegen die V. unter dem Namen der Ideen eine so reine Spontaneität zeigt, daß sie dadurch weit über alles, was ihm Sinnlichkeit nur liefern kann, hinausgeht und ihr vornehmstes Geschäft darin beweist, Sinnenwelt und Verstandeswelt voneinander zu unterscheiden, dadurch aber dem Verstande selbst seine Schranken vorzuzeichnen", GMS 3. Abs. Von d. Interessen (III 81). Das vernünftige Wesen als solches muß sich als zur Verstandes- oder intelligiblen Welt gehörig ansehen und die Kausalität seines Willens unter der Idee der Freiheit denken; es hat insofern Autonomie und ist als Glied eines (idealen) „Reichs der Zwecke“, in welchem es gesetzgebend und zugleich dem eigenen Gesetz unterworfen ist, zu betrachten, ibid. (III 82 ff.). Die V., und zwar „die reine, von Sinnlichkeit unabhängige V.“, gibt das sittliche Gesetz; sie hat insofern eine eigene Kausalität, d. h. einen Willen, ibid. Von d. äußersten Grenze . . . (III 88).

Die V. ist die Quelle der Ideen und kommt als solche auch im Gefühle des Erhabenen (s. d.) zur Geltung, KU § 26 (II 100 f.); vgl. § 29 Allg. Anmerk. (II 116). Sie ist „das Vermögen intellektueller Ideen“, ibid. § 49 (II 169); ein „übersinnliches Vermögen“ in uns, ibid. § 25 (II 94). Sie geht auf „absolute Totalität“ (ibid.), fordert „das Unbedingte, welches sich doch nie finden läßt“ und legt dem Sinnlichen (als Erscheinung) „etwas Übersinnliches (das intelligible Substrat der Natur außer uns und in uns) als Sache an sich selbst“ unter, ibid. § 57 (II 204). „Die V. ist ein Vermögen der Prinzipien und geht in ihrer äußersten Forderung auf das Unbedingte; dahingegen der Verstand ihr immer nur unter einer gewissen Bedingung, die gegeben werden muß, zu Diensten steht. Ohne Begriffe des Verstandes aber, welchen objektive Realität gegeben werden muß, kann die V. gar nicht objektiv (synthetisch) urteilen, und enthält als theoretische V. für sich schlechterdings keine konstitutiven, sondern bloß regulative Prinzipien. Man wird bald inne, daß, wo der Verstand nicht folgen kann, die V. überschwenglich wird, und in zwar gegründeten Ideen (als regulativen Prinzipien), aber nicht objektiv gültigen Begriffen sich hervortut; der Verstand aber, der mit ihr nicht Schritt halten kann, aber doch zur Gültigkeit für Objekte nötig sein würde, die Gültigkeit jener Ideen der V. nur auf das Subjekt, aber doch allgemein für alle von dieser Gattung, d. i. auf die Bedingung einschränke, daß nach der Natur unseres (menschlichen) Erkenntnisvermögens, oder gar überhaupt nach dem Begriffe, den wir uns von dem Vermögen eines endlichen vernünftigen Wesens überhaupt machen können, nicht anders als so könne und müsse gedacht werden: ohne doch zu behaupten, daß der Grund eines solchen Urteils im Objekte liegt“, ibid. § 76 (II 266); vgl. Rel. 1. St. Allg. Anmerk. 4. Anm. (IV 57); 2. St. 1. Abs. 3. Anm. (IV 79); 2. St. 2. Abs. Allg. Anmerk. 3. Anm. (IV 101). Vgl. Vernunft (reine, praktische), Ideen, Dialektik, Antinomien, Unbedingt, Übersinnlich, Einheit, System, Totalität, Reihe, Unendlichkeit, Metaphysik, Grenze, Transzendent, Paralogismen.

Vernunft, reine: „V. an sich“, „von der Sinnlichkeit unabhängige V.“ (wenn auch durch den immanenten Gebrauch der Vernunftbegriffe auf die in den Sinnen gegebene Erfahrung bezogen) s. Kritik der r. Vernunft, Vernunft (im engeren Sinn).

„Reine“ V. ist diejenige, „welche die Prinzipien, etwas schlechthin a priori zu erkennen, enthält“, KrV Einl. VII (I 67—Rc 83). Reine V. ist „eine so abgesonderte, in ihr selbst so durchgängig verknüpfte Sphäre, daß man keinen Teil derselben antasten kann, ohne alle übrigen zu berühren, und nichts ausrichten kann, ohne vorher jedem seine Stelle und seinen Einfluß auf den anderen bestimmt zu haben“, Prol. Vorr. (III 11). In der reinen V. selbst liegen die Elemente und Gesetze ihres reinen Gebrauchs, ibid. § 4 (III 24 f.); vgl. § 31 (III 74 f.). Reine V. ist „das Vermögen der Erkenntnis aus Prinzipien“, und zwar handelt es sich hier um die „V. in ihrem theoretischen Gebrauche“. Sie ist das Vermögen, „nach Prinzipien a priori zu urteilen“. Eigentlich sichert die Kritik dem Verstand (s. d.) als Vermögen konstitutiver Erkenntnisprinzipien a priori den sicheren Besitz. „Ebenso ist der V., welche nirgend als lediglich in Ansehung des Begehrungsvermögens konstitutive Prinzipien a priori enthält, in der Kritik der praktischen V. ihr Besitz angewiesen worden“, während in der Kritik der r. V. nur die regulative Bedeutung der Ideen (s. d.) der V. festgestellt wird. Schließlich gehört als ein notwendiges Bestandstück zum Ganzen der Kritik der r. V. auch eine Kritik der Urteilskraft (s. Urteilskraft, Kritik der), KU Vorr. (II 1 f.). — Reine V., d. h. „das Vermögen, überhaupt a priori etwas zu erkennen“, Fortschr. d. Metaph. Beilage I Einl. (V 3, 151). Sie ist „das Vermögen, unabhängig von

Erfahrung, mithin von Sinnenvorstellungen, Dinge zu erkennen", ibid. Beilage I, 2. Abs. (V 3, 156). Vgl. A priori, Kategorie, Grundsätze, Transzendental, Verstand, Metaphysik.

Vernunft, praktische. Die V. ist praktisch (s. d.), sofern sie durch Begriffe das Wollen und Handeln bestimmt. Sie hat insofern eine eigene „Kausalität" (s. d.), eine Wirksamkeit, die nicht bloß Erscheinung ist, sondern auch „intelligibel", übersinnlich ist, sofern die V. rein durch ihre Ideen (s. d.) Gründe (Prinzipien) für das Handeln hergibt. Diese „Kausalität der V." ist eine ideal-zeitlose. Die praktisch-technische V. (s. Technisch) liegt allem außersittlichen Handeln und Gestalten zugrunde; sie gibt relative Normen, Geschicklichkeits- oder Klugheitsregeln. Die praktisch-moralische V. aber ist die Quelle der absoluten Normen, des absoluten Sollens (s. d.), ihre Zwecksetzung, ihr Imperativ (s. d.), ihre Grundsätze (s. d.) gelten schlechthin, unbedingt. Diese V. geht auf unbedingte Einheit, Gesetzlichkeit und Allgemeingültigkeit des Wollens, auf Einstimmigkeit desselben, auf praktisch-systematische Einheit. Die V. im Menschen ist das Prinzip der Freiheit (s. d.), der Autonomie (s. d.), sie konstituiert die reine „Menschheit" und „Persönlichkeit" im Menschen, die bei jedem aufs höchste zu werten und zu achten ist. Als Vernunftwesen gehören wir alle zur intelligiblen, moralischen Welt, versetzen wir uns (als „Noumenon") in ein „Reich der Zwecke" (s. d.), in eine ideale Ordnung, die eine Art übersinnlicher Natur bedeutet.

Theoretische („spekulative") und praktische V. sind „am Ende nur eine und dieselbe V. . . ., die bloß in der Anwendung unterschieden werden muß", GMS Vorr. (III 8). Die reine praktische V. ist nicht eingeschränkt auf die besondere „Natur der menschlichen V.", sondern ist eine Quelle und ein Gebiet von allgemeingültigen Normen, die aus dem „allgemeinen Begriffe eines vernünftigen Wesens überhaupt" abzuleiten sind, ibid. 2. Abs. (III 33). „Wie nun aber reine V. ohne andere Triebfedern, die irgend woher sonst genommen sein mögen, für sich selbst praktisch sein, d. i. wie das bloße Prinzip der Allgemeingültigkeit aller ihrer Maximen als Gesetze . . . für sich selbst eine Triebfeder abgeben und ein Interesse, welches rein moralisch heißen würde, bewirken" könne, das läßt sich nicht erklären, ibid. 3. Abs. Von d. äußersten Grenze . . . (III 92); vgl. Achtung. Die praktische V. enthält betreffs des Begehrungsvermögens „konstitutive Prinzipien a priori", KU Vorr. (II 2). Sie ist „a priori gesetzgebend für die Freiheit und ihre eigene Kausalität, als das Übersinnliche in dem Subjekte, zu einem unbedingt-praktischen Erkenntnis", KU Einl. IX (II 33); vgl. Anh. Allg. Anmerk. z. Teleologie (II 349). Moralisch können nur Gesetze sein, welche die V. „ursprünglich selbst gibt", ibid. Allg. Anmerk. z. Teleologie (II 361). Die V. strebt, uns von der Sinnlichkeit und Natur innerlich unabhängig zu machen, ibid. § 29 Allg. Anmerk. (II 116). Sie schreibt den Weltwesen den „Endzweck" (s. d.) vor, ibid. § 87 (II 323); vgl. § 88 (II 325 ff.).

Ist reine V. wirklich praktisch (s. d.), „so beweist sie ihre und ihrer Begriffe Realität durch die Tat", KpV Vorr. (II 3). Sie hat ihr eigenes Prinzip a priori, ibid. (II 14); ist a priori „gesetzgebend", wie dies die „Kritik der p.n V." (s. d.) darlegt, KpV Einl. (II 18 ff.). Da die reine V. einen „praktisch, d. i. zur Willensbestimmung hinreichenden" Grund in sich enthält, gibt es praktische Gesetze (s. d.). Reine V. muß für sich praktisch sein, d. h. „ohne Voraussetzung irgendeines Gefühls, mithin ohne Vorstellungen des Angenehmen oder Unangenehmen, als der Materie des Begehrungsvermögens, die jederzeit eine empirische Bedingung der Prinzipien ist, durch die bloße Form der praktischen Regel den Willen bestimmen können". Nur so ist die reine V. „gesetzgebend", KpV 1. T. 1. B. 1. H. § 3 Anmerk. I (II 31); vgl. § 6 Anmerk. (II 38). Das „Grundgesetz" der reinen p. V. ist der kategorische Imperativ (s. d.). Reine V. ist „für sich allein praktisch und gibt (dem Menschen) ein allgemeines Gesetz, welches wir das Sittengesetz nennen", ibid. § 7 Folgerung (II 41). Die praktische Regel ist ein „kategorisch praktischer Satz a priori". Der durch die bloße Form des Gesetzes bestimmte Wille ist der reine Wille (s. d.). Das Bewußtsein des praktischen Grundgesetzes ist ein „Faktum der V.", ibid. § 7 Anmerk.

(II 40 f.). Die eigene Gesetzgebung der reinen p.n V. ist Freiheit (s. d.) im positiven Sinne, Autonomie (s. d.). Reine V. kann also praktisch sein, d. h. „für sich, unabhängig von allem Empirischen" den Willen bestimmen. Der Wille ist sich hier „als Wesen an sich selbst, seines in einer intelligiblen Ordnung der Dinge bestimmbaren Daseins bewußt", ibid. 1. H., I (II 55 f.). Die übersinnliche Natur (s. d.) ist nichts anderes als „eine Natur unter der Autonomie der reinen p.n V.". Das moralische Gesetz ist „das Grundgesetz einer übersinnlichen Natur und einer reinen Verstandeswelt", ibid. (II 57). Das moralische Gesetz ist „ein Gesetz der Kausalität durch Freiheit und also der Möglichkeit einer übersinnlichen Natur", ibid. (II 62 f.). Reiner Wille und reine p. V. sind identisch, ibid. 1. H. II (II 72); um die Form des reinen Willens handelt es sich im Sittlichen, ibid. 2. H. (II 81ff.); vgl. 3. H. Kritische Beleuchtung . . . (II 115ff.). Die p. V. hat den „Primat" (s. d.) vor der theoretischen, ibid. 2. B. 2. H. III (II 155); vgl. Postulate. Der positive Begriff der Freiheit ist „das Vermögen der reinen V., für sich praktisch zu sein", MS Einl. I (III 14). Zur „moralisch-praktischen V." vgl. MSR Beschluß (III 185) u. ö.; zur „rechtlich-praktischen V." MSR § 7 (III 63) u. ö; zur „rechtlich-gesetzgebenden V." MSR § 39 (III 123); zur „technisch-praktischen V.", MST Einl. V A (III 227); vgl. Technisch-praktisch. — Unterscheidung von praktischer, aber nur anderen Triebfedern dienstbarer V. und der allein für sich selbst, d. i. unbedingt gesetzgebenden V., Rel. 1. St. I (IV 28). Vgl. Praktisch, Autonomie, Freiheit, Sollen, Imperativ, Kritik der p. V., Gut, Ethik, Sittlichkeit, Wille, Glaube, Postulate.

Vernunftbedürfnis s. Glaube.

Vernunftbegriff s. Idee, transzendentale.

Vernunfteinheit s. Einheit.

Vernünftelnd. „Ein vernünftelndes Urteil (iudicium ratiocinans) kann ein jedes heißen, das sich als allgemein ankündigt; denn sofern kann es zum Obersatze in einem Vernunftschlusse dienen. Ein Vernunfturteil (iudicium ratiocinatum) kann dagegen nur ein solches genannt werden, welches als der Schlußsatz von einem Vernunftschlusse, folglich als a priori gegründet gedacht wird", KU § 55 Anm. (II 195). Vgl. Dialektik (transzendentale, der Urteilskraft).

Vernunfterkenntnis. Es gibt einen doppelten „Vernunftgebrauch" in der apriorischen Erkenntnis: 1. die „philosophische" V. aus reinen Begriffen, die Bestimmung des Gegebenen durch die Kategorien (s. d.); 2. die „mathematische" V., welche nicht wie jene „diskursiv", sondern „intuitiv" ist und ihre Begriffe in reiner Anschauung „konstruiert", KrV tr. Meth. 1. H. 1. Abs. (I 607 f.—Rc 752 f.); vgl. Mathematik. Die (nicht bloß objektive, auch subjektive) V. ist „cognitio ex principiis". Alle V. ist entweder eine solche „aus Begriffen", d. h. „philosophisch", oder „aus der Konstruktion der Begriffe", d. h. „mathematisch", ibid. 3. H. (I 688 f.—Rc 843 f.). „Alle V. ist entweder m a t e r i a l und betrachtet irgendein Objekt; oder f o r m a l und beschäftigt sich bloß mit der Form des Verstandes und der Vernunft selbst und den allgemeinen Regeln des Denkens überhaupt, ohne Unterschied der Objekte", GMS Vorr. (III 3); vgl. Mathematik (und Philosophie), Philosophie, Historisch, Rationalismus.

Vernunftgebrauch s. Vernunft („logischer" und „transzendentaler" V.), Vernunfterkenntnis. Der „transzendentale" V. gibt keine Erkenntnis; „apodiktisch" ist der V., wenn das Allgemeine, aus dem die Vernunft das Besondere ableitet, gewiß und gegeben ist, sonst ist der V. „problematisch", KrV tr. Dial. Anh. Von d. regulativen Gebrauch . . . (I 551 f.—Rc 693). Der „immanente" V. der Ideen (s. d.) ist regulativ und fruchtbar; der „transzendente" (s. d.) Gebrauch der Ideen gibt keine Erkenntnis. In ihrem „praktischen" Gebrauch ist die Vernunft völlig legitim. Vgl. Vernunft, Praktisch, Idee, Realität, Postulate.

Vernunftglaube s. Glaube.

Vernunftwesen s. Mensch, Noumenon, Vernunft.

Verpflichtung s. Pflicht.

Verrücktheit s. Psychosen.

Verschiedenheit s. Unterschied, Einerleiheit, Reflexionsbegriffe.

Verstand. Der V. gehört zu den oberen Erkenntnisvermögen (s. d.). Er hat aber vielleicht mit der Sinnlichkeit (s. d.) eine gemeinsame Wurzel. Er ist eine Fähigkeit zur „Spontaneität" (s. d.), zur geistigen Selbsttätigkeit, die freilich der Erweckung, der Empfindung und Anschauung (s. d.) bedarf. Der V. ist das Vermögen der Erkenntnis, d. h. begrifflichen Bestimmung von Inhalten in Urteilen, in denen alles Denken (s. d.) besteht. Er ist das Vermögen der Regeln, indem er die Tendenz hat, alles Gegebene einheitlich zu verknüpfen, unter Gesetze (s. d.) zu bringen. Als Quelle apriorischer Begriffe (Kategorien) und Grundsätze (s. d.) ist er ein „reiner V.", dessen Kern die transzendentale Apperzeption (s. d.) ist, durch welche alle Daten zu einer möglichen Erfahrung in objektiver Einheit (s. d.) synthetisch verbunden werden müssen. So erst gibt es Erfahrung (s. d.), deren Form also im reinen Verstande selbst gegründet ist. Nur im Verein mit der Sinnlichkeit (Anschauung) gibt der V. Erkenntnis (s. d.), und die apriorischen Erzeugnisse des reinen V.es gelten nur für Gegenstände möglicher Erfahrung (Erscheinungen), nicht — wie Kant selbst früher meinte — für Dinge an sich. Der reine V. stellt die (obersten) Gesetze auf, durch die erst „Natur" (s. d.) als einheitlicher Zusammenhang von Erscheinungen möglich ist.

Ein Trieb besteht in uns, „vermöge dessen wir so stark und so allgemein am Urteile anderer hängen", ein geheimer Zug, „dasjenige, was man für sich selbst als gut oder wahr erkennt, mit dem Urteil anderer zu vergleichen und beide einstimmig zu machen; imgleichen eine jede menschliche Seele auf dem Erkenntniswege gleichsam anzuhalten, wenn sie einen anderen Fußsteig zu gehen scheint, als den wir eingeschlagen haben; welches alles vielleicht eine empfundene Abhängigkeit unserer eigenen Urteile vom allgemeinen menschlichen V.e ist und ein Mittel wird, dem ganzen denkenden Wesen eine Art von Vernunfteinheit zu verschaffen", Träume 1. T. 2. H. (V 2, 23). — Es zeigt sich, „daß V. und Vernunft, d. i. das Vermögen deutlich zu erkennen, und dasjenige Vernunftschlüsse zu machen, keine verschiedenen Grundfähigkeiten seien. Beide bestehen im Vermögen zu urteilen; wenn man aber mittelbar urteilt, so schließt man", F. Spitzf. § 6 (V 1, 68).

Intellektuell ist die Erkenntnis, sofern sie den Gesetzen des V.es unterworfen ist. Im Unterschiede von den sinnlichen Vorstellungen geben die Verstandesbegriffe (s. Kategorie) die Dinge so, „wie sie sind", Mund. sens. §§ 3f. (V 2, 96f.). Der Gebrauch des V.es oder „oberen Seelenvermögens" ist aber ein doppelter. „Durch den einen werden die Begriffe von den Dingen oder von den Beziehungen selbst gegeben"; dies ist der „reale Gebrauch". „Durch den anderen werden die irgendwoher gegebenen einander nur untergeordnet, nämlich die unteren den oberen (den allgemeinen Merkmalen) und unter sich nach dem Satz des Widerspruchs verglichen; dieser Gebrauch heißt der ‚logische'." „Der logische Gebrauch des V.es ist allen Wissenschaften gemeinsam; nicht so der reale. Denn jede irgendwie gegebene Erkenntnis wird betrachtet entweder als unter einem mehreren Dingen gemeinsamen oder einem ihm entgegengesetzten Merkmale befaßt; und zwar entweder unmittelbar und zunächst, wie es bei den Urteilen behufs deutlicher Erkenntnis geschieht, oder mittelbar, wie bei den Vernunftschlüssen behufs einer adäquaten Erkenntnis." „Wenn also sinnliche Erkenntnisse gegeben sind, so werden durch den logischen Gebrauch des V.es sinnliche Erkenntnisse anderen sinnlichen als den gemeinsamen Begriffen, und Erscheinungen den allgemeineren Gesetzen der Erscheinungen untergeordnet." Von der höchsten Wichtigkeit aber ist es hier. sich zu merken, „daß die Erkenntnisse dabei immer als sinnliche gelten müssen, wie stark auch immer bei ihnen der logische Gebrauch des V.es gewesen ist". Aus der mittelst des V.es erfolgenden Vergleichung mehrerer Erscheinungen geht die „Erfahrung" hervor, ibid. § 5 (V 2, 97 ff.). Was aber „die Verstandesbegriffe im strengen Sinne anlangt, in denen der Gebrauch des V.es ein realer ist", so werden solche Begriffe, sowohl von Gegenständen als von Beziehungen, „durch die Natur des V.es selbst gegeben; sie sind weder von irgendwelchem Gebrauch der Sinne abstrahiert, noch enthalten sie irgendeine Form der sinnlichen Erkenntnis als solcher". Der Verstandesbegriff ist ein „abstrahierender" Begriff, eine „reine Idee"; er abstrahiert von allem Sinnlichen, ibid. § 6 (V 2, 99). Mit Unrecht wird (von den Wolfianern) die sinnliche Erkenntnis als eine „verworrene" der „deutlichen" Verstandeserkenntnis gegenübergestellt. „Denn das sind nur logische Unterschiede, welche das Gegebene, das aller logischen Vergleichung zugrunde liegt, gar nicht berühren." „Die sinnlichen Begriffe können sehr deutlich und die des V.es sehr verworren sein" (Geometrie — Metaphysik), ibid. § 7 (V 2, 99 f.). Die obersten Prinzipien des „reinen Verstandesgebrauchs" enthält die Metaphysik, zu welcher als „Propädeutik" die Wissenschaft dient, „welche den Unterschied der sinnlichen Erkenntnis von der des V.es darlegt", ibid. § 8 (V 2, 100). Die Verstandesbegriffe (die „in der Natur des reinen V.es selbst" zu suchen sind), sind aber nicht angeborene Begriffe, sondern „aus den dem Geiste eingepflanzten Gesetzen abstrahiert (indem man bei Gelegenheit der Erfahrung auf seine Tätigkeit achtet), folglich erworben" (ibid.). Der Zweck der Verstandesbegriffe ist ein doppelter: erstens dienen sie der „Aufdeckung von Scheinbeweisen", zweitens dienen sie der Erfassung einer „Art Ideal", das in der „Vollkommenheit der Gedankendinge" besteht, ibid. § 9 (V 2, 101). Von den Verstandesbegriffen gibt es für den Menschen „keine Anschauung, sondern nur symbolische Erkenntnis", ibid. § 10 (V 2, 102).

Der V. ist „das Vermögen, Vorstellungen selbst hervorzubringen, oder die Spontaneität des Erkenntnisses". Er ist „das Vermögen, den Gegenstand sinnlicher Anschauung zu denken". Er „vermag nichts anzuschauen", nur mit der Sinnlichkeit vereinigt, durch Anschauung (s. d.) fundiert, gibt er Erkenntnis, KrV tr. Log. Einl. I (I 107—Rc 126). Negativ erklärt, ist der V. ein „nichtsinnliches Erkenntnisvermögen". Positiv ist er (wenigstens der menschliche V.) „eine Erkenntnis durch Begriffe, nicht intuitiv, sondern diskursiv". Alle Handlungen des V.es vollziehen sich als Urteile (s. d.), und so ist er „ein Vermögen, zu urteilen". Denn Begriffe sind „Prädikate möglicher Urteile". Die Funktionen des V.es, durch welche er verschiedene Vorstellungen unter einer gemeinschaftlichen ordnet, kann man insgesamt finden, wenn man die „Funktionen der Einheit in den Urteilen" vollständig darstellt, ibid. tr. Anal. 1. B. 1. H. 1. Abs. (I 120 f.—Rc 139 f.). V. ist, allgemein genommen, „das Vermögen der Erkenntnisse". „Diese bestehen in der bestimmten Beziehung gegebener Vorstellungen auf ein Objekt. Objekt aber ist das, in dessen Begriff das Mannigfaltige einer gegebenen Anschauung vereinigt ist. Nun erfordert aber alle Vereinigung der Vorstellungen Einheit des Bewußtseins in der Synthesis derselben. Folglich ist die Einheit des Bewußtseins dasjenige, was allein die Beziehung der Vorstellungen auf einen Gegenstand, mithin ihre objektive Gültigkeit, folglich, daß sie Erkenntnisse werden, ausmacht, und worauf folglich selbst die Möglichkeit des V.es beruht." Das „oberste Prinzip alles Verstandesgebrauchs" ist somit der „Grundsatz der synthetischen Einheit der Apperzeption" (s. d.), ibid. § 17 (I 154 f. —Rc 181 f.). „Ein V., in welchem durch das Selbstbewußtsein zugleich alles Mannigfaltige gegeben würde, würde anschauen; der unsere kann nur denken und muß in den Sinnen die Anschauung suchen", ibid. § 16 (I 153—Rc 179). „Derjenige V., durch dessen Selbstbewußtsein zugleich das Mannigfaltige der Anschauung gegeben würde, ein V., durch dessen Vorstellung zugleich die Objekte dieser Vorstellung existierten, würde einen besonderen Aktus der Synthesis des Mannigfaltigen zu der Einheit des Selbstbewußtseins nicht bedürfen, deren der menschliche Verstand, der bloß denkt, nicht anschaut, bedarf", ibid. § 17 (I 155 f.—Rc 183 f.).

Kein anderes Erkenntnisvermögen als der V. kann „konstitutive Erkenntnisprinzipien a priori" an die Hand geben. Die Kritik „läßt nichts übrig, als was der V. a priori als Gesetz für die Natur als den Inbegriff von Erscheinungen (deren Form ebensowohl a priori gegeben ist) vorschreibt; verweist aber alle andere reine Begriffe unter die Ideen". „Es war also eigentlich der V., der sein eigenes Gebiet, und zwar im Erkenntnisvermögen, hat, sofern er konstitutive Erkenntnisprinzipien a priori enthält, welcher durch die im allgemeinen so benannte Kritik der reinen Vernunft gegen alle übrige Kompetenten in sicheren, aber einigen Besitz gesetzt werden sollte", KU Vorr. (II 1 f.). Auf die Frage: wie der V. den Stoff der Anschauung bearbeite, lautet die Antwort: „Die Kritik bewies in der transzendentalen Logik: daß dieses durch Subsumtion der sinnlichen (reinen oder empirischen) Anschauungen unter die Kategorien geschehe, welche Begriffe von Dingen überhaupt gänzlich im reinen Verstande a priori gegründet sein müssen." Einen von den Kategorien freien, das Übersinnliche unmittelbar erfassenden „anschauenden Verstand" kennen wir nicht, Üb. e. Entdeck. 1. Abs. C (V 3, 36 f.). Der V. ist kein „Vermögen deutlicher Erkenntnis", sondern das „Vermögen der Erkenntnis durch Begriffe" und damit zugleich ein „transzendentales Vermögen ursprünglich aus ihm allein entspringender Begriffe (der Kategorien)", ibid. C, 4. Anm. (V 3, 38). Der V. ist ein „Vermögen der Erkenntnis durch Begriffe". Der „diskursive V." muß „viele Arbeit zu der Auflösung und wiederum der Zusammensetzung seiner Begriffe nach Prinzipien verwenden und viele Stufen mühsam besteigen, um in der Erkenntnis Fortschritte zu tun, statt dessen eine intellektuelle Anschauung den Gegenstand unmittelbar und auf einmal fassen und darstellen würde", V. e. vorn. Ton (V 4, 3). Unser V. ist „nicht ein Anschauungs-, nur ein diskursives oder Denkungsvermögen", ibid. (V 4, 5). Er ist „ein Vermögen zu denken, d. i. ein diskursives Vorstellungsvermögen oder ein solches, was durch ein Merkmal, das mehreren Dingen gemein ist (von deren Unterschiede ich also im Denken abstrahieren muß), mithin nicht ohne Beschränkung des Subjekts möglich ist". „Folglich ist ein göttlicher V. nicht für ein Denkungsvermögen anzunehmen", ibid. 5. Anm. (V 4, 16).

V. im weitesten Sinne ist „das Vermögen der Erkenntnis überhaupt". Er enthält „das Auffassungsvermögen (attentio) gegebener Vorstellungen, um Anschauung, das Absonderungsvermögen dessen, was mehreren gemein ist (abstractio), um Begriff, und das Überlegungsvermögen (reflexio), um Erkenntnis des Gegenstandes hervorzubringen", Anthr. 1. T. § 6 (IV 26 f.). „V., als das Vermögen zu denken, durch Begriffe sich etwas vorzustellen, wird auch das obere Erkenntnisvermögen (zum Unterschiede von der Sinnlichkeit, als dem unteren) genannt, darum weil das Vermögen der Anschauungen (reiner oder empirischer) nur das Einzelne in Gegenständen, dagegen das der Begriffe das Allgemeine der Vorstellungen derselben, die Regel, enthält, der das Mannigfaltige der sinnlichen Anschauungen untergeordnet werden muß, um Einheit zur Erkenntnis des Objekts hervorzubringen", ibid. § 40 (IV 106 f.). Ein „richtiger V." ist das Vermögen zu Begriffen, die den Gegenständen angemessen sind. Der richtige V., der „für Begriffe der gemeinen Erkenntnis zulangt", ist der „gesunde" V., ibid. § 41 (IV 107 f.). V. ist „ein Vorstellungsvermögen mit Bewußtsein der Handlung, wodurch die Vorstellungen auf einen gegebenen Gegenstand bezogen und dieses Verhältnis gedacht wird. — Wir verstehen aber nichts recht als das, was wir zugleich machen können, wenn uns der Stoff dazu gegeben würde, und so ist der Verstand ein Vermögen der Spontaneität in unserem Erkenntnis, ein oberes Erkenntnisvermögen, weil es die Vorstellungen gewissen Regeln a priori unterwirft und selbst die Erfahrung möglich macht", Anthr. Ergänz. aus der Handschrift (IV 293). Der V. ist „als der Quell und das Vermögen anzusehen, Regeln überhaupt zu denken". Er ist „das Vermögen zu denken, d. h. die Vorstellungen der Sinne unter Regeln zu bringen". „Er ist daher begierig, Regeln zu suchen, und befriedigt, wenn er sie gefunden hat", Log. Einl. I (IV 12 f.); vgl. Logik, Regel. Der V. ist das „Vermögen der Begriffe", ein „Vermögen der Spontaneität": Er „disponiert" über den Stoff der Sinnlichkeit und bringt denselben unter Regeln oder Begriffe, ibid. Einl. V (IV 39 f.).

„Der V. ist das Vermögen der Begriffe, der Urteile, der Regeln.“ Er ist „das Vermögen, zu reflektieren“. „V. a priori ist Vernunft ... V. als ein Vermögen der Anwendungskraft a posteriori: Urteilskraft“, N 409. Der V. ist „das Vermögen zu urteilen, welches ebendasselbe ist mit dem Vermögen der Begriffe überhaupt“, N 407. Der V. „gibt den Eindrücken das Logische, d. i. das Gemeingültige, d. i. die Funktion des Prädikats zu einem möglichen Urteile“, N 413. V. ist „das Vermögen der Verknüpfung der Vorstellungen mit Bewußtsein“, Altpreuß. Mth. XX 107. Vgl. Verstand (reiner), Sinnlichkeit, Spontaneität, Denken, Begriff, Urteil.

Verstand, anschauender. Unser (endlicher) V. ist „diskursiv“, er denkt vermittelst von Begriffen, vermag nicht unmittelbar anzuschauen, muß „in den Sinnen die Anschauung suchen“. Ein V. hingegen, „in welchem durch das Selbstbewußtsein zugleich alles Mannigfaltige gegeben würde“, würde „anschauen“, KrV tr. Anal. § 16 (I 153—Rc 179). Ein solcher V., „durch dessen Vorstellung zugleich die Objekte dieser Vorstellung existierten“, würde eines besonderen Aktes der „Synthesis des Mannigfaltigen zu der Einheit des Selbstbewußtseins“ nicht bedürfen, ibid. § 17 (I 155 f.—Rc 183 f.). Ein V. ist denkbar, der unmittelbar Dinge anschaut; aber wir haben von ihm „nicht den mindesten Begriff“, ebensowenig von „Verstandeswesen“, auf die er gehen soll, Prol. § 34 Anm. (III 78). Gott (s. d.) kann man nur nach der Analogie (s. d.) einen V. beilegen; von einem solchen, anschauenden, V.e haben wir nicht den mindesten Begriff, weil der unsrige diskursiv ist, ibid. § 57 (III 127).

Die allgemeinen Naturgesetze haben ihren Grund in unserem V.e. Die Urteilskraft (s. d.) betrachtet die besonderen empirischen Gesetze (s. d.) betreffs dessen, was in ihnen durch jene unbestimmt gelassen ist, „nach einer solchen Einheit ..., als ob gleichfalls ein V. (wenngleich nicht der unsrige) sie zum Behuf unserer Erkenntnisvermögen, um ein System der Erfahrung nach besonderen Naturgesetzen möglich zu machen, gegeben hätte“. „Nicht, als wenn auf diese Weise wirklich ein solcher V. angenommen werden müßte (denn es ist nur die reflektierende Urteilskraft, der diese Idee zum Prinzip dient, zum Reflektieren, nicht zum Bestimmen); sondern dieses Vermögen gibt sich dadurch nur selbst und nicht der Natur ein Gesetz.“ Die Natur wird so vorgestellt, „als ob ein V. den Grund der Einheit des Mannigfaltigen ihrer empirischen Gesetze enthalte“, KU Einl. IV (II 16 f.). „Unser V. ist ein Vermögen der Begriffe, d. i. ein diskursiver V., für den es freilich zufällig sein muß, welcherlei und wie sehr verschieden das Besondere sein mag, das ihm in der Natur gegeben werden, und das unter seine Begriffe gebracht werden kann. Weil aber zum Erkenntnis doch auch Anschauung gehört, und ein Vermögen einer völligen Spontaneität der Anschauung ein von der Sinnlichkeit unterschiedenes und davon ganz unabhängiges Erkenntnisvermögen, mithin V. in der allgemeinsten Bedeutung sein würde: so kann man sich auch einen intuitiven V. (negativ, nämlich bloß als nicht diskursiven) denken, welcher nicht vom Allgemeinen zum Besonderen und so zum Einzelnen (durch Begriffe) geht, und für welche jene Zufälligkeit der Zusammenstimmung der Natur in ihren Produkten nach besonderen Gesetzen zum Verstande nicht angetroffen wird, welche dem unsrigen es so schwer macht, das Mannigfaltige derselben zur Einheit des Erkenntnisses zu bringen; ein Geschäft, das der unsrige nur durch Übereinstimmung der Naturmerkmale zu unserem Vermögen der Begriffe, welche sehr zufällig ist, zustande bringen kann, dessen ein anschauender V. aber nicht bedarf.“ Ein solcher V. würde vom „Synthetisch-Allgemeinen“, d. h. der „Anschauung eines Ganzen als eines solchen“, zum Besonderen, vom Ganzen zu den Teilen gehen, während nach der Beschaffenheit unseres V.es ein reales Ganzes der Natur „nur als Wirkung der konkurrierenden bewegenden Kräfte der Teile“ anzusehen ist, KU § 77 (II 272 f.); vgl. Zweckmäßigkeit. „Es ist hierbei auch gar nicht nötig, zu beweisen, daß ein solcher intellectus archetypus möglich sei, sondern nur, daß wir in der Dagegenhaltung unseres diskursiven, der Bilder bedürftigen V.es (intellectus ectypus) und der Zufälligkeit einer solchen Beschaffenheit auf jene Idee (eines intellectus archetypus) geführt werden, diese auch keinen Widerspruch enthalte", ibid. (II 274). — Wir haben keine „intellektuelle Anschauung" (s. d.). Ein göttlicher Verstand ist nicht als „Denkungsvermögen" anzunehmen, V. e. vorn. Ton 5. Anm. (V 416); vgl. Vorles. über d. philos. Religionslehre, S. 6, 40, 95 f. Vgl. Ding an sich, Verstand, Gott.

Verstand, gemeiner, gesunder, s. Menschenverstand. Der gemeine V. bedarf der Kritik durch die Vernunft (s. d.). Der „gesunde" V. ist der „richtige" (mit den Gegenständen angemessenen Begriffen versehene) V., sofern er für Begriffe der gemeinen Erkenntnis zulangt, Anthr. 1. T. § 41 (IV 107 f.). Für die Philosophie ist er unzulänglich. Vgl. N 432 f., 438.

Verstand, reiner: der von der Sinnlichkeit abgesonderte V., der V. als Quelle apriorischer Begriffe und Grundsätze. — „Die Einheit der Apperzeption in Beziehung auf die Synthesis der Einbildungskraft ist der V., und eben dieselbe Einheit, beziehungsweise auf die transzendentale Synthesis der Einbildungskraft der reine V." Im reinen V.e sind „reine Erkenntnisse a priori, welche die notwendige Einheit der reinen Synthesis der Einbildungskraft, in Ansehung aller möglichen Erscheinungen, enthalten", nämlich die Kategorien (s. d.). Der reine V. bezieht sich auf „alle Gegenstände der Sinne", aber nur „vermittelst der Anschauung und der Synthesis derselben durch Einbildungskraft". Vermittelst der Kategorien ist der reine V. auf diese Weise „ein formales und synthetisches Prinzipium aller Erfahrungen". so daß die Erscheinungen eine „notwendige Beziehung auf den V." haben, KrV 1. A. tr. Anal. 1. B. 2. H. 3. Abs. (I 721 f.—Rc 204 f.). Der V. ist nicht bloß eine „Spontaneität" durch ein „Vermögen zu denken" oder ein „Vermögen der Begriffe, oder auch der Urteile", sondern das „Vermögen der Regeln". „Sinnlichkeit gibt uns Formen (der Anschauung), der V. aber Regeln. Dieser ist jederzeit geschäftig, die Erscheinungen in der Absicht durchzuspähen, um an ihnen irgendeine Regel aufzufinden." Die Regeln, sofern sie objektiv sind, heißen Gesetze; und da die höchsten Gesetze a priori „aus dem V.e selbst herkommen" und Erfahrung möglich machen, so ist der V. „nicht bloß ein Vermögen, durch Vergleichung der Erscheinungen sich Regeln zu machen", sondern er ist selbst „die Gesetzgebung für die Natur". Ohne V. würde es nicht Natur, d. h. „synthetische Einheit des Mannigfaltigen der Erscheinungen nach Regeln" geben. Der V. ist selbst „der Quell der Gesetze der Natur, und mithin der formalen Einheit der Natur", wenn auch empirische Gesetze nicht aus dem reinen V.e allein entspringen, ibid. (I 726 ff.—Rc 216 ff.).

Der „reine V." „sondert sich nicht allein von allem Empirischen, sondern sogar von aller Sinnlichkeit völlig aus". Er ist also „eine für sich selbst beständige, sich selbst genügsame und durch keine äußerlich hinzukommenden Zusätze zu vermehrende Einheit". Der Inbegriff seiner (reinen) Erkenntnisse (Begriffe und Grundsätze a priori) bildet daher ein einheitliches, zusammenhängendes Ganzes, ein bestimmtes System, KrV tr. Anal. am Anfang (I 117—Rc 137). Der V. ist nur um der Kategorien willen ein „reiner" V., „indem er nur durch sie etwas bei dem Mannigfaltigen der Anschauung verstehen, d. i. ein Objekt derselben denken kann", ibid. § 10 (I 130—Rc 150). Es zeigt sich, „daß alles, was der V. aus sich selbst schöpft, ohne es von der Erfahrung zu borgen, das habe er dennoch zu keinem anderen Behuf, als lediglich zum Erfahrungsgebrauch". Die Grundsätze des reinen V.es enthalten „gleichsam nur das reine Schema zur möglichen Erfahrung". Der V. kann von allen seinen Begriffen und Grundsätzen a priori nie einen „transzendentalen", immer nur einen „empirischen" Gebrauch (s. d.) machen, KrV tr. Anal. 2. B. 3. H. (I 271 f.—Rc 333 f.). Der V. kann a priori nie mehr leisten, als „die Form einer möglichen Erfahrung überhaupt zu antizipieren". Er kann „die Schranken der Sinnlichkeit, innerhalb deren uns allein Gegenstände gegeben werden", nie überschreiten. Seine Grundsätze (s. d.) sind bloß „Prinzipien der Exposition der Erscheinungen", ibid. (I 278—Rc 341).

„Abgesondert von den Sinnen ist der reine, in Verbindung mit denselben der angewandte V. Der letztere ist das Vermögen der Erfahrung. Reiner V. ist das Vermögen der Erkenntnis a priori“, Altpreuß. Mth. XX 107. Vgl. Verstand, Sinnlichkeit, Denken, Begriff, Urteil, A priori, Schematismus, Synthese.

Verstandesbegriffe s. Kategorie.

Verstandeserkenntnis s. Verstand.

Verstandeswelt s. Intelligibel, Intelligible Welt.

Verstandeswesen s. Noumenon, Verstand (anschauender).

Verstehen. Nur durch die Kategorien (s. d.) kann der Verstand „etwas bei dem Mannigfaltigen der Anschauung verstehen, d. i. ein Objekt derselben denken“, KrV tr. Anal. § 10 (I 130—Rc 150). „Erfahrung ist eine verstandene Wahrnehmung. Wir verstehen sie aber, wenn wir sie unter Titel des Verstandes uns vorstellen“, Lose Bl. 13. „Man kann zwar vieles sehen, aber nichts verstehen, was erscheint, als wenn es unter Verstandesbegriffe und vermittelst ihrer in Verhältnis auf eine Regel gebracht wird; dieses ist die Annahme durch den Verstand“, ibid. 15.

„Etwas verstehen (intelligere), d. h. durch den Verstand vermöge der Begriffe erkennen oder konzipieren“, Log. Einl. VIII (IV 71). „Verstand ist zum V., Vernunft zum Voraussehen nötig“, N 405. Vgl. Begreifen, Begriff, Erfahrung, Anschauung, Verstand.

Vertrag ist „der Akt der vereinigten Willkür zweier Personen, wodurch überhaupt das Seine des einen auf den anderen übergeht“, MSR § 18 (III 84). — „Ursprünglicher V.“ ist das „Grundgesetz, das nur aus dem allgemeinen (vereinigten) Volkswillen entspringen kann“ und welches für alle bestimmt, was ihnen rechtlich erlaubt oder unerlaubt sein soll, Theor. Prax. II (VI 92). Auf diesem ursprünglichen Kontrakt allein kann „eine bürgerliche, mithin durchgängig rechtliche Verfassung unter Menschen“ gegründet und eine gemeines Wesen errichtet werden. Aber dieser Vertrag „als Koalition jedes besonderen und Privatwillens in einem Volk zu einem gemeinschaftlichen und öffentlichen Willen (zum Behuf einer bloß rechtlichen Gesetzgebung)“ „ist keineswegs als ein Faktum vorauszusetzen nötig (ja als ein solches gar nicht möglich)... Sondern es ist eine bloße Idee der Vernunft, die aber ihre unbezweifelte (praktische) Realität hat: nämlich jeden Gesetzgeber zu verbinden, daß er seine Gesetze so gebe, als sie aus dem vereinigten Willen eines ganzen Volkes haben entspringen können, und jeden Untertan, sofern er Bürger sein will, so anzusehen, als ob er zu einem solchen Willen mit zusammengestimmt habe. Denn das ist der Probierstein der Rechtmäßigkeit eines jeden öffentlichen Gesetzes. Ist nämlich dieses so beschaffen, daß ein ganzes Volk unmöglich dazu seine Einstimmung geben könnte..., so ist es nicht gerecht; ist es aber nur möglich, daß ein Volk dazu zusammenstimme, so ist es Pflicht, das Gesetz für gerecht zu halten: gesetzt auch, daß das Volk jetzt in einer solchen Lage oder Stimmung seiner Denkungsart wäre, daß es, wenn es darum befragt würde, wahrscheinlicherweise seine Beistimmung verweigern würde“, ibid. Folgerung (VI 94 f.). Vgl. Staat, Staatsverfassung, Friede.

Vervollkommnung s. Vollkommenheit, Fortschritt.

Verworren s. Sinnlichkeit, Deutlichkeit, Verstand.

Verwunderung ist „ein Anstoß des Gemüts an der Unvereinbarkeit einer Vorstellung und der durch sie gegebenen Regel mit den schon in ihm zum Grunde liegenden Prinzipien, welcher also einen Zweifel, ob man auch recht gesehen oder geurteilt habe, hervorbringt“, KU § 62 (II 227). Vgl. Bewunderung.

Vielheit. Die Verschiedenheit der Örter im Raume macht schon „die V. und Unterscheidung der Gegenstände als Erscheinungen“ nicht nur möglich, sondern notwendig, KrV tr. Anal. Anh. Anmerk. z. Amphibolie (I 299—Rc 364); vgl. Reflexionsbegriffe,

Identität des Nichtzuunterscheidenden. — Der Begriff der V. gehört zu den Kategorien (s. d.) der Quantität. Vgl. Mannigfaltig, Gegeben, Einheit, Synthese, Zahl, Gesetz.

Vitalempfindung s. Empfindung, Sinn.

Volk s. Nationalität, Rasse, Staat. Vgl. zum Einfluß der Fakultäten der Universität aufs V. Str. d. Fak. 1. Abs. I Vom Verhältnisse .... 3. Abs. (V 4, 69 ff.).

Völkerbund. Die Natur treibt durch die Kriege (s. d.) und die Zurüstungen zu denselben die Menschen, „aus dem gesetzlosen Zustande der Wilden hinauszugehen und in einen V. zu treten; wo jeder, auch der kleinste Staat seine Sicherheit und Rechte nicht von eigener Macht oder eigener rechtlicher Beurteilung, sondern allein von diesem großen V.e (Foedus Amphictyonum), von einer vereinigten Macht und von der Entscheidung nach Gesetzen des vereinigten Willens erwarten könnte“, G. i. weltbürg. Abs. 7. Satz (VI 13). Vgl. Friede, Völkerrecht.

Völkerpsychologie. Über Psychologie der „Nationalcharaktere“ der verschiedenen Völker vgl. Schön. u. Erh. 4. Abs. (VIII 44 ff.); N 1343 ff. Der Charakter eines Volkes hängt nicht bloß von der Regierungsart ab, auch nicht vom Klima und Boden; „denn Wanderungen ganzer Völker haben bewiesen, daß sie ihren Charakter durch ihre neuen Wohnsitze nicht veränderten, sondern ihn diesen nur nach Umständen anpaßten und doch dabei in Sprache, Gewerbart, selbst in Kleidung die Spuren ihrer Abstammung und hiermit auch ihren Charakter noch immer hervorblicken lassen“, Anthr. 2. T. C (IV 263). Vgl. Rasse.

Völkerrecht. „So wie allseitige Gewalttätigkeit und daraus entspringende Not endlich ein Volk zur Entschließung bringen mußte, sich dem Zwange, den ihm die Vernunft selbst als Mittel vorschreibt, nämlich dem öffentlichen Gesetze zu unterwerfen und in eine staatsbürgerliche Verfassung zu treten: so muß auch die Not aus den beständigen Kriegen, in welchen wiederum Staaten einander zu schmälern oder zu unterjochen suchen, sie zuletzt dahin bringen, selbst wider Willen, entweder in eine weltbürgerliche Verfassung zu treten; oder ist ein solcher Zustand eines allgemeinen Friedens (wie es mit übergroßen Staaten wohl auch mehrmalen gegangen ist) auf einer anderen Seite der Freiheit noch gefährlicher, indem er den schrecklichsten Despotismus herbeiführt, so muß sie diese Not doch zu einem Zustande zwingen, der zwar kein weltbürgerliches gemeines Wesen unter einem Oberhaupt, aber doch ein rechtlicher Zustand der Föderation nach einem gemeinschaftlich verabredeten Völkerrecht ist“, Theor. Prax. III (VI 110). „Die menschliche Natur erscheint nirgend weniger liebenswürdig, als im Verhältnisse ganzer Völker gegeneinander. Kein Staat ist gegen den andern wegen seiner Selbständigkeit oder seines Eigentums einen Augenblick gesichert. Der Wille, einander zu unterjochen oder an dem Seinen zu schmälern, ist jederzeit da; und die Rüstung zur Verteidigung, die den Frieden oft noch drückender und für die innere Wohlfahrt zerstörender macht, als selbst den Krieg, darf nie nachlassen. Nun ist hierwider kein anderes Mittel, als ein auf öffentliche mit Macht begleitete Gesetze, denen sich jeder Staat unterwerfen müßte, gegründetes V. . . . möglich“, ibid. (VI 112).

„Das V. soll auf einen Föderalism freier Staaten gegründet sein.“ „Völker als Staaten können wie einzelne Menschen beurteilt werden, die sich in ihrem Naturzustande (d. i. in der Unabhängigkeit von äußeren Gesetzen) schon durch ihr Nebeneinandersein lädieren, und deren jeder um seiner Sicherheit willen von dem andern fordern kann und soll, mit ihm in eine der bürgerlichen ähnliche Verfassung zu treten, wo jedem sein Recht gesichert werden kann. Dies wäre ein Völkerbund, der aber gleichwohl kein Völkerstaat sein müßte“, Z. ew. Fried. 2. Abs. 2. Definitivartikel (VI 130 f.). An die Stelle der „positiven Idee einer Weltrepublik“ kann nur „das negative Surrogat eines den Krieg abwehrenden, bestehenden und sich immer ausbreitenden Bundes den Strom der rechtscheuenden, feindseligen Neigung aufhalten, doch mit beständiger Gefahr ihres Ausbruchs“, ibid. (VI 134 f.).

„Das Recht der Staaten in Verhältnis zueinander (welches nicht ganz richtig im Deutschen das Völkerrecht genannt wird, sondern vielmehr das Staatenrecht [ius publicum civitatum] heißen sollte) ist nun dasjenige, was wir unter dem Namen des V.s zu betrachten haben: wo ein Staat, als eine moralische Person gegen einen andern im Zustande der natürlichen Freiheit, folglich auch dem des beständigen Krieges betrachtet, teils das Recht zum Kriege, teils das im Kriege, teils das, einander zu nötigen, aus diesem Kriegszustande herauszugehen, mithin eine den beharrlichen Frieden gründende Verfassung, d. i. das Recht nach dem Kriege zur Aufgabe macht"..., MSR §53 (III 172f.). „Die Elemente des V.s sind: 1. daß Staaten, im äußeren Verhältnisse gegeneinander betrachtet (wie gesetzlose Wilde), von Natur in einem nicht-rechtlichen Zustande sind; 2. daß dieser Zustand ein Zustand des Krieges (des Rechts des Stärkeren), wenngleich nicht wirklicher Krieg und immerwährende wirkliche Befehdung (Hostilität) ist, welche (indem sie es beide nicht besser haben wollen), obzwar dadurch keinem von dem anderen unrecht geschieht, doch an sich selbst im höchsten Grade unrecht ist, und aus welchem die Staaten, welche einander benachbart sind, auszugehen verbunden sind; 3. daß ein Völkerbund, nach der Idee eines ursprünglichen gesellschaftlichen Vertrages, notwendig ist, sich zwar einander nicht in die einheimischen Mißhelligkeiten derselben zu mischen, aber doch gegen Angriffe der äußeren Feinde zu schützen; 4. daß die Verbindung doch keine souveräne Gewalt (wie in einer bürgerlichen Verfassung), sondern nur eine Genossenschaft (Föderalität) enthalten müsse", ibid. § 54 (III 173 f.). Vgl. Krieg, Frieden, Völkerbund, Geschichte, Staatsverfassung.

Vollkommenheit. V., „respektiv" aufgefaßt, ist „die Zusammenstimmung des Mannigfaltigen zu einer gewissen Regel, diese mag sein, welche sie wolle". Absolut genommen aber ist etwas nur vollkommen, „insofern das Mannigfaltige in demselben den Grund einer Realität in sich enthält". „Die Größe dieser Realität bestimmt den Grad der V." Weil Gott die „höchste Realität" ist, so würde dieser Begriff mit demjenigen übereintreffen, da man sagte, „es ist etwas vollkommen, insofern es mit den göttlichen Eigenschaften zusammenstimmt", Üb. d. Optimismus Anm. (VI 5). Unter allen möglichen Welten ist eine die vollkommenste, ibid. (VI 6 f.); vgl. Optimismus.

V. ist „innere" Zweckmäßigkeit objektiver Art. Die Zusammenstimmung des Mannigfaltigen in einem Dinge zum Begriff dessen, was das Ding sein soll, ist die „qualitative" V. des Dinges. Die „quantitative" V. ist ein bloßer Größenbegriff (die „Allheit"); sie ist „die Vollständigkeit eines jeden Dinges in seiner Art". Durch das Geschmacksurteil (s. d.) wird keine V. von Gegenständen erkannt, KU § 15 (II 66 ff.); vgl. Schönheit.

V. bedeutet: 1. theoretisch, „Vollständigkeit eines jeden Dinges in seiner Art (transzendentale), oder eines Dinges bloß als Dinges überhaupt (metaphysische)"; 2. praktisch, „die Tauglichkeit oder Zulänglichkeit eines Dinges zu allerlei Zwecken" (beim Menschen = Talent, Geschicklichkeit). Die „höchste V. in Substanz, d. i. Gott" ist die Zulänglichkeit dieses Wesens zu allen Zwecken überhaupt. — Da bei der V. dem Willen ein Zweck (eine „Materie") vorher gegeben ist, so ist sie als Motiv des Handelns empirisch-material und eignet sich daher nicht zum Prinzip der Ethik, welches rein formal sein muß, KpV 1. T. 1. B. 1. H. § 8 (II 54 f.). „Eigene V." ist ein Zweck (s. d.), der zugleich Pflicht ist. Es ist ein Widerspruch, fremde V. sich zum Zweck und zur Pflicht zu machen. „Denn darin besteht eben die V. eines anderen Menschen als einer Person, daß er selbst vermögend ist, sich seinen Zweck nach seinen eigenen Begriffen von Pflicht zu setzen, und es widerspricht sich, zu fordern (mir zur Pflicht zu machen), daß ich etwas tun soll, was kein anderer als er selbst tun kann", MST Einl. IV (III 225 f.). V. bedeutet 1. „Allheit des Mannigfaltigen, was zusammengenommen ein Ding ausmacht", 2. „die Zusammenstimmung der Beschaffenheiten eines Dinges zu einem Zwecke" (quantitative oder materiale-qualitative oder formale V.). Die menschliche (der „Menschheit" zugehörige) V. muß in das gesetzt werden, „was Wirkung von seiner Tat sein kann", sonst wäre sie nicht Pflicht. „Sie kann also nichts anderes sein als Kultur seines Vermögens (oder der Naturanlage), in welchem der Verstand, als Vermögen der Begriffe, mithin auch deren, die auf Pflicht gehen, das oberste ist, zugleich aber auch seines Willens (sittlicher Denkungsart), aller Pflicht überhaupt ein Genüge zu tun." „1. Es ist ihm Pflicht, sich aus der Rohigkeit seiner Natur, aus der Tierheit (quoad actum) immer mehr zur Menschheit, durch die er allein fähig ist, sich Zwecke zu setzen, emporzuarbeiten", um der Menschheit in ihm würdig zu sein. „2. Die Kultur seines Willens bis zur reinsten Tugendgesinnung, da nämlich das Gesetz zugleich die Triebfeder seiner pflichtmäßigen Handlungen wird, zu erheben und ihm aus Pflicht u gehorchen, welches innere moralisch-praktische Vollkommenheit ist", ibid. Einl. V (III 226 f.). Die „physische" V. ist „Kultur aller Vermögen überhaupt zur Beförderung der durch die Vernunft vorgelegten Zwecke". „Mit dem Zwecke der Menschheit in unserer eigenen Person ist . . . auch der Vernunftwille, mithin die Pflicht verbunden, sich um die Menschheit durch Kultur überhaupt verdient zu machen, sich das Vermögen zu Ausführung allerlei möglicher Zwecke, sofern dieses in dem Menschen selbst anzutreffen ist, zu verschaffen oder es zu fördern, d. i. eine Pflicht zur Kultur der rohen Anlagen seiner Natur, als wodurch das Tier sich allererst zum Menschen erhebt, mithin Pflicht an sich selbst", ibid. Einl. VIII (III 233). Eine ethische Pflicht ist auch die „Kultur der Moralität" in uns. „Die größte moralische Vollkommenheit des Menschen ist: seine Pflicht zu tun und zwar aus Pflicht", ibid. (III 234). „Unter den rationalen oder Vernunftgründen der Sittlichkeit ist doch der ontologische Begriff der V. (so leer, so unbestimmt, mithin unbrauchbar er auch ist, um in dem unermeßlichen Felde möglicher Realität die für uns schickliche größte Summe auszufinden, so sehr er auch, um die Realität, von der hier die Rede ist, spezifisch von jeder anderen zu unterscheiden, einen unvermeidlichen Hang hat, sich im Zirkel zu drehen und die Sittlichkeit, die er erklären soll, insgeheim vorauszusetzen nicht vermeiden kann) dennoch besser als der theologische Begriff, sie von einem göttlichen, allervollkommensten Willen abzuleiten", GMS 2. Abs. Einteilung (III 70). V. ist aber jedenfalls ein Prinzip der „Heteronomie", nicht der „Autonomie" (s. d.) des Willens. Vgl. N 5505. Vgl. Gott, Theologie, Pflicht, Heiligkeit, Realität, Mensch.

Voraussetzung s. A priori, Prinzip, Transzendental, Kritik der reinen Vernunft, Transzendentalphilosophie, Kategorie, Grundsätze, Erfahrung, Erkenntnis, Hypothetisch.

Vorsatz s. Absicht, Diätetik.

Vorsehung. Der Mensch ist im Dunkeln, „wenn er die Absichten erraten will, die Gott in der Regierung der Welt vor Augen hat. Allein, wir sind in keiner Ungewißheit, „wenn es auf die Anwendung ankommt, wie wir diese Wege der Vorsehung dem Zwecke derselben gemäß gebrauchen sollen. Der Mensch ist nicht geboren, um auf dieser Schaubühne der Eitelkeit ewige Hütten zu erbauen. Weil sein ganzes Leben ein weit edleres Ziel hat, wie schön stimmen dazu nicht alle die Verheerungen, die der Unbestand der Welt selbst in denjenigen Dingen blicken läßt, die uns die größte und wichtigste zu sein scheinen, um uns zu erinnern, daß die Güter der Erden unserem Triebe zur Glückseligkeit keine Genugtuung verschaffen können." Der Mensch ist aber nicht dem Schicksal preisgegeben; die höchste Weisheit „hat die niederen Zwecke den höheren untergeordnet", und es wird so auch „die Führung des menschlichen Geschlechts in dem Regimente der Welt selbst dem Laufe der Naturdinge Gesetze vorschreiben", Gesch. u. Naturbeschreibung des Erdbebens, Schlußbetrachtung (VII 326 f.). „Der denkende Mensch fühlt einen Kummer, der wohl gar Sittenverderbnis werden kann, von welchem der Gedankenlose nichts weiß: nämlich Unzufriedenheit mit der V., die den Weltlauf im Ganzen regiert, wenn er die Übel überschlägt, die das menschliche Geschlecht so sehr und (wie es scheint) ohne Hoffnung eines Besseren drücken. Es ist aber von der größten Wichtigkeit, mit der V. zufrieden zu sein (ob sie uns gleich auf unserer Erdenwelt eine so mühsame Bahn vorgezeichnet hat): teils um unter den Mühseligkeiten immer noch Mut zu fassen, teils um, indem wir die Schuld davon aufs Schicksal schieben, nicht unsere eigene, die vielleicht die einzige Ursache aller dieser Übel sein mag, darüber aus dem Auge zu setzen und in der Selbstbesserung die Hilfe dagegen zu versäumen", Anf. d. Menschengesch. Schluß-Anmerk. (VI 61 f.).

V. heißt die Natur „als tiefliegende Weisheit einer höheren, auf den objektiven Endzweck des menschlichen Geschlechts gerichteten und diesen Weltlauf prädeterminierenden Ursache". Wir erkennen sie nicht, sondern denken sie zu den „Kunstanstalten der Natur" hinzu, „um uns von ihrer Möglichkeit nach der Analogie menschlicher Kunsthandlungen einen Begriff zu machen", Z. ew. Fried. 2. Abs. 1. Zusatz (VI 139). „Im Mechanism der Natur, wozu der Mensch (als Sinnenwesen) mit gehört, zeigt sich eine ihrer Existenz schon zum Grunde liegende Form, die wir uns nicht anders begreiflich machen können, als indem wir ihr den Zweck eines sie vorher bestimmenden Welturhebers unterlegen, dessen Vorherbestimmung wir die (göttliche) V. überhaupt und, sofern sie in den Anfang der Welt gelegt wird, die gründende ..., im Laufe der Natur aber diesen nach allgemeinen Gesetzen der Zweckmäßigkeit zu erhalten, die waltende V. ..., ferner zu besonderen, aber von dem Menschen nicht vorherzusehenden, sondern nur aus dem Erfolg vermuteten Zwecken, die leitende ..., endlich sogar in Ansehung einzelner Begebenheiten als göttlicher Zwecke nicht mehr V., sondern Fügung ... nennen", ibid. 1. Anm. (VI 139 f.). „Das Vorhersehen ist in der Ordnung der Erscheinungen für den Welturheber, wenn er hierbei selbst anthropomorphistisch gedacht wird, zugleich ein Vorherbeschließen. In der übersinnlichen Ordnung der Dinge aber nach Freiheitsgesetzen, wo die Zeit wegfällt, ist es bloß ein allsehendes Wissen, ohne, warum der eine Mensch so, der andere nach entgegengesetzten Grundsätzen verfährt, erklären und doch auch zugleich mit der Freiheit des Willens vereinigen zu können", Rel. 3. St. 2. Abs. VII 1. Anm. (IV 139); vgl. Vorles. über die philos. Religionslehre, S. 179 ff. — In der Geschichte (s. d.) des Menschen waltet (gleichsam) eine V. oder eine „Absicht" (s. d.) der Natur, durch die auf kausalgesetzliche Weise ein Fortschritt des Menschen zum Besseren erzielt wird. Vgl. Lose Bl. 97.

Vorstellung. Die Arten der V. sind folgende. Die Gattung ist „V." überhaupt (repraesentatio). Unter ihr steht die „V. mit Bewußtsein" (perceptio). Eine subjektive Perzeption ist „Empfindung" (s. d.), eine objektive Perzeption „Erkenntnis". Diese ist „Anschauung" oder „Begriff" (s. d.). Letzterer ist „empirischer" oder „reiner" Begriff; dieser ist, sofern er lediglich im Verstande seinen Ursprung hat, eine „Notio". Ein Begriff aus Notionen, der die Möglichkeit der Erfahrung übersteigt, ist die „Idee" (s. d.), der „Vernunftbegriff", KrV tr. Dial. 1. B. 1. Abs. (I 333—Rc 401). „Alle Art V.en": Anschauen, Empfinden und Denken, Fortschr. d. Metaph. 2. Abt. Auflös. der Aufgabe III (V 3, 141). Durch den Verstand (s. d.) werden die Vorstellungen zur Einheit verknüpft. Die Gegenstände der Erfahrung, die Erscheinungen, sind (als solche) nicht außerhalb des gesetzmäßig bestimmten Zusammenhanges möglicher V.en (vgl. Unendlich, Teil). Begriff (s. d.) ist „eine reflektierte V.", N 2834. Denken (s. d.) ist „repraesentare per conceptus", N 2841. Vgl. Wahrnehmung, Erscheinung, Objekt, Unbewußt, Anschauung, Einbildungskraft, Empfindung, Form.

Vorurteil. V.e sind „vorläufige Urteile, insofern sie als Grundsätze angenommen werden. — Ein jedes V. ist als ein Prinzip irriger Urteile anzusehen, und aus V.en entspringen nicht V.e, sondern irrige Urteile. — Man muß daher die falsche Erkenntnis, die aus dem V.e entspringt, von ihrer Quelle, dem V. selbst, unterscheiden." „Zuweilen sind die V.e wahre vorläufige Urteile, nur daß sie uns als Grundsätze oder als bestimmende Urteile gelten, ist unrecht. Die Ursache von dieser Täuschung ist darin zu suchen, daß subjektive Gründe fälschlich für objektive gehalten werden, aus Mangel an Überlegung, die allem Urteilen vorhergehen muß. Denn können wir auch manche Erkenntnisse, z. B. die unmittelbar gewissen Sätze, annehmen, ohne sie zu untersuchen, d. h. ohne die Bedingungen ihrer Wahrheit zu prüfen; so können und dürfen wir doch über nichts urteilen, ohne zu überlegen, d. h. ohne eine Erkenntnis mit der Erkenntniskraft, woraus sie entspringen soll (der Sinnlichkeit oder dem Verstande), zu vergleichen." „Die Hauptquellen der V.e sind: Nachahmung, Gewohnheit und Neigung", Log. Einl. IX (IV 83 f.). Es gibt V.e des Ansehens (der Person, der Menge, des Zeitalters), und aus Eigenliebe oder „logischem Egoismus", „nach welchem man die Übereinstimmung des eigenen Urteiles mit den Urteilen anderer für ein entbehrliches Kriterium der Wahrheit hält", ibid. (IV 86 ff.). V.e „sind Urteile, die dem Verstand zuvorkommen und da dieser nachher zu spät kommt. Der Verstand ist anfangs passiv", N 2532. V. ist „ein Grundsatz aus subjektiven Ursachen der Sinnlichkeit, welcher fälschlich für objektive Gründe des Verstandes gehalten werden". N 2533; „die Vertauschung einer allgemein wirkenden subjektiven Ursache des Urteils mit dem objektiven Grunde", N 2539. Vgl. Schein, Irrtum, Aberglaube, Dogmatismus.

W.

Wachstum s. Zweck.

Wählen. „W. heißt etwas durchs Gefühl der Lust an einem Gegenstand unterscheiden Es ist noch nicht begehren, denn es ist noch problematisch", Anthr., Ergänz. aus d. Handschr. (IV 305). Vgl. Freiheit, Charakter.

Wahnsinn s. Psychosen. — Über „Religionswahn" s. Religion.

Wahrhaftigkeit. „Daß das, was jemand sich selbst oder einem andern sagt, wahr sei, dafür kann er nicht jederzeit stehen (denn er kann irren); dafür aber kann und muß er stehen, daß sein Bekenntnis oder Geständnis wahrhaft sei; denn dessen ist er sich unmittelbar bewußt. Er vergleicht nämlich im ersteren Falle seine Aussage mit dem Objekt im logischen Urteile (durch den Verstand); im zweiten Fall aber, da er sein Fürwahrhalten bekennt, mit dem Subjekt (vor dem Gewissen)." Diese W. ist die „formale Gewissenhaftigkeit", während die „materiale Gewissenhaftigkeit" in der Behutsamkeit besteht, „nichts auf die Gefahr, daß es unrecht sei, zu wagen". In der Sorgfalt, „kein Fürwahrhalten vorzugeben, dessen man sich nicht bewußt ist", besteht die formale Gewissenhaftigkeit, welche der Grund der W. ist. Wer also ohne innerliches Bewußtsein sagt: „er glaube", der lügt. — Im Menschen ist ein Hang zur Unlauterkeit, zur Unwahrhaftigkeit, zur „feinen Betrügerei". Die Lügenhaftigkeit ist eine „Nichtswürdigkeit", „wodurch dem Menschen aller Charakter abgesprochen wird", Theodizee Schlußanmerk. (VI 149 ff.). vgl. Theodizee, Eid. „W. ist erhaben", Schön. u. Erh. 2. Abs. (VIII 20); „der Grundzug und das Wesentlichste eines Charakters", Über Pädagogik (VIII 232 ff.). Man muß sagen. „der Mensch habe ein Recht auf seine eigene W. (veracitas), d. i. auf die subjektive Wahrheit in seiner Person". „W. in Aussagen, die man nicht umgehen kann, ist formale Pflicht des Menschen gegen jeden, es mag ihm oder einem anderen daraus auch noch so großer Nachteil erwachsen; und ob ich zwar dem, welcher mich ungerechterweise zur Aussage nötigt, nicht unrecht tue, wenn ich sie verfälsche, so tue ich doch durch eine solche Verfälschung, die darum auch (obzwar nicht im Sinne des Juristen) Lüge genannt werden kann, im wesentlichsten Stücke der Pflicht überhaupt unrecht: d. i. ich mache, so viel an mir ist, daß Aussagen (Deklarationen) überhaupt keinen Glauben finden, mithin auch alle Rechte, die auf Verträgen gegründet werden, wegfallen und ihre Kraft einbüßen; welches ein Unrecht ist, das der Menschheit überhaupt zugefügt wird." „Die Lüge also ... bedarf nicht des Zusatzes, daß sie einem anderen schaden müsse; wie die Juristen es zu ihrer Definition verlangen ... Denn sie schadet jederzeit einem anderen, wenngleich nicht einem anderen Menschen, doch der Menschheit überhaupt, indem sie die Rechtsquelle unbrauchbar macht." Es ist „ein heiliges, unbedingt gebietendes, durch keine Konvenienzen einzuschränkendes Vernunftgebot: in allen Erklärungen wahrhaft (ehrlich) zu sein". Wahrheit ist „kein Besitztum ..., auf welchen dem einen das Recht verwilligt, anderen aber verweigert werden könne". W. ist eine unbedingte Pflicht, „die in allen Verhältnissen gilt" (auch z. B. gegenüber dem Mörder, welcher fragt, ob der von ihm Angefeindete zu Hause sei), Über ein vermeintes Recht, aus Menschenliebe zu lügen (VI 201 ff.). Vgl. Lüge, Lauterkeit.

Wahrheit. W. ist Übereinstimmung des Denkens mit dem Gegenstand. Ein allgemeines „Kriterium" für die materiale W. eines Urteils gibt es nicht. Aber es besteht ein formales Kriterium der W., nämlich Übereinstimmung des Urteils mit den Gesetzen des Denkens. Diese Übereinstimmung ist die negative Bedingung aller W., wenn es auch noch nicht als allgemeines positives Kriterium wahrer Erkenntnis ausreicht. Logisch richtig, formal wahr ist, was widerspruchslos ist und den Denkgesetzen, den Regeln der Logik nicht widerspricht. Materiale W. können aber nur Urteile haben, die den Gesetzen (Grundsätzen) des auf die Erfahrung bezogenen Verstandes, den apriorischen Voraussetzungen der Erfahrung, den obersten Prinzipien einer möglichen Erfahrung gemäß sind, d. h. die durch die Anwendung jener Grundsätze auf die Daten zu einer objektiven Erfahrung notwendig, gefordert, bedingt sind. W. im Sinne objektiver Geltung (s. d.) können nur Urteile haben, die der Idee einheitlichen Erfahrungszusammenhanges gemäß sind, durch die etwas diesem Zusammenhange eingegliedert wird, durch die also eine allgemeingültige Synthese von Daten zu einem Objekt hergestellt wird. Das wahre Urteil muß mit dem Objekt übereinstimmen, weil die Bedingungen objektiv wahrer Urteile zugleich die Bedingungen der Gegenstände solcher Urteile und ihrer „Wirklichkeit" sind (vgl. Deduktion, Erkenntnis). Objektive W. ist insofern absolut, als sie von aller subjektiven Besonderheit unabhängig, für ein „Bewußtsein überhaupt" (s. d.) und für die Gegenstände (als Erscheinungen wenigstens) selbst Geltung besitzt und als ihre apriorischen Grundlagen streng notwendig und allgemein sind. Von der apriorisch feststehenden W. dieser Grundlagen der Erkenntnis sind die empirischen W.en zu unterscheiden, die im Prozeß der Erkenntnis allmählich gefunden werden, wobei die „transzendentale" W. der Forschung die Richtung gibt und die empirischen W.en selbst konstant bedingt, als Beziehung auf Erfahrung überhaupt. Notwendige W.en gelten zeitlos.

Ein „unbedingt erstes und umfassendes Prinzip für alle W.en" gibt es nicht. Denn soll es ein bejahender Satz sein, so kann er nicht das unbedingt erste Prinzip der verneinenden W.en sein; ist es ein verneinender, so kann er nicht an der Spitze der bejahenden stehen, N. diluc. Propos. 1 (V 1, 5). „Unbedingt oberste Prinzipien aller W.en gibt es zwei; eines für die bejahenden W.en, nämlich den Satz: Alles, was ist, das ist; das andere für die verneinden, nämlich den Satz: Alles, was nicht ist, das ist nicht. Diese beiden werden zusammen das Prinzip der Identität genannt", ibid. Propos. 2 (V 1, 6 f.). Da „alle W. aus der Bestimmung eines Subjekts durch ein Prädikat hervorgeht", „so ist der bestimmende Grund nicht bloß das Kennzeichen der W., sondern auch deren Quelle, ohne die man zwar sehr viel Mögliches, aber gar nichts Wahres finden kann", ibid. Propos. 4 (V 1, 12); vgl. Grund.

Alle wahren Urteile müssen „entweder bejahend oder verneinend sein". „Weil die Form einer jeden Bejahung darin besteht, daß etwas als ein Merkmal von einem Dinge, d. i. als einerlei mit dem Merkmale eines Dinges vorgestellt werde, so ist ein jedes bejahende Urteil wahr, wenn das Prädikat mit dem Subjekte identisch ist. Und da die Form einer jeden Verneinung darin besteht, daß etwas einem Dinge als widerstreitend vorgestellt werde, so ist ein verneinendes Urteil wahr, wenn das Prädikat dem Subjekte widerspricht", Nat. Theol. 3. Btr. § 3 (V 1, 139).

Obgleich aber die Erscheinungen die „innere und absolute Beschaffenheit der Gegenstände nicht ausdrücken", so ist dennoch ihre Erkenntnis eine „durchaus wahre". „Denn erstens zeugen sie, insofern sie sinnliche Begriffe oder Wahrnehmungen sind, als Wirkungen von der Gegenwart eines Gegenstandes, was den Idealismus widerlegt; insofern man aber die Urteile über das sinnlich Erkannte im Auge hat, so besteht die W. des Urteils in der Übereinstimmung des Prädikats mit dem gegebenen Subjekt; der Begriff des Subjekts nun, soweit es Erscheinung ist, wird mir nur durch die Beziehung auf das sinnliche Erkenntnisvermögen gegeben, und demselben gemäß werden auch die sinnlich wahrnehmbaren Prädikate gegeben; also erfolgen die Vorstellungen des Subjekts und des Prädikats nach gemeinsamen Gesetzen und bieten deshalb die Handhabe für eine durchaus wahre Erkenntnis", Mund. sens. § 11 (V 2, 102 f.).

Man fragt nach allgemeinen Kriterien 1. der materialen, 2. der formalen W. von Urteilen. Bedeutet W. „Übereinstimmung einer Erkenntnis mit ihrem Gegenstande", so muß dieser Gegenstand von anderen unterschieden werden, denn eine Erkenntnis ist „falsch", „wenn sie mit dem Gegenstande, worauf sie bezogen wird, nicht übereinstimmt, ob sie gleich etwas enthält, was wohl von anderen Gegenständen gelten könnte". „Nun würde ein allgemeines Kriterium der W. dasjenige sein, welches von allen Erkenntnissen, ohne Unterschied ihrer Gegenstände, gültig wäre. Es ist aber klar, daß, da man bei demselben von allem Inhalt der Erkenntnis (Beziehung auf ihr Objekt) abstrahiert, und W. gerade diesen Inhalt angeht, es ganz unmöglich und ungereimt sei, nach einem Merkmale der W. dieses Inhalts der Erkenntnisse zu fragen, und daß also ein hinreichendes, und doch zugleich allgemeines Kennzeichen der W. unmöglich angegeben werden könne." „Von der W. der Erkenntnis der Materie nach läßt sich kein allgemeines Kennzeichen verlangen, weil es in sich selbst widersprechend ist", KrV tr. Log. Einl. III (I 122—Rc 132). In formaler Beziehung aber ist klar, daß eine Logik, sofern sie „die allgemeinen und notwendigen Regeln des Verstandes" vorträgt, „eben in diesen Regeln Kriterien der W. darlegen müsse". „Denn, was diesen widerspricht, ist falsch, weil der Verstand dabei seinen allgemeinen Regeln des Denkens, mithin sich selbst widerstreitet. Diese Kriterien aber betreffen nur die Form der W., d. i. des Denkens überhaupt, und sind sofern ganz richtig, aber nicht hinreichend. Denn obgleich eine Erkenntnis der logischen Form völlig gemäß sein möchte, d. i. sich selbst nicht widerspräche, so kann sie doch noch immer dem Gegenstande widersprechen. Also ist das bloß logische Kriterium der W., nämlich die Übereinstimmung einer Erkenntnis mit den allgemeinen und formalen Gesetzen des Verstandes und der Vernunft zwar die conditio sine qua non, mithin die negative Bedingung aller W.; weiter aber kann die Logik nicht gehen, und den Irrtum, der nicht die Form, sondern den Inhalt trifft, kann die Logik durch keinen Probierstein entdecken." „Materielle (objektive)" W. durch bloße Logik finden zu wollen, führt zur Dialektik (s. d.), zu einer sophistischen Logik des Scheins, ibid. (I 113 f.—Rc 132 f.). Hingegen ist die transzendentale Analytik eine „Logik der W.". „Denn ihr kann keine Erkenntnis widersprechen, ohne daß sie zugleich allen Inhalt verlöre, d. i. alle Beziehung auf irgendein Objekt, mithin alle W.", ibid. Einl. IV (I 115—Rc 135). In der allgemeinen Beziehung auf mögliche Erfahrung besteht die „transzendentale" W., welche alle „empirische" W. möglich macht, ibid. tr. Anal. 2. B. 1. H. (I 189—Rc 244). Damit ein Satz wahr ist, muß das Urteil Begriffe so verbinden, wie es der Gegenstand mit sich bringt, oder es muß ein Grund a priori oder a posteriori gegeben sein, der zu einem solchen Urteil berechtigt. Es kann daher ein Urteil ohne allen inneren Widerspruch doch „falsch oder grundlos" sein. Der Satz des Widerspruchs ist nur ein negatives Kriterium der W. Nur bei den analytischen Urteilen (s. d.) kann er positive Bedeutung haben. Die W. analytischer Urteile muß nach diesem Prinzip erkannt werden können, ibid. 2. B. 2. H. 1. Abs. (I 192 f.—Rc 248 f.). Erkenntnis (Synthesis) a priori hat nur dadurch „W. (Einstimmung mit dem Objekt)", daß sie „nichts weiter enthält, als was zur synthetischen Einheit der Erfahrung überhaupt notwendig ist", ibid. 2. Abs. (I 197—Rc 253); vgl. Grundsätze. W. (und Schein) ist nicht im Gegenstande, sofern er angeschaut wird, sondern im Urteile über denselben, d. h. „nur in dem Verhältnisse des Gegenstandes zu unserem Verstande". In einer Erkenntnis, die „mit den Verstandesgesetzen durchgängig zusammenstimmt", ist kein Irrtum (s. d.). Das „Formale aller W." besteht in der „Übereinstimmung mit den Gesetzen des Verstandes". Wahrscheinlichkeit ist „W., aber durch unzureichende Gründe erkannt", KrV tr. Dial. Einl. I (I 314 f.—Rc 380 f.) W. beruht auf der „Übereinstimmung mit dem Objekt".

Betreffs dessen müssen „die Urteile eines jeden Verstandes einstimmig" sein. Der „Probierstein des Fürwahrhaltens" ist die Mitteilbarkeit desselben; denn dann besteht wenigstens eine Vermutung, „der Grund der Einstimmung aller Urteile, ungeachtet der Verschiedenheit der Subjekte untereinander, werde auf dem gemeinschaftlichen Grunde, nämlich dem Objekte beruhen, mit welchem sie daher alle zusammenstimmen und dadurch die W. des Urteils beweisen werden", ibid. tr. Meth. 2. H. 3. Abs. (I 677 f.— Rc 830 f.); vgl. Überzeugung.

Der Unterschied zwischen W. und Traum beruht nicht auf der Beschaffenheit der auf Gegenstände bezogenen Vorstellungen, „denn die sind in beiden einerlei", sondern auf der „Verknüpfung derselben nach den Regeln, welche den Zusammenhang der Vorstellungen in dem Begriffe eines Objekts bestimmen, und wiefern sie in einer Erfahrung beisammenstehen können oder nicht". „Und da liegt es gar nicht an den Erscheinungen, wenn unsere Erkenntnis den Schein für W. nimmt, d. i. wenn Anschauung, wodurch uns ein Objekt gegeben wird, für Begriff vom Gegenstande oder auch der Existenz desselben, die der Verstand nur denken kann, gehalten wird." Der Schein kommt nicht auf Rechnung der Sinne, sondern des Verstandes, dem es allein zukommt, aus der Erscheinung ein objektives Urteil zu fällen. Wenn wir unsere sinnlichen Anschauungen im Raume und in der Zeit „nach Regeln des Zusammenhanges aller Erkenntnis in einer Erfahrung verknüpfen, so kann, nachdem wir unbehutsam oder vorsichtig sind, trüglicher Schein oder W. entspringen; das geht lediglich den Gebrauch sinnlicher Vorstellungen im Verstande und nicht ihren Ursprung" an, Prol. § 13 Anmerk. III (III 45f.). „Objektive W." bekunden Vorstellungen durch ihre „Verknüpfung nach Erfahrungsgesetzen", dadurch also, daß sie mit dieser Verknüpfung durchaus übereinstimmen, und sich so als „wahrhafte Erfahrung" ausweisen, ibid. § 49 (III 102 ff.; vgl. Außenwelt, Wirklich. Raum und Zeit in Verbindung mit den Kategorien schreiben aller möglichen Erfahrung ihr Gesetz vor, „welches zugleich das sichere Kriterium abgibt, in ihr W. von Schein zu unterscheiden", Prol. Anh. Probe eines Urteils . . . (III 152); vgl. 2. Anm. (III 154). W. ist „Zusammenhang nach Gesetzen, die ich a priori erkenne", ibid. Beilage I: Vorarbeit zu d. Prol. (III 171). Der letzte Probierstein der Zulässigkeit eines Urteils ist allein in der Vernunft zu suchen, mag diese nun „durch Einsicht oder bloßes Bedürfnis und die Maxime ihrer eigenen Zuträglichkeit in der Wahl ihrer Sätze geleitet werden". Was heißt: s. i. D. or.? (V 2, 155). Denn „der letzte Probierstein der W. ist immer die Vernunft", ibid. (V 2, 156); vgl. letzte Anm. (V 2, 162). Der „Probierstein" der W. der apriorischen Sätze der Mathematik und Naturwissenschaft liegt „in ihnen selbst", „weil ihre Begriffe nur so weit gehen, als die ihnen korrespondierenden Gegenstände gegeben werden können", Fortschr. d. Metaph. Beilage I Einl. (V 3, 151).

Wir müssen unser Urteil auch am Verstande anderer prüfen. Dieses äußere Wahrheitskriterium können wir nicht entbehren, sollen wir nicht dem Irrtum (sogar in der Mathematik) preisgegeben werden. „Gibt es doch auch manche Fälle, wo wir sogar dem Urteil unserer eigenen Sinne allein nicht trauen, z. B. ob ein Geklingel bloß in unseren Ohren, oder ob es das Hören wirklich gezogener Glocken sei, sondern noch andere zu befragen nötig finden, ob es sie nicht auch so dünke", Anthr. 1. T. § 2 (IV 13f.). Es ist „ein subjektiv-notwendiger Probierstein der Richtigkeit unserer Urteile überhaupt und also auch der Gesundheit unseres Verstandes: daß wir diesen auch an den Verstand anderer halten, nicht aber uns mit dem unsrigen isolieren und mit unserer Privatvorstellung doch gleichsam öffentlich urteilen". Das „größte und brauchbarste Mittel, unsere eigenen Gedanken zu berichtigen", besteht darin, daß wir sie „öffentlich aufstellen, um zu sehen, ob sie auch mit anderer ihrem Verstande zusammenpassen; weil sonst etwas bloß Subjektives (z. B. Gewohnheit oder Neigung) leichtlich für objektiv würde gehalten werden", ibid. § 53 (IV 138).

„W., sagt man, besteht in der Übereinstimmung der Erkenntnis mit dem Gegenstande. Dieser bloßen Worterklärung zufolge soll also meine Erkenntnis, um als wahr zu gelten, mit dem Objekte übereinstimmen. Nun kann ich aber das Objekt nur mit meiner Erkenntnis vergleichen, dadurch, daß ich es erkenne. Meine Erkenntnis soll sich also selbst bestätigen, welches aber zur W. noch lange nicht hinreichend ist. Denn da das Objekt außer mir und die Erkenntnis in mir ist, so kann ich immer doch nur beurteilen, ob meine Erkenntnis vom Objekt mit meiner Erkenntnis vom Objekt übereinstimme. Einen solchen Zirkel im Erklären nannten die Alten Diallele." Es fragt sich nun: „ob und inwiefern es ein sicheres, allgemeines und in der Anwendung brauchbares Kriterium der W. gebe? — Denn das soll die Frage: was ist Wahrheit? bedeuten." „Um diese wichtige Frage entscheiden zu können, müssen wir das, was in unserer Erkenntnis zur Materie derselben gehört und auf das Objekt sich bezieht, von dem, was die bloße Form, als diejenige Bedingung betrifft, ohne welche eine Erkenntnis gar keine Erkenntnis überhaupt sein würde, wohl unterscheiden. — Mit Rücksicht auf diesen Unterschied zwischen der objektiven, materialen und der subjektiven, formalen Beziehung in unserer Erkenntnis zerfällt daher die obige Frage in die zwei besonderen: 1. Gibt es ein allgemeines materiales, und 2. Gibt es ein allgemeines formales Kriterium der W.?" „Ein allgemeines materiales Kriterium der W. ist nicht möglich; — es ist sogar in sich selbst widersprechend. Denn als ein allgemeines, für alle Objekte überhaupt gültiges, müßte es von allem Unterschiede derselben völlig abstrahieren und doch auch zugleich als ein materiales Kriterium eben auf diesen Unterschied gehen, um bestimmen zu können, ob eine Erkenntnis gerade mit demjenigen Objekte, worauf es bezogen wird, und nicht mit irgendeinem Objekte überhaupt — womit eigentlich gar nichts gesagt wäre — übereinstimme. In dieser Übereinstimmung einer Erkenntnis mit demjenigen bestimmten Objekte, worauf sie bezogen wird, muß aber die materiale W. bestehen. Denn eine Erkenntnis, welche in Ansehung eines Objektes wahr ist, kann in Beziehung auf andere Objekte falsch sein." „Ist nun aber die Frage nach allgemeinen formalen Kriterien der W., so ist die Entscheidung hier leicht, daß es dergleichen allerdings geben könne. Denn die formale Wahrheit besteht lediglich in der Zusammenstimmung der Erkenntnis mit sich selbst bei gänzlicher Abstraktion von allen Objekten insgesamt und von allem Unterschiede derselben. Und die allgemeinen formalen Kriterien der W. sind demnach nichts anderes als allgemeine logische Merkmale der Übereinstimmung der Erkenntnis mit sich selbst, oder — welches einerlei ist — mit den allgemeinen Gesetzen des Verstandes und der Vernunft." „Diese formalen, allgemeinen Kriterien sind zwar freilich zur objektiven Wahrheit nicht hinreichend, aber sie sind doch als die conditio sine qua non derselben anzusehen." „Denn vor der Frage: ob die Erkenntnis mit dem Objekte zusammenstimme? muß die Frage vorhergehen: ob sie mit sich selbst (der Form nach) zusammenstimme? Und dies ist die Sache der Logik." „Die formalen Kriterien der W. in der Logik sind 1. der Satz des Widerspruches, 2. der Satz des zureichenden Grundes. Durch den ersteren ist die logische Möglichkeit, durch den letzteren die logische Wirklichkeit einer Erkenntnis bestimmt." „Zur logischen W. einer Erkenntnis gehört nämlich: Erstlich: daß sie logisch möglich sei, d. h. sich nicht widerspreche. Dieses Kennzeichen der innerlichen logischen W. ist aber nur negativ; denn eine Erkenntnis, welche sich widerspricht, ist zwar falsch; wenn sie sich aber nicht widerspricht, nicht allemal wahr. — Zweitens: daß es logisch begründet sei, d. h. daß es a) Gründe habe und b) nicht falsche Folgen habe. — Dieses zweite, den logischen Zusammenhang einer Erkenntnis mit Gründen und Folgen betreffende Kriterium der äußerlichen logischen W. oder der Rationabilität der Erkenntnis ist positiv. Und hier gelten folgende Regeln: 1. Aus der W. der Folge läßt sich auf die W. der Erkenntnis als Grundes schließen, aber nur negativ: wenn eine falsche Folge aus einer Erkenntnis fließt, so ist die Erkenntnis selbst falsch. Denn wenn der Grund wahr wäre, so müßte die Folge auch wahr sein, weil die Folge durch den Grund bestimmt wird. — Man kann aber nicht umgekehrt schließen: wenn keine falsche Folge aus einer Erkenntnis fließt, so ist sie wahr; denn man kann aus einem falschen Grunde wahre Folgen ziehen. 2. Wenn alle Folgen einer Erkenntnis wahr sind, so ist die Erkenntnis auch wahr. Denn wäre nur etwas Falsches in der Erkenntnis, so müßte auch eine falsche Folge stattfinden". Log. Einl. VII (IV 54 ff.). Die drei Grundsätze, welche die allgemeinen formalen oder logischen Wahrheitskriterien bilden, sind der Satz des Widerspruches und der Identität, der Satz des zureichenden Grundes, der Satz des ausschließenden Dritten, ibid. (IV 58). „Ein äußeres Merkmal oder ein äußerer Probierstein der W. ist die Vergleichung unserer eigenen mit anderer Urteilen, weil das Subjektive nicht allen anderen auf gleiche Art beiwohnen wird, mithin der Schein dadurch erklärt werden kann. Die Unvereinbarkeit anderer Urteile mit den unsrigen ist daher als ein äußeres Merkmal des Irrtums und als ein Wink anzusehen, unser Verfahren im Urteilen zu untersuchen, aber darum nicht sofort zu verwerfen. Denn man kann doch vielleicht recht haben in der Sache und nur unrecht in der Manier, d. i. dem Vortrage", ibid. (IV 63). Die „ästhetische W." ist „eine bloß subjektive W., die nur in der Übereinstimmung der Erkenntnis mit dem Subjekte und den Gesetzen des Sinnenscheines besteht und folglich nichts weiter als ein allgemeiner Schein ist", Log. Einl. V (IV 43).

Daß alle notwendigen W.en „ewige W.en sind", bedeutet nur: „notwendige W. ist auf keine zufälligen Bedingungen (also auch nicht auf irgendeine Stelle in der Zeit) eingeschränkt; welches mit dem Begriffe der Notwendigkeit identisch ist und einen analytischen Satz ausmacht". Ungereimt wäre die Behauptung, „die notwendige W. existiert wirklich zu aller Zeit", An Reinhold, 12. Mai 1789. Alle W. eines Urteils, „sofern sie auf objektiven Gründen beruht", ist „logisch", das Urteil selbst mag zur Physik oder Metaphysik gehören. Zur „ästhetischen" W. gehört nur, „daß das Urteil den allen Menschen gewöhnlichen Schein, mithin Übereinstimmung mit subjektiven Bedingungen zu urteilen zum Grunde habe", An Reinhold, 19. Mai 1789. W. ist nicht ein besonderes, in der Zeit existierendes Ding, dessen Dasein ewig ist oder nur eine gewisse Zeit dauert, sondern: „Daß alle Körper ausgedehnt sind, ist notwendig und ewig wahr, sie selbst mögen nun existieren oder nicht, kurz oder lange oder auch alle Zeit hindurch, d. i. ewig existieren." „Der Satz will nur sagen: sie hängen nicht von der Erfahrung ab (die zu irgendeiner Zeit angestellt werden muß) und sind also auf gar keine Zeitbedingung beschränkt, d. i. sie sind a priori als W.en erkennbar, welches mit dem Satze: sie sind als notwendige W.en erkennbar, ganz identisch ist", Üb. e. Entdeck. 2. Abs. (V 3, 60). „Der Satz: alle notwendigen W.en sind ewige W.en, ist offenbar analytisch." Er enthält „keine Bestimmung irgendeines Dinges durch ein Prädikat". Die Ewigkeit wird nicht den (beurteilten) Dingen, sondern nur der W. beigelegt, und diese Ewigkeit ist hier identisch mit Notwendigkeit (nur ein „Tropus", „da ich mir die W. bei dem Urteile verständiger Wesen in alle Ewigkeit, worin diese existieren möchten, vorstelle, d. i. dieses Urteil ist ihnen notwendig, unangesehen der Zeit, wann oder wie lange sie existieren; denn an sich hat W. mit Zeit und Ewigkeit nichts zu tun, weil sie selbst nichts Existierendes ist"). Die W. enthält „bloß das Verhältnis des Prädikats und Subjekts in einem möglichen Urteile vermöge der Begriffe desselben, die Objekte oder das denkende Subjekt mögen nun existieren oder nicht", Lose Bl. C 12.

„W. und Falschheit ist nur in den Urteilen. Sie stimmt mit dem Objekt, wenn sie mit sich selbst stimmt", N 2124. „Was ist W.? Dieser Satz ist nur durch solche Regeln beantwortlich, die schon voraussetzen, daß ich das Wahre vom Falschen unterscheiden kann", N 2126. W. ist „Übereinstimmung des Verstandes und der Vernunft", N 2142. Die 1. Frage in Ansehung der W. ist: „ob die Vorstellung eine Sensation sei (ob ihr Gegenstand wirklich sei)". „Die 2. Frage in Ansehung derselben ist: ob die Vorstellung eine Erkenntnis sei (ob ihr Gegenstand möglich sei)." „Die 3. Frage in Ansehung derselben ist: ob die Vorstellung eine Erkenntnis einer schon gegebenen Erkenntnis sei (W. der Urteile)." „Es ist also 1. von dem Gegenstande die Frage nach dessen Verhältnis zur Vorstellung, ohne die Vorstellung mit sich selbst zu vergleichen. Denn wenn die Ursache der Vorstellung subjektiv ist, so liegt sie entweder in der Einbildung eines äußeren Gegenstandes oder in der Form, jeden Gegenstand unter einer gewissen Gestalt zu gedenken." „Das objektive Kriterium der W. ist die Übereinstimmung der Vorstellungen in einem Urteil untereinander nach allgemeinen Gesetzen des Verstandes und der Vernunft, d. i. durch Anschauungen oder Begriffe." „Das subjektive Kriterium der W. ist die Übereinstimmung eines Urteils mit anderen sowohl in demselben Subjekt als in verschiedenen". N 2128. — W. besteht bloß in dem „Zusammenhange der Vorstellungen durchgängig nach Gesetzen des Verstandes". „Darin besteht aller Unterschied vom Traum. Nicht darin, daß die Bilder abgesondert vom Gemüt vor sich so existieren." Wie wollen wir Vorstellungen mit etwas, was in diesen nicht liegt, vergleichen? „Alle Objekte sind zugleich in uns, ein Objekt außer uns ist transzendent, d. i. uns gänzlich unbekannt und zum Kriterium der W. unbrauchbar", N 5642. W. ist „Zusammenstimmung des Mannigfaltigen mit dem Objekt nach Regeln", N 5745. „Ein jedes Ding ist wahr, d. i. es kann unter allen möglichen Begriffen nicht geleugnet werden und stimmt mit anderen Dingen: transzendental", N 3765. „Alle W. besteht in der Übereinstimmung aller Gedanken mit den Gesetzen des Denkens, und also untereinander", N 4373. „Kriterium der empirischen W.: Ordnung der Natur oder die Ordnung an sich, d. i. Verbindung nach Regeln, beweiset die Beziehung auf ein Objekt, und nicht bloß Willkür", N 5563. „Schein und W. gehören beide zum Verstande. Wir haben einen Begriff von Dingen, wie sie sind, d. i. wie sie nach einem Urteil über sie, was mit den Erscheinungen nach allgemeinen Gesetzen zusammenstimmt, vorgestellt werden", N 5060. „Wahr ist das, was für jede Erkenntnis gilt", N 3971. Vgl. Schein, Irrtum, Realität, Geltung, Objektiv, Dialektik, Logik, Erfahrung, Wirklichkeit, Existenz, Wahrscheinlichkeit, A priori, Traum, Urteil.

Wahrnehmung. W. ist „das empirische Bewußtsein, d. i. ein solches, in welchem zugleich Empfindung ist", KrV tr. Anal. 2. B. 2. H. 3. Abs., 2 (I 206—Rc 262). Die „Materie der W." ist die Empfindung (s. d.). „W.", d. h. empirisches Bewußtsein des in der Anschauung Gegebenen wird nur möglich, ist bedingt durch die „Synthesis der Apprehension" (s. d.), die „Zusammensetzung des Mannigfaltigen in einer empirischen Anschauung". Da diese Synthesis der Einheit der „transzendentalen Apperzeption" (s. d.) und den Kategorien (s. d.) gemäß sein muß, so steht die Synthesis, wodurch selbst W. möglich wird, unter den Kategorien, die also a priori von allen Gegenständen der Erfahrung gelten, ibid. tr. Anal. § 26 (I 170f.—Rc 215f.). — W. ist Erscheinung, „mit Bewußtsein verbunden". Ein „notwendiges Ingredienz" der W. selbst ist die Einbildungskraft (s. d.), welche erst das Mannigfaltige der Anschauung in ein „Bild" bringt, KrV 1. A. tr. Anal. 1. B. 2. H. 3. Abs. (I 722f.—Rc 206); vgl. Apprehension. Die (äußere) W. stellt „etwas Wirkliches im Raume" vor, sie ist die „Vorstellung einer Wirklichkeit". „Alle äußere W. also beweist unmittelbar etwas Wirkliches im Raume, oder ist vielmehr das Wirkliche selbst." Aus W.en kann „Erkenntnis der Gegenstände" erzeugt werden; hierbei kann es auch zu trüglichen Vorstellungen kommen (Traum, „Sinnestäuschung"), die aber ohne W.en nicht möglich wären, ibid. tr. Dial. 2. B. 1. H. 4. Paralogismus (I 747ff.—Rc 458ff.). „Das Bewußtsein einer empirischen Anschauung heißt W." Daß etwas nicht wahrgenommen wird, nimmt ihm nicht den Charakter des sinnlich Anschaulichen, Üb. e. Entdeck. 1. Abs. C (V 3, 38). W. ist „empirische Anschauung". Prol. § 10 (III 37). W., d. h. „Anschauung, deren ich mir bewußt bin", gehört bloß den Sinnen an, wird aber durch den Verstand verknüpft, und zwar subjektiv in einem Wahrnehmungsurteil, objektiv in einem Erfahrungsurteil (s. d.), welches also mehr enthält als bloße W. Aus W. wird Erfahrung (s. d.) erst durch Subsumierung der W. unter einen reinen Verstandesbegriff, eine Kategorie, ibid. § 20 (III 57f.). Was mit (wirklicher oder möglicher) W. zusammenhängt, auf solche Bezug hat, hat (empirische) Wirklichkeit (s. d.). Vgl. Anschauung, Physik, Antizipationen, Erfahrung, Existenz. „Empirische Vorstellungen, deren man sich bewußt ist", sind „verbundene W.en", Fortschr.

d. Metaph. 1. Abt. V. d. Umfange ... (V 3, 100). W. ist Empfindung, mit Bewußtsein verbunden, ibid. (V 3, 103). W. für sich allein ist noch nicht Erfahrung (s. d.) Wahrnehmen (percipere) ist „sich mit Bewußtsein etwas vorstellen", Log. Einl. VIII (IV 71). Vgl. Empfindung, Affektion, Anschauung, Erfahrung, Existenz, Wirklichkeit.

Wahrnehmungsurteil s. Erfahrungsurteil.

Wahrscheinlichkeit. Wahrscheinlich (probabile) ist „das, was einen Grund des Fürwahrhaltens für sich hat, der größer ist als die Hälfte des zureichenden Grundes, also eine mathematische Bestimmung der Modalität des Fürwahrhaltens, wo Momente derselben als gleichartig angenommen werden müssen und so eine Annäherung zur Gewißheit möglich ist, dagegen der Grund des mehr oder weniger Scheinbaren (verisimile) auch aus ungleichartigen Gründen bestehen, eben darum aber sein Verhältnis zum zureichenden Grunde gar nicht erkannt werden kann", Fortschritt. d. Metaph. Auflösung der Aufgabe 1 (V 3, 130). Vom Übersinnlichen (s. d.) gibt es keine Wahrscheinlichkeitserkenntnis (s. Glaube). Die Gründe der W. „müssen insgesamt ein partiales Wissen, einen Teil der Erkenntnis des Objekts, worüber geurteilt wird, enthalten. „Ist nun der Gegenstand gar kein Objekt einer uns möglichen Erkenntnis...: so kann über Möglichkeit derselben weder wahrscheinlich noch unwahrscheinlich, sondern gar nicht geurteilt werden. Denn die vorgeblichen Erkenntnisgründe sind in einer Reihe, die sich dem zureichenden Grunde, mithin der Erkenntnis selbst gar nicht nähert, indem sie auf etwas Übersinnliches bezogen werden, von dem als einem solchen keine theoretische Erkenntnis möglich ist", V. e. vorn. Ton 4. Anm. (V 4, 12).

Das Wahrscheinliche ist als eine „Annäherung zur Gewißheit" anzusehen. „Unter W. ist ein Fürwahrhalten aus unzureichenden Gründen zu verstehen, die aber zu den zureichenden ein größeres Verhältnis haben als die Gründe des Gegenteiles. — Durch diese Erklärung unterscheiden wir die W. (probabilitas) von der bloßen Scheinbarkeit (verisimilitudo); einem Fürwahrhalten aus unzureichenden Gründen, insofern dieselben größer sind als die Gründe des Gegenteiles." Bei der W. ist der Grund des Fürwahrhaltens „objektiv gültig", bei der bloßen Scheinbarkeit nur „subjektiv gültig". „Bei der W. muß immer ein Maßstab da sein, wonach ich sie schätzen kann. Dieser Maßstab ist die Gewißheit." „Die Momente der W. können entweder gleichartig oder ungleichartig sein. Sind sie gleichartig, wie in der mathematischen Erkenntnis, so müssen sie numeriert werden; sind sie ungleichartig, wie in der philosophischen Erkenntnis, so müssen sie ponderiert, d. i. nach der Wirkung geschätzt werden; diese aber nach der Überwältigung der Hindernisse im Gemüte. Letztere geben kein Verhältnis zur Gewißheit, sondern nur einer Scheinbarkeit zur anderen. — Hieraus folgt: daß nur der Mathematiker das Verhältnis unzureichender Gründe zum zureichenden Grunde bestimmen kann; der Philosoph muß sich mit der Scheinbarkeit, einem bloß subjektiv und praktisch hinreichenden Fürwahrhalten begnügen." „Von der mathematischen W. kann man daher auch eigentlich nur sagen: daß sie mehr als die Hälfte der Gewißheit sei." „Man hat viel von einer Logik der W. (logica probabilium) geredet. Allein diese ist nicht möglich; denn wenn sich das Verhältnis der unzureichenden Gründe zum zureichenden nicht mathematisch erwägen läßt, so helfen alle Regeln nichts. Auch kann man überall keine allgemeinen Regeln der W. geben, außer daß der Irrtum nicht auf einerlei Seite treffen werde, sondern ein Grund der Einstimmung sein müsse im Objekte; ingleichen: daß wenn von zwei entgegengesetzten Seiten in gleicher Menge und in gleichem Grade geirrt wird, im Mittel die Wahrheit sei", Log. Einl. X (IV 90ff.).

Metaphysik (s. d.) kann nicht auf W. gegründet werden. „Man könnte ebensogut eine Geometrie oder Arithmetik auf Mutmaßungen gründen wollen; denn was den calculus probabilium der letzteren betrifft, so enthält er nicht wahrscheinliche, sondern ganz gewisse Urteile über den Grad der Möglichkeit gewisser Fälle unter gegebenen gleichartigen Bedingungen, die in der Summe aller möglichen Fälle ganz unfehlbar der Regel gemäß zutreffen müssen, ob diese gleich in Ansehung jedes einzelnen Zufalls nicht genug bestimmt ist.“ „Nur in der empirischen Naturwissenschaft können Mutmaßungen (vermittelst der Induktion und Analogie) gelitten werden, doch so, daß wenigstens die Möglichkeit dessen, was ich annehme, völlig gewiß sein muß“, Prol. 3. T. Auflösung der allg. Frage (III 145); vgl. N 2583 ff. Vgl. Gewißheit, Glaube, Fürwahrhalten.

Wärme. Der „Stoff des Feuers“ ist nur „ein elastischer Stoff..., welcher die Elemente jedweden Körpers, mit dem er vermengt ist, zusammenhält; seine wellenförmige oder zitternde Bewegung ist das, was man W. nennt“, De igne Lehrs. 7 (VII 263). „W.stoff“ ist der Äther (s. d.) oder „Lichtstoff“. Der Stoff der W. und der des Lichts unterscheiden sich nicht voneinander, ibid. Lehrs. 8 (VII 264ff.). Vgl. Wind.

Wechselwirkung. Wie ist es möglich, „daß mehrere Substanzen in gegenseitiger W. stehen und auf diese Weise zu demselben Ganzen gehören, welches die Welt heißt?“ „Wenn mehrere Substanzen gegeben sind, so folgt das Prinzip ihrer möglichen W. untereinander nicht aus ihrem bloßen Dasein, sondern es ist noch etwas anderes nötig, aus dem die gegenseitigen Beziehungen begreiflich werden. Denn des bloßen Daseins wegen beziehen sie sich nicht notwendig auf etwas anderes, ausgenommen etwa auf ihre eigene Ursache; allein das Verhältnis der Wirkung zur Ursache ist nicht W., sondern Abhängigkeit. Stehen sie also in W. mit anderen, so bedarf es eines besonderen Grundes, der dies genau bestimmt.“ Eine wirkliche W. ist jene, „nach welcher das Ganze der Welt ein wirkliches und kein ideales oder eingebildetes genannt zu werden verdient“, Mund. sens. §§ 16f. (V 2, 115f.). „Ein Ganzes aus notwendigen Substanzen ist unmöglich. Denn da für jede ihr eigenes Dasein vollkommen feststeht, frei von aller Abhängigkeit von jeder anderen, die gar nicht auf notwendige Dinge paßt: so ist klar, daß nicht bloß die W. der Substanzen (d. h. die gegenseitige Abhängigkeit ihres Zustandes) aus ihrem Dasein nicht folgt, sondern daß sie ihnen als notwendigen Dingen überhaupt nicht zukommen kann“, ibid. § 18 (V 2, 117). „Das Ganze der Substanzen ist deshalb nur ein Ganzes von zufälligen Dingen, und die Welt besteht vermöge ihrer Wesenheit aus lauter Zufälligem“, ibid. § 19 (V 2, 117). „Die Substanzen der Welt sind Wesen, die von einem Anderen herrühren; aber nicht von verschiedenen, sondern alle von Einem. Denn, gesetzt sie wären von mehreren notwendigen Wesen veranlaßt, so ständen die Wirkungen, deren Ursachen jeder Beziehung zueinander fremd wären, nicht in W. Demnach ist die Einheit in der Verbindung der Substanzen des Weltalls eine Folge der Abhängigkeit ihrer aller von Einem. Darum zeugt die Form des Weltalls von einer Ursache der Materie, und die einzige Ursache für alle ist die Ursache ihrer Allheit; und der Baumeister der Welt ist zugleich ihr Schöpfer“, ibid. § 20 (V 2, 117). „Alle W. der Substanzen des Weltalls ist also äußerlich gegründet (durch eine gemeinsame Ursache aller).“ Auf dieser W. beruht die allgemein gegründete Harmonie der Welt, ibid. § 22 (V 2, 118f.).

Der Begriff der W. gehört zu den Kategorien (s. d.) der Relation. Das „Schema“ (s. d.) der Gemeinschaft (Wechselwirkung) oder der wechselseitigen Kausalität der Substanzen ist „das Zugleichsein der Bestimmungen der Einen mit denen der Anderen, nach einer allgemeinen Regel“, KrV tr. Anal. 2. B. 1. H. (I 187—Rc 243). Zu den „Analogien“ (s. d.) der Erfahrung gehört der apriorische (aber „regulative“) „Grundsatz des Zugleichseins, nach dem Gesetze der W. oder Gemeinschaft“: „Alle Substanzen, sofern sie im Raume als zugleich wahrgenommen werden können, sind in durchgängiger W.“, ibid. 2. B. 2. H. 3. Abs. 3. Analogie (I 242—Rc 302 Anm.). „Alle Substanzen, sofern sie zugleich sind, stehen in durchgängiger Gemeinschaft“, ibid. (I 242 Anm.—Rc 302). Beweis: „Zugleich sind Dinge, wenn in der empirischen Anschauung die Wahrnehmung des einen auf die Wahrnehmung des anderen wechselseitig folgen kann (welches in der Zeitfolge der Erscheinungen ... nicht geschehen kann)." „Nun ist das Zugleichsein die Existenz des Mannigfaltigen in derselben Zeit. Man kann aber die Zeit selbst nicht wahrnehmen, um daraus, daß Dinge in derselben Zeit gesetzt sind, abzunehmen, daß die Wahrnehmungen derselben einander wechselseitig folgen können. Die Synthesis der Einbildungskraft in der Apprehension würde also nur eine jede dieser Wahrnehmungen als eine solche angeben, die im Subjekte da ist, wenn die andere nicht ist, und wechselsweise, nicht aber daß die Objekte zugleich seien, d. i. wenn das eine ist, das andere auch in derselben Zeit sei, und daß dieses notwendig sei, damit die Wahrnehmungen wechselseitig aufeinander folgen können. Folglich wird ein Verstandesbegriff von der wechselseitigen Folge der Bestimmungen dieser außer einander zugleich existierenden Dinge erfordert, um zu sagen, daß die wechselseitige Folge der Wahrnehmungen im Objekte gegründet sei, und das Zugleichsein dadurch als objektiv vorzustellen. Nun ist aber das Verhältnis der Substanzen, in welchem die eine Bestimmungen enthält, wovon der Grund in der anderen enthalten ist, das Verhältnis des Einflusses, und wenn wechselseitig dieses den Grund der Bestimmungen in dem anderen enthält, das Verhältnis der Gemeinschaft oder W. Also kann das Zugleichsein der Substanzen im Raume nicht anders in der Erfahrung erkannt werden, als unter Voraussetzung einer W. derselben unter einander; diese ist also auch die Bedingung der Möglichkeit der Dinge selbst als Gegenstände der Erfahrung". ibid. (I 243f.—Rc 302f.). Durch die Kategorie der „Gemeinschaft" (W.) wird durch ein A dem B und umgekehrt dem B durch A seine Stelle in der Zeit bestimmt. Die dynamische Gemeinschaft ist die Bedingung des Zugleichseins zweier Objekte in einer möglichen Erfahrung, ibid. (I 244f.—Rc 304f.). „Ohne Gemeinschaft ist jede Wahrnehmung (der Erscheinung im Raume) von der anderen abgebrochen, und die Kette empirischer Vorstellungen, d. i. Erfahrung, würde bei einem neuen Objekt ganz von vorne anfangen, ohne daß die vorige damit im geringsten zusammenhängen oder im Zeitverhältnisse stehen könnte." „In unserem Gemüte müssen alle Erscheinungen, als in einer möglichen Erfahrung enthalten, in Gemeinschaft (communio) der Apperzeption stehen, und sofern die Gegenstände als zugleich existierend verknüpft vorgestellt werden sollen, so müssen sie ihre Stelle in einer Zeit wechselseitig bestimmen und dadurch ein Ganzes ausmachen. Soll diese subjektive Gemeinschaft auf einem objektiven Grunde beruhen oder auf Erscheinungen als Substanzen bezogen werden, so muß die Wahrnehmung der einen als Grund, die Wahrnehmung der anderen, und so umgekehrt, möglich machen, damit die Sukzession, die jederzeit in den Wahrnehmungen als Apprehension ist, nicht den Objekten beigelegt werde, sondern diese als zugleich existierend vorgestellt werden können. Dieses ist aber ein wechselseitiger Einfluß, d. i. eine reale Gemeinschaft (commercium) der Substanzen, ohne welche also das empirische Verhältnis des Zugleichseins nicht in der Erfahrung stattfinden könnte", ibid. (I 245f.—Rc 305f.). Die Möglichkeit der Gemeinschaft der Substanzen können wir uns — ohne Vermittlung durch die Gottheit: Leibniz — faßlich machen, wenn wir sie uns in der äußeren Anschauung des Raumes vorstellen. „Denn dieser enthält schon a priori formale äußere Verhältnisse, als Bedingungen der Möglichkeit der realen (in Wirkung und Gegenwirkung, mithin der Gemeinschaft), in sich", tr. Anal. 2. B. 2. H. 3. Abs. Allg. Anmerk. (I 269—Rc 331).

Die (von Leibniz gelehrte) „prästabilierte Harmonie", „das wunderlichste Figment, was je die Philosophie ausgedacht hat", ist etwas, was sich nur ausdenken ließ, „weil alles aus Begriffen erklärt und begreiflich gemacht werden sollte". „Nimmt man dagegen die reine Anschauung des Raumes, sowie dieser a priori allen äußeren Relationen zum Grunde liegt und nur ein Raum ist: so sind dadurch alle Substanzen in Verhältnissen, die den physischen Einfluß möglich machen, verbunden und machen ein Ganzes aus, so daß alle Wesen als Dinge im Raume zusammen nur eine Welt ausmachen und nicht mehrere Welten außereinander sein können", Fortschr. d. Metaph. 2. Abt. 1. Stadium (V 3, 112). Vgl. Wirkung, Einfluß, Koexistenz, Harmonie.

Wechselwirkung, psychophysische. Die W. zwischen Seele und Leib wird begreiflich, wenn man unter Kraft (s. d.) nicht ein bewegendes Vermögen versteht, sondern die Fähigkeit, „den inneren Zustand anderer Substanzen zu ändern", V. d. wahren Schätzung der lebendigen Kräfte, §§ 5 f. (VII 19 ff.). „Ich gestehe, daß ich sehr geneigt sei, das Dasein immaterieller Naturen in der Welt zu behaupten und meine Seele selbst in die Klasse dieser Wesen zu versetzen. Alsdann aber wie geheimnisvoll wird nicht die Gemeinschaft zwischen einem Geiste und einem Körper! Aber wie natürlich ist nicht zugleich diese Unbegreiflichkeit, da unsere Begriffe äußerer Handlungen von denen der Materie abgezogen worden und jederzeit mit den Bedingungen des Druckes oder Stoßes verbunden sind, die hier nicht stattfinden! Denn wie sollte wohl eine immaterielle Substanz der Materie im Wege liegen, damit diese in ihrer Bewegung auf einen Geist stoße, und wie können körperliche Dinge Wirkungen auf ein fremdes Wesen ausüben, das ihnen nicht Undurchdringlichkeit entgegenstellt, oder welches sie auf keine Weise hindert, sich in demselben Raume, darin es gegenwärtig ist, zugleich zu befinden? Es scheint, ein geistiges Wesen sei der Materie innigst gegenwärtig, mit der es verbunden ist, und wirke nicht auf diejenigen Kräfte der Elemente, womit diese untereinander in Verhältnissen sind, sondern auf das innere Prinzipium ihres Zustandes. Denn eine jede Substanz, selbst ein einfaches Element der Materie, muß doch irgendeine innere Tätigkeit als den Grund der äußerlichen Wirksamkeit haben, wenn ich gleich nicht anzugeben weiß, worin solche bestehe ... Welche Notwendigkeit aber verursache, daß ein Geist und ein Körper zusammen Eines ausmache, und welche Gründe bei gewissen Zerstörungen diese Einheit wiederum aufheben, diese Fragen übersteigen nebst verschiedenen anderen sehr weit meine Einsicht", Träume 1. T. 1. H. (V 2, 15f.). Vgl. Seele (und Leib), Identitätstheorie, Dualismus.

Weisheit. Die W. ist eine „praktische Idee", die „Idee von der notwendigen Einheit aller möglichen Zwecke", die allem Praktischen als Bedingung zur Regel dienen muß, KrV tr. Dial. 1. B. 2. Abs. (I 339—Rc 408). W. ist „die Eigenschaft eines Willens..., zum höchsten Gut, als dem Endzweck aller Dinge, zusammenzustimmen". Die göttliche Kunst der Zweckgestaltung ist ebenfalls W., und zwar nicht „moralische" W., sondern „Kunstweisheit". Diese W. läßt sich aus der Beschaffenheit der Dinge nicht beweisen, Theodiz. 1. Anm. (VI 136); vgl. Zweck. W. ist „die Zusammenstimmung des Willens zum Endzweck (dem höchsten Gut); und da dieser, sofern er erreichbar ist, auch Pflicht ist und umgekehrt, wenn er Pflicht ist, auch erreichbar sein muß, ein solches Gesetz der Handlungen aber moralisch heißt: so wird W. für den Menschen nichts anderes als das innere Prinzip des Willens der Befolgung moralischer Gesetze sein, welcherlei Art auch der Gegenstand desselben sein mag; der aber jederzeit übersinnlich sein wird, weil ein durch einen empirischen Gegenstand bestimmter Wille wohl eine technisch-praktische Befolgung einer Regel, aber keine Pflicht (die ein nichtphysisches Verhältnis ist) begründen kann", Fried. i. d. Ph. 1. Abs. B (V 4, 34f.).

W. besteht in der „Zusammenstimmung des Willens eines Wesens zum Endzweck". Ihr Anfang ist „moralische Selbsterkenntnis", MST § 14 (III 293); vgl. Einl. XIV (III 249). W. ist „die Idee vom gesetzmäßigen vollkommenen praktischen Gebrauch der Vernunft", Anthr. 1. T. § 43 (IV 112).

„Wissenschaft (kritisch gesucht und methodisch eingeleitet) ist die enge Pforte, die zur Weisheitslehre führt, wenn unter dieser nicht bloß verstanden wird, was man tun, sondern was Lehrern zur Richtschnur dienen soll, um den Weg zur W., den jedermann gehen soll, gut und kenntlich zu bahnen und andere vor Irrwegen zu sichern: eine Wissenschaft, deren Aufbewahrerin jederzeit die Philosophie bleiben muß, an deren subtiler Untersuchung das Publikum keinen Anteil, wohl aber an den Lehren zu nehmen hat, die ihm nach einer solchen Bearbeitung allererst recht hell einleuchten können", KpV Beschluß (II 207). Vgl. Gott, Philosophie, Vorsehung, Geschichte.

Weisheitslehre s. Weisheit, Philosophie.

Welt. Metaphysisch betrachtet, ist es möglich, „daß Gott viel Millionen W.en ... erschaffen habe". Es kann eine W. von Dingen geben, die mit den übrigen W.en nicht verbunden ist und daher eine W. für sich bedeutet, V. d. wahren Schätzung der leb. Kräfte § 8 (VII 22f.). Die Bedingung, unter der es wahrscheinlich ist, daß es viele W.en gibt, ist die Möglichkeit von vielerlei Arten des Raumes (s. d.). Das bloße Dasein der Substanzen schließt noch nicht die Verknüpfung mit anderen ein; der Ort und die Lage und der aus solchen Verhältnissen sich bildende Raum ist dadurch noch nicht bestimmt. Weil die Verknüpfung der Substanzen in der Idee des göttlichen Verstandes ganz von Gottes Belieben abhängt, „so folgt, daß die Substanzen unter der Bedingung bestehen können, daß sie an gar keinem Orte sind und in gar keiner Beziehung auf die Dinge unserer Welt". „Weil es solcher Substanzen, die aus der Verbindung mit unserer W. gelöst sind, nach göttlichem Belieben mehrere geben kann, welche nichtsdestoweniger durch eine Art Zusammenhang ihrer Bestimmungen miteinander verbunden sind und dadurch Ort, Lage und Raum hervorbringen: so werden sie eine W. bilden, die von der W., deren Teil wir sind, losgelöst ist, d. h. eine W. für sich. Deshalb ist es keine Unmöglichkeit, daß in dieser Weise mehrere W.en auch in metaphysischem Sinne bestehen könnten, wenn es Gott so beliebt", N. diluc. Propos. 13 Usus (V 1, 48f.). „Die W. ist nicht ein Akzidens der Gottheit, weil in ihr Widerstreit, Mängel, Veränderlichkeit, alles Gegenteile der Bestimmungen einer Gottheit angetroffen werden." Die W. hat in Gott ihren Grund, sie ist von ihm abhängig, Beweisgr. Gottes 1. Abt. Beschluß (VI 42 f.); vgl. Gegensatz, Negation, Ontologisch. „Wie bei einer zusammengesetzten Substanz die Zergliederung nur bei einem Teile, der kein Ganzes ist, d. h. bei dem Einfachen endigt, so endet die Verbindung erst bei einem Ganzen, das kein Teil ist, d. h. bei der W.", Mund. sens. § 1 (V 2, 89). Da der Fortgang von den Teilen zu dem gegebenen Ganzen keine Grenze hat, so kann nach den Gesetzen der Anschauung das Zusammengesetzte der Totalität nach nicht vollständig hergestellt werden. Es ist eben der rein verstandesmäßig auszuführende Regreß ins Unendliche nicht in Anschauungen verwandelbar; das Unendliche ist den Gesetzen der anschaulichen Erkenntnis nicht gemäß, widerstreitet aber nicht den Gesetzen des Verstandes und der Vernunft, ibid. (V 2, 90ff.); vgl. Ganzes. Eine W. gibt es durch eine Verknüpfung von Substanzen, welche die „wesentliche Form der W. bildet", als das „Prinzip der möglichen Einflüsse der die W. bildenden Substanzen", ibid. § 2 (V 2, 93). Dieses Prinzip ist die Voraussetzung der Wechselwirkung (s. d.) der Dinge. Deshalb ist diese „der W. wesentliche Form" unveränderlich, und die Welt bewahrt im Wechsel ihrer Zustände „dieselbe Grundform", ibid. (V 2, 94). „Mehrere wirkliche außereinander befindliche W.en sind ... nicht vermöge ihres bloßen Begriffes unmöglich ..., sondern allein unter der Bedingung, daß nur eine einzige notwendige Ursache für alle besteht", ibid. § 21 (V 2, 118).

Die unbedingte Totalität, worauf der „Begriff des Weltganzen" beruht, ist nur eine (transzendentale) Idee, KrV tr. Dial. 2. B. 2. H. am Anfang (I 374—Rc 498 f.). Vgl. Weltbegriff, Antinomie. „W." ist „der Inbegriff aller Erscheinungen". Im transzendentalen Sinne ist W. „die absolute Totalität des Inbegriffes existierender Dinge". W. ist „das mathematische Ganze aller Erscheinungen und die Totalität ihrer Synthesis, im Großen sowohl als im Kleinen, d. i. sowohl in dem Fortschritt derselben durch Zusammensetzung als durch Teilung", ibid. 2. H. 1. Abs. (I 382 f.—Rc 507 f.). Die „intelligible" W. (mundus intelligibilis) ist „nichts als der allgemeine Begriff einer W. überhaupt, in welchem man von allen Bedingungen der Anschauung derselben abstrahiert und in Ansehung dessen folglich gar kein synthetischer Satz weder bejahend noch verneinend möglich ist", ibid. 2. Abs. 1. Widerstreit, Anmerk. z. Antithesis (I 395—Rc 521). Die W. (der Erscheinungen) ist weder unendlich (s. d.) noch endlich in Raum und Zeit, da sie kein Ding an sich ist, sondern erst und nur in dem eine „Reihe" schaffenden „Regreß" von Bedingungen zu Bedingungen gegeben ist, also nicht unabhängig von der regressiven Reihe der Vorstellungen existiert. Wir können nur sagen: „die Welt hat keinen Anfang der Zeit und keine äußerste Grenze dem Raume nach", KV tr. Dial. 2. B. 2. H. 7. Abs. (I 449—Rc 582). Vgl. Reihe, Antinomie. — Die W. ist auch als „ein nach Zwecken zusammenhängendes Ganze", ein „System von Endursachen" anzusehen, KU § 86 (II 314); vgl. Endzweck. „Setzt einen Menschen, der das moralische Gesetz verehrt und sich den Gedanken beifallen läßt . . ., welche W. er wohl durch die praktische Vernunft geleitet erschaffen würde, wenn es in seinem Vermögen wäre, und zwar so, daß er sich selbst als Glied in dieselbe hineinsetzte, so würde er sie nicht allein gerade so wählen, als es jene moralische Idee vom höchsten Gut mit sich bringt, wenn ihm bloß die Wahl überlassen wäre, sondern er würde auch wollen, daß eine Welt überhaupt existiere, weil das moralische Gesetz will, daß das höchste durch uns mögliche Gut bewirkt werde", Rel. Vorr. z. 1. A. (IV 4).

„Das Universum als Sinnengegenstand ist ein System von Kräften einer Materie, die einander äußerlich objektiv im Raume durch Bewegung, und innerlich subjektiv durch Empfindung der Substanzen mit Bewußtsein, d. i. als Gegenstände der Wahrnehmung, affizieren", Altpreuß. Mth. XIX 594; vgl. XXI 327 f., N 4085, 4324 ff., 5940 ff.; Vorles. über Metaphys. S. 81 ff. Vgl. Weltkörper, Unendlichkeit, Kosmologische Ideen, Kosmologischer Gottesbeweis.

Welt, moralische, s. Moralische Welt.

Welt, sinnliche und übersinnliche, s. Himmel (über mir), Übersinnlich, Intelligible Welt, Moralische Welt, Noumenon.

Weltbaumeister s. Physikotheologischer Gottesbeweis.

Weltbegriff. „Ich nenne alle transzendentalen Ideen, sofern sie die absolute Totalität in der Synthesis der Erscheinungen betreffen, W.e". KrV. tr. Dial. 2. B. 2. H. am Anfang (I 374—Rc 498 f.). Die kosmologischen Ideen (s. d.) sind Weltbegriffe, besonders die beiden ersten, ibid. 2. H. 1. Abs. (I 383—Rc 508).

Weltbegriff der Wissenschaft ist „derjenige, der das betrifft, was jedermann notwendig interessiert", „Schulbegriff" jener, der sich nur auf die Wissenschaft als „eine der Geschicklichkeiten zu gewissen beliebigen Zwecken" bezieht, KrV tr. Meth. 3. H. 1. Anm. (I 691—Rc 846). Vgl. Philosophie.

Weltbürgerrecht s. Völkerbund, Völkerrecht. Das Recht, sofern es auf „die mögliche Vereinigung aller Völker in Absicht auf gewisse allgemeine Gesetze ihres möglichen Verkehrs" geht, kann das „weltbürgerliche (ius cosmopoliticum)" genannt werden. Es ist die „Vernunftidee einer friedlichen, wenngleich noch nicht freundschaftlichen, durchgängigen Gemeinschaft aller Völker auf Erden", MSR § 62 (III 182 ff.); vgl. Z. ew. Fried. 2. Abs. 3. Definitivartikel (VI 135 ff.). Ideal ist ein „weltbürgerlicher Zustand" als „der Schoß, worin alle ursprünglichen Anlagen der Menschengattung entwickelt werden", G. i. weltbürg. Abs. 8. Satz (VI 18); vgl. Geschichte.

Weltkörper. Die Materie (der „Urstoff aller Dinge") ist von Gott so geschaffen und mit solchen Kräften und Gesetzen ausgestattet, daß aus ihr notwendig nach mechanischen Prinzipien zweckmäßige, Ordnung aufweisende Systeme hervorgehen konnten (s. Zweck). Man kann sagen: „Gebet mir Materie, ich will eine Welt daraus bauen! das ist: gebet mir Materie, ich will euch zeigen, wie eine Welt daraus entstehen soll." „Denn wenn Materie vorhanden ist, welche mit einer wesentlichen Attraktionskraft begabt ist, so ist es nicht schwer, diejenigen Ursachen zu bestimmen, die zu der Einrichtung des Weltsystems, im Großen betrachtet, haben beitragen können", Th. des Himmels Vorr. (VII 17). Die Verfassung des Weltbaues ist aus dem „einfachsten Zustande der Natur bloß durch mechanische Gesetze zu entwickeln", ibid. (VII 22). Die Himmelskörper unserer Welt sind in einer „systematischen Verfassung" miteinander verbunden, indem sie sich um einen gemeinsamen Zentralkörper drehen und die Kreise der Planeten sich so nahe wie möglich auf eine gemeinschaftliche Fläche, nämlich auf die verlängerte Äquatorialfläche der Sonne, beziehen, ibid. Einl. (VII 36 f.). Die Fixsterne sind Mittelpunkte von ähnlichen Systemen, ibid. 1. T. (VII 39). Alle Sonnen machen ein System aus, dessen allgemeine Beziehungsfläche die Milchstraße ist. Die Fixsterne bewegen sich auch, wenn auch kaum merklich, ibid. (VII 44 ff.). Die Nebelsterne sind Sternsysteme, entfernte Milchstraßen, ibid. (VII 40 f.). Das System der Welten ist unermeßlich und zeugt von der Unendlichkeit der göttlichen Macht. Die Kometen sind mit den Planeten vielleicht verwandt, nur durch die noch größere Exzentrizität ihrer Bahnen verschieden, ibid. (VII 50 ff.). „Ich nehme an, daß alle Materien, daraus die Kugeln, die zu unserer Sonnenwelt gehören, alle Planeten und Kometen, bestehen, im Anfange aller Dinge in ihren elementarischen Grundstoff aufgelöset, den ganzen Raum des Weltgebäudes erfüllet haben, darin jetzo diese gebildeten Körper herumlaufen." Die Gattungen dieses Grundstoffes sind „unendlich verschieden" Die Partikeln von größerer Dichte und Anziehungskraft sammeln die weniger schweren Elemente um sich. Durch die „Zurückstoßungskraft" werden die zu ihren Anziehungspunkten sinkenden Elemente durcheinander von der geradlinigen Bewegung seitwärts gelenkt, so daß Kreisbewegungen um Zentralkörper entstehen, ibid. 2. T. 1. H. (VII 59 ff.). Die einander widerstreitenden Bewegungen schränken einander so lange ein, bis alle Partikeln nach einer Richtung und in freien Zirkelbewegungen durch die erlangten Schwungkräfte um den Zentralkörper laufen. Der Zentralkörper des Planetensystems ist die Sonne, ibid. (VII 63 f.). Es ist eine Art eines statischen Gesetzes, welches den Materien des Weltraumes ihre Höhen nach dem verkehrten Verhältnisse der Dichte bestimmt; die spezifisch leichteren Partikeln laufen in weiteren Entfernungen von der Sonne um, die schwereren in den näheren. Aber auch die ursprünglichen Plätze der Partikeln bestimmen die Örter der Materien, ibid. 2. H. (VII 69). Das Weltall ist unendlich in räumlicher Beziehung, eine Unermeßlichkeit von Welten erfüllt den unendlichen Raum. Alle diese Welten bilden ein gewaltiges System. Von dem Zentrum desselben bilden sich in unermeßlichen Zeiten immer neue Welten, immer neue Gestaltungen der unendlichen Materie, so daß die Schöpfung (s. d.) immer weiter geht, ibid. 7. H. (VII 118 ff.). Aus dem Chaos entstehen immer neue Welten, diese gehen schließlich durch Zerstörung wieder ins Chaos und der Prozeß der Weltbildung geht immer weiter (auch Hervorgehen neuer Welten aus dem Fall der Planeten in die Sonne), ibid. (VII 127 ff.). Es ist anzunehmen, daß außer der Erde noch andere Planeten bewohnt sind. Die geistige Beschaffenheit der Planetenbewohner richtet sich nach den materiellen Verhältnissen der Planeten und nimmt mit dem Abstande dieser von der Sonne zu; sie ist am höchsten auf den wenigst dichten Planeten, ibid. 3. T. (VII 167 ff.).

Die Entstehung der W. (aus der von Gott geschaffenen Materie) ist nach „allgemeinen mechanischen Gesetzen" begreiflich zu machen. Sie sind hervorgegangen aus einem im Raume anfangs zerstreuten „Weltstoff", Beweisgr. Gottes 2 Abt. 7. Btr. (VI 96 ff.). Der jetzt leere Raum des Planetenbaues war einst erfüllt und veranlaßte eine „Gemeinschaft der Bewegkräfte durch alle Gegenden dieses Bezirks, worin die Anziehung unserer Sonne herrscht". Die Bewegung, welche die Teilchen des Grundstoffes im Zustande der Zerstreuung hatten, ist den Planeten nach der Gliederung des Stoffes in abgesonderte Massen übrig geblieben, ibid. 7. Btr., 3 (VI 104 f.). War in dem Orte, den jetzt der Klumpen der Sonne einnimmt, Materie von stärkeren Anziehungskräften, so entstand „eine allgemeine Senkung hierzu, und die Anziehung des Sonnenkörpers wuchs mit ihrer Masse". Es ist zu vermuten, daß im Raum die Materien dichterer Art sich in dem Maße häuften, als sie dem Mittelpunkt, dem sie zustrebten, näher waren. In den Bewegungen der Massenteile mußte die nach irgendeiner Seite erworbene Geschwindigkeit in eine „Abbeugung" ausschlagen. Hierbei kam das Gesetz der Gegenwirkung der Materien zur Geltung, wonach „sie einander so lange treiben oder lenken und einschränken, bis sie sich das minderste Hindernis leisten". Demgemäß mußten sich die Seitenbewegungen endlich in eine gemeinschaftliche Umdrehung nach derselben Richtung vereinigen, ibid. (VI 105 f.). Da die Teilchen des Weltstoffes einander so lange stoßen oder treiben mußten, bis eines des andern Bewegung nicht mehr stören konnte, so müssen zuletzt nur jene Teilchen schweben bleiben, „die gerade den Grad des Seitenschwunges haben, der erfordert wird, in dem Abstande, darin sie von der Sonne sind, der Gravitation das Gleichgewicht zu leisten, damit ein jegliches sich in freier Bewegung in konzentrischen Zirkeln herumschwinge". „Diese Schnelligkeit ist eine Wirkung des Falles, und die Bewegung zur Seite eine Folge des so lange dauernden Gegenstoßes, bis alles in die Verfassung der mindesten Hindernisse sich von selbst geschickt hat." Die übrigen Teilchen vermehrten den Klumpen der Sonne. Die Abweichung der Bahnen der Planeten vom Kreise beruht darauf, daß sie sich aus Teilchen von verschiedener Höhe her bildeten, ibid. (VII 106 f.). Eine solche mechanische „Kosmogonie" ist der Religion in keiner Weise entgegen, ibid. 7. Btr., 4 (VII 108 f.); vgl. Zweck. Vgl. Entwicklung, Schöpfung, Äther, Erde.

Weltseele s. Organismus; vgl. Vorles. über Metaphys. S. 338.

Weltwesen: die Wesen in der Welt.

Wert. Von dem „relativen" W. einer Sache (Nützlichkeit, relatives Gut) ist der „absolute" W. zu unterscheiden. Absoluter W., der über allen Preis (s. d.) erhaben ist, ist „Würde" (s. d.) und kommt nur dem guten Willen, der sittlichen Persönlichkeit, die Selbstzweck ist, zu. Der gute Wille ist „an sich gut" und das höchst zu Schätzende, als etwas, was „seinen vollen W. in sich selbst hat", abgesehen von aller „Nützlichkeit", GMS 1. Abs. (III 11). Der bloße gute Wille hat „absoluten W.", ohne daß er als Mittel zu einem Zweck in Betracht kommt; er ist zwar nicht das einzige, aber doch das „höchste" Gut, ist „an sich selbst hochzuschätzen", ibid. (III 12 ff.); vgl. 2. Abs. (III 50). Gibt es etwas, „dessen Dasein an sich selbst einen absoluten Wert hat, was, als Zweck an sich selbst, ein Grund bestimmter Gesetze sein könnte", so würde nur in ihm der Grund eines praktischen Gesetzes (s. Imperativ) liegen. Ein solcher „Zweck an sich selbst" ist der Mensch (das vernünftige Wesen). „Alle Gegenstände der Neigungen haben nur einen bedingten W.; denn wenn die Neigungen und darauf gegründete Bedürfnisse nicht wären, so würde ihr Gegenstand ohne W. sein." Der „W. aller durch unsere Handlung zu erwerbenden Gegenstände" ist „jederzeit bedingt". Hingegen haben vernünftige Wesen, Personen, weil sie Zwecke an sich sind, „absoluten" W., während Sachen nur „relativen W." haben, ibid. 2. Abs. (III 58 ff.). Die sittliche Gesetzgebung selbst hat Würde, d. h. „unbedingten, unvergleichbaren W.", ibid. (III 62). Moralität (gute Gesinnung) macht den absoluten W. des Menschen aus, ibid. (III 66); vgl. 3. Abs. (III 78 u. 84); KpV 1. T. 1. B. 3. H. (II 95); 2. T. (II 194). Ohne vernünftige Wesen würde das Dasein einer Welt keinen W. haben, da dann kein Wesen existierte, das von einem W. den mindesten Begriff hätte, KU § 87 (II 320). Der Mensch gibt nur durch das, was er in Freiheit tut, seinem Dasein einen absoluten W., ibid. § 4 (II 45). Nur als moralisches Wesen hat der Mensch solchen W., ist er „Endzweck" (s. d.) der Schöpfung, ibid. § 86 (II 312 ff.). Daß der Mensch sich durch seinen Verstand selbst Zwecke setzen kann, gibt ihm nur einen „äußeren" W. seiner „Brauchbarkeit" vor anderen Menschen. Als Person aber, als „Subjekt einer moralisch-praktischen Vernunft" hat er einen „absoluten inneren W.", durch den er jedem vernünftigen Weltwesen gleichgestellt ist, MST §§ 11 u. 15 (III 285 ff. u. 294); vgl. §§ 20 u. 36 (III 300 u. 316 f.): „W. der Menschheit" in der Person; Anthr. 2. T. A III (IV 235). Vgl. Würde, Gut, Persönlichkeit, Menschheit, Preis, Geld, Nützlichkeit, Leben (menschliches), Endzweck, Pflicht, Guter Wille.

Wesen. „W." ist „das erste innere Prinzip alles dessen, was zur Möglichkeit eines Dinges gehört", Anfangsgr. d. Naturw. Vorr. 1. Anm. (VII 189). Das „logische W., nämlich das, was die ersten constitutiva eines gegebenen Begriffs ausmacht" und die Attribute dieses W.s kann man durch Zergliederung des Begriffs in alles das, was man darunter denkt, leicht finden; aber das „Realwesen (die Natur), d. i. der erste innere Grund alles dessen, was einem gegebenen Dinge notwendig zukommt", ist unerkennbar (z. B. das Realwesen der Materie, von Raum und Zeit und deren Dimensionen, deren erster Grund unerforschlich ist), An Reinhold 12. Mai 1789. „Der Inbegriff aller wesentlichen Stücke eines Dinges oder die Hinlänglichkeit der Merkmale desselben der Koordination oder der Subordination nach ist das Wesen." Es handelt sich hier aber nicht um das „Real- oder Naturwesen" der Dinge, sondern nur um das „logische" Wesen. Dazu gehört „weiter nichts, als die Erkenntnis aller der Prädikate, in Ansehung deren ein Objekt durch seinen Begriff bestimmt ist; anstatt daß zum Realwesen des Dinges (esse rei) die Erkenntnis derjenigen Prädikate erfordert wird, von denen alles, was zu seinem Dasein gehört, als Bestimmungsgründen, abhängt". Das logische Wesen ist „nichts anderes als der erste Grundbegriff aller notwendigen Merkmale eines Dinges (esse conceptus)", Log. Einl. VIII (IV 67 f.). „Der komplette Grundbegriff von einem Dinge ist das W.", N 4800. „Das logische W. ist der subjektive Grundbegriff und gilt nicht für alle, ist auch wandelbar; das Realwesen ist objektiv", N 3966. „Die Erkenntnis des logischen Wesens erwirbt sich bloß analytisch, die des Realwesens synthetisch", N 4016. „W. ist der erste logische Grund der inneren Bestimmungen", N 4094; vgl. 4097, 5430 ff.; vgl. Vorles. über Metaphys. S. 38. Vgl. Natur, Gott.

Wenn auch die Dinge an sich (s. d.) unerkennbar sind, so ist doch das W. der Dinge als Gegenstände möglicher Erfahrung (Erscheinungen) prinzipiell immer genauer bestimmbar (vgl. Inneres, Natur). Zu unterscheiden sind die „Weltwesen" als „Sinnenwesen" und „Vernunftwesen". Der Mensch (s. d.) z. B. ist an sich ein Vernunftwesen, eine Person (s. d.) und hat als solche inneren Wert, Würde (s. d.). Sofern die Dinge als Gegenstände einer nichtsinnlichen Erkenntnis gedacht werden, heißen sie „Verstandeswesen" (s. Noumenon, Intelligibel).

Widerspruch s. Gegensatz. Der transzendente Gebrauch der Ideen (s. d.) der Vernunft führt zu Widersprüchen der Vernunft mit sich selbst, zu Antinomien (s. d.), die nur durch den kritischen Idealismus behoben werden. Vgl. Dialektik.

Widerspruch, Satz des W.s. Der Satz des W.s ist das negative Kriterium aller Wahrheit (s. d.) von synthetischen Sätzen. Positive Bedeutung hat er nur für die analytischen Urteile (s. d.), weil diese von der Art sind, daß das Prädikat ohne logischen W. dem Subjekte nicht abgesprochen werden kann, weil es eben schon im Subjekt selbst unentwickelt liegt.

Zu den Vorurteilen, mit denen der Verstand durch „sinnliche Bedingungen" belastet ist, „an die der Geist gebunden ist, wenn er in gewissen Fällen zu dem Verstandesbegriff gelangen will", gehört der Satz: „Alles, was unmöglich ist, widerspricht sich", Mund. sens. § 28 (V 2, 126f.). Dieser Satz entsteht „durch eine willkürliche Umkehrung des Satzes des W.s". „Es klebt aber hier dem ursprünglichen Urteil der Begriff der Zeit insoweit an, als, wenn kontradiktorisch Entgegengesetztes zu gleicher Zeit in demselben Gegenstande gegeben ist, seine Unmöglichkeit klar ist, was dann so ausgesprochen wird: Was zugleich ist und nicht ist, ist unmöglich. Da hier durch den Verstand etwas in einem Falle ausgesagt wird, der gemäß sinnlichen Gesetzen gegeben ist, so ist das Urteil vollkommen wahr und überzeugend. Kehrt man dagegen den gleichen Satz um und sagt: Alles Unmögliche ist und ist zugleich nicht, oder: es enthält einen W., so sagt man mittelst der sinnlichen Erkenntnis etwas von einem Vernunftgegenstande allgemein aus und unterwirft so den Verstandesbegriff des Möglichen oder Unmöglichen den Bedingungen der sinnlichen Erkenntnis, nämlich den Zeitbeziehungen; was zwar in Ansehung der Gesetze, an welche der menschliche Verstand gebunden ist und seine Schranke findet, ganz wahr ist, aber objektiv und allgemein in keiner Weise zugegeben werden kann. Unser Verstand nämlich bemerkt die Unmöglichkeit nur, wo er die gleichzeitige Aussage von Entgegengesetztem an dem nämlichen

Gegenstande bezeichnen kann, d. h. eben nur da, wo ihm ein W. begegnet. Überall da also, wo diese Bedingung nicht vorkommt, liegt dem menschlichen Verstand kein Urteil über die Unmöglichkeit ob. Daß es aber darum für keinen Verstand zulässig und somit, was keinen Widerspruch einschließt, deshalb möglich sei, wird irrigerweise geschlossen, indem man die subjektiven Bedingungen des Urteils für objektive hält. Daher die vielen eitlen Erfindungen von, ich weiß nicht welchen, beliebig erdichteten Kräften", ibid. (V 2, 128f.): vgl. Kraft. „Der Satz des W.s in der Fassung: ‚Es ist unmöglich, daß dasselbe Ding zugleich ist und nicht ist' ist in Wahrheit nur die Definition des Unmöglichen; denn alles, was sich widerspricht, oder was als zugleich seiend und nicht-seiend vorgestellt wird, heißt unmöglich." Dieser Satz ist nicht das oberste Denkprinzip (s. Identität). Denn wie will man behaupten, „daß alle Wahrheiten auf diese Definition wie auf ihren Probierstein zurückgeführt werden müssen? Denn es ist weder nötig, daß jede Wahrheit sich auf die Unmöglichkeit des Gegenteils stütze, noch reicht dies, wenn ich offen sein soll, an sich aus; denn von der Unmöglichkeit des Gegenteils gibt es einen Übergang zur Behauptung einer Wahrheit nur vermittels des Satzes: ‚Alles das, dessen Gegenteil falsch ist, ist wahr', welcher Satz also . . . sich mit dem Satz des W.s in die Herrschaft teilt", N. diluc. 3. Satz (V 1, 9f.). Die „allgemeine, obzwar nur negative Bedingung aller unserer Urteile überhaupt" ist, daß sie sich nicht selbst widersprechen, „widrigenfalls diese Urteile an sich selbst (auch ohne Rücksicht aufs Objekt) nichts sind". Der Satz: „keinem Dinge kommt ein Prädikat zu, welches ihm widerspricht", heißt der „Satz des W.s", und ist „ein allgemeines, obzwar bloß negatives Kriterium aller Wahrheit", gehört aber auch darum bloß in die Logik und sagt, „daß der W. sie gänzlich vernichte und aufhebe". Man kann aber doch von demselben auch einen „positiven Gebrauch machen, d. i. nicht bloß, um Falschheit und Irrtum (sofern er auf dem W. beruht) zu verbannen, sondern auch Wahrheit zu erkennen". „Denn wenn das Urteil analytisch ist, es mag nun verneinend oder bejahend sein, so muß dessen Wahrheit jederzeit nach dem Satze des W.s hinreichend können erkannt werden. Denn von dem, was in der Erkenntnis des Objekts schon als Begriff liegt und gedacht wird, wird das Widerspiel jederzeit richtig verneint, der Begriff selber aber notwendig von ihm bejaht werden müssen, darum, weil das Gegenteil desselben dem Objekte widersprechen würde." Daher ist der Satz des W.s das allgemeine Prinzip, der oberste Grundsatz aller analytischen Urteile, KrV tr. Anal. 2. B. 2. H. 1. Abs. (I 192f.—Rc 248f.). Richtig formuliert, nimmt der Satz des W.s auf Zeitverhältnisse keine Rücksicht, ibid. (I 194—Rc 250). Es ist klar, „daß der Satz des W.s ein Prinzip ist, welches von allem überhaupt gilt, was wir nur denken mögen, es mag ein sinnlicher Gegenstand sein und ihm eine mögliche Anschauung zukommen oder nicht; weil er vom Denken überhaupt ohne Rücksicht auf ein Objekt gilt. Was also mit diesem Prinzip nicht bestehen kann, ist offenbar nichts (gar nicht einmal ein Gedanke)", Üb. e. Entdeck. 1. Abs. (V 3, 13). Vgl. Dialektik, Imperativ (Widerspruchslosigkeit des Wollens), Denkgesetze, Wahrheit, Urteile (analytische und synthetische), Ontologisches Argument.

Widersprüche der Vernunft. Der Widerspruch der Vernunft mit sich selbst in den Antinomien (s. d.) ist kein wirklicher; kritisch-idealistisch betrachtet bestehen dort Thesis und Antithesis „gar wohl zusammen, weil Erscheinungen als solche an sich selbst gar nichts, d. i. etwas Widersprechendes, sind, und also deren Voraussetzung natürlicherweise widersprechende Folgerungen nach sich ziehen muß", KrV tr. Meth. 1. H. 2. Abs. (I 619f.—Rc 766). Was aber die Sätze über die Seele (s. d.) und über Gott (s. d.) betrifft, so kann die reine Vernunft negativ nichts Beweisendes den positiven Behauptungen entgegenstellen; die Kritik der Beweisgründe des dogmatisch Bejahenden ist berechtigt, aber das nötigt noch nicht, diese Sätze, „die doch wenigstens das Interesse der Vernunft für sich haben", in jeder Hinsicht aufzugeben. Diese Sätze sind nicht zu beweisen, können aber, als dem „praktischen Interesse“ der Vernunft dienend, sehr wohl angenommen werden. So gibt es „eigentlich gar keine Antithetik der reinen Vernunft“, ibid. (I 620f.—Rc 766ff.): vgl. Polemik, Dialektik.

Widerstand s. Materie, Undurchdringlichkeit.

Widerstreit s. Einstimmung, Reflexionsbegriffe, Gegensatz, Dialektik.

Wiedergeburt, sittliche, s. Böse. Der Mensch wird moralisch gut durch eine „Revolution“ in seiner Gesinnung; er kann ein neuer Mensch „nur durch eine Art von W.“ werden, Rel. 1. St. Allg. Anmerk. (IV 51). Das Vermögen des „übersinnlichen Menschen in uns“ gegenüber dem sinnlichen Menschen, der Moral zum Durchbruch zu verhelfen und ihr Opfer bringen zu lassen, ist die Quelle einer möglichen sittlichen Revolution des Menschen, Str. d. Fak. 1. Abs. Allg. Anmerk. (V 4, 104f.).

Wille. Der W. ist das Vermogen der Zwecke, das Vermögen, sein Begehren durch Begriffe, durch Zweckvorstellungen bestimmen zu lassen, das Vermögen, sich durch eine Regel leiten zu lassen. Er ist eine Wirksamkeit des Intellekts, ist die praktische Vernunft (s. d.) selbst. Das Wollen als durch sinnliche oder Verstandes-Motive bestimmt, ist psychologisch determiniert. Als durch reine praktische Vernunft, durch Ideen, die sittliche Norm geleitet, ist der W. an sich frei, wenn auch die einzelnen Willenshandlungen mit anderen in kausal-notwendige Verknüpfung zu bringen sind (s. Freiheit). Der „reine“ W. ist der W., der von allen Neigungen, Interessen usw. (aller „Materie“ des Wollens) unabhängig, aus der eigenen Gesetzgebung der Vernunft, durch apriorische Prinzipien, welche die bloße „Form“ des Wollens betreffen, bestimmt ist. Widerspruchslosigkeit, Einstimmigkeit, Allgemeingültigkeit des W.ns ist das Prinzip der Sittlichkeit (s. d.). Der „gute“ W. ist durch seine Form, ohne Bezug auf Zwecke gut. Er hat absoluten Wert (s. d.).

„Ein jedes Ding der Natur wirkt nach Gesetzen. Nur ein vernünftiges Wesen hat das Vermögen, nach der Vorstellung der Gesetze, d. i. nach Prinzipien, zu handeln, oder einen W.n. Da zur Ableitung der Handlungen von Gesetzen Vernunft erfordert wird, so ist der W. nichts anderes als praktische Vernunft.“ „Wenn die Vernunft den W.n unausbleiblich bestimmt, so sind die Handlungen eines solchen Wesens, die als objektiv notwendig erkannt werden, auch subjektiv notwendig, d. i. der W. ist ein Vermögen, nur dasjenige zu wählen, was die Vernunft unabhängig von der Neigung als praktisch notwendig, d. i. als gut erkennt.“ Bestimmt aber die Vernunft für sich allein den W.n nicht hinlänglich, ist der W. nicht völlig der Vernunft gemäß, so ist die Bestimmung eines solchen W.ns gemäß objektiven Gesetzen eine „Nötigung“. GMS 2. Abs. (III 34); vgl. Sollen, Imperativ. Der W. ist ein Vermögen, „der Vorstellung gewisser Gesetze gemäß sich selbst zum Handeln zu bestimmen“, ibid. (III 51); vgl. Zweck. „Der W. ist eine Art von Kausalität lebender Wesen, sofern sie vernünftig sind“, ibid. 3. Abs. Begriff der Freiheit (III 74); vgl. Freiheit, Autonomie, Guter W. Der W. ist das „Begehrungsvermögen, sofern es nur durch Begriffe, d. i. der Vorstellung eines Zwecks gemäß zu handeln, bestimmbar ist“, KU § 10 (II 59). Er ist das Vermögen der Zwecke (s. d.). „Das Begehrungsvermögen, dessen innerer Bestimmungsgrund, folglich selbst das Belieben in der Vernunft des Subjekts angetroffen wird, heißt der W. Der W. ist also das Begehrungsvermögen, nicht sowohl (wie die Willkür) in Beziehung auf die Handlung, als vielmehr auf den Bestimmungsgrund der Willkür zur Handlung betrachtet, und hat selber für sich eigentlich keinen Bestimmungsgrund, sondern ist, sofern sie die Willkür bestimmen kann, die praktische Vernunft selbst“, MS Einl. I (III 14). W. ist „das Begehrungsvermögen, sofern es unter der Vorstellung einer Regel bestimmbar ist“, Lose Bl. G 9. W. ist die „Kausalität des Verstandes, die Gegenstände seiner Vorstellungen wirklich zu machen“, Vorles. über d. philos. Religionslehre S. 110. Vgl. Begehren, Motiv.

Wille, allgemeiner. Quelle des Rechts ist die „kollektive Einheit des vereinigten W.ns", der „gemeinschaftliche W." des Volkes, Z. ew. Fried. Anh. I (VI 162). Als Grundgesetz beruht der „ursprüngliche Vertrag" (s. d.) auf dem „allgemeinen (vereinigten) Volkswillen", Theor. Prax. II (VI 92). „Der allgemeine W. des Volks ist nicht der W. aller über einen gegebenen Fall, sondern derjenige, der diese verschiedenen W.n bloß verknüpft, d. i. der gemeinschaftliche W., der für alle beschließt, also die bloße Idee der bürgerlichen Einheit", Lose Bl. F 18. Vgl. Recht, Staat, Sittlichkeit, Vertrag, Staatsverfassung.

Wille, göttlicher, s. Gott, Analogie, Anthropomorphismus.

Wille, guter, s. Guter Wille.

Wille, reiner. Die „Metaphysik der Sitten" hat es mit einer besonderen Art des W.ns zu tun, der „ohne alle empirische Bewegungsgründe völlig aus Prinzipien a priori bestimmt" wird und den man einen „reinen W.n" nennen könnte, analog dem „reinen Denken", d. h. demjenigen, wodurch Gegenstände völlig a priori erkannt werden. Die Metaphysik der Sitten soll „die Idee und die Prinzipien eines möglichen reinen W.ns untersuchen und nicht die Handlungen und Bedingungen des menschlichen Wollens überhaupt, welche größtenteils aus der Psychologie geschöpft werden", GMS Vorr. (III 7). Der reine, für sich selbst praktische W. gehört zur „intelligiblen Welt", ibid. 3. Abs. (III 83). „Wir können uns reiner praktischer Gesetze bewußt werden, ebenso wie wir uns reiner theoretischer Grundsätze bewußt sind, indem wir auf die Notwendigkeit, womit sie uns die Vernunft vorschreibt, und auf Absonderung aller empirischen Bedingungen, dazu uns jene hinweist, achthaben. Der Begriff eines reinen W.ns entspringt aus der ersteren, wie das Bewußtsein eines reinen Verstandes aus dem letzteren", KpV 1. T. 1. B. 1. H. § 6 (II 38). Der reine W. ist die Vernunft, sofern sie a priori praktisch ist, ibid. § 7 Anmerk. (II 41f.). Die objektive Realität eines solchen W.ns ist „im moralischen Gesetze a priori gleichsam durch ein Faktum gegeben". Der Begriff eines reinen W.ns enthält den Begriff einer „Kausalität mit Freiheit", einer „causa noumenon", ibid. 1. H. II (II 72f.); vgl. 2. H. (II 81). Seinen Gegensatz bildet der „pathologisch affizierte" (durch Sinnlichkeit, Neigung bestimmte) W., ibid. 1. T. 1. B. 1. H. § 1 Anmerk. (II 23). Nur der göttliche W. ist ein „heiliger" W., ibid. § 7 Anmerk. (II 42).

Willkür. Eine W. ist „sinnlich", sofern sie „pathologisch (durch Bewegursachen der Sinnlichkeit) affiziert" ist; sie heißt „tierisch" (arbitrium brutum), wenn sie „pathologisch nezessitiert" werden kann. „Die menschliche W. ist zwar ein arbitrium sensitivum, aber nicht brutum, sondern liberum, weil Sinnlichkeit ihre Handlung nicht notwendig macht, sondern dem Menschen ein Vermögen beiwohnt, sich unabhängig von der Nötigung durch sinnliche Antriebe von selbst zu bestimmen." Diese Unabhängigkeit ist Freiheit (s. d.) im praktischen Sinne, KrV tr. Dial. 2. B. 2. H. 9. Abs. IX (I 470—Rc 604). Die „Freiheit der W." hat das Eigene, „daß sie durch keine Triebfeder zu einer Handlung bestimmt werden kann, als nur sofern der Mensch sie in seine Maxime aufgenommen hat (es sich zur allgemeinen Regel gemacht hat, nach der er sich verhalten will); so allein kann eine Triebfeder, welche sie auch sei, mit der absoluten Spontaneität der W. (der Freiheit) zusammen bestehen", Rel. 1. St. Anmerk. (IV 22 f.); vgl. Anthr. 1. T. § 8 (IV 34). „Das Begehrungsvermögen nach Begriffen, sofern der Bestimmungsgrund desselben zur Handlung in ihm selbst, nicht in dem Objekte angetroffen wird, heißt ein Vermögen, nach Belieben zu tun oder zu lassen. Sofern es mit dem Bewußtsein des Vermögens seiner Handlung zur Hervorbringung des Objekts verbunden ist, heißt es W.; ist es aber damit nicht verbunden, so heißt der Aktus derselben (der Begehrung) ein Wunsch." „Die W., die durch reine Vernunft bestimmt werden kann, heißt die freie W. Die, welche nur durch Neigung (sinnlichen Antrieb, stimulus) bestimmbar ist, würde tierische W. (arbitrium brutum) sein. Die menschliche W. ist dagegen eine solche, welche durch

Antriebe zwar affiziert, aber nicht bestimmt wird, und ist also für sich (ohne erworbene Fertigkeit der Vernunft) nicht rein; kann aber doch zu Handlungen aus reinem Willen bestimmt werden", MS Einl. I (III 13 f.). Vgl. Autonomie, Wille, Freiheit.

Wind. Der Luftkreis gleicht einem „Meer von flüssiger elastischer Materie, welches gleichsam aus Schichten von verschiedener Dichtigkeit, die in größeren Höhen allemal abnimmt, zusammengesetzt ist". Im Gleichgewicht ist dieses flüssige Meer, wenn die Luftsäulen gleich hoch stehen. Aufgehoben wird das Gleichgewicht entweder durch die „Verminderung der ausspannenden Kraft" durch Kälte und Dämpfe, oder durch die „Verminderung der Schwere" durch die Hitze und durch das Zusammenfließen der Wasserdämpfe. In beiden Fällen entsteht ein Wind nach der Gegend hin, wo die Luft an Ausdehnungskraft oder Schwere eingebüßt hat, Theorie der W.e, Vorerinnerung (VII 365 f.). 1. „Ein größerer Grad der Hitze, der auf eine Luftgegend mehr als auf eine andere wirkt, macht einen W. nach dieser erhitzten Luftgegend hin, der so lange anhält, als die vorzügliche Wärme der Gegend fortdauert." 2. „Eine Luftgegend, die sich mehr als eine andere verkühlet, bringet in der benachbarten einen W. zuwege, der in den Platz der Verkühlung hineinwehet." 3. „Ein W., der vom Äquator nach dem Pole hinweht, wird immer je länger desto mehr westlich, und der von dem Pole zum Äquator hinzieht, verändert seine Richtung in eine Kollateralbewegung aus Osten." 4. „Der allgemeine Ostwind, welcher den ganzen Ozean zwischen den Wendezirkeln beherrscht, ist keiner anderen Ursache, als der, welche aus der ersten mit der dritten verbundenen Anmerkung erhellet, zuzuschreiben", ibid. 1.—4. Anmerk. (VII 366 ff.). Satz III erklärt auch die periodischen W.e im Arabischen, Persischen, Indischen Ozean, ibid. 5. Anmerk. (VII 375 ff.).

Wirklichkeit. Der Begriff der W. gehört zu den Kategorien (s. d.) der Modalität (s. d.). Eines der Postulate (s. d.) des empirischen Denkens überhaupt lautet: „Was mit den materialen Bedingungen der Erfahrung (der Empfindung) zusammenhängt, ist wirklich", KrV tr. Anal. 2. B. 2. H. 3. Abs. 4 (I 249—Rc 309). Dieses Postulat fordert Wahrnehmung, aber nicht gerade unmittelbar von dem Gegenstande selbst, sondern „Zusammenhang desselben mit irgendeiner wirklichen Wahrnehmung, nach den Analogien der Erfahrung, welche alle reale Verknüpfung in einer Erfahrung überhaupt darlegen". „In dem bloßen Begriffe eines Dinges kann gar kein Charakter seines Daseins angetroffen werden." Die Frage ist zu stellen, „ob ein solches Ding uns gegeben sei, so daß die Wahrnehmung desselben vor dem Begriffe allenfalls vorhergehen könne". Die Wahrnehmung, die den „Stoff zum Begriff" hergibt, ist der einzige Charakter der W. „Man kann aber auch vor der Wahrnehmung des Dinges, und also comparative a priori das Dasein desselben erkennen, wenn es nur mit einigen Wahrnehmungen nach den Grundsätzen der empirischen Verknüpfung derselben (der Analogien) zusammenhängt." So z. B. erkennen wir das Dasein einer alle Körper durchdringenden magnetischen Materie aus der Wahrnehmung des gezogenen Eisenfeiligs, obzwar uns doch eine unmittelbare Wahrnehmung dieses Stoffes nach der Beschaffenheit unserer Organe unmöglich ist, die zu wenig fein dazu sind. „Wo also Wahrnehmung und deren Fortgang nach empirischen Gesetzen hinreicht, dahin reicht auch unsere Erkenntnis vom Dasein der Dinge", ibid. (I 254 f.—Rc 314 f.); vgl. Existenz, Möglichkeit. In Raum und Zeit ist die empirische Wahrheit (Realität, W.) der Erscheinungen genugsam gesichert und von der Verwandtschaft mit dem Traume hinreichend unterschieden, „wenn beide nach empirischen Gesetzen in einer Erfahrung richtig und durchgängig zusammenhängen". „Wirklich" ist alles, „was mit einer Wahrnehmung nach Gesetzen des empirischen Fortgangs in einem Kontext steht", ibid. tr. Dial. 2 B. 2. H. 6. Abs. (I 439 f.—Rc 571); vgl. Objekt, Idealismus.

Die W. äußerer Gegenstände ist ebenso unmittelbar gewiß wie die des Ich (s. Außenwelt, Idealismus). Sie beruht auf dem „unmittelbaren Bewußtsein" in der Wahrnehmung, welche (als äußere Wahrnehmung) „etwas Wirkliches im Raume", d. h. äußere Erscheinung

(s. d.) vorstellt. Wahrnehmung ist „Vorstellung einer W." Wirklich im Raume ist alles, was „in ihm vorgestellt wird", und umgekehrt ist das in ihm Vorgestellte auch wirklich, d. h. „durch empirische Anschauung gegeben". Die äußere Wahrnehmung beweist unmittelbar etwas Wirkliches im Raume oder ist vielmehr „das Wirkliche selbst". Also „korrespondiert" unseren äußeren Anschauungen etwas Wirkliches im Raume, der freilich selbst nur „in uns" ist. Im einzelnen ist wirklich alles, „was mit einer Wahrnehmung nach empirischen Gesetzen zusammenhängt", KrV 1. A. tr. Dial. 2. B. 1. H. 4. Paralogismus (I 745 ff. — Rc 454 ff.). Vgl. Realität, Existenz, Realität, Außenwelt, Idealismus, Idee, Wille, Zweck.

Wirkung und Gegenwirkung. Das dritte mechanische Gesetz ist: „In aller Mitteilung der Bewegung sind W. und Gegenwirkung einander jederzeit gleich", Anfangsgr. d. Naturw. 3. H. Lehrs. 4 (VII 293). Die Wechselwirkung (s. d.) in der Körperwelt ist zugleich „Gegenwirkung" (reactio). Das Gesetz beruht darauf, daß kein Körper einen anderen stößt, „der in Ansehung seiner ruhig ist, sondern, ist dieser es in Ansehung des Raums, nur sofern er zusamt diesem Raume in gleichem Maße, aber in entgegengesetzter Richtung (sich) bewegt". Keine Bewegung, die betreffs eines anderen Körpers bewegend sein soll, kann absolut sein: ist sie aber relativ, so gibt es keine Relation im Raume, die nicht wechselseitig und gleich ist, ibid. Zusatz 2 (VII 298). Der andere Körper muß als mit derselben Quantität der Bewegung im absoluten Raume bewegt vorgestellt werden, ibid. Lehrs. 4 Beweis (VII 294 f.). Es gibt auch ein „dynamisches" Gesetz der Gleichheit der W. und Gegenwirkung der Materien, „nicht sofern eine der anderen ihre Bewegung mitteilt, sondern dieser ursprünglich erteilt und durch deren Widerstreben zugleich in sich hervorbringt", ibid. Zusatz 2 (VII 298). Das Gesetz der Gleichheit von W. und Gegenwirkung gründet sich auf das Verhältnis der wirkenden Kräfte im Raume überhaupt, „welches Verhältnis notwendig wechselseitig einander entgegengesetzt und jederzeit gleich sein muß (actio est aequalis reactioni), weil der Raum keine einseitige, sondern jederzeit wechselseitige Verhältnisse, mithin auch die Veränderung derselben, d. i. die Bewegung und die W. der Körper aufeinander, sie hervorzubringen, lauter wechselseitige und gleiche einander entgegengesetzte Bewegungen möglich macht". An C. F. Hellwag, 3. Januar 1791. Vgl. Wechselwirkung.

Wissen s. Erkenntnis. „W." ist „das sowohl subjektiv als objektiv zureichende Fürwahrhalten", KrV tr. Meth. 2. H. 3. Abs. (I 679 — Rc 832). Das W. ist „ein apodiktisches Urteilen". Was ich weiß, das halte ich „für apodiktisch gewiß, d. i. für allgemein und objektiv notwendig (für alle geltend)". Das W. ist ein „Fürwahrhalten aus einem Erkenntnisgrunde, der sowohl objektiv als subjektiv zureichend ist", Log. Einl. IX (IV 72 f.), s. Gewißheit. Die Kritik (s. d.) hebt das (vermeintliche. dogmatisch-metaphysische) „W." auf, um dem Glauben (s. d.) Platz zu machen. Vgl. Religion, Meinen, A priori, Erkenntnis.

Wissenschaft. W. ist nicht ein „Aggregat", sondern ein „System" (s. d.) von Erkenntnissen, ein artikuliertes, organisches Ganzes, das durch die „Idee" eines solchen, eine Zweckeinheit verknüpft ist und von innen aus wächst. Das dieser Idee gemäße „Schema" der Mannigfaltigkeit und Ordnung der Teile gründet „architektonische Einheit" (nicht bloß „technische"). „Nicht technisch, wegen der Ähnlichkeit des Mannigfaltigen oder des zufälligen Gebrauchs der Erkenntnis in concreto zu allerlei beliebigen äußeren Zwecken, sondern architektonisch, um der Verwandtschaft willen und der Ableitung von einem einigen obersten und inneren Zwecke, der das Ganze allererst möglich macht, kann dasjenige entspringen, was wir W. nennen, dessen Schema den Umriß (monogramma) und die Einteilung des Ganzen in Glieder der Idee gemäß, d. i. a priori, enthalten und dieses von allen anderen sicher und nach Prinzipien unterscheiden muß." Die einer W. zugrunde liegende Idee ist aber oft (selbst für den Urheber) nur versteckt, undeutlich, unentwickelt vorhanden und muß erst später herausgebildet werden, KrV 2. Meth. 3. H. (I 686 ff. — Rc

841 ff.); vgl. Architektonik, Erkenntnis. „Eine jede Lehre, wenn sie ein System, d. i. ein nach Prinzipien geordnetes Ganze der Erkenntnis sein soll, heißt W.". „Eigentliche W. kann nur diejenige genannt werden, deren Gewißheit apodiktisch ist; Erkenntnis, die bloß empirische Gewißheit enthalten kann, ist ein nur uneigentlich so genanntes Wissen. Dasjenige Ganze der Erkenntnis, was systematisch ist, kann schon darum W. heißen, und wenn die Verknüpfung der Erkenntnis in diesem System ein Zusammenhang von Gründen und Folgen ist, sogar rationale W." In jeder Naturlehre ist nur so viel „eigentliche" W., als darin Mathematik anzutreffen ist. Eigentliche W. (der Natur) erfordert einen „reinen Teil, der dem empirischen zum Grunde liegt und der auf Erkenntnis der Naturdinge a priori beruht", Anfangsgr. d. Naturw. Vorr. (VII 190 ff.); vgl. Naturwissenschaft, Chemie, Psychologie.

„Der praktische Nutzen, den eine bloß spekulative W. haben mag, liegt außerhalb der Grenzen dieser W., kann also bloß als ein Scholion angesehen werden und gehört, wie alle Scholien, nicht als ein Teil zur W. selbst. Gleichwohl liegt diese Beziehung doch wenigstens innerhalb den Grenzen der Philosophie, vornehmlich derjenigen, welche aus reinen Vernunftquellen schöpft, wo der spekulative Gebrauch der Vernunft in der Metaphysik mit dem praktischen in der Moral notwendig Einheit haben muß", Prol. § 60 (III 138). Es ist das einer W. Eigentümliche, das sie von anderen Unterscheidende genau zu bestimmen, da sonst die Grenzen aller W.en ineinanderlaufen, ibid. § 1 (III 13).

Jede W. ist ein System für sich und hat in der Enzyklopädie aller W.en ihre bestimmte Stelle, KU § 79 (II 283). W. und Kunst machen den Menschen zwar noch nicht sittlich, aber gesittet, ibid. § 83 (II 303); vgl. Kultur. Es gibt keine „schönen" W.en, auch keine W. des Schönen (s. Ästhetik, Geschmack). Das System der apriorischen Grundlagen aller W. ist die Transzendentalphilosophie (s. d.). Eine Metaphysik (s. d.), die W. sein soll, muß auf der „Kritik der reinen Vernunft" (s. d.) fußen.

„Ich bin selbst aus Neigung ein Forscher. Ich fühle den ganzen Durst nach Erkenntnis und die begierige Unruhe, darin weiter zu kommen, oder auch die Zufriedenheit bei jedem Fortschritte. Es war eine Zeit, da ich glaubte, dieses alles könnte die Ehre der Menschheit machen, und ich verachtete den Pöbel, der von nichts weiß. Rousseau hat mich zurecht gebracht. Dieser verblendete Vorzug verschwindet; ich lerne die Menschen ehren und würde mich viel unnützer finden als die gemeinen Arbeiter, wenn ich nicht glaubte, daß diese Betrachtung allen übrigen einen Wert geben könne, die Rechte der Menschheit herzustellen." „Wenn es irgendeine W. gibt, die der Mensch wirklich bedarf, so ist es die, welche ich lehre, die Stelle geziemend zu erfüllen, welche dem Menschen in der Schöpfung angewiesen ist, und aus der er lernen kann, was man sein muß, um ein Mensch zu sein", Bruchstücke aus d. Nachlaß (VIII 273 f.). Vgl. Naturwissenschaft, System.

Wissenschaftslehre. Eine „W. überhaupt", in der man von den Objekten der Erkenntnis abstrahiert, ist die reine Logik, Altpreuß. Mth. XX 94 Anm. Vgl. Logik, Transzendentalphilosophie, Kritik der reinen Vernunft.

Witz. Der „W." (ingenium) ist das Vermögen, „zum Besonderen das Allgemeine auszudenken". Während die Urteilskraft (s. d.) auf „Bemerkung der Unterschiede unter dem Mannigfaltigen, zum Teil Identischen" geht, richtet sich der W. auf die „Identität des Mannigfaltigen, zum Teil Verschiedenen", Anthr. 1. T. § 44 (IV 113); vgl. Scharfsinn. Der „produktive W." ist entweder der „vergleichende" oder der „vernünftelnde" W. „Der W. paart (assimiliert) heterogene Vorstellungen, die oft nach dem Gesetze der Einbildungskraft (der Assoziation) weit auseinander liegen, und ist ein eigentümliches Verähnlichungsvermögen, welches dem Verstande (als dem Vermögen der Erkenntnis des Allgemeinen), sofern er die Gegenstände unter Gattungen bringt, angehört. Er bedarf nachher der Urteilskraft, um das Besondere unter dem Allgemeinen zu bestimmen und das Denkungsvermögen zum Erkennen anzuwenden", ibid. § 54 (IV 140); vgl. N 458 ff. Vgl. Komisch.

Wohlgefallen. Das Angenehme (s. d.) gefällt wohl in der Empfindung, das Schöne (s. Schönheit) in der Reflexion des reinen Geschmacksurteils (s. d.), das Gute in der Beurteilung durch die Vernunft. Das Angenehme führt ein „pathologisch-bedingtes (durch Anreize, stimulos)", das Gute ein „reines praktisches W." mit sich. Das ästhetische W. ist unbekümmert um die Existenz des Gefallenden, haftet nur an dessen Beschaffenheit, KU § 5 (II 46ff.). Das moralische Gesetz in seiner Macht ist der Gegenstand eines „reinen und unbedingten intellektuellen W.s". Das Gute gefällt als solches positiv, seiner ästhetischen Seite nach aber (in bezug auf die Sinnlichkeit) ist das W. negativ, d. h. wider dieses Interesse. Das intellektuelle, moralisch Gute muß also, ästhetisch beurteilt, nicht sowohl schön als vielmehr erhaben vorgestellt werden. ibid. 1. T. 1. Abs. Allg. Anmerk. zur Exposit. d. ästhet. Urt. (II 118ff.). — Das ästhetische W. ist mitteilbar. „Wir haben ein W. an Dingen, die unsere Sinne rühren, weil sie unser Subjekt harmonisch affizieren und uns unser ungehindertes Leben oder die Belebung fühlen lassen." Die Ursache dieses Wohlgefallens liegt nicht im Objekt, sondern „in der individuellen oder auch spezifischen Beschaffenheit unseres Subjekts", ist mithin „nicht notwendig und allgemeingültig". Hingegen enthalten „die Gesetze, welche die Freiheit der Wahl in Ansehung alles dessen, was gefällt, mit sich selbst in Einstimmung bringen", für jedes vernünftige begehrende Wesen den Grund eines „notwendigen Wohlgefallens". Daher müssen wir am Dasein des Guten ein W. haben, es kann uns nicht gleichgültig sein wie die Schönheit, Lose Bl. 6. Vgl. Gefühl, Schönheit, Vergnügen, Spiel.

Wohlwollen s. Christentum, Liebe, Pflicht, Humanität.

Wort. „Es gibt mehrere W.e, die im Singulari gebraucht einen anderen Sinn haben, als wenn man sie im Plurali braucht; sie sind alsdann im Singulari in formaler, im Plurali in materialer Bedeutung zu nehmen; diese sind Einheit, Vollkommenheit, Wahrheit, Möglichkeit." „Einheit im Singulari gebraucht ist qualitativ, im Plurali gebraucht quantitativ." Vollkommenheit eines Dinges ist formal die „Übereinstimmung der Realitäten desselben zu einer Idee". Vollkommenheiten sind diese Realitäten (Eigenschaften) selbst. Wahrheit ist „die Übereinstimmung unserer Erkenntnis eines Objekts mit demselben", Wahrheiten sind „wahre Sätze". Von der Möglichkeit eines Objekts sind die Möglichkeiten (die möglichen Gegenstände) zu unterscheiden. Acht kleine Aufsätze, 7: Über formale u. materiale Bedeutung einiger Worte (VIII 171f.). Vgl. Sprache, Symbol.

Wunder. Das W. ist „eine Begebenheit, deren Grund nicht in der Natur zu finden ist". Man kann die W. einteilen in „äußere und innere, d. h. in Veränderungen der Erscheinung für den äußeren und in die für den inneren Sinn". „Jene geschehen im Raume, diese in der Zeit." „Es kann weder durch ein W., noch durch ein geistiges Wesen in der Welt eine Bewegung hervorgebracht werden, ohne ebensoviel Bewegung in entgegengesetzter Richtung zu wirken, folglich nach Gesetzen der Wirkung und Gegenwirkung der Materie; denn widrigenfalls würde eine Bewegung des Universi im leeren Raum entspringen." „Es kann aber auch keine Veränderung in der Welt (also kein Anfang jener Bewegung) entspringen, ohne durch Ursachen in der Welt nach Naturgesetzen überhaupt bestimmt zu sein, also nicht durch Freiheit oder eigentliche W.; denn weil nicht die Zeit die Ordnung der Begebenheiten bestimmt, sondern umgekehrt die Begebenheiten, d. i. die Erscheinungen nach dem Gesetze der Natur (der Kausalität) die Zeit bestimmen, so würde eine Begebenheit, die unabhängig davon in der Zeit geschähe oder bestimmt wäre, einen Wechsel in der leeren Zeit voraussetzen, folglich die Welt selbst in der absoluten Zeit ihrem Zustande nach bestimmt sein", Acht kleine Aufsätze, 2: Über W. (VIII 164f.). Der Glaube an W. muß durch die moralische Religion (s. d.) endlich entbehrlich gemacht werden; denn „es verrät einen sträflichen Grad moralischen Unglaubens, wenn man den Vorschriften der Pflicht, wie sie ursprünglich ins Herz der Menschen durch die Vernunft geschrieben sind, anders nicht hinreichende Autorität zugestehen will, als wenn sie noch dazu durch W. beglaubigt werden." Die wahre Religion kann sich „durch Vernunftgründe" selbst erhalten, Rel. 2. St. 2. Abs. Allg. Anmerk. (IV 95). Vernünftige Menschen, die dem Glauben an W. nicht entsagen wollen, glauben an sie zwar, „was die Theorie betrifft", „in Geschäften aber statuieren sie keine". „W." sind für uns, d. h. zu unserem praktischen Vernunftgebrauch, Begebenheiten in der Welt, „von deren Ursache uns die Wirkungsgesetze schlechterdings unbekannt sind und bleiben müssen". Man kann sie in „theistische" und „dämonische" (englische und teuflische) Wunder einteilen, ibid. (IV 96f.). Der Glaube an W. lähmt die Vernunft in ihrem Forschen und vernichtet das Vertrauen auf die schon bekannte Gesetzlichkeit des Geschehens, ibid. (IV 97ff.). In einer „bezauberten Welt" ist die Vernunft „zu gar nichts nutze". Für uns muß alles in der Welt Erfahrbare als „Naturwirkungen" beurteilt werden; das Übersinnliche (s. d.) aber liegt theoretisch jenseits des Erkennens (auch gegen alle Arten des Okkultismus u. dgl.), ibid. Allg. Anmerk. 3. Anm. (IV 100f.); vgl. Str. d. Fak. 1. Abs. Allg. Anmerk. (V 4, 100f.). W. sind „nicht Facta, sondern übernatürliche Deutungen von Factis, denn die Bestimmung der Ursachen beruht immer auf Vernunft", Lose Bl. 5. Vgl. Übernatürlich, Religion, Gnade, Aberglaube.

Wunsch. „Das Begehren ohne Kraftanwendung zur Hervorbringung des Objekts ist der W. Dieser kann auf Gegenstände gerichtet sein, zu deren Herbeischaffung das Subjekt sich selbst unvermögend fühlt, und ist dann ein leerer (müßiger) W.", Anthr. 1. T. § 73 (IV 183).

Würde. Das sittliche Handeln erfolgt „aus der Idee der W. eines vernünftigen Wesens, das keinem Gesetze gehorcht als dem, das es zugleich selbst gibt". Im „Reich der Zwecke" (s. d.) „hat alles entweder einen Preis oder eine W. Was einen Preis hat, an dessen Stelle kann auch etwas anderes als Äquivalent gesetzt werden; was dagegen über allen Preis erhaben ist, mithin kein Äquivalent verstattet, das hat eine W.". Was „die Bedingung ausmacht, unter der allein etwas Zweck an sich selbst sein kann, hat nicht bloß einen relativen Wert, d. i. einen Preis, sondern einen inneren Wert, d. i. W.", GMS 2. Abs. (III 60f.). Moralität ist die Bedingung, unter der allein ein vernünftiges Wesen Zweck an sich selbst sein kann, weil nur durch sie es möglich ist, ein gesetzgebendes Glied im Reiche der Zwecke zu sein. „Also ist die Sittlichkeit und die Menschheit, sofern sie derselben fähig ist, dasjenige, was allein W. hat." Treue, Wohlwollen aus Grundsätzen haben einen inneren Wert. Dieser „besteht nicht in Wirkungen, die daraus entspringen, im Vorteil und Nutzen, den sie schaffen, sondern in den Gesinnungen, d. i. den Maximen des Willens, die sich auf diese Art in Handlungen zu offenbaren bereit sind, obgleich auch der Erfolg sie nicht begünstigte". Eine solche Denkungsart hat W., die sie über allen Preis unendlich erhebt, ibid. (III 61). Die Gesetzgebung, die allen Wert bestimmt, muß ebendarum eine W., d. h. „unbedingten, unvergleichbaren Wert" haben. Autonomie (s. d.) ist also „der Grund der W. der menschlichen und jeder vernünftigen Natur", ibid. (III 62ff.). Bloß „die W. der Menschheit als vernünftiger Natur", ohne irgendeinen zu erreichenden Zweck, also die „Achtung für eine bloße Idee" dient zur sittlichen Vorschrift, ibid. (III 65f.). Diejenige Person, die alle ihre Pflichten erfüllt, hat „eine gewisse Erhabenheit und W.", sofern sie selbst gesetzgebend ist. Die W. der Menschheit besteht eben in der „Fähigkeit, allgemein gesetzgebend, obgleich mit dem Beding, eben dieser Gesetzgebung zugleich selbst unterworfen zu sein", ibid. (III 66f.). „Die Menschheit selbst ist eine W.; denn der Mensch kann von keinem Menschen (weder von anderen noch sogar von sich selbst) bloß als Mittel, sondern muß jederzeit zugleich als Zweck gebraucht werden, und darin besteht eben seine W. (die Persönlichkeit)", MST § 38 (III 321). Es ist auch bei der Erziehung zu betonen, „daß der Mensch in seinem Innern eine gewisse W. habe, die ihn vor allen Geschöpfen adelt, und seine Pflicht ist es, diese W. der Menschheit in seiner eigenen Person nicht zu verleugnen". Die Pflicht gegen sich selbst besteht darin, daß der Mensch die W. der Menschheit in seiner Person bewahre. „Er tadelt sich, wenn er die Idee der Menschheit vor Augen hat. Er hat ein Original in seiner Idee, mit dem er sich vergleicht“, Üb. Pädagogik (VIII 240f.). Vgl. Menschheit, Persönlichkeit, Achtung, Heiligkeit, Pflicht, Wert.

Würdigkeit s. Moral, Glückseligkeit, Tugend, Sittlichkeit.

Z.

Zahl. Die Z. ist die Einheit der Synthesis des Mannigfaltigen einer gleichartigen Anschauung, die Zusammenfassung von Einheitssetzungen zu einem sie befassenden Ganzen. Das Zählen besteht in der Hinzufügung von Einheit zu Einheit und erfolgt in der Zeit. In der Z. selbst spielt die Zeit aber keine Rolle mehr. Die Z. ist das „Schema“ der Größe (s. d.). Die Reihe der Z.en geht ins Unendliche, aber eine unendliche Anzahl (s. d.) ist nicht möglich.

Durch Hinzufügen des einen zum anderen gelangt man zum Begriff der Vielheit und zu deren „vollendetem Begriff“, zur Z., Mund. sens. § 1 2. Anm. (V 2, 91). Die Z., „die an sich zwar zu den Verstandesbegriffen gehört, dessen Verwirklichung in dem Konkreten jedoch die Hilfsbegriffe der Zeit und des Raumes erfordert (indem mehreres nacheinander und gleichzeitig nebeneinander gestellt wird“, ibid. § 12 (V 2, 103). Die Z. ist eine Vielheit, die durch Zählen, d. h. „allmähliche Hinzufügung des einen zu dem anderen innerhalb einer gegebenen Zeit“ deutlich erkannt wird, ibid. § 15 Folgerung (V 2, 114). Die Z., das „reine Schema der Größe“, ist „eine Vorstellung“, „die die sukzessive Addition von Einem zu Einem (Gleichartigen) zusammenbefaßt“. Also ist die Z. nichts anderes, als „die Einheit der Synthesis des Mannigfaltigen einer gleichartigen Anschauung überhaupt, dadurch, daß ich die Zeit selbst in der Apprehension der Anschauung erzeuge“, KrV tr. Anal. 2. B. 1. H. (I 186—Rc 241f.). Die Arithmetik bringt ihre Z.begriffe durch „sukzessive Hinzusetzung der Einheiten in der Zeit“ zustande, Prol. § 10 (V 2, 36); vgl. Mathematik. Die evidenten Sätze der Z.verhältnisse sind „synthetisch, aber nicht allgemein, wie die der Geometrie“, daher sind sie nicht Axiome, sondern „Z.formeln“, KrV tr. Anal. 2. B. 2. H. 3. Abs., 1 (I 203f.—Rc 259f.).

„Die Zeit hat ... keinen Einfluß auf die Eigenschaften der Z.en (als reiner Größenbestimmungen)“ und die Z.wissenschaft ist „unerachtet der Sukzession, welche jede Konstruktion der Größe erfordert, eine reine intellektuelle Synthesis, die wir nur in Gedanken vorstellen“. „Sofern aber doch Größen (quanta) danach zu bestimmen sind, so müssen sie uns so gegeben werden, daß wir ihre Anschauung sukzessiv auffassen können.“ Diese Auffassung ist also der Zeitbedingung unterworfen. Die Mathematik (s. d.) geht also nun auf „sensibilia“. „Die Größe der göttlichen Vollkommenheit, der Dauer usw. kann nur durchs All der Realität ausgedrückt werden ohne durch Z.en vorgestellt werden zu können“. An J. Schultz, 25. November 1788; vgl. An A. W. Rehberg, September 1790. „Wir können uns keine Z. vorstellen als durch sukzessive Aufzählung in der Zeit und dann das Zusammennehmen dieser Vielheit in die Einheit einer Z. Dieses letztere aber kann nicht anders geschehen, als daß ich sie im Raume nebeneinander stelle; denn sie müssen als zugleich gegeben, d. i. als in eine Vorstellung zusammengenommen gedacht werden, sonst macht dieses Viele keine Größe (Z.) aus; das Zugleichsein aber ist nicht möglich woran anders zu erkennen, als daß außer meiner Handlung des Zusammensetzens ich die Vielheit vorwärts und rückwärts als gegeben apprehendieren (nicht bloß denken) kann“, N 6314. Vgl. Unendlichkeit, Schema, Mathematik, Anzahl, Zweck, Erhaben.

Zählen s. Zahl, Mathematik.

Zeichen. „Das Vermögen der Erkenntnis des Gegenwärtigen als Mittel der Verknüpfung der Vorstellung des Vorhergesehenen mit der des Vergangenen“ ist das „Bezeichnungsvermögen“. „Die Handlung des Gemüts, diese Verknüpfung zu bewirken, ist die Bezeichnung (signatio).“ „Gestalten der Dinge (Anschauungen), sofern sie nur zu Mitteln der Vorstellung durch Begriffe dienen, sind Symbole, und das Erkenntnis durch dieselbe heißt symbolisch oder figürlich (speciosa).“ Die symbolische Erkenntnis ist nicht der intuitiven, sondern der intellektuellen (durch Begriffe) entgegengesetzt. „Symbole sind bloß Mittel des Verstandes, aber nur indirekt durch eine Analogie mit gewissen Anschauungen, auf welche der Begriff desselben angewandt werden kann, um ihm durch Darstellung eines Gegenstandes Bedeutung zu verschaffen.“ „Die wirklichen, den Sinnen vorliegenden Welterscheinungen (mit Swedenborg) für bloßes Symbol einer im Rückhalt verborgenen intelligiblen Welt ausgeben, ist Schwärmerei. Aber in den Darstellungen der zur Moralität, welche das Wesen aller Religion ausmacht, mithin zur reinen Vernunft gehörigen Begriffe (Ideen genannt), das Symbolische vom Intellektuellen (Gottesdienst von Religion), die zwar einige Zeit hindurch nützliche und nötige Hülle von der Sache selbst zu unterscheiden, ist Aufklärung: weil sonst ein Ideal (der reinen praktischen Vernunft) gegen ein Idol vertauscht und der Endzweck verfehlt wird“, Anthr. 1. T. § 38 (IV 99 f.). — Die Z. zerfallen in willkürliche (Kunst-), natürliche und Wunderzeichen. Die natürlichen Z. sind „demonstrativ“, „rememorativ“ oder „prognostisch“, ibid. § 39 (IV 100 ff.). Vgl. Sprache, Symbol, Schema.

Zeit. Die Z. ist kein Wahrnehmungsinhalt, nichts Empirisches, sondern eine apriorische Form der Anschauung, die Form zunächst des „inneren Sinnes“ und sodann, da auch die Vorstellungen äußerer Gegenstände zum Objekt der inneren Wahrnehmung werden, die Form, Art und Weise aller Anschauung, eine ursprüngliche, in der Gesetzlichkeit des wahrnehmenden Bewußtseins selbst entspringende Ordnungsweise des sinnlich Gegebenen. Diese „Subjektivität“ oder Idealität der Z. hindert nicht, daß die Z. eine Bestimmung der Objekte selbst ist, freilich nicht als Dinge an sich, wohl aber als Erscheinungen, die also alle in der Zeit sind. Die Z. kommt den Erscheinungen, den Gegenständen möglicher Erfahrung allgemein und notwendig zu, das Ding an sich aber, das „Noumenon“ (s. d.), ist nicht zeitlich, sondern liegt dem zeitlichen Ablaufe der physischen und psychischen Erscheinungen zeitlos (oder überzeitlich) zugrunde (vgl. Vernunft). Die Z ist eine „reine Anschauung“, kein Begriff, aber die Bestimmtheit zeitlicher Einordnung ist doch durch die synthetische Funktion des Verstandes bedingt; die Objektivität der Sukzession hat eine Regelung durch die Kategorie der Kausalität zur Voraussetzung. Die Eigenschaften der Z. kommen in den Grundsätzen der Arithmetik (s. Mathematik, Zahl) zum Ausdruck; der apriorisch-ideelle Charakter der Z. erklärt die Apriorität dieser Grundsätze. Die Z. dient als transzendentales „Schema“ (s. d.) für die Anwendung der Kategorien auf das anschaulich Gegebene.

Die Z. ist eine (subjektive) reine Anschauung. 1. „Die Vorstellung (idea) der Z. entspringt nicht aus den Sinnen, sondern wird von ihnen vorausgesetzt. Denn, ob das in die Sinne fallende zugleich oder nacheinander ist, kann nur mittelst der Vorstellung der Z. vorgestellt werden, und die Zeitfolge erzeugt nicht den Begriff der Z., sondern beruft sich auf ihn. Deshalb wird der Begriff der Z. sehr schlecht, als wäre er durch Erfahrung erworben, definiert als: die Reihe von wirklichem nacheinander Daseiendem. Denn ich verstehe die Bedeutung dieses Nach nicht, wenn ich nicht schon vorher die Vorstellung der Z. habe. Nacheinander nämlich ist, was zu verschiedener Z. besteht, sowie zugleich ist, was zu derselben Z. besteht.“ 2. „Die Vorstellung der Z. ist eine einzelne, keine allgemeine. Denn jede bestimmte Z. wird nur vorgestellt als ein Teil einer und derselben unermeßlichen Z.... Außerdem stellt man sich alles Wirkliche in der Z. befindlich vor, aber nicht unter ihrem allgemeinen Begriff als gemeinsamem Merkmal enthalten.“ 3. „Die Vorstellung der Z. ist also eine Anschauung und, da sie vor aller Empfindung gefaßt wird, gleichsam als die Bedingung der im Sinnlichen vorkommenden Beziehungen, so ist sie keine sinnliche, sondern reine Anschauung (intuitus purus)." 4. „Die Z. ist eine stetige Größe und das Prinzip der Gesetze des Stetigen in den Veränderungen des Weltalls. Denn das Stetige ist eine Größe, die nicht aus Einfachem besteht. Da aber unter der Z. nur Beziehungen gedacht werden, ohne die in diesen wechselseitigen Beziehungen stehenden gegebenen Dinge, so ist in der Z. als einer Größe eine Zusammensetzung enthalten, welche, wenn sie ganz weggedacht wird, gar nichts übrig läßt. Wo aber von einem Zusammengesetzten nach Aufhebung aller Zusammensetzung gar nichts übrig bleibt, da besteht es nicht aus einfachen Teilen. Also usw. Deshalb ist jeder beliebige Teil der Z. eine Z., und das Einfache in der Z., also die Augenblicke, sind keine Teile derselben, sondern Grenzen, zwischen denen die Z. liegt. Denn wenn zwei Augenblicke gegeben sind, so ist damit eine Z. nur gegeben, soweit innerhalb derselben Wirkliches einander folgt; deshalb muß außer dem gegebenen Augenblicke noch eine Z. gegeben sein, an deren Ende ein anderer Augenblick steht." 5. „Die Z. ist nichts Objektives und Reales (non est obiectivum aliquid et reale), weder eine Substanz, noch ein Akzidenz, noch ein Verhältnis, sondern eine subjektive, durch die Natur des menschlichen Geistes notwendige Bedingung (subiectiva conditio per naturam mentis humanae necessariam), wonach alles Sinnliche nach einem bestimmten Gesetze einander beigeordnet wird (certa lege sibi coordinandi). Sie ist eine reine Anschauung. Denn wir ordnen die Substanzen ebenso wie deren Akzidenzen, sowohl nach ihrer Gleichzeitigkeit wie nach ihrer Folge, nur mittelst der Vorstellung der Z.; daher ist deren Vorstellung, als das Prinzip der Form, älter als die Begriffe von jenen. Was aber die Verhältnisse oder Beziehungen jeder Art anlangt, soweit sie den Sinnen vorkommen, ob sie nämlich zugleich oder nacheinander sind, so enthalten sie nur die zu bestimmenden Stellen in der Z., entweder in demselben oder in verschiedenen Zeitpunkten." „Daß wir aber die Größe einer Z. nur in concreto, nämlich entweder an der Bewegung oder an einer Gedankenreihe, abschätzen können, das rührt daher, daß der Begriff der Z. nur auf einem inneren Gesetz des Geistes beruht und keine angeborene Anschauung ist, und deshalb nur mit Hilfe der Sinne jener Akt des seine Empfindungen ordnenden Geistes hervorgerufen wird." Es ist „die Möglichkeit der Veränderungen nur in der Z. vorstellbar, und die Z. wird nicht durch die Veränderungen vorstellbar, sondern umgekehrt". 6. „Obgleich nun die Z., an sich und absolut gesetzt, eine Einbildung (ens imaginarium) ist, so ist sie doch, insoweit sie zu dem unveränderlichen Gesetz der Sinnendinge als solcher gehört, ein höchst wahrer Begriff und die über alle möglichen Gegenstände der Sinne ins Unbegrenzte sich erstreckende Bedingung anschaulicher Vorstellung. Denn da das Gleichzeitige als solches den Sinnen nur mit Hilfe der Z. geboten werden kann, und Veränderungen nur durch die Z. denkbar sind, so ist klar, daß dieser Begriff die allgemeine Form der Erscheinungen enthält, und daß deshalb alle in der Welt zu beobachtenden Ereignisse, alle Bewegungen und aller innere Wechsel notwendig mit den von der Z. geltenden ersten Grundsätzen (Axiomen) ... übereinstimmen muß: weil sie nur unter diesen Bedingungen Gegenstände der Sinne sein und einander beigeordnet werden können. Es ist deshalb verkehrt, gegen die ersten Postulate der reinen Z., z. B. die Stetigkeit, die Vernunft bewaffnen zu wollen, da sie aus Gesetzen hervorgehen, über die hinaus es nichts Früheres und Älteres gibt, und da die Vernunft selbst, wenn sie von dem Satze des Widerspruchs Gebrauch macht, der Stütze dieses Begriffes nicht entbehren kann: so sehr ist er ihr angestammt und ursprünglich." 7. „Die Z. ist also das unbedingte erste formale Prinzip der sinnlichen Welt. Denn alles irgendwie Wahrnehmbare kann nur gedacht werden als entweder zugleich oder nacheinander gesetzt: also in dem Zuge der einzigen Z. gleichsam eingewickelt und an bestimmter Stelle sich aufeinander beziehend, so daß durch diesen primären Begriff alles Sinnlichen notwendig das formale Ganze entsteht, was kein Teil eines anderen ist, d. h. die Welt der Erscheinungen", Mund. sens. § 14 (V 2, 104ff.).

Die Z. nähert sich „einem allgemeinen und Vernunftbegriffe, indem sie in ihren Beziehungen überhaupt alles zusammenfaßt, auch den Raum selbst und außerdem die Akzidenzen, die in den Verhältnissen des Raumes nicht enthalten sind, wie die Vorstellungen der Seele. Außerdem aber gibt die Z. der Vernunft zwar keine Gesetze, aber setzt doch wichtige Bedingungen fest, mit deren Unterstützung der Geist seine Begriffe nach den Gesetzen der Vernunft vergleichen kann. So kann ich über das Unmögliche nur urteilen, wenn ich demselben Subjekte zu derselben Z. die Prädikate A und Nicht-A beilege. Und hauptsächlich bedarf, wenn wir unseren Geist der Erfahrung zuwenden, die Beziehung von Ursache und Wirkung, wenigstens bei den äußeren Gegenständen, der Verhältnisse des Raumes; bei allen aber, äußeren wie inneren, kann der Verstand nur mit Hilfe der Z.beziehung sich belehren, was das Frühere und was das Spätere, d. h. das Bewirkte, ist. Und sogar die Größe des Raumes selbst kann man nicht verständlich machen, wenn man ihn nicht auf ein Maß als Einheit bezieht und mittelst der Zahl darstellt, die selbst nichts anderes als eine Vielheit bedeutet, die durch Zählen, d. h. durch allmähliche Hinzufügung des einen zu dem anderen innerhalb einer gegebenen Z., deutlich erkannt wird", Mund. sens. § 15 (V 2, 114f.). „Da ... die Möglichkeit aller Veränderungen und Folgen, deren Prinzip, soweit es sinnlich erkannt wird, in dem Begriffe der Z. enthalten ist, die Beharrlichkeit des Subjekts voraussetzt, dessen entgegengesetzte Zustände einander folgen, dasjenige aber, dessen Zustände fließend sind, nicht beharrt, wenn es nicht von einem anderen erhalten wird: so ist der Begriff der Z., als des einzigen Unendlichen und Unveränderlichen, in dem alle Dinge sind und beharren, die Ewigkeit der gemeinsamen Ursache in der Erscheinung", ibid. § 22 Anmerk. (V 2, 120). „Die Momente der Z. scheinen sich nicht zu folgen, weil auf diese Weise noch eine andere Z. für die Folge der Momente vorausgesetzt werden müßte; vielmehr scheint das Wirkliche vermittelst der sinnlichen Anschauung wie vermittelst einer stetigen Reihe von Momenten herabzusteigen", ibid. Anm. (V 2, 120).

Die Z. ist eine der Anschauungsformen (s. d.). Die „metaphysische" Erörterung (s. d.) der Z. ergibt: „Die Z. ist 1. kein empirischer Begriff, der von irgendeiner Erfahrung abgezogen worden: Denn das Zugleichsein oder Aufeinanderfolgen würde selbst nicht in die Wahrnehmung kommen, wenn die Vorstellung der Z. nicht a priori zum Grunde läge. Nur unter deren Voraussetzung kann man sich vorstellen, daß einiges zu einer und derselben Z. (zugleich) oder in verschiedenen Z.en (nach einander) sei." 2. „Die Z. ist eine notwendige Vorstellung, die allen Anschauungen zum Grunde liegt. Man kann in Ansehung der Erscheinungen die Z. selbst nicht aufheben, ob man zwar ganz wohl die Erscheinungen aus der Z. wegnehmen kann. Die Z. ist also a priori gegeben. In ihr allein ist alle Wirklichkeit der Erscheinungen möglich. Diese können insgesamt wegfallen, aber sie selbst (als die allgemeine Bedingung ihrer Möglichkeit) kann nicht aufgehoben werden." 3. „Auf diese Notwendigkeit a priori gründet sich auch die Möglichkeit apodiktischer Grundsätze von den Verhältnissen der Z., oder Axiomen von der Z. überhaupt. Sie hat nur eine Dimension: verschiedene Z.en sind nicht zugleich, sondern nacheinander (so wie verschiedene Räume nicht nacheinander, sondern zugleich sind). Diese Grundsätze können aus der Erfahrung nicht gezogen werden, denn diese würde weder strenge Allgemeinheit, noch apodiktische Gewißheit geben. Wir würden nur sagen können: so lehrt es die gemeine Wahrnehmung; nicht aber: so muß es sich verhalten. Diese Grundsätze gelten als Regeln, unter denen überhaupt Erfahrungen möglich sind, und belehren uns vor derselben, und nicht durch dieselbe." 4. „Die Z. ist kein diskursiver, oder, wie man ihn nennt, allgemeiner Begriff, sondern eine reine Form der sinnlichen Anschauung. Verschiedene Z.en sind nur Teile eben derselben Z. Die Vorstellung, die nur durch einen einzigen Gegenstand gegeben werden kann, ist aber Anschauung. Auch würde sich der Satz, daß verschiedene Z.en nicht zugleich sein können, aus einem allgemeinen Begriff nicht herleiten lassen. Der Satz ist synthetisch und kann aus Begriffen allein nicht entspringen. Er ist also in der Anschauung und Vorstellung der Z. unmittelbar enthalten."

5. „Die Unendlichkeit der Z. bedeutet nichts weiter, als daß alle bestimmte Größe der Z. nur durch Einschränkungen einer einzigen zum Grunde liegenden Z. möglich sei. Daher muß die ursprüngliche Vorstellung der Z. als uneingeschränkt gegeben sein. Wovon aber die Teile selbst und jede Größe eines Gegenstandes nur durch Einschränkung bestimmt vorgestellt werden können, da muß die ganze Vorstellung nicht durch Begriffe gegeben sein (denn die enthalten nur Teilvorstellungen), sondern es muß ihnen unmittelbare Anschauung zum Grunde liegen", KrV tr. Ästh. § 4 (I 86f.—Rc 103ff.). In Nr. 3. ist zugleich schon eine „transzendentale" Erörterung des Zeitbegriffs enthalten. „Hier füge ich noch hinzu, daß der Begriff der Veränderung und mit ihm der Begriff der Bewegung (als Veränderung des Orts) nur durch und in der Z.vorstellung möglich ist: daß, wenn diese Vorstellung nicht Anschauung (innere) a priori wäre, kein Begriff, welcher es auch sei, die Möglichkeit einer Veränderung, d. i. einer Verbindung kontradiktorisch-entgegengesetzter Prädikate (z. B. das Sein an einem Orte und das Nichtsein eben desselben Dinges an demselben Orte) in einem und demselben Objekte begreiflich machen könnte. Nur in der Z. können beide kontradiktorisch-entgegengesetzte Bestimmungen in einem Dinge, nämlich nacheinander, anzutreffen sein. Also erklärt unser Z.begriff die Möglichkeit so vieler synthetischer Erkenntnisse a priori, als die allgemeine Bewegungslehre, die nicht wenig fruchtbar ist, darlegt", ibid. § 5 (I 87f.—Rc 105).

Es folgt aus dem allen: „a) Die Z. ist nicht etwas, was für sich selbst bestünde, oder den Dingen als objektive Bestimmung anhinge, mithin übrig bliebe, wenn man von allen subjektiven Bedingungen der Anschauungen derselben abstrahiert; denn im ersten Fall würde sie etwas sein, was ohne wirklichen Gegenstand dennoch wirklich wäre. Was aber das zweite betrifft, so könnte sie als eine den Dingen selbst anhängende Bestimmung oder Ordnung nicht vor den Gegenständen, als ihre Bedingung, vorhergehen, und a priori durch synthetische Sätze erkannt und angeschaut werden. Dieses letztere findet dagegen sehr wohl statt, wenn die Z. nichts als die subjektive Bedingung ist, unter der allein Anschauungen in uns stattfinden können. Denn da kann diese Form der inneren Anschauung vor den Gegenständen, mithin a priori, vorgestellt werden." „b) Die Z. ist nichts anderes als die Form des inneren Sinnes, d. i. des Anschauens unserer selbst und unseres inneren Zustandes. Denn die Z. kann keine Bestimmung äußerer Erscheinungen sein; sie gehört weder zu einer Gestalt oder Lage usw., dagegen bestimmt sie das Verhältnis der Vorstellungen in unserem inneren Zustande. Und eben weil diese innere Anschauung keine Gestalt gibt, suchen wir auch diesen Mangel durch Analogien zu ersetzen, und stellen die Zeitfolge durch eine ins Unendliche fortgehende Linie vor, in welcher das Mannigfaltige eine Reihe ausmacht, die nur von einer Dimension ist, und schließen aus den Eigenschaften dieser Linie auf alle Eigenschaften der Z., außer dem einigen, daß die Teile der ersteren zugleich, die der letzteren aber jederzeit nacheinander sind. Hieraus erhellt auch, daß die Vorstellung der Z. selbst Anschauung sei, weil alle ihre Verhältnisse sich an einer äußeren Anschauung ausdrücken lassen." „c) Die Z. ist die formale Bedingung a priori aller Erscheinungen überhaupt. Der Raum, als die reine Form aller äußeren Anschauung, ist als Bedingung a priori bloß auf äußere Erscheinungen eingeschränkt. Dagegen, weil alle Vorstellungen, sie mögen nun äußere Dinge zum Gegenstande haben oder nicht, doch an sich selbst, als Bestimmungen des Gemüts, zum inneren Zustande gehören, dieser innere Zustand aber unter die formale Bedingung der inneren Anschauung, mithin die Z. gehört, so ist die Z. eine Bedingung a priori von aller Erscheinung überhaupt, und zwar die unmittelbare Bedingung der inneren (unserer Seele) und eben dadurch mittelbar auch der äußeren Erscheinungen. Wenn ich a priori sagen kann: alle äußeren Erscheinungen sind im Raume und nach den Verhältnissen des Raumes a priori bestimmt, so kann ich aus dem Prinzip des inneren Sinnes ganz allgemein sagen: alle Erscheinungen überhaupt, d. i. alle Gegenstände der Sinne sind in der Z. und stehen notwendigerweise in Verhältnissen der Z." „Wenn wir von unserer Art, uns selbst innerlich anzuschauen, und vermittelst dieser Anschauung auch alle äußeren

Anschauungen in der Vorstellungskraft zu befassen, abstrahieren und mithin die Gegenstände nehmen, so wie sie an sich selbst sein mögen, so ist die Z. nichts. Sie ist nur von objektiver Gültigkeit in Ansehung der Erscheinungen, weil dieses schon Dinge sind, die wir als Gegenstände unserer Sinne annehmen..." Alle Gegenstände als solche Erscheinungen sind in der Z., die Dinge an sich aber nicht. „Die Z. ist also lediglich eine subjektive Bedingung unserer (menschlichen) Anschauung (welche jederzeit sinnlich ist, d. i. sofern wir von Gegenständen affiziert werden), und an sich, außer dem Subjekte, nichts." „Unsere Behauptungen lehren demnach empirische Realität der Z., d. i. objektive Gültigkeit in Ansehung aller Gegenstände, die jemals unseren Sinnen gegeben werden mögen. Und da unsere Anschauung jederzeit sinnlich ist, so kann uns in der Erfahrung niemals ein Gegenstand gegeben werden, der nicht unter die Bedingung der Z. gehörte. Dagegen bestreiten wir der Z. allen Anspruch auf absolute Realität, daß sie nämlich, auch ohne auf die Form unserer sinnlichen Anschauung Rücksicht zu nehmen, schlechthin den Dingen als Bedingung oder Eigenschaft anhinge." Hierin besteht also die „transzendentale Idealität" der Zeit, KrV tr. Ästh. § 6 (I 88ff.—Rc 106ff.). Die Z. ist aber etwas (empirisch, phänomenal) „Wirkliches", nämlich als „wirkliche Form der inneren Anschauung". Sie hat also „subjektive Realität in Ansehung der inneren Erfahrung, d. i. ich habe wirklich die Vorstellung von der Z. und meinen Bestimmungen in ihr". Sie ist wirklich als „Vorstellungsart meiner selbst als Objekts". Nur an sich ist das Ich (mit seinen Bestimmtheiten) nicht zeitlich, nicht etwas in „Veränderung" Befindliches, ibid. § 7 (I 91f.—Rc 109f.). „Ich kann zwar sagen: meine Vorstellungen folgen einander; aber das heißt nur, wir sind uns ihrer als in einer Z.folge, d. i. nach der Form des inneren Sinnes, bewußt. Die Z. ist darum nicht etwas an sich selbst, auch keine den Dingen objektiv anhängende Bestimmung", ibid. Anm. (I 92—Rc 110).

Die drei Modi der Z. sind Beharrlichkeit (s. d.), Folge und Zugleichsein (vgl. Analogien). Alle empirischen Zeitbestimmungen stehen unter apriorischen Regeln der allgemeinen Zeitbestimmung, Regeln des Verstandes, „durch welche allein das Dasein der Erscheinungen synthetische Einheit nach Zeitverhältnissen bekommen kann" und durch die jeder Erscheinung ihre „Stelle in der Z." a priori bestimmt wird, KrV tr. Anal. 2. B. 2. H. 3. Abs., 3 (I 214ff.—Rc 271ff.) u. 3. Analogie (I 247—Rc 307); vgl. Substanz, Kausalität, Wechselwirkung. „Alle Erscheinungen sind in der Z., in welcher, als Substrat (als beharrlicher Form der inneren Anschauung) das Zugleichsein sowohl als die Folge allein vorgestellt werden. Die Z. also, in der aller Wechsel der Erscheinungen gedacht werden soll, bleibt und wechselt nicht, weil sie dasjenige ist, in welchem das Nacheinander- oder Zugleichsein nur als Bestimmungen derselben vorgestellt werden können." Die Z. für sich kann nicht wahrgenommen werden. Folglich muß in den Erscheinungen das „Substrat" anzutreffen sein, welches „die Z. überhaupt" vorstellt, und an dem aller Wechsel und alles Zugleichsein durch das Verhältnis der Erscheinungen zu demselben aufgefaßt werden kann, nämlich die Substanz (s. d.). Das Beharrliche ist das Substrat der empirischen Vorstellung der Z. selbst, an welchem alle Zeitbestimmung allein möglich ist. Durch das Beharrliche bekommt erst das Dasein eine Größe, die man Dauer (s. d.) nennt. „Substanzen (in der Erscheinung) sind die Substrate aller Zeitbestimmungen", ibid. 1. Analogie (I 219ff.—Rc 276ff.). Es ist nur Eine Z., in welcher alle verschiedenen Z.en nicht zugleich, sondern nacheinander gesetzt werden müssen, ibid. (I 224—Rc 282). „Unsere Apprehension des Mannigfaltigen der Erscheinung ist jederzeit sukzessiv, und ist also immer wechselnd. Wir können also dadurch allein niemals bestimmen, ob dieses Mannigfaltige, als Gegenstand der Erfahrung, zugleich sei oder nacheinander folge, wo an ihr nicht etwas zum Grunde liegt, was jederzeit ist, d. i. etwas Bleibendes und Beharrliches, von welchem aller Wechsel und Zugleichsein nichts als so viel Arten (modi der Z.) sind, wie das Beharrliche existiert. Nur in dem Beharrlichen sind also Zeitverhältnisse möglich." „Die Beharrlichkeit drückt überhaupt die Z., als das beständige Korrelatum allen Daseins der Erscheinungen, alles Wechsels und aller Begleitung, aus. Denn der Wechsel trifft die Z.

selbst nicht, sondern nur die Erscheinungen in der Z. (so wie das Zugleichsein nicht ein Modus der Z. ist, als in welcher gar keine Teile zugleich, sondern alle nacheinander sind)", ibid. (I 220—Rc 277 f.). Ohne Veränderungen (s. d.) würde uns die Vorstellung der Zeitreihe nicht gegeben sein. „Die Z. geht zwar als formale Bedingung der Möglichkeit der Veränderungen vor diesen objektiv vorher, allein subjektiv und in der Wirklichkeit des Bewußtseins ist diese Vorstellung doch nur, so wie jede andere, durch Veranlassung der Wahrnehmungen gegeben", KrV tr. Dial. 2. B. 2. H. 2. Abs. 4. Widerstreit Thesis Anm. (I 410—Rc 538) Die Z. macht die synthetischen Sätze a priori der Arithmetik und Mechanik möglich, Prol. § 10 (III 36 f.). Sie ist eine Bedingung der Größe, ibid. § 26 (III 68 f.); vgl. Grad. Ein Anfang (s. d.) in der Z. ist denkbar, aber nicht ein Anfang der Z. (vgl. Unendlichkeit, Ewigkeit, Antinomien).

Um die Sukzession einer konkreten Z. sich vorzustellen, muß man „schon die reine Anschauung der Z., worin jene Vorstellungen sich sukzedieren sollen", voraussetzen, An Reinhold 19. Mai 1789. „Man kann wohl die Z. in sich, sich selbst aber nicht in der Z. setzen und darin bestimmen, und darin besteht doch das empirische Selbstbewußtsein. Um sein Dasein also in der Z. zu bestimmen, muß man sich mit etwas anderm in äußerm Verhältnis anschauen, welches eben darum als beharrlich betrachtet werden muß", N 5654; vgl. 6313. „Die Verhältnisse der Dinge werden überhaupt jederzeit durch Realverknüpfungen vorgestellt, und die Z. ist nur die Form der Erscheinung, in der diese auf solche Weise verknüpften Dinge angeschaut werden. Die Z. bringt keine Vorstellungen verknüpfter Dinge hervor", N 4174. Die Z. ist die „Form des inneren Sinnes", N 4518; die „Form der inneren Erscheinung", N 5319. Sie ist „das Maß von der Dauer endlicher Dinge, sofern sie erscheinen". „Das Dasein in der Z. ist die Zufälligkeit in der Erscheinung", N 4269. „Die Z. ist eine Reihe, in der die Ordnung der Synthesis bestimmt ist: das erste, das mittlere und letzte; drei Punkte als Grenzen", N 5347. Ohne Raum „würde Z. selbst nicht als Größe vorgestellt und überhaupt dieser Begriff keinen Gegenstand haben", N 13. Vgl. Anschauungsformen, Koexistenz, Sukzession, Schema, Kausalität, Sinn (innerer), Ich, Dauer, Vernunft, Freiheit, Zahl.

Zeitbestimmung. Die Regel des Verstandes, durch welche allein das Dasein der Erscheinungen „synthetische Einheit nach Zeitverhältnissen" bekommen kann, „bestimmt jeder derselben ihre Stelle in der Zeit, mithin a priori und gültig für alle und jede Zeit", KrV tr. Anal. 2. B. 2. H. 3. Abs. 3. Analogie (I 247—Rc 307). Die „Grundsätze der Bestimmung des Daseins der Erscheinungen in der Zeit, nach allen drei Modis derselben, dem Verhältnisse zu der Zeit selbst, als einer Größe (die Größe des Daseins, d. i. die Dauer), dem Verhältnisse in der Zeit, als einer Reihe (nacheinander), endlich auch in ihr, als einem Inbegriff alles Daseins (zugleich)" sind die „Analogien der Erfahrung" (s. d.). Vgl. Kausalität, Wechselwirkung, Schema, Objektiv, Sukzession.

Zeitlosigkeit s. Ewigkeit, Vernunft, Freiheit, Ursprung, Ding an sich, Wahrheit, A priori, Böse, Gott.

Zensur der Vernunft s. Skeptizismus, Kritik der reinen Vernunft.

Zerstreuung ist „der Zustand einer Abkehrung der Aufmerksamkeit (abstractio) von gewissen herrschenden Vorstellungen durch Verteilung derselben auf andere, ungleichartige", Anthr. 1. T. § 47 (IV 120 f.); vgl. N 165.

Zeugung s. Zweck, Organismus, Entwicklung.

Zivilisation s. Kultur, Moralisierung.

Zorn. Der Z. ist „ein Schreck, der zugleich die Kräfte zum Widerstand gegen das Übel schnell rege macht", Anthr. 1. T. § 76 (IV 188). „Die Affekten des Z.s und der Scham haben das Eigene, daß sie sich selbst in Ansehung ihres Zweckes schwächen. Es sind plötzlich erregte Gefühle eines Übels als Beleidigung, die aber durch ihre Heftigkeit zugleich unvermögend machen, es abzuwehren", ibid. § 78 (IV 195).

Zucht s. Kultur, Askese, Disziplin.

Zufall (Zufälligkeit). Zu den „erschlichenen Sätzen", welche aus den „dem Subjekt eigenen Bedingungen" hervorgehen, „von wo sie aufs Geratewohl auf die Objekte übertragen werden", indem der Verstandesbegriff mit ihrer Hilfe auf einen durch Erfahrung gegebenen Fall angewendet werden kann, gehört der Satz: „Alles, was zufällig besteht, besteht irgend einmal auch nicht", Mund. sens. § 29 (V 2, 129). „Dieser erschlichene Grundsatz entspringt aus der Armut des Verstandes, der meistens nur die Wortmerkmale der Zufälligkeit und Notwendigkeit erfaßt, selten die wirklichen. Ob also das Gegenteil einer Substanz möglich sei, wird man, da es sich durch a priori entnommene Merkmale schwerlich erfassen läßt, nicht anders erkennen, als wenn feststeht, daß die Substanz einmal nicht gewesen ist; und die Veränderungen sind in Wahrheit eher ein Beweis der Zufälligkeit, als die Zufälligkeit ein Beweis der Veränderlichkeit: so daß, wenn uns kein Fließendes und Vergängliches in der Welt begegnete, kaum irgendwelcher Begriff von Zufälligkeit in uns entstehen würde. Während also der direkte Satz: Was irgend einmal nicht gewesen ist, ist zufällig, vollkommen wahr ist, deutet seine Umkehrung nur die Bedingungen an, aus denen man allein entnehmen kann, ob etwas notwendig oder zufällig besteht. Wenn er daher als subjektives Gesetz (was er in Wahrheit ist) ausgesprochen wird, muß er so lauten: Wovon nicht feststeht, daß es irgend einmal nicht gewesen ist, von dessen Zufälligkeit gibt es nach dem gemeinen Verstand keine genügenden Merkmale; ein Satz, der sich schließlich stillschweigend in eine objektive Bedingung umwandelt, als wenn ohne diesen Anhang die Zufälligkeit überhaupt nicht stattfinden könnte. Daraus entsteht der verfälschte und irrige Grundsatz. Denn diese Welt ist, obgleich sie zufällig existiert, ewig, d. h. mit aller Zeit zugleich, so daß es eine falsche Behauptung ist, es sei eine Zeit gewesen, wo sie nicht bestanden habe", ibid. (V 2, 129 f.).

Der Satz: „Nichts geschieht durch ein blindes Ohngefähr (in mundo non datur casus)" ist ein „Naturgesetz a priori" (s. Notwendigkeit), KrV tr. Anal. 2. B. 2. H. 3. Abs. Widerlegung des Idealismus (I 260—Rc 321). Das Zufällige bedeutet zweierlei: 1. als Kategorie der Modalität: „etwas, dessen Nichtsein sich denken läßt". 2. als Kategorie der Relation: „etwas, das nur als Folge von einem anderen existieren kann" (s. Kausalität), ibid. Allg. Anmerk. z. System d. Grundsätze (I 266 f.—Rc 328). Die Veränderung (s. d.) der Dinge beweist nur die „empirische Zufälligkeit", d. h. „daß der neue Zustand für sich selbst ohne eine Ursache, die zur vorigen Zeit gehört, gar nicht hätte stattfinden können". In der Reihe der Erscheinungen ist jedes Glied zufällig, durch andere Erscheinungen bedingt. Das absolut Notwendige (s. d.) ist kein Glied der Reihe selbst, sondern ist als intelligibler Grund der ganzen Erscheinungsreihe zu denken, der nicht selbst erscheint, und nicht erkennbar ist, KrV tr. Dial. 2. B. 2. H. 2. Abs. 4. Widerstreit (I 410 ff.—Rc 538 ff.). „Sowohl die unbedingte Möglichkeit als Unmöglichkeit des Nichtseins eines Dinges sind transzendente Vorstellungen, die sich gar nicht denken lassen, weil wir ohne Bedingung weder etwas zu setzen noch aufzuheben Grund haben. Der Satz also, daß ein Ding schlechthin zufällig existiere oder schlechthin notwendig sei, hat beiderseits niemals einen Grund. Der disjunktive Satz hat also kein Objekt. Eben als wenn ich sagte: Ein jedes Ding ist entweder x oder non x, und dieses x gar nicht kännte." Auf die Substanz (s. d.) scheinen die Begriffe der Notwendigkeit und Zufälligkeit nicht zu gehen. Der Satz: „Alles Zufällige hat eine Ursache" sollte so lauten: „Alles, was nur bedingterweise existieren kann, ist eine Ursache", Fortschr. d. Metaph. Beilage III Randbemerkungen (V 3, 161 f.).

„Nicht die Notwendigkeit, sondern die Zufälligkeit ist für die Vernunft unbegreiflich", N 4036. „Sofern eine Begebenheit nicht unter einer besonderen Regel ihrer Ursache geschieht, so ist's Zufall", N 5372. „Der Zufall hat Gesetze, z. B. Schiffbrüche", N 5371.

„Zufällig ist, was nur bedingterweise (hypothetisch) möglich ist (dessen Nichtsein also an sich selbst möglich ist)“, N 6408. Alles, was geschieht, ist zufällig an sich selbst, und notwendig durch einen fremden Grund, N 4032. „Non datur casus: keine Begebenheit geschieht von selbst, sondern ist immer durch Naturursachen bestimmt“, N 5973; vgl. 5970. Vgl. Notwendig, Kosmologischer und Physikotheologischer Gottesbeweis, Freiheit, Gesetz, Zweck, Urteilskraft, Fortschritt, Kasualität.

Zufriedenheit s. Tugend.

Zurechnung. „Die eigentliche Moralität der Handlungen (Verdienst und Schuld) bleibt uns..., selbst die unseres eigenen Verhaltens, gänzlich verborgen.“ „Unsere Z.en können nur auf den empirischen Charakter bezogen werden. Wieviel aber davon reine Wirkung der Freiheit, wieviel der bloßen Natur und dem unverschuldeten Fehler des Temperaments oder dessen glücklicher Beschaffenheit (merito fortunae) zuzuschreiben sei, kann niemand ergründen und daher auch nicht nach völliger Gerechtigkeit richten“, KrV tr. Dial. 2. B. 2. H. 9. Abs. III, Erläuterung der kosmol. Idee ... Anm. (I 482—Rc 618). Obzwar man nun eine schlechte Handlung aus dem empirischen Charakter des Menschen, aus dessen Quellen in schlechter Erziehung und übler Gesellschaft, aus dem Naturell, aus Gelegenheitsursachen naturgesetzlich erklärt, tadelt man doch den Täter, und zwar nicht wegen seines Naturells usw. Sondern dieser Tadel gründet sich auf ein „Gesetz der Vernunft“, „wobei man diese als eine Ursache ansieht, welche das Verhalten des Menschen, unangesehen aller genannten empirischen Bedingungen, anders habe bestimmen können und sollen“. Die Handlung wird dem intelligiblen Charakter (s. d.) des Menschen beigemessen; die Vernunft gilt „unerachtet aller empirischen Bedingungen der Tat“ als „völlig frei“. Die Vernunft gilt als „nicht affiziert“ durch die Sinnlichkeit, als unveränderlich, zeitlos, ibid. (I 484f.—Rc 620f.). — Der Mensch hat die Anlage zur Persönlichkeit (s. d.) als eines vernünftigen und der Z. fähigen Wesens. Das moralische Gesetz in uns ist das Einzige, „was uns der Unabhängigkeit unserer Willkür von der Bestimmung durch alle anderen Triebfedern (unserer Freiheit) und hiermit zugleich der Zurechnungsfähigkeit aller Handlungen bewußt macht“, Rel. 1. St. Anmerk. I u. Anm. (IV 25f.). Die Gesinnung (s. d.) wird durch einen freien Akt des Willens ursprünglich erworben, sonst könnte sie dem Menschen nicht zugerechnet werden, ibid. 1. St. Anmerk. (IV 24). Vgl. Böse. „Z. (imputatio) in moralischer Bedeutung ist das Urteil, wodurch jemand als Urheber (causa libera) einer Handlung, die alsdann Tat (factum) heißt und unter Gesetzen steht, angesehen wird; welches, wenn es zugleich die rechtlichen Folgen aus dieser Tat bei sich führt, eine rechtskräftige (imputatio iudiciaria s. valida), sonst aber nur eine beurteilende Z. (imputatio diiudicatoria) sein würde.“ „Subjektiv ist der Grad der Zurechnungsfähigkeit (imputabilitas) der Handlungen nach der Größe der Hindernisse zu schätzen, die dabei haben überwunden werden müssen“, MS Einl. IV (III 31f.). Vgl. Freiheit.

Zurückstoßungskraft. „Z. ist diejenige, wodurch eine Materie Ursache sein kann, andere von sich zu entfernen (oder, welches einerlei ist, wodurch sie der Annäherung anderer zu ihr widersteht).“ Sie ist eine „treibende“ Kraft, Anfangsgr. d. Naturw 2. H. Erklär. 2 (VII 230). Durch solche Kräfte erfüllt die Materie (s. d.) einen Raum („Ausdehnungskraft“; „Expansionskraft“, „Elastizität“). Diese Kraft ist eine „Flächenkraft“, ibid. Erklär. 7 (VII 254). Vgl. Materie, Kraft, Undurchdringlichkeit.

Zusammenfassung s. Komprehension.

Zusammengesetzt. Im empirischen Begriffe des Z.en ist die Zusammensetzung (s. Synthesis) nur durch die „selbsttätige Verbindung“ des Mannigfaltigen in der Anschauung gegeben, An J. S. Beck, 17. Oktober 1792. Die Zusammensetzung müssen wir „selbst machen“, „wir müssen zusammensetzen, wenn wir uns etwas als z. vorstellen sollen (selbst den Raum und die Zeit).“ Betreffs dieser, bei uns allen als einerlei anzunehmenden

Zusammensetzung können wir uns einander mitteilen, An J. S. Beck, 1. Juli 1794. „Der Begriff des Z.en überhaupt ist keine besondere Kategorie, sondern in allen Kategorien (als synthetische Einheit der Apperzeption) enthalten. Das Z.e nämlich kann, als ein solches, nicht angeschaut werden; sondern der Begriff oder das Bewußtsein des Zusammensetzens (einer Funktion, die allen Kategorien als synthetischer Einheit der Apperzeption zum Grunde liegt) muß vorhergehen, um das mannigfaltige der Anschauung Gegebene sich in einem Bewußtsein verbunden, d. i. das Objekt sich als etwas Z.es zu denken, welches durch den Schematism der Urteilskraft geschieht, indem das Zusammensetzen mit Bewußtsein zum inneren Sinn, der Zeitvorstellung gemäß einerseits, zugleich aber auch auf das mannigfaltige in der Anschauung Gegebene andererseits bezogen wird." „Alle Kategorien gehen auf etwas a priori Z.es", An Tieftrunk, 11. Dezember 1797. Vgl. Synthese, Verbindung, Zahl, Größe, Teil, Einfach, Unendlichkeit, Raum.

Zusammenhang. Unter unsere Erfahrungen mengen sich Erkenntnisse, die ihren Ursprung a priori (s. d.) haben müssen und „die vielleicht nur dazu dienen, um unseren Vorstellungen der Sinne Z. zu verschaffen", KrV 1. A. Einl. I (I 51 Anm.—Rc 46). Die Natur muß als Gegenstand der empirischen Erkenntnis der Form der Erscheinungen gemäß sein, weil sie sonst für uns nicht Natur wäre, „indem es unmöglich wäre, in ihr einen Z. zu finden, der unserem Vermögen, das Mannigfaltige der Erscheinungen in ein zusammenhängendes Bewußtsein zu bringen, gemäß wäre, sie mithin nicht erkennbar wäre", N 5552. — Der Verstand stellt durch seine Kategorien (s. d.) und Grundsätze (s. d.) objektiven Z. her (s. Objekt), Erfahrung (s. d.) als einheitlichen Z. von Daten. Die Vernunft (s. d.) geht auf den systematischen „Z. aus einem Prinzip" der Erkenntnisse. Die Urteilskraft (s. d.) beurteilt die Mannigfaltigkeit besonderer Erfahrungen und Gesetze nach einem (regulativen) Einheitsprinzip (s. Zweck). Die praktische Vernunft geht auf einheitlichen Z. im Wollen und in den praktischen Zwecken. Vgl. Einheit, Synthese, Verbindung, System, Erfahrung, Erkenntnis, Gesetz, Natur, Zweck, Verstand, Wahrheit, Wirklichkeit, Reproduktion.

Zusammensetzung s. Synthese, Zusammengesetzt.

Zweck. Der Begriff des Z.s ist zunächst der des praktischen Z.s; als solcher gehört er der praktischen Vernunft (s. d.) an; das „Vermögen der Z.e" ist der Wille (s. d.). Nun enthält aber auch die Urteilskraft (s. d.), und zwar die „reflektierende", ein apriorisches Prinzip, indem sie die Idee des Z.s zur Beurteilung des Gegebenen verwendet. Sie gibt aber dadurch nicht der Natur, sondern nur sich selbst ein Gesetz, bestimmt durch diese Zweckidee kein Objekt, schreibt der Natur nicht wirkliche Zwecktätigkeit zu, sondern faßt nur die besonderen, empirischen Formen und Gesetze (s. d.) der Natur so auf, als ob sie von einem zwecksetzenden Prinzip eine einheitliche, zweckmäßige Gestalt, einen zielgemäßen Zusammenhang erhielte. Die Zweckidee hat in bezug auf die Natur nur „regulative" Bedeutung, sie dient dem Zusammenhange der besonderen Erfahrungen, der Herstellung einer systematischen Ordnung unter ihnen. Die ästhetische Zweckmäßigkeit bezieht sich auf das Verhältnis der Form des Angeschauten zum Erkenntnisvermögen, auf das Zusammenspiel von Einbildungskraft und Verstand (s. Ästhetik, Schönheit, Spiel, Erhaben). Eine andere Art der (an sich immer „subjektiven") Zweckmäßigkeit ist die „objektive" Zweckmäßigkeit, welche Naturdinge (als „Naturzwecke") insofern haben, als bei ihnen Ganzes und Teile wechselseitig voneinander Mittel und Z. sind (s. Organismus). Die kritische Teleologie oder Zweckbeurteilung kann und darf nicht die Kausalforschung (den Mechanismus) verdrängen oder umgehen, sondern ist immer nur eine sie ergänzende, zu ihrer Erweiterung und Ergänzung, auch zur Förderung derselben selbst dienende, bloß regulative Beurteilung (nicht selbst die „Erklärung") von Zusammenhängen. An sich sind vielleicht Kausal- und Finalnexus identisch. Alle Zweckmäßigkeit kommt zustande durch die Wirksamkeit von Naturursachen, auch da, wo wir nicht begreifen, wie dies geschieht; nur per analogiam können wir von einer „Absicht" (s. d.) der Natur reden (vgl. Geschichte). Die Welt ist so eingerichtet, daß die in ihr waltenden Kräfte und Gesetze zu einer zweckmäßigen Entwicklung (s. d.) führen. Endzweck (s. d.) der Schöpfung ist das vernünftige Wesen als Subjekt der Moralität; der Zusammenhang solcher Wesen konstituiert eine „moralische" oder „intelligible Welt", ein „Reich der Z.e" (s. d.). Der letzte Z. der Natur betreffs des Menschen ist die Kultur (s. d.).

„Man ist gewohnt, die Übereinstimmungen, die Schönheit, die Z.e und eine vollkommene Beziehung der Mittel auf dieselbe in der Natur zu bemerken und herauszustreichen. Allein indem man die Natur von dieser Seite erhebet, so sucht man sie andererseits wiederum zu verringern. Diese Wohlgereimtheit, sagt man, ist ihr fremd, sie würde, ihren allgemeinen Gesetzen überlassen, nichts als Unordnung zuwege bringen. Die Übereinstimmungen zeigen eine fremde Hand, die eine von aller Regelmäßigkeit verlassene Materie in einen weisen Plan zu zwingen gewußt hat. Allein ich antworte: wenn die allgemeinen Wirkungsgesetze der Materie gleichfalls eine Folge aus dem höchsten Entwurfe seien, so können sie vermutlich keine anderen Bestimmungen haben, als die den Plan von selber zu erfüllen trachten, den die höchste Weisheit sich vorgesetzet hat", Th. des Himmels Vorr. (VII 9). Man kann „nützliche und auf Z.e abzielende Verfassungen" aus den allgemeinsten und einfachsten Naturgesetzen herleiten. Die „sich selbst durch die Mechanik ihrer Kräfte bestimmende Materie" hat „eine gewisse Richtigkeit in ihren Folgen". Sie bringt „durch ihr natürliches Betragen" (durch eine „blinde Mechanik") „anständige Folgen hervor". Aber nicht durch Zufall, sondern notwendig stimmen alle Teile der Materie zu den zweckmäßigen Wirkungen zusammen, weil sie einen „gemeinschaftlichen Ursprung" haben, vom göttlichen Urwesen abhängig sind, welches „die Quelle der Wesen selbst und ihrer ersten Wirkungsgesetze in sich hat", ibid. (VII 11ff.). „Die Materie, die der Urstoff aller Dinge ist, ist also an gewisse Gesetze gebunden, welchen sie frei überlassen, notwendig schöne Verbindungen hervorbringen muß. Sie hat keine Freiheit, von diesem Plane der Vollkommenheit abzuweichen." Es ist ein Gott, „weil die Natur auch selbst im Chaos nicht anders als regelmäßig und ordentlich verfahren kann". Gott hat in die Kräfte der Natur „eine geheime Kraft" gelegt, „sich aus dem Chaos von selber zu einer vollkommenen Weltverfassung auszubilden", ibid. (VII 5f.). „Die Natur, ohnerachtet sie eine wesentliche Bestimmung zur Vollkommenheit und Ordnung hat, fasset in dem Umfange ihrer Mannigfaltigkeit alle möglichen Abwechselungen, sogar bis auf die Mängel und Abweichungen, in sich. Eben dieselbe unbeschränkte Fruchtbarkeit derselben hat die bewohnten Himmelskugeln sowohl als die Kometen, die nützlichen Berge und die schädlichen Klippen, die bewohnbaren Landschaften und öden Wüsteneien, die Tugenden und Laster hervorgebracht", ibid. Schluß (VII 164). Vgl. Harmonie.

„Der Wille wird als ein Vermögen gedacht, der Vorstellung gewisser Gesetze gemäß sich selbst zum Handeln zu bestimmen. Und ein solches Vermögen kann nur in vernünftigen Wesen anzutreffen sein. Nun ist das, was dem Willen zum objektiven Grunde seiner Selbstbestimmung dient, der Z., und dieser, wenn er durch bloße Vernunft gegeben wird, muß für alle vernünftigen Wesen gleich gelten. Was dagegen bloß den Grund der Möglichkeit der Handlung enthält, deren Wirkung Z. ist, heißt das Mittel. Der subjektive Grund des Begehrens ist die Triebfeder, der objektive des Wollens der Bewegungsgrund; daher der Unterschied zwischen subjektiven Z.en, die auf Triebfedern beruhen, und objektiven, die auf Bewegungsgründe ankommen, welche für jedes vernünftige Wesen gelten. Praktische Prinzipien sind formal, wenn sie von allen subjektiven Zwecken abstrahieren; sie sind aber material, wenn sie diese, mithin gewisse Triebfedern zum Grunde legen." „Die Z.e, die sich ein vernünftiges Wesen als Wirkungen seiner Handlung nach Belieben vorsetzt (materiale Z.e), sind insgesamt nur relativ; denn nur bloß ihr Verhältnis auf ein besonders geartetes Begehrungsvermögen des Subjekts gibt ihnen den Wert, der daher keine allgemeinen, für alle vernünftigen Wesen und auch nicht für jedes Wollen gültige und notwendige Prinzipien, d. i. praktische Gesetze, an die Hand geben kann. Daher sind alle diese relativen Z.e nur der Grund von hypothetischen Imperativen." Gäbe es aber etwas, „*dessen Dasein an sich selbst* einen absoluten Wert hat, was als ein Z. *an sich selbst* ein Grund bestimmter Gesetze sein könnte", so würde in ihm der Grund eines kategorischen Imperativs (s. d.) liegen. „Nun sage ich: der Mensch und überhaupt jedes vernünftige Wesen *existiert* als Z. an sich selbst, *nicht bloß als Mittel* zum beliebigen Gebrauche für diesen oder jenen Willen, sondern muß in allen seinen sowohl auf sich selbst als auch auf andere vernünftige Wesen gerichteten Handlungen jederzeit *zugleich als Z.* betrachtet werden." Vernünftige Wesen, Personen, sind „objektive Z.e" und haben als solche absoluten Wert. „Die vernünftige Natur existiert als Z. an sich selbst." Der praktische Imperativ lautet also: „Handle so, daß du die Menschheit, sowohl in deiner Person als in der Person eines jeden anderen, jederzeit zugleich als Z., niemals bloß als Mittel brauchst." „Das Subjekt aller Z.e ... ist jedes vernünftige Wesen als Z. an sich selbst", GMS 2. Abs. (III 51ff.). Jedes vernünftige Wesen muß so handeln, als ob es durch seine Maximen jederzeit ein gesetzgebendes Glied im allgemeinen „Reich der Z.e" (s. d.) wäre, ibid. (III 65). „Die vernünftige Natur nimmt sich dadurch vor den übrigen aus, daß sie ihr selbst einen Z. setzt. Dieser würde die Materie eines jeden guten Willens sein. Da aber in der Idee eines ohne einschränkende Bedingung (der Erreichung dieses oder jenes Z.es) schlechterdings guten Willens durchaus von allem zu *bewirkenden* Z.e abstrahiert werden muß (als der jeden Willen nur relativ gut machen würde), so wird der Z. hier nicht als ein zu bewirkender, *sondern selbständiger* Z., mithin nur negativ gedacht werden müssen, d. i. dem niemals zuwider gehandelt, der also niemals bloß als Mittel, sondern jederzeit zugleich als Z. in jedem Wollen geschätzt werden muß. Dieser kann nun nichts anderes als das Subjekt aller möglichen Z.e sein", ibid. (III 63f.). „Die Teleologie erwägt die Natur als ein Reich der Z.e, die Moral ein mögliches Reich der Z.e als ein Reich der Natur. Dort ist das Reich der Z.e eine theoretische Idee zur Erklärung dessen, was da ist. Hier ist es eine praktische Idee, um das, was nicht da ist, aber durch unser Tun und Lassen wirklich werden kann, und zwar eben dieser Idee gemäß zustande zu bringen", ibid. 2. Abs. 12. Anm. (III 62f.).

Die Naturforschung verfügt über zwei Methoden: die „theoretische" und „teleologische". Als „Physik" kann sie nur empirisch zu ermittelnde Z.e gebrauchen, als „Metaphysik" „nur einen Z., der durch reine Vernunft feststeht" (das höchste Gut). In beiden Fällen wird nur der „Mangel der unzulänglichen Theorie" ergänzt. Mit Recht „ruft die Vernunft in aller Naturuntersuchung zuerst nach Theorie und nur später nach Zweckbestimmung". „Den Mangel der ersteren kann keine Teleologie noch praktische Zweckmäßigkeit ersetzen. Wir bleiben immer unwissend in Ansehung der wirkenden Ursachen, wenn wir gleich die Angemessenheit unserer Voraussetzung mit Endursachen, es sei der Natur oder unseres Willens, noch so einleuchtend machen können", Gebrauch teleolog. Prinzipien, am Anfang (VIII 131f.). — Der Begriff eines „organisierten Wesens" schließt schon ein, „daß es eine Materie sei, in der alles wechselseitig als Zweck und Mittel aufeinander in Beziehung steht", und dies kann sogar „nur als System von Endursachen *gedacht* werden", so daß die Möglichkeit desselben „nur teleologische, keineswegs aber physisch-mechanische Erklärungsart, wenigstens der *menschlichen* Vernunft, übrig läßt", ibid. (VIII 153); vgl. Organismus. — Eine Grundkraft, die eine Organisation bewirken würde, muß als „eine nach Z.en wirkende Ursache" gedacht werden. „Wir kennen aber dergleichen Kräfte, *ihrem Bestimmungsgrunde nach*, durch Erfahrung *nur in uns selbst*, nämlich an unserem Verstande und Willen, als eine Ursache der Möglichkeit gewisser ganz nach Z.en eingerichteter Produkte, nämlich der *Kunstwerke*. Verstand und Wille sind bei uns Grundkräfte, deren der letztere, sofern er durch den ersteren bestimmt wird, ein Vermögen ist, etwas *gemäß einer Idee*, die Z. genannt wird. hervorzubringen." Da wir uns keine neue Grundkraft erdenken dürfen (vgl. Kraft), so ist der Begriff von dem „Vermögen eines Wesens, aus sich selbst zweckmäßig, aber ohne Z. und Absicht, die in ihm oder seiner Ursache lägen, zu wirken — als eine besondere Grundkraft, von der die Erfahrung kein Beispiel gibt, völlig erdichtet und leer, d. i. ohne die mindeste Gewährleistung, daß ihr überhaupt irgendein Objekt korrespondieren könne". Nur ein „intelligentes Wesen" außer oder in der Welt könnte also eine nach Z.en wirkende Ursache (der Organisation) sein, ibid. (VIII 156f.). „Z.e haben eine gerade Beziehung auf die Vernunft, sie mag nun fremde oder unsere eigene Vernunft sein. Allein um sie auch in fremder Vernunft zu setzen, müssen wir unsere eigene wenigstens als ein Analogon derselben zum Grunde legen; weil sie ohne diese gar nicht vorgestellt werden können." Es gibt Z.e der Natur und der Freiheit. „Daß es in der Natur Z.e geben müsse, kann kein Mensch a priori einsehen; dagegen er a priori ganz wohl einsehen kann, daß es darin eine Verknüpfung der Ursachen und Wirkungen geben müsse. Folglich ist der Gebrauch des teleologischen Prinzips in Ansehung der Natur jederzeit empirisch bedingt." „Ebenso würde es mit den Z.en der Freiheit bewandt sein, wenn dieser vorher die Gegenstände des Wollens durch die Natur (in Bedürfnissen und Neigungen) als Bestimmungsgründe gegeben werden müßten, um, bloß vermittelst der Vergleichung derselben untereinander und mit ihrer Summe, dasjenige durch Vernunft zu bestimmen, was wir uns zum Z.e machen. Allein die Kritik der Vernunft zeigt, daß es reine praktische Prinzipien gebe, wodurch die Vernunft a priori bestimmt wird, und die also a priori den Z. derselben angeben. Wenn also der Gebrauch des teleologischen Prinzips zu Erklärungen der Natur darum, weil es auf empirische Bedingungen eingeschränkt ist, den Urgrund der zweckmäßigen Verbindung niemals vollständig und für alle Z.e bestimmt genug angeben kann, so muß man dieses dagegen von einer reinen Zweckslehre (welche keine andere als die der Freiheit sein kann) erwarten, deren Prinzip a priori die Beziehung einer Vernunft überhaupt auf das Ganze aller Z.e enthält und nur praktisch sein kann." „Weil aber eine reine praktische Teleologie, d. i. eine Moral, ihre Z.e in der Welt wirklich zu machen bestimmt ist, so wird sie deren Möglichkeit in derselben, sowohl was die darin gegebenen Endursachen betrifft, als auch die Angemessenheit der obersten Weltursache zu einem Ganzen aller Z.e, als Wirkung, mithin sowohl die natürliche Teleologie als auch die Möglichkeit einer Natur überhaupt, d. i. eine Transzendental-Philosophie, nicht verabsäumen dürfen, um der praktischen reinen Zweckslehre objektive Realität, in Absicht auf die Möglichkeit des Objekts in der Ausübung, nämlich die des Z.es, den sie als in der Welt zu bewirken vorschreibt, zu sichern", ibid. (VIII 157f.).

Der Z. ist „der Begriff von einem Objekt, sofern er zugleich den Grund der Wirklichkeit dieses Objekts enthält", KU Einl. IV (II 17). „Wenn man, was ein Z. sei, nach seinen transzendentalen Bestimmungen (ohne etwas Empirisches, dergleichen das Gefühl der Lust ist, vorauszusetzen) erklären will: so ist Z. der Gegenstand eines Begriffs, sofern dieser als die Ursache von jenem (der reale Grund seiner Möglichkeit) angesehen wird, und die Kausalität eines Begriffs in Ansehung seines Objekts ist die Zweckmäßigkeit (forma finalis). Wo also nicht etwa bloß das Erkenntnis von einem Gegenstande, sondern der Gegenstand selbst (die Form oder Existenz desselben) als Wirkung nur als durch einen Begriff von der letzteren möglich gedacht wird, da denkt man sich einen Z. Die Vorstellung der Wirkung ist hier der Bestimmungsgrund ihrer Ursache und geht vor der letzteren vorher", ibid. § 10 (II 58). Z. ist „die vorgestellte Wirkung, deren Vorstellung zugleich der Bestimmungsgrund der verständigen wirkenden Ursache zu ihrer Hervorbringung ist", ibid. § 82 (II 294); vgl. Endzweck, Zweckmäßigkeit.

„. . ohne allen Z. kann kein Wille sein; obgleich man, wenn es bloß auf gesetzliche Nötigung der Handlungen ankommt, von ihm abstrahieren muß und das Gesetz allein den Bestimmungsgrund desselben ausmacht." „Aber nicht jeder Z. ist moralisch (z B. nicht der der eigenen Glückseligkeit), sondern dieser muß uneigennützig sein; und das Bedürfnis eines durch reine Vernunft aufgegebenen, das Ganze aller Z.e unter einem Prinzip befassenden Endzwecks (eine Welt als das höchste auch durch unsere Mitwirkung mögliche Gut), ist ein Bedürfnis des sich noch über die Beobachtung der formalen Gesetze zu Hervorbringung eines Objekts (das höchste Gut) erweiternden uneigennützigen Willens". Theor. Prax. I, 3. Anm. (VI 75). „Z. ist jederzeit der Gegenstand einer Zuneigung, d. i. einer unmittelbaren Begierde zum Besitz einer Sache, vermittelst seiner Handlung." „Ein objektiver Z. (d. i. derjenige, den wir haben sollen) ist der, welcher uns von der bloßen Vernunft als ein solcher aufgegeben wird. Der Z., welcher die unumgängliche und zugleich zureichende Bedingung aller übrigen enthält, ist der Endzweck." Der „subjektive Endzweck" vernünftiger Weltwesen ist eigene Glückseligkeit (s. d.). Daß jeder sich das höchste in der Welt mögliche Gut (s. d.) zum Endzwecke machen solle, ist ein synthetischer, „objektiv-praktischer" Satz a priori, der über den Begriff der Pflichten in der Welt hinausgeht (vgl. Gott, Ethik), Rel. Vorr. z. 1. A. 2. Anm. (IV 5). „Z. ist ein Gegenstand der Willkür (eines vernünftigen Wesens), durch dessen Vorstellung diese zu einer Handlung, diesen Gegenstand hervorzubringen, bestimmt wird." Ich kann zu Handlungen (als Mitteln zu einem Z.), nie aber zu einer Zweckhabung von anderen gezwungen werden; „ich kann nur selbst mir etwas zum Z. machen". „Aber sich selbst einen Z. zu setzen, der zugleich Pflicht ist, ist kein Widerspruch; weil ich da mich selbst zwinge, welches mit der Freiheit gar wohl zusammen besteht." Es gibt Z.e, die an sich selbst Pflicht sind; insofern ist die Ethik (s. d.) „das System der Z.e der reinen praktischen Vernunft", MST Einl. I (III 219 f.). Es ist ein Akt der Freiheit des handelnden Subjekts, nicht eine Wirkung der Natur, einen Z. der Handlungen zu haben. Unter den Z.en muß es einige geben, die zugleich (d. h. „ihrem Begriffe nach") Pflichten sind; denn sonst wären alle Z.e immer nur Mittel zu anderen Z.en, und ein kategorischer Imperativ (s. d.) wäre unmöglich. Die „moralische (objektive) Zwecklehre" handelt von den Z.en, die der Mensch sich setzen soll, ibid. Einl. III (III 225). Die Z.e, die zugleich Pflichten sind, sind: „Eigene Vollkommenheit — fremde Glückseligkeit", ibid. Einl. IV (III 225); vgl. Vollkommenheit, Glückseligkeit. In beiden Fällen wird der „subjektive" Z. (den jedermann hat) dem „objektiven" (den sich jedermann dazu machen soll) untergeordnet, ibid. Einl. VI (III 230). „Zu den Maximen der Vernunft gehört, daß selbst dasjenige, was die deutlichste Beziehung auf Z.e enthält, doch nach der Ordnung der Natur entstanden sei", N 4647. Vgl. Zweckmäßigkeit, Endzweck, Reich der Zwecke, Pflicht, Imperativ, Praktisch, Philosophie, Weisheit, Gut, Nützlich, Organismus, Gott.

Zweckmäßigkeit s. Zweck. Die Einheit, Regelmäßigkeit, Ordnung in den Wechselbeziehungen der Dinge, die Vereinigung der Nutzbarkeiten derselben weist auf einen einheitlichen Grund der allgemeinen „Harmonie" hin. Sie bezeugt die „gemeinschaftliche Abhängigkeit" der Dinge und ihres Wesens von einem einigen Grunde, Beweisgr. Gottes 2. Abt. 1. Btr., 2 (VI 48 f.). Die Z. der Dinge braucht aber nicht durchweg auf besonderen Anstalten des göttlichen Urgrundes zu beruhen, sondern es ist anzunehmen, daß sie in der Regel aus dem Wesen der einmal so geschaffenen Welt nach den allgemeinen Gesetzen des Geschehens (nach mechanischen Prinzipien) notwendig zustande gekommen ist, wobei mit einer zweckmäßigen Wirkung infolge dieser Gesetze von selbst (ohne besondere Vorsorge) eine Fülle anderer zweckmäßiger (oder zweckvoll verwertbarer) Nebenwirkungen und Folgen auftreten müssen, ibid. (VI 50 ff.). Die Dinge existieren, weil Gott wollte, daß sie sein sollten (um bestimmter Zwecke willen). Aber die Fülle von notwendig sich ergebenden Z.en ist nicht auf eine freie Wahl Gottes zurückzuführen, sondern entspringt aus dem Wesen der Dinge selbst (z. B. der nach bestimmten Gesetzen und mittelst bestimmter Kräfte wirksamen Materie) und dem Zusammenwirken derselben. „Daß flüssige Materien und schwere Körper da sind, kann nur dem Begehren dieses mächtigen Urhebers beigemessen werden; daß aber ein Weltkörper in seinem flüssigen Zustande ganz notwendiger Weise so allgemeinen Gesetzen zufolge eine Kugelgestalt anzunehmen bestrebt ist, welche nachher besser, wie irgendeine andere mögliche, mit den übrigen Zwecken des

Universums zusammenstimmt, indem z. E. eine solche Oberfläche der gleichförmigsten Verteilung des Lichts fähig ist, das liegt in dem Wesen der Sache selbst", ibid. 2. Btr. (VI 55 f.). „Daß Dinge da sind, die so viel schöne Beziehung haben, ist der weisen Wahl desjenigen, der sie um dieser Harmonie willen hervorbrachte, beizumessen; daß aber ein jedes derselben eine so ausgebreitete Schicklichkeit zu vielfältiger Übereinstimmung durch einfache Gründe enthielte, und dadurch eine bewundernswürdige Einheit im Ganzen konnte erhalten werden, liegt selbst in der Möglichkeit der Dinge, und da hier das Zufällige, was bei jeder Wahl vorausgesetzt werden muß, verschwindet, so kann der Grund dieser Einheit zwar in einem weisen Wesen, aber nicht vermittelst seiner Weisheit gesucht werden", ibid. (VI 56). Es mag auch übernatürlich bedingte Z. geben (auch Wunder), die Regel ist doch die natürliche, aus der „Ordnung der Natur" (aus Naturkräften, nach Naturgesetzen) entspringende Z., ibid. 3. Btr., 1 (VI 57 f.). Es gibt „viele Naturgesetze, deren Einheit notwendig ist, wo ebenderselbe Grund der Übereinstimmung zu einem Gesetze auch andere Gesetze notwendig macht". In der unorganischen Natur gibt es ungemein viele Beweise einer solchen notwendigen Einheit. In den Organismen hingegen ist die Einheit der Funktionen eine zufällige, eine „künstliche" Einheit in Beziehung auf die verschiedenen Zwecke, ibid. 2 (VI 60 f.). Gott hat diese Welt so gewählt, weil durch den „natürlichen Zusammenhang" in ihr die vollkommenen Zwecke am richtigsten erreicht wurden. Die allgemeinen Gesetze der Natur müssen dem göttlichen Willen im Weltgeschehen durchaus entsprechen, weil die Dinge von ihm abhängen, also nie gegen den Grund der Welt verstoßen können. „Und so müssen alle die Veränderungen der Welt, die mechanisch, mithin aus den Bewegungsgesetzen notwendig sind, jederzeit darum gut sein, weil sie natürlicher Weise notwendig sind...", ibid. 4. Btr., 1 (VI 62 ff.). Auch die Kräfte der „freihandelnden Wesen" sind nicht ganz allen Gesetzen entzogen, da sie ja in ihren Handlungen durch Gründe bestimmt sind. ibid. (VI 65). So bedarf die Ordnung der Natur nur selten einer übernatürlichen Verbesserung und Ergänzung, ibid. (VI 66). Alles in der Welt hat die Eigenschaft, „durch allgemeine Anordnungen zu einem Ganzen zusammenzupassen", das mit der Weisheit Gottes harmoniert, ibid. (VI 67). Die Organismen sind nach besonderen Naturgesetzen aufgebaut; die allgemeinen Naturgesetze sind unzulänglich zur Erklärung ihrer Entstehung, aber die organischen Prozesse sind als natürliche, gesetzliche Funktionen aufzufassen. Die erste göttliche Anordnung der Pflanzen und Tiere hat diese tauglich gemacht, ihres Gleichen „nach einem natürlichen Gesetze" nicht bloß zu entwickeln, sondern zu erzeugen. Diese Erzeugung ist also nichts Übernatürliches, mag sie auch nicht mechanisch begreiflich sein, ibid. 2 (VI 70 f.). — Man darf nicht (aus dem Fehler der „faulen Vernunft") die Naturursachen und deren Gesetze um der Teleologie willen vernachlässigen, auch nicht Zwecke annehmen, die gar nicht anzusetzen sein können, ibid. 6. Btr., 4 (VI 84 ff.). Daß die Mittel zu einem bestimmten Zweck noch so viele vorteilhafte Wirkungen haben, also von selbst andere Zwecke fördern, ist nicht schon durch den göttlichen Willen allein begreiflich. Sondern: „Diejenige bewunderungswürdige Gemeinschaft, die unter den Wesen alles Erschaffenen herrscht, daß ihre Naturen einander nicht fremd sind, sondern, in vielfacher Harmonie verknüpft, sich zueinander von selbst schicken und eine ausgebreitete notwendige Vereinbarung zur gesamten Vollkommenheit in ihren Wesen enthalten, das ist der Grund so mannigfaltiger Nutzbarkeiten, die man nach unserer Methode als Beweistümer eines höchst weisen Urhebers, aber nicht in allen Fällen als Anstalten, die durch besondere Weisheit mit den übrigen um der besonderen Nebenvorteile willen verbunden werden, ansehen kann", ibid. 6. Btr., 4 (VI 89).

Die Vernunft muß es notwendig zum Grundsatze annehmen, daß in der lebenden Natur „nichts Entbehrliches oder für den Gebrauch Unproportioniertes, mithin Unzweckmäßiges" anzutreffen, sondern alles „seiner Bestimmung im Leben genau angemessen" sei. Die Erkenntnis der Z. der Dinge vermehrt sich unaufhörlich, KrV tr. Dial. 2. B. 1. H. Widerlegung des Mendelssohnschen Beweises... (I 367 f.—Rc 470 f.). Die „höchste formale Einheit, welche allein auf Vernunftbegriffen beruht", ist „die zweckmäßige Einheit der Dinge";

„das spekulative Interesse der Vernunft macht es notwendig, alle Anordnung in der Welt so anzusehen, als ob sie aus der Absicht einer allerhöchsten Vernunft entsprossen wäre. Ein solches Prinzip eröffnet nämlich unserer auf das Feld der Erfahrungen angewandten Vernunft ganz neue Aussichten, nach teleologischen Gesetzen die Dinge der Welt zu verknüpfen und dadurch zu der größten systematischen Einheit derselben zu gelangen." Die Voraussetzung einer „obersten Intelligenz" als der Ursache des Weltganzen aber „bloß in der Idee" und per analogiam (s. Gott) — kann der Vernunft immer nur nützen, nie schaden. Denn die Zugrundelegung „weiser Absichten" kann zu einer „Menge von Entdeckungen" führen. „Bleiben wir nun bei dieser Voraussetzung als einem bloß regulativen Prinzip, so kann selbst der Irrtum uns nicht schaden. Denn es kann allenfalls daraus nichts weiter folgen, als daß, wo wir einen teleologischen Zusammenhang (nexus finalis) erwarteten, ein bloß mechanischer oder physischer (nexus effectivus) angetroffen werde, wodurch wir, in einem solchen Falle, nur eine Einheit mehr vermissen, aber nicht die Vernunfteinheit in ihrem empirischen Gebrauche verderben." Es ist aber gänzlich unmöglich, in einem Falle zu beweisen, daß eine Natureinrichtung „ganz und gar keinen Zweck habe", welcher immer es sein mag. Daß alles (z. B. am Tiere) „seinen Nutzen und gute Absicht" habe, ist eine regulative Voraussetzung, „um zur höchsten systematischen Einheit vermittelst der Idee der zweckmäßigen Kausalität der obersten Weltursache, und als ob diese, als höchste Intelligenz, nach der weisesten Absicht die Ursache von allem sei, zu gelangen", KrV tr. Dial. Anh. V. d. Endabsicht . . . (I 579 ff.—Rc 725 ff.). Wird aber die Idee der höchsten Intelligenz nicht bloß regulativ (s. d.), sondern konstitutiv gebraucht, so begeht man den Fehler der „faulen Vernunft" (s. d.) „Denn da dienen alle sich in der Natur zeigenden, oft nur von uns selbst dazu gemachten Zwecke dazu, es uns in der Erforschung der Ursachen recht bequem zu machen, nämlich anstatt sie in den allgemeinen Gesetzen des Mechanismus der Materie zu suchen, sich geradezu auf den unerforschlichen Ratschluß der höchsten Weisheit zu berufen." Vermieden wird dieser Fehler, wenn wir die Teleologie ganz „allgemein" nehmen. „Denn alsdann legen wir eine Zweckmäßigkeit nach allgemeinen Gesetzen der Natur zum Grunde, von denen keine besondere Einrichtung ausgenommen, sondern nur mehr oder weniger kenntlich für uns ausgezeichnet werden, und haben ein regulatives Prinzip der systematischen Einheit einer teleologischen Verknüpfung, die wir aber nicht zum Voraus bestimmen, sondern nur in Erwartung derselben die physisch-mechanische Verknüpfung nach allgemeinen Gesetzen verfolgen dürfen", ibid. (I 581 ff.—Rc 727 ff.). Zu vermeiden ist auch der Fehler der „verkehrten Vernunft" (des „Hysteron proteron"). Man begeht diesen Fehler nämlich, wenn man, anstatt nach der Zweck-Einheit und ihr gemäß zu forschen, die Wirklichkeit eines Prinzips derselben hypostatisch und anthropomorphistisch zugrunde legt und dann „der Natur Zwecke gewaltsam und diktatorisch aufdrängt, anstatt sie, wie billig, auf dem Wege der physischen Naturforschung zu suchen", ibid. (I 583 f.—Rc 729 f.). „Die Naturursachen nach allgemeinen Gesetzen derselben, zwar nach der Idee eines Urhebers, aber nicht um die Z., der sie allerwärts nachgeht, von demselben abzuleiten, sondern sein Dasein aus dieser Z., die in dem Wesen der Naturdinge gesucht wird, womöglich auch in dem Wesen aller Dinge überhaupt, mithin als schlechthin notwendig zu erkennen", ibid. (I 584—Rc 731). „Die größte systematische, folglich auch die zweckmäßige Einheit ist die Schule und selbst die Grundlage der Möglichkeit des größten Gebrauchs der Menschenvernunft: Die Idee derselben ist also mit dem Wesen unserer Vernunft unzertrennlich verbunden. Eben dieselbe Idee ist also für uns gesetzgebend, und so ist es sehr natürlich, eine ihr korrespondierende gesetzgebende Vernunft (intellectus archetypus) anzunehmen, von der alle systematische Einheit der Natur, als dem Gegenstande unserer Vernunft, abzuleiten sei", ibid. (I 585—Rc 731 f.). Es muß uns aber gleich sein, ob man sagt: „die göttliche Weisheit hat alles so zu ihren obersten Zwecken geordnet, oder: die Idee der höchsten Weisheit ist ein Regulativ in der Nachforschung der Natur", „Gott hat es weislich so gewollt, oder: die Natur hat es also weislich geordnet", ibid. (I 587 f.—Rc 734 f.). Jedenfalls ist unter allen Prinzipien der Einheit die Einheit der Zwecke die „vornehmste", ibid. (I 590—Rc 737); Vgl. Physikotheologischer Gottesbeweis.

Ordnung und Z. in der Natur „muß wiederum aus Naturgründen und nach Naturgesetzen erklärt werden, und hier sind selbst die wildesten Hypothesen, wenn sie nur physisch sind, erträglicher als eine hyperphysische, d. i. die Berufung auf einen göttlichen Urheber, den man zu diesem Behuf voraussetzt". Denn „das wäre ein Prinzip der faulen Vernunft (ignava ratio), alle Ursachen, deren objektive Realität, wenigstens der Möglichkeit nach, man noch durch fortgesetzte Erfahrung kann kennenlernen, auf einmal vorbeizugehen, um in einer bloßen Idee, die der Vernunft sehr bequem ist, zu ruhen", KrV tr. Meth. 1. H. 3. Abs. (I 643—Rc 792 f.). Die systematische (sittliche) Einheit der Zwecke in der „Welt der Intelligenzen", welche als Natur zwar nur Sinnenwelt, als ein „System der Freiheit" aber „intelligible, d. i. moralische Welt (regnum gratiae)" genannt werden kann, führt unausbleiblich auf die „zweckmäßige Einheit aller Dinge, die dieses große Ganze ausmachen, nach allgemeinen Naturgesetzen, so wie die erstere nach allgemeinen und notwendigen Sittengesetzen, und vereinigt die praktische Vernunft mit der spekulativen". „Die Welt muß als aus einer Idee entsprungen vorgestellt werden, wenn sie mit demjenigen Vernunftgebrauch, ohne welchen wir uns selbst der Vernunft unwürdig halten würden, nämlich dem moralischen, als welcher durchaus auf der Idee des höchsten Guts beruht, zusammenstimmen soll. Dadurch bekommt alle Naturforschung eine Richtung nach der Form eines Systems der Zwecke, und wird in ihrer höchsten Ausbreitung Physikotheologie." Diese führt auf eine transzendentale Theologie (s. d.), „die sich das Ideal der höchsten ontologischen Vollkommenheit zu einem Prinzip der systematischen Einheit nimmt, welches nach allgemeinen und notwendigen Naturgesetzen alle Dinge verknüpft, weil sie alle in der absoluten Notwendigkeit eines einigen Urwesens ihren Ursprung haben". „Was können wir für einen Gebrauch von unserem Verstande machen, selbst in Ansehung der Erfahrung, wenn wir uns nicht Zwecke vorsetzen? Die höchsten Zwecke aber sind die der Moralität, und diese kann uns nur reine Vernunft zu erkennen geben. Mit diesen nun versehen und an dem Leitfaden derselben können wir von der Kenntnis der Natur selbst keinen zweckmäßigen Gebrauch in Ansehung der Erkenntnis machen, wo die Natur nicht selbst zweckmäßige Einheit hingelegt hat; denn ohne diese hätten wir sogar selbst keine Vernunft, weil wir keine Schule für dieselbe haben würden, und keine Kultur durch Gegenstände, welche den Stoff zu solchen Begriffen darböten", ibid. 2. H. 2. Abs. (I 674 f.—Rc 827 f.); vgl. Endzweck.

Z. der Form der Dinge ist „die Übereinstimmung eines Dinges mit derjenigen Beschaffenheit der Dinge, die nur nach Zwecken möglich ist", KU Einl. IV (II 17). Die „formale Z." der Natur in der Mannigfaltigkeit ihrer besonderen, empirischen Gesetze (s. d.) oder die „transzendentale Z." ist ein „transzendentales" Prinzip der Urteilskraft (s. d.), während die „praktische" Z., die in der Idee der Bestimmung eines freien Willens gedacht werden muß, ein „metaphysisches" Prinzip (s. d.) ist, „weil der Begriff eines Begehrungsvermögens als eines Willens doch empirisch gegeben werden muß (nicht zu den transzendentalen Prädikaten gehört)", ibid. Einl. V (II 18). Die „Z. der Natur" ist also „ein besonderer Begriff a priori, der lediglich in der reflektierenden Urteilskraft seinen Ursprung hat". „Denn den Naturprodukten kann man so etwas, als Beziehung der Natur an ihnen auf Zwecke, nicht beilegen, sondern diesen Begriff nur brauchen, um über sie in Ansehung der Verknüpfung der Erscheinungen in ihr, die nach empirischen Gesetzen gegeben ist, zu reflektieren. Auch ist dieser Begriff von der praktischen Z. (der menschlichen Kunst oder auch der Sitten) ganz unterschieden, ob er zwar nach einer Analogie mit derselben gedacht wird." Um die besonderen, empirischen Formen und Gesetze der Natur nach einem „Prinzip der Einheit des Mannigfaltigen" verstehen und erforschen zu können, muß die Urteilskraft eine solche Einheit annehmen, d. h. die besonderen Gesetze so betrachten, „als ob gleichfalls ein Verstand (wenngleich nicht der unsrige) sie zum Behuf unserer Erkenntnisvermögen, um ein System der Erfahrung nach besonderen Naturgesetzen möglich zu machen, gegeben hätte". Die Natur wird so vorgestellt, „als ob ein Verstand den Grund der Einheit des Mannigfaltigen ihrer empirischen Gesetze enthalte", ibid. Einl IV (II 16 f.). Die Urteilskraft muß für ihren „subjektiven Gebrauch" annehmen, „daß das für die menschliche Einsicht zufällige in den besonderen (empirischen) Naturgesetzen dennoch eine für uns zwar nicht zu ergründende, aber doch denkbare gesetzliche Einheit in der Verbindung ihres Mannigfaltigen zu einer an sich möglichen Erfahrung enthalte", und diese Einheit wird als Z. der Natur für unser Erkenntnisvermögen, Angemessenheit derselben zu diesem, vorgestellt, ibid. Einl. V (II 20 f.). Dieser „transzendentale Begriff einer Z. der Natur" ist nun „weder ein Naturbegriff noch ein Freiheitsbegriff", weil er „gar nichts dem Objekte (der Natur) beilegt, sondern nur die einzige Art, wie wir in der Reflexion über die Gegenstände der Natur in Absicht auf eine durchgängig zusammenhängende Erfahrung verfahren müssen, vorstellt, folglich ein subjektives Prinzip (Maxime) der Urteilskraft"; daher wir auch, „gleich als ob es ein glücklicher, unsere Absicht begünstigender Zufall wäre, erfreut (eigentlich eines Bedürfnisses entledigt) werden, wenn wir eine solche systematische Einheit unter bloß empirischen Gesetzen antreffen: ob wir gleich notwendig annehmen mußten, es sei eine solche Einheit, ohne daß wir sie doch einzusehen und zu beweisen vermochten", ibid. (II 20 f.). Die „gedachte Übereinstimmung der Natur in der Mannigfaltigkeit ihrer besonderen Gesetze zu unserem Bedürfnisse, Allgemeinheit der Prinzipien für sie aufzufinden", muß „nach aller unserer Einsicht als zufällig beurteilt werden, gleichwohl aber doch für unser Verstandesbedürfnis als unentbehrlich, mithin als Z., wodurch die Natur mit unserer, aber nur auf Erkenntnis gerichteten, Absicht übereinstimmt". Daß „die Ordnung der Natur nach ihren besonderen Gesetzen bei aller unserer Fassungskaft übersteigenden, wenigstens möglichen Mannigfaltigkeit und Ungleichartigkeit, doch dieser wirklich angemessen sei, ist, soviel wir einsehen können, zufällig; und die Auffindung derselben ist ein Geschäft des Verstandes, welches mit Absicht zu einem notwendigen Zwecke desselben, nämlich Einheit der Prinzipien in sie hineinzubringen, geführt wird; welchen Zweck dann die Urteilskraft der Natur beilegen muß, weil der Verstand ihr hierüber kein Gesetz vorschreiben kann", ibid. Einl. VI (II 23 f.). Die Erreichung dieser Absicht ist mit einem Gefühle der Lust verbunden, welches hier „durch einen Grund a priori und für jedermann gültig bestimmt" ist, und zwar „bloß durch die Beziehung des Objekts auf das Erkenntnisvermögen, ohne daß der Begriff der Z. hier im mindesten auf das Begehrungsvermögen Rücksicht nimmt". Die „entdeckte Vereinbarkeit zweier oder mehrerer empirischen heterogenen Naturgesetze unter einem sie beide befassenden Prinzip" ist der Grund einer Lust, mögen wir nun sie jetzt noch oder nicht mehr bemerken, ibid. (II 24). Unbestimmt ist jedoch, „wie weit jene idealische Z. der Natur für unser Erkenntnisvermögen ausgedehnt werden solle". Es ist ein Geheiß unserer Urteilskraft, „nach dem Prinzip der Angemessenheit der Natur zu unserem Erkenntnisvermögen zu verfahren, soweit es reicht, ohne . . . auszumachen, ob es irgendwo seine Grenzen habe oder nicht", ibid. (II 25). Vgl. Technik (der Natur), System. Spezifikation.

Die ästhetische (s. d.) Z. besteht in der durch ein Gefühl der Lust sich unmittelbar ankündenden „Angemessenheit" eines vorgestellten Gegenstandes zum Erkenntnisvermögen, in der „Einstimmung" von Einbildungskraft und Verstand. Es ist dies eine „subjektive formale Z. des Objekts", KU Einl. VII (II 26 f.). Es gibt eine „ästhetische" und „logische" Vorstellung der Z. der Natur, eine „formale (bloß subjektive)" und eine „reale (objektive)" Z., „deren eine wir durch Geschmack (ästhetisch, vermittelst des Gefühls der Lust), die andere durch Verstand und Vernunft (logisch, nach Begriffen) beurteilen". „An einem in der Erfahrung gegebenen Gegenstande kann Z. vorgestellt werden: entweder aus einem bloß subjektiven Grunde, als Übereinstimmung seiner Form, in der Auffassung (apprehensio) desselben vor allem Begriffe, mit den Erkenntnisvermögen, um die Anschauung mit Begriffen zu einem Erkenntnis überhaupt zu vereinigen; oder aus einem objektiven, als Übereinstimmung seiner Form mit der Möglichkeit des Dinges selbst, nach einem Begriffe von ihm, der vorhergeht und den Grund dieser Form enthält." Hierauf gründet sich die Einteilung der Kritik der Urteilskraft in die der „ästhetischen" und „teleologischen" Urteilskraft. Die „Naturschönheit" ist die Darstellung des Begriffs einer „formalen" Z., die „Naturzwecke" sind die Darstellung des Begriffs einer „realen" Z., ibid. Einl. VIII (II 30 f.).

Z. (forma finalis) ist „die Kausalität eines Begriffs in Ansehung seines Objekts". Zweckmäßig aber heißt ein Objekt oder Gemütszustand oder eine Handlung auch, „wenngleich ihre Möglichkeit die Vorstellung eines Zweckes nicht notwendig voraussetzt, bloß darum, weil ihre Möglichkeit von uns nur erklärt und begriffen werden kann, sofern wir eine Kausalität nach Zwecken, d. i. einen Willen, der sie nach der Vorstellung einer gewissen Regel so angeordnet hätte, zum Grunde derselben annehmen". Die Z. kann also „ohne Zweck" sein, „sofern wir die Ursachen dieser Form nicht in einen Willen setzen, aber doch die Erklärung ihrer Möglichkeit nur, indem wir sie von einem Willen ableiten, uns begreiflich machen können". „Nun haben wir das, was wir beobachten, nicht immer nötig durch Vernunft (seiner Möglichkeit nach) einzusehen. Also können wir eine Z. der Form nach, auch ohne daß wir ihr einen Zweck (als die Materie des nexus finalis) zum Grunde legen, wenigstens beobachten und an Gegenständen, wiewohl nicht anders als durch Reflexion, bemerken", KU § 10 (II 58 f.). Das Geschmacksurteil (s. d.) hat bloß die Form der Z. eines Gegenstandes oder seiner Vorstellungsart zum Grunde, ibid. § 11 (II 59 f.); vgl. Schönheit.

Man hat „nach transzendentalen Prinzipien" guten Grund, „eine subjektive Z. der Natur in ihren besonderen Gesetzen zu der Faßlichkeit für die menschliche Urteilskraft und der Möglichkeit der Verknüpfung der besonderen Erfahrungen in ein System derselben anzunehmen"; wo dann „unter den vielen Produkten derselben auch solche als möglich erwartet werden können, die, als ob sie ganz eigentlich für unsere Urteilskraft angelegt wären, solche spezifische ihr angemessene Formen enthalten, welche durch ihre Mannigfaltigkeit und Einheit die Gemütskräfte (die im Gebrauche dieses Vermögens im Spiele sind) gleichsam zu stärken und zu unterhalten dienen, und denen man daher den Namen schöner Formen beilegt". Daß aber Dinge der Natur „einander als Mittel zu Zwecken dienen, und ihre Möglichkeit selbst nur durch diese Art von Kausalität hinreichend verständlich sei", dazu haben wir gar keinen Grund in der allgemeinen Idee der Natur als Inbegriffs der Gegenstände der Sinne. Wie Zwecke, die nicht die unsrigen sind, eine besondere Art der Kausalität oder doch der Gesetzmäßigkeit der Dinge ausmachen können, läßt sich a priori nicht voraussetzen; die Erfahrung kann uns die Wirklichkeit derselben nicht beweisen, „es müßte denn eine Vernünftelei vorhergegangen sein, die nur den Begriff des Zwecks in die Natur der Dinge hineinspielt, aber ihn nicht von den Objekten und ihrer Erfahrungserkenntnis hernimmt, denselben also mehr braucht, die Natur nach der Analogie mit einem subjektiven Grunde der Verknüpfung der Vorstellungen in uns begreiflich zu machen, als sie aus objektiven Gründen zu erkennen". — Eine „teleologische Beurteilung" der Natur nach Analogie der Zweckkausalität ist möglich, aber ohne Anmaßung, die Dinge danach zu „erklären". Sie gehört also „zur reflektierenden, nicht zu der bestimmenden Urteilskraft". „Der Begriff von Verbindungen und Formen der Natur nach Zwecken ist doch wenigstens ein Prinzip mehr, die Erscheinungen derselben unter Regeln zu bringen, wo die Gesetze der Kausalität nach dem bloßen Mechanism derselben nicht zulangen." Denn „wir führen einen teleologischen Grund an, wo wir einem Begriffe vom Objekte, als ob er in der Natur (nicht in uns) befindlich wäre, Kausalität in Ansehung eines Objekts zueignen, oder vielmehr nach der Analogie einer solchen Kausalität (dergleichen wir in uns antreffen) uns die Möglichkeit des Gegenstandes vorstellen, mithin die Natur als durch eigenes Vermögen technisch denken; wogegen, wenn wir ihr nicht eine solche Wirkungsart beilegen, ihre Kausalität als blinder Mechanism vorgestellt werden müßte". „Würden wir dagegen der Natur absichtlich wirkende Ursachen unterlegen, mithin der Teleologie nicht bloß ein regulatives Prinzip für die bloße Beurteilung der Erscheinungen, denen die Natur nach ihren besonderen Gesetzen als unterworfen gedacht werden könne, sondern dadurch auch ein konstitutives Prinzip der Ableitung ihrer Produkte von ihren Ursachen zum Grunde legen: so würde der Begriff eines Naturzwecks nicht mehr für die reflektierende, sondern die bestimmende Urteilskraft gehören", KU § 61 (II 221 ff.). Vgl. Technik (der Natur).

Von der „materialen" Z. ist die bloß „formale" objektive Z. zu unterscheiden, nämlich die geometrischer Figuren und von Zahlen, kurz von mathematischen Gebilden, welche eine oft bewunderte „Tauglichkeit zur Auflösung vieler Probleme nach einem einzigen Prinzip, und auch wohl eines jeden derselben auf unendlich verschiedene Art an sich" aufweisen. Diese Z. ist „objektiv und intellektuell", nicht bloß subjektiv und ästhetisch, KU § 62 (II 223 ff.).

Die materiale (reale) Z. der Natur ist eine äußere (relative) oder innere Z. Die Erfahrung leitet unsere Urteilskraft auf den „Begriff einer objektiven und materialen Z., d. i. auf den Begriff eines Zwecks der Natur" nur dann, „wenn ein Verhältnis der Ursache zur Wirkung zu beurteilen ist, welches wir als gesetzlich einzusehen uns nur dadurch vermögend finden, daß wir die Idee der Wirkung der Kausalität ihrer Ursache als die dieser selbst zum Grunde liegende Bedingung der Möglichkeit der ersteren unterlegen". Dieses kann aber auf zwiefache Weise geschehen: „entweder, indem wir die Wirkung unmittelbar als Kunstprodukt, oder nur als Material für die Kunst anderer möglicher Naturwesen, also entweder als Zweck oder als Mittel zum zweckmäßigen Gebrauche anderer Ursachen ansehen". Die letztere Z. heißt „die Nutzbarkeit (für Menschen), oder auch Zuträglichkeit (für jedes andere Geschöpf), und ist bloß relativ; indes die erstere „eine innere Z. des Naturwesens" ist, ibid. § 63 (II 228 f.). Die äußere Z. nun kann nur dann als äußerer Naturzweck betrachtet werden, wenn die Existenz desjenigen, für den etwas nützlich ist, für sich selbst ein „Zweck der Natur" ist. Da dies aber „durch bloße Naturbetrachtung nimmermehr auszumachen ist", so folgt, „daß die relative Z., ob sie gleich hypothetisch auf Naturzwecke Anzeige gibt, dennoch zu keinem absoluten teleologischen Urteile berechtige". Die vielen Dinge, die in der Natur dem Menschen dienlich sind, können nur dann als Naturzwecke gelten, wenn man annimmt, der Mensch habe auf Erden leben sollen; aus dieser ihrer Nützlichkeit sind sie aber keinesfalls naturwissenschaftlich abzuleiten, zu erklären, ibid. (II 230 ff.). — Um einzusehen, daß ein Ding selbst nur als Zweck möglich sei, d. h. um die Kausalität seines Ursprungs nicht im Mechanismus der Natur, sondern in einer durch Begriffe bestimmten Ursache suchen zu müssen, wird erfordert, „daß seine Form nicht nach bloßen Naturgesetzen möglich sei, d. i. solchen, welche von uns durch den Verstand allein, auf Gegenstände der Sinne angewandt, erkannt werden können; sondern daß selbst ihr empirisches Erkenntnis, ihrer Ursache und Wirkung nach, Begriffe der Vernunft voraussetze". „Diese Zufälligkeit seiner Form bei allen empirischen Naturgesetzen in Beziehung auf die Vernunft . . . ist selbst ein Grund, die Kausalität desselben so anzunehmen, als ob sie eben darum nur durch Vernunft möglich sei", d. h. durch ein Vermögen, nach Zwecken zu handeln. Der Gegenstand selbst würde dann nur als Zweck (Kunstprodukt oder Naturzweck) betrachtet werden können. Als „Naturzweck" existiert ein Ding, „wenn es von sich selbst (obgleich im zwiefachem Sinne) Ursache und Wirkung ist"; denn „hierin liegt eine Kausalität, dergleichen mit dem bloßen Begriffe einer Natur, ohne ihr einen Zweck unterzulegen, nicht verbunden, aber auch alsdann zwar ohne Widerspruch gedacht, aber nicht begriffen werden kann". Ein Baum z. B. erzeugt einen anderen Baum, also sich selbst als Gattung, ferner als Individuum (durch Wachstum, das der Zeugung gleicht), endlich durch einen seiner Teile andere (Regenerationen usw., durch „Selbsthilfe" der Natur), ibid. § 64 (II 232 ff.). Bei der Kausalverknüpfung der Endursachen („nexus finalis") treten Dinge als Ursachen desjenigen auf, dessen Wirkung sie sind. Zu einem Dinge, das als Naturzweck beurteilt werden soll, gehört, „daß die Teile desselben sich dadurch zur Einheit eines Ganzen verbinden, daß sie voneinander wechselseitig Ursache und Wirkung ihrer Form sind". Denn auf solche Weise ist es allein möglich, „daß umgekehrt (wechselseitig) die Idee des Ganzen wiederum die Form und Verbindung aller Teile bestimme: nicht als Ursache — denn da wäre es ein Kunstprodukt —, sondern als Erkenntnisgrund der systematischen Einheit der Form und Verbindung alles Mannigfaltigen, was in der gegebenen Materie enthalten ist, für den, der es beurteilt". Zu einem Körper also, der als Naturzweck beurteilt werden soll, wird erfordert, „daß die Teile desselben einander insgesamt, ihrer Form sowohl als Verbindung nach, wechselseitig und so ein Ganzes aus eigener Kausalität hervorbringen, dessen Begriff wiederum umgekehrt (in einem Wesen, welches die einem solchen Produkt angemessene Kausalität nach Begriffen besäße) Ursache von demselben nach einem Prinzip sein, folglich die Verknüpfung der wirkenden Ursachen zugleich als Wirkung durch Endursachen beurteilt werden könnte". In einem solchen Produkte der Natur „wird ein jeder Teil, so wie er nur durch alle übrigen da ist, auch als um der anderen und des Ganzen willen existierend, d. i. als Werkzeug (Organ) gedacht", zugleich als „ein die anderen Teile (folglich jeder den anderen wechselseitig) hervorbringendes Organ, dergleichen kein Werkzeug der Kunst, sondern nur der allen Stoff zu Werkzeugen (selbst denen der Kunst) liefernden Natur sein kann". Nur dann kann ein solches Produkt als „organisiertes und sich selbst organisierendes Wesen" ein Naturzweck genannt werden. Ein solches Wesen (s. Organismus) ist „nicht bloß Maschine, denn die hat lediglich bewegende Kraft, sondern es besitzt in sich bildende Kraft". Die Natur in diesen Produkten organisiert sich selbst, mit den von den Umständen und der Selbsterhaltung geforderten „Abweichungen". — Der Begriff eines solchen Naturzwecks ist „kein konstitutiver Begriff des Verstandes oder der Vernunft, kann aber doch ein regulativer Begriff für die reflektierende Urteilskraft sein, nach einer entfernten Analogie mit unserer Kausalität nach Zwecken überhaupt die Nachforschung über Gegenstände dieser Art zu leiten und über ihren obersten Grund nachzudenken". Organisierte Wesen, d. h. solche, in welchen „alles Zweck und wechselseitig auch Mittel ist", verschaffen zuerst dem Begriffe eines Zweckes der Natur „objektive Realität" und die Grundlage zu einer Teleologie, ibid. § 65 (II 235 ff.). Dieser Begriff eines Naturzwecks „führt die Vernunft in eine ganz andere Ordnung der Dinge als die eines bloßen Mechanismus der Natur, der uns hier nicht mehr genugtun will". „Eine Idee soll der Möglichkeit des Naturprodukts zum Grunde liegen." Die Einheit dieser Idee läßt den Begriff eines Naturzwecks sich auf alles, was im Produkte der Natur liegt, erstrecken, ibid. § 66 (II 240).

„Ein Ding seiner inneren Form halber als Naturzweck beurteilen, ist ganz etwas anderes, als die Existenz dieses Dinges für Zweck der Natur halten." Letzteres würde den Begriff eines Endzweckes der Natur erfordern, der alle unsere teleologische Naturerkenntnis übersteigt, „denn der Zweck der Natur selbst muß über die Natur hinaus gesucht werden". Es ist also nur die organisierte Materie, welche den Begriff von ihr als einem Naturzwecke notwendig bei sich führt. „Aber dieser Begriff führt nun notwendig auf die Idee der gesamten Natur als eines Systems nach der Regel der Zwecke, welcher Idee nun aller Mechanism der Natur nach Prinzipien der Vernunft (wenigstens um daran die Naturerscheinungen zu versuchen) untergeordnet werden muß. Das Prinzip der Vernunft ist ihr als nur subjektiv, d. i. als Maxime, zuständig: Alles in der Welt ist irgendwo zu gut, nichts ist in ihr umsonst; und man ist durch das Beispiel, das die Natur an ihren organischen Produkten gibt, berechtigt, ja berufen, von ihr und ihren Gesetzen nichts, als was im ganzen zweckmäßig ist, zu erwarten." Dies ist ein (nicht „konstitutives", sondern nur) „regulatives" Prinzip der reflektierenden Urteilskraft, durch das wir „nur einen Leitfaden bekommen, die Naturdinge in Beziehung auf einen Bestimmungsgrund, der schon gegeben ist, nach einer neuen gesetzlichen Ordnung zu betrachten und die Naturkunde nach einem andern Prinzip, nämlich dem der Endursachen, doch unbeschadet dem des Mechanismus ihrer Kausalität, zu erweitern". Es wird dadurch nicht ausgemacht, „ob irgend etwas ... absichtlich Zweck der Natur sei, ob die Gräser für das Rind oder Schaf, und ob dieses und die übrigen Naturdinge für den Menschen da sind". „Es ist gut, selbst die uns unangenehmen und in besonderen Beziehungen zweckwidrigen Dinge auch von dieser Seite zu betrachten." Die „Idee eines großen Systems der Zwecke" ist für unser Naturforschen förderlich, KU

§ 67 (II 241 ff.). Wenn man in die Naturwissenschaft (Physik) Gott (übersinnliche, übe natürliche Ursachen) hineinbringt, so vermengt man sie mit Theologie und vermischt di Grenze zwischen den Wissenschaften, ebenso, wenn man a priori demonstrierbare allg meine Naturbeschaffenheiten und Naturgesetze schon in der Physik teleologisch erklär statt erst in der Metaphysik, die allein es angeht, ob die Naturzwecke absichtlich oder ur absichtlich solche sind. „Um sich also auch nicht der mindesten Anmaßung, als wollt man etwas, was gar nicht in die Physik gehört, nämlich eine übernatürliche Ursache, unte unsere Erkenntnisgründe mischen, verdächtig zu machen, spricht man in der Teleologi zwar von der Natur, als ob die Z. in ihr absichtlich sei, aber doch zugleich so, daß man de Natur, d. i. der Materie diese Absicht beilegt; wodurch man (weil hierüber kein Mißver stand stattfinden kann, indem von selbst schon keiner einem leblosen Stoffe Absicht i eigentlicher Bedeutung des Wortes beilegen wird) anzeigen will, daß dieses Wort hier nu ein Prinzip der reflektierenden, nicht der bestimmenden Urteilskraft bedeute und als keinen besonderen Grund der Kausalität einführen solle, sondern auch nur zum Gebrauch der Vernunft eine andere Art der Nachforschung, als die nach mechanischen Gesetze ist, hinzufüge, um die Unzulänglichkeit der letzteren selbst zur empirischen Aufsuchun aller besonderen Gesetze der Natur zu ergänzen. Daher spricht man in der Teleologie sofern sie zur Physik gezogen wird, ganz recht von der Weisheit, der Sparsamkeit, de Vorsorge, der Wohltätigkeit der Natur, ohne dadurch aus ihr ein verständiges Wesen z machen...", ibid. § 68 (II 245 ff.).

Die Sätze: „Alle Erzeugung materieller Dinge ist nach bloß mechanischen Gesetze möglich" und: „Einige Erzeugung derselben ist nach bloß mechanischen Gesetzen nich möglich" ergeben eine „Antinomie" (s. d.) der Urteilskraft, die aber nur auf der Ver wechslung der bloß reflektierenden Urteilskraft und ihrer Autonomie in der Beurteilun der besonderen Erfahrungsgesetze mit der bestimmenden Urteilskraft, d. h. regulative mit konstitutiven Grundsätzen, beruht. Zwischen den bloß regulativen Forschungsmaximen „Alle Erzeugung materieller Dinge und ihrer Formen muß als nach bloß mechanische Gesetzen möglich beurteilt werden" und: „Einige Produkte der materiellen Natur könne nicht als nach bloß mechanischen Gesetzen möglich beurteilt werden (ihre Beurteilun erfordert ein ganz anderes Gesetz der Kausalität, nämlich das der Endursachen)" besteh kein Widerspruch. Denn die prinzipielle Möglichkeit und Notwendigkeit, alle Naturprodukt nach mechanischen Gesetzen zu beurteilen, besagt ja nicht, daß sie danach allein möglich sind, d. h. jede andere Kausalitätsart ausschließen. Wir sollen nur stets nach dem Prinzi des Mechanismus der Natur über die Naturprodukte „reflektieren" und danach soweit als möglich forschen, weil es sonst „keine eigentliche Naturforschung geben kann". „Dieses hindert nun die zweite Maxime bei gelegentlicher Veranlassung nicht, nämlich bei einigen Naturformen (und auf deren Veranlassung sogar der ganzen Natur) nach einem Prinzip zu spüren und über sie zu reflektieren, welches von der Erklärung nach dem Mechanism der Natur ganz verschieden ist, nämlich dem Prinzip der Endursachen." Es wird dadurch nicht gesagt, daß jene Formen nach dem Mechanismus der Natur nicht möglich wären. „Nur wird behauptet, daß die menschliche Vernunft in Befolgung derselben und auf diese Art niemals von dem, was das Spezifische eines Naturzweckes ausmacht, den mindesten Grund, wohl aber andere Erkenntnisse von Naturgesetzen wird auffinden können; wobei es als unausgemacht dahingestellt wird, ob nicht in dem uns unbekannten inneren Grunde der Natur selbst die physisch-mechanische und die Zweckverbindung an denselben Dingen in einem Prinzip zusammenhangen mögen; nur daß unsere Vernunft sie in einem solchen nicht zu vereinigen imstande ist und die Urteilskraft also . . . genötigt ist, für gewisse Formen in der Natur ein anderes Prinzip als das des Naturmechanismus zum Grunde ihrer Möglichkeit zu denken", KU § 70 (II 249 ff.) Wir können nicht die Unmöglichkeit der mechanischen Erzeugung organisierter Wesen beweisen; wir können nicht wissen, ob „das produktive Vermögen der Natur auch für dasjenige, was wir als nach der Idee von Zwecken geformt und verbunden beurteilen, nicht ebensogut als für das, wozu wir bloß ein Maschinenwesen der Natur zu bedürfen glauben, zulange; und ob in der Tat für Dinge als eigentliche Naturzwecke ... eine ganz andere Art von ursprünglicher Kausalität ..., nämlich ein architektonischer Verstand zum Grunde liege". „Aber daß respektiv auf unser Erkenntnisvermögen der bloße Mechanism der Natur für die Erzeugung organisierter Wesen auch keinen Erklärungsgrund abgeben könne, ist ebenso unzweifelhaft gewiß. Für die reflektierende Urteilskraft ist also das ein ganz richtiger Grundsatz, daß für die so offenbare Verknüpfung der Dinge nach Endursachen eine vom Mechanism unterschiedene Kausalität, nämlich einer nach Zwecken handelnden (verständigen) Weltursache gedacht werden müsse: so übereilt und unerweislich er auch für die bestimmende sein würde." Im ersteren Falle ist der Begriff jener intelligenten Kausalität eine „bloße Idee", „der man keineswegs Realität zuzugestehen unternimmt, sondern sie nur zum Leitfaden der Reflexion braucht, die dabei für alle mechanischen Erklärungsgründe immer offen bleibt und sich nicht aus der Sinnenwelt verliert", ibid. § 71 (II 252 f.). Weder der Idealismus noch der Realismus der „Technik der Natur" (s. d.) ist „dogmatisch" haltbar; immer „kritisch", „nur in Beziehung auf unser Erkenntnisvermögen, mithin auf die subjektiven Bedingungen, ihn zu denken, ohne es zu unternehmen, über sein Objekt etwas zu entscheiden", ist der Begriff des Zwecks, des „Fremdling in der Naturwissenschaft" zu rechtfertigen. Die objektive Realität eines solchen Begriffs kann nicht eingesehen und dogmatisch begründet werden, und „wir wissen nicht, ob er bloß ein vernünftelnder und objektiv leerer" oder ein Vernunftbegriff, ein von der Vernunft bestätigter Begriff sei. Der Begriff des Naturzwecks ist eben nur ein regulativer Begriff; für die bestimmende Urteilskraft ist er „überschwenglich", ibid. §§ 72—74 (II 253ff.). „Es ist doch etwas ganz anderes, ob ich sage: die Erzeugung gewisser Dinge der Natur, oder auch der gesamten Natur, ist nur durch eine Ursache, die sich nach Absichten zum Handeln bestimmt, möglich, oder: ich kann nach der eigentümlichen Beschaffenheit meiner Erkenntnisvermögen über die Möglichkeit jener Dinge und ihre Erzeugung nicht anders urteilen, als wenn ich mir zu dieser eine Ursache, die nach Absichten wirkt, mithin ein Wesen denke, welches nach der Analogie mit der Kausalität eines Verstandes produktiv ist." Der Begriff einer objektiven Z. der Natur ist ein „kritisches Prinzip der Vernunft für die reflektierende Urteilskraft". „Wir haben nämlich unentbehrlich nötig, der Natur den Begriff einer Absicht unterzulegen, wenn wir ihr auch nur in ihren organisierten Produkten durch fortgesetzte Beobachtung nachforschen wollen." Ist ein solcher Forschungsleitfaden einmal aufgenommen und bewährt, so ist es offenbar, daß wir diese Maxime der Urteilskraft „auch am Ganzen der Natur wenigstens versuchen müssen, weil sich nach derselben noch manche Gesetze derselben dürften auffinden lassen, die uns, nach der Beschränkung unserer Einsichten in das Innere des Mechanism derselben, sonst verborgen bleiben würden". Doch ist in letzterer Hinsicht diese Maxime „zwar nützlich, aber nicht unentbehrlich", ibid. § 75 (II 262 f.).

Wir würden zwischen Naturmechanismus und Zweckverknüpfung in der Natur keinen Unterschied finden, „wäre unser Verstand nicht von der Art, daß er vom Allgemeinen zum Besonderen gehen muß, und die Urteilskraft also in Ansehung des Besonderen keine Z. erkennen, mithin keine bestimmenden Urteile fällen kann, ohne ein allgemeines Gesetz zu haben, worunter sie jenes subsumieren könnte". Da nun aber „das Besondere als ein solches in Ansehung des Allgemeinen etwas Zufälliges enthält", gleichwohl aber „die Vernunft in der Verbindung besonderer Gesetze der Natur doch auch Einheit, mithin Gesetzlichkeit erfordert (welche Gesetzlichkeit des Zufälligen Z. heißt), und die Ableitung der besonderen Gesetze aus den allgemeinen in Ansehung dessen, was jene Zufälliges in sich enthalten, a priori durch Bestimmung des Begriffs vom Objekte unmöglich ist, so wird der Begriff der Z. der Natur in ihren Produkten ein für die menschliche Urteilskraft in Ansehung der Natur notwendiger, aber nicht die Bestimmung der Objekte selbst angehender Begriff sein, also ein subjektives Prinzip der Vernunft für die Urteilskraft, welches als regulativ (nicht konstitutiv) für unsere menschliche Urteilskraft ebenso notwendig gilt, als ob es ein objektives Prinzip wäre", KU § 76 (II 270). Es muß „die Idee von einem anderen möglichen Verstande als dem menschlichen" zugrunde liegen, damit man sagen könne, „gewisse Naturprodukte müssen, nach der besonderen Beschaffenheit unseres Verstandes, von uns ihrer Möglichkeit nach absichtlich und als Zwecke erzeugt betrachtet werden", ohne in Abrede zu stellen, „daß nicht ein anderer (höherer) Verstand als der menschliche, auch im Mechanism der Natur, d. i. einer Kausalverbindung, zu der nicht ausschließungsweise ein Verstand als Ursache angenommen wird, den Grund der Möglichkeit solcher Produkte der Natur antreffen könne". Ein solcher intuitiver Verstand (s. d.) geht vom „Synthetisch-Allgemeinen" zum Besonderen, vom Ganzen zu den Teilen, und für ihn besteht die Zufälligkeit der Einheit der besonderen Gesetze nicht. Wir mit unserem Verstande müssen gemäß unserer Verstandesart uns denken, daß hier „die Vorstellung eines Ganzen den Grund der Möglichkeit der Form desselben und der dazu gehörigen Verknüpfung der Teile enthalte". „Da das Ganze nun aber alsdann eine Wirkung (Produkt) sein würde, dessen Vorstellung als die Ursache seiner Möglichkeit angesehen wird, das Produkt aber einer Ursache, deren Bestimmungsgrund bloß die Vorstellung ihrer Wirkung ist, ein Zweck heißt: so folgt daraus, daß es bloß eine Folge aus der besonderen Beschaffenheit unseres Verstandes sei, wenn wir Produkte der Natur nach einer anderen Art der Kausalität als der der Naturgesetze der Materie, nämlich nur nach der der Zwecke und Endursachen uns als möglich vorstellen, und daß dieses Prinzip nicht die Möglichkeit solcher Dinge selbst (selbst als Phänomene betrachtet) nach dieser Erzeugungsart, sondern nur die unserem Verstande mögliche Beurteilung derselben angehe." Daher sind wir in der Naturkunde mit einer teleologischen Erklärung der Naturprodukte lange nicht zufrieden, KU § 77 (II 271 ff.).

Da es möglich ist, die materielle Welt als bloße Erscheinung zu betrachten und etwas als Ding an sich zu denken, diesem aber eine „intellektuelle Anschauung", die allerdings nicht die unsrige ist, unterzulegen, „so würde ein, obzwar für uns unerkennbarer, übersinnlicher Realgrund für die Natur stattfinden, zu der wir selbst mitgehören, in welcher wir also das, was in ihr als Gegenstand der Sinne notwendig ist, nach mechanischen Gesetzen, die Zusammenstimmung und Einheit aber der besonderen Gesetze und der Formen nach denselben, die wir in Ansehung jener als zufällig beurteilen müssen, in ihr als Gegenstände der Vernunft (ja das Naturganze als System) zugleich nach teleologischen Gesetzen betrachten und sie nach zweierlei Prinzipien beurteilen würden, ohne daß die mechanische Erklärungsart durch die teleologische, als ob sie einander widersprächen, ausgeschlossen wird". Es läßt sich hiernach einsehen, „daß zwar das Prinzip einer mechanischen Ableitung zweckmäßiger Naturprodukte neben dem teleologischen bestehen, dieses letztere aber keineswegs entbehrlich machen könnte: d. i. man kann an einem Dinge, welches wir als Naturzweck beurteilen müssen (einem organischen Wesen), zwar alle bekannten und noch zu entdeckenden Gesetze der mechanischen Erzeugung versuchen und auch hoffen dürfen, damit guten Fortgang zu haben, niemals aber der Berufung auf einen davon ganz unterschiedenen Erzeugungsgrund, nämlich der Kausalität durch Zwecke, für die Möglichkeit eines solchen Produkts überhoben sein, und schlechterdings kann keine menschliche Vernunft . . . die Erzeugung auch nur eines Gräschens aus bloß mechanischen Ursachen zu verstehen hoffen". Es ist uns unmöglich, „aus der Natur selbst hergenommene Erklärungsgründe für Zweckverbindungen zu schöpfen, und es ist nach der Beschaffenheit des menschlichen Erkenntnisvermögens notwendig, den obersten Grund dazu in einem ursprünglichen Verstande als Weltursache zu suchen", KU § 77 (II 275 f.). Es liegt der Vernunft „unendlich viel daran, den Mechanism der Natur in ihren Erzeugnissen nicht fallen zu lassen und in der Erklärung derselben nicht vorbeizugehen, weil ohne diesen keine Einsicht in die Natur der Dinge erlangt werden kann". Von der anderen Seite ist es „eine ebensowohl notwendige Maxime der Vernunft, das Prinzip der Zwecke an den Produkten der Natur nicht vorbeizugehen, weil es, wenn es gleich die Entstehungsart derselben uns eben nicht begreiflicher macht, doch ein heuristisches Prinzip ist, den besonderen Gesetzen der Natur nachzuforschen".

Eine Vernunft, die bloß den Mechanismus befolgen wollte, wäre ebenso „phantastisch", als sie bei bloßer Teleologie „schwärmerisch" wäre. Die Vereinigung beider Prinzipien beruht aber „nicht auf einem Grunde der Erklärung (Explikation) der Möglichkeit eines Produkts nach gegebenen Gesetzen für die bestimmende, sondern nur auf einem Grunde der Erörterung (Exposition) derselben für die reflektierende Urteilskraft". Da das objektive Prinzip der Vereinigung von Mechanismus und „Technizism" zwar „angezeigt", nie aber bestimmt erkannt werden kann, so läßt sich aus ihm keine Erklärung, d. h. deutliche und bestimmte Ableitung der Möglichkeit eines Naturproduktes, ziehen. Es muß nur gemäß beiden Maximen zusammen geforscht werden, KU § 78 (II 276 ff.). Wo Zwecke als Gründe der Möglichkeit gewisser Dinge gedacht werden, „da muß man auch Mittel annehmen, deren Wirkungsgesetz für sich nichts einen Zweck Voraussetzendes bedarf, mithin mechanisch und doch eine untergeordnete Ursache absichtlicher Wirkungen sein kann". Es läßt sich daher „eine große und sogar allgemeine Verbindung der mechanischen Gesetze mit den teleologischen in den Erzeugungen der Natur denken, ohne die Prinzipien der Beurteilung derselben zu verwechseln und eines an die Stelle des anderen zu setzen". Weil nun aber „ganz unbestimmt und für unsere Vernunft auch auf immer unbestimmbar ist, wieviel der Mechanism der Natur als Mittel zu jeder Endabsicht in derselben tue", so „wissen wir auch nicht, wie weit die für uns mögliche mechanische Erklärungsart gehe, sondern nur soviel gewiß: daß, so weit wir nur immer darin kommen mögen, sie doch allemal für Dinge, die wir einmal als Naturzwecke anerkennen, unzureichend sein, und wir also, nach der Beschaffenheit unseres Verstandes, jene Gründe insgesamt einem teleologischen Prinzip unterordnen müssen". Hierauf gründet sich die Befugnis, „alle Produkte und Ereignisse der Natur, selbst die zweckmäßigsten, so weit mechanisch zu erklären, als es immer in unserem Vermögen ... steht, dabei aber niemals aus den Augen zu verlieren, daß wir die, welche wir allein unter dem Begriffe vom Zwecke der Vernunft zur Untersuchung selbst auch nur aufstellen können, der wesentlichen Beschaffenheit unserer Vernunft gemäß, jene mechanischen Ursachen ungeachtet, doch zuletzt der Kausalität nach Zwecken unterordnen müssen", ibid. (II 281 f.). „Die Befugnis, auf eine bloß mechanische Erklärungsart aller Naturprodukte auszugehen, ist an sich ganz unbeschränkt; aber das Vermögen, damit allein auszulangen, ist nach der Beschaffenheit unseres Verstandes, sofern er es mit Dingen als Naturzwecken zu tun hat, nicht allein sehr beschränkt, sondern auch deutlich begrenzt; nämlich so, daß nach einem Prinzip der Urteilskraft durch das erstere Verfahren allein zur Erklärung der letzteren gar nichts ausgerichtet werden könne, mithin die Beurteilung solcher Produkte jederzeit von uns zugleich einem teleologischen Prinzip untergeordnet werden müsse." Es ist daher „vernünftig, ja verdienstlich, dem Naturmechanism zum Behuf einer Erklärung der Naturprodukte so weit nachzugehen, als es mit Wahrscheinlichkeit geschehen kann, ja diesen Versuch nicht darum aufzugeben, weil es an sich unmöglich sei, auf seinemWege mit der Z. der Natur zusammenzutreffen, sondern nur darum, weil es für uns als Menschen unmöglich ist; indem dazu eine andere als sinnliche Anschauung und ein bestimmtes Erkenntnis des intelligibelen Substrats der Natur, woraus selbst von dem Mechanism der Erscheinungen nach besonderen Gesetzen Grund angegeben werden könne, erforderlich sein würde, welches alles unser Vermögen gänzlich übersteigt". Der Naturforscher muß also bei organisierten Wesen „immer irgendeine ursprüngliche Organisation zum Grunde legen", welche den Mechanismus selbst benutzt, um andere organisierte Formen hervorzubringen oder die seinige zu neuen Gestalten zu entwickeln, „die doch aber immer aus jenem Zwecke und ihm gemäß erfolgen". Die Entwicklung (s. d.) der Organismen macht also die Teleologie nicht überflüssig, KU § 80 (II 284 f.). „Die Möglichkeit einer solchen Vereinigung zweier ganz verschiedener Arten von Kausalität, der Natur in ihrer allgemeinen Gesetzmäßigkeit mit einer Idee, welche jene auf eine besondere Form einschränkt, wozu sie für sich gar keinen Grund enthält, begreift unsere Vernunft nicht; sie liegt im übersinnlichen Substrat der Natur, wovon wir nichts bejahend bestimmen können, als daß es das Wesen an sich sei, von welchem wir bloß die Erscheinung kennen." „Aber das Prinzip: Alles was wir als zu dieser Natur (phaenomenon) gehörig und als Produkt derselben annehmen, auch nach mechanischen Gesetzen mit ihr verknüpft denken zu müssen, bleibt nichtsdestoweniger in seiner Kraft, weil ohne diese Art von Kausalität organisierter Wesen, als Zwecke der Natur, doch keine Naturprodukte sein würden", ibid. § 81 (II 289 f.); vgl. Entwicklung, Organismus.

Unter den zur Erkenntnis der Natur gehörigen Begriffen findet sich einer „von der besonderen Beschaffenheit, daß wir dadurch nicht, was in dem Objekt ist, sondern was wir, bloß dadurch daß wir es in ihn legen, uns verständlich machen können, der also eigentlich zwar kein Bestandteil der Erkenntnis des Gegenstandes, aber doch ein von der Vernunft gegebenes Mittel oder Erkenntnisgrund ist, und zwar der theoretischen, aber insofern doch nicht dogmatischen Erkenntnis, und dies ist der Begriff von einer Z. der Natur, welche auch ein Gegenstand der Erfahrung sein kann, mithin ein immanenter, nicht transzendenter Begriff ist, wie der von der Struktur der Augen und Ohren, von der aber, was Erfahrung betrifft, es keine weitere Erkenntnis gibt, als was Epikur ihm zugestand, nämlich daß, nachdem die Natur Augen und Ohren gebildet hat, wir sie zum Sehen und Hören brauchen, nicht aber beweiset, daß die sie hervorbringende Ursache selbst die Absicht gehabt habe, diese Struktur dem genannten Zwecke gemäß zu bilden; denn diesen kann man nicht wahrnehmen, sondern nur durch Vernünfteln hineintragen, um auch nur eine Z. an solchen Gegenständen zu erkennen". „Wir haben also einen Begriff von einer Teleologie der Natur, und zwar a priori, weil wir sonst ihn nicht in unsere Vorstellung der Objekte derselben hineinlegen, sondern nur aus dieser als empirische Anschauung herausnehmen dürften, und die Möglichkeit a priori einer solchen Vorstellungsart, welche doch noch keine Erkenntnis ist, gründet sich darauf, daß wir in uns selbst ein Vermögen der Verknüpfung nach Zwecken (nexus finalis) wahrnehmen." „Was den Begriff des Zweckes betrifft, so ist er jederzeit von uns selbst gemacht, und der des Endzweckes muß a priori durch die Vernunft gemacht sein", Fortschr. d. Metaph. 1. Abt. 3. Stadium (V 3, 123 ff.). Vgl. Lose Bl. C 5; N 4647.

Eine „besondere und seltsame Voraussetzung unserer Vernunft" ist, „daß die Natur in der Mannigfaltigkeit ihrer Produkte eine Akkommodation zu den Schranken unserer Urteilskraft, durch Einfalt und spürbare Einheit ihrer Gesetze, und Darstellung der unendlichen Verschiedenheit ihrer Arten (species) nach einem gewissen Gesetz der Stetigkeit, welches uns die Verknüpfung derselben, unter wenig Gattungsbegriffe, möglich macht, gleichsam willkürlich und als Zweck für unsere Fassungskraft beliebt habe, nicht weil wir diese Z. als an sich notwendig erkennen, sondern ihrer bedürftig und so auch a priori anzunehmen und zu gebrauchen berechtigt sind, soweit wir damit auslangen können", An J. S. Beck, 18. August 1793. Vgl. Vorsehung, Endzweck, Urteilskraft, Verstand (anschauender), Spezifikation, Physikotheologie, Ethikotheologie, Weltkörper, Entwicklung, Organismus, Gut, Geschichte, Gesellschaft, Kultur, Schönheit, Weisheit, Philosophie, Gott.

Zweckmäßigkeit, geometrische. „Plato, ebensogut Mathematiker als Philosoph, bewunderte an den Eigenschaften gewisser geometrischer Figuren, z. B. des Zirkels, eine Art von Z., d. i. Tauglichkeit zur Auflösung einer Mannigfaltigkeit von Problemen oder Mannigfaltigkeit der Auflösung eines und desselben Problems (wie etwa in der Lehre von geometrischen Örtern) aus einem Prinzip, gleich als ob die Erfordernisse zur Konstruktion gewisser Größenbegriffe absichtlich in sie gelegt seien, obgleich sie als notwendig a priori eingesehen und bewiesen werden können. Z. ist aber nur durch Beziehung des Gegenstandes auf einen Verstand als Ursache denkbar", V. e. vorn. Ton (V, 4, 5).

Zweckmäßigkeit ohne Zweck s. Schönheit, Geschmacksurteil.

Zweifel ist „ein Gegengrund oder ein bloßes Hindernis des Fürwahrhaltens, das entweder subjektiv oder objektiv betrachtet werden kann. Subjektiv nämlich wird Z. bisweilen genommen als im Zustand eines unentschlossenen Gemüts, und objektiv als die Erkenntnis der Unzulänglichkeit der Gründe zum Fürwahrhalten. In der letzten Rücksicht heißt er ein Einwurf, das ist: ein objektiver Grund, eine für wahr gehaltene Erkenntnis für falsch zu halten." „Ein bloß subjektiv gültiger Gegengrund des Fürwahrhaltens ist ein Skrupel", Log. Einl. X (IV 92); vgl. Skeptizismus.

Zwietracht s. Gesellschaft, Mensch.

Kants Schriften.

Gedanken von der wahren Schätzung der lebendigen Kräfte, 1747.
Untersuchung der Frage, ob die Erde in ihrer Umdrehung um die Achse ... einige Veränderungen seit den ersten Zeiten ihres Ursprungs erlitten habe, 1754.
Die Frage: ob die Erde veralte, physikalisch erwogen, 1754.
Allgemeine Naturgeschichte und Theorie des Himmels, 1755.
Meditationum quarundam de igne succincta delineatio, 1755.
Principiorum primorum cognitionis metaphysicae nova dilucidatio, 1755.
Von den Ursachen der Erderschütterungen ...., 1756.
Geschichte und Naturbeschreibung der merkwürdigsten Vorfälle des Erdbebens (1755), 1756.
Metaphysicae cum geometria iunctae usus in philosophia naturali, cuius specimen I. continet monadologiam physicam, 1756.
Neue Anmerkungen zur Erläuterung der Theorie der Winde, 1756.
Entwurf und Ankündigung eines Collegii über die physische Geographie nebst ... Betrachtung über die Frage, ob die Westwinde in unseren Gegenden darum feucht sind, weil sie über ein großes Meer streichen, 1757.
Neuer Lehrbegriff der Bewegung und Ruhe, 1758.
Versuch einiger Betrachtungen über den Optimismus, 1759.
Gedanken bei dem frühzeitigen Ableben des Herrn von Funk, 1760.
Die falsche Spitzfindigkeit der vier syllogistischen Figuren, 1762.
Der einzig mögliche Beweisgrund zu einer Demonstration des Daseins Gottes, 1763.
Versuch, den Begriff der negativen Größen in die Weltweisheit einzuführen, 1763.
Beobachtungen über das Gefühl des Schönen und Erhabenen, 1764.
Räsonnement über den Abenteurer Jan Komarnicki, 1764.
Versuch über die Krankheiten des Kopfes, 1764.
Rezension von Silberschlags Erklärung der vor einigen Jahren erschienenen Feuerkugel, 1764.
Untersuchung über die Deutlichkeit der Grundsätze der natürlichen Theologie und der Moral, 1764.
Nachrichten von der Einrichtung seiner Vorlesungen im Winterhalbjahr 1765—66, 1765.
Über Swedenborg, 1763.
Träume eines Geistersehers, erläutert durch Träume der Metaphysik, 1766.
Von dem ersten Grunde des Unterschieds der Gegenden im Raume, 1768.
De mundi sensibilis atque intelligibilis forma et principiis, 1770.
Rezension der Schrift von Moscati über den Unterschied der Struktur der Tiere und Menschen, 1771.
Von den verschiedenen Rassen der Menschen, 1775; 2. A. 1777.
Über das Dessauer Philanthropin (nur zum Teil von Kant), 1776—78 (Königsberger Zeitung; hrsg. von Reicke, Kantiana, S. 68 ff.).
Kritik der reinen Vernunft, 1. A. 1781; 2. A. 1786.
Prolegomena zu einer jeden künftigen Metaphysik, die als Wissenschaft wird auftreten können, 1783.
Über Schulz' Versuch einer Anleitung zur Sittenlehre, 1783.
Idee zu einer allgemeinen Geschichte in weltbürgerlicher Absicht, 1784.
Beantwortung der Frage: Was ist Aufklärung? 1784.
Rezensionen von Herders Ideen zur Philosophie der Geschichte der Menschheit, 1785.

Über die Vulkane im Monde, 1785.
Von der Unrechtmäßigkeit des Büchernachdrucks, 1785.
Über die Bestimmung des Begriffes einer Menschenrasse, 1785.
Grundlegung zur Metaphysik der Sitten, 1785.
Metaphysische Anfangsgründe der Naturwissenschaft, 1786.
Mutmaßlicher Anfang der Menschengeschichte, 1786.
Über Hufelands Grundsatz des Naturrechts, 1786.
Bemerkungen zu L. H. Jakobs Prüfung der Mendelssohnschen Morgenstunden, 1786.
Was heißt, sich im Denken orientieren? 1786.
De medicina corporis quae philosophorum est, 1786 oder 1788 (hrsg. von Reicke, Altpreuß. Monatsschrift XVIII; ferner erschienen 1881).
Über den Gebrauch teleologischer Prinzipien in der Philosophie, 1788.
Kritik der praktischen Vernunft, 1788.
Über A. H. Ulrichs Eleutheriologie, 1788 (nur zum Teil von Kant; vgl. Vaihinger, Ein bisher unbekannter Aufsatz von Kant über die Freiheit, Philos. Monatshefte, 1880)
Kritik der Urteilskraft, 1790; 2. A. 1793.
Erste Einleitung in die Kritik der Urteilskraft (zuerst vollständig hrsg. von O. Buek, 1922, in: Kants Werke, hrsg. von E. Cassirer, 5. Bd.).
Über eine Entdeckung, nach der alle neue Kritik der reinen Vernunft durch eine ältere entbehrlich gemacht werden soll, 1790.
Über Schwärmerei und die Mittel dagegen, 1790.
Über drei Abhandlungen Kästners, hrsg. von Dilthey, Archiv f. Gesch. d. Philos. III; vgl. Kantstudien III.
Über das Mißlingen aller philosophischen Versuche in der Theodizee, 1791.
Über die von der Kgl. Akad. d. Wiss. zu Berlin für das Jahr 1791 ausgesetzte Preisaufgabe: Welches sind die wirklichen Fortschritte, die die Metaphysik seit Leibniz' und Wolffs Zeiten gemacht hat? 1791 (hrsg. von Rink, 1804).
Die Religion innerhalb der Grenzen der bloßen Vernunft, 1793; 2. A. 1794.
Über den Gemeinspruch: Das mag in der Theorie richtig sein, taugt aber nicht für die Praxis, 1793.
Über Philosophie überhaupt, 1794.
Etwas über den Einfluß des Mondes auf die Witterung, 1794.
Das Ende aller Dinge, 1794.
Zum ewigen Frieden, 1795; 2. A. 1796.
Zu Sömmering über das Organ der Seele, 1796.
Ausgleichung eines auf Mißverstand beruhenden mathematischen Streits, 1796.
Verkündigung des nahen Abschlusses eines Traktes zum ewigen Frieden in der Philosophie, 1796.
Von einem neuerdings erhobenen vornehmen Tone in der Philosophie, 1796.
Metaphysik der Sitten. I. Metaphysische Anfangsgründe der Rechtslehre, 1797, 2. A. 1798. II. Metaphysische Anfangsgründe der Tugendlehre, 1797, 2. A. 1803.
Über ein vermeintliches Recht, aus Menschenliebe zu lügen, 1797.
Der Streit der Fakultäten (mit der Abh.: Von der Macht des Gemüts, durch den bloßen Vorsatz seiner krankhaften Gefühle Meister zu sein, = III. Teil; hrsg. von Hufeland, 1824), 1798.
Anthropologie in pragmatischer Hinsicht, 1798, dazu als Vorlesungen: I. Kants Anweisung zur Menschen- und Weltkenntnis. Nach dessen Vorles. im Winterhalbjahr 1790—91, hrsg. von Fr. Chr. Starke, 1831. — I. Kants Menschenkunde, hrsg. von Starke, 1831.
Erklärung in Beziehung auf Fichtes Wissenschaftslehre, 1799 (Allg. Lit. Ztg.).
Vorrede zu Jachmanns Prüfung der Kantschen Religionsphilosophie, 1800.
Nachschrift eines Freundes zu Heilsbergs Vorrede zu Mielkes Litauischem Wörterbuch, 1800.
Kants Logik, hrsg. von J. B. Jäsche, 1800 (nach Vorlesungen).

Kants Physische Geographie, hrsg. von Rink, 1802—03 (nach Vorlesungen; Ausgaben der Phys. Geogr. auch 1801—05 und 1803 bzw. 1807, hrsg. von Schelle, u. a.).

Kant über Pädagogik, hrsg. von Rink, 1803. (Nach Vorlesungen.)

Kants Vorlesungen über die philos. Religionslehre, hrsg. von Pölitz, 1817; 2. A. 1830.

Kants Vorlesungen über die Metaphysik, hrsg. von Pölitz, 1821.

Vorlesungen üb. Metaphysik aus 3 Semestern, hrsg. von M. Heinze, K. Sächs. Ges. d. Wissenschaft, 14. Bd., 1894.

Eine Vorlesung Kants über Ethik, hrsg. von P. Menzer, 1924.

Reflexionen Kants zur kritischen Philosophie, hrsg. von B. Erdmann, 2 Bde., 1882—84. (Aus verschiedenen Jahren.)

Lose Blätter aus Kants Nachlaß, mitgeteilt von R. Reicke, 3 Hefte, 1889, 1895, 1899. (Aus verschiedenen Jahren.)

Übergang von den metaphysischen Anfangsgründen der Naturwissenschaft zur Physik in: Ein ungedrucktes Werk von Kant aus seinen letzten Lebensjahren, hrsg. von R. Reicke, Altpreuß. Monatsschrift, XIX—XXI, 1882—84 (Opus postumum).

Briefe, Akademie-Ausgabe, 3 Bde. X—XII.

Akademie-Ausgabe (bisher erschienen): Bd. XIV: Reflexionen zur Mathematik, Physik und Chemie, physischen Geographie. XIV: Reflexionen zur Anthropologie. XVI: Nachlaß zur Logik. XVII—XVIII: Nachlaß zur Metaphysik.